Veröffentlichungen
der Vereinigung der Deutschen Staatsrechtslehrer
Band 74

Hans Christian Röhl, Andreas von Arnauld

Öffnung der öffentlich-rechtlichen Methode durch Internationalität und Interdisziplinarität: Erscheinungsformen, Chancen, Grenzen

Fabian Wittreck, Frauke Brosius-Gersdorf

Dritte Gewalt im Wandel – Veränderte Anforderungen an Legitimität und Effektivität?

Jan Ziekow, Stephan Rixen

Gestaltung des demographischen Wandels als Verwaltungsaufgabe

Thilo Marauhn, Magdalena Pöschl

Sicherung grund- und menschenrechtlicher Standards gegenüber neuen Gefährdungen durch private und ausländische Akteure

Referate und Diskussionen
auf der Tagung der Vereinigung der Deutschen Staatsrechtslehrer
in Düsseldorf vom 1. bis 4. Oktober 2014

De Gruyter

Redaktion: Prof. Dr. Uwe Volkmann (Mainz)

MIX
Papier aus verantwortungsvollen Quellen
FSC® C016439

ISBN 978-3-11-041989-4
e-ISBN (PDF) 978-3-11-041912-2
e-ISBN (EPUB) 978-3-11-041918-4

Bibliografische Information der Deutschen Nationalbibliothek

Die Deutsche Nationalbibliothek verzeichnet diese Publikation in der Deutschen Nationalbibliografie; detaillierte bibliografische Daten sind im Internet über http://dnb.d-nb.de abrufbar.

Satz: Werksatz Schmidt & Schulz GmbH, Gräfenhainichen
Druck: Hubert & Co. GmbH & Co. KG, Göttingen
♾ Gedruckt auf säurefreiem Papier
Printed in Germany

www.degruyter.com

Inhalt

Vierter Beratungsgegenstand

Sicherung grund- und menschenrechtlicher Standards gegenüber neuen Gefährdungen durch private und ausländische Akteure

Jahrestagung 2014

Die 74. Jahrestagung der Vereinigung der Deutschen Staatsrechtslehrer e.V. fand vom 1. bis 4. Oktober 2014 an der Heinrich-Heine-Universität in Düsseldorf statt. An ihr nahmen 335 Mitglieder, 37 Gäste und 70 Begleitpersonen teil. Der herzliche Dank der gesamten Vereinigung gilt dem kooptierten Vorstandsmitglied *Lothar Michael*, der mit seinem Team überaus engagierter Mitarbeiterinnen und Mitarbeiter die Tagung in einer Weise organisiert hatte, dass sie allen Teilnehmerinnen und Teilnehmern noch lange in bester Erinnerung sein wird. Unser Dank gilt auch den Kollegen *Johannes Dietlein, Klaus-Dieter Drüen, Ralph Alexander Lorz* und *Martin Morlok*.

Die Mitglieder gedachten in der Versammlung am 1. Oktober 2014 der seit der letzten Jahrestagung verstorbenen Mitglieder *Hermann-Wilfried Bayer, Michael Silagi, Klaus Berchtold* und *Helmut Steinberger*. Die Vereinigung wird ihnen ein ehrendes Angedenken bewahren.

Die Gesprächskreise „Grundlagen des Öffentlichen Rechts", „Europäisches Verfassungsrecht" und „Verwaltung" tagten am Vormittag des 1. Oktober 2014. Im Gesprächskreis Grundlagen des Öffentlichen Rechts referierte *Christoph Schönberger* über den „German Approach – Staatsrechtslehre im Wissenschaftsvergleich", *Atsushi Takada* (Osaka) und *András Jakab* (Budapest/Heidelberg) gaben Kommentare ab. *Gabriele Britz* und *Hannes Krämer* (Europäische Kommission) behandelten im Gesprächskreis Europäisches Verfassungsrecht das Thema „Grundrechtsschutz im Mehrebenensystem". *Christoph Brüning* und *Peter Franke* (Bundesnetzagentur) referierten im Gesprächskreis Verwaltung über „Verwaltung und Verwaltungsgerichtsbarkeit".

Die Jahrestagung befasste sich mit vier verschiedenen Themen. *Uwe Volkmann* und *Anne Peters* leiteten die Aussprachen über die Öffnung der öffentlich-rechtlichen Methode durch Internationalität und Interdisziplinarität, die Dritte Gewalt im Wandel, die Gestaltung des demographischen Wandels als Verwaltungsaufgabe und über die Sicherung grund- und menschenrechtlicher Standards gegenüber neuen Gefährdungen durch private und ausländische Akteure.

Am Vorabend der Tagung traf sich der Vorstand der Vereinigung mit allen 18 neu aufgenommenen Mitgliedern sowie deren Mentorinnen und Mentoren. Der Oberbürgermeister der Landeshauptstadt Düsseldorf, *Thomas Geisel*, und der Beigeordnete für Recht, Ordnung und Verkehr, Dr. *Stephan Keller*, empfingen zusammen mit dem Rektor der Heinrich-Heine-Universität Düsseldorf, Professor Dr. *Hans Michael Piper*, die Mitglieder der Vereinigung und Ihre Begleitung am Mittwochabend im Oeconomicum auf dem Campus der Heinrich-Heine-Universität. Am

Donnerstagabend genossen die Teilnehmer einen Gemeinsamen Abend, eingeleitet durch den gastgebenden Intendanten der Düsseldorfer Tonhalle, Herrn *Michael Becker*. Den Höhepunkt dieses Abends bildete der Auftritt des Kollegen *Julian Krüper* (Tenor) mit der Pianistin *Nadine Schuster*, die den Liederzyklus „Dichterliebe“ aufführten, den *Robert Schumann* zu Texten des Düsseldorfer Dichters *Heinrich Heine* komponiert hat.

Karsten Altenhain begrüßte die Mitglieder am Donnerstagmorgen als Dekan der Juristischen Fakultät. Die Abschlussfeier am Freitagabend fand auf einem kreuzenden Rheinschiff statt. Die Tagung endete am Samstag mit einem Ausflug zum Welterbe Zollverein und zur Villa Hügel in Essen.

Martin Burgi

Erster Beratungsgegenstand:

Öffnung der öffentlich-rechtlichen Methode durch Internationalität und Interdisziplinarität: Erscheinungsformen, Chancen, Grenzen

1. Referat von Professor Dr. *Hans Christian Röhl*, Konstanz

Inhalt

I. Einleitung

Über Methode hat man zu reden: Dem Doktoranden muss man erklären, wie er wissenschaftlich arbeiten soll. Die Kollegin aus einem anderen Fach möchte erfahren, auf welche Weise die rechtswissenschaftliche Behandlung eines Themas das gemeinsame Forschungsprojekt voranbringen kann. In einem Drittmittelantrag schließlich wird man ausweisen, mit welchen Instrumenten man das Problem lösen möchte. Nicht nur diese Beispiele zeigen an, warum unser Beratungsgegenstand eine gewisse Konjunktur hat[1].

Über Methode redet man nur ungern. Und das mit gutem Grund, berührt doch diese Frage Selbstverständnis und damit auch Selbstwert-

---

[1] *Wissenschaftsrat* Perspektiven der Rechtswissenschaft in Deutschland, 2012, abrufbar unter www.wissenschaftsrat.de/download/archiv/2558-12.pdf. Vgl. nur *E. Schmidt-Aßmann/W. Hoffmann-Riem* (Hrsg.) Methoden der Verwaltungsrechtswissenschaft, 2004; *C. Möllers* in: W. Hoffmann-Riem/E. Schmidt-Aßmann/A. Voßkuhle (Hrsg.) Grundlagen des Verwaltungsrechts I (GVwR), 2. Aufl. 2012, § 3 Methoden; *M. Jestaedt* in: C. Engel/W. Schön (Hrsg.) Das Proprium der Rechtswissenschaft, 2007, 241 ff.; *M. Jestaedt* in: M. Jestaedt/O. Lepsius (Hrsg.) Rechtswissenschaftstheorie, 2008; *M. Jestaedt* JZ 2014, 1 *R. Stürner* AcP 214 (2014), 7 und *H.-P. Haferkamp* AcP 214 (2014), 60. Ferner zu diesem Thema *S. Rixen* JZ 2013, 708; *T. Gutmann* JZ 2013, 697; *S. Grundmann* JZ 2013, 693.

gefühl der einzelnen Wissenschaftlerin und des einzelnen Wissenschaftlers. Hinzu tritt, dass es die eine öffentlich-rechtliche Methode so eigentlich gar nicht gibt[2]. Die wissenschaftliche Praxis der Mitglieder unserer Vereinigung umfasst glücklicherweise eine Vielzahl unterschiedlicher Fragestellungen, Vorgehensweisen und Themen. Konsequenterweise soll im Folgenden denn auch dieser Feuerprobe in gewisser Weise aus dem Weg gegangen und das heiße Eisen, die Frage nach der richtigen Methode, vertrauensvoll in Ihre Hände zurückgelegt werden (Leitsatz 11).

Worüber wollen wir also reden? In einem ersten Schritt wird zu überlegen sein, wonach mit dem Thema „Methode" gefragt werden und nach welchen Kriterien diese Frage beantwortet werden soll. In einem zweiten Schritt soll es darum gehen, welche Gründe einer größeren Öffnung der Methode bisher im Wege standen und woraus Chancen für eine Öffnung der Methode resultieren können. Schließlich soll danach gefragt werden, auf welche Weise Erscheinungsformen der Interdisziplinarität zu einer Öffnung beitragen.

II. „Methode" – eine institutionell-pragmatische Beschreibung

1. „Methode"

„Methode" beschreibt den Weg von der Fragestellung zur Erkenntnis. Das Thema „Methode" wird hier daher als Frage danach verstanden, mit welchen Instrumenten und mit welcher Präzision die Rechtswissenschaft die ihr gestellten Forschungsfragen beantworten soll. Zwischen Themen, Fragestellungen und Methoden besteht ein enger Konnex, gleichwohl lassen sie sich unterscheiden. Auch „Forschungsheuristiken", die die wissenschaftliche Aufmerksamkeit auf bestimmte Problempunkte lenken[3], wie z.B. steuerungstheoretische Ansätze, rechnen deshalb noch nicht zur Methode. Schließlich will es heute nicht mehr gelingen, unter dem Thema „Methode" so wie vor bald 90 Jahren[4] die Grundfragen der geltenden Verfassungsordnung aufzurufen[5].

Auch so ist das Thema der „Methode" weit genug. Der Bericht konzentriert sich im Folgenden auf die Wissenschaft, nicht auf die Rechtsanwendung, jedenfalls nicht in erster Linie. Eine so genannte Professions-

---

[2] In diesem Sinne zum Zivilrecht *R. Stürner* AcP 214 (2014), 7 (8).

[3] *A. Voßkuhle* Neue Verwaltungsrechtswissenschaft, GVwR I (Fn. 1), § 1 Rn. 26.

[4] Dazu *M. Stolleis* Geschichte des öffentlichen Rechts in Deutschland, Bd. 3, 1999, 153 ff. (190).

[5] *C. Möllers* VerwArch 99 (1999), 187 ff.

wissenschaft muss aber die enge Verknüpfung mit der Rechtsanwendung im Blick behalten[6]. Für unsere Fragestellung soll damit zunächst nur die Rechtsanwendung durch die Gerichte gemeint sein, auch wenn der Adressatenkreis des Öffentlichen Rechts ebenfalls Staatsorgane und Verwaltung umfasst. Diese Reduktion erfolgt schon deshalb, weil die rechtswissenschaftliche Methodendiskussion soweit wie möglich eine Allgemeine bleiben sollte. Eine spezifisch öffentlich-rechtliche Methodenlehre würde die angestrebte internationale und interdisziplinäre Verständigung kaum voranbringen. In diesem Sinne geht es den folgenden Ausführungen um Vorschläge zu einer Selbstbeschreibung der rechtswissenschaftlichen Arbeitsweise aus der Perspektive des öffentlichen Rechts.

2. *Rechtsanwendung, Jurisprudenz, Rechtswissenschaft*

„Methode" bringt die Arbeitsweisen der Juristinnen und Juristen auf den Begriff[7]. Sie thematisiert, mit welchen Instrumenten und mit welcher Präzision Fragen beantwortet werden. Das kommt auf den jeweiligen institutionellen und damit auch normativen Kontext an. Im Hinblick auf die Rechtsanwendung durch die Rechtsprechung ist das Ziel Gesetzesbindung (Art. 20 Abs. 3 GG). Für die Rechtswissenschaft hingegen gelten wissenschaftliche Maßstäbe. Die Methoden der Rechtsanwendung sind von den rechtswissenschaftlichen Methoden zu trennen[8].

Diese Trennung ist auch deshalb zu betonen, weil die in den üblichen juristischen Methodenlehren entwickelten Verständnis- und Reflexionshilfen[9] in erster Linie eine Methodik der Rechtsanwendung darstellen[10] – ganz im Gegensatz übrigens zu Methodenwerken anderer Fächer, die für die Studierenden die Forschungspraxis beschreiben[11]. Dass sich eine selbständige wissenschaftliche Methodenlehre weniger entwickelt hat,

---

[6] Zumal auch die „Methoden der Praxis" letztlich nur eine rechtswissenschaftliche Rekonstruktion richterlicher Tätigkeit sind. Was die Praxis wirklich macht, steht auf einem anderen Blatt, *H.-P. Haferkamp* AcP 214 (2014), 60.

[7] *F. Müller/R. Christensen* Juristische Methodik: Grundlegung für die Arbeitsmethoden der Rechtspraxis, 10. Aufl. 2009, Rn. 4.

[8] *Voßkuhle* (Fn. 3), GVwR I, § 1 Rn. 1 m. Fn. 9; *Möllers* (Fn. 1), GVwR I, § 3 Rn. 21.

[9] Statt vieler *R. Zippelius* Juristische Methodenlehre, 10. Aufl. 2006.

[10] *W. Hoffmann-Riem* in: Schmidt-Aßmann / Hoffmann-Riem (Hrsg.) Methoden (Fn. 1), 9 (14); *B. Rüthers/C. Fischer/A. Birk* Rechtstheorie, 7. Aufl. 2013, insbesondere Rn. 675; zur Unterscheidung *Möllers* (Fn. 1), GVwR I, § 3 Rn. 23 ff.

[11] Z.B. *A. Diekmann* Empirische Sozialforschung, 19. Aufl. 2008; *R. Schnell/E. Esser/P. B. Hill* Methoden der empirischen Sozialforschung, 10. Aufl. 2013; *K.-D. Opp* Methodologie der Sozialwissenschaften, 7. Aufl. 2014.

liegt möglicherweise auch an dem engen Bezug der deutschen Rechtswissenschaft zu der praktischen Verwirklichung der Rechtsordnung[12]; eine Verknüpfung, wie sie nicht viele andere Staaten kennen. So galt für die englische Rechtsprechung früher: „Jurists are dispensable", und wenn überhaupt, dann: „better read when dead"[13].

Die Bezogenheit der deutschen Rechtswissenschaft auf die Rechtsanwendung wird gemeinhin unter dem Begriff der Dogmatik behandelt. Als analytisches Instrument für unsere Fragestellung erscheint der Begriff der „Dogmatik" allerdings nicht sinnvoll[14]. Zudem steht Dogmatik in anderen Fächern für unwissenschaftliche Verhärtung[15]; in fremde Sprachen lässt sich der Begriff kaum übersetzen. Im Folgenden wird daher der hergebrachte Begriff der „Jurisprudenz"[16] verwendet. Jurisprudenz als auf die Rechtsanwendung bezogene Rechtswissenschaft ist zunächst nur eine idealtypische Beschreibung. Hierzu rechnen auch rechtswissenschaftliche Überlegungen, die nicht unmittelbar entscheidungsbezogene Aussagen treffen. Auch die Scheidung von den Grundlagenfächern, wie z.B. Rechtsgeschichte, Rechtssoziologie oder Rechtstheorie ist notwendig schematisch und würde jedenfalls dann zweifelhaft, wenn sie eine strikte methodische Trennung implizierte[17].

3. *Die Multiperspektivität der Rechtsanwendung*

Rechtsanwendung und damit auch die Jurisprudenz lassen sich nicht auf einfache Normauslegung reduzieren; sie sind multiperspektivische Unternehmen. Rechtsanwendung und Jurisprudenz behandeln Rechtstexte (Normen). Wegen ihrer sprachlichen Struktur müssen diese Texte

---

[12] Als Eigenschaft der Rechtswissenschaft benannt bei *H. Coing* Grundzüge der Rechtsphilosophie, 5. Aufl. 1993, 298.

[13] *R. C. Van Caenegem* Judges, legislators and professors, 1987, 53 ff.; *Neuberger* RabelsZ 77 (2013), 233 (235); *M. Flohr* RabelsZ 77 (2013), 322.

[14] Das zeigt sich an vielfältigen unterschiedlichen Definitionen, z.B. *C. Waldhoff* in: G. Kirchhof/S. Magen/K. Schneider (Hrsg.) Was weiß Dogmatik?, 2012, 17 (22–26); *M. Eifert* ebda, 80; *M. Jestaedt* JZ 2014, 1 (4 f.), und an ganz gegensätzlichen Folgerungen, die daraus gezogen werden: Während in der Dogmatik bzw. der „klassischen Dogmatik" auf der einen Seite der Grund für die Abschottung der Rechtswissenschaft gegenüber den Nachbarwissenschaften gesehen wird, wird ihr auf der anderen Seite bescheinigt, „in besonderem Maße auf die sozialwissenschaftliche Forschung angewiesen zu sein" *W. Brohm* Die Dogmatik des Verwaltungsrechts vor den Gegenwartsaufgaben der Verwaltung, VVDStRL 30 (1972), 245 (251).

[15] *Opp,* Methodologie (Fn. 11), 145, 226 ff.: „Lehrmeinungen, die gegen Kritik immunisiert sind und somit den Erkenntnisfortschritt hemmen".

[16] Gleichsetzung z.B. bei *R. Dreier* RTh 2 (1971), 37 (51).

[17] Ebenso *Wissenschaftsrat,* Perspektiven (Fn. 1), 36.

verstanden werden. Die aus den Texten ermittelten Aussagen werden durch die Anwendung logischer Operationen zueinander in Beziehung gesetzt[18]. Der für die Anwendung der Norm relevante Ausschnitt der Wirklichkeit muss ermittelt werden. Bei offenen Normen muss abgewogen werden[19]. Diese unterschiedlichen Perspektiven können durch die Rechtsanwendung zu einer Entscheidung zusammengeführt werden.

Die einzelnen Frageschritte: Verstehen, Schlussfolgern, Ermitteln und Abwägen, stehen in keiner logischen oder zeitlichen Abfolge; vielmehr bestehen enge Verbindungen und Rückkoppelungsprozesse. So kommt es für die Frage, welcher Ausschnitt der Wirklichkeit ermittelt werden muss, auf die Interpretation der Norm an, die ihrerseits wiederum von dem Verständnis der Realität[20], aber auch von Wertungen geprägt ist. Das Gewicht bestimmter Positionen in der Abwägung ist ein Ergebnis von Interpretation und Gewichtung des Sachverhalts. Diese Interdependenz der einzelnen juristischen Operationen ist vielfach beobachtet und beschrieben worden, u.a. als Normbereich, hermeneutischer Zirkel, Vorverständnis und Methodenwahl usw.

4. Der Umgang der Rechtsanwendung mit der Multiperspektivität

Die einzelnen Fragestellungen im Rahmen der Fallbearbeitung verlangen der Rechtsanwendung also Fähigkeiten ab, die über eine reine Textauslegung und Subsumtion weit hinausgehen[21]. Das Grundgesetz vertraut den Gerichten die Entscheidung an und schreibt hierfür vor, die Richter sollten „nur dem Gesetze unterworfen" sein (Art. 97 Abs. 1 GG). § 5 Abs. 1 des DRiG lässt trotz dieser komplexen Aufgabe als Befähigung „ein rechtswissenschaftliches Studium an einer Universität" und den anschließenden Vorbereitungsdienst genügen. Genügen diese Fähigkeiten, um der anspruchsvollen Aufgabe gerecht zu werden?

---

[18] *U. Klug* Juristische Logik, 3. Aufl. 1995; *R. Alexy* in: R. Alexy/H.-J. Koch/L. Kuhlen/H. Rüßmann (Hrsg.) Elemente einer juristischen Begründungslehre, 2003.

[19] *H.-J. Koch* in: Alexy / Koch / Kuhlen / Rüßmann Elemente (Fn. 18).

[20] Nachdrücklich z.B. *D. Grimm* in: D. Grimm (Hrsg.) Rechtswissenschaft und Nachbarwissenschaften, 2. Aufl. 1976 (56 ff.); *Voßkuhle* (Fn. 3), GVwR I, § 3 Rn. 15.

[21] Diese Erkenntnis ist nicht neu, wenn schon vor 120 Jahren formuliert werden konnte, „dann dürfte es sich ereignen, daß die Rechtswissenschaft … als einer der schwersten Wissenschaften gilt, weil sie in Wahrheit vielleicht die umfassendsten Kenntnisse voraussetzt." Wundt, zit. nach *R. Dreier*, Was ist und wozu Allgemeine Rechtstheorie, 1975, 21.

a) *Der Jurist als Integrationsfigur*

In einer einfachen Konzeption der Justiz billigt man dem ausgebildeten Juristen zu, genug von Sprache und Logik zu verstehen, hinreichend Psychologiekenntnisse zur Bewertung von Zeugenaussagen bereitzuhalten, über Wissensbestände zur Beurteilung von Sachverhalten zu verfügen und einen ausreichenden Wertefundus zu besitzen, der in der Abwägung appliziert werden kann. Damit kann „das Recht“ davon ausgehen, dass Erkenntnisprobleme mit der allgemeinen Erfahrung der Richter bewältigt werden können. Typische Argumentationsfigur für ein solches Verständnis ist die „Natur der Sache“.

b) *Die Dekonstruktion der richterlichen Entscheidung*

Sprachphilosophische und sozialwissenschaftliche Aufklärung von außen wie die juristische Methodendiskussion von innen haben dieses Selbstbild erschüttert. Die Sprachphilosophie hat gezeigt, dass zwischen Begriff und Bedeutung keine feste Beziehung existiert; die (Rechts-)Soziologie vorgeführt, in welchem Umfang juristische Entscheidungen Gegenstand von Aushandlungsprozessen sind und wie unausgesprochene Wertvorstellungen den Urteilen zugrunde liegen. Sozialwissenschaften haben schließlich nachgewiesen, dass Realitätsannahmen der Gerichte auf schwankendem Grund stehen können. Eine Vielzahl von Einzelwissenschaften hat sich auf die gerichtlichen Entscheidungen gestürzt und sie dekonstruiert, teilweise mit der Vorstellung, an ihre Stelle treten zu können[22].

Das Anliegen der Dekonstruktion bricht sich jedoch an der institutionell-pragmatischen Situation der richterlichen Gewalt. Das lässt sich etwa an der theoretisch überzeugenden Position des Regelskeptizismus zeigen, die im Übrigen mit der Erfahrung der Rechtsprechungspraxis harmoniert: Weil zwischen Begriff und Bedeutung keine feste Beziehung existiert, besteht auch die Bedeutung von Regeln immer nur in der Summe der erinnerten oder vorgestellten Anwendungsfälle. Steht die Anwendung einer Regel auf einen neuen Fall in Frage, geht es streng genommen nie um eine bloße Anwendung der Regel, sondern auch um ihre Veränderung. Und dennoch: In der Praxis sind viele Regeln durch Anwendungsbeispiele (Präzedenzfälle) oder übereinstimmende Erwartungen über die Anwendbarkeit der Regel in fiktiven Fällen so gut etabliert, dass Begriffe und

---

[22] Symptomatisch für den ursprünglichen Optimismus *R. Lautmann* Soziologie vor den Toren der Jurisprudenz, 1971, 14: „Der in allen Ländern des Westens und Ostens schnell wachsende Stab an ausgebildeten Soziologen lässt allerdings raschen wissenschaftlichen Fortschritt erwarten.“

Regeln Bedeutung *haben*[23]. Mit dem Gerichtssystem steht eine Institution zur Verfügung, deren Aufgabe es ist, ausgehend von der Grundannahme gelingender Verständigung eine Klärung der Bedeutung von Begriffen und Regeln herbeizuführen. Die theoretisch fehlende Verbindung zwischen Regel und Bedeutung wird durch die Institution pragmatisch hergestellt.

c) *Fazit: Institutionell-Pragmatischer Ansatz*

Mutete man den Gerichten zu, sämtliche Einzelfragen auf dem Weg zur Entscheidung mit analytisch-wissenschaftlicher Präzision zu behandeln, führte das zu einer kognitiven Überforderung. Praktische Rechtsanwendung bedeutet daher anders als Wissenschaft, Fragen als prinzipiell abschließbar zu betrachten. Institutionelles Nicht-Wissen-Wollen oder besser: Nicht-Mehr-Wissen-Müssen ist Funktionsbedingung der Rechtsanwendung[24]. Den Gerichten ist die rechtsprechende Gewalt trotz ihrer begrenzten analytisch-wissenschaftlichen Leistungsfähigkeit durch Art. 92 GG „anvertraut“. Sie können aufgrund dieser Legitimation mit unvollständigen, aber brauchbaren Beschreibungen, mit einer begrenzten Rationalität, arbeiten und sind befugt, das Weiterfragen abzubrechen. Diese Unvollständigkeit verlangt auf der anderen Seite die Beschränkung auf den konkreten Fall, durch dessen Entscheidung sie nur gerechtfertigt ist[25].

Eine klare methodische Beschreibung für diese Fragegrenzen, explizite Stoppregeln existieren allerdings nicht. Einige ergeben sich aus der prozessualen Situation wie Beweislast oder Vermutungsregeln. Im Übrigen folgen sie mehr oder weniger explizit aus der Praxis der Rechtsprechung, aus dem im Gerichtssystem für akzeptabel gehaltenen Maß an Präzision, aus judiziellen Standards also. Diese Absicherung in der Praxis führt dazu, dass die in der Ausbildung und in der Institution erworbenen Fähigkeiten und Haltungen im Prinzip für das Rechtssystem genügen. Auf diese Weise werden die Gerichte vor einer schein-rationalen Überforderung geschützt.

Als weitere Abstützung dieser institutionellen Begrenzung der Präzision lässt sich für das deutsche Rechtssystem die Rechtswissenschaft verstehen. Sie beobachtet als Jurisprudenz die laufende Entscheidungspraxis

---

[23] *R. Christensen* in: J. Krüper/H. Merten/M. Morlok (Hrsg.) An den Grenzen der Rechtsdogmatik, 2010.

[24] Nachweise bei *A. von Arnauld* in: A. Funke/J. Lüdemann (Hrsg.) Öffentliches Recht und Wissenschaftstheorie, 2009 (87 Fn. 120); „Wer zu entscheiden hat, muss Zweifel wegschieben“, *Engel*, Diskussionsbeitrag, VVDStRL 67, 351.

[25] Zu den Konsequenzen *C. Schönberger* Höchstrichterliche Rechtsfindung und Auslegung gerichtlicher Entscheidungen, VVDStRL 71 (2012), 296 (314).

kritisch und speist durch die juristische Ausbildung die notwendige Reflexionsfähigkeit in das System ein[26], sie formt, wenn man so möchte, den Habitus der Richterinnen und Richter. Dadurch bettet sie zusammen mit der beobachtenden Öffentlichkeit die Institution Justiz sozial ein. Im Gegensatz zum dekonstruktiven Ansatz der die Justiz beobachtenden Einzel-Wissenschaften ließe sich die Institution Gericht so gewissermaßen neo-institutionalistisch rekonstruieren.

5. *Die Reaktion der Wissenschaft auf die Herausforderung der Multiperspektivität*

Diese positive Rekonstruktion beruht auf dem Entscheidungsauftrag der Justiz. Auftrag der Rechtswissenschaft und damit auch der Jurisprudenz ist hingegen Erkenntnis, nicht Entscheidung. Die für die Rechtsanwendung akzeptable Beschränkung bietet daher für die Rechtswissenschaft kein adäquates Konzept für den Umgang mit der Multiperspektivität des Rechts[27]. Darauf müssen aber die Methoden der Jurisprudenz eingestellt sein, die dadurch zu einer mehrdimensionalen Disziplin wird.

a) *Reduktion der Fragestellung*

Auf diese Situation haben manche Ansätze in der Rechtswissenschaft mit einer Reduktion der Fragestellung reagiert: Die Begrenzung auf empirische Untersuchungen in der Rechtssoziologie, die Reine Rechtslehre, sprachwissenschaftliche und logische Studien[28]. Sie alle haben durch die Beschränkung auf analytische Überlegungen zu wichtigen Erkenntnissen beigetragen. Soweit diese Ansätze ihr Vorgehen jedoch als alleinige Arbeitsweise der Jurisprudenz ausweisen wollten, vernachlässigten sie eben die Multiperspektivität des Rechts.

---

[26] *I. Augsberg* in: I. Augsberg (Hrsg.) Extrajuridisches Wissen im Verwaltungsrecht, 2013, 32 f.; *S. Rixen* JZ 2013, 708 (709).

[27] Zur Multiperspektivität der Rechtswissenschaft *Mahlmann*, in: G. Biaggini/T. Gächter/R. Kiener (Hrsg.) Staatsrecht, 2011, § 6 Rn. 24. Eine Multiperspektivität, die bereits aus dem Forschungsgegenstand „Recht" resultiert, im öffentlichen Recht in besonderem Maße auch aus dem Regelungsgegenstand „Verwaltung" oder „Staat", *Schmidt-Aßmann*, DV Beih. 2, 177 (180).

[28] Rekonstruiert z.B. bei *C. Starck* JZ 1972, 609 (610–612). „Es wäre jedoch merkwürdig, Wissenschaften nicht von ihren Zielen, sondern von ihren Hilfsdisziplinen her zu bestimmen", *C. F. Gethmann* Gesundheit nach Maß?, 2005, 49.

b) *Trennung zwischen Analyse und Synthese*

Die Jurisprudenz beabsichtigt, Entscheidungshandlungen vorzubereiten[29]. Rechtswissenschaft verfügt in der Form der Jurisprudenz wie die anderen sogenannten Professionswissenschaften Theologie und Medizin, aber z.B. auch die Ingenieurwissenschaften, über einen engen Konnex mit einer Praxis, die durch Ausbildung und Professionalisierung darauf eingerichtet ist, die Ergebnisse der Wissenschaft nachvollziehend in ihre Entscheidungen aufzunehmen. Praktisches Entscheiden wäre jedoch hilflos, müsste es sich allein auf das empirisch-analytisch gesicherte Wissen verlassen[30]. Daher müssen jene Disziplinen wie die Jurisprudenz auch vereinfachte Handlungsanweisungen synthetisieren[31], damit die Praxis handlungsfähig bleibt[32].

(i) *Synthese: Entscheidungsvorschläge und Theoriebildung*

Das Spezifikum der Jurisprudenz, die Differenz zu empiristischen Wissenschaften, liegt also nicht in der Normativität von Texten begründet[33], sondern in einer Syntheseaufgabe. Sie antwortet auf die Frage: Was kommt nach der am Maßstab des kritischen Rationalismus gewonnenen Erkenntnis? Im Hinblick auf die Entscheidungsvorschläge geht es nicht um Wahrheit oder eine wahrheitsanaloge Richtigkeit juristischer Aussagen. Aufgabe der Jurisprudenz ist es vielmehr, Entscheidungsvorschläge

---

[29] Die Jurisprudenz wird daher auch als eine Entscheidungswissenschaft bezeichnet, *Voßkuhle* (Fn. 3), GVwR I, § 1 Rn. 15; *Hoffmann-Riem*, DV Beih. 2, 99 f. Kritisch *Jestaedt* in: ders./Lepsius, Rechtswissenschaftstheorie (Fn. 1), 201.

[30] Für politische Entscheidungen *Reese-Schäfer* in: A. Scherzberg u.a. (Hrsg.), Kluges Entscheiden, 2006, 275 (285). Blickt man auf andere Fächer, etwa die empirisch arbeitenden Sozialwissenschaften, sieht man, dass diese die Komplexität durch Annahmen reduzieren, die sie vor der eigentlichen Analyse vornehmen. (So etwa *C. Engel* in: C. Engel/W. Schön (Hrsg.) Das Proprium der Rechtswissenschaft, 2007, 235.) Die tatsächlich beherrschbare Zahl an Variablen ist begrenzt, eine darüber hinausgehende Komplexität wäre etwa in statistisch-ökonomischen Modellen nur schwer in den Griff zu bekommen. In der Konsequenz haben die so gewonnenen empirischen Aussagen Gültigkeit immer nur dann, wenn die zuvor postulierten Annahmen eingehalten sind. Das macht die Verwertbarkeit in der Praxis zu einem Problem.

[31] Das Problem ist für die Medizin auch angesprochen bei *C. F. Gethmann*, Gesundheit (Fn. 28), 47 ff. Allerdings verlässt sein Lösungsvorschlag das Handlungssystem Wissenschaft, wenn es sich am individuellen Erfolg orientiert.

[32] Aber z.B. auch die Geschichtswissenschaft muss, wenn sie Deutungsangebote formuliert, die Unvollständigkeit ihrer analytischen Untersuchungen hinter sich lassen.

[33] *Rüthers / Fischer / Birk* Rechtstheorie (Fn. 10), Rn. 290, 302a.

dem Modus der Wissenschaft zu unterwerfen, auf diese Weise ihre Rationalität[34] zu erhöhen und über den bloßen Dezisionismus hinwegzuhelfen.

Hierzu ist zwischen Analyse und Synthese idealtypisch zu trennen. Auf einer ersten analytischen Ebene gewinnt die Jurisprudenz ihre Wissenschaftlichkeit daraus, dass sie Fragestellungen bearbeitet, die je für sich in erheblichem Umfang empirische, hermeneutische, und logische Methoden erforderlich machen. Neben den Genannten bedarf es etwa auch der theoretischen und philosophischen Reflexion der normativen Grundlagen[35].

Auf dieser Grundlage entwickelt die Jurisprudenz Deutungen als „wissenschaftliche Synthese". Diese Synthese muss die Perspektivenvielfalt in einer neuen Überlegung zusammenfassen, es geht um Theoriebildung und Verwendungsvorschläge für wissenschaftliches Wissen, um die „handlungsbezogene Reformulierung, Transformation und Kontextuierung"[36]. In dieser Synthesebildung haben die typischen juristischen Schlussverfahren ihren Platz: Interpretation, Begriffsbildung und systematisches Denken, die als Kern der rechtswissenschaftlichen Methodik verstanden werden[37]. Das ist recht eigentlich die juristische Methode. Das vergleichende Denken[38], also der historische Vergleich, das Arbeiten mit Referenzgebieten und die Rechtsvergleichung[39] als Grundlage dieser Synthese treten hinzu. Ergebnis kann ein Entscheidungsvorschlag sein, ein Theorieangebot oder eine Begriffsbildung. Diese Trennung zwischen Analyse und Synthese ist, darauf ist deutlich hinzuweisen, eine idealtypische. In der Argumentation der Jurisprudenz vermengen sich analytische und synthetische Überlegungen in vielfältiger Weise.

---

[34] Unter Rationalität wird verstanden ein „Anforderungsbündel" von „Konsistenz, Kohärenz Begründbarkeit, empirische(r und logischer) Wahrheit, Effektivität, Optimierung und Reflexivität, unter Ungewissheitsbedingungen auch Revisibilität", *F. Reimer*, Das Parlamentsgesetz usw. GVwR I (Fn. 1), § 9 Rn. 109.

[35] Hätte es hiermit sein Bewenden, ließe sich die Aufgabe mit *Albert* als eine „technologische" beschreiben, *H. Albert* Rechtswissenschaft als Realwissenschaft, 1993, 12; *H. Albert* Traktat über rationale Praxis, 1978, 79 f.

[36] Allgemein zur Verwendung wissenschaftlichen Wissens *H.-H. Trute* Die Forschung zwischen grundrechtlicher Freiheit und staatlicher Institutionalisierung, 1994, 100.

[37] *J. Harenburg* Die Rechtsdogmatik zwischen Wissenschaft und Praxis, 1986, 63; *R. Dreier* in: F. Kaulbach/W. Krawietz (Hrsg.) Recht und Gesellschaft, 1978, 121.

[38] *C. Möllers* VerwArch 93 (2001), 22 (47 ff.); *H. Coing,* Grundzüge (Fn. 12), 296 f.

[39] Als „Methode der Rechtswissenschaft" ausgewiesen bei *Möllers* (Fn. 1), GVwR I, § 3 Rn. 40 ff.

(ii) Die Unvollständigkeit im Rahmen der Synthese

Es ist diese Syntheseaufgabe, die Unvollständigkeiten etwa im Hinblick auf logische, sprachliche und empirische Vorfragen erlaubt. Sollen synthetische Aussagen möglich sein, können aus Komplexitätsgründen nicht alle analytischen Aufgaben bis zum Ende durchgeführt werden. Die Synthese erlaubt die vorläufige Anwendung zweitbester Methoden. So liegen in vielen Fällen „Erfahrungssätze und Plausibilitätsregeln eingespielter Handlungspraxen“[40] vor, die zwar empirisch-sozialwissenschaftlichen Ansprüchen oder Erkenntnissen der Aussagenlogik nicht genügen mögen, aber für die Zwecke rechtswissenschaftlichen Schließens in einer ersten Näherung ausreichen können[41].

(iii) Reduktion der Unvollständigkeit durch den „strictly legal point of view“

Allerdings folgt hieraus kein Verbot des Weiterfragens; die Jurisprudenz muss nicht auf dem „strictly legal point of view“ beharren. Zwar wird auch heute noch vertreten, die „Spitzenleistungen der Rechtswissenschaft beruh(t)en auf Dekontextualisierung“[42]. Als wissenschaftlicher Standard bleibt das jedoch sowohl hinter den Erkenntnissen anderer Wissenschaften als auch hinter den Beobachtungen der juristischen Methodenlehre zurück. Ein solches generelles Frageverbot übersähe, dass die Syntheseaussage nur gerechtfertigt ist, wenn sie sich auch um eine Optimierung der Analyse bemüht.

Die fehlende Irritation durch nicht-hermeneutisch gewonnene Erkenntnisse erleichtert möglicherweise die Kommunikation mit der Rechtspraxis. Sie war als „juristische Methode“ in Händen von Gerber, Laband und Otto Mayer funktional. Sie entspricht dem Zustand mancher Teile der heutigen juristischen Ausbildung. Rational ist sie deswegen noch nicht.

---

[40] *E. Schmidt-Aßmann* Das allgemeine Verwaltungsrecht als Ordnungsidee, 2. Aufl. 2006, Kap. 1 Tz. 6 ff.: „Die Verwaltungsrechtswissenschaft entfaltet die dogmatische Funktion eher durch Theorievorschläge. Erkenntnisquellen sind die aus dem Vergleich von Normen und Instituten gewonnen allgemeine Rechtsgrundsätze sowie Erfahrungssätze und Plausibilitätsregeln eingespielter Handlungspraxen. In jüngerer Zeit tritt mehr und mehr die Rechtsvergleichung hinzu.“

[41] Wahrscheinlich findet an dieser Stelle manche sozialwissenschaftliche Theorie ihren Platz, wie etwa die Systemtheorie oder die Theorie rationalen Handelns. Sie machen, wenn man ihnen jeweils folgen will, Annahmen über Verhalten von Organisationen oder Personen plausibel und erlauben es damit, auf empirische Bestätigung zu verzichten.

[42] *W. Ernst* in: C. Engel/W. Schön (Hrsg.) Das Proprium der Rechtswissenschaft, 2007, 3 (16); vorsichtig zustimmend *T. Gutmann* JZ 2013, 697 (697).

Ein solcher genereller Ausschluss ist auch nicht wegen des Risikos eines naturalistischen Fehlschlusses gerechtfertigt. Richtig ist, dass unter dem Deckmantel wirklichkeitswissenschaftlicher Überlegungen oder philosophischer Konzepte wiederholt versucht wurde, rechtsfeindliche Ideologien in das Recht zu transportieren. Paradigmatisch zu nennen wäre das konkrete Ordnungsdenken[43]. Diesem Risiko lässt sich jedoch nicht begegnen, indem die Heranziehung der Erkenntnisse anderer Wissenschaften a limine ausgeschlossen wird. Der Kontext wandert dann nur über Alltagstheorien in die Überlegungen ein. Wir müssen vielmehr darauf vertrauen, dass eine präzise wissenschaftliche Diskussion den richtigen Umgang mit Wirklichkeitsbeschreibungen ermöglicht. Der Multiperspektivität des Rechts lässt sich ohne Methodenvielfalt nicht begegnen[44].

(iv) Kontrolle der Unvollständigkeit als Lackmus-Test wissenschaftlichen Vorgehens

Das Etikett der Wissenschaftlichkeit verdient sich die Jurisprudenz an dieser Stelle also nicht dadurch, dass sie sich als hermeneutische Wissenschaft ausweist[45]. Vielmehr muss sie sich immer wieder des schwankenden Grunds unvollständiger Analyse vergewissern, auf dem sich ihre Syntheseleistung befindet. Die Jurisprudenz muss diese Zweifel offenlegen, anstatt sie, wie die Rechtsanwendung, durch Entscheidungsrhetorik zuzudecken. Diese Zweifel sind Ansatzpunkt für die weitere wissenschaftliche Diskussion. Das Spannungsfeld zwischen analytischer Wissenschaft, die im Grunde als ständige Dekonstruktion konzipiert wird, und Syntheseaufgabe, die Unvollständigkeiten akzeptieren muss, wird durch die vorläufige Akzeptanz der Aussage in der wissenschaftlichen Diskussion aufgelöst. Was an Unvollständigkeit akzeptiert wird, darüber bestimmt also der Kommunikationszusammenhang in einer Gemeinschaft von Forschenden[46], die Disziplin[47]. Wenn man so möchte, ist das eine diskurstheoretische Rekonstruktion der Jurisprudenz[48].

---

[43] *F. Meinel* Der Jurist in der industriellen Gesellschaft, 2011, 123.

[44] *K. F. Röhl/H. C. Röhl* Allgemeine Rechtslehre, 3. Aufl. 2008, 9.

[45] *R. Poscher* in: J. Nolte (Hrsg.) Die Verfassung als Aufgabe von Wissenschaft, Praxis und Öffentlichkeit: Freundesgabe für Bernhard Schlink zum 70. Geburtstag, 2014, 203 (218 f.).

[46] Explizit *J. A. Jacobs* In defense of disciplines, 2013, 141 ff.

[47] *Ernst* in: Engel/Schön, Proprium (Fn. 42), 44: „Wissenschaft als Kollektivveranstaltung". „Voraussetzung ist ein rezeptiv gestimmtes disziplinäres Feld, das sich funktionale wie strategische Gewinne von einer solchen Metamorphose verspricht", *v. Arnauld* Öffentliches Recht (Fn. 24), 106.

[48] *K. F. Röhl/H. C. Röhl,* Allgemeine Rechtslehre (Fn. 44), 188.

Methodenregeln, die eine Verarbeitung bestimmter Erkenntnisse ausschlössen oder gebieten würden, folgen damit nicht aus einem Wesen der Jurisprudenz oder aus dem normativen Gegenstand der Rechtswissenschaft. Erkenntnisse, die z.B. mit soziologischen oder ökonomischen Methoden entwickelt worden sind, können ihren Platz in rechtswissenschaftlichen Aussagen finden. Die Jurisprudenz kann, wenn sie das für notwendig hält, im Sinne einer Öffnung ihr Methodenarsenal erweitern und die vorhandenen Methoden konstruktiv neu analysieren.

III. Auf dem Weg zu einer „Öffnung der Methode“

Worin liegen die Ursachen für eine tatsächliche oder jedenfalls wahrgenommene Schließung der Methode[49] oder Chancen für eine Öffnung der Methode begründet[50]? Ideologische Frontstellungen, die es möglicherweise verhindert haben, die in den sechziger und siebziger Jahren weit gediehene Reflexion über die Öffnung der Rechtswissenschaften zu den sogenannten Nachbarwissenschaften[51] zu einem für die Gesamtheit des öffentlichen Rechts produktiven Abschluss zu bringen, dürften heute jedenfalls nicht mehr dafür oder dagegen ins Feld geführt werden können.

1. Der Zugang der Jurisprudenz zur Empirie

Ein Resultat der engen Verbindung der Jurisprudenz mit der Rechtsanwendung mag die Tendenz sein, sich hinsichtlich der Standards der empirischen Grundlagen zu sehr dem gerichtlichen Entscheiden anzunähern. Es kann durchaus gefragt werden, ob die Stoppregeln des gerichtlichen Wirklichkeitsbezugs zu schnell auf wissenschaftliche Überlegungen übertragen sind. Das gilt sowohl in instrumenteller Hinsicht als auch im Hinblick auf die Präzision, also die Frage, ob die vorhandene Empirie ausreicht.

---

[49] Zur „juristischen Methode“ *M. Eifert* Das Verwaltungsrecht zwischen klassischem dogmatischen Verständnis und steuerungswissenschaftlichem Anspruch, VVDStRL 67 (2008), 286 (289 ff.) Sie wird häufig als Grund für eine „Schließung“ der Jurisprudenz identifiziert, z.B. *A. von Bogdandy* JZ 2011, 1 (6).

[50] Zur rechtshistorischen Analyse *R. Wahl* Herausforderungen und Antworten: Das öffentliche Recht der letzten fünf Jahrzehnte, 2006.

[51] *D. Grimm* (Hrsg.) Rechtswissenschaft und Nachbarwissenschaften, 2. Aufl. 1976.

a) *Beschränkte Erkenntnismöglichkeiten der Gerichte*

Die enge Verknüpfung mit der Praxis kann dazu führen, dass die Erkenntnismöglichkeiten der Jurisprudenz zu stark aus der Perspektive der gerichtlichen Entscheidung konzipiert werden. Jedenfalls im allgemeinen Zivilprozess ist es nicht Aufgabe des Gerichts, den Sachverhalt selbst zu ermitteln. Wirklichkeit wird dort über Beweislastregeln und den Beibringungsgrundsatz konstruiert. Das kann ein Grund dafür sein, dass jedenfalls im Zivilrecht nicht durchgängig über dic Integration „nichtjuridischen Wissens“ in die Rechtsanwendung reflektiert wird. Wenn der Auslegung Wirklichkeitsannahmen oder in einer anderen Formulierung „Normtatsachen“[52] zugrunde gelegt werden, etwa über das Verhalten von Unternehmen im Hinblick auf eine bestimmte Norm, über den Aufklärungsbedarf des Verbrauchers oder über das Funktionieren von Organisationen, dann wird das nicht regelmäßig als Frage einer Integration extrajuridischen Wissens, sondern als Bestandteil der Normauslegung und Rechtsfortbildung und damit als genuine Fähigkeit des Richters verstanden.

b) *Juristenempirie*

Ein besonderes Merkmal der Jurisprudenz ist die Rückkopplung aus der Praxis, die es in vielen anderen Fächern in vergleichbarer Weise nicht gibt: Auf diese Weise wird Fallmaterial für die wissenschaftliche Reflexion bereitgestellt, zum anderen kann die einzelne praktische Entscheidung Gegenstand wissenschaftlicher Diskussion werden. Das kann für beide Seiten einen Gewinn bedeuten. Das hierdurch für die wissenschaftliche Bearbeitung bereitgestellte empirische Material erleichtert die Nutzung fremder Erkenntnisse aber nicht von vornherein.

(i) *Gerichtsentscheidungen und Normtexte als Fallmaterial*

In den Bereichen, in denen Rechtsprechung vorliegt, verfügt die Jurisprudenz über Beschreibungen der – ganz ungeschützt formuliert – Realität, die nach einheitlichen Standards entstanden sind und es an Dichte mit mancher sozialwissenschaftlicher Feldforschung aufnehmen können[53].

---

[52] Dazu z.B. *H. Rüßmann* KritV 1991, 402, das hier angesprochene Problem der Beurteilungskompetenz ist dort kurz erwähnt, S. 415.

[53] Weniger prominent ist bisher die Aufarbeitung von Verwaltungsentscheidungen, mittlerweile sind etliche in Amtsblättern oder im Netz zugänglich; die Informationsfreiheitsgesetze eröffnen zusätzliche Zugänge. Zudem liegen in großem Umfang Ergebnisse

Es handelt sich um einen „signifikanten Ausschnitt aus bestimmten Bereichen der … Wirklichkeit“[54].

Vergleichbares lässt sich von Normtexten sagen. Gesetzes- und Normtexte wie auch Normsetzungsmaterialien können ebenfalls als Speicher von Erfahrung und damit als juristisch angeleitete Wirklichkeitsbeschreibung gelesen werden. Sie sind Ergebnis eines Normsetzungsprozesses, in den Erfahrungen mit den zu regelnden Materien und ihrer angemessenen juristischen Behandlung eingeflossen sind. Zudem lässt sich mit einer gewissen Wahrscheinlichkeit annehmen, dass das von den Vorschriften geforderte Verhalten auch der Praxis entspricht. Die Figur der „Referenzgebiete“ bringt diesen Punkt der Wirklichkeitsrekonstruktion aus Normen auf den Begriff[55]. Für Staat und Verwaltung wird man zusätzlich darauf verweisen, dass diese vielfach öffentlich agieren und dieses Handeln dokumentieren.

Mit den auf diese Weise gewonnenen „Erfahrungssätzen und Plausibilitätsregeln eingespielter Handlungspraxen“[56] verfügt die Rechtswissenschaft gerade im öffentlichen Recht über eine eigene, wenn auch eigentümliche Form der Empirie als Basis ihrer Aussagen. Dieser Punkt verdient, auch im Gespräch mit anderen Fächern, durchaus eine Hervorhebung.

(ii) Hermetik durch Juristenempirie

Auf der anderen Seite ist diese Juristenempirie möglicherweise ein Grund dafür, dass der Bedarf für die Erkenntnisse und Methoden anderer Fächer nicht immer gesehen wird. Ohnehin wird sich die Rechtswissenschaft fragen müssen, ob sie der Rechtspraxis hinreichend Anregungen bieten kann, soweit sie deren Wirklichkeitsbeschreibung übernimmt, und ob nicht im Gegenteil die Praxis auf ein Irritations- und Innovationspotential angewiesen ist, das sich aus anderen Quellen speist. Bislang konnte sich die Jurisprudenz den Zugang zur Rechtspraxis auch über

---

empirischer Forschung vor, die vor allem in der Form der Berichtsforschung frei verfügbar sind. Hieran ließe sich ebenfalls anknüpfen, *K. F. Röhl* in: M. Mahlmann (Hrsg.) FS Rottleuthner, 2011, 357 ff.

[54] *F. Schoch*, Gemeinsamkeiten und Unterschiede von Verwaltungsrechtslehre und Staatsrechtslehre, in: Schulze-Fielitz (Hrsg.), Staatsrechtslehre als Wissenschaft (2007), 177 (204).

[55] „Referenzgebiet“ als gelungene Verwandlung von Sachanforderungen in überzeugende Rechtsfiguren, *Wahl* Herausforderungen (Fn. 50), 43.

[56] *E. Schmidt-Aßmann,* Ordnungsidee (Fn. 40), Kap. 1 Tz. 6.

deren Bedarf nach einfachen Systematisierungs- und Kompilationsleistungen sichern. Das kann sich in Zukunft ändern, wenn solche Leistungen von Suchstrategien der Datenbanken vorgehalten werden[57].

2. *Chancen der Öffnung im Öffentlichen Recht*

Bietet nicht bereits das überkommene öffentliche Recht hinreichend Anlass für eine sogenannte Öffnung der Methode? Dieser Frage lohnt es sich auch deswegen nachzugehen, weil der etablierte Methodenkanon eher auf Fragestellungen des Zivilrechts reagiert[58]. Das soll nicht zu einer rechtsgebietsspezifischen Methodik führen[59]. Manches spricht aber dafür, dass sich die Methodik im öffentlichen Recht anderen Herausforderungen gegenüber sieht[60], als das Verhältnis zwischen dem ungeliebten Gesetzgeber und dem – eigentlich auch – ungeliebten Richter zu klären[61].

a) *Der Blick auf die rechtsanwendenden Instanzen*

Die deutsche Rechtswissenschaft hat das aktionenrechtliche Denken hinter sich gelassen. Die Frage des Bestehens und Inhalts eines Anspruchs ist von der Frage seiner Durchsetzungsfähigkeit gelöst worden, das materielle Recht lässt sich ohne Bezug auf seine Verwirklichungsbedingungen behandeln. Öffentliches Recht hat es hingegen mit einer Vielzahl durchaus heterogener Adressaten des Rechts zu tun. Neben den Gerichten sind – allein auf nationaler Ebene – die Staatsorgane und die vielfältig ausdifferenzierte Verwaltung zu nennen. Im öffentlichen Recht hat die Vernachlässigung der Verwirklichungsbedingungen schon öfter zu Friktionen geführt, sei es bei der Frage nach dem Rechtscharakter staatsrechtlicher Positionen, im Zusammenhang mit dem informalen Verwaltungshandeln oder dem sogenannten Vollzugsdefizit: Rechtsbindung, Rechtsbeachtung und Rechtsdurchsetzung müssen nicht unbedingt miteinander einhergehen. Das lenkt notwendig den Blick auf die Rechtsanwendungs- bzw. Vollzugsstrukturen außerhalb des eigentlichen Normtexts. Für die Internationalisierung ist das ganz offensichtlich.

---

57 *Wissenschaftsrat,* Perspektiven (Fn. 1), 37.

58 So sind auch viele klassischen Methodenbücher von Zivilrechtlern geschrieben, Hinweis bei *Rüthers / Fischer / Birk*, Rechtstheorie (Fn. 10), § 20 Rn. 674.

59 *I. Maus* KritV 1991, 107.

60 *Lepsius*, Diskussionsbeitrag VVDStRL 67, 349 f., nennt: Normenhierarchien; Dynamik der Normerzeugung vs. Systembildung und schließlich die Verknüpfung von Prozessrecht und materiellem Recht.

61 Zur Entwicklung *H.-P. Haferkamp* AcP 214 (2014), 60.

b) Externe Beobachtung: Rechtsschichten

Die Integration der Perspektiven anderer Disziplinen soll es der Rechtswissenschaft ermöglichen, die Vielzahl der Bedeutungsdimensionen des Rechts zu entfalten[62]. Demgegenüber darf darauf verwiesen werden, dass eine solche externe Perspektive dem öffentlichen Recht nicht unvertraut ist, musste es doch schon bisher die Sichtweise der unterschiedlichen föderalen Rechtssäulen oder die unterschiedlichen Rechtsschichten des Verfassungs- und des Verwaltungsrechts verarbeiten; Rechtsgeschichte und durch die Europäisierung zunehmend auch die Rechtsvergleichung liefern vergleichbare Anstöße. Dieser Befund ist allerdings durchaus ambivalent: Dass die Beobachtungsebene jeweils eine juristische ist, mag auch zu einer Selbststabilisierung des Rechts im Ganzen führen[63], wenn die Erkenntnisse anderer Disziplinen das einfache Recht nur vermittelt durch das Verfassungsrecht oder das Verfassungsrecht nur vermittelt durch den einfachen Gesetzgeber erreichen[64].

c) Normenflut statt Auslegung

Die überkommene Methodenlehre hat als Ideal die Auslegung einer Norm in einem systematischen Zusammenhang eines als Einheit gedachten Gesetzgebers vor Augen. Das öffentliche Recht findet schon traditionell eine Vielzahl von zwar miteinander verbundenen, aber doch heterogenen Normmassen vor, die von arbeitsteilig miteinander verbundenen Kompetenzträgern stammen. Dieses Phänomen nimmt zu. Das liegt zum einen in den Entwicklungen der Europäisierung und Internationalisierung der Rechtsordnungen begründet, zum anderen in der zunehmenden Ausdifferenzierung einzelner gesellschaftlicher und staatlicher Teilbereiche, die sich kaum als eine neue Einheit zusammenfügen lassen[65]. Im Ergebnis sehen sich Rechtsanwendung und Jurisprudenz einem Pluriversum unterschiedlicher Normsetzungs- und Normanwendungsinstanzen gegenüber. Wichtiger als Auslegung wird die

---

[62] *Wissenschaftsrat,* Perspektiven (Fn. 1), 29.

[63] So wurden vorsichtige Ansätze wie das Forsthoff'sche Verwaltungsrecht in den fünfziger Jahren alsbald von dem Auftrag der Rechtswissenschaft verdrängt, die Verfassungsbindung der staatlichen Gewalt sowohl im Staatsrecht als auch im Verwaltungsrecht durchzusetzen *Meinel,* Der Jurist (Fn. 43), 130.

[64] *H. C. Röhl* in: H.-H. Trute/T. Groß/H. C. Röhl/C. Möllers (Hrsg.) Allgemeines Verwaltungsrecht – zur Tragfähigkeit eines Konzepts, 2008, 828.

[65] *K. Günther/S. Kadelbach* (Hrsg.) Recht ohne Staat, 2011.

Komposition des Normmaterials[66]. Widerspruchsfreiheit wird von einem Merkmal der Rechtsordnung zur Verhaltensanforderung an den Rechtsanwender. Die Einheit der Rechtsordnung wird erst durch die rechtsanwendende Instanz hergestellt. Wenn man so will, ist eine „Kohärenzdogmatik" notwendig[67], die zu erarbeiten mit überkommener Textauslegung kaum möglich ist.

3. „Öffnung der Methode" durch Internationalität

In den Empfehlungen des Wissenschaftsrats lesen wir, verlangt sei eine „Methodik, die internationale Perspektiven reflektiert und kritisch integriert". Dazu darf man in aller Bescheidenheit darauf hinweisen, dass diese Vereinigung bereits vor 50 Jahren in Kiel über die „Bewahrung und Veränderung demokratischer und rechtsstaatlicher Verfassungsstruktur in den internationalen Gemeinschaften" verhandelt hat. Seitdem sind Fragen der Internationalisierung beständig wieder aufgegriffen worden[68]. Gleichwohl: In welchem Umfang bedingt dieser grundlegende Perspektivenwechsel eine Öffnung der Methode[69], wie es in dem Vorwurf des „methodologischen Nationalismus"[70] anklingt? Ich beschränke mich auf einige Anmerkungen.

a) Unionsrecht

Nicht behandelt werden sollen in diesem Zusammenhang die Veränderungen durch das Unionsrecht. Es lässt sich allerdings durchaus fragen, ob das Unionsrecht eine Öffnung der öffentlich-rechtlichen Methode in gewissem Umfang nicht auch verhindert. Das ist schon eine Frage der Kapazität: Die allumfassenden Einwirkungen des Unionsrechts zu analysieren bindet Arbeitskraft und damit die Fähigkeit zur methodischen Perspektivenerweiterung über das Unionsrecht hinaus in die eigentliche Internationalität. Deren Herausforderungen kommen weniger in den Blick, weil die Supranationalität den Blick auf die Internationalisierung verstellen kann: Viele Phänomene der Internationalisierung erreichen uns auf dem Umweg über die Europäische Union. Schließlich kann der Ände-

---

66 *E. Schmidt-Aßmann,* Ordnungsidee (Fn. 40), 2. Kap. Tz. 18 ff.: „Zusammenstellung des Bindungsprogramms".

67 *Schmidt-Aßmann* Verfassungsprinzipien für den Europäischen Verwaltungsverbund, GVwR I (Fn. 1), § 5 Rn. 69.

68 Skeptischer etwa *M. Ruffert* Die Globalisierung als Herausforderung an das Öffentliche Recht, 2004, 9, 20 ff.

69 So immerhin *Wissenschaftsrat,* Perspektiven (Fn. 1), 29.

70 *A. von Bogdandy* JZ 2011, 1 (4).

rungsbedarf für die Methode insofern geringer erscheinen, als die an einem Einheitsdenken geschulten deutschen Juristen im Unionsrecht einen guten Resonanzboden für ihre Vorstellungen wiederzufinden glauben[71]. Hier scheint eine alte durch eine neue Einheit ersetzt zu werden, zudem wird das Unionsrecht wie mitgliedstaatliches Recht vor staatlichen Gerichten durchgesetzt.

Auf der Habenseite der Beschäftigung mit dem Unionsrecht wird man hingegen die Notwendigkeit zum rechtsordnungsübergreifenden Dialog verbuchen können. Die Begegnung mit Stil und Methoden anderer europäischer Rechtswissenschaften und Rechtskulturen relativieren eigene Gewissheiten und fordern zur Selbstreflexion auf[72]. Sie führen der Rechtswissenschaft vor, dass sie ihre Erkenntnisse für andere Adressaten als das deutsche Justizsystem aufbereiten muss. Dafür ist nicht nur eine sprachliche Übersetzungsleistung erforderlich. Das anders gestimmte Rezeptionsfeld schon in Europa, erst recht im internationalen Bereich macht eine Anpassung des Stils juristischer Argumentation notwendig. Das sind wir auch unseren Studierenden schuldig.

b) Internationalität

Das eigentliche Internationalisierungsphänomen reicht in seinen methodischen Anforderungen über die Europäisierung hinaus. Es geht um normative Sphären, die nicht mehr auf einen nationalen oder supranationalen Rechtsraum bezogen sind[73]. Gemeint ist nicht nur das internationale Recht im hergebrachten Sinne, sondern auch die Standardsetzung quasi-öffentlicher Institutionen, selbstgeschaffene Regeln internationaler Kanzleien, Konzerne und internationaler Verbände sowie religiöse und andere normative Vorstellungen. Diese normativen Ordnungen unterscheiden sich vom Modell des staatlichen Rechts in Autor, Entstehung, Inhalten und Durchsetzungsmechanismen.

Die Beschäftigung mit dieser Pluralität von Normen ist legitimes Anliegen des öffentlichen Rechts. Diese Phänomene bestimmen über vielfältige Verweisungsmechanismen den Inhalt des staatlichen Rechts mit oder sie treten an seine Stelle, so dass die Kernaufträge des öffentlichen Rechts, der Schutz des Einzelnen und die Legitimation von Herrschaft[74], aufgerufen werden.

---

[71] Ebenso *T. Duve* Internationalisierung und Transnationalisierung der Rechtswissenschaft – aus deutscher Perspektive, 7; auf der Suche nach Systematik z.B. *S. Grundmann* RabelsZ 75 (2011), 882.

[72] *R. Wahl,* Herausforderungen (Fn. 50), 102 f., 105 f.

[73] *Duve,* Internationalisierung (Fn. 71), 6.

[74] *M. Ruffert,* Globalisierung (Fn. 68), 40, 58 ff.

Die einfache Übertragung von Modellen, Erfahrungen und theoretischen Konzepten aus der Beschäftigung mit dem staatlichen Recht verbietet sich natürlich[75]. Vielmehr ist die Rechtswissenschaft in vielfältiger Weise auf die Hilfe anderer Disziplinen angewiesen[76]. Das Vorkommen, die Wirkungen und die Durchsetzungsmechanismen sind eine soziologische oder ethnologische Frage. Ohne ihre Einbettung in die jeweilige Kultur nachzuvollziehen, können die Regeln nicht verstanden werden. Ihre Einordnung und Bewertung erfolgt unter Zuhilfenahme rechtstheoretischer und rechtsphilosophischer Überlegungen. Es kommt nicht von ungefähr, dass in den internationalen Diskussionszusammenhängen Vertreter z.B. der Rechtssoziologie und Rechtsgeschichte leichter anschlussfähig sind[77]: So verfügt etwa die Geschichtswissenschaft über vielfältige Erfahrungen im Hinblick auf den Umgang mit einer Pluralität von Rechtsordnungen ohne ein staatliches Zentrum. Aber auch die Vertreter anderer Rechtswissenschaften wie etwa der U.S.-amerikanischen, die durch die größere Interdisziplinarität der Ausbildung den Umgang mit pluralen Konzepten eher gewohnt sind[78], finden sich in diese Gespräche leichter ein[79].

IV. „Öffnung der Methode“ durch Interdisziplinarität

„Öffnung der Methode“ meint also die Bereitschaft, Methoden zu verwenden, die nicht zum klassischen Methodenrepertoire der Rechtswissenschaft gehören oder Ergebnisse zu rezipieren, die andere Wissenschaften mit derartigen Methoden erzielt haben. Diese Bereitschaft resultiert nicht aus einer Änderung von Regeln, sondern aus einer Anpassung der wissenschaftlichen Praxis durch veränderte Haltungen und Sichtweisen. Der Wissenschaftsrat setzt hier besonders auf die Grundlagenfächer. Man wird allerdings kritisch beobachten müssen, ob die intradisziplinäre Einrichtung von Grundlagenfächern nicht eher eine Auslagerung von Fragen bedeuten kann, indem historische, soziologische oder theoretische Methoden als deren Angelegenheit verstanden werden. Dann würden sie durch ihre Existenz eine gewisse Barriere gegenüber den eigentlichen Disziplinen

---

75 *M. Ruffert,* Globalisierung (Fn. 68), 40.

76 *A. Peters/L. Koechlin/T. Förster/G. Fenner Zinkernagel* (Hrsg.) Non-state actors as standard setters, 2009.

77 *Duve,* Internationalisierung (Fn. 71).

78 Zu der größeren Interdisziplinarität Nachw. bei *A. von Bogdandy* JZ 2011, 1 (3); *R. Stürner* AcP 214 (2014), 7 (9).

79 *M. Reimann* RabelsZ 78 (2014), 1.

darstellen[80]. Zu einer Öffnung der Jurisprudenz tragen die Grundlagenfächer dann bei, wenn sie Einsichten in die Kontingenz juristischer Lösungen fördern und die Vermittlungsleistung gegenüber anderen Methoden und Disziplinen erbringen[81].

Nun zur Interdisziplinarität:

- Zum einen geht es darum, auf Erkenntnisse anderer Fächer zuzugreifen oder solche Erkenntnisse mit Hilfe – wenn man so will – nicht-klassischer Methoden selbst zu erzeugen. Man kann das bereits als Interdisziplinarität bezeichnen[82], obwohl es sich doch eher um konsequente Rechtswissenschaft handelt[83].
- Interdisziplinarität kann auch die Zusammenarbeit zwischen wissenschaftlichen Disziplinen bedeuten. Diese Zusammenarbeit ist in der Regel gemeint, wenn in wissenschaftspolitischen Verlautbarungen von Interdisziplinarität gesprochen wird.

1. Nutzung der Erkenntnisse und Methoden anderer Fächer

Die ressourcenschonendste Form interdisziplinär arbeitender Rechtswissenschaft scheint der Import fremder Erkenntnisse zu sein. In diesem Sinne würde sich die Jurisprudenz darauf beschränken, die Ergebnisse anderer Fächer zur Kenntnis zu nehmen. Trivial und risikofrei ist dieser Weg jedoch nicht: Die Erkenntnisse, die für die Beantwortung der von der Rechtswissenschaft gestellten Fragen erforderlich wären, stehen nicht immer zur Verfügung[84]. Hinzu tritt, dass die Fragen der Rechtswissenschaft aus einem normativen Kontext stammen, auf den die anderen Fächer nicht eingestellt sind[85]. Die wissenschaftliche Diskussion verhandelt in diesem Zusammenhang über Importregeln, die den Verkehr der Erkenntnisströme aus anderen Fächern lenken sollen[86]. Zur Erarbeitung solcher Verkehrsregeln bedürfte es allerdings einer Metatheorie, die helfen

---

[80] „Abschließungs- und Abschottungstendenzen", *Jestaedt* in: ders./Lepsius, Rechtswissenschaftstheorie (Fn. 1), 203; „Immunisierung vor allzu problematischen Einsichten anderer Disziplinen", *Möllers* (Fn. 1), GVwR I, § 3 Rn. 52.

[81] *R. Wahl* Herausforderungen (Fn. 50), 15 f. ff.

[82] Z.B. *Voßkuhle* (Fn. 3), GVwR I, § 1 Rn. 37 ff.; *Möllers* (Fn. 1), GVwR I, § 3 Rn. 42 ff.

[83] *H.-H. Trute* in: H. Schulze-Fielitz (Hrsg.) Staatsrechtslehre als Wissenschaft, 2007, 124 f.

[84] *Trute* in: Schulze-Fielitz, Staatsrechtslehre (Fn. 83), 131; *Möllers* (Fn. 1), GVwR I, § 3 Rn. 48.

[85] *C. Starck* JZ 1972, 609, 613; *Trute* in: Schulze-Fielitz, Staatsrechtslehre (Fn. 83), 130 f.

[86] *Augsberg* Extrajuridisches Wissen (Fn. 26), 32 f.

könnte, Beurteilungskriterien zu erarbeiten[87]. Regeln über Beweislast oder Verfahren[88] können solche Verkehrsregeln nicht bilden, weil diese Vorgaben für die Rechtsanwendung über wissenschaftliche Argumentation nichts aussagen. Zudem scheinen die Verkehrsregeln vor allem für die Übernahme nicht-juristischer Theorien oder Begriffe benötigt zu werden, also fremder Syntheseleistungen. Die Neigung der Juristen zur Übernahme solcher Ansätze liegt vielleicht darin begründet, dass dafür der Modus des wissenschaftlichen Arbeitens nicht geändert werden muss: Es ist Schreibtisch-Interdisziplinarität. Das Problem der Übernahme stellen die normativen Implikationen solcher Theorien dar; davor muss man warnen[89]. Dagegen helfen aber keine Verkehrsregeln. Notwendig bleibt die sorgfältige juristische Argumentation, die etwa naturalistische Erschleichungen vermeiden hilft. Damit können dann auch nicht-juristische Theorien nach Maßgabe rechtsinterner Vorgaben umgearbeitet werden und verlieren dadurch ihre systemsprengende Kraft[90]. Nicht in den Griff zu bekommen sind auf diese Weise hingegen die neuen Alltagstheorien soziologischer und vor allem ökonomischer Natur.

Über den Import fremder Erkenntnisse hinaus[91] muss es auch um die eigene Anwendung „nicht-klassischer" Methoden zur Beantwortung der Fragen gehen, die die Rechtswissenschaft selbst stellt: Interview-Technik, Diskursanalyse, linguistische oder statistische Untersuchungen, Feldforschungen, historische Forschungen im Archiv. Selbstverständlich ist die Verarbeitung der auf diese Weise gewonnenen Erkenntnisse nicht trivial.

2. *„Öffnung der Methode" durch interdisziplinäre Kooperation*

a) *Interdisziplinäre Kooperation*

Forderung nach Interdisziplinarität, gemeint ist damit: interdisziplinäre Kooperation, ist das Mantra der Wissenschaftspolitik. Wissenschaftlicher Fortschritt spiele sich vor allem an den Randbereichen, zwischen den Disziplinen ab[92]. Diese These ist nicht unumstritten. Gehen wir von

---

[87] *T. Vesting* in: E. Schmidt-Aßmann/W. Hoffmann-Riem (Hrsg.) Methoden der Verwaltungsrechtswissenschaft, 2004, 280; *Voßkuhle* (Fn. 3), GVwR I, § 1 Rn. 39.

[88] Als Regeln angeboten etwa von *C. Engel* in: C. Engel (Hrsg.) Methodische Zugänge zu einem Recht der Gemeinschaftsgüter, 1998; *Augsberg* Extrajuridisches Wissen (Fn. 26), 21.

[89] Z.B. *O. Lepsius* Steuerungsdiskussion, Systemtheorie und Parlamentarismuskritik, 1999.

[90] *Möllers* (Fn. 1), GVwR I, § 3 Rn. 48.

[91] *Augsberg* Extrajuridisches Wissen (Fn. 26), 21: Es geht nicht um Aneignung fremddisziplinären Wissens, sondern um Erklärungen aus juristischer Perspektive.

[92] *H. Schelsky*, in: Mikat/ders., Grundzüge einer neuen Universität, 1966, 72 f.

der politisch gesetzten Notwendigkeit einer solchen Zusammenarbeit aus, können wir fragen, was interdisziplinäre Zusammenarbeit zur Öffnung der öffentlich-rechtlichen Methode beitragen kann.

Für eine Disziplin prägend soll hier verstanden werden ein Bestand an Wissen, theoretischen Vorstellungen, Rationalitätsstandards, Fragestellungen, Methoden und Verfahren sowie die hierauf beruhende Handlungsorientierung. Interdisziplinäre Kooperation kann an allen diesen Elementen ansetzen, also der Zusammenlegung von Fragestellungen, Methoden oder Wissensbeständen[93]. Entscheidendes Kennzeichen für die interdisziplinäre Kooperation wird aber wohl immer das „disziplinär fehlende Wissen zur Problembearbeitung und die daraus resultierende Suche nach Methodentransfer aus anderen Spezialgebieten“[94] sein.

b) Der Beitrag der interdisziplinären Kooperation zur Öffnung der Methode

Voraussetzung gelingender interdisziplinärer Kooperation in diesem Sinne ist zunächst die Selbstreflexion. Durch die Notwendigkeit, sich einem anderen Fach verständlich zu machen, wird die Besinnung auf die Leistungsfähigkeit und die Defizite des eigenen Fachs angeregt, etwa die Sichtweisen, Methoden und die Wissensbestände, die in die Kooperation eingebracht werden können. Die Begegnung mit anderen Disziplinen gewährt einen Einblick in deren Methoden[95]; sie bei der Forschung zu beobachten, ist ein erster Schritt, um die Ergebnisse wissenschaftlichen Arbeitens anderer Fächer richtig einordnen zu können, auch wenn daraus insgesamt nicht mehr als eher folkloristische Vorstellungen resultieren mögen[96]. Im besten Falle gelingt es, Methoden, die die durch Verwendung in anderen Fächern wissenschaftlich validiert sind, durch gemeinsame Arbeit nutzbar zu machen.

In der Literatur im Öffentlichen Recht wird im Hinblick auf interdisziplinäre Zusammenarbeit insbesondere über die Nachbarwissenschaften, vor allem Sozialwissenschaften, Soziologie etwa, Politik- und Organisationswissenschaften nachgedacht[97]. Das ist plausibel, ist doch das öffent-

---

[93] Damit aus der parallelen, bloß multidisziplinären Forschung Zusammenarbeit an einem Thema in einer interdisziplinären Gruppe wird, genügt das bloße Zusammenfügen von Lösungsansätzen noch nicht, *J. A. Jacobs* Defense (Fn. 46), 134 ff.

[94] *H. Parthey* in: W. Umstätter/K.-F. Wessel (Hrsg.) Interdisziplinarität – Herausforderung an die Wissenschaftlerinnen und Wissenschaftler. FS Heinrich Parthey, 1999.

[95] *E. Hilgendorf* JZ 2010, 913 (920).

[96] *D. Stein*, in: Krüper u.a., An den Grenzen der Rechtsdogmatik, 2010, 139 (140).

[97] *Voßkuhle* (Fn. 3), GVwR I, § 1 Rn. 39.

liche Recht, Verfassungs- wie Verwaltungsrecht, in großem Umfang auf Beschreibungen der Gesellschaft, der „Verwaltung“ bzw. des „Staates“ angewiesen[98]. Weil die Zeit im wesentlichen vorbei ist, in der die Sozialwissenschaften normative Forderungen an das Recht herantrugen, die aus ihrer Eigenschaft als Sozialwissenschaft nicht zu begründen waren[99], stehen insofern keine Hindernisse entgegen. Man wird aber konstatieren müssen, dass sich beträchtliche Teile der Sozialwissenschaften durch ihre Hinwendung zu empirisch-statistischen oder auch experimentellen Methoden zu einem guten Stück aus der Nachbarschaft der Jurisprudenz entfernen. Von Nachbarwissenschaften, mit denen die Rechtswissenschaft „die Methoden teilt“[100], kann insoweit nicht gesprochen werden. Das macht die Zusammenarbeit mit ihnen wie die Rezeption ihrer Ergebnisse nicht einfacher. Das gilt auch für die Wirklichkeitsbeschreibung, die nicht selten durch die Heranziehung von statistischem Material aus externen Quellen erzeugt wird.

c) *Eine Beobachtung zur Kommunikation im Medium des Rechts*

Der Einfluss der Jurisprudenz auf die Rechtsanwendung beruht nicht zuletzt darauf, dass die Gerichte mit Juristinnen und Juristen besetzt sind und auf diese Weise eine Rezeptionsbasis geschaffen ist. Sieht man es als Aufgabe der Rechtswissenschaft an, das Gespräch mit der Praxis insgesamt, und das heißt auch Verwaltung, Ministerien und Gesetzgebung zu pflegen[101], dann wird man sich klar machen müssen, dass die Adressaten dieses Gesprächs in den Ministerien und öffentlichen Verwaltungen zunehmend über eine sozialwissenschaftliche oder ökonomische Ausbildung verfügen. Um ihnen die eigenen Überlegungen verständlich zu machen, wird man jedenfalls ansatzweise ihre Sprache sprechen müssen. Das spricht dafür, sich auch inneruniversitär in der Übersetzung zu üben.

Diese Metapher verweist auf einen letzten Punkt. 1927 hieß es im Methoden- und Richtungsstreit über die Wirklichkeitsbeschreibung der Anti-Positivisten, die dazu verwendete Sprache sei „sozusagen chinesisch“[102]. Heute lässt sich anhand der Begegnung mit anderen Fächern beobachten, wie sich die Verhandlung über Politik und damit über Herrschaftsausübung aus dem Medium der Sprache in das Reich der Zahlen

---

98 *Möllers* (Fn. 1), GVwR I, § 3 Rn. 47 f.

99 *K. F. Röhl* Das Dilemma der Rechtstatsachenforschung, 1974, 89 ff., 92 ff.

100 *Wissenschaftsrat,* Perspektiven (Fn. 1), 37.

101 *Eifert* (Fn. 49), VVDStRL 67 (2008), 286 (295).

102 *Thoma,* Diskussionsbeitrag, VVDStRL 4 (1928), 86.

verschiebt[103]. Diese Transformation, die sich auf die Kernanliegen des öffentlichen Rechts bezieht und einen Bedeutungsverlust des Rechts nach sich ziehen kann, bedarf unserer Aufmerksamkeit.

V. Ausblick

Insgesamt geht es darum, die Reichweite und Relevanz der Methodendiskussion richtig einzuordnen[104]. So darf ich daran erinnern, dass der Ausgangspunkt der Reformdiskussion nicht der Bedarf nach einer erneuerten Methodik war, sondern die Überlegung: „Stellen wir noch die richtigen Fragen?“ Die jüngere Entwicklung des öffentlichen Rechts verstehe ich in diesem Sinne vor allem als die Ermutigung, Forschungsansätze zu entwickeln, die nicht unmittelbar aus dem Bedarf und den Erfahrungen der nationalen Rechtsanwendung abgeleitet sind. Wer dann an der Sache interessiert ist, wird sich die Informationen, Methoden und Erklärungen dort holen, wo sie zu finden sind[105]. Ob es die richtigen Methoden sind und sie jeweils hinreichend präzise und überzeugende Antworten geliefert haben, darüber entscheidet die Diskussion in der disziplinären Gemeinschaft.

---

[103] *T. M. Porter* Trust in numbers, 1995; zur Macht der Zahl *Baer* Demografischer Wandel und Generationengerechtigkeit, VVDStRL 68 (2009), 290 (292 ff., 298); zu Statistiken *Ladeur* Die Kommunikationsinfrastruktur der Verwaltung, GVwR II (Fn. 1), § 21 Rn. 70 ff.

[104] Demgegenüber ist „Methode“ ein zentraler Topos in der sogenannten „Neuen Verwaltungsrechtswissenschaft“, *Voßkuhle* (Fn. 3), GVwR I, § 1 Rn. 16 ff. Rn. 1: „Jede Wissenschaft konstitutiert sich maßgeblich über ihre Methode.“; zweifelnd z.B. *L. Krüger* in: J. Kocka (Hrsg.) Interdisziplinarität, 1987, 112.

[105] *K. Fischer* in: K. Fischer/H. Laitko/H. Parthey (Hrsg.) Interdisziplinarität und Institutionalisierung der Wissenschaft, 2011, 41.

Leitsätze des 1. Referenten über:

Öffnung der öffentlich-rechtlichen Methode durch Internationalität und Interdisziplinarität: Erscheinungsformen, Chancen, Grenzen

I. Einleitung

II. „Methode" – eine institutionell-pragmatische Beschreibung

1. „Methode"

1. „Methode" bezeichnet die Instrumente, mit der die Rechtswissenschaft die ihr gestellten Forschungsfragen beantwortet. Der Begriff umfasst nicht auch Themen, Fragestellungen und „Forschungsheuristiken".

2. Die Methodendiskussion sollte soweit wie möglich als allgemeine geführt werden, nicht als spezifisch öffentlich-rechtliche Methodenlehre, um auch die angestrebte internationale und interdisziplinäre Verständigung voranzubringen. Ziel ist eine Selbstbeschreibung der rechtswissenschaftlichen Arbeitsweise, mittels derer eine solche Verständigung versucht werden kann.

2. Rechtsanwendung, Jurisprudenz, Rechtswissenschaft

3. „Methode" richtet sich nach dem jeweiligen institutionellen und damit auch normativen Kontext. Daher sind die Methoden der Rechtsanwendung von den rechtswissenschaftlichen Methoden zu trennen. Die Methodenlehre der Rechtswissenschaft ist ausbaufähig. Das liegt auch an dem im internationalen Vergleich besonders engen Bezug der Rechtswissenschaft zu der praktischen Verwirklichung der Rechtsordnung.

4. Diese Bezogenheit der Wissenschaft auf die Rechtsanwendung wird gemeinhin unter dem Begriff der Dogmatik behandelt. Für diesen Bericht wird statt dessen die überkommene Bezeichnung „Jurisprudenz" gewählt.

3. Die Multiperspektivität der Rechtsanwendung

5. Rechtsanwendung lässt sich nicht auf einfache Normauslegung reduzieren; sie ist ein multiperspektivisches Unternehmen. Zwischen den einzel-

nen Frageschritten: Verstehen, Schlussfolgern, Ermitteln und Abwägen bestehen enge Verbindungen und Rückkoppelungsprozesse.

4. Der Umgang der Rechtsanwendung mit der Multiperspektivität

6. Insgesamt verlangen diese Aufgaben der Rechtsanwendung Fähigkeiten ab, die über eine reine Hermeneutik und Subsumtion weit hinausgehen. Diese Beobachtung hat zu verschiedenen Versuchen einer Dekonstruktion der Justiz geführt. Diese Versuche brechen sich an der institutionell-pragmatischen Situation der richterlichen Gewalt. So wird etwa die sprachtheoretisch fehlende Verbindung zwischen Regel und Bedeutung durch das Gerichtssystem pragmatisch hergestellt.

7. Den Gerichten ist die rechtsprechende Gewalt im Wissen um ihre begrenzte analytisch-wissenschaftliche Leistungsfähigkeit durch Art. 92 GG „anvertraut". Sie können aufgrund dieser Legitimation mit unvollständigen, aber brauchbaren Beschreibungen, mit einer begrenzten Rationalität, arbeiten. Die Fragegrenzen folgen aus dem im Gerichtssystem für akzeptabel gehaltenen Maß an Präzision, aus judiziellen Standards.

5. Die Reaktion der Wissenschaft auf die Herausforderung der Multiperspektivität

8. Auch die Jurisprudenz reduziert auf dem Weg zu ihrer Erkenntnis die Untersuchungstiefe und kann sich dazu vorläufig mit unvollständigen Analysen zufriedengeben. Trotzdem gelangt die Jurisprudenz zu Aussagen, die sie als wissenschaftliche Aussagen ausweist, weil sie sie im Modus der Wissenschaft erzeugt.

9. Die Aussagen der Jurisprudenz sollen, wie die anderer sogenannter Professionswissenschaften auch, Entscheidungshandlungen vorbereiten. Hierbei ist idealtypisch zwischen Analyse und Synthese zu trennen. Auf der analytischen Ebene gewinnt die Jurisprudenz ihre Wissenschaftlichkeit daraus, dass sie Fragestellungen bearbeitet, die je für sich in erheblichem Umfang sprachliche, empirische und logische Methoden erforderlich machen. Auf dieser Grundlage entwickelt die Jurisprudenz Deutungen als „wissenschaftliche Synthese". In dieser Synthesebildung haben die typischen juristischen Schlussverfahren ihren Platz. Ergebnis kann ein Entscheidungsvorschlag sein, ein Theorieangebot oder eine Begriffsbildung.

10. Diese Syntheseaufgabe erlaubt Unvollständigkeiten, etwa im Hinblick auf logische, sprachliche und empirische Vorfragen. Allerdings folgt hieraus kein Verbot des Weiterfragens, kein „strictly legal point of view". Zur Wissenschaftlichkeit einer Syntheseaussage der Jurisprudenz zählt im Gegenteil auch das Bemühen um eine Optimierung der Analyse. Dem Risiko naturalistischer Fehlschlüsse lässt sich nicht pauschal, sondern nur durch eine präzise wissenschaftliche Diskussion begegnen.

11. Das Spannungsfeld zwischen analytischer Wissenschaft und Syntheseaufgabe wird durch die nur vorläufige Akzeptanz der Aussage im wissenschaftlichen Diskurs aufgelöst. Was an Unvollständigkeit akzeptiert wird, darüber bestimmt der Kommunikationszusammenhang in einer Gemeinschaft von Forschenden, die Disziplin.

12. Erkenntnisse, die etwa mit theoretischen, soziologischen oder ökonomischen Methoden entwickelt worden sind, können ihren Platz in rechtswissenschaftlichen Aussagen finden. Methodenregeln, die eine Verarbeitung bestimmter Erkenntnisse ausschlössen oder gebieten würden, folgen nicht aus einem Wesen der Jurisprudenz oder aus dem normativen Gegenstand der Rechtswissenschaft.

III. Auf dem Weg zu einer „Öffnung der Methode“

1. Der Zugang der Jurisprudenz zur Empirie

13. Ein Resultat der engen Verbindung der Jurisprudenz mit der Rechtsanwendung mag die Tendenz sein, sich hinsichtlich der Standards der empirischen Grundlagen zu sehr dem gerichtlichen Entscheiden anzunähern.

14. Durch die Rückkopplung mit der Praxis wird allerdings auch empirisches Material bereitgestellt, das als Grundlage für die wissenschaftliche Reflexion dienen kann. Unter Umständen verstellt es hingegen den Blick auf die Notwendigkeit vollständigerer Analyse.

2. Chancen der Öffnung im Öffentlichen Recht

15. Öffentliches Recht hat es mit einer Vielzahl durchaus heterogener Adressaten des Rechts zu tun. Das lenkt notwendig den Blick auf die Rechtsanwendungs- bzw. Vollzugsstrukturen außerhalb des eigentlichen Normtexts.

16. Dem öffentlichen Recht ist die externe Perspektive auf das und damit die Reflexion über das Recht durch die unterschiedlichen föderalen Rechtssäulen und die unterschiedlichen Rechtsschichten des Verfassungs- und des Verwaltungsrechts vertraut. Dass die Beobachtungsebene jeweils eine juristische ist, mag allerdings auch zu einer Selbststabilisierung des Rechts und einer Schließung gegenüber extrajuridischen Perspektiven führen.

17. Das öffentliche Recht findet schon traditionell eine Vielzahl von zwar miteinander verbundenen, aber doch heterogenen Normmassen vor, die von arbeitsteilig miteinander verbundenen Kompetenzträgern stammen. Diese

Vielfalt nimmt zu; es lässt sich von einem Pluriversum unterschiedlicher Normsetzungs- und Normanwendungsinstanzen sprechen. Deren Untersuchung ist auf eine Erweiterung des Methodenspektrums angewiesen.

3. „Öffnung der Methode" durch Internationalität

18. Im Hinblick auf die Internationalität ist die Bedeutung des Unionsrechts für die Öffnung der Methode ambivalent. Die Supranationalität mag den Blick auf die Internationalisierung verstellen; neue Einheitsvorstellungen könnten den Öffnungsbedarf geringer erscheinen lassen. Die Notwendigkeit zum rechtsordnungsübergreifenden Dialog führt der Rechtswissenschaft hingegen vor, dass sie ihre Erkenntnisse für andere Adressaten als das deutsche Justizsystem aufbereiten muss.

19. Das eigentliche Internationalisierungsphänomen bezeichnet normative Sphären, die nicht mehr auf einen nationalen oder supranationalen Rechtsraum bezogen sind. Diese normativen Ordnungen unterscheiden sich vom Modell des staatlichen Rechts in Autor, Entstehung, Inhalten und Durchsetzungsmechanismen. Die Beschäftigung mit dieser Pluralität von Normen ist legitimes Anliegen des öffentlichen Rechts. Zu ihrer Untersuchung ist die Rechtswissenschaft in vielfältiger Weise auf die Hilfe anderer Disziplinen angewiesen.

IV. „Öffnung der Methode" durch Interdisziplinarität

1. Nutzung der Erkenntnisse und Methoden anderer Fächer

20. Interdisziplinarität im weiteren Sinne bedeutet die Nutzung der Erkenntnisse und Methoden anderer Fächer. Fremddisziplinäre Erkenntnisse und Theorien müssen zur Verwendung in der Rechtswissenschaft erst angepasst werden. Normativen Implikationen nicht-juristischer Theorien oder Begriffe wird besser durch präzise juristische Arbeit als durch Verkehrsregeln begegnet. Die Nutzung „nicht-klassischer" Methoden ist unproblematisch möglich. Die Verarbeitung der auf diese Weise gewonnener Erkenntnisse ist hingegen nicht trivial.

2. „Öffnung der Methode" durch interdisziplinäre Kooperation

21. Wesentliches Merkmal interdisziplinärer Kooperation ist der Methodentransfer aus anderen Spezialgebieten. Interdisziplinäre Kooperation befördert die Selbstreflexion des Fachs und vermittelt Kenntnisse über Sichtweisen und Methoden anderer Fächer. Manche der traditionellen Nachbarwissenschaften der Rechtswissenschaft haben sich durch ihre Hinwendung zu empirisch-statistischen oder auch experimentellen Methoden ein Stück weit von der Jurisprudenz entfernt. Das bedeutet neue Herausforderungen für die Zusammenarbeit wie für die Rezeption ihrer Ergebnisse.

22. Interdisziplinäre Kooperation übt die Verständigung mit Vertretern anderer Disziplinen. Diese Fähigkeit wird für die Kommunikation der Rechtswissenschaft mit Adressaten außerhalb des Justizsystems zunehmend von Belang. Möglicherweise lässt sich anhand der Begegnung mit anderen Fächern beobachten, wie sich die Verhandlung über Politik und damit über Herrschaftsausübung aus dem Medium der Sprache in das Reich der Zahlen verschiebt.

Erster Beratungsgegenstand:

Öffnung der öffentlich-rechtlichen Methode durch Internationalität und Interdisziplinarität: Erscheinungsformen, Chancen, Grenzen

2. Referat von Professor Dr. *Andreas von Arnauld*, Kiel*

Inhalt

* Einer frühen Diskussion des Konzepts in einem Kreis von Kolleginnen und Kollegen verdanke ich viel. Für Begleitung mit Rat, Kritik und Zuspruch stehe ich namentlich in der Schuld von Pascale Cancik, Wolfgang Durner, Ulrich Hufeld, Franz Reimer und Hinnerk Wißmann. Mein besonderer Dank gilt Ingo Augsberg und Stefan Martini.

1. Im Honeywell-Beschluss vom Juli 2010 gesteht das BVerfG dem EuGH „auch die Rechtsfortbildung im Wege *methodisch gebundener* Rechtsprechung“ zu, und präzisiert: „Dies bedeutet zum einen, dass die *unionseigenen Methoden* der Rechtsfindung [...] zu respektieren sind. Zum anderen hat der Gerichtshof Anspruch auf Fehlertoleranz. Daher ist es nicht Aufgabe des Bundesverfassungsgerichts, bei Auslegungsfragen des Unionsrechts, die *bei methodischer Gesetzesauslegung im üblichen rechtswissenschaftlichen Diskussionsrahmen* zu verschiedenen Ergebnissen führen können, seine Auslegung an die Stelle derjenigen des Gerichtshofs zu setzen.“[1] – Auf Methode also kommt es an. Selbst an den Wendepunkten souveräner Staatlichkeit, dort, wo das BVerfG einer sich selbst ermächtigenden Europäischen Union Grenzen setzen will, sind es die „Methoden der Rechtsfindung“, an denen sich diese Grenzziehung orientieren soll. Die Rede von der „Fehlertoleranz“ suggeriert zusätzlich, dass es dabei ein Richtig und ein Falsch geben könne. Und doch: Je näher man tritt, desto mehr verschwimmen die Konturen. Methode erscheint als ein „Suchbild“[2], in dem sich die Identität unserer Disziplin verbirgt.[3]

---

[1] BVerfGE 126, 286 (305, 307) (Hervorhebungen hinzugefügt). Ähnlich zur der Rolle des BVerfG bei der Kontrolle der Fachgerichtsbarkeit BVerfGE 82, 6 (13); 96, 375 (394 f.); 111, 54 (81 f.); 122, 248 (258).

[2] In Anlehnung an *U. Volkmann* Verfassungsrecht zwischen normativem Anspruch und politischer Wirklichkeit, VVDStRL 67 (2008), 57 (88 f.): „Suchbild Verfassung“.

[3] Zur Methodenlehre als „Standort rechtswissenschaftlicher Selbstvergewisserung“ *E. Schmidt-Aßmann* Methoden der Verwaltungsrechtswissenschaft – Perspektiven der Systembildung, in: ders./W. Hoffmann-Riem (Hrsg.) Methoden der Verwaltungsrechtswissenschaft, 2004, 387 (396).

I. „Die" öffentlich-rechtliche Methode: eine Unschärferelation

1. *Methodischer Pluralismus als Kennzeichen von Rechtswissenschaft*

2. *Die* Einheit *der* öffentlich-rechtlichen (Teil-)Disziplin gibt es nicht, jedenfalls nicht in methodischer Hinsicht.[4] Rechtswissenschaft ist multiperspektivisch[5], und dieser Multiperspektivität entspricht ein Pluralismus der Methoden. Dies ist unmittelbar einsichtig, wenn man sich auf die zentrale Funktion von Methoden besinnt, nämlich den Weg zu Ergebnissen und Aussagen zu rationalisieren[6] und überprüfbar zu machen.[7] Welche

---

[4] *W. Hoffmann-Riem* Methoden einer anwendungsorientierten Verwaltungsrechtswissenschaft, in: Schmidt-Aßmann/Hoffmann-Riem (Fn. 3), 9 (14 f.); *O. Lepsius* Themen einer Rechtswissenschaftstheorie, in: M. Jestaedt/O. Lepsius (Hrsg.) Rechtswissenschaftstheorie, 2008, 1 (10 ff.); *M. Jestaedt*, Perspektiven einer Rechtswissenschaftstheorie, ebd., 185 (195 ff.); *A. v. Arnauld* Die Wissenschaft vom Öffentlichen Recht nach einer Öffnung für sozialwissenschaftliche Theorie, in: A. Funke/J. Lüdemann (Hrsg.) Öffentliches Recht und Wissenschaftstheorie, 2009, 65 (73 ff.). Für die (Zivil-)Rechtswissenschaft *M. Reimann* Die Propria der Rechtswissenschaft, in: C. Engel/W. Schön (Hrsg.) Das Proprium der Rechtswissenschaft, 2007, 87 (98 f.).

[5] Sinngemäß *C. Waldhoff* Kritik und Lob der Dogmatik: Rechtsdogmatik im Spannungsfeld von Gesetzesbindung und Funktionsorientierung, in: G. Kirchhof/S. Magen/K. Schneider (Hrsg.) Was weiß Dogmatik?, 2012, 17 (30 ff.). Zur Völkerrechtswissenschaft *A. Peters* Die Zukunft der Völkerrechtswissenschaft: Wider den epistemischen Nationalismus, ZaöRV 67 (2007), 721 (756): „mehrdimensional". Zu eigenen Versuchen, die perspektivische Vielfalt für größere Tiefenschärfe in der Analyse gerade von Prinzipien und Leitgedanken des Rechts nutzbar zu machen, vgl. *A. v. Arnauld* Rechtssicherheit: Perspektivische Annäherungen an eine *idée directrice* des Rechts, 2006; *ders.* Das Existenzminimum, in: ders./A. Musil (Hrsg.) Strukturfragen des Sozialverfassungsrechts, 2009, 251 ff.

[6] Im Rahmen des Möglichen: zu nicht-rationalisierten und irrationalen Gehalten im Recht und seiner Methodik u.a. *L. J. Munoz* The Rationality of Tradition, ARSP 67 (1981), 197 (201 ff.); *N. MacCormick* The Limits of Rationality in Legal Reasoning, und *R. Dreier* Irrationalismus in der Rechtswissenschaft, in: A.-J. Arnaud/R. Hilpinen/J. Wróblewski (Hrsg.) Juristische Logik, Rationalität und Irrationalität im Recht (= Beiheft Rechtstheorie 8), 1985, 161 ff. bzw. 179 ff. In historisch vergleichender Perspektive *H. Dedek* Die Schönheit der Vernunft – (Ir)Rationalität von Rechtswissenschaft in Mittelalter und Moderne, Rechtswissenschaft 1 (2010), 58 ff. Speziell zur ästhetischen Dimension von Recht und Rechtspraxis klassisch *H. Triepel* Vom Stil des Rechts: Beiträge zu einer Ästhetik des Rechts (1947), Nachdruck 2007. Dort auch weitere Nachweise zur zeitgenössischen rechtsästhetischen Debatte bei *A. v. Arnauld/W. Durner* Heinrich Triepel und die Ästhetik des Rechts, S. V (XIII ff.).

[7] *M. Kriele* Theorie der Rechtsgewinnung, entwickelt am Problem der Verfassungsinterpretation, 2. Aufl. 1976, 21; *F. Bydlinski* Juristische Methodenlehre und Rechtsbegriff, 2. Aufl. 1991, 57 ff.; *F. Müller/R. Christensen* Juristische Methodik, Bd. 1, 10. Aufl. 2009, Rn. 2; *F. Reimer* Juristische Methodenlehre, 2015 (i.V., zitiert nach dem Ms.), Rn. 10 (unter Hinweis auf die Etymologie: *methodós* als „Weg hinter etwas her";

Ergebnisse und welche Aussagen dies sind, ist abhängig von der jeweils verfolgten Forschungsfrage.[8] Diese kann sich auf die Auslegung einer Rechtsnorm oder auf die systematische Erschließung eines Normkomplexes beziehen, ist aber nicht hierauf beschränkt. Sie kann auch auf die im Hintergrund wirkenden Wertungen zielen oder auf empirische Aspekte der Wirksamkeit oder der Anwendung von Recht. Sie kann sich im Übrigen auch, reflexiv, mit den Methoden der Rechtswissenschaft selbst befassen.[9] Die Vielfalt rechtswissenschaftlicher Forschungsfragen bedingt somit einen methodischen Pluralismus.

3. Dies ist keine Verfallserscheinung einer Rechtswissenschaft im Sog der Postmoderne. Für das Verfassungsrecht waren sich schon bei der ersten Freiburger Tagung unserer Vereinigung im Jahre 1961 beide Referenten, *Peter Schneider* und *Horst Ehmke*, darin einig,[10] dass das dem Zivilrecht *Puchtas* entlehnte Subsumtionsmodell keinen Referenzcharak-

---

in Rn. 8 auch zum Zusammenhang zwischen Herstellung und Darstellung von Entscheidungen). Generell *V. Kraft* Die Grundformen der wissenschaftlichen Methoden, 2. Aufl. 1973, 11.

[8] *J. Haage* The Method of a Truly Normative Legal Science, in: M. Van Hoecke (Hrsg.) Methodologies of Legal Research, 2011, 19 (22 f.). In aller Regel wird die Methode als „gegenstandsabhängig" beschrieben, so z.B. *Waldhoff* Kritik (Fn. 5), 30; *F. Reimer* Vielfalt und Einheit juristischer Methoden, in: FS Schapp, 2010, 431 (435 ff.). Das provoziert sogleich die Frage nach der „Methodenabhängigkeit des Gegenstandes": *Reimer* ebd., 438 ff.; siehe auch *O. Lepsius* Erkenntnisgegenstand und Erkenntnisverfahren in den Geisteswissenschaften der Weimarer Republik, Ius Commune XXII (1995), 283 (295). Mir erscheint das Abstellen auf die Forschungsfrage (bzw. das Erkenntnisinteresse) dem ontologischen *soupçon* weniger ausgesetzt (vgl. *S. Toulmin* Kritik der kollektiven Vernunft, 1978, 180 f. zur Verbindung von Methode und Erkenntnisinteresse). Dabei wird natürlich auch die Forschungsfrage von den Methoden mitkonstituiert: Als Forschungsfrage firmiert nur, was unter Heranziehung verfügbarer Methoden sagbar ist, vgl. *A. Voßkuhle* Neue Verwaltungsrechtswissenschaft, GVwR I, 2. Aufl. 2012, § 1 Rn. 1. – Zutreffend weist *Reimer* daneben auf zwei weitere Determinanten des Methodenpluralismus hin: die Rollenabhängigkeit (mit Kritik an der Dominanz der Richterperspektive, 431 ff.; bei *dems.* Methodenlehre [Fn. 7], Rn. 14 ff.: „Aufgabenabhängigkeit") sowie die Abhängigkeit vom Vorverständnis (440 f.). Zu letzterer klassisch *J. Esser* Vorverständnis und Methodenwahl in der Rechtsfindung, 2. Aufl. 1972.

[9] Zur Methodenlehre als Teil von Rechtswissenschaft und sogar (teilweise) der Jurisprudenz im engeren Sinne *K. Larenz* Methodenlehre der Rechtswissenschaft, 6. Aufl. 1991, 243 ff.

[10] *P. Schneider* und *H. Ehmke* Prinzipien der Verfassungsinterpretation, VVDStRL 20 (1963), 1 (9 ff., 34 ff.) bzw. 53 (57 ff., 62 ff.). Siehe als weiteren locus classicus *E.-W. Böckenförde* Die Methoden der Verfassungsinterpretation – Bestandsaufnahme und Kritik, NJW 1976, 2089 ff. Zur Reaktion auf die Freiburger Referate 1961 merkt *H. Hofmann* Die Konstitutionalisierung der juristischen Hermeneutik, FS Wahl, 2011, 99 (103) an, dass „die Sympathiebekundungen für die traditionelle juristische Methodenlehre dann jedoch recht spärlich" geblieben seien.

ter mehr besitzt. Und auf der zweiten Freiburger Tagung 2007 stieß es auf weitgehende Zustimmung, als *Ivo Appel* für das Verwaltungsrecht bemerkte, dass „[d]ie für das Methodenverständnis maßgebenden Erkenntnisinteressen [...] vielfältiger [sind], als manche traditionelle Vorstellung dies nahe legt".[11] Ohne die Verdienste eines *Gerber*, eines *Laband*[12], eines *Otto Mayer*[13] um die Etablierung des Öffentlichen Rechts als einer spezifisch juristischen Disziplin zu schmälern, dürfte die methodische Engführung durch den klassischen staats- und verwaltungsrechtlichen Positivismus[14] wenn auch nicht durch, aber doch zumindest in der Folge des legendären Weimarer Methoden- und Richtungsstreits[15] überwunden

[11] *I. Appel* Das Verwaltungsrecht zwischen klassischem dogmatischen Verständnis und steuerungswissenschaftlichem Anspruch, VVDStRL 67 (2008), 226 (233 f.). Ähnlich *C. Bumke* Rechtsdogmatik, JZ 2014, 641 (642), der „hinter der glatten Oberfläche eine irritierende Vielfalt und Disparität" ausmacht. Zu methodischen Unterschieden (auf Basis von Gemeinsamkeiten) zwischen Verfassungs- und Verwaltungsrecht(swissenschaft) *F. Schoch* Gemeinsamkeiten und Unterschiede von Verwaltungsrechtslehre und Staatsrechtslehre, in: H. Schulze-Fielitz (Hrsg.) Staatsrechtslehre als Wissenschaft (= Die Verwaltung, Beiheft 7), 2007, 177 (185 f.).

[12] *C. F. v. Gerber* Grundzüge eines Systems des deutschen Staatsrechts, 1865, VII ff.; *P. Laband* Das Staatsrecht des Deutschen Reiches, Bd. 1, 1876, V ff. Näher *W. Wilhelm* Zur juristischen Methodenlehre im 19. Jahrhundert: Die Herkunft der Methode Paul Labands aus der Privatrechtswissenschaft, 1958; *M. Stolleis* Geschichte des öffentlichen Rechts in Deutschland, Bd. 2: 1800–1914, 1992, 330 ff. Würdigung bei *D. Grimm* Methode als Machtfaktor (1982), in: *ders.* Recht und Staat in der bürgerlichen Gesellschaft, 1987, 347 (361 ff.). Im europäischen Rechtsvergleich *A. v. Bogdandy* Wissenschaft vom Verfassungsrecht: Vergleich, in: ders./P. Cruz Villalón/P. M. Huber (Hrsg.) Handbuch Ius Publicum Europaeum, Bd. 2, 2008, § 39, Rn. 16 ff.

[13] Programmatisch *O. Mayer* Zur Lehre vom öffentlichen Vertrage, AöR 3 (1888), 3 ff. Näher *C. Engel* Herrschaftsausübung bei offener Wirklichkeitsdefinition, in: Engel/Schön (Hrsg.) (Fn. 4), 205 (208 ff.); *M. Stolleis* Entwicklungsstufen der Verwaltungsrechtswissenschaft, GVwR I, 2. Aufl. 2012, § 2 Rn. 60 ff. Vertiefend *A. Hueber* Otto Mayer: Die „juristische Methode" im Verwaltungsrecht, 1982 (auf 18 ff. auch zu Abweichungen gegenüber dem strengen Positivismus *Gerbers* und *Labands*). Als „auf Rechtsprinzipien bezogene hermeneutische Vorgehensweise" charakterisiert *E. Schmidt-Aßmann*, Verwaltungsrechtliche Dogmatik, 2013, 12, *Mayers* Projekt. Dazu dass in der durch *Mayer* etablierten „Verengung nicht etwa ein Denkmangel [liegt], sondern eine bewußt vorgenommene Reduzierung der Optik, um zum rechtlichen Kern vorstoßen zu können", *Stolleis* Geschichte 2 (Fn. 12), 407.

[14] Eine historisierende Überzeichnung der Dominanz dieser Schule deutet sich bei einem differenzierten Blick auf die Epoche an: Dass die „Landschaft der spätkonstitutionellen Staatsrechtslehre keine ‚positivistische Wüste'" gewesen sei, bemerkt *Stolleis* Geschichte 2 (Fn. 12), 350.

[15] *M. Jestaedt* „Öffentliches Recht" als wissenschaftliche Disziplin, in: Engel/Schön (Fn. 4), 241 (249 f.); *J. Isensee* Verfassungsrecht als „politisches Recht", HStR XII, 3. Aufl. 2014, § 269, Rn. 3 f. Differenzierte Darstellungen finden sich bei *K. Groh* Die

sein.[16] Im Rückblick stellt sich diese Engführung möglicherweise sogar als eine historische Ausnahme dar. Man muss also nicht erst auf die Bindestrich-Disziplinen der Rechts-Geschichte, der Rechts-Philosophie und der Rechts-Soziologie verweisen, um zu erkennen, dass methodische Vielfalt seit langem das disziplinäre Bild prägt.[17]

2. *Auf der Suche nach Einheit in der Vielfalt*

4. Was aber bleibt von „der" Methode „der" öffentlich-rechtlichen Teildisziplin, auf die der Titel dieses Berichts zu zielen scheint? Handelt es sich um eine ahistorische Imagination, die verdeckt, dass die Wissenschaft vom Öffentlichen Recht längst nur noch künstlich zusammengehalten wird durch die Jahrestagungen der Vereinigung der deutschen Staatsrechtslehrer?[18] Gegenwärtig finden wir diese Erzählung von methodischer Fragmentierung und disziplinärem Zerfall verstärkt in Beschreibungen der US-amerikanischen Rechtswissenschaft:[19] Unter dem Eindruck vor

---

bundesdeutsche Verfassungstheorie in der Tradition der großen Fünf – Preuß, Anschütz, Thoma, Kelsen und Heller, in: U. J. Schröder/A. v. Ungern-Sternberg (Hrsg.) Zur Aktualität der Weimarer Staatsrechtslehre, 2011, 13 (24 ff.), und *H. Sauer* Von Weimar nach Lissabon? Zur Aktualität des Methoden- und Richtungsstreits der Weimarer Staatsrechtslehre bei der Bewältigung von Europäisierung und Internationalisierung des öffentlichen Rechts, ebd., 237 (239 ff.). Einordnung des Streits in das Ringen um die Eigenständigkeit der noch jungen Disziplin bei *S. Augsberg* Die aktuelle Methodendiskussion: eine wissenschaftstheoretische Renaissance?, in: Funke/Lüdemann (Fn. 4), 145 (166 ff.).

[16] Vgl. *R. Alexy* Theorie der Juristischen Argumentation, 3. Aufl. 1996, 17. Näher *Kriele* Theorie (Fn. 7), 47 ff.; *B. Schlink* Bemerkungen zum Stand der Methodendiskussion in der Verfassungsrechtswissenschaft, Staat 19 (1980), 73 ff. Das Hohelied des Syllogismus hat für das Verfassungsrecht, soweit ersichtlich, zuletzt mit einiger Resonanz 1959 *Ernst Forsthoff* angestimmt: Die Umbildung des Verfassungsgesetzes, in: FS für Carl Schmitt, 1959, 35 ff. Historisierend *R. Dreier* Zur Problematik und Situation der Verfassungsinterpretation, in: ders./F. Schwegmann (Hrsg.) Probleme der Verfassungsinterpretation: Dokumentation einer Kontroverse, 1976, 13 ff.; *A. Voßkuhle* Methode und Pragmatik im Öffentlichen Recht, in: H. Bauer u.a. (Hrsg.) Umwelt, Wirtschaft und Recht: Symposium für Reiner Schmidt, 2002, 171 (173 f.); *Hofmann* Konstitutionalisierung (Fn. 10), 99 ff. Zu einem latenten „Fortwirken des Gesetzespositivismus" allerdings *Müller/Christensen* Juristische Methodik (Fn. 7), Rn. 75 ff.

[17] *M. Eifert* Zum Verhältnis von Dogmatik und pluralisierter Rechtswissenschaft, in: Kirchhof/Magen/Schneider (Fn. 5), 79 (87 f.).

[18] Zu deren „Kohäsionskraft" *H. Schulze-Fielitz* Staatsrechtslehre als Wissenschaft: Dimensionen einer nur scheinbar akademischen Fragestellung, in: ders. (Fn. 11), 11 (32 ff.), auch in: *ders.* Staatsrechtslehre als Mikrokosmos, 2013, 219 ff. (240 ff.).

[19] *R. Posner* The Decline of Law as an Autonomous Discipline: 1962-1987, Harvard Law Review 100 (1987), 761; *A. Kronman* The Lost Lawyer: Failing Ideals of the Legal

allem des *Legal Realism* habe sich die Rechtswissenschaft in den USA weitgehend von der Rechtsanwendung und deren dogmatischer Reflexion abgewandt und sich stärker theoretisch ausgerichtet; den konkurrierenden Theorieangeboten folgend, sei ein heterogenes Feld entstanden, das allenfalls lose miteinander verkoppelt sei und den Kontakt zur juristischen Praxis weitgehend eingebüßt habe.

5. Diese Darstellung mag etwas überspitzt sein,[20] eignet sich aber gut als Folie für die Betrachtung zum Stand der Dinge bei uns. Hierzulande scheint die Disziplin insgesamt kohärenter. Durch die Verankerung der meisten Rechtswissenschaftlerinnen und Rechtswissenschaftler in einem Staatsexamensstudiengang bleibt die Praxisorientierung grosso modo erhalten. Die meisten unserer Zunft befassen sich – zumindest auch – mit Problemlösungen am Maßstab des positiven Rechts.[21] Dies kann auf verschiedenen Abstraktionsstufen geschehen[22] und abhängig von der jeweils verfolgten *Forschungsfrage* die Anwendung unterschiedlicher Methoden nach sich ziehen; dennoch verbindet das den meisten gemeinsame *Forschungsanliegen*, Probleme am Maßstab des positiven Rechts zu lösen bzw. lösbar zu machen.[23] Hierin dürfte ein Garant dafür liegen, dass aus methodischer Differenz nicht Indifferenz wird, dass die öffentlich-rechtliche Teildisziplin in all ihrer Vielfalt nach wie vor eine gewisse Einheit erfährt.[24] Die dogmatische Rechtswissenschaft bildet dadurch eine Art

---

Profession, 1993; *Reimann* Propria (Fn. 4), 97; *A. v. Bogdandy* The past and promise of doctrinal constructivism: A strategy for responding to the challenges facing constitutional scholarship in Europe, I•CON 7 (2009), 364 (387); *M. Kumm* On the past and future of European constitutional scholarship, I•CON 7 (2009), 401 (410 ff.); *O. Bassok* Showing Germans the Light, I•CONnect (22.5.2013), http://www.iconnectblog.com/2013/05/showing-germans-the-light; *R. Michaels* "Law as the Study of Norms" – Foundational Subjects and Interdisciplinarity in Germany and the United States, Verfassungsblog (19.2.2014), http://www.verfassungsblog.de/law-as-the-study-of-norms-foundational-subjects-and-interdisciplinarity-in-germany-and-the-united-states/.

20 Eine größere Praxisrelevanz sieht *R. Post* Constitutional scholarship in the United States, I•CON 7 (2009), 416 ff.

21 *v. Arnauld* Wissenschaft (Fn. 4), 73 m.w.N. Ähnlich *U. Volkmann* Grundzüge einer Verfassungslehre der Bundesrepublik Deutschland, 2013, 4.

22 Dazu dass bei einer Gegenüberstellung von (Verfassungs-)Dogmatik und (Verfassungs-)Theorie fließende Übergänge und Zusammenhänge nicht unberücksichtigt bleiben dürfen, *P. Kirchhof* Verfassung, Theorie und Dogmatik, HStR XII, 3. Aufl. 2014, § 273, Rn. 4, 12, passim.

23 Ähnlich wohl *Reimer* Vielfalt (Fn. 8), 443 f., der die „tiefere Einheit" in den „Metaregeln der Methodenlehre" sieht, die letztlich auf die Verwirklichung der gesellschaftlichen „Funktion des Rechts" zielen.

24 Wichtig für die disziplinäre Identität sind dabei natürlich auch die Faktoren Zeit und Tradition, vgl. *Toulmin* Kritik (Fn. 8), 174 ff. zur „Genealogie der Probleme".

„Gravitationszentrum" der Disziplin.[25] Zugleich sorgt sie für die Verbindung zur Praxis, wenn auch mit anderen Akzenten:[26] Während für die Rechtspraxis die Lösung eines Einzelfalls im Mittelpunkt steht und die Einordnung in einen größeren Zusammenhang insoweit nur Mittel zum Zweck darstellt, geht es der wissenschaftlichen Dogmatik gerade um die Ordnung der Einzelfälle zu einem Ganzen. Für sie stehen „Dekontextualisierung" und „Konsistenzialisierung" des Materials im Mittelpunkt, während das Hauptaugenmerk der juridischen Praxis auf der „Rekonkretisierung" liegt.[27]

II. Öffnung durch Internationalität und Interdisziplinarität: Pluralisierung der Ordnungen und Ordnung des Pluralismus

1. Varianten der „Öffnung"

6. Die Forderung nach einer stärkeren internationalen und interdisziplinären Öffnung[28] der Rechtswissenschaft und ihrer Lehre hat – einmal

---

[25] Näher *v. Arnauld* Wissenschaft (Fn. 4), 68 ff. In der Sache ähnlich, wenn auch mit anderer Metaphorik, *R. Dreier* Zum Selbstverständnis der Jurisprudenz als Wissenschaft (1971), in: *ders.* Recht – Moral – Ideologie, 1981, 48 (51); *C. Engel* Rechtswissenschaft als angewandte Sozialwissenschaft, in: ders. (Hrsg.) Methodische Zugänge zu einem Recht der Gemeinschaftsgüter, 1998, 11 (31); *W. Krebs* Die Juristische Methode im Verwaltungsrecht, in: Schmidt-Aßmann/Hoffmann-Riem (Fn. 3), 209 (213: „Systemzentrum"); *Schmidt-Aßmann* Methoden (Fn. 3), 388 („Kern"); *Schulze-Fielitz* Staatsrechtslehre (Fn. 18), 26 f.; *Lepsius* Rechtswissenschaftstheorie (Fn. 4), 16 ff.; *v. Bogdandy* Wissenschaft (Fn. 12), Rn. 27, 55, 68; *ders.* Constructivism (Fn. 19), 376; *T. Gutmann* Der Holzkopf des Phädrus – Perspektiven der Grundlagenfächer, JZ 2013, 697 (697); *Bumke* Rechtsdogmatik (Fn. 11), 650.

[26] Versuch einer schärferen Unterscheidung bei *A.-B. Kaiser* Die Öffnung der öffentlich-rechtlichen Methode durch Internationalität und Interdisziplinarität, DVBl. 2014, 1102 (1104 ff.), die zwischen einer stärker abgeschotteten „Gebrauchs-" und einer für internationale und interdisziplinäre Einflüsse aufgeschlossenen „Wissenschaftsdogmatik" unterscheiden will.

[27] *R. Dreier* Problematik (Fn. 16), 20 f. Begriffe nach *M. Jestaedt* Wissenschaft im Recht, JZ 2014, 1 ff., der hier vom „triadischen Modus operandi" der Rechtsdogmatik spricht (freilich ohne zwischen Wissenschaft und Praxis zu unterscheiden): „Dekontextualisierung – Konsistenzialisierung – Rekonkretisierung".

[28] Dabei darf „Öffnung" nicht als ein Vorgang missverstanden werden, der Anfang und Ende kennt: Das Recht ist stets mit den umgebenden Sozial- und Wissensordnungen verbunden (vgl. die Charakterisierung als „semi-autonomes Feld" bei *S. Falk Moore* Law and Social Change, 1978, 56), und auch die Vorstellung eines rein „nationalen" Rechts müsste Austauschbeziehungen mit anderen Rechtsordnungen leugnen, die es zu allen Zeiten gegeben hat. Was sich jedoch ändert, ist, ob und in welchem Umfang wir diese Unabgeschlossenheit des Rechts thematisieren. Durch Prozesse, die

mehr[29] – Konjunktur. Erinnert sei hier stellvertretend an den Bericht des Wissenschaftsrates zu den „Perspektiven der Rechtswissenschaft" vom November 2012;[30] auch dieses Referat verdankt sich dieser Konjunktur. Was heißt es nun, wenn von einer Öffnung der Methode *durch* Internationalität und Interdisziplinarität[31] die Rede ist? Unterscheiden lassen sich nach dem jeweiligen Anlass zwei Varianten einer solchen „Öffnung".[32] *Unmittelbar* kann der Kontakt mit anderen Rechtsordnungen und anderen Disziplinen selbst Anregungen für eine Anreicherung des Methodenspektrums liefern. Die interdisziplinäre Öffnung für eine ökonomische Analyse des Rechts oder – zumindest in Teilen[33] – die internationale Verbreitung des Grundsatzes der Verhältnismäßigkeit mögen diesen Vorgang illustrieren. Ich möchte ihn im Folgenden kurz als *Methodenwandel durch Begegnung* bezeichnen. *Mittelbar* kann aber auch eine zunehmende *Öffnung des Rechtsstoffs* Änderungen und Anpassungen in den Methoden bewirken. Ein international eingebettetes und auf Wissensbestände anderer Disziplinen verweisendes Recht legt eine Öffnung der juristischen Methoden nahe. Für die Internationalisierung des Rechts mag zur Illus-

---

als Ausdifferenzierung und Globalisierung beschrieben werden, aber auch durch veränderte Erwartungen im Konzert der Wissenschaften befinden wir uns heute erneut auf der Suche nach uns selbst.

[29] Vgl. den entwicklungsgeschichtlichen Abriss bei *C. Bumke* Die Entwicklung der verwaltungsrechtswissenschaftlichen Methodik in der Bundesrepublik Deutschland, in: Schmidt-Aßmann/Hoffmann-Riem (Fn. 3), 73 ff.; *dems.* Rechtsdogmatik (Fn. 11), 642 ff.

[30] Wissenschaftsrat, Perspektiven der Rechtswissenschaft in Deutschland, Situation, Analysen, Empfehlungen, 2012. Dazu Diskussionsbeiträge von *S. Grundmann, T. Gutmann, C. Hillgruber, S. Lorenz, S. Rixen* und *M. Stolleis* in JZ 2013, 693 ff.

[31] Ich verzichte darauf, den schillernden Begriff der „Interdisziplinarität" zu problematisieren, der hier in aller Unschärfe für einen Kontakt und Austausch mit anderen Disziplinen steht. Zur präziseren Unterscheidung von Multi-, Inter- und Transdisziplinarität m.w.N. *R. Czada* Disziplinäre Identität als Voraussetzung interdisziplinärer Verständigung, in: K. Bizer/M. Führ/C. Hüttig (Hrsg.) Responsive Regulierung, 2002, 23 (24 ff.); *D. Ewringmann* Interdisziplinarität – eine Herausforderung für Wissenschaft und Politik, ebd., 215 ff. Schöne Typologie bei *S. Taekema/B. van Klink* On the Border: Limits and Possibilities of Interdisciplinary Research, in: B. van Klink/S. Taekema (Hrsg.) Law and Method, 2011, 7 (8 ff.), die im weiteren Sinne heuristische, auxiliare und komparative Ansätze unterscheiden, im engeren Sinne perspektivische und integrative Ansätze.

[32] Sinnverwandt dürfte die Unterscheidung zwischen „exogenen" und „endogenen" Formen der Öffnung bei *M. Jestaedt* Selbstand und Offenheit der Verfassung, HStR XII, 3. Aufl. 2014, § 264, Rn. 53 ff. sein.

[33] Wo der Grundsatz über das Unionsrecht oder die Rechtsprechung des EGMR rezipiert worden ist, war nach der hier vorgenommenen idealtypischen Unterscheidung ein Wandel des Rechts Anlass für die Methodenrezeption.

tration der Hinweis auf die völkerrechtsfreundliche Auslegung genügen, für die interdisziplinäre Öffnung die Rolle wirtschaftswissenschaftlicher Erkenntnisse z.B. im Regulierungsrecht. Diese Variante der „Öffnung" nenne ich im Folgenden schlagwortartig *Methodenwandel durch Rechtswandel*. Dass beide Varianten untereinander verbunden sind, versteht sich dabei von selbst.

2. *Methodenwandel durch Begegnung*

a) *Interdisziplinarität*

7. Der Kontakt der Wissenschaft vom Öffentlichen Recht mit anderen Disziplinen hat in jüngerer Zeit (nicht zuletzt durch die goldenen Zügel der Wissenschaftsförderung) vielfältige Forschungsperspektiven erschlossen. Diese können dazu beitragen, blinde Flecken einer disziplinär-dogmatischen Sicht auf das Recht auszuleuchten; sie ziehen ihre je eigenen Methoden nach sich und fördern so die Pluralisierung der Rechtswissenschaft.[34] Als Beispiele seien genannt: *Rational-Choice*-Ansätze, die im Kern auf spieltheoretische Modellierungen bauen und vor allem bei der Folgenabschätzung wichtige Beiträge leisten;[35] kulturwissenschaftliche Methoden, mit denen etwa die symbolische und identitätsstiftende Dimension von Verfassungen erschlossen werden kann;[36] Anleihen bei Literatur- und bei Sprachwissenschaften im heterogenen Feld von *law and literature*, um z.B. Aufschlüsse über den Umgang mit Texten oder die

---

[34] Wertvolle Zusammenstellung interdisziplinärer methodischer Begegnungen mit der Rechtswissenschaft in van Klink/Taekema (Fn. 31), darunter *A. Pacces*/*L. Visscher* Law and Economics: Methodology, 85 ff. (aufschlussreich auf S. 85: „A chapter on the methodology of law and economics [...] concerns the methodology of economics.").

[35] *H. Eidenmüller* Rechtswissenschaft als Realwissenschaft, JZ 1999, 53; *A. van Aaken* „Rational Choice" in der Rechtswissenschaft, 2003; *dies.* Vom Nutzen der ökonomischen Theorie im öffentlichen Recht: Methode und Anwendungsmöglichkeiten, in: M. Bungenberg u.a. (Hrsg.) Recht und Ökonomik 2004, 1 ff.; *C. Engel* u.a. (Hrsg.) Recht und Verhalten. Beiträge zu Behavorial Law and Economics, 2007; *E. Towfigh*/*N. Petersen* (Hrsg.) Ökonomische Methoden im Recht: eine Einführung für Juristen, 2010.

[36] *P. Häberle* Verfassungslehre als Kulturwissenschaft, 2. Aufl. 1998; *ders.* Der kooperative Verfassungsstaat – aus Kultur und als Kultur: Vorstudien zu einer universalen Verfassungslehre, 2013; *P. W. Kahn* The Cultural Study of Law: Reconstructing Legal Scholarship, 1999; *U. Haltern* Recht als kulturelle Existenz, in: E. Jayme (Hrsg.) Kulturelle Identität und internationales Privatrecht, 2003, 15 ff.; *ders.* Notwendigkeit und Umrisse einer Kulturtheorie des Rechts, in: H. Dreier/E. Hilgendorf (Hrsg.) Kulturelle Identität als Grund und Grenze des Rechts, ARSP, Beiheft 113, 2008, 193 ff. Kritisch zu Letzterem *F. Steinhauer* Non plus ultra: Zu Formen der Kulturwissenschaft im Recht, Staat 47 (2008), 63 ff.

Übergänge zwischen Text und Praxis[37] zu erhalten;[38] poststrukturalistisch angeleitete Diskursanalysen, die darauf zielen, hinter dem Umgang mit Rechtsbegriffen Macht- und Exklusionstechniken offenzulegen.[39] Erwähnt sei schließlich noch ein seit kurzem zu beobachtender Trend zu quantitativen Methoden auch in der deutschen Rechtswissenschaft („law and statistics“).[40] Wie die angelsächsischen Bezeichnungen nahelegen, sind

---

[37] Dazu in narratologischer Perspektive *A. v. Arnauld* „Was war, was ist – und was sein soll“: Erzählen im juristischen Diskurs, in: C. Klein/M. Martínez (Hrsg.) Wirklichkeitserzählungen: Felder, Formen und Funktionen nicht-literarischen Erzählens, 2009, 14 ff.; *ders./S. Martini* Unreliable Narration in Law Courts, in: V. Nünning (Hrsg.) (Un-) reliable Narration, 2015, 347 ff.

[38] Einen guten Überblick über das Spektrum bieten *Robert Weisberg* The Law-Literature Enterprise, Yale Journal of Law & the Humanities 1 (1988), 1 ff.; *G. Binder* The Law-as-Literature Trope, in: M. Freeman/A. Lewis (Hrsg.) Law and Literature, 1999, 63 ff.; *J. Gaakeer* Law, Language and Literature: Their Interrelation in *Law and Literature*, in: van Klink/Taekema (Fn. 31), 215 ff. Die Spannweite deutet ein Vergleich der folgenden modernen Klassikertexte an: *R. Cover* Nomos and Narrative, Harvard Law Review 97 (1983), 4 ff.; *B. Jackson* Law, Fact and Narrative Coherence, 1988; *M. Nussbaum* Poetic Justice: The Literary Imagination and Public Life, 1995; *Richard Weisberg* Rechtsgeschichten: Über Gerechtigkeit in der Literatur, 2013.

[39] Dazu etwa *S. Buckel* Subjektivierung und Kohäsion: Zur Rekonstruktion einer materialistischen Theorie des Rechts, 2007, 211 ff.; *S. Buckel/R. Christensen/A. Fischer-Lescano* (Hrsg.) Neue Theorien des Rechts, 2. Aufl. 2009. Für das Strafrecht *T. Singelnstein* Diskurs und Kriminalität, 2009. Überblick über US-Debatten bei *E. Yildiz* Kritik des Rechtskonstruktivismus der Moderne: Critical Legal Studies und poststrukturalistische Dekonstruktion, in: S. Kollmann/K. Schödel (Hrsg.) PostModerne De/Konstruktion: Ethik, Politik und Kultur am Ende einer Epoche, 2004, 80 ff. Vgl. bereits *C. Schmitt* Der Begriff des Politischen (1927/32), 6. Aufl. 1963, 31: „Alle politischen Begriffe, Vorstellungen und Worte haben einen *polemischen* Sinn; sie haben eine konkrete Gegensätzlichkeit im Auge, sind an eine konkrete Situation gebunden, deren letzte Konsequenz eine (in Krieg oder Revolution sich äußernde) Freund-Feindgruppierung ist, und werden zu leeren und gespenstischen Abstraktionen, wenn diese Situation entfällt.“

[40] Siehe z.B. *N. Petersen/S. Goerg* Empirische Methoden, in: Towfigh/Petersen (Fn. 35), 201 ff.; *K. Pistor* Statistische Rechtsvergleichung: eine kritische Bestandsaufnahme, ZvglRWiss 109 (2010), 348 ff.; *M. Jestaedt* Der „Europäische Verfassungsgerichtsverbund“ in (Verfahrenskenn-)Zahlen: die Arbeitslast von BVerfG, EuGH und EGMR im Vergleich, JZ 2011, 872; *A. K. Mangold* Gemeinschaftsrecht und deutsches Recht: Die Europäisierung der deutschen Rechtsordnung in historisch-empirischer Sicht, 2011; *S. Martini* Lifting the Constitutional Curtain? The Use of Foreign Precedent by the German Federal Constitutional Court, in: T. Groppi/M.-C. Ponthoreau (Hrsg.) The Use of Foreign Precedents by Constitutional Judges, 2013, 229 ff.; *E. Towfigh/C. Traxler/A. Glöckner* Zur Benotung in der Examensvorbereitung und im ersten Examen, ZDRW 2014, 8 ff. Als Trend für die Völkerrechtswissenschaft identifiziert bei *J. Weiler* Quantitative Empirical International Legal Scholarship, EJIL 25 (2014), 6; *F. Johns* The Turn to Data Analysis and International Law, ESIL Reflections Vol. 2, issue 4 (16.4.2014). Allgemein *H. Spamann* Large-Sample, Quantitative Research De-

viele dieser interdisziplinären Öffnungen Ergebnis zugleich von internationalen Begegnungen, namentlich mit US-amerikanischer Rechtswissenschaft. Dies unterstreicht, dass zwischen internationaler und interdisziplinärer Öffnung oft ein Zusammenhang besteht.[41]

8. Nun steht nicht die gesamte Rechtswissenschaft unter einem interdisziplinären Imperativ; intradisziplinär kommt es auf eine vernünftige Arbeitsteilung an.[42] Dabei kann es – je nach Sachfrage – auch für eine „anwendungsnahe" Wissenschaft sinnvoll oder sogar notwendig sein, sich anderen Disziplinen zu öffnen (vgl. unten Absatz 10); im Übrigen muss mindestens eine Sensibilität dafür bestehen, dass es ein „Dahinter" gibt. Typischerweise allerdings finden die meisten solcher Begegnungen mit anderen Disziplinen in Bezirken der Rechtswissenschaft statt, die sich Rechtsfragen auf einer höheren Abstraktionsstufe widmen. Hier kann man offener gegenüber anderen Rechts- und Wissenssystemen agieren, weil man in größerer Distanz vom positiven Recht in seiner konkreten Gestalt operiert.[43] Die Rückkopplung solcher eher theoretisch ausgerichteter Forschungen an die anwendungsnähere Rechtswissenschaft fördert intradisziplinär den diskursiven Zusammenhalt.[44] Sie informiert und kritisiert die Rechtsanwendung, wie sie umgekehrt aus Praxis und anwendungsnaher Wissenschaft erst ihr eigentliches Material gewinnt[45].

b) *Internationalität*

9. Dass auch der Kontakt mit anderen Rechtsordnungen methodische Innovationen nach sich ziehen kann, habe ich soeben mit dem Grundsatz

---

signs for Comparative Law?, American Journal of Comparative Law 57 (2009), 797 ff.; *L. Epstein/A. Martin* Quantitative Approaches to Empirical Legal Research, in: P. Cane/H. Kritzer (Hrsg.) The Oxford Handbook of Empirical Legal Research, 2010, 901 ff.

[41] *C. Möllers/A. Voßkuhle* Die deutsche Staatsrechtswissenschaft im Zusammenhang der internationalisierten Wissenschaften, Verwaltung 36 (2003), 321 (330 f.).

[42] *Voßkuhle* Methode (Fn. 16), 194 f.; *M. Morlok* Reflexionsdefizite in der deutschen Staatsrechtslehre, in: Schulze-Fielitz (Fn. 11), 49 (75 f.); *W. Ernst* Gelehrtes Recht: Die Jurisprudenz aus der Sicht des Zivilrechtlers, in: Engel/Schön (Fn. 4), 3 (39).

[43] Dualistisch überspitzt *H. Fleischer* Gesellschafts- und Kapitalmarktrecht als wissenschaftliche Disziplin, in: Engel/Schön (Fn. 4), 50 (52 f.), der am Beispiel der US-amerikanischen Debatte eine in das positive Recht „eingebettete" einer „nichteingebetteten" Rechtswissenschaft gegenüberstellt. Auf andere Weise ebenfalls zu wenig differenziert *Kaiser* Öffnung (Fn. 26), 1105, die (ohne nähere Binnendifferenzierung) „der Wissenschaftsdogmatik" die Aufgabe zuweist, interdisziplinäre und rechtsvergleichende Anregungen zu verarbeiten.

[44] *v. Arnauld*, Wissenschaft (Fn. 4), 82 ff.

[45] Vgl. zur Rechtsdogmatik (auch) als empirischer Disziplin *M. Van Hoecke* Legal Doctrine: Which Method(s) for What Kind of Discipline, in: ders. (Fn. 8), 1 (5 ff., 11 f.).

der Verhältnismäßigkeit illustriert: Dieser hat sich – vom deutschen Verfassungsrecht ausgehend – zu einem gemeineuropäischen Topos entwickelt, dessen Handhabung im Einzelnen differieren mag, der aber auch gerade darin ein gutes Beispiel für den Vorgang einer Methodenrezeption bildet.[46] Auch die deutsche Wissenschaft vom Öffentlichen Recht hat ihren Methodenkanon im internationalen Kontakt immer wieder erweitert – man denke nur an die auf *Ronald Dworkin* zurückgehende Unterscheidung zwischen Regeln und Prinzipien (und die diesen zugeordneten Methoden)[47] oder an die Hintergrundbedeutung der angelsächsischen Technik des *distinguishing*[48] in einer Rechtswissenschaft, die sich zu einem nicht geringen Teil mit der Dogmatisierung von Judikaten befasst.[49] Transnationale Publikations- und Begegnungsformate wie I·CON, das „International Journal of Constitutional Law" mit dem Blog-Projekt I·CONnect[50] bezwecken gerade, den internationalen Austausch anzuregen

[46] Dazu vertiefend *C. Knill*/*F. Becker* Divergenz trotz Diffusion?, Verwaltung 36 (2003), 447 ff.; *A. v. Arnauld* Theorie und Methode des Grundrechtsschutzes in Europa – am Beispiel des Grundsatzes der Verhältnismäßigkeit, in: A. Hatje/M. Nettesheim (Hrsg.) Grundrechtsschutz im Dreieck von nationalem, europäischem und internationalem Recht (= EuR, Beiheft 1), 2008, 41 ff.; *C. D. Classen* Das Prinzip der Verhältnismäßigkeit im Spiegel europäischer Rechtsentwicklungen, FS Stern, 2012, 651 ff.; *J. Saurer* Die Globalisierung des Verhältnismäßigkeitsgrundsatzes, Staat 51 (2012), 3 ff.

[47] Grundlegend *R. Dworkin* The Model of Rules, University of Chicago Law Review 35 (1967), 14 ff. Rezeption und Deutung als Optimierungsgebote bei *R. Alexy* Theorie der Grundrechte, 1986. Dazu auch *A. Heinold* Die Prinzipientheorie bei Ronald Dworkin und Robert Alexy, 2011. Schon zuvor wurde *Josef Esser* durch die Rechtsprechung US-amerikanischer Gerichte zur Unterscheidung von Grundsätzen und Normen (in Grundsatz und Norm in der richterlichen Fortbildung des Privatrechts [1956], 4. Aufl. 1990) inspiriert: *H.-P. Haferkamp* Zur Methodengeschichte unter dem BGB in fünf Systemen, AcP 214 (2014), 60 (87 ff.).

[48] Zu Ähnlichkeiten zwischen angelsächsischer und kontinentaleuropäischer Methodik *E. Schlüchter* Mittlerfunktion der Präjudizien: eine rechtsvergleichende Studie, 1986, 103 ff.; *U. Seif* Methodenunterschiede in der europäischen Rechtsgemeinschaft oder Mittlerfunktion der Präjudizien, FS Schlüchter, 1998, 133 ff. Zur Bedeutung von Präjudizien im kontinentalen Recht ferner *O. Germann* Präjudizien als Rechtsquelle, 1960, 11 ff.; *K. Larenz* Über die Bindungswirkung von Präjudizien, FS Schima, 1969, 247 ff.; *Esser* Vorverständnis (Fn. 8), 187 ff.; *ders.* Grundsatz (Fn. 47), 275 ff.; *Kriele* Theorie (Fn. 7), 243 ff.; *Alexy* Argumentation (Fn. 16), 334 ff.

[49] Kritisch *B. Schlink* Die Entthronung der Staatsrechtswissenschaft durch die Verfassungsgerichtsbarkeit, Staat 28 (1989), 161 ff.; *M. Jestaedt* Verfassungsgerichtspositivismus: die Ohnmacht des Verfassungsgesetzgebers im verfassungsgerichtlichen Jurisdiktionsstaat, in: O. Depenheuer u.a. (Hrsg.), Nomos und Ethos, 2002, 183 (188 ff.). Positiver gewendet bei *P. Lerche* Rechtswissenschaft und Verfassungsgerichtsbarkeit, BayVBl. 2002, 649 ff.

[50] www.iconnectblog.com (besucht am 16.8.2014).

und auch zu einer kritischen Methodenreflexion in der Wissenschaft vom Öffentlichen Recht beizutragen.

3. Methodenwandel durch Rechtswandel

a) Ausdifferenzierung und Öffnung gegenüber anderen Disziplinen

10. Das folgende Narrativ ist vertraut: Eine zunehmende gesellschaftliche Ausdifferenzierung und Spezialisierung trifft auf die Einsicht, dass die Probleme unserer Zeit nur durch ein Zusammenwirken der verschiedenen Disziplinen bewältigt werden können. Dies schlägt auf das Recht mit seinem die gesamte Gesellschaft erfassenden Regulierungsanspruch durch. Daher muss zur Lösung von Rechtsfragen immer wieder auf Erkenntnisse anderer Disziplinen zugegriffen werden.[51] Vor allem über das Verhältnis zu den Sozialwissenschaften ist ausgiebig und kontrovers debattiert worden.[52] Ich kann und möchte dies hier nicht ausbreiten. Mir scheint allerdings, dass das Unbehagen mancher sich eher gegen das zugrunde liegende Phänomen einer schleichenden „Ent-Rechtlichung" selbst richtet und gegen einen sozialtechnologischen „Sound" von „Steuerung" und „Governance"[53]. Die damit beschriebenen Entwicklungen aber gibt es nun einmal – wenn auch nicht flächendeckend,[54] sondern vor allem in bestimmten Rechtsgebieten, namentlich solchen unter stärkerem europäischem Einfluss. Gerade in gestuften Rechtsordnungen bietet es sich an, auf Programmnormen zu setzen, die den Weg zum Ziel offen lassen; hinzu kommen informelle Mechanismen von Aufsicht und Kontrolle, *best*

[51] Differenzierend zu dieser „großen Erzählung" und m.w.N. *I. Augsberg* Multi-, inter-, transdisziplinär? Zum Erfordernis binnenjuristischer Metaregeln für den Umgang mit extrajuridischem Wissen im Verwaltungsrecht, in: ders. (Hrsg.), Extrajuridisches Wissen im Verwaltungsrecht, 2013, 3 (7 ff., 12 ff.).

[52] Zur Debatte im Überblick *C. Franzius* Funktionen des Verwaltungsrechts im Steuerungsparadigma der Neuen Verwaltungsrechtswissenschaft, Verwaltung 39 (2006), 335 ff. Einführung in das Reform-Projekt bei *Voßkuhle* Neue Verwaltungsrechtswissenschaft (Fn. 8), § 1; *Schmidt-Aßmann* Dogmatik (Fn. 13), 6 ff., 18 ff. Zur Kritik u.a. *O. Lepsius* Steuerungsdiskussion, Systemtheorie und Parlamentarismuskritik, 1999; *H. Treiber* Verwaltungswissenschaft als Steuerungswissenschaft – eine Revolution auf dem Papier?, KJ 2007, 328 ff. und KJ 2008, 48 ff.; *B. Grzeszick* Anspruch, Leistungen und Grenzen steuerungswissenschaftlicher Ansätze für das geltende Recht, Verwaltung 42 (2009), 105 ff.; *S. Meyer* Fordert der Zweck im Recht wirklich eine „Neue Verwaltungsrechtswissenschaft"?, VerwArch 101 (2010), 351 ff.

[53] Im Völkerrecht lässt sich Ähnliches in der Debatte um den Umgang mit *soft law* beobachten: Scharfe Zurückweisung etwa bei *J. d'Aspremont* Softness in International Law: A Self-Serving Quest for New Legal Materials, EJIL 19 (2008), 1075 ff.

[54] Zutreffend *C. Grabenwarter* Das Proprium der Rechtswissenschaft – Öffentliches Recht, in: Engel/Schön (Fn. 4), 293 (294).

practices und *benchmarks*, gegenüber Verwaltungen souveräner Mitgliedstaaten.[55] Wenn die Wissenschaft vom öffentlichen Recht hier zur Bändigung von Herrschaft beitragen will, verlangt dies nach einer Öffnung gegenüber den Sozialwissenschaften.[56] Wie steht es mit anderen Disziplinen? Namentlich im Umweltrecht gibt es Vorschriften, die ohne natur- und technikwissenschaftlichen Sachverstand nicht mehr anzuwenden oder zu durchdringen sind.[57] Manche Fragen des Regulierungsrechts[58] oder auch des Finanz-[59] oder Steuerrechts[60] lassen sich ohne wirtschaftswissenschaftliche Expertise nicht, zumindest nicht vollständig, beantworten.[61]

55 *Schulze-Fielitz* Staatsrechtslehre (Fn. 18), 40 ff.; *A. v. Arnauld*, Zum Status quo des europäischen Verwaltungsrechts, in: J. P. Terhechte (Hrsg.), Verwaltungsrecht der Europäischen Union, 2011, § 2 Rn. 13. Vertiefend Beiträge in *J. Oebbecke* (Hrsg.) Nicht-normative Steuerung in dezentralen Systemen, 2005.

56 *C. Engel* Herrschaftsausübung (Fn. 13), 220 ff., 236 ff.; *Appel* Klassisches Verwaltungsrecht (Fn. 11), 268 ff.; *E. Schmidt-Aßmann* Verfassungsprinzipien für den Europäischen Verwaltungsverbund, GVwR I, 2. Aufl. 2012, § 5 Rn. 69.

57 Der Völkerrechtler denkt hier mit einigem Erschauern an die seewärtige Abgrenzung des Festlandsockels in Art. 76 des Seerechtsübereinkommens der Vereinten Nationen. Konsequenterweise hat die U.N. Commission on the Limits of the Continental Shelf auch keine juristischen Mitglieder.

58 Siehe z.B. §§ 10 f. TKG zu Marktdefinition und Marktanalyse. Hierzu und zu anderen Beispielen *J. Lüdemann* Öffentliches Wirtschaftsrecht und ökonomisches Wissen, in: I. Augsberg (Fn. 51), 121 ff.; *E. M. Frenzel* Schnittstellen für extrajuridisches Wissen im Regulierungsverwaltungsrecht – Status quo und Perspektive, ebd., 177 ff.

59 *A.-K. Kaufhold* Transfer und Transformation ökonomischen Wissens im Recht der Bankenaufsicht, in: I. Augsberg (Fn. 51), 152 ff.

60 Versuch einer Rekonstruktion des interdisziplinären Dialogs am Beispiel des Halbteilungsgrundsatzes bei *A. v. Arnauld/K. W. Zimmermann* Regulating government ('s share): the fifty-percent rule of the Federal Constitutional Court in Germany, European Journal of Law and Economics 35 (2013), 1 ff.

61 Diese Beispiele spitzen bloß zu, was sich im Alltag unterhalb der Sichtbarkeitsschwelle seit langem abspielt: Ein Gutteil des Erfahrungswissens, auf das wir im Wege der dogmatischen Bearbeitung des Rechtsstoffs zurückgreifen, entstammt dem – meist trivialisierten – Erkenntnishaushalt anderer Disziplinen, namentlich der Sozialwissenschaften: *W. Hoffmann-Riem* Sozialwissenschaften im Verwaltungsrecht, in: Die Wissenschaft vom Verwaltungsrecht (= Verwaltung, Beiheft 2), 1999, 83 (86) zur „schleichenden Versozialwissenschaftlichung der Alltagssprache und eines Teils der juristischen Argumentationskultur". Vgl. z.B. die Ausführungen zur Rolle und Funktion der Parteien in einer Demokratie in BVerfGE 85, 264 (284 ff.) mit etablierten Erkenntnissen politikwissenschaftlicher Parteienforschung: *E. Wiesendahl* Parteien und Demokratie, 1980, 184 ff.; *K. v. Beyme* Parteien in westlichen Demokratien, 1982, 415 ff. Die solipsistische Rundfunkrechtsprechung des BVerfG kritisierend *B. Grzeszick* Steuert die Dogmatik? Inwiefern steuert die Dogmatik des Öffentlichen Rechts? Gibt es eine rechtliche Steuerungswissenschaft jenseits der Rechtsdogmatik?, in: Kirchhof/Magen/Schneider (Fn. 5), 97 (104 ff.).

Dass verschiedene Rechtsgebiete an je verschiedene „Nachbardisziplinen“ grenzen, ist ebenso Ausdruck von Ausdifferenzierung und Spezialisierung, wie es diese Prozesse weiter verstärkt.[62]

11. Auf einem anderen Blatt steht, ob und bis zu welchem Grade es Aufgabe von Rechtswissenschaft ist, selbst methodisch zu expandieren, um solche Fragen beantworten zu können.[63] Eine „Entscheidungsvorbereitungswissenschaft“[64] kann sich grundsätzlich darauf beschränken, die relevant erscheinenden Informationen zu sammeln, zu koordinieren und zu bewerten. Die methodische Herausforderung liegt dann nicht in einer Amalgamierung rechtswissenschaftlicher und „fremddisziplinärer“ Methoden, sondern in einem informierten Schnittstellenmanagement. Dieses erfordert im Umgang mit der jeweiligen anderen Disziplin Responsivität[65]: die Fähigkeit und Bereitschaft, sich auf die fremden Methoden und Denkschemata einzulassen, ohne sich diese anzueignen.[66] Auf die wichtige Rolle, die der „Filterung“ des aus anderen Disziplinen gewonnenen „Materials“ zukommt, wird am Ende dieses Berichts noch einzugehen sein.

---

[62] Vertiefend *H. Schulze-Fielitz* Verwaltungsrechtsdogmatik als Prozeß der Ungleichzeitigkeit, Verwaltung 27 (1994), 277 ff.

[63] Deutlich *S. Baer* Schlüsselbegriffe, Typen und Leitbilder als Erkenntnismittel und ihr Verhältnis zur Rechtsdogmatik, in: Schmidt-Aßmann/Hoffmann-Riem (Fn. 3), 223 (228 f.): „Rezeptionsoffenheit verlangt [...] praktizierte Interdisziplinarität im Gespräch, nicht im eigenen Kopf.“ Siehe auch *Ernst* Gelehrtes Recht (Fn. 42), 21 ff.; *S. Augsberg* Methodendiskussion (Fn. 15), 178 f. Im Sinne einer Trennung, aber wechselseitigen Ergänzung von juristischer Methode und interdisziplinärer Steuerungswissenschaft z.B. *Appel* Klassisches Verwaltungsrecht (Fn. 11), 255 ff.; *M. Eifert* Das Verwaltungsrecht zwischen klassischem dogmatischen Verständnis und steuerungswissenschaftlichem Anspruch, VVDStRL 67 (2008), 286 (314 ff.).

[64] Begriff nach *J. Lüdemann* Netzwerke, Öffentliches Recht und Rezeptionstheorie, in: S. Boysen u.a. (Hrsg.) Netzwerke, 2007, 266 (277). Näher *Engel* Angewandte Sozialwissenschaft (Fn. 25), 22 ff., 30 ff.

[65] Das hier zugrunde gelegte Verständnis von Responsivität lehnt sich an *B. Waldenfels* Grundmotive einer Phänomenologie des Fremden, 2006, 56 ff. an und betont das Fortbestehen der Differenz eigen/fremd. Ähnlich *I. Augsberg* Multi-, inter-, transdisziplinär (Fn. 51), 32 f. Anderes Verständnis dagegen bei *L. Viellechner* Transnationalisierung des Rechts, 2013, 265 ff., wo Responsivität in die Stiftung von Gemeinsamkeit mündet.

[66] *Voßkuhle* Neue Verwaltungsrechtswissenschaft (Fn. 8), § 1 Rn. 39, spricht von einem „differenziert-integrativen Ansatz“, der es „erlaubt, unterschiedliche Methoden zusammenzuführen, ohne die jeweilige disziplinäre Identität aufzugeben“.

b) Pluralisierung und Internationalisierung des Rechts

12. Wie wirkt sich nun die Internationalisierung des Rechts auf die öffentlich-rechtliche Methodik aus? Dieser Frage möchte ich mich eingehender widmen. Im Zentrum steht dabei das Phänomen eines normativen Pluralismus, in dem Rechtsordnungen sich wechselseitig beeinflussen und durchdringen.[67] In Teilen der postmodernen Rechtstheorie wird dieses Phänomen als „Interlegalität" bezeichnet, als Ausdruck einer Zeit „poröser Legalität oder legaler Porosität", in der unser „rechtliches Leben bestimmt wird durch Überschneidung verschiedener Rechtsordnungen".[68] Der Rechtspluralismus stellt vor allem die Rechtsdogmatik vor Herausforderungen.[69] Dabei geht es nicht um revolutionäre Verschiebungen; vielmehr lässt die Internationalisierung bloß klarer hervortreten, wo seit langem methodische Erklärungsdefizite bestehen.[70] Zwei Punkte möchte ich hier herausgreifen.

aa) Von normativem Vorrang zu normativer Überlappung

13. Zunächst einmal spitzt die Internationalisierung des Rechtsstoffs die im Öffentlichen Recht ohnehin bekannte Situation[71] zu, dass mehrere Normen auf denselben Sachverhalt anwendbar sind. In transnationaler Dimension jedoch laufen die vertrauten Verkehrsregeln leer: Die vom Grundgesetz verfasste offene Staatlichkeit verpflichtet dazu, das deutsche Recht so weit als möglich im Einklang mit den völker- und europarecht-

---

[67] Statt vieler *P. Schiff Berman* Global Legal Pluralism, Southern California Law Review 80 (2007), 1155 ff.; *P. Zumbansen* Transnational Legal Pluralism, Transnational Legal Theory 1 (2010), 141 ff.; *J. Klabbers/T. Piiparinen* (Hrsg.) Normative Pluralism and International Law, 2013. Siehe auch, vorsichtiger, *T. Vesting* Die Staatsrechtslehre und die Veränderung ihres Gegenstandes: Konsequenzen von Europäisierung und Internationalisierung, VVDStRL 63 (2004), 41 (64 f.). Zum „Pluralismus der Pluralismen" in der wissenschaftlichen Debatte vgl. Überblick bei *N. Krisch* Beyond Constitutionalism: The Pluralist Structure of Postnational Law, 2010, 71 ff. – Eine wichtige Rolle in der Rechtspluralismus-Debatte spielen private Normenordnungen (obschon die Bedeutung der sog. Neuen *lex mercatoria* eher in ihrem theoretischen Reiz denn in ihrer praktischen Relevanz liegen dürfte). Dazu vertiefend statt vieler und m.w.N. *Viellechner* Transnationalisierung (Fn. 65), 147 ff., 231 ff.

[68] *B. de Sousa Santos* Toward a New Common Sense, 1995, 473 (Übersetzungen des Verf.).

[69] *R. Wahl* Herausforderungen und Antworten: Das öffentliche Recht der letzten fünf Jahrzehnte, 2006, 95 f., der Deutschland treffend als „Mitglied-Staat" charakterisiert.

[70] *Volkmann* Verfassungslehre (Fn. 21), 162.

[71] *Lepsius* Rechtswissenschaftstheorie (Fn. 4), 27 ff. Vgl. auch *Reimer* Methodenlehre (Fn. 7), Rn. 142 ff. zur „Gliederung der Rechtsgeflechte" als Aufgabe.

lichen Verpflichtungen auszulegen.[72] Zumindest im praktischen Regelfall ist daher der *lex superior*-Grundsatz durch die verfassungsrechtlichen Gebote der europa- und völkerrechtsfreundlichen Interpretation weitestgehend suspendiert.[73] Auch die anderen traditionellen Vorrangregeln – die Grundsätze der *lex posterior* und der *lex specialis* – versagen bei Normen verschiedener Normgeber, weil es sich dann eben nicht um das speziellere oder das letzte Wort „des" Gesetzgebers handelt.[74] Das Auffinden einer

[72] Zusammenfassend BVerfGE 123, 267 (344 ff., 351 ff.). Aus der Literatur *M. Nettesheim* Auslegung und Fortbildung nationalen Rechts im Lichte des Gemeinschaftsrechts, AöR 119 (1994), 261 ff.; *A. Bleckmann* Der Grundsatz der Völkerrechtsfreundlichkeit der deutschen Rechtsordnung, DÖV 1996, 137 ff.; *N. Colneric* Auslegung des Gemeinschaftsrechts und gemeinschaftsrechtskonforme Auslegung, ZEuP 2005, 225 ff.; *K. Riesenhuber/R. Domröse* Richtlinienkonforme Rechtsauslegung und nationale Methodenlehre, RIW 2005, 47 ff.; *A. Proelß* Der Grundsatz der völkerrechtsfreundlichen Auslegung im Lichte der Rechtsprechung des BVerfG, in: H. Rensen/S. Brink (Hrsg.) Linien der Rechtsprechung des Bundesverfassungsgerichts, 2009, 553 ff.; *M. Payandeh* Völkerrechtsfreundlichkeit als Verfassungsprinzip, JöR 57 (2009), 465 ff.; *W.-H. Roth* Die richtlinienkonforme Auslegung, in: K. Riesenhuber (Hrsg.) Europäische Methodenlehre, 2. Aufl. 2010, 395 ff.; *D. Knop* Völker- und Europarechtsfreundlichkeit als Verfassungsgrundsätze, 2013. Kritisch *Jestaedt* Selbstand (Fn. 32), Rn. 81 ff.

[73] *Volkmann* Verfassungslehre (Fn. 21), 319 f. Siehe auch *Vesting* Staatsrechtslehre (Fn. 67), 60; *S. Oeter* Rechtsprechungskonkurrenz zwischen nationalen Verfassungsgerichten, Europäischem Gerichtshof und Europäischem Gerichtshof für Menschenrechte, VVDStRL 66 (2007), 361 (387); *A. Paulus* Zusammenspiel der Rechtsquellen aus völkerrechtlicher Perspektive, BDGIR 46 (2014), 7 (25 ff.). Die „Konformauslegung" muss – anders als *Jestaedt* Selbstand (Fn. 32), Rn. 48 f. meint – keineswegs zwingend einer „ebenso einprägsame[n] wie intuitive[n] ‚Ober-sticht-Unter'-Deutung" folgen; sie kann auch, unter Zurückstellung der Rangfrage, aus der Aufgabe resultieren, mehrere (verbindliche) Normen zu harmonisieren. Weitgehend theoretisch bleibt daher auch der Versuch einer normhierarchischen Rekonstruktion bei *C. Grabenwarter* Die Verfassung in der Hierarchie der Rechtsordnung, in: O. Depenheuer/C. Grabenwarter (Hrsg.) Verfassungstheorie, 2010, § 11 Rn. 51 ff.: Der „Witz" der „konformierenden" Auslegung liegt gerade nicht in einem verschachtelten Vorranganspruch, sondern im Vorgang systemischer Integration. Aufschlussreich zu harmonisierenden Strategien internationaler Spruchkörper *E. de Wet/J. Vidmar* (Hrsg.) Hierarchy in International Law, 2012; Zusammenfassung der wesentlichen Ergebnisse: *dies.* Conflicts between international paradigms: Hierarchy versus systemic integration, Global Constitutionalism 2 (2013), 196 ff.

[74] *R. Michaels/J. Pauwelyn* Conflict of Norms or Conflict of Laws?, in: T. Broude/Y. Shany (Hrsg.) Multi-Sourced Equivalent Norms in International Law, 2011, 19 (24 f., 34 f.). Natürlich kann man unter dem dualistischen Modell des Grundgesetzes über das Zustimmungsgesetz formal eine Zurechnung zum Bundesgesetzgeber vornehmen. Dass damit aber in der Sache kein gesetzgeberischer „Gesamtplan" verbunden ist, dieser also nur unterstellt wird, wird noch auszuführen sein. In der Rechtsprechung wird ein möglicher Konflikt durch großzügige Unterstellung eines „Nichtabweichungswillens" des Gesetzgebers und kreative Handhabung des Spezialitätsgrundsatzes aufgelöst, vgl. BVerwGE 111, 200 (210 ff.).

Entscheidungsnorm gelingt somit immer weniger durch derogierende Aussonderung; die Entscheidungsnorm muss vielmehr aus sich überlappenden Normen unterschiedlicher Provenienz konstruiert werden.[75]

14. Diese Normen können sich decken, voneinander abweichen, in Widerspruch geraten.[76] Die meiste Aufmerksamkeit in der wissenschaftlichen Bearbeitung haben Normkollisionen und institutionelle Konflikte – namentlich solche zwischen BVerfG, EuGH und EGMR – erhalten.[77] Weniger Zuwendung dagegen erhält die Frage, was es eigentlich heißt, eine Norm „im Lichte" einer anderen auszulegen oder Entscheidungen anderer Gerichte zu „berücksichtigen".[78] Zwei Beispiele aus der Praxis: In seinem Le Corbusier-Beschluss vom Juli 2011 hat das BVerfG „im Lichte"

---

[75] *A. Flessner* Juristische Methode und europäisches Privatrecht, JZ 2002, 14 (16); *Schmidt-Aßmann* Methoden (Fn. 3), 392; *M. Ruffert* Rechtsquellen und Rechtsschichten des Verwaltungsrechts, GVwR I, 2. Aufl. 2012, § 17 Rn. 7, 26 ff. Ähnlich *D. Grimm* Das Öffentliche Recht vor der Frage nach seiner Identität, 2012, 47. Allgemein zur Bildung der „Fallnorm" im Verfassungsrecht (durch Deduktion, Konkretisierung oder Fortbildung) *F. Reimer* Verfassungsprinzipien, 2001, 124 ff.

[76] Präzise Systematisierung (Koexistenz, Konvergenz und Kollisionen) bei *H. Sauer* Grundrechtskollisionsrecht für das europäische Mehrebenensystem, in: N. Matz-Lück/M. Hong (Hrsg.) Grundrechte und Grundfreiheiten im Mehrebenensystem – Konkurrenzen und Interferenzen, 2012, 1 (5 f., 41 ff., 45 ff., 58 ff.). Vgl. auch exemplarisch die differenzierte Aufschlüsselung möglicher Gründe für Rechtsprechungsdivergenzen bei *A. Nußberger* Europäische Menschenrechtskonvention, HStR X, 3. Aufl. 2012, § 209 Rn. 51 ff.

[77] Dazu etwa *C. Lutz* Kompetenzkonflikte und Aufgabenverteilung zwischen nationalen und internationalen Gerichten, 2003; *J. Finke* Die Parallelität internationaler Streitbeilegungsmechanismen, 2004; *S. Oeter* Rechtsprechungskonkurrenz (Fn. 73), 361 ff.; *F. Merli* Rechtsprechungskonkurrenz zwischen nationalen Verfassungsgerichten, Europäischem Gerichtshof und Europäischem Gerichtshof für Menschenrechte, VVDStRL 66 (2007), 392 ff.; *H. Sauer* Jurisdiktionskonflikte in Mehrebenensystemen, 2008; *M. Nunner*, Kooperation internationaler Gerichte, 2009; *K. Rohleder*, Grundrechtsschutz im europäischen Mehrebenen-System, 2009; *T. Lock*, Das Verhältnis zwischen dem EuGH und internationalen Gerichten, 2010; *M. Klatt* Die praktische Konkordanz von Kompetenzen: entwickelt anhand der Jurisdiktionskonflikte im europäischen Grundrechtsschutz, 2014. – Zu seltener thematisierten ähnlichen Erfahrungen im Bundesstaat in historischer Perspektive *H. Wißmann* Das richterliche Prüfungsrecht in Reichskonstitutionalismus und Republik – Wegmarke der Verfassungsgerichtsbarkeit, in: T. Simon/J. Kalwoda (Hrsg.), Schutz der Verfassung: Normen, Institutionen, Höchst- und Verfassungsgerichte, Der Staat, Beiheft 22, 2014, 253 ff.

[78] Ähnlich *Sauer* Grundrechtskollisionsrecht (Fn. 78), 6 ff. Von der „Karlsruher Unschärferelation" spricht *H.-J. Cremer* Zur Bindungswirkung von EGMR-Urteilen, EuGRZ 2004, 683 (693, 697). Zu einem allgemeinen Forschungsdesiderat bei gleichgerichteten Rechtsnormen *T. Broude*/*Y. Shany* The International Law and Policy of Multi-Sourced Equivalent Norms, in: dies. (Hrsg.) Multi-Sourced Equivalent Norms in International Law, 2011, 1 (6, 15).

des unionsrechtlichen Diskriminierungsverbotes eine „Anwendungserweiterung“ von Art. 19 Abs. 3 GG auf juristische Personen aus anderen EU-Mitgliedstaaten vorgenommen.[79] Das Gericht hat dabei mit Rücksicht auf die Wortlautgrenze nicht den Begriff der „inländischen“ juristischen Person erweiternd ausgelegt, sondern unter Rückgriff auf die Vorstellungen des Verfassungsgesetzgebers den Normbefehl teleologisch reduziert: Ziel sei seinerzeit jedenfalls nicht gewesen, der Dynamik einer europäischen Integration, die 1948 noch nicht absehbar gewesen sei, Hürden zu errichten. Die durch diese Reduktion entstandene Lücke konnte dann vom Gericht zur Umsetzung der unionsrechtlichen Vorgaben im Wege einer Analogie geschlossen werden – dies zumindest dürfte eine mögliche methodische Rekonstruktion dieser „Anwendungserweiterung“ sein. Zweites Beispiel: In seinem Urteil zur Sicherungsverwahrung vom Mai 2011 hat das BVerfG das Urteil des EGMR, wonach die nachträglich verhängte Sicherungsverwahrung gegen das Rückwirkungsverbot aus Art. 7 EMRK verstieß, der Sache nach „berücksichtigt“. Zwar hat es, gesichtswahrend, darauf verzichtet, seine eigene Rechtsprechung zum Rückwirkungsverbot des Art. 103 Abs. 2 GG anzupassen und auf Maßregeln zu erstrecken; es hat aber den flexiblen Grundsatz des Vertrauensschutzes zu einem Rückwirkungsverbot *in all but name* ausgebaut, wenn die Maßregel Strafcharakter annimmt.[80] Die Rechtsprechung des EGMR soll sodann „verstärkend“ hinzutreten,[81] was in einem späteren Beschluss als „Aufnahme der Wertungen über das Verhältnismäßigkeitsprinzip“ präzisiert wird[82].

15. Es geht mir nicht darum, die beiden Entscheidungen zu bewerten; dasselbe Ergebnis hätte auch auf anderen Wegen erzielt werden können.[83] Die Entscheidungen verdeutlichen aber, dass es im Rahmen der „völkerrechtsfreundlichen Auslegung“ darum geht,[84] flexible – oder „kompara-

---

[79] BVerfGE 129, 78 (96 ff.).

[80] BVerfGE 128, 326 (389 ff.).

[81] BVerfGE 128, 326 (391).

[82] BVerfGE 131, 268 (295 f.) zur vorbehaltenen Sicherungsverwahrung. Näher hierzu *U. Hufeld/H. Rathke* Der Grundrechtsschutz nach Lissabon im Wechselspiel zwischen der Charta der Grundrechte der Europäischen Union, Europäischer Menschenrechtskonvention und den nationalen Verfassungen, EuR Beiheft 3/2013, 7 (27 ff.).

[83] Scharfe Kritik bei *Isensee* Politisches Recht (Fn. 15), Rn. 68 f. („eine Art Missingsch der heterogenen Rechtsordnungen“). Zu einem überzeugenden Alternativvorschlag (verfassungsändernde Derogation durch das „Integrationsgesetz“ mit der Beschränkung des Art. 19 Abs. 3 GG auf Inländer als „Textkulisse“) *U. Hufeld* Urkundlichkeit und Publizität der Verfassung, HStR XII, 2. Aufl. 2014, § 259, Rn. 27.

[84] Und gehen muss: Die z.T. berechtigte Kritik an Begründungsdefiziten – siehe etwa *Jestaedt* Selbstand (Fn. 32), Rn. 83 – kann nichts daran ändern, dass es verbindliche internationale Verpflichtungen gibt, die die Bundesrepublik Deutschland eingegangen

tive“[85] – Elemente im Recht zu nutzen: Analogien, der Grundsatz des Vertrauensschutzes, eine verstärkende Wirkung, Verhältnismäßigkeit. Die teleologische Reduktion ermöglicht dabei sogar, den Wortlaut zu umgehen:[86] Schließlich soll ohne klaren Hinweis auf das Gegenteil stets zu vermuten sein, dass der Gesetzgeber nicht gegen völkerrechtliche Verpflichtungen der Bundesrepublik Deutschland verstoßen wollte.[87] Unser herkömmliches Methodenarsenal lässt solche Flexibilität zu, denn seine Bezeichnung als „Lehre“ verdeckt, dass es selbst kein geschlossenes oder auch nur klar geordnetes Korpus an Regeln darstellt. In welchem Verhältnis die Auslegungstopoi zueinander stehen,[88] wie wir die Übergänge zwischen Text und Praxis bewältigen, das ist alles andere als klar. Wir mögen uns auf die Anordnung einzelner Elemente zueinander einigen können[89] (oder auch über sie streiten[90]); eine strukturierte und geordnete Methodenlehre jedoch ist nicht in Sicht.[91] Nicht von ungefähr dürften zumindest

---

ist und deren Erfüllung sie sicherstellen muss. Das Beharren auf einer dualistisch fundierten Introspektion (auch die von der h.M. angenommene dualistische Kodierung des Grundgesetzes ist angesichts von Art. 25 GG keineswegs zwingend, von der zunehmend geäußerten Kritik an der Dichotomie Monismus/Dualismus zu schweigen) müsste Deutschland geradewegs in die internationale Isolation führen – ein Ergebnis, das sich kaum verfassungsrechtlich abstützen ließe. Dass das Verfassungsrecht in Grenzfällen seinen Selbstand behauptet (und behaupten muss: siehe unten Absatz 33), steht auf einem anderen Blatt. Es geht hier um die methodische Bewältigung des juristischen „Alltags“.

[85] Zu Begriff und Konzept *L. Michael* Der allgemeine Gleichheitssatz als Methodennorm komparativer Systeme, 1997, hier insbes. 118.

[86] Kritisch daher *M. Klatt* Theorie der Wortlautgrenze, 2004, 245 f.; *ders.* Die Wortlautgrenze, in: K. Lerch (Hrsg.) Die Sprache des Rechts, Bd. 2, 2005, 343 (364 f.). Ironischerweise erweist im Beispielsfall der Verzicht des BVerfG auf eine teleologische Extension („inländisch“) der vom Gericht selbst bemühten Wortlautgrenze kaum größeren Respekt.

[87] BVerfGE 74, 358 (370). Siehe auch BVerwGE 111, 200 (211) zur Notwendigkeit klarer Anzeichen für einen Derogationswillen des Gesetzgebers.

[88] Übereinstimmend *C. Starck* Maximen der Verfassungsauslegung, HStR XII, 3. Aufl. 2014, § 271, Rn. 23, 25.

[89] Nicht bestritten sei, dass Argumentationsregeln über die Verwendung methodischer Topoi vereinbart werden können. Vgl. zu Argumentrestriktionen im juristischen Diskurs *Alexy* Argumentation (Fn. 16), 261 ff. (auf 39 ff. zugleich mit berechtigter Kritik an einer undifferenzierten Version der Topik). Ähnlich *Starck* Maximen (Fn. 88), Rn. 25, 26 f.

[90] Man denke nur an den Streit über den Stellenwert der Entstehungsgeschichte. Dazu etwa *Schneider* Prinzipien (Fn. 10), 7 ff. sowie aus jüngerer Zeit *C. Hillgruber* Verfassungsrecht zwischen normativem Anspruch und politischer Wirklichkeit, VVDStRL 67 (2008), 8 ff. mit Diskussion ebd., 94 ff.

[91] Treffend *Bumke* Entwicklung (Fn. 29), 125: „Solange man sich außerhalb von empirischem Beweis, mathematischer Formel oder logischem Kalkül bewegt, wird man

im Öffentlichen Recht Argumentationslehren und prozeduralisierende Rechtsgewinnungslehren an die Stelle „klassischer" Methodenlehren getreten sein.[92] Diese Flexibilität im Umgang mit dem Recht muss uns keine Sorgen bereiten: Hätten wir sie nicht, wäre das Rechtssystem paralysiert. Der von manchen beklagte Methodensynkretismus[93] ist daher kein pathologischer Befund, sondern der Normalzustand eines „beweglichen Systems"[94]. *Horst Ehmke* hat dies 1961 in seinem Staatsrechtslehrer-Referat plastisch formuliert, als er das „relative *Un*recht unserer herkömmlichen Auslegungslehre" in dem Glauben an „eine sogenannte ‚allgemeine' (und natürlich auch ‚exakte') Interpretationsmethode" erblickte: „Mit dieser nähert man sich wie mit einer Wünschelrute den juristischen Problemen, um den Quell der Erkenntnis zum Sprudeln zu bringen. Wenn dieser Quell dann sprudelt, liegt es aber in den wenigsten Fällen an der Wünschelrute unserer ebenso zahlreichen wie partiellen ‚Methoden'. Denn eine von der Sache losgelöste ‚allgemeine Methode', die in ‚Anwendung' auf die verschiedensten Probleme sachliche Ergebnisse hervorzubringen vermöchte, kann es nicht geben."[95] – Die Referenz für unsere

---

vergeblich nach einem strengen Katalog von Schritten und Argumentformen suchen." Dazu dass Antinomien zwischen methodischen Prinzipien nicht mehr innerhalb der klassischen Methodenlehre auflösbar sind, *Esser* Grundsatz (Fn. 47), 121 ff.; *S. Grundmann* Methodenpluralismus als Aufgabe, RabelsZ 61 (1997), 423 (444 ff.); *M. Hochhuth* Methodenlehre zwischen Staatsrecht und Rechtsphilosophie – zugleich eine Verschleierung des Theorie-Praxis-Bruches [eigentlich: „und als Verschleierung des Theorie-Praxis-Bruches"], Rechtstheorie 32 (2001), 227 ff.

[92] *R. Dreier* Problematik (Fn. 16), 13 ff.; *Hofmann* Konstitutionalisierung (Fn. 10), 99 ff. Anstelle einer systematischen Ordnung der Methodenelemente setzt z.B. *Kriele* Theorie (Fn. 7), 157 ff. zur Rationalisierung auf die Stufung des Verfahrens der Rechtsgewinnung, *Alexy* Argumentation (Fn. 16), 304 hingegen auf eine Analyse, „auf welche Weise die verschiedenen Argumentformen sinnvollerweise zu verwenden sind". Zu Ordnungsversuchen der „Strukturierenden Rechtslehre" *Friedrich Müllers* (dazu *Müller/Christensen* Juristische Methodik (Fn. 7), Rn. 429 ff.) siehe die berechtigten Einwände von *Volkmann* Verfassungslehre (Fn. 21), 158 ff. – Zum Versuch einer Rekonstruktion „klassischer" Methodenlehren unter Einschluss der Perspektive des Öffentlichen Rechts vgl. hingegen *Reimer* Methodenlehre (Fn. 7).

[93] Von „Abdankung der juristischen Methode" spricht *Forsthoff* Umbildung (Fn. 16), 41, von „eher anarchisch anmutende[m] Methodenpluralismus" *E.-W. Böckenförde* Die Eigenart des Staatsrechts und der Staatsrechtswissenschaft, FS Scupin, 1983, 317 (331). Aus jüngerer Zeit *A. Blankenagel* Vom Recht der Wissenschaft und der versteckten Ratlosigkeit der Rechtswissenschaft bei der Betrachtung der- und desselben, AöR 125 (2000), 70 (105 f.): „Tendenz zum ‚anything goes'".

[94] Überzeugende Deutung von *Michael* Gleichheitssatz (Fn. 85), 205 ff., passim, im Anschluss an die Theorie beweglicher Systeme von *Walter Wilburg*. Daran anschließend wiederum *Flessner* Juristische Methode (Fn. 75), 18 ff.

[95] *Ehmke* Prinzipien (Fn. 10), 60 (Hervorhebungen im Original).

Methoden ist keine fixe Größe, sondern der „übliche rechtswissenschaftliche Diskussionsrahmen“, von dem im eingangs zitierten Honeywell-Beschluss die Rede ist.[96] Es ist eine alte Geschichte, doch bleibt sie immer neu. Der wachsende Rechtspluralismus stellt uns die Fragen vielleicht nur mit größerem Nachdruck.

bb) Von Systemgerechtigkeit zu Anschluss und Verknüpfung

16. Herausgefordert wird durch den Rechtspluralismus auch das Systemdenken als Prämisse und gedankliches Ziel[97] rechtsdogmatischen Arbeitens.[98] Angesichts einer Vielzahl von Rechtsquellen verschiedener Autoren wird die Vorstellung eines vom Gesetzgeber intendierten Systems, aus dem der Interpret folgerichtig und stimmig Lösungsangebote ableiten könnte, immer schwieriger aufrechtzuerhalten.[99] Dies trifft auch die Einheitsbildung durch Verfassungsrecht,[100] das sich unter dem

---

[96] Insoweit ist *Starck* Maximen (Fn. 88), Rn. 34 beizupflichten, dass es eine „freie Wahl der Methode“ nicht gibt.

[97] *Böckenförde* Eigenart (Fn. 93), 325 f.; *Larenz* Methodenlehre (Fn. 9), 437 ff.; *G. Kirchhof/S. Magen* Dogmatik: Rechtliche Notwendigkeit und Grundlage fächerübergreifenden Dialogs – eine systematische Übersicht, in: dies./Schneider (Fn. 5), 151 (154 ff.); *Bumke* Rechtsdogmatik (Fn. 11), 647; *R. Stürner* Die Zivilrechtswissenschaft und ihre Methodik – zu rechtsanwendungsbezogen und zu wenig grundlagenorientiert?, AcP 214 (2014), 7 (11).

[98] *Flessner* Juristische Methode (Fn. 75), 16; *Lepsius* Rechtswissenschaftstheorie (Fn. 4), 40 f.; *M. Kötter/K. Kühl/J. Mengesha* Normative Pluralität ordnen? Eine Problemskizze, in: M. Kötter/G. F. Schuppert (Hrsg.) Normative Pluralität ordnen, 2009, 11 (12 ff.). Auch dies ist keine gänzlich neue Entwicklung, wie angesichts diskontinuierlicher Parlamente Rechts- und Argumentationsfiguren wie die implizite Aufnahme von Regelungen in den gesetzgeberischen Willen zeigen. Siehe auch *O. Lepsius* Rechtswissenschaft in der Demokratie, Staat 52 (2013), 157 (184 f.) unter Hinweis auf Relativismus, Kompromisshaftigkeit, institutioneller Differenzierung und Zeitbezug von Gesetzgebung in der Demokratie.

[99] *K. Günther* Rechtspluralismus und universaler Code der Legalität, FS Habermas, 2001, 539 (541): „Am *Faktum des Rechtspluralismus* scheint sich die Einheitsfiktion des Rechtssystems aufzulösen.“ (Hervorhebung im Original).

[100] *Kötter/Kühl/Mengesha* Pluralität (Fn. 98), 23 ff.; *C. Schönberger* Anmerkungen zu Karlsruhe, in: M. Jestaedt u.a., Das entgrenzte Gericht, 2011, 9 (61); *Grimm* Das Öffentliche Recht (Fn. 75), 54 f. Nicht zu Unrecht verweist *Lepsius* Demokratie (Fn. 98), 167 f. darauf, dass bereits die schiere Masse bundesverfassungsgerichtlicher Judikatur einer „wirklichen“ Einheitsbildung im Wege steht. Zur Wirkungsgleichheit eines „horizontalen Prinzipienpluralismus“ und „überlappender Verfassungsrechtskreise“ *T. Vesting* Ende der Verfassung? Zur Notwendigkeit der Neubewertung der symbolischen Dimension der Verfassung in der Postmoderne, in: ders./S. Korioth (Hrsg.) Der Eigenwert des Verfassungsrechts, 2011, 71 (78).

Grundgesetz zu einem Meta-System des Rechts entwickelt hat.[101] Das Systemdenken öffnet sich unter dem Eindruck des Rechtspluralismus mehr und mehr einer pragmatisch-topischen Methode,[102] die der Problemlösung unter Rückgriff auf übergreifende Ordnungsideen Vorrang vor strikter Systemgerechtigkeit einräumt.[103] Modellhaft treten an die Stelle der Systemarchitektur[104] stärker auf Verknüpfung und Anschluss[105] hin orientierte Konzeptionen, wie sie z.B. in der Kettenroman-Metapher bei *Ronald Dworkin* zum Ausdruck kommen:[106] Wie bei einem „Kettenroman" (*chain novel*) treiben die Interpreten des Rechts zwar das Romangeschehen voran, bleiben dabei aber in den Bahnen, die in den früheren Kapiteln von anderen Interpreten vorgezeichnet sind.

---

[101] *G. F. Schuppert/C. Bumke* Die Konstitutionalisierung der Rechtsordnung, 2000. Siehe auch *Isensee* Politisches Recht (Fn. 15), Rn. 54 zur „Einheit der Rechtsordnung" durch Ausrichtung an der Verfassung.

[102] Klares Bekenntnis bei *Ehmke* Prinzipien (Fn. 10), 55 ff., 61 ff., 71 f. Vgl. auch *Schneider* Prinzipien (Fn. 10), 34 ff., der die „Kunst der Rechtsauslegung" generell als einen „dialektische[n], problembezogene[n] Denkprozeß" (ebd., 51) charaktierisiert. Grundlegend *T. Viehweg* Topik und Jurisprudenz, 5. Aufl. 1974. Zu der v.a. von *Kriele* Theorie (Fn. 7), 114 ff., 133 ff. und *Böckenförde* Eigenart (Fn. 93), 325, erhobenen Kritik vgl. die differenzierte Entgegnung von *A. Launhardt* Topik und Rhetorische Rechtstheorie: Eine Untersuchung zu Rezeption und Relevanz der Rechtstheorie Theodor Viehwegs, 2010. Differenzierend auch *Starck* Maximen (Fn. 88), Rn. 26 f., der einer „normativ gelenkten und begrenzten Topik" im Anschluss an *K. Hesse* Grundzüge des Verfassungsrechts der Bundesrepublik Deutschland, 20. Aufl. 1995, Rn. 67, immerhin attestiert, „eine brauchbare Erweiterung der Auslegungscanones" zu bieten.

[103] Von einer „Sprengung" der für die deutsche Rechtsdogmatik charakteristischen „Feinsystematik" – als einer Zwischenebene zwischen dem Einzelfall und den Grundprinzipien – durch die europäische Rechtsentwicklung spricht *Stürner* Zivilrechtswissenschaft (Fn. 97), 22 f.

[104] Vgl. kritisch dazu *C. Möllers* Methoden, GVwR I, 2. Aufl. 2012, § 3 Rn. 37.

[105] Vgl. *K.-H. Ladeur* Methodendiskussion und gesellschaftlicher Wandel, RabelsZ 64 (2000), 60 (67): „‚transsubjektive[s]' Netzwerk von Anschlußzwängen und -möglichkeiten". Das Plädoyer *Ladeurs* für eine „Erhaltung und Steigerung der Produktivität und Erneuerungsfähigkeit der Relationierungsmuster zwischen den (vor allem) organisierten Akteuren" (ebd., 90) weckt freilich die Sorge vor einem Korporatismus, in dem organisierte Freiheit zur Freiheitsbedrohung werden kann.

[106] *R. Dworkin* Law's Empire, 1986, 229 ff. Legendäre Erwiderung von *S. Fish* Working on the Chain Gang: Interpretation in the Law and in Literary Criticism, Critical Inquiry 9 (1982), 201. Vermittelnde Deutung von *J. Schelly* Interpretation in Law: The Dworkin-Fish Debate (or, Soccer amongst the Gahuku-Gama), California Law Review 73 (1984), 158 ff. – Radikaler in der strikten Fixierung auf die Textualität von Recht und Rechtserkenntnis ist das Modell des Rhizoms, das *I. Augsberg* Lesbarkeit des Rechts, 2009, 168 ff., bei *G. Deleuze/F. Guattari* Rhizom (1976), in: dies., Tausend Plateaus: Kapitalismus und Schizophrenie, 1992, 11 ff., entlehnt.

17. Diese Entwicklung erfasst auch die Rechtsprechung. Die Pflicht, internationales und europäisches Recht und namentlich Entscheidungen europäischer und internationaler Gerichte in die rechtliche Problemlösung zu integrieren, führt geradezu zwangsläufig zu einer Lockerung der „präsumtiven Verbindlichkeit“[107] von Präjudizien.[108] Zur Illustration mag erneut das Urteil zur Sicherungsverwahrung dienen. Vordergründig hielt das BVerfG 2011 an seinem Urteil von 2004 fest, indem es betonte, die Sicherungsverwahrung sei als Maßregel nicht an Art. 103 Abs. 2 GG zu messen. Der Sache nach aber näherte es den Grundsatz des Vertrauensschutzes dem absoluten Rückwirkungsverbot an, jedenfalls wenn Strafhaft und Maßregelvollzug sich in ihrer Ausgestaltung ähneln. Ein bereits im ersten Urteil an wenig prominenter Stelle plaziertes „Abstandsgebot“ rückte 2011 in die Stelle eines zentralen Arguments[109] und bemäntelte so die Kehrtwende[110]: An Ausgestaltung und Praxis des Maßregelvollzugs hatte sich seit 2004 nichts Entscheidendes geändert. Nur hatte eben der EGMR zwischenzeitlich darin einen Verstoß gegen Art. 5 und Art. 7 EMRK erblickt.

18. Die – spannungsreiche – Kombination aus Anschluss und Verknüpfung einerseits und Orientierung an übergreifenden Ordnungsideen andererseits stellt sicher, dass an Stelle der Systemkonformität nicht freie Dezision tritt.[111] Das BVerfG mag in seinem späteren Urteil zur Sicherungsverwahrung die im früheren Urteil noch maßgebende Zweispurigkeit des Sanktionensystems im StGB erheblich relativiert haben; einen „Ausreißer“ stellt die Entscheidung indes nicht dar, weil sie anschlussfähig an die Entscheidung des EGMR wie an das eigene frühere Urteil bleibt: über verknüpfende Bezugnahmen und über gemeinsame Prinzipien – den Schutz des Gesetzesvertrauens des Bürgers[112]. Gerichtsentscheidungen sind unter dem Einfluss internationaler Verpflichtungen

---

[107] *Kriele* Theorie (Fn. 7), 243, passim.

[108] *Volkmann* Verfassungslehre (Fn. 21), 163. Näher *G. Nolte* Das Verfassungsrecht vor den Herausforderungen der Globalisierung, VVDStRL 67 (2008), 129 (152 ff.).

[109] Vgl. BVerfGE 109, 133 (166 f.) gegenüber BVerfGE 128, 326 (374 ff.) und Ls. 3.b)–d).

[110] Als „Korrektur“ des früheren Urteils eingeordnet bei *Nußberger* Europäische Menschenrechtskonvention (Fn. 76), Rn. 17. Zu verfassungsgerichtlichen Strategien, den Kontinuitätsanschein in der eigenen Judikatur zu wahren, am Beispiel des U.S. Supreme Court *E. Chemerinski* The Rhetoric of Constitutional Law, Michigan Law Review 100 (2002), 2008 (2015 ff.).

[111] Vgl. *Merli* Rechtsprechungskonkurrenz (Fn. 77), 397 ff.

[112] *W. Leisner* Das Gesetzesvertrauen des Bürgers, FS Berber, 1973, 273 ff., auch zur Unterscheidung von Geltungs- und Kontinuitätsvertrauen. Dazu auch *v. Arnauld* Rechtssicherheit (Fn. 5), 324 ff., 346 ff.

möglicherweise weniger präzise berechenbar, sie sind jedoch nicht unberechenbar, solange sie trotz erhöhter Beweglichkeit „im Rahmen" bleiben. Der Übergang von der Systemgerechtigkeit zu Anschluss und Verknüpfung fordert, Kontinuität stärker dialogisch zu denken. In den Blick gerät damit nicht nur ein einzelner Akteur, sondern das Zusammenwirken mehrerer.[113]

19. Solche Irritationen des Systemdenkens können sich durchaus als Chance erweisen für die deutsche Rechtsdogmatik mit ihrem „Geschmack" für ein entpolitisiertes „verwissenschaftlichtes" Recht[114]: Die Einsicht in die Kontingenz von Entscheidungen, die ein allzu ausgeprägter Glaube an das System verdecken könnte, rückt den auch-politischen Charakter der Rechtspraxis und der mit ihr verbundenen Rechtswissenschaft stärker ins Bewusstsein; sie verdeutlicht, dass Rechtsanwendung immer auch Rechtserzeugung bedeutet.[115] Verstärkt wird dies noch durch die Spielräume, die durch normative Überlappungen und die Notwendigkeit entstehen, diese im Einzelfall aufzulösen.[116]

---

[113] Vgl. *T. Rensmann* Wertordnung und Verfassung, 2007, 322 ff. zu einer „ebenenübergreifenden Präjudizienlehre". Diese freilich ist nicht voraussetzungslos zu haben, sondern davon abhängig, dass die beteiligten Gerichte in wechselseitiger (und nicht bloß einseitiger) Rücksichtnahme „Kohärenzvorsorge" betreiben. Begriff der „Kohärenzvorsorge" nach *Oeter* Rechtsprechungskonkurrenz (Fn. 73), 388. Gleichsinnig *U. Di Fabio* Der Verfassungsstaat in der Weltgesellschaft, 2001, 115; *Merli* Rechtsprechungskonkurrenz (Fn. 77), 413 ff.; *Nußberger* Europäische Menschenrechtskonvention (Fn. 76), Rn. 3; *B. Gsell* Zivilrechtsanwendung im Europäischen Mehrebenensystem, AcP 214 (2014), 99 (112 ff., 129 ff.); *Paulus* Zusammenspiel (Fn. 73), 30. Konzeptionelle Versinnbildlichung als „kontrapunktisches Recht" bei *M. P. Maduro* Contrapunctual law: Europe's constitutional pluralism in action, in: N. Walker (Hrsg.) Sovereignty in Transition, 2003, 501 ff. Stärker auf die Konkurrenz der Werte und Wertungen abstellend hingegen *Krisch* Beyond Constitutionalism (Fn. 67), 282 ff.

[114] *M. Stolleis* Geschichte des öffentlichen Rechts in Deutschland, Bd. 1, 1988, 404; *Jestaedt* Wissenschaft (Fn. 27), 1 ff.; *Möllers* Methoden (Fn. 104), Rn. 14; Von der „zeitlose[n] Gefahr systematischer Selbstgenügsamkeit" spricht *Stürner* Zivilrechtswissenschaft (Fn. 97), 17 ff. Zur Verdrängung des verdeckt politischen Charakters auch *Kriele* Theorie (Fn. 7), 314 ff. (Nachwort zur 2. Aufl.); *Lepsius* Rechtswissenschaftstheorie (Fn. 4), 18 f.; *ders.* Kritik der Dogmatik, in: Kirchhof/Magen/Schneider (Fn. 4), 57 ff. Eingehend *G. Haverkate* Gewißheitsverluste im juristischen Denken: Zur politischen Funktion der juristischen Methode, 1977.

[115] Grundlegend *A. J. Merkl* Die Lehre von der Rechtskraft, entwickelt aus dem Rechtsbegriff, 1923, 217 f.; *ders.* Prolegomena einer Theorie des rechtlichen Stufenbaus, FS Kelsen, 1931, 252 (264 ff.); *H. Kelsen* Reine Rechtslehre, 2. Aufl. 1960, 239 ff.

[116] In Zuspitzung präsentieren sich Wohl und Wehe der „neuen Beweglichkeit" in den Folgen der Rechtsprechung des EuGH zu Umweltrechtsbehelfen unter der Aarhus-Konvention. In seinem Urteil zu den slowakischen Braunbären verpflichtete der Gerichtshof das vorlegende Gericht, das nationale Verfahrensrecht „so weit wie möglich

4. *Abschied von der Dogmatik?*

a) *Abschied vom dogmatischen Arbeiten?*

20. Bedeutet das nun einen „Abschied von der Dogmatik"[117], weil durch die Verknüpfung der Teilrechtsgebiete mit je unterschiedlichen Disziplinen das Recht weiter fragmentiert wird, weil an die Stelle eines systematisch eingebundenen Rechts Kasuistik tritt, weil Rechtswissenschaft vor der Ordnung des Stoffes die Waffen streckt und sich auf eine kritische Beobachterposition zurückzieht? Für den Völkerrechtler wirkt diese Frage wie ein Echo der Debatte über eine Fragmentierung des Völkerrechts. Dass dieses sachlich Teilrechtsordnungen ausgebildet hat, die in je unterschiedlicher Weise die Grenzlinien national/international und öffentlich/privat überschreiten und dabei ihren Eigenrationalitäten (z.B. freier Handel oder Umweltschutz) verpflichtet sind, das alles beschäftigt die Völkerrechtswissenschaft seit langem.[118] Manches in dieser Debatte

---

im Einklang sowohl mit den Zielen von Art. 9 Abs. 3 des Übereinkommens von Aarhus als auch mit dem Ziel eines effektiven gerichtlichen Rechtsschutzes für die durch das Unionsrecht verliehenen Rechte auszulegen", um im Ergebnis Umweltschutzorganisationen mit einem Klagerecht auszustatten: EuGH, C-240/09 (Lesoochranárske zoskupenie / Braunbär), Urteil v. 8.3.2011, Slg. 2011, I-1255, Rn. 51. Die Bandbreite der Vorschläge, die in Rechtsprechung – OVG Münster, NuR 2012, 722 (728); OVG Koblenz, NVwZ 2013, 881 (882); VGH Kassel, DVBl. 2013, 731; OVG Schleswig, NVwZ-RR 2013, 917 (918); BVerwG, NVwZ 2014, 64 – und Literatur – *F. Ekardt* Das Umweltrechtsbehelfsgesetz vor dem EuGH und dem BVerwG, NVwZ 2012, 530 ff.; *A. Schink* Der slowakische Braunbär und der deutsche Verwaltungsprozess, DÖV 2012, 622 ff.; *J. Berkemann* Der slowakische Braunbär im deutschen Prozessrecht, DVBl. 2013, 1137 ff.; *K. Gärditz* Verwaltungsgerichtlicher Rechtsschutz im Umweltrecht, NVwZ 2014, 1 (5); *S. Schlacke* Zur fortschreitenden Europäisierung des (Umwelt-)Rechtsschutzes, NVwZ 2014, 11 ff.; *M. Lau* Das Urteil des BVerwG vom 5.9.2013 oder vom Versuch, den „slowakischen Braunbären" zu zähmen?, NVwZ 2014, 637 ff. – unterbreitet wurden, um dies zu bewerkstelligen, verdeutlichen, welches Ausmaß die methodischen Herausforderungen annehmen können. Vgl. dazu näher *W. Durner* International Environmental Law in Germany, in: A. Proelß (Hrsg.) International Environmental Law, 2015 (i.V.), bei 3.3. Zu weiteren Beispielen „richterlicher Rechtsanpassung" *U. Hufeld* Anwendung europäischen Rechts in Grenzen des Verfassungsrechts, HStR X, 3. Aufl. 2012, § 215, Rn. 25 ff.

[117] *B. Schlink* Abschied von der Dogmatik, JZ 2007, 157 ff.

[118] Aus dem umfangreichen Schrifttum m.w.N. *M. Koskenniemi/P. Leino* Fragmentation of International Law? Postmodern Anxieties, Leiden Journal of International Law 15 (2002), 553 ff.; *J. Pauwelyn* Fragmentation of International Law, Max Planck Encyclopedia of Public International Law (Online; Stand: 9/2006); *A. Zimmermann/R. Hofmann* (Hrsg.) Unity and Diversity of International Law, 2006; *A. Fischer-Lescano/G. Teubner* Fragmentierung des Weltrechts, in: M. Albert/R. Stichweh (Hrsg.) Weltstaat und Weltstaatlichkeit, 2007, 37 ff.; *C. Thiele* Fragmentierung des Völkerrechts als

scheint überzeichnet,[119] und das gilt auch für unsere Fragestellung. Es ist die große Leistung der Rechtsdogmatik, dass sie durch Ordnung von Normen und Einordnung konkreter Fälle der Rechtsanwendung Orientierung gibt; sie ermöglicht es auf diesem Wege, Entscheidungen zu prognostizieren und den Rechtsstoff leichter lehr- und lernbar zu machen.[120] Das Bedürfnis danach bleibt unabweisbar, ja, es besteht umso mehr im Angesicht einer „Unordnung der Ordnungen"[121]. Das gilt, in gewissem Sinne, auch für die Behandlung des Rechts *als System*.[122] Schon wenn wir unterstellen, dass eine einzelne Entscheidung nicht allein steht, sondern in einem Zusammenhang mit anderen, oder dass Normen zueinander in einem Verhältnis von Regel und Ausnahme stehen, unterstellen wir einen systematischen Konnex.[123] Dies war im Jahre 2006 übrigens auch das Ergebnis einer Studiengruppe der UN-Völkerrechtskommission zum Fragmentierungsproblem im Völkerrecht. Deren Schlussfolgerungen beginnen mit den Worten: „International law is a legal system."[124]

Herausforderung für die Staatengemeinschaft, AVR 46 (2008), 1 ff.; *U. Sieber* Legal Order in a Global World: The Development of a Fragmented System of National, International, and Private Norms, Max Planck United Nations Yearbook 14 (2010), 1 ff.

[119] Kritisch daher *B. Simma* Fragmentation in a Positive Light, Michigan Journal of International Law 25 (2004), 845 ff.; *ders./D. Pulkowski* Of Planets and the Universe: Self-Contained Regimes in International Law, EJIL 17 (2006), 483 ff. Als Ausdruck einer wiederkehrenden Rhetorik der Krise gedeutet bei *A.-C. Martineau* The Rhetoric of Fragmentation: Fear and Faith in International Law, Leiden Journal of International Law 22 (2009), 1 ff.

[120] *A. Podlech* Rechtstheoretische Bedingungen einer Methodenlehre juristischer Dogmatik, Jahrbuch für Rechtssoziologie und Rechtstheorie 2 (1972), 491 (492 ff.); *Alexy* Argumentation (Fn. 16), 326 ff.; *Bumke* Rechtsdogmatik (Fn. 11), 641; *Kirchhof* Verfassung, Theorie und Dogmatik (Fn. 22), Rn. 1, 13. Am Beispiel der Grundrechtsdogmatik *A. v. Arnauld*, Die Freiheitsrechte und ihre Schranken, 1999, 258 ff. Zum inneren Zusammenhang von systematischer Rechtswissenschaft und juristischer Ausbildung *Ernst* Gelehrtes Recht (Fn. 42), 3 ff. in Gegenüberstellung mit dem traditionellen englischen Modell.

[121] Wendung von *N. Walker* Beyond boundary disputes and basic grids: Mapping the global disorder of normative orders, I·CON 6 (2008), 373 ff.

[122] *Schmidt-Aßmann* Dogmatik (Fn. 13), 4 f. Klassisch das Zitat von *H. J. Wolff* Typen im Recht und in der Rechtswissenschaft, Studium Generale 5 (1952), 195 (205): „Rechtswissenschaft zumindest ist systematisch oder sie ist nicht!" Kritisch *Lepsius* Rechtswissenschaftstheorie (Fn. 4), 40 f. A.A. *Vesting* Staatsrechtslehre (Fn. 67), 66 ff., der stattdessen ein „Kollisionsrecht" für ein „Netzwerk von Netzwerken" fordert. Ähnlich *Walker* Beyond boundary disputes (Fn. 121), 391 ff., der in der globalen „disorder of orders" ein „reflexive treatment of contested authority" an die Stelle von einheitsstiftenden Metaprinzipien stellen will.

[123] *Schneider* Prinzipien (Fn. 10), 38 f.

[124] Bericht v. 18.7.2006, A/CN.4/L.702, Schlussfolgerungen (Ziffer 14).

21. Angestimmt wird hier also nicht der Abgesang auf jegliches Systemdenken. Unser System kann aber kein System im Sinne einer starken „Einheit der Rechtsordnung“ sein,[125] und es tritt im Modus des Als-Ob[126] auf. Das indes stellt die Rechtsdogmatik nicht vor fundamentale Schwierigkeiten; denn diese ist daran gewöhnt, aus einer Fülle von Daten auszuwählen, zu simplifizieren und als eine „docta ignorantia“[127] eigene Wahrnehmungs- und Bewertungsschablonen zu schaffen.[128] Sie ist also bestens vertraut mit jenem Modus des Als-Ob. Sie wird daher auch in der Lage sein, mit sich zunehmend überlappenden Rechtsnormen umzugehen, und ihren systematisierenden Anspruch auf einen (noch) vielfältigeren Stoff zu erstrecken.[129] Für die Rechtsdogmatik ist dies übrigens keine neue Aufgabe; sie erinnert aber stärker an die Zeit vor den großen Kodifikationen, als es galt, den systematischen Zusammenhang zuallererst herzustellen.[130] Dass das zu errichtende System einem verborgenen Bauplan folgt, der auf den ehernen Gesetzen der Vernunft beruht[131] – dieser Glaube indes dürfte

---

[125] Eingehend dazu *C. Bumke* Relative Rechtswidrigkeit, 2004, insbes. 23 ff. zu verschiedenen „System“-Begriffen. Siehe auch *v. Arnauld*, Rechtssicherheit (Fn. 5), 252 ff.

[126] Klassisch *H. Vaihinger* Die Philosophie des Als Ob. System der theoretischen, praktischen und religiösen Fiktionen der Menschheit auf Grund eines idealistischen Positivismus. Mit einem Anhang über Kant und Nietzsche, 1911. Zur symbolischen Dimension dieses Als-Ob *Vesting* Ende (Fn. 100), 80 ff.

[127] *I. Augsberg* Lob der Dogmatik, rescriptum 2014, 63 (64), in Anspielung auf *Nikolaus von Kues* (*Cusanus*) De docta ignorantia, 1440.

[128] Vgl. *K. Engisch* Einführung in das juristische Denken, 11. Aufl. 2010, 41 ff. Eine Familienähnlichkeit besteht mit *Ernst Cassirers* Konzept der symbolischen Form. Dazu *D. Coskun* Law as Symbolic Form, 2007; *J. Saurer* Das Recht als symbolische Form und Gegenstand der praktischen Philosophie: zur Rechts- und Staatsphilosophie Ernst Cassirers, ARSP 95 (2009), 490 ff. Die Referenz auf das Konzept symbolischer Formen ermöglicht, die „mental habits“ von Denkschulen und Traditionen in ihrer jeweiligen kulturellen Einbettung mit der schöpferischen Tätigkeit zu verknüpfen. Vgl. dazu exemplarisch *E. Panofsky* Gothic Architecture and Scholasticism, 1951, als Inspirationsquelle für das Konzept des Habitus bei *P. Bourdieu* Strukturalismus und soziologische Wissenschaftstheorie (1968), in: ders., Zur Soziologie der symbolischen Formen, 6. Aufl. 1997, 7 ff.

[129] Pointiert *Ernst* Gelehrtes Recht (Fn. 42), 37: „Wäre die Rechtswirklichkeit nicht komplex, bräuchte es keine Rechtswissenschaft.“

[130] Für das „Verwaltungsrecht“ *avant la lettre* exemplarisch *P. Cancik* Verwaltung und Öffentlichkeit in Preußen, 2007, 30 ff., 182 ff., 189 ff., 260 ff. Zur Entwicklung im 19. Jahrhundert *Bumke* Rechtsdogmatik (Fn. 11), 642 f. Eine (erneute) Möglichkeit für die „akademische Jurisprudenz“, sich nach Aufbrechen der „Etatisierung“ des Rechts (43) im Nationalstaat des 19. und 20. Jahrhunderts „selbst wieder als Rechtsquelle ein[zu]setzen“, sieht *C. Möllers* Globalisiertes Recht, in: M. Anderheiden/S. Huster/S. Kirste (Hrsg.) Globalisierung als Problem von Gerechtigkeit und Steuerungsfähigkeit des Rechts (= ARSP, Beiheft 79), 2001, 41 (47, 59 f.).

[131] Zum metonymischen Verhältnis von System und Philosophie bei *Savigny* siehe *Larenz* Methodenlehre (Fn. 9), 11 ff.

der Einsicht gewichen sein, dass jedes System letztlich soziale Konstruktion ist,[132] und zudem eine Konstruktion, an der nicht mehr allein die deutsche Rechtswissenschaft beteiligt ist[133].

22. Wie im Zusammenhang mit der Internationalisierung erwähnt, wird bei dem Versuch, die Aussagen von Normen oder Urteilen aus unterschiedlichen Rechtsordnungen oder Rechtsgebieten aufeinander abzustimmen, gemeinsamen Ordnungsideen[134] größere Bedeutung zuwachsen,[135] „transpositiven" Prinzipien, die auf eigentümliche Weise sowohl innerhalb als auch außerhalb der Norm liegen. Einhergehend mit einer Lockerung der Arbeit am Normtext und einer Stärkung der teleologischen Interpretation[136] erhält die einzelne Norm hier die Funktion eines Verweises auf das gemeinsame Prinzip,[137] z.B. auf den Vertrauensschutz, das faire Verfahren, auf Partizipation oder Nachhaltigkeit. Solche im Hintergrund wirkenden Prinzipien, die sich gleichsam als „Norm hinter

---

[132] *Vesting* Ende (Fn. 100), 78 ff.

[133] Vgl. *Möllers* Methoden (Fn. 104), Rn. 55. Zur Kritik an einer tendenziell immer noch national vereinzelten Europarechtswissenschaft (nicht nur) in Deutschland *C. D. Classen* Die deutsche Europarechtswissenschaft und Frankreich: Die Geschichte einer punktuellen Wahrnehmung, in: O. Beaud/E. V. Heyen (Hrsg.) Eine deutsch-französische Rechtswissenschaft? Une science juridique franco-allemande?, 1999, 351 (353 ff.); *ders.* Wie deutsch ist das Europarecht? Zum deutschen Einfluss auf das Unionsrecht und seine Grenzen, in: U. Kischel (Hrsg.) Der Einfluss des deutschen Verfassungsrechtsdenkens in der Welt: Bedeutung, Grenzen, Zukunftsperspektiven, 2014, 93 (96 ff.); *A. Hatje/P. Mankowski* „Nationale Unionsrechte": Sprachgrenzen, Traditionsgrenzen, Systemgrenzen, Denkgrenzen, EuR 2014, 155 ff.

[134] Sinnverwandt *Volkmann* Verfassungslehre (Fn. 21), 119 f., 163 f., der von „Leitbildern" spricht. Zur Abgrenzung von Typen/Modellen und Leitbildern *S. Baer* Schlüsselbegriffe (Fn. 63), 231: „Der Unterschied liegt darin, dass Typen und Modelle eher deskriptiv-analytisch als offen angelegt sind. Leitbilder laden zur Deutung ein, während Typen und Modelle eine primär ausgrenzende, schließende Funktion haben." Bei der Leitbild-Metapher bleibt jedoch unerklärt, worauf die Anleihe beim Visuellen zielt.

[135] *Möllers* Globalisiertes Recht (Fn. 130), 49 ff.; *A. Peters* The Globalization of State Constitutions, in: J. Nijman/A. Nollkaemper (Hrsg.) New Perspectives on the Divide Between National and International Law, 2007, 251 (307); *Stürner* Zivilrechtswissenschaft (Fn. 97), 41. Ähnlich *Schmidt-Aßmann* Dogmatik (Fn. 13), 47 ff. zu allgemeinen Rechtsgrundsätzen. Zur Rolle transnationaler „Verfassungsprinzipien" für die Ordnung des Verwaltungsrechts im Europäischen Verfassungsverbund *ders.* Verfassungsprinzipien (Fn. 56), Rn. 7 ff.

[136] Mit Nachdruck *M. P. Maduro* Interpreting European Law: Judicial Adjudication in a Context of Constitutional Pluralism, EJLS 1 (2007), Nr. 2, 1 (8 ff.). Mit berechtigter Mahnung, nicht im teleologischen Überschwang die Textualität außer Acht zu lassen, *G. Lübbe-Wolff* Expropriation der Jurisprudenz?, in: Engel/Schön (Fn. 4), 282 (292).

[137] *Volkmann* Verfassungslehre (Fn. 21), 163, *Stürner* Zivilrechtswissenschaft (Fn. 97), 41 f.

der Norm" präsentieren[138], mögen zwar allseits zustimmungsfähig sein – in ihrer Ausdeutbarkeit aber sind sie besonders anfällig für Ideologeme. Noch mehr als bereits bei den Schablonen der Dogmatik gilt hier, dass eine kritische Rechtswissenschaft auf transparente Begründung[139] und auf Ein- und Ausschlüsse zu achten hat, um zu verhindern, dass Typen zu Stereotypen werden.[140] Zur Erfüllung dieser Aufgabe lassen sich Rechtsvergleichung[141] und Deutungsangebote anderer Disziplinen[142] fruchtbar machen.[143]

b) *Abschied von einer wissenschaftlichen Dogmatik?*

23. An dieser Stelle möchte ich noch auf einen grundlegenden Dissens hinweisen, der sich in der jüngeren Diskussion über Stand und Gegenstand unserer Disziplin abzeichnet: Der hier diagnostizierte zunehmende Rückgriff auf die Teleologie[144], der Rückgriff auf Verfassungsprinzipien[145], die damit einhergehende Schwächung von Normtextargumenten –

---

[138] In Anlehnung an *M. Jestaedt* Die Verfassung hinter der Verfassung, 2009.

[139] *U. Volkmann* Leitbildorientierte Verfassungsanwendung, AöR 134 (2009), 185 (187 ff.).

[140] Vgl. exemplarisch zu Frauen-Rollen *A. Schmidt* Grundannahmen des Rechts in der feministischen Kritik, in: L. Foljanty/U. Lembke (Hrsg.) Feministische Rechtswissenschaft, 2. Aufl. 2012, 74 ff. Zu Flüchtlingen z.B. *S. Buckel* „Welcome to Europe" – Die Grenzen des europäischen Migrationsrechts, 2013.

[141] Zur Bedeutung der Rechtsvergleichung als kritischer Spiegel des Eigenen *G. Frankenberg* Critical Comparisons: Re-Thinking Comparative Law, Harvard International Law Journal 26 (1985), 411 ff.; *G. Fletcher* Comparative Law as a Subversive Discipline, American Journal of Comparative Law 46 (1998), 683 ff.; *H. Muir-Watt* La fonction subversive du droit comparé, Revue internationale de droit comparé 52 (2000), 503 ff.; *E. Eberle* The Method and Role of Comparative Law, Washington University Global Studies Law Review 8 (2009), 451 (464 ff.); *C. Schönberger* Verfassungsvergleichung heute: der schwierige Abschied vom ptolemäischen Weltbild, VRÜ 43 (2010), 6 ff. Ähnlich *Maduro* Interpreting (Fn. 136), 19; *Nolte* Verfassungsrecht (Fn. 108), 146 ff.; *Jestaedt* Verfassungstheorie als Disziplin, in: Depenheuer/Grabenwarter (Fn. 73), § 1 Rn. 31 f.

[142] Zur Notwendigkeit, „Leitbilder" im Recht und den Umgang mit diesen im Gespräch mit den Kulturwissenschaften kritisch auszuleuchten, *Baer* Schlüsselbegriffe (Fn. 63), 242 ff.

[143] Vgl. *Morlok* Reflexionsdefizite (Fn. 42), 61 ff.

[144] Kritisch etwa *Möllers* Methoden (Fn. 89), Rn. 25. Siehe auch *Jestaedt* Verfassungstheorie (Fn. 141), Rn. 35.

[145] Siehe allgemein die Warnung vor dem „Konfusionspotenzial" von „Verfassungsprinzipien" zwischen einer ins positive Recht eingebetteten Verfassungsdogmatik und einer vom positiven Recht gelösten Verfassungstheorie bei *Jestaedt* Verfassungstheorie (Fn. 141), Rn. 57. Vgl. auch *O. Lepsius* Die maßstabsetzende Gewalt, in: Jestaedt u.a. (Fn. 100), 159 (174 ff.) zur Kritik an „unangreifbaren Zwischennormen"; ähnlich *ders.* Demokratie (Fn. 98), 181 ff.

das alles wird in letzter Zeit verstärkt kritisiert. Dafür gibt es gute Gründe. Wo diese Kritik sich jedoch mit einer Reduktion der Dogmatik auf eine introspektive handwerkliche Kleinarbeit verschränkt,[146] der intradisziplinär eine vernetzungsfähige theoretische Rechtswissenschaft gegenübergestellt wird,[147], scheint mir dies auf einen spezifischen Fluchtpunkt bei der Rolle des Rechts rückführbar.[148]

24. Wählt man als diesen Fluchtpunkt das demokratische Prinzip,[149] liegt es nahe, nach Begrenzung der rechtserzeugenden Kraft der Rechtsanwendung zu verlangen. Dies geht einher mit einem reformalisierten Methodenverständnis, das zugleich die Kreativität einer der Praxis zugewandten dogmatischen Rechtswissenschaft eindämmt. Wird diese als bloßer Schatten der Praxis konzipiert und zu einer *τέχνη* (*téchne*) herabgestuft, dann muss die wissenschaftliche Auseinandersetzung in beobachtende Teildisziplinen ausgelagert werden. Diese allein können dann international wie interdisziplinär offen agieren. Resultat ist eine binäre Ordnung der Rechtswissenschaft, die der Dogmatik letztlich die wissenschaftliche Relevanz bestreitet. Wählt man als Fluchtpunkt hingegen den sozialen Rechtsstaat und versteht man das Recht als auf die Verwirklichung sozialer Ziele ausgerichtet,[150] so bestimmt diese Ziele zwar ebenfalls primär der Gesetzgeber; die Rechtsanwendung jedoch wird dann stärker in die Zielverwirklichung eingebunden. Einher geht dies mit einer materiell-teleologischen Ausrichtung der Methode, die wiederum nach größerer Offenheit verlangt. Optimierung, Selbstbeobachtung und „lernendes Recht"[151] werden zu anwendungsbezogenen Themen, und damit auch zu Themen einer gehaltvoller verstandenen Rechtsdogmatik.[152] Zugleich wer-

---

[146] Siehe insbesondere *Lepsius* Dogmatik (Fn. 114), 39 ff., 53. In der Tendenz auch *Möllers* Methoden (Fn. 89), Rn. 42; *Jestaedt* Wissenschaft (Fn. 27), 3.

[147] *O. Lepsius* Was kann die deutsche Staatsrechtslehre von der amerikanischen Rechtswissenschaft lernen?, in: Schulze-Fielitz (Fn. 11), 319 (361 ff.); *Jestaedt* Verfassungstheorie (Fn. 141), Rn. 22 ff., 54 ff.

[148] Im Grundansatz ähnlich *P. Westerman* Open or Autonomous? The Debate on Legal Methodology as a Reflection of the Debate on Law, in: Van Hoecke (Fn. 8), 87 ff., v.a. 88, 97 ff., 101 ff.

[149] Deutlich *Lepsius* Demokratie (Fn. 98), 157 ff.

[150] Zum „Siegeszug des Zwecks" und seinen Folgen für die Methodik der Rechtswissenschaft *C. Engel* Herrschaftsausübung (Fn. 13), 218 ff., 231. Programmatische Fundierung bei *R. v. Jhering* Der Zweck im Recht, 2 Bde., 1877–1883.

[151] Zum Begriff *K.-H. Ladeur* Lernfähigkeit des Rechts und Lernfähigkeit durch Recht, in: A. Görlitz (Hrsg.) Postinterventionistisches Recht, 1990, 141 ff.; *Volkmann* Verfassungslehre (Fn. 21), 70 ff.

[152] Für ein offeneres Dogmatikverständnis *Grimm* Das Öffentliche Recht (Fn. 75), 69 ff.; *S. Rixen* Juristische Bildung, nicht leicht gemacht, JZ 2013, 708 (710); *Kaiser* Öffnung (Fn. 26), 1103 ff. Siehe auch *K. Larenz* Über den Wissenschaftscharakter der

den so die intradisziplinären Trennlinien weniger scharf; die Rechtswissenschaft erscheint intern stärker abgestuft und vernetzt.

25. Interessanterweise führen beide Positionen die internationale und interdisziplinäre Anschlussfähigkeit als ihr zentrales Argument: Während die eine Position die deutsche Dogmatik als Sonderweg kritisiert, der international wie interdisziplinär in die Isolation führe,[153] sieht die andere den Königsweg gerade in einer interdisziplinär wie international offenen dogmatischen Wissenschaft.[154] Dabei wird jeweils eine der beiden Varianten der Öffnung (über-)betont, die ich hier unterschieden habe: der Methodenwandel durch Begegnung (als stärker mit theoretischen Fragestellungen verbundene Öffnung) und der Methodenwandel durch Rechtswandel (der primär die Rechtsdogmatik in eine Öffnung drängt). Einer eher theoretisch arbeitenden Rechtswissenschaft wird, soweit ersichtlich, die internationale und interdisziplinäre Offenheit von niemandem bestritten. Sie sollte aber auch einer anwendungsnah arbeitenden Rechtswissenschaft nicht bestritten werden; denn die hier skizzierten Wandlungen im Recht gibt es. Soll die Rechtsdogmatik weiterhin ihre Rolle erfüllen, zur Problemlösung am Maßstab eines sich wandelnden positiven Rechts beizutragen, muss auch sie in der Lage sein, sich international wie interdisziplinär zu öffnen.

III. Die „öffentlich-rechtliche Methode“: vom Eigensinn einer sozialen Praxis

1. Methode als soziale Praxis im Wandel

26. Bis hierhin habe ich es vermieden, genauer zu bestimmen, was ich unter „Methode“ verstehe – nicht zuletzt, um nicht mit allzu vielen Definitionen und Distinktionen zu eröffnen. Von der Funktion von Methoden war die Rede (den Weg zu einer Aussage oder einem Ergebnis zu rationalisieren), auch davon, dass es sich selbst bei unserer „Methodenlehre“ nicht um ein geschlossenes, ja nicht einmal ein klar geordnetes Korpus an

---

Rechtswissenschaft, FS Legaz y Lacambra, Bd. 1, 1960, 179 (180); *Waldhoff* Kritik (Fn. 5), 28.

[153] *Lepsius* Dogmatik (Fn. 114), 46, 60. Denkt man an die Vorstellung des Völkerrechts als System im Fragmentierungs-Bericht der UN-Völkerrechtskommission (Fn. 124) und die Neuentdeckung des Kommentars als wissenschaftliches Format im Völkerrecht in den letzten Jahren, mag man daran zweifeln, ob diese These nicht allzu apodiktisch ist. Dass gerade der *strictly legal point of view* eine grenzüberschreitende Kommunikation ermöglichen kann, hebt *Ernst* Gelehrtes Recht (Fn. 42), 46 hervor.

[154] Siehe etwa die in Fn. 152 Genannten.

Regeln handelt. Was aber nun ist *gemeint*, wenn hier von „Methoden“ die Rede ist? In einem engeren Sinne, und beschränkt auf die sog. juristische Methode, handelt es sich um eine Sammlung von Topoi, die im Rahmen der juristischen Argumentation Verwendung finden. In erster Linie sind dies die *canones* der Auslegung, die normativen Vorrangregeln, Regeln der sog. Rechtslogik, der Syllogismus, der Analogieschluss, die Abwägungsgesetze usw.[155] Hinzu treten Figuren, die den Einsatz der soeben erwähnten Argumente steuern; man kann sie als „direktive“ Topoi bezeichnen. Hierzu zählen u.a. der bekannte Streit um eine „objektive“ oder „subjektive“ Ausrichtung der Auslegung[156] ebenso wie die auf Verfassungsentscheidungen für eine internationale Öffnung beruhende völkerrechtsfreundliche und europarechtskonforme Auslegung.[157]

27. Methode ist aber noch mehr als das. Methode ist nicht bloß ein Werkzeugkasten, sondern eine soziale Praxis. Als solche kann sie nicht isoliert werden von den Akteuren und Institutionen, durch die und in denen sie zur „Anwendung“ kommt. Sie konstituiert sich in diskursiven Prozessen einer (nicht ganz) „offenen Gesellschaft der Rechts- und Verfassungsinterpreten“[158].[159] Inhalte und Lehrsätze einer Methodenlehre sind daher im Regelfall nicht dekretiert;[160] sie bedürfen vielmehr der

---

[155] Vgl. *Alexy* Argumentation (Fn. 16), 283 ff.

[156] Dazu dass es hier um das Auslegungs*ziel*, nicht um Auslegungs*mittel* („historisch-genetische Methode“) geht, *A. v. Arnauld* Möglichkeiten und Grenzen dynamischer Interpretation von Rechtsnormen: Ein Beitrag zur Rekonstruktion autor-subjektiver Normauslegung, Rechtstheorie 33 (2001), 465 (475 f.). Vertiefend *R. Dreier* Problematik (Fn. 16), 24 ff.

[157] Letzteren wird bisweilen eben wegen dieses direktiven Charakters der Status von Methodenregeln bestritten, z.B. von *L. Viellechner* Berücksichtigungspflicht als Kollisionsregel, in: Matz-Lück/Hong (Hrsg.) (Fn. 76), 109 (137 ff.). Meines Erachtens belegen sie jedoch den engen und nicht sinnvoll auflösbaren Zusammenhang zwischen Methoden und materiellem Recht. Zu diesem etwa *Esser* Grundsatz (Fn. 47), 106 ff., 112 ff.; *Michael* Gleichheitssatz (Fn. 85), 29 ff., v.a. 44 ff. Ähnlich *Isensee* Politisches Recht (Fn. 15), Rn. 5. Plastisch *P. Häberle* Zeit und Verfassung, ZfP 21 (1974), 111 (123): „Die ‚Auslegung der Auslegungsmethoden‘ ist durch die materiellen und formellen Verfassungsprinzipien präjudiziert.“ Vgl. auch *Reimer* Verfassungsprinzipien (Fn. 75), 126, zur Möglichkeit, dass die Verfassung der Verfassungsmethodik Zwecke und Mittel zuweisen kann. Was allerdings die Verfassung der Interpretation vorgibt, ist seinerseits Gegenstand von Interpretation. Das Sprachspiel ist unhintergehbar.

[158] Als Klassikertext *P. Häberle* Die offene Gesellschaft der Verfassungsinterpreten, JZ 1975, 297 ff. Die Einschränkung hier steht nicht im Widerspruch zu diesem Konzept, da es um die Kompetenz zur Vereinbarung der *sekundären* Regeln geht.

[159] Vgl. *Van Hoecke* (Fn. 45), 15; *Haage* (Fn. 8), 21 f.; *Volkmann* Verfassungslehre (Fn. 21), 150, 302 ff. (unter Verweis auf den Neo-Pragmatismus von *Robert Brandom*, v.a. Making it Explicit, 1994).

[160] *Waldhoff* Kritik (Fn. 5), 19 ff. Dies steht einer Positivierung nicht grundsätzlich im Wege, wie § 46 der Einleitung zum Preußischen ALR oder Art. 31–33 des Wiener

Approbation durch Rechtswissenschaft und Rechtspraxis. Ihre Festigkeit gewinnt die juristische Methodenlehre als an praktischen Erfahrungen gewonnenes und zu verallgemeinerten Sätzen geronnenes kollektiv geteiltes Wissen. Als ein Korpus von sekundären Regeln – von Regeln also über die Anwendung von Regeln – legitimiert sich die Methode über die Sachkompetenz der Diskursteilnehmer und die stabilisierende Vernünftigkeit einer Praxis, die in Tradition und Herkommen verankert ist.[161] Und dennoch: Die Methodenlehre ist nicht das feste Bollwerk, als das sie gelegentlich erscheinen mag. Ihrer letztlich konsensual-pragmatischen Basis[162] verdankt sich, dass ihre Regeln veränderbar sind, „as we go along“[163].

2. *Methodenpraxis und Legitimation: Stationen des Rezeptionsprozesses*

28. Als eine soziale Praxis, die über die Anwendung von Rechtsregeln entscheidet,[164] steht die sog. juristische Methode in einem Legitimationszusammenhang mit dem geltenden Recht. Dieser erfasst nicht allein die Rechtspraxis,[165] sondern mittelbar auch die Rechtswissenschaft, dort, wo

---

Übereinkommens über das Recht der Verträge v. 23.5.1969 zeigen. Weitere Beispiele bei *Reimer* Methodenlehre (Fn. 7), Rn. 34 ff.

161 Als geteilte Technik einer Diskursgemeinschaft stützt sie i.Ü. die Hintergrunderwartungen auch des Normsetzers, der die Art und Weise des Umgangs mit den von ihm geschaffenen Regeln bis zu einem gewissen Grade antizipieren kann, und trägt so zur Gesetzesbindung bei: *Esser* Vorverständnis (Fn. 8), 9 f., 13, 142 ff.; *G. Roellecke* Die Bindung des Richters an Gesetz und Verfassung, VVDStRL 34 (1976), S. 7 (18 f., 38 f.); *C. Starck* Die Bindung des Richters an Gesetz und Verfassung, VVDStRL 34 (1976), 43 (60 ff.); *P. Altman* Critical Legal Studies: A Liberal Critique, 1989, 94 ff.; *R. Christensen/H. Kudlich* Theorie richterlichen Begründens, 2001, 127 ff.; *v. Arnauld* Rechtssicherheit (Fn. 5), 412 ff.

162 Im Spektrum der Methodenverständnisse, das *Möllers* Methoden (Fn. 104), Rn. 19 zwischen kritischem Rationalismus (*Popper*, *Albert*) einerseits und „postmoderner“ Wissenschaftstheorie (*Kuhn*, *Feyerabend*, *Foucault*) absteckt, ist das hier vertretene Verständnis im Zwischen-Raum des Pragmatismus zu verorten.

163 *L. Wittgenstein* Philosophische Untersuchungen (1953), in: Werkausgabe, Band 1, 1984, 225, § 83. Das hier verwendete Modell von Methoden schließt ganz offenkundig eng an dessen Konzeption des Sprachspiels an. Zu der Möglichkeit, im Rahmen einer Pragmatik wittgensteinscher Prägung den Umgang mit Regeln zu rekonstruieren *D. Busse* Zum Regel-Charakter von Normtextbedeutungen und Rechtsnormen, Rechtstheorie 19 (1988), 305 ff.; *A. Somek/N. Forgó* Nachpositivistisches Rechtsdenken, 1996, 81 ff.; *A. v. Arnauld* Normativität von Spielregeln, in: ders. (Hrsg.) Recht und Spielregeln, 2003, 17 (25 ff.); *ders.* Rechtssicherheit (Fn. 5), 412 ff.; *M. La Torre* Law as Institution, 2012, 62 ff.

164 *Waldhoff* Kritik (Fn. 5), 19 ff. Ähnlich *Reimer* Methodenlehre (Fn. 7), Rn. 32 f.

165 Zur Verbindung zwischen Methoden der Rechtsanwendung und Verwaltungsbefugnissen *H. Wißmann* Generalklauseln: Verwaltungsbefugnisse zwischen Gesetzmäßigkeit und offenen Normen, 2006, 15 ff.

diese auf Problemlösungen am Maßstab des positiven Rechts einwirken will.[166] Wo eine dogmatische Rechtswissenschaft selbst normative Aussagen treffen möchte, muss auch sie bei der Rezeption fremder Rechts- und Wissensbestände reflektiert und im Bewusstsein um Eigenrationalitäten und um Kontexte vorgehen. Der Rezeptionsprozess lässt sich in diesem Sinne im Wesentlichen in vier Stationen gliedern,[167] die abschließend kurz umrissen seien:

a) Bestimmung des normativen Status der Öffnung

29. Wegen der Gesetzesbindung bleibt die Unterscheidung zwischen formellen und informellen Autoritäten, zwischen Rechtsquellen und Rechtserkenntnisquellen (das sind „Hilfsquellen" wie „Hilfswissenschaften"), bedeutsam für das relative Gewicht eines aus anderen Rechtsordnungen oder anderen Disziplinen gewonnenen Arguments.[168] Obligatorisch ist eine Öffnung, wo eine völker- oder europarechtliche Bindung besteht oder wo die Rechtsnorm selbst z.B. auf Kategorien oder Bewertungsmuster anderer Disziplinen verweist.[169] Nicht mit Verbindlichkeit, sondern lediglich mit einer *persuasive authority*[170] ausgestattet sind Erträge einer fakultativen Öffnung. Hier existiert keine Rechtspflicht, das „Außen" zu „verinnerlichen". Gerade in schwierigen Fällen gibt es zwar gute Gründe, sich bei anderen Disziplinen oder in fremden Rechtsordnungen umzutun; dies enthebt aber nicht davon, am Maßstab des Eigenen eine eigene Entscheidung zu treffen.[171] In internationaler Hinsicht bezieht

---

[166] *Engel* Angewandte Sozialwissenschaft (Fn. 25), 31 f.; *W. Hoffmann-Riem* Sozialwissenschaften im Verwaltungsrecht, in: Die Wissenschaft vom Verwaltungsrecht (= Verwaltung, Beiheft 2), 1999, 83 (85, 98 f., 102); *Krebs* Juristische Methode (Fn. 25), 217 f.; *C. Gusy* Brauchen wir eine juristische Staatslehre?, JöR 55 (2007), 41 (58 f.); *Lüdemann* Netzwerke (Fn. 64), 276 f., 282; *Bumke* Rechtsdogmatik (Fn. 11), 646 f. Zur normativen Relevanz wissenschaftlicher Rechtsdogmatik vertiefend *N. Jansen* The Making of Legal Authority, 2010.

[167] Ähnliche Stufenmodelle bei *Voßkuhle* Methode (Fn. 16), 188 ff.; *Lüdemann* Netzwerke (Fn. 64), 275 ff. Zutreffende Einordnung als „binnenjuristische Metaregeln" bei *I. Augsberg* Multi-, inter-, transdisziplinär (Fn. 51), 23 ff.

[168] Diese mag sich in der Praxis nicht immer trennscharf durchhalten lassen, sichert aber als Fluchtpunkt die Beachtung der Legitimationsfrage.

[169] Ein solcher Verweis kann auch implizit erfolgen, indem etwa bei Prüfung der Eignung und Erforderlichkeit einer Maßnahme deren reale Wirkungen einzubeziehen sind. Zu grundrechtlicher Folgenorientierung und Interdisziplinarität *G. Hermes* Folgenberücksichtigung in der Verwaltungspraxis und in einer wirkungsorientierten Verwaltungsrechtswissenschaft, in: Schmidt-Aßmann/Hoffmann-Riem (Fn. 3), 359 (373 f.).

[170] Grundlegend *P. Glenn* Persuasive Authority, McGill Law Journal 23 (1987), 261 ff.

[171] *Sauer* (Fn. 76), 49 f.

sich das auf unverbindliche Standards[172] oder – zumindest regelmäßig[173] – auf rechtsvergleichende Argumente, in interdisziplinärer Hinsicht vor allem auf Beschreibungsangebote und Standards anderer Disziplinen.

b) Ermittlung möglicher Beiträge anderer Rechtsordnungen oder Disziplinen

30. Die Ermittlung, welche Lösungsangebote einer anderen Rechtsordnung oder einer anderen Disziplin entnommen werden können, muss umsichtig erfolgen: Es müssen die passenden Fragen gestellt und das Material im Kontext gewürdigt werden.[174] Das bedeutet beim Kontakt mit anderen Disziplinen, dass der Erkenntniszusammenhang zu würdigen ist; denn das jeweils verfolgte Erkenntnisinteresse beeinflusst den Erklärungswert und damit auch die Verwendbarkeit in einem juridischen Kontext. Beim Kontakt mit anderen Rechtsordnungen ist in ähnlicher Weise zu berücksichtigen, wie Rechtsinstitute funktional und rechtskulturell eingebettet sind.[175] Auch kann der Umgang mit Rechtsnormen anderen methodischen Regeln unterliegen als im heimischen Recht;[176] vertraut ist uns dies inzwischen bei den „unionseigenen Methoden der Rechtsfindung“[177].

c) Zusammenführen des „Fremden“ mit dem „Eigenen“

31. Die Zusammenführung des „Fremden“ mit dem „Eigenen“ wird in aller Regel ein differenzierter Vorgang des Einpassens und Einfügens sein. Für das internationale Recht dürfte es nicht darum gehen, aus Rechtsfragmenten unterschiedlicher Provenienz eine neue „transnationale“

---

[172] Zu diesen als „Interpretationsreserve“ *M. Herdegen* Internationalisierung der Verfassungsordnung, in: Depenheuer/Grabenwarter (Fn. 73), § 7 Rn. 31.

[173] Allerdings sollte entgegen der vorherrschenden Praxis dort, wo ein völkerrechtlicher Vertrag als Maßstab herangezogen wird, eine Pflicht angenommen werden, die Praxis anderer Vertragsstaaten zumindest zur Kenntnis zu nehmen. Ein völkerrechtlicher Vertrag ist ein gemeinsames Projekt, das über den Moment des Vertragsschlusses hinaus die Parteien bindet – und das heißt auch: verbindet. Vgl. dazu auch U.S. Supreme Court, Olympic Airways v. Husain, 540 U.S. 644, 658 (2004), diss. op. *Scalia*. Zu europarechtlich begründeten Pflichten zur Rechtsvergleichung *Möllers* Methoden (Fn. 104), Rn. 31, 41.

[174] Zu der ansonsten drohenden Gefahr von Rationalitätsverlusten *Voßkuhle* Methode (Fn. 16), 181 ff.

[175] *A. Gamper* Methodische Problemstellungen der Rechtsvergleichung als Auslegungsmethode des Verfassungsrechts, in: dies./B. Verschraegen (Hrsg.) Rechtsvergleichung als juristische Auslegungsmethode, 2013, 163 (182 ff.).

[176] *Schmidt-Aßmann* Dogmatik (Fn. 13), 36.

[177] BVerfGE 126, 286 (307).

Norm zu schmieden,[178] sondern darum, das lebensnächste Recht – in der Regel wird dies das nationale Recht sein – zum primären Bezugspunkt zu machen und die anderen Einwirkungen interpretatorisch aufzunehmen.[179] Dies ist hier am Beispiel der Sicherungsverwahrung illustriert worden, wo das BVerfG das Urteil des EGMR nicht einfach übernommen, sondern in die Dogmatik des deutschen Straf- und Verfassungsrechts eingebaut hat.[180] Fundamental anders verhält es sich bei Importen aus anderen Disziplinen: Hier besteht keine „Stoffgleichheit" zwischen dem „Eigenen" und dem „Fremden", so dass eine grundsätzliche Fremdheit bleibt. Damit sind Modelle von Fusion oder Amalgamierung unverfügbar; die Integration in das Recht erfordert vielmehr einen Akt der Transformation, der die disziplinären Grenzen normativ reflektiert:[181] So widersteht z.B. die für unsere Rechtsordnung zentrale Kategorie der personalen Autonomie als eine ebenso notwendige wie wirkmächtige Konstruktion allen Versuchen, sie naturalistisch zu falsifizieren.[182] Wer zur Problemlösung am Maßstab des Rechts beitragen will, darf sich auch nicht darauf beschrän-

---

[178] In diese Richtung, im Anschluss an den *substantive law approach* im US-amerikanischen Internationalen Privatrecht, *L. Viellechner* Responsiver Rechtspluralismus, Staat 51 (2012), 559 (578 f.). Vgl. auch *Michaels/Pauwelyn* Conflict (Fn. 74), 29, 39 ff. A.A. *Krisch* Beyond Constitutionalism (Fn. 67), 285 ff., passim, der gerade in der Bestimmung der „interface norms" durch die jeweilige Rechtsordnung selbst die Gewähr für seine „kontestative" Konzeption von Pluralismus sieht.

[179] Nach BVerfGE 128, 326 (370 ff.) (im Anschluss an *P. Häberle* Europäische Verfassungslehre, 7. Aufl. 2011, 255 f.) müssen „[d]ie menschenrechtlichen Gehalte des jeweils in Rede stehenden völkerrechtlichen Vertrags [...] im Rahmen eines aktiven (Rezeptions-)Vorgangs in den Kontext der aufnehmenden Verfassungsordnung ‚umgedacht' werden." Dies stellt keine Missachtung des normativen Anspruchs internationalen Rechts dar, da dieses in aller Regel Ergebnisverpflichtungen enthält und den Weg dorthin den Staaten überlässt.

[180] Um die Auswirkungen eines Rechtspluralismus auf die Orientierungsfähigkeit des Rechts zu reduzieren, wird man erwägen müssen, in diesem Prozess des Zusammenführens von Normen die Perspektive der Normunterworfenen stärker zur Geltung zu bringen. So kann gegebenenfalls einem Auseinanderfallen von Entscheidungs- und Verhaltensnorm – in der Terminologie *Eugen Ehrlichs*: Grundlegung der Soziologie des Rechts (1913), 4. Aufl. 1989, 21 f., 111 ff., 295 ff. – entgegengewirkt werden.

[181] Vertiefend hierzu *Bumke* Entwicklung (Fn. 29), 116 ff.; *v. Arnauld* Wissenschaft (Fn. 4), 94 ff. *Jestaedt* „Öffentliches Recht" (Fn. 15), 279 f. spricht in diesem Zusammenhang von „disziplinärer Naturalisation". Bildhaft auch *Stürner* Zivilrechtswissenschaft (Fn. 97), 10: „Der Rechtswissenschaftler braucht den Mut zum eigenen gedanklichen Weg durch fremdes Terrain."

[182] Zur Debatte *C. Geyer* (Hrsg.) Hirnforschung und Willensfreiheit, 2004. Vgl. auch zur Verteidigung des Autonomiekonzepts gegen einen vermeintlichen „psychological turn" *v. Arnauld* Rechtssicherheit (Fn. 5), 94 f. in Fn. 204.

ken, die Unmöglichkeit von Rechts- und Gesetzesbindung festzustellen.[183] Rechtswissenschaft ist zu einem Optimismus verdammt, sie muss daran glauben, dass mit Mitteln des Rechts gesellschaftliche Probleme gelöst werden können.[184]

d) *Beachtung von Rezeptionsgrenzen*

32. Schließlich sind Grenzen der Rezeption zu beachten, die aus der zentralen Funktion und Aufgabe gerade des Öffentlichen Rechts folgen:[185] Legitimation und Begrenzung öffentlicher Gewalt[186] und die Orientierung auf das Gemeinwohl[187]. Dieser „Eigensinn" des Öffentlichen Rechts bestimmt auch die Filter, die bei der Rezeption fremder Norm- und Wissensbestände unerlässlich sind.[188] Der Legitimations- und Verantwor-

---

183 Dass dies eine fehlgeleitete Interpretation des Dekonstruktivismus wäre, betont *I. Augsberg* Lesbarkeit (Fn. 106), 175 f.

184 *v. Arnauld* Wissenschaft (Fn. 4), 88 f. Gleichsinnig *I. Augsberg* Lesbarkeit (Fn. 106), 23: „Auch eine poststrukturalistisch aufgeklärte Theorie kann sich insofern nicht vor der Forderung nach einer ‚robusten' Methodik ganz herumdrücken. Was sie tun kann oder sogar tun muß, ist aber, zugleich die Fiktionalität dieser Robustheit herauszustellen."

185 Vgl. programmatisch *A. v. Bogdandy/P. Dann/M. Goldmann* Developing the Publicness of Public International Law: Towards a Legal Framework for Global Governance Activities, German Law Journal 9 (2008), 1375 ff. Siehe auch *Grimm* Das Öffentliche Recht (Fn. 75), 62 ff.

186 Vgl. *J. Kokott* Die Staatsrechtslehre und die Veränderung ihres Gegenstandes: Konsequenzen von Europäisierung und Internationalisierung, VVDStRL 63 (2004), 7 (35): „Der Gegenstand des Staatsrechts muss sich verlagern, weg vom souveränen Staat, hin zu einer Analyse der öffentlichen Gewalt. [...] Das klassische Staats- und Verfassungsrecht muss sich auf diese neue Realität einstellen, nicht nur um den Anschluss zu wahren, sondern auch um die verfassungsrechtlichen Bindungen und Sicherungen, auf die die Bürger vertrauen, angemessen und systematisch zur Geltung zu bringen." Noch weiter *Engel* Herrschaftsausübung (Fn. 13), 236 ff., der zu erkennen gibt, dass er unter „Herrschaftsausübung" auch private Macht fassen möchte (ebd., 206 f.).

187 Beizupflichten ist hier freilich *C. Möllers* Braucht das öffentliche Recht einen neuen Methoden- und Richtungsstreit?, VerwArch 90 (1999), 187 (202), dass „Gemeinwohlkategorien mit ihrer bekannten mangelhaften Trennschärfe [...] erst dann nötig [sind], wenn die betrauten Akteure und Verfahren [...] von vornherein in ihrem Gemeinwohlbezug zweifelhaft sind".

188 Zu inter- wie intradisziplinären Filterungsprozessen *Hoffmann-Riem* Sozialwissenschaften (Fn. 166), 100 f.; *ders.* Methoden (Fn. 4), 59 f.; *M. Jestaedt* Das mag in der Theorie richtig sein..., 2006, 37 f., 70 ff., 75 ff. Zur „Filterfunktion" der Verfassung auch *Volkmann* Verfassungslehre (Fn. 21), 77. Da die Rezeptionsgrenzen (deren Verlauf freilich nicht einfach und schon gar nicht abstrakt zu definieren sind) letztlich materiellrechtlich (verfassungsrechtlich) fundiert sind, gehen sie jedenfalls für die Rechtsanwender über den Status von „Vorsichtsregulativen" hinaus, den *Möllers* Methoden (Fn. 104), Rn. 42 im Anschluss an eine Kategorisierung von *M. Foucault* (Der Wille

tungszusammenhang, in dem das Öffentliche Recht steht, widerstrebt einer Instrumentalisierung des Rechts als Transmissionsriemen der Funktionslogiken anderer Disziplinen.[189] So hat das BVerfG im ESM-Verfahren ganz zu Recht davon abgesehen, dem „Identitätskern“ des Grundgesetzes mit Hilfe volkswirtschaftlicher Theoreme eine bezifferbare Grenze der Haushaltsrisiken zu entnehmen. Stattdessen hat das Gericht die parlamentarische Haushaltsverantwortung in den Mittelpunkt gerückt[190] und damit unterstrichen, dass das Parlament das Recht hat, erforderlichenfalls souverän zu irren.[191] Hierin offenbart sich der Selbststand des Öffentlichen Rechts, zu dessen legitimationssichernder Aufgabe es auch gehört, politische Entscheidungsräume[192] gegen die Eigenlogiken (anderer) epistemischer Gemeinschaften zu verteidigen.[193]

33. Auch in internationaler Hinsicht kann Anlass bestehen, Standards und Normen nicht zur Anwendung zu bringen, weil sie mit den Grundsätzen legitimer und begrenzter Herrschaft nicht vereinbar sind oder weil sie – was selten der Fall sein dürfte[194] – in klarer Weise die Orientierung

---

zum Wissen, Sexualität und Wahrheit, Band 1, 1977, 119) den Verkehrsregeln für Interdisziplinarität im allgemeinen attestiert.

[189] Zum Völkerrecht gleichsinnig *A. Fischer-Lescano/P. Liste* Völkerrechtspolitik: Zur Trennung und Verknüpfung von Politik und Recht in der Weltgesellschaft, Zeitschrift für Internationale Beziehungen 12 (2005), 209 (221 f.). Für das Zivilrecht *Stürner* Zivilrechtswissenschaft (Fn. 97), 37 ff. Vgl. auch *Hillgruber* Verfassungsrecht (Fn. 90), 13 zur entscheidenden Bedeutung der Kompetenz zur Wirklichkeitsdefinition im Angesicht konkurrierender Konstruktionen von Wirklichkeit. Beispielhaft zu den Gefahren einer unbedachten Übernahme von Wertungen anderer Disziplinen *J. Lüdemann* Die Grenzen des homo oeconomicus und die Rechtswissenschaft, in: C. Engel u.a. (Hrsg.) Recht und Verhalten: Beiträge zu Behavioral Law and Economics, 2007, 7 ff. Vertiefend *v. Arnauld* Wissenschaft (Fn. 4), 89 ff. Vor der Verwechslung sozialwissenschaftlicher Erkenntnisse mit Empirie warnen mit Recht *C. Möllers* Theorie, Praxis und Interdisziplinarität in der Verwaltungsrechtswissenschaft, VerwArch 93 (2002), 22 (41); *I. Augsberg* Von einem neuerdings erhobenen empiristischen Ton in der Rechtswissenschaft, Staat 51 (2012), 117 ff.

[190] BVerfGE 132, 195 (238 ff.).

[191] Treffende Charakterisierung als „Identitätsschutz durch Organisation und Verfahren“ bei *Hufeld* Anwendung (Fn. 116), Rn. 76. Siehe auch *K. v. Lewinski* Nationale und internationale Staatsverschuldung, HStR X, 3. Aufl. 2012, § 217, Rn. 85.

[192] Emphatisch *Lepsius* Demokratie (Fn. 98), 178 ff.

[193] *M. Koskenniemi* Constitutionalism as Mindset, Theoretical Inquiries in Law 8 (2007), 9 (15 f., 23 ff., 31 ff.).

[194] Theoretisch könnte dies denkbar sein, wenn eine investitionsschiedsgerichtliche Entscheidung Gemeinwohlerwägungen von vornherein vollständig ausblendet (vgl. zur sog. *sole effects doctrine* m.w.N. *A. v. Arnauld* Völkerrecht, 2. Aufl. 2014, Rn. 978). Die Unterwerfung unter eine Investor-Staats-Schiedsgerichtsbarkeit als solche begegnet keinen grundsätzlichen Bedenken: *C. D. Classen* Die Unterwerfung demokratischer Hoheitsgewalt unter eine Schiedsgerichtsbarkeit, EuZW 2014, 611.

auf ein *bonum commune* vermissen lassen. Hier ist der Anknüpfungspunkt für die seit einiger Zeit intensiv geführten Diskussionen über die Legitimation internationaler Expertengremien,[195] die Standards mit erheblicher dirigierender Wirkung setzen,[196] zunehmend auch unter Beteiligung Privater.[197] Mit Blick auf die *Durchsetzung von Bindungen* öffentlicher Gewalt endlich geht es in erster Linie darum, die Verpflichtung durch Grund- und Menschenrechte nicht leer laufen zu lassen, indem Hoheitsgewalt auf nicht-verantwortliche Instanzen jenseits des Staates übertragen wird.[198] *Locus classicus* ist hier natürlich die „Solange-Rechtsprechung" des BVerfG[199], die zum Modell sowohl für den EGMR[200] als auch für den EuGH[201] geworden ist.[202]

---

[195] Vgl. *D. Grimm* Die Verfassung im Prozess der Entstaatlichung, FS Badura, 2004, 145 (157 ff.).

[196] Berechtigte Warnung vor einem fehlenden „Ableitungszusammenhang" bei *R. Poscher* Das Verfassungsrecht vor den Herausforderungen der Globalisierung, VVDStRL 67 (2008), 160 (165 ff.). Allgemein auch *Paulus* Zusammenspiel (Fn. 73), 27 ff. Zu Legitimationsfragen im Zusammenhang mit internationalen Rechtsakten und nichtrechtlichen Standards auch *C. D. Classen* Die Entwicklung eines Internationalen Verwaltungsrechts als Aufgabe der Rechtswissenschaft, VVDStRL 67 (2008), 365 (378 ff.); *Möllers* Methoden (Fn. 104), Rn. 32.

[197] Viel diskutiert sind die Empfehlungen der Codex-Alimentarius-Kommission – zu dieser *Vesting* Staatsrechtslehre (Fn. 67), 57 f. – oder die Pisa-Studie der OECD – dazu *A. v. Bogdandy/M. Goldmann* The Exercise of International Public Authority through National Policy Assessments: The OECD's PISA Policy as a Paradigm for a New Standard Instrument, International Organizations Law Review 5 (2008), 241 ff. Zur zunehmenden Bedeutung privater oder hybrider privat-öffentlicher Standards statt vieler *J. Klabbers* Reflections on Soft International Law in a Privatized World, Finnish Yearbook of International Law 16 (2005), 313 ff.; *Teubner/Fischer-Lescano* Regime-Kollisionen (Fn. 118), 41 ff., passim; *M. Noortmann/C. Ryngaert* (Hrsg.) Non-State Actor Dynamics in International Law: From Law-Takers to Law-Makers, 2010.

[198] Zum Problem der Bindung transnationaler privater Akteure im Überblick und m.w.N. *v. Arnauld* Völkerrecht (Fn. 194), Rn. 624 f.

[199] BVerfGE 73, 339.

[200] EGMR, Urteil v. 30.6.2005, 45036/98 (Bosphorus Airways/Irland), EuGRZ 2007, 662, Rn. 156.

[201] EuGH, Rs. C-402/05P, C-415/05P (Kadi u.a.), Slg. 2008, I-6351. Dazu auch Schlussanträge GA *Maduro*, ebd., Rn. 44; *Poscher* Verfassungsrecht (Fn. 196), 195 f.; *Classen* Entwicklung (Fn. 196), 390.

[202] Aus der Literaturflut *M. Payandeh* Rechtskontrolle des UN-Sicherheitsrates durch staatliche und überstaatliche Gerichte, ZaöRV 66 (2006), 41 ff.; *A. Haratsch* Die Solange-Rechtsprechung des Europäischen Gerichtshofs für Menschenrechte, ZaöRV 66 (2006), 927 ff.; *S. Winkler* Die Vermutung des „äquivalenten" Grundrechtsschutzes im Gemeinschaftsrecht nach dem Bosphorus-Urteil des EGMR, EuGRZ 2007, 641 ff.; *M. Kotzur* Kooperativer Grundrechtsschutz in der Völkergemeinschaft, EuGRZ 2008, 673 ff.; *K. Ziegler* Strengthening the Rule of Law, but Fragmenting International Law:

IV. Zusammenfassung: eine selbst-bewusste und selbst-kritische Wissenschaft vom Öffentlichen Recht

34. Die Grundlinien dieser *tour d'horizon* möchte ich noch einmal nachzeichnen. Die Methoden des öffentlichen Rechts und seiner Wissenschaft sind so vielfältig wie die verfolgten Forschungsfragen und die dahinter stehenden Forschungsinteressen. Es gibt nicht die eine, richtige Methode;[203] das Sprachspiel[204] unserer Methoden konstituiert sich vielmehr als eine soziale Praxis im Diskurs der Interpretengemeinschaft. Es geht um Akzeptabilität, nicht um Fehlertoleranz.[205] Die Vielfalt öffentlich-rechtlicher Forschung belegt, dass bei uns heute sehr unterschiedliche Zugänge zum Recht akzeptiert werden. Die Achtung vor den konstruktiven Leistungen einer Rechtsdogmatik und die akademische Verknüpfung mit einem Staatsexamen, das auf praktische Jurisprudenz ausgerichtet ist, stiftet in dieser Vielfalt eine gewisse Einheit. Vielleicht sitzen wir darum hier versammelt.

35. Die titelgebende Öffnung unserer Methoden wird im Wesentlichen auf zwei Wegen angestoßen: zum einen unmittelbar durch Begegnung mit anderen Rechts- und Wissensordnungen, zum anderen dadurch, dass ein Wandel des Rechtsstoffs auf die Suche nach solchen Begegnungen schickt. Die zunehmende Ausdifferenzierung und Spezialisierung bringt das Öffentliche Recht in Kontakt mit anderen Disziplinen, freilich um den Preis einer stärkeren Fragmentierung. Die zunehmende Internationalisierung führt in der Tendenz zu einer weiteren Flexibilisierung innerhalb des beweglichen Systems unserer Methoden. In der flexibleren, auf Verknüpfung und Anschluss hin orientierten Faktur unseres Systemdenkens kommt transpositiven Prinzipien eine wichtige Rolle zu. Unweigerlich geht mit diesen Entwicklungen ein Verlust an Rechtssicherheit einher. Gerade deshalb bleibt die dogmatische Rechtswissenschaft aufgefordert,

---

The Kadi Decision of the ECJ from the Perspective of Human Rights, Human Rights Law Journal 9 (2009), 288 ff.; *A. Peters* Die Anwendbarkeit der EMRK in Zeiten komplexer Hoheitsgewalt und das Prinzip der Grundrechtstoleranz, AVR 48 (2010), 1 ff.; *A. v. Arnauld* Der Weg zu einem „Solange $1^1/_2$“: Die Umsetzung der gezielten UN-Sanktionen durch die EU nach Einrichtung der UN-Ombudsstelle, EuR 2013, 236 ff. Speziell zu den Techniken der Sicherung von Kontrollen *E. de Wet* From Kadi to Nada: Judicial Techniques Favouring Human Rights over United Nations Security Council Sanctions, Chinese Journal of International Law 12 (2013), 787 ff.

203 A.A. *C. Hillgruber* Verfassungsinterpretation, in: Depenheuer/Grabenwarter (Fn. 73), § 15 Rn. 34 ff.

204 Grundlegend *Wittgenstein* Philosophische Untersuchungen (Fn. 163), passim.

205 Vgl. *Hoffmann-Riem* Methoden (Fn. 4), 28 f. („relative Richtigkeit“, „Vertretbarkeit“).

an der Sicherung der „spezifischen Ethizität“[206] des Rechts mitzuwirken: der Gleichmäßigkeit und Berechenbarkeit seiner Anwendung. Die neue alte Vielfalt des Stoffes zu ordnen, ist nicht nur Herausforderung. In der größeren konstruktiven Freiheit liegt zugleich eine Chance für die Rechtswissenschaft. Diese gilt es in Offenheit gegenüber einer internationalen und Responsivität gegenüber einer interdisziplinären Umwelt zu nutzen und aus der Begegnung mit anderen Rechts- und Wissensordnungen zu lernen.

36. Zugleich müssen Wissenschaft und Praxis des Öffentlichen Rechts Ein- und Ausschlüsse kritisch reflektieren. Gegenüber fremden Rechts- und Wissensbeständen muss der Eigensinn des Öffentlichen Rechts zur Geltung gebracht werden. Selbstreflexiv gewendet müssen aber auch Exklusionen durch *rechtliche* Ordnungsmuster ihrerseits Gegenstand von Analyse und Kritik bleiben. Für diese ebenso selbst-bewusste wie selbstkritische Arbeit am Rechtsstoff brauchen wir die Wissenschaft vom Öffentlichen Recht in ihrer gesamten Vielfalt.

[206] *F. Lopez de Oñate* La certezza del diritto (1942), hrsg. v. G. Astuti, 1968, 161 („Nella certezza consiste [...] la specifica eticità del diritto“). Dazu näher *v. Arnauld* Rechtssicherheit (Fn. 5), 653 ff. Zur Aufgabe der Rechtsdogmatik bei der Verwirklichung von Berechenbarkeit und Gleichheit *Kirchhof* Verfassung, Theorie und Dogmatik (Fn. 22), Rn. 13.

Leitsätze des 2. Referenten über:

Öffnung der öffentlich-rechtlichen Methode durch Internationalität und Interdisziplinarität: Erscheinungsformen, Chancen, Grenzen

I. „Die" öffentlich-rechtliche Methode: eine Unschärferelation

1. Methodischer Pluralismus als Kennzeichen von Rechtswissenschaft

(1) Die Vielfalt rechtswissenschaftlicher Forschungsfragen bedingt einen methodischen Pluralismus. Die Engführung durch den klassischen staats- und verwaltungsrechtlichen Positivismus war für die Stiftung einer eigenständigen Disziplin bedeutsam, ist aber seit langem überwunden.

2. Auf der Suche nach Einheit in der Vielfalt

(2) Das Forschungsanliegen, Probleme am Maßstab des positiven Rechts zu lösen bzw. lösbar zu machen, stiftet eine gewisse Einheit der (Teil-)Disziplin. Durch die Praxisorientierung bildet die dogmatische Rechtswissenschaft eine Art disziplinäres „Gravitationszentrum". Zugleich sorgt sie für die Verbindung der Wissenschaft zur Praxis, wenn auch mit anderen Akzenten.

II. Öffnung durch Internationalität und Interdisziplinarität: Pluralisierung der Ordnungen und Ordnung des Pluralismus

1. Varianten der „Öffnung"

(3) Unterscheiden lassen sich nach dem jeweiligen Anlass zwei Varianten der „Öffnung". Bereits der Kontakt mit anderen Rechtsordnungen und anderen Disziplinen selbst liefert Anregungen (Methodenwandel durch Begegnung). Aber auch eine zunehmende Öffnung des Rechtsstoffs kann mittelbar methodische Anpassungen auslösen (Methodenwandel durch Rechtswandel). Beide Varianten sind untereinander verbunden.

2. Methodenwandel durch Begegnung

a) Interdisziplinarität

(4) Die Öffnung der Wissenschaft vom Öffentlichen Recht gegenüber anderen Disziplinen kann dazu beitragen, blinde Flecken einer disziplinär-dogmatischen Sicht auf das Recht auszuleuchten. Die Methoden sind vielfältig und orientieren sich an der jeweiligen anderen Disziplin. Solche interdisziplinären Begegnungen finden typischerweise in Bezirken der Rechtswissenschaft statt, die sich Rechtsfragen auf einer höheren Abstraktionsstufe widmen.

b) Internationalität

(5) Auch der Kontakt mit anderen Rechtsordnungen kann methodische Innovationen nach sich ziehen, wie die Ausbreitung des Grundsatzes der Verhältnismäßigkeit, die Unterscheidung von Regeln und Prinzipien oder die Technik des distinguishing *illustrieren. Einen wichtigen Beitrag zum Austausch leisten transnationale Publikations- und Begegnungsformate.*

3. Methodenwandel durch Rechtswandel

a) Ausdifferenzierung und Öffnung gegenüber anderen Disziplinen

(6) Die zunehmende gesellschaftliche Ausdifferenzierung und Spezialisierung drängt das Recht mit seinem die gesamte Gesellschaft erfassenden Regulierungsanspruch zur Öffnung gegenüber anderen Disziplinen. Dass verschiedene Rechtsgebiete an je verschiedene „Nachbardisziplinen" grenzen, ist ebenso Ausdruck von Ausdifferenzierung und Spezialisierung, wie es diese Prozesse weiter verstärkt.

(7) Als „Entscheidungsvorbereitungswissenschaft" kann sich die Rechtswissenschaft grundsätzlich darauf beschränken, die relevant erscheinenden Informationen zu sammeln, zu koordinieren und zu bewerten. Die methodische Herausforderung liegt in einem informierten Schnittstellenmanagement, das Responsivität im Umgang mit der jeweiligen anderen Disziplin erfordert.

b) Pluralisierung und Internationalisierung des Rechts

(8) Die Internationalisierung des Rechts führt in einen Rechtspluralismus, der vor allem die Rechtsdogmatik vor methodische Herausforderungen stellt. Dabei lässt die Internationalisierung klarer hervortreten, wo seit langem methodische Erklärungsdefizite bestehen.

aa) Von normativem Vorrang zu normativer Überlappung

(9) Im offenen Verfassungsstaat laufen die tradierten Vorrangregeln im praktischen Regelfall leer. Die Entscheidungsnorm muss aus sich überlappenden Normen unterschiedlicher Provenienz konstruiert werden.

(10) Die Interpretation einer Norm „im Lichte" einer anderen oder die „Berücksichtigung" von Entscheidungen eines internationalen Gerichts im Rahmen der völkerrechtsfreundlichen Auslegung erfolgt unter Nutzung flexibler („komparativer") Elemente im Recht, teilweise sogar unter Umgehung des Wortlauts.

(11) Unser herkömmliches Methodenarsenal lässt solche Flexibilität zu, denn seine Bezeichnung als „Lehre" verdeckt, dass es kein geschlossenes oder klar geordnetes Korpus an Regeln darstellt. Der von manchen beklagte Methodensynkretismus ist kein pathologischer Befund, sondern der Normalzustand eines „beweglichen Systems". Maßgebliche Referenz ist der „übliche rechtswissenschaftliche Diskussionsrahmen".

bb) Von Systemgerechtigkeit zu Anschluss und Verknüpfung

(12) Das Systemdenken als Prämisse und gedankliches Ziel rechtsdogmatischen Arbeitens öffnet sich unter dem Eindruck des Rechtspluralismus einer pragmatisch-topischen Methode, die der Problemlösung unter Rückgriff auf übergreifende Ordnungsideen Vorrang vor strikter Systemgerechtigkeit einräumt. Bezogen auf die Rechtsprechung kommt es zu einer Lockerung der „präsumtiven Verbindlichkeit" von Präjudizien.

(13) Die spannungsreiche Kombination aus Anschluss und Verknüpfung einerseits und Orientierung an übergreifenden Ordnungsideen andererseits stellt sicher, dass an Stelle der Systemkonformität nicht freie Dezision tritt. Entscheidungskontinuität wird ebenenübergreifend dialogisch, im Zusammenwirken mehrerer Akteure, gewährleistet.

(14) Solche Irritationen des Systemdenkens rücken den auch-politischen Charakter der Rechtspraxis und der mit ihr verbundenen Rechtswissenschaft stärker ins Bewusstsein und korrigieren den traditionellen „Geschmack" der deutschen Rechtsdogmatik für ein „verwissenschaftlichtes" Recht.

4. Abschied von der Dogmatik?

a) Abschied vom dogmatischen Arbeiten?

(15) Gerade in Anbetracht von Fragmentierung und Pluralisierung des Öffentlichen Rechts bleibt das Bedürfnis nach Orientierung durch Ordnung von Normen und Einordnung konkreter Fälle bestehen. Das Systemdenken im Recht muss sich allerdings von Vorstellungen einer „Einheit der Rechts-

ordnung" verabschieden und akzeptieren, dass der systematische Zusammenhang zuallererst herzustellen ist. An der Systematisierung des Rechtsstoffs ist zudem nicht mehr allein die deutsche Rechtswissenschaft beteiligt.

(16) Bei dem Versuch, die Aussagen von Normen oder Urteilen aus unterschiedlichen Rechtsordnungen oder Rechtsgebieten aufeinander abzustimmen, wächst „transpositiven" Prinzipien größere Bedeutung zu. Einhergehend mit einer Stärkung der teleologischen Interpretation erhält die einzelne Norm die Funktion eines Verweises auf das gemeinsame Prinzip.

(17) Solche im Hintergrund wirkenden Prinzipien bedürfen transparenter Begründung und müssen auf ihre in- und exkludierende Wirkung hin beobachtet werden. Hierfür lassen sich Rechtsvergleichung und Deutungsangebote anderer Disziplinen fruchtbar machen.

b) Abschied von einer wissenschaftlichen Dogmatik?

(18) Ausgehend vom demokratischen Prinzip wird teilweise die Rechtsdogmatik über eine Reformalisierung ihrer Methoden auf eine introspektive handwerkliche Kleinarbeit reduziert. Demgegenüber führt ein Fluchtpunkt im sozialen Rechtsstaat zu einem stärker materiell-teleologischen Methodenverständnis und einer gehaltvolleren Rolle für eine anwendungsnahe Rechtswissenschaft. Soll die Rechtsdogmatik weiterhin ihre Rolle erfüllen, zur Problemlösung am Maßstab eines sich wandelnden positiven Rechts beizutragen, muss auch sie in der Lage sein, sich international wie interdisziplinär zu öffnen.

III. Die „öffentlich-rechtliche Methode": vom Eigensinn einer sozialen Praxis

1. Methode als soziale Praxis im Wandel

(19) In einem engsten Sinne und beschränkt auf die sog. juristische Methode ist „Methode" eine Sammlung von Topoi, die im Rahmen der juristischen Argumentation Verwendung finden. Direktive Topoi steuern den Einsatz dieser Argumente.

(20) Methode ist kein bloßer Werkzeugkasten, sondern eine soziale Praxis. Sie kann nicht isoliert werden von den Akteuren und Institutionen, durch die und in denen sie zur „Anwendung" kommt. Als veränderbares Korpus von sekundären Regeln legitimiert sich die Methode über die Sachkompetenz der Diskursteilnehmer und die stabilisierende Vernünftigkeit einer Praxis, die in Tradition und Herkommen verankert ist.

2. *Methodenpraxis und Legitimation: Stationen des Rezeptionsprozesses*

(21) Die sog. juristische Methode steht in einem Legitimationszusammenhang mit dem geltenden Recht. Dieser erfasst nicht allein die Rechtspraxis, sondern mittelbar auch die Rechtswissenschaft, wo diese auf Problemlösungen am Maßstab des positiven Rechts einwirken will. Die Rezeption fremder Rechts- und Wissensbestände hat hier reflektiert in vier Stufen zu erfolgen.

a) Bestimmung des normativen Status der Öffnung

(22) Obligatorisch ist eine Öffnung, wo eine völker- oder europarechtliche Bindung besteht oder wo die Rechtsnorm selbst auf Kategorien oder Bewertungsmuster anderer Disziplinen verweist. Nicht mit Verbindlichkeit, sondern lediglich mit einer persuasive authority *ausgestattet sind Erträge einer fakultativen Öffnung (v.a. unverbindliche Standards, regelmäßig Rechtsvergleichung, Theorie- und Beschreibungsangebote anderer Disziplinen).*

b) Ermittlung möglicher Beiträge anderer Rechtsordnungen oder Disziplinen

(23) Im Kontakt mit anderen Disziplinen ist der Erkenntniszusammenhang, im Kontakt mit anderen Rechtsordnungen die funktionale und rechtskulturelle Einbettung von Rechtsinstituten zu beachten. Auch kann der Umgang mit Rechtsnormen anderen methodischen Regeln unterliegen als im heimischen Recht.

c) Zusammenführen des „Fremden" mit dem „Eigenen"

(24) Die Zusammenführung des „Fremden" mit dem „Eigenen" ist ein differenzierter Vorgang des Einpassens und Einfügens. Die Einbindung internationalen Rechts erfolgt durch interpretatorische Aufnahme in das lebensnächste Recht (in der Regel das nationale Recht). Mangels „Stoffgleichheit" erfordert die Integration bei Material aus anderen Disziplinen einen Akt der Transformation, der die disziplinären Grenzen normativ reflektiert.

d) Beachtung von Rezeptionsgrenzen

(25) Der „Eigensinn" des Öffentlichen Rechts – Legitimation und Begrenzung öffentlicher Gewalt sowie die Orientierung auf das Gemeinwohl – bestimmt auch die Filter für die Rezeption fremder Norm- und Wissensbestände.

(26) Der Legitimations- und Verantwortungszusammenhang, in dem das Öffentliche Recht steht, widerstrebt seiner Instrumentalisierung als Transmissionsriemen der Funktionslogiken anderer Disziplinen. Auch in internationaler Hinsicht kann Anlass bestehen, Standards und Normen nicht zur Anwendung zu bringen, etwa weil diese nicht hinreichend legitimiert sind oder weil sie mit dem vom Grundgesetz unabdingbar geforderten Grundrechtsschutz unvereinbar sind.

IV. Zusammenfassung: eine selbst-bewusste und selbst-kritische Wissenschaft vom Öffentlichen Recht

Öffnung der öffentlich-rechtlichen Methode durch Internationalität und Interdisziplinarität: Erscheinungsformen, Chancen, Grenzen

Volkmann: Liebe Kolleginnen und Kollegen, wir steigen in die Diskussion. Es liegen zwanzig Wortmeldungen vor, die ich versucht habe, einigermaßen thematisch zu ordnen; ob das gelingt, wird man sehen müssen. An die Spitze der Liste der Diskutanten haben sich Herr Gröschner und Herr Morlok mit dem Hinweis katapultiert, sie wollten den unterschiedlichen Zugang der Referenten miteinander vergleichen. Danach und ebenfalls weit vorn platziert kommen Herr Schönberger und Herr Hochhuth mit grundsätzlichen Überlegungen zur Methode und ihren Möglichkeiten.

Gröschner: Wir haben zwei beeindruckende Referate gehört, die einander sehr schön ergänzten. Beide Referenten hätten dafür ein lobendes Korreferat verdient. Ich widerstehe dieser Versuchung aber und beschränke mich auf einen Vergleich der unterschiedlichen Zugänge zur Methodenfrage.

Herr Röhl ist von der Grundunterscheidung zwischen Analyse und Synthese ausgegangen. In seinem Modell analytischer Wissenschaft konnte er der synthetischen Jurisprudenz daher nur „begrenzte Rationalität" zugestehen, so ausdrücklich in Leitsatz 7. Angesichts seiner ja sehr erfreulichen Rede von „Jurisprudenz" hat mich dieser nicht-prudentielle Zugang überrascht und den Aristoteliker in mir enttäuscht. Ist doch die aristotelische Phronesis die methodengeschichtliche Basis der römischrechtlichen Prudentia und damit auch unserer guten alteuropäischen Klugheit.

Herr von Arnauld hat einen prudentiellen, nicht szientistischen Zugang gewählt. Er hat die Methode als „soziale Praxis" interpretiert und sie in Leitsatz 20 „als eine Praxis [definiert], die in Tradition und Herkommen verankert ist". Dass diese Art alteuropäischer Methodenlehre kein Widerspruch zur Internationalisierung des Öffentlichen Rechts ist, hat sein Referat überzeugend unter Beweis gestellt. Mein Motto wäre also: Vorwärts in die Vergangenheit einer Kunstlehre klugen juristischen Entscheidens oder gleichsinnig: Zurück zur Zukunft einer Klugheitslehre der Jurisprudenz.

Morlok: Zunächst ein ganz großes Lob für beide Referenten. Wir hörten hier Reflexionen über unsere Disziplin auf allerhöchstem Niveau. Ich bin sehr beeindruckt. Mein Eindruck ist aber auch der, dass beide sich sehr ähnlich waren. Ich glaube, dass es zwischen den beiden Referenten kaum Widerspruch geben wird. Das birgt natürlich die Gefahr für das Publikum, dass es ein bisschen langweiliger wird; schließlich möchte man sich ja gerne auf die eine oder die andere Seite schlagen. Aber immerhin: Es gab eine Differenzierung im Hinblick auf die Schwerpunktsetzung. Ich habe das so verstanden, dass Herr Röhl sich um den Teil des Titels „öffentlich-rechtliche Methode" bemüht hat. Als ich den Titel gelesen habe, dachte ich, was das denn sei, die „öffentlich-rechtliche Methode". Ich bin da jetzt doch deutlich belehrt worden. Herr von Arnauld hat umgekehrt gesagt, er entfalte vor allen Dingen, was die „Öffnung" bedeute. Das war sehr anschaulich, auch mit einzelnen Beispielen. Das fand ich ganz prima. Die Gemeinsamkeiten möchte ich hier nur ganz kurz zitieren. Inhaltlich könnte man vielleicht sagen, dass beide – und ich halte das für richtig – zum einen für eine stärkere interne Differenzierung innerhalb unserer Disziplin plädieren; also Praxisorientierung hier und fundamentale Wissenschaftsorientierung dort. Das ist, glaube ich, in unserer Disziplin im Alltag nicht immer in der notwendigen Deutlichkeit ausgeprägt. Das Zweite, auf das beide hingewiesen haben, ist der institutionelle Kontext, in dem insbesondere die Rechtspraxis wirkt. Man versteht unsere Disziplin nicht, ohne diesen Kontext in den Blick zu nehmen. Das vielleicht schwierigste und anspruchsvollste ist das Dritte, das ich hervorheben möchte, nämlich der Hinweis bei beiden auf den konstruktiven, ja man könnte sagen sozialkonstruktivistischen Charakter dessen, was wir machen. In der Praxis der Juristen wird eben erst hervorgebracht, was hinterher als Recht gilt. Das steht natürlich in erheblichem Gegensatz zu unserem üblichen Selbstverständnis. Ich würde sagen, dass – gerade weil Charakteristikum unserer Arbeit der Umgang mit erheblichen Unsicherheiten ist – wir dies in unserem Selbstverständnis gerne leugnen und so tun, als ob wir irgendetwas aus Normen hervorzaubern. Das scheint mir ein ganz zentraler Punkt zu sein, den man festhalten sollte. Zum Schluss habe ich noch eine Frage: Wie gehen wir mit diesen Erkenntnissen – und ich glaube sie sind richtig – in der Ausbildung um? Wir vereinfachen ja, wir verleugnen die Ungewissheit und Unsicherheit unserer Arbeit? Schließlich bedeutet gute Lehre eben auch, dass man Sicherheit gibt und dass man vereinfacht. Aber wenn wir den Studenten beibringen, dass es vier Auslegungsmethoden gibt und dann hier hören, dass es ja eigentlich einen offenen Topf mit einer unbegrenzten Zahl von Topoi gibt, dann ist das doch eine schwierige Geschichte. Ich wäre hier neugierig, wie man die Erkenntnisse, die beide hervorgebracht haben, in die Ausbildung einbringen kann. Danke.

Schönberger: Vielen Dank. Ich erneuere das Kompliment an die beiden ausgezeichneten Referate. Mir scheint die Gemeinsamkeit beider Referate darin zu liegen, dass sie die Rechtswissenschaft weiterhin als teilnehmende Beobachtungsdisziplin des Rechtssystems insgesamt betrachten. In diesem Sinn ist die Rechtswissenschaft für beide eher Theologie als Religionswissenschaft. Sie möchten die Rechtswissenschaft nicht zu einer allgemeinen kulturellen Beobachtungswissenschaft des Rechts machen; dies ist ja eher die Tendenz der amerikanischen Rechtswissenschaft heute. So gesehen verteidigen beide Referate gleichermaßen die deutsche Tradition: Die Rechtswissenschaft ist irgendwie auch Teil einer vorzufindenden Rechtspraxis. Deswegen hat Herr von Arnauld auch das schöne Wort der docta ignorantia gebraucht, das ja schon auf theologische Zusammenhänge hindeutet. Die Frage, die sich daran anschließt – und hier können wir die Unterschiede zwischen beiden Referaten sehen –, ist folgende:

Herr Röhl hat sehr stark plädiert für eine deutliche Ausdifferenzierung zwischen der Rechtspraxis und der Rechtswissenschaft. Die Rechtswissenschaft soll zwar auf diese Praxis bezogen bleiben; sie soll aber häufig etwas Anderes machen, als das, was die Praxis tut. Und er hat uns sehr deutlich gemacht, warum die Rechtspraxis der Gerichte viele Dinge eben nicht verarbeiten kann: aus Zeitgründen, aus Ressourcengründen und vielen weiteren Gründen etwa des Prozessrechts, die eben in den Gerichten als Institutionen liegen. Die Frage an Herrn Röhl wäre daher: Wie kann die Rechtswissenschaft eigentlich dazu beitragen, dass die Praxis in der Lage bleibt, umfassendere rechtswissenschaftliche Erkenntnisse aufzunehmen? Ich habe aus dem Referat stärker die Ausdifferenzierung zwischen Rechtswissenschaft und Rechtspraxis herausgehört, als die Frage, wie die Rechtswissenschaft ihre vielfältigen Erkenntnisse für die Praxis nochmals so übersetzen kann, dass diese das mit ihren begrenzten institutionellen Ressourcen auch noch zu verarbeiten vermag.

Herrn von Arnauld würde ich fragen wollen, wie er den von ihm ja viel stärker und näher gesehenen Bezug zwischen Praxis und Rechtswissenschaft vereinbaren will mit den Erkenntnissen von Herrn Röhl über die institutionellen Grenzen der Verarbeitung von rechtswissenschaftlichen Erkenntnissen durch die Rechtspraxis. Sie haben uns ja Beispiele aus dem Europarecht genannt. Ist die deutsche Rechtspraxis etwa wirklich qualifiziert in der Lage, die europäischen Urteile wahrzunehmen und sie einzubetten? Ist es nicht eher so, dass unsere Rechtspraxis sie in unseren Diskurs übersetzt und das BVerfG dann beispielsweise letztlich irgendeine Entscheidung des EGMR in eine Entscheidung des BVerfG übersetzt und damit in gewisser Weise auch verändert und „germanisiert" und dieser Entscheidung damit erst eine Durchsetzungsfähigkeit verleiht, die in vielen anderen Mitgliedstaaten der EMRK völlig unbekannt ist? Welche Rolle könnte hier eine stärkere Kontextualisierung der europäischen Urteile durch die Rechtswissenschaft für die deutsche Rechtspraxis spielen? Vielen Dank.

Hochhuth: Beide Referenten haben sich mit einem riesigen Thema herumgeschlagen und mit sehr großem Erfolg. Daher auch Dank an den Vorstand, dass das mal wieder aufs Tapet kommt, obwohl es schon öfter Thema war. Ich lobe, bevor ich eine kritische Nachfrage an Andreas [Arnauld] stelle. Ich möchte auf drei wichtige Unterscheidungen hinweisen. Diese Unterscheidungen wurden zwar gemacht, aber stillschweigend, und sie wurden vielleicht nicht immer durchgehalten. Da wäre zunächst der Unterschied zwischen Herstellung und Darstellung, also zwischen dem, wie man entscheidet und wie man es dann so nach außen verkauft, dass die Entscheidung nicht von der nächsten Instanz aufgehoben wird. Dann sollte unterschieden werden zwischen Innenansicht und Außenansicht, das wurde ja bereits angesprochen. Schließlich wäre da die Unterscheidung, die meines Erachtens ganz wichtig ist und in Methodendiskussionen fast immer außer Acht gelassen wird. Es ist die Unterscheidung zwischen Regelfall und Normalfall auf der einen und schwierigen Fällen, Grenzfällen und Sonderbereichen, mit denen wir uns beruflich in der Universität und mit denen sich auch die Gerichte und die Obergerichte herumschlagen, auf der anderen Seite. *Es gibt den Normalfall* und in diesem Normalfall hat das Subsumtionsmodell *nicht* ausgedient. In diesem Normalfall brauchen wir das Subsumtionsmodell, selbst wenn Horst Ehmke, Ralf Christensen und andere Heilige, lebende und tote das anders sehen. Es stimmt einfach nicht, dass es ausgedient hätte, sondern es gibt den Fall, dass ich gerne auf der schönen Wiese da oben bauen möchte und man mir dann sagt: „Nein, tut mir leid, da können Sie nicht bauen". Auf die Frage „Warum nicht?", antwortet man mir: „Das ist ein Naturschutzgebiet". Da ist der Rechtsfall ganz schnell zu Ende, und zwar durch Subsumtion. Das sollte nicht vergessen werden. Damit erledigt sich ein großer Teil der Probleme. Natürlich erledigen sich nicht alle, aber ein großer Teil der Scheinprobleme fällt weg und ein großer Teil der Probleme, die den Juristen manchmal ein schlechtes Gewissen bereiten und die viele Methodendebatten befeuern. In den schwierigeren Fällen kommt das, was uns Theodor Viehweg in seinem wunderbaren Buch „Topik und Jurisprudenz" bahnbrechend ins Stammbuch geschrieben hat, doch zum

Tragen: Die Juristerei ist demnach, so wusste man es bereits in der Antike und im Mittelalter, keine richtige Methode, sondern mehr ein Stil. „Stil“, so sagt er, – und ich zitiere es jetzt aus dem Kopf, so ungefähr wird es stimmen – „Stil ist mehr als gestaltlose Willkür“. Es heißt also nicht, dass wir machen könnten, was wir wollen. Es ist aber eben auch nicht so streng, wie wir uns eine Methode vorstellen. In den äußersten Grenzfällen, einem ganz kleinen Bereich, den es aber gibt, gilt, dass die Richterbank letztlich, wenn sie sich einig ist, auch gegen den Wortlaut des Gesetzes, gegen die Systematik und gegen den Willen des Gesetzgebers das machen kann, was sie will. Das sieht schon Hobbes, der gesagt hat, die eigentlich einzig interessante Frage beim Rechtsfall sei immer die, wer auf der Richterbank sitze. Das sei das einzig wichtige. Bei Hobbes finden sich oft diese Zuspitzungen. Ich schließe mich dem zwar nicht generell an, aber für den Grenzfall. Jetzt, Andreas, folgt die kritische Frage, vielleicht habe ich dich aber auch falsch verstanden: Es geht in dem Bereich, und nur in diesem, in dem das Subsumtionsmodell nicht ohne weiteres funktioniert, um Topik. Im Normalfall muss der Obertopos das Gesetz sein. Wenn sich also etwas aus dem Gesetz ergibt, nach Wortlaut, Systematik oder Geschichte, so gilt das, als Obertopos. Andere Topoi können das dann nicht verdrängen. Dann gibt es also eine Hierarchie der Topoi. In allen anderen Fällen aber gibt es keine Hierarchie der Topoi und das ist gerade das Schwierige und Bedenkliche an unserem Fach. Das führt eben auch dazu, dass man letztlich dann mit Viehweg zugeben muss, dass es gar keine strenge Methode ist. Trotzdem können wir wissenschaftlich an den einzelnen Topoi arbeiten und auch an der Frage, wann welcher Topos gilt. Ich denke, dass der Stand, bei uns in unserem kodifizierten System ist: Obertopos muss das demokratisch zustandegekommene Gesetz sein.

Volkmann: Herr Hochhuth, Dankesbezeugungen nimmt der Vorstand natürlich gern entgegen; er erträgt aber auch Kritik mit großer Fassung, wenn sie sich in Grenzen hält. In diesem Sinne kommt jetzt ein nächster Block mit Herrn Häberle, Herrn Reimer und Herrn Kotzur; hier wird es mehr um bereichsspezifische Fragen einer öffentlich-rechtlichen Dogmatik gehen.

Häberle: Verehrte Kolleginnen und Kollegen, erlauben Sie zwei wissenschaftsgeschichtliche, auf unsere Vereinigung bezogene Vorbemerkungen und einen Beitrag zur Sache selbst. 1. Vorbemerkung: Herr von Arnauld hat zu Recht das Freiburger Staatsrechtslehrerreferat von H. Ehmke über „Prinzipien der Verfassungsinterpretation“ gerühmt. Ich habe es als Zwerg bzw. Assistent im Oktober 1961 vor Ort miterlebt. Am Rande des Tagungssaales kam der verehrungswürdige und verehrungsbedürftige große Gelehrte H. J. Wolff (Münster) auf mich zu und sagte: „Dieses Referat war für mich wie chinesisch". Wie wir jetzt wissen, ist H. Ehmke heute klassisch ... Schmerzlich mussten wir lesen, dass er ausgerechnet im Jahre 2014 aus unserer Vereinigung ausgetreten ist. 2. Vorbemerkung: Auf der Innsbrucker Staatsrechtslehrertagung (1980) beteiligte sich K. Hesse in der Aussprache mit einem unvergessenen Beitrag. Er sagte, im Ersten Senat des BVerfG würden eigentlich nie abstrakte Methoden-Diskussionen begonnen, vielmehr komme man baldmöglichst zur Sache – eine typische Hesse-Formulierung, man denke an seine „Grundzüge" ... Ich vermute, dass in der Praxis die Verfassungsgerichte immer am Fall die vier oder fünf Auslegungsmethoden bzw. die Topoi sachgerecht bündeln und sich letztlich dabei an Gerechtigkeits- und Gemeinwohlerwägungen orientieren. Jetzt zu meinem Stichwort bereichsspezifische Methodenlehre, gerade nicht zur „öffentlich-rechtlichen Methode". Wir sollten die Brücke zur älteren „Schwester Privatrecht" nicht einreißen. Erinnert sei nur an den genialen, den Weg zu schöpferischen Richterrecht öffnenden Art. 1 des Schweizerischen ZGB von Eugen Huber von 1900. Stichworte sind: Richter wie ein Gesetzgeber, er folgt dabei bewährter Lehre und Überlieferung. Dieser Art. 1 hilft uns auch im Verfassungsrecht. Im Übrigen müssen wir doch wohl nach den Sachbereichen differenzieren: in der kulturhaltigen Verfassungspräambel interpretieren wir anders als bei den eher formalen, meist historisch geprägten Normen zur Kompetenzverteilung im Bundessstaat, bei den Grundrechten arbeiten wir zweckhafter und werthafter, während im Strafrecht der Wortlaut im Vordergrund stehen muss. Spezifische „Öffnungen" gelingen uns dank der Rechtsvergleichung als fünfter Auslegungsmethode gerade bei den Menschenrechten. Hier finden wir auch eine verfassungstextliche Stütze. Manche Verfassungen im südlichen Afrika verweisen auf das „foreign law" bzw. das „foreign case law", die Verfassung des Kosovo verweist auf die Urteile des Europäischen Gerichtshofs für Menschenrechte.

Reimer, Franz: Bei Herrn von Arnauld scheint mir die Flexibilität sehr positiv konnotiert, insbesondere in These 11. Ich möchte anhand dessen nach dem Lastenheft an die Methoden der Rechtsanwendung fragen. Was erwarten wir? Was sind unsere Anforderungen an Methoden der Rechtsanwendung durch die Rechtspraxis? Zugespitzt formuliert: Wenn Rechtsanwendung Machtausübung ist, könnte man auch eine Rigidität anstelle einer Flexibilität einfordern. Das würde möglicherweise Optimierungsansprüchen entgegenstehen. Was bedeutet das für Formeln wie „im Lichte" oder die Formel der „Berücksichtigung"? Anders gefragt: Steht nicht der – wiederum Zitat von Arnauld – „die gesamte Gesellschaft erfassende Regulierungsanspruch des Rechts" einer solchen Optimierung und einer solchen Flexibilität entgegen? Müssen wir nicht auch sehen, dass Normen die Funktion verlässlicher Entscheidungsgrundlagen für die Rechtsgenossen haben?

Kotzur: Dankbar, dass der Vorstand sein Sternstundenversprechen heute Morgen soweit eingelöst hat, darf ich eine Bemerkung als Frage an beide Referenten richten. Herr Röhl hat in seinem Referat sehr deutlich zwischen Entscheidung und Erkenntnis differenziert, ich glaube das ist für das Thema eine entscheidende Weichenstellung. Rechtswissenschaft beschreibt sich ja häufig als Entscheidungswissenschaft, was auch eine gewisse Anwendungsorientierung impliziert und was ihren Erkenntnisgegenstand stark zu bestimmen scheint. Herr von Arnauld hat dann das wunderbare Bild von den Suchbildern reaktiviert und ein Suchbild wiederum setzt voraus, dass man ganz genau weiß, was man da eigentlich sucht. Und hieran scheint sich mir eine entscheidende Fragestellung anzuknüpfen: Die Frage nämlich, ob wir Erkenntnis nur im Dienste der Entscheidung und der Entscheidungsfindung oder Erkenntnisse um ihrer selbst suchen. Wenn es um Erkenntnis um der Entscheidungsfindung willen geht, sind auch Interdisziplinarität und Internationalität anders konnotiert. Dann können wir uns an Ansichten zum Rechtsvergleich von Richtern wie A. Scalia in den USA fruchtbar reiben. Wenn es jedoch um Erkenntnis generell geht, scheinen uns diese Ausführungen von höchster Irrelevanz zu sein. Und deshalb meine Frage an Sie, sie hat sich in Ihren Referaten auch angedeutet: Geht es Ihnen nicht weniger um eine Öffnung der Methode als vielmehr um eine Öffnung der Fragestellung insgesamt? Ist nicht die Frage, die wir stellen, der entscheidende Punkt oder mit anderen Worten: Scheint nicht die Zahl der im öffentlichen Recht verbotenen Fragen immer geringer zu werden? Ist, wenn man im Mendelssohn-Saal Wagner zitieren darf, Lohengrins Schwan in Ihren Referaten zum letzten Mal gekommen? Vielen Dank.

Volkmann: In der Tat tiefe Fragen. Herr Lege und Frau Hwang werden nun zu Fragen der Öffnung der Methode bzw. zum Verhältnis von Verfassungsrecht und Verwaltungsrecht etwas sagen, bevor wir dann wie angekündigt in einer ersten Zwischenrunde den Referenten Gelegenheit zur Replik geben.

Lege: Vier Punkte. Ich beginne mit einer Kritik an Herrn Röhls erstem Teil. Da muss man, denke ich, vieles korrigieren. Als erstes: Sie haben gesagt, es gebe keine Verbindung zwischen *Begriff* und Bedeutung. Das ist so nicht richtig. In These 5 haben Sie dann formuliert, es gebe „sprachtheoretisch“ keine Verbindung zwischen *Regel* und Bedeutung. Auch das kann man so nicht stehen lassen. Schon Kant hat in der Kritik der reinen Vernunft formuliert: „Der Begriff vom Hunde bedeutet eine Regel" (B 180). Daher: Ein Begriff hat seine Bedeutung gerade in der Regel, die er impliziert. Und genau dies ist auch bei Rechtsbegriffen der Fall. Rechtsbegriffe sind kondensierte Regeln. Deshalb sind Ihre Ausführungen zur Methodologie, ich will einmal sagen, angreifbar. – Dies gilt insbesondere auch für These Nr. 8. Dort behaupten Sie, dass es keine wahrheitsadäquate Richtigkeit gebe, wenn wir von juristischer Erkenntnis sprechen. Wäre dem so, dann dürften wir in der Jurisprudenz überhaupt nicht mehr von Erkenntnis sprechen. Erkenntnis impliziert, zumindest als regulative Idee, eine wahrheitsadäquate Richtigkeit. Hierzu könnte man neben Kant auch etwa Dworkin zitieren.

Zweiter Punkt. Große Zustimmung, Herr Röhl, zu Ihrer letzten These. Darin rücken Sie das zentrale Thema in den Blick: Was ist die *Funktion* der juristischen Methode? Nun, im öffentlichen Recht ist Funktion der juristischen Methode die Kontrolle politischer Herrschaft – so lese ich Ihre These 22. Diese Kontrolle politischer Herrschaft durch juristische Methode soll garantieren, dass sich auch politisches Handeln, also Staats- und Verwaltungshandeln, an Regeln halten muss, die möglichst schon im Voraus erkennbar sind. Daher kann letztlich nur dies die *juristische* Methode sein: Beurteilung von Fällen anhand von *Regeln* – wobei man mit Herrn Hochhuth graduell unterscheiden kann zwischen der Anwendung von Regeln im Normalfall und der „kunst"gerechten (danke, Herr Gröschner) Fortbildung von Regeln.

Das Problem ist nun, und damit auch zu Herrn von Arnauld: Wenn man diese Ableitung einer Falllösung aus Regeln als die spezifisch juristische Methode versteht – was ist dann die Chance und was ist die Gefahr einer Öffnung dieser juristischen Methode, für was auch immer, im öffentlichen Recht, also bei der Kontrolle politischer Herrschaft? Herr von Arnauld hat am Ende auf die Rechtssicherheit hingewiesen. Daher meine Frage an Sie beide: Führt die Öffnung der juristischen Methode zu mehr oder zu weniger Rechtssicherheit? Meine These ist: zu weniger Rechtssicherheit jedenfalls dann, wenn man an all die Adressaten außerhalb eines professionellen, mit dem Rechtssystem beschäftigten Gelehrtenkreises denkt, wie wir oder die Ministerialbürokratie es sind.

Deshalb mein dritter Punkt, zu These Nr. 11 von Herrn von Arnauld: Methodensynkretismus sei kein pathologischer Befund. Ich will es diplomatisch formulieren: Methodensynkretismus kann durchaus ein pathologischer Befund sein, wenn, und auch da schließe ich mich Herrn Hochhuth an, der Primat der juristischen Methode darüber verloren geht. Und Primat der juristischen Methode bedeutet: redliche Textarbeit an Regeln, die wir vorfinden, die wir vielleicht auch verändern müssen, aus denen wir aber nach im Grunde sehr einfachen logischen Regeln den Fall beurteilen. Wenn dieser Primat zugunsten anderer Überlegungen verloren geht, sind Rechtsunsicherheit und geringere Kontrolle politischer Herrschaft die Folge.

Letzter Punkt: Herr von Arnauld plädiert für Interdisziplinarität in der juristischen Methode. Ich plädiere für Disziplinarität in internationaler Perspektive: Wir sollten allesamt oft sehr viel fallbezogener arbeiten. Vorbild kann dabei die angelsächsische Tradition des *distinguishing* und insbesondere die Unterscheidung von *ratio decidendi* und *obiter dictum* sein. Wir sollten vor allem immer der Versuchung widerstehen, *obiter dicta* höchster Gerichte wie Gesetzestexte zu interpretieren.

Hwang: Meine Frage an die beiden Referenten lautet: Herrschen zwischen dem Verfassungsrecht und dem Verwaltungsrecht unterschiedliche Stellungnahmen zu den methodologischen Herausforderungen? Sollte man bei der Reformdiskussion vielleicht zwischen dem Verfassungsrecht und dem Verwaltungsrecht unterscheiden?

Hintergrund meiner Frage: Als ich erstmals die neue Verwaltungsrechtswissenschaft zur Kenntnis nahm, fragte ich mich, ob es parallel eine neue Verfassungsrechtswissenschaft gibt oder geben kann. Meines Erachtens lässt sich die Entstehung der neuen Verwaltungsrechtswissenschaft als Reaktion auf die Regelungsdefizite des Gesetzes betrachten. In dieser Hinsicht war ich neugierig, ob die Verfassungsnormen und besonders die Grundrechte nicht für inhaltsknapper als die Gesetzestexte gehalten würden und daher ebenso eine neue Verfassungsrechtswissenschaft begrüßt würde. Auch in diesem Sinne interessiert mich die Frage, warum es im deutschen Verfassungsrecht bisher wahrscheinlich keine vergleichbare methodologische Revolution gibt, wie im deutschen Verwaltungsrecht. Hat dies vielleicht mit dem Grundverständnis in Deutschland zu tun, dass die Verfassungsnormen als grundlegende Wertentscheidungen der Gemeinschaft qualifiziert werden, die sich infolge dessen sowohl in methodologischer als auch in materieller Hinsicht gegen übermäßige Internationalisierung oder Interdisziplinarisierung verteidigen sollen? Vielen Dank.

von Arnauld: Ich will versuchen, auf die vielen substanziellen Anfragen zu reagieren. Vielleicht zunächst folgendes: Es dürfte aufgefallen sein, dass ich kein großer Freund binärer Unterscheidungen bin. Das schlägt sich natürlich auch ein wenig in den Antworten nieder. Nehmen wir den Fragenblock „Methode als solche und Möglichkeit von Methode“: Hier würde ich keine scharfe Unterscheidung zwischen Normalfall und Grenzfall treffen. Die Übergänge sind fließend. Der Witz ist, dass wir – wie Horst Ehmke richtig sagt – schon im Normalfall nicht mit der Wünschelrute unserer Methoden das Ergebnis erzielen. Vielmehr ist es ein Wechselspiel von vielem. Dabei muss man auch die Rolle der Dogmatik berücksichtigen. Zwischen beiden, Methode und Dogmatik besteht eine Fakturähnlichkeit (ich vermeide, konstruktivistisch, den Begriff der „Natur" und spreche hier lieber von „Faktur"). Auch bei der Dogmatik handelt es sich um zu verallgemeinerten Sätzen geronnenes kollektives Wissen. Nur ist Dogmatik immer schon stärker problemorientiert und leitet uns daher präziser an. Mit Hilfe ihrer Sätze können wir viel konkreter Entscheidungen treffen, z.B. über Naturschutzgebiete, weil es sich immer schon um problemspezifisches Wissen handelt, das kollektiv approbiert ist. So kommen wir, glaube ich, etwas näher an die Geschichte heran. Es bleibt aber eben immer das Wechselspiel aus Bindung und Beweglichkeit. Und hier denke ich, dass Theodor Viehweg oft missinterpretiert wurde: Es geht nicht nur um Beweglichkeit, sondern auch um Bindung. Ich führe daher auch nicht das Plädoyer für ein „panta rhei" oder dafür, dass alles möglich ist; wir sind durchaus in der Lage, auch bestimmte stabilisierte Verbindungen zwischen Argumenten vorzunehmen und zu sagen, dass eine Auslegungsmethode der anderen vorgeht. Das ist möglich, wenngleich wir solche Regeln niemals eisern durchhalten können als ein Passepartout für die Anwendung des Rechts. Es ist ein Wunschtraum, dass wir mit einem wohlgeordneten Methodenarsenal tatsächlich alle Rechtsprobleme lösen können. Eine rigide Methodenlehre führt letztlich zu einer Sklerotisierung und Paralysierung des Rechts. Dies gilt erst recht vor dem Hintergrund der Öffnungen, die ich in meinem Referat skizziert habe. Und hier kommt nun der Rechtssicherheitseinwand: Ja, natürlich, wird Rechtssicherheit in unserem herkömmlichen Verständnis verringert; aber es gibt das Ringen darum, dass eine dogmatische Rechtswissenschaft – die bei mir durchaus positiv konnotiert ist – versuchen muss, im Rahmen des Möglichen Orientierung zu schaffen. Das kann sie nur, wenn sie auch ausgreift und über ihre Grenzen geht und versteht, dass zum Beispiel das international eingebettete Recht nicht mehr nur in Deutschland gesetzt wird. Es ist ein Auftrag an die Rechtswissenschaft, Ordnung zu stiften, gleichzeitig aber die Ordnung stiftenden Elemente kritisch zu hinterfragen.

Wie die Methoden zu lehren sind, Herr Morlok, ist eine sehr schwierige Frage, über die ich mir selbst des öfteren Gedanken gemacht habe. Vielleicht unterhalten wir uns außerhalb des Podiums darüber.

Auch Rechtswissenschaft und Rechtspraxis schließlich würde ich nicht so strikt voneinander trennen – da merkt man schon wieder meine Zurückhaltung gegenüber binären Unterscheidungen. Es gibt durchaus Formen, wie auch Rechtswissenschaft unter den Bedingungen eines internationalisierten Rechts Angebote an die Rechtspraxis machen kann, zum Beispiel durch Konkordanzkommentare. Was die Gegenüberstellung einer

Erkenntnis um der Entscheidung willen und einer Erkenntnis um der Erkenntnis willen angeht, würde ich sagen, dass zu einer intern differenzierten Rechtswissenschaft beides gehört. Das ist auch gut so. Letztlich habe ich auch ein Plädoyer für eine Binnendifferenzierung in der Rechtswissenschaft gehalten. Daher gelten auch nicht dieselben Regeln für das Verwaltungsrecht wie für das Verfassungsrecht. Herr Häberle hat in seinem Wortbeitrag darauf hingewiesen, dass selbst innerhalb des Verwaltungsrechts unterschiedliche Regeln gelten können und wir unterschiedliche Methoden anwenden müssen. Ich finde das überzeugend.

Röhl: Herzlichen Dank für Ihre Fragen! Sie geben mir Gelegenheit, meine Überlegungen ein wenig zu verdeutlichen. Zunächst zur Trennung zwischen Wissenschaft und Rechtsanwendung. Der Ausgangspunkt meiner Überlegungen war die, man kann fast sagen, Invektive: „Professionswissenschaft", die etwa der Wissenschaftsrat verwendet. Was bedeutet der enge Konnex zur Rechtsanwendung für die wissenschaftliche Arbeitsweise? Die Rechtswissenschaft muss, um Entscheidungsvorschläge anfertigen zu können, in meiner Formulierung: synthetische Leistungen zu erbringen, notwendig ungenau sein. Daraus resultiert die Frage, wieso wir, gemessen an einem kritisch-rationalistischen Wissenschaftsverständnis, ungenau, besser: „unvollständig" sein dürfen. Der Bericht versucht das für die Rechtsprechung auf der einen und für die Wissenschaft auf der anderen Seite zu rekonstruieren. Für die Rechtsprechung und nur für sie, sprach ich von begrenzter Rationalität. Für die Rechtswissenschaft geht es darum, dieses Problem zu adressieren und zu formulieren: Wir lösen es durch vorläufige, aber verbesserungsfähige Beschreibungen auf. Dagegen dürfen wir nicht sagen: Nur weil wir Juristen sind, fragen wir nicht weiter.

Auf der anderen Seite wollte ich auf die besonderen Vorzüge hinweisen, die unser Fach dadurch gewinnt, dass es aus der Praxis intensive Rückkopplung erfährt. Gleichzeitig beinhaltet das gewisse Risiken, und die wollte ich ebenfalls benennen. Dies zeigt ein Vergleich mit anderen Fächern, deren Vertretern man auch die Frage stellen müsste, woher sie das, was in der Praxis passiert, eigentlich wissen. So könnte man für die Medizin formulieren, dass dort Praxis durch die Universitätskliniken simuliert wird. Eine so intensive Rückkopplung durch eigene Ausübung der Praxis kennen wir hingegen in der Regel nicht, das ist vielleicht auch ein Vorteil.

Ich habe mich aufgrund der Trennung zwischen Wissenschaft und Rechtsanwendung nicht intensiv damit beschäftigt, was in der Rechtsanwendung selbst passiert und wie dort die Überlegungen der Wissenschaft umgesetzt werden. Ich habe insofern, wenn Sie wollen, die Rechtsprechung als eine Blackbox behandelt.

Nun zum Hinweis auf die bereichsspezifischen Methoden und zur Frage, ob wir Verfassungsrecht und Verwaltungsrecht unterschiedlich behandeln müssen. Meine Grundauffassung ist: nein. Ich denke vielmehr, dass wir unsere große Schwester, das Zivilrecht, mit einbeziehen müssen. Und insofern ist meine Überzeugung eher, dass wir die Methode schon immer ein bisschen aus der Perspektive der Zivilrechtler betrachtet haben und ein Gewinn darin liegen könnte, in eine allgemeine Methodenlehre die öffentlich-rechtliche Perspektive stärker einzubringen.

Zum letzten Punkt, der Rechtsanwendung. Es ist richtig, dass die deutsche Rechtsanwendung und die deutschen Gerichte nach klaren Regeln arbeiten und nach diesen Regeln entscheiden. Hierfür kann die Rechtswissenschaft Entscheidungsvorschläge machen. Dieser Konnex zwischen einer Praxis, die Entscheidungsvorschläge umsetzen kann, löst sich jedoch im europäischen und erst recht im internationalen Bereich auf. Ich habe nicht dafür plädiert, diesen Konnex im nationalen Bereich aufzulösen, jedoch habe ich versucht zu formulieren, dass eine Rechtswissenschaft, die sich der Internationalisierung und Europäisierung widmet, diese Auflösung mit im Blick behalten muss.

Volkmann: Im nächsten Block wird es nun um Fragen der Rechtsanwendung im Allgemeinen und der Dogmatik im Besonderen gehen. Wir beginnen mit Herrn Schneider, dann folgt Herr Magen und schließlich Herr Meyer.

Schneider, Hans-Peter: Herr Vorsitzender, meine sehr verehrten Damen und Herren, zwei Punkte:

Punkt 1: Herr Röhl, Ihr Zwischenwort zur Unterscheidung zwischen Jurisprudenz einerseits und Rechtsanwendung andererseits hat mich noch nicht überzeugt. Ich beziehe mich auf die Thesen 6 und 7. Muss nicht auch hier die Rechtsanwendung, vor allem richterliche Rechtsanwendung, stärker differenziert betrachtet werden? Schließlich hängen die Rationalitätsanforderungen an richterliche Entscheidungen sehr stark auch von der Struktur der Norm ab, die angewandt wird. Bei Normen sehr allgemeinen, weiten Inhalts – denken Sie an den allgemeinen Gleichheitssatz – neigen ja die Gerichte mit Recht dazu, auch allgemeine Grundsätze zu entwickeln oder Systembestandteile zu schaffen. Dies reicht bis hin zu konkreten Anweisungen an den Gesetzgeber. Müssten wir nicht also zumindest bei der richterlichen Rechtsanwendung jeweils differenzieren, ähnlich wie Sie es bei der Jurisprudenz getan haben? Dies vor allem im Hinblick darauf, dass die Rechtsanwendung es mit unterschiedlich strukturierten Normen zu tun hat, also sehr eng gefassten, nach dem Wortlaut interpretierbaren, aber auch sehr weiten, sehr unbestimmten Normen.

Punkt 2: Ich vermisse eigentlich bei beiden Referaten, die auch ich sehr lehrreich und interessant fand, den Hinweis auf den Gesetzgeber. Ist eigentlich der Gesetzgeber völlig methodenfrei? Hat er überhaupt keinerlei methodischen Anforderungen zu genügen, die sich möglicherweise aus dem Rechtsstaatsprinzip und aus anderen Grundsätzen ergeben, zum Beispiel Systemgerechtigkeit, Folgerichtigkeit usw?.

Sie kennen ja alle die schöne Schrift Julius von Kirchmanns „Von der Werthlosigkeit der Jurisprudenz als Wissenschaft". Das wäre sozusagen, Herr Röhl, die Gegenthese zu Ihrem Referat: Ein Federstrich des Gesetzgebers macht ganze Bibliotheken zu Makulatur. Ich hätte gerne von beiden Referenten gewusst, ob und wenn ja, welchen methodischen Anforderungen die Gesetzgebung unterliegt.

Magen: Ich habe eine Frage, auf die ich keine Antwort weiß. Es ist die Frage nach der Wissenschaftlichkeit der Rechtswissenschaft als Rechtsdogmatik. Damit ist nicht gemeint, ob Rechtswissenschaft objektiv ist. So diskutieren wir die Frage jedoch häufig und sagen dann gerne, die anderen Wissenschaften seien auch nicht objektiv, und alle Beobachtungen seien theoriebedingt. Meine Frage ist, was eigentlich der mögliche Inhalt rechtswissenschaftlicher Erklärungen oder Deutungen ist. Sie beide hatten in Ihren Referaten, von denen ich sehr, sehr viel gelernt habe, die Rechtswissenschaften – für mich sehr sympathisch – als eine soziale epistemische Praxis beschrieben. Aber diese epistemische Praxis scheint doch einen merkwürdigen Gegenstand zu haben, weil das Recht als Institution selbst eine soziale Praxis ist. D.h., der Gegenstand der Rechtswissenschaft, das Recht, geht emergent aus dem Zusammenwirken der institutionellen Akteure, deren Kommunikationen und geistigen Zuständen hervor, und ist damit ähnlich flüchtig wie der Gegenstand der Theologie, den Herr Schönberger erwähnte. Und so, wie die Theologie sich zu ihrem Gegenstand nicht als rein beobachtende Religionswissenschaft verhalte, sondern zwischen Religionswissenschaften und der kirchlichen Praxis selbst stehe, nehme auch die Rechtswissenschaft die Stellung einer „teilnehmenden" Beobachtungsdisziplin ein. Unklar bleibt mir dann aber die Frage, welches Erkenntnisziel die theologischen und juristischen Methoden eigentlich haben. Das ist mir im Recht relativ greifbar für die Gerichte, für die die juristischen Methoden zum einen Kompetenzregeln beinhalten, indem sie nämlich bestimmen, was die Gesetzesbindung im Umgang mit dem Recht vom Richter verlangt. Das diskutieren wir beispielsweise im Verhältnis Karlsruhe/ Gesetzgeber oder EuGH/ Mitgliedstaaten. Insoweit stellt sich mir aber die Frage, welche Methoden dann für die Ausfüllung der Auslegungsspielräume gelten, und ob es die gleichen Methoden sind, wie die, welche die Gesetzesbindung festlegen. Ich vermute, juristische Methoden fungieren hier eher als eine Art Qualitätsmaßstäbe für Rechtsstaatlichkeit, also etwa dafür, dass Entscheidungen vorhersehbar sind. Jedenfalls aber sind es keine kognitiven Maßstäbe, um Eigenschaften eines Gegenstandes festzustellen, die dem Interpreten vorgegeben sind.

Was könnte jetzt angesichts einer solchen sozialen Praxis das Erkenntnisinteresse, die Erklärungskraft einer dogmatischen Rechtswissenschaft sein? Naheliegend wäre es, zu sagen, die wissenschaftliche Dogmatik beschränke sich auf das am Recht, was bindend ist. Das wäre dann vor allem die Bestimmung der Grenzen der Interpretationsspielräume und damit der Reichweite der Gesetzesbindung. Die Ausfüllung der Spielräume bliebe dann den Gerichten überlassen. Jedoch kenne ich wenige juristische Publikationen des Inhalts: „Ihr könnt die Gesetze auslegen bis dahin, aber nicht weiter“. Wenn das aber nicht das wissenschaftliche oder kognitive Erkenntnisinteresse ist, worin liegen dann die Erklärungsleistungen der wissenschaftlichen Dogmatik? Es sind jedenfalls keine sozialwissenschaftlichen, denn es gibt keine Kausalerklärung und keine allgemeinen Gesetze. Auch der Anwendungsbezug hilft nicht wirklich weiter, denn welchen Beitrag sollten die Rechtswissenschaften bei offenen Fragen leisten können, die zu entscheiden in der Kompetenz der Gerichte liegt, weil sie sich innerhalb der Auslegungsspielräume bewegen? Oder ist die Aufgabe der juristischen Methode weniger Erkenntnis, sondern das, was auch Herr Röhl angesprochen hat, nämlich die Rationalisierung des Rechts? Dann wäre es eine Aufgabe der dogmatischen Rechtswissenschaften, die begrenzte Rationalität der Rechtssetzung und der Rechtsanwendung etwas rationaler zu machen, sei es in funktionaler Hinsicht, indem man die Wirkzusammenhänge näher beleuchtet, sei es in ethischer Hinsicht, indem man sich den normativen Prinzipien widmet, oder sei es in juridischer Hinsicht, indem man für Kohärenz und klare Begriffsbildungen sorgt. Das wäre dann aber eine andere Fragestellung als die einer kognitiven Rechtserkenntnis. Vielen Dank.

Meyer, Stephan: Zuerst schließe ich mich dem Dank für die beiden wirklich sehr anregenden Referate an. Mein einziger Kritikpunkt schließt dann allerdings auch an die beiden Vorredner an. Ich bin mir nicht sicher, Herr Röhl, ob Sie in Ihrem Bericht die Rechtsanwendung nicht eben doch zu streng von der Rechtswissenschaft abgegrenzt haben. Sie haben ja ganz ausdrücklich differenziert zwischen der vor allen Dingen richterlichen Entscheidung auf der einen und der wissenschaftlichen Erkenntnis und Reflexion auf der anderen Seite. Ich glaube aber, dass gerade die richterliche Entscheidung auch Erkenntnis heißt und das ist mehr als überkommene Terminologie. Dass eine Tätigkeit im Bereich der Rechtsanwendung jedenfalls in aller Regel ein wissenschaftliches Studium voraussetzt, liegt meines Erachtens daran, dass dieses wissenschaftliche Reflexionsvermögen gerade vom Rechtsanwender verlangt wird. Dies zeigen gerade die beiden Leitplanken, die Sie jetzt spezifisch in der Rechtsanwendung verordnet haben. Sie sprachen von Stoppregeln auf der einen und von praxisanleitenden Handlungsanleitungen auf der anderen Seite, die gerade von der Rechtsanwendung genutzt werden, um der begrenzten Rationalität irgendwie Herr zu werden und Entscheidungen zu treffen. Stoppregeln aber benutzen wir vor allem in der Wissenschaft. Bei jedem von uns, der ein neues Projekt angeht, ist die Frage, sobald das Thema feststeht: Wie tief steige ich denn ein? In der Wissenschaft haben wir einen großen Luxus, wir genießen hier die wissenschaftliche Freiheit und können mit dieser Frage relativ, ich will fast schon sagen, sorglos umgehen. Es liegt an uns, aus dem Thema nur einen kleinen Aufsatz oder aber eine Monographie zu machen. Dagegen muss sich der Rechtsanwender, also das Gericht oder der Amtsmann in der Behörde, die Frage stellen, wie tief er den Fall bearbeiten muss. Er hat jedoch keine wissenschaftliche Freiheit und steht vielmehr mit seiner fremdwirksamen Entscheidung unter Rechtfertigungsdruck, sodass er sich viel eher als der Wissenschaftler überlegen muss, wie er von diesen Stoppregeln Gebrauch macht. Betreffend die Handlungsanleitungen könnte man sagen, dass die gesamte Rechtsdogmatik eine solche Handlungsanleitung ist; insofern würde ich Ihnen Recht geben. Nur verlangt sie eben vom Rechtsanwender sehr viel. Das zeigt der Vergleich mit der Medizin, den Sie ja auch gezogen haben. Dort haben wir mittlerweile von den medizinischen Fachgesellschaften die sog. Konsensusleitlinien, d.h. die Fachgesellschaften beschließen, was Stand der Wissenschaft ist. Dies hat zur Folge, dass etwa ein Verstoß gegen eine solche Leitlinie im Arzthaftungsprozess zunächst einmal prima facie einen Behandlungsfehler impliziert. Bei uns ist es aber völlig unvorstellbar, dass beispielsweise die Staatsrechtslehrervereinigung eine Konsensusleitlinie darüber beschließt, wie nun die öffentlich-rechtliche Norm XY auszulegen ist mit der Folge, dass dann etwa eine Missachtung durch einen Rechtsanwalt einen Haftungsprozess nach sich ziehen würde. Es existiert daher zwar ein Angebot aus dem Normtext und aus der Rechtsdogmatik an den Rechtsanwender; der Rechtsanwender muss jedoch eine ganz erhebliche Eigenleistung erbringen, um von Fall zu Fall das herauszufiltern, was er für den Fall nutzbar machen will und wie er das machen will. Das ist auch Wissenschaft – zwar nicht im institutionellen Sinne, aber nach der Art des Denkens und nach der analytischen Tiefe. Ausnehmen könnte man hier eventuell Herrn Hochhuths Fall der Baugenehmigung im Naturschutzgebiet. In aller Regel oder jedenfalls in sehr vielen Fällen ist es aber der Sache nach Wissenschaft.

Letzter Punkt: Dies zeigt sich auch an dem Stellenwert der Rechtsprechung für die Rechtswissenschaft. Sie sagten, Entscheidungen würden häufig zum Gegenstand rechtswissenschaftlicher Analyse und Kritik. Das stimmt. Es kommt aber hinzu, dass die Rechtsprechung selbst auch nicht nur Gegenstand, sondern Element der Wissenschaft ist. Vor allen Dingen gilt dies natürlich für die verfassungsgerichtliche Rechtsprechung, aber durchaus auch für die anderer Gerichtsbarkeiten, deren Erkenntnisse unmittelbar Bestandteil des Standes der Rechtswissenschaft werden können. Danke.

Volkmann: Vielen Dank, wir kommen dann jetzt zu einem Block, der sich, wenn ich die Anmeldungen richtig deute, tendenziell mit dem Aspekt der Internationalität befasst. Beginnen wird Herr Funke, dann Frau Peters, dann Herr Pielow.

Funke: Ich habe meinen Diskussionszettel mit einer Frage überschrieben: Woraus speist sich die institutionell-pragmatische Kraft der Gerichte? Den Begriff der institutionell-pragmatischen Situation hat Herr Röhl in seiner These 6 eingeführt. Ich hatte jedoch den Eindruck, dass – etwas zugespitzt – eigentlich beide Vorträge diese Frage zum Gegenstand hatten und Variationen des Themas darstellten.

Ich will drei Bemerkungen machen, wobei die erste nur eine Vorbemerkung ist. Ich fand es erstaunlich, und das richtet sich vor allem an Herrn Röhl, dass der Begriff der Rechtsanwendung so stark auf die Gerichte bezogen wurde. Gerade im öffentlichen Recht ist doch ganz klar, dass die Verwaltung eigentlich der erste Rechtsanwender ist. Davon war überhaupt nicht die Rede. Das zieht die Frage nach sich, welche Methoden dort eigentlich zur Anwendung kommen und ob man insofern nicht die Perspektive noch erweitern muss, hinsichtlich der Gesetzgebung und vielleicht sogar auch der Bürgerinnen und Bürger. Wenden diese nicht auch irgendwie das Recht an? Diese Vorbemerkung führt nun aber zur zweiten Bemerkung und der Frage, was „institutionell-pragmatische Situation" denn eigentlich heißt. Das muss man analysieren und hier gibt es viele Gesichtspunkte, die eine Rolle spielen, von denen mir zwei für unseren Zusammenhang besonders wichtig erscheinen. Der erste ist, und das hatte Herr Röhl auch angesprochen (wobei ich nicht verstanden habe, ob es kritisch gemeint war oder affirmativ): der Abschied vom aktionenrechtlichen Denken. Gerichtliche Entscheidungen haben Überzeugungskraft, und diese Überzeugungskraft speist sich daraus, dass über bestehende Rechte und Pflichten entschieden wird. Wie man sich das genau vorstellt und konzipiert, ist eine schwierige Frage. Aber es erfasst eigentlich die Grundannahme, die einer gerichtlichen Entscheidungssituation zugrunde liegt.

Der zweite Punkt ist, das hatten Sie, Herr Röhl, auch schön gesagt, die Grundannahme, dass man sich überhaupt verständigen kann. Ich glaube, dass Sie von der Prämisse gelingender Verständigung sprachen; dies ist gewissermaßen eine transzendental-pragmatische Wendung, die Sie dem Ganzen geben. Aber ich würde zustimmen, dass man die institutionell-pragmatische Situation der Gerichte so beschreiben kann. Das führt nun zum internationalen Kontext und damit zu meiner dritten Bemerkung. Funktioniert die pragmatische Beschreibung dort genauso? Das ist die Frage. Ich habe Zweifel daran und beide Referate scheinen mir die Zweifel zu bestätigen. So hatten sowohl Herr Röhl als auch Herr von Arnauld ausgeführt, dass die Gerichte im internationalen Kontext vielleicht eine etwas andere Rolle spielen. Bei Herrn Röhl war die Formulierung „das Pluriversum von normsetzenden und normanwendenden Instanzen" sehr schön; ich persönlich habe dabei an das „Bermudadreieck" von EuGH, EGMR und BVerfG gedacht. Man kann das sicherlich mit vielen anderen Beispielen versehen. Beide Referenten haben gesagt, hier werde Einheit durch die Gerichte hergestellt. Ich meine, dass dieser Punkt die institutionell-pragmatische Kraft gerichtlicher Entscheidungen von innen her angreift. So werden die Gerichte doch, wie sich rechtstheoretisch sagen ließe, zu rechtsrealistischen Akteuren in der Rechtsordnung. Dann bricht aber das institutionell-pragmatische Gerüst einer gerichtlichen Entscheidung, so wie man es im – nationalen – Ausgangspunkt konzipieren könnte, in sich zusammen. Danke.

Volkmann: Ich bin froh, dass ich diese Frage nicht beantworten muss. Frau Peters.

Peters: Ich habe eine Frage zum Begriff der Dogmatik und dem Stellenwert der Dogmatik unter dem Einfluss der Internationalisierung an beide Referenten.

Herr Röhl hat zu Recht darauf hingewiesen, dass Dogmatik nicht übersetzbar ist. Uns fordert der deutsche Wissenschaftsrat, der ja auch schon erwähnt wurde, dazu auf, unsere Beiträge zu übersetzen oder übersetzen zu lassen. Herr Röhl hat ja sympathischerweise vorgeschlagen, „Dogmatik" – hier wird manchmal von „dogmatics" gesprochen, wobei ich den Begriff „doctrinal" für angemessener hielte – durch „kluge Kunde des Rechts" zu ersetzen. Ich möchte jedoch zu bedenken geben, dass das Wort Dogma, verstehen wir die Dogmatik als rein rechtsimmanentes Argumentieren aus der Innenperspektive, eigentlich das Richtige bezeichnet: das Gebundensein an Gesetze und Rechtsprechung, die man dann als „Dogmata" bezeichnen könnte. Von daher würde ich sagen, dass der Begriff Dogmatik zutreffend ist. Herr von Arnauld hat uns ja gesagt, und ich hoffe, dass ich das richtig verstanden habe, dass es in Bezug auf den Stellenwert der Dogmatik aktuell zwei Lager und damit eine ambivalente Sichtweise gäbe. Ich muss sagen, dass auch ich sehr ambivalent zur Dogmatik stehe. Einerseits ist relativ klar, dass man, will man international in Topjournals veröffentlichen, mit einem dogmatischen Paper niemals landen kann. Das gilt schlicht als viel zu langweilig, und das ist vollkommen eindeutig. Andererseits habe ich das Gefühl, dass die Dogmatik das einzige Fach ist, in dem ich so richtig kompetent bin. Deshalb lautet die Frage an die Referenten: Würde es helfen, wenn wir eine Unterscheidung für unser Metier träfen zwischen anwendungsorientierter Forschung einerseits und Grundlagenforschung andererseits, wobei wir dann die Dogmatik bestenfalls der anwendungsorientierten Forschung zurechneten? Oder macht diese Unterscheidung für unsere Befassung mit dem Recht gar keinen Sinn, weil es letztlich in jedem Fall anwendungsorientiert ist? In diesem Zusammenhang habe ich sodann noch eine Frage an Herrn Röhl. Sie haben ja sehr stark – und wie ich finde, gut – unterschieden zwischen den unterschiedlichen Rationalitäten der Rechtspraxis. Es war bei Ihnen zugespitzt auf die Rechtsprechung, aber die Unterscheidung erfolgte in Rechtspraxis einerseits und Rechtswissenschaft andererseits. Wie sehen Sie dann die typische Rollenkumulation, die sehr viele von uns ja zu bewältigen haben? Einerseits sind wir Wissenschaftler, andererseits aber auch sehr gerne in die Praxis involviert als Richter, Berater, Gutachter usw. Treten da nicht Störungen auf oder ist das positiv? Danke.

Pielow: Erlauben Sie mir, zu den sehr aussagekräftigen Referaten einige Anmerkungen aus eigener praktischer Erfahrung zum Thema Internationalität und Interdisziplinarität beizusteuern. Volle Unterstützung verdient zunächst, was in der Aussprache schon wiederholt, etwa bei Herrn Schönberger, anklang: Die spezifische Rationalität gerade der deutschen Methode im öffentlichen Recht und davon ausgehende Sinnstiftungen für die juristische Methodik an und für sich. Ich glaube sagen zu können, dass wir insoweit vielen Ländern Einiges voraus haben. Dies mag ein jeder bestätigen, der den anderenorts gepflegten juristischen Diskurs, ob im Wissenschaftlichen oder auch in der Juristenausbildung, einmal aus der Nähe betrachtet und auf „Stringenz" hinterfragt hat (dabei bestätigen Ausnahmen, wie immer, die Regel). Nicht von ungefähr besteht in der Welt traditionell denn auch ein erhebliches Erkenntnisinteresse an den Errungenschaften gerade der deutschen Rechtslehre. Auch unsere Entwicklungen im Verfassungs- wie Verwaltungsrecht verdienen ohne Weiteres das Prädikat „Exportschlager". Vor diesem Hintergrund bewegten sich beide Referate meines Erachtens sehr auf der „Einbahnstraße". Natürlich impliziert die Themenstellung „Öffnung der öffentlich-rechtlichen Methode durch Internationalität" zunächst die Frage, ob und inwieweit wir etwas aufnehmen. Recht eigentlich muss es aber ebenso darum gehen, ob und wie das deutsche öffentliche Recht seinerseits „internationaler" wirken kann. So wird hierzulande kritisch-konstruktiv etwa zu unterschiedlichen Grundrechtsinterpretationen von EuGH, EGMR und BVerfG oder über Weichenstellungen im Zuge der Finanzkrise gearbeitet. Die wissenschaftliche Auseinandersetzung verharrt indes auf der nationalen Ebene und wird nach meiner Einschätzung – sieht man von wenigen Fachzirkeln und Forschungsprojekten ab – weder eigentlich grenzüberschreitend geführt noch (schon aus sprachlichen Gründen) europa- oder gar weltweit wahrgenommen. Die konsequente Forderung kann eigentlich nur lauten, es so zu handhaben, wie es z.B. die Wirtschaftswissenschaften seit langem praktizieren: vermehrt, wenn nicht nur noch auf Englisch schreiben (und auch lehren)! Sicher würde dies deutscher Rechtsmethodik zu mehr Aufmerksamkeit in der Welt verhelfen und würde mich interessieren, wie die Referenten dazu stehen. Freilich drängen sich dazu gleich auch Grenzen auf: Rechtswissenschaft ist nun einmal Textwissenschaft und ist die Rationalität der öffentlich-rechtlichen Methode untrennbar wohl auch mit der Rationalität und Exaktheit der deutschen Sprache verbunden. Deutsche Rechtsdogmatik auf Englisch, Französisch oder Spanisch präzise zu vermitteln, fällt jedenfalls dem Nicht-Muttersprachler (wie auch juristisch häufig nur „vor"-gebildeten Übersetzern) schwer; natürlich hängt dies auch mit anderen Empfängerhorizonten in fremden Sprach- und Kulturkreisen zusammen.

Und zum Thema „Interdisziplinarität": Auch insoweit hat m.E. die Rationalität der deutschen juristischen Methode schon gute Dienste geleistet. Als Beispiel sei auf das Modephänomen der „Regulierung" hingewiesen – ein Konzept aus den Wirtschaftswissenschaften, das ursprünglich zur Herstellung von Wettbewerb in „natürlichen Monopolen" bzw. in so genannten Netz-Wirtschaften (Energieversorgung, Eisenbahnen, Telekommunikation und Post) dienen sollte. Die deutsche Rechtslehre hat sich dieses Phänomens inzwischen in ganzen Bibliotheken angenommen. Heraus kamen dabei auch Forderungen nach betont extensiver Rezeption, etwa in Richtung eines völlig neuartigen „Regulierungsverwaltungsrechts" mit möglichst „unabhängigen" und dann auch rechtsstaatlich entfesselten Regulierungsbehörden. Speziell die deutsche Rechtsprechung hat sich von solchen Verlockungen der Nachbarwissenschaften indes nicht beirren lassen: Zur Forderung etwa eines weitreichenden, von gerichtlicher Kontrolle gelösten „Regulierungsermessens" besannen sich der BGH, das BVerwG und auch das BVerfG vielmehr auf althergebrachte Maßstäbe des Verwaltungsrechts wie die Lehre vom Beurteilungsspielraum und die Abwägung im Planungsrecht. So gelang es, das zweifellos gegebene Bedürfnis nach einem Regulierungsermessen bereichsspezifisch, also für den Telekommunikations-, Post- oder Energiebereich, jeweils unter Rückbesinnung auf Konstanten der öffentlich-rechtlichen Methode einzuhegen und dazu zugleich rechts- wie demokratiestaatlich begründete Grenzen aufzuzeigen.

Schon vor diesem Hintergrund dürfte vor zu viel interdisziplinärer Euphorie zu warnen sein – und hat dies dann auch eine wissenschaftspolitische Facette: Mir fällt auf, dass speziell im umweltpolitischen Umfeld (etwa bezüglich Klimaschutz, erneuerbaren Energien oder Energieeffizienz) immer mehr öffentliche Fördergelder für fachübergreifende Forschungsprojekte winken. Auch aus den Wirtschafts-, Politik- und Technikwissenschaften wird zunehmend Bedarf an juristischem Input geäußert (nachvollziehbar angesichts des immer notwendigeren ordnenden Zugriffs in komplexer Welt). Jedoch lassen den Öffentlichrechtler solche Projekte schon einmal eher unbefriedigt zurück. Die interdisziplinäre Zusammenarbeit verharrt nicht selten auf kleinstem gemeinsamem Nenner bzw. wird kostbare Zeit damit verbracht, von unterschiedlichen fachlichen Horizonten aus schlicht aneinander vorbei zu reden und zu forschen. Vertieftes juristisches Arbeiten bleibt dann auf der Strecke. So gesehen, muss es wohl auch darum gehen, die wohlfeile öffentlich-rechtliche Methode davor zu bewahren, unter einem wissenschaftspolitischen Mantra der Interdisziplinarität gleichsam zerrieben zu werden.

Volkmann: Zum selben Komplex nun noch Herr Thym und Frau Vöneky.

Thym: Als teilnehmender Beobachter teile ich die Einschätzung meines Kollegen Hans Christian Röhl, dass das Unionsrecht – oder genauer gesagt: der deutsche Umgang mit dem Europarecht – teilweise als Hemmschwelle für die Methodenöffnung fungierte. Für die deutsche Rechtswissenschaft war die Europäisierung im Kern ein gegenständlicher Vorgang, der neue Rechtsnormen einverleibt und nach den tradierten Methoden bearbeitet. Nur sehr begrenzt war die Europäisierung eine methodische, diskursive und auch literarische Öffnung. Die Gründe hierfür sind vielfältig. Ein Grund ist die Dominanz von Praktikern und auch von anwendungsbezogenen Fragestellungen, speziell im frühen Europarecht. Ein weiterer Grund ist sicher auch der Wunsch nach Anerkennung durch die Disziplin, also die Gemeinschaft der Forschenden und auch durch die Staatsrechtslehrervereinigung, die davon überzeugt werden sollten, dass das Europarecht normales Recht ist. Das Ziel wurde erreicht: Europarecht ist in den Kanon aufgenommen worden. Freilich geschah dies um den Preis, dass in Deutschland das Europarecht zumeist nach nationalen Publikationsformaten, Methoden und auch Diskursräumen bearbeitet wird. Die Folgen davon sind nach meiner Beobachtung durchaus dramatisch: Der deutsche Diskurs zum Europarecht hat sich weitgehend entkoppelt von dem, was in anderen Mitgliedstaaten und auch auf transnationaler Ebene diskutiert wird. Das zeigt sich etwa bei den Publikationsformaten. Wir haben inzwischen sieben deutschsprachige Kommentare zum Primärrecht, die vielfach von Wissenschaftlern geschrieben werden. Diese besitzen teils eine sehr hohe Qualität und werden auch von Praktikern in Brüssel geschätzt – allein sie binden viele Ressourcen und diese Ressourcen fehlen an anderer Stelle. Ich habe von meinem Lehrstuhl auswerten lassen, woher die Personen kommen, die in inter- und transnationalen Zeitschriften publizieren: Dort finden wir mehr niederländische als deutsche Europarechtler. Die Entkoppelung des nationalen Diskurses zeigt sich nicht nur bei den Publikationsformaten, sondern auch bei den Diskursräumen. So habe ich meine Hiwis zählen lassen, wer in deutschen Beiträgen zum Europarecht in den Fußnoten zitiert wird – und umgekehrt, wie oft Deutsche in internationalen Beiträgen zitiert werden. Das Ergebnis ist leider ernüchternd: Der Einfluss deutscher Publikationen zum Europarecht in internationalen Zeitschriften hat im Laufe der Jahrzehnte nach dem Ergebnis unserer Stichproben kontinuierlich abgenommen. Umgekehrt nahm der transnationale Diskurs in deutschen Beiträgen nur marginal zu. Das Ganze betrifft nicht nur abstrakte Fragen, sondern hat konkrete Auswirkungen. Denken Sie etwa an das *Åkerberg Fransson* Urteil, das wir gestern im Gesprächskreis diskutierten. Wenn ich mir die deutschen Beiträge anschaue, die es vielfach gibt, stelle ich fest, dass nur punktuell zur Kenntnis genommen wird, was in anderen Mitgliedstaaten diskutiert wird. Umgekehrt wird der deutsche Diskurs, der eine hohe Qualität besitzt (siehe gestern), in anderen Mitgliedstaaten nur partiell wahrgenommen. All diese Überlegungen besitzen auch eine strategische Dimension, die von meinem Vorredner angesprochen wurde: Wenn wir wollen, dass so etwas wie ein deutscher Zugang auch zu europarechtlichen Fragestellungen transnational Einfluss besitzt und wahrgenommen wird, dann müssen wir in diesen internationalen Diskurs hineinbegeben. Man kann das auch zuspitzen: Wahrscheinlich ist das deutsche BVerfG mit seinen Ultra-vires-Warnungen und -Urteilen im transnationalen Diskurs auch deshalb so sichtbar, weil es die deutsche Europarechtswissenschaft nur sehr begrenzt schafft, die nationale Sichtweise im transnationalen Diskurs einzubringen. All diese Überlegungen kann man natürlich auch ins Positive wenden. Versteht man die Europäisierung nicht nur als gegenständlichen Vorgang, sondern als eine methodische, diskursive und literarische Öffnung, muss das Europarecht keine Hemmschwelle für die Methodenöffnung sein. Vielmehr könnte Europarecht als Vorbild dienen, anhand dessen die deutsch Rechtswissenschaft lernt, den eigenen Standpunkt nicht nur sprachlich zu übersetzen, sondern auch inhaltlich verständlich zu machen. Dann wird das, was Hans Christian Röhl – wie ich finde zu Recht – als Nachteil identifizierte, nämlich die Nähe zum nationalen Recht, plötzlich zum Vorteil. In diesem Fall übernähme das Unionsrecht, wenn man es anders betreibt als es bisher betrieben wurde, eine Scharnierfunktion für die Internationalisierung der deutschen Rechtswissenschaft; es könnte dann, viel besser als das Völkerrecht, aufgrund der Nähe zum nationalen Recht eine methodische Öffnung anleiten. Danke.

Vöneky: Herzlichen Dank für die interessanten und bereichernden Referate. Ich wollte noch einmal auf die Grenzen der Internationalisierung und Interdisziplinarität hinweisen, die Sie ja auch in beiden Referaten genannt haben. Ich habe vor kurzem einen Vortrag an der philosophischen Fakultät der LMU München gehalten und die dort anwesenden Philosophen waren froh, dass ich die Bedeutung des Rechts betont habe. Wichtig erscheint mir, dass außerrechtliche, sogenannte ethische Standards nur dann in eine Rechtsordnung, sei es die völkerrechtliche, europäische oder nationale, einbezogen werden dürfen, wenn sie nicht den rechtlichen Grundprinzipien widersprechen. Dies sind aus meiner Sicht die Grenzen einer „Ethisierung" des Rechts. So habe ich Ihre letzte These, Herr von Arnauld, auch verstanden. Dahinter dürfen wir nicht zurück; wissen wir doch, bei allem Bestreben nach Interdisziplinarität, gerade auch um die Untiefen der jeweils anderen Wissenschaften. Neben der Ethik sehen wir jüngst auch in den Volkswirtschaften, dass die Prämissen und Methoden umstritten sind. Das heißt also, dass wir auch die Grenzen der Einbeziehung anderer Disziplinen intensiv betrachten müssen. In Bezug auf die Grenzen der Einbeziehung habe ich eine Frage an Sie, Herr von Arnauld. So sagen Sie in These 26, dass die „Legitimität" für eine Einbeziehung gegeben sein müsse. Fraglich sei diese beispielsweise bei internationalen Expertengremien. Nun ist der Begriff der „Legitimität" natürlich ein sehr schwieriger. Meine Frage ist, ob dies ein positiv oder ein überpositiv gemeinter Begriff der Legitimität ist, den Sie vertreten? Wenn Sie den Begriff der Legitimität in Bezug auf das Völkerrecht benutzen, dann meinen Sie doch sicher nicht demokratische Legitimität? Sie möchten doch nicht vorschlagen, dass nur demokratische Staaten berechtigt sind, diese Gremien einzusetzen? Was also ist es genau, was Sie meinen? Würde es reichen, dass die UNESCO als Internationale Organisation auf der Grundlage eines völkerrechtlichen Vertrages ein Expertengremium einsetzt, beispielsweise für Dual Use-Forschung? Wäre das hinreichend legitimiert? Und ist er nicht legitimiert, wenn zum Beispiel der Weltärztebund als privater Verband, als NGO, die Helsinki-Deklaration, als ethische Standards, verabschiedet – auf die dann im Übrigen auch das deutsche Recht verweist.

Volkmann: Das Thema der Interdisziplinarität interessiert in diesem Kreis offenbar nur Herrn von Arnim, dem aber darum nun auch das Privileg des Schlussbeitrages zukommt.

von Arnim: Es wundert mich, dass zum Thema Interdisziplinarität offenbar nur ich Fragen habe. Herr Röhl und Herr von Arnauld, es geht um These 22 des Erstreferats und die Thesen 7 und 24 des Zweitreferats. Herr Röhl, Sie haben kurz den Wissenschaftsrat angeführt und gesagt, dieser gehe davon aus, dass sich wissenschaftlicher Fortschritt vor allem in interdisziplinären Arbeiten abspiele. Das haben Sie aber relativiert oder gar, wenn ich es recht verstanden habe, als ständiges Mantra des Wissenschaftsrates abgewertet. Meine erste Frage an beide Referenten ist: Stimmt es denn, was der Wissenschaftsrat sagt, dass interdisziplinäres Arbeiten besonders fruchtbar ist? Meine zweite Frage, ebenfalls an beide Referenten, lautet: Gibt es Widerstände und Hemmnisse, die dem interdisziplinären Arbeiten entgegenstehen? Etwa, dass gutes interdisziplinäres Arbeiten besonders aufwendig ist, viel aufwendiger als ein monodisziplinäres Arbeiten? Das zweite mögliche Hemmnis betrifft unsere Profession unmittelbar. Die Frage geht wieder an beide Referenten: Stimmt mein Eindruck, dass interdisziplinäres Arbeiten der akademischen Karriere eher entgegensteht und dass monodisziplinäres Arbeiten für die Karriere in der Regel günstiger ist? Stimmt es, dass es geradezu – ich überspitze jetzt – ein Kamikazeunternehmen eines jungen Habilitanden sein könnte, sich mit interdisziplinärem Arbeiten zu beschäftigen.

Sollte es zutreffen, dass interdispliäres Arbeiten zwar den wissenschaftlichen Fortschritt besonders fördert, aber trotz des besonderen Aufwandes der akademischen Karriere in der Regel wenig zuträglich ist, dann würden wir als Profession, in deren Hand auch Karrieren liegen, den wissenschaftlichen Fortschritt tendenziell behindern und müssten dies dann auch als Vereinigung der Staatsrechtslehrer überdenken. Danke.

Volkmann: Vielen Dank allen Diskutantinnen und Diskutanten für die Beiträge, wir sind einigermaßen gut in der Zeit und haben entsprechend auch Zeit für unsere Schlussworte. Ich werde die Ampel mit der Uhr erneut einzuschalten versuchen, bestehe aber nicht sklavisch auf der Einhaltung. Wenn das trotzdem gelingt, sind wir aber nicht undankbar.

von Arnauld: Ich werde versuchen, die Zeit einzuhalten. Es sind ja zum Glück kaum Fragen gestellt worden (Hinweis: ironisch).

Ich beginne mit dem letzten Thema, der Interdisziplinarität. Wir können nicht ohne. Ich habe versucht zu verdeutlichen, dass das Recht dadurch, dass es einen gesamtgesellschaftlichen Steuerungsanspruch hat, auf Erkenntnishaushalte anderer Disziplinen zugreifen muss. Meist können wir uns mit Alltagstheorien behelfen. So beziehen sich zum Beispiel die Argumente der „Natur der Sache“, dies wurde angesprochen, und der „allgemeinen Lebenserfahrung“ oft auf trivialisierte Erkenntnisse anderer Disziplinen, die wir uns zueigen machen. Irgendwann jedoch müssen wir tiefer bohren. Die Widerstände tauchen hier vor allem dann auf, wenn wir mit den Erkenntnissen anderer Disziplinen eine verdeckte Normativität importieren. Viele dieser von uns als Empirie behandelten Erkenntnisse basieren auf Modellbildung. Modellbildung wiederum basiert auf Theoriebildung, also auf Grundannahmen, die durchaus Weltbilder transportieren können. Diese können wir jedoch nicht ohne weiteres unbesehen ins Recht übernehmen. Zur Karriereförderlichkeit: Ich hoffe, dass es mittlerweile nicht mehr nur ein Lippenbekenntnis ist, wenn heute in allen Ausschreibungen steht, dass Erfahrung im interdisziplinären Arbeiten erwünscht ist. (Wie Sie merken, erhöhe ich mein Sprechtempo.)

Nun zur Frage, wie der Dialog der Gerichte funktioniert. Ich denke, wir sollten hier keinem Wahrnehmungsproblem unterliegen. Wir legen zumeist den Fokus auf Konflikte und nicht so sehr auf den Dialog, der stattfindet. Das heißt, dass der Alltag nicht immer nur aus Konflikt besteht. Wir schauen zwar auf Caroline, wir schauen auf die institutionellen „clashes“; die Praxis aber ist viel stärker von Dialog und Dialogbereitschaft geprägt. Dieser Dialog indes sollte nicht als Einbahnstraße funktionieren. Stefan Oeter hatte das in seinem Referat in Rostock seinerzeit als „Pflicht zur Kohärenzvorsorge“ bezeichnet. Darauf verweise ich an dieser Stelle.

Zur Frage der Wissenschaftlichkeit von Dogmatik: Auch hier müssen wir uns, so meine ich, vor Fallstricken der Semantik hüten. Der Erkenntnisbegriff kann uns unter Umständen im Wege stehen. Ich denke, dass uns die teilnehmende Beobachtung als Element von Wissenschaft ein wenig fremd geworden ist. Das beginnt natürlich bei Kirchmann und setzt sich fort im Siegeszug des naturwissenschaftlichen Paradigmas. Danach bemerkt man, dass Dogmatik anders funktioniert, und stellt prompt die Frage: Ist das dann eigentlich noch Wissenschaft? In der zweiten Hälfte des 20. Jahrhunderts stürzt sich die Rechtswissenschaft ja nicht umsonst auf die Hermeneutik und sagt sich: Endlich jemand, der uns verstehen könnte; endlich ein Wissenschaftsparadigma aus einer anderen Disziplin, das wir einkaufen können. Ich glaube tatsächlich, und da bin ich bei dem Plädoyer von Herrn Gröschner, dass wir etwas mutiger sein und vielleicht auch einfach dazu stehen sollten, was wir an Tradition zu bieten haben.

Die teilnehmende Beobachtung ist meines Erachtens nicht unwissenschaftlich. Aufgabe der Dogmatik ist es, die spezifische Ethizität des Rechts, wie ich es zitierenderweise genannt habe, zu verteidigen. Dies ist eine Wendung von Flavio López de Oñate aus dem wunderbaren, wenig beachteten Werk von 1942 „La certezza del diritto". Es ist Aufgabe der Rechtswissenschaft und der Rechtsdogmatik, daran mitzuarbeiten und das Recht wieder berechenbarer zu machen.

Damit bin ich bereits bei der Frage nach der internationalen Relevanz einer dogmatischen Rechtswissenschaft. Ich denke, dass wir auf der einen Seite mehr Theorie und mehr theoretische Einflüsse brauchen und bekommen werden. Wenn ich jedoch momentan als Völkerrechtler den internationalen Diskurs betrachte, so erscheinen allenthalben Kommentare zu völkerrechtlichen Abkommen. Man hat gar nicht genug Geld, sie alle zu kaufen. Diese Kommentare werden nicht nur in Deutschland verfasst, sondern auch im englischsprachigen Raum. Ich erkenne also tatsächlich auch auf internationaler Ebene ein Bedürfnis danach, stärker zu ordnen und Orientierung zu geben. Das wird niemals jenen Grad an Ausdifferenzierung erreichen, den wir in unserer deutschen Variante der Rechtsdogmatik introspektiv entwickelt haben. Alles wird etwas robuster sein. Das Bedürfnis nach Orientierung aber besteht. Von daher besteht auch ein Bedürfnis nach dogmatischer Arbeit, der ich, wie schon betont, die Wissenschaftlichkeit nicht absprechen würde. Eine Schwierigkeit ist freilich, wie bereits mehrfach angesprochen, dass unser nationaler Diskurs die kritische Masse zum Selbstgespräch erreicht. Wir sind in unserer Sprachgemeinschaft zahlenmäßig stark genug, dass wir uns mit uns selbst beschäftigen können. Tatsächlich müssten wir uns mehr darum kümmern, wie wir den German Approach stärker in die Welt tragen können. Das heiße Eisen der englischsprachigen Habilitationen möchte ich hier nicht anfassen; Anne Peters hat das Thema gestern in der Mitgliederversammlung aufgebracht, und darüber werden wir sicherlich noch weiter diskutieren müssen. Die Entkopplungsgefahr aber existiert. Ganz am Rande: Ich habe selbst ebenfalls einmal eine kleine empirische Studie zum Problem nationaler Diskurse zum Europarecht durchgeführt, die unveröffentlicht ist. Andreas Funke weiß, wovon ich spreche.

Wie eben in der Diskussion gehört, brauchen wir Stoppregeln für die Wissenschaft; dem pflichte ich bei. So wie die Wissenschaft Stoppregeln braucht, brauchte aber auch mein Vortrag Stoppregeln. Wer Aspekte vermisst hat – das bezieht sich zum Beispiel auf die Methode der Gesetzgebung, aber auch auf die Frage, ob die Legitimität internationaler Entscheidungen nicht intensiver hätte diskutiert werden müssen: Ich habe da einfach einmal Stoppregeln gesetzt. Bei dem Versuch, nur die Facetten des mir anvertrauten Themas zu strukturieren, bin ich bei einer dreidimensionalen 64-Felder-Matrix gelandet. Das wäre hier nicht zu präsentieren gewesen. Von daher richtet sich mein letztes Wort an den Vorstand: Anfangs wollt' ich fast verzagen – am Ende aber danke ich für die Überlassung des Themas.

Röhl: Zur Frage nach der Dogmatik: Mir ging es nicht darum, die Dogmatik abzuschaffen. Es ging mir darum, mit der Wahl eines anderen Begriffs aus dem unfruchtbaren Streit darüber herauszukommen, ob Dogmatik die Krönung oder das Ende der Rechtswissenschaft bedeutet. Zumal weil jeder etwas anderes unter Dogmatik versteht, kann ich auf einer solchen Basis nur schlecht analytisch arbeiten. Deswegen habe ich den Begriff der Jurisprudenz gewählt, als die Gesamtheit wissenschaftlicher Aussagen zur Anwendung des Rechts.

Das führt mich noch einmal zu der Trennung zwischen Rechtsanwendung und Wissenschaft. Nein, Gerichte betreiben keine Wissenschaft, daher handelt es sich bei einer „Erkenntnis" eines Gerichts um etwas völlig anderes als bei der Erkenntnis der Wissenschaft. Das liegt natürlich an der Institution, und es resultiert, wie ich versucht habe vorzuführen, in einen unterschiedlichen Grad an Präzision und in eine Vorläufigkeit wissenschaftlicher Aussagen gegenüber einer Endgültigkeit gerichtlicher Entscheidungen. Gerade hieraus kann, so hatte ich versucht zu zeigen, ein Problem für die Rechtswissenschaft resultieren, wenn sie sich an die notwendigerweise Zweifel wegschiebende Sprache der Rechtsprechung annähert: Sie entzieht sich dann dem eigentlichen wissenschaftlichen Modus und den typischen wissenschaftlichen Zweifeln.

Damit bin ich bei der sogenannten Befreiung vom aktionenrechtlichen Denken, dessen Verlustseite ich benennen wollte. Die Befreiung vom aktionenrechtlichen Denken hat eine Konzentration auf die Fragen des materiellen Rechts befördert, weil die Rechtswissenschaft sicher sein konnte, dass eine institutionalisierte Praxis existiert, die garantiert, dass die so festgestellten Ansprüche umgesetzt werden. Gerade diese Sicherheit besteht in der Internationalisierung nicht mehr und deswegen müssen wir uns auch über den Anwendungsmodus Gedanken machen. Ich will nicht zurück zum aktionenrechtlichen Denken, aber zurück zur institutionellen Einkleidung des Rechts.

Gleichwohl habe ich mich bei der Rechtsanwendung auf die Gerichte konzentriert. Natürlich sind auch Verwaltung und Staatsorgane, wenn wir nur die innerstaatliche Seite betrachten, an das Recht gebunden. Wenn wir aber über eine allgemeine Methodenlehre reden, müssen wir bei den Gerichten beginnen. Wollen wir Methoden und Vorgaben für den Gesetzgeber und für die Verwaltung entwickeln, müssen ganz andere Fragen gestellt werden. Das sind dann die Staatsrechtslehrer-Vorträge fünf bis acht. Den Ausgangspunkt bei den Gerichten zu wählen war hingegen wichtig, weil man auf diese Weise sehen kann, worin die spezifischen Eigenheiten der deutschen Rechtswissenschaft bestehen, nämlich in einem besonderen Konnex mit der Rechtsanwendung.

Mein Versuch war, gerade auch im Hinblick auf andere Fächer, unsere spezifische Form der Wissenschaft vorzuführen. Mein Eindruck war, dass das ein oder andere Fach sich nicht allzu viel Gedanken darüber macht, oder jedenfalls nicht viele Reflexionsformen dafür hat, wie die nach der strengen kritisch-rationalistischen Perspektive gewonnenen Erkenntnisse in die Praxis einmünden. Natürlich gibt es die Möglichkeit, dass man ein Paradigma als komplett überzeugend ausweist. Das schafft allerdings zur Zeit nur die Ökonomie verhältnismäßig gut; dementsprechend kann sie darauf verzichten, die Unsicherheiten auszuweisen.

Wenn wir einen klaren Ansprechpartner haben, funktioniert die Übernahme unserer Erkenntnisse. Sobald sich aber der Ansprechpartner wandelt, wie in europäischen und internationalen Zusammenhängen, müssen wir neu darüber nachdenken, werden die Unsicherheiten und Unklarheiten deutlich. Gerade das wäre jetzt nach meinem Verständnis die Aufgabe der Wissenschaft, meinetwegen auch einer Dogmatik, eigentlich lieber der Jurisprudenz: genau auf diese Fragen einzugehen.

Die Umsetzung des damit aufgerufenen Programms ist ein anderes Thema, auf das ich nur ganz kurz zu sprechen kommen will. Das betrifft zum einen die Ausbildung. Immerhin sagt § 5 des deutschen Richtergesetzes, dass Schwerpunktbereiche interdisziplinär und international ausgestaltet werden sollten. Eine vorläufige empirische Erhebung zeigt, dass das nicht überall in vollem Umfang umgesetzt worden ist. Hier bin ich der Auffassung, dass wir jedenfalls einem bestimmten Teil unserer Studierenden mehr bieten müssen und auch mehr bieten können, wenn wir uns in diesen Bereichen öffnen. Auf der anderen Seite zeigen die Schwerpunktbereiche an, dass die wissenschaftliche Beschäftigung maßgeblich auch von dem mit geprägt ist, was man im akademischen Unterricht anbieten kann. Das führt auf die Frage nach den institutionellen Kapazitäten für die Umsetzung internationaler und interdisziplinärer Perspektiven. Das ist aber, um mit noch einem Bild zu enden, ein weites Feld.

Zweiter Beratungsgegenstand:

Dritte Gewalt im Wandel – Veränderte Anforderungen an Legitimität und Effektivität?

1. Referat von Professor Dr. *Fabian Wittreck*, Münster*

Inhalt

* Der Dank des Berichterstattters gilt folgenden Mitarbeiterinnen und Mitarbeitern des Instituts für Öffentliches Recht und Politik für ihre wertvolle Unterstützung bei der Konzeption und Korrektur des Textes wie der Beschaffung und Verifizierung der Nachweise: Dr. Tristan Barczak, Dr. Till F. Fohrbeck, Florian Held, Martin Minkner, Fee Niemeier, Stephan Wagner, Sandra Westphal und Marcel Wirth. – Für kritische Hinweise zum Manuskript dankt der Verfasser ferner sehr herzlich seinem akademischen Lehrer Prof. Dr. Horst Dreier sowie den langjährigen Würzburger Assistentenkollegen Prof. Dr. Axel Tschentscher und Dr. Carsten Schütz.

I. Die Dritte Gewalt – ein unbekanntes Wesen

> „Wir müssen […] annehmen, […] daß die Justiz […] gleichsam als Versorgungseinrichtung für weniger kräftige Kinder der Oberschicht dient, so wie einst die Klöster."

In dieses durchaus mokante Bild hat 1974 niemand Geringeres als *Niklas Luhmann* eine Untersuchung der deutschen Justiz gefaßt.[1]

Wer sich vierzig Jahre später anschickt, ein Gesamttableau der Dritten Gewalt zu zeichnen, sieht sich in einem Dilemma:

Auf der einen Seite wird rasch deutlich: Die deutsche Justiz schreit *nicht* nach einer Reform an Haupt und Gliedern.[2] Sie schneidet in internationalen Vergleichen regelmäßig ausgezeichnet ab[3] und genießt ausweislich aktueller Umfragen das Vertrauen der Bürger.[4] Daß der Europäische Gerichtshof für Menschenrechte ausgerechnet hierzulande einen „systemischen Mangel" in Ansehung überlanger Gerichtsverfahren ausgemacht hat,[5]

---

[1] Gemeinsam verfaßt mit dem Soziologen Elmar Lange: *E. Lange/N. Luhmann* Juristen – Berufswahl und Karrieren, in: VerwArch. 65 (1974), 113 (142). – Die Studie fußte auf einer größeren Untersuchung, die im Auftrag der Studienkommission für die Reform des Öffentlichen Dienstrechts in Kooperation mit *Renate Mayntz* und *Rainer Koch* durchgeführt worden war; näher *dies.* ebd., 115 f.

[2] Auch die Referate des der Tagung der Vereinigung unmittelbar vorausgegangenen 70. Deutschen Juristentages in Hannover haben vereinzelt punktuellen Reformbedarf angemahnt, nicht aber fundamentale Veränderungen eingefordert.

[3] Siehe etwa den „Rule of Law Index" des „World Justice Project" (ohne sich damit Ziele oder Kriterienkataloge der Organisation umstandslos zu eigen machen zu wollen): Die deutschen Gerichte belegen in der Kategorie „Civil Justice System" weltweit Platz 3, in der Kategorie „Criminal Justice System" immerhin Rang 9: *M.D. Agrast u.a.* The World Justice Rule of Law Index 2012–2013, 2013, 26 (nähere Daten: ebd., 92).

[4] Vgl. *R. Köcher* Im Namen des Volkes. Die meisten glauben, Reiche hätten vor Gericht bessere Chancen. Insgesamt fühlen sie sich aber gut aufgehoben im Rechtssystem, in: FAZ Nr. 192 v. 20.8.2014, 8: 66 Prozent der Befragten haben großes Vertrauen in die Gerichte.

[5] EGMR, Entsch. v. 2.9.2010, Rs. 46344/06 – *Rumpf ./. Deutschland*, NJW 2010, 3355 und dazu *J. Meyer-Ladewig,* ebd., 3358 f.; eingehend zur dabei angewandten Technik des „Piloturteils" *M. Breuer* Zur Fortentwicklung der Piloturteilstechnik durch den EGMR, in: EuGRZ 2012, 1 ff. sowie – kritisch – *M. Fyrnys* Expanding Competences by Judicial Lawmaking: The Pilot Judgment Procedure of the European Court of Human Rights, in: A. v. Bogdandy/I. Venzke (Hrsg.), International Judicial Lawmaking, 2012, 329 ff. – Konsequenz der *Rumpf*-Rechtsprechung ist die Einführung der §§ 198 ff. GVG (Gesetz über den Rechtsschutz bei überlangen Gerichtsverfahren und strafrechtlichen Ermittlungsverfahren v. 24.11.2011; BGBl. I S. 2302); siehe dazu *C. Althammer/D. Schäuble* Effektiver Rechtsschutz bei überlanger Verfahrensdauer. Das neue Gesetz aus zivilrechtlicher Perspektive, in: NJW 2012, 1 ff.; *B.J. Scholz* Rechtsschutz gegen überlange Verfahrensdauer, in: SGb 2012, 19 ff.; *F. Lummel* Das Gesetz über den

dürfte zumindest *auch* einer komplexen zwischengerichtlichen Kommunikationssituation geschuldet sein.[6]

Dieser positiven Einschätzung steht eine zunehmende Unrast in der deutschen Richterschaft gegenüber, welche die Justiz als Mangelwesen zeichnet, das sich ungeschützt einer Vielzahl von inneren wie äußeren Anfechtungen und Gebrechen ausgesetzt sieht.[7]

Welche Lesart zutrifft, bleibt aus zwei Gründen schwer zu entscheiden:

Der erste: Es liegen zur bundesdeutschen Justiz zwar Unmengen an Daten vor,[8] aber praktisch keine unabhängigen rechtstatsächlichen Unter-

---

Rechtsschutz bei überlangen Gerichtsverfahren und strafrechtlichen Ermittlungsverfahren, in: Ad Legendum 2012, 223 ff.; *O.R. Kissel/H. Mayer* GVG, 7. Aufl. 2013, §§ 198 ff.; zuletzt *P. Bub* Die „unangemessene Verfahrensdauer" im Sinne von § 198 Abs. 1 GVG, in: DRiZ 2014, 94 ff.; *W. Schlick* Amtshaftung und Entschädigung bei überlangen Gerichtsverfahren, in: F. Dencker/G. Galke/A. Voßkuhle (Hrsg.), Festschrift für Klaus Tolksdorf, 2014, 549 ff. sowie *C. Schmaltz* Die überlange Dauer von Gerichtsverfahren im Spiegel der Rechtsprechung des Bundesverfassungsgerichts und des Europäischen Gerichtshofs für Menschenrechte, in: Y. Becker/F.[V.] Lange (Hrsg.), Linien der Rechtsprechung des Bundesverfassungsgerichts – erörtert von den wissenschaftlichen Mitarbeiterinnen und Mitarbeitern, Bd. 3, 2014, 583 ff. – Aus der inzwischen ergangenen einschlägigen Rechtsprechung: BGH NJW 2014, 220; NJW 2014, 789; BVerwG BayVBl. 2014, 149.

[6] Konkret dürfte die Entscheidung neben einer Botschaft an das Bundesverfassungsgericht in der Auseinandersetzung um die „Berücksichtigung" der EMRK bzw. der Rechtsprechung des EGMR (dazu nur *S. Oeter/F. Merli* Rechtsprechungskonkurrenz zwischen nationalen Verfassungsgerichten, Europäischem Gerichtshof und Europäischem Gerichtshof für Menschenrechte, in: VVDStRL 66 [2007], 361 [367 ff., 378 ff.] bzw. 392 ff.; *Y. Shany* Regulating Jurisdictional Relations Between National and International Courts, 2007, 27 ff. sowie *H. Sauer* Jurisdiktionskonflikte in Mehrebenensystemen. Die Entwicklung eines Modells zur Lösung von Konflikten zwischen Gerichten unterschiedlicher Ebenen in vernetzten Rechtsordnungen, 2008, 261 ff.) auch eine solche an die deutlich häufiger wegen Konventionsverletzungen verurteilten „neuen" Mitgliedstaaten wie die Rußländische Föderation oder die Ukraine enthalten (konkret des Inhalts, daß man auch gegenüber den „alten" oder vielleicht besser „arrivierten" Rechtsstaaten keine „Beißhemmung" an den Tag lege).

[7] Einige repräsentative neuere Stellungnahmen: *U. Hochschild* Von den Möglichkeiten der deutschen Exekutiven zur Beeinflussung der Rechtsprechung, in: ZRP 2011, 65 ff.; *U. Engelfried* Geänderte Richterbilder – notwendige Veränderung oder Missbrauch der dritten Gewalt?, in: Betrifft Justiz 116 (2013), 166 (169); *G. Kirchhoff* Die Belastung von Richtern und Staatsanwälten ist zu hoch und eine Gefahr für den Rechtsstaat, in: Betrifft Justiz 117 (2014), 12 f.; *F. Schreiber/F. Nolte* Ein Richter scheidet aus dem Justizdienst aus, in: Betrifft Justiz 117 (2014), 16; *C. Grade* Richter oder Söldner, in: Betrifft Justiz 120 (2014), 165 ff.

[8] Vgl. nur Statistisches Bundesamt (Hrsg.) Rechtspflege. Ausgewählte Zahlen für die Rechtspflege (Fachserie 10 Reihe 1), 2012, 2013; *S. Brings* Justiz auf einen Blick, Ausgabe 2011 (namentlich der letztgenannte Bericht ist allerdings einseitig auf das Strafverfolgungssystem ausgerichtet und leistet der verbreiteten holzschnittartigen Gleichsetzung von Dritter Gewalt und Strafjustiz Vorschub).

suchungen neueren Datums.[9] Der Deutsche Richterbund hat unlängst eine umfangreiche Studie präsentiert,[10] doch krankt diese an ihrem Ansatz: Eine Interessenvertretung, die Überlastung wie Unterfinanzierung der Gerichte beklagt, läßt ihre Mitglieder befragen, ob sie sich überlastet und unterfinanziert fühlen.[11] Für weniger erwartbare Antworten hätte man sich wohl an ADAC oder ZDF wenden müssen.[12]

Der zweite: Die Wissenschaft vom Öffentlichen Recht hat den Wald der Dritten Gewalt seit jeher eher zögerlich betreten[13] und Pfade nur zu

---

[9] Gleiche Stoßrichtung in These 1 zum Gutachten von *G.-P. Calliess* für den 70. DJT (oben Fn. 2): „Das BMJ legt ein langfristiges, institutionelles Förderprogramm für Justizforschung auf." Ausnahmen sind in der neueren Literatur *P. Stegmaier* Wissen, was Recht ist. Richterliche Rechtspraxis aus wissenssoziologisch-ethnografischer Sicht, 2009 sowie *T. Berndt* Richterbilder. Dimensionen richterlicher Selbsttypisierungen, 2010 (beide sozialwissenschaftlichen Dissertationen gehen auf ein von der DFG gefördertes Projekt unter der Leitung von *Martin Morlok* [Düsseldorf] zurück). Vgl. ferner *B. Hess/R. Hübner* Germany, in: C. Hodges/S. Vogenauer/M. Tulibacka (Hrsg.), The Costs and Funding of Civil Litigation. A Comparative Perspective, 2010, 349 ff.; *W. Arenhövel/S. Otte* Situation der Strafkammern der Landgerichte, in: DRiZ 2010, 227 ff., 270 ff.; 2011, 120 f.; U. Gläßer/K. Schroeter (Hrsg.), Gerichtliche Mediation. Grundsatzfragen, Etablierungserfahrungen und Zukunftsperspektiven, 2011; aus spezifisch ökonomischer Sicht *L.P. Feld/S. Voigt* Economic Growth and Judicial Independence: Cross Country Evidence Using a New Set of Indicators, 2003; *S. Voigt/L. Blume* Wenn Justitia die Hand aufhält – Ursachen und Folgen korrupter Justizbehörden, in: Perspektiven der Wirtschaftspolitik 8 (2007), 65 ff. Instruktiv auch *C. Knill/A. Schäfer/D. Winkler* Die Rechtsprechung der deutschen Oberverwaltungsgerichte im Vergleich: Ergebnisse einer Befragung unter Staatsrechtslehrern und Verwaltungsrichtern, in: VerwArch. 103 (2012), 165 ff. – Aus der Außenperspektive *J. Bell* Judiciaries within Europe, 2006, 108 ff.; *S. Boyne* Is the Journey from the In-Box to the Out-Box a Straight Line? The Drive for Efficiency and the Prosecution of Low-Level Criminality in Germany, in: E. Luna/M.L. Wade (Hrsg.), The Prosecutor in Transnational Perspective, 2012, 37 ff. – Eine weniger empirische als medientheoretische Rekonstruktion des Agierens der Dritten Gewalt hat *C. Vismann* Medien der Rechtsprechung, 2011 vorgelegt (postum hrsgg. v. A. Kemmerer/M. Krajewski).

[10] Roland Rechtsreport 2014 (Sonderbericht: Das deutsche Rechts- und Justizsystem aus der Sicht von Richtern und Staatsanwälten), abrufbar unter http://www.drb.de/cms/fileadmin/docs/Rechtsreport/ROLAND_Rechtsreport_2014_Sonderbericht_Richter_und_Staatsanwaelte.pdf (zuletzt abgerufen 23.11.2014). – Knappe Hinweise zu einer weiteren Erhebung der Neuen Richtervereinigung Hessen bei *Kirchhoff* Belastung (Fn. 7), 13.

[11] Näher zum Setting der Umfrage Roland Rechtsreport (Fn. 10), 4 f.

[12] Vgl. zu den einschlägigen Manipulationsvorwürfen nur *kha* Gefälschte Stimmzahlen: ADAC gibt Manipulationen beim Autopreis „Gelber Engel" zu, in: Spiegelonline v. 18.1.2014 bzw. *M. Brauck/A. Kühn* Schuld und Bühne. Der Unterhaltungschef des ZDF tritt zurück, weil das Ranking einer Promi-Show manipuliert war, in: Der Spiegel 30/2014, 128.

[13] Beschränkt man sich im ersten Zugriff auf die typischerweise in der Reihe „Jus Publicum" veröffentlichten Habilitationsschriften, so sind lediglich folgende Einträge zu

den weithin sichtbaren Landmarken wie der richterlichen Unabhängigkeit[14] oder den Richterwahlausschüssen[15] gebahnt. Allein zum Bundesverfassungsgericht führt – um im Bilde zu bleiben – eine leicht überdimensionierte Autobahn,[16] weshalb es im folgenden bewußt außer Betracht bleibt.

---

verzeichnen: *M. Reinhardt* Konsistente Jurisdiktion, 1997; *C. v. Coelln* Zur Medienöffentlichkeit der Dritten Gewalt, 2005; *F. Wittreck* Die Verwaltung der Dritten Gewalt, 2006; *A. Tschentscher* Demokratische Legitimation der dritten Gewalt, 2006; *M. Breuer* Staatshaftung für judikatives Unrecht, 2011. Die Vereinigung der deutschen Staatsrechtslehrer hat sich zuletzt in Münster 2011 mit der Dritten Gewalt beschäftigt, dies aber bezeichnenderweise unter dem Titel „Höchstrichterliche Rechtsfindung und Auslegung gerichtlicher Entscheidungen" (VVDStRL 71 mit Berichten von *M. Albers* und *C. Schönberger*).

[14] Dazu jüngst die Beiträge in A. Seibert-Fohr (Hrsg.), Judicial Independence in Transition, 2012; S. Shetreet/C. Forsyth (Hrsg.), The Culture of Judicial Independence. Conceptual Foundations and Practical Challenges, 2012 sowie in N.A. Engstad/A.L. Frøseth/B. Tønder (Hrsg.), The Independence of Judges, 2014. Vgl. – außer den Kommentierungen zu Art. 97 GG bzw. zu den einfachgesetzlichen Parallelnormen (§ 1 GVG bzw. § 25 DRiG) – noch S. Holzwarth u.a. (Hrsg.), Die Unabhängigkeit des Richters, 2009; *A. Rieger* Verfassungsrechtliche Legitimationsgrundlagen richterlicher Unabhängigkeit, 2011; *T.-C. Yang* Rechtstheoretische Grundlagen und gesellschaftliche Bedingungen der richterlichen Unabhängigkeit. Aus der Perspektive der Ausdifferenzierung des Rechts betrachtet, 2013; *R. Bernhardt* Die Unabhängigkeit des Richters – eine Verfassungsvoraussetzung?, in: M. Anderheiden u.a. (Hrsg.), Verfassungsvoraussetzungen. Gedächtnisschrift für Winfried Brugger, 2013, 643 ff.; *W. Schubert* Richterliche Unabhängigkeit heute: Reflexionen und Reaktionen, in: M. Habersack u.a. (Hrsg.), Festschrift für Eberhard Stilz, 2014, 555 ff.; *I. Tepperwien* Richterliche Unabhängigkeit: Anspruch und Grenzen, in: F. Dencker/G. Galke/A. Voßkuhle (Hrsg.), Festschrift für Klaus Tolksdorf, 2014, 577 ff.; *D. Zeller* Maßnahmen der Gerichtsverwaltung – Gefährdung der richterlichen Unabhängigkeit?, 2014 sowie zuletzt *L. Michael* The independence of meritorious elites: The government of judges and democracy, in: M. Schmidt-Kessel (Hrsg.), German National Reports on the 19th International Congress of Comparative Law, 2014, 1 (6 ff.). – Für die Schweiz (außer den Kommentaren zu Art. 30 BV) klassisch *K. Eichenberger* Die richterliche Unabhängigkeit als staatsrechtliches Problem, 1960; derzeit maßgeblich *R. Kiener* Richterliche Unabhängigkeit. Verfassungsrechtliche Anforderungen an Richter und Gerichte, 2001 (aktualisiert in *dies.* Judicial Independence in Switzerland, in: Seibert-Fohr, ebd., 403 ff.); historisch aufschlußreich jetzt *M. Kradolfer* Justitias „Emancipation" – Zur Unabhängigkeit der Justiz in der schweizerischen Eidgenossenschaft 1798–1848, 2011. – Für Österreich instruktiv Österreichische Juristenkommission (Hrsg.), Rechtsstaat und Unabhängigkeit. Festgabe für Erwin Felzmann, 2007.

[15] Hierzu – neben den Kommentierungen von Art. 95 Abs. 2 bzw. Art. 98 Abs. 4 GG – noch *T.E. Dietrich* Richterwahlausschüsse und demokratische Legitimation, 2007; *K.F. Gärditz* Richterwahlausschüsse für Richter im Landesdienst. Funktion, Organisation, Verfahren und Rechtsschutz, in: ZBR 2011, 109 ff. sowie zuletzt *H.-J. Graefen* Probleme der Richterwahl, in: H.-H. v. Arnim (Hrsg.), Volkssouveränität, Wahlrecht und direkte Demokratie, 2014, 125 (127 ff.).

[16] Der Zugriff auf „Jus Publicum" sowie die VVDStRL ist hier vergleichsweise unergiebig: *K.J. Grigoleit* Bundesverfassungsgericht und deutsche Frage, 2003; *R. Alle-*

Die folgenden Ausführungen verstehen sich in dieser Situation als Versuch einer Gesamtaufnahme, die sich dezidiert an der *Binnen*sicht der Dritten Gewalt orientiert und diese Binnensicht sodann kritisch am Referenzrahmen der Verfassung mißt. Diese Perspektive – „Was treibt die Dritte Gewalt um?" – mag vereinzelt den Sehgewohnheiten der Staatsrechtslehre nicht intuitiv entsprechen, erweist sich aber als lohnend. Auswahl wie Gewichtung der folgenden Darstellung orientieren sich an ihr. Sie beginnt im Sinne der Bestimmung eines Tatbestands mit einer Aufnahme des Realbefunds (II.). Daran schließt sich die Entfaltung des Rechtsrahmens der Dritten Gewalt unter dem Grundgesetz an (III.), bevor der Reformbedarf bzw. konkrete Reformbedürfnisse erörtert werden (IV.).

II. Die Dritte Gewalt: Realbefund

1. Institution: „Paralleljustiz" und Fusionsprojekte

Ganz grundsätzlich in Frage gestellt wird die *Institution* der deutschen Justiz augenblicklich vom Phänomen der „Paralleljustiz", das vornehmlich mit islamischen „Friedensrichtern" assoziiert wird.[17] Prominenz hat

---

weldt Bundesverfassungsgericht und Fachgerichtsbarkeit, 2006; siehe ferner VVDStRL 39 (1981; „Die Verfassungsgerichtsbarkeit im Gefüge der Staatsfunktionen"; Berichterstatter *K. Korinek* u. *J.P. Müller*), 61 (2002; „Verfassungsgerichtsbarkeit und Fachgerichtsbarkeit"; Berichterstatter *W. Heun* u. *G. Hermes*) sowie 9 (1950; „Die Grenzen der Verfassungsgerichtsbarkeit"; Berichterstatter *E. Kaufmann* u. *M. Drath*) vgl. ferner noch oben in Fn. 6. Vgl. aus der überreichen jüngeren und jüngsten Literatur nur die Bände von J. Masing/O. Jouanjan (Hrsg.), Verfassungsgerichtsbarkeit, 2011 sowie *M. Jestaedt u.a.* Das entgrenzte Gericht, 2012.

[17] Dazu bislang aus dem deutschsprachigen Schrifttum *A. Funke* Parallelwelten des Rechts? Die Anerkennung des Rechts und der Gerichtsbarkeiten von Religionsgemeinschaften durch den Staat, in: A. Bettenworth u.a. (Hrsg.), Herausforderung Islam, 2011, 42 ff.; *C. Schirrmacher* Friedensrichter, Streitschlichter, Schariagerichtshöfe: Ist die Rolle der Vermittler auf den säkularen Rechtsstaat übertragbar?, 2013; *F. Wittreck* Paralleljustiz in ethnischen Minderheiten? Die bundesdeutsche Perspektive, in: A. Deixler-Hübner/M. Schauer (Hrsg.), Migration, Familie und Vermögen, 2014, 91 ff.; *I. Augsberg/S. Korioth* Applicable Religious Rules According to the Law of the State – Germany, in: Schmidt-Kessel, Reports (Fn. 14), 679 (690 f.) sowie *K. Bauwens* Religiöse Paralleljustiz – Zulässigkeit und Grenzen informeller Streitschlichtung und Streitentscheidung unter Muslimen in Deutschland, Diss. iur. Münster 2015, i.E.; vgl. ferner *M. Rohe* Religiös gespaltenes Zivilrecht in Deutschland und Europa, in: H. de Wall/M. Germann (Hrsg.), Bürgerliche Freiheit und christliche Verantwortung. Festschrift für Christoph Link, 2003, 409 (411 ff.); *ders.* Alternative Dispute Resolution in Europe under the Auspices of Religious Norms, Religare Working Paper 6/2011, 1 ff.;

hier die Darstellung von *Joachim Wagner* erlangt, der sein Buch „Richter ohne Gesetz" jetzt mit dem Untertitel „Wie Imame in Deutschland die Scharia anwenden" versieht.[18] Nun dürfte es eine Kunst sein, den (Unter-) Titel eines Buches so zu formulieren, daß dessen bloße Zurkenntnisnahme dem Leser die Lektüre des Buches erspart. Hier begegnet sie in Vollendung. Zum Widerspruch fordern dabei nicht die von *Wagner* beschriebenen Fakten auf, wohl aber seine Diagnose.

Auch hier gilt, daß sich Rechtswissenschaft und -praxis empirisch bestenfalls im Halbschatten bewegen.[19] Neben diversen Reportagen[20] liegt bislang nur ein Bericht einer Arbeitsgruppe der bayerischen Justiz vor, der jedoch zu dem nicht unwichtigen Ergebnis gelangt, daß „Paralleljustiz" sich *nicht* auf Muslime beschränkt, sondern auch von orientalischen Christen, Kosovaren, Sinti und Roma sowie weiteren Gruppen praktiziert wird.[21]

Will man danach zu einer sachgerechten Beurteilung des Phänomens „Paralleljustiz" gelangen, so bedürfen die „Friedensrichter" der gleich mehrfachen Kontextualisierung. In *faktischer* Perspektive versteht man die informellen Verfahren nur vor dem Hintergrund ihres nahöstlichen Ursprungskontextes. In *rechtlicher* Perspektive müssen wir sicherstellen, daß wir religiöse Streitschlichtungsinstanzen als Gesamtphänomen begreifen und kohärenten Regeln unterwerfen[22] – wer von der Umgehungsfunktion muslimischer Friedensrichter spricht, darf von der Ausschlußwirkung kirchlicher Arbeitsgerichtsbarkeit nicht schweigen. Und noch grundsätz-

---

M. Brocker Scharia-Gerichte in westlichen Demokratien. Eine Betrachtung aus Sicht der politischen Philosophie, in: ZfP 59 (2012), 314 ff.; *C. Keller* Scharia: Parallele Gesellschaft, eigene Justiz?, in: DRiZ 2014, 163; *E. Özkaraca* Paralleljustiz in Einwanderervierteln, in: ZJJ 2013, 36 ff.

[18] *J. Wagner* Richter ohne Gesetz. Islamische Paralleljustiz gefährdet unseren Rechtsstaat, 1. Aufl. 2011; 2. Aufl. 2012 mit dem ergänzten Untertitel „Islamische Paralleljustiz gefährdet unseren Rechtsstaat – Wie Imame in Deutschland die Scharia anwenden". – Vgl. die kritischen Besprechungen des Bandes von *M. Brocker* in: ZfP 58 (2011), 474 ff. sowie *H. Rottleuthner* Mediation im Schatten des Strafrechts, in: KritJ 45 (2012), 444 ff.; siehe ferner *A. Kaminski* Islamische Paralleljustiz? Innerkultureller Interessenausgleich? Patriarchalischer Druck?, in: Betrifft Justiz 108 (2011), 170 ff.

[19] Unterstrichen etwa von *Keller* Scharia (Fn. 17), 163; vgl. jetzt *Bundesministerium der Justiz und für Verbraucherschutz* Gibt es eine Paralleljustiz in Deutschland?, 2014, S. 3 (www.bmjv.de).

[20] Instruktives Interview mit dem Berliner „Friedensrichter" *Hassan Allouche* in: Betrifft Justiz 108 (2011), 173 ff.

[21] Abschlußbericht „Paralleljustiz" (Stand: 1.11.2012, nicht veröffentlicht), verfaßt vom Bayerischen Staatsministerium für Verbraucherschutz unter Einbeziehung der Ergebnisse des Runden Tisches „Paralleljustiz".

[22] Näher entfaltet wird dieser Ansatz in *Wittreck* Paralleljustiz (Fn. 17), 94 ff.

licher werden wir fragen müssen, welche Regeln wir etwa Art. 92 GG für nichtstaatliche Gerichtsbarkeit *überhaupt* entnehmen können.[23]

Daher zunächst zum Ursprungskontext der „Friedensrichter“: Im Nahen Osten begegnet namentlich in seit jeher herrschaftsfernen Regionen eine Form der informellen Schlichtung, die dort als *ṣulḥ* firmiert.[24] Sie steht als dritte Säule neben den staatlichen Gerichten und der geistlichen Gerichtsbarkeit,[25] beruht auf Gewohnheitsrecht und ist dezidiert *nicht* religiös konnotiert. In der Sache geht es um moderierte Aushandlungsprozesse zwischen Familienclans. Die verschiedenen Säulen interagieren dabei bzw. werden von den Beteiligten strategisch genutzt – stocken die von den *ṣulḥ*-Leuten moderierten Verhandlungen, kann dem etwa durch die parallele Einschaltung der staatlichen Justiz abgeholfen werden.[26]

Welche Rückschlüsse läßt dieser Befund für Deutschland zu? Wir haben es offenbar mit der Rekonstruktion einer sozialen Praxis durch Diaspora-Gruppen zu tun. Diese stehen vor dem Problem, daß es schlicht an überlieferten sicheren Kenntnissen des *ṣulḥ*-Wesens mangelt, daß die soziale Infrastruktur in Gestalt lokaler Honoratioren fehlt und unterschiedliche Gewohnheitsrechte aufeinandertreffen. Alle genannten Faktoren öffnen Einfallstore für die sekundäre religiöse Aufladung der Praxis:[27]

---

[23] Näher unten III.1.

[24] Grundlegend zum folgenden *U. Qubaja* Konfliktregulierung in den besetzten palästinensischen Gebieten: Empirische Betrachtung des Ṣulḥ-Systems in der Region Hebron, islamwiss. Magisterarbeit Hamburg 2012; instruktive Fallstudie von *ders.* Ein Ṣulḥ-Verfahren nach einem tödlichen Unfall in der Region Hebron – Wahlmöglichkeiten und Normen im Kontext von rechtlichem Pluralismus, in: GAIR-Mitteilungen 6 (2014), 207 ff. Vgl. ferner *S. Lang* Sulha Peacemaking and the Politics of Persuasion, in: Journal of Palestine Studies 31/3 (2002), 52 ff. sowie *I. Zilbermann* Palestinian Customary Law in the Jerusalem Area, in: Catholic University Law Review 45 (1995/1996), 795 ff.

[25] Informationen etwa zur Gerichtsorganisation im palästinensischen Autonomiegebiet bei *V. Wagner* Palestinian judiciary and the rule of law in the Autonomous Areas: An introduction, 2000; zur genuin religiösen Gerichtsbarkeit *L. Welchmann* Beyond the code: Muslim family law and the sharia judiciary in the Palestinian West Bank, 2000.

[26] Vgl. nochmals die Fallstudie von *Qubaja* Unfall (Fn. 24), 219 f., 224. – Der Fall legt zugleich nahe, daß die in deutschen Reportagen oftmals angenommene Reihenfolge (die Beteiligten etwa einer tätlichen Auseinandersetzung wenden sich erst an die Polizei/Staatsanwaltschaft, „verstummen“ aber nach der Einschaltung eines „Friedensrichters“) nicht zwingend sein muß. Es ist durchaus plausibel, daß von Anfang an der Friedensrichter aktiv war, der Fortgang der Verhandlungen aus Sicht der geschädigten (oder mächtigeren) Seite aber unbefriedigend war.

[27] Die vielfältigen Adaptionsprozesse des islamischen Rechts in „westlichen“ Gesellschaften thematisieren *J. Schlabach* Scharia im Westen. Muslime unter nicht-islamischer Herrschaft und die Entwicklung eines muslimischen Minderheitenrechts für Europa, 2009 sowie die Beiträge in R. Ahdar/N. Aroney (Hrsg.), Shari'a in the West, 2010.

Der Imam ist der geborene Garant der Verträge, die Scharia wohlfeiler Fixpunkt angesichts heterogen erinnerter Bräuche. Dementsprechend begegnen uns – wenn wir uns auf den islamischen Kontext beschränken – derzeit in Deutschland wenigstens drei Formen von Paralleljustiz: Nichtreligiöse Friedensrichter in der *ṣulḥ*-Tradition,[28] genuin religiös agierende Imame[29] und – namentlich in Berlin – schlichte organisierte Kriminalität libanesischer Mafiaclans.[30]

Von weit geringerer Fallhöhe ist der zweite institutionelle Aspekt, die Fusion von Gerichten. Hier begegnen zwei Projekte von unterschiedlicher Aktualität und Reichweite. Die noch vor Jahren intensiv debattierte Zusammenlegung insbesondere der öffentlich-rechtlichen Gerichtsbarkeiten[31]

[28] Ersteres dürfte insbesondere für den aus dem Libanon stammenden Berliner „Friedensrichter" *Hassan Allouche* zutreffen: Pointiert *Allouche* (Fn. 20), 174. Ähnlich in der Einschätzung *P. Scholz* Ein überschätztes Problem, in: Betrifft Justiz 108 (2011), 168 (169).

[29] Diese Einordnung dürfte auf die von *Wagner* Richter (Fn. 18), 129 ff. beschriebenen Vorgänge in Essen zutreffen.

[30] Dazu näher *K. Heisig* Das Ende der Geduld, 2012, 101 ff.

[31] Hier sind – nach ersten Überlegungen in den Fünfziger Jahren (zusammenfassend *Wittreck* Verwaltung [Fn. 13], 485 ff.) – zwei intensivere Diskussionen in jüngerer Zeit zu verzeichnen: 2004 und nochmals 2006 hat der Bundesrat Initiativen zur Zusammenlegung der drei öffentlich-rechtlichen Fachgerichtsbarkeiten lanciert (BR-Drs. 543/04 und 544/04 bzw. BR-Drs. 45/06 und 46/06); dazu *F. Wittreck* Auftakt zu einer neuen Runde: Die Vereinheitlichung der öffentlich-rechtlichen Fachgerichtsbarkeiten. Anmerkungen zu den neuesten Gesetzesinitiativen zur Zusammenführung der Gerichte der Verwaltungs-, Sozial- und Finanzgerichtsbarkeit in den Ländern, in: DVBl. 2005, 211 ff.; *A. Nahles* Zusammenlegung von Sozial- und Verwaltungsgerichtsbarkeit verhindern – Qualität erhalten, in: DRiZ 2008, 311; *U. Goll* Zusammenlegung von Verwaltungs- und Sozialgerichtsbarkeit – Eine Notwendigkeit, in: DRiZ 2008, 310 sowie *R. Gabke* Zum erneuten Anlauf zur Zusammenlegung von Sozial- und Verwaltungsgerichtsbarkeit. Erreicht der Bundesrat jetzt das Ende der Fachgerichtsbarkeiten?, in: Soziale Sicherheit 2006, 122 ff. – Nach einigen Jahren der Ruhe löste die Aufnahme des Projekts in den Koalitionsvertrag von Union und Liberalen (2009; erwogen wurde eine sog. Optionsklausel für die Länder) eine neue Debatte aus: *J. Becker* Die Sozialgerichtsbarkeit – Opfer fehlenden Muts von Politik und Justizverwaltung?, in: SGb 2009, 589 ff.; *H.-P. Jung* Auf ein Neues: Die Koalitionsvereinbarung und die Zusammenlegung von Gerichtsbarkeiten, in: DRiZ 2009, 352 ff.; *A. Tabbara* Zusammenführung oder Einverleibung? – Die Sozialgerichtsbarkeit und ihr Verhältnis zur Verwaltungsgerichtsbarkeit, in: NZS 2009, 483 ff.; *M. Schafhausen* Erneut: Sozial- und Verwaltungsgerichte zusammenführen. Eine alte Idee im neuen Gewand: Was bringt der Koalitionsvorschlag?, in: AnwBl. 2010, 163 ff.; vgl. ferner *P.-A. Brand* Über den Sinn und Unsinn der Arbeitsgerichtsbarkeit. Ein Beitrag zur Diskussion über die Zusammenfassung von Arbeits- und ordentlicher Gerichtsbarkeit, in: ZRP 2010, 81 ff.

dürfte derzeit keine realistische Option mehr sein.[32] Handlungsleitend für die Akteure sind dabei weniger rechtliche Bedenken[33] als die Einsicht, daß die Realisierung der erhofften Fusionsdividende erst nach Investitionen in nicht unerheblicher Höhe möglich wäre. Anders verhält es sich mit der Zusammenlegung konkreter Gerichte, die zuletzt in größerem Stil in Hessen erfolgt[34] und in Mecklenburg-Vorpommern just Gegenstand eines Volksbegehrens ist.[35] Angesichts der zunehmenden Entvölkerung weiter Landstriche, die inzwischen auch den Westen erfaßt, wird die Aufrechterhaltung der „Justiz in der Ebene" zu einer Herausforderung für alle Flächenländer.[36]

2. *Funktion: Interner und externer Erwartungsdruck*

Von der Institution zur *Funktion* oder besser Funktionsfähigkeit. Dem berühmten Wort von *Günter Dürig* zufolge ist Rechtsprechung „konstitutionell uneinheitlich"[37]. Auch für die bundesdeutsche Justiz gilt, daß das Gesamtbild notwendig differenziert ausfällt – valide Aussagen, die auf

[32] Klares Plädoyer *gegen* eine Fusion bei *H. Weber-Grellet* Zur Notwendigkeit differenzierter Justizstrukturen. Die Bedeutung der Fachgerichtsbarkeiten, in: Justice – Justiz – Giustizia 2013/2, Rn. 32 ff.

[33] Dazu zuletzt *J.-E. Schenkel* Verbietet Art. 95 Abs. 1 GG die Zusammenlegungen von Gerichtsbarkeiten auf Landesebene?, in: DÖV 2011, 481 ff.

[34] Vgl. das Gesetz über den Sitz und den Bezirk der Gerichte der ordentlichen Gerichtsbarkeit und der Staatsanwaltschaften (Gerichtsorganisationsgesetz) in der Fassung vom 11.2.2005 (GVBl. I 2005 98) und seine Revision durch das Gesetz zur Änderung gerichtsorganisatorischer Regelungen vom 16.9.2011 (GVBl. I 2011 409). Dazu aus der intensiven Debatte nur *A. Feldmann* Schließung von Gerichten: Hessens Kampf ums Recht, in: AnwBl. 2010, 601.

[35] Hier hat das Gerichtsstrukturneuordnungsgesetz vom 11.11.2013 (GVOBl. M–V 609, 611) einschneidende Änderungen mit sich gebracht, die u.a. zur Halbierung der Zahl der Amtsgerichtsstandorte führen. Vgl. dazu aus der Diskussion im Vorfeld pointiert kritisch *A. Schöwe* Ein Land schafft sich ab. Gerichtsstruktur in Mecklenburg-Vorpommern, in: NJ 2013, 415 ff. – Gegen das Gesetz hat ein maßgeblich vom Deutschen Richterbund mitgetragener Verein „Pro Justiz" ein Volksbegehren lanciert (siehe http://gerichtsstruktur-mv.de/[zuletzt abgerufen 23.11.2014]); der Ausgang dieses Volksbegehrens ist derzeit noch offen, da offensichtlich die Auszählung stockt: *M. Tautz* Zu viel Arbeit. Volksbegehren überfordert Wahlleiterin, in: Nordkurier v. 14.11.2014.

[36] Vgl. dazu im ersten Zugriff die Referate von *J. Ziekow* und *S. Rixen* (unten S. 245 ff. bzw. 293 ff.).

[37] *G. Dürig* in: T. Maunz/ders. (Begr.), Grundgesetz, Art. 3 I (1973), Rn. 410 (dort „konstitutionell ‚uneinheitlich'"); aufgegriffen in BVerfGE 78, 123 (126); 87, 273 (278).

bayerische Verwaltungsgerichte[38] und die Berliner Sozialgerichtsbarkeit[39] gleichermaßen zutreffen, sind praktisch nicht möglich.

Fragen wir zunächst nach der *sachlichen* Ausstattung. Hier präsentiert sich die Dritte Gewalt als *kameralistisch* uneinheitlich, ja disparat[40] – es begegnen Richter, die in aufwendig sanierten und technisch gut ausgestatteten Gerichten arbeiten, sich aber Gesetzestexte, Büromaterial und Taschenlampen privat beschaffen müssen.[41] Der Anteil der Rechtsprechung am Gesamtbudget – er bewegt sich mit leichten Abweichungen durchweg im unteren einstelligen Bereich[42] – ist hier nur begrenzt aussagefähig. Vergleichsweise offensichtlich ist hingegen die eingeschränkte Reak-

---

[38] Diese ressortieren weiterhin beim Innenministerium (vgl. Art. 4 BayAGVwGO); näher *G. Beckstein* Die Ressortierung der Verwaltungsgerichtbarkeit in Bayern beim Innenressort, in: Festschrift 125 Jahre Bayerischer Verwaltungsgerichtshof, o.J. [2004], 40 ff.; *F. Wittreck* Die bayerische Justizverwaltung (Teil 1), in: BayVBl. 2005, 385 (390); *ders.* Verwaltung (Fn. 13), 345.

[39] Plastischer Bericht: *N. N.* Alle zwölf Minuten kommt neue Klage an, in: Die Welt, Onlineportal, 14.1.2014 (abrufbar unter http://www.welt.de/newsticker/dpa_nt/regioline_nt/berlinbrandenburg_nt/article123842151/Alle-zwoelf-Minuten-kommt-neue-Klage-an.html; zuletzt abgerufen am 23.11.2014).

[40] Die Einschätzung, daß „Dürftigkeit" der Generalnenner sei, auf den sich die Ausstattung der Justiz bringen ließe, findet sich bei *N. N.* Unzureichende Ausstattung der Justiz, in: MDR 2005, 359 ff.; gleichsinnig *R. Neumann* Unabhängig, leistungsstark, arm. Die Situation der Justiz in NRW, in: DRiZ 2006, 97 ff.; *F. Bittmann* Justiz in Zeiten knapper Kassen, in: ZRP 2008, 11, 11 f. – Lob für „eine gute IT-Ausstattung" hingegen bei *W. Tappert* Schleichende Überforderung, in: DRiZ 2014, 15.

[41] Die Anschaffung der Taschenlampe ist deshalb tunlich, weil der Strom im Gerichtsgebäude um 18 Uhr abgeschaltet wird, was das Verlassen desselben in der dunklen Jahreszeit zur gefahrgeneigten Tätigkeit macht.

[42] Konkrete Zahlen des Bundes laut Haushaltsplan 2014: Bundesverfassungsgericht 46.065.000 Euro, BGH 36.781.000 Euro, Generalbundesanwalt 31.671.000 Euro, Bundesverwaltungsgericht 19.292.000 Euro, Bundesfinanzhof 15.371.000 Euro, Bundespatentgericht 12.893.000 Euro (zusammen: 116.008.000 Euro; abrufbar unter: http://www.bundesfinanzministerium.de/Content/DE/Standardartikel/Themen/Oeffentliche_Finanzen/_Bundeshaushalt/Bundeshaushalt_2014/2014-07-25-BHH2014-gesamtdatei.pdf?__blob=publicationFile&v=3); Baden-Württemberg: 999.663.100 Euro für Gerichte und Staatsanwaltschaften, davon 735.020.900 Euro für die Ordentliche Gerichtsbarkeit, 25.319.300 Euro für Verwaltungs- und Finanzgerichte, 62.100.800 Euro für Arbeits- und Sozialgerichte und 171.000 Euro für den Staatsgerichtshof (abrufbar unter: http://haushalt.service-bw.de/_HaushaltBW/HaushaltBW_Fkt.html); Brandenburg: 268.972.400 Euro für Ordentliche Gerichte und Staatsanwaltschaften, 15.880.500 Euro für die Allgemeine Verwaltungsgerichtsbarkeit und das Finanzgericht Berlin-Brandenburg; 24.295.500 Euro für die Arbeits- und Sozialgerichte und 716.700 Euro für das Verfassungsgericht Brandenburg (abrufbar unter: http://www.mdf.brandenburg.de/media_fast/4055/04_MdJ_2013-14.pdf). Zusammenfassend *Brings* (Fn. 8), 54: 2007 gaben Bund und Länder für die ordentliche Gerichtsbarkeit (inkl. Staatsanwaltschaft) 8,6 Mrd. Euro aus, für die Arbeits- und Sozialgerichte 0,7 Mrd. Euro, für Verwaltungs-

tionsfähigkeit der Justiz auf aktuelle Herausforderungen; Stichworte wären die Nachrüstung mit Sicherheitsschleusen[43] oder die banale Bereitstellung asylrechtlicher Fachliteratur angesichts der exponentiellen Zunahme dieser Verfahren.

Besser in Zahlen greifbar ist die *personelle* Ausstattung bzw. Auslastung. Mit Ausnahme der Sozialgerichtsbarkeit[44] ist die Anzahl an Stellen entweder seit Jahren rückläufig oder stagniert.[45] Alle Landesjustizverwaltungen kalkulieren dabei eine rechnerische Überlastung der Gerichte ein, die zumindest eine Auslastung von 110 % in Kauf nimmt, regelmäßig aber höher ist.[46] Die konkrete Belastung fällt wiederum je nach Land, Region, Gerichtszweig, Gericht und Spruchkörper unterschiedlich aus; die Bandbreite reicht von schlichten Horrorszenarien[47] bis zu Fällen, in denen der demographische Wandel dem Gericht das kasuistische Substrat entzieht.[48] Insgesamt muß man aber insbesondere die ordentliche wie die

---

und Finanzgerichte 0,4 Mrd. Euro sowie für die Verfassungsgerichtsbarkeit 0,02 Mrd. Euro. Vgl. ferner *F. Wittreck* Die Justiz im Spannungsfeld zwischen Rechtsschutzgarantie, Erledigungsdruck und Alimentationsmisere, in: Betrifft Justiz 118 (2014), 67 (68 f.) sowie *E. Blankenburg* Europäische Justizindikatoren: Budgets der Justiz, Richter und Rechtsanwälte, in: Betrifft Justiz 105 (2011), 18 ff.

43 Zum Problem *Wittreck* Verwaltung (Fn. 13), 462 f.; siehe ferner aus der neueren Literatur *K. Kruis* Rechtspolitische Erwägungen zur Sicherheit im Gerichtsgebäude, in: BayVBl. 2013, 97 ff.; *T. Dickert/C. Hagspiel* Der Rechtsrahmen für Zugangskontrollen in Gerichtsgebäuden, ebd., 102 ff.

44 Hier ist die Zahl der Stellen allein von 2000 bis 2008 um 33% angestiegen (Bundesamt Rechtspflege [Fn. 8], 38); inzwischen hat die Zahl der (Berufs-)Richterinnen und Richter an den Sozialgerichten die derjenigen an den Verwaltungsgerichten knapp überschritten; siehe zur Entwicklung *Schafhausen* (Fn. 31), 163; *P. Becker* 60 Jahre Sozialgerichtsbarkeit, in: SGb 2014, 1 (6) sowie zuletzt *S. Roller* Herausforderungen für die deutsche Sozialgerichtsbarkeit, in: DRiZ 2014, 306 f.

45 Zusammenfassend *H. Teetzmann* Tendenzen bei der Personalsentwicklung im öffentlichen Dienst, in: DRiZ 2010, 190 (191 f.) sowie *Brings* (Fn. 8), 38.

46 Die vergleichende Statistik der Bundesländer wird offenbar mit Bedacht nicht öffentlich gemacht. Die Zahlen basieren dabei auf den Personalbedarfsberechnungssystemen „PEBB§Y" bzw. „PEBB§Y-Fach", die an die Stelle der älteren Pensenschlüssel getreten sind. Näher *Wittreck* Verwaltung (Fn. 13), 359 f.; vgl. noch die neueren Beiträge von *T. Kaess/B. Pecher* Pebb§y oder wie der gewerbliche Rechtsschutz von den Justizverwaltungen bewertet wird, in: GRUR 2006, 647 ff.; *E. Herrler* Die neuen Aufgaben des Familiengerichts und PEBB§Y-Belastungsverschiebungen durch die FGG-Reform, in: DRiZ 2009, 240 f.; *C. Fellner* Lassen sich mit PEBB§Y die Anforderungen der Obergerichte an erstinstanzliche Zivilurteile erfüllen?, in: DRiZ 2012, 184 ff.; zuletzt *S. Rebehn* Alleingelassen hinter Aktenstapeln, in: DRiZ 2013, 118 f.

47 Instruktiv bzw. alarmierend hier der offene Brief eines aus der Saarländischen Justiz ausgeschiedenen Juristen: *D. Jungbluth* Die Qualität der Arbeit ist zweitrangig, in: Betrifft Justiz 117 (2014), 17 ff.

48 Dazu am Ende unter IV.3.

Sozialgerichtsbarkeit in den Ballungsräumen als substantiell überlastet einstufen.[49]

Direkt in das Feld der „Effektivität" der Dritten Gewalt führt die eng mit der Personalausstattung verknüpfte Frage des „Erledigungsdrucks" (Akteure der Gerichtsverwaltung bevorzugen allerdings die feine Redeweise von der – allenfalls – bestehenden Erledigungs*erwartung*).[50] Kolportagen aus der Justiz reichen vom klugen Pochen auf Qualität bis hin zu Gerichten, in denen eine massive Fehlsozialisation stattfindet, indem Präsidenten, Vorsitzende und Kollegen *unisono* Neulinge auf „Ausstoß um jeden Preis" trimmen.[51] Auch der Erledigungstonfall ist offenbar uneinheitlich.[52] Richtungsweisend wird hier der gerade vor den Dienstgerichten anhängige Fall eines baden-württembergischen Richters an einem Oberlandesgericht wirken, dem die Dienstaufsicht förmlich seine unterdurchschnittlichen Erledigungszahlen vorhält.[53]

---

[49] Hier decken sich die Ergebnisse der Befragung des Deutschen Richterbundes (Fn. 10), 20 mit Beobachtungen von Praktikern: *Schafhausen* (Fn. 31), 163; *Roller* (Fn. 44), 306; vgl. ferner *Arenhövel/Otte* Situation 1 (Fn. 9), 230 sowie *Kirchhoff* Belastung (Fn. 7), 12 f. Instruktiv auch *C. Schütz* Ökonomisierung von Rechtsschutz, in: N. Weiß (Hrsg.), Rechtsschutz als Element von Rechtsstaatlichkeit, 2011, 79 (96 ff.), der darlegt, daß allein zwischen 2005 und 2008 die Bearbeitungszeit für ein „Hartz IV"-Verfahren von 360 auf 240 Minuten gesunken ist, und dies als selbst-ökonomisierende Anpassung der Richter an die faktischen Rahmenbedingungen deutet.

[50] Der Begriff wohl erstmals bei *K. Rudolph* Prozeßflut und Erledigungsdruck, in: DRiZ 1992, 6; zuletzt *T. Bellay* Die Ressourcen der Justiz: Erledigungsdruck bei den Gerichten, in: Strafverteidigervereinigungen (Hrsg.), Abschied von der Wahrheitssuche, 2012, 63 ff. – Vgl. ferner *R. Franzen* Der Druck der Überforderung: Wenn Richter überfordert sind mit dem Anspruch, nur der Wahrheit und Gerechtigkeit zu dienen …, in: Betrifft Justiz 113 (2013), 18 ff.

[51] Kritisch zu der damit einhergehenden Zahlenfixierung *R. Franzen* Nach Zahlen richten: zu den rechtlichen Rahmenbedingungen exekutiver Steuerung, judikativer Geschäftsverteilung und legislativer Justizkonsolidierung, in: Betrifft Justiz 116 (2013), 194 ff.; *ders.* Richten nach Zahlen. 1. Eine zahlentheoretische Betrachtung über das Vergleichen, Ordnen und Verteilen; zugleich eine Auseinandersetzung mit unserem Personalerfassungssystem, in: Betrifft Justiz 119 (2014), 151 ff.

[52] Näher *F. Wittreck* Funktionen und Leistungen richterlicher Ethik, in: Verein Deutscher Verwaltungsgerichtstag (Hrsg.), Dokumentation 17. Deutscher Verwaltungsgerichtstag Münster 2013, 2014, 271 (275 f.).

[53] Die erste Instanz hat hier eine Verletzung der richterlichen Unabhängigkeit allerdings nur in einem Randbereich angenommen: Richterdienstgericht am LG Karlsruhe, Entscheidungen vom 4.12.2012, Az. RDG 4-6/12 (juris). Vgl. dazu im Vorfeld *F. Wittreck* Durchschnitt als Dienstpflicht? Richterliche Erledigungszahlen als Gegenstand der Dienstaufsicht, in: NJW 2012, 3287 ff.; zur Entscheidung knapp *ders.* Erledigungszahlen unter (Dienst-)Aufsicht?, in: DRiZ 2013, 60 f. (dazu die Replik von *H. Forkel* Erledigungszahlen unter [Dienst-]Aufsicht!, in: DRiZ 2013, 132 f.); *C. Schütz* Durchschnitt soll doch Dienstpflicht sein, in: Betrifft Justiz 112 (2012), 378; *M. Dudek* Richter sein

Daß Erwartungen an die Dritte Gewalt auch von außen herangetragen werden, belegt zuletzt die im Anschluß an den NSU-Prozeß[54] sowie echte oder vermeintliche Fehlleistungen der Bayerischen Justiz[55] einmal mehr belebte Diskussion um „Justiz und Öffentlichkeit" (verstanden als Medienöffentlichkeit).[56] Hier muß der Hinweis genügen, daß eine Grund-

---

2013 – Kommentar eines Rechtsanwalts zum Disziplinarverfahren gegen einen Richter am OLG, in: Betrifft Justiz 113 (2013), 11 ff.; *A. Schwintuchowski* Faires Verfahren nicht für Richter? Das Disziplinarverfahren gegen einen Richter am Oberlandesgericht wegen Unterschreitung des durchschnittlichen Erledigungspensums, in: Betrifft Justiz 113 (2013), 14 ff.; *G. Kirchhoff* Erledigung als Dienstpflicht – Disziplinarmaßnahmen wegen Unterschreitung durchschnittlicher Erledigungszahlen – Anmerkung aus Sicht eines Praktikers, in: Betrifft Justiz 114 (2013), 63 ff.; *Franzen* Nach Zahlen richten (Fn. 51), 198 f. (alle dezidiert kritisch). – Vgl. allerdings *A. Thiele* Die Unabhängigkeit des Richters – Grenzenlose Freiheit? – Das Spannungsverhältnis zwischen richterlicher Unabhängigkeit und Dienstaufsicht. Zugleich Anmerkung zum Urteil des baden-württembergischen Richterdienstgerichts vom 4.12.2012, RDG 6/12, in: Der Staat 52 (2013), 415 ff. *Thieles* Zustimmung zur dienstgerichtlichen Entscheidung wird leider um den Preis erkauft, daß er einerseits der (strittigen) Sachverhaltsschilderung einer Seite vergleichsweise unkritisch folgt und andererseits fragwürdige Festlegungen trifft; Detailkritik bei *Wittreck* Spannungsfeld (Fn. 42), 68 (Fn. 3), 70 (Fn. 24) und 76 (Fn. 84).

[54] Siehe zum Streit um den Zugang insbesondere ausländischer Medienvertreter BVerfG (3. Kammer des Ersten Senats), NJW 2013, 1293 und dazu *J. Kujath* Die Medienöffentlichkeit im „NSU-Prozess", in: AfP 2013, 269 ff. sowie *M. Friehe* Der NSU-Prozess und die Missverständnisse zwischen Justiz und Medien, in: ders./ J. Hagenkötter (Hrsg.), Von der Kontrolle des Gerichts zur Befriedigung des Informationsbedürfnisses der Gesellschaft, 2014, 1 ff.

[55] Besonderes Augenmerk hat hier das Schicksal von *Gustl Mollath* hervorgerufen: zuletzt OLG Nürnberg NJW 2013, 2692 sowie LG Regensburg, Entscheidung v. 14.8.2014 (juris); vgl. dazu *J. Hauer* Der Fall Mollath – Weil nicht sein kann, was nicht sein darf, in: NJ 2013, 456 ff. Weit weniger prominent ist der in der Tat bizarre Fall des Bauern *Rudi Rupp*, dessen Familie wegen Totschlags verurteilt wurde, nachdem sie gestanden hatte, das Opfer erschlagen, zerstückelt und sodann an Tiere verfüttert zu haben. Der Fund der (unversehrten) Leiche in der Donau führte im (ersten) Wiederaufnahmeverfahren gleichwohl zur Bestätigung des Schuldspruchs. Vgl. dazu *T. Darnstädt* Der Richter und sein Opfer, 2013, 94 ff. sowie *H. Bubrowski* Die Leiche war doch nicht zerstückelt, in: FAZ Nr. 147 v. 28.6.2014, 8. Beide Fälle geben Anlaß zu der Befürchtung, daß die Justiz infolge nachvollziehbarer binneninstitutioneller Solidarisierungseffekte substantielle Schwierigkeiten – bildlich gesprochen – beim Einlegen des Rückwärtsganges hat.

[56] Maßgebliche Gesamtdarstellung: *v. Coelln* (Fn. 13); knappe aktuelle Zusammenfassung von *dems.* Justiz und Medien. Rechtliche Anforderungen an das Verhältnis zwischen der Justiz und den Medien, insbesondere an die Berichterstattung über Gerichtsverfahren, in: AfP 2014, 193 ff.; vgl. ferner aus dem neueren Schrifttum *R. Hamm* Justiz und Medien: rechtliche Anforderungen an das Verhältnis zwischen der Justiz und den Medien, insbesondere an die Berichterstattung über Strafverfahren, in: AfP 2014, 202 ff.; *M. Dehoust* Die Medien und der Schutz der Unabhängigkeit und Autorität der

spannung bleiben wird, weil distinkte Eigenrationalitäten aufeinanderprallen:[57] Rechtsprechung entschleunigt und differenziert, Medien leben von Echtzeit und Zuspitzung. Die regelmäßig rein technische Reaktion der Justiz durch Professionalisierung der Öffentlichkeitsarbeit[58] erinnert dabei ein wenig an Rechtsfakultäten, die studentischer Kritik an der Lehre mit der Installation von Beamern begegnen.[59]

3. *Personal: Diversifizierung und Zweiklassenjustiz*

Die deutsche Richterschaft ist (incl. Staatsanwaltschaft) ca. 25.000 Köpfe stark. Wer verbirgt sich hinter dieser Zahl? *Brun-Otto Bryde* hat schon zur Jahrtausendwende konstatiert, die Justiz werde zum „Refugium für postmaterielle Akademikertöchter"[60]. Präziser: Weibliches „Refugium" ist das R1-Amt, während die höheren Chargen Domäne der Söhne bleiben. Der Anteil von Frauen an der Richterschaft beläuft sich auf ca. 40 Prozent.[61] In den Eingangsämtern lag er über Jahre erheblich über

---

Justiz, in: SächsVBl. 2010, 236 ff.; *E.-M. Michel* Das Verhältnis zwischen der Dritten und der Vierten Gewalt, in: M. Sachs (Hrsg.), Der grundrechtsgeprägte Verfassungsstaat. FS für Klaus Stern zum 80. Geburtstag, 2012, 503 ff.; *A. Reike* Die Rolle der Staatsanwaltschaft in der Mediengesellschaft, 2012; *M. Meyer* Der Gerichtsprozess in der medialen Berichterstattung. Die Macht der mediengeprägten öffentlichen Meinung und die Rolle der Prozessbeteiligten in der heutigen Mediengesellschaft, 2014; *H. Jung* (Straf-)Justiz und Medien – eine unendliche Geschichte, in: GA 161 (2014), 257 ff. – Einen speziellen Ausschnitt der Problematik beleuchtet *M. Bohne* Die Informationsfreiheit und der Anspruch von Datenbankbetreibern auf Zugang zu Gerichtsentscheidungen, in: NVwZ 2007, 656 ff. – Instruktive eidgenössische Perspektive: *G. Müller/M. Thommen* Unabhängigkeit versus Öffentlichkeit der Justiz, in: M. Heer/A. Urwyler (Hrsg.), Justiz und Öffentlichkeit/Justice e public, 2007, 23 (34 ff.); *H. Wiprächtiger* Justiz und Medien – Erwartungen des Richters, ebd., 39 (42 ff.)

[57] Das Problem ist ebenso alt wie zeitlos: Siehe nur *R. Behrend* Gerichte und öffentliche Meinung, in: Die Grenzboten 70/3 (1911), 208 ff.

[58] So etwa statt aller *Dehoust* Medien (Fn. 56), 238 f.

[59] Dazu nur *F. Holzer* Visualisierung im rechtswissenschaftlichen Studium, in: J. Brockmann/J.-H. Dietrich/A. Pilniok (Hrsg.), Exzellente Lehre im juristischen Studium, 2011, 155 ff.

[60] Nachgewiesen bei *F. Wittreck* Tagungsbericht: Rechtssoziologie am Ende des 20. Jahrhunderts. Erträge, Aufgaben, Perspektiven, in: JZ 2000, 145 (146). In der Schriftfassung des Referats ist etwas zurückhaltender vom Richterberuf die Rede, der „ein wenig die Stelle der Lehrerin von früher" einnehme: *B.-O. Bryde* Juristensoziologie, in: H. Dreier (Hrsg.), Rechtssoziologie am Ende des 20. Jahrhunderts, 2000, 137 (149).

[61] Zahlen nach Bundesamt Rechtspflege (Fn. 8), 15: Zum Stichtag 31.12.2010 waren von 20.411 Richterinnen und Richtern im Bundes- und Landesdienst 7.848 weiblich; für die Staatsanwaltschaften (Stichtag: 31.12.2011) ergab sich eine Gesamtzahl von 5.246 Beschäftigten (davon 2.152 weiblich). Vgl. auch *Brings* (Fn. 8), 38 f. sowie *U. Schultz* Frauen in Führungspositionen der Justiz, in: DRiZ 2012, 264 (265).

dem der Männer, wobei wir derzeit möglicherweise Zeugen einer Trendwende in Richtung der paritätischen Einstellung werden. In den höheren Ämtern bildet sich die langjährige „Verweiblichung" (die i.ü. ein praktisch europa- wenn nicht weltweites Phänomen darstellt[62]) hingegen nicht ab:[63] Als Nadelöhr entpuppt sich der Zugang zu den Förderposten, die überhaupt eine Aufstiegsoption eröffnen. Hier ist auch in der Justiz Karriere noch an uneingeschränkte örtliche wie zeitliche Verfügbarkeit geknüpft.[64]

Ebenfalls trübe präsentiert sich das Bild *sub specie* „Diversität". Wer das aktuelle Handbuch der Justiz mustert, findet gerade einmal 70 Namen, die einen türkischen, arabischen oder allgemein islamischen Hintergrund nahelegen[65] – eine Zahl, die möglicherweise mit der der „Friedensrichter" korreliert.[66]

---

[62] Instruktiv *M.G. Civinini* Warum mehr Frauen als Männer in Italien und Frankreich den Richterberuf ergreifen, in: Betrifft Justiz 94 (2008), 304 ff. Für die USA *B. Palmer* „To Do Justly": The Integration of Women into the American Judiciary, in: Political Science 2001, 235 ff.; *dies.* Women in the American Judiciary: Their Influence and Impact, in: Women & Politics 23/3 (2001), 91 ff. – Die Studien in U. Schultz/ G. Shaw (Hrsg.), Women in the Judiciary, 2012 gehen unter dem Motto *Gender and Judging* demgegenüber der Frage nach, ob Richterinnen anders richten.

[63] Die vorliegenden Daten sind leider nur bedingt aussagekräftig, weil das Statistische Bundesamt zwar für jedes Land bzw. jeden OLG-Bezirk die Zahl der Richterinnen und Richter ausweist, davon aber nur die Kategorie „Präsidenten und Vorsitzende Richter" abhebt (wiederum jeweils nach Gesamtzahl/männlich/weiblich; Bundesamt Rechtspflege [Fn. 8], 20 ff. bzw. 1.3.1). Damit werden aber Ämter vermengt, die aus mehreren Gründen unterschiedlich relevant für Karrierechancen von Frauen in der jeweiligen Landesjustiz sind. Denn Präsidentenposten unterliegen zumindest potentiell der öffentlichen Aufmerksamkeit und können bei der Personalpolitik medienstrategisch genutzt werden. Hingegen ist der bloße Vorsitz im Spruchkörper nicht zwingend ein Karriereindikator, sondern kann durchaus funktionales Äquivalent zum sprichwörtlichen preußischen „Charaktermajor" sein. Aussagekräftiger wären Daten über die Besetzung der „strategischen" Posten, etwa der Abordnungen in das jeweilige Justizministerium oder auf die Gerichtsverwaltungsstellen in den „Mittelbehörden" (= Obergerichte).

[64] Wie hier *S. Schneider* Wird die Justiz weiblich? Frauen in der Justiz – Chancen und Hindernisse, in: DRiZ 2010, 245 (246 f.); *Schultz* (Fn. 61), 266 f. (die von einer „Lehmschicht" zwischen Amts- und Landgerichten spricht). – Gleicher Befund in Frankreich und Italien: *Civinini* (Fn. 62), 305 f.

[65] Quelle: Manuelle Auswertung von Deutscher Richterbund (Hrsg.), Handbuch der Justiz 2014/2015, 2014. Berücksichtigt wurden Richter und Staatsanwälte, bei denen Vor- wie Nachnamen auf einen entsprechenden Migrationshintergrund schließen lassen. Dabei sei eingeräumt, daß die Aussagekraft der Zahl in mehrfacher Hinsicht eingeschränkt ist, da die gewählte onomastische Erhebungsmethode Fehlschlüsse zuläßt und relevante Bezugsgrößen fehlen (etwa: Studierende und Absolventen mit vergleichbarem Migrationshintergrund bzw. entsprechende Bewerber für den Justizdienst). Beunruhigende Belege dafür, daß Prüflinge mit Namen aus dem arabisch-islamischen Raum im

Gleich zwei Entwicklungen tangieren schließlich die Attraktivität der Justiz.[67] Zunächst hat die Föderalisierung des Besoldungsrechts in kurzer Zeit zu erheblichen Unterschieden geführt, die beim Einstiegsgehalt zwischen dem Schlußlicht Saarland und dem Spitzenreiter Hamburg 800 € betragen und in höheren Ämtern noch deutlicher ausfallen.[68] Es kommt ein Problem hinzu, das alle Flächenländer betrifft, in denen dezentral eingestellt wird.[69] Hier muß die Justizverwaltung für die ländlichen Regionen die Anforderungen merklich senken, während in den Ballungszentren

---

mündlichen Teil der Ersten Prüfung signifikant schlechter abschneiden, bei *E. V. Towfigh*/*C. Traxler*/*A. Glöckner* Zur Benotung in der Examensvorbereitung und im ersten Examen, in: Zeitschrift für die Didaktik der Rechtswissenschaft 1 (2014), 8 (20 f.).

[66] In Großbritannien war die „diversity" der Richterbank ein wesentliches *movens* der jüngeren Reformen der Gerichtsverwaltung. Maßgebliche Stimme in diese Richtung: *K. Malleson* Rethinking the Merit Principle in Judicial Selection, in: Journal of Law and Society 33 (2006), 126 ff.; zur Kritik *Wittreck* Verwaltung (Fn. 13), 601 ff. – Erste Überlegungen zu möglichen Reaktionen bei *J. Ziekow* Möglichkeiten und Grenzen der Verbesserung der Chancen von Personen mit Migrationshintergrund im öffentlichen Dienst, in: DÖV 2014, 765 ff.; instruktiv auch *K. Jansen Frederiksen* The Neutrality and Impartiality of Judges in a Multicultural Society, in: Engstad/Frøseth/Tønder, Independence (Fn. 14), 275 ff.

[67] Instruktive Daten auch hier im Roland-Rechtsreport (Fn. 10), 42 ff.: Die befragten Richter und Staatsanwälte sind mit ihren Arbeitsbedingungen weit überwiegend zufrieden oder sehr zufrieden (59 bzw. 8 Prozent), halten ihn aber zu 37 Prozent für „eher unattraktiv" (ebd., 47).

[68] Zugrundegelegt werden Richter der untersten Erfahrungsstufe in der Besoldungsgruppe R1. Deren Besoldung erfolg in Hamburg i.H.v. 4052,67 Euro (abrufbar unter: http://oeffentlicher-dienst.info/c/t/_rechner/beamte/hh?id=beamte-hamburg-2014&matrix=1). Dem stehen im Saarland offiziell 3637,46 Euro gegenüber (abrufbar unter: http://oeffentlicher-dienst.info/c/t/rechner/beamte/sl?id=beamte-saar-2014&matrix=1). Die substantiell abgesenkte Besoldung resultiert hier aus einem in der Besoldungstabelle nicht ausgewiesenen [!] Abzug für Berufsanfänger – wo andere Bundesländer deren mangelnde Erfahrung durch Reduzierung der Belastung kompensieren, sendet das Saarland hier durch Reduzierung der Besoldung einen Willkommensgruß eigener Art aus. Beißend kritisch aus der Betroffenenperspektive *Jungbluth* (Fn. 47), 17.

[69] Dies betrifft namentlich Nordrhein-Westfalen (hier ist durch § 3 der Verordnung über die Ernennung, Entlassung und Zurruhesetzung der Beamtinnen und Beamten und Richterinnen und Richter des Landes Nordrhein-Westfalen vom 25.2.2014 [GV. NRW. 199] bzw. deren Vorgängervorschriften die Einstellung von der Landesregierung [vgl. Art. 58 S. 1, 2 NWVerf.] auf die Präsidenten der drei Oberlandesgerichte in Düsseldorf, Hamm und Köln deligiert worden; siehe *G. Debusmann* Drum prüfe, wer sich ewig bindet: Einstellungsverfahren für junge Richter im Bezirk des OLG Hamm, in: DRiZ 2003, 263 ff. sowie *G. Saremba* Das Auswahlverfahren für den richterlichen und staatsanwaltlichen Dienst. Die Verfahren des Oberlandesgerichts Hamm und der Generalstaatsanwaltschaft Hamm, in: Ad Legendum 2014, 245 ff.) und Niedersachsen (vgl. dort Art. 38 Abs. 2 NdsVerf.; die Ernennung erfolgt für einen der drei Oberlandesgerichtsbezirke).

Spitzennoten verlangt werden können (das Oberlandesgericht Hamm etwa stellt derzeit ab einem mittleren „befriedigend“ ein, während die rheinischen Oberlandesgerichte – die aus außerrechtlichen Gründen, die dem gebürtigen Westfalen nicht intuitiv einleuchten, als attraktiv gelten –, an der Maxime „oberes vollbefriedigend oder besser“ festhalten). Nun sind Staatsrechtslehrer am Notengebungsprozeß unmittelbar beteiligt und wissen um seine Strukturanalogie mit Gesetzen und Würsten.[70] Gleichwohl droht sowohl ein substantielles Qualitätsgefälle im Sinne der Herausbildung einer richterlichen „Landgendarmerie“ als auch ein Auseinanderklaffen der individuellen Aufstiegschancen.

Für wen ist diese Justiz noch attraktiv – anders formuliert: Trifft *Luhmanns* wenig erfreulicher Befund noch zu? Drei Beobachtungen machen nachdenklich: Die deutsche Justiz rekrutiert traditionell zu einem Zeitpunkt, zu dem die Betroffenen noch „formbar“ sind.[71] Zudem werden die materiellen Auswahlentscheidungen über Richter flächendeckend durch Richter getroffen.[72] Nun wissen wir aus der Verhaltensforschung, daß bei der Personalauswahl das „Gesetz der Ähnlichkeit“ eine Rolle spielt[73] –

---

[70] Dies in Anlehnung an die bekannte Wendung Bismarcks. – Vgl. hier nochmals die instruktive Studie von *Towfigh/Draxler/Glöckner* (Fn. 65), 22 ff.: Hierbei bereitet den Autoren insbesondere Sorge, dass sich das Geschlecht sowie die Herkunft in signifikanter Weise auf das Examensergebnis auswirken.

[71] Siehe *F. Wittreck* Das Referendariat – „Erziehung zum Establishment“?, in: Ad Legendum 2014, 249 (252). – Zu einer Kontrollüberlegung lädt die traditionelle britische Praxis ein, zumindest für höhere Richterämter nur erfolgreiche Anwälte mit längerer Berufserfahrung und entsprechendem *standing* zu berücksichtigen; hier wird offenbar ein anderer „Richtertyp“ gesucht. Näher *K. Malleson* Appointment, discipline and removal of judges: fundamental reforms in the United Kingdom, in: H.P. Lee (Hrsg.), Judiciaries in Comparative Perspective, 2011, 117 (118 ff.); *P. Darbyshire* Sitting in Judgment. The Working Lives of Judges, 2011, 65 ff., 84 ff.; *N. Andrews* Judicial Independence: The British Experience, in: Shetreet/Forsyth, Independence (Fn. 14), 361 (366 f.); zu der auch in Großbritannien zu beobachtenden Tendenz in Richtung einer „Karrierejustiz“ siehe m.w.N. *Wittreck* Verwaltung (Fn. 13), 591 f.

[72] Im Kern begegnen drei Typen (näher *Wittreck* Verwaltung [Fn. 13], 413 ff.): Ausschließlich durch Richter erfolgt die Einstellung dort, wo sie im Wege der Delegation auf die Obergerichte übertragen worden ist (vgl. Fn. 69). Aber auch in den Ländern, in denen die Einstellung entweder durch das Ministerium allein verantwortet wird oder im Zusammenwirken mit einem Richterwahlausschuß erfolgt (dem dann zwangsläufig weitere Richter angehören: siehe unten bei und in Fn. 126 f.), ist davon auszugehen, daß die für die eigentliche Auswahl zuständigen Personalreferenten regelmäßig Richter sind, die in das Ministerium abgeordnet worden sind. Zwar nehmen die Akteure in jedem Fall Aufgaben der Gerichtsverwaltung wahr und sind insofern *rechtlich* der Exekutive zuzuordnen; daß dies kurzfristig zu einer Persönlichkeitsveränderung im Sinne der von *Lange/Luhmann* formulierten Kriterien führen sollte, wäre aber noch darzutun.

[73] Siehe *F. Walter/H. Bruch* The positive group affect spiral. A dynamic model of the emergence of positive affective similarity in work groups, in: Journal of organizational

wenn *Luhmann* recht hatte, legt das aber – im Idiom des Zivilrechts – ein Weiterfresserphänomen nahe. Umschreibt man schließlich das Profil des Richteramtes aus der Perspektive eines Personalvermittlers, so dürften die Stichworte Sicherheit, klar geregelter äußerer Rahmen, unterdurchschnittliche Entlohnung bei überdurchschnittlicher Qualifikation und marginale Aufstiegschancen nicht fehlen. Zusammengefaßt: Vielleicht *sucht* die Justiz nicht aktiv nach Personen, die *Luhmanns* Steckbrief entsprechen. Sie *findet* sie aber mit beunruhigend hoher Kadenz.

III. Die Dritte Gewalt – Rechtsrahmen

Der Rechtsrahmen der Dritten Gewalt ist unter dem Grundgesetz locker bzw. vergleichsweise instabil. Denn für die aufgeworfenen Fragen enthält der IX. Abschnitt praktisch keine konkreten Direktiven – regelmäßig trägt die Garantie der Unabhängigkeit allein die Last des argumentativen Ankers. Ferner lassen sich viele der skizzierten Phänomene per Gesetz nur eingeschränkt steuern – die innere Rechtsbindung der Dritten Gewalt erweist sich insofern als flüchtig. Schließlich sticht ins Auge, daß die Dritte Gewalt zumindest in ihrer Binnenorganisation zu den staatlichen Institutionen zählt, die nur eingeschränkt europa- und unionsrechtlichen Ingerenzen ausgesetzt ist.[74]

---

behavior 29 (2008), 239 ff.; sowie die knappe Zusammenfassung bei *A. Martin* Fehlentscheidungen. Warum wir tun, was wir später bereuen, 2012, 164.

[74] Näher zu diesen Vorgaben *Wittreck* Verwaltung (Fn. 13), 208 ff.; vgl. noch die neueren Darstellungen von *A. Nollkaemper* National Courts and the International Rule of Law, 2011, 53 ff.; *A. Weber* Richterliche Unabhängigkeit in menschenrechtlicher Perspektive, in: DRiZ 2012, 16 ff. u. 59 ff.; *G. Steinfatt* Die Unparteilichkeit des Richters in Europa im Lichte der Rechtsprechung des Europäischen Gerichtshofs für Menschenrechte, 2012, 25 ff.; *A. Seibert-Fohr* Judicial Independence: the normativity of an evolving transnational principle, in: dies., Independence (Fn. 14), 1279 ff.; *W. Rechberger* The Impact of the ECHR Jurisprudence on the Austrian Practice in the Field of Judicial Independence, in: Shetreet/Forsyth, Independence (Fn. 14), 231 ff.; *E. Mose* The Independence of International Judges, in: Engstad/Frøseth/Tønder, Independence (Fn. 14), 187 ff.; zuletzt *D. Zimmermann* The independence of international courts. The adherence of the international judiciary to a fundamental value of the administration of justice, 2014 und *M. Minkner* Die Gerichtsverwaltung in Deutschland und Italien, Diss. iur. Münster 2015, i.E., 23 ff. – Für diesen Befund zeichnet verantwortlich, daß Unionsrecht, EMRK und sonstiges Völkerrecht zwar die richterliche Unabhängigkeit garantieren bzw. fordern (näher Art. 47 S. 2 ChGrEU bzw. Art. 6 Abs. 1 S. 1 EMRK), die europäischen Gerichte diesen Bestimmungen aber bislang keine Deutung beigelegt haben, die von der deutschen Interpretation des Art. 97 GG relevant abwiche. Das würde sich markant ändern, wenn beispielsweise der EGMR die weitreichenden Vorstellungen des CCJE (unten bei und in Fn. 149 ff.) aufgriffe.

1. Institution: Rechtsprechungsmonopol und Gewaltstatus

Nach Art. 92 GG ist „[d]ie rechtsprechende Gewalt […] den Richtern anvertraut“. Die Norm steht nicht nur am Anfang des Abschnitts, sondern wirkt auch in der Kombination von hoher Tönung und niedriger Bestimmtheit wie ein dislozierter Teil der Präambel.[75]

Das lädt vor der Deutung des Normgehalts zur Grundsatzreflexion über die Sinnmitte von Rechtsprechung ein – warum „leistet“ sich das Grundgesetz den Luxus einer unabhängigen Dritten Gewalt? Auf Grundlage einer Gesamtschau der einschlägigen Grundgesetzbestimmungen läßt sich dieses Um-willen thesenartig zusammenfassen: Rechtsprechung unterstreicht die Kontingenz staatlichen Handelns – die Möglichkeit der Überprüfung indiziert, daß das Grundgesetz mit dem Füllsel „alternativlos“ nichts anfangen kann. Rechtsprechung bewirkt die Verlangsamung staatlichen Handelns – die Dritte Gewalt kostet und braucht Zeit.[76] Das folgt schon aus der bloßen Möglichkeit der Überprüfung und wird durch rechtliches Gehör, die Entscheidungsfindung im Kollegium sowie die Unabhängigkeit der Entscheider noch unterstrichen. Rechtsprechung ist schließlich ein Widerlager der anderen Staatsgewalten – Richtervorbehalte wie Normenkontrolle implizieren eine Hinderungswirkung.[77] In

---

[75] Ähnlich bereits *R. Wassermann* in: E. Denninger u.a. (Hrsg.), AK-GG, Art. 98 (2001), Rn. 6.

[76] Instruktiv *R. Frühwirth* Strukturen, Muße, Wesentliches. Ein Versuch über den Umgang mit Zeit in der Juristerei, in: juridikum 4/2013, 516 ff.

[77] Das läßt sich gut anhand der verschiedenen Richtervorbehalte im Grundgesetz illustrieren (namentlich Art. 13 Abs. 2 und Art. 104 Abs. 2 S. 1 GG): Nach hier vertretener Auffassung erfüllen sie ihre Funktion nur dann, wenn das richterliche Entscheidungsverhalten Steuerungswirkung auf Polizei und Staatsanwaltschaft entfaltet. Das setzt das Wissen dieser Organe um eine tatsächlich stattfindende Kontrolle ihrer Anträge ebenso voraus wie die nicht nur auf „Ausreißer“ beschränkte tatsächliche Ablehnung im Einzelfall. Instruktiv dazu jüngst *B. Reiter/C. Seban* Richtervorbehalt und strafprozessuale Ermittlungsmaßnahmen, in: Becker/Lange, Linien 3 (Fn. 5), 337 ff. – Wer unter „Effektivität“ hingegen allein die Erledigung hoher Fallzahlen als meßbares Ergebnis einer optimalen Ressourcennutzung versteht (im Falle des Richtervorbehalts also im Zweifel die prompte Unterzeichnung), verwechselt womöglich Effektivität mit „Effizienz“ (siehe zu letzterem *W. Hoffmann-Riem* Organisationsrecht als Steuerungsressource, in: E. Schmidt-Aßmann/W. Hoffmann-Riem [Hrsg.], Verwaltungsorganisationsrecht als Steuerungsressource, 1997, 355 [376, 393 f.]). Allerdings werden angesichts der zunehmenden Regelung von Richtervorbehalten durch den Gesetzgeber und der damit ansteigenden Arbeitsbelastung berechtigte Zweifel an ihrer faktischen Wirksamkeit geäußert, so etwa von *C. Gusy* Überwachung der Telekommunikation unter Richtervorbehalt – Effektiver Rechtsschutz oder Alibi?, in: ZRP 2003, 275 ff. und *T. Stadler* Der Richtervorbehalt – ein stumpfes Schwert oder ein rechtsstaatlich gebotenes Instrument?, in: ZRP 2013, 179 ff.

Gestalt der Dritten Gewalt zeigt das Grundgesetz bildlich gesprochen seine Wetterseite.

Welche konkreten Vorgaben für die *Institution* der Dritten Gewalt sind Art. 92 GG – sozusagen eine Ebene tiefer – zu entnehmen? Unstreitig trägt die Norm dazu bei, die rechtsprechende Gewalt mit aller Schärfe von den beiden anderen abzugrenzen: Während das Grundgesetz die gewaltenübergreifende Ausübung der Staatsfunktionen „Verwaltung" und „Gesetzgebung" ausdrücklich vorsieht, ist die Rechtsprechung transferfest.[78]

Enthält Art. 92 GG darüber hinaus Vorgaben, die insbesondere nichtstaatliche Formen der Streitschlichtung einhegen? Das wird in der Debatte – häufig unter Vermengung mit dem „Gewaltmonopol des Staates"[79] – durchaus vorschnell angenommen.[80] Im Ausgangspunkt ist einhellig anerkannt, daß Art. 92 GG nur die staatliche Gerichtsbarkeit adressiert.[81] Die Freiheit der Bürger, deren Angebot *nicht* anzunehmen, ist ihrerseits grundrechtlich unterfangen: Die formlose Schlichtung durch des *quivis ex populo* wie die Entscheidung für ein förmliches Schiedsverfahren sind von der Handlungsfreiheit gedeckt, und andere Erscheinungsformen der „Privatgerichtsbarkeit" können sich auf spezielle Grundrechte berufen. So ist nicht ausgeschlossen, daß eine religiöse Gruppe plausibel ein Selbstverständnis behauptet, nach dem eine religiöse Streitschlichtung für sie verpflichtend ist.[82] Eingefangen wird die nichtstaatliche Gerichtsbarkeit sodann durch den staatlichen Justizgewähranspruch, der gegen die so ergangenen „Judikate" wiederum die Anrufung staatlicher Gerichte erlaubt, die letztlich in eine gestufte Abwägungsentscheidung mündet.

---

[78] Näher *C. Hillgruber* in: T. Maunz/G. Dürig (Begr.), Grundgesetz, Art. 92 (2007), Rn. 12 ff.

[79] Darauf stellen ab *H. Schulze-Fielitz* in: H. Dreier (Hrsg.), Grundgesetz-Kommentar, Bd. III, 2. Aufl. 2008, Art. 92 Rn. 17; *C.D. Classen* in: H. v. Mangoldt/F. Klein/ C. Starck (Hrsg.), GG, Bd. 3, 6. Aufl. 2010, Art. 92 Rn. 1.

[80] In diese Richtung *S. Detterbeck* in: M. Sachs (Hrsg.), Grundgesetz, 7. Aufl. 2014, Art. 92 Rn. 29 und *F. Hesselbarth* Schiedsgerichtsbarkeit und Grundgesetz, 2004, 75 ff., 79 ff., die aus Art. 92 GG den Gehalt der Vorrangstellung der staatlichen Gerichtsbarkeit herauslesen; siehe dazu zuletzt *H. Prütting* Die rechtliche Stellung des Schiedsrichters, in: SchiedsVZ 2011, 233 ff.; *U. Steiner* Das Verhältnis von Schiedsgerichtsbarkeit und staatlicher Gerichtsbarkeit, in: SchiedsVZ 2013, 15 ff.

[81] Siehe BVerfGE 27, 312 (320); 48, 300 (315); *W. Meyer* in: I. v. Münch/P. Kunig (Hrsg.), Grundgesetz-Kommentar, Bd. 2, 6. Aufl. 2012, Art. 92 Rn. 11; *S. Eisenmenger* Privatisierung der Justiz aus rechtlicher und ökonomischer Sicht, 2012, 97; eingehend *J. Zado* Privatisierung der Justiz. Zur Bedeutung und verfassungsrechtlichen Zulässigkeit von Privatisierungen in Rechtsprechung, Strafvollzug, Zwangsvollstreckung und Handelsregister, 2013, 243 ff.

[82] Eingehend dazu *F. Hötte* Religiöse Schiedsgerichtsbarkeit, 2013, 13 ff.

Ansätze für eine weitere Feinsteuerung bietet Art. 92 GG hier nicht. Es zeigt sich kaum Potential, das beispielsweise die differenzierte Einwirkung der Grundrechte in der *ordre public*-Prüfung im Schiedsrecht der ZPO[83] noch anleiten könnte.

Neben Art. 92 GG bleiben sodann die konkreten Regeln zur Gewaltenteilung.[84] Auch sie werden in Ansehung der Dritten Gewalt überschätzt.[85] Die Rechtsfigur ist der Verfassung zu entnehmen[86] und genießt den Schutz durch die Ewigkeitsklausel des Art. 79 Abs. 3 GG.[87] Führt man sich allerdings die Vielzahl von Verschränkungen vor Augen, die das Grundgesetz allein *explizit* vornimmt,[88] so ist namentlich der verfassungsändernde Gesetzgeber denkbar frei, einzelne Verstrebungen zu kappen oder neu einzufügen.[89]

Vollends überzogen ist schließlich der vereinzelt gezogene Schluß vom Status als „Dritte Gewalt" auf konkrete Rechtsfolgen etwa für deren Ausstattung.[90] Hier wird schlicht von einer heuristischen Figur auf einen

---

[83] Dazu nochmals eingehend und m.w.N. *Hötte* Schiedsgerichtsbarkeit (Fn. 82), 213 ff.

[84] Im ersten Zugriff *C. Möllers* Gewaltengliederung, 2005, 94 ff.

[85] Ähnlich im Ergebnis *H.-J. Papier* Zur Selbstverwaltung der Dritten Gewalt, in: NJW 2002, 2585 (2587 f.); *ders.* Zur Frage der Selbstverwaltung der Dritten Gewalt, in: F. Kirchhof/ders./H. Schäffer (Hrsg.), Rechtsstaat und Grundrechte. Festschrift für Detlef Merten, 2007, 185 (190 f.); *D. Gruber* Das Selbstverwaltungsprojekt der Dritten Gewalt, in: ZRP 2009, 123 (124); *B. Grzeszick* in: Maunz/Dürig, GG (Fn. 78), Art. 20 V (2013), Rn. 95.

[86] Üblicherweise wird auf Art. 1 Abs. 3 GG sowie Art. 20 Abs. 2 S. 2, Abs. 3 GG abgestellt: Statt aller *H. Schulze-Fielitz* in: H. Dreier (Hrsg.), Grundgesetz-Kommentar, Bd. II, 2. Aufl. 2006, Art 20 (Rechtsstaat), Rn. 67.

[87] Wie hier *K.E. Hain* in: H. v. Mangoldt/F. Klein/C. Starck (Hrsg.), GG, Bd. 2, 6. Aufl. 2010, Art. 79 Abs. 3 Rn. 91.

[88] Siehe bereits die Möglichkeiten der Übertragung von Rechtssetzungsbefugnissen auf die Exekutive nach Art. 80 GG sowie im Gegenzug von Exekutivkompetenzen auf die Legislative, etwa in Form von Zustimmungsvorbehalten im Rahmen des Erlasses von Rechtsverordnungen. Zu beachten ist weiter eine etwaige Gewaltenverschränkung als Folge der Übertragung von Hoheitsrechten gem. Art. 23 Abs. 1 S. 2 GG.

[89] So auch *H. Dreier* in: ders., GGK II (Fn. 86), Art. 79 III Rn. 50; *M. Sachs* in: ders., GG (Fn. 80), Art. 79 Rn. 74.

[90] So aber *U. Hochschild* Neue Steuerungsmodelle in der Justiz, in: Betrifft Justiz 62 (2000), 258 (258); *H.-E. Böttcher* Weg von napoleonischen und wilhelminischen Modellen! Hin zu einer demokratischen Justizverfassung auch in Deutschland!, in: KritV 91 (2008), 417 (421); wie hier *G. Roellecke* Der Lebensbedarf der Justiz und seine Bemessung, in: H. Schulze-Fielitz/C. Schütz (Hrsg.), Justiz und Justizverwaltung zwischen Ökonomisierungsdruck und Unabhängigkeit, 2002, 123 (128 ff.).

rechtlichen Status geschlossen – auch wenn das Bundesverfassungsgericht diesen Weg in seiner Statusdenkschrift gespurt haben mag.[91]

2. *Funktion: Unabhängigkeit, Effektivität und Finanzbedarf*

Die in Art. 97 GG niedergelegte richterliche Unabhängigkeit hat sich zum „Allesproblemlöser"[92] für Rechtsfragen der Dritten Gewalt entwickelt. Das hat angebbare Gründe: Angesichts der Ausgestaltung als Rundumsicherung der richterlichen Rechtsbindung ist zunächst keine Maßnahme denkbar, die begriffsnotwendig untauglich wäre, insbesondere die *sachliche* Unabhängigkeit zu verkürzen.[93] Zugleich ist der Rekurs auf die Unabhängigkeit deshalb attraktiv, weil er die Entscheidung der streitigen Sachfrage in Gestalt der Richterdienstgerichte in die Hände der Dritten Gewalt selbst legt. Das hat im Einzelfall zu Festlegungen geführt, die wie die Freiheit von festen Dienstzeiten evident sinnvoll sind, aber nicht ebenso evident etwas mit Unabhängigkeit zu tun haben.[94]

In Sachen Unabhängigkeit besteht weder Fortentwicklungs- noch dringender Handlungsbedarf.[95] Insbesondere sieht sich die sachliche Unab-

---

[91] Vgl. *BVerfG* Bemerkungen des Bundesverfassungsgerichts zu dem Rechtsgutachten von Professor Richard Thoma, in: JöR 6 (1957), 194 (198 ff.) und dazu *Wittreck* Verwaltung (Fn. 13), 267 f. sowie *D. Herrmann* Akte der Selbstautorisierung als Grundstock institutioneller Macht von Verfassungsgerichten, in: H. Vorländer (Hrsg.), Die Deutungsmacht der Verfassungsgerichtsbarkeit, 2006, 141 ff.

[92] In Anlehnung an *H. Dreier* in: ders. (Hrsg.), Grundgesetz-Kommentar, Bd. I, 3. Aufl. 2013, Art. 1 I Rn. 51.

[93] Näher *N. Achterberg* Die richterliche Unabhängigkeit im Spiegel der Dienstgerichtsbarkeit, in: NJW 1985, 3041 ff.; *C. Schütz* Der ökonomisierte Richter, 2005, 66 ff.; *Kissel/Mayer* GVG (Fn. 5), § 1 Rn. 63 ff.; *A. Heusch* in: B. Schmidt-Bleibtreu/H. Hofmann/H. G. Henneke (Hrsg.), Grundgesetz-Kommentar, 13. Aufl. 2014, Art. 97 Rn. 16 ff.

[94] Siehe aus der Rechtsprechung insbesondere das sog. Dienstzeiturteil BGHZ 113, 36 (40) und dazu *F. Wittreck* Anwälte als Richter über Richter? Anmerkungen zur jüngsten Novellierung des Richtergesetzes und der Neubesetzung der Richterdienstgerichte, in: NJW 2004, 3011 (3014 f.); *E. Schilken* Die Sicherung der Unabhängigkeit der Dritten Gewalt, in: JZ 2006, 860 (866 f.); *J.M. v. Bargen* Die Rechtsstellung der Richterinnen und Richter in Deutschland – Teil 1, in: DRiZ 2010, 100 (103); *Wittreck* Durchschnitt (Fn. 53), 3289; *D. Leuze* in: K.H. Friauf/W. Höfling (Hrsg.), Grundgesetz-Kommentar, Art. 97 (2012), Rn. 23.

[95] So in der Tendenz auch *H. Schulze-Fielitz* in: Dreier, GGK III (Fn. 79), Art. 97 Rn. 35; *Papier* Frage (Fn. 85), 198; *C. Sennekamp* Alle Staatsgewalt geht vom Volke aus! Demokratieprinzip und Selbstverwaltung der Justiz, in: NVwZ 2010, 213 (217); *C. Link* Die Hypertrophie der richterlichen Unabhängigkeit, in: R.T. Baus/G. Krings/R. Schlegel (Hrsg.), Aktuelle Fragen des Sozialrechts, 2010, 43 ff.; *A. Seibert-Fohr* Judicial Independence in Germany, in: dies., Independence (Fn. 14), 447 (516); *H.-H. Kühne*

hängigkeit nicht mit Bedrohungsszenarien konfrontiert, die man als dramatisch einstufen müßte. Mehrere Bereiche erfordern allerdings kritische Aufmerksamkeit: Zunächst häufen sich die Fälle, in denen EDV-Strukturen zum Streit führen[96] – besonders prominent zuletzt in Gestalt der „Netzklage“ hessischer Richter.[97] Hier geht es im Kern um die Abschir-

---

Grenzen richterlicher Unabhängigkeit im Strafverfahren, in: GA 160 (2013), 39 (47 f.); *Heusch* (Fn. 93), Art. 97 Rn. 15; *Minkner* Gerichtsverwaltung (Fn. 74), 667 ff. – Deutlich kritischer *P.-A. Albrecht* Erwartungen aus den Grundlagenwissenschaften des Rechts, in: KritV 91 (2008), 340 ff.; *M. Fornauf* Die Marginalisierung der Unabhängigkeit der Dritten Gewalt im System des Strafrechts, 2010, 296 u. passim; *W. Meyer* in: I. v. Münch/P. Kunig (Hrsg.), Grundgesetz-Kommentar, Bd. 2, 6. Aufl. 2012, Art. 97 Rn. 45.

[96] Siehe etwa *M. Bertrams* Eingriff in die Unabhängigkeit der Dritten Gewalt durch Zentralisierung der IT-Organisation unter dem Dach der Exekutive, in: NWVBl. 2010, 209 ff.; *M. Ballhausen* IT-Einsatz in der Justiz. Technik, Recht, Realisierung, 2012, 46 ff.; *J. Treber* Virtuelle Justizkommunikation ante portas. Das Gesetz zur Förderung des elektronischen Rechtsverkehrs mit den Gerichten, in: NZA 2014, 450 ff.; *C. Schürger* Einführung der E-Akte – Revolution am Richterarbeitsplatz?, in: DRiZ 2014, 92.

[97] BGH MMR 2012, 128 f.; siehe dazu die Anmerkungen von *R. Köbler* DRiZ 2012, 162 ff. (der Verfasser ist als Ministerialdirigent im Hessischen Justizministerium tätig) sowie *B. Kamphausen* JR 2012, 381 ff.; die Verfassungsbeschwerde gegen das Urteil hat das Bundesverfassungsgericht nicht angenommen: BVerfG (1. Kammer des Zweiten Senats), NJW 2013, 2102. Das Dienstgericht des Bundes hatte allerdings nur noch eingeschränkt zu entscheiden, nachdem das Urteil des Hessischen Dienstgerichtshofs für Richter (20.4.2010 – DGH 4/08, juris) teilweise rechtskräftig geworden war (unterstrichen von *W. Schwamb* NJW-Aktuell 5/2012, 10). Der Dienstgerichtshof hatte insofern festgestellt (Rn. 52): „Eine Beeinträchtigung der richterlichen Unabhängigkeit durch das von der HZD [Hessische Zentrale für Datenverarbeitung] administrierte EDV-Netz ist dann anzunehmen, wenn diese Maßnahme die Antragsteller in der Weise betrifft, dass nicht mehr allein die Ordnung oder die ‚Art der Ausführung eines Amtsgeschäfts‘ (§ 26 Abs. 2 DRiG) tangiert ist, sondern der Kernbereich der richterlichen Tätigkeit […]. Ein Einblick der Dienstaufsicht oder anderer staatlicher Stellen in von einem Richter oder in seinem Auftrag von anderen Bediensteten im Rahmen seiner Recht sprechenden Tätigkeit bis zur abschließenden Entscheidung angefertigten Dokumente, wie Verfügungen, Beschlüsse, Notizen und Entwürfe (richterliche Dokumente), würde eine Beeinträchtigung der richterlichen Unabhängigkeit darstellen. Denn zum Kernbereich richterlicher Spruchtätigkeit zählen auch die die Endentscheidung vorbereitenden Handlungen und Entscheidungen […]. Die Dienstaufsicht darf folglich auf den sachlichen Inhalt dieser richterlichen Tätigkeit keinen Einfluss nehmen […]. Wenn aber der Dienstaufsicht ein sachlicher Einfluss auf solche vorbereitenden Entwürfe und Entscheidungen untersagt ist, so darf sie auch von deren Inhalt nicht eigenmächtig Kenntnis nehmen. Eine Kenntnisnahme von noch nicht für die Öffentlichkeit bestimmten richterlichen Dokumenten würde die erste Stufe einer möglichen Einflussnahme bedeuten und ist – wenn sie dem Richter bekannt würde – schon als solche geeignet, Einfluss auf den Kernbereich richterlicher Tätigkeit zu nehmen.“ Die Entscheidung des DGH bespricht *B.J. Scholz* IT-Standardisierung und richterliche Unabhängkeit, in: DRiZ 2011, 78 ff.

mung der richterlichen Entscheidungstätigkeit gegen Einblicke der Exekutive.[98] Dauernder Stein des Anstoßes ist ferner die dienstliche Beurteilung;[99] ihre Anleitung durch Richtlinien kann zwar Gleichheitsgewinne generieren,[100] doch enthalten einige dieser Normen durchaus fragwürdige Voreinstellungen, etwa zum Verhältnis von Quantität (sprich „Erledigungszahlen") und Qualität richterlicher Arbeit[101] – womit dann auch der dritte neuralgische Punkt benannt wäre. Das gegenwärtige dienstgerichtliche Verfahren[102] wird zeigen müssen, ob der strikt individualisierte Schutz der Unabhängigkeit durch die Richterdienstgerichte derlei endemischen Mängeln noch sinnvoll begegnen kann.

Auf der anderen Seite ist „Effektivität" dem Grundgesetz als Rechtsbegriff an sich fremd. Sie begegnet erst im grundrechtlich fundierten Anspruch auf effektiven Rechtsschutz, der eben auch Rechtsschutz in angemessener Zeit bedeutet.[103] Die Kernfrage dürfte derzeit lauten, an wen

---

98 Umgekehrte Perspektive bei *A. Rojahn/C. Jerger* Richterliche Unparteilichkeit und Unabhängigkeit im Zeitalter sozialer Netzwerke, in: NJW 2014, 1147 ff.; zur Paralleldebatte in den USA *Wittreck* Ethik (Fn. 52), 272 f.

99 Dazu im ersten Zugriff *Kissel/Mayer* GVG (Fn. 5), § 1 Rn. 89 ff.; siehe ferner *Wittreck* Verwaltung (Fn. 13), 437 ff.; *S. Haberland* Richterliche Unabhängigkeit und dienstliche Beurteilungen, in: DRiZ 2009, 242 ff.; *Minkner* Gerichtsverwaltung (Fn. 74), 174 ff.

100 Vgl. etwa *Heusch* (Fn. 93), Art. 97 Rn. 25. Näher *ders./U. Hohoff* Justizministerium und richterliche Unabhängigkeit, in: 60 Jahre Justizministerium Nordrhein-Westfalen, 2010, 112 (118 f.).

101 Offen formuliert hier der Runderlass des Hessischen Ministeriums der Justiz v. 1.12.2004 (z. 2051 – I/1 – 2002/13512 – A, JMBl. 2005, 50, der in Ziffer 2 Qualität und Quantität nebeneinanderstellt; die anliegenden Anforderungsprofile listen allerdings unter „Grundanforderungen" zuallererst „Leistungsfähigkeit" und „Belastbarkeit" auf. – Unauffällig demgegenüber die Allgemeine Verfügung des Justizministeriums NRW „Dienstliche Beurteilungen der Richterinnen und Richter sowie der Staatsanwältinnen und Staatsanwälte" v. 2.5.2005 (2000 – Z. 155), JMBl. NRW 121; in der Anlage tauchen unter „Fachlicher Qualifikation" Erledigungszahlen explizit überhaupt nicht auf.

102 Oben bei und in Fn. 53.

103 Für die Herleitung aus Art. 19 Abs. 4 GG *W. Krebs* in: I. v. Münch/P. Kunig (Hrsg.), Grundgesetz-Kommentar, Bd. 1, 6. Aufl. 2012, Art. 19 Rn. 68; *M. Sachs* in: ders., GG (Fn. 80), Art. 19 Rn. 143; auf Art. 20 Abs. 3 GG stellen ab BVerfGE 88, 118 (123); 119, 292 (295); 122, 248 (270 f.); *A. Uhle* Rechtsstaatliche Prozeßgrundrechte und -grundsätze, in: D. Merten/H.-J. Papier (Hrsg.), Handbuch der Grundrechte in Deutschland und Europa, Bd. V, 2013, § 129 Rn. 27; *H.D. Jarass* in: ders./B. Pieroth, Grundgesetz-Kommentar, 13. Aufl. 2014, Art. 20 Rn. 91. – Daß der Anspruch ein zeitliches Element hat, ist dem Grunde nach unstrittig; siehe nur BVerfGE 93, 1 (13) sowie zuletzt BVerfG (2. Kammer des Ersten Senats) NJW 2013, 3630 und dazu *S. Muckel* Amtshaftungsansprüche nach überlanger Dauer eines Gerichtsverfahrens, in: JA 2014, 398 (399 f.) sowie *B.J. Scholz* Erfahrungen mit dem Rechtsschutz gegen überlange Verfahren, in: DRiZ 2014, 136 f.

genau dieser Anspruch nach Art. 1 Abs. 3 GG adressiert ist. Im Raum stehen die Verantwortungsanteile der Richterschaft, der Justizverwaltung sowie des jeweiligen Haushaltsgesetzgebers. Im Streit um unterdurchschnittliche Erledigungszahlen macht die Dienstaufsicht – in dieser Deutlichkeit und Dreistigkeit erstmals – geltend, der Haushaltsgesetzgeber lege durch die Zahl der Richterstellen auch abschließend fest, was der einzelne Richter *per annum* zu erledigen habe.[104] Das Landesparlament zeichnet sich hier von seiner Grundrechtsbindung frei, indem es sie zu Lasten der Richterschaft privatisiert: Die Halbierung der Richterstellen wäre danach eingedenk des Art. 19 Abs. 4 GG entweder durch Verdopplung der wöchentlichen Arbeitszeit oder durch (wohlgemerkt damit verbindlich angeordnete) Halbierung der pro Fall investierten konkreten Arbeitszeit zu kompensieren. Daß diese richterrechtliche Milchmädchenrechnung nicht aufgeht, sollte auf der Hand liegen.[105] Sie stellt eine nur notdürftig getarnte Weisung dar und wirft auch die Frage auf, ob der Landeshaushaltsgesetzgeber so massiv die Handhabung der bundesrechtlichen Prozeßordnungen steuern darf (sie ist zu verneinen).

Damit sind wir zugleich bei der Frage des Finanzbedarfs. Hier begegnen in Richterschaft und Literatur teils raumgreifende Ableitungen.[106] Ihnen wird ministerseits neuerdings gerne die „Schuldenbremse" als eine Art Verfassungsziel 2.0 entgegengehalten.[107] Beides führt in die Irre.

---

[104] Zitat aus dem Schriftsatz vom 29.4.2013 im Verfahren DGH 2/13, 3: „Durch die gesetzliche Vorgabe der Personalausstattung und das tatsächliche Fallaufkommen wird aber der – auch für den Berufungsführer – verbindliche Maßstab aufgestellt, wie viel der einzelne Richter in seiner jeweiligen Funktion zu erledigen hat."

[105] Näher *Wittreck* Spannungsfeld (Fn. 42), 74 ff.

[106] Vgl. etwa *Hochschild* Neue Steuerungsmodelle (Fn. 90), 258. Mißverständlich formuliert *T. Schulte-Kellinghaus* Die Ressourcengarantie für die Dritte Gewalt, in: ZRP 2006, 169 ff., da einzelne seiner Schlußfolgerungen vom völlig zutreffenden Grundgedanken (vgl. unten Fn. 119) nicht getragen werden. Das gilt namentlich für die Pauschalaussage „Die Steuerung der Rechtsprechung durch Ressourcenbegrenzung ist verfassungswidrig." (ebd., 171). Nach hier vertretener Auffassung kann der Haushaltsgesetzgeber nach Abwägung mit anderen Gemeinwohlbelangen sehr wohl Kürzungen im Justizhaushalt vornehmen (zur äußersten Grenze siehe sogleich). Er „steuert" die Rechtsprechung dann dahingehend, daß die Justizgewährung länger dauert (und muß entsprechende Amtshaftungsansprüche gewärtigen, s.o. Fn. 5). Verfassungswidrig handelt er – wiederum vorbehaltlich der Nichtüberschreitung äußerster Grenzen –, wenn er damit entgegen Art. 97 Abs. 1 GG den Anspruch verbindet, dem Richter verbindlich die Zeit pro Fall vorzuschreiben. Dagegen luzide *Schulte-Kellinghaus* ebd., 170.

[107] Statt aller das Interview mit der Justizministerin von Schleswig-Holstein *M. Heinold* Dass die Justiz von der Umsetzung der Schuldenbremse ausgenommen wird, kann ich nicht versprechen, in: NRV-Magazin Schleswig-Holstein 8/2012, 3 (3).

Die in Art. 109 Abs. 3, 115 Abs. 2, 143d Abs. 1 S. 4 GG niedergelegte sog. Schuldenbremse schließt eine Kreditfinanzierung für die Länder gänzlich und für den Bund weitgehend aus.[108] Enthält diese Schranke nun ein materielles Staatsziel, das wahlweise als „Haushaltsdisziplin“ oder „nachhaltiges Wirtschaften“ ausgeflaggt und anderen Werten von Verfassungsrang im Wege der praktischen Konkordanz entgegengehalten werden könnte?[109] Vor einer solchen Hypostasierung ist dringend zu warnen. Zunächst ist unbestritten, daß das Haushaltsrecht erstens unter dem Vorbehalt des Möglichen steht[110] und in diesem Rahmen zweitens die sparsame Haushaltsführung schon jetzt ein Rechtswert von Verfassungsrang ist. Hieran hat die Schuldenbremse *rechtlich* nichts geändert;[111] sie beeinflußt lediglich *faktisch* die Haushaltslage, indem sie den Ländern verbietet, das Steueraufkommen durch Kredite zu „optimieren“.

Hat die Justiz ein Anrecht auf einen Teil dieses (kleineren) Kuchens? Dem Grunde nach ja,[112] doch dürften Gerichte wie Staatsrechtslehre ihre Kompetenzen überdehnen, wenn sie diesen Anteil *beziffern*.

Das Bundesverfassungsgericht ist in einer jüngeren Kammerentscheidung *en passant* von der Pflicht des Staates zu einer angemessenen Ausstattung der Gerichte ausgegangen.[113] Hier dürfte Konsens herrschen, daß es eine generelle Rechtspflicht des Haushaltsgesetzgebers gibt, die in der

---

108 Knappe Zusammenfassung bei *C. Lenz/E. Burgbacher* Die neue Schuldenbremse im Grundgesetz, in: NJW 2009, 2561 ff.; eingehender jetzt *A. Mayer* Die sogenannte Schuldenbremse im Grundgesetz. Verfassungsmäßigkeit der Begrenzung der Kreditaufnahme der Länder und Umsetzung der Schuldenbegrenzungsregeln in den Ländern, 2014; *H. Pünder* Budgetary Planning and „Debt Brakes“ in the Federal Republic of Germany, in: Schmidt-Kessel, Reports (Fn. 14), 611 (624 ff.) sowie zuletzt *H.-G. Henneke* in: Schmidt-Bleibtreu/Hofmann/ders., GG (Fn. 93), Art. 109 Rn. 102 ff., Art. 115 Rn. 21 ff. – Für die Landesebene statt aller *C. Gröpl* Die „Schuldenbremse“ im Freistaat Sachsen, 2014.

109 So jetzt namentlich VerfGH NRW DVBl. 2014, 1059 (Rn. 77, 91).

110 So ausdrücklich *C. Waldhoff* Grundzüge des Finanzrechts des Grundgesetzes, in: J. Isensee/P. Kirchhof (Hrsg.), Handbuch des Staatsrechts der Bundesrepublik Deutschland, Bd. V, 3. Aufl. 2007, § 116 Rn. 58; *R. Gaier* Der Vorbehalt des Möglichen als Gebot richterlicher Selbstbeschränkung, in: M. Bäuerle/P. Dann/A. Wallrabenstein (Hrsg.), Demokratie-Perspektiven. Festschrift für Bryde, 2013, 367 (375 ff.).

111 Näher entfaltet in *Wittreck* Spannungsfeld (Fn. 42), 71.

112 So auch *Roellecke* Lebensbedarf (Fn. 90), 123 ff.; *M. Heintzen* Staatshaushalt, in: Isensee/Kirchhof (Hrsg.), HStR V (Fn. 110), § 120 Rn. 76; zu den Grenzen siehe *W. Heun* in: Dreier, GGK III (Fn. 79), Art. 110 Rn. 31.

113 BVerfG (3. Kammer des Ersten Senats), BayVBl. 2013, 210 (211): „Es obliegt in ihrem Zuständigkeitsbereich den Ländern, für eine hinreichende materielle und personelle Ausstattung der Gerichte zu sorgen, damit diese ihrem Rechtsprechungsauftrag in einer Weise nachkommen können, die den Anforderungen des Art. 19 Abs. 4 Satz 1 GG genügt (vgl. BVerfGE 36, 264 [275] […])“.

Verfassung vorgesehenen Institutionen so zu bedenken, daß sie funktionstüchtig sind.[114] Dieser Funktionsvorbehalt steht aber seinerseits unter einem doppelten Vorbehalt, nämlich dem des Vorhandenseins von Mitteln[115] und dem der Funktionsfähigkeit anderer Institutionen.[116] Dabei läßt sich dem Grundgesetz eine klare Hierarchie der Ziele nicht entnehmen:[117] Die Justiz ist nicht *per se* wichtiger als eine Bundeswehr, deren Großgerät wenigstens dann und wann sowie anteilig einsatzfähig ist.[118]

Das bedarf in Ansehung der Dritten Gewalt allerdings noch der Präzisierung, muß doch ihre Unabhängigkeit „eingepreist" werden – die Justiz muß nicht nur funktionieren, sondern sie muß *unabhängig* agieren können.[119] Das führt zu einer gestuften Prüfung: Erstens ist zu fragen, ob die Ausstattung die Funktionsfähigkeit der Justiz generell ausschließt. Zweitens gilt es kritisch zu sichten, ob sie den Gerichten erlaubt, ihren Aufgaben ausschließlich unter Bindung an das Gesetz nachzugehen. Dieser Maßstab ist strenger und impliziert ein Mindestabstandsgebot zwischen schierer Funktionsfähigkeit und unabhängiger Amtsausübung, wirft aber wiederum ein fundamentales methodisches Problem auf.

Dem Verfasser ist bewußt, daß manche mit stupender Wertungssicherheit aus dem Grundgesetz ein- bis zweistellige Ziffern ableiten.[120] Er muß

---

[114] Wie hier *H.-J. Papier* Justizgewähranspruch, in: J. Isensee/P. Kirchhof (Hrsg.), Handbuch des Staatsrechts der Bundesrepublik Deutschland, Bd. VIII, 3. Aufl. 2010, § 176 Rn. 22 und *Heusch* (Fn. 93) Art. 97 Rn. 28.

[115] Vgl. nochmals oben Fn. 110.

[116] Dafür etwa *Möllers* Gewaltengliederung (Fn. 84), 93.

[117] Pointiert *H. Schulze-Fielitz/C. Schütz* Justiz und Justizverwaltung zwischen Ökonomisierungsdruck und Unabhängigkeit. Eine einleitende Problemskizze, in: dies., Justiz (Fn. 90), 9 (19).

[118] Vgl. zu den jüngsten Problemen der Bundeswehr nur *N. Blome u.a.* Zu wem die Ampel spricht, in: Der Spiegel 40/2014, 20 ff.

[119] Das folgende im Anschluß an *Schulte-Kellinghaus* Ressourcengarantie (Fn. 106), 170; vgl. ferner für eine Aktivierung des Art. 97 Abs. 1 GG für die Frage nach der Ausstattung der Dritten Gewalt *C. Hillgruber* in: Maunz/Dürig, GG (Fn. 78), Art. 97 (2008), Rn. 91 sowie *E. Künzler* Gute Rechtsprechung trotz Sparzwangs, in: H. Hill/J. Dieckmann (Hrsg.), Moderne Justiz, 2013, 9 (18).

[120] Jüngstes abschreckendes Beispiel ist die Festlegung des Bundesverfassungsgerichts auf eine Obergrenze für Überhangmandate (BVerfGE 131, 316 [368 ff.]; immerhin räumt das Gericht selbst ein, daß diese Ableitung nicht zwingend ist, sondern ein dezisionistisches Element in sich trägt; näher zur „Maßstabsfindung" *H. Mann/C. Pohl* Die wahlrechtlichen Gleichheitssätze in der neueren Rechtsprechung des Bundesverfassungsgerichts, in: Becker/Lange, Linien 3 [Fn. 5], 435 [471 ff.]). – Kluges Plädoyer gegen eine derartige Zahlenfixierung bei *O. Depenheuer* Vermessenes Recht. Das Gemeinwesen im Netz der Zahlen, 2013; vgl. zuvor *dens.* Zählen statt urteilen. Die Auflösung der Urteilskraft in die Zahlengläubigkeit, in: SächsVBl. 2010, 177 ff.

einräumen, daß das Grundgesetz ihm gegenüber stumm bleibt, was präzise Zahlenwerte anbelangt, die nicht explizit im Text stehen. Zahlen sind Sache des Parlaments, nicht der Gerichte oder der Wissenschaft. Einer Disziplin namens „Verfassungskabbalistik" sollten wir nicht huldigen.[121]

Was bleibt? Die Wissenschaft und die Rechtsprechung können zwar keine Zahlenwerte generieren, bei deren Unterschreitung die Pflicht des Haushaltsgesetzgebers zur funktions- resp. unabhängigkeitsadäquaten Ausstattung der Gerichte verletzt ist. Sie können diese Grenze aber wenigstens näher konturieren. Stellt man auf die schiere Funktionsfähigkeit ab, wäre diese wohl erst dann zu verneinen, wenn eine erhebliche Anzahl der Gerichte eines Landes wegen Richtermangels oder Baufälligkeit geschlossen bliebe. Fragt man nach der Fähigkeit zur *unabhängigen* Entscheidung, so ist diese dann nicht mehr gegeben, wenn sich ein substantieller Anteil des Justizpersonals in seinem Tun an anderen Parametern als dem Gesetz orientiert.[122] Wenn die Berichte zutreffen, daß etwa die Einstellungskurven vieler Staatsanwaltschaften zum Monatsende hin ansteigen, wäre das mehr als ein Warnzeichen.

Abschließend ließe sich noch erwägen, ob der prozedurale Zugriff einen Weg weist, den das Bundesverfassungsgericht in der Entscheidung über die Hartz IV-Sätze zugrunde gelegt hat.[123] Unabhängig von der Frage, ob sich das Gericht nicht schon in der Folgeentscheidung davon wieder vorsichtig distanziert hat,[124] verschiebt ein solcher Ansatz aber nur

[121] Zur Vermeidung von Mißverständnissen: „Kabbalistik" ist keineswegs mit „Esoterik" gleichzusetzen. Der Begriff bezeichnet eine mystisch-spekulative Tradition innerhalb des Judentums, die sich im Mittelalter entwickelt und insbesondere eine intensive Sprach- und Zahlensymbolik betreibt bzw. in Teilen von der Annahme ausgeht, die Wirklichkeit resp. eine „höhere" Wahrheit sei in Worten bzw. Zahlen gleichsam codiert. Im ersten Zugriff *K.S. Davidowicz* Die Kabbala. Eine Einführung in die Welt der jüdischen Mystik und Magie, 2009; siehe ferner *A. Kilcher* Die Sprachtheorie der Kabbala als ästhetisches Paradigma, 1998; vgl. zur christlichen Kabbalistik die monumentale Darstellung von *W. Schmidt-Biggemann* Geschichte der christlichen Kabbala, bislang 3 Bde., 2013.

[122] *J. Schmidt-Räntsch* DRiG, 6. Aufl. 2009, § 26 Rn. 22 ff. Weitergehend *Leuze* (Fn. 94), Art. 97 Rn. 7 a.E.

[123] BVerfGE 125, 175 (225 ff.; Rn. 139 ff.); näher dazu *S. Kempny/H. Krüger* Menschenwürde jenseits des Abwehrrechts. Versuch einer dogmatischen Konstruktion des Leistungsgrundrechts auf Existenzsicherung aus Art. 1 Abs. 1 in Verbindung mit Art. 20 Abs. 1 GG, in: SGb 2013, 384 ff.; *S. Egidy* Casenote – the fundamental right to the guarantee of a subsistence minimum in the Hartz IV decision of the German Federal Constitutional Court, in: German Law Journal 12 (2011), 1961 ff. sowie *H. Dreier* in: ders., GGK I (Fn. 92), Art. 1 I Rn. 155.

[124] BVerfGE 132, 134 (162 ff.; Rn. 69 ff.); das Gericht hat darin das Asylbewerberleistungsgesetz verworfen, weil seine Regelungen „evident unzureichend" waren (ebd.,

das Grundproblem. Resultat wäre eine flächendeckende Dokumentationspflicht des Haushaltsgesetzgebers bezüglich der Tatsachenbasis seiner Abwägungsentscheidungen, die lediglich eine Scheinrationalität verheißt.

3. *Personal: Rekrutierung, Legitimation, Alimentation*

Die Rekrutierung des richterlichen *Personals* erfolgt nach den Landesverfassungen durch die Exekutive allein[125] oder im Zusammenwirken mit Richterwahlausschüssen,[126] denen Parlamentarier und Richter, vereinzelt auch Rechtsanwälte angehören.[127] In Niedersachsen wird gerade die Einrichtung eines solchen Ausschusses diskutiert.[128] Es sollen nun nicht die sattsam bekannten Streitfragen zu Art. 98 Abs. 4 GG aufgewärmt werden,[129] sondern die Frage aufgeworfen werden, ob die Verfassungspraxis die Intention der Norm noch abbildet. Hier müssen Richterwahl und Richteranklage (Art. 98 Abs. 2 u. 5 GG) als zwei Seiten einer Medaille

166; Rn. 80). Eindringliche Analyse bei *A. Wallrabenstein* Chancen für ein verfassungskonformes Asylbewerberleistungsgesetz, in: KritV 95 (2012), 433 (442 ff.). Gegen eine Neuakzentuierung etwa *A. Pfersich* Urteilsanmerkung, in: ZAR 2012, 343 (343).

[125] So in Bayern, Mecklenburg-Vorpommern, Niedersachsen, Nordrhein-Westfalen, Sachsen, Sachsen-Anhalt und dem Saarland; zusammenfassend *Wittreck* Verwaltung (Fn. 13), 413 ff.

[126] Dies ist der Fall in Baden-Württemberg, Berlin, Brandenburg, Bremen, Hamburg, Hessen, Rheinland-Pfalz, Schleswig-Holstein und Thüringen; zusammenfassend m.w.N. wiederum *Wittreck* Verwaltung (Fn. 13), 396 ff.

[127] Konkret: In Brandenburg, Hessen, Rheinland-Pfalz, Schleswig-Holstein und Thüringen sind die Richterwahlausschüsse mehrheitlich mit Abgeordneten besetzt. *Dietrich* Richterwahlausschüsse (Fn. 15), 106 (Brandenburg), 114 (Hessen), 115 (Rheinland-Pfalz), 120 (Schleswig-Holstein), 123 (Thüringen).

[128] Siehe (befürwortend) *C. Schütz* Parlamentarischer Rat – reloaded. Es lohnt sich nicht nur in Niedersachsen, das Volk bei der Richterwahl zu beteiligen – Zur Einführung von Richterwahlausschüssen, in: Betrifft Justiz 116 (2013), 181 ff.; neben Niedersachsen haben noch Mecklenburg-Vorpommern, Sachsen und Sachsen-Anhalt von ihrer landesverfassungsrechtlichen Öffnungsklausel für die Einrichtung von Richterwahlausschüssen nicht Gebrauch gemacht, siehe dazu *Gärditz* Richterwahlausschüsse (Fn. 15), 109.

[129] Eingehend erörtert haben Rechtssprechung und Literatur (klassisch *E.-W. Böckenförde* Verfassungsfragen der Richterwahl, 2. Aufl. 1998 sowie *D. Ehlers* Verfassungsrechtliche Fragen der Richterwahl, 1998) insbesondere drei Fragenkomplexe: Kann neben dem im Wortlaut erwähnten Justiz- auch der Ressortminister teilnehmen, muß dem Minister gegenüber dem Ausschuß eine echte Vetoposition zukommen, und können die Ausschüsse über die „Anstellung" hinaus auch bei weiteren Personalentscheidungen mitwirken? Zusammenfassend m.w.N. *Wittreck* Verwaltung (Fn. 13), 396 ff.; s. auch *Dietrich* (Fn. 15), 46 ff.

gedeutet werden: Beide Normen sind Reaktionen auf die Trotzhaltung der Richterschaft gegenüber der Weimarer Republik[130] wie ihre Sympathie für das NS-Regime.[131] Die Richterwahl war insofern als Eingangskontrolle auf demokratische Gesinnung,[132] die Richteranklage als Reaktion auf deren Fehlen gedacht.[133] Dies wurde von der deutschen Richterschaft instinktiv durchschaut und erbittert bekämpft.[134]

---

130 Näher *D. Majer* Politisches/gesellschaftliches Engagement von Richtern und Staatsanwälten. 2. In der Weimarer Republik und im NS-Staat, in: Evangelische Akademie Bad Boll, Protokolldienst 2/86, 18 (21 ff.); *T. Drosdeck* Richterbilder und richterliches Selbstverständnis in der Weimarer Republik, in: A. Gouron u.a. (Hrsg.), Europäische und amerikanische Richterbilder, 1996, 293 ff.; *C. Gusy* Die Weimarer Reichsverfassung, 1997, 200 ff.; das Scheitern aller Versuche, „ein modernes, von allgemeiner Zustimmung getragenes Richterleitbild" zu formulieren, konstatiert *N. Hempel* Richterleitbilder in der Weimarer Republik, 1978, 131.

131 Grundlegend *L. Gruchmann* Justiz im Dritten Reich 1933–1940, 1987. Vgl. aus der neueren Literatur die Studien von *S. Schädler* „Justizkrise" und „Justizreform" im Nationalsozialismus, 2009; *M. v. Köckritz* Die deutschen Oberlandesgerichtspräsidenten im Nationalsozialismus (1933–1945), 2011; *M. Herbers* Organisation im Krieg. Die Justizverwaltung im Oberlandesgerichtsbezirk Köln 1933–1945, 2012; H.-P. Haferkamp/M. Szöllosi-Janze/H.-P. Ullmann (Hrsg.), Justiz im Krieg. Der Oberlandesgerichtsbezirk Köln 1939–1945, 2012; *M. Löffelsender* Strafjustiz an der Heimatfront, 2012; *J. Küssner* Die familienrechtlichen Entscheidungen des Landgerichts Köln in der Zeit von 1933 bis 1945, 2013; *B. Manthe* Richter in der nationalsozialistischen Kriegsgesellschaft, 2013.

132 Näher *Wittreck* Verwaltung (Fn. 13), 71 f., 128 ff., 305 f., 396 ff.; *Dietrich* Richterwahlausschüsse (Fn. 15), 18 sowie *Schütz* Parlamentarischer Rat (Fn. 128), 181 (182 f.).

133 Erste Überlegungen in diese Richtung wurden bezeichnenderweise in der Zwischenkriegszeit angestellt: Der Vorschlag einer Anklage vor dem Staatsgerichtshof wegen „politischer Rechtsbeugung" stammt von *L. Bendix* Die Rechtsbeugung im künftigen deutschen Strafrecht, in: Die Justiz II (1926/27), 42 (59 ff.); zustimmend *A. Delmar* Richterliche Unabhängigkeit und politische Justiz, in: Die Justiz IV (1928/29), 458 (486 f.; auf ihn dürfte die Bezeichnung „Richteranklage" zurückgehen: ebd., 489 f.); kritisch hingegen *E. Schiffer* Die Deutsche Justiz, 1. Aufl. 1928, 29 ff.

134 Einige repräsentative Stellungnahmen: Für *P. v. Husen* Die Entfesselung der Dritten Gewalt, in: AöR 78/N.F. 39 (1952/53), 49 (54), handelt es sich beim Richterwahlausschuß um einen „törichten und verfälschten Abklatsch"; die Richteranklage gilt ihm als „Gifttropfen[s]". Gleichsinnig *E. Schmidt,* Politische Rechtsbeugung und Richteranklage, in: Zentral-Justizamt für die Britische Zone (Hrsg.), Justiz und Verfassung, 1948, 55 (59 ff.); *[G.] Erdsiek* Politische Kontrolle oder Selbstkontrolle der Justiz, in: MDR 1948, 398 (399); *H. Ruscheweyh* Richteranklage und Richterwahl im Bonner Grundgesetzentwurf, in: MDR 1949, 258 (259 f., 260 f.); *[H.E.] Rotberg* Zur Stellung der Justiz im Grundgesetz, in: DRZ 1949, 387 (387 f.); *W. Weber,* Weimarer Verfassung und Bonner Grundgesetz, in: ders., Spannungen und Kräfte im westdeutschen Verfassungssystem, 1951, 7 (33 f.). – Hellsichtige Kritik an dieser Haltung bei *G. Willms* Der „unpolitische" Richter, in: Frankfurter Hefte 3 (1948), 105 ff.; zur personellen Kontinuität in der Justiz noch *H. Wrobel* Verurteilt zur Demokratie. Justiz und Justizpolitik in

Die Richteranklage hat sich bislang bekanntlich als unnötig erwiesen[135] – verhaltensauffällige Angehörige entsorgt die Justiz durch den Amtsarzt.[136] Wie steht es um die Praxis der Richterwahlausschüsse?[137] Die vorliegenden Informationen lassen zwei vorsichtige Schlüsse zu: Zunächst ist das Entscheidungsverhalten der Ausschüsse durch die Regeln über die Zusammensetzung und das Procedere kaum zu steuern. Vielmehr hängt es von distinkten Routinen des Gremiums sowie der politischen Kultur im

---

Deutschland 1945–1949, 1995, 133 ff.; *J. Requate* Der Kampf um die Demokratisierung der Justiz. Richter, Politik und Öffentlichkeit in der Bundesrepublik, 2008, 28 ff.; *H. Rottleuthner* Karrieren und Kontinuitäten deutscher Justizjuristen vor und nach 1945, 2010 sowie zuletzt M. Görtemaker/C. Safferlin (Hrsg.), Die Rosenburg. Das Bundesministerium der Justiz und die NS-Vergangenheit – eine Bestandsaufnahme, 2013. – Zu *van Husen* ist der Hinweis angezeigt, daß bei ihm die kritische Haltung zu Richterwahl und Richteranklage keineswegs mit einer affirmativen Haltung gegenüber dem NS-System einhergeht: Näher *F. Schindler* Paulus van Husen im Kreisauer Kreis. Verfassungsrechtliche und verfassungspolitische Beiträge zu den Plänen der Kreisauer für einen Neuaufbau Deutschlands, 1996 sowie eingehend *K.-J. Hummel* Einführung, in: ders. (Bearb.), Paulus von Husen 1891-1971. Erinnerungen eines Juristen vom Kaiserreich bis zur Bundesrepublik Deutschland, 2010, XV (LII ff.).

135 Erörtert wurde sie bekanntlich im Fall „Deckert" bzw. „Orlet", in dem eine Strafkammer in der Urteilsbegründung ungewöhnlich viel Verständnis für einen von ihr verurteilten NS-Sympathisanten an den Tag legte; vgl. LG Mannheim NJW 1994, 2494 (aufgehoben durch BGH NJW 1995, 340) sowie aus der Diskussion darüber *G. Bertram* Noch einmal: Die „Auschwitzlüge" – Anmerkungen zum Urteil der 6. Großen Strafkammer des LG Mannheim vom 22.6.1994, in: NJW 1994, 2397 ff.; *H. Sendler* Zur Krankheit verurteilt? Das Deckert-Urteil und die Folgen, in: ZRP 1994, 377 ff.; *M. Reissenberger* „Mannheimer Richter anklagen", in: Betrifft Justiz 40 (1994), 385 ff.; *ders.* Wagenburg oder Richteranklage, in: DRiZ 1995, 74; *R. Wassermann* Richteranklage im Fall Orlet?, in: NJW 1995, 303; *H. Wrobel* Geh – schmeiß ihn von dem Tribunal herunter! Bemerkungen zum 8. Mai 1945, zur Richteranklage speziell und zur jüngeren Justizgeschichte überhaupt, in: DRiZ 1995, 199 (203: explizit für die Erhebung der Richteranklage); *R. Lamprecht* Vom Mythos der Unabhängigkeit, 1995, 34 ff.; *U. Falk* Das Fehlurteil in der deutschen Öffentlichkeit, in: A. Gouron u.a. (Hrsg.), Error iudicis, 1998, 103 (108 ff., 123 ff.). – Zur fehlenden praktischen Bedeutung (der auch – jenseits der Kommentare zu Art. 98 GG – eine praktisch fehlende wissenschaftliche Auseinandersetzung entspricht) *G.C. Burmeister* Die Richteranklage im Bundesstaat – Verschuldenserfordernis, Verfahrensvorgaben und landesrechtliche Gestaltungsspielräume, in: DRiZ 1998, 518 (518); *C. Hillgruber* in: Maunz/Dürig, GG (Fn. 78), Art. 98 (2010), Rn. 47; ebenso *B. Pieroth* in: Jarass/ders., GG (Fn. 103), Art. 98 Rn. 1.

136 Auch hier ist der Fall „Orlet" sinnfällig: Der Vorsitzende Richter, dessen Urteilsbegründung die Diskussion über eine Richteranklage ausgelöst hatte, ist letztlich wegen Dienstunfähigkeit aus der Justiz ausgeschieden; siehe zuletzt BGH, Urteil v. 13.2.2014, RiZ (R) 3/13 (juris).

137 Erneut fehlen einschlägige empirische Untersuchungen. Einzelne Hinweise ferner bei *Tschentscher* Legitimation (Fn. 13), 327 ff., 350 ff. sowie *Wittreck* Verwaltung (Fn. 13), 123 (jeweils m.w.N.).

Bundesland ab: Ausschlaggebend ist die (wohlgemerkt unterschiedlich *schwach* ausgeprägte) Hemmung der Parteien, Posten in der Justiz als „Verfügungsmasse“ zu begreifen.[138] Vor diesem Hintergrund ist ferner davon auszugehen, daß im Regelfall bei der Entscheidung über Eingangsämter der Personalvorschlag der Justiz nach einer Plausibilitätskontrolle bestätigt und ab einer wiederum variablen Relevanzschwelle „Paketlösungen“ geschnürt werden. In diese werden richterliche Vertreter wohlgemerkt entsprechend ihrer Verbandszugehörigkeit eingebunden.[139] Der Gesamtbefund ist *sub specie* Politisierung kritikwürdig, was *gegen* eine Erstreckung des Modells auf weitere Bundesländer spricht.[140]

Bezüglich der demokratischen Legitimation der Richter kann man Fremd- und Selbstlegitimation unterscheiden. Was die erstgenannte anbelangt, so dürfte Konsens bestehen, daß das organisatorisch-formale Modell in Ansehung der Dritten Gewalt an Grenzen stößt.[141] Hier wirkt sich

---

[138] Zum Problem der parteipolitischen Durchdringung der Justiz gilt einmal mehr, daß gesicherte Daten praktisch fehlen. Instruktive Einzelaufnahmen H. Häuser (Hrsg.), Ämterpatronage. Artikel 33, jeder Deutsche hat gleichen Zugang zu jedem öffentlichen Amt, 1997 (Arbeitstagung der Neuen Richtervereinigung); *Tschentscher* (Fn. 13), 329 ff.; *S. Machura* Der Einfluss der Parteien auf die dritte Gewalt, in: R. Walkenhaus/ders. (Hrsg.), Staat im Wandel. Festschrift für Rüdiger Voigt, 2006, 263 ff. sowie *E. Towfigh* Das Parteien-Paradox, Habil. iur. Münster 2014, i.E.; für Furore hat seinerzeit insbesondere *U. Vultejus* Parteizugehörigkeit der Bundesrichter, in: DRiZ 1995, 393 gesorgt. Vgl. insbesondere zur Bestellung ehrenamtlicher Richter *Wittreck* Verwaltung (Fn. 13), 427 f.; *S. Machura* Fairneß und Legitimität, 2001, 38 ff.; *ders.* Ehrenamtliche Verwaltungsrichter, 2006, 32 sowie *M.M.S. Baderschneider* Der Bürger als Richter. Eine empirische Untersuchung des ehrenamtlichen Richters an den allgemeinen Verwaltungsgerichten, 2010, 272 ff.

[139] *I. Hurlin* Wer wird RichterIn [sic] in Schleswig-Holstein?, in: Neue Richtervereinigung (Hrsg.), Mitwirkung – Mitbestimmung, 1992, 49 (50 f.); *U. Vultejus* Der Zugang zum Richterberuf, in: AuR 1995, 251 (254) beschreiben etwa für Schleswig-Holstein entsprechende Allianzen zwischen SPD und Grünen mit der Neuen Richtervereinigung (NRV) sowie der bürgerlichen Parteien mit den vom Deutschen Richterbund „portierten“ Ausschußmitgliedern. Eine Reform des Richterwahlausschusses in Hessen wurde etwa von sozialdemokratischer Seite offen damit begründet, daß die „zu über 80% konservativ und der CDU nahestehend geblieben[en]“ Richter und ihre Vertreter im Ausschuß „in jedem Fall unseren politischen Gegnern zugerechnet werden“ müßten: *T. Rasehorn,* Der Richterwahlausschuß als gesellschaftspolitisches Problem der Justiz, in: C. Broda u.a. (Hrsg.), Festschrift für Rudolf Wassermann, 1985, 401 (410).

[140] Wie hier *Minkner* Gerichtsverwaltung (Fn. 74), 666.

[141] Pointiert *Michael* Independence (Fn. 14), 2; gleichsinnig *A. Voßkuhle/G. Sydow* Die demokratische Legitimation des Richters, in: JZ 2002, 673 (682); *C.D. Classen* Demokratische Legitimation im offenen Rechtsstaat, 2009, 20; zuletzt *Minkner* Gerichtsverwaltung (Fn. 74), 53 f.; a.A. hingegen *T. Mähner* Der Europäische Gerichtshof als Gericht, 2005, 134, 140 ff. Eigene Modelle einer demokratischen Legitimation der

aus, daß die einschlägige Judikatur des Bundesverfassungsgerichts zur demokratischen Legitimation ihren „Sitz im Leben" eigentlich nicht im Staatsorganisations-, sondern im Dienstrecht hat: Es ging um die Begrenzung der Macht der Gewerkschaften im öffentlichen Dienst.[142] Das schlägt sich gebündelt in der Rechtsfigur der sog. doppelten Mehrheit nieder, die nur Sinn ergibt, wenn man die Akteure mit einem stabilen Entscheidungsprogramm identifiziert. In der Anwendung auf einen Richterwahlausschuß, dessen richterliche Mitglieder doch *Sachverstand* in die Auswahl einbringen sollen,[143] wirkt die doppelte Mehrheit als Verbot an die Mehrheit, sich von diesen Richtern überzeugen zu lassen. Der Vorschlag lautet daher, bei gemischten Entscheidungsgremien, die nicht primär dem Interessenausgleich dienen, die doppelte Mehrheit wieder in den verdienten Status einer Fußnotenerwägung zurückzustufen.[144]

Als „Selbstlegitimation" läßt sich eine in Deutschland wenig beachtete Entwicklung deuten.[145] In der Sache geht es um das Generieren von Richter*dienst*recht im Wege der Autopoiesis. In den letzten Jahren ist im Umfeld des Europarates ein umfangreiches Korpus an Texten entstanden, das sich dem Rechtsrahmen der richterlichen Tätigkeit widmet.[146] Den

---

Dritten Gewalt bei *Tschentscher* Legitimation (Fn. 13), 113 ff. sowie jetzt bei *Minkner* Gerichtsverwaltung (Fn. 74), 95 ff. – Instruktiv zur Frage der demokratischen Legitimation internationaler Gerichte und ihrer Entscheidungen *A. v. Bogdandy/I. Venzke* On the Democratic Legitimation of International Judicial Lawmaking, in: dies., Lawmaking (Fn. 5), 473 ff.; zum EuGH jetzt *K.F. Baltes* Die demokratische Legitimation und die Unabhängigkeit des EuGH und des EuG, 2011. Die englischsprachige Literatur fragt weiter nach der „Legitimacy" der Gerichte, Richter bzw. Rechtsprechung; vgl. etwa N. Huls/M. Adams/J. Bomhoff (Hrsg.), The Legitimacy of Highest Courts' Rulings, 2009; M. Adams u.a. (Hrsg.), Judging Europe's Judges. The Legitimacy of the Case Law of the European Court of Justice, 2013; lesenswert auch *C. Guarnieri/P. Pederzoli* The Power of Judges, 2002.

[142] Vgl. die einschlägigen Leitentscheidungen: BVerfGE 9, 268 (281 ff.); 38, 258 (271 ff.); 47, 253 (272 ff.); 89, 155 (184 ff.). Luzide Kommentierung bei *Tschentscher* Legitimation (Fn. 13), 36, 40 ff., 48 ff.

[143] Unterstrichen etwa von *F. Staats* Defizitäres Recht der deutschen Richterbeförderung, in: DRiZ 2002, 338 (339); *W. Hoffmann-Riem* Mehr Selbständigkeit für die Dritte Gewalt?, in: DRiZ 2003, 284 (290).

[144] Näher *Wittreck* Verwaltung (Fn. 13), 121 ff.

[145] Dazu bislang praktisch nur *Wittreck* Verwaltung (Fn. 13), 211 ff.; *J.P. Terhechte* Judicial Ethics for a Global Judiciary – How Judicial Networks Create their own Codes of Conduct, in: German Law Journal 10 (2009), 501 ff.; *D. Piana* Judicial Accountabilites in New Europe, 2011, 56 ff. sowie *Minkner* Gerichtsverwaltung (Fn. 74), 26 ff. – Handliche Zusammenstellung in: S. Gass/R. Kiener/T. Stadelmann (Hrsg.), Standards on Judicial Independence, 2012, 34 ff.

[146] Es sind dies namentlich die „European Charter on the statute for judges" (DAJ/DOC [98] 23) v. 1998, die Stellungnahme Nr. 10 (2007) des Beirats der Euro-

Dokumenten ist gemein, daß ihnen die rechtliche Bindungswirkung fehlt,[147] was sie durch die gegenseitige Bezugnahme zum Zwecke der rekursiven Validierung eher verschleiern.[148] Zentraler Akteur ist der sog. Konsultativrat Europäischer Richter (CCJE), der formal den Europarat berät.[149] Das Gremium besteht aus einem Richter pro Mitgliedstaat und

---

päischen Richter (CCJE) an das Ministerkomitee des Europarats über den Justizverwaltungsrat im Dienst der Gemeinschaft (abrufbar unter https://wcd.coe.int/ViewDoc._jsp?id=1322069 [zuletzt 29.11.2014]; vgl. auch Gass/Kiener/Stadelmann [Fn. 145], 279 ff. [engl.]) sowie die „Magna Charta of Judges" (2010, ebenfalls des CCJE; https://wcd.coe.int/ViewDoc.jsp?id=1707925 [zuletzt 29.11.2014]; Gass/Kiener/Stadelmann, ebd., 301 ff.). – Offiziell aufgenommen haben Organe des Europarates zentrale Forderungen dieser Dokumente in der Resolution 1685 (2009) der Parlamentarischen Versammlung (Allegations of politically-motivated abuses of the criminal justice system in Council of Europe member states, Rz. 5.4.1: Deutschland wird aufgerufen „[to] consider setting up a system of judicial self-administration, taking into account the federal structure of the German judiciary, along the lines of the judicial councils existing in the vast majority of European states, as a matter of securing the independence of the judiciary in future"; dazu *P. Schneiderhan* Die Unabhängigkeit der Justiz als Verteidigungslinie gegen politisch motivierte Einflussnahme auf das Strafrechtssystem – die Resolution der parlamentarischen Versammlung des Europarates vom 30.09.2009, in: DRiZ 2010, 251 ff.) sowie zuletzt in der Empfehlung des Ministerkomitees MC/Rec(2012)12 „On judges: independence, efficiency and responsibilities" v. 17.10.2010, Anhang, Rz. 27 („Not less than half the members of such councils [judicial councils, F.W.] should be judges chosen by their peers from all levels of the judiciary and with respect for pluralism inside the judiciary.").

[147] In der Sache genauso *Minkner* Gerichtsverwaltung (Fn. 74), 127 f. Instruktiv *W. Hoffmann-Riem* „Soft Law" und „Soft Instruments" in der Arbeit der Venedig-Kommission des Europarats, in: Bäuerle/Dann/Wallrabenstein, Demokratie-Perspektiven (Fn. 110), 595 ff.; *J. Polakiewicz* Finalités et fonctions de la soft law européenne. L'expérience du Conseil d'Europe, in: J. Iliopoulos-Strangas/J.-F. Flauss (Hrsg.), Das soft law der europäischen Organisationen/The Soft Law of European Organisations/La soft law des organisations européennes, 2012, 167 ff. sowie *J.E. Helgesen* The Independence of Judges – and the Judiciary – as Seen from Venice, in: Engstad/Frøseth/Tønder, Independence (Fn. 14), 105 ff.

[148] Gemeint ist damit der Versuch der Texte (oder präziser ihrer Urheber), den eigenen normativen Anspruch durch regelmäßige wechselseitige Querverweise zu stärken; daneben begegnet das Bestreben, die wärmende Nähe der EMRK selbst zu suchen. Vgl. etwa §§ 38, 45 der Stellungnahme Nr. 1 des CCJE ([ccje/docs2001/ccje(2001)op n°1e]; Gass/Kiener/Stadelmann [Fn. 145], 237 ff.), die sich offen bemühen, die Empfehlung No. R (94) 12 des Ministerkomitees in Richtung der European Charter on the statute for judges (Fn. 146) fortzuentwickeln, obwohl diese als reine Privatarbeit bar jeder Verbindlichkeit ist.

[149] Dazu, wenn auch eher unkritisch, das seinerzeitige deutsche Mitglied *O. Mallmann* Stellungnahmen des Consultative Council of European Judges (CCJE) zu aktuellen Themen, in: ZRP 2009, 151 ff.; vgl. auch *E. Alt* Europäische Tendenzen: Herausforderungen und notwendige Entscheidungen, in: KritV 91 (2008), 360 (361 f.) sowie *J. Laf-*

hat in seinen jüngsten Dokumenten deutlich für die Selbstverwaltung der Justiz votiert.[150] Der institutionelle Webfehler ist mit Händen zu greifen: Elefanten können sich die Welt nur mit Rüssel und großen Ohren vorstellen, und so fehlt den Dokumenten denn auch jegliche Distanz zu den richterlichen Eigen- und Verbandsinteressen.[151] Gleichwohl werden sie in der deutschen Diskussion gerne zur Legitimation der Autonomie der Dritten Gewalt herangezogen.[152]

Am Ende steht nochmals die leidige Frage nach dem Geld, diesmal der Alimentation der Richter.[153] Wie jeder Regelbruch hat das Karlsruher

---

franque Judicial Independence in Europe: Principles and Reality, in: Engstad/Frøseth/Tønder, Independence (Fn. 14), 127 (129 ff.). – Daneben begegnet das „Europäische Netzwerk [sic] der Justizverwaltungsräte (ENCJ)", das selbst von wohlmeinenden Kommentatoren offen als „Interessensverbund" etikettiert wird: *M. Petrasch* Das Europäische Netzwerk der Justizverwaltungsräte (ENCJ), in: DRiZ 2008, 331 (331).

150 Konkret legt Stellungnahme Nr. 10 (2007) ein Plädoyer für einen Justizverwaltungsrat mit breitem Kompetenztableau vor (Rz. 41 ff.); das Gremium soll mehrheitlich, am besten sogar ausschließlich (!) aus Richtern bestehen, die wiederum idealiter von Richterinnen und Richtern unter Beteiligung von deren Berufsorganisationen gewählt werden (Rz. 15 ff., 25 ff.); „politische Einrichtungen wie das Parlament oder die Exekutive" sollen aus dem Auswahlprozeß möglichst ausgeschaltet werden (Rz. 31).

151 Lies etwa Stellungnahme Nr. 10 (2007), Rz. 28: „Selbst wenn die beruflichen Richtervereinigungen und der Justizverwaltungsrat unterschiedliche Rollen spielen und Aufgaben wahrnehmen, stellt die Unabhängigkeit der Justiz das Kernstück der Belange beider Einrichtungen dar. Die Berufsorganisationen sind zuweilen am besten geeignet, zu den Debatten über rechtspolitische Themen beizutragen." – Damit geht wohlgemerkt *kein* Vorwurf an die Akteure im Konsultativrat einher. Verantwortlich für diesen hier mit Bedacht als *institutionelle* Fehlsteuerung bezeichneten Bias sind diejenigen, die das Gremium konzipiert und eingesetzt haben. Ein europäischer Konsultativrat der Wissenschaft, der beispielsweise ausschließlich aus Hochschullehrern und Funktionären von Hochschullehrerverbänden zusammengesetzt wäre und den Europarat in Fragen der Wissenschaftsfreiheit beraten sollte, würde mit unerbittlicher Konsequenz Dokumente produzieren, deren Kernforderungen identisch wären: mehr Autonomie, mehr Ressourcen und höhere Besoldung.

152 Gerne verknüpft mit dem Hinweis, die bundesdeutsche Justiz sei in ihrer jetzigen Form nicht „europatauglich" oder sogar „europarechtswidrig": statt aller aus dem neueren Schrifttum *Schneiderhan* (Fn. 146), 254; differenzierter *E. Kreth* Steter Tropfen höhlt den Stein, in: DRiZ 2013, 236 (239): „Die Justiz in Deutschland ist derzeit nicht so organisiert, wie dies von der Parlamentarischen Versammlung des Europarats in der Resolution 1685 (2009) gefordert wird."

153 Die ganz erhebliche (auch emotionale) Relevanz dieses Themas für die deutsche Richterschaft wird von Außenstehenden nach Auffassung des Verfassers generell unterschätzt. Für die befragten Richter und Staatsanwälte ist die Rückkehr zur bundeseinheitlichen Besoldung mit weitem Abstand das drängendste Problem der deutschen Justiz: Roland Rechtsreport (Fn. 10), 17: 71 Prozent (es folgen mit je 50 Prozent das Politische Weisungsrecht [unten Fn. 169] sowie die Streichung von Richtervorbehalten in der StPO). Vgl. ferner die einschlägigen jüngeren Beiträge: *W. Tappert* Richterbesol-

Urteil zur W-Besoldung[154] Nachahmungstäter auf den Plan gerufen:[155] Derzeit harren gleich mehrere Vorlagebeschlüsse zur Richterbesoldung der Karlsruher Entscheidung.[156] Dabei sind zwei Anliegen der Richterschaft zu unterscheiden: Politisch streitet sie für die Rückkehr zur einheitlichen Besoldung, die dann eher auf dem Niveau Hamburgs als dem des Saarlandes angesiedelt sein soll.[157] Daß die geschilderte Spreizung für eine Berufsgruppe, die sich zwar nicht mehr als Stand, aber doch als Profession mit hoher Binnenkohäsion versteht, ein Problem darstellt, sei gerne konzediert. Verfassungsrechtlich lassen sich allerdings keine durchschlagenden Argumente für eine Einheitsbesoldung (wohlgemerkt: nur) der Richterschaft anführen.[158]

Zurückhaltung ist auch beim zweiten Anliegen geboten, nämlich der inzwischen auch vor den Gerichten geltend gemachten „Abkoppelung" der Richteralimentation von der allgemeinen Besoldungsentwicklung

dung – ein Ausdruck des Respekts!, in: DRiZ 2013, 198 f.; *ders.* Überforderung (Fn. 40), 15; *A. Kaminski* Missachtung der Dritten Gewalt – Richterdemonstrationen für angemessene Besoldung, in: Betrifft Justiz 114 (2013), 70. Eher selbstkritisch hingegen *S. Roggatz/F. Schreiber/C. Schütz* Hey Boss, ich brauch mehr Geld!, in: Betrifft Justiz 118 (2014), 62 ff. – Auch bezüglich der individuellen Besoldung hat die Parlamentarische Versammlung des Europarates in der Bundesrepublik Reformbedarf ausgemacht: Resolution 1685 (2009), Rz. 5.4.2 („gradually increase the salaries of judges and prosecutors and increase the resources available for legal aid [as recommended for France in paragraphs 5.3.2 and 5.3.3 above]"; Rz. 5.3.2 lautet dabei „gradually increase the salaries of judges and prosecutors to a level commensurate with the dignity and importance of their office until they reach the average of all European countries [in comparison with average earnings of the general population]") und dazu *Schneiderhan* (Fn. 146), 254.

[154] BVerfGE 130, 263.

[155] Sinnfällig *O. Sporré* Urteil des BVerfG zur Professorenbesoldung – richtungsweisend für die R-Besoldung?, in: DRiZ 2012, 102 ff.

[156] Siehe insbesondere VG Halle, RiA 2013, 19 und dazu die kritische Anmerkung von *J. Maaß* Verstößt die Richteralimentation in Sachsen-Anhalt gegen Art. 33 Abs. 5 GG?, in: RiA 2013, 1 ff. – Vgl. auch *C. Nordmann* Verfassungsrechtliche Überprüfung der Alimentation der Richter: Amicus curiae-Schreiben an das Bundesverfassungsgericht zur Richterbesoldung, in: NRV-Info 7/2013, 20. – Abgesehen von einer Vorlage hat hingegen ausgerechnet das VG Berlin: NJOZ 2013, 1574; vgl. dazu *U. Battis* Amtsangemessene Alimentation in Berlin?, in: LKV 2013, 397, 399 ff.; im Vorfeld *A. Albrecht* Das Land Berlin zwischen amtsangemessener Alimentation seiner Beamten und Schuldenbremse, in: LKV 2012, 61 ff. – Erste Prognosen: *S. Rebehn* Karlsruhe will rote Linien bei der Besoldung ziehen, in: DRiZ 2015, 6 ff.; kritisch *H. Bubrowski* Wenn Richter rechnen, in: FAZ Nr. 297 v. 22.12.2014, 3.

[157] Vgl. dazu nur den gegenwärtigen Präsidenten des Richterbundes *C. Frank* „Wir werden bei der R-Besoldung nicht locker lassen", in: DRiZ 2013, 122 f. – Bezeichnenderweise sehr entspannt hingegen der Tonfall bei *C. Zieglmeier* Die neue bayerische Richterbesoldung, in: BayVBl. 2010, 677 ff.

[158] A.A. offenbar *O. Sporré* Bundeseinheitliche R-Besoldung, in: DRiZ 2014, 234 f.

bzw. der Lohnentwicklung in der Privatwirtschaft.[159] Auf die im Detail ohnehin stets an ein Glasperlenspiel gemahnenden Zahlen- und Vergleichswerke[160] soll hier nicht eingegangen werden. Denn es obsiegt auch hier die grundlegende Skepsis gegenüber der Verlagerung von finanziellen Abwägungsentscheidungen von den Parlamenten in die (Verfassungs-) Gerichte.[161]

IV. Die Dritte Gewalt: Reformbedarf

1. Institution: Selbstverwaltung oder Pluralisierung der Dritten Gewalt?

Die Reformdebatte um eine Selbstverwaltung der Dritten Gewalt wird derzeit noch maßgeblich von den Richterverbänden geführt,[162] hat aber

---

[159] Nur zwei neuere Stellungnahmen zum Problem: *I. Schübel-Pfister* Additiv, alimentativ, attraktiv: Das „Triple A" der Besoldung von Professoren und anderen Beamtengruppen im Lichte des Alimentationsprinzips, in: Becker/Lange, Linien 3 (Fn. 5), 269 ff.; *M. Droege* Die Alimentation des Verwaltungspersonals, in: DÖV 2014, 785 ff.

[160] Siehe die vom Deutschen Richterbund vorgelegten Daten in *T. Feldkamp,* Gehaltsentwicklung bei Juristen in der Privatwirtschaft und in Anwaltskanzleien, 2008, Graphik S. 28 (Gutachten der Kienbaum Unternehmensberatung). – Vgl. die Kurzfassung: *O. Sporré,* Sechs Kernthesen zur Besoldung, Versorgung und Beihilfe, 2012, 5 (http://www.richterbesoldung.de/cms/fileadmin/docs/120516_Broschuere_6_Kernthesen_Besoldung_Versorgung.pdf.; abgerufen am 23.11.2014) sowie die w.N. bei *Wittreck* Spannungsfeld (Fn. 42), 69 f.

[161] Näher *Wittreck* Spannungsfeld (Fn. 42), 71 ff.

[162] Zusammenfassung der älteren Debatten bei *Wittreck* Verwaltung (Fn. 13), 642 ff., 655 ff. Vgl. seitdem die Beiträge von *Papier* Frage (Fn. 85), 185 ff.; *ders.* Zur Frage der Selbstverwaltung der Dritten Gewalt, in: BDVR-Rundschreiben 2007, 8 ff.; *ders.* „Kein radikaler Systemwechsel in der Justiz" – eine sich selbst verwaltende Justiz wäre nicht vor der Gefahr einer Politisierung gefeit, in: ZRP 2009, 125 f.; *E. Isermann* Selbstverwaltung der Justiz – aber ohne neue Institutionen, in: RuP 46 (2008), 30 ff.; *H.-E. Böttcher* Weg von napoleonischen und wilhelminischen Modellen!, in: KritV 91 (2008), 417 ff.; *C.-D. Classen* Richterliche Selbstverwaltung. Verfassungsrechtliche Möglichkeiten und Grenzen, in: Betrifft Justiz 95 (2008), 333 ff.; *L. Lütgens* Das Selbstverwaltungsprojekt der Dritten Gewalt, in: ZRP 2009, 82 ff.; *D. Gruber* Das Selbstverwaltungsprojekt der Dritten Gewalt, in: ZRP 2009, 123 f.; *B. Kramer* Die Selbstverwaltung der Dritten Gewalt, in: NJW 2009, 3079 ff.; *Sennekamp* Staatsgewalt (Fn. 95), 213 ff.; *Rieger* Legitimationsgrundlagen (Fn. 14), 126 ff.; *L. Schmidt* Quo vadis Selbstverwaltung der Justiz?, in: NJW-aktuell 10/2011, 14; *R. Poseck* Selbstverwaltung der Justiz – Zukunft oder Irrweg?, in: M. Demel/S. Heck/T. Schäfer (Hrsg.), Auf festem Fundament. Festschrift für Christean Wagner, 2013, 177 ff.; monographisch jetzt *K. Fuchs* Verfassungsmäßigkeit und Umsetzbarkeit von Modellen für eine selbstverwaltete Justiz, 2013. – Vgl. aus der österreichischen Paralleldebatte *L. Adamovich* Justizverwaltung und Gewaltenteilung, in: Vereinigung der Österreichischen Richterinnen und Richter

wenigstens am Rande das politische Feld erreicht.[163] In der Sache geht es um zwei Projekte. Die „große Lösung“ umfaßt die Selbstverwaltung der gesamten Justiz einschließlich der Staatsanwaltschaft[164] – hierfür haben der Deutsche Richterbund[165] und die Neue Richtervereinigung[166] Gesetz-

(Hrsg.), Gewaltenteilung im demokratischen Rechtsstaat, 2006, 37 ff.; *ders.* Über die Verwaltung der Dritten Gewalt, in: S. Magiera/K.-P. Sommermann/J. Ziller (Hrsg.), Verwaltungswissenschaft und Verwaltungspraxis in nationaler und transnationaler Perspektive, 2008, 189 (191 ff.) sowie *E. Wiederin* Brauchen wir einen unabhängigen Bundesstaatsanwalt oder einen Rat der Gerichtsbarkeit?, in: JRP 2012, 430 ff. – Schweizerische Stimmen: *M. Metz* Das Spannungsverhältnis zwischen Selbstverwaltung und Aufsicht: Gedankensplitter eines „Beaufsichtigten“, in: Justice – Justiz – Giustizia 2012/3; *E. Poltier* Le pouvoir judiciaire „s'administre lui-même“, in: Justice – Justiz – Giustizia 2012/3. – Allgemeine bzw. übergreifende rechtsvergleichende Darstellungen in KritV 91 (2008), 360 ff., 389 ff., 423 ff. sowie bei *N. Garoupa/T. Ginsburg* The Comparative Law and Economics of Judicial Councils, in: Berkeley Journal of International Law 27 (2009), 53 ff.; *M. Jeschke* Modelle einer selbstverwalteten Dritten Gewalt in Europa, in: KritV 93 (2010), 233 ff. – Siehe jetzt auch die umfassende rechtsvergleichende Darstellung des italienischen Selbstverwaltungssystems der Dritten Gewalt durch *Minkner* Gerichtsverwaltung (Fn. 74), 607 ff.

163 Erste Sondierungen sind in Hamburg sowie Schleswig-Holstein vorgenommen worden: *N. N.* Reformpläne in Schleswig-Holstein und Hamburg, in: Betrifft Justiz 95 (2008), 330 ff.; näher (Justizsenator) *T. Steffen* Autonomie für die Dritte Gewalt – Erwartungen aus der Politik, in: KritV 91 (2008), 354 ff.; vgl. dazu *G. Mackenroth* Selbstverwaltung der Justiz – Zwischenbilanz in Frageform, in: DRiZ 2009, 79 (81 ff.). Auf Bundesebene hat dem Bundestag ein Gesetzentwurf der Fraktion „Die Linke“ vorgelegen, der in der Sache auf den Entwurf der NRV zurückging (Entwurf eines … Gesetzes zur Änderung des Grundgesetzes – Herstellung der institutionellen Unabhängigkeit der Justiz, BT-Drs. 17/11701 sowie Entwurf eines Gesetzes zur Herstellung der institutionellen Unabhängigkeit der Justiz, BT-Drs. 17/11703; vgl. dazu die Expertenvoten zur Anhörung im Rechtsausschuß unter http://www.bundestag.de/bundestag/ausschuesse18/a06/anhoerungen/Archiv sowie *Kreth* Steter Tropfen [Fn. 152], 236 ff.). Augenblicklich enthalten mehrere Koalitionsverträge auf Landesebene Absichtserklärungen oder Prüfaufträge in Richtung einer Stärkung der Autonomie der Justiz (namentlich Hessen sowie zuletzt Thüringen), die der Verfasser aber durchweg als nur bedingt werthaltig einschätzt.

164 Speziell hierzu *G. Altvater* Die Rolle der Staatsanwaltschaft in einer selbstverwalteten Justiz, in: NStZ-Sonderheft 2009, 4 ff.

165 Siehe die aktuelle Stellungnahme unter http://www.drb.de/cms/index.php?id=552; dort auch das pdf mit dem „Entwurf für ein Landesgesetz zur Selbstverwaltung der Justiz (Landesjustizselbstverwaltungsgesetz – LJSvG)“. Vgl. dazu *C. Frank* Selbstverwaltung der Justiz: Ein Modell auch für Deutschland, in: KritV 91 (2008), 405 ff.; *H. Weber-Grellet* Selbstverwaltung der Justiz – Zwei-Säulen-Modell des Deutschen Richterbundes, in: ZRP 2007, 153 ff.; *ders.* Weitere Schritte auf dem Weg zur Selbstverwaltung der Justiz, in: DRiZ 2012, 2 ff., 46 ff.; *Kreth* Steter Tropfen (Fn. 152), 238 f.

166 Monographisch jetzt *M. Cebulla/W.K. Kannenberg* Selbstverwaltung der Judikative. Die Gesetzentwürfe der Neuen Richtervereinigung, 2012; siehe ferner *H. Häuser*

entwürfe vorgelegt. Während der Richterbund sein Projekt eines mehrheitlich vom Parlament gewählten Justizverwaltungsrates hauteng nach dem Schnittmuster des Modells der demokratischen Legitimation geschneidert hat,[167] geht die NRV die Sache grundsätzlicher an: Sie will das Beförderungssystem durch ein einheitliches Richteramt ersetzen und Leitungsämter nur noch auf Zeit vergeben. Zugleich sieht sie Entscheidungsgremien vor, die zu zwei Dritteln von Richtern gewählt werden.[168] Als „kleine Lösung“ begegnet die Abschaffung des externen Weisungsrechts der Justizminister gegenüber der Staatsanwaltschaft, die hier nicht weiterverfolgt werden kann.[169]

Selbstverwaltung der Gerichte: vertikal versus horizontal, in: KritV 91 (2008), 410 ff. – Vergleichend *T. Schulte-Kellinghaus* Die Gesetzentwürfe des Deutschen Richterbundes und der Neuen Richtervereinigung zur Selbstverwaltung der Justiz – Ein Vergleich im Überblick, in: KritV 93 (2010), 256 ff.; *Fuchs* Verfassungsmäßigkeit (Fn. 162), 137 ff.; *Minkner* Gerichtsverwaltung (Fn. 74), 256 ff.

[167] Vgl. nochmals Fn. 165. Das „Zwei-Säulen-Modell“ ruht auf zwei Organen, dem Justizwahlausschuß (JWA; §§ 2–9 LJSvG) und dem Justizverwaltungsrat (JVR; §§ 10–20 LJSvG). Der JWA soll aus neun von ihren Kollegen gewählten Justizangehörigen und neun Landtagsabgeordneten bestehen; den Vorsitz führt der Landtagspräsident, der damit gleichzeitig die personelle Legitimation des Gremiums sicherstellt (zugleich bedürfen dessen Beschlüsse der doppelten Mehrheit im Sinne der oben unter III.3 dargestellten Rechtsprechung des Bundesverfassungsgerichts). Der JWA wählt den JWR sowie dessen Spitze (Justizpräsident/in); dieses Gremium übernimmt *cum grano salis* die bislang vom Justizministerium ausgeübten Gerichtsverwaltungsaufgaben.

[168] Konkret verknüpft das Modell die Aufwertung der Präsidien der einzelnen Gerichte mit der völligen Nivellierung der bisherigen Hierarchie der verschiedenen Richterämter: Richterinnen und Richter werden einheitlich eingestuft, Unterschiede in der Besoldung ergeben sich nur noch aus dem Lebensalter (jetzt: der Erfahrung). Führungspositionen werden auf Zeit vergeben (typischerweise durch Wahl der Richterinnen und Richter des betreffenden Gerichts). Institutionell überwölbt wird dieses „basisdemokratische“ Modell durch einen Richterwahlausschuß und einen Justizrat (jeweils auf Bundes- und Landesebene). Während im erstgenannten zwei Drittel der Mitglieder durch Parlamentswahl unmittelbar legitimiert sind (ihnen steht ein Drittel gegenüber, das von Richter-, Staats- und Rechtsanwaltschaft lediglich autonom legitimiert wird), drehen sich die Verhältnisse beim Justizrat (der wiederum im Kern die Aufgaben des bisherigen Justizministeriums übernimmt) um: Er besteht etwa auf Landesebene aus 20 Personen, die von Mitgliedern der Landesjustiz gewählt werden, denen aber nur zehn vom Parlament benannte Personen gegenüberstehen.

[169] Sie wird wiederum gefordert von der Parlamentarischen Versammlung des Europarates: Resolution 1685 (2009), Rz. 5.4.3 (to „abolish the possibility for ministers of justice to give the prosecution instructions concerning individual cases“) und dazu *Schneiderhan* (Fn. 146), 254; aufgenommen hat diesen Impuls die Landtagsfraktion der „Piraten“ in NRW: LT-Drs. 16/5281 „Politisches Weisungsrecht gegenüber Staatsanwälten abschaffen – selbstverwaltete Justiz ermöglichen – Gewaltenteilung stärken“; dazu statt aller kritisch die Stellungnahme von *H. Wißmann* (abrufbar unter http://www.landtag.nrw.de/portal/WWW/GB_I/I.1/Ausschuesse/A14_-_Rechtsausschuss/Anhoerungen.

Die verfassungsrechtliche Bewertung muß differenziert ausfallen. Wie dargelegt, räumt das Grundgesetz dem verfassungsändernden Gesetzgeber bei der Ausgestaltung der Gewaltenteilung einigen Spielraum ein, so daß eine Selbstverwaltung zwar nicht geboten, aber auch nicht ausgeschlossen ist.[170] Das Modell des Richterbundes bedarf hier nur kleinerer Korrekturen und wäre nach einer entsprechenden Grundgesetzänderung verfassungskonform.[171] Anderes gilt für das Projekt der NRV – ein Ent-

---

jsp). – Vgl. aus der deutschen Diskussion *H.-H. Günter* Das Berufsbild des Staatsanwalts in Deutschland an der Schwelle zum neuen Jahrhundert, in: DRiZ 2002, 55 ff. (sehr weitgehend, teils hypertroph); *E.C. Rautenberg* Die Abhängigkeit der deutschen Staatsanwaltschaft, in: GA 153 (2006), 356 ff.; *K. Pförtner* Die deutsche Staatsanwaltschaft: Marionette der Politik? Unabhängigkeit muss sein!, in: KritV 91 (2008), 455 ff.; *G. Altvater* Die Emanzipation der Staatsanwaltschaft als Beitrag zur Unabhängigkeit der Justiz, ebd., 462 ff.; *A. Titz* Weisungsfreie Staatsanwälte – conditio sine qua non für eine selbstverwaltete Justiz?, in: KritV 93 (2010), 260 ff.; *H. Stötzel* Was „unabhängige Staatsanwaltschaft" heißen kann, ebd., 268 ff.; *W.K. Kannenberg/M. Cebulla* Der Staatsanwalt als Organ der Dritten Gewalt, in: dies. (Fn. 166), 11 ff.; *S. Dette* Zur Unabhängigkeit der Staatsanwaltschaft, in: DRiZ 2014, 213; *E.C. Rautenberg* Die deutsche Staatsanwaltschaft: „Objektivste Behörde" mit viel Macht, aber geringem Ansehen – Was ist zu tun?, in: DRiZ 2014, 214 ff.; zur parallelen Debatte in Österreich nochmals *Wiederin* (Fn. 162); angesichts der italienischen Erfahrungen mit einer unabhängigen Staatsanwaltschaft kritisch *Minkner* Gerichtsverwaltung (Fn. 74), 663 ff. – Als ein Argument begegnet hier auch der Verweis auf die in der Entstehung befindliche europäische Staatsanwaltschaft nach Art. 86 AEUV, die als unabhängige EU-Behörde ausgestaltet sein soll. Näher *S. Nürnberger* Die zukünftige Europäische Staatsanwaltschaft – Eine Einführung, in: ZJS 2009, 494 ff. sowie jetzt monographisch (und erschöpfend) Katalin Ligeti (Hrsg.), Towards a Prosecutor for the European Union, Bd. 1, 2013; Bd. 2, 2014, i.E.; zuletzt *E. Schramm* Auf dem Weg zur Europäischen Staatsanwaltschaft, in: JZ 2014, 749 ff.

170 Gleichsinnig aus der neueren Diskussion etwa *Poseck* (Fn. 162), 185. Weitergehend weiterhin *T. Groß* Erwartungen aus deutscher verfassungsrechtlicher Sicht, in: KritV 91 (2008), 347, 351, der den *status quo* als „[p]rinzipienwidrig" einstuft.

171 Konkret sieht das Modell derzeit eine Abwahl der Justizorganwalter entweder gar nicht oder nur mit Zweidrittelmehrheit vor (vgl. §§ 3 Abs. 1, 4 Abs. 2 S. 2 LJSvG: die parlamentarischen Mitglieder des JWA werden mit Zweidrittelmehrheit gewählt und scheiden bei der Wahl eines Nachfolgers aus; für die aus der Justiz entstammenden Mitglieder des JWA fehlen entsprechende Regelungen). Diese Abwahlmöglichkeit (nur) mit Zweidrittelmehrheit verkennt aber den Unterschied zwischen parlamentarischer Verantwortlichkeit im Sinne von (politischem) Rückhalt bei der Mehrheit der Abgeordneten und der Möglichkeit der Volksvertretung, auf handhafte Rechtsverletzungen oder persönliche Verfehlungen zu reagieren. Die qualifizierte Mehrheit begegnet daher aus guten Gründen bei der Präsidenten- oder Richteranklage (Art. 61 Abs. 1 S. 3, 98 Abs. 1 S. 2 GG; vgl. auch § 105 Abs. 4 BVerfGG zur Entlassung von Richtern des Bundesverfassungsgerichts), nicht aber beim Mißtrauensvotum (vgl. Art. 67 Abs. 1, 68 Abs. 1 GG). Unproblematisch ist – soweit ersichtlich – die Möglichkeit zur Abwahl der Mitglieder des JVR, die in Parallele zur Wahl mit einfacher (allerdings „doppelter") Mehrheit abgewählt werden können (lies §§ 9 Abs. 2, 11 Abs. 1, 12 Abs. 2 LJSvG).

scheidungsgremium, das zu zwei Dritteln aus von Richtern gewählten Organwaltern besteht, wäre auch nach der hier zugrundegelegten Modifikation nicht zulässig.[172]

In rechtspolitischer Perspektive bleibt die Frage, ob das Projekt seine Ziele erreichen kann. Zunächst wirkt die Hoffnung, ein „Justizpräsident“ könne beim Haushaltsgesetzgeber mehr „herausschlagen“ als der Justizminister,[173] zumindest spekulativ.[174] Wichtiger ist die Sorge, daß der Kern des Modells einen Denkfehler enthält: Die Selbstverwaltung soll dem Schutz der Unabhängigkeit dienen. Daß sie dies tatsächlich tut, hat sich aber in internationalen Vergleichsstudien nicht nachweisen lassen,[175] und das hat auch Gründe: Die größten Gefahren für die individuelle richterliche Unabhängigkeit gehen von anderen (aufsichtsführenden) Richtern aus.[176] Daß es einen kategorialen Unterschied macht, ob diese ihr Amt aus der Hand der Exekutive oder aus der Gesamthand von Parlament und Richterkollegen erhalten haben, wäre noch darzutun. Die dokumentierten Fälle der Verletzung der Unabhängigkeit durch Präsidien[177] lassen zweifeln. Und mit der weitgehenden Abschaffung der richterlichen Hierarchie beseitigt die NRV zwar die Gefahr, daß die Rücksicht auf Karrierechancen sich auf richterliches Entscheidungsverhalten auswirkt.[178] Aber auch hier gilt, daß die Übertragung eines Leitungsamtes auf Zeit nicht begriffsnotwendig ausschließt, daß die Befugnisse übergriffig ausgeübt werden.

---

[172] Wie hier *Minkner* Gerichtsverwaltung (Fn. 74), 267, 275.

[173] Gegen-Kritik bei *Weber-Grellet* Weitere Schritte 2 (Fn. 165), 48: Der Einwand „verkennt das Anliegen des Projekts“.

[174] Wie hier pointiert *Papier* Frage (Fn. 85), 197 sowie *Classen* (Fn. 162), 338.

[175] Siehe *V. Autheman/S. Elena* Global Best Practices: Judicial Councils. Lessons Learned from Europe and Latin America, 2004, 16 f.; *L. Hammergren* Do Judicial Councils further Judicial Reform? Lessons from Latin America, 2002, 15 ff. sowie insbesondere *N. Garoupa/T. Ginsburg* Guarding the Guardians: Judicial Councils and Judicial Independence, in: American Journal of Comparative Law 57 (2009), 103 (130): „Our preliminary conclusion, then, is that there is no evidence that judicial councils promote independence.“ Gleichsinnig zur italienischen Richterschaft *Minkner* Gerichtsverwaltung (Fn. 74), 458, 644.

[176] Näher *Wittreck* Verwaltung (Fn. 13), 183. Zustimmend etwa *Isermann* (Fn. 162), 31; *Kramer* (Fn. 162), 3082.

[177] Siehe etwa BVerfGE 17, 252 (262); BVerfG (3. Kammer des Zweiten Senats), DRiZ 1991, 100 (100); BVerwGE 50, 11 (13 ff.); 67, 222 (225); BGH NJW 1991, 425; DGH Frankfurt/M. DÖD 1988, 220; zuletzt VG Frankfurt/M. LKRZ 2014, 378 (dort allerdings Rechtsverletzung verneint). Zu Übergriffen der Präsidien und Rechtsschutz dagegen *Wittreck* Verwaltung (Fn. 13), 185, 357 f. (m.w.N.).

[178] Siehe dazu nur *C. Löbbert* Ohne Furcht und Hoffnung – Zu den personellen und strukturellen Voraussetzungen einer Selbstverwaltung der Justiz, in: KritV 91 (2008), 434 ff.

Zwei letzte Bemerkungen: Eingangs wurde das „Beuteschema" der Justiz umrissen.[179] Die Bereitschaft zur aktiven Gestaltung des eigenen Funktionsumfeldes spielte darin bislang eine nachgeordnete Rolle.[180] Und das ganze Ausmaß der Selbstverwaltungsdebatte versteht nur, wer ihre enge Verknüpfung mit der Besoldungsdebatte sieht. Sie changiert nämlich funktionell zwischen Verhandlungsmasse und Drohkulisse.

Das Stichwort „Drohkulisse" leitet zur Pluralisierung über. Ist der Verfassungsstaat gut beraten oder gar verpflichtet, generell privater[181] oder in Sonderheit religiös radizierter Streitschlichtung mehr Raum zu gewähren? Die folgende Darstellung konzentriert sich auf die letztgenannte Spielart.

Hier sind mehrere Typen zu unterscheiden.[182] Vertraut ist uns die geistliche Gerichtsbarkeit in inneren Angelegenheiten, die von Art. 137 Abs. 3 WRV gedeckt ist.[183] Die im Nahen Osten übliche staatliche Anordnung einer geistlichen Gerichtsbarkeit in familienrechtlichen Angelegenheiten[184]

---

179 Vgl. oben II.3.

180 Hier räumen selbst Verfechter der Selbstverwaltung ein, daß die tatsächliche Bereitschaft der Kolleginnen und Kollegen, nach einem solchen Systemwechsel Verantwortung zu übernehmen, eher schwach ausgeprägt sei; vgl. dazu *Minkner* Gerichtsverwaltung (Fn. 74), 660 f.

181 Eingehend aus der neueren Literatur *Eisenmenger* Privatisierung (Fn. 81), 149 ff.; *Zado* Privatisierung (Fn. 81), 243 ff. sowie die Mitberichterstatterin: unten S. 171 ff.

182 Näher *Wittreck* Paralleljustiz (Fn. 17), 96 ff. (mit umfangreichen w.N.).

183 Statt aller *M. Morlok* in: Dreier, GGK III (Fn. 79), Art. 137 WRV Rn. 49.

184 Zusammenfassende Darstellungen: *J. Prader* Die Gerichtsbarkeit in Personalstatutsfragen der christlichen Religionsgemeinschaften in den Ländern des vorderen Orients, in: Kanon III (1977), 249 ff.; *ders.* Das Personalstatutsrecht der christlichen Religionsgemeinschaften in den Ländern des vorderen Orients, in: Kanon X (1991), 195 ff.; *T. Mahmood* Statutes of Personal Law in Islamic Countries – History, Texts and Analysis, 2. Aufl. 1995; *C. Mallat* Introduction to Middle Eastern Law, 2007, 355 ff.; *H. Krüger* Allgemeine Ehewirkungen im Recht der orientalischen Staaten – Zugleich eine Anmerkung zu Aufregungen über eine Richterin, in: FamRZ 2008, 649 ff.; *J.J.A. Nasir* The Islamic Law of Personal Status, 3. Aufl. 2009, 34 ff. – Speziell zu Israel *E. Scheftelowitz* Israel (1987), in: D. Henrich (Hrsg.), Internationales Ehe- und Kindschaftsrecht, 17 ff., 99 ff., 126 ff.; *A. Günzel* Religionsgemeinschaften in Israel. Rechtliche Grundstrukturen des Verhältnisses von Staat und Religion, 2006, 100 f., 101 ff. sowie zuletzt *A. Margalith/D. Assam* Israel (2012), in: Henrich, Kindschaftsrecht, ebda., 9 f., 37 ff., 67 ff. (einschlägige Rechtsdokumente) und *S.M. Weiss/N.C. Gross-Horowitz* Marriage and Divorce in the Jewish State. Israel's Civil War, 2013, 8 ff. – Im ersten Zugriff zu Indien: *G.L. Larson* Religion and Personal Law in Secular India – A Call to Judgment, 2001, 15 ff.; *I. Das* Staat und Religion in Indien: Eine rechtswissenschaftliche Untersuchung, 2004, 29 ff.; *P. Jain* Balancing Minority Rights and Gender Justice: The Impact of Protecting Multiculturalism on Women's Rights in India, in: Berkeley Journal of International Law 23 (2005), 201 (209 ff.); *G. Solanki* Adjudication in Religious Family Laws, 2011, 267 ff.; *V.C. Govindaraj* The Conflict of Laws in India, 2011, 73 ff.

dürfte eingedenk der negativen Religionsfreiheit ausgeschlossen sein.[185] Es bleiben Schiedsgerichte, die ihm Rahmen der ZPO und unter eingeschränkter staatlicher Kontrolle religiöse Rechte anwenden,[186] sowie schließlich die eingangs beschriebenen „Friedensrichter", also die informelle religiöse Streitschlichtung.

Wie dargelegt, ist ein religiöses Selbstverständnis, das eine Streitschlichtung nach religiösen Regeln verpflichtend vorschreibt, theoretisch möglich[187] (wenn auch derzeit hierzulande nicht plausibel dargetan[188]). Trotzdem ist von einem staatlichen Entgegenkommen abzuraten.[189] Wir

---

[185] *Hötte* Schiedsgerichtsbarkeit (Fn. 82), 234 ff.; *Wittreck* Paralleljustiz (Fn. 17), 102. Instruktiv *R. Hirschl* Juristocracy vs. Theocracy: Constitutional Courts and the Containment of Sacred Law, in: Middle East Law and Governance 1 (2009), 129 ff.

[186] Dazu eingehend und mit umfangreichem rechtsvergleichenden Material *Hötte* Schiedsgerichtsbarkeit (Fn. 82).

[187] Siehe oben Fn. 82.

[188] Namentlich die islamischen Verbände haben großen Wert darauf gelegt, sich vom Projekt einer religiösen Paralleljustiz zu distanzieren; vgl. etwa die Erklärung des Vorsitzenden des Zentralrats der Muslime in Deutschland (ZMD), sein Verband werde „keinesfalls einer parallelen islamischen Justiz das Wort reden", abrufbar unter: http://www.tagesspiegel.de/politik/islamische-schiedsgerichte-justizminister-sorgt-mit-scharia-vorschlag-fuer-aufregung/6149110.html (29.11.2014). Er bezieht sich dabei auf die Grundsatzerklärung des ZMD zur Beziehung der Muslime zum Staat und zur Gesellschaft, die folgendes feststellt: Nr. 10: „[...] Das islamische Recht verpflichtet Muslime in der Diaspora, sich grundsätzlich an die lokale Rechtsordnung zu halten. [...]. Nr. 11: [...] bejahen die im Zentralrat vertretenen Muslime [...] die vom Grundgesetz garantierte gewaltenteilige, rechtsstaatliche und demokratische Grundordnung der Bundesrepublik Deutschland, [...]." und Nr. 13: „[...] Das Gebot des islamischen Rechts, die jeweilige lokale Rechtsordnung anzuerkennen, schließt die Anerkennung des deutschen Ehe-, Erb- und Prozessrechts ein." Die Erklärung ist abrufbar unter http://zentralrat.de/3035.php (29.11.2014). Näher *Hötte* Schiedsgerichtsbarkeit (Fn. 82), 191 ff.

[189] Ein entsprechender Vorstoß ist bislang aus Großbritannien zu verzeichnen und geht dort auf den ehemaligen Erzbischof von Canterbury zurück: *R. Williams* Civil and Religious Law in England: A Religious Perspective, in: Ecclesiastical Law Journal 10 (2008), 262 (268 ff.). Gleichsinnig der hohe Richter *N. Philipps of Worth Matravers* Equality before the Law, in: Law & Justice 161 (2008), 75 (84 ff.). Aus der britischen Debatte: *I. Warraq* Lust auf Scharia, in: Welt Online v. 15.3.2010, abrufbar unter: http://www.welt.de/die-welt/debatte/article6777055/Lust-auf-Scharia.html (29.11.2014); sowie *R.W. Hill* Legal Pluralism in the Liberal State: A Defence of the Archbishop of Canterbury or a Human Rights Impasse?, in: Law & Justice 165 (2010), 124 ff.; *F. Ahmed/S. Luk* How Religious Arbitration Could Enhance Personal Autonomy, in: Oxford Journal of Law and Religion 1 (2012), 424 ff.; *S. Bano* Muslim women and Shari'ah Councils. Transcending the boundaries of community and law, 2012, 73 ff. – In Deutschland ist bislang nur der (ehemalige) Justizminister von Rheinland-Pfalz *Hartloff* mit der Erwägung an die Öffentlichkeit gegangen, Muslimen die Einrichtung von religiösen Schiedsgerichten zu ermöglichen: Vgl. dazu den Bericht von *EPD/jm* SPD-

sollten hier der neueren Judikatur in Kirchensachen folgen.[190] Bekanntlich haben die Gerichte ihre ständige Rechtsprechung geändert und gewähren Rechtsschutz auch gegen kirchliche Maßnahmen. Dem Selbstbestimmungsrecht wird nur noch bei Umfang und Intensität der gerichtlichen Kontrolle Rechnung getragen.[191] Die jüngste Entscheidung des Bundes-

Minister hält islamische Gerichte für möglich, in: Welt-Online v. 2.2.2012, abrufbar unter: http://www.welt.de/politik/deutschland/_article13847398/SPD-Minister-haelt-islamische-Gerichte-fuer-moeglich.html (29.11.2014). Die wohlgemerkt *rechtliche* Möglichkeit einer Einrichtung religiöser Schiedsgerichte in Deutschland erörtert *Hötte* Schiedsgerichtsbarkeit (Fn. 82), 195 ff.; mögliche staatliche Maßnahmen gegen eine als illegal eingestufte informelle religiöse Gerichtsbarkeit analysiert eingehend *Bauwens* Paralleljustiz (Fn. 17). Nachweise zur umfangreichen britischen Debatte zu den dortigen *sharia councils* bei *Wittreck* Paralleljustiz (Fn. 17), 98 m. Fn. 34; vgl. seitdem zusätzlich *Y. Prief* „Šarīʿa courts" in den britischen Medien – eine Analyse, in: GAIR-Mitteilungen 6 (2014), 117 ff.; *J.P. Bras* The British Debate over Sharia Councils: A French-Style Controversy, in: N. Göle (Hrsg.), Islam and Public Controversy in Europe, 2013, 151 ff. sowie *J. Billaud* Ethics and Affects in British Sharia Councils: „A Simple Way of Getting to Paradise", ebd., 159 ff.

190 Zusammenfassend m.w.N. *L. Bechler* Staatliche Justizgewährung in religionsgemeinschaftlichen Angelegenheiten, in: Becker/Lange, Linien 3 (Fn. 5), 297 ff. sowie *F. Wittreck* Perspektiven der Religionsfreiheit in Deutschland, in: K. Ebner u.a. (Hrsg.), Staat und Religion. Neue Anfragen an eine vermeintlich eingespielte Beziehung, 2014, 73 (87 ff.).

191 Siehe namentlich BVerwG NVwZ 2014, 1101 (1102; Rn. 14): „Danach können auch Geistliche oder Beamte einer Religionsgesellschaft, die von ihrer Dienstherrenfähigkeit Gebrauch gemacht hat, staatliche Gerichte anrufen, wenn und soweit sie geltend machen, ein Akt ihrer Religionsgesellschaft habe sie in ihren Rechten verletzt [...]. Das verfassungsrechtlich geschützte Selbstbestimmungsrecht der Religionsgesellschaften gemäß Art. 140 GG i.V.m. Art. 137 Abs. 3 WRV schließt nicht bereits den Zugang zu den staatlichen Gerichten aus, sondern bestimmt Umfang und Intensität der Prüfung des Aktes der Religionsgesellschaft durch das staatliche Gericht [...]. Das staatliche Gericht ist dabei auf die Prüfung beschränkt, ob der Kläger durch eine Maßnahme seiner Religionsgesellschaft in einer subjektiven Rechtsposition verletzt ist, die ihm das staatliche Recht verleiht. Dies ist der Fall, wenn kirchliches Recht oder dessen fallbezogene Anwendung gegen eine staatliche Rechtsposition verstößt, die auch von der Religionsgesellschaft zu beachten ist. Die staatlichen Gerichte haben bei dieser Prüfung von demjenigen Verständnis des kirchlichen Rechts auszugehen, das die zuständigen kirchlichen Organe, insbesondere die kirchlichen Gerichte, vertreten. Die staatlichen Gerichte sind nur dann befugt, das autonom gesetzte Recht der Religionsgesellschaft auszulegen und anzuwenden, wenn und soweit die Religionsgesellschaft selbst diese Möglichkeit eröffnet (§ 63 Abs. 3 Satz 2 BeamtStG i.V.m. § 135 Satz 2 BRRG)." Vgl. dazu *R. Hotstegs* Anmerkung zu einer Entscheidung des BVerwG, Urteil vom 27.02.2014 (2 C 19.12; DVBl 2014, 993) – Zur Überprüfung von Maßnahmen der im Sinne des Art. 140 GG i.V.m. Art. 137 Abs. 3 WRV selbstbestimmten Religionsgemeinschaften durch staatliche Gerichte, in: DVBl. 2014, 997 ff. sowie *C. Kirchberg* Rechtsschutz Geistlicher vor staatlichen Gerichten, in: NJW 2014, 2763 f.

verfassungsgerichts zum „Düsseldorfer Chefarztfall" liegt auf der gleichen Linie, auch wenn sie im Ergebnis die Entscheidung des Bundesarbeitsgerichts kassiert und (letztmals?) der Kirche Recht gegeben hat.[192] Diese Hinwendung zum umfassenden Rechtsschutz in Kirchensachen ist konsequent, wenn man sich vergegenwärtigt, daß das Grundgesetz den „ewigen Kampf des weltlichen gegen das geistliche Recht"[193] zu seinen Gunsten entschieden hat. Es reklamiert die Letztentscheidungskompetenz darüber, ob und in welchem Umfang religiös radiziertes Recht Geltung beanspruchen kann. Wir argumentieren daher möglicherweise zu kleinteilig, wenn wir fragen, ob und wann „Friedensrichter" sich der Strafvereitelung schuldig machen oder Grundrechte verkürzen (bzw. ob „Scharia-Polizei" eine Amtsanmaßung darstellt). Wer religiösem Recht unabhängig von einem staatlichen Anwendungsbefehl „Geltung" beilegt, begeht vielmehr eine Rechtsanmaßung.

2. *Funktion: Unabhängigkeit oder Effektivität?*

Wo besteht noch Bedarf? Solcher nach einer *effektiveren* Dritten Gewalt sicher nicht. Wohl aber nach einer Deutung von Effektivität, die sowohl die Eigenrationalität von Rechtsprechung wie die Unabhängigkeit

---

[192] BVerfG, Urteil v. 24.10.2014, Az. 2 BvR 661/12, Leits. 3: „Die staatlichen Gerichte haben im Rahmen einer Plausibilitätskontrolle auf der Grundlage des glaubensdefinierten Selbstverständnisses der verfassten Kirche zu überprüfen, ob eine Organisation oder Einrichtung an der Verwirklichung des kirchlichen Grundauftrags teilhat, ob eine bestimmte Loyalitätsobliegenheit Ausdruck eines kirchlichen Glaubenssatzes ist und welches Gewicht dieser Loyalitätsobliegenheit und einem Verstoß hiergegen nach dem kirchlichen Selbstverständnis zukommt. Sie haben sodann unter dem Gesichtspunkt der Schranken des ‚für alle geltenden Gesetzes' eine Gesamtabwägung vorzunehmen, in der die – im Lichte des Selbstbestimmungsrechts der Kirchen verstandenen – kirchlichen Belange und die korporative Religionsfreiheit mit den Grundrechten der betroffenen Arbeitnehmer und deren in den allgemeinen arbeitsrechtlichen Schutzbestimmungen enthaltenen Interessen auszugleichen sind. Die widerstreitenden Rechtspositionen sind dabei jeweils in möglichst hohem Maße zu verwirklichen." Gegenstand der Verfassungsbeschwerde des kirchlichen Trägers war die Entscheidung BAG NZA 2012, 443; vgl. dazu aus der Literatur *J. Trebeck*/*A. Weber* Kündigungsschutz im kirchlichen Arbeitsverhältnis nach der „Chefarztentscheidung" (Teil 1 und 2), in: Arbeitsrecht Aktuell 2012, 29 ff., 83 ff. – In der Sache hatte das Bundesarbeitsgericht zwar bekräftigt, daß die Wiederverheiratung geschiedener kirchlicher Mitarbeiter als Loyalitätsverstoß zu werten ist und eine Kündigung rechtfertigen *kann*; zugleich hatte es den Arbeitsgerichten allerdings ein Prüfprogramm aufgegeben, das neben der möglichen Kenntnis des Arbeitgebers von der Beziehung (oder ihrer stillschweigenden Duldung) insbesondere die Grundrechte des Arbeitnehmers stärker einbezog.

[193] In Anlehnung an *H. v. Schuberth* Der Kampf des geistlichen und weltlichen Rechts, 1927.

zu ihrem Recht kommen läßt. Kernübel dürfte derzeit eine gleich doppelte Verengung des Effektivitätsbegriffs sein: Er wird erstens auf Kenn- oder eben Erledigungszahlen reduziert und blendet zweitens das aus, was oben in das Bild von der Wetterseite gefaßt wurde: Die Effektivität der Dritten Gewalt besteht paradoxerweise gerade darin, daß sie den (allzu) effektiven anderen Staatsgewalten im Einzelfall in den Arm fällt.[194] Insofern wären die Steuerungsinstrumente der Dritten Gewalt konsequent daraufhin zu sichten, ob sie etwa wie die erwähnten Beurteilungsrichtlinien Fehlanreize in Richtung einer einseitigen Orientierung an Zahlen setzen.

3. *Personal: Mobilisierung*

Reformbedarf in Sachen *Personal* besteht schließlich u.a. hinsichtlich eines flexibleren Einsatzes von Richtern. Art. 97 Abs. 2 S. 3 GG erlaubt die Versetzung „[b]ei Veränderung der Einrichtung der Gerichte". Nach bisheriger Auslegung setzt dies einen Eingriff des Gesetzgebers voraus, der das Gericht entweder aufhebt oder seinen Bezirk verkleinert.[195] Vor einigen Jahren kursierende Überlegungen, Richter auch unterhalb dieser Schwelle versetzen können, haben sich aus guten Gründen nicht durchgesetzt.[196] Angesichts der zunehmenden Entvölkerung ländlicher Gerichts-

---

[194] Vgl. oben III.2 bzw. III.1. Vgl. hierzu auch die Überlegungen von *Y. Shany* Judicial Independence as an Indicator of International Court Effectiveness: A Goal-Based Approach, in: Shetreet/Forsyth, Independence (Fn. 14), 251 ff.

[195] Wie hier etwa *Hillgruber* (Fn. 119), Art. 97 Rn. 109; *Kissel/Mayer* GVG (Fn. 5), § 1 Rn. 143; *Heusch* (Fn. 93), Art. 97 Rn. 26; *B. Pieroth* in: Jarass/ders., GG (Fn. 103), Art. 97 Rn. 12. A.A. hingegen *Schulze-Fielitz* (Fn. 95), Art. 97 Rn. 59, der eine gesetzliche Veränderung der Richterzahlen für ausreichend hält. Offen *B.J. Scholz* Das Richteramtsrecht, in: W. Seitz/H. Büchel (Hrsg.), Beck'sches Richter-Handbuch, 3. Aufl. 2012, Rn. 53.

[196] Konkret sollte im Rahmen des sog. Thüringer Modells schon die Veränderung der Zahl der zugewiesenen Richterstellen als „Einrichtung der Gerichte" i.S.v. Art. 97 Abs. 2 S. 3 GG gelten und der Justizverwaltung so ermöglichen, nach einer derartigen Parlamentsentscheidung Richter des betroffenen Gerichts auch gegen ihren Willen zu versetzen. Siehe zum Modell näher den damaligen Thüringer Justizminister *H. Schliemann* Flexibilisierung des Richtereinsatzes, in: Verein Deutscher Verwaltungsgerichtstag (Hrsg.), Dokumentation 15. Deutscher Verwaltungsrichtertag Weimar 2007, 2008, 63 ff.; Vorarbeiten dazu bei *H. Gröschner* Reichweite richterlicher Inamovibilität im Verfassungsstaat des Grundgesetzes, 2005 sowie *dems.* Iudex inamovibilis – wie unversetzbar ist der deutsche Richter?, in: NJW 2005, 3691 ff. – Bündelung der Kritik u.w.N. bei *F. Wittreck* Flexibilisierung des Richtereinsatzes, in: Verein, Dokumentation, ebd., 73 ff.; vgl. *dens.* Iudex amovibilis? Kritische Anmerkungen zum „Thüringer Modell" eines flexiblen Einsatzes von Richtern, in: ThürVBl. 2005, 245 ff. sowie *dens.* Verwaltung (Fn. 13), 480 ff., 490 f.; vgl. ferner *R. Neumann* Flexibler Richtereinsatz. Versetzbarkeit von Richtern soll erleichtert werden, in: DRiZ 2006, 1 ff.

bezirke und der damit einhergehenden Verschiebung des richterlichen Arbeitsanfalls mutet die Möglichkeit der kompletten Schließung der unterausgelasteten Gerichte aber reichlich grobschlächtig an. Zugleich haben sich Versuche, dem Gesetzgeber Vorgaben im Sinne einer aus Art. 19 Abs. 4 GG abgeleiteten Mindestgerichtsdichte zu machen,[197] als weitgehend fruchtlos erwiesen. Daher wäre die Einräumung der Möglichkeit, bei substantiellem Geschäftsabfall in einem Gericht Richter an überlastete Gerichte zu versetzen, durchaus zu erwägen. Durch Beteiligung der Mitbestimmungsgremien[198] wie die Kontrolle durch die Richterdienstgerichte sollte sich Mißbrauch ausschließen lassen. Allerdings erfordert der klare Wortlaut des Art. 97 Abs. 2 GG eine Verfassungsänderung.[199]

V. Schluß: Dritte Gewalt – Kloster oder Kontor?

Zusammengefaßt: Der Wald der Dritten Gewalt muß weder neu angelegt noch gründlich durchforstet werden. Er bedarf aber in seiner Gänze der Hege (auch) durch die Staatsrechtslehre, und einzelne Dickichte wie nur bedingt vertrauenerweckende Neozoen verlangen nach kritischer Auf-

---

197 Vgl. nur *P.M. Huber*/*S. Storr* Gerichtsorganisation und richterliche Unabhängigkeit in Zeiten des Umbruchs. Anforderungen an die Schließung von Gerichtsstandorten und die Versetzung von Richtern, in: ZG 21 (2006), 105 ff.; instruktiv auch *H. Roth* Das Gerichtsorganisationsrecht in der Rechtsprechung des Bayerischen Verfassungsgerichtshofes, in: BayVBl. 2011, 97 (97 ff.).

198 Kernanliegen muß hier sein, im Falle einer solchen mit Händen zu greifenden Verschiebung des Arbeitsaufkommens zu vermeiden, daß eine Versetzung auch nur mittelbar Sanktionscharakter entfaltet, indem sie als Reaktion auf die Rechtsprechung eines Richters erfolgt. *Gröschner* Inamovibilität (Fn. 196), 70 ff. hat dazu hilfreiche Überlegungen angestellt, wobei aus Sicht des Verfassers das von *Gröschner* favorisierte primäre Abstellen auf das Dienstalter (71: es trifft im Zweifel den Dienstjüngsten) mit dem Nachteil behaftet ist, daß die von einer Verkleinerung des Gerichts Betroffenen vorab feststehen, was wiederum zu Mißbrauch bei der – kaum zu überprüfenden – Verkleinerungsentscheidung einlädt (m.a.W.: wenn die Justizverwaltung beim Blick auf das Personaltableau des „überbesetzten" Gerichts feststellt, daß nach dem Dienstalter Richterin A und der „auffällige" Richter B die jüngsten sind, ist zumindest nicht völlig fernliegend, daß sie eine Vorlage fertigt, in der das Gericht um zwei Stellen verkleinert wird). Vorzugswürdig dürfte entweder die Beteiligung von Präsidial- oder Richterrat (näher dazu m.w.N. *Wittreck* Verwaltung [Fn. 13], 361 ff.) oder eine Einbindung des Präsidiums (ebd., 355 ff.) sein. Dafür spricht nicht zuletzt, daß das Präsidium schon nach geltendem Recht das Organ ist, das letztlich die Verantwortung dafür trägt, die Stärken und Schwächen der im konkreten Gericht beschäftigten Richter bei der Arbeitsverteilung zu einem optimalen Ausgleich zu bringen.

199 Vgl. nochmals *Wittreck* Flexibilisierung (Fn. 196), 86 f. A.A. die Mitberichterstatterin: Siehe unten S. 207 f.

merksamkeit, ja Reform. Dabei muß stets die rationalisierende und retardierende Funktion handlungsleitend sein, die das Grundgesetz der Rechtsprechung zugedacht hat.

Um das Eingangszitat aufzugreifen: Die Justiz ist für ihr Personal kein Ort (mehr), in dem klösterliche Gelassenheit herrscht. Ein Kontor, das in der Diktion *Max Webers* auf „Rechenhaftigkeit“[200] oder eben Effektivität reduziert ist, *darf* sie nicht sein. Schließlich hat es einen guten Grund, daß das Grundgesetz vom *Richter* und nicht vom *Sachbearbeiter* spricht.

---

200 *M. Weber* Wirtschaft und Gesellschaft, 5. Aufl. 1972, 44 f. (Zitat 45).

Leitsätze des 1. Referenten über:

Dritte Gewalt im Wandel – Veränderte Anforderungen an Legitimität und Effektivität?

I. Die Dritte Gewalt – ein unbekanntes Wesen

(1) Die deutsche Justiz ist rechtstatsächlich terra incognita, da praktisch keine von unabhängiger Seite systematisch aufbereiteten empirischen Daten vorliegen.

(2) Die deutsche Wissenschaft vom Öffentlichen Recht hat sich mit der Dritten Gewalt bisher eher sporadisch und lediglich ausschnittsweise befaßt.

II. Die Dritte Gewalt: Realbefund

(3) Die Konkurrenz für die Institution der Justiz durch „Friedensrichter" ist kein genuin islamisches Phänomen. Der nahöstliche Ursprungskontext (sog. ṣulḥ) ist nicht religiös radiziert. Die (teilweise) religiöse Überformung erfolgt erst in Deutschland im Prozeß der Rekonstruktion dieser sozialen Praxis.

(4) Die staatliche Antwort auf eine genuin religiöse Paralleljustiz muß sich in einen kohärenten Rechtsrahmen für alle Typen geistlicher Gerichtsbarkeit einfügen.

(5) Die Zusammenlegung der öffentlich-rechtlichen Gerichtsbarkeiten ist keine realitische Option mehr, da sich die erhoffte kurzfristige Fusionsdividende als Illusion erwiesen hat. Hingegen erzwingt die Bevölkerungsentwicklung die Aufhebung und die Zusammenlegung einzelner Gerichte; dies wirft zugleich die Frage nach alternativen feinmotorischen Reaktionsmustern auf.

(6) Die für die Funktion der Justiz maßgebliche Sachausstattung ist nicht auf einen deutschlandweiten Nenner für alle Gerichtsbarkeiten zu bringen. Sie changiert zwischen Auskommen und dem vielzitierten „Schäbigkeitsprinzip".

(7) Die Personalausstattung der Justiz stagniert. Die Auslastung weist wiederum eine erhebliche Variationsbreite auf, wobei ordentliche und Sozialgerichtsbarkeit regelmäßig am oberen Ende rangieren.

(8) Der „Erledigungsdruck" in der Justiz wird sich maßgeblich am Ausgang eines anhängigen dienstgerichtlichen Verfahrens orientieren, das ein Richter gegen den Vorhalt unterdurchschnittlicher Erledigungszahlen angestrengt hat.

(9) Das Verhältnis der Justiz zur Medienöffentlichkeit ist von einer unauflösbaren Grundspannung infolge inkompatibler Funktionslogiken geprägt.

(10) Das Personal der Justiz ist durch eine „Verweiblichung" wohlgemerkt in den Eingangsämtern gekennzeichnet. Der Migrantenanteil ist homöopathisch.

(11) Die Attraktivität der Justiz wird durch die Spreizung der Einstiegsgehälter tangiert, die zwischen 3.200 € (Saarland) und fast 4.000 € (Hamburg) liegen. In den Flächenländern droht ein regionales Qualitätsgefälle, da die Justiz für ländliche Regionen die Einstellungsanforderungen senken muß.

(12) Bei der Entscheidung für die Justizlaufbahn spielt der Faktor „Sicherheit" eine weit überproportionale Rolle.

III. Die Dritte Gewalt: Rechtsrahmen

(13) Die anstehenden Rechtsfragen im Binnenraum der Justiz werden vom Grundgesetz praktisch nicht angeleitet und sind auch vom Gesetz nur eingeschränkt steuerbar. Die europa- und unionsrechtlichen Ingerenzen sind gering.

(14) Die Entscheidung des Grundgesetzes für eine unabhängige Rechtsprechung stellt ein Votum für einen Modus der Staatstätigkeit dar, der zeitintensiv ist und sich gegen eindimensionale Effektivitätserwägungen sperrt.

(15) Als Institution grenzt Art. 92 GG die Dritte Gewalt trennscharf gegenüber Verwaltung und Gesetzgebung ab. Darüber hinaus sind der Norm insbesondere keine Vorgaben für den Umgang mit nichtstaatlicher Gerichtsbarkeit zu entnehmen.

(16) Die Direktionskraft der Rechtsfigur der Gewaltenteilung ist gering. Insbesondere der verfassungsändernde Gesetzgeber ist in der Detailausgestaltung praktisch frei. Aus der bloßen Prädikation als „Dritte Gewalt" lassen sich keine Rechtsfolgen ableiten.

(17) Die für die Funktion der Justiz zentrale sachliche Unabhängigkeit hat sich nicht zuletzt aufgrund der Letztentscheidungskompetenz der Richterdienstgerichte zum „Allesproblemlöser" für Rechtsfragen der Dritten Gewalt entwickelt. Zugleich sind keine dramatischen Bedrohungsszenarien zu verzeichnen.

(18) Der Anspruch auf effektiven Rechtsschutz in angemessener Zeit kann vom Haushaltsgesetzgeber nicht vollumfänglich der Richterschaft

überbürdet werden. Haushalt bzw. Stellenplan enthalten keine individualisierbaren Vorgaben der pro Fall aufzuwendenden richterlichen Arbeitszeit.

(19) Die Einführung der Schuldenbremse hat die Haushaltsdisziplin nicht zu einem Staatsziel mit Vorrang vor anderen Werten von Verfassungsrang gemacht.

(20) Der Haushaltsgesetzgeber steht in der Pflicht, die Justiz so auszustatten, daß sie erstens überhaupt funktionsfähig ist und zweitens unabhängig agieren kann. Beide Maßstäbe lassen sich näher konturieren, aber nicht auf eine intersubjektiv vermittelbare Weise beziffern.

(21) Die Rekrutierung des richterlichen Personals durch Richterwahlausschüsse erhöht die Gefahr der parteipolitischen Durchdringung der Justiz. Ihre historische Funktion haben Richterwahl (und Richteranklage) längst erfüllt.

(22) In gemischten Gremien, die nicht dem Interessenausgleich dienen, wirkt das Erfordernis einer sog. doppelten Mehrheit nach dem organisatorisch-formalen Modell demokratischer Legitimation dysfunktional.

(23) Kritische Beobachtung verdienen Bestrebungen im Umfeld des Europarates, ein autonom legitimiertes Korpus an Richterdienstrecht zu etablieren.

(24) Das Verfassungsrecht gebietet derzeit weder eine einheitliche noch eine höhere Richterbesoldung.

IV. Die Dritte Gewalt: Reformbedarf

(25) Eine grundlegende Reform der Institution der Justiz durch Einführung ihrer Selbstverwaltung wäre nach dem Modell des Deutschen Richterbundes verfassungskonform.

(26) Das weiterreichende Modell der Neuen Richtervereinigung ist mit der Forderung der demokratischen Legitimation aller Staatsgewalt nicht vereinbar.

(27) Rechtspolitisch spricht gegen beide Modelle, daß sie keinen Mehrwert an richterlicher Unabhängigkeit erzeugen, da sie die vorhandenen Gefahrenquellen innerhalb der Justiz nur verschieben. Auch ist der tatsächliche Rückhalt für das Projekt in der Richterschaft fraglich.

(28) Eine Pluralisierung der Gerichtsbarkeit durch eine stärkere Öffnung für religiöse Streitschlichtung ist nicht zu empfehlen. Unabhängig von konkreten Gefahren für die öffentliche Sicherheit stellen einzelne Erscheinungsformen der Paralleljustiz ganz grundsätzlich die Letztentscheidungskompetenz des staatlichen Rechts über den Geltungsanspruch religiöser Gebote in Frage.

(29) Für die von der Verfassung angeleitete Funktion der Justiz ist die Abkehr von einem verengten, allein auf Zahlen abstellenden Effektivitätsbegriff unerläßlich.

(30) Das Personal der Justiz ist derzeit praktisch unversetzbar. Eine Änderung des Art. 97 Abs. 2 S. 3 GG ist ratsam, um auch unterhalb der Schwelle der gesetzlichen Aufhebung eines Gerichts auf substantielle Verschiebungen in der richterlichen Auslastung reagieren zu können.

V. Die Dritte Gewalt – Kloster oder Kontor?

(31) Die deutsche Justiz verlangt nicht nach einer Reform an Haupt und Gliedern.

(32) Hingegen verlangt nach fortgesetzter kritischer Beobachtung, ob sie selbst oder die Akteure der anderen Gewalten die Verfassungsentscheidung ernst nehmen, die Rechtsprechung Richtern anzuvertrauen.

Zweiter Beratungsgegenstand:

Dritte Gewalt im Wandel: Veränderte Anforderungen an Legitimität und Effektivität?

2. Referat von Prof. Dr. *Frauke Brosius-Gersdorf*, LL.M.

Inhalt

I. Problemaufriss

„Wenn der Wind der Veränderung weht, bauen die einen Mauern und die anderen Windmühlen!“ Dieses chinesische Sprichwort beschreibt die Optionen, die sich dem Staat im Umgang mit Veränderungen bieten. Das gilt auch für die Dritte Gewalt, die mit veränderten Rechtsschutzbedürfnissen der Parteien und gestiegenen Erwartungen an ihre Wirtschaftlichkeit und Effizienz konfrontiert ist. Die Gerichte stehen zunehmend im „Wettbewerb“ mit Schiedsgerichten und alternativer Streitbeilegung (s. II.), weisen teilweise Rechtsschutzdefizite (s. III.) auf und sehen sich einer Flut an Reformen und Reformideen zur Umgestaltung der Gerichtsorganisation und -verwaltung ausgesetzt (s. IV.). Dieser Wandel verändert die Anforderungen an die Legitimität und Effektivität der Dritten Gewalt.

II. „Wettbewerb“ der Gerichte mit Schiedsgerichten und alternativer Streitbeilegung

1. Schiedsgerichtsbarkeit

a) Bedeutungszuwachs der Schiedsgerichtsbarkeit

Die Binsenweisheit „Wo kein Kläger, da kein Richter“ ist für die Gerichte ein Stück weit Realität geworden. Rechtsprechung durch staatliche Gerichte steht heute nicht nur in Konkurrenz mit staatlichen Gerichten im Ausland (sog. forum shopping),[1] das offen für seinen Justizstandort wirbt, sondern auch mit in- und ausländischen Schiedsgerichten.[2] Dem Bedeutungszuwachs privater und ausländischer Gerichte korrespondiert seit Jahren ein steter Rückgang der Verfahrenseingänge bei den deutschen Gerichten (mit Ausnahme der Sozialgerichte).[3]

---

[1] *G.-P. Calliess* Der Richter im Zivilprozess – Sind ZPO und GVG noch zeitgemäß?, Verhandlungen des 70. Deutschen Juristentages, 2014, A 1 (A 30 ff.); s. auch *J. Oebbecke* DÖV 2007, 177 (178); *W. Hoffmann-Riem* DRiZ 2003, 284; *E.-H. Ritter* NJW 2001, 3440 (3445).

[2] Vgl. BT-Drs. 18/1287, 1, wonach „bedeutende wirtschaftsrechtliche Streitigkeiten entweder im Ausland oder vor Schiedsgerichten ausgetragen werden“; *W. Hoffmann-Riem* in R. Pitschas/A. Uhle (Hrsg.) Wege gelebter Verfassung in Recht und Politik, Festschrift für Rupert Scholz zum 70. Geburtstag, 2007, 499 (513 f.); *J. Oebbecke* DÖV 2007, 177 (178); *J. Reul* in H. Eidenmüller (Hrsg.) Alternative Streitbeilegung, Neue Entwicklungen und Strategien zur frühzeitigen Konfliktbewältigung, 2011, 25 (27 und 28 ff.); *H.-P. Schroeder* KritV 95 (2012), 145 (157 f. und 160). Zum Anstieg der Zahl der Schiedsinstitutionen im In- und Ausland sowie der Schiedsverfahren statt vieler *H. Prütting* AnwBl 2013, 401 (403): steigende Tendenz der Schiedsgerichtsbarkeit seit über 15 Jahren; *G.-P. Calliess* Verhandlungen des 70. Deutschen Juristentages (Fn. 1), A 28 mit dem Hinweis, dass die absolute Zahl der bei Schiedsgerichten verhandelten Verfahren verglichen mit den Fallzahlen staatlicher Gerichte nach wie vor gering sei; *H.-P. Schroeder* KritV 95 (2012), 145 (152 f.).

[3] Bei den Amtsgerichten ist die Zahl der Neuzugänge in Zivilsachen zwischen 1999 und 2012 von 1.496.122 Verfahren auf 1.150.663 Verfahren gesunken (Statistisches Bundesamt Fachserie 10 Reihe 2.1, Rechtspflege, Zivilgerichte 2012, 2013, S. 12 und 13). Die in erster Instanz zuständigen Landgerichte haben in demselben Zeitraum einen Rückgang an Zivilsachen von 382.881 auf 355.623 erlebt (Statistisches Bundesamt Fachserie 10 Reihe 2.1, ebd. S. 36 und 37). Bei den Verwaltungsgerichten sind im Jahr 1999 190.946 Verfahren eingegangen; im Jahr 2012 waren es noch 132.789 Neuzugänge (Statistisches Bundesamt Fachserie 10 Reihe 2.4, Rechtspflege, Verwaltungsgerichte 2012, 2013, S. 14 und 15 bezogen auf Hauptverfahren). Die Oberverwaltungsgerichte bzw. Verwaltungsgerichtshöfe konnten erstinstanzlich im Jahr 1999 1.217 Verfahrenseingänge verzeichnen, während 2012 noch 975 neue Verfahren eingingen (Statistisches Bundesamt Fachserie 10 Reihe 2.4 (ebd.), S. 14 und 15 bezogen auf Hauptverfahren). Die Zahl der Neuzugänge bei den Finanzgerichten hat sich zwischen den Jahren 1999 und 2012 von 70.990 auf 38.840 nahezu halbiert (Statistisches Bundesamt Fach-

Die Inanspruchnahme von Schiedsgerichten, die auch Online-Schiedsverfahren durchführen[4], ist vor allem bei privatrechtlichen Streitigkeiten verbreitet, die in einzelnen Bereichen nicht mehr vor staatliche Gerichte gelangen.[5] Schiedsgerichten werden insbesondere Großverfahren[6] mit hohem Streitwert[7] angetragen. Im Bereich öffentlich-rechtlicher Streitig-

---

serie 10 Reihe 2.5, Rechtspflege, Finanzgerichte 2012, 2013, S. 10 und 11). Bei den Arbeitsgerichten kamen 1999 noch 568.469 Klagen an; 2012 waren es noch 401.411 Neuzugänge (Statistisches Bundesamt Fachserie 10 Reihe 2.8, Rechtspflege, Arbeitsgerichte 2012, 2013, S. 14 und 15). In der Strafgerichtsbarkeit sind die Neuzugänge bei den Amtsgerichten von 838.917 (1999) auf 727.112 (2012) zurückgegangen (Statistisches Bundesamt Fachserie 10 Reihe 2.3, Rechtspflege, Strafgerichte 2012, 2013, S. 14 und 15). Bei den Landgerichten ist die Zahl der Strafverfahren von 14.001 (1999) auf 13.890 leicht gesunken (Statistisches Bundesamt Fachserie 10 Reihe 2.3 (ebd.), S. 52 und 53). Lediglich die Sozialgerichte hatten zwischen 1999 und 2012 einen Verfahrenszuwachs von 251.000 auf 395.566 zu verzeichnen (Statistisches Bundesamt Fachserie 10 Reihe 2.7, Rechtspflege, Sozialgerichte 2012, 2013, S. 14 und 15).

[4] Zur Internet-Schiedsgerichtsbarkeit *A. Kaissis* in P. Gottwald (Hrsg.) Effektivität des Rechtsschutzes vor staatlichen und privaten Gerichten, 2006, 221 (222 ff.).

[5] *M. Aden* DZWIR 2012, 360 (361); *C. Duve/M. Keller* SchiedsVZ 2005, 169 (169 und 172); *G. Hirsch* SchiedsVZ 2003, 49 (49 und 52); *E.-H. Ritter* NJW 2001, 3440 (3445); *S. Fest* Regelungsbedarf zur Förderung von Mediation in Deutschland, Verhandlungen des 67. Deutschen Juristentages, 2008, O 27 (O 29); bezogen auf die „Gerichtsfreiheit" weiter Bereiche des Handelsrechts, in Sonderheit des internationalen Handelsrechts, *H. Hoffmann* SchiedsVZ 2010, 96 (99); *R. Lambeck* in R. Fritz/B. Karber/R. Lambeck (Hrsg.) Mediation statt Verwaltungsprozess?, 2004, 59 (62). *K. P. Berger* SchiedsVZ 2009, 289 (296) zufolge werden Rechtsstreitigkeiten im Unternehmenskaufrecht praktisch ausschließlich vor Schiedsgerichten ausgetragen; s. auch *C. M. Leisinger* Vertraulichkeit in internationalen Schiedsverfahren, 2012, 267. Im Seehandelsrecht ist die Zahl der vor privaten Schiedsgerichten verhandelten Fälle etwa doppelt so hoch wie die von staatlichen Gerichten erledigten Fälle, *H. Hoffmann/A. Maurer* Bedeutungsverlust staatlicher Zivilgerichte – einem empirischen Nachweis auf der Spur, TranState, Working Papers No. 133, 2010, 23; *G.-P. Calliess* Verhandlungen des 70. Deutschen Juristentages (Fn. 1), A 28 f. zufolge kommt staatlichen Gerichten im Bereich des Seehandelsrechts praktisch keine Bedeutung mehr zu. Rechtsstreitigkeiten im Bereich der Softwareindustrie und des Holzhandels werden überwiegend vor Schiedsgerichten und nur noch in der Minderzahl vor staatlichen Gerichten ausgetragen, *H. Hoffmann/A. Maurer* Bedeutungsverlust staatlicher Zivilgerichte (ebd.), 17. Zur Bedeutung von Schiedsgerichtsverfahren im Sport *J. Reul* in H. Eidenmüller (Hrsg.) Alternative Streitbeilegung (Fn. 2), 32 ff. Zum Aufkommen von Schiedsgerichtsverfahren bei Finanzmarktstreitigkeiten *M. Keller/F. Netzer* BB 2013, 1347 (1348 ff.). Zur Zunahme der Schiedsgerichtsbarkeit in privaten Baurechtsauseinandersetzungen *J. Garbe-Emden* BauR 2012, 1035.

[6] *M. Aden* DZWIR 2012, 360 (361); *J. M. v. Bargen* Gerichtsinterne Mediation, Eine Kernaufgabe der rechtsprechenden Gewalt, 2008, 134; *E.-H. Ritter* NJW 2001, 3440 (3448); *H. Hoffmann* SchiedsVZ 2010, 96 (98).

[7] *J. Münch* in W. Krüger/T. Rauscher (Hrsg.) Münchener Kommentar zur ZPO, Bd. 3, 4. Aufl. 2013, Vorbem. zu den §§ 1025 ff. Rn. 17; *B. Zypries* SchiedsVZ 2009, 1 (2);

keiten haben Schiedsgerichte bislang keine vergleichbare Bedeutung erlangt.[8] Verbreitet ist die Inanspruchnahme von Schiedsgerichten allerdings bei Investor-Staat-Streitigkeiten auf der Grundlage von Investitionsschutzabkommen, die auch öffentlich-rechtliche Gegenstände umfassen.[9] Auf der Basis eines solchen Abkommens hat der schwedische Energiekonzern Vattenfall die Bundesrepublik Deutschland 2008 vor dem International Centre for Settlement of Investment Disputes (ICSID) in Washington auf Schadensersatz in Höhe von 1,4 Milliarden € verklagt, weil die Freie und Hansestadt Hamburg die Genehmigung des Baus eines Kohlekraftwerks mit Umweltauflagen versehen hatte.[10] Mit einer weiteren Schiedsklage vor dem ICSID fordert Vattenfall aktuell von der Bundesrepublik wegen des Ausstiegs aus der Atomenergie Schadensersatz in Höhe von knapp 4 Milliarden €.[11]

b) Gründe für die Inanspruchnahme von Schiedsgerichten

Die Gründe für die Inanspruchnahme von Schiedsgerichten sind vielfältig. Rechtsprechung muss heute andere Erwartungen erfüllen als noch vor 20 oder 30 Jahren. Infolge der gestiegenen Zahl und Komplexität der Gesetze sowie des gesellschaftlichen Fortschritts ist die Anzahl komplexer Gerichtsverfahren mit schwierigen technischen und wirtschaftlichen Fra-

s. auch *J. M. v. Bargen* Gerichtsinterne Mediation (Fn. 6), 134; *E.-H. Ritter* NJW 2001, 3440 (3448); anders *J.-P. Lachmann* Handbuch für die Schiedsgerichtspraxis, 3. Aufl. 2008, Kap. 2 Rn. 113 ff. Der Gesamtstreitwert der bei der DIS im Jahr 2011 eingereichten Verfahren betrug ca. 3,3 Milliarden € (http://www.dis-arb.de/de/63/content/2011-id53 – zuletzt abgerufen am 11.7.2014); zu den vergleichsweise geringen Streitwerten der von den deutschen Oberlandesgerichten im Jahr 2012 erledigten Verfahren *G.-P. Calliess* Verhandlungen des 70. Deutschen Juristentages (Fn. 1), A 28.

[8] *J.-P. Lachmann* Handbuch (Fn. 7), Kap. 1 Rn. 14; *K. P. Möller* Echte Schiedsgerichtsbarkeit im Verwaltungsrecht, Eine Studie zu Rechtsrahmen und Kontrolle nichtstaatlicher Streitentscheidung im Verwaltungsrecht, 2014, 17 f.; *C. A. Stumpf* Alternative Streitbeilegung im Verwaltungsrecht, Schiedsgerichtsbarkeit – Schiedsgutachten – Mediation – Schlichtung, 2006, 1 f.

[9] Näher *C. D. Classen* EuR 2012, 611 (612 ff.); *K.-H. Böckstiegel* SchiedsVZ 2009, 3 (4 ff.); *C. J. Tams* NordÖR 2010, 329 (331); *C. A. Stumpf* Alternative Streitbeilegung (Fn. 8), 2. Die Bundesrepublik Deutschland hat ca. 130 Investitionsschutzabkommen geschlossen, die den beteiligten Vertragsstaaten und ausländischen Investoren das Recht einräumen, bei der Verletzung vertraglich vereinbarter Schutzstandards durch den Gaststaat Schiedsgerichte anzurufen, s. Süddeutsche Zeitung Nr. 100 vom 2.5.2014, S. 11.

[10] Das Verfahren endete mit einem Vergleich, Frankfurter Allgemeine Zeitung Nr. 21 vom 25.1.2014, S. 1.

[11] Näher *D. Buntenbroich/M. Kaul* SchiedsVZ 2014, 1 (2 ff.); Süddeutsche Zeitung Nr. 100 vom 2.5.2014, S. 11.

gen gestiegen, was Spezialkenntnisse der Richter erfordert.[12] Gleichzeitig haben das Internet und der E-Mail-Verkehr die Erwartungen der Parteien an die Zügigkeit gerichtlicher Verfahren erhöht.[13] Durch die Europäisierung und Globalisierung der Wirtschaft gibt es mehr internationale Streitigkeiten mit ausländischen Beteiligten,[14] die besondere Anforderungen an Gerichtsverfahren stellen.[15]

Vor diesem Hintergrund haben Schiedsgerichtsverfahren verglichen mit staatlichen Gerichtsverfahren aus Sicht der Parteien Vorteile. Zu diesen Vorteilen gehört, dass die Parteien Schiedsgerichte maßgeschneidert für den Fall zusammensetzen und das Verfahren auf ihre Bedürfnisse zuschneiden können.[16] Die Parteien verfügen über weitreichende Verfahrensautonomie, aufgrund derer sie die Schiedsrichter (§ 1035 ZPO), den Ablauf (§ 1042 ZPO),[17] den Ort (§ 1043 ZPO) und die Sprache (§ 1045 ZPO)[18] des Verfahrens frei bestimmen können.[19] Dementsprechend zeichnen sich schiedsrichterliche Verfahren auch bei komplexen Fällen regelmäßig durch eine hohe Sachkunde der Schiedsrichter[20] und eine kurze Verfahrensdauer[21] aus. Als weiterer wesentlicher Vorteil wird die Möglich-

---

[12] Vgl. *G.-P. Calliess* Verhandlungen des 70. Deutschen Juristentages (Fn. 1), A 103; *T. Mayen* AnwBl 2013, 268; *F. Bittmann* ZRP 2008, 11; *E. Künzler* in H. Hill/J. Dieckmann (Hrsg.) Moderne Justiz, 2013, 9 (15); *P. G. v. Olenhusen* AnwBl 2014, 568 (568 ff.); bezogen auf Strafverfahren *H. Landau* NStZ 2007, 121 (122 ff.).

[13] Vgl. *G.-P. Calliess* Verhandlungen des 70. Deutschen Juristentages (Fn. 1), A 103.

[14] *J. v. Bargen* in Sächsisches Staatsministerium der Justiz und für Europa (Hrsg.) Impulse für eine moderne und leistungsstarke Justiz, 2009, 53 (61).

[15] Vgl. *K. Wilke* DRiZ 2010, 123 (123); *B. Zypries* SchiedsVZ 2009, 1 (2).

[16] *J. Münch* in W. Krüger/T. Rauscher (Fn. 7), Vorbem. zu den §§ 1025 ff. Rn. 73.

[17] Zur Möglichkeit der Schiedsparteien, die Zahl der Instanzen festzulegen, *H. Prütting* AnwBl 2013, 401 (403); zur Befugnis der Parteien, die Sachverhaltsermittlung und die Beweiserhebung zu regeln, *H. Hamann/T. Lennarz* JA 2012, 801 (805); *C. M. Leisinger* Vertraulichkeit (Fn. 5), 35.

[18] Näher *F. Hötte* Religiöse Schiedsgerichtsbarkeit, Angloamerikanische Rechtspraxis, Perspektive für Deutschland, 2013, 6; *H.-P. Schroeder* KritV 95 (2012), 145 (150 und 158).

[19] Im Detail *C. M. Leisinger* Vertraulichkeit (Fn. 5), 35; *T. Trenczek* DS 2009, 66 (68).

[20] Vgl. *C. M. Leisinger* Vertraulichkeit (Fn. 5), 34; *F. Hötte*, Religiöse Schiedsgerichtsbarkeit (Fn. 18), 6; *H.-P. Schroeder* KritV 95 (2012), 145 (150); *C. Duve/M. Keller* SchiedsVZ 2005, 169 (170); *J. Münch* in W. Krüger/T. Rauscher (Fn. 7), Vorbem. zu den §§ 1025 ff. Rn. 68. Die Auswahlfreiheit der Parteien erlaubt zudem, weitere Fähigkeiten der Schiedsrichter wie Kommunikations- und Verhandlungsgeschick, Sprachkenntnisse oder zeitliche Verfügbarkeit sicherzustellen, hierzu *H. Hamann/T. Lennarz* JA 2012, 801 (803); *W. Goette* AnwBl 2012, 33 (33 f.).

[21] *C. M. Leisinger* Vertraulichkeit (Fn. 5), 36; *F. Ebbing* Private Zivilgerichte, Möglichkeiten und Grenzen privater (schiedsgerichtlicher) Zivilrechtsprechung, 2003, 81 ff.; *R. A. Schütze* in P. Gottwald (Hrsg.) Effektivität des Rechtsschutzes vor staatlichen und privaten Gerichten, 2006, 171 (187 ff.); *C. Duve/M. Keller* SchiedsVZ 2005, 169 (170);

keit empfunden, die Öffentlichkeit des Schiedsverfahrens auszuschließen.[22] In der Praxis werden Schiedsverfahren in aller Regel nichtöffentlich durchgeführt und Schiedssprüche nur selten veröffentlicht.[23]

c) *Zulässigkeit der Schiedsgerichtsbarkeit*

aa) *Justizmonopol des Staates und Schiedsgerichte*

Der Gesetzgeber fördert die Schiedsgerichtsbarkeit in Deutschland bewusst durch das schiedsfreundliche Regime der ZPO, um sie „als Alternative zur staatlichen Justiz zu stärken".[24] Deutsche Schiedsgerichte entscheiden abschließend und verbindlich über sämtliche ihnen angetragenen, schiedsfähigen (§ 1030 ZPO) Streitigkeiten. Durch eine Schiedsvereinbarung wird eine Klage vor staatlichen Gerichten unzulässig (§ 1032 Abs. 1 ZPO). Schiedssprüchen kommt die Wirkung eines rechtskräftigen gerichtlichen Urteils zu (§ 1055 ZPO), das von staatlichen Gerichten nur in engen Grenzen überprüft und aufgehoben werden kann (§§ 1059, 1062 ff. ZPO).[25]

W. Goette AnwBl 2012, 33 (34); *R. Harbst* SchiedsVZ 2007, 22. Zu weiteren Vorteilen der Schiedsgerichtsbarkeit gegenüber der staatlichen Gerichtsbarkeit wie der einfacheren Vollstreckbarkeit von Schiedssprüchen im Ausland *T. Trenczek* DS 2009, 66 (68); *R. Ochmann* GRUR 1993, 255 (259). Zu den Kosten von Schiedsgerichtsverfahren *H. Hamann/T. Lennarz* JA 2012, 801 (806); *F. Hötte*, Religiöse Schiedsgerichtsbarkeit (Fn. 18), 6; *J. Münch* in W. Krüger/T. Rauscher (Fn. 7), Vorbem. zu den §§ 1025 ff. Rn. 67. Zur größeren Transparenz von Schiedsgerichtsverfahren gegenüber staatlichen Verfahren *J. Reul* in H. Eidenmüller (Hrsg.) Alternative Streitbeilegung (Fn. 2), 28.

[22] Näher *H. Hamann/T. Lennarz* JA 2012, 801 (807) auch eingehend zu dem unterschiedlich weit reichenden Vertraulichkeitsschutz nach den institutionellen Schiedsgerichtsordnungen; näher bezogen auf Investitionsschiedsverfahren *D. Buntenbroich/M. Kaul* SchiedsVZ 2014, 1 (3 ff.); *C. M. Leisinger* Vertraulichkeit (Fn. 5), 65 ff. Zu dem Bedürfnis vieler Parteien nach Vertraulichkeit (schieds-)gerichtlicher Verfahren eingehend *C. M. Leisinger* Vertraulichkeit (Fn. 5), 38 ff.; s. auch *H.-P. Schroeder* KritV 95 (2012), 145 (151); *C. Duve/M. Keller* SchiedsVZ 2005, 169 (170 f.); *M. Aden* DZWIR 2012, 360 (361); *J. Münch* in W. Krüger/T. Rauscher (Fn. 7), Vorbem. zu den §§ 1025 ff. Rn. 71.

[23] Eingehend *C. Duve/M. Keller* SchiedsVZ 2005, 169 (171); *K. P. Berger* SchiedsVZ 2009, 289 (296).

[24] BT-Drs. 13/5274, 1 und 24 ff.

[25] Zu der verfassungsrechtlichen Verpflichtung des Gesetzgebers, eine Evidenz- und Missbrauchskontrolle von Schiedssprüchen durch staatliche Gerichte vorzusehen, *H. Schulze-Fielitz* in H. Dreier (Hrsg.) Grundgesetz, Kommentar, Bd. III, 2. Aufl. 2008, Art. 92 Rn. 52; *C. Burkiczak* in K. H. Friauf/W. Höfling (Hrsg.) Berliner Kommentar zum Grundgesetz, Bd. 4, 2013, Art. 92 Rn. 77; *K. P. Möller* Echte Schiedsgerichtsbarkeit (Fn. 8), 117; *J. Zado* Privatisierung der Justiz, Zur Bedeutung und verfassungsrechtlichen Zulässigkeit von Privatisierungen in Rechtsprechung, Strafvollzug, Zwangsvollstreckung und Handelsregister, 2013, 251 f. und 256 – allgemeine Ansicht.

Rechtlich sind Schiedsvereinbarungen über zivilrechtliche Streitigkeiten Ausdruck der Privatautonomie der Parteien (Art. 2 Abs. 1 und Art. 12 Abs. 1 GG).[26] Weder Art. 92 GG noch der verfassungs- und europarechtlichen Justizgewährpflicht des Staates korrespondiert ein Verbot privater Schiedsgerichte, die ergänzend neben staatliche Gerichte treten. Art. 92 GG verpflichtet den Staat zwar, eigene Gerichte vorzuhalten,[27] die jedermann zugänglich sind[28] und bei einer Verletzung subjektiver Rechte effektiven Rechtsschutz gewähren (allgemeine Justizgewährpflicht, Art. 20 Abs. 3 GG iVm Art. 2 Abs. 1 GG[29]; Art. 6 Abs. 1 S. 1 EMRK[30] und

---

[26] Vgl. nur *W. Meyer* in I. v. Münch/P. Kunig (Hrsg.) Grundgesetz, Kommentar, Bd. 2, 6. Aufl. 2012, Art. 92 Rn. 11; *C. Hillgruber* in T. Maunz/G. Dürig (Hrsg.) Grundgesetz, Kommentar, 69. EL 2013, Art. 92 Rn. 87; *S. Detterbeck* in M. Sachs (Hrsg.) Grundgesetz, Kommentar, 6. Aufl. 2011, Art. 92 Rn. 28; *C. A. Stumpf* Alternative Streitbeilegung (Fn. 8), 49 f.; *F. Hesselbarth* Schiedsgerichtsbarkeit und Grundgesetz, (Teil-)Verfassungswidrigkeit des reformierten Schiedsverfahrensrechts, 2004, 42 ff.

[27] Zum Verständnis des Begriffs „Gerichte" iSd Art. 92 GG als staatliche Gerichte statt aller BVerfGE 18, 241 (253); 26, 186 (194 ff.); 27, 312 (320); 42, 206 (208); 48, 300 (315 f.); 103, 111 (136); *H. Schulze-Fielitz* in H. Dreier (Fn. 25), Art. 92 Rn. 17 und 49; *C. D. Classen* in C. Starck (Hrsg.) Grundgesetz, Kommentar, Bd. 3, 6. Aufl. 2010, Art. 92 Rn. 34 und 41; *C. Schütz* Der ökonomisierte Richter, Gewaltenteilung und richterliche Unabhängigkeit als Grenzen Neuer Steuerungsmodelle in den Gerichten, 2005, 256; *J. Zado* Privatisierung der Justiz (Fn. 25), 243 f. Dagegen ist ungeklärt, ob der durch Art. 6 Abs. 1 S. 1 EMRK und Art. 47 GRC gebotene Rechtsschutz zwingend durch staatliche Gerichte (bzw. bei Art. 47 GRC auch durch Gerichte der Europäischen Union) zu erfüllen ist oder auch durch Schiedsgerichte verwirklicht werden kann – für eine Beschränkung auf staatliche Gerichte wohl *A. Eser* in J. Meyer (Hrsg.) Charta der Grundrechte der Europäischen Union, 4. Aufl. 2014, Art. 47 Rn. 10; *H. D. Jarass* Charta der Grundrechte der Europäischen Union, 2. Aufl. 2013, Art. 47 Rn. 17; anderer Ansicht wohl *C. Grabenwarter/K. Pabel* in O. Dörr/R. Grote/T. Marauhn (Hrsg.) EMRK/GG, Konkordanzkommentar zum europäischen und deutschen Grundrechtsschutz, Bd. I, 2. Aufl. 2013, Kap. 14 Rn. 39 und 41 f.

[28] Zu dem verfassungsrechtlichen Anspruch auf Zugang zu staatlichen Gerichten statt aller BVerfGE 4, 94 (343); 49, 329 (340); 54, 277 (292 f.); 69, 381 (385); 88, 118 (123); 97, 169 (185); 107, 395 (401); 108, 341 (347); *H. Schulze-Fielitz* in H. Dreier (Hrsg.) Grundgesetz, Kommentar, Bd. I, 3. Aufl. 2013, Art. 19 IV Rn. 37, 79 und 90; *H. D. Jarass* in H. D. Jarass/B. Pieroth Grundgesetz, Kommentar, 13. Aufl. 2014, Art. 19 Rn. 49.

[29] Zur Ableitung des allgemeinen Justizgewähranspruchs aus dem Rechtsstaatsprinzip iVm Art. 2 Abs. 1 GG bei Rechtsverletzungen im Rahmen zivilrechtlicher Streitigkeiten und Strafverfahren statt vieler BVerfGE 54, 277 (291); 85, 337 (345); 88, 118 (123); 93, 99 (107); 107, 395 (401); 108, 341 (347); 116, 135 (150); *H.-J. Papier* in J. Isensee/P. Kirchhof (Hrsg.) Handbuch des Staatsrechts, Bd. 6, 3. Aufl. 2010, § 176 Rn. 5.

[30] Zu dem Anspruch aus Art. 6 EMRK auf Zugang zu Gerichten und auf effektiven Rechtsschutz bei Streitigkeiten über zivilrechtliche Ansprüche und Verpflichtungen sowie strafrechtlichen Anklagen EGMR, Nr. 4451/70 vom 21.2.1997, Rn. 34 f.; *D. Harris/M. O'Boyle/C. Warbrick* Law Of The European Convention On Human Rights, 2nd

Art. 47 GRC[31]). Dieses staatliche Justizmonopol untersagt indes den Parteien nicht, auf Rechtsschutz durch staatliche Gerichte zu verzichten und stattdessen Schiedsgerichte in Anspruch zu nehmen.[32] Voraussetzung ist allerdings, dass der Verzicht freiwillig erfolgt[33] und der Streitgegenstand zur Disposition der Parteien steht (vgl. § 1030 ZPO).[34]

---

ed. 2009, Article 6 S. 235 ff.; *F. Meyer* in U. Karpenstein/F. C. Mayer (Hrsg.) EMRK, Konvention zum Schutz der Menschenrechte und Grundfreiheiten, Kommentar, 2012, Art. 6 Rn. 40 und 51.

[31] Zu dem Anspruch aus Art. 47 GRC auf Zugang zu Gerichten bei der Verletzung subjektiver Rechte durch Unionsrecht *H. D. Jarass* Charta der Grundrechte (Fn. 27), Art. 47 Rn. 23; zu dem Gebot effektiven Rechtsschutzes aus Art. 47 GRC *A. Eser* in J. Meyer (Fn. 27), Art. 47 Rn. 10.

[32] Art. 92 GG ist als Ausprägung des Gewaltenteilungsprinzips darauf beschränkt, die Rechtsprechung im Verhältnis der drei Gewalten den Richtern zuzuweisen, ohne private Gerichte auszuschließen. Dies ergibt sich unter anderem aus den Beratungen des Parlamentarischen Rates, wonach Art. 92 GG die Möglichkeit der Inanspruchnahme privater Schiedsgerichte unberührt lassen sollte, s. die Äußerung des Abg. *Chapeaurouge* im Parlamentarischen Rat: „Wir können unseren Staatsangehörigen die freie Wahl des Schiedsgerichtsverfahrens, wenn sie zu den staatlichen Gerichten nicht gehen wollen, unsererseits nicht verbauen.", StenProt. der 3. Sitzung vom 22.10.1948, abgedruckt in *H.-P. Schneider* (Hrsg.) Das Grundgesetz, Dokumentation seiner Entstehung, Bd. 23, Teilbd. I, 1999, Dok. 28, 252. – Dass staatlichen Gerichten neben der Sicherung individueller Rechtsschutzbedürfnisse auch die Funktion objektiver Rechtskontrolle aufgetragen ist und sie wichtige Aufgaben der Rechtsfortbildung und Schaffung von Rechtssicherheit erfüllen, steht der Zulässigkeit von Schiedsgerichten nicht entgegen. Objektive Rechtskontrolle ist lediglich ein Rechtsreflex des Individualrechtsschutzes, der im Zentrum der Garantie des Justizgewähranspruchs steht (*P. M. Huber* in C. Starck [Hrsg.] Grundgesetz, Kommentar, Bd. 1, 6. Aufl. 2010, Art. 19 Abs. 4 Rn. 342 f.). Vom Individualrechtsschutz losgelöste Kontrollaufträge sind dem Justizgewähranspruch fremd (vgl. *E. Schmidt-Aßmann* in T. Maunz/G. Dürig [Hrsg.] Grundgesetz, Kommentar, 69. EL 2013, Art. 19 Abs. 4 Rn. 11). – Im Ergebnis wie hier gegen ein verfassungsrechtliches Verbot von Schiedsgerichten statt vieler *B. Brach* Die Verfassung als Grundlage und Grenze der Schiedsgerichtsbarkeit, Eine amerikanische Perspektive, 2012, 133; *K. P. Möller* Echte Schiedsgerichtsbarkeit (Fn. 8), 86 und 106 ff.; *H. Schulze-Fielitz* in H. Dreier (Fn. 25), Art. 92 Rn. 50; *D. Hömig* in D. Hömig (Hrsg.) Grundgesetz, Kommentar, 10. Aufl. 2013, Art. 92 Rn. 7; bezogen auf Art. 6 EMRK und Art. 47 GRC *H.-U. Paeffgen* ZStW 118 (2006), 275 (288); kritisch gegenüber der Wahrnehmung von Rechtsprechungsaufgaben durch Schiedsgerichte wegen der beschränkten Kontrollkompetenz staatlicher Gerichte gem. §§ 1025 ff. ZPO dagegen *S. Detterbeck* in M. Sachs (Fn. 26), Art. 92 Rn. 29; *F. Hesselbarth* Schiedsgerichtsbarkeit (Fn. 26), 57 ff.

[33] Zu den Anforderungen an die Freiwilligkeit des Verzichtes eingehend *K. P. Möller* Echte Schiedsgerichtsbarkeit (Fn. 8), 109 ff.

[34] Beispiele für nicht schiedsfähige Streitigkeiten bei *F. Hötte*, Religiöse Schiedsgerichtsbarkeit (Fn. 18), 191 ff.; gesetzliche Schiedsverbote nennt *F. Ebbing* Private Zivilgerichte (Fn. 21), 192 ff.

Im Bereich öffentlich-rechtlicher Streitigkeiten sind die Grenzen enger gesteckt. Auch insoweit gilt zwar, dass Schiedsgerichtsverfahren für beteiligte Privatpersonen Ausdruck ihrer Privatautonomie sind (Art. 2 Abs. 1 und Art. 12 Abs. 1 GG) und das Justizmonopol des Staates (Art. 92 GG iVm Art. 19 Abs. 4 GG; Art. 6 Abs. 1 S. 1 EMRK; Art. 47 GRC) kein Verbot der Schiedsgerichtsbarkeit enthält.[35] Die Befugnis der Verwaltung, sich an schiedsrichterlichen Verfahren zu beteiligen, ist aber wegen ihrer Gesetzesbindung (Art. 20 Abs. 3 GG) eingeschränkt.[36] Schiedsverfahren im öffentlichen Recht sind nur zulässig, soweit die Umsetzung des Schiedsspruchs mit Recht und Gesetz in Einklang steht. Dementsprechend sind schiedsrichterliche Verfahren im Bereich der gesetzesungebundenen Verwaltung regelmäßig zulässig, während Schiedsgerichte im Bereich der gesetzesgebundenen Verwaltung nach Maßgabe der für die Verwaltung geltenden zwingenden Gesetzesvorgaben entscheiden müssen und eigene Entscheidungsspielräume nur haben, soweit die Gesetze der Verwaltung „Optionsräume“[37] eröffnen.[38] Ob Investor-Staat-Schiedsverfahren finanzielle Risiken für den Staat begründen und den Handlungsspielraum des Gesetzgebers einschränken, wie es derzeit bei den Freihandelsabkommen TTIP (Transatlantic Trade and Investment Partnership) und CETA (Comprehensive Economic and Trade Agreement) diskutiert wird, beurteilt sich nach den jeweils vertraglich vereinbarten Investitionsschutzstandards, so dass diese Probleme durch eine entsprechende inhaltliche Justierung der Schutzstandards zu lösen sind.

---

[35] Zur Unmaßgeblichkeit der mit verwaltungsgerichtlichen Verfahren verbundenen Funktion objektiver Rechtskontrolle für die Zulässigkeit von Schiedsgerichtsverfahren im öffentlichen Recht *C. A. Stumpf* Alternative Streitbeilegung (Fn. 8), 37; anderer Ansicht *J. Zado* Privatisierung der Justiz (Fn. 25), 268 f.; vgl. auch Fn. 32.

[36] Generelle Vorbehalte gegenüber Entscheidungsbefugnissen Privater gegenüber der öffentlichen Verwaltung hat *C. Hillgruber* in T. Maunz/G. Dürig (Fn. 26), Art. 92 Rn. 89; hiergegen zu Recht *C. A. Stumpf* Alternative Streitbeilegung (Fn. 8), 32 f.

[37] Formulierung von *W. Hoffmann-Riem* in W. Hoffmann-Riem/E. Schmidt-Aßmann/A. Voßkuhle (Hrsg.) Grundlagen des Verwaltungsrechts, Bd. I, 2. Aufl. 2012, § 10 Rn. 65.

[38] Solche Optionsräume bestehen bei der Interpretation unbestimmter Rechtsbegriffe und der Ausfüllung von Ermessensspielräumen, wobei das Schiedsgericht denselben gesetzlichen und verfassungsrechtlichen Bindungen unterliegt wie die Verwaltung, die der Gesetzgeber insoweit zwar „an der langen Leine“ hält (Formulierung von *K. P. Möller* Echte Schiedsgerichtsbarkeit [Fn. 8], 97), aber nicht gänzlich von der Beachtung gesetzlicher Vorgaben entbindet, vgl. bezogen auf Mediation *G. Beaucamp* DÖV 2011, 886 (888).

bb) Nichtöffentlichkeit schiedsrichterlicher Verfahren

Eine Verpflichtung zur öffentlichen Durchführung von Schiedsverhandlungen oder zur Veröffentlichung von Schiedssprüchen folgt für Schiedsgerichte weder aus dem Grundgesetz noch aus Unions- oder Völkerrecht. Schiedsgerichte unterliegen im Gegensatz zu staatlichen Gerichten weder dem demokratie- und rechtsstaatlichen Grundsatz der Öffentlichkeit des Gerichtsverfahrens[39] noch dem Gebot öffentlicher Verhandlung und Urteilsverkündung gem. Art. 6 Abs. 1 EMRK und Art. 47 S. 2 GRC.[40] Das Gleiche gilt für private Schiedsparteien. Soweit die Verwaltung an Schiedsgerichtsverfahren beteiligt ist, ist sie ebenfalls nicht verpflichtet, Schiedsverhandlungen öffentlich durchzuführen oder Schiedssprüche zu veröffentlichen. Ein generelles Öffentlichkeitsgebot ergibt sich weder aus dem Grundrecht der Informationsfreiheit (Art. 5 Abs. 1 S. 1 Halbs. 2 GG)[41] noch aus anderen Verfassungsbestimmungen.[42] Einfachgesetzlich begründen die Informationsfreiheitsgesetze des Bundes und der Länder einen Anspruch auf Zugang zu aktenkundigen Aufzeichnungen der Verwaltung aus dem Schiedsverfahren.[43] Eine Verpflichtung zur öffentlichen Durchführung von Schiedsverhandlungen

[39] Zu diesem Grundsatz näher Ziff. III. 2. b) und c).

[40] Gleichsinnig *R. Geimer* in P. Schlosser (Hrsg.) Integritätsprobleme im Umfeld der Justiz – Die Organisation der Rechtsberatung; Schiedsgerichtsbarkeit und Verfassungsrecht, 1994, 113 (158 mit Fn. 250); *K. P. Möller* Echte Schiedsgerichtsbarkeit (Fn. 8), 89 f.; bezogen auf Art. 6 Abs. 1 EMRK ebenso *D. Buntenbroich/M. Kaul* SchiedsVZ 2014, 1 (3); anderer Ansicht *M. Aden* DZWIR 2012, 360 (362 f.). Schiedsgerichte unterliegen weder § 169 S. 1 GVG (*D. Buntenbroich/M. Kaul* SchiedsVZ 2014, 1 [3]) noch den Informationsfreiheitsgesetzen des Bundes und der Länder (*K. P. Möller* Echte Schiedsgerichtsbarkeit [Fn. 8], 200).

[41] Art. 5 Abs. 1 S. 1 Halbs. 2 GG gewährt kein Recht auf Eröffnung einer Informationsquelle, vgl. BVerfGE 103, 44 (60); 66, 116 (137); BVerfG, NJW 1986, 1243; BVerwGE 47, 247 (252); 61, 15 (22); *F. Schoch/M. Kloepfer* Informationsfreiheitsgesetz (IFG-ProfE), Entwurf eines Informationsfreiheitsgesetzes für die Bundesrepublik Deutschland, 2002, 29; anderer Ansicht *J. Kühling* in H. Gersdorf/B. P. Paal (Hrsg.) Informations- und Medienrecht, Kommentar, 2014, Art. 5 Rn. 42 mit w. Nw.

[42] Ein Informationsrecht folgt namentlich nicht aus Art. 19 Abs. 4 GG bzw. Art. 20 Abs. 3 GG oder aus Art. 103 Abs. 1 GG, die auf die staatliche Gerichtsbarkeit bezogen und beschränkt sind, vgl. *F. Schoch/M. Kloepfer* Informationsfreiheitsgesetz (Fn. 41), 29. Eine generelle Verpflichtung der Exekutive, Schiedsgerichtsverfahren öffentlich durchzuführen und Schiedssprüche zu veröffentlichen, resultiert auch nicht aus der verfassungsrechtlich gebotenen parlamentarischen Kontrolle der Exekutive, so aber *J. Wolff* NVwZ 2012, 205 (205 ff.).

[43] Zu Schiedssprüchen als aktenkundigen Aufzeichnungen der Verwaltung *K. P. Möller* Echte Schiedsgerichtsbarkeit (Fn. 8), 200 f.

oder zur generellen Veröffentlichung von Schiedssprüchen folgt daraus nicht.[44]

cc) Zulässigkeit einer vollständigen Privatisierung der Rechtsprechung?

Eine vollständige Privatisierung der Rechtsprechung durch Übertragung der Aufgabe auf Schiedsgerichte und Verzicht des Staates auf (effektiven Rechtsschutz durch) eigene Gerichte wäre nach allgemeiner Ansicht unzulässig.[45] Art. 92 GG und die verfassungsrechtliche Justizgewährpflicht (Art. 19 Abs. 4, Art. 20 Abs. 3 GG) begründen die Pflichtaufgabe des Staates, effektiven Rechtsschutz durch staatliche Gerichte zu gewähren.[46] Schiedsgerichte nehmen inhaltlich den staatlichen Gerichten vergleichbare Aufgaben der Rechtsprechung wahr,[47] sind aber nicht Teil der staatlichen Organisation und scheiden daher als Gerichte iSd Art. 92 GG[48] sowie als Elemente des verfassungs- und europarechtlichen Rechtsschutzsystems aus.[49] Rechtsschutzdefizite der staatlichen Gerichte können

---

[44] Eine Ausnahme begründet § 11 Abs. 4 S. 2 Bremer Informationsfreiheitsgesetz, der eine allgemeine Veröffentlichungspflicht für bei den Behörden vorhandene gerichtliche Entscheidungen regelt.

[45] Vgl. *M. Burgi* in J. Isensee/P. Kirchhof (Hrsg.) Handbuch des Staatsrechts, Bd. 4, 3. Aufl. 2006, § 75 Rn. 41; *J. Zado* Privatisierung der Justiz (Fn. 25), 250 f.; *B. Brach* Die Verfassung (Fn. 32), 132; *F. Hesselbarth* Schiedsgerichtsbarkeit (Fn. 26), 30; *H. Schulze-Fielitz* in H. Dreier (Fn. 25), Art. 92 Rn. 51 f.; *W. Meyer* in I. v. Münch/P. Kunig (Fn. 26), Art. 92 Rn. 11. *C. Hillgruber* in T. Maunz/G. Dürig (Fn. 26), Art. 92 Rn. 88 unter Hinweis auf Äußerungen im Parlamentarischen Rat, denen zufolge „die Rechtspflege eine staatliche Aufgabe ist" (Abg. *Zinn*, StenProt. der 3. Sitzung vom 22.10.1948, abgedruckt in *H.-P. Schneider* [Hrsg.] Das Grundgesetz [Fn. 32], Dok. 28, 253) und private Schiedsgerichtsbarkeit nicht zur „Aushöhlung der staatlichen Gerichtsbarkeit führen" sollte (Abg. *De Chapeaurouge*, StenProt. der 3. Sitzung vom 22.10.1948, abgedruckt in *H.-P. Schneider* [Hrsg.] Das Grundgesetz [Fn. 32], Dok. 28, 252 f.).

[46] Näher Ziff. II. 1. c) aa).

[47] Ebenso *K. P. Möller* Echte Schiedsgerichtsbarkeit (Fn. 8), 75; *F. Hesselbarth* Schiedsgerichtsbarkeit (Fn. 26), 57 ff.; *A. Hopfauf* in B. Schmidt-Bleibtreu/H. Hofmann/A. Hopfauf (Hrsg.) Grundgesetz, Kommentar, 12. Aufl. 2011, Vorb. v. Art. 92 Rn. 46. Etwas anderes mag gelten, wenn Schiedsgerichte nach Billigkeit entscheiden (zu dieser Möglichkeit § 1051 Abs. 3 ZPO). Zum verfassungsrechtlichen Rechtsprechungsbegriff, S. 188.

[48] *M. Ibler* in K. H. Friauf/W. Höfling (Hrsg.) Berliner Kommentar zum Grundgesetz, Bd. 2, 2013, Art. 19 IV Rn. 184; *J. Zado* Privatisierung der Justiz (Fn. 25), 256; *B. Brach* Die Verfassung (Fn. 32), 131 f.

[49] Die nahezu einhellige Deutung des Art. 92 GG iVm Art. 19 Abs. 4 GG bzw. dem allgemeinen Justizgewähranspruch als Verbot der Privatisierung des Rechtsschutzes lässt sich zwar durchaus kritisch hinterfragen (ebenso *E.-H. Ritter* NJW 2001, 3440 [3447 f.]). Sofern man die Zulässigkeit einer Privatisierung nach allgemeinen, für andere Staatsaufgaben geltenden Grundsätzen beurteilte, wäre Voraussetzung für eine Privatisierung der Rechtsprechung, dass Schiedsgerichte den verfassungs- und europarechtlich

daher nicht durch Schiedsgerichte kompensiert, sondern müssen durch Reformen der staatlichen Gerichtsbarkeit behoben werden.

d) Rechtspolitische Würdigung und Reformbedarf

Rechtspolitisch ist die Förderung der Schiedsgerichtsbarkeit neben der staatlichen Gerichtsbarkeit grundsätzlich sinnvoll. Schiedsgerichte entlasten die staatlichen Gerichte[50] und entsprechen den veränderten Rechtsschutzbedürfnissen der Parteien. Vor diesem Hintergrund sollten weitere Fördermaßnahmen wie die Einführung einer Schiedskostenhilfe erwogen werden, um auch minderbemittelten Parteien Zugang zur Schiedsgerichtsbarkeit zu eröffnen.[51]

Reformbedarf im Bereich der Schiedsgerichtsbarkeit besteht, weil Schiedsgerichte teilweise rechtsstaatliche Defizite aufweisen. Da Schiedsgerichte an die Stelle staatlicher Gerichte treten und Schiedssprüche nur selten veröffentlicht werden[52], geht damit ein erheblicher Verlust an

---

gebotenen Rechtsschutz gewähren und den Verfahrensgarantien entsprechen, die für die staatlichen Gerichte gelten. Diesen Anforderungen werden Schiedsgerichte zumindest derzeit mit Blick auf die Auswahl der Schiedsrichter durch die Parteien (§ 1034 f.; s. aber Art. 97 und Art. 101 Abs. 1 S. 2 GG), das Fehlen von Prozesskostenhilfe für Unbemittelte (s. Art. 19 Abs. 4, Art. 20 Abs. 3 GG, Art. 6 Abs. 1 EMRK, Art. 47 S. 4 GRC) und nur partielle Verfahrensgarantien (§ 1042 ZPO; s. aber weitergehend Art. 6 Abs. 1 EMRK und Art. 47 GRC) nicht gerecht.

[50] Vgl. *U. Steiner* SchiedsVZ 2013, 15 (16); *F. Ebbing* Private Zivilgerichte (Fn. 21), 14.

[51] Auf verfassungs- und europarechtliche Grenzen stößt die Förderung der Schiedsgerichtsbarkeit erst, wenn dadurch der Zugang zu staatlichen Gerichten faktisch ausgeschlossen oder unzumutbar erschwert wird (Art. 92 GG iVm dem verfassungs- und europarechtlichen Justizgewähranspruch), vgl. BVerfGE 10, 264 (268); 40, 237 (256); 50, 217 (231); 60, 253 (268 f.); 77, 275 (284); 88, 118 (123 f.); 92, 365 (410); 110, 339 (342); BVerfG, 1 BvR 1991/09 vom 26.4.2010, Rn. 16. Mit Verfassungs- und Europarecht unvereinbar wäre zudem eine obligatorische Anrufung privater Schiedsgerichte (ähnlich *J. Zado* Privatisierung der Justiz [Fn. 25], 267), da Schiedssprüche gem. § 1059 ZPO nur einer eingeschränkten gerichtlichen Kontrolle unterliegen. Das Gebot effektiven Rechtsschutzes beinhaltet das Recht auf Zugang zu staatlichen Gerichten, die „das Rechtsschutzbegehren in tatsächlicher und rechtlicher Hinsicht" umfassend prüfen und eine verbindliche Entscheidung treffen müssen, s. bezogen auf Art. 19 Abs. 4 GG bzw. den allgemeinen Justizgewähranspruch BVerfGE 54, 277 (291); 88, 118 (124); 101, 275 (294 f.); 107, 395 (401); 112, 185 (207); 113, 297 (310) – std. Rspr.; BVerwG, 6 C 3.13 vom 26.2.2014, Rn. 24; *H.-J. Papier* in J. Isensee/P. Kirchhof (Fn. 29), § 176 Rn. 18 und 20. Bezogen auf Art. 6 Abs. 1 S. 1 EMRK EGMR, Nr. 49636/99 vom 13.2.2003, Rn. 81; *J. Meyer-Ladewig* EMRK, Europäische Menschenrechtskonvention, Handkommentar, 3. Aufl. 2011, Art. 6 Rn. 33.

[52] Zu weiteren rechtsstaatlichen Defiziten von Schiedsgerichtsverfahren wie der Parteilichkeit der Schiedsrichter *J. Münch* in W. Krüger/T. Rauscher (Fn. 7), Vorbem. zu den §§ 1025 ff. Rn. 67.

Rechtssicherheit und Rechtsfortbildung einher.[53] Rechtspolitisch erscheint daher eine gesetzliche Regelung geboten, die die (ggf. anonymisierte) Veröffentlichung von Schiedssprüchen sicherstellt.[54] Für Schiedsverfahren mit Beteiligung der öffentlichen Hand ermöglichte eine Veröffentlichung der Schiedssprüche zugleich die Kontrolle des staatlichen Handelns.

Ein weiterer neuralgischer Punkt ist die Freiwilligkeit von Schiedsvereinbarungen und des damit verbundenen Verzichts auf Rechtsschutz durch staatliche Gerichte.[55] Die Freiwilligkeit ist in Situationen gestörter Vertragsparität mit strukturellem Verhandlungsungleichgewicht zwischen den Parteien, wie es zum Beispiel zwischen Verbrauchern und Unternehmern oder zwischen Sportlern und Sportverbänden besteht, gefährdet.[56] Genügende Vorkehrungen zum Schutz vor Unfreiwilligkeit fehlen in der ZPO.[57] Es besteht eine Schutzlücke, die der Gesetzgeber aufgrund seiner Schutzpflichten für die Privatautonomie (Art. 2 Abs. 1, Art. 12 Abs. 1 GG) des unterlegenen Teils und seiner Justizgewährpflicht schließen muss. Geeignet erscheint eine Regelung, die die Wirksamkeit von Schiedsvereinbarungen an die Voraussetzung knüpft, dass sie *nach* dem Entstehen der Streitigkeit getroffen werden. Schiedssprüche sollten für die Parteien nur verbindlich sein, wenn das Schiedsgericht sie *vorher* über den verbindlichen Charakter informiert hat und die Parteien dies ausdrücklich akzep-

---

[53] *C. Duve/M. Keller* SchiedsVZ 2005, 169 (172); *H. Prütting* AnwBl 2013, 401 (403); *K. P. Berger* SchiedsVZ 2009, 289 (296); *J. Münch* in W. Krüger/T. Rauscher (Fn. 7), Vorbem. zu den §§ 1025 ff. Rn. 72; *G. Hirsch* SchiedsVZ 2003, 49 (52); *H.-P. Schroeder* KritV 95 (2012), 145 (156 f.). In einigen Bereichen des privaten Wirtschaftsrechts fehlen bereits heute Grundsatzentscheidungen und gibt es keine Präjudizien mehr, *G. Hirsch* SchiedsVZ 2003, 49 (52); *D. Buntenbroich/M. Kaul* SchiedsVZ 2014, 1 (5 f.); *S. Schill* DÖV 2010, 1013 (1016 f.).

[54] Für eine gesetzliche Regelung der Pflicht zur Veröffentlichung von Schiedssprüchen *C. Duve/M. Keller* SchiedsVZ 2005, 169 (173 ff.); ferner *K. P. Berger* SchiedsVZ 2009, 289 (296); *G. Hirsch* SchiedsVZ 2003, 49 (52); *D. Buntenbroich/M. Kaul* SchiedsVZ 2014, 1 (5 f.). Die Möglichkeit, Schiedsgerichts*verhandlungen* nichtöffentlich durchzuführen, sollte dagegen beibehalten werden. Da eine Anonymisierung der Verhandlung nicht möglich ist, liefe das berechtigte Interesse der Parteien an Vertraulichkeit leer.

[55] Zum verfassungsrechtlichen Erfordernis der Freiwilligkeit eines Verzichts auf staatlichen Rechtsschutz s. Ziff. II. 1. c) aa).

[56] Zu Kräfteungleichgewichten und daraus resultierenden Problemen der Unfreiwilligkeit im Sport *U. Steiner* SchiedsVZ 2013, 15 (16); *D. Monheim* SpuRt 2008, 8 (8 ff.); *U. Haas/M. Hauptmann* SchiedsVZ 2004, 175 (175 ff.).

[57] Regelungsansätze zum Schutz der Schiedsparteien vor Unfreiwilligkeit lediglich in § 1034 Abs. 2, § 1031 Abs. 5, § 1031 Abs. 6, § 1030 Abs. 2, § 1032 Abs. 1, § 1059 Abs. 2 Nr. 1 a) und Nr. 2 b) ZPO sowie in § 1040 Abs. 1 S. 1 und Abs. 3 S. 2 ZPO.

tiert haben[58]. Ein solches Schutztandem sieht Art. 10 der jüngst in Kraft getretenen EU-Richtlinie über alternative Streitbeilegung in Verbraucherangelegenheiten (ADR-Richtlinie)[59] vor, deren Anwendungsbereich allerdings begrenzt ist.[60]

2. *Alternative Streitbeilegung*

a) *Realbefund*

Neben Schiedsgerichten treten auch außergerichtliche Anbieter alternativer Streitbeilegung (sog. ADR-Stellen)[61] vermehrt an die Stelle staatlicher Gerichte.[62] Alternative Streitbeilegung vermittelt in der Regel keine Konfliktentscheidung nach Maßgabe des Rechts, sondern interessengerechte Lösungen.[63] Praktiziert wird alternative Streitbeilegung in nahezu

---

[58] Andere Reformvorschläge bei *F. Hötte*, Religiöse Schiedsgerichtsbarkeit (Fn. 18), 245 ff.

[59] Richtlinie 2013/11/EU des Europäischen Parlaments und des Rates vom 21. Mai 2013 über die alternative Beilegung verbraucherrechtlicher Streitigkeiten und zur Änderung der Verordnung (EG) Nr. 2006/2004 und der Richtlinie 2009/22/EG (Richtlinie über alternative Streitbeilegung in Verbraucherangelegenheiten), ABl. L 165/63 vom 18.6.2013.

[60] Die ADR-Richtlinie gilt nur für Streitigkeiten zwischen Verbrauchern und Unternehmern aus Kauf- oder Dienstleistungsverträgen, wobei institutionelle Schiedsgerichte in ihren Anwendungsbereich einbezogen sind, s. Erwägungsgrund 20 sowie Art. 2 Abs. 1 ADR-RL. Der Gesetzgeber ist daher im Anwendungsbereich der ADR-Richtlinie zum Erlass der in Art. 10 ADR-RL vorgesehenen Regelungen zum Schutz vor Unfreiwilligkeit für institutionelle Schiedsgerichte verpflichtet, vgl. *C. Meller-Hannich/A. Höland/E. Krausbeck* ZEuP 2014, 8 (26).

[61] Zum Begriff ADR, der meist als Alternative Dispute Resolution und mitunter als Appropriate Dispute Resolution übersetzt wird, statt vieler *C. Duve* BB 1998, 15; *C. Meller-Hannich/A. Höland/E. Krausbeck* ZEuP 2014, 8 (9).

[62] *T. Trenczek* DS 2009, 66 (67); *J. v. Bargen* in Sächsisches Staatsministerium der Justiz und für Europa (Fn. 14), 61; *E.-H. Ritter* NJW 2001, 3440 (3440, 3447); *J. Oebbecke* DÖV 2007, 177 (178); *W. Hoffmann-Riem* Mehr Selbständigkeit für die Dritte Gewalt?, Verhandlungen des 64. Deutschen Juristentages, 2002, Q 11 (Q 11 f.); *H.-P. Schroeder* KritV 95 (2012), 145 (149). Der genaue Umfang des Bedeutungszuwachses außergerichtlicher konsensualer Streitbeilegung ist allerdings empirisch nur ausschnittsweise belegt. Fallzahlen ausgewählter institutioneller Streitbeilegungsstellen nennen *R. Deutlmoser/M. Engel* MMR 2012, 433 (435).

[63] Bezogen auf Mediation *S. Kreissl* SchiedsVZ 2012, 230 (234); *J. M. v. Bargen* Gerichtsinterne Mediation (Fn. 6), 49; *G. Beaucamp* DÖV 2011, 886 (887); für Schlichtungsverfahren *A. Stadler* NJW 1998, 2479 (2482). Zur Rolle des Rechts in der Mediation eingehend *C. Schüddekopf* Zur Nachhaltigkeit einvernehmlicher Konfliktbeilegung, Eine empirische Untersuchung von Mediation und Schiedsgerichtsbarkeit, 2013, 109 ff.; *H. Eidenmüller* in S. Breidenbach/D. Coester-Waltjen/B. Heß u.a. (Hrsg.) Konsensuale Streitbeilegung, 2001, 45 (46 ff.); zur Bedeutung des Rechts bei Schlichtung *S. Kreissl* SchiedsVZ 2012, 230 (233 f.).

sämtlichen Rechtsbereichen[64] von einer Vielzahl privater und staatlicher Anbieter[65], die auch Online-Konfliktlösungen im Portfolio haben.[66] Etabliert haben sich vor allem Mediation und Schlichtung.[67] Während die Parteien bei Mediation mit Unterstützung eines Mediators selbst eine einvernehmliche Konfliktlösung anstreben,[68] unterbreitet bei Schlichtung ein Dritter einen (unverbindlichen) Einigungsvorschlag.[69]

b) *Gründe für den Bedeutungszuwachs alternativer Streitbeilegung*

Die Gründe für den Bedeutungszuwachs alternativer Streitbeilegung liegen ebenso wie für die Zunahme der Schiedsgerichtsbarkeit in veränderten Rechtsschutzbedürfnissen der Parteien, denen eine außergerichtliche Konfliktlösung zum Teil besser entspricht als gerichtliche Streitentscheidung. Alternative Streitbeilegung bietet die Chance zu einer auf den Rechtsstreit zugeschnittenen, einvernehmlichen, umfassenden[70], innovativen[71] und interessengerechten Problembewältigung, die im Idealfall für beide Parteien gewinnbringend ist (Win-win-Situation)[72] und den Rechts-

---

[64] Näher *T. Trenczek* DS 2009, 66 (69); *G. Beaucamp* DÖV 2011, 886 (887); *J. Münch* in W. Krüger/T. Rauscher (Fn. 7), Vorbem. zu den §§ 1025 ff. Rn. 38; *R. Wiedemann* ZUM 2004, 779 (779); *L. Schäfer* NVwZ 2006, 39 (39).

[65] Eingehend *R. Deutlmoser/M. Engel* MMR 2012, 433 (434); *T. Trenczek* DS 2009, 66 (70); *J. Münch* in W. Krüger/T. Rauscher (Fn. 7), Vorbem. zu den §§ 1025 ff. Rn. 32 ff.; *R. Lambeck* in R. Fritz/B. Karber/R. Lambeck (Hrsg.) Mediation statt Verwaltungsprozess? (Fn. 5), 62 ff.

[66] *R. Deutlmoser/M. Engel* MMR 2012, 433 (435).

[67] Zum Aufkommen von Mediation differenzierend nach verschiedenen Rechtsgebieten *K. v. Schlieffen* in F. Haft/K. v. Schlieffen (Hrsg.) Handbuch Mediation, 2. Aufl. 2009, § 9 Rn. 6 ff.; vgl. auch *T. Lörcher/B. Lissner* GRUR-Prax 2012, 318; *S. Kreissl* SchiedsVZ 2012, 230; *T. Trenczek* DS 2009, 66 (67); *M. Engel/L. Hornuf* SchiedsVZ 2012, 26 (28); *K.-M. Ortloff* NVwZ 2012, 1057. Zu weiteren Formen außergerichtlicher Streitbeilegung BT-Drs. 17/5335, 11; *T. Trenczek* DS 2009, 66 (67); *J. Münch* in W. Krüger/T. Rauscher (Fn. 7), Vorbem. zu den §§ 1025 ff. Rn. 22 und 25; *P. Hay* in S. Breidenbach/D. Coester-Waltjen/B. Heß u.a. (Hrsg.) Konsensuale Streitbeilegung, 2001, 101 (102 ff.).

[68] Näher *S. Kreissl* SchiedsVZ 2012, 230 (232 ff.); *J. Münch* in W. Krüger/T. Rauscher (Fn. 7), Vorbem. zu den §§ 1025 ff. Rn. 21; *R. Greger/H. Weber* MDR 2012, 3 (14).

[69] Näher *J. Eisele* ZRP 2011, 113; *S. Kreissl* SchiedsVZ 2012, 230 (233); *J. Münch* in W. Krüger/T. Rauscher (Fn. 7), Vorbem. zu den §§ 1025 ff. Rn. 21 ff.

[70] Bezogen auf Mediation *H. Eidenmüller* in S. Breidenbach/D. Coester-Waltjen/B. Heß u.a. (Hrsg.) Konsensuale Streitbeilegung (Fn. 63), 45 (49).

[71] Bezogen auf Mediation *C. Schüddekopf* Zur Nachhaltigkeit einvernehmlicher Konfliktbeilegung (Fn. 63), 108; *I. Härtel* JZ 2005, 753 (756); *M. Engel/L. Hornuf* SchiedsVZ 2012, 26 (29); *J. M. v. Bargen* Gerichtsinterne Mediation (Fn. 6), 49.

[72] *M. Engel/L. Hornuf* SchiedsVZ 2012, 26 (29); *H. Eidenmüller* in S. Breidenbach/D. Coester-Waltjen/B. Heß u.a. (Hrsg.) Konsensuale Streitbeilegung (Fn. 63), 45 (49 f.); *G. Beaucamp* DÖV 2011, 886 (887).

streit nachhaltig befriedet.[73] Ein weiterer Vorteil ist aus Sicht vieler Parteien die Möglichkeit, das Verfahren nichtöffentlich durchzuführen.[74] Verglichen mit Gerichtsverfahren ist außergerichtliche Streitbeilegung zudem im Erfolgsfall oft kostengünstiger[75] und schneller.[76]

c) *Rechtliche Regelungen alternativer Streitbeilegung*

Der rechtliche Rahmen für alternative Streitbeilegung speist sich aus verschiedenen Rechtsakten. Das Mediationsgesetz vom 21. Juli 2012[77] sieht für Mediationen ein bundesweit einheitliches Regelungsregime vor, womit der Gesetzgeber über die Vorgaben der EU-Mediations-Richtlinie vom 21. Mai 2008[78] hinausgegangen ist. Zugleich hat der Gesetzgeber die Gerichte durch Änderung der Prozessordnungen (mit Ausnahme der StPO) ermächtigt, den Parteien eines anhängigen Rechtsstreits eine

---

[73] *I. Härtel* JZ 2005, 753 (756 f.); *J. v. Bargen* DVBl 2004, 468 (471); *J. Risse* NJW 2000, 1614 (1618); *G. Hirsch* NJW 2013, 2088 (2089); *C. Meller-Hannich/A. Höland/E. Krausbeck* ZEuP 2014, 8 (9); vgl. bezogen auf § 15a EGZPO auch BVerfG, 1 BvR 1351/01 vom 14.2.2007, Rn. 29 und 35. Die Einigungsquote außergerichtlicher Mediationen liegt nach *T. Trenczek* DS 2009, 66 (69) bei 80 bis 90 %; *H. Eidenmüller* in S. Breidenbach/D. Coester-Waltjen/B. Heß u.a. (Hrsg.) Konsensuale Streitbeilegung (Fn. 63), 45 (49) zufolge führt eine Mediation in Wirtschaftskonflikten in zwei Dritteln der Fälle zu einer Einigung. Zur Zufriedenheit der Bürger mit Mediation *M. Engel/L. Hornuf* ZZP 124 (2011), 505 (508).

[74] *S. Kreissl* SchiedsVZ 2012, 230 (232); *T. Trenczek* DS 2009, 66 (69); *J. Risse* NJW 2000, 1614 (1618); *J. Volkmann* Mediation im Zivilprozess, Rechtliche Rahmenbedingungen für ein gerichtsinternes Mediationsangebot, 2006, 3 f.

[75] *H. Eidenmüller* in S. Breidenbach/D. Coester-Waltjen/B. Heß u.a. (Hrsg.) Konsensuale Streitbeilegung (Fn. 63), 45 (49); *C. Meller-Hannich/A. Höland/E. Krausbeck* ZEuP 2014, 8 (9); *S. Breidenbach/H. Peres* SchiedsVZ 2010, 125 (127); *B. Sujecki* EuZW 2010, 7; bezogen auf Mediation *H. Rottleuthner* KJ 45 (2012), 444 (445); *T. Trenczek* DS 2009, 66 (69); *G. Beaucamp* DÖV 2011, 886 (887); *T. T. Weitz* Gerichtsnahe Mediation in der Verwaltungs-, Sozial- und Finanzgerichtsbarkeit, 2008, 77 ff.; *J. Volkmann* Mediation im Zivilprozess (Fn. 74), 8 f.

[76] *H. Eidenmüller* in S. Breidenbach/D. Coester-Waltjen/B. Heß u.a. (Hrsg.) Konsensuale Streitbeilegung (Fn. 63), 45 (49); *S. Breidenbach/H. Peres* SchiedsVZ 2010, 125 (127); *C. A. Stumpf* Alternative Streitbeilegung (Fn. 8), 1; *G. Hirsch* NJW 2013, 2088 (2089); *C. Meller-Hannich/A. Höland/E. Krausbeck* ZEuP 2014, 8 (9); bezogen auf Mediation *G. Beaucamp* DÖV 2011, 886 (887); *T. T. Weitz* Gerichtsnahe Mediation (Fn. 75), 77 ff.; *J. Volkmann* Mediation im Zivilprozess (Fn. 74), 8 f.; *M. Engel/L. Hornuf* SchiedsVZ 2012, 26 (29).

[77] BGBl. I/2012, 1577. Zu spezialgesetzlichen Regelungen für Mediationen *J. Risse/I. Bach* SchiedsVZ 2011, 14.

[78] Richtlinie 2008/52/EG des Europäischen Parlaments und des Rates vom 21. Mai 2008 über bestimmte Aspekte der Mediation in Zivil- und Handelssachen, ABl. L 136/3 vom 24.5.2008.

Mediation oder ein anderes Verfahren außergerichtlicher Konfliktbeilegung vorzuschlagen, währenddessen das gerichtliche Verfahren ruht (sog. gerichtsnahe Mediation, § 278a ZPO, § 173 S. 1 VwGO, § 36a FamFG, § 54a ArbGG, § 202 S. 1 SGG, § 155 S. 1 FGO).

Einen Meilenstein zur Förderung alternativer Streitbeilegung stellt die ADR-Richtlinie vom 21. Mai 2013 dar, mit der die Europäische Union außergerichtliche Streitbeilegung bewusst als Alternative zum Gerichtsverfahren, als zweiten Weg neben der staatlichen Gerichtsbarkeit fördert. Die Richtlinie verpflichtet die Mitgliedstaaten, ein umfassendes System außergerichtlicher Streitbeilegungsstellen (sog. AS-Stellen) aufzubauen, die inländische und grenzüberschreitende Streitigkeiten zwischen Verbrauchern und Unternehmern aus Kauf- und Dienstleistungsverträgen kompetent, unabhängig, transparent, schnell und kostengünstig beilegen.[79] Die Umsetzung der Richtlinie durch den deutschen Gesetzgeber steht noch aus. Flankiert wird die Richtlinie durch eine Verordnung über die Online-Beilegung verbraucherrechtlicher Streitigkeiten[80] (ODR-Verordnung), die die Errichtung und den Betrieb einer Europäischen Internet-Plattform vorsieht (sog. OS-Plattform), über die Streitigkeiten online beigelegt werden können.

d) Verfassungs- und europarechtliche Rahmenbedingungen alternativer Streitbeilegung

Verfassungsrechtlich ist die gütliche Beilegung von Streitigkeiten im Privatrecht ebenso Ausfluss der Privatautonomie der Parteien (Art. 2 Abs. 1 und Art. 12 Abs. 1 GG) wie die Inanspruchnahme von Schiedsgerichten und weder durch Art. 92 GG noch durch die Justizgewährpflicht des Staates untersagt.[81] Grenzen ergeben sich aus zwingenden Rechtsvorschriften, über die sich die Parteien auch einvernehmlich nicht hinwegset-

---

[79] Zum Aufkommen außergerichtlicher Streitbeilegungsstellen für Verbraucher in Deutschland *E. Isermann/C. Berlin* VuR 2012, 47 (49); *C. Meller-Hannich/A. Höland/E. Krausbeck* ZEuP 2014, 8 (22 ff.).

[80] Verordnung (EU) Nr. 524/2013 des Europäischen Parlaments und des Rates vom 21. Mai 2013 über die Online-Beilegung verbraucherrechtlicher Streitigkeiten und zur Änderung der Verordnung (EG) Nr. 2006/2004 und der Richtlinie 2009/22/EG (Verordnung über Online-Streitbeilegung in Verbraucherangelegenheiten), ABl. L 165/1 vom 18.6.2013.

[81] Statt vieler *J. Zado* Privatisierung der Justiz (Fn. 25), 264. Zur rechtlichen Unbedenklichkeit der Vertraulichkeit des Mediationsverfahrens (s. § 1 Abs. 1 MediationsG) vgl. die Ausführungen unter Ziff. II. 1. c). Zu der Möglichkeit, Mediationen im Öffentlichen Recht trotz § 1 Abs. 1 MediationsG einvernehmlich öffentlich durchzuführen, *A. Guckelberger* NVwZ 2011, 390 (393).

zen dürfen. Der Verhandlungsgegenstand muss zur Disposition der Parteien stehen. Eine Beteiligung der Verwaltung an Mediation und Schlichtung unterliegt wegen ihrer Gesetzesbindung (Art. 20 Abs. 3 GG) ebenso wie bei Schiedsgerichtsverfahren Einschränkungen.[82]

Die Einführung einer obligatorischen Streitbeilegung, wie sie § 15a EGZPO für einzelne zivilrechtliche Streitigkeiten ermöglicht, ist zwar als Voraussetzung für die Zulässigkeit einer Klage mit Art. 19 Abs. 4 GG bzw. dem allgemeinen Justizgewähranspruch grundsätzlich vereinbar.[83] Rechtspolitisch ist aber zu bedenken, dass gütliche Konfliktlösungsverfahren nur Erfolg versprechen, wenn die Parteien für eine einvernehmliche Lösung offen sind.[84]

---

[82] Vgl. die Ausführungen unter Ziff. II. 1. c) aa). Zur Zulässigkeit von Mediation im Verwaltungsrecht im Rahmen der Gesetzesbindung der Verwaltung statt vieler *M. Kaltenborn* Streitvermeidung und Streitbeilegung im Verwaltungsrecht, Verfassungsrechtlicher Rahmen und verfahrensrechtliche Ausgestaltung der außergerichtlichen Konfliktschlichtung im Verhältnis zwischen Verwaltung und Privaten, 2007, 144 ff.; *A. Guckelberger* NVwZ 2011, 390 (391); *C. A. Stumpf* Alternative Streitbeilegung (Fn. 8), 282; *F.-J. Peine* in J. H. Seok/J. Ziekow (Hrsg.) Mediation als Methode und Instrument der Konfliktmittlung im öffentlichen Sektor, 2010, 45 (49); *J. M. v. Bargen* ZUR 2012, 468 (470 f.); *M.-J. Seibert* NVwZ 2008, 365 (367). Zur Zulässigkeit und den Grenzen außergerichtlicher Streitbeilegung im Steuer- und Abgabenrecht *T. T. Weitz* Gerichtsnahe Mediation (Fn. 75), 111 ff.; *D. Steinhauff* SteuK 2013, 260 (161) (162); *S. Paul* DStR 2008, 1111 (1114 ff.). Zur Zulässigkeit und den Grenzen außergerichtlicher Streitbeilegung im Sozialrecht *J. Dürschke/K. Josephi* SGb 2010, 324 (325); *J. v. Berg/C. Padé* NZS 2007, 80 (81). Zu den Besonderheiten außergerichtlicher Streitbeilegung bei mehrpoligen Rechtsverhältnissen *G. Beaucamp* DÖV 2011, 886 (889); *M.-J. Seibert* NVwZ 2008, 365 (368).

[83] Voraussetzung für die Vereinbarkeit mit Art. 19 Abs. 4 GG bzw. dem allgemeinen Justizgewähranspruch ist, dass der Weg vor die staatlichen Gerichte nach erfolgloser Durchführung der Streitbeilegung eröffnet bleibt und die mit der Streitbeilegung verbundenen zeitlichen und wirtschaftlichen Nachteile nicht unzumutbar sind, vgl. BVerfGE 85, 337 (346); *J. Zado* Privatisierung der Justiz (Fn. 25), 263 f. Zur Verfassungsmäßigkeit des § 15a EGZPO BVerfG, 1 BvR 1351/01 vom 14.2.2007, Rn. 21 ff.; zur Verfassungsmäßigkeit obligatorischer außergerichtlicher Streitbeilegung generell *C. Schütz* Der ökonomisierte Richter (Fn. 27), 251 ff.; *J. Zado* Privatisierung der Justiz (Fn. 25), 87 und 89; anderer Ansicht *J. Risse* in H. Eidenmüller (Hrsg.) Alternative Streitbeilegung, Neue Entwicklungen und Strategien zur frühzeitigen Konfliktbewältigung, 2011, 139 ff.; *H. Prütting* AnwBl 2013, 401 (402).

[84] *T. Trenczek* DS 2009, 66 (70); *S. Breidenbach/H. Peres* SchiedsVZ 2010, 125 (128); *R. Fritz* LKRZ 2009, 281 (282); *T. Lörcher/B. Lissner* GRUR-Prax 2012, 318 (319). Gegen obligatorische Streitbeilegung *H. Prütting* AnwBl 2013, 401 (402) unter Hinweis auf die mangelnde Bewährung des § 15a EGZPO; *C. Althammer* JZ 2006, 69 (71 f.); *S. Kreissl* SchiedsVZ 2012, 230 (236); *S. Fest* Verhandlungen des 67. Deutschen Juristentages (Fn. 5), O 34.

Zur Erfüllung der Justizgewährpflicht des Staates (Art. 92 GG iVm Art. 19 Abs. 4 GG bzw. allgemeiner Justizgewähranspruch) trägt außergerichtliche Streitbeilegung nicht bei. Mediation und Schlichtung können die staatliche Gerichtsbarkeit ergänzen und stellen in vielen Fällen vorzugswürdige Alternativen dar. Ebenso wie Schiedsgerichtsverfahren erfüllt alternative Streitbeilegung aber keine Funktionen der Rechtsprechung iSd Art. 92 GG[85], wenn man Rechtsprechung in Abgrenzung zur Verwaltung auf der Grundlage eines funktionellen Begriffsverständnisses als letztverbindliche, der Rechtskraft fähige, hoheitliche Streitentscheidung (eines neutralen Dritten) nach Maßgabe des Rechts definiert.[86] Alternative Streitbeilegung ist daher kein Element des verfassungs- und europarechtlichen Rechtsschutzsystems. Rechtsschutzdefizite der staatlichen Gerichte können folglich nicht allein durch Förderung außergerichtlicher Streitbeilegung, sondern müssen durch Reformen der Gerichtsbarkeit selbst behoben werden.[87]

[85] Bezogen auf Mediation ebenso *A. Hopfauf* in B. Schmidt-Bleibtreu/H. Hofmann/A. Hopfauf (Fn. 47), Vorb. v. Art. 92 Rn. 45.

[86] Vgl. zu dieser Definition der Rechtsprechung im funktionellen Sinne bezogen auf die Zuweisung von Rechtsprechungsaufgaben durch den Gesetzgeber an die Gerichte außerhalb der verfassungsrechtlichen und traditionellen Sachbereiche der Rechtsprechung BVerfGE 7, 183 (188 f.); 31, 43 (46); 60, 165 (214); 60, 253 (269 f.); 103, 111 (137 f.); *A. Hopfauf* in B. Schmidt-Bleibtreu/H. Hofmann/A. Hopfauf (Fn. 47), Art. 92 Rn. 7; *W. Meyer* in I. v. Münch/P. Kunig (Fn. 26), Art. 92 Rn. 18 ff.; *C. D. Classen* in C. Starck (Fn. 27), Art. 92 Rn. 10 ff.; *K. P. Möller* Echte Schiedsgerichtsbarkeit (Fn. 8), 73 f.; anderer Rechtsprechungsbegriff vor allem bei *A. Voßkuhle* Rechtsschutz gegen den Richter, Zur Integration der Dritten Gewalt in das verfassungsrechtliche Kontrollsystem vor dem Hintergrund des Art. 19 Abs. 4 GG, 1993, 94 ff., der als Rechtsprechung im verfassungsrechtlichen Sinne alle Aufgaben ansieht, „die aufgrund ihres speziellen Leistungsprofils offensichtlich nur in dem von der Verfassung vorgegebenen ‚Neutralen Verfahren' als stark selektivem Verfahren bewältigt werden können".

[87] Gleichsinnig *R. Wiedemann* ZUM 2004, 779 (784); *J. Zado* Privatisierung der Justiz (Fn. 25), 266; *H. Eidenmüller/M. Engel* ZIP 2013, 1704 (1708); *C. Meller-Hannich/A. Höland/E. Krausbeck* ZEuP 2014, 8 (38); anderer Ansicht *E.-H. Ritter* NJW 2001, 3440 (3447 f.), der staatliche Justiz und außergerichtliche Streitbeilegung als verantwortungsteilendes System ansieht, was ein reduziertes Angebot an Justizdienstleistungen erlaube – auf der Grundlage der Auffassung, dass der Staat den Justizgewähranspruch nicht selbst erfüllen müsse, sondern dessen Erfüllung durch Private gewährleisten könne.

e) Rechtspolitische Würdigung und Reformbedarf

aa) (Grenzen der) Förderung außergerichtlicher Streitbeilegung

Rechtspolitisch erscheint die Förderung außergerichtlicher Streitbeilegung durch den Staat und die Europäische Union grundsätzlich vernünftig, weil sie auf die veränderten Rechtsschutzbedürfnisse der Parteien reagiert und die Gerichte entlastet.[88] Sinnvoll sind daher weitere Fördermaßnahmen wie die Einführung einer Streitbeilegungshilfe für unbemittelte Parteien[89] oder ein Gebührennachlass im Gerichtsverfahren für Parteien, die zuvor erfolglos versucht haben, sich gütlich zu einigen.[90]

---

[88] Bezogen auf Mediation BT-Drs. 17/5335, 11 und 35; *C. Meller-Hannich/A. Höland/E. Krausbeck* ZEuP 2014, 8 (9); *T. T. Weitz* Gerichtsnahe Mediation (Fn. 75), 77 ff.; *I. Härtel* JZ 2005, 753 (756); vgl. bezogen auf § 15a EGZPO BVerfG, 1 BvR 1351/01 vom 14.2.2007, Rn. 29. Reformbedarf besteht im Bereich alternativer Streitbeilegung ebenso wie bei der Schiedsgerichtsbarkeit zur Gewährleistung der Freiwilligkeit in Fällen gestörter Vertragsparität, wenn die Parteien auf den Zugang zu staatlichen Gerichten verzichten. Der Gesetzgeber sollte daher bei der Umsetzung der ADR-Richtlinie die in Art. 10 Abs. 1 vorgesehene Regelung über den Anwendungsbereich der Richtlinie hinaus auf sämtliche Verfahren außergerichtlicher Streitbeilegung erstrecken und sicherstellen, dass eine Vereinbarung über die Durchführung einer gütlichen Beilegung von Streitigkeiten, durch die einer Partei das Recht zur Anrufung der Gerichte entzogen wird, für diese Partei nur verbindlich ist, wenn die Vereinbarung *nach* dem Entstehen der Streitigkeit getroffen wird – vgl. hierzu auch die Ausführungen unter Ziff. II. 1. d).

[89] Mediationskostenhilfe kann bislang gem. § 7 Abs. 2 Mediationsgesetz nur im Rahmen wissenschaftlicher Forschungsvorhaben gewährt werden. Wird für außergerichtliche Streitbeilegung Hilfe gewährt, erscheint auch eine gesetzliche Regelung zulässig, die die Gewährung von Prozesskostenhilfe im gerichtlichen Verfahren an die Bedingung eines vorgerichtlichen Güteversuchs knüpft. Eine solche Regelung bewirkt für unbemittelte Parteien eine zeitliche Verzögerung des Zugangs zum Gericht, erschwert ihn aber nicht unzumutbar und ist daher mit Art. 19 Abs. 4 GG bzw. dem allgemeinen Justizgewähranspruch vereinbar. Ein Verstoß gegen das Gebot der Rechtsschutzgleichheit (Art. 3 Abs. 1 GG) liegt nicht vor, da die Inanspruchnahme öffentlicher Finanzmittel für die Prozesskostenhilfe die besondere Bürde für unbemittelte Parteien rechtfertigt. Anderer Ansicht *H. Prütting* in T. Rauscher/P. Wax/J. Wenzel (Hrsg.) Münchener Kommentar zur ZPO, 4. Aufl. 2013, § 278 Rn. 48.

[90] Solche Anreize für konsensuale Streitbeilegung gleichen lediglich Zeit- und Kostennachteile vorgerichtlicher Streitbeilegung durch Vorteile im Gerichtsverfahren aus. Mit Art. 19 Abs. 4 GG bzw. dem allgemeinen Justizgewähranspruch vereinbar wäre zudem eine Regelung wie sie in England existiert, nach der das Gericht einer Partei die Prozesskosten auferlegen kann, wenn sie einer Pflicht zur außergerichtlichen Streitbeilegung nicht nachkommt (zu der Rechtslage in England *T. T. Weitz* Gerichtsnahe Mediation [Fn. 75], 484; *D. Diop/A. Steinbrecher* Betriebs-Berater 2011, 131 [134]). Eine solche Gebührensanktion liefe jedoch faktisch auf obligatorische Streitschlichtung hinaus, die rechtspolitisch zweifelhaft ist. Für die Einführung einer Gebührenregelung nach englischem Vorbild *C. Althammer* JZ 2006, 69 (69 ff.); *D. Diop/A. Steinbrecher* Betriebs-

Selbst im Strafrecht sollte außergerichtliche Streitbeilegung bei geeigneten Delikten im Rahmen des Täter-Opfer-Ausgleichs stärker als bislang gefördert werden, weil sie dem Bedürfnis des Opfers nach Sühne und Wiedergutmachung Rechnung trägt, dauerhaften Rechtsfrieden sichert und die Strafverfolgungsorgane entlastet.[91]

Entgegen mancher Befürchtung gefährdet die fehlende Rechtsdurchsetzung bei alternativer Streitbeilegung nicht den Selbststand des Rechts[92] – zumindest nicht im Vergleich zu staatlichen Gerichten. 75 % aller zivilgerichtlichen Verfahren[93] und 65 % bis 75 % aller verwaltungsgerichtlichen Prozesse[94] werden nichtstreitig – d.h. durch Vergleich oder auf andere Weise – beendet, so dass nur in verhältnismäßig wenigen Verfahren Recht durchgesetzt wird. Außergerichtlicher Streitbeilegung haftet daher verglichen mit Gerichtsverfahren kein rechtsstaatlicher Makel an.

Da alternative Streitbeilegung in der Regel keine Rechtsdurchsetzung leistet, erweist sich auch die nichtöffentliche Durchführung von Verfahren – im Gegensatz zu Schiedsgerichtsverfahren – nicht als Verlust an Rechtssicherheit und Rechtsfortbildung. Nur soweit Streitbeilegungsstellen im Einzelfall verbindliche rechtliche Lösungen erarbeiten, ist rechtspolitisch eine Verpflichtung zur (ggf. anonymisierten) Veröffentlichung der Ergebnisse angezeigt. Soweit die Verwaltung an außergerichtlicher Streitbeile-

---

Berater 2011, 131 (134). Gebührennachteile für Parteien, deren Streitbeilegungsversuch erfolglos bleibt, sind dagegen mit Art. 19 Abs. 4 GG bzw. dem allgemeinen Justizgewähranspruch unvereinbar, weil hiervon erheblicher Druck zur konsensualen Einigung und zur Nichtanrufung der staatlichen Gerichte ausgeht, ebenso *H. Roth* JZ 2014, 801 (803).

[91] Über die in der StPO vorgesehene Möglichkeit hinaus, bei einem Täter-Opfer-Ausgleich von staatlicher Strafverfolgung abzusehen, könnte der Gesetzgeber die Strafverfolgung bei geeigneten Delikten generell für subsidiär gegenüber einem Täter-Opfer-Ausgleich erklären, *F. Bittmann* ZRP 2005, 15 (15 f.) *H. Rottleuthner* KJ 45 (2012), 444 (457). Zu dem verfassungsrechtlichen Schuldprinzip als Grenze für das Absehen von Strafe bei Kriminalität BVerfG, 2 BvR 2628/10 vom 19.3.2013, Rn. 103.

[92] In diesem Sinne aber *J. Risse* in H. Eidenmüller (Hrsg.) Alternative Streitbeilegung (Fn. 83), 142 ff.; *J. Risse/I. Bach* SchiedsVZ 2011, 14 (15); vgl. auch *H. Eidenmüller/M. Engel* ZIP 2013, 1704 (1704 ff.) bezogen auf die ADR-Richtlinie.

[93] Zahlen bezogen auf 2002 und 2012 aus Statistisches Bundesamt Fachserie 10 Reihe 2.1 (Fn. 3), Tabelle 2.1.2 und Tabelle 5.1.2; Statistisches Bundesamt Fachserie 10 Reihe 2.1 (Fn. 3), S. 22 und S. 46.

[94] Zahlen bezogen auf 2002 und 2012 aus Statistisches Bundesamt Fachserie 10 Reihe 2.4 (Fn. 3), Tabelle 1.2.1.2 und Tabelle 2.2.1.2; Statistisches Bundesamt Fachserie 10 Reihe 2.4 (Fn. 3), S. 20 und S. 60. Niedriger ist der Anteil der Verfahrenserledigungen auf andere Weise als durch Urteil in der Strafgerichtsbarkeit, wo er bei 55 % (Amtsgerichte) bzw. 30 % (Landgerichte erster Instanz) liegt, Zahlen bezogen auf 2002 und 2012 aus Statistisches Bundesamt Fachserie 10 Reihe 2.3 (Fn. 3), Tabelle 2.5 und Tabelle 4.5.; Statistisches Bundesamt Fachserie 10 Reihe 2.3 (Fn. 3), S. 40 und S. 78.

gung beteiligt ist, vermitteln die Informationsfreiheitsgesetze bereits heute Ansprüche auf Zugang zu Informationen der Verwaltung aus den Streitbeilegungsverfahren.

bb) Fortentwicklung: Komplementäres System aus außergerichtlicher Streitbeilegung und gerichtlicher Streitentscheidung

Für die Zukunft sinnvoll erscheint ein komplementäres System aus außergerichtlicher Streitbeilegung, staatlicher und privater Gerichtsbarkeit, das für unterschiedliche Konflikttypen verschiedene Konfliktbewältigungsverfahren vorsieht. Auf dieser Idee fußt das von *Frank Sander* in den USA entwickelte Konzept des Multi Door Courthouses,[95] nach dem jeder Rechtsstreit in einem zentralen Eingangs- und Verweisungsverfahren – der Screening Conference – analysiert und auf seine Eignung für einvernehmliche Streitbeilegung oder für Streitentscheidung untersucht wird.[96]

Um die Konfliktlösung optimal an die Bedürfnisse der Parteien und die Besonderheiten des Rechtsstreits anzupassen, sollte ein solches Multi Door Courthouse[97] auch in Deutschland erprobt werden.[98] Eine Art Multi Door Courthouse mit Screening Office sehen die Prozessordnungen zwar bereits vor, indem sie die Gerichte ermächtigen, den Parteien eines

[95] Zum Multi Door Courthouse in den USA eingehend *M. Birner* Das Multi-Door Courthouse, Ein Ansatz zur multi-dimensionalen Konfliktbehandlung, 2003, 41 ff.; *A. Nelle* in H. Eidenmüller (Hrsg.) Alternative Streitbeilegung, Neue Entwicklungen und Strategien zur frühzeitigen Konfliktbewältigung, 2011, 123 ff.; s. auch *F. Schreiber* Konsensuale Streitbehandlung im sozialgerichtlichen Verfahren, Die Leistungsfähigkeit des Güterichtermodells, 2013, 39 f. Zum Multi Door Courthouse in den Niederlanden *J. v. Bargen* DVBl 2004, 468 (473); *A. Bercher/M. Engel* JZ 2010, 226 (230). Zu Neighborhood Justice Centers in den USA, die bei Straftaten die Eignung für eine konsensuale Konfliktlösung mithilfe privater Mediatoren oder Schlichter prüfen, *H. Rottleuthner* KJ 45 (2012), 444 (455).

[96] *M. Birner* Das Multi-Door Courthouse (Fn. 95), 47.

[97] Die Teilnahme an einer Screening Conference könnte den Parteien in Anlehnung an § 135 Abs. 1 FamFG für Scheidungs- und Folgesachen gesetzlich obligatorisch auferlegt werden, vgl. *R. Greger* NJW 2007, 3258 (3262). Zur Vereinbarkeit einer gesetzlichen Verpflichtung zur Teilnahme an einer Screening Conference mit Verfassungsrecht *T. T. Weitz* Gerichtsnahe Mediation (Fn. 75), 275 ff. Zur obligatorischen Teilnahme an der Screening Conference in den USA *M. Birner* Das Multi-Door Courthouse (Fn. 95), 91 ff.

[98] Gleichsinnig *A. Bercher/M. Engel* JZ 2010, 226 (230). Eignungsprüfungen und Empfehlungen im Rahmen einer Screening-Conference an einem staatlichen Gericht wären nicht Rechtsprechung iSd Art. 92 GG, sondern Verwaltung iSd Art. 20 Abs. 2 S. 2 und Abs. 3 GG. Es stünde dem Gesetzgeber daher frei, mit dieser Aufgabe Justizverwaltungsangestellte zu betrauen oder sie Richtern zu übertragen, die insoweit als Verwaltungsbehörde im funktionellen Sinne tätig würden.

anhängigen Rechtsstreits ein außergerichtliches Konfliktbeilegungsverfahren vorzuschlagen (oder sie an einen Güterichter zu verweisen).[99] Gegenüber einer solchen Verweisung im Rahmen eines Rechtsstreits ist aber eine Screening Conference *vor* Klageerhebung vorzugswürdig,[100] weil sie eine vorgerichtliche Streitbeilegung ermöglicht, die im Erfolgsfall Zeit- und Kostenvorteile für die Parteien bewirkt und die Gerichte entlastet.

f) Sonderfall Paralleljustiz

Ein Sonderfall gütlicher Streitbeilegung ist sog. Paralleljustiz,[101] bei der Familienälteste oder religiöse Oberhäupter[102] als private Friedensrichter Konflikte beilegen, die aus der Familie, dem Clan oder der religiösen Gemeinde an sie herangetragen werden.[103]

Im Grundsatz gelten für Paralleljustiz dieselben rechtlichen Voraussetzungen und Grenzen wie für sonstige außergerichtliche Streitbeilegung. Dass Friedensrichter außerhalb fester Institutionen, ohne staatliche Anerkennung und Kontrolle agieren und die gefundene Einigung durch freiwillige Befolgung oder sozialen Druck umgesetzt wird[104], stellt sie nicht ins rechtliche Abseits. Auch Mediation und Schlichtung außerhalb von Paralleljustiz sind nicht auf feste Einrichtungen beschränkt; auch dort wird die Einigung häufig ohne staatliche Hilfe und Kontrolle vollzogen. Eine fehlende juristische Ausbildung der Friedensrichter steht der Zulässigkeit von Paralleljustiz ebenfalls nicht entgegen, weil eine solche Ausbildung weder für Mediatoren oder Schlichter (s. § 5 Mediationsgesetz; s. auch

---

[99] Näher bereits Ziff. II. 2. c) sowie noch Ziff. II. 3.

[100] Gleichsinnig *R. Greger* NJW 2007, 3258 (3262).

[101] Eine feststehende Definition der Paralleljustiz existiert nicht. Andere Definition als hier bei *Bayerisches Staatsministerium der Justiz und für Verbraucherschutz* Paralleljustiz, 2012, 4, das Paralleljustiz begrifflich von vornherein auf Fälle unzulässiger Streitbeilegung verengt; ähnlich *M. Rohe* TOA-Magazin Dezember 2013, 34, wonach sich Paralleljustiz von zulässiger außergerichtlicher Streitbeilegung dadurch unterscheide, dass sie auf Einschüchterung Schwächerer und mangelndem staatlichen Schutz beruhe und eigene Maßstäbe an die Stelle zwingenden staatlichen Rechts setze. Dass Paralleljustiz in Deutschland praktiziert wird, steht fest; in welchem Umfang sie stattfindet, ist empirisch nicht belegt, s. *Bayerisches Staatsministerium der Justiz und für Verbraucherschutz* Paralleljustiz, ebd., 4, 6 und 8; *E. Özkaraca* ZJJ 2013, 36 ff.; *M. Rohe* TOA-Magazin Dezember 2013, 34.

[102] Vgl. *Bayerisches Staatsministerium der Justiz und für Verbraucherschutz* Paralleljustiz (Fn. 101), 4 und 6; *P. Scholz* Betrifft Justiz 2011, 168 (168); *M. Rohe* TOA-Magazin Dezember 2013, 34 (35).

[103] Vgl. *H. Rottleuthner* KJ 45 (2012), 444 (447); *C. Schirrmacher* Rechtspolitisches Forum 62 (2013), 1 (27).

[104] *F. Wittreck* in A. Deixler-Hübner/M. Schauer (Hrsg.) Migration, Familie und Vermögen, Zak Spezial 2014, 91 (99 f.).

Art. 6 Abs. 1 ADR-RL) noch für Schiedsrichter (s. §§ 1034 ff. ZPO) gesetzlich vorgeschrieben ist. Dass Friedensrichter Konflikte nach persönlichem Rechtsempfinden, Traditionen oder (bei sog. religiöser Paralleljustiz[105]) „religiösem Recht" beilegen,[106] ist Ausdruck der verfassungsrechtlich geschützten Privatautonomie der Parteien, die eine Konfliktlösung nach außerrechtlichen Maßstäben umfasst.

Paralleljustiz weist allerdings mit Blick auf das sozio-kulturelle Umfeld, in dem sie stattfindet, Besonderheiten auf, aus denen erhöhte Gefahren für die Parteien und die Rechtsordnung resultieren können. Da Paralleljustiz in Deutschland auch von Bevölkerungsgruppen mit kollektivistisch oder patriarchalisch geprägten Clan- oder Familienstrukturen praktiziert wird,[107] wird auf eine gesteigerte Gefahr hingewiesen, dass Mädchen und Frauen zur Paralleljustiz gezwungen würden und Verstöße gegen ius cogens an der Tagesordnung seien.[108] Bei Paralleljustiz im Strafrecht sind Fälle bekannt geworden, in denen die Beteiligten die Durchsetzung des Strafanspruchs des Staates behindert haben.[109] Solche Rechtsverstöße müssen mit dem gesetzlichen Instrumentarium unterbunden bzw. geahndet werden. Sofern Paralleljustiz verglichen mit anderen Formen außergerichtlicher Streitbeilegung ein erhöhtes Gefahrenpotential aufweist, das sich mit den bestehenden Gesetzen nicht bewältigen lässt, ist der Gesetzgeber gehalten, *besondere* Schutzvorkehrungen zu treffen.[110] Ob bei Paralleljustiz ein erhöhtes Gefahrenpotenzial besteht, ist bislang nicht belegt.

---

105 Zum Anteil religiöser Paralleljustiz an Paralleljustiz *F. Wittreck* in A. Deixler-Hübner/M. Schauer (Hrsg.) Migration, Familie und Vermögen (Fn. 104), 92 ff.

106 Hierzu insgesamt näher *E. Özkaraca* ZJJ 2013, 36 (37); *P. Scholz* Betrifft Justiz 2011, 168 (169); vgl. auch *D. Dienstbühl* Deutsche Polizei 2013, 4 (5 f.); *C. Schirrmacher* Rechtspolitisches Forum 62 (2013), 1 (30).

107 *Bayerisches Staatsministerium der Justiz und für Verbraucherschutz* Paralleljustiz (Fn. 101), 4 und 6; *E. Özkaraca* ZJJ 2013, 36 ff.; *M. Rohe* TOA-Magazin Dezember 2013, 34; vgl. auch *P. Scholz* Betrifft Justiz 2011, 168 (169).

108 Näher *E. Özkaraca* ZJJ 2013, 36 (37 f.); *M. Brocker* ZfP 59 (2012), 314 (328); *C. Schirrmacher* Rechtspolitisches Forum 62 (2013), 1 (31).

109 Dazu *Bayerisches Staatsministerium der Justiz und für Verbraucherschutz* Paralleljustiz (Fn. 101), 4; *E. Özkaraca* ZJJ 2013, 36 (38).

110 Besondere Schutzvorkehrungen können zum Beispiel in der gezielten Aufklärung und Beratung der Betroffenen bestehen, in diese Richtung weist *Bayerisches Staatsministerium der Justiz und für Verbraucherschutz* Paralleljustiz (Fn. 101), 2 und 9. Zu der vermehrten Ernennung von Richtern mit Migrationshintergrund oder mit „interkultureller Kompetenz", um Misstrauen von Bevölkerungsgruppen mit Migrationshintergrund gegenüber der staatlichen Gerichtsbarkeit abzubauen, Berliner Arbeitskreis für Staat und Islam in Deutschland (BASID) Siebte Sitzung des DIK-Vorbereitungsausschusses am 16. Dez. 2011, Stellungnahme zum Buch „Richter ohne Gesetz" von Herrn Joachim Wagner, dat. 15.12.2011, 3.

3. *Güterichterverfahren*

Als Pendant zur außergerichtlichen Streitbeilegung hat der Gesetzgeber zum 26. Juli 2012 das Güterichterverfahren eingeführt.[111] Mit Ausnahme der StPO[112] wurden die Prozessordnungen um Regelungen ergänzt, welche die Gerichte ermächtigen, die Parteien für die gütliche Beilegung des Rechtsstreits vor einen hierfür bestimmten, nicht entscheidungsbefugten Richter – den Güterichter – zu verweisen (§ 278 Abs. 5 ZPO, § 173 S. 1 VwGO, § 36 Abs. 5 FamFG, § 54 Abs. 6 ArbGG, § 202 S. 1 SGG, § 155 S. 1 FGO). Der Güterichter kann alle Methoden der Konfliktbeilegung einschließlich der Mediation einsetzen und führt das Verfahren auf Wunsch der Parteien vertraulich durch (vgl. § 159 Abs. 2 S. 2 ZPO).[113]

a) *Zulässigkeit des Güterichterverfahrens*

Verfassungsrechtlich nimmt der Güterichter nicht Rechtsprechungs-,[114] sondern Verwaltungsaufgaben wahr,[115] weil er[116] zur (letztverbindlichen)

---

[111] Zu den bis dato an den Gerichten praktizierten Modellprojekten zur gerichtsinternen Mediation *J. F. Bader* Gerichtsinterne Mediation am Verwaltungsgericht, 2009, 37 ff.; *K.-M. Ortloff* NVwZ 2012, 1057 (1057 ff.); *R. Greger* ZKM 2013, 9 (9 ff.); *B. Hess* ZZP 124 (2011), 137 (140 ff.); *V. Kazak* Mediation in der Verwaltungsgerichtsbarkeit im Spannungsfeld von konsensualer Konfliktlösung und rechtlicher Zulässigkeit, 2011, 33 ff.

[112] In der Strafgerichtsbarkeit hat der Gesetzgeber „wegen der Besonderheiten der Verfahrensarten sowie … wegen bereits vorhandener Spezialregelungen" wie dem Täter-Opfer-Ausgleich von der Einführung eines Güterichterverfahrens abgesehen, BT-Drs. 17/5335, 11.

[113] Zur Vertraulichkeit des Güterichterverfahrens näher BT-Drs. 17/8058, 21; *R. Greger/H. Weber* MDR 2012, 3 (5). § 169 S. 1 GVG ist auf den Güterichter nicht anwendbar, s. auch BT-Drs. 17/8058, 21; *T. T. Weitz* Gerichtsnahe Mediation (Fn. 75), 328 ff.; *M. Ahrens* NJW 2012, 2465 (2470).

[114] Ebenso *J. Zado* Privatisierung der Justiz (Fn. 25), 113; *J. F. Bader* Gerichtsinterne Mediation (Fn. 111), 120 ff.; *S. Eisenmenger* Privatisierung der Justiz aus rechtlicher und ökonomischer Sicht, 2012, 58; *J. Volkmann* Mediation im Zivilprozess (Fn. 74), 23 ff.; *A. Bercher/M. Engel* JZ 2010, 226 (228); *K.-M. Ortloff* NVwZ 2004, 385 (389); *A. Ruhs* in R. Pitschas/H. Walther (Hrsg.) Mediation in der Verwaltungsgerichtsbarkeit, 2005, 123 (137 f.); anderer Ansicht *M.-J. Seibert* NVwZ 2008, 365 (366); *F. Schreiber* Konsensuale Streitbehandlung (Fn. 95), 24 f.; *J. M. v. Bargen* in U. Gläßer/K. Schroeter (Hrsg.) Gerichtliche Mediation, Grundsatzfragen, Etablierungserfahrungen und Zukunftsperspektiven, Bd. 1, 2011, 29 (33 ff.).

[115] Ebenso *D. Hömig* in D. Hömig (Fn. 32), Art. 92 Rn. 3; *K.-M. Ortloff* NVwZ 2004, 385 (389); anderer Ansicht R. *Pitschas* in R. Pitschas/H. Walther (Hrsg.) Mediation in der Verwaltungsgerichtsbarkeit, 2005, 33 (35 f.); *M.-J. Seibert* NVwZ 2008, 365 (366); *R. Greger/H. Weber* MDR 2012, 3 (5); *H. Prütting* ZZP 124 (2011), 163 (166);

hoheitlichen Entscheidung des Rechtsstreits nicht befugt ist.[117] Die für den streitentscheidenden Spruchkörper geltenden Verfahrensgarantien wie das Gebot des gesetzlichen Richters (Art. 101 Abs. 1 S. 2 GG) kommen daher für den Güterichter nicht zum Tragen.[118] Da der Güterichter Verwaltungsfunktionen erfüllt, ist auch gegen eine vertrauliche Durchführung des Verfahrens an nichts zu erinnern. Der verfassungsrechtliche Grundsatz der Öffentlichkeit des Gerichtsverfahrens sowie das Öffentlichkeitsgebot des Art. 6 EMRK und des Art. 47 GRC gelten für die Gerichte nur, soweit sie Rechtsprechungsaufgaben wahrnehmen. Ein Anspruch auf Zugang zu aktenkundigen Aufzeichnungen des Güterichters ergibt sich aus den Informationsfreiheitsgesetzen des Bundes und der Länder, die für den Güterichter als Verwaltung im funktionalen Sinne gelten[119]. Eine wei-

---

J. F. Bader Gerichtsinterne Mediation (Fn. 111), 130 f. Für eine Qualifizierung der Tätigkeit des Güterichters als Aufgabe sui generis *T. T. Weitz* Gerichtsnahe Mediation (Fn. 75), 213 ff.; *A. Guckelberger* NVwZ 2011, 390 (391). Für die Einordnung der Funktionen des Güterichters als privatrechtliche Tätigkeit *J. F. Bader* Gerichtsinterne Mediation (Fn. 111), 135 ff. Zum Begriff der Rechtsprechung, S. 188.

[116] Streitbeilegung durch den entscheidungsbefugten Richter mag dagegen der Rechtsprechung iSd Art. 92 GG zuzuordnen sein, weil sie im Rahmen eines gerichtlichen Verfahrens stattfindet, das eine hoheitliche Streitentscheidung ermöglicht.

[117] Soweit die Aufgabe der gütlichen Streitbeilegung den Gerichten die Erfüllung ihrer eigentlichen Rechtsprechungsaufgabe weder unmöglich macht noch zum Kernbereich der Exekutive gehört (zu diesen Grenzen einer zulässigen Übertragung von Verwaltungsaufgaben auf die Gerichte *H. Schulze-Fielitz* in H. Dreier [Fn. 25], Art. 92 Rn. 43; *A. Hopfauf* in B. Schmidt-Bleibtreu/H. Hofmann/A. Hopfauf [Fn. 47], Art. 92 Rn. 11), ist das Güterichterverfahren mit Art. 92 GG sowie mit Art. 19 Abs. 4 GG bzw. dem allgemeinen Justizgewähranspruch und dem Gewaltenteilungsprinzip vereinbar. Aus dem Grundgesetz folgt auch kein Grundsatz der Subsidiarität staatlicher gegenüber privater Streitbeilegung (ebenso *G. Spindler* Gerichtsnahe Mediation in Niedersachsen, Eine juristisch-rechtsökonomische Analyse, 2006, 15 f.; *R. Greger* NJW 2007, 3258 [3262]).

[118] Bezogen auf Art. 101 Abs. 1 S. 2 GG ebenso *K.-M. Ortloff* NVwZ 2012, 1057 (1059); *F. Schreiber* Konsensuale Streitbehandlung (Fn. 95), 25; *J. Dürschke* NZS 2013, 41 (47); anderer Ansicht *T. T. Weitz* Gerichtsnahe Mediation (Fn. 75), 297 f.; *J. M. v. Bargen* Gerichtsinterne Mediation (Fn. 6), 284 ff. Da Art. 101 Abs. 1 S. 2 GG nicht gilt, muss der Güterichter nicht durch abstrakt-generelle Geschäftsverteilungsregelung „aufgrund allgemeiner, vorab festgelegter Merkmale" bestimmt sein (zu dieser Anforderung des Gebots des gesetzlichen Richters nach Art. 101 Abs. 1 S. 2 GG BVerfG, 2 BvR 229/09 vom 18.3.2009 Rn. 24; BVerfGE 4, 412 [416]; 82, 286 [298]; 95, 322 [329] – std. Rspr.), sondern kann ad hoc und ad personam bestimmt werden. Auch ein Mitspracherecht der Parteien ist erlaubt, anderer Ansicht *J. M. v. Bargen* Gerichtsinterne Mediation (Fn. 6), 293 ff.

[119] Zu der Aufbewahrung von Unterlagen im Güterichterverfahren und dem Inhalt der Akten des Güterichters näher *R. Greger/H. Weber* MDR 2012, 3 (12); *D. Steinhauff* SteuK 2013, 260 (161) (162).

tergehende gesetzliche Regelung zur Veröffentlichung der Ergebnisse des Güterichterverfahrens ist nicht (zur Gewährleistung von Rechtssicherheit und Rechtsfortbildung) geboten, da der Güterichter kein Recht spricht.

b) Reformbedarf

Rechtspolitisch bietet das Güterichterverfahren verglichen mit gerichtlicher Streitentscheidung den Vorteil, dass die Vertraulichkeit des Verfahrens die Chancen einer Einigung und damit einer schnellen und befriedenden Konfliktlösung erhöht.[120] Angesichts seiner hohen Erfolgsquote[121] mag es zudem zur Entlastung der Gerichte beitragen.[122] Problematisch ist, dass eine Verweisung an den Güterichter die Anhängigkeit eines Rechtsstreites voraussetzt. Die Erhebung einer Klage führt regelmäßig zur Konfliktverschärfung[123] und ist mit Zeit- und Kostenaufwand verbunden. Diese Nachteile vermeidet außergerichtliche Streitbeilegung *vor* Anrufung des Gerichtes,[124] die daher vorzugswürdig erscheint.[125]

---

[120] Zu den Vorteilen des Güterichterverfahrens gegenüber gerichtlicher Streitentscheidung *U. Gläßer* in U. Gläßer/K. Schroeter (Hrsg.) Gerichtliche Mediation, Grundsatzfragen, Etablierungserfahrungen und Zukunftsperspektiven, Bd. 1, 2011, 169 (176 ff.). Zum Mehrwert des Güterichterverfahrens gegenüber der Güteverhandlung vor dem streitentscheidenden Richter *K.-M. Ortloff* NVwZ 2012, 1057 (1057 f.); *R. Greger/ H. Weber* MDR 2012, 3 (8); einen Mehrwert des Güterichterverfahrens verneint *S. Paul* DStR 2008, 1111 (1114 ff.) verglichen mit dem Erörterungstermin in der Finanzgerichtsbarkeit.

[121] Näher *K.-M. Ortloff* NVwZ 2007, 33 (34); *R. Greger* ZRP 2006, 229 (229 f.); *F. Schreiber* Konsensuale Streitbehandlung (Fn. 95), 112; *G. Beaucamp* DÖV 2011, 886 (889). Zur Zufriedenheit der Parteien mit Güterichterverfahren *P. Röthemeyer/ M. Trümper* in U. Gläßer/K. Schroeter (Hrsg.) Gerichtliche Mediation, Grundsatzfragen, Etablierungserfahrungen und Zukunftsperspektiven, Bd. 1, 2011, 343 (343 ff.) mit empirischen Nachweisen.

[122] Näher *R. Greger* ZKM 2013, 9 (12); *T. T. Weitz* Gerichtsnahe Mediation (Fn. 75), 99; *I. Härtel* JZ 2005, 753 (759); kritisch gegenüber der Entlastung der Justiz durch das Güterichterverfahren *G. Rasche* in U. Gläßer/K. Schroeter (Hrsg.) Gerichtliche Mediation, Grundsatzfragen, Etablierungserfahrungen und Zukunftsperspektiven, Bd. 1, 2011, 159 (160 ff.).

[123] *M. Birner* Das Multi-Door Courthouse (Fn. 95), 7 f.

[124] Die Vorzüge einer Streitbeilegung vor Klageerhebung zeigen sich umso mehr, als der streitentscheidende Richter den Rechtsstreit für eine gütliche Einigung statt an einen Güterichter an einen außergerichtlichen Mediator oder Schlichter verweisen kann (s. § 278a ZPO, § 173 S. 1 VwGO, § 36a FamFG, § 54a ArbGG, § 202 S. 1 SGG, § 155 S. 1 FGO). Eine vorgerichtliche Streitbeilegung führt die Parteien unmittelbar zum Mediator oder Schlichter, ohne den Umweg über das Gericht nehmen zu müssen.

[125] Gleichsinnig *R. Greger* NJW 2007, 3258 (3262); *A. Bercher/M. Engel* JZ 2010, 226 (229 f.); *J. Risse/I. Bach* SchiedsVZ 2011, 14 (20); *M. Birner* Das Multi-Door Courthouse (Fn. 95), 8. Vorteile des Güterichterverfahrens gegenüber außergerichtlicher

III. Rechtsschutzdefizite der staatlichen Gerichtsbarkeit

Die Legitimität und Effektivität der Gerichte ist vor allem durch Rechtsschutzdefizite der Gerichte selbst gefährdet. Das staatliche Gerichtsverfahren weist teilweise Mängel auf, die in Konflikt mit verfassungs- und europarechtlichen Rechtsschutzgarantien geraten können und gewandelten Rechtsschutzbedürfnissen der Parteien nicht gerecht werden.

1. Lange Verfahrensdauer

a) Verfahrensdauer in der Zivil-, Verwaltungs- und Strafgerichtsbarkeit

Defizite sind vor allem bei der Verfahrensdauer zu beobachten. Eine Vielzahl der Gerichtsverfahren in Deutschland wird in kurzer bis angemessener Zeit erledigt.[126] Eine nicht nur geringe Zahl der Verfahren dauert indes bei einer Instanz zwei bis drei Jahre[127] oder länger.[128] Verfahren, die über mehrere Instanzen geführt werden, sind zu einem nennenswerten Anteil von langer Dauer.[129] Das gilt insbesondere für die Verwaltungsgerichtsbarkeit,[130] aber auch für die Zivilgerichtsbar-

---

Streitbeilegung nennt *M.-J. Seibert* NVwZ 2008, 365 (369); *J. v. Bargen* DVBl 2004, 468 (476).

[126] Ebenso *J. Zado* Privatisierung der Justiz (Fn. 25), 81.

[127] Bezogen auf 2012: 1,3 % der Zivilrechtsverfahren vor den Amtsgerichten; 6,6 % der Zivilrechtsverfahren vor den Landgerichten; 10,7 % der durch Urteil beendeten Verfahren vor den Verwaltungsgerichten; 25 % der durch Urteil beendeten Verfahren vor den Oberverwaltungsgerichten; 0,4 % der durch Urteil beendeten Strafverfahren vor den Amtsgerichten; 2,4 % der durch Urteil beendeten Strafverfahren vor den Landgerichten; 7,7 % der durch Urteil beendeten Strafverfahren vor den Oberlandesgerichten – Quellennachweise in Fn. 131.

[128] Bezogen auf 2012: 3,8 % der durch Urteil beendeten Verfahren vor den Verwaltungsgerichten; 11,3 % der durch Urteil beendeten Verfahren vor den Oberverwaltungsgerichten; 0,2% der durch Urteil beendeten Strafverfahren vor den Amtsgerichten; 1,5 % der durch Urteil beendeten Strafverfahren vor den Landgerichten – Quellennachweise in Fn. 130.

[129] Im Ergebnis ebenso *G.-P. Calliess* Verhandlungen des 70. Deutschen Juristentages (Fn. 1), A 53 ff.; vgl. auch *E. Schmidt-Aßmann* in T. Maunz/G. Dürig (Fn. 32), Art. 19 Abs. 4 Rn. 262; *T. Barczak* AöR 138 (2013), 536 (541 f.).

[130] Hauptsacheverfahren vor den *Verwaltungsgerichten* dauerten im Jahr 2012 im Durchschnitt bei Beendigung durch Urteil 14,2 Monate. 10,7 % der Verfahren waren zwei bis drei Jahre und 3,8 % länger als drei Jahre anhängig. Von den in erster Instanz vom Oberverwaltungsgericht durch Urteil entschiedenen Verfahren wiesen 25 % eine Dauer von zwei bis drei Jahren und 11,3 % eine Dauer von mehr als drei Jahren auf. Die Gesamtverfahrensdauer verwaltungsrechtlicher Streitigkeiten zählte im Jahr 2012 gerechnet vom Eingang beim Verwaltungsgericht bis zur Erledigung durch das Oberver-

keit[131] und – in geringerem Maße – für die Strafgerichtsbarkeit.[132] Dieser Befund spiegelt sich in Umfragen wider, denen zufolge 79 % der Be-

---

waltungsgericht als Rechtsmittelinstanz bei einer Verfahrensbeendigung durch Urteil durchschnittlich 45,6 Monate. Davon hatten 21,7 % eine Verfahrensdauer von drei bis vier Jahren, 14,3 % der Verfahren dauerten vier bis fünf Jahre und 23,4 % der Verfahren dauerten länger als 5 Jahre. Für Fälle, in denen ein Revisionsverfahren vor dem Bundesverwaltungsgericht durchgeführt wurde, verlängerte sich die Dauer bei durch Urteil beendeten Revisionsverfahren in 92,3 % der Fälle um bis zu zwei Jahre und in 7,7 % der Fälle um bis zu drei Jahre. – Zahlen aus Statistisches Bundesamt Fachserie 10 Reihe 2.4 (Fn. 3), S. 26, 64, 81 f. und 117.

[131] Im Jahr 2012 dauerten durch streitiges Urteil erledigte Verfahren in Zivilrechtssachen vor den Amtsgerichten durchschnittlich 7,2 Monate. 5,8 % der Verfahren hatten eine Verfahrensdauer von ein bis zwei Jahren; 1,3 % der Verfahren dauerten länger als zwei Jahre. In erster Instanz vom Landgericht mit streitigem Urteil beendete Verfahren in Zivilrechtssachen währten 2012 13,6 Monate. 6,6 % der Verfahren dauerten länger als zwei Jahre. Die Gesamtverfahrensdauer für Zivilrechtssachen, die über mehrere Instanzen gingen, betrug ab dem Eingang in der ersten Instanz bis zur Erledigung durch die Landgerichte als Berufungsinstanz bei Erledigung durch streitiges Urteil 20,5 Monate. Dabei hatten 13,4 % eine Verfahrensdauer von zwei bis drei Jahren, 3,8 % der Verfahren dauerten drei bis vier Jahre und 1,9 % der Verfahren dauerte länger als 4 Jahre. Verfahren, für die das Oberlandesgericht als Berufungsinstanz zuständig war, dauerten vom Eingang in der ersten Instanz bis zur Erledigung durch das Oberlandesgericht bei streitigem Urteil durchschnittlich 29,5 Monate. 9,5 % der Verfahren hatten eine Länge von drei bis vier Jahren; 4,1 % der Verfahren dauerten vier bis fünf Jahre; 5 % der Verfahren hatten eine Dauer von mehr als fünf Jahren. Bei Verfahren, die im Wege der Revision zum Bundesgerichtshof gelangten, verlängerte sich die Dauer in 20,6 % der Fälle um bis zu ein Jahr, in 60,5 % der Fälle um bis zu zwei Jahre und in 18,9 % der Fälle um mehr als zwei Jahre – Zahlen aus Statistisches Bundesamt Fachserie 10 Reihe 2.1 (Fn. 3), S. 26, 50, 66 und 88 sowie aus dem Tätigkeitsbereich des Bundesgerichtshofs für das Jahr 2012, http://www.bundesgerichtshof.de/DE/BGH/Statistik/Taetigkeitsberichte/FruehereJahre/Taetigkeit2012/taetigkeit2012_node.html;jsessionid=C928BC4EBC2112CD8BADD59FC1216183.2_cid329 (zuletzt abgerufen am 21.7.2014).

[132] Die Dauer der von den Amtsgerichten im Jahr 2012 durch Urteil erledigten Strafverfahren betrug im Durchschnitt 4,1 Monate. Von den durch Urteil beendeten Verfahren dauerten 3,5 % ein bis zwei Jahre, 0,4 % zwei bis drei Jahre und 0,2 % länger als drei Jahre. Von dem Landgericht in erster Instanz durch Urteil beendete Verfahren hatten eine durchschnittliche Dauer von 6,8 Monaten, wobei 8,3 % der Strafverfahren ein bis zwei Jahre, 2,4 % der Verfahren zwei bis drei Jahre und 1,5 % der Verfahren mehr als drei Jahre anhängig waren. Die Dauer der in erster Instanz vom Oberlandesgericht entschiedenen Verfahren betrug bei Erledigung durch Urteil 8,4 Monate, wobei 15,4 % der Verfahren eine Dauer von ein bis zwei Jahren und 7,7 % der Verfahren eine Dauer von 2 bis 3 Jahren hatten. Für Strafverfahren, die erstinstanzlich vom Amtsgericht entschieden wurden, verlängerte sich die Verfahrensdauer bei einem anschließenden Berufungsverfahren vor dem Landgericht gerechnet ab Eingang des Verfahrens bei dem Berufungsgericht um durchschnittlich 4,4 Monate (ab Verkündung des angefochtenen Urteils um 6,9 Monate), bei Erledigung durch (Berufungs-)Urteil um 4,9 Monate. 5,9 % der durch Urteil entschiedenen Berufungsverfahren waren dabei in der Berufungsin-

völkerung die Dauer der Gerichtsverfahren in Deutschland für zu lang hält.[133]

b) *Reformbedarf: Flexible Spruchkörperbesetzung und Geschäftsverteilung*

Zu welchem Anteil langdauernde Gerichtsverfahren die verfassungs- und europarechtliche Grenze der *über*langen Verfahrensdauer überschreiten und damit den unabdingbaren Mindeststandard effektiven Rechtsschutzes unterschreiten (Art. 6 Abs. 1 S. 1 EMRK, Art. 19 Abs. 4 GG bzw. allgemeiner Justizgewähranspruch), lässt sich nur im Einzelfall beurteilen.[134] Der EGMR hat der überlangen Dauer von Gerichtsverfahren in Deutschland „systemische(n) Charakter" attestiert. Ob der auf freundliche Empfehlung des EGMR[135] gesetzlich geregelte Entschädigungsanspruch bei unangemessener Verfahrensdauer (§§ 198 bis 201 GVG, § 173 S. 2 VwGO, § 202 S. 2 SGG, § 155 S. 2 FGO, § 9 Abs. 2 S. 2 ArbGG,

stanz ein bis zwei Jahre anhängig; 0,8 % der Berufungsverfahren dauerten zwei bis drei Jahre und 0,3 % der Berufungsverfahren dauerten länger als drei Jahre. Für vom Oberlandesgericht in der Rechtsmittelinstanz erledigte Verfahren lag die Verfahrensdauer im Durchschnitt bei 1,2 Monaten ab Eingang des Verfahrens in der Revisionsinstanz und im Durchschnitt bei 5,3 Monaten ab Verkündung des mit der Revision angefochtenen Urteils. Durch Urteil erledigte Revisionen dauerten vom Eingang in der Revisionsinstanz gerechnet durchschnittlich 2,8 Monate; 1,2 % der Verfahren waren ein bis zwei Jahre anhängig. Strafverfahren vor dem Bundesgerichtshof dauerten bei einer Revisionsentscheidung durch Urteil in 11,4 % der Fälle länger als ein Jahr (gerechnet ab Verkündung des angefochtenen Urteils). Von den durch Beschluss entschiedenen Revisionsverfahren (Aufhebung des Urteils der Vorinstanz) dauerten 3,5 % länger als ein Jahr (gerechnet ab Verkündung des angefochtenen Urteils). – Zahlen aus Statistisches Bundesamt Fachserie 10 Reihe 2.3 (Fn. 3), S. 40, 78, 98, 120, 134 und 153.

[133] Roland Rechtsreport 2014, 28.

[134] Zu den Kriterien überlanger Verfahrensdauer im Einzelfall zuletzt BVerfG, 1 BvR 314/11 vom 2.12.2011, Rn. 7; BVerfG, 1 BvR 1067/12 vom 22.8.2013, Rn. 32; EGMR, NJW 2006, 2389 (2393); NJW 2010, 3355 (3356); EGMR, Nr. 13591/05 vom 26.11.2009 Rn. 126 mit der Richtschnur von maximal einem Jahr je gerichtlicher Instanz; aus dem Schrifttum *J. Keders/F. Walter* NJW 2013, 1697; *A. Guckelberger* DÖV 2012, 289 (290); *H. Schulze-Fielitz* in H. Dreier (Hrsg.) Grundgesetz, Kommentar, Bd. II, 2. Aufl. 2006, Art. 20 (Rechtsstaat) Rn. 220. Zur Maßgeblichkeit der Gesamtverfahrensdauer der Gerichtsverfahren für die Berechnung der überlangen Verfahrensdauer BVerfG, 1 BvR 314/11 vom 2.12.2011, Rn. 7; BVerfG, 1 BvR 1067/12 vom 22.8.2013, Rn. 32; EGMR, Nr. 13791/06 vom 4.2.2010, Rn. 78.

[135] EGMR, Urteil Nr. 46344/06 vom 2.9.2010, Rn. 69; eine erste Aufforderung der Bundesrepublik Deutschland zur Schaffung eines wirksamen Rechtsbehelfs iSd Art. 13 EMRK gegen überlange gerichtliche Verfahren findet sich bereits in EGMR, NJW 2006, 2389 ff.

§§ 97a bis 97e BVerfGG) die Verfahrenslänge verkürzt,[136] wird sich erst zeigen.[137]

Langdauernde Gerichtsverfahren haben für die Verfahrensbeteiligten erhebliche negative Folgen[138] und sind ein Grund dafür, dass die staatlichen Gerichte rechtlich belangvolle und streitwertintensive Verfahren an Schiedsgerichte oder außergerichtliche Streitbeilegungsstellen verlieren[139]. Die Ursachen langer Verfahrensdauer sind bislang erst teilweise erforscht.[140] Untersuchungen langdauernder Zivilgerichtsverfahren haben unter anderem ergeben, dass sie überdurchschnittlich häufig Verfahrensgegenstände betreffen, die schwierige Sach- und Rechtsfragen aufwerfen und zeitintensive Sachverständigengutachten erfordern.[141] Die Beurteilung komplexer Tatsachen- und Rechtsfragen ist Richtern selbst in spezialisierten Spruchkörpern ohne Expertise Dritter oft nicht oder nur mit erheblichem Zeitaufwand möglich[142].

---

[136] Überblick über die bisherige Rechtsprechung zu Entschädigungsklagen nach §§ 198 ff. GVG wegen überlanger Verfahrensdauer bei *C. Steinbeiß-Winkelmann/T. Sporrer* NJW 2014, 177 (179 ff.).

[137] Zweifelnd *A. Guckelberger* DÖV 2012, 289 (298).

[138] Folgen langdauernder Gerichtsverfahren sind zum Beispiel hohe Prozesskosten, das „Verfaulen" von Aufklärungs- und Beweismitteln, die Gefährdung der materiellen Richtigkeit des Urteils sowie die Minderung der Bedeutung des Prozesserfolges, näher *S. Weth* NJW 1996, 2467 (2469).

[139] *J. v. Bargen* NJW 2006, 2531 (2532).

[140] Näher *A. Matusche-Beckmann/P. Kumpf* ZZP 124 (2011), 173 (174). Vorschläge zur Verringerung der Verfahrensdauer sind unter anderem der Aufbau automatisierter Frühwarnsysteme zur Identifizierung von Verfahren mit langer Verfahrensdauer, die Einführung singularinstanzlicher Schnellverfahren, die Begründung von Entscheidungen nur gegen erhöhte Gerichtsgebühren und die Unterstützung der Richter durch wissenschaftliche Mitarbeiter oder Gerichtsräte, s. *G.-P. Calliess* Verhandlungen des 70. Deutschen Juristentages (Fn. 1), A 94 ff.; *F. Bittmann* ZRP 2008, 11 (12). Zu weiteren Vorschlägen wie dem verstärkten Einsatz von Einzelrichtern, Rechtsmittelbeschränkungen, Restriktionen des vorläufigen Rechtsschutzes und einer Einschränkung der gerichtlichen Kontrolldichte *P. M. Huber/S. Storr* ZG 21 (2006), 105 (106). Zu den Ursachen (über-)langer Verfahren am BVerfG und dem Vorschlag, eine „Mutwillensgebühr" einzuführen, *T. Barczak* AöR 138 (2013), 536 (538 ff.).

[141] Der Präsident des Oberlandesgerichts Hamm (Hrsg.) Langdauernde Zivilverfahren, Eine Untersuchung des Oberlandesgerichts Hamm, des Oberlandesgerichts Nürnberg, des Kammergerichts sowie des Oberlandesgerichts Jena, 2013, 25, wonach langdauernde Zivilgerichtsverfahren von mehr als 24 Monaten je Instanz namentlich Bau- und Arzthaftungssachen, Handelsvertreter-, Nachbarschafts-, Verkehrsunfall-, Wohnungsmietsachen, gesellschaftsrechtliche Streitigkeiten und gewerbliche Rechtsschutzverfahren betreffen – auch zu weiteren Ursachen langdauernder Zivilgerichtsverfahren.

[142] Bezogen auf Baukonflikte *N. Teubner-Oberheim/R. Schröder* NZBau 2011, 257; *S. Leupertz* DS 2013, 296 (296 f.); *M. Lembcke* NJW 2013, 1704 (1705).

Eine auf dem diesjährigen Deutschen Juristentag diskutierte Möglichkeit, dieser Ursache langdauernder Zivilgerichtsverfahren entgegenzuwirken, besteht darin, den Gerichten durch eine Änderung des Gerichtsverfassungsgesetzes zu ermöglichen, für Verfahren mit besonderen Schwierigkeiten tatsächlicher oder rechtlicher Art abweichend von der üblichen Geschäftsverteilung und Spruchkörperzusammensetzung maßgeschneiderte, spezialisierte Richterteams zusammenzustellen.[143] Hierdurch könnten bei Verfahren mit besonderen *rechtlichen* Problemen fachlich versierte Berufsrichter anderer Spruchkörper herangezogen werden – zum Beispiel für Finanzanlageverfahren Richter der Finanzgerichtsbarkeit. Bei Fällen mit komplexen *Tatsachen*fragen könnten sachverständige Laienrichter auf die Richterbank einrücken – etwa bei Bauprozessen Bauingenieure oder bei Arzthaftungsprozessen Mediziner.[144] In die staatliche Gerichtsbarkeit hielten damit Elemente der Schiedsgerichtsbarkeit Einzug.

Regelungen, die dies ermöglichen, fehlen im Gerichtsverfassungsgesetz. Die nach dem Gerichtsverfassungsgesetz bislang vorgesehene Spruchkörperbesetzung und Geschäftsverteilung *vor* Beginn des Geschäftsjahres *für dessen Dauer* (§ 21e Abs. 1 GVG) führt dazu, dass den zuständigen Richtern die für das Verfahren notwendige Fachkunde oder berufliche Erfahrung nicht selten fehlt.[145]

Um die Erledigung schwieriger Verfahren in angemessener Zeit zu ermöglichen, bedarf es einer funktionsadäquaten Ausgestaltung der Gerichtsverwaltung.[146] Eine Ergänzung der §§ 21e ff. GVG um Bestim-

---

[143] Eingehend *G.-P. Calliess* Verhandlungen des 70. Deutschen Juristentages (Fn. 1), A 100 ff., der vorschlägt, das für den EuGH entwickelte Geschäftsverteilungsmodell für die deutschen Gerichte zu übernehmen; s. auch *P. G. v. Olenhusen* AnwBl 2014, 568 (569 ff.); ablehnend gegenüber einer Flexibilisierung der Geschäftsverteilung *H. Roth* JZ 2014, 801 (805 f.).

[144] Pate für die gerichtsübergreifende Besetzung von Spruchkörpern können die Baulandkammern und -senate der Landgerichte bzw. Oberlandesgerichte stehen, die sowohl mit Richtern aus der Zivilgerichtsbarkeit als auch mit einem Verwaltungsrichter besetzt sind (§§ 220, 229 BauGB). Als Vorbild für die Besetzung gerichtlicher Spruchkörper mit sachverständigen Laien können die Kammern für Handelssachen, die Senate des Bundespatentgerichts, die Berufsgerichte und die Landwirtschaftsgerichte dienen. Zur Sachverstandsfunktion von Laienrichtern *H. Eylmann* in H. Lieber/U. Sens (Hrsg.) Ehrenamtliche Richter. Demokratie oder Dekoration am Richtertisch?, 1999, 35 (45).

[145] Vgl. *G. Hirsch* SchiedsVZ 2003, 49 (50); *E.-H. Ritter* NJW 2001, 3440 (3443).

[146] Allgemein zum Gebot funktionsadäquater Ausgestaltung der Gerichtsverwaltung EGMR, NVwZ 2010, 177 (178); *A. Guckelberger* DÖV 2012, 289 (290). Eine aufgabenadäquate Spruchkörperzusammensetzung und Geschäftsverteilung trägt zudem zur Richtigkeit der Entscheidung und damit zu materieller Gerechtigkeit bei; zu dem Zusammenhang zwischen der Sachkunde der Richter und der Verfahrensdauer sowie der Qualität der Rechtsprechung *H. Weber-Grellet* ZRP 2013, 110 (112 f.); *R. A. Schütze* in P. Gottwald (Fn. 21), 177 ff.

mungen, die dem Gerichtspräsidium die Spruchkörperzusammensetzung und Geschäftsverteilung bei tatsächlich und rechtlich schwierigen Verfahren in Ansehung des Falles nach Maßgabe der fachlichen Spezialisierung der Richter (sowie ggf. weiterer Kriterien) erlauben, stößt verfassungsrechtlich nicht auf unüberwindbare Hindernisse.[147] Die Garantie des gesetzlichen Richters gem. Art. 101 Abs. 1 S. 2 GG beinhaltet zwar nach allgemeiner Lesart das Gebot, die Zuständigkeit des Spruchkörpers durch abstrakt-generelle Regelung (Gesetz und ergänzender Geschäftsverteilungsplan) im Voraus so eindeutig zu bestimmen, dass die einzelne Sache „blindlings" an den berufenen Richter gelangt.[148] Art. 101 Abs. 1 S. 2 GG wird als umfassende Garantie zum Schutz vor Manipulationen der Rechtsprechung nicht nur durch die Legislative und Exekutive, sondern auch durch die Judikative verstanden.[149]

Ungeachtet dessen, ob dieses Verständnis der gesetzlichen Richtergarantie als Schutzschild auch gegen die Judikative vor dem Hintergrund des Normzwecks überzeugt[150], stellt sie nur *ein* Element des verfassungs-

[147] Art. 92 GG steht interdisziplinären Richterbänken nicht im Wege, da Richter im Normsinne auch Laienrichter sind, s. nur BVerfGE 4, 387 (406); 14, 56 (73 f.); 48, 300 (317); 54, 159 (167) – std. Rspr. Art. 97 Abs. 2 S. 1 GG, der eine Versetzung der Richter gegen ihren Willen nur unter engen Voraussetzungen erlaubt (Grundsatz der Inamovibilität), steht einer Heranziehung hauptamtlich und planmäßig endgültig angestellter Berufsrichter auch aus anderen Gerichten oder Gerichtsbarkeiten zur Entscheidung des Falles nicht entgegen. Art. 97 Abs. 2 GG ist bei einer Heranziehung von Richtern zur (Mit-)Entscheidung einzelner Fälle anderer Gerichte gegen ihren Willen nicht verletzt, weil darin weder eine Versetzung noch eine Abordnung im herkömmlichen Sinne liegt. Dessen ungeachtet ist Art. 97 Abs. 2 GG nach seinem Schutzzweck nicht berührt, näher nach Fn. 174.

[148] S. nur BVerfG, 2 BvR 229/09 vom 18.3.2009, Rn. 24; BVerfGE 4, 412 (416); 82, 286 (298); 95, 322 (329).

[149] Dazu statt vieler *H.-D. Horn* in D. Merten/H.-J. Papier (Hrsg.) Handbuch der Grundrechte in Deutschland und Europa, Bd. V/II, 2013, § 132 Rn. 53. Zu der erheblichen Ausweitung des Regelungsbereichs des Art. 101 Abs. 1 S. 2 GG gegenüber Art. 105 S. 2 WRV, der auf die Abwehr von Einflussnahmen seitens der Exekutive und der Legislative beschränkt war, was der historischen Idee des gesetzlichen Richters als Schutzschild vor absolutistischer Kabinettsjustiz und – später – vor Willkür des Gesetzgebers entsprach, *H. Schulze-Fielitz* in H. Dreier (Hrsg.) Grundgesetz, Kommentar, Bd. III, 2. Aufl. 2008, Art. 101 Rn. 1 ff.; *H.-D. Horn* in D. Merten/H.-J. Papier (ebd.), § 132 Rn. 10 f. und 13 ff.

[150] Der konventionsrechtlichen Garantie des gesetzlichen Richters in Art. 6 Abs. 1 S. 1 EMRK und Art. 47 S. 2 GRC sind eine vergleichbare gerichtsinterne Stoßrichtung fremd, s. nur *H. Schulze-Fielitz* in H. Dreier (Fn. 101), Art. 101 Rn. 8 f.; *H.-D. Horn* in D. Merten/H.-J. Papier (Fn. 149), § 132 Rn. 56 m.w.Nw.; bezogen auf Art. 6 Abs. 1 S. 1 EMRK auch EGMR, Nr. 32492/96 u.a. vom 22.6.2000, Rn. 98; *C. Grabenwarter* European Convention on Human Rights, Commentary, 2014, Art. 6 Rn. 39; bezogen auf Art. 47 GRC *H. D. Jarass* Charta der Grundrechte (Fn. 27), Art. 47 Rn. 18.

rechtlichen Rechtsschutzsystems dar.[151] Das Gebot des gesetzlichen Richters ist nicht absolut gewährleistet, sondern kann in ein Spannungsverhältnis mit weiteren Rechtsschutzpostulaten wie dem Gebot effektiven Rechtsschutzes treten (Art. 19 Abs. 4 GG bzw. allgemeiner Justizgewähranspruch, Art. 6 Abs. 1 S. 1 EMRK, Art. 47 GRC). Die Auflösung solcher Spannungsverhältnisse obliegt dem Gesetzgeber. Das gilt unabhängig davon, ob man in Art. 101 Abs. 1 S. 2 GG und dem effektiven Rechtsschutzgebot verschiedene, konfligierende Verfassungsgüter erkennt oder effektiven Rechtsschutz als Teilpostulat der gesetzlichen Richtergarantie ansieht, die insofern materiell „aufgeladen" wird.[152] Gestattete der Gesetzgeber dem Gerichtspräsidium die Spruchkörperbesetzung und Geschäftsverteilung rechtlich und tatsächlich schwieriger Verfahren in Ansehung des konkreten Falles, ermöglichte er die Bewältigung solcher Verfahren in angemessener Zeit und gewährleistete effektiven Rechtsschutz, was Modifizierungen der gesetzlichen Richtergarantie rechtfertigt.[153] Im Interesse eines möglichst schonenden Ausgleichs zwischen den Geboten des gesetzlichen Richters und des effektiven Rechtsschutzes müssen dabei Ausnahmen von der üblichen Geschäftsverteilung so weit wie möglich durch abstrakt-generelle Regelung vorherbestimmt sein.[154]

---

[151] Zu der Frage, ob Art. 101 Abs. 1 S. 2 GG zur Disposition der Parteien steht, bejahend *G.-P. Calliess* Verhandlungen des 70. Deutschen Juristentages (Fn. 1), A 75; dagegen *H. Roth* JZ 2014, 801 (805 f.); *J. M. v. Bargen* Gerichtsinterne Mediation (Fn. 6), 292.

[152] Für ein materielles Gebot des Art. 101 Abs. 1 S. 2 GG, als gesetzlichen Richter den in jeder Hinsicht dem Grundgesetz entsprechenden, insbesondere unabhängigen und effektiven Richter zu verbürgen, BVerfG, 2 BvR 229/09 vom 18.3.2009, Rn. 23; zuvor BVerfGE 3, 377 (381); 10, 200 (213); 14, 156 (162); 27, 312 (319); 54, 159 (172); 82, 286 (298) – std. Rspr.; differenzierend *D. Leuze* in K. H. Friauf/W. Höfling (Hrsg.) Berliner Kommentar zum Grundgesetz, Bd. 4, 2013, Art. 101 Rn. 8 f., der die Einbeziehung der Unabhängigkeit des Richters in den Gewährleistungsbereich des Art. 101 Abs. 1 S. 2 GG bejaht, die Aufnahme des Gebots effektiven Rechtsschutzes dagegen ablehnt; generell ablehnend gegenüber einem materiellen Gebot des gesetzlichen Richters *P. Kunig* in I. v. Münch/P. Kunig (Hrsg.) Grundgesetz, Kommentar, Bd. 2, 6. Aufl. 2012, Art. 101 Rn. 17 ff.

[153] Ansätze für die Abwägungsfähigkeit der Garantie des gesetzlichen Richters zugunsten des Gebots effektiven Rechtsschutzes finden sich auch in der Rechtsprechung des BVerfG, s. nur BVerfG, 2 BvR 229/09 vom 18.3.2009, Rn. 25 f.; BVerfG, 2 BvR 581/03 vom 16.2.2005, Rn. 18; ferner BVerfGE 17, 294 (300); 18, 344 (349); 95, 322 (331 ff.); BVerfG, 2 BvR 1843/00 vom 27.9.2002, Rn. 6. Zur Effektivität der Rechtsprechung als Grenze des Art. 101 Abs. 1 S. 2 GG aus dem Schrifttum *C. D. Classen* in C. Starck (Hrsg.) Grundgesetz, Kommentar, Bd. 3, 6. Aufl. 2010, Art. 101 Rn. 15.

[154] Der Gesetzgeber muss die Voraussetzungen, unter denen von der üblichen Geschäftsverteilung abgewichen werden darf (z.B. Verfahrensgegenstand, besondere Schwierigkeiten tatsächlicher oder rechtlicher Art, Umfang der Sache, voraussichtlich

Außerdem bedarf es prozeduraler Vorkehrungen zum Schutz vor Manipulationen der Rechtsprechung auf der Ebene der gerichtlichen Geschäftsverteilung – zum Beispiel einer Auswahl der Richter nach dem Listenprinzip[155] sowie Dokumentations- und Begründungspflichten.[156]

2. *Inflexibles Gerichtsverfahren*

Den veränderten Rechtsschutzbedürfnissen der Parteien wird zudem die Inflexibilität des Gerichtsverfahrens nicht gerecht. Staatliche Gerichtsverfahren eröffnen den Parteien nur wenige Möglichkeiten, den Ablauf des Verfahrens zu gestalten, was ein Grund dafür ist, dass Rechtsstreitigkeiten zu Schiedsgerichten oder außergerichtlicher Streitbeilegung abwandern.[157]

Um den Rechtsschutzbedürfnissen der Parteien Rechnung zu tragen, sollten hergebrachte Grundsätze des gerichtlichen Verfahrens überdacht und einzelne Elemente des Schiedsgerichtsverfahrens übernommen werden.[158] Bedenkenswert erscheint namentlich die Einführung von Online-Gerichtsverfahren,[159] die Durchführung von Gerichts*verhandlungen* bei internationalen Rechtsstreitigkeiten in englischer Sprache[160] sowie ein

---

lange Verfahrensdauer), regeln und die Kriterien festlegen, nach denen der zuständige Spruchkörper im Einzelfall bestimmt und besetzt wird (z.B. besondere tatsächliche oder rechtliche Sachkunde des Richters, berufliche Erfahrung, zeitliche Verfügbarkeit).

[155] Zum Listenprinzip für Schöffen s. §§ 36 ff. GVG.

[156] Zu Dokumentations- und Begründungspflichten bei einer unterjährigen Änderung des Geschäftsverteilungsplanes für anhängige Verfahren BVerfG, 2 BvR 229/09 vom 18.3.2009, Rn. 27; BVerfG, NJW 2005, 2689 ff.

[157] Vgl. BT-Drs. 18/1287, 1 f. Namentlich grenzüberschreitende Rechtsstreite mit Beteiligung ausländischer Parteien erfordern eine angepasste Verfahrensgestaltung im Hinblick auf den Verfahrensort und die Verfahrenssprache, vgl. *H. Eidenmüller/M. Engel* ZIP 2013, 1704 (1706); *C. Meller-Hannich/A. Höland/E. Krausbeck* ZEuP 2014, 8 (9); s. auch BT-Drs. 18/1287, 1.

[158] So frühzeitig *W. Hoffmann-Riem* Modernisierung von Recht und Justiz, Eine Herausforderung des Gewährleistungsstaates, 2001, Kap. 3 S. 61. Zu weiteren Reformvorschlägen wie der Regelung erweiterter Prorogationsmöglichkeiten zu einem Gericht höherer Ordnung oder der Zulassung eines Rechtsmittelverzichts vor Entstehung des Rechtsstreites *G.-P. Calliess* Verhandlungen des 70. Deutschen Juristentages (Fn. 1), A 94 ff.; *F. Bittmann* ZRP 2008, 11 (12).

[159] Zu den Vorteilen von Online-Gerichtsverfahren für die Durchsetzung geringwertiger Forderungen *H. Eidenmüller/M. Engel* ZIP 2013, 1704 (1709).

[160] Vgl. den Gesetzentwurf des Bundesrates vom 30. April 2014, BT-Drs. 18/1287, 1 ff., der die Landesregierungen ermächtigt, Verfahren in englischer Sprache vor neu einzurichtenden Kammern für internationale Handelssachen durchzuführen. Zu gerichtlichen Modellprojekten zur Durchführung von Gerichtsverfahren in englischer Sprache *C. Armbrüster* ZRP 2011, 102; *K. Wilke* DRiZ 2010, 123 (124).

Ausschluss der Öffentlichkeit der Gerichts*verhandlung* auf Wunsch der Parteien. Mit verfassungs- und europarechtlichen Grundsätzen wie der Mündlichkeit der Gerichtsverhandlung[161] und dem Gebot der (Saal-) Öffentlichkeit der Gerichtsverhandlung[162] sind solche Reformen des Gerichtsverfahrens vereinbar.[163]

IV. Wandel der Gerichtsorganisation und der Gerichtsverwaltung

1. Gerichtsorganisation

Bei der Bewältigung dieser Herausforderungen der Konkurrenz mit Schiedsgerichten und des Bedeutungszuwachses alternativer Streitbeilegung sowie der notwendigen Verbesserungen des Rechtsschutzes unterlie-

[161] Der Grundsatz der Mündlichkeit der Verhandlung ist verfassungsrechtlich weder durch Art. 19 Abs. 4 GG noch durch Art. 103 Abs. 1 GG gesichert, s. BVerfG, 2 BvR 792/11 vom 30.6.2014, Rn. 8 ff.; BVerfGE 5, 10 (11); 11, 232 (234); 35, 382 (406); 60, 175 (210 f.); 89, 381 (391). Soweit Art. 6 Abs. 1 EMRK und Art. 47 S. 2 GRC die Mündlichkeit der Gerichtsverhandlung garantieren, steht sie zur Disposition der Verfahrensbeteiligten, bezogen auf Art. 6 Abs. 1 EMRK EGMR, Nr. 46549/99 vom 27.5.2004, Rn. 45 ff.; Nr. 14518/89 vom 24.6.1993, Rn. 58; Nr. 12235/86 vom 21.9.1993; Nr. 6878/75 vom 23.6.1981, Rn. 59; *C. Grabenwarter*/*K. Pabel* in O. Dörr/R. Grote/ T. Marauhn (Fn. 27), Kap. 14 Rn. 132; bezogen auf Art. 47 S. 2 GRC *H. D. Jarass* Charta der Grundrechte (Fn. 27), Art. 47 Rn. 39.

[162] Eine Beschränkung der Öffentlichkeit der Gerichtsverhandlung (Durchführung von Gerichtsverhandlungen in englischer Sprache) oder ein Ausschluss der Öffentlichkeit der Gerichtsverhandlung beeinträchtigt den rechts- und demokratiestaatlichen Grundsatz der (Saal-)Öffentlichkeit mündlicher Verhandlungen (zu diesem Verfassungsgrundsatz BVerfGE 103, 44 [63 ff.]; vgl. auch BVerfGE 4, 74 [94]; 70, 324 [358]) sowie das entsprechende Gebot der Gerichtsöffentlichkeit gem. Art. 6 Abs. 1 S. 1 EMRK und Art. 47 S. 2 GRC. Der Öffentlichkeitsgrundsatz ist indes akzessorisch an die Durchführung der mündlichen Verhandlung gebunden, welche verfassungsrechtlich nicht garantiert und gem. Art. 6 Abs. 1 S. 1 EMRK und Art. 47 S. 2 GRC verzichtbar ist (Nachweise in Fn. 161). Dies spricht dafür, dass der Gesetzgeber die Öffentlichkeit der mündlichen Verhandlung grundsätzlich zur Disposition der Parteien stellen darf. Die Vereinbarkeit eines freiwilligen Ausschlusses der Öffentlichkeit der mündlichen Verhandlung durch die Parteien mit Art. 6 Abs. 1 S. 1 und 2 EMRK bejahen *S. Morscher*/ *P. Christ* EuGRZ 2010, 272 (276 f.); *W. Roth* EuGRZ 1998, 495 (498); anderer Ansicht *C. Grabenwarter*/*K. Pabel* in K. Pabel/S. Schmahl (Hrsg.) Internationaler Kommentar zur Europäischen Menschenrechtskonvention, 2013, Art. 6 Rn. 347.

[163] Ein Ausschluss der Veröffentlichung gerichtlicher Entscheidungen oder die Veröffentlichung nur in englischer Sprache ist weder rechtspolitisch ratsam noch mit dem Gebot der Urteilsveröffentlichung gem. Art. 6 Abs. 1 S. 2 Halbs. 1 EMRK und Art. 47 S. 2 GRC vereinbar. Ein Ausschluss oder eine Einschränkung der Urteilsveröffentlichung ist regelmäßig nicht erforderlich, um Vertraulichkeitsanliegen der Parteien gerecht zu werden; eine Anonymisierung des Urteils genügt.

gen die Gerichte wegen der Verschuldung der öffentlichen Haushalte einem permanenten Sparzwang.[164]

Ein Evergreen unter den Vorschlägen zur Verbesserung der Wirtschaftlichkeit und Effizienz der Gerichte ist die Neugliederung der Gerichtsorganisation durch Zusammenlegung der Verwaltungs-, Sozial- und Finanzgerichtsbarkeit sowie der ordentlichen mit der Arbeitsgerichtsbarkeit.[165] Ziel dieser „Reform der Justiz an Haupt und Gliedern“[166] ist vor allem ein flexiblerer Personaleinsatz der Richter, um Belastungsunterschiede zwischen Spruchkörpern auszugleichen.[167]

Hintergrund dieses Reformanliegens ist, dass Art. 97 Abs. 2 S. 1 GG eine Versetzung hauptamtlich und planmäßig endgültig angestellter Richter gegen ihren Willen nur kraft richterlicher Entscheidung und aus gesetzlich bestimmten Gründen gestattet.[168] Die Übertragung eines konkreten Richteramtes bei einem anderen Gericht unter gleichzeitigem Verlust des Richteramtes bei dem bisherigen Gericht[169] soll daher durch die Justizverwaltung ausgeschlossen sein.[170] Eine Ausnahme sieht das Grund-

---

[164] Näher *E. Künzler* in H. Hill/J. Dieckmann (Hrsg.), Moderne Justiz (Fn. 12), 9 ff.; *J. Berchtold* NZS 2011, 401; *J. Keders* in H. Hill/J. Dieckmann (Hrsg.) Moderne Justiz, 2013, 31 (31 f.); *W. Hoffmann-Riem* in W. Hoffmann-Riem (Hrsg.) Reform der Justizverwaltung, Ein Beitrag zum modernen Rechtsstaat, 1998, 21 (40 ff.).

[165] Zu diesem Vorschlag und zu weiteren Vorschlägen, die die Eylmann-Kommission im Jahr 2004 als Teil eines umfangreichen Maßnahmenkataloges für eine „Große Justizreform“ erarbeitet hat, eingehend *H. Eylmann/C. Kirchner/R. Knieper/H. Kramer/T. Mayen* Zukunftsfähige Justiz. Strukturreform durch Konzentration auf ihre Kernaufgaben, 2004, passim; s. auch *S. Weth* ZRP 2005, 119 (120 ff.); *P. Schrader/G. Straube/J. Schubert* NZA 2004, 899; *M. Diedrich* in B. Rill (Hrsg.) Bessere Justiz durch dreigliedrigen Justizaufbau?, 2000, 9 (9 ff.).

[166] Formulierung von *E. Heister-Neumann* zitiert nach Die Welt vom 11.9.2004, http://www.welt.de/print-welt/article339866/Gerichtsverfahren-sollen-verkuerzt-werden.html (zuletzt abgerufen am 22.8.2014).

[167] Zu diesen und weiteren Zielen einer Zusammenlegung der Gerichtsbarkeiten *P. M. Huber/S. Storr* ZG 21 (2006), 105 (107); s. ferner *B. Stüer/C. D. Hermanns* ZRP 2002, 164 (165); *P. Schrader/G. Straube/J. Schubert* NZA 2004, 899; *F. Wittreck* DVBl. 2005, 211 (213).

[168] Art. 97 Abs. 2 S. 1 GG wird entnommen, dass eine Versetzung in materieller Hinsicht nur ausnahmsweise zulässig sei, s. nur *C. Hillgruber* in T. Maunz/G. Dürig (Hrsg.) Grundgesetz, Kommentar, 69. EL 2013, Art. 97 Rn. 103; *S. Detterbeck* in M. Sachs (Hrsg.) Grundgesetz, Kommentar, 6. Aufl. 2011, Art. 97 Rn. 22.

[169] Zu dieser Definition der Versetzung *Staats* Deutsches Richtergesetz, Kommentar, 2012, § 30 Rn. 2; *D. Leuze* in K. H. Friauf/W. Höfling (Fn. 152), Art. 97 Rn. 59; *C. D. Classen* in C. Starck (Hrsg.) Grundgesetz, Kommentar, Bd. 3, 6. Aufl. 2010, Art. 97 Rn. 37.

[170] Die Übertragung eines weiteren Richteramtes durch die Justizverwaltung soll ohne Zustimmung des Richters zulässig sein, wenn auf das weitere Richteramt nicht mehr als die Hälfte der Arbeitskraft des Richters entfällt (Halbteilungsgrundsatz); in

gesetz nur bei einer Veränderung der Einrichtung der Gerichte oder ihrer Bezirke vor; in diesem Fall macht Art. 97 Abs. 2 S. 3 GG den Weg für eine Versetzung der Richter gegen ihren Willen frei.

Angesichts dessen mutet der Vorschlag zur Fusion der Gerichtsbarkeiten als Verzweiflungstat an.[171] Die Zusammenlegung der Gerichtsbarkeiten, deren Einspareffekte wohl eher lang- als kurz- bis mittelfristig sichtbar würden,[172] soll eine Flexibilisierung des Richtereinsatzes ermöglichen, die das Grundgesetz ohne Änderung der Gerichtsorganisation verweigere.[173] Denn: Anders als *zwischen* verschiedenen Gerichten ist *innerhalb* einheitlicher Großgerichte keine *Ver*setzung, sondern nur eine *Um*setzung der Richter erforderlich.[174]

Eine Aufgabe der Gerichtsstrukturen ist für einen flexiblen Richtereinsatz nicht erforderlich. Das herkömmliche Verständnis des Art. 97 Abs. 2 GG als striktes Verbot der Richterversetzung durch die Exekutive ist fragwürdig. Es bildet den Schutzzweck der Norm nicht ab. Art. 97 Abs. 2 S. 1 GG garantiert die Inamovibilität des Richters nicht allumfassend, sondern nur zur Sicherung der sachlichen Unabhängigkeit seiner konkreten Entscheidungstätigkeit im Einzelfall (Art. 97 Abs. 1 GG).[175] Soweit die Gefahr von Einflussnahmen der Justizverwaltung auf die konkrete Entscheidungstätigkeit des Richters ausgeschlossen ist, steht Art. 97 Abs. 2 GG einer Versetzung nicht entgegen. Wirksamen Schutz vor Manipulationen der Rechtsprechung bieten eine abstrakt-generelle Regelung der

---

diesem Fall liege keine Versetzung vor, BGHZ 67, 159 (163 ff.); BGH, NJW 1984, 129 (130).

171 Wegen des Verlustes an Spezialisierung der Richter kritisch gegenüber einer Zusammenlegung der Fachgerichtsbarkeiten *U. Steiner* NZA 2007, 4 (7); *J. Brand/S. Fleck/U. Scheer* NZS 2004, 173 (176); *H. Weber-Grellet* ZRP 2013, 110 (112 f.); *P. Schrader/G. Straube/J. Schubert* NZA 2004, 899 (900); für eine Zusammenlegung der Verwaltungs-, Sozial- und Finanzgerichtsbarkeit *B. Stüer/C. D. Hermanns* ZRP 2002, 164 (164 f.).

172 Vgl. *K. Aust-Dodenhoff* NZA 2004, 24; kritisch selbst gegenüber mittel- und langfristigen Einsparungen *F. Wittreck* DVBl. 2005, 211 (219).

173 *F. Wittreck* DVBl. 2005, 211 (219) sieht daher in der Fusion der Gerichtszweige zu einheitlichen Fachgerichten ein „legales Umgehungsgeschäft".

174 Ein anderer Vorschlag zur Flexibilisierung des Richtereinsatzes ist die landesgesetzliche Festlegung der Gerichtsgröße durch Festschreibung der Zahl der Richterämter, hierzu näher und kritisch *F. Wittreck* Die Verwaltung der Dritten Gewalt, 2006, 490 f.; zustimmend dagegen *R. Gröschner* NJW 2005, 3691 (3691 ff.).

175 Statt aller *D. Leuze* in K. H. Friauf/W. Höfling (Fn. 152), Art. 97 Rn. 55; *C. D. Classen* in C. Starck (Fn. 169), Art. 97 Rn. 4 und 6. Zur institutionellen Sicherung der sachlichen Unabhängigkeitsgarantie des Art. 97 Abs. 1 GG durch Art. 97 Abs. 2 GG auch BVerfG, 2 BvR 1058/05 vom 14.7.2006, Rn. 21; ferner BVerfGE 4, 331 (346); 14, 56 (70); 26, 186 (198 f.); 42, 206 (209); 87, 68 (85).

Versetzungskriterien sowie flankierende prozedurale Vorkehrungen.[176] Dies zeigen die zur Wahrung des Prinzips des gesetzlichen Richters entwickelten Grundsätze für die gerichtsinterne Geschäftsverteilung, bei der zum Beispiel das Rotationsprinzip als wirksamer Schutzschild vor Rechtsprechungsmanipulationen anerkannt ist.[177]

2. *Neues Steuerungsmodell für die Justiz*

Zu den bereits vollzogenen Reformen der Gerichtsverwaltung gehört die Einführung des Neuen Steuerungsmodells für die Justiz, das wie ein Stachel im Fleisch der Richter sitzt.[178] Das Neue Steuerungsmodell hat die herkömmliche Inputsteuerung der Gerichte durch eine Outputsteuerung ersetzt, die den Gerichten Finanzmittel in Abhängigkeit von der Zahl der zu erledigenden Verfahren zur Verfügung stellt.[179] Zu den Instrumenten des Neuen Steuerungsmodells gehören neben dezentraler Budgetierung, Kosten-Leistungs-Rechnung und Controlling.[180]

---

[176] Vgl. auch *J. Brand/S. Fleck/U. Scheer* NZS 2004, 173 (175), denen zufolge ein flexiblerer Personaleinsatz zwischen verschiedenen Gerichten durch eine Erweiterung der gesetzlichen Voraussetzungen des § 30 DRiG sichergestellt werden könne, ohne dass die richterliche Unabhängigkeitsgarantie verletzt würde; vgl. auch *H. Schulze-Fielitz* in H. Dreier (Hrsg.) Grundgesetz, Kommentar, Bd. III, 2. Aufl. 2008, Art. 97 Rn. 57, demzufolge für sämtliche Richter verbindliche Vorgaben zur organisatorischen Gestaltung des Arbeitsablaufes mit Art. 97 Abs. 2 GG vereinbar sind.

[177] Zu dem Rotationsprinzip und weiteren zulässigen Kriterien der Geschäftsverteilung *O. R. Kissel/H. Mayer* GVG, Gerichtsverfassungsgesetz, Kommentar, 7. Aufl. 2013, § 21e Rn. 150 ff. Von der Übertragung eines Richteramtes nach Maßgabe des Dienstalters oder anderer im Voraus bestimmter Kriterien gehen kaum größere Gefahren für die Unabhängigkeit der Richter aus als von der gerichtsinternen Geschäftsverteilung und der Besetzung der Spruchkörper durch das Präsidium, das die Richter jederzeit ohne ihre Zustimmung im Rahmen der jährlich neu zu erlassenden Geschäftsverteilung anderen Spruchkörpern zuteilen kann – zu dieser Möglichkeit *D. Leuze* in K. H. Friauf/W. Höfling (Fn. 152), Art. 97 Rn. 59. Der Gesetzgeber darf daher §§ 30 ff. DRiG um Regelungen erweitern, die eine Versetzung des Richters bei Personalbedarf an anderen Gerichten auch gegen seinen Willen gestatten, anderer Ansicht *T. Mayen* DVBl 2006, 1008 (1016).

[178] Zu weiteren Reformmaßnahmen zur Modernisierung der Gerichtsverwaltung seit Mitte der 1990er wie der Bildung von Justizzentren und Serviceeinheiten sowie der Einführung einer zeitgemäßen IT-Infrastruktur *B. Kramer* NJW 2009, 3079 (3080).

[179] Zu der Verfahrenserledigung als Produkt *M. Eifert* Die Verwaltung 30 (1997), 75 (79 ff.); *M. Bertram/B. Daum/E. v. Schlieffen/G. Wagner* Das Neue Steuerungsmodell am Verwaltungsgericht Hamburg, Möglichkeiten und Grenzen, Abschlussbericht aus der Arbeitsgruppe II, 1998, 41 ff.

[180] Zu dem Neuen Steuerungsmodell für die Justiz näher *W. Hoffmann-Riem* DRiZ 1998, 109 (109 ff.); *B. Hess* in P. Gottwald (Hrsg.) Effektivität des Rechtsschutzes vor

Die Richterschaft sieht in dem Neuen Steuerungsmodell nicht weniger als den Untergang des Rechtsstaates. Die betriebswirtschaftliche Steuerung der Gerichte erzeuge Erledigungsdruck und führe zur Ressourcenverknappung, was den Justizgewähranspruch und die Garantie richterlicher Unabhängigkeit verletze.[181]

a) *Verletzung der Justizgewährpflicht des Staates?*

Ob das Neue Steuerungsmodell mit der Justizgewährpflicht des Staates (Art. 19 Abs. 4, Art. 20 Abs. 3 GG, Art. 6 Abs. 1 S. 1 EMRK, Art. 47 GG) in Konflikt gerät, hängt von einer Vielzahl an Faktoren ab. Die betriebswirtschaftliche Steuerung der Gerichte dient dazu, die Wirtschaftlichkeit und Sparsamkeit der Gerichtsverwaltung zu sichern (s. Art. 114 Abs. 2 GG),[182] was Auswirkungen auf die Justizgewähr haben kann. Die Zuweisung eines Globalbudgets an die Gerichte zur Erledigung einer bestimmten Verfahrenszahl kann faktisch Druck entfalten, die projektierte Zahl der Verfahren innerhalb der kalkulierten Zeit durchzuführen. Dadurch kann die Verfahrensdauer sinken, was die Effektivität des Rechtsschutzes verbessert.[183] Der Erledigungsdruck kann indes auch dazu führen, dass komplexe Verfahren nachrangig behandelt werden, so dass ihre Dauer steigt. Eine weitere Folge von Erledigungsdruck kann eine „Flucht" in nichtstreitige Verfahrenserledigungen sein, die regelmäßig weniger Zeit beanspruchen als Streitentscheidungen.[184] Soweit die Verfahrensdauer positiv beeinflusst wird, können hiermit negative Auswirkungen auf andere Elemente des Justizgewähranspruchs wie die Gründlichkeit der Sach- und Rechtsprüfung und die Richtigkeit des Urteils Hand in Hand gehen (z.B. durch Verzicht auf eine gründliche Sachverhaltsaufklärung, auf Beweiserhebung oder auf eine sorgfältige Rechtsprüfung).

---

staatlichen und privaten Gerichten, 2006, 121 (143 ff.); *N. Krieger* Kontraktmanagement in der Justiz. Eine institutionenökonomische Analyse, 2007, 56 ff.; *C. Schütz* Der ökonomisierte Richter (Fn. 27), 335 ff.; *C. Schütz/H. Schulze-Fielitz* in H. Schulze-Fielitz/C. Schütz (Hrsg.) Justiz und Justizverwaltung zwischen Ökonomisierungsdruck und Unabhängigkeit, 2002, 9 (16 ff.); *R. P. Schenke* SDSRV 54 (2006), 81 (86 ff.); *M. Bertram/B. Daum/E. v. Schlieffen/G. Wagner* Das Neue Steuerungsmodell (Fn. 179), 7 ff.

181 In diesem Sinne *T. Schulte-Kellinghaus* ZRP 2008, 205 (206); *G. W. Mackenroth/H. Teetzmann* ZRP 2002, 337 (338 f.); *P.-A. Albrecht* ZRP 2004, 259 (260); *M. Bertram/B. Daum/E. v. Schlieffen/G. Wagner* Das Neue Steuerungsmodell (Fn. 179), 39.

182 *M. Eifert* Die Verwaltung 30 (1997), 75 (81).

183 Ebenso *M. Eifert* Die Verwaltung 30 (1997), 75 (81).

184 Näher mit Nachweisen aus der Zivilgerichtsbarkeit *J. v. Bargen* Die Verwaltung 43 (2010), 405 (418).

Ob diese Effekte eintreten, hängt zum einen davon ab, ob die im Rahmen des Neuen Steuerungsmodells kalkulierte Verfahrenszahl mit dem zur Verfügung stehenden Personal bewältigt werden kann und ob die Gerichte über Effizienzreserven verfügen.[185] Zum anderen ist von Bedeutung, welche Spielräume die Gerichte bei der dezentralen Budgetverwaltung besitzen.[186] Doch selbst sofern die Gerichte über keine Manövrierspielräume verfügen und das Neue Steuerungsmodell die Gründlichkeit der Sach- und Rechtsprüfung oder die Verfahrensdauer negativ beeinflusst, ist der Justizgewähranspruch nicht a priori verletzt. Eine Verminderung des Rechtsschutzstandards durch Abstriche bei der Gründlichkeit der Sach- und Rechtsprüfung[187] oder bei der Verfahrensdauer[188] verstößt gegen den Justizgewähranspruch erst, wenn ein Mindeststandard an effektivem Rechtsschutz nicht mehr gewährleistet ist.[189] Dies gilt umso mehr, als zwischen diesen Rechtsschutzpostulaten ein Zielkonflikt be-

---

[185] Auf Effizienzreserven der Gerichte deuten Leistungsunterschiede zwischen den Gerichten der verschiedenen Bundesländer hin, näher *K. Redeker* NJW 2002, 2610 (2611); *G.-P. Calliess* Verhandlungen des 70. Deutschen Juristentages (Fn. 1), A 54 f.; s. auch *G. W. Mackenroth/H. Teetzmann* ZRP 2002, 337 (338); *K. F. Röhl* in W. Hoffmann-Riem (Hrsg.) Offene Rechtswissenschaft, 2010, 1279 (1312).

[186] Maßgeblich ist insbesondere, ob die Gerichte auf mehr oder komplexere Verfahren, als kalkuliert sind, mit einer Einstellung von mehr Personal reagieren können, dies übersieht *C. Schütz* Der ökonomisierte Richter (Fn. 27), 405 ff.

[187] Zu dem Gebot grundsätzlich umfassender tatsächlicher und rechtlicher Prüfung des Rechtsschutzbegehrens BVerfGE 54, 277 (291); 84, 366 (369); 101, 275 (294 f.); 107, 395 (401); 112, 185 (207); 113, 297 (310) – std. Rspr.; *P. M. Huber* in C. Starck (Fn. 32), Art. 19 Abs. 4 Rn. 506; bezogen auf Art. 6 EMRK vgl. EGMR, Nr. 49636/99 vom 13.2.2003, Rn. 81; *J. Meyer-Ladewig* EMRK (Fn. 51), Art. 6 Rn. 33.

[188] Zu dem Gebot der Entscheidung in angemessener Zeit s. nur BVerfGE 35, 382 (405); 60, 253 (269); 82, 126 (155); 88, 118 (124); 93, 1 (13); 93, 99 (107 f.) – std. Rspr.; *H. Schulze-Fielitz* in H. Dreier (Fn. 28), Art. 19 IV Rn. 11; *H.-J. Papier* in J. Isensee/P. Kirchhof (Fn. 29), § 176 Rn. 19 f.; *P. M. Huber* in C. Starck (Fn. 32), Art. 19 Abs. 4 Rn. 484. Bezogen auf Art. 6 EMRK aus der überreichen Rechtsprechung EGMR, Nr. 42505/98 vom 18.10.2001, Rn. 46 ff.; Nr. 66491/01 vom 5.10.2006, Rn. 56 ff.; Nr. 20027/02 vom 11.1.2007, Rn. 80 f.; Nr. 10597/03 vom 13.11.2008, Rn. 52 ff.; Nr. 45749/06 vom 22.1.2009, Rn. 61 ff.; *F. Meyer* in U. Karpenstein/F. C. Mayer (Fn. 30), Art. 6 Rn. 74 ff.; *C. Grabenwarter* European Convention on Human Rights (Fn. 150), Art. 6 Rn. 92 ff. Bezogen auf Art. 47 GRC EuGH, Rs. 185/95, Slg. 1998, I-8417 Rn. 26 ff.; Rs. 308/07 vom 19.2.2009, Rn. 180; *H. D. Jarass* Charta der Grundrechte (Fn. 27), Art. 47 Rn. 42 ff.

[189] Statt vieler BVerfGE 89, 28 (35 f.); 101, 106 (124); *H. Schulze-Fielitz* in H. Dreier (Fn. 28), Art. 19 IV Rn. 79, 81 und 84; *M. Ibler* in K. H. Friauf/W. Höfling (Fn. 48), Art. 19 IV Rn. 167; *C. Enders* in V. Epping/C. Hillgruber (Hrsg.) Grundgesetz, Kommentar, 2. Aufl. 2013, Art. 19 Rn. 83.

steht,[190] dessen Auflösung[191] wechselseitige Beschränkungen erlaubt.[192] Ob das Neue Steuerungsmodell die Fundamente des Justizgewähranspruchs erodiert, etwa weil die Gerichte nur noch eine summarische Prüfung leisten[193] oder Druck auf die Parteien zum Vergleich entsteht, *ohne* dass diese Rechtsschutzdefizite durch Ausschöpfung von Effizienzreserven behoben werden können,[194] sollte näher evaluiert werden.[195]

---

[190] Vgl. *A. Voßkuhle* in H. Schulze-Fielitz/C. Schütz (Hrsg.) Justiz und Justizverwaltung zwischen Ökonomisierungsdruck und Unabhängigkeit, 2002, 35 (40 f.); *M. Ibler* in K. H. Friauf/W. Höfling (Fn. 48), Art. 19 IV Rn. 167. Anderer Ansicht *H. Sodan* NJW 2003, 1494 (1496), demzufolge der inhaltlichen Qualität stets Vorrang zukomme vor der Verfahrensschnelligkeit; ähnlich *R. P. Schenke*, SDSRV 54 (2006), 81 (92); *W. Meyer* in I. v. Münch/P. Kunig (Hrsg.) Grundgesetz, Kommentar, Bd. 2, 6. Aufl. 2012, Art. 97 Rn. 9. Zu dem Spannungsverhältnis zwischen dem Gebot angemessener Verfahrensdauer gem. Art. 6 Abs. 1 S. 1 EMRK und einer gründlichen Sach- und Rechtsprüfung EGMR, Nr. 6232/73 vom 28.6.1978, Rn. 103; *C. Grabenwarter/K. Pabel* in O. Dörr/R. Grote/T. Marauhn (Fn. 27), Kap. 14 Rn. 113; *F. Meyer* in U. Karpenstein/F. C. Mayer (Fn. 30), Art. 6 Rn. 72.

[191] Zur Auflösungsbefugnis des Gesetzgebers BVerfGE 10, 264 (267 f.); 60, 253 (268); 78, 88 (99); 85, 337 (345 f.); 93, 99 (107); 101, 397 (408); 107, 395 (402); 110, 77 (85); 118, 168 (207); *H. Schulze-Fielitz* in H. Dreier (Fn. 28), Art. 19 IV Rn. 79 und Bd. II, 2. Aufl. 2006, Art. 20 (Rechtsstaat) Rn. 211; *C. Enders* in V. Epping/C. Hillgruber (Fn. 189), Art. 19 Rn. 53 und 71.

[192] Vgl. BVerfGE 33, 367 (383); 47, 239 (247 f.); 51, 324 (343); *H. Schulze-Fielitz* in H. Dreier (Fn. 134), Art. 20 (Rechtsstaat) Rn. 212.

[193] Dies folgt aus den zum einstweiligen Rechtsschutz entwickelten Grundsätzen: Eine summarische Prüfung oder eine Interessenabwägung kann zwar im Interesse einer zügigen gerichtlichen Entscheidung im einstweiligen Rechtsschutzverfahren ausreichen (BVerfGE 79, 69 [74]; 110, 77 [87 f.]; 126, 1 [27 f.]; BVerfG, NVwZ 2009, 581 [583]; *P. M. Huber* in C. Starck [Fn. 32], Art. 19 Abs. 4 Rn. 480; *M. Sachs* in M. Sachs [Hrsg.] Grundgesetz, Kommentar, 6. Aufl. 2011, Art. 19 Rn. 148). Daneben muss jedoch eine vollständige tatsächliche und rechtliche Prüfung der Maßnahme im Hauptsacheverfahren erreicht werden können (BVerfGE 110, 77 [86 ff.]; *M. Sachs* in M. Sachs [ebd.], Art. 19 Rn. 146a). Zudem ist im einstweiligen Rechtsschutzverfahren ausnahmsweise eine „im Rahmen des Möglichen hinreichend intensive Prüfung der Rechtmäßigkeit der im Streit befindlichen … Maßnahme" geboten, wenn zur Abwehr irreparabler Nachteile für den Antragsteller eine Vorwegnahme der Hauptsache geboten ist, so dass das Eilverfahren letztlich an die Stelle des Hauptverfahrens tritt und die Rechtssache endgültig klärt (BVerfGE 69, 315 [363 f.]; 110, 77 [87]; BVerfG, NVwZ-RR 2009, 945; BVerwGE 138, 102 [110 f.]; *H. Schulze-Fielitz* in H. Dreier [Fn. 28], Art. 19 IV Rn. 114).

[194] Sofern der Justizgewähranspruch durch Ausschöpfung von Effizienzreserven auch mit knappen Mitteln erfüllt werden kann, sind diese Reserven zu nutzen (ebenso *W. Hoffmann-Riem* JZ 1997, 1 [8]) und ist begleitend durch Qualitätsmanagement und Dienstaufsicht sicherzustellen, dass die Rechtsschutzdefizite behoben werden.

[195] Aus Kundenbefragungen und der amtlichen Zählkartenstatistik lassen sich Anhaltspunkte für eine unsachgemäße Erledigungspraxis gewinnen. Zu der Rechtsmittelquote als Maßstab für die Sorgfalt der Sach- und Rechtsprüfung der Gerichte

Nur sofern die Gerichte das rechtsstaatliche Minimum an Justizgewähr nicht mehr erfüllen können, ist auch das verfassungsrechtliche Gebot der funktionsangemessenen Ausstattung der Gerichte verletzt.[196] Soweit das Gebot der Justizgewähr im Bereich des Mindeststandards reicht, sind der Gesetzgeber und die Exekutive verpflichtet, die hierfür erforderliche finanzielle Ausstattung der Gerichte sicherzustellen.[197] Diesseits des unabdingbaren Rechtsschutzstandards ist es eine politische Frage, wie viel der Rechtsstaat der Politik wert ist.

b) Verstoß gegen die Garantie sachlicher Unabhängigkeit des Richters?

Die Garantie der sachlichen Unabhängigkeit des Richters (Art. 97 Abs. 1 GG, Art. 6 Abs. 1 S. 1 EMRK, Art. 47 S. 2 GRC) wird durch das Neue Steuerungsmodell nicht berührt.[198] Die Unabhängigkeit (Art. 97 Abs. 1 Halbs. 1 GG) und die Gesetzesbindung (Art. 97 Abs. 1 Halbs. 2 GG) des Richters stehen nicht im Spannungsverhältnis, sondern das Gesetz definiert erst, was dem Richter an Unabhängigkeit zukommt.[199] Abstrakt-generelle Regelungen der Legislative und der Exekutive, die für

---

H. Sodan NJW 2003, 1494 (1496); *R. P. Schenke* SDSRV 54 (2006), 81 (99 f.). Für den Aufbau eines Qualitätsmanagements der Gerichte *H. Klein* in H. Schulze-Fielitz/C. Schütz (Hrsg.) Justiz und Justizverwaltung zwischen Ökonomisierungsdruck und Unabhängigkeit, 2002, 55 (58 ff.). Grundlegend zu Faktoren, die die rechtliche Qualität von Gerichtsentscheidungen bestimmen, *K. F. Röhl* in H. Schulze-Fielitz/C. Schütz (Hrsg.) Justiz und Justizverwaltung zwischen Ökonomisierungsdruck und Unabhängigkeit, 2002, 67 (67 ff.).

196 Eine Unterschreitung der verfassungsrechtlich gebotenen Mindestausstattung der Gerichte ergibt sich nicht aus der Pebb§y-Studie 2004, wonach bundesweit 4.000 (16 %) Richter und Staatsanwälte fehlen (so aber *C. Frank* KritV 91 [2008], 405 [406]). Die Pebb§y-Studie gibt nur den Ist-Zustand der bundesweit durchschnittlichen Bearbeitungsdauer wieder und lässt unbeantwortet, ob Effizienzreserven bei den Gerichten und Staatsanwaltschaften bestehen.

197 *H.-J. Papier* NJW 2002, 2585 (2593); *T. Barczak* AöR 138 (2013), 536 (544 f.); bezogen auf Art. 6 Abs. 1 S. 1 EMRK EGMR, Nr. 19773/92 vom 27.6.1997, Rn. 40; Nr. 30979/96 vom 27.6.2000, Rn. 45; Nr. 37104/97 vom 3.4.2003, Rn. 73; Nr. 53084/99 vom 29.1.2004, Rn. 54; *J. Meyer-Ladewig* EMRK (Fn. 51), Art. 6 Rn. 31.

198 Ebenso *W. Hoffmann-Riem* Festschrift für Rupert Scholz (Fn. 2), 509 und 514 f.; *M. Eifert* in W. Hoffmann-Riem (Hrsg.) Reform der Justizverwaltung, Ein Beitrag zum modernen Rechtsstaat, 1998, 163 (181); *J. P. Francken* NZA 2003, 457 (459). Anderer Ansicht *C. Schütz* Der ökonomisierte Richter (Fn. 27), 335 ff.; *M. Bertram/B. Daum/E. v. Schlieffen/G. Wagner* Das Neue Steuerungsmodell (Fn. 179), 39; einen Verstoß gegen Art. 97 Abs. 1 GG durch Controlling der Gerichte bejaht *D. Gottschalck* ZRP 2006, 268.

199 Gleichsinnig *C. Schütz* Der ökonomisierte Richter (Fn. 27), 71; *D. Leuze* in K. H. Friauf/W. Höfling (Fn. 152), Art. 97 Rn. 13.

sämtliche Richter und Verfahren gleichermaßen gelten, lassen die konkrete Entscheidungstätigkeit des Richters im Einzelfall unbeeinflusst und geraten daher mit der Unabhängigkeitsgarantie nicht in Konflikt.[200] Zu diesen Regelungen gehören das Haushaltsgesetz und die entsprechenden Ressourcenzuweisungen der Exekutive an die Gerichte.[201]

c) Gesetzesvorbehalt

Das Neue Steuerungsmodell genügt dem rechtsstaatlichen Grundsatz vom Vorbehalt des Gesetzes, der für die Ausgestaltung des Justizgewähranspruchs gilt[202] und auch für die Grundzüge der Gerichtsverwaltung gelten mag.[203] Die Regelungen in den Haushaltsordnungen des Bundes (§ 7 Abs. 1 BHO) und der Länder zur Wirtschaftlichkeit und Sparsamkeit der Verwaltung beinhalten die Ermächtigung der Exekutive, auf die Effizienz der Gerichte durch Budgetierung, Kosten-Leistungs-Rechnung und Controlling hinzuwirken.[204]

---

[200] Vgl. *A. Voßkuhle* in H. Schulze-Fielitz/C. Schütz (Hrsg.) Justiz und Justizverwaltung (Fn. 190), 45; *H. Schulze-Fielitz* in H. Dreier (Fn. 176), Art. 97 Rn. 37. Zu Art. 97 Abs. 1 GG als Garantie sachlicher Unabhängigkeit von Weisungen (oder weisungsgleichen Maßnahmen), die auf die konkrete Fallentscheidung Einfluss nehmen, statt aller BVerfGE 3, 214 (224); 87, 68 (85); *H. Schulze-Fielitz* in H. Dreier (Fn. 176), Art. 97 Rn. 19.

[201] Gleichsinnig *M. Eifert* Die Verwaltung 30 (1997), 75 (85 f.); *U. Berlit* in H. Schulze-Fielitz/C. Schütz (Hrsg.) Justiz und Justizverwaltung zwischen Ökonomisierungsdruck und Unabhängigkeit, 2002, 135 (159); eine Gefährdung der richterlichen Unabhängigkeit durch Ressourcenentscheidungen der Exekutive bejaht dagegen *T. Schulte-Kellinghaus* ZRP 2008, 205 (206). Größeres Gefährdungspotenzial für die sachliche Unabhängigkeit des Richters haben Maßnahmen der Exekutive im Rahmen der Dienstaufsicht, weil sie gegenüber einem einzelnen Richter ergehen. Solange die Dienstaufsicht indes dazu dient, abstrakt-generelle Regelungen zur Justizgewähr oder zur Sicherung der Wirtschaftlichkeit der Justiz, die für sämtliche Richter und Verfahren gelten, im Einzelfall durchzusetzen, wird die Entscheidungstätigkeit des Richters und mithin die Unabhängigkeitsgarantie des Art. 97 Abs. 1 GG nicht berührt.

[202] Statt vieler *M. Sachs* in M. Sachs (Fn. 193), Art. 19 Rn. 12.

[203] Zum Gesetzesvorbehalt für die Gerichtsorganisation und -verwaltung eingehend *P. M. Huber/S. Storr* ZG 21 (2006), 105 (108 ff.).

[204] Anderer Ansicht *F. Wittreck* Die Verwaltung der Dritten Gewalt (Fn. 174), 476, demzufolge für das Neue Steuerungsmodell eine parlamentsgesetzliche Grundlage fehlt; s. auch *F. Wittreck* Mitteilungen 2014, 17 (22 ff.); *C. Schütz* Der ökonomisierte Richter (Fn. 27), 423 ff.

3. *Selbstverwaltung der Gerichte*

a) *Aktueller Stand der Diskussion*

Dass die Richter das Neue Steuerungsmodell anders bewerten, belegen eindrucksvoll jüngste Umfragen, denen zufolge bundesweit 75% der Richter als Gegenmittel zum Neuen Steuerungsmodell[205] die Einführung einer gerichtlichen Selbstverwaltung für notwendig halten.[206] An die Stelle der Gerichtsverwaltung durch die Justizministerien sollen richterliche (und mit Staatsanwälten besetzte) Gremien treten,[207] denen die Verwaltungsaufgaben einschließlich der Richterernennung und -beförderung, der Dienstaufsicht und des Haushaltswesens[208] zur Wahrnehmung in Unabhängigkeit übertragen werden.[209] Die Hoffnung, die sich mit einer Befrei-

---

[205] Zu diesem Zusammenhang zwischen dem Neuen Steuerungsmodell und der Forderung nach gerichtlicher Selbstverwaltung *K. F. Röhl* JZ 2002, 838 (840); *K. Redeker* NJW 2002, 2610; *H.-J. Papier* in F. Kirchhof/H.-J. Papier/H. Schäffer (Hrsg.) Rechtsstaat und Grundrechte, Festschrift für Detlef Merten, 2007, 185 (186 f.); *B. Kramer* NJW 2009, 3079 (3081).

[206] Roland Rechtsreport (Fn. 133), 52. Als rechtspolitischen Beistand bemühen die Richter Selbstverwaltungsmodelle für die Justiz in anderen Ländern sowie Autonomiebefugnisse des Bundesverfassungsgerichts. Dass Aufgaben der Gerichtsverwaltung in anderen Staaten teilweise von Gerichten autonom erledigt werden, hat ungeachtet der Unterschiede in der Gerichtsorganisation (dazu *H.-J. Papier* ZRP 2009, 125 [126]) und der Tatsache, dass sich die gerichtliche Selbstverwaltung im Ausland nur zum Teil bewährt hat (bezogen auf Italien und Dänemark *H. Mertin* ZRP 2002, 332 [334]), auf die Verfassungsrechtslage in Deutschland keinen Einfluss – so aber *C. Frank* KritV 91 (2008), 405 (407). Keinerlei verfassungsderogierende Kraft besitzen auch die Stellungnahmen Nr. 1 (2001) und Nr. 10 (2007) des Consultative Council of European Judges (CCJE) sowie die Empfehlungen des European Network of Councils for the Judiciary (ENCJ) zur Einführung gerichtlicher Selbstverwaltung (dazu näher *M. Jeschke* KritV 93 (2010), 233 [234 ff.]) – so aber *C. Frank* KritV 91 (2008), 405 (407). Die dem Bundesverfassungsgericht und den Landesverfassungsgerichten teilweise gewährte Autonomie bei der Gerichtsverwaltung hat ihren besonderen Grund in ihrer Stellung als Verfassungsorgane, bei denen die Verfassungserwartung einer ordnungsgemäßen Ausübung der Gerichtsverwaltung besteht, vgl. *H.-J. Papier* ZRP 2009, 125.

[207] Diese Forderung nach gerichtlicher Selbstverwaltung ist nicht neu, sondern wurde unter anderen Vorzeichen bereits in den frühen 1950er Jahren diskutiert. Initiiert durch den Beitrag von *van Husen* „Die Entfesselung der Dritten Gewalt“ (AöR 78 [1952], 49) sollte durch gerichtliche Selbstverwaltung vor allem die Selbstständigkeit der Verwaltungsgerichte gegenüber dem Staat gestärkt werden, näher *K. F. Röhl* JZ 2002, 838; *H.-J. Papier* NJW 2002, 2585.

[208] Zum Begriff sowie den Gegenständen der Gerichtsverwaltung näher *F. Wittreck* Die Verwaltung der Dritten Gewalt (Fn. 174), 16 f.; *K. Fuchs* Verfassungsmäßigkeit und Umsetzbarkeit von Modellen für eine selbstverwaltete Justiz in Deutschland, 2013, 24.

[209] Vgl. *K. Fuchs* Verfassungsmäßigkeit und Umsetzbarkeit von Modellen für eine selbstverwaltete Justiz in Deutschland (Fn. 208), 23. Zu der bis dato bestehenden Zu-

ung der Gerichte von den „Fesseln der Justizminister“ verbindet, ist, dass sich politische Einflussnahmen auf die Justiz verminderten, die Ausstattung der Gerichte verbessere und Rechtsschutzdefizite der Dritten Gewalt pulverisierten.[210]

b) Verfassungsrechtliche Würdigung

aa) Verfassungsrechtliches Gebot demokratischer Legitimation

Eine umfassende Selbstverwaltung der Gerichte, wie sie aktuelle Gesetzentwürfe der Richterschaft vorsehen, kollidierte mit dem verfassungsrechtlichen Gebot demokratischer Legitimation (Art. 20 Abs. 1 und 2, Art. 28 Abs. 1 S. 1 GG), das für die Gerichtsverwaltung unabhängig davon gilt,[211] ob man sie zur Zweiten Gewalt[212] oder zum (Rand-)Bereich der Dritten Gewalt[213] zählt. Geht man mit dem Bundesverfassungsgericht davon aus, dass zumindest für (auch behördeninterne[214]) Entscheidungen der unmittelbaren Staatsgewalt „eine ununterbrochene Legitimationskette vom Volk zu den mit staatlichen Aufgaben betrauten Organen und Amtswaltern“ bestehen muss,[215] entbehrt eine autonome Gerichtsverwaltung ohne Weisungsbefugnis des Ministeriums oder Verantwortlichkeit des Parlaments der erforderlichen sachlich-inhaltlichen Legitimation.[216] Eine Kooptation der Richter verstieße zudem gegen Art. 92 GG, der eine Berufung der Richter staatlicher Gerichte durch demokratisch verantwortliche

---

ständigkeit der Justizministerien für die Gerichtsverwaltungsaufgaben eingehend *F. Wittreck* Die Verwaltung der Dritten Gewalt (Fn. 174), 266 ff.

210 Vgl. *B. Kramer* NJW 2009, 3079 (3080).

211 Zur Geltung des Prinzips demokratischer Legitimation für die Gerichtsverwaltung statt vieler *H.-J. Papier* ZRP 2009, 125; *F. Wittreck* Die Verwaltung der Dritten Gewalt (Fn. 174), 125.

212 Allgemeine Ansicht, s. nur *H. Mertin* ZRP 2002, 332 (334); *F. Wittreck* Die Verwaltung der Dritten Gewalt (Fn. 174), 201 f.

213 So *T. Groß* KritV 91 (2008), 347 (350 f.); *P. Macke* DRiZ 1999, 481 (481 f.).

214 BVerfGE 107, 59 (87); 93, 37 (68).

215 Zuletzt BVerfGE 107, 59 (87 f.); vgl. BVerfGE 93, 37 (67 f.).

216 Eine Kompensation dieses Defizits an sachlich-inhaltlicher Legitimation durch andere Legitimationsinstrumente (zu dieser Möglichkeit vgl. BVerfGE 107, 59 [87]; BVerfGE 83, 60 [72]; 93, 37 [66 f.]) setzte eine detailgenaue Steuerung durch gesetzliche Konditionalprogramme voraus, die im Bereich der Gerichtsverwaltung fehlt, vgl. näher *F. Brosius-Gersdorf* Deutsche Bundesbank und Demokratieprinzip, Eine verfassungsrechtliche Studie zur Bundesbankautonomie vor und nach der dritten Stufe der Europäischen Währungsunion, 1998, 100 ff. Optimistischer hinsichtlich der Steuerungskraft des Gesetzes *Tschentscher* Demokratische Legitimation der dritten Gewalt, 2005, passim; ebenso *K. Fuchs* Verfassungsmäßigkeit und Umsetzbarkeit von Modellen für eine selbstverwaltete Justiz in Deutschland (Fn. 208), 115.

Stellen gebietet,[217] sowie gegen Art. 95 Abs. 2 und Art. 98 Abs. 4 GG,[218] die die Mitwirkung des zuständigen Ministers an der Richterberufung vorsehen.[219]

Lediglich einzelne Selbstverwaltungselemente wie eine Befugnis der Gerichte, einen eigenen Haushaltsvoranschlag für die Justiz aufzustellen, sind unter demokratiestaatlichen Gesichtspunkten realisierbar.[220]

---

[217] Bezogen auf Gerichte von Trägern mittelbarer Staatsverwaltung BVerfGE 4, 74 (92); 10, 200 (214 ff.); 14, 56 (69); 18, 241 (253); 27, 355 (362); 48, 300 (315); aus dem Schrifttum *C. Hillgruber* in T. Maunz/G. Dürig (Fn. 26), Art. 92 Rn. 86; *H. Schulze-Fielitz* in H. Dreier (Fn. 25), Art. 92 Rn. 49; *C. D. Classen* in C. Starck (Fn. 27), Art. 92 Rn. 39.

[218] Zu der Frage, ob Art. 95 Abs. 2 und Art. 98 Abs. 4 GG die (Mit-)Entscheidung des Ministers zwingend gebieten oder eine Richterwahl durch das Parlament erlauben, im zuletzt genannten Sinne *F. Wittreck* Die Verwaltung der Dritten Gewalt (Fn. 174), 405; anderer Ansicht *K. Fuchs* Verfassungsmäßigkeit und Umsetzbarkeit von Modellen für eine selbstverwaltete Justiz in Deutschland (Fn. 208), 117 ff.

[219] Die Selbstverwaltungsmodelle der Richterverbände genügen den Anforderungen des Prinzips demokratischer Legitimation nicht. Der nach dem Entwurf für ein Landesgesetz zur Selbstverwaltung der Justiz des Deutschen Richterbundes (http://www.drb.de/cms/fileadmin/docs/sv_gesetzentwurf_100325.pdf – zuletzt abgerufen am 27.8.2014) mit der Gerichtsverwaltung betraute Justizverwaltungsrat verfügt nicht über die erforderliche sachlich-inhaltliche Legitimation, weil die Mitglieder des Justizverwaltungsrates bei der Wahrnehmung ihres Amtes weder an Aufträge und Weisungen des Wahlausschusses noch anderer demokratisch legitimierter Stellen gebunden sind (ebenso *C. Sennekamp* NVwZ 2010, 213 [215]; *H.-J. Papier* NJW 2002, 2585 [2589]). Der nach dem Selbstverwaltungsmodell der Neuen Richtervereinigung (s. BT-Drs. 1711701 und BT-Drs. 17/11703) für die Gerichtsverwaltung mit Ausnahme der Richterwahl zu schaffende Justizrat verfügt als Kollegialorgan, das mehrheitlich aus von der Richterschaft gewählten Richtern besteht, nicht über die gebotene personell-demokratische Legitimation. Die Ernennung der Mitglieder der mit der Richterwahl betrauten Richterwahlausschüsse entspricht nicht den für die personelle Legitimation von Kollegialorganen geltenden Grundsätzen des Prinzips der doppelten Mehrheit (ebenso *C. Sennekamp* NVwZ 2010, 213 [215]).

[220] Skeptisch gegenüber einer Verbesserung der Ausstattung der Justiz durch eine Befugnis der Gerichte zur Doppelvorlage *W. Hoffmann-Riem* Modernisierung von Recht und Justiz (Fn. 158), Kap. 20 S. 278; *H.-J. Papier* ZRP 2009, 125 (126); *H. Mertin* ZRP 2002, 332 (335). Für ein eigenes Haushaltsantragsrecht der Gerichte *K. F. Röhl* JZ 2002, 838 (844) und *T. Schulte-Kellinghaus* ZRP 2006, 169 (172). Zur Vereinbarkeit eines Haushaltsvoranschlagsrechtes der Gerichte mit der verfassungsrechtlichen Befugnis der Regierung zur Aufstellung des Haushaltsplanentwurfes *K. F. Röhl* JZ 2002, 838 (844); *H.-J. Papier* NJW 2002, 2585 (2588).

bb) Art. 97 Abs. 1 GG als Rechtfertigungstitel?

Eine Rechtfertigung des Legitimationsdefizits einer autonomen Gerichtsverwaltung durch Art. 97 Abs. 1 GG,[221] der für die Gerichtsverwaltung mittelbar zum Tragen gelangt,[222] setzt voraus, dass die ministerielle Wahrnehmung gerichtlicher Verwaltungsaufgaben die sachliche Unabhängigkeit der Entscheidungstätigkeit des Richters im Einzelfall gefährdet.[223] Gefahren für die Unabhängigkeit der Rechtsprechung dürften jedoch von der ministeriellen Gerichtsverwaltung außerhalb der Spruchkörperzusammensetzung und Geschäftsverteilung[224] kaum ausgehen. Allenfalls die Berufung der Richter bietet dem Minister die Möglichkeit, die Auswahl nach politischen Kriterien zu steuern.[225] Dies schlägt indes wegen der Autonomie der Gerichte bei der Spruchkörperzusammensetzung und Geschäftsverteilung auf die konkrete Entscheidungstätigkeit des Richters im Einzelfall kaum durch.[226]

---

[221] Bei einem Verständnis des Prinzips demokratischer Legitimation als formales Organisationsprinzip stellen materielle Legitimationsaspekte wie die Sicherung der Unabhängigkeit der Rechtsprechung, der effektiven Aufgabenwahrnehmung und des „Grundgedanke(ns) autonomer interessengerechter Selbstverwaltung" (Formulierung aus BVerfGE 107, 59 [93]) keine Legitimationskomponenten dar, die eine fehlende (personelle oder) sachlich-inhaltliche Legitimation innerhalb des demokratischen Legitimationsmodells des Art. 20 Abs. 1 und 2 GG kompensieren können. Sie können aber Lücken im Legitimationsgefüge der staatlichen Verwaltung rechtfertigen, wenn sie als verfassungsexplizite oder -implizite Sonderregelung Ausnahmen von dem Gebot demokratischer Legitimation statuieren.

[222] Zur fehlenden unmittelbaren Anwendbarkeit des Art. 97 Abs. 1 GG auf die Gerichtsverwaltung statt aller *H.-J. Papier* ZRP 2009, 125.

[223] Vgl. *K. F. Röhl* JZ 2002, 838 (842).

[224] Dazu Ziff. III. 1. c).

[225] Vgl. *T. Groß* ZRP 1999, 361 (362); *C. Frank* KritV 91 (2008), 405 (408). Die Zuständigkeit der Exekutive für das Haushaltswesen lässt die konkrete Entscheidungstätigkeit des Richters unbeeinflusst und gerät daher mit der Unabhängigkeitsgarantie des Art. 97 Abs. 1 GG nicht in Konflikt, s. bereits Ziff. IV. 2. b). Das Gleiche gilt für die Ausübung der Dienstaufsicht durch das Ministerium, sofern mit ihr die gesetzlichen Regelungen zur Justizgewähr oder zur Sicherung der Wirtschaftlichkeit der Justiz, die für sämtliche Richter und Verfahren gleichermaßen gelten, im Einzelfall durchgesetzt werden, dazu näher in Fn. 201.

[226] Wie hier für die Unzulässigkeit einer Kooptation BVerfG, NJW 1998, 2590 (2592) unter Hinweis auf BVerfGE 93, 37 (73); *K. F. Röhl* JZ 2002, 838 (845); *B. Kramer* NJW 2009, 3079 (3082 f.). Anderer Ansicht *T. Schulte-Kellinghaus* ZRP 2008, 205 (206); *T. Groß* KritV 91 (2008), 347 (349) basierend auf der Annahme, dass das Prinzip demokratischer Legitimation verminderte Anforderungen an die personelle Legitimation von Richtern stelle, weil die Justiz keine frei-gestaltenden, sondern gebunden-kontrollierende Aufgaben habe. Stärkerer Einfluss auf die Rechtsprechung kann von der Mitwirkung des Ministers bei der Beförderung von Richtern ausgehen, weil die Aussicht auf ein höheres Richteramt im Vorfeld der Beförderungsentscheidung einen gewissen fakti-

Selbst sofern der ministeriellen Gerichtsverwaltung Gefährdungen der Rechtsprechung anhafteten, seien Zweifel erlaubt, ob das Gefährdungspotenzial einer richterlichen Selbstverwaltung geringer wäre. Standespolitische Kriterien und Karriereseilschaften können die richterliche Entscheidungstätigkeit nicht minder beeinflussen als politische Einwirkungen der Ressortspitze.[227] Art. 97 Abs. 1 GG sichert die Unabhängigkeit der Rechtsprechung nicht nur gegenüber der Exekutive, sondern auch gegenüber der Judikative.[228]

V. Fazit

Die Antwort auf die Frage, ob die Dritte Gewalt im Wandel ist und veränderte Anforderungen an die Legitimität und Effektivität der Justiz bestehen, lautet: Ja! Der Bedeutungszuwachs der Schiedsgerichtsbarkeit und alternativen Streitbeilegung, Rechtsschutzdefizite der Gerichte und gewandelte Anforderungen an die Wirtschaftlichkeit und Effizienz der Justiz legen Reformbedarf nahe. Hierfür ist keine Generalüberholung, „kein radikaler Systemwechsel in der Justiz"[229] erforderlich, wohl aber einzelne Neujustierungen sowohl des Gerichtssystems als auch der Schiedsgerichtsbarkeit und alternativen Streitbeilegung. Den Richtern mag bei all diesem Wandel zum Trost gereichen: „Nur wer sich ändert, bleibt sich treu."[230]

---

schen Druck zur „Leisetreterei" (Formulierung von *H. Schulze-Fielitz* in H. Dreier [Fn. 176], Art. 97 Rn. 35) gegenüber der Exekutive auch im Bereich der Rechtsprechung bewirken mag, vgl. *C. Schütz* Der ökonomisierte Richter (Fn. 27), 110.

[227] Gleichsinnig *H.-J. Papier* ZRP 2009, 125; *C. Schütz* Der ökonomisierte Richter (Fn. 27), 112 f.; *K. Fuchs* Verfassungsmäßigkeit und Umsetzbarkeit von Modellen für eine selbstverwaltete Justiz in Deutschland (Fn. 208), 173 f.; *K. Redeker* NJW 2002, 2610 (2611); *B. Kramer* NJW 2009, 3079 (3083).

[228] Statt vieler *H.-J. Papier* NJW 2002, 2585 (2587).

[229] Formulierung von *H.-J. Papier* ZRP 2009, 125.

[230] *Wolf Biermann*.

Leitsätze der 2. Referentin über:

Dritte Gewalt im Wandel: Veränderte Anforderungen an Legitimität und Effektivität?

I. Problemaufriss

(1) Die Legitimität und Effektivität der Dritten Gewalt unterliegen wegen des Bedeutungszuwachses der Schiedsgerichtsbarkeit sowie der alternativen Streitbeilegung, wegen Rechtsschutzdefiziten staatlicher Gerichte und wegen gestiegener Erwartungen an die Wirtschaftlichkeit der Justiz veränderten Anforderungen. Es besteht Reformbedarf.

II. Wettbewerb der Gerichte mit Schiedsgerichten und alternativer Streitbeilegung

1. Schiedsgerichtsbarkeit

a) Befund

(2) Die Gerichte stehen zunehmend in Konkurrenz mit Schiedsgerichten. Gründe für die „Entstaatlichung der Justiz" sind gewandelte Rechtsschutzbedürfnisse der Parteien, denen Schiedsgerichte teilweise eher gerecht werden als staatliche Gerichte: Schiedsrichterliche Verfahren können für den Fall „maßgeschneidert" werden (Auswahl der Schiedsrichter; Disposition über Ort, Sprache und Öffentlichkeit des Verfahrens).

b) Verfassungs- und europarechtliche Rahmenbedingungen

(3) Der verfassungsrechtlichen Justizgewährpflicht des Staates sowie Art. 6 Abs. 1 S. 1 EMRK und Art. 47 Abs. 1 GRC korrespondiert kein Verbot privater Schiedsgerichte. Der Verzicht auf Rechtsschutz durch staatliche Gerichte und die Inanspruchnahme von Schiedsgerichten ist Ausfluss der Privatautonomie der Parteien. Einer Beteiligung der Verwaltung an schiedsrichterlichen Verfahren setzt ihre Gesetzesbindung Grenzen.

(4) Die Nichtöffentlichkeit von Schiedsgerichtsverfahren verstößt weder gegen den demokratie- und rechtsstaatlichen Grundsatz der Gerichtsöffent-

lichkeit noch gegen das Grundrecht der Informationsfreiheit oder gegen Art. 6 Abs. 1 EMRK und Art. 47 Abs. 2 GRC.

(5) Eine materielle Privatisierung der Rechtsprechung durch Übertragung der Aufgabe auf Schiedsgerichte und Verzicht des Staates auf (effektiven Rechtsschutz durch) eigene Gerichte ist unzulässig. Art. 92 GG und die Justizgewährpflicht begründen die Pflichtaufgabe des Staates, effektiven Rechtsschutz durch staatliche Gerichte zu gewähren. Schiedsgerichte üben keine rechtsprechende Gewalt iSd Art. 92 GG aus und sind kein Element des verfassungs- und europarechtlichen Rechtsschutzsystems.

c) Rechtspolitische Würdigung und Reformbedarf

(6) Die Förderung der Schiedsgerichtsbarkeit (§§ 1025 ff. ZPO) entlastet die staatlichen Gerichte und entspricht veränderten Rechtsschutzbedürfnissen. Zum Schutz unbemittelter Parteien sollte eine Schiedskostenhilfe eingeführt werden.

(7) Die Nichtveröffentlichung von Schiedssprüchen bewirkt einen Verlust an Rechtssicherheit und Rechtsfortbildung. Rechtspolitisch ist ein gesetzliches Gebot zur (ggf. anonymisierten) Veröffentlichung von Schiedssprüchen zu empfehlen.

(8) Zum Schutz der Freiwilligkeit bei gestörter Vertragsparität erscheint eine Regelung geboten, die die Wirksamkeit einer Schiedsvereinbarung an den Abschluss nach dem Entstehen der Streitigkeit knüpft. Schiedssprüche sollten nur verbindlich sein, wenn das Schiedsgericht die Parteien vorher über den verbindlichen Charakter informiert hat und sie dies ausdrücklich akzeptiert haben (vgl. Art. 10 ADR-Richtlinie).

2. Alternative Streitbeilegung (ADR)

a) Bedeutungszuwachs

(9) Gründe für den Bedeutungszuwachs alternativer Streitbeilegung sind veränderte Rechtsschutzerwartungen der Parteien, denen außergerichtliche Konfliktlösung zum Teil besser entspricht als gerichtliche Streitentscheidung: Alternative Streitbeilegung bietet die Chance einer konsensualen, schnellen, kostengünstigen und nichtöffentlichen Konfliktlösung, die den Rechtsfrieden nachhaltig sichert.

b) Verfassungs- und europarechtliche Rahmenbedingungen

(10) Die verfassungsrechtliche Justizgewährpflicht des Staates sowie Art. 6 Abs. 1 S. 1 EMRK und Art. 47 Abs. 1 GRC begründen kein Verbot außergerichtlicher Streitbeilegung. Alternative Konfliktlösung ist ebenso Ausfluss der Privatautonomie der Parteien wie schiedsrichterliche Verfah-

ren. Die Gesetzesbindung der Verwaltung schränkt die Möglichkeiten ihrer Beteiligung an Mediation und Schlichtung ein.

(11) Alternative Streitbeilegung erfüllt keine Funktionen der Rechtsprechung iSd Art. 92 GG und scheidet zur Erfüllung der Justizgewährpflicht des Staates aus. Rechtsschutzdefizite der staatlichen Gerichte sind durch Reformen der Gerichtsbarkeit zu beheben.

c) Rechtspolitische Würdigung und Reformbedarf

(12) Die Förderung alternativer Streitbeilegung durch den Staat (Mediationsgesetz) und durch die Europäische Union (Mediations-RL, ADR-RL, ODR-VO) entlastet die Gerichte und reagiert auf veränderte Rechtsschutzbedürfnisse. Rechtspolitisch geboten ist die Einführung einer Streitbeilegungshilfe. Alternative Streitbeilegung gefährdet nicht den Selbststand des Rechts.

(13) Für die Zukunft ist ein komplementäres System aus alternativer Streitbeilegung, staatlichen und privaten Gerichten sinnvoll. Um Konfliktlösungen optimal an die Besonderheiten des Rechtsstreits und die Bedürfnisse der Parteien anzupassen, sollte das Konzept des Multi Door Courthouse mit Screening Office erprobt werden.

d) Sonderfall Paralleljustiz

(14) Sog. Paralleljustiz unterliegt grundsätzlich denselben rechtlichen Voraussetzungen und Grenzen wie sonstige alternative Streitbeilegung. Soweit Paralleljustiz mit Blick auf ihr sozio-kulturelles Umfeld ein erhöhtes Gefahrenpotenzial für die Rechtsordnung aufweist, das sich mit den geltenden Gesetzen nicht bewältigen lässt, muss der Gesetzgeber besondere Schutzvorkehrungen treffen.

3. Güterichterverfahren

(15) Der Güterichter übt keine rechtsprechende Gewalt iSd Art. 92 GG aus, sondern nimmt Verwaltungsaufgaben wahr. Die Nichtöffentlichkeit des Verfahrens verstößt weder gegen den verfassungsrechtlichen Grundsatz der Gerichtsöffentlichkeit noch gegen Art. 6 Abs. 1 EMRK oder Art. 47 Abs. 2 GRC. Eine gesetzliche Regelung zur Veröffentlichung der Ergebnisse des Güterichterverfahrens ist nicht erforderlich.

(16) Gegenüber dem Güterichterverfahren primär förderwürdig ist alternative Streitbeilegung vor Klageerhebung.

III. Rechtsschutzdefizite der staatlichen Gerichtsbarkeit

1. Lange Verfahrensdauer

a) Befund

(17) Verwaltungs-, zivil- und (in geringerem Umfang) strafgerichtliche Verfahren sind zu einem nennenswerten Anteil von langer Dauer. Dies gilt insbesondere für Verfahren, die über mehrere Instanzen geführt werden. Langdauernde Zivilgerichtsprozesse betreffen häufig Verfahrensgegenstände mit schwierigen Sach- und Rechtsfragen.

b) Reformbedarf: Flexible Geschäftsverteilung und Spruchkörperzusammensetzung

(18) Eine lange Verfahrensdauer kann in Konflikt mit dem verfassungs- und europarechtlichen Verbot überlanger Verfahrensdauer geraten und birgt erhebliche Nachteile für die Parteien. Sie ist ein Grund dafür, dass die staatlichen Gerichte Rechtsstreitigkeiten an Schiedsgerichte und Anbieter alternativer Streitbeilegung verlieren.

(19) Die Gerichtsverwaltung bedarf einer funktionsadäquaten Ausgestaltung, die sicherstellt, dass Richter komplexe Fälle in angemessener Zeit entscheiden können. Eine Möglichkeit hierzu ist eine Änderung der §§ 21e ff. GVG, die den Gerichten erlaubt, die Geschäftsverteilung und Spruchkörperzusammensetzung für Verfahren mit besonderen Schwierigkeiten tatsächlicher oder rechtlicher Art durch Bildung spezialisierter „Teams" aus Berufs- und Laienrichtern ad hoc vorzunehmen. Das Gebot des gesetzlichen Richters (Art. 101 Abs. 1 S. 2 GG) stünde der Gesetzesänderung nicht entgegen, weil es nur ein Element des verfassungs- und europarechtlichen Rechtsschutzsystems darstellt. Es steht in einem Spannungsverhältnis mit dem Gebot effektiven Rechtsschutzes, dem eine Geschäftsverteilung in Ansehung des konkreten Falles bei schwierigen Sach- und Rechtsfragen Rechnung trägt.

2. Inflexibilität des Gerichtsverfahrens

(20) Die Inflexibilität des Gerichtsverfahrens wird den veränderten Rechtsschutzbedürfnissen der Parteien nicht gerecht. Einzelne Elemente der Schiedsgerichtsbarkeit sollten für die staatliche Gerichtsbarkeit übernommen werden (z.B. Online-Gerichtsverfahren; Durchführung von Gerichtsverhandlungen in englischer Sprache; Ausschluss der Öffentlichkeit der Gerichtsverhandlung auf Wunsch der Parteien).

IV. Wandel der Gerichtsorganisation und der Gerichtsverwaltung

1. Flexibilisierung des Richtereinsatzes

(21) Eine Zusammenlegung der Gerichtsbarkeiten ist für einen flexiblen Richtereinsatz nicht erforderlich. Eine „Versetzung" von Richtern durch die Justizverwaltung gerät mit dem Grundsatz der Inamovibilität der Richter (Art. 97 Abs. 2 S. 1 GG) nicht in Konflikt, wenn die Versetzungskriterien durch abstrakt-generelle Regelung im Voraus bestimmt und Einflussnahmen auf die sachliche Unabhängigkeit des Richters (Art. 97 Abs. 1 GG) ausgeschlossen sind. Art. 97 Abs. 2 S. 1 GG garantiert die persönliche Unabhängigkeit des Richters nicht allumfassend, sondern nur zum Schutz der sachlichen Unabhängigkeit der richterlichen Entscheidungstätigkeit.

2. Neues Steuerungsmodell für die Justiz

(22) Das Neue Steuerungsmodell für die Justiz verstößt weder gegen die Garantie richterlicher Unabhängigkeit (Art. 97 Abs. 1 GG) noch gegen den Grundsatz vom Vorbehalt des Gesetzes. Ob es die Fundamente des Justizgewähranspruchs erodiert, sollte näher evaluiert werden.

3. Selbstverwaltung der Gerichte

(23) Eine umfassende Selbstverwaltung der Gerichte kollidierte mit dem verfassungsrechtlichen Gebot demokratischer Legitimation. Art. 97 Abs. 1 GG kommt als Rechtfertigungstitel nur in Betracht, soweit die ministerielle Gerichtsverwaltung die Unabhängigkeit der richterlichen Entscheidungstätigkeit gefährdet.

Dritte Gewalt im Wandel: Veränderte Anforderungen an Legitimität und Effektivität?

Peters: Wir beginnen mit der Diskussion, und es haben sich für die Beiträge drei Blöcke herauskristallisiert, ein erster zur Justiz, ein zweiter zu Internationalisierung und rechtsvergleichenden Aspekten und ein dritter zur Schiedsgerichtsbarkeit. Nach dem ersten Block haben dann die Referenten Gelegenheit zu einer Replik. Zunächst zwei Richter, Andreas Dietz und Doris König.

Dietz: Grüß Gott, vielen Dank für das Wort. Wir haben zwei in doppelter Hinsicht reizvolle Vorträge gehört. Auf einige „Reizpunkte“ gestatten Sie mir doch bitte aus richterlicher Perspektive einzugehen. Ich nehme nicht für mich in Anspruch, für die Richterschaft als Ganze zu sprechen; ich möchte nur einige persönliche Eindrücke und Anmerkungen machen.

Zunächst fehlte mir, die Rekrutierung des Richternachwuchses betreffend, im Vortrag von Herrn Wittreck ein wichtiger Baustein, nämlich der Idealismus der jüngeren Bewerber. Den sollte man nicht unterschätzen. Wer sich als junger Bewerber mit einem vollbefriedigenden oder besseren Examen für die Justizlaufbahn und nicht für die viel lukrativere Wirtschaft oder Großkanzlei entscheidet, der möchte Richter werden. Das liegt auch an der richterlichen Tätigkeit. Der Faktor Sicherheit spielt da nur eine nachgeordnete Rolle. Wichtiger ist vielleicht eher die Vereinbarkeit von Beruf und Familie, aber im Vordergrund steht tatsächlich die Tätigkeit als Richter; der Gedanke, nicht einer Prozesspartei zu dienen, sondern der Gerechtigkeit. Recht zu sprechen und auch im Einzelfall das letzte Wort zu haben. Bei aller dogmatischen Verkürzung, die notfalls daran hängt. Das zweite: Bei der Kontrolle der Erledigungszahlen möchte ich nur darauf hinweisen, dass sämtliche Bundesländer ein einheitliches Kontrollsystem namens PEBB§Y eingeführt haben, das an sich der Stellenbesetzung der Gerichte dienen soll. Jeder Art von Verfahren wird ein bestimmter Zeitwert zugeordnet, addiert, saldiert und verrechnet und wir unterliegen dieser Quervergleichskontrolle. Einmal innerhalb der Spruchkörper, zum zweiten innerhalb der Gerichte, zum dritten zwischen den Gerichtsbarkeiten innerhalb der Bundesländer und dann auch auf der Ebene des Bundes sogar selbst. Unter diesem Blickwinkel wäre es also reizvoll, den Spieß umzudrehen und zu sagen: Wenn schon die Eingangszahlen der Fälle so hoch sind, dass die tatsächliche Stellenzahl dem nicht entspricht, dann sollte der Landesstellengesetzgeber dem schon abhelfen. Bei der Versetzung aus organisatorischen Gründen stimme ich zu. Im engen sachlichen Rahmen kann dies gerne erfolgen, aber bitte nur innerhalb der jeweiligen Fachgerichtsbarkeit. Sonst gehen wesentliche Erfahrungen aus der Berufstätigkeit eines Richters verloren. Zuletzt noch ein ganz kurzer Hinweis zur Paralleljustiz: Grundsätzlich kann ich nur sagen: völlig absurd und nicht einsetzbar. Erstens ist die fachliche Qualifikation der „Parallelrichter" problematisch und in der Regel nicht gegeben. Zweitens sind die materiellen Maßstäbe diffus bis willkürlich. Was ist denn die Scharia? Es gibt ja gar keine einheitliche Definition, was zum Korpus der Scharia gehört. Drittens sind solche informellen Gerichte und Richter weder auf Recht und Gesetz verpflichtet, noch sind sie auf die Verfassung vereidigt. Ich denke, dass das schon von vornherein entgegensteht. Ein „Bonmot" zum Abschluss: Fußball ist unser Nationalsport. Dieser wird gespielt nach den Regeln, die der Deutsche Fußballbund bundesweit als Standard festsetzt. Die Schiedsrichter werden ab einer gewissen Spielklasse nach bestimmten Qualifikationskriterien ausgesucht und gewährleisten die Regelkonformität der Spiele: Ein Tor ist ein Tor und ein Foul bleibt ein Foul. Warum soll ein Qualitätsprinzip, das sogar für den Fußball gilt, nicht erst recht für die wirklich wichtigen Dinge des Lebens gelten? Vielen Dank.

König, Doris: Danke schön. Ich spreche hier jetzt nicht als Richterin des Bundesverfassungsgerichts, sondern als jemand, der die Entwicklung in der Justiz über lange Jahre beobachtet hat. Daher möchte ich ein paar Anmerkungen machen zu der Frage, wie wir langfristig die Qualität der Richterinnen und Richter sicherstellen können. Zunächst möchte ich Herrn Dietz widersprechen: Es ist zwar richtig, dass, wer Richter wird, eine gehörige Portion Idealismus an den Tag legen muss und diese Arbeit, so wie sie ist, auch gerne machen möchte. Dennoch möchte ich davor warnen, dass man bei den Haushaltsgesetzgebern langfristig immer nur auf diesen Idealismus setzt. Denn es scheint sich abzuzeichnen, dass gerade bei den Eingangsgehältern doch gerne Abstriche gemacht werden, und letztlich haben viele Richter auch keine Karriereperspektive, wie wir sie aus anderen Bereichen kennen. Deswegen denke ich, – wenn wir uns anschauen, was in der Privatwirtschaft für gute Juristen gezahlt wird – dass der Staat insbesondere bei den Berufseinsteigern nicht zu sehr sparen darf, um konkurrenzfähig zu bleiben. Denn wir wollen gute Juristen, und es ist offensichtlich, dass das, was wir heute von einem guten Richter oder einer guten Richterin verlangen, mehr ist, als wir noch vor 30 oder 40 Jahren verlangt haben. Wir haben heute Morgen darüber gesprochen: Europäisierung, Internationalisierung. Was muss ein Richter, und zwar auch in den Eingangsinstanzen, alles wissen, um wirklich gut Recht sprechen zu können! Dann muss man schon überlegen, wie man langfristig diese entsprechende Qualität sichern will. Schließlich noch, ganz in Klammern gesprochen und etwas polemisch: Mich überrascht es nicht, dass wir im Augenblick von einer „Verweiblichung" des Richternachwuchses sprechen, weil Frauen eher dazu tendieren, der Sicherheit in diesem Beruf den Vorzug zu geben und dafür auf ein hohes Einkommen, wie es in Privatwirtschaft zu erlangen wäre, zu verzichten. Das kann aber auf die Dauer nicht die Lösung sein.

Eine zweite Anmerkung: Frau Brosius, Sie waren den neuen Steuerungsmodellen, wenn ich es richtig verstanden habe, eher positiv gegenüber eingestellt und haben die Grenze der staatlichen Regelungsbefugnis erst da gesehen, wo wirklich in die richterliche Unabhängigkeit eingegriffen wird. So haben Sie gesagt, dass man so lange sparen könne, bis ein Minimum an Justizgewährung nicht mehr gewährleistet sei. Hier lautet meine Frage: Was ist eigentlich dieses Minimum? Und wer setzt es fest? Wie lässt sich das messen? Diese Aussage halte ich für problematisch. Vielen Dank.

Häberle: Meine Hauptfrage lautet: Was ist die Rechtsprechungsfunktion *materiell* – im Unterschied zu den anderen staatlichen Gewalten im Namen des Volkes bzw. des Rechts? Sie ist ja nach unserem Kanon zu definieren als autoritative Entscheidung bei verletztem oder bestrittenem Recht durch einen unabhängigen staatlich berufenen Dritten und all dies in bestimmten Verfahren, grundsätzlich öffentlich und begründend. Was ist die spezifische Legitimität der Dritten Gewalt? Erforderlich ist doch ein intensiver Brückenschlag zu den klassischen Staatszwecklehren, zu den typischen Kernaufgaben der Judikative in Bezug auf Schaffung und Erhaltung von gesamtgesellschaftlichen Frieden und Interessenausgleich, Verwirklichung von Gerechtigkeit in all ihren Teilelementen, Schutz und Kontrolle der Menschenrechte und Grundrechte, Förderung des gesellschaftlichen Zusammenhalts auch in der Generationenperspektive, andere Staatsziele, Schutz der Schwachen, Verwirklichung des Gemeinwohls – all dies neben dem von den Referenten genannten, vom Staat zu leistenden Rechtsschutz. So erst wird es möglich, die Fragen der Paralleljustiz und der Schiedsgerichte und ihre Grenzen zu behandeln. Man müsste auch die immer wichtiger werdenden internationalen Gerichte einbeziehen, etwa den EGMR oder den Internationalen Strafgerichtshof. Sie werden als dritte Gewalt fast weltweit immer wichtiger und wirken auch in den Normenbestand unserer Republik hinein.

Schweizer, Rainer J.: Ich danke sehr für die hoch anregenden Referate, die viele Bereiche und wichtige Einzelheiten behandelten. Gestatten Sie mir drei Bemerkungen. Ich möchte gerne die Referenten bitten, doch noch etwas zu den *Zugangsschranken* zu sagen. Im Grunde genommen bekommt man heute den bitteren Eindruck, Rechtsschutz erhält, wer ihn bezahlen kann. Das ist zum Beispiel in der Schweiz in den öffentlichrechtlichen Prozessen zunehmend ein Problem. Diese waren früher sehr kostengünstig, schrecken heute jedoch durch hohe Kostenvorschüsse und Gerichtsgebühren ab, von den Anwaltskosten wollen wir gar nicht sprechen.

Das zweite Stichwort, das mich beschäftigt, ist die *Selbstverwaltung*. Ich bin ein entschiedener Verfechter der Selbstverwaltung der Gerichte. Frau Brosius, ich kann nicht sehen, inwiefern die Mitarbeiter des Justizministeriums demokratisch besser legitimiert wären als ein Selbstverwaltungsorgan der Justiz. Hier gestatte ich mir, vor allem auf die romanischen Länder hinzuweisen, die mit dem consiglio di magistratura oder mit dem conseil de la magistrature, den wir jetzt auch in der Schweiz und hier vor allem in mehreren französischsprachigen Kantonen und dem Tessin rezipiert haben, sehr gute Erfahrungen machen. Es sind in der Regel gemischte Aufsichtsgremien aus Vertretern der Gerichte, des Parlaments und der Anwaltschaft. Diese können zum Beispiel vom Parlament gewählt werden, das Vorschlagsrecht läge bei den Gerichten, der Anwaltschaft und der Justizkommission des Parlaments. Damit hätten Sie eine formidable Legitimationsgrundlage. Diese Aufsichtsorgane sind ein wichtiges Scharnier zwischen den Justizorganen und den politischen Behörden, auch in praktischen Fragen der Selbstverwaltung. Es sei nur darauf hingewiesen, dass uns diese unabhängigen Selbstverwaltungsorgane namentlich in Italien den Übergriff faschistischer Parteien auf die Justiz à la Berlusconi verhindert haben. Viele Staaten erfahren, dass der Zugriff der Parteien auf die Justiz immer stärker wird. So versuchen z.B. gewisse Parteien, personell die Mehrheiten in Bundesgerichtsabteilungen für öffentliche Rechtsstreitigkeiten zu ihren Gunsten zu ändern.

Damit komme ich zu dem Thema, das mich am meisten beschäftigt, nämlich das *Ansehen* und die *Legitimation der Justiz*. Ich glaube, dass wir alles tun müssen, um das Ansehen und die Legitimation der Justiz zu stärken. Wir befinden uns ja in vielen Ländern in einer Phase, in der von bestimmten Kreisen massiv auf die Justiz „geschossen" wird und die Bürgerinnen und Bürger ihrerseits eine hohe Unzufriedenheit mit dem Rechtsstaat haben. Die Justiz ist also entsprechend den heutigen Anforderungen an den Rechtsschutz grosszügig auszustatten, die Kritik von Urteilen darf nicht deren Umsetzung hindern und der Justiz ist auch Respekt und der gesellschaftliche Rang wie anderen obersten Staatsorganen zuzugestehen. Ich weiss schon, dass Sie dieses Problem in Deutschland in viel geringerem Masse haben, namentlich weil dem Bundesverfassungsgericht ein so hoher Stellenwert zukommt. Bei den unteren Instanzen aber haben Sie auch gewisse praktische Probleme. Ähnliches sieht man in Österreich und in der Schweiz, in Italien oder Belgien sehr deutlich. Die Legitimationsfrage der Justiz ist zentral; blicken Sie nur nach Strassburg zum EGMR, wo europäische Politiker in Ungarn, Grossbritannien oder der Schweiz alles daran setzen, diese Instanz zu demolieren.

Classen: Auch ich möchte mich ganz herzlich bedanken für zwei Referate, die eine ganze Fülle von Gesichtspunkten angesprochen haben. Wenn man dem gerecht werden wollte, müsste man deutlich mehr reden, als hier Zeit zur Verfügung steht. Ganz knapp zunächst zu Herrn Wittreck, der in These 18 das Thema Haushaltsgesetzgebung angesprochen hat. Sie haben zu Recht das Thema Arbeitsbelastung erwähnt, wobei die Stellungnahme der Justizverwaltung, die Sie wiedergegeben haben, sehr kritisch war. Ich glaube aber, dass das nur die eine Seite der Medaille ist. Herr Dietz hat ja schon diese Personalschlüssel mit dem schönen Namen PEBB§Y angesprochen. Nimmt man nun diese Personalschlüssel im Sinne eines Durchschnitts und macht man sich klar, dass richterliche Unabhängigkeit nicht ein Recht zur persönlichen Selbstentfaltung, sondern Bestandteil einer Aufgabe ist und zu dieser Aufgabe eben auch das Bemühen um zeitgerechte Erledigung gehört, dann ist eine dienstrechtliche Anfrage aus meiner Sicht jedenfalls dann durchaus gerechtfertigt, wenn jemand sehr deutlich von den Erwartungshaltungen abweicht, die sich aus diesen Schlüsseln ergibt, die ja im Grundsatz die durchschnittlichen Leistungsmöglichkeiten widerspiegeln. Zum Thema Selbstverwaltung kann ich anknüpfen an das, was Herr Schweizer gesagt hat. Beide Referenten haben sie angesprochen. Frau Brosius-Gersdorf hat dies in dem Thesenpapier sehr apodiktisch durch die Bildung eines Gegensatzes „Selbstverwaltung contra ministerielle Verwaltung“ getan; das ist glaube ich zu scharf. Im Gegenteil: Es kümmert sich ja nicht nur institutionell der Europarat darum. Vielmehr zeigt der Rechtsvergleich – und zwar nicht nur in Südeuropa, sondern seit der Wende eben auch in Osteuropa –, dass da eine Fülle von Varianten entstanden ist. England hat mittlerweile auch ein solches Modell. Führt man sich vor Augen, dass der Europäische Gerichtshof für Menschenrechte immer dann, wenn er mit heiklen Fragen konfrontiert wird, nach Rechtsvergleichen schaut, muss man sich klar machen, dass das Stichwort richterliche Selbstverwaltung missverständlich ist. Vielmehr geht es darum, von der Fixierung auf die Ministerialbürokratie loszukommen und ein Forum oder ein Gremium zu finden, das durchaus parlamentarisch verantwortlich, aber eben doch etwas pluraler zusammengesetzt ist. Eine letzte Bemerkung noch zum Thema Sport. Frau Brosius-Gersdorf hat es zu Recht angesprochen und, wenn ich es richtig sehe, den Finger in die Wunde gelegt. Wenn Sie unter Ihren Maßstab subsumieren, ist die derzeitige Praxis mit dem Monopol der Sportgerichtsbarkeit rechtswidrig. Sie haben es so nicht ausgesprochen, aber ich glaube, dass das die zwingende Konsequenz wäre. Vielen Dank.

Peters: Vielen Dank. Die Referenten haben jetzt Gelegenheit zur Replik.

Brosius-Gersdorf: Vielen Dank für die interessanten Beiträge und Fragen. Ich kann nicht auf jede einzelne eingehen, aber ich will versuchen, Ihnen soweit wie möglich gerecht zu werden. Herr Dietz, Sie sprachen das Thema Paralleljustiz an und bezeichneten es als absurd und beklagten auch, dass eine richtige Definition von Paralleljustiz fehle. Bei Letzterem stimme ich Ihnen zu: Es gibt keinen feststehenden Begriff, keine feststehende Begriffsdefinition der Paralleljustiz. Vielmehr wird sie durchaus sehr unterschiedlich konnotiert. Ich bin in meinem Referat von einem offenen Begriff der Paralleljustiz ausgegangen, die auf außergerichtliche Streitbeilegungsformen in bestimmten Bevölkerungsgruppen, die patriarchalisch oder kollektivistisch strukturiert sind, Bezug nimmt. Die Justizminister haben eine ganz andere Definition. Sie definieren Paralleljustiz von vornherein als eine Form außergerichtlicher Streitbeilegung, die gegen die Rechtsordnung verstößt. Das führt dann, legt man eine solche Definition von Paralleljustiz zugrunde, natürlich auch zu anderen Ergebnissen. Wogegen ich mich bei Paralleljustiz jedoch wehre, ist die Aussage, dass ich die damit verbundenen Gefahren verharmlose. Mir ist klar, dass es diese im Einzelfall gibt. Ich finde es aber ungeachtet verlässlicher empirischer Forschungen problematisch, außergerichtliche Streitbeilegung im Allgemeinen zu begrüßen und zu fördern, außergerichtliche Streitbeilegung in bestimmten Bevölkerungsgruppen aber per se in die Schäm-Ecke zu stellen. Sie sagten auch, dass es keine Justiz sei. Das kommt darauf an: Werden dort verbindliche Entscheidungen getroffen, hat es eine Justizähnlichkeit. Natürlich ist es aber keine Rechtsprechung, weil Paralleljustiz nicht staatlicherseits betrieben wird.

Sie, Frau König, sprachen den Aspekt des Neuen Steuerungsmodells an. Sie haben mich damit etwas missverstanden, dass ich die Grenze, von der an die richterliche Unabhängigkeit verletzt ist, erst dort ziehen würde, wo das Minimum an Justizgewähr nicht mehr gewährleistet sei. Die richterliche Unabhängigkeit sehe ich per se beim Neuen Steuerungsmodell als nicht verletzt an, weil ich meine, dass abstrakt-generelle Gesetzesvorgaben mit der richterlichen Unabhängigkeit, die ja die Unabhängigkeit der konkreten Entscheidungstätigkeit im Einzelfall zu schützen sucht, grundsätzlich nicht in Konflikt geraten können. Etwas anderes gilt, wenn es sich um verkappte Einzelfallgesetze handelt. Interessant ist, was das Minimum an Justizgewähr ausmacht – damit sind wir jetzt beim Justizgewähranspruch. Das ist schwierig, aber ich habe versucht, zwei Aspekte herauszugreifen: Das eine ist eine nur noch summarische Rechtsprüfung durch die Gerichte. Dies wäre sicherlich ein Unterschreiten des Mindeststandards an Justizgewähr. Das andere wäre ein faktischer Erledigungsdruck für die Parteien, also eine Flucht der Richter in die nicht streitige Verfahrenserledigung. Ich glaube, dass es sehr wohl Kriterien gibt, mit denen man die Unterschreitung des Justizgewährminimums messen kann, indem man zum Beispiel die Zahlen und den Erfolg der Rechtsmittel analysiert, Zählkartenstatistiken auswertet oder Kundenbefragungen durchführt.

Herr Häberle, Sie haben sehr grundsätzliche Fragen der Funktion der Gerichte angesprochen. Wir konnten sicherlich nicht alle dieser Fragen beantworten. Natürlich haben die Gerichte neben der Gewähr von Rechtsschutz eine ganz starke Befriedungsfunktion und mir war ganz wichtig, deutlich zu machen, dass die Gerichte aufgrund der veränderten Rechtsschutzbedürfnisse und Erwartungen der Parteien gerade diese Befriedungsfunktion nur noch teilweise wahrnehmen können. Dies funktioniert teilweise gerade im Zivilrecht bei Schiedsgerichten und vor allen Dingen bei außergerichtlicher Streitbeilegung besser. Wenn ich Sie richtig verstanden habe, haben Sie auch nach der objektiven Kontrollfunktion der Gerichte gefragt. Selbstverständlich nehmen die Gerichte wichtige objektive Funktionen im Bereich der Rechtssicherheit und Rechtskontrolle wahr. Nur ist das für mich kein Grund, per se vor Schiedsgerichte einen Riegel zu schieben. Schließlich sind die objektiven Kontrollfunktionen eben doch Annex zum Individualrechtsschutz, der im Zentrum des Justizgewähranspruchs steht.

Herr Schweizer und Herr Classen, Ihre Fragen kann ich vielleicht zusammenfassen. Es ging um das Thema der Selbstverwaltung und bei Herrn Schweizer auch um die Frage, ob Rechtsschutz nur derjenige bekommt, der ihn bezahlen kann. Ich hoffe, dies ist nicht der Fall. Gerade aus diesem Grund besteht im Bereich der Schiedsgerichtsbarkeit Reformbedarf, was die Einführung einer Schiedskostenhilfe betrifft.

Zur Selbstverwaltung der Gerichte. Ich habe sie nicht insgesamt ins Abseits gestellt, sondern deutlich gemacht, dass einzelne Selbstverwaltungselemente durchaus realisierbar wären; so zum Beispiel der gerade aus der Richterschaft kommende Vorschlag, einen doppelten Haushaltsvorschlag parallel zum Minister aufzustellen. Selbstverwaltung wäre sicher auch dann kein Problem des Prinzips demokratischer Legitimation, wenn an die Stelle einer ministeriellen Verantwortung eine parlamentarische Verantwortung träte. So mag das bei einzelnen Selbstverwaltungsmodellen in anderen europäischen Ländern der Fall sein, bei den Vorschlägen der Richterschaft in Deutschland habe ich das bislang nicht verwirklicht gesehen. Danke.

Wittreck: Liebe Kolleginnen und Kollegen, zunächst herzlichen Dank für Ihre Hinweise und Anregungen. Ich will versuchen, meine Antwort auf die verschiedenen Beiträge sachlich zu bündeln. Zunächst wurde kam mehrfach die Forderung erhoben, den Haushaltsansatz der Justiz entsprechend aufzustocken. Rechtspolitisch findet das meine volle Sympathie, jedoch habe ich versucht darzulegen, dass es mir praktisch nicht gelingt, eine verfassungsrechtliche Grenze zu markieren, die der Haushaltsgesetzgeber nicht unterschreiten darf. Die Gerichte sind unterfinanziert, das ist aber eine bewusste Entscheidung des Parlaments. Von Herrn Häberle kam die Frage nach der Funktion. Hier bin ich zwar auf die Funktion der Rechtsprechung eingegangen, dies jedoch aus einer eingestandenermaßen taktischen Perspektive. Denn mich interessierte das an der gerichtlichen Funktion, was für mich die spezielle Effektivität von Gerichten ausmacht. Meine große Sorge ist, dass wir im Augenblick auf einen eindimensionalen Effektivitätsbegriff zustreben, der auch im Neuen Steuerungsmodell obwaltet. Dieser stellt nämlich einfach auf Erledigungen bzw. auf ihre möglichst große Zahl ab. Man kann mein Verständnis anhand eines Richtervorbehaltes klar machen bzw. darlegen, dass eine rechtsstaatlich effektive Justiz anders funktionieren muss. Ein Richtervorbehalt ist nur effektiv, wenn er gelegentlich auch „gezogen“ wird. Ein Richtervorbehalt ist effektiv, wenn dem jungen Staatsanwalt von älteren Kollegen gesagt wird, dass Richter X erstens die Akte vollständig liest und sie zweitens in den folgenden drei Konstellationen unweigerlich zurückschicken wird. Das ist Effektivität in der Justiz. Dies wollte ich klarstellen und habe deswegen andere Aspekte bzw. Funktionen bewusst ausgeblendet.

Zur Frage der Selbstverwaltung der Dritten Gewalt: Das Richterbundmodell könnte man, wie dargelegt, nach einer eher marginalen Änderung aus verfassungsrechtlicher Sicht einführen – in der Sache fehlt die Möglichkeit, die Justizfunktionäre wieder abzuwählen. Herr Schweizer hat auf die Bedeutung der Zusammensetzung der Entscheidungsgremien in einer solchen selbstverwalteten Justiz hingewiesen. Hier wäre mir zum Beispiel eine Vertretung der Anwaltschaft in den Selbstverwaltungsgremien sehr wichtig. Die selbstverwaltete Justiz in Italien ist für mich nach wie vor ein denkbar schlechtes Beispiel. Wenn wir uns bei den verschiedenen Modellen am Ausland orientieren wollen, dann eher an Großbritannien, und zwar in Richtung der dortigen Appointment Commissions. Diesen gelingt es deutlich besser als unseren Richterwahlausschüssen, als Politisierungsschranke zu wirken und auch die Durchmischung der Richterschaft anzuregen. Bei der Frage von Herrn Classen geht es in der Sache um den von mir angesprochenen Fall Schulte-Kellinghaus, einem Richter am Oberlandesgericht aus Baden-Württemberg. Natürlich kann man sagen, dass es irgendwo einen Grenznutzen richterlichen Zeitaufwands geben muss. Stellen wir uns etwa einen Amtsrichter vor, der bei jeder anzuwendenden BGB-Norm erst einmal zwei verfassungsrechtliche Gutachten in Auftrag gibt – er wird nicht fertig werden. Wenn jedoch das laufende richterdienstliche Verfahren in Baden-Württemberg so ausgehen sollte, dass die Justizverwaltung einen Richter unter Druck setzen kann, wenn sie zu der Auffassung gelangt, dass er nur unterdurchschnittlich erledigt, und wenn dieses dann schwarz auf weiß im Urteil steht, bekommen wir eine Justiz, die ihr junges Personal in einer Weise sozialisieren kann, die mit Rechtsstaat womöglich nicht mehr viel zu tun hat. Dann ertrage ich lieber den einen Amtsrichter, der ein bisschen überspannt ist.

Zuletzt zum Problem der Paralleljustiz. Über ein „Einsetzen“ solcher Richter kann man, glaube ich, nicht sinnvoll reden – als soziales Faktum sind sie ja bereits gegeben und aktiv. Wir müssen also überlegen, wie wir mit ihnen umgehen. Man muss jedoch noch differenzieren: Weite Teile der informellen Streitschlichtung sind tatsächlich zunächst einmal unproblematisch. Eine kritische Grenze ist dann erreicht, wenn Individuen im Einzelfall die Behauptung erheben, dass nicht die deutsche Rechtsordnung ihre Religion berücksichtigen soll, sondern wenn sie das religiöse Gesetz als Kraft göttlicher Einsetzung geltend betrachten. Das ist das, was die Salafisten in Wuppertal mit ihrer „Scharia-Polizei“ gemacht haben.

Beim Thema „Ansehen der Justiz“, das von Herrn Schweizer angesprochen wurde, wäre ich zurückhaltend. Ich habe mich hier an unsere gestrige Diskussion in der Mitgliederversammlung erinnert bzw. an die Frage, ob wir uns von Pressevertretern kritisieren lassen dürfen oder müssen. Meiner Erfahrung nach werden Richter – außer beim Geld – dann richtig dünnhäutig, wenn sie von außen (namentlich in der Presse) kritisiert werden. Sie kennen vielleicht den berühmten „Fall Rupp“ aus der bayerischen Justiz. Dort sind Mitglieder einer Bauernfamilie verurteilt worden, weil sie den Vater ermordet und an die Schweine verfüttert haben sollen. Der Tote wurde jedoch Jahre später aus der Donau gezogen. Im ersten Wiederaufnahmeverfahren kam ein bayerisches Landgericht gleichwohl zu dem Ergebnis, der Kausalverlauf weise zwar leichte Abweichungen auf, das Ergebnis des ersten Urteils aber gleichwohl haltbar. Für solche Entscheidungen müssen Richter öffentlich kritisiert werden dürfen. Damit sind wir beim Stichwort des Idealismus, den ich den Justizangehörigen keineswegs absprechen will. Erlauben Sie aber einen weiteren Fall aus dem Justizalltag: Mir haben vor Jahren unabhängig voneinander mehrere Richter eines Gerichts geschildert, ihr damaliger Präsident lasse sich Urteile und Beschlüsse vorlegen und reiche sie mit Korrekturen zurück. Das ist ein flagranter Übergriff in die richterliche Unabhängigkeit, aber sie haben das mit sich machen lassen. Ist es völlig fernliegend, dass sie jemand nicht zuletzt deshalb ausgesucht hat, weil sie es mit sich machen lassen?

Peters: Wir kommen jetzt zum zweiten Block, und zwar werden die von Herrn Häberle angemahnten Fragen der Internationalisierung und Europäisierung gestellt sowie Fragen zur Rechtsvergleichung.

Marti: Erlauben Sie mir als hauptamtlichem Schweizer Richter, einige Hinweise zur Situation in der Schweiz zu geben. Was die schiedsgerichtliche Tätigkeit betrifft kann man sich ja vorstellen, dass diese in der Schweiz große Tradition hat und auch in der neuen Zivilprozessordnung dementsprechend weiter vorgesehen und gefördert wurde. Sie ist ein Standortfaktor für die Schweiz. Was die alternativen Streitbeilegungslösungen anbetrifft, so bestehen auch bei uns eigentlich erst Ansätze. Am ehesten zu nennen ist die Form der Mediation, die auch in die neue Zivilprozessordnung und in das Verwaltungsverfahrensgesetz des Bundes aufgenommen wurde. Die effektive Anwendung dieses Instruments in Prozessverfahren ist aber bisher relativ bescheiden geblieben, was vielleicht auch damit zusammenhängt, dass in der Schweiz eine relativ ausgeprägte Tradition richterlicher Einigungsversuche und auch erfolgreicher Einigungen selbst in den oberen Instanzen, sprich an den Obergerichten und Verwaltungsgerichten, besteht. Nun zum Phänomen der Paralleljustiz. Da gehören wir alle zusammen und haben auch ähnliche Erfahrungen und Erscheinungen, wie das erwähnt wurde. Ich möchte mich vor allem noch kurz zur staatlichen Justiz äußern. Da ist mir aufgefallen, dass in Deutschland die Justizforschungslage offenbar nicht so gut ist, wie ich mir das eigentlich vorgestellt habe. Wir haben in der Schweiz vor vier Jahren ein großes Justizforschungsprojekt gestartet, an dem praktisch alle Universitäten eingebunden sind, wobei man das Gefühl hatte, die Grundlagen seien sehr viel schlechter als im Ausland. Die Leitung liegt bei der Universität Bern mit dem Kompetenzzentrum für Public Management und das ganze Projekt soll Ende 2015 abgeschlossen sein (siehe dazu www.justizforschung.ch). Vielleicht ist es interessant, zusätzlich auf gewisse Spezialitäten in der Schweizer Justiz hinzuweisen, die ja an sich bekannt sind: Wir haben das System der Richterwahl auf Amtsdauer durch Parlamente oder sogar durch das Volk ohne dienstrechtliche Leistungsbeurteilungen. Das ist weitgehend immer noch so. Eine andere Tradition ist die besondere Stellung der Gerichtschreiber, die eigentlich 80 % der Richterarbeit machen oder zumindest vorbereiten, die formell jedoch keine Richter sind. Dies ist der Einstiegsberuf für unsere jungen Juristinnen und Juristen, die in die Justiz gehen wollen. Schließlich hat man in den letzten 20 bis 30 Jahren sehr stark, und das bedauere ich sehr, auf Einzelrichter gesetzt; dies sowohl an den erstinstanzlichen Gerichten, wo es ja noch vertretbar ist, als auch teilweise an den Obergerichten. Dies und die große Tendenz in der Schweiz zu schriftlichen Verfahren – aber auch das eingeschränkte Unmittelbarkeitsprinzip im Strafprozessrecht – haben dazu beigetragen, dass bei uns das Problem der Verfahrensdauer nicht im gleichen Maße besteht wie in Deutschland oder vielleicht auch in Österreich. Diese Umstände, insbesondere das Einzelrichterwesen und die schriftlichen Verfahren, führen allerdings dazu, dass in der Tendenz eher weniger gut abgestützte Urteile gefällt werden. Auf das Problem der Kosten hat Herr Schweizer schon hingewiesen. Ganz eklatant ist dies im Zivilprozess, aber eben leider auch zunehmend in der Verwaltungsrechtspflege. Nun zu den neueren Entwicklungen. Mir ist aufgefallen, dass wir Richter in der Schweiz offenbar ein bisschen weniger widerständig sind als in Deutschland, vielleicht weil wir jeweils wiedergewählt werden müssen … Inzwischen wurde allerdings in einzelnen Kantonen zur Verbesserung der richterlichen Unabhängigkeit eine Wahl auf unbestimmte Amtsdauer (mit der Möglichkeit eines formellen Abberufungsverfahrens) eingeführt. Sodann gibt es auch in unserer Justiz eine klare Tendenz zur Stärkung der Geschäftsleitungsfunktion und zur Einführung von Geschäftslastbewirtschaftungssystemen – meist sogar auf Initiative von richterlichen Gremien hin (vgl. dazu die eben erschienene St. Galler Dissertation von Madeleine Keel mit dem Titel „Die Leitungsstrukturen der Justiz im Bund und in ausgewählten Kantonen – Eine Studie im Spannungsfeld von Führung und verfassungsrechtlichen Prinzipien“). Sie sehen also, dass wir zwar teilweise andere Traditionen, aber ähnliche Probleme haben. Wir sind daher sehr gespannt, wie die Diskussion in puncto Haushaltsrestriktionen und Überlastung mit Prozessen bei Ihnen weitergeht; hiermit haben Sie ja schon ein bisschen mehr Erfahrung als wir in der Schweiz, wo die Finanzen aber ebenfalls knapper werden. Danke.

Kotzur: Vielen Dank. Die beiden sehr anregenden Referate provozieren mich zu einer doppelten Frage: Sie haben uns eine Vielzahl von streitschlichtenden Akteuren vorgestellt, die, glaube ich, eine Grundsatzfrage aufwerfen. Es ist die Frage, wer zur dritten Gewalt gehört und was diese dritte Gewalt eigentlich ausmacht. Unsere Standarddefinition, dass wir dabei an staatliche Rechtsprechung denken, greift wahrscheinlich in vielerlei Hinsicht zu kurz. Diese dritte Gewalt muss durch die nichtstaatlichen Akteure, die hier an Streitschlichtungs- und Streitentscheidungsrechtsprechungsprozessen beteiligt sind, und auch durch internationale

Akteure angereichert werden. Das BVerfG hat den EuGH ja schon als „gesetzlichen Richter" bezeichnet und ihn deshalb zur dritten Gewalt unter dem Grundgesetz gerechnet. Das bringt mich zu meiner zweiten Frage, nämlich der Frage, ob die Internationalisierungs- und Europäisierungsprozesse nicht die Legitimitätsanforderungen an die dritte Gewalt grundsätzlich verändert haben bzw. weiterhin grundsätzlich verändern. Frau König hat das schon angesprochen: Der nationale Richter muss eine Fülle von Europa- und Völkerrecht kennen, um nicht zu kurz zu springen. Das ist ein Verantwortungs- und Anforderungsprofil, das es so vor einigen Jahrzehnten noch nicht gegeben haben mag. Mich würde sehr Ihre Position dazu interessieren. Ich glaube, dass es heute viel schwieriger geworden ist, einer richterlichen Kernanforderung gerecht werden zu können, die einst eine berühmte Beschreibung auf den Punkt gebracht hat: Damit sie wirklich die „am wenigsten gefährliche Gewalt" bleibt, „the least dangerous branch", hat die dritte Gewalt eine ganze Menge zu tun und muss um ihre Legitimation immer neu ringen. Vielen Dank.

Groß: Ich möchte gerne darauf hinweisen, dass der in beiden Referaten gebrauchte Begriff der Selbstverwaltung der Justiz etwas irreführend ist. Darin eine Parallele zur kommunalen oder funktionalen Selbstverwaltung sehen zu wollen, suggeriert, dass es darum ginge, dass allein gewählte Vertreter der Richterinnen und Richter in Zukunft die Belange der Justiz regeln dürfen. Das ist aber in keinem der mir bekannten Modelle der Fall. Worum es geht, ist vielmehr eine organisatorische Autonomie der Justiz gegenüber der Exekutive und hier insbesondere eine Abkopplung der dienstrechtlichen und haushaltsrechtlichen Befugnissen von den Justizministerien oder auch anderen Fachministerien. Dafür gibt es, es ist darauf schon hingewiesen worden, eine Fülle von Modellen. Die Mehrzahl der Mitgliedstaaten des Europarats hat inzwischen solche Organisationsmodelle mit sehr großen Variationen und dazu gehört auch, dass gewählte Vertreterinnen und Vertreter aus der Justiz selbst an Leitungsgremien teilnehmen, dies aber in aller Regel als Minderheit oder jedenfalls generell in gemischten Gremien. Das sind auch nicht Modelle, die alleine der deutsche Richterbund oder die Richtervereinigung erfunden haben, sondern die eine zum Teil Jahrzehnte lange Praxis haben und in den letzten Jahren, darauf ist auch hingewiesen worden, in anderen Ländern wie den Niederlanden und Polen neu eingeführt worden sind.

Das generell, oder jedenfalls für Teile der Modelle, unter dem Hinweis auf das Demokratieprinzip abzutun, leuchtet mir nicht ein. Bedeutet dies doch implizit, solchen Ländern entweder den demokratischen Charakter abzusprechen oder ein ganz besonderes deutsches Demokratieprinzip zu definieren, was auf andere Länder dann nicht anwendbar ist. Ansonsten hätten wir ja große Probleme etwa bei der Anerkennung von gerichtlichen Entscheidungen: Ein in Italien ausgewählter Richter kann etwas entscheiden, das bei uns vollstreckt wird; besitzt er aber gar keine demokratische Legitimation, wie sollte dann eigentlich gerechtfertigt werden, dass wir seine Entscheidungen hier vollstrecken?

Worum es in der Sache also eigentlich geht, ist die unterschiedliche Gewichtung des Demokratieprinzips und des Gewaltenteilungsprinzips. Da kommen wir zurück zum deutschen Verfassungsrecht. Beide Prinzipien sind nach ganz einhelliger Auffassung in Art. 20 GG und damit indirekt auch in Art. 79 Abs. 3 GG verankert und nach meinem Verständnis grundsätzlich gleichrangig. Nun haben wir aber eine Tendenz, gerade aus dem Demokratieprinzip sehr viele, sehr konkrete und in der Regel aber am Modell der traditionellen Exekutive orientierte Schlussfolgerungen abzuleiten, während auch Herr Wittreck gesagt hat, dass das Gewaltenteilungsprinzip eigentlich überhaupt keine konkreten Schlussfolgerungen enthalte; vielmehr obliege es eben der Verfassung und dem Gesetzgeber, welche Schlussfolgerungen er daraus zieht. Das ist doch etwas erstaunlich. Das eine Prinzip führt zu sehr konkreten Schlussfolgerungen, das andere, an sich verfassungstheoretisch gleichgewichtige Prinzip, führt zu praktisch keinen Schlussfolgerungen. Das leuchtet mir nicht ein.

Schneider, Hans-Peter: In unserer Tradition eines kurzen Zwischenworts: Mich drängt, jetzt noch ein Wort zur Selbstverwaltung der Justiz zu sagen. Ich bin auch sehr entschieden für eine Stärkung der Selbstverwaltung der Justiz, wobei der Ausgleich durch die Richterwahl geschaffen werden könnte. Ich sehe hier einen Zusammenhang und möchte gerne an das berühmte Wort eines preußischen Justizministers erinnern: Ich habe so lange nichts gegen die Unabhängigkeit der Richter, so lange ich sie ernenne und befördere[1].

Peters: Vielen Dank. Wir kommen dann jetzt zum dritten Block, bei dem es um die Schiedsgerichtsbarkeit geht.

Mayer, Franz: Ich möchte auf das Thema ISDS zurückkommen, es ist kurz angesprochen worden: das „Investorstate dispute settlement", die

[1] Es handelte sich um den preußischen Justizminister Adolph Leonhardt (1815–1880), dem der Ausspruch zugeschrieben wird: „Ich will den Richtern gern ihre so genannte Unabhängigkeit konzedieren, solange ich über ihre Beförderung entscheide", Niemand wolle schließlich „sein Leben lang Assessor" oder „Amtsrichter in einer gottverlassenen Kleinstadt" bleiben. Die Worte sollen im Zusammenhang mit den Vorbereitungen zur Ausarbeitung des Gerichtsverfassungsgesetzes gefallen sein.

Investor-Staat-Schiedsgerichtsbarkeit. Das ist kein ganz neues Thema. Es gibt wenn Sie einen Freihandelsraum organisieren wollen eine Art Werkzeugkasten: Es findet sich darin das EuGH-Modell, bei dem man eine weitgehend an das staatliche Gerichtsmodell angenäherte Gerichtsbarkeit installiert. Wir haben das WTO-Modell, wo Staaten gegen Staaten klagen können. Und in gewissem Sinne ist das ISDS, das Investor-Staat-Schiedsgerichtsmodell, dazu ein funktionales Äquivalent bzw. eine weitere Option. Es gibt aber derzeit eine neue Qualität der Diskussion zu diesen Fragen. Wir können in diesen Tagen fast täglich in den Nachrichten von CETA und von TTIP lesen, vom Freihandelsabkommen mit Kanada einerseits und vom Transatlantischen Partnerschaftsabkommen mit den USA andererseits. In diesen Verträgen sind weitreichende Investor- Staat-Schiedsgerichtsbarkeiten entweder schon enthalten oder geplant. Bei CETA ist ein ISDS jedenfalls derzeit in den Entwürfen eines Abkommens fest vorgesehen. Ich glaube, dass man fragen muss, wie wir uns als Öffentlichrechtler dazu stellen. Die Vor- und Nachteile einer Investor-Staat-Schiedsgerichtsbarkeit werden in Teilen ja mit den bekannten Vorteilen und Nachteilen der allgemeinen Schiedsgerichtsbarkeit gleichgesetzt: Man kann bei einem Schiedsgericht relativ schnell und vertraulich zu einem Ergebnis kommen. Freilich erreicht man bei den ISDS-Schiedsgerichtsbarkeiten, von denen ich spreche, als mögliches Ergebnis immer nur Schadensersatz, es geht demnach um ein „Dulde und liquidiere“. Es wird also nicht das innerstaatliche Recht umgestaltet – das vielleicht auch als Fußnote zu dem Vattenfall-Schiedsverfahren. Die Nachteile von Schiedsgerichten sind nach verbreiteter Wahrnehmung, dass sie intransparent sind und dass so etwas wie eine gesicherte Rechtsprechung nicht existiert. Vielmehr ist es immer ad hoc ein neues Gremium, das sich organisieren und orientieren muss. Zudem ist die ISDS-Schiedsgerichtsbarkeit sehr stark zivilrechtlich dominiert, weil die Schiedsgerichte in aller Regel von entsprechenden Anwälten bespielt werden. Das ist ein Punkt, wo wir aufwachen müssen. Schließlich geht es hier ja – das ist auch so gesagt worden – um genuin öffentlich-rechtliche Probleme. Vor allem deswegen die Frage: Wie stellen wir uns dazu? In diesen Tagen ist das Eintreten für eine ISDS-Schiedsgerichtsbarkeit eine politische Grundsatzfrage, die entgegen den Meldungen übrigens für CETA noch nicht entschieden ist. Sind wir nun dafür, derartiges in einem Freihandelsabkommen mit Kanada oder den USA zu verankern oder gilt es, dem entgegen zu wirken? Hier sind die Chancen und die Risiken einander gegenüber zu stellen. Die Chancen sind, dass man mit Kanada und mit den USA einen riesigen Rechtsraum bilden kann, in dem man diese ja bereits bestehende Art von Schiedsgerichtsbarkeit dann auch neu und besser gestalten könnte. Ganz in diesem Sinne enthält das kanadische Abkommen etwa weitreichende Transparenzvorschriften. Man könnte also versuchen, dieses Instrument der ISDS-Schiedsgerichtsbarkeit in eine bestimmte, bessere Richtung zu formen. Es bleibt auf der anderen Seite aber das wohl doch sehr große Risiko – und das stellt dann auch den Zusammenhang zum allgemeinen Thema her –, dass man durch Förderung von ISDS-Schiedsgerichtsbarkeiten den Einstieg in die Relativierung staatlicher Gerichte bewirkt oder befördert und dass sich in einem Langzeitverlauf von 50 oder 60 Jahren die staatliche Gerichtsbarkeit für rein staatliche Fälle nur noch als eine Option unter vielen darstellt – ganz so wie sich das jetzt bereits für Vattenfall ergeben hat.

Ein weiterer Punkt: Mich hat erstaunt, dass Internationalisierung, Globalisierung und Europäisierung nur am Rande vorkommen. Im allgemeinen kommen diese Themen ja ständig vor und manchem geht genau dies vielleicht auch schon ein bisschen auf den Wecker. Trotzdem stelle ich meine Nachfrage genau dazu: Gibt es nicht doch auch im Kontext des vorliegenden Themas „Dritte Gewalt im Wandel" auch Internationalisierungsanforderungen – Stichwort: Gerichtssprache Deutsch – oder Europäisierungseffekte? Ich schließe dazu an das an, was Herr Kollege Kotzur gesagt hat. Vielen Dank.

Oebbecke: Frau Brosius-Gersdorf, Sie haben im Zusammenhang mit Leitsatz 3 gemeint, eine Beteiligung der Verwaltung an schiedsrichterlichen Verfahren setze ihrer Gesetzesbindung Grenzen. Dazu habe ich zwei Nachfragen: Zum einen haben Sie, wenn ich das richtig erinnere, differenziert zwischen gesetzesgebundener und gesetzesfreier Verwaltung. Da, wo die Verwaltung nicht rechtlich gebunden ist, sprechen wir jedoch über etwas anderes. Wenn also ein Literaturpreis durch ein Preisgericht verliehen wird, sind wir nicht in diesem Thema. Da jedoch, wo sie rechtlich gebunden ist, kann ich den Unterschied zwischen der gesetzesgebundenen und der gesetzesfreien Verwaltung nicht erkennen. Schließlich haben wir eine völlig rechtsfreie Verwaltung überhaupt nicht. Das zweite ist die Frage, wie Sie das mit der Möglichkeit vereinbaren, dass die Verwaltung ja da, wo Unsicherheit tatsächlich besteht, berechtigt ist, Vergleichsverträge zu schließen- und zwar dies im Ergebnis auch in Abweichung vom materiellen Recht. Ist die Wahrscheinlichkeit, dass wir da rechtsstaatliche Probleme bekommen, denn bei Schiedsverfahren größer? Ich glaube doch nicht. Wenn das so ist, würde ich allenfalls sagen: Ist die Verwaltung beteiligt, müssen die Verfahren öffentlich sein. Danke schön.

Knauff: Vielen Dank, ich kann daran gleich anschließen. Ich möchte die These unterstreichen, dass wir gewandelte Rechtsschutzbedürfnisse der Parteien feststellen können. Dies gilt zweifellos jedenfalls dann, wenn wir es mit grenzüberschreitenden Streitigkeiten zu tun haben und dabei vielleicht auch noch die Grenzen der europäischen Union überschreiten. Dann ist die Bereitschaft, sich auf ein nationales Amtsgericht oder Landgericht einzulassen, nicht unbedingt besonders ausgeprägt. Das Interessante an Schiedsgerichtsverfahren in solchen Fällen ist ja nun auch gerade, dass hier selbst die Wahl der maßgeblichen Rechtsordnung erfolgen kann und dass auch die Ausgestaltung des gerichtlichen oder quasigerichtlichen Verfahrens als solche nicht ganz so fest gefügt ist wie nach den Prozessordnungen. Dieser Attraktivität können wir mit der staatlichen Gerichtsbarkeit nicht so leicht beikommen. Ich denke auch nicht, dass wir Elemente der Schiedsgerichtsbarkeit in sehr weitem Maße in das staatliche gerichtliche Verfahren übernehmen können, weil diese Schiedsgerichtsverfahren nach gewissen eigenen Logiken funktionieren. Sie sollten zwar durchaus rechtsstaatliche Grundsätze beachten, funktionieren aber eben doch anders, als wir das von unseren gerichtlichen Verfahren kennen. Hierzu ergänzend möchte ich noch bemerken, dass eine gewisse Inflexibilität vielleicht auch manchmal diese Rechtsstaatlichkeit in ganz besonderer Weise sichert. Dies gilt insbesondere dann, wenn eine der Parteien faktisch schwächer ist, was ja nun nicht selten ist. Ebenso ist die Beteiligung der Öffentlichkeit, ein Wert, den man in Zeiten, in denen Öffentlichkeitsbeteiligung auch in verwaltungsrechtlichen Zusammenhängen immer größer geschrieben wird, nicht völlig vergessen sollte. Abschließend noch folgender Hinweis: Die Idee, Schiedssprüche zu veröffentlichen, ist sicher eine gute. Nur fürchte ich, dass diese gerade bei solchen Schiedsgerichtsverfahren mit internationaler Beteiligung häufig nicht im Interesse der Beteiligten liegen wird. Hier muss man auch die Durchsetzungsgrenze sehen: Vielleicht können wir eine solche Veröffentlichungspflicht in Deutschland durchsetzen, möglicherweise sogar noch in der Europäischen Union. Für die internationalen Fälle, die letztlich in globalem Maßstab verhandelt werden, sehe ich hierfür aber keine Chancen. Vielen Dank.

Peters: Dann kann Herr Wittreck jetzt auf die gestellten Fragen antworten.

Wittreck: Liebe Kolleginnen und Kollegen, ich bündele meine Antworten auf die Fragen wiederum thematisch. Zunächst herzlichen Dank für den informativen Bericht aus der Schweiz. Ich möchte insbesondere unterstreichen, was Sie zur dortigen Justizforschung gesagt haben; hier hätte ich gerne für Deutschland das empirische Material, das bei Ihnen gerade im Entstehen begriffen ist. Justizforschung leitet über zu eigener Forschung. Herr Schneider hat das berühmte Wort des preußischen Justizministers Leonhardt zitiert, das bezeichnenderweise stets ohne Nachweis zitiert wird. Ich habe lange danach in den Quellen geforscht und halte es für ein Wesen, das in einem schottischen See haust.

Damit sind wir bei der Frage nach der Relevanz der Internationalisierung. Hier habe ich ausgeführt, dass mein Ausgangspunkt bewusst die Binnenperspektive der Justiz war. Ich habe gefragt, welche Probleme im Augenblick in der deutschen Justiz diskutiert werden bzw. relevant sind. Bei den Fragen, die ich danach aufgeworfen habe, ist es nun in der Tat so, dass sich die Internationalisierung praktisch nicht abbildet oder auswirkt. Wir finden natürlich in der EMRK und jetzt auch in der Grundrechtecharta die richterliche Unabhängigkeit garantiert, und wir haben einen internationalrechtlichen Anspruch auf Rechtschutz. Das läuft aber noch weitgehend parallel zu den Gewährleistungen des deutschen Rechts. Spannend würde es beispielsweise dann, wenn der EGMR auf die (weniger gute) Idee käme, anhand der von mir geschilderten Dokumente aus dem Umfeld des Europarates, die mit richterlichen Interessen regelrecht vollgesogen sind, selbst neu zu bestimmen, was ein „unabhängiges Gericht" ist. Dann würde sich mein Ergebnis substantiell ändern. Aber derzeit kann ich sagen, dass ich für die Dinge, die ich angesprochen habe, im internationalen Recht praktisch keine Direktiven finde, die vom deutschen Recht abweichen. Das ändert nichts daran, dass sich, Markus Kotzur hat das angesprochen, durch das Europarecht natürlich das Anforderungsprofil der Richterschaft massiv ändert. Ob das etwas mit der demokratischen Legitimation der Dritten Gewalt zu tun hat? Die Antwort müsste „Ja" lauten, wenn wir so etwas wie eine Legitimation durch Sachverstand anerkennen. Das wäre ein neuer Ansatz, den wir aber zunächst noch in die Legitimationsmodelle, die wir bisher konstruiert haben, einfügen müssen.

Zur Frage der Selbstverwaltung der Dritten Gewalt. Herr Groß, ich glaube in der Tat, dass wir aus dem Demokratieprinzip mit größerer Sicherheit einen normativen Kerngehalt herausdestillieren können als aus den verschiedenen Ausformungen der Gewaltenteilungsmaxime, die über das Grundgesetz verstreut sind. Er lautet: Mehrheit entscheidet. Was die neue Richtervereinigung in ihrem Selbstverwaltungsmodell propagiert, bedeutet nun einmal, dass es wenigstens ein Entscheidungsgremium geben soll, in dem eine Zweidrittelmehrheit von Richtern herrscht, die ausschließlich von anderen Richtern gewählt sind. Und eine solche Minderheitenherrschaft wäre exakt der Punkt, an dem auch eine Verfassungsänderung nicht mehr weiterhilft bzw. an der Ewigkeitsklausel scheitern müsste. Das ist kein Vorwurf an Italien, wo ich zunächst einmal genau schauen müsste, wie diese Verfassung *sub specie* Demokratie und Gewaltenteilung im Detail aufgestellt ist.

Zuletzt zur Gretchenfrage, was denn die Dritte Gewalt sei, die sich hier ändert oder ändern sollte. Ich wäre sehr zurückhaltend, das begrifflich auch auf Private zu erstrecken. Ich neige nach wie vor zu der Festlegung, dass es eine staatliche dritte Gewalt ist, und meines Erachtens ist das zentrale Kriterium, dass sie die Letztentscheidungsbefugnis hat – gegenüber privater Gerichtsbarkeit schlechthin, gegenüber religiöser Gerichtsbarkeit in Sonderheit. Dass das Zusammenspiel erörtert, erprobt und verbessert werden muss, ist eine ganz andere Frage, aber dann würde ich mich doch anschicken, das vom Vorsitzenden gestern Abend angemahnte Mehrebenensystem einzurichten.

Brosius-Gersdorf: Herr Kotzur, ich fange gerne mit Ihrer zentralen Frage an, wer denn an Akteuren zur dritten Gewalt gehöre. Das ist wirklich eine der Kernfragen, mit der wir uns beschäftigen müssen. Das knüpft zentral an die Frage an, was eigentlich Rechtsprechung ist. Müssen wir abrücken von dem tradierten Begriff der hoheitlichen letztverbindlichen Entscheidung eines staatlichen Akteurs in einem konkreten Rechtstreit oder müssen wir uns nicht auch gegenüber der Einbeziehung privatrechtlicher Formen von Justiz öffnen? Zum einen: Abrücken von dem Begriffsmoment der letztverbindlichen hoheitlichen Entscheidung bringt Schwierigkeiten im Verhältnis der Abgrenzung der Staatsgewalten zueinander. Wir müssen den Bereich der Rechtsprechung von dem der Verwaltung auch wegen der völlig unterschiedlichen Strukturbedingungen mit dem Unabhängigkeitsgebot auf der einen Seite und dem Gebot demokratischer Legitimation auf der anderen Seite abgrenzen. Ich glaube, dass dies nur das Moment der hoheitlichen verbindlichen Entscheidung leistet. Interessant ist, aber auch auf sehr gewagtem Terrain bewegt sich die Frage, wie es mit privaten Akteuren als Gerichte steht. Schiedsgerichte machen doch nichts anderes, als Recht zu sprechen, nur ist es nicht der Staat, sondern sind es private Richter. Wagt man den Gedanken überhaupt einmal, über eine vollständige Privatisierung von Rechtsprechung nachzudenken, so dass Schiedsgerichte nicht nur ergänzend zur, sondern anstelle der staatlichen Gerichtsbarkeit richten würden, dann müssten diese privaten Gerichte, wenn sie an die Stelle staatlicher Gerichte träten, auch die Rechtschutzgarantien und Verfahrensgarantien erfüllen, die für die staatliche Justiz nach dem Grundgesetz und dem Europarecht gelten. Das sehe ich momentan bei den Schiedsgerichten nicht. Ich hatte eine Reihe von weiteren Fragen zur Selbstverwaltung der Justiz. Herr Groß, Sie hatten das Thema angesprochen und ein anderer Kollege auch noch. Natürlich haben wir Selbstverwaltungsmodelle in anderen Ländern, davor sollten wir auch die Augen nicht verschließen. Nur muss man sagen, dass die Gerichtsorganisation in diesen anderen Ländern, nehmen wir Italien oder Dänemark, eine ganz andere ist und dass sich die Selbstverwaltung dort auch nur teilweise bewährt hat. Ich wollte einer autonomen Gerichtsverwaltung gar nicht von vornherein eine Blockade vorschieben. Das Prinzip demokratischer Legitimation gilt auch aus meiner Sicht nicht absolut. Vielmehr habe ich ja den Weg dafür aufgezeigt, dass es Rechtfertigungsgründe geben kann – nur brauchen wir aus meiner Sicht dafür eben auch einen verfassungskräftigen Rechtfertigungstitel. Den sehe ich in Art. 97 GG aber nur dann, wenn von der ministeriellen Gerichtsverwaltung auch tatsächlich inhaltlich Gefahren für die Rechtsprechung ausgehen. Wir können uns natürlich lange darüber unterhalten, ob es mittlerweile auf europäischer Ebene ein anderes Verständnis des Demokratieprinzips gibt. Vielleicht kann man Ansätze dazu in der Entscheidung des EuGH zum Datenschutzbeauftragten sehen. Nur, ist das schon ein durchgängig anders verstandenes Prinzip? Und haben wir wirklich ein Kohärenz- oder Berücksichtigungsgebot, selbst wenn man unterstellt, dass dieses Prinzip auf europäischer Ebene durchgängig anders verstanden wird? Dies wäre wohl nur im Anwendungsbereich des Unionsrechts so, der im Fall der Gerichtsverwaltung, so meine ich, nicht eröffnet ist.

Nochmals: Einzelne Elemente der Selbstverwaltung – ja. Kooptation der Richter sehe ich dagegen als schwierig an, wenn nicht eine volle parlamentarische Verantwortlichkeit an die Stelle der ministeriellen Verantwortlichkeit tritt.

Es gab eine Reihe von Fragen zur Schiedsgerichtsbarkeit. Wie stellen wir uns dazu als Öffentlichrechtler? Die Zivilrechtler haben hier eine sehr eindeutige Haltung. Wir können dazu natürlich eine andere Haltung einnehmen. Ich glaube aber, dass man gerade mit Blick auf die Investor-Staat-Schiedsgerichtbarkeit sehr stark differenzieren muss. Es ist zu unterschieden zwischen den vertraglich vereinbarten inhaltlichen Schutzstandards einerseits, die durchaus Probleme der Rechtsschutzgleichheit mit sich bringen, finanzielle Risiken für den Staat begründen und vor allem den Handlungsspielraum des Gesetzgebers einschränken können; und der prozessualen Frage andererseits, ob auch der öffentlichen Hand die Lösung von Rechtsstreitigkeiten durch Anrufung von Schiedsgerichten möglich sein soll. Bei letzterem ist für mich der entscheidende Aspekt der der Transparenz. Schiedsgerichte sprechen nicht per se schlechteres Recht. Es gibt auch kein Verbot, private Richter anzurufen, auch nicht für die Verwaltung, und ich hoffe, dass ich das herausgearbeitet habe. Ein großes Problem ist aber die Intransparenz der Schiedsgerichtsbarkeit, das ist überhaupt keine Frage. Insoweit müssen wir nicht an die Öffentlichkeit der Gerichtsverhandlung herangehen, da dies den aus meiner Sicht berechtigten Vertraulichkeitsanliegen der Parteien zuwiderlaufen würde und auch international tatsächlich nicht durchsetzbar wäre; sondern wir müssen für die Veröffentlichung der Schiedssprüche sorgen. Dadurch gewährleisteten wir zugleich die Kontrollmöglichkeiten gegenüber der Einhaltung der Gesetzesbindung durch die öffentliche Hand. Übrigens ist die UN-Kommission für internationales Handelsrecht speziell für Investor-Staat-Schiedsverfahren mit den neuen UNCITRAL-Transparenzregeln einen ganz interessanten Weg gegangen. Diese sehen eine umfassende Öffentlichkeit für die Verhandlung, den Streitgegenstand, den betroffenen Wirtschaftssektor und die Veröffentlichung sämtlicher Schriftsätze und Schiedssprüche mit Opt-out-Regelung vor; das könnte ein Weg sein, wie man zu mehr Transparenz der Schiedsverfahren gelangen kann.

Ich wollte, Herr Oebbecke, nicht so verstanden werden, dass ich die Gefahren eines Verstoßes gegen die Gesetzesbindung der öffentlichen Hand bei Schiedsgerichten als größer einschätze als bei außergerichtlicher Streitbeilegung. Nein, ich meine, die Grenzen sind für die Beteiligung der Verwaltung die gleichen, nämlich die Bindung an Recht und Gesetz. So wie der Verwaltung bei außergerichtlicher Streitbeilegung Verhandlungsspielräume nur im Rahmen der Optionsräume, die das Recht ihr bietet (Interpretation unbestimmter Rechtsbegriffe, Ermessensspielräume usw.), offenstehen, so ist es auch bei der Beteiligung der Verwaltung an Schiedsverfahren. Das heißt, dass Schiedsgerichte nach Maßgabe des zwingenden Sachrechts für die Verwaltung entscheiden müssen. Im Rahmen der Optionsräume der Verwaltung können sie diese Optionsräume auch ausfüllen.

Eine letzte Anmerkung zum Stichwort Europäisierung und zur Gerichtssprache Deutsch. In der Tat ist das ist einer der wesentlichen Aspekte, bei dem ich denke, dass das Gerichtsverfahren flexibilisiert werden sollte. Ich sehe in der derzeitigen Inflexibilität des Gerichtsverfahrens natürlich auch Vorteile für die Rechtssicherheit. Trotzdem meine ich, dass wir die Augen nicht verschließen sollten vor den Entwicklungen, die wir im Privatrecht haben. Die Inflexibilität des Gerichtsverfahrens ist ein ganz wesentlicher Grund dafür, dass große Unternehmen in einzelnen Bereichen vollständig auf Schiedsgerichte ausweichen. Ich denke, dass wir hier über Neuerungen nachdenken müssen, wie z.B. über die Durchführung von Gerichtsverhandlungen in englischer Sprache und den Ausschluss der Öffentlichkeit der Gerichtsverhandlung, nicht hingegen der Veröffentlichung der Urteilssprüche, und vieles mehr. Ich danke Ihnen.

Dritter Beratungsgegenstand:

Gestaltung des demografischen Wandels als Verwaltungsaufgabe

1. Referat von Professor Dr. *Jan Ziekow*, Speyer*

Inhalt

* Für wertvolle Unterstützung bei der Vervollständigung der Nachweise danke ich meinem wissenschaftlichen Mitarbeiter Ass. iur. *Dieter Katz*.

I. Vermessung des Themas

Weshalb ist das Thema „Gestaltung des demografischen Wandels als Verwaltungsaufgabe“ Gegenstand der Verhandlungen der Vereinigung der Deutschen Staatsrechtslehrer? Dass verschiedene wissenschaftliche Disziplinen sich mit den damit zusammenhängenden Fragen befassen, ist offensichtlich. Wo aber ist die rechtliche Dimension des Themas? Es bedarf daher zunächst einer Vermessung des Themas.

1. Demografischer Wandel

Zunächst zum Begriff des demografischen Wandels. Als multidimensionaler Prozess meint demografischer Wandel die Entwicklung der Bevölkerung in einem Gebiet mit den Kernparametern Zahl der Geburten und Todesfälle sowie Zahl der Migrationsbewegungen einschließlich der daraus folgenden Konsequenzen für die Altersstruktur und das quantitative Verhältnis verschiedener Bevölkerungsgruppen zueinander.[1]

Diese Begriffsbestimmung mag deutlich machen, dass erstens der demografische Wandel keine krisenhafte Zuspitzung der jüngeren Zeit ist.[2] Eine besondere Gestaltungsaufgabe vermag dieser Wandel nur dann zu induzieren, wenn die Veränderungen ein Maß erreichen, die die Grundlagen des bisherigen politischen, wirtschaftlichen, sozialen und kulturellen Systems zu erodieren drohen.[3] Zweitens bedingt der Gebietsbezug demo-

---

[1] Zum Begriff des demografischen Wandels vgl. auch *Bundesregierung (Hrsg.)* Demografiebericht, 2011, 11; *A. Edenharter* Der demografische Wandel als Herausforderung für das Raumordnungsrecht und das Baurecht, 2012, 39; *Europäische Kommission* Grünbuch „Angesichts des demografischen Wandels – eine neue Solidarität zwischen den Generationen“, KOM 2005 (94) endgültig, 3 f.; *KGSt (Hrsg.)* Demografiemonitoring, 2010, 7 f.; *A. König* Bürger und Demographie: Partizipative Entwicklungsplanung für Gemeinden im demographischen Wandel, 2011, 31 f.; *M. Siedhoff* Demographischer Wandel – Zum Begriff und Wesen eines Megatrends, in: Killisch/Siedhoff (Hrsg.) Dresdner Gespräche zum demographischen Wandel, 2008, 3 (3 f.); *Enquete-Kommission „Demographischer Wandel“* Schlussbericht, BT-Drucks. 14/8800, 15. Zur geschichtlichen Entwicklung vgl. *S. Baer* Demografischer Wandel und Generationengerechtigkeit, VVDStRL 68 (2009), 290 (292 ff.).

[2] Es handelt sich vielmehr um einen permanenten Prozess, der mit der Inbezugsetzung von Bevölkerung und Gebiet zwangsläufig verbunden ist. Insofern fordert demografischer Wandel nicht mehr oder weniger begleitende Gestaltung als andere Kontextveränderungen auch.

[3] Siehe auch *S. Sell* Jenseits des Alarmismus, aber vor der Existenzfrage: Was der demografische Wandel für die Landkreise bedeutet und was man (nicht) machen sollte/könnte/müsste!, in: Landkreistag Rheinland-Pfalz (Hrsg.) Jenseits des Alarmismus, aber vor der Existenzfrage: Was der demografische Wandel für die Landkreise bedeutet und was man (nicht) machen sollte/könnte/müsste!, 2014, 43 (43 f.); exemplarisch *A. König*

grafischer Veränderungen, dass es zum einen in einigen Gebieten Veränderungen geben kann und in anderen nicht, der Wandel sich zum anderen in einem Gebiet gegenläufig zu dem in einem anderen Gebiet vollziehen kann und zum dritten die Wirkungen paralleler Veränderungen in unterschiedlichen Gebieten verschieden sein können.[4]

Auf Deutschland bezogen wird prognostiziert:[5]

- Bei einer abnehmenden Gesamtbevölkerungszahl und gleichzeitig weiter steigender Lebenserwartung werden sich die Anteile an der Gesamtbevölkerung weiter zu Lasten der jüngeren Generationen verschieben. Die Kumulation dieser Effekte hat etwa zur Folge, dass die Zahl der Personen im erwerbsfähigen Alter drastisch kleiner wird.
- Der bestehende positive Migrationssaldo führt dazu, dass das zahlenmäßige Verhältnis zwischen den Personen mit Migrationshintergrund zu denen ohne Migrationshintergrund sich weiter zugunsten der erstgenannten Bevölkerungsgruppe verschiebt.
- Jüngere und gut ausgebildete Personen siedeln sich verstärkt in großen städtischen oder stadtnahen Räumen mit innovativem Arbeitsplatzpotenzial an. Entsprechend steigt das Durchschnittsalter in ländlichen Gebieten.[6]
- Ein umgekehrter Wanderungstrend ist bei der älteren Bevölkerung, insbesondere in Großstädten festzustellen. Er führt in gut ausgestattete kleinere Städte oder Umlandgemeinden.[7] Allerdings ist dieses Bild

---

(Fn. 1), 164; zusammenfassend *A. Edenharter* (Fn. 1), 129 f. Siehe auch *S. Baer* (Fn. 1), 290 (300 ff.).

[4] Zum Ländervergleich siehe S. *Kröhnert* Die demografische Lage der Nation: Was freiwilliges Engagement für die Regionen leistet, 2011; *S. Kröhnert/F. Medicus/R. Klingholz* Die demografische Lage der Nation: Wie zukunftsfähig sind Deutschlands Regionen, 2. Auflage 2006; für Bayern siehe *Bayerische Staatsregierung* Aufbruch Bayern. Aktionsplan demografischer Wandel, 2011, 4, 9. Siehe auch *W. Kluth* Demografischer Wandel und Generationengerechtigkeit, VVDStRL 68 (2009), 246 (275 ff.); *A. König* (Fn. 1), 188 ff.

[5] Vgl. *H. Bauer/F. Brosius-Gersdorf* Die demografische Krise, in: Magiera (Hrsg.) FS Siedentopf, 2008, 385 (387 ff.); *Bundesinstitut für Bau-, Stadt- und Raumforschung* Raumordnungsprognose 2030: Bevölkerung, private Haushalte, Erwerbspersonen, 2012, 52 ff.; *Enquete-Kommission „Demographischer Wandel"* Schlussbericht, BT-Drucks. 14/8800, 15 f.; *J. Fuchs* Prognosen und Szenarien der Arbeitsmarktentwicklung im Zeichen des demografischen Wandels, in: Kistler/Mendius (Hrsg.) Demokratischer Strukturbruch und Arbeitsmarktentwicklung, 2002, 120 (124), http://www.isf-muenchen.de/pdf/BR_DE_BR14.pdf#page=120; *S. Kröhnert/F. Medicus/R. Klingholz* Die demografische Lage der Nation. Wie zukunftsfähig ist Deutschland?, 2006.

[6] *T. Gregory/R. Patuelli* Regional Age Structure, Human Capital and Innovation – Is Demograhic Ageing Increasing Regional Disparities?, 2013, 1 ff.

[7] *Statistisches Bundesamt* Ältere Menschen in Deutschland und der EU, 2011, 9; „Senioren lösen neue Wanderungsbewegung aus", Die Welt digital v. 8.3.2014, http://www.welt.

nicht einheitlich. Umgekehrt lassen sich verstärkt Wanderungsbewegungen älterer Personen in die Kernstädte konstatieren.[8]

– Der Anteil der Personen mit Migrationshintergrund ist in städtischen Agglomerationsräumen rund doppelt so hoch wie in ländlichen Gebieten.[9]

2. *Gestaltung als Verwaltungsaufgabe*

Wenn der Titel dieses Beitrags die Gestaltung des demografischen Wandels als Untersuchungsgegenstand ausweist, so bedarf dies einer Eingrenzung. Wörtlich genommen würde die Gestaltung des demografischen Wandels die Aufgabe formulieren, die Entwicklung der Bevölkerungsgruppen, ihrer Anteile etc. selbst zu beeinflussen, also Bevölkerungspolitik zu betreiben.[10] Eine Gestaltung des demografischen Wandels selbst würde zum größten Teil außerhalb der Aufgaben der Verwaltung liegen. Die Formulierung von Politiken ist im Kern dem Parlament und der Regierung vorbehalten.[11] Gestalterisch tätig werden kann die Verwaltung nur in eigenen Kompetenzbereichen.[12] Zu diesen gehört das proaktive, planende Handeln mit Blick auf zu erwartende Veränderungen, die den status quo von Verwaltungshandeln, -organisation und -interaktion einem

---

de/finanzen/immobilien/article125578580/Senioren-loesen-neue-Wanderungsbewegung-aus.html.

[8] *Bundesinstitut für Bau-, Stadt- und Raumforschung* Zurück in die Stadt, oder: Gibt es eine neue Attraktivität der Städte?, 2011, 4.

[9] *S. Rühl* Grunddaten der Zuwandererbevölkerung in Deutschland, 2009, 27 f. Des Weiteren ist der Anteil der Personen mit Migrationshintergrund in den östlichen Flächenländern deutlich niedriger als in den Stadtstaaten sowie den westlichen und südlichen Bundesländern, *Rühl*, ebd.

[10] Die damit zusammenhängenden Fragen wie Familienpolitik, Migrationspolitik etc. wurden auf der Tagung der Vereinigung der Deutschen Staatsrechtslehrer in Erlangen 2008 behandelt, vgl. die Referate von *W. Kluth* und *S. Baer* Demografischer Wandel und Generationengerechtigkeit, VVDStRL 68 (2009), 246 ff., 290 ff.

[11] BVerfG, NJW 1979, 359 (361). Mit dem Gesetzgebungsrecht ist dem Parlament zugleich die politische Leitentscheidung zugewiesen, *B. Grzeszick* in: Maunz/Dürig (Hrsg.) GG, 2014, Art. 20 V Rn. 83. Die Aufgabe der politischen Staatsleitung liegt bei der Bundesregierung, *V. Epping* in: Epping/Hillgruber (Hrsg.) GG, Stand: 01.06.2014, Art. 62 Einleitung. Siehe auch *C. Degenhart* Staatsrecht I: Staatsorganisationsrecht, 29. Auflage, 2013, Rn. 635, 736.

[12] Das Umgehen mit dem Phänomen des demografischen Wandels ist Staatsaufgabe, jedoch nicht notwendig Verwaltungsaufgabe, vgl. *S. Baer* Verwaltungsaufgaben, in: Hoffmann-Riem/Schmidt-Aßmann/Voßkuhle (Hrsg.) Grundlagen des Verwaltungsrechts, Bd. I, 2. Aufl. 2012, § 11 Rdnr. 9.

Bedeutungswandel unterwerfen.[13] Die Formulierung des demografischen Wandels als Aufgabe gerade der Verwaltung weist darauf hin, dass es vielmehr um die Frage geht, welchen Beitrag die Verwaltung zur Gestaltung der *Folgen* des demografischen Wandels leisten kann und welche Instrumente sie in ihren mulitdimensionalen Interaktions-, Wirk- und Organisationszusammenhängen benötigt.[14]

3. *Untersuchungsdesign*

Noch nicht beantwortet ist damit die eingangs aufgeworfene Frage der rechtlichen Dimension des Themas. Ihre Beantwortung wird ein stufenweises Vorgehen erfordern: Zunächst bedarf es einer Bestandsaufnahme der der Verwaltung zur Gestaltung der Folgen des demografischen Wandels zur Verfügung stehenden Regelungen. Dabei sind nicht allein diejenigen Vorschriften in den Blick zu nehmen, die Programme für das Ver-

---

[13] Umfasst sind insbesondere die permanente Adaption der Verwaltung selbst und ihrer Steuerungsressourcen und -modi an eine sich ändernde Verwaltungsumwelt. Zu Verwaltungsmodernisierung als Daueraufgabe der Verwaltung, vgl. Abschlussbericht der Projektgruppe Verwaltungsmodernisierung und Entbürokratisierung im Finanzministerium Schleswig-Holstein, 2006, 657; *L. Beyer/J. Hilbert/S. Stöbe-Blossey* Wie lernt Verwaltung? Verwaltungsmodernisierung als Daueraufgabe, in: Grunow (Hrsg.) Verwaltung in Nordrhein-Westfalen: zwischen Ärmelschoner und E-Government, 2003, 213 ff.; *M. König* Verwaltungsreform in Thüringen zwischen den Legislaturperioden – Zwischenstand und Erwartungen, LKV 2010, 289 (289); *V. Mehde* Herausforderung Verwaltungsreform unter besonderer Berücksichtigung der Situation in Sachsen-Anhalt, LKV 2013, 494 (500).

Zu den Steuerungsressourcen der Verwaltung vgl. exemplarisch *W. Hoffmann-Riem,* Effizienz als Herausforderung an das Verwaltungsrecht, in: *ders./Schmidt-Aßmann* (Hrsg.) Effizienz als Herausforderung an das Verwaltungsrecht, 1998, 11 (17 f.).

Hinzu tritt die Anpassung von zukunftsgerichteten Planungen und Leistungsstrukturen, die zum Aufgabenportfolio der Verwaltung gehören. Zur Verwaltungsaufgabe „Planung“ vgl. BVerwG, NVwZ 2010, 1299 (1300); *W. Köck* Pläne, in: Hoffmann-Riem/Schmidt-Aßmann/Voßkuhle (Hrsg.) Grundlagen des Verwaltungsrechts, Band II, 2. Auflage 2012, § 37 Rn. 9 ff.; *H. J. Wolff/O. Bachof/ R. Stober/W. Kluth* Verwaltungsrecht I, 12. Auflage 2007, § 56.

[14] Die Kategorisierung dieser Gestaltung gerade als Verwaltungsaufgabe impliziert nicht, dass die öffentlichen Verwaltungen sie vollständig selbst durchzuführen hätten oder dies auch nur könnten. Der demografische Wandel ist ebenso multidimensional wie die von ihm betroffenen Akteure differenziert sind. Adäquate Lösungen für den Umgang mit durch ihn hervorgerufenen Veränderungen werden sich häufig nur durch ein Zusammenwirken verschiedener Akteure entwickeln und implementieren lassen. Auch die damit verbundene Governance-Aufgabe kann – soweit sie nicht von wirtschaftlichen oder zivilgesellschaftlichen Akteuren wahrgenommen wird – zu den Verwaltungsaufgaben gehören, siehe *J. Kersten* Demographie als Verwaltungsaufgabe, Die Verwaltung 40 (2007), 309 (344 f.).

waltungshandeln unmittelbar bezüglich der Folgen des demografischen Wandels schaffen. Einzubeziehen sind auch „demografieunspezifische" Regelungen, die für die Gewinnung von Antworten auf die durch den demografischen Wandel aufgeworfenen Fragen fruchtbar gemacht werden können.[15] Auf einer zweiten Stufe ist nach den Möglichkeiten der Reaktion des Rechts auf Gestaltungsbedarfe der Verwaltung zu fragen, für welche das geltende Recht keine passenden Instrumente bereithält.[16]

---

[15] Soweit es der Gegenstand des jeweiligen Normprogramms zulässt, können diese Vorschriften einer gleichsam demografiegeleiteten Auslegung unterworfen werden, indem die Folgen, die durch die Anwendung der Norm für die Gestaltung der durch den demografischen Wandel erzeugten Handlungsbedarfe erzielt werden können, bewertet werden. Dazu *C. Franzius* Modalitäten und Wirkungsfaktoren der Steuerung durch Recht, in: Hoffmann-Riem/Schmidt-Aßmann/Voßkuhle (Hrsg.) Grundlagen des Verwaltungsrechts, Bd. I, 2. Aufl. 2012, § 4 Rdnr. 67 ff.; *L. Breunung* Steuerung durch Recht?, in: Brand/Strempel (Hrsg.) FS Blankenburg, 1998, 157 (161).; *N. Luhmann* Steuerung durch Recht? Einige klarstellende Bemerkungen, Zeitschrift für Rechtssoziologie 12 (1991), 142 ff.; exemplarisch *M. Stoffels u.a.* Analyse der technischen und sozialen Infrastruktur des Mittelbereiches Schwedt/Oder: Prognose des zukünftigen Bedarfs an sozialer und technischer Infrastruktur unter Berücksichtigung des demografischen Wandels, 2010, 107; *H. H. von Arnim* Steuerung durch Recht, in: ders. (Hrsg.) Probleme der staatlichen Steuerung und Fehlsteuerung in der Bundesrepublik Deutschland, 1986, 51 ff.

Dass eine solche demografiegeleitete Auslegung nur vor der Folie der Heranziehung der Erkenntnisse verschiedener Disziplinen, insbesondere der Demografie, der Makroökonomie und der Raumwissenschaften leistungsfähig sein kann, ist offensichtlich. Die Gestaltung der Folgen des demografischen Wandels auf der Grundlage von Instrumenten des geltenden Rechts ist daher auch eine Herausforderung an die Methoden des öffentlichen Rechts und eine Facette des Themas „Öffnung der öffentlich-rechtlichen Methode durch Interdisziplinarität". Zu diesem Problemkreis *H. C. Röhl* Öffnung der öffentlich-rechtlichen Methode durch Internationalität und Interdisziplinarität, in diesem Band; *C. Möllers* Methoden, in: Hoffmann-Riem/Schmidt-Aßmann/Voßkuhle (Hrsg.) Grundlagen des Verwaltungsrechts, Bd. I, 2. Aufl. 2012, § 3 Rdnr. 42 ff.

[16] Auf der Grundlage der Bereitstellungs- und Strukturierungsaufgabe des Rechts muss die Verwaltungsrechtswissenschaft ihrer Funktion als einer sich auch mit den rechtsetzungsbezogenen Konsequenzen identifizierter normativer Steuerungsdefizite auseinandersetzenden „Handlungs- und Entscheidungswissenschaft" gerecht werden, siehe *A. Voßkuhle* Neue Verwaltungsrechtswissenschaft, in: Hoffmann-Riem/Schmidt-Aßmann/Voßkuhle (Hrsg.) Grundlagen des Verwaltungsrechts, Bd. I, 2. Aufl. 2012, § 1 Rdnr. 15; *C. Franzius* (Fn. 15), § 4 Rdnr. 103a ff. Zur Bedeutung der Bereitstellungsaufgabe des Rechts für die Rolle des Gesetzes vgl. nur *G. F. Schuppert* Die Rolle des Gesetzes in der Governancetheorie, in: Trute/Groß/Röhl/Möller (Hrsg.) Allgemeines Verwaltungsrecht – zur Tragfähigkeit eines Konzepts, 2008, 161 (174 f.).

Das Recht muss die hierfür erforderlichen Rechtsformen, Institute, Verfahren und Organisationstypen bereitstellen. Methodisch ergibt sich daraus die Forderung nach einer aufgaben- und funktionenorientierten Betrachtungsweise: Das Verwaltungsrecht hat danach zu fragen, welche Funktionen und Aufgaben die Verwaltung zu erfüllen hat

Ein solchermaßen umfangreiches Untersuchungsprogramm kann im Rahmen des vorliegenden Beitrags nicht für alle Gestaltungsbedarfe für die Verwaltung zeitigenden Folgen des demografischen Wandels durchgeführt werden.[17] Die folgenden Überlegungen fokussieren deshalb auf zwei für die Verwaltung zentrale Aspekte, nämlich Herausforderungen erstens für Aufgaben, Organisation und Verfahren der Verwaltung und zweitens an die Gestaltung des Raumes.

II. Herausforderungen des demografischen Wandels für Aufgaben, Organisation und Verfahren der öffentlichen Verwaltungen

Eine Untersuchung der Herausforderungen des demografischen Wandels für Aufgaben, Organisation und Verfahren der öffentlichen Verwaltungen sieht sich zunächst mit dem Problem konfrontiert, dass sich die Herausforderungen für die Verwaltungen in der föderalen Mehrebenenperspektive durchaus unterschiedlich darstellen und darüber hinaus regional und politikfeldbezogen verschieden sind.

1. Der Umgang mit dem demografischen Wandel als Querschnittsaufgabe

Die Gestaltung der Folgen des demografischen Wandels stellt mithin einerseits eine typische Querschnittsaufgabe dar, ist aber andererseits verwaltungsspezifisch zu differenzieren. Eine solche Konstellation birgt die Gefahr von Koordinations- und Steuerungsdefiziten in sich. Integrative Strategien drohen an Ressort- und Fachzuständigkeiten zu scheitern. Verwaltungswissenschaftlich gibt es verschiedene Ansätze, um auf diese Herausforderung zu reagieren:

– Denkbar wäre die Einrichtung einer eigenen Ressortzuständigkeit für die Folgen des demografischen Wandels. Der Vorteil bestünde in der

---

und dasjenige bereitzustellen, das für die jeweilige Aufgabenerfüllung benötigt wird. Vgl. grundlegend *G. F. Schuppert* Verwaltungsrechtswissenschaft als Steuerungswissenschaft, in: Hoffmann-Riem/Schmidt-Aßmann/Schuppert (Hrsg.) Reform des Allgemeinen Verwaltungsrechts, 1993, 65 (96 f.).

[17] Nicht behandelt werden hingegen beispielsweise Probleme der sozialen Leistungen und Gesundheitsdienstleistungen. Hierfür sei auf den Beitrag von *Rixen* in diesem Band verwiesen. Ebenso wenig eingegangen wird auf Aspekte der Finanzierbarkeit und Finanzierungsmodi von staatlichen Leistungen unter den Bedingungen des demografischen Wandels, hierzu etwa *H. Bednarz* Demographischer Wandel und kommunale Selbstverwaltung, 2010.

Schaffung einer einheitlichen Zuständigkeit[18], die auch zu einer stärkeren Konturierung und inhaltlichen Konsistenz der Demografiepolitik als eigenständiges Politikfeld beizutragen vermag.

- Unterhalb der ministeriellen Ebene hat sich die Einrichtung von Demografiebeauftragten in einzelnen Verwaltungseinheiten, insbesondere den Kommunen, bewährt.[19] Sie sind an allen demografierelevanten

---

[18] Sie würde allerdings nahezu alle in anderer Zuständigkeit stehenden Fachmaterien mehr oder minder berühren. Hieraus jedoch schließen zu wollen, dass eine solche Querschnittsmaterie im Vergleich insbesondere mit der Zuständigkeit für Umweltthemen zu inhomogen sei und der für diese Themen beschrittene Weg der Schaffung eines eigenständigen Ministeriums für die Fragen des demografischen Wandels daher nicht kopiert werden könnte (so *W. Kluth* Der demographische Wandel als Herausforderung für das Recht, 2014, 80), würde den Vergleichsgegenstand zu eng wählen. Wie das Beispiel der mittlerweile in mehreren Bundesländern eingerichteten Integrationsministerien zeigt, die eine vergleichbare Verknüpfungsbreite aufweisen, kann es durchaus sinnvoll sein, einer multidimensionalen Querschnittsaufgabe institutionelles Gewicht in einem eigenständigen Ressort zu geben: institution matters, vgl. dazu *K. Kern*/*S. Bratzel* Erfolgskriterien und Erfolgsbedingungen von (Umwelt-)Politik im internationalen Vergleich: Eine Literaturstudie, 1994, 6 ff.; *D. C. North* Theorie des institutionellen Wandels: eine neue Sicht der Wirtschaftsgeschichte, 1988, 217 ff.; *J. Pollak*/*P. Slominski*: Das politische System der EU, 2006, 63 ff.; *M. Rosenfeld* Evolution öffentlicher Aufgaben und ökonomische Theorie des institutionellen Wandels, 1996; *V. von Prittwitz* Institutionelle Arrangements in der Umweltpolitik, Zukunftsfähigkeit durch innovative Verfahrenskombination?, 2000. Die Betrauung eines für ein Fachressort zuständigen Kabinettsmitglieds mit der zusätzlichen Funktion eines „Demografiebeauftragten" vermag eine Institutionalisierung von vergleichbarem Gewicht nicht herbeizuführen. Politisch sind „weiche" Querschnittsthemen in der Regel nicht gleichermaßen attraktiv wie „harte" Fachthemen und treten deshalb für die verantwortlichen Personen in der Relevanz zurück. Zumindest muss die Zuständigkeit für Fragen des demografischen Wandels über die Funktion eines Beauftragten hinaus zur Ressortzuständigkeit gehören. Dann kann neben eine Ressortzuständigkeit für das Politikfeld Demografie die für weitere Politikfelder treten, wie es in einzelnen Bundesländern bereits der Fall ist.

[19] Dazu *R. Zimmer-Hegmann* Demografischer Wandel als Herausforderung für die Stadt- und Quartiersentwicklung, in: Dahme (Hrsg.) Handbuch Kommunale Sozialpolitik, 2011, 128 (134); *S. Tatje* Demographischer Wandel als Chance? Vorschläge für ein Bielefelder Konzept, 3 f., in: Demographischer Wandel als Chance? Das Bielefelder Konzept, http://www.bielefeld.de/ftp/dokumente/Demo-Heft3.pdf. Derartige Demografiebeauftragte sind entweder ehrenamtlich tätig (z. B. in der Stadt Kirchen (Sieg), http://www.kirchen-sieg.de/documents/Satzungen/Satzung_Ki_Hauptsatzung_2Aend 2012.pdf; für den Main-Kinzig-Kreis http://www.fr-online.de/hanau-und-main-kinzig/demografiebeauftragter-kauck—ich-bekomme-den-wandel-mit-,1472866,11348478.html; für den Landkreis Mainz-Bingen http://www.mainz-bingen.de/deutsch/verwaltung/Sonstiges/Kreisdienste/demografiebeauftragter.php) oder in Stabsstellenfunktion hauptamtlich beschäftigt (z. B. in Bielefeld, http://archiv.dstgb.de/homepage/kommunalreport/archiv_2005/dstgb_interview_des_monats_bielefeld_beschaeftigt_deutschlands_erste_demografie_beauftragte/index.html).

Verwaltungsvorgängen zu beteiligen[20] und/oder haben Koordinierungs- und Netzwerkaufgaben[21] und/oder prüfen Beschlussvorlagen für die Gemeinderats- oder Kreistagssitzungen auf ihre demografiebezogenen Auswirkungen[22]. Andere Verwaltungen suchen eine Koordination über fachbereichsübergreifende Arbeitsgruppen o. ä.[23]

– Ein anderer Weg führt über einen prozessorientierten Zugang. Soweit ersichtlich ist diesen Weg zunächst die Stadt Potsdam gegangen, die 2007 einen sog. Demografie-Check eingeführt hat. Dieser Demografie-Check ermittelt in Form eines Wirkungsindexes die auf bestimmte Felder bezogene Demografierelevanz von Beschlussvorlagen für die Stadtverordnetenversammlung.[24] Im April 2014 hat auch die Bundesregierung einen Demografie-Check für Gesetzes- und Verordnungsvorlagen der Regierung eingeführt.[25]

---

[20] Vgl. für Bielefeld http://archiv.dstgb.de/homepage/kommunalreport/archiv_2005/dstgb_interview_des_monats_bielefeld_beschaeftigt_deutschlands_erste_demografie_beauftragte/index.html .

[21] Vgl. für Eisenach http://www.eisenach.de/Demografie.3657.0.html.

[22] Vgl. für Bensheim http://www.rheinneckarblog.de/25/erfahrungen-aus-dem-alltag-eines-demografiebeauftragten/20078.html.

[23] Sie haben zum einen die Funktion, eine integrierende Behandlung des Querschnittsthemas demografischer Wandel sicherzustellen, zum anderen aber für die Umsetzung in den Fachbereichen die jeweiligen Fachzuständigkeiten abzugrenzen und abzusichern; vgl. zu Potsdam http://www.erlangen.de/Portaldata/1/Resources/030_leben_in_er/dokumente/Demografie-Check_Politik_und_Verwaltung_der_Stadt_Potsdam_Trauth-Koschnik.pdf.

[24] Durchgeführt wird der Demografie-Check nicht von einer besonderen Einheit, sondern durch dieselben Verwaltungsstellen, die auch die Beschlussvorlage erarbeiten; zum Potsdamer Demografie-Check vgl. *M. Trauth-Koschnick* Demokratiekonzept der Landeshauptstadt Potsdam, 2008, 11 ff. Der Sache nach handelt es sich um ein demografiespezifisches impact assessment, der den Einfluss der jeweiligen Maßnahme auf das jeweilige Feld in einer Kennzahl quantifiziert. Zu verschiedenen Formen des impact assessment siehe nur *E. Albrecht* Standards and Thresholds in German Environmental Law, in: Schmidt (Hrsg.) Standards and thresholds for impact assessment, 2008; zur Gesetzgebung siehe *A. C. M. Meuwese* Impact assessment in EU lawmaking, 2008; *K. Wegrich* Regulatory impact assessment: ambition, design and politics, in: Lewi-Faur (Hrsg.) Handbook on the politics of regulation, 2011, 397 ff.; *J. Ziekow* The Impact of Legislative Impact Assessment on Regulatory Reform in Germany, in: Korea Legislation Research Institute (Ed.), Legislative Impact Assessment for Regulatory Reform: Achievements and Prospects, 2013, S. 97 ff.; *BMUM* Gender Impact Assessment, Checkliste 2002, http://www.bmub.bund.de/fileadmin/bmu-import/files/pdfs/allgemein/application/pdf/gia_checkliste.pdf.

[25] Der Sache nach handelt es sich um 24 sog. Prüffragen (abrufbar unter http://www.bmi.bund.de/SharedDocs/Downloads/DE/Kurzmeldungen/prueffragen.pdf;jsessionid=391DEBFECE84ED2AC19981CC22D3A7E2.2_cid287?__blob=publicationFile), die in die vom Bundesinnenministerium erstellte Arbeitshilfe zur Gesetzesfolgenabschätzung

Die höchste Effektivität wird sich durch ein Portfolio aufeinander abgestimmter Instrumente erreichen lassen. Wesentlich sein dürfte eine Institutionalisierung von Verantwortlichkeit dergestalt, dass sich auf Regierungsebene ein Ressort als Demografieministerium der Integration von Fachpolitiken und der Strategieentwicklung annimmt. Auf kommunaler Ebene erscheint es sinnvoll, die institutionelle Verankerung des Themas durch einen Demografiebeauftragten oder eine dezernatsübergreifende Arbeitsgruppe, einen Lenkungsausschuss o.ä. abzubilden. In Anbetracht der wahrzunehmenden Funktionen, die neben einer hohen fachlichen Expertise auch eine ständige Kommunikation in die Linie hinein erfordern, dürfte eine ehrenamtliche Wahrnehmung dieser Aufgabe wenig zielführend sein.

Eine solche Institutionalisierung von Verantwortlichkeit, die sich auf andere Behördenebenen übertragen lässt, würde es auch ermöglichen, indikatorenbasierte impact assessements in Form von Demografie-Checks o.ä. mit der erforderlichen Distanz zur jeweiligen Fachzuständigkeit und methodischen Professionalität durchzuführen. Modelle, die wie der Potsdamer oder der Demografie-Check der Bundesregierung auf eine Durchführung durch die fachlich zuständige Verwaltungslinie setzen, tragen nach den Erfahrungen mit der Implementation der Gesetzesfolgenabschätzung den Kern der Irrelevanz von vornherein in sich.[26]

Die rechtlichen Implikationen der vorstehend behandelten Organisationsfragen sind begrenzt und allgemeinen organisationsrechtlichen Charakters. Weder die Einrichtung eines Ministeriums[27] noch die von Demo-

---

(*BMI* Arbeitshilfe zur Gesetzesfolgenabschätzung, Berlin 2009) integriert werden (Nachricht des BMI, http://www.bmi.bund.de/SharedDocs/Kurzmeldungen/DE/2014/04/demografie-check.html). Ziel ist eine Sensibilisierung der Ressorts für demografierelevante Fragestellungen und eine Verbesserung der Ressortkoordination. Dementsprechend führt die Bejahung einer der gestellten Prüffragen dazu, dass dem für diesen Fall gegebenen Hinweis auf die in genannten Fachressorts vorhandene Expertise nachgegangen werden soll. Rheinland-Pfalz kennt bereits seit 2012 einen Demografie-Check von Gesetzes- und Verordnungsentwürfen der Landesregierung anhand eines gemeinsamen Kriterienkatalogs aller Fachministerien, http://msagd.rlp.de/demografie/demografiecheck-von-landesgesetzen.

[26] *J. Ziekow* (Fn. 24), 114.

[27] Dass ein für die Gestaltung der Folgen des demografischen Wandels zuständiges Ministerium nach den für die Organisationsgewalt der jeweiligen Regierung geltenden verfassungsrechtlichen Regeln ohne besondere gesetzliche Grundlage eingerichtet werden kann, ist eindeutig; vgl. das Ministerium für Soziales, Arbeit, Gesundheit und Demografie Rheinland-Pfalz, das auf § 7 der Anordnung über die Geschäftsverteilung der Landesregierung Rheinland-Pfalz beruht; allgemein *R. Herzog*, in; Maunz/Dürig (Fn. 11), Art. 64 Rn. 4 ff.; *V. Epping*, in: Epping/Hillgruber (Fn. 11), Art. 64 Rn. 3. Auch wenn man der Auffassung des Verfassungsgerichtshofs Nordrhein-Westfalen folgt

grafiebeauftragten o. ä.[28] noch die Einführung eines obligatorischen Demografie-Checks für Maßnahmen der jeweiligen Verwaltung[29] bedarf

und „wesentliche" Entscheidungen der Regierungsorganisation einem Gesetzesvorbehalt unterstellen würde (VerfGH NRW, NJW 1999, 1243 (1245); zur Kritik *E.-W. Böckenförde* Organisationsgewalt und Gesetzesvorbehalt, NJW 1999, 1235 (1235 f.); *J. Brauneck* „Verfassungsfeindliche" Übernahme?, NJW 2014, 602 (602 f.); *J. Isensee* Zur Zulässigkeit der Bildung eines gemeinsamen Justizministeriums und Innenministeriums, JZ 1999, 1113 ff.), wäre die Einrichtung eines „Demografieministeriums" keine solche wesentliche Entscheidung.

Umgekehrt können die verfassungsrechtlichen Bestimmungen zur Organisationsgewalt bei der Ressorteinrichtung nicht dadurch überspielt werden, dass durch einfaches Parlamentsgesetz die Einrichtung eines „Demografieministeriums" vorgeschrieben würde; vgl. *V. Busse* Regierungsbildung aus organisatorischer Sicht, DÖV 1999, 313 (317 f.). AA *H. Kube* Vom Gesetzesvorbehalt des Parlaments zum formellen Gesetz der Verwaltung?, NVwZ 2003, 57 (58) für den Fall, dass das Gesetz umfassend von der Exekutive vorbereitet wird; *T. Brandner/D. Uwer* Organisationserlasse des Bundeskanzlers und Zuständigkeitsanpassung in gesetzlichen Verordnungsermächtigungen, DÖV 1993, 107 (111 f.).

[28] Die Einrichtung von Demografiebeauftragten o. ä. bedarf weder einer gesetzlichen Grundlage noch eines Ratsbeschlusses. Zur Zuständigkeit von Landrat bzw. Bürgermeister zur Leitung der Kreis- bzw. Gemeindeverwaltung vgl. nur § 44 Abs. 1 S. 1 GemO BW, § 53 Abs. 1 S. 1 BbgKVerf, § 42 Abs. 1 S. 2 VerfBrhv zum Magistrat, §§ 59 Abs. 2 S. 1 KSVG, § 38 Abs. 2 S. 2 KV M-V, § 62 Abs. 1 S. 2 GO NRW, § 66 Abs. 1 S. 2 HGO zum Gemeindevorstand, § 47 Abs. 1 S. 1 GemO RP, § 51 Abs. 1 S. 1 SächsGemO, § 55 Abs. 1 S. 1 GemO SH, § 29 Abs. 1 S. 1 ThürKO. Dazu gehört auch die Festlegung der Organisationsstruktur der Verwaltung und die Zuweisung von Aufgaben, vgl. *M.-E. Geis* Kommunalrecht, 3. Aufl. 2014, § 11 Rdnr. 51. Dies umschließt beispielsweise die Einsetzung von Beauftragten, gerade für Querschnittsfragen, vgl. *M.-E. Geis* Kommunalrecht, 3. Aufl. 2014, § 11 Rdnr. 56. Da es sich dabei um eine gesetzliche Zuständigkeit des Landrats bzw. Bürgermeisters handelt, kann eine entsprechende Organisationseinheit in der Regel nicht durch Beschluss des kommunalen Vertretungsorgans geschaffen werden. Die Einrichtung einer solchen Einheit wird sich auch nicht als Festlegung der Grundsätze für die Verwaltung der Gemeinde (vgl. § 24 Abs. 1 S. 2 GemO BW, § 28 Abs. 2 S. 1 Nr. 1 BbgKVerf, § 51 Nr. 1 HGO, § 58 Abs. 1 Nr. 1 NKomVG, § 22 Abs. 2 S. 1 KV M-V, § 41 Abs. 1 S. 2a GO NRW, § 32 Abs. 1 S. 2 GemO RP; § 28 Abs. 1 SächsGemO, § 27 Abs. 1 S. 1 GO SH) einordnen lassen. Allerdings kann dies in Abhängigkeit von den kommunalrechtlichen Besonderheiten der verschiedenen Bundesländer auch anders zu beurteilen sein. So kennt das bayerische Kommunalrecht keine explizite Befugnis des Bürgermeisters zur Leitung der Gemeindeverwaltung, so dass ein Zugriff des Gemeinderats auf die mit der Führung der Gemeindeverwaltung verbundenen Gesichtspunkte, sofern es sich nicht um ein Geschäft der laufenden Verwaltung handelt oder nicht die Stellung des Bürgermeisters als Dienstvorgesetzter berührt ist (vgl. Art. 37 Abs. 1 S. 1 Nr. 1, Abs. 4 BayGO), möglich ist.

[29] Auf kommunaler Ebene wäre die Einführung eines Demografie-Checks weder ein Geschäft der laufenden Verwaltung noch der Leitung der Verwaltung zuzuordnen und damit nicht zur Zuständigkeit des Landrats bzw. Bürgermeisters gehörend. Soweit dieser Check sich auf die Vorlagen für Ratsbeschlüsse bezieht, ist dies selbstverständlich.

einer gesetzlichen Grundlage. Umgekehrt würde die landesgesetzliche Verbindlichmachung der Einrichtung von kommunalen Demografiebeauftragten mit einem bestimmten Aufgabenportfolio nicht an der durch Art. 28 Abs. 2 GG gewährleisteten kommunalen Organisationshoheit scheitern, würden doch die demografiebezogenen eigenständigen Gestaltungsmöglichkeiten der Kommunen nicht unvertretbar eingeschränkt.[30]

2. *Demografiebezogene Aufgabenkritik*

Die Auseinandersetzung der Verwaltung mit ihrer Rolle, den Möglichkeiten und Instrumenten bei der Gestaltung der Folgen des demografischen Wandels darf nicht situativ-reaktiv, sondern muss strategieorientiert im Rahmen einer demografiebezogenen Aufgabenkritik erfolgen. Eine Aufgabenkritik stellt zwei Kernfragen: Ist es notwendig, dass eine bestimmte Aufgabe durch die öffentliche Verwaltung erfüllt wird? Wenn

---

Aber auch hierüber hinausgehend würde es sich um die Festlegung eines Grundsatzes für die Verwaltung handeln, die in der Zuständigkeit des kommunalen Vertretungsorgans steht (§ 24 Abs. 1 S. 2 GemO BW, § 28 Abs. 2 S. 1 Nr. 1 BbgKVerf, § 51 Nr. 1 HGO, § 58 Abs. 1 Nr. 1 NKomVG, § 22 Abs. 2 S. 1 KV M-V, § 41 Abs. 1 S. 2a GO NRW, § 32 Abs. 1 S. 2 GemO RP; § 28 Abs. 1 SächsGemO, § 27 Abs. 1 S. 1 GO SH).

Auf der Ebene des Bundes und der Länder wäre die Einführung eines obligatorischen Demografie-Checks für Maßnahmen der jeweiligen Ebene durch Parlamentsgesetz möglich, aber nicht erforderlich. Soweit es die Unterwerfung von Normentwürfen unter diesen Check anbetrifft, reicht eine Verankerung in der Geschäftsordnung des jeweiligen Parlaments oder der Gemeinsamen Geschäftsordnung der Ministerien aus. Für bundes- bzw. landesbehördliche Maßnahmen lässt sich ein Demografiecheck durch Verwaltungsvorschrift verbindlich machen.

[30] Die kommunale Organisationshoheit umschließt zwingend die Möglichkeit zur Gestaltung „eines gewissen organisatorischen Freiraums“, BVerfG, NVwZ 1995, 677. Dabei kommt es nicht darauf an, ob es sich um Aufgaben des eigenen Wirkungskreises oder um übertragene staatliche Aufgaben handelt, ThürVerfGH, DVBl. 2005, 443 (447). Zu unterscheiden ist zwischen der äußeren organisatorischen Grundstruktur der Gemeinden, die zulässigerweise durch die Landesgesetzgeber in den kommunalverfassungsrechtlichen Bestimmungen festgelegt wird, einerseits und der Gestaltung der inneren Organisation der Gemeinde sowie der Entscheidungszuständigkeiten und -abläufe andererseits (BVerfG, NVwZ 1995, 677 f.): „Die Gemeinden … können grundsätzlich nach eigenem Ermessen Behörden, Einrichtungen und Dienststellen errichten, ändern und aufheben, diese ausstatten, beaufsichtigen und die Steuerungsmechanismen festlegen“ (BVerfG, NVwZ 2008, 183 Rdnr. 146). Gemessen an den Anforderungen, die das Bundesverfassungsgericht in seinem Beschluss zur verbindlichen Vorgabe der Bestellung kommunaler Gleichstellungsbeauftragter durch Landesgesetz formuliert hat – BVerfG, NVwZ 1995, 677 (679) –, würden die Gestaltungsmöglichkeiten der Kommunen durch die Pflicht zur Bestellung eines Demografiebeauftragten nicht unvertretbar eingeschränkt.

ja: Durch wen und in welcher Weise soll die Aufgabenerfüllung erfolgen. Üblicherweise wird dabei die Stufe der Zweckkritik von der der Vollzugskritik unterschieden:[31]

Auf der Stufe der *Zweckkritik*[32] dürfte ein demografieinduzierter Wegfall von Aufgaben, der von einer Reduzierung der Wahrnehmungsdichte von Aufgaben zu unterscheiden ist, kaum feststellbar sein. Signifikante demografische Verschiebungen führen eher zu einem Aufgabenzuwachs als zu einem -abbau.

Auf der Stufe der *Vollzugskritik*[33] stellen die Folgen des demografischen Wandels drängende Fragen. Ein Schwerpunkt betrifft den Aspekt der *Leistungstiefe* der Erfüllung öffentlicher Aufgaben. Als typische Fragestellung sei das Beispiel Schulen genannt:

Aufgrund der demografischen Entwicklung wird die Zahl schulpflichtiger Kinder in nicht stadtnahen ländlichen Räumen stark zurückgehen, in denen jedenfalls Grundschulen noch ortsnah vorhanden sind. Daher werden in Zukunft nicht mehr alle Grundschulen über einen Auslastungsgrad

---

[31] Bundesministerium des Innern/Bundesverwaltungsamt (Hrsg.) Handbuch für Organisationsuntersuchungen und Personalbedarfsermittlung, Stand: Dez. 2013, Nr. 3.2. Zur Aufgabenkritik vgl. nur *G. Färber* Instrumente und Bedingungen für eine wirksame Aufgabenkritik, in: W. Jann (Hrsg.) Politik und Verwaltung auf dem Weg in die transindustrielle Gesellschaft, 1998, 189 ff.; *H. Hill* (Hrsg.) Aufgabenkritik, Privatisierung und Neue Verwaltungssteuerung, 2004; *H. Mäding* Kommunale Aufgabenkritik – unverändert aktuell?, in: C. Reichard (Hrsg.) Zur Organisation öffentlicher Aufgaben, Effizienz, Effektivität, Legitimität, 2013, 37 ff.; *M. Röber* Aufgabenplanung und Aufgabenkritik, in: Blanke u.a. (Hrsg.): Handbuch zur Verwaltungsreform, 4. Auflage 2011, 108 ff.; siehe auch *J. Bogumil/W. Jann* Verwaltung und Verwaltungswissenschaft in Deutschland, 2. Auflage 2009, 149 f.

[32] Im Rahmen der Zweckkritik ist zunächst zu untersuchen, ob eine bestimmte Aufgabe überhaupt zu erbringen ist. Ist dies zu bejahen, so ist anschließend zu untersuchen, ob die Aufgabe von der öffentlichen Verwaltung (in einem weit verstandenen Sinne) erbracht werden muss oder ob eine Aufgabenwahrnehmung durch den privaten Sektor in eigener Verantwortung ausreicht. Dieser Schritt richtet sich sowohl auf eine Prüfung des vorhandenen Aufgabenstands als auch auf die Beantwortung der Frage, ob es Aufgaben gibt, die von der Verwaltung zusätzlich zu den bisherigen Aufgaben übernommen werden müssen oder sollen.

[33] Die Vollzugskritik fragt danach, welche Ebene und dort welche Stelle eine von der öffentlichen Verwaltung zu erfüllende Aufgabe wahrnehmen soll. Hierzu gehört auch die Untersuchung der Leistungstiefe, also des Umfangs der Aufgabenerfüllung und der Frage, ob die Leistungserstellungsprozesse von der öffentlichen Verwaltung selbst durchgeführt werden müssen oder ob die betreffende Leistungserbringung von der öffentlichen Hand eingekauft werden kann sowie die Möglichkeit einer kooperativen Aufgabenerfüllung mit Zivilgesellschaft und / oder privater Wirtschaft. Schließlich ist zu untersuchen, wie die Geschäftsprozesse, die zur Aufgabenerfüllung dienen, optimiert werden können.

verfügen, der dem für die Schulstruktur zugrunde gelegten Konzept entspricht. Wie mit dieser Entwicklung umgegangen wird, ist eine Frage der Leistungstiefe:

- Erstens könnte die Schulstruktur entsprechend angepasst werden, so dass Personal reduziert, lokale Schulen aufgelöst und zu regionalen Zentren zusammengefasst werden, die dem bisher verwendeten Auslastungsgrad genügen. Dies führt zu möglicherweise langen Fahrtwegen für Kinder in einem sehr jungen Alter.
- Zweitens könnte nicht die Schulstruktur, sondern der geforderte Auslastungsgrad angepasst werden, so dass die bisherigen Standorte weitgehend erhalten bleiben. Die Schüler-Lehrer-Relation würde günstiger. Allerdings würden durch die Veränderung dieser Relation und die Betriebskosten der beibehaltenen Schulgebäude die dem einzelnen Schüler zuordenbaren Kosten stark steigen.
- Drittens könnte an Mischkonzepte wie das tradierte Dorfschulkonzept gedacht werden, in dem auch die Grundschulstruktur regionalisiert wird, jedoch vor Ort ein- oder zweizügige Agenturen mit Konzepten altersgemischten Lernens vorgehalten werden.

Bereits dieses Beispiel[34] macht deutlich, dass die Festlegung der Leistungstiefe es erfordert, Präferenzentscheidungen zu treffen. In den Fällen,

---

[34] Ein anderes Beispiel wäre die Vollzugspolizei: Ein Rückgang der Bevölkerungszahl verändert die Einwohner-Polizeibeschäftigten-Relation, es kommen mehr Polizisten auf einen Einwohner als bisher. Darüber hinaus ist statistisch nachweisbar, dass die Unfallhäufigkeit junger Menschen signifikant höher als bei der älteren Bevölkerung ist und die sog. Tatverdächtigenbelastungszahl bei der älteren Bevölkerung deutlich unter der der jungen Bevölkerung liegt. Während die Konsequenzen in städtischen Ballungsräumen in die Gegenrichtung verlaufen können, führt mithin die Entvölkerung und Überalterung ländlicher Räume zu einer Kumulation von Entlastungseffekten für die Polizei. Zu welcher Leistungstiefe der Erfüllung von Polizeiaufgaben diese Effekte führen, kann wiederum unterschiedlich beantwortet werden:

- Erste Variante wäre auch hier eine Reduzierung des Personals, der Rückzug der Polizeipräsenz aus der Fläche und die Zusammenfassung von Polizeidienststellen, bis ein dem status quo entsprechender Beanspruchungsgrad erreicht ist. Verbunden wären damit Kosteneinsparungen, denen eine geringere Polizeipräsenz vor Ort und eine Reduzierung des Sicherheitsgefühls der Bevölkerung gegenüberstehen würden.
- Gleichsam den Gegenpol würde die Aufrechterhaltung der vorhandenen Polizeistruktur darstellen, wobei der Kostenaufwand im Verhältnis zu den für die Polizeistruktur relevanten Faktoren deutlich höher wäre.
- Auch hier sind Mittelwege denkbar, z. B. durch die Definition von Anrückzeiten bei Notrufen und anderen aktuellen Gefahrenlagen, aus der dann die Dislozierung von Polizeidienststellen abgeleitet werden kann (*Thüringer Staatskanzlei* Bericht der Expertenkommission Funktional- und Gebietsreform, 2011, 60), oder durch den Rückgriff auf eine Kombination von weitgehender Regionalisierung mit gleichsam klassischen „Dorfpolizisten“-Modellen.

in denen derartige Präferenzentscheidungen unmittelbar die Lebenswelt der Bürger berühren, sollten diese in den Entscheidungsprozess einbezogen werden. Vorbild hierfür ist das Modell des participatory budgeting bzw. in der deutschen Variante der Bürgerhaushalt.[35]

Allerdings ist eine solche Einbeziehung nur sinnvoll, wenn die durch die Präferenzentscheidung verursachten Kosten zumindest nicht vollständig externalisiert werden. Dementsprechend könnte erwogen werden, bei einer von den Bürgern lokal oder regional gewünschten Aufrechterhaltung der bisherigen Leistungstiefe, die zu einer Erhöhung der Kosten je Fall führt, zu fragen: Was ist Ihnen diese Leistungstiefe wert?[36]

Diese Fragestellung setzt sich fort bei der Auswahl des *Erfüllungsmodus* der Aufgabe, ob also die öffentliche Verwaltung die Aufgabe selbst erfüllt, ihre Durchführung Privaten überträgt oder ob öffentlich-zivilgesellschaftliche Kooperationsmodelle gesucht werden. Um das gewählte Beispiel Schule fortzusetzen: Ist den Bürgern in der Leistungstiefe eine lokale Schulversorgung in der Primarstufe wichtig, so ist damit noch nicht entscheiden, dass diese Leistung vollständig von der öffentlichen Hand erbracht wird. Vielmehr kommen verschiedene Lösungen in Betracht, die eine öffentliche Aufgabenerfüllung ersetzen oder ergänzen können.[37] Beispiele sind die Gründung privater lokaler Ersatzschulen, ggf. mit staat-

---

[35] Dazu *A. Günther* Der Bürgerhaushalt: Bestandsaufnahme – Erkenntnisse – Bewertung, 2007; *J. Franzke/H. Kleger* Bürgerhaushalte: Chancen und Grenzen, 2010; *A. Shah* Participatory budgeting, 2007; *S. Stortone* Participatory budgeting, in: Freise/Pyykkönen/Vaidelyte (Hrsg.) A panacea for all seasons?, 2010, 99 ff.; *Y. Sintomer* Der Bürgerhaushalt in Europa – eine realistische Utopie? Zwischen partizipativer Demokratie, Verwaltungsmodernisierung und sozialer Gerechtigkeit, 2010.

[36] In der Sache würde dies bedeuten, eine zumindest teilweise ergänzende Finanzierung über Gebühren oder lokale Steuern für eine über den Durchschnitt hinaus gehende Leistungstiefe in Erwägung zu ziehen.

[37] Bekanntes Beispiel staatlich-zivilgesellschaftlicher Kooperation auf dem Feld der öffentlichen Sicherheit ist das Modell der sog. Bürgerstreifen, bei dem Bürgerinnen und Bürger zur Ausfüllung zumindest empfundener Sicherheitslücken entweder zusammen mit der Polizei oder ohne diese in einem bestimmten Gebiet präsent sind; dazu *P. Posiegel B. Steinschulte-Leidig* Bürgernahe Polizeiarbeit in Deutschland: Darstellung von Konzepten und Modellen, 1999, 17, 45, 82, 105; *N. Hirschmann* Freiwilliger Polizeidienst in Baden-Württemberg und in Hessen, Deutsches Polizeiblatt 30 (2012), 25 ff.; *U. Schünemann* „Freiwilliger Ordnungs- und Streifendienst" – Evaluation durch die Polizeiakademie Niedersachsen, Zusammenfassung, 2009, abrufbar unter http://www.cdu-ortsverband-neustadt.de/download/?file=pressemeldung_innenminister_schuenemann.pdf; Gesetz über den freiwilligen Polizeidienst Baden-Württemberg. Ein anderer Weg wäre die Beauftragung von privaten Wachdiensten. In beiden Fällen könnte damit allerdings die staatliche Aufgabenerfüllung nicht völlig ersetzt werden. Vielmehr bedürfte es einer Gesamtbewertung, ob derartige Einbeziehungen Privater zu einer Verlängerung der Anrückzeiten der staatlichen Polizei führen können.

licher Unterstützung, die Übernahme von Betreuungsfunktionen durch Elterninitiativen oder die für den Schulträger kostenlose Zurverfügungstellung von Räumen und anderer Infrastruktur.[38]

Sofern die vorhergehenden Stufen der Vollzugskritik zu dem Ergebnis geführt haben, dass Aufgaben ganz oder teilweise von Stellen der öffentlichen Verwaltung erfüllt werden sollen, schließt sich die Prüfung an, welche Stellen hierfür in Betracht kommen.[39]

---

[38] Für die Einbeziehung der Bürgerinnen und Bürger auch auf der Stufe der Vollzugskritik spricht, dass der Staat nicht darauf beschränkt ist, vorhandene private Optionen – seien sie zivilgesellschaftlicher oder unternehmerischer Art – zu prüfen und auf sie zurückzugreifen oder sie zu verwerfen. Zur Prüfung der Erfüllungsmodi gehört vielmehr auch die Pflicht des Staates, sich mit den Möglichkeiten noch nicht angebotener Einbeziehungen Privater auseinanderzusetzen und ggf. private Erfüllungsbeiträge, z. B. die Bildung zivilgesellschaftlicher Initiativen, anzuregen. Beispiel aus dem Sicherheitsbereich ist das vom niedersächsischen Innenministerium begleitete Projekt „Freiwilliger Streifen- und Ordnungsdienst"; vgl. http://www.mi.niedersachsen.de/portal/live.php?navigation_id=14797&article_id=62632&_psmand=33.

[39] Vorrangig zu beantworten ist dabei zunächst die Frage nach der Ebenenzuordnung der Aufgabe zur Verwaltung des Bundes, des Landes, der Kreise oder der Gemeinden. Anschließend ist dann die zuständige Verwaltungseinheit innerhalb der Verwaltungsebene, der die Aufgabe zur Erfüllung zugeordnet wurde, zu bestimmen.

Während die Aufgabenverteilung zwischen Bund und Ländern verfassungsrechtlich weitgehend feststeht, ist die Ebenenzuordnung innerhalb der Länder weitgehend variabel. Sie erfolgt für demografieinduzierte Aufgaben bzw. Aufgabenänderungen nach den allgemein für Funktionalreformen geltenden Grundsätzen. Sie lassen sich auszugsweise wie folgt zusammenfassen (dazu *H. P. Bull* Kommunale Gebiets- und Funktionalreform – aktuelle Entwicklung und grundsätzliche Bedeutung, dms 2008, 285 (288 f.); *J. J. Hesse* Verwaltungsstruktur- und Funktionalreform in Schleswig-Holstein, in: Landesregierung Schleswig-Holstein (Hrsg.) Gutachten zur Verwaltungsstruktur- und Funktionalreform in Schleswig-Holstein, 2008, 319 (331 f.) zu den allgemeinen Kriterien; *M. Junkernheinrich u.a.* Neuabgrenzung leistungsfähiger Gemeindegebiete, 2012, 5, http://www.lambsheim.de/pdf/gutachten.pdf; *Thüringer Staatskanzlei* (Fn. 34), 35 f.):

- Je stärker der lokale Bezug der Aufgabe ist, etwa weil sie nur vor Ort erfüllt werden kann oder weil ihre Erfüllung besondere Kenntnisse örtlicher Gegebenheiten erfordert, desto eher ist sie der kommunalen Ebene zuzuweisen und innerhalb derselben eher den Gemeinden als den Kreisen. Dies gilt auch für Aufgaben, die nur in engem laufendem Kontakt mit den Bürgerinnen und Bürgern erfüllt werden können.
- Hingegen sollten Aufgaben, die nur fallweise zur Erfüllung anstehen, die eine Vorhaltung von spezifischem Expertenwissen voraussetzen oder die – wie im Polizeibereich – auf schnelle Mobilisierung größerer Handlungspotenziale angewiesen sind, von höherstufigen Verwaltungsebenen erfüllt werden.
- Aufgaben, deren Erfüllung in Neutralität und Gleichbehandlung bei ortsnaher Erledigung gefährdet wäre, sollten in Distanz wahrgenommen werden.
- Inhaltlich zusammenhängende Aufgaben sollten möglichst nicht getrennt, sondern geclustert einer Verwaltungsebene zugeordnet werden.

Führt etwa die Beantwortung der Frage der Leistungstiefe dazu, dass die bisher ortsnah vorhandenen Grundschulen regional zentralisiert werden, so muss konsequenter-

Wenngleich sich auf Landesebene zur Durchführung von Aufgabenkritik verpflichtende Regelungen finden[40], stellt die Aufgabenkritik weniger ein Regelungs- als ein Institutionalisierungsproblem dar. Dass hingegen für die Umsetzung der Ergebnisse der Aufgabenkritik, die zur Zuordnung oder Verschiebung von Aufgaben führt, rechtliche Regelungen erforderlich sind, ist offensichtlich.

3. *Leistungsfähige Verwaltung unter den Bedingungen des demografischen Wandels*

Folge einer demografieorientierten Aufgabenkritik muss die Überprüfung von Organisation, Personal und Prozessen der Verwaltung auf angemessene Leistungsfähigkeit sein.

a) Leistungserstellungsprozesse und Verwaltungsstruktur

Dies betrifft zunächst die Leistungserstellungsprozesse, um bei sinkender Einwohnerdichte Verwaltungsleistungen in der erforderlichen Qualität ohne signifikante Steigerung der Kosten je Einwohner erbringen zu können. Die miteinander kombinierbaren, mit Ausnahme von Fällen der Beleihung keine Regelungsbedarfe erzeugenden Ansätze hierfür sind bekannt:

- Der erste besteht in einer „Verwaltung auf Abruf": Von der Verwaltung selbst erbrachte oder beauftragte Dienstleistungen werden nicht

---

weise eine bis dahin bei den Gemeinden liegende Trägerschaft auf die Kreise verlagert werden, sofern keine Zweckverbandslösungen erwogen werden. Eine Kommunalisierung bisher durch die Landesverwaltung erfüllter Aufgaben könnte beispielsweise unter Wirtschaftlichkeitsgesichtspunkten erwogen werden, wenn eine deutliche Abnahme der Bevölkerungsdichte zu einer unwirtschaftlichen Vorhaltung dislozierter Standorte bei reduzierten Fallzahlen führen würde (vgl. *Thüringer Staatskanzlei* (Fn. 34), 36). Ein starkes Bevölkerungswachstum von kreisangehörigen Mittelstädten mit hoher Anziehungskraft kann es schließlich nahelegen, bisher vom Kreis wahrgenommene Aufgaben dieser Gruppe von Städten noch dem Modell der Kreisaufgaben wahrnehmenden Großen Kreisangehörigen Städte zuzuweisen. Zum Typus der Großen Kreisangehörigen Städte vgl. *W. Ewer* Gutachten zu den verfassungsrechtlichen Rahmenbedingungen einer Verwaltungsstruktur-, Funktional- und Kreisgebietsreform, 2008, 200, http://192.124.238.252/widut/PDFVZ/1226.pdf; *H. Stubenrauch* Städte, Landkreise, Verbandsgemeinden und Gemeinden, 2011, 12 f., http://www.politische-bildung-rlp.de/fileadmin/download/Ziehn/Zur_Sache_Kommunalsystem.pdf.

[40] Vgl. § 4 des brandenburgischen Gesetzes über die Organisation der Landesverwaltung; § 4 des Verwaltungsorganisationsreformgesetzes Rheinland-Pfalz; § 2 des Verwaltungsmodernisierungsgrundsätzegesetzes Sachsen-Anhalt; § 4 des Schleswig-Holsteinischen Gesetzes über die Zusammenarbeit zwischen Trägern der öffentlichen Verwaltung und Privaten; § 2 der Allgemeinen Geschäftsordnung für die Behörden des Freistaates Bayern; § 7 der Sächsischen Haushaltsordnung.

mehr dauernd vorgehalten oder in festen Zyklen erbracht, sondern nur noch im Bedarfsfall auf Abruf.[41]

- Der zweite Ansatz besteht in einem Rückzug der Verwaltung aus der Fläche, indem die eigentliche Verwaltungstätigkeit an zentralisierten Standorten erfolgt. Um gleichwohl eine persönliche Ansprechbarkeit und Beratung vor Ort sicherzustellen, gibt es eine Vielzahl von Modellen, die üblicherweise unter dem Begriff der aufsuchenden Verwaltung zusammengefasst werden.[42]

---

[41] Bundesweit bekanntes Beispiel ist das Modell der Umstellung der Abholung von Sperrmüll flächendeckend in einem bestimmten Gebiet zu festgelegten Terminen auf ein Modell des „Sperrmülls auf Abruf"; vgl. nur für Mannheim https://www.mannheim.de/buerger-sein/sperrmuell-abruf. Im Bereich des ÖPNV findet sich die Ersetzung fahrplandeterminierter Busverkehre durch Konzepte wie Abruffahrten durch Sammeltaxis und ähnliches; zum Anruf-Sammel-Taxi und Anruf-Sammel-Mobil exemplarisch für Hamburg und Umgebung http://www.hvv.de/fahrplaene/verkehrsangebot/anruf-sammeltaxi-bus/, in der Schweiz bekannt als PubliCar (Rufbus). Dass der Gedanke eines abrufgesteuerten ÖPNV nicht nur in einwohnerschwachen ländlichen Regionen, sondern auch in städtischen Ballungsräumen Zukunft haben kann, zeigt das seit April 2013 laufende Pilotprojekt „Kutsuplus" der finnischen Hauptstadt Helsinki (zu ihm http://t3n.de/news/helsinki-kutsuplus-uber-bus-534436/). Es könnte ein Modell auch dafür sein, wie in Städten mit stark diversifizierter Bevölkerung eine Integration unterschiedlicher Bedürfnisse in einem flexiblen Leistungserbringungskonzept gelingen kann.

[42] Zum Konzept der „aufsuchenden Verwaltung" *B. Grabow* Aufsuchende Verwaltung, aufsuchende Stadt, in: Brüggemeier/Lenk (Hrsg.) Bürokratieabbau im Verwaltungsvollzug, 2011, 159 ff.; *booz&co.* Abschlussbericht zur Machbarkeitsstudie: Entwicklung gemeinsamer Anlaufstellen in der Berliner Verwaltung, 2011, 18, 127 f. Beispiele zur Ausformung sind:

- Der sog. Bürgerkoffer ermöglicht es Verwaltungsmitarbeitern, sowohl zu festen Sprechzeiten als auch flexibel auf Abruf Verwaltungsleistungen vor Ort zu erbringen. Dies kann sowohl in dafür speziell vorgesehen Räumlichkeiten wie auch in den Wohnungen der Bürger erfolgen. Der Bürgerkoffer enthält eine sichere mobile Netzwerk-Verbindung zu dem jeweiligen zentralen System der Verwaltung, einen Drucker, einen Scanner und kann z. B. auch durch ein EC-Bezahlterminal und anderes erweitert werden. Nahezu alle wichtigen von den Bürgern benötigten Verwaltungsleistungen können auf diese Weise vorgenommen werden. Dazu http://www.staatsmodernisierung.sachsen.de/759.html; zum Pilotversuch in Rheinland-Pfalz *B. Hartnuß/F. W. Heuberger* Bürgerbeteiligung in Verantwortung der Länder: Erfahrungen aus Rheinland-Pfalz, BBE-Newsletter 3/2011, 6, http://www.b-b-e.de/fileadmin/inhalte/aktuelles/2011/03/nl3_hartnuss_heuberger.pdf.
- Etwas weniger Flexibilität, dafür aber eine Kombinierbarkeit mit anderen Dienstleistungen wie Bibliotheksbussen oder mobilen Bank- oder Krankenkassenangeboten bietet das „Mobile Bürgerbüro". Soweit dieser Begriff nicht inhaltsgleich zum Bürgerkoffer-Konzept verstanden wird, wird hierunter ein bestimmte Haltepunkte zu festgelegten Zeiten bedienendes, kraftfahrzeugbasiertes Verwaltungsangebot verstanden, das in der Regel ebenfalls über eine Netzwerk-Verbindung mit dem Backoffice verfügt. Zum „mobilen Bürgerbüro" für Berlin siehe *booz&co.* Abschlussbericht zur Machbarkeitsstudie: Entwicklung gemeinsamer Anlaufstellen in der Berliner Ver-

– Der dritte Ansatz liegt in einer Intensivierung der Möglichkeiten, die Notwendigkeiten persönlichen Vorstelligwerdens des Bürgers am Sitz

waltung, 2011, 49, 102 f., https://www.berlin.de/imperia/md/content/seninn/abteilungzs/projekte/proga_abschlussbericht_final.pdf?start&ts=1309521448&file=proga_abschlussbericht_final.pdf; für Rheinland-Pfalz siehe *J. J. Hesse* Gutachterliche Stellungnahme zur Kommunal- und Verwaltungsreform in Rheinland-Pfalz, 2010, 41 ff., http://isim.rlp.de/no_cache/staedte-und-gemeinden/kommunal-und-verwaltungsreform/gebietsreform/?cid=31274&did=30826&sechash=5275c71a.; *Thüringer Staatskanzlei* (Fn. 34), 38 f.; *A. Franz* Mobile Kommunikation: Anwendungsbereiche und Implikationen für die öffentliche Verwaltung, 2005, 29.

– Einen nochmals höheren Verfestigungsgrad weisen Agenturlösungen auf. Das Modell ist von den Postagenturen bekannt, die seit längerer Zeit über Verkaufsstellen des täglichen Bedarfs vor Ort Postdienstleistungen anbieten. In derartige Agenturen lässt sich auch die Erbringung von Verwaltungsdienstleistungen integrieren, wie es beispielsweise in dem Fünf-Säulenmodell des DORV-Projektes der Fall ist; vgl. http://www.dorv.de/konzept_idee/5-saeulenmodell/index.html.

Alle diese Lösungen setzen eine stabile elektronische Vernetzung zwischen der vor Ort handelnden Stelle (dem Frontoffice) und einem schnell respondierenden Backoffice voraus. Rechtliche Implikationen sind damit nicht verbunden, soweit Front- und Backoffice gleichermaßen von Beschäftigten der öffentlichen Verwaltung besetzt sind.

In Anlehnung an das Modell der Postagentur ließe sich allerdings überlegen, vor Ort keine hauptamtlich in der öffentlichen Verwaltung Beschäftigten einzusetzen, sondern die Wahrnehmung der Aufgaben des Frontoffice Privaten, beispielsweise dem Inhaber des Ladengeschäfts, in dem sich die Verwaltungsagentur befindet, zu übertragen. Für die rechtliche Bewertung einer solchen Gestaltung käme es entscheidend darauf an, ob der die Aufgaben im Frontoffice wahrnehmende Private selbstständig Entscheidungen über den Erlass von Hoheitsakten trifft und deshalb einer Beleihung durch Gesetz oder aufgrund eines Gesetzes bedürfte oder ob er bloß als Bote zwischen Bürger und Behörde im Backoffice tätig ist (zu diesen Unterscheidungen vgl. *H. Schmitz* in: Stelkens/Bonk/Sachs (Hrsg.) VwVfG, 8. Auflage 2014, § 1 Rn. 250).

Darüber hinaus ist zu bezweifeln, dass derartige Privatisierungen von Schritten der Leistungserstellung sinnvoll sind. Durch die Entkoppelung von Bürgerkontakt vor Ort und Vorhaltung der Fachkunde zur Bearbeitung der Vorgänge im Backoffice droht ohnehin die Gefahr einer Reduzierung der Qualität der Verwaltungsleistungen. Da die im Frontoffice tätigen Beschäftigten nicht alle betreuten Inhalte fachlich gleichermaßen beherrschen können, sind sie im Dialog mit dem Bürger in Situationen, die von standardisierten Prozessen abweichen, auf eine schnelle Rückkoppelung mit dem Backoffice angewiesen. Dass es dabei zu Schnittstellenproblemen kommen kann, ist auch dann nicht auszuschließen, wenn auf beiden Seiten der Kommunikationskette Beschäftigte der öffentlichen Verwaltung sitzen. Allerdings lässt sich dieses Problem durch entsprechende Schulungen der im Frontoffice eingesetzten, ohnehin mit den Abläufen der öffentlichen Verwaltung vertrauten Beschäftigten stark reduzieren. Ein primär an der Erzielung von Gewinnen in seinem unternehmerischen Kerngeschäft interessierter Privater hingegen wird eine das Niveau eines im öffentlichen Dienst Aus- und Weitergebildeten nur in Ausnahmefällen erreichen können. Darüber hinaus dürfte es kaum mit dem Paradigma einer bürgernahen Verwaltung zu vereinbaren sein, wenn die öffentliche Verwaltung den unmittelbaren Kontakt mit dem Bürger aus der Hand gibt und sich hierdurch gleichsam einen kommunikatorischen Kompetenzverlust zufügt.

der Verwaltung durch eGovernment-Lösungen zu reduzieren.[43] Auf der tatsächlichen Ebene wird man das Problem der digital divide[44] zu berücksichtigen haben. Eine breitflächige Implementation von E-Government-Lösungen wird daher auf eine Ergänzung durch Modelle der aufsuchenden Verwaltung angewiesen sein.

Die Auswirkungen der demografischen Entwicklung auf die Verwaltungen auf kommunaler Ebene sind unmittelbarer Art. Während in Ballungsräumen die Zahl der Verwaltungsvorgänge steigt und ggf. zusätzliche Verwaltungskapazitäten aufgebaut werden müssen, führen sinkende Einwohnerzahlen in ländlichen Gebieten in umgekehrter Richtung zu Anpassungsnotwendigkeiten[45]. Den durch sinkende Einwohnerzahlen stei-

---

[43] Ein beträchtlicher Teil der Probleme ist mittlerweile für die Bundesverwaltung und die Bundesrecht ausführende Landesverwaltung durch das E-Government-Gesetz (Gesetz zur Förderung der elektronischen Verwaltung sowie zur Änderung weiterer Vorschriften vom 25. Juli 2013, Art. 1, BGBl. I Nr. 43 vom 31. Juli 2013, 2749 ff.); zu ihm vgl. *P. Klinger* Das E-Government-Gesetz – Ein neuer Schub für die Verwaltungsmodernisierung!, Verwaltung & Management 2013, 205 ff.; *L. Prell* Das E-Government-Gesetz des Bundes, NVwZ 2013, 1514 ff.; *U. Ramsauer/T. Frische* Das E-Government-Gesetz, NVwZ 2013, 1505 ff.; *A. Roßnagel* Auf dem Weg zur elektronischen Verwaltung – Das E-Government-Gesetz, NJW 2013, 2710 ff.) aufgegriffen worden. Insbesondere die Erweiterung der die Schriftform ersetzenden elektronischen Formen durch § 3a Abs. 2 S. 4 VwVfG hat die Einsatzmöglichkeiten von eGovernment-Lösungen deutlich vergrößert; dazu *H. Schmitz* in: Stelkens/Bonk/Sachs (Fn. 42), § 3a Rn. 38a f.; *S.E. Schulz* Die Fortentwicklung der Schriftformäquivalente im Verwaltungsverfahrensrecht, DÖV 2013, 882 ff.

[44] Siehe *J. van Dijk* Digitale Spaltung und digitale Kompetenzen, in: Schüller-Zwierlein (Hrsg.) Informationsgerechtigkeit: Theorie und Praxis der gesellschaftlichen Informationsversorgung, 2013, 108 ff.; *G. Roters* Digitale Spaltung: Informationsgesellschaft im neuen Jahrtausend – Trends und Entwicklungen, 2003, *M. Schenk/M. Wolf* Die digitale Spaltung der Gesellschaft: zur politikorientierten Nutzung des Internet und der traditionellen Medien in den sozialen Milieus, in: K. Imhof (Hrsg.) Demokratie in der Mediengesellschaft, 239 ff.

[45] Auf der Basis der 12. koordinierten Bevölkerungsvorausberechnung der statistischen Ämter des Bundes und der Länder ergeben sich zwischen den Bundesländern und innerhalb derselben sehr unterschiedliche Bevölkerungsentwicklungen: Während die Bevölkerung bis 2030 (im Vergleich zum Jahr 2008) voraussichtlich im Stadtstaat Hamburg sogar um 4,6 % wachsen und in den westdeutschen Flächenländern – abgesehen von dem um 13,8 % schrumpfenden Saarland – zwischen 0,4 % (Bayern) und 6,9 % (Niedersachsen) abnehmen wird, liegen die Verlustraten in den östlichen Flächenländern zwischen 10,5 % (Brandenburg) und 21,2 % (Sachsen-Anhalt); siehe Statistische Ämter des Bundes und der Länder, Demografischer Wandel in Deutschland, Heft 1: Bevölkerungs- und Haushaltsentwicklung im Bund und in den Ländern, 2011, S. 21.

Ähnlich groß sind die Unterschiede der regionalen Entwicklung innerhalb der Länder. Beispielsweise ist in Nordrhein-Westfalen bis 2030 mit einem Wachstum der Bevölkerung im Kreis Paderborn um 1,8 % und im Rhein-Erft-Kreis sogar um 2,7 % zu

genden Verwaltungskosten je Einwohner lässt sich nur bedingt durch einen Abbau von Vewaltungsressourcen proportional zum Bevölkerungsrückgang begegnen. Erstens sind Kostenremanenzen zu erwarten, z.B. für die Aufrechterhaltung von Infrastrukturen.[46] Zweitens führt eine abnehmende Zahl administrativer Leistungserstellungsprozesse zu geringeren Möglichkeiten der Entwicklung von Routinen durch die Verwaltung.[47]

Begegnen lässt sich diesen Problemen in erster Linie durch Bildung von größeren Verwaltungseinheiten, die sowohl Skaleneffekte generieren können, als auch über Routinen ermöglichende Fallzahlen verfügen und durch den größeren Personalbestand stärkere Spezialisierungen ermöglichen. In der Sache bedeutet dies, dass die dargestellten Überlegungen zu einer Funktionalreform gekoppelt werden müssen mit der Prüfung der Notwendigkeit von Kommunalreformen.[48] In rechtlicher Hinsicht bedarf

---

rechnen, wohingegen die Bevölkerungszahl im Kreis Höxter um 16 % zurückgehen wird (Information und Technik Nordrhein-Westfalen, Bevölkerungsentwicklung in den kreisfreien Städten und Kreisen Nordrhein-Westfalens 2011 bis 2030, 2012, https://www.it.nrw.de/presse/pressemitteilungen/2012/pdf/112_12.pdf). Vergleichbare und auch noch größere Differenzen – auf unterschiedlichem Wachstums- bzw. Schrumpfungsniveau – lassen sich für die anderen Bundesländer feststellen.

[46] *Thüringer Staatskanzlei* (Fn. 34), 218; *Niedersächsischer Landtag* Bericht der Enquete-Kommission „Demografischer Wandel – Herausforderung an ein zukunftsfähiges Niedersachsen", 2007, 222, 224; *J. Bogumil/L. Holtkamp* Kommunalpolitik und Kommunalverwaltung, 2013, 69; *J. Weder/A. Hermenau* Auswirkungen des demografischen Wandels auf die öffentlichen Haushalte des Freistaates Sachsen, in: Killisch/Siedhoff (Hrsg.) Dresdner Gespräche zum demographischen Wandel, 2008, 97 (103).

[47] Hierdurch steigen die für den einzelnen Verwaltungsvorgang aufzuwendenden Kosten weiter an, weil der für die Bearbeitung der einzelnen Fälle erforderliche Zeitaufwand größer wird, und es besteht die Gefahr einer steigenden Zahl sachlicher Fehler der Verwaltung; vgl. *Thüringer Staatskanzlei* (Fn. 34), 205; VerfG Sachsen-Anhalt, Urteil vom 21.04.2009 – LVG 12/08 u.a., BeckRS 2009, 33217, Hiermit zusammenhängend bedürfen kommunale Verwaltungen nicht nur aus Gründen der Effizienz, sondern auch unter Effektivitätsgesichtspunkten der Überschreitung bestimmter Größenschwellen. Erst Verwaltungen einer bestimmten Größe verfügen über die Möglichkeit zu einer hinreichenden Ausdifferenzierung von Spezialisierungen. Ohne eine solche Spezialisierung sinkt die Qualität der Verwaltungsleistungen und steigt die Abhängigkeit von externer Beratung; siehe *Thüringer Staatskanzlei* (Fn. 34), 205; *M. Rosenfeld* Zur Wirtschaftlichkeit gemeindlicher Verwaltungsstrukturen in Sachsen-Anhalt, 2007, 221, http://www.iwh-halle.de/e/publik/presse/22-07L.pdf; *M. Raphael* Die Konsolidierung der kommunalen Verwaltung in Rheinland-Pfalz, 2011, 8 ff., https://www.uni-trier.de/fileadmin/fb4/BWL/Schriftenreihe/Nr_3_Raphael_November_2011_Die_Konsolidierung_der_kommunalen_Verwaltung_in_Rheinland-Pfalz.pdf.

[48] Allerdings steigen die durch Skaleneffekte generierbaren Kostenvorteile mit immer größer werdenden Gemeinden und Kreisen nicht unbegrenzt an, vgl. *M. Junkerheinrich/J. Ziekow u.a.* Begleitende Gesetzesfolgenabschätzung zu den Entwürfen des Ersten und Zweiten Landesgesetzes zur Kommunal- und Verwaltungsreform in Rheinland-

eine Gebietsreform wegen des mit ihr verbundenen Eingriffs in die verfassungsrechtliche Gewährleistung der kommunalen Selbstverwaltung einer landesgesetzlichen Regelung.[49]

Modelle der interkommunalen Kooperation können zwar Gebietsreformen nicht vollständig ersetzen, aber viel zur zukunftsfähigen Sicherstellung bürgernaher und kostengünstiger Leistungserbringung beitragen. Jedoch erzeugen einzelfallbasierte Kooperationsmodelle hohe Transaktionskosten und sind keine planungssichere Grundlage einer zukunftsfähigen Verwaltungsarchitektur.[50] Soll interkommunale Kooperation eine

---

Pfalz, 2010, 112, abrufbar unter http://isim.rlp.de/no_cache/staedte-und-gemeinden/kommunal-und-verwaltungsreform/verwaltungsreform/. Eine wesentliche Aufgabe einer mit Rücksicht auf die demografische Entwicklung unternommenen Kommunalreform besteht daher in der durch verschiedene Parameter beeinflussten Findung der optimalen Größenstrukturen.

[49] Art. 11 Abs. 1, Art. 12 Abs. 1 BayGO, § 8 Abs. 3 GemO BW, § 6 Abs. 7 BbgKVerf, § 16 Abs. 4 HGO, § 11 Abs. 2 KV M-V, § 25 Abs. 1 NKomVG, § 19 Abs. 3 GO NRW, § 11 Abs. 7 GO RP, § 149 Abs. 2 KSVG, § 8 Abs. 3 SächsGemO, § 15 Abs. 1 GO S-H, § 92 Abs. 3 ThürKO. Der Eingriff in den Gebietsbestand darf nur aus Gründen des öffentlichen Wohls erfolgen, vgl. BVerfGE 50, 50; BVerfGE 50, 195 (202); BVerfGE 86, 90 (107); BVerfG, NVwZ 2003, 850 (854). Dass die Sicherung der Leistungskraft der von der jeweiligen Reform betroffenen kommunalen Ebene ein solches, dem öffentlichen Wohl dienendes Ziel ist, ist anerkannt (VerfGH Rheinland-Pfalz, JurionRS 1969, 11111, Rdnr. 71 ff.; VerfGH Sachsen, JurionRS 2009, 18343, Rdnr. 95). Da eine demografieinduzierte Kommunalreform nur mit Blick auf das gesamte Territorium eines Landes möglich ist, bedürfen die Gemeinwohlüberlegungen der Konkretisierung in einem Leitbild (oder System), um der gebotenen Gleichbehandlung der kommunalen Gebietskörperschaften gerecht werden zu können (*I. Gebhardt* Das kommunale Selbstverwaltungsrecht, 2007, 80 ff.; *V. Mehde* in: Maunz/Dürig (Fn. 11), Art. 28 Abs. 2, Rdnr. 161. AA *H. P. Bull* Verfassungsrechtliche Rahmenbedingungen einer Funktional-, Struktur- und möglichen Kreisgebietsreform in Schleswig-Holstein, in: Landesregierung Schleswig-Holstein (Hrsg.), Gutachten zur Verwaltungsstruktur- und Funktionalreform in Schleswig-Holstein, 2008, 1, 77 ff.). Allerdings bedarf es keiner gesonderten Vorabformulierung eines reformerischen Leitbilds durch den Gesetzgeber. Es reicht vielmehr aus, wenn sich das Leitbild bei systematischer Betrachtung der einzelnen Neugliederungsakte aus diesen erkennen lässt (vgl. VerfG Sachsen-Anhalt, LKV 1995, 75 (80). In jedem Fall ist der Gesetzgeber an die sich aus diesem Leitbild ergebenden Grundsätze für die landesweit zu verwirklichende Gesamtreform zur Vermeidung eines Verstoßes gegen das Willkürverbot gebunden (VerfG Brandenburg, LKV 2002, 573 (574); VerfGH Sachsen, JurionRS 2008, 15273, Rdnr. 150; VerfG Sachsen-Anhalt, BeckRS 2011, 51549, sub 2.2.2.2; VerfG Sachsen-Anhalt, BeckRS 2013, 58263, sub 2.3.2).

[50] Untersucht man allerdings die Wirklichkeit interkommunaler Kooperationen mit empirischen Methoden, so wird das Bild differenzierter. Feststellen lässt sich eine Konzentration der interkommunalen Kooperationen auf bestimmte Bereiche, nämlich vor allem Wasser, Abfall und Energie sowie Schule und Kitas. Große kommunale Körperschaften wie Landkreise, kreisfreie Städte und Große kreisangehörige Städte unterhalten eine Vielzahl von Kooperationen, während 40 % der Kommunen, vor allem die

wirklich belastbare Alternative zu Gebietsreformen sein, so bedarf es eines integrierten Konzepts mit rechtlicher Verbindlichkeit. Ebenso wie das Land Kommunen aus Effizienzgründen zwangsfusionieren kann, kann es ihnen die Notwendigkeit von Kooperationen nahe bringen.[51]

---

kleineren, überhaupt keine interkommunalen Kooperationen unterhalten (*M. Junkernheinrich/J. Ziekow* (Fn. 48), 190, 194 f.). Zugespitzt heißt das nichts anderes, als dass dort, wo es am nötigsten wäre, am wenigsten passiert, nämlich vor allem bei den kleineren Gemeinden. Zu den Typen interkommunaler Kooperationen vgl. *M. Beier/A. Matern* Stadt-Umland-Prozesse und interkommunale Zusammenarbeit: Stand und Perspektiven der Forschung, 2007, 38 ff.; *M.-E. Geis* (Fn. 28), 229 ff.; *T.I. Schmidt* Kommunalrecht, 2. Auflage 2014, Rn. 764 ff.; *C. Teubner* Interkommunale Kooperationen unter Berücksichtigung vergabe- und wasserrechtlicher Fragestellungen, KommJur 2008, 444 (445 ff.). Zu den Rechtsformen Art. 2 des Bayerischen Kommunale Zusammenarbeit-Gesetzes, § 2 Kommunales Gemeinschaftsarbeits-Gesetz Hessen, § 2 des Sächsischen Kommunale Zusammenarbeit-Gesetzes, § 1 des Gesetzes über die kommunale Zusammenarbeit Niedersachsen, § 1 Nordrhein-Westfälisches Gesetz über kommunale Gemeinschaftsarbeit, § 2 Gemeinschaftsarbeitsgesetz Sachsen-Anhalt.

[51] Ausgangspunkt muss die kommunale Kooperationshoheit sein, die eine der von der Garantie der kommunalen Selbstverwaltung verfassungsrechtlich geschützten sog. Gemeindehoheiten darstellt (vgl. dazu BVerfG, NVwZ 1987, 123 (124); *V. Mehde* in: Maunz/Dürig (Fn. 11), Art. 28 Abs. 2 Rn. 72 f.; *U. Schliesky* Auswirkungen des E-Government auf Verfahrensrecht und kommunale Verwaltungsstrukturen, NVwZ 2003, 1322 (1327). Sie schützt aber nicht vor gesetzlichen Beschränkungen, solange der Kernbereich der Selbstverwaltung nicht angetastet wird. Verfassungsrechtlich ist es grundsätzlich möglich, dass ein Land bei Beachtung der Verfahrensanforderungen und der Beachtung der notwendigen Begründungsdichte interkommunale Kooperation gesetzlich vorgibt (zur negativen Kooperationshoheit *V. Mehde* in: Maunz/Dürig (Fn. 11), Art. 28 Abs. 2 Rn. 73; *T. I. Schmidt* Kommunale Zusammenarbeit, in: Ehlers/Fehling/Pünder (Hrsg.) Besonderes Verwaltungsrecht, Band 3, 3. Auflage 2013, § 65 Rn. 14; *E. Schmidt-Jorzig* Kooperationshoheit der Gemeinden und Gemeindeverbände bei der Erfüllung ihrer Aufgaben, in: von Mutius (Hrsg.) Festgabe für von Unruh, 1983, 525 (535 ff.); *J. Oebbecke* Zweckverbandsbildung und Selbstverwaltungsgarantie, 1982, 67 f.). Als milderes Mittel zu Zwangsfusionen kann das Land den Kommunen die Notwendigkeit von Kooperationen auferlegen. Orientierungspunkte können insoweit die in den Gesetzen über die kommunale Zusammenarbeit geregelten Pflichtverbände sein (vgl. Art. 28 des Bayerischen Kommunale Zusammenarbeit-Gesetzes, § 11 des Kommunale Zusammenarbeit-Gesetzes Baden-Württemberg, § 34 des Kommunale Gemeinschaftsarbeits-Gesetzes Hessen, § 13 des Nordrhein-Westfälischen Gesetzes über kommunale Gemeinschaftsarbeit, § 50 des Sächsischen Kommunale Zusammenarbeit-Gesetzes, § 8b des Gemeinschaftsarbeitsgesetzes Sachsen-Anhalt, § 12 des saarländischen Gesetzes über die kommunale Gemeinschaftsarbeit; § 7 des Kommunale Zusammenarbeitsgesetzes Schleswig-Holstein, § 25 des Thüringer Gesetzes über die kommunale Gemeinschaftsarbeit).

Zwangskooperationen dürften verfassungsrechtlich nur dann angeordnet werden können, wenn sie dringend geboten sind und freiwillige Lösungen – denn das ist ja der Kern der Kooperationshoheit – versagen (vgl. § 11 Abs. 1, 2 des Kommunale Zusammenarbeit-Gesetzes Baden-Württemberg, §§ 34, 13 Abs. 1 des Kommunale Gemein-

b) *Personal der Verwaltung*

Gravierende Auswirkungen hat der demografische Wandel auch auf das Personal der Verwaltungen. Die Verwaltungen stehen vor der Herausforderung, genügend qualifiziertes Personal gewinnen zu müssen, um ihre Arbeitsfähigkeit ohne Leistungseinbußen aufrechterhalten zu können.[52] Darüber hinaus verändert sich die Zusammensetzung der „Kunden" der öffentlichen Verwaltungen. Um diesen Herausforderungen gerecht werden zu können, bedarf es eines demografieorientierten Personalmanagements. Zu seinen wesentlichen Elementen gehören die Schaffung einer in der organisationalen Hierarchie hoch verorteten Zuständigkeit für das strategische Personalmanagement, die Durchführung einer Altersstrukturanalyse und einer systematischen Personalbedarfsplanung mit mehrjährigem Vorschauhorizont, ein Personalgewinnungs- und -entwicklungskonzept sowie andere Maßnahmen.[53]

---

schaftsarbeits-Gesetzes Hessen, § 13 Abs. 1, 2 des Nordrhein-Westfälischen Gesetzes über kommunale Gemeinschaftsarbeit, § 50 Abs. 1, 2 des Sächsischen Kommunale Zusammenarbeit-Gesetzes, § 8b Abs. 1, 2 des Gemeinschaftsarbeitsgesetzes Sachsen-Anhalt, § 12 Abs. 1,2 des saarländischen Gesetzes über die kommunale Gemeinschaftsarbeit; § 25 Abs. 1, 2 des Thüringer Gesetzes über die kommunale Gemeinschaftsarbeit. Keine Dringlichkeit verlangt Art. 28 Abs. 2 des Bayerischen Kommunale Zusammenarbeit-Gesetzes; § 7 des Gesetzes über kommunale Zusammenarbeit Schleswig-Holstein. Siehe auch *M. Aschke* Transformationslast und Fehlertoleranz des Verwaltungsrechts, NVwZ 2003, 917 (923); *W. Löwer* in: von Münch/Kunig (Hrsg.) GG 1, 6. Auflage 2012, Art. 28 Rn. 82). Dies bedeutet zum einen, dass es für die betroffenen Kommunen eine gewisse Vorwarnzeit geben muss, bevor Zwangsmaßnahmen greifen, damit innerhalb dieser Zeitspanne freiwillige Lösungen gesucht werden können. Zum anderen muss ein dringender Bedarf für solche Zwangskooperationen festgestellt werden.

52 *C. Appel* Die Auswirkungen des demografischen Wandels in Brandenburg auf die öffentliche Verwaltung und staatliche Organisationen, LKV 2005, 377 (379); *H. Bauer/F. Brosius-Gersdorf* (Fn. 5), 398; *M. Benz* Personalmanagement in Zeiten des Demograpischen Wandels, 2010, 153 f., http://hss.ulb.uni-bonn.de/2010/2098/2098.pdf; *H.-D. Haasis* Generationenmanagement: eine Vielzahl von Möglichkeiten und Chancen für Unternehmen und öffentliche Verwaltung, 2009, 103 f.; *C. Reichard* Personalmanagement, in: Blanke u.a. (Hrsg.) Handbuch zur Verwaltungsreform, 4. Auflage 2011, 295 (297 f.); *H.-G. Ridder/C. Hoon* Strategieprozesse im Personalmanagement öffentlicher Dienste, in: Koch/Conrad/Lorig (Hrsg.) New Public Service: Öffentlicher Dienst als Motor der Staats- und Verwaltungsmodernisierung, 2. Auflage 2011, 85 ff.

53 Zum Personalmanagement vgl. nur *K. Birk/E. Long* Gesellschaftlicher Wandel und Organisationskultur. Ein wertorientiertes Modell zur Personal- und Organisationsentwicklung für die öffentliche Verwaltung, in: Fehlau (Hrsg.) Personalmanagement professionalisieren, 2013, 47 (67 ff.); *R. Dincher* Einführung in die Betriebswirtschaftslehre für die Verwaltung, 3. Auflage 2010, 51 ff.; *R.G. Klimecki/M. Gmür* Personalmanagement: Funktionen – Strategien – Entwicklungsperspektiven, 1998, 153 ff.; *W. H. Staehle* Management, 7. Auflage 1994, 736 ff.; *N. Thom* Personalmanagement: Entwicklungs-

Damit eine hinreichend große Zahl qualifizierter Bewerber für eine Tätigkeit im öffentlichen Dienst gewonnen werden kann, bedarf es einer Kombination von Instrumenten zur Steigerung der Attraktivität des öffentlichen Dienstes. Zu nennen sind hier exemplarisch:

- Geht man davon aus, dass die lebenslange Arbeitsplatzsicherheit traditionell ein zentraler Gesichtspunkt ist, eine Karriere im öffentlichen Dienst einzuschlagen[54], so ist der im Vergleich mit der Privatwirtschaft hohe Anteil befristeter Beschäftigungsverhältnisse gerade bei jüngeren Beschäftigten im öffentlichen Dienst[55] kontraproduktiv. Hier wird es einer Koordination von mittelfristiger Personalbedarfsplanung und Haushaltsplanung bedürfen, um den Verwaltungen die notwendige Dispositionssicherheit für die Eingehung unbefristeter Beschäftigungsverhältnisse zu geben.[56] Darüber hinaus sollte über die Aufnahme entsprechender Regelungen[57] in die Haushaltsgesetze nachgedacht werden.
- Für die Erhöhung der Attraktivität des öffentlichen Dienstes als Arbeitgeber gegenüber stark nachgefragten Arbeitskräften gibt es zwar z.B. die Möglichkeit, einen Personalgewinnungszuschlag[58] zu gewähren, jedoch nur reaktiv am Maßstab der auf die Ausschreibung eingegangenen Bewerbungen. Um insoweit nachfrageorientierter agieren zu können, sollte eine arbeitsmarktbezogene Konkurrenzanalyse bereits vor der Ausschreibung und ein Angebot eines auf dieser Grundlage

---

tendenzen und Zukunftsperspektiven, in: Steiner/Ritz (Hrsg.) Personal führen und Organisationen gestalten, 2012, 147 (148); insbesondere zu einer demografiesensiblen Führung *B. Hurrle* Verwaltung und Management 2014, 272 (276).

[54] In einer neuen Studie wurde von Studenten die Arbeitsplatzsicherheit als wichtigstes Kriterium der Berufswahl genannt, siehe die Meldung von http://www.haufe.de/personal/hr-management/arbeitgeberimage-oeffentlicher-dienst-attraktiver-als-gedacht_80_262478.html.

[55] Vgl. „Der Staat stellt gern befristet ein“, http://www.faz.net/aktuell/wirtschaft/wirtschaftspolitik/bundesregierung-stellt-mehr-leute-befristet-ein-13005771.html; „Der Staat drängt sein Personal in Zeitverträge“, http://www.faz.net/aktuell/wirtschaft/wirtschaftspolitik/oeffentlicher-dienst-der-staat-draengt-sein-personal-in-zeitvertraege-12198591.html.

[56] Allerdings dürfte die Anreizstruktur für Entscheidungsträger, sich derartiger koordinierender Instrumente auch zu bedienen, im Vergleich zu der mit der befristeten Einstellung verbundenen Flexibilität für den öffentlichen Arbeitgeber nicht allzu hoch sein.

[57] Sie könnten vorgeben, die Stellen als befristet oder unbefristet zu besetzen auszuweisen und durch eine entsprechende Mittelzuweisung zu decken.

[58] Für den Bund § 43 BBesG. Seine Ausgestaltung ist nicht an der konkreten Stellung des öffentlichen Dienstes im Arbeitgeberwettbewerb ausgerichtet, sondern durch starre Vorgaben hinsichtlich der maximalen Länge und der Höhe der Gewährung beschränkt.

ermittelten, konkurrenzfähigen Vergütungszuschlags bereits in der Ausschreibung erfolgen können.

- Zur Verbesserung der Attraktivität einer Beschäftigung im öffentlichen Dienst sind auch Änderungen des Versorgungsrechts in den Blick zu nehmen. Ein Beispiel wäre die Ermöglichung der Ruhegehaltsfähigkeit des Personalgewinnungszuschlags.[59] Entsprechendes gilt für die Flexibilisierung der Erlangung ruhegehaltsfähiger Zeiten sowie die Portabilität von Versorgungsansprüchen.[60]
- Schließlich ist auf die Notwendigkeit eines umfassenden diversity managements hinzuweisen.[61] Es vermag, bisher in der Verwaltung – insbesondere in Führungspositionen – stark unterrepräsentierte Bevölkerungsteile wie Personen mit Migrationshintergrund vermehrt für eine Tätigkeit in den öffentlichen Verwaltungen zu interessieren und damit neue Bewerberpotenziale für den öffentlichen Dienst zu erschließen.[62]

---

[59] Sie ist derzeit nicht gegeben, § 43 Abs. 1 S. 1 BBesG.

[60] Vgl. *G. Färber/M. Funke/S. Walther* Die Entwicklung der Beamtenversorgung in Deutschland seit 1992 und künftige Finanzierungsprobleme der Gebietskörperschaften, DÖV 2009, 133 (146). Ausführlich *G. Färber/M. Funke/S. Walther* Nachhaltige Finanzierung der Beamtenversorgung. Ökonomische Perspektiven und rechtliche Gestaltungsmöglichkeiten, 2011.

[61] Zum diversity management in der öffentlichen Verwaltung *Bundesagentur für Arbeit* Leitfaden Diversity Management: Handlungsempfehlung zum Aufbau eines Diversity Managements in der Bundesverwaltung, http://www.wir-sind-bund.de/SharedDocs/Anlagen/WSB/DE/Downloads/leitfaden-diversity-management-projekt-29.pdf?_blob=publicationFile; *M. F. Rice* Diversity and public_administration: theory, issues, and perspectives, 2nd edition 2011; *R. Steuerwald/N. Ünsal* Diversity Mainstreaming in und durch Institutionen der öffentlichen Verwaltung, 2012, http://www.antidiskriminierungsstelle.de/SharedDocs/Downloads/DE/publikationen/Diversity_Mainstreaming_Verwaltungen_Expertise_Good_Practice_20120412.pdf?_blob=publicationFile.

[62] Die Schaffung eines vollständig diskrimierungsfreien Arbeitsumfeldes bei nicht nur Anerkennung, sondern Förderung personaler Vielfalt vermag Vorbehalte und Hemmschwellen gegenüber einer Tätigkeit im öffentlichen Dienst abzubauen und die Arbeitszufriedenheit zu erhöhen. Dies gilt vor allem dann, wenn hiermit Maßnahmen zur Gewinnung dieser Personengruppen für eine Tätigkeit im öffentlichen Dienst verbunden werden. Zu Beispielen derartiger Maßnahmen, vgl. Bundesregierung, Nationaler Aktionsplan Integration, 2011, 142 ff.; Netzwerk „Integration durch Qualifizierung IQ", Mehr Vielfalt im öffentlichen Dienst, Arbeitspapier 01/2012, 2012, 3 f. Zur rechtlichen Bewertung *J. Ziekow* Möglichkeiten und Grenzen der Verbesserung der Chancen von Personen mit Migrationshintergrund im öffentlichen Dienst, DÖV 2014, 765 ff.

Des Weiteren wird hiermit auch insoweit auf die demografische Entwicklung reagiert, als der Anteil von Personen mit Migrationshintergrund an der Bevölkerung weiter steigen wird und die Verwaltung durch eine Steigerung der Zahl von Beschäftigten aus dieser Personengruppe ihre interkulturelle Kommunikationsfähigkeit verstärkt. Zur interkulturellen Kommunikationsfähigkeit der Verwaltung *KGSt* Interkulturelle Öff-

In rechtlicher Hinsicht ist die Implementation eines demografieorientierten Personalmanagements auch ohne gesetzliche Grundlage sowohl möglich als auch sinnvoll. Demgegenüber würde ein großer Teil der Instrumente zur Steigerung der Attraktivität des öffentlichen Dienstes Rechtsänderungen nach sich ziehen müssen.

III. Herausforderungen an die Gestaltung, Gliederung und Nutzung des Raumes

Dass die Verwaltung in der Pflicht ist, sich der Folgen des demografischen Wandels gestaltend anzunehmen, lässt sich dem Raumordnungs- wie dem Bauplanungsrecht entnehmen.[63]

1. Raumordnung und Landesplanung

Als *raumordnerisch* – sei es auf der Ebene der Landesplanung, sei es auf der Ebene der Regionalplanung[64] – aufzugreifende Herausforderung

---

nung: in sieben Schritten zur interkulturellen Öffnung der Verwaltung, 2008; *P. Raiser/ B. Ufholz* Interkulturelle Kompetenz für die öffentliche Verwaltung, 2009; *K. Rosenberg* Interkulturelle Behördenkommunikation: eine gesprächsanalytische Untersuchung zu Verständigungsproblemen zwischen Migranten und Behördenmitarbeitern in Berlin und Buenos Aires, 2014. Siehe auch § 6 des Teilhabe- und Integrationsgesetzes NRW.

[63] So bestimmt § 2 Abs. 2 Nr. 1 ROG als „eines der bei der Aufgabenwahrnehmung zu berücksichtigenden Erfordernisse der Raumordnung" (*W. Spannowsky* in: ders./ Runkel/Goppel, ROG, 2010, § 2 Rdnr. 2) u. a., dass demografischen Herausforderungen Rechnung zu tragen ist, auch im Hinblick auf den Rückgang und den Zuwachs von Bevölkerung. Das Bauplanungsrecht kennt in § 1 Abs. 6 Nr. 2 BauGB die Verpflichtung zur Berücksichtigung der Bevölkerungsentwicklung bei der Aufstellung der Bauleitpläne. Umfassend *A. Edenharter* (Fn. 1).

§ 2 Abs. 2 Nr. 1 S. 4 ROG verpflichtet die Träger der Raumordnung bereits de lege lata, demografischen Herausforderungen, soweit sie strukturrelevant sind, Rechnung zu tragen. In Verbindung mit der Verpflichtung, Raumordnungspläne fortzuschreiben, soweit hierfür ein Bedarf besteht (vgl. nur Art. 1 Abs. 2 Nr. 1 BayLPlG), bzw. sie in landesgesetzlich festgelegten Fristen neu aufzustellen (vgl. nur § 6 Abs. 6 S. 1 LPlG RP: spätestens nach 10 Jahren), führt dies zu der Pflicht der Planungsbehörden, wie alle anderen raumbedeutsamen Entwicklungen und Tatbestände auch die diesbezüglich relevanten, demografieinduzierten Entwicklungen zu erfassen, zu verwerten und zu überwachen (so explizit eine allgemeine, nicht speziell auf die demografischen Wandlungen bezogene Pflicht statuierend Art. 31 BayLPlG; ähnlich § 28 Abs. 1 LPlG BW). In Anbetracht dessen dürfte die in der Literatur vorgeschlagene Einführung eines auf demografierelevanten Indikatoren basierenden Planungs-Monitoring und -Controlling (so der Vorschlag von *A. Edenharter* (Fn. 1), 270 ff.) verzichtbar sein.

[64] In einem ersten Zugriff werden die grundlegenden Entscheidungen über raumordnerische Reaktionen auf den demografischen Wandel der Ebene der Landesplanung

lässt sich vor allem die sehr ungleichgewichtige Siedlungs- und Bevölkerungsentwicklung in Ballungszentren einerseits und peripheren ländlichen Räumen andererseits benennen. Ausweislich des § 1 Abs. 2 ROG gehört zur Leitvorstellung der nachhaltigen Raumentwicklung auch die Gleichwertigkeit der Lebensverhältnisse in den Teilräumen.[65]

Gleich*wertigkeit* ist zwar nicht mit Gleich*artigkeit* identisch, sondern wertend zu ermitteln.[66] Doch gebietet das Gleichwertigkeitsprinzip die Aufrechterhaltung eines Mindeststandards des Zugangs zu Infrastruktu-

---

zuzuordnen sein. Grundlegende Entscheidungen über die Entwicklungsperspektiven im Verhältnis verschiedener Teilräume zueinander oder über ein kooperativ-vernetztes System zentraler Orte lassen sich sinnvoll nur mit Blick auf das gesamte Land treffen. Dabei führt die in unterschiedlichen Formen erfolgende Einbeziehung der Landesparlamente in die hochstufige Landesplanung (Art. 32 LPlG BY: Unterrichtung des Landtags über das Landesentwicklungsprogramm alle fünf Jahre; Art. 8 Abs. 3 LPlG Bbg: Gelegenheit zur Stellungnahme; § 4 Abs. 3 S. 1 LPlG HE: Kenntnisnahme des Entwurfs durch den Landtag; § 8 Abs. 1 S. 5 LPLG RP: Beschluss des Landesentwicklungsprogramms durch die Landesregierung im Benehmen mit dem Innenausschuss des Landtags; § 16a LPlG NRW: Beschluss des von der Landesplanung zu erarbeitenden Landesentwicklungsprogramms als Gesetz; § 17 Abs. 2 LPlG NRW: Beschluss des Landesentwicklungsplans durch die Landesregierung mit Zustimmung des Landtags; § 3 Abs. 8 LPlG SL: Gelegenheit des Landtags zur Stellungnahme: § 6 Abs. 2 S. 9 LPlG SN: Stellungnahme des Landtags; § 5 Abs. 4 S. 1 LPlG LSA: Einvernehmen mit dem Landtag erforderlich; § 4 Abs. 3 LPlG Thüringen: Gelegenheit des Landtags zur Stellungnahme) zu einer Verankerung des planerischen Diskurses in der politisch verantworteten Zukunftsgestaltung.

[65] Zur Reichweite dieses Teilziels einer nachhaltigen Raumentwicklung ist zunächst Einigkeit insoweit zu konstatieren, als unter Lebensverhältnisse alle Aspekte des Wohnens, der Versorgung mit Leistungen und des sozialen Umfeldbezugs zu verstehen sind, vgl. *P. Runkel* in: Spannowsky/Runkel/Goppel (Fn. 63), § 1 Rdnr. 104. Zur Erläuterung kann § 2 Abs. 2 Nr. 1 ROG herangezogen werden, der auf (ausgeglichene) soziale, infrastrukturelle, wirtschaftliche, ökologische und kulturelle Verhältnisse abstellt. Wie für die Raumordnung selbstverständlich ist Bezugsrahmen des Gleichwertigkeitspostulats nicht ein bestimmter Siedlungskontext und schon gar nicht das Individuum, sondern der Teilraum in seiner Gesamtheit; *P. Runkel* in: Spannowsky/Runkel/Goppel (Fn. 63), § 1 Rdnr. 104. Dementsprechend müssen die Lebensverhältnisse nicht in jedem kleinräumigen Bereich eines Teilraums mit jedem anderen Bereich desselben Teilraums gleichwertig sein.

[66] *A. Edenharter* (Fn. 1), 149; *P. Runkel* in: Spannowsky/Runkel/Goppel (Fn. 63), § 1 Rn. 105 f.; siehe auch *R. Danielzyk* Gleichwertigkeit unter Schrumpfungsbedingungen, Nachrichten der ALR 2/2014, 16 (17); *J. Kersten* Daseinsvorsorge und demographischer Wandel: Wie ändert sich das Raum- und Staatsverständnis?, RuR 2006, 245 (247 f.). Für soziale Ausgleichsleistungen oder Umzugsprämien zur Aufrechterhaltung der zukünftigen Gleichwertigkeit *J. Ragnitz* Wirtschaftliche Implikationen des demographischen Wandels, in: Killisch/Siedhoff (Hrsg.) Dresdner Gespräche zum demographischen Wandel, 2008, 57 (67 f.).

ren und Leistungen.[67] Nicht vollständig geklärt ist, wie weit diese Mindeststandards abgesenkt werden können, um noch mit dem geltenden Raumordnungsrecht vereinbar zu sein. Die Frage lässt sich zuspitzen auf die Zulässigkeit einer sog. passiven Sanierung, die die Abwanderung aus ländlichen Peripherien hinnimmt und die Infrastrukturen ggf. bis auf null anpasst, die entsprechenden Räume also gleichsam aufgibt. Da es in letzter Konsequenz eine Prioritätenentscheidung ist, ob einer wie immer verstandenen Gleichwertigkeit der Lebensverhältnisse auch in stark schrumpfenden Teilräumen Rechnung getragen werden soll und damit ggf. zur Förderung von Räumen mit größeren Entwicklungspotenzialen benötigte Mittel dort nicht zur Verfügung stehen oder ob eine längerfristig angelegte, sozial abgefederte Entsiedlungsplanung entwickelt werden soll, sollte erwogen werden, diese Prioritätenentscheidung im Gesetz explizit zu eröffnen.[68]

---

[67] Als Indikatoren für die zur Ermittlung der Gleichwertigkeit anzustellende Wertung lassen sich dem § 2 Abs. 2 Nr. 1 ROG die sozialen, infrastrukturellen, wirtschaftlichen, ökologischen und kulturellen Verhältnisse entnehmen. Nach den allgemeinen Regeln einer Vergleichbarkeitsprüfung wäre gleichwohl zu berücksichtigen, dass sich die Ausformung dieser Verhältnisse für die Herstellung einer Wertigkeit auf die zugrundeliegenden Raum- und Siedlungsverhältnisse rückbeziehen muss. Dies würde bedeuten, dass stark ausgedünnte Siedlungsstrukturen mit Blick auf die Ausformung der genannten Indikatoren von vornherein anders zu behandeln wären als stärker verdichtete Strukturen und bei der auf den gesamten Teilraum zu beziehenden Gleichwertigkeitsprüfung möglicherweise vernachlässigt werden könnten. Doch steht dem § 2 Abs. 2 Nr. 1 S. 3 ROG entgegen, wonach die Aufgabe des Ausgleichs der Verhältnisse gleichermaßen in Ballungsräumen wie in ländlichen Räumen, in strukturschwachen wie in strukturstarken Regionen zu erfüllen sind. Im Ergebnis wird man daher der überwiegenden Auffassung zustimmen müssen, dass § 1 Abs. 2, § 2 Abs. 2 Nr. 1 ROG die Aufrechterhaltung eines Mindeststandards des Zugangs zu Infrastrukturen und Leistungen gebieten (vgl. *A. Edenharter* (Fn. 1), 149 f.; *P. Runkel* in: Spannowsky/Runkel/Goppel (Fn. 63), § 1 Rdnr. 105).

Dabei kommt es nicht darauf an, dass der Zugang als solcher gleichwertig ausgestaltet ist, maßgeblich ist vielmehr die Zugänglichkeit von Infrastrukturen und Leistungen auf einem bestimmten materiellen Standard (*P. Runkel* in: Spannowsky/Runkel/Goppel (Fn. 63), § 1 Rdnr. 106). Allerdings formuliert § 2 Abs. 2 Nr. 1 S. 4 ROG die Notwendigkeit, die anzustrebende Ausgeglichenheit der Verhältnisse in den Teilräumen unter demografischen Gesichtspunkten, insbesondere dem Rückgang und dem Zuwachs von Bevölkerung, zu bewerten. Sofern strukturwirksame demografische Wandlungsprozesse dies erfordern, ist es daher möglich, die durch die Leitvorstellung der Gleichwertigkeit der Lebensverhältnisse vorgegebenen und durch die anzustrebende Ausgeglichenheit der Verhältnisse ausgeformten Standards zu unterschreiten, vgl. *A. Edenharter* (Fn. 1), 160.

[68] Zu einer demografieorientierten Raumordnung muss auch die Möglichkeit gehören, längerfristig angelegte, sozial abgefederte Entsiedlungsplanungen entwickeln zu können, siehe nur *H.-P. Gatzweiler u.a.* Umbau statt Zuwachs: Siedlungsentwicklung und öffentliche Daseinsvorsorge im Zeichen des demographischen Wandels, 2006, 18 ff.;

Diese Überlegungen korrelieren mit dem Konzentrationsgebot des § 2 Nr. 2 S. 4 ROG, wonach die Siedlungstätigkeit vorrangig auf vorhandene Siedlungen mit ausreichender Infrastruktur sowie auf Zentrale Orte auszurichten ist.[69] Über die planerische Festlegung der Hierarchie der Zentralen Orte können in Form von Zielen der Raumordnung verbindliche Vorgaben für die Strukturierung der Versorgung der Bevölkerung gemacht und in Räumen mit schrumpfender Bevölkerungszahl die einem Zentralen Ort zugeordneten Versorgungsräume vergrößert werden. Damit über die Raumplanung tatsächlich eine Koordinierung der Versorgungsausstattung erreicht werden könnte, wäre es notwendig, die fachlichen Planungen über Raumordnungsklauseln an die mit einer Festlegung der Zentralen Orte zu verbindenden Festlegungen von Ausstattungsstandards zu koppeln, soweit dies noch nicht erfolgt ist.[70] Eine wesentliche Rolle kommt dabei der Möglichkeit zu, zentralörtliche Funktionen schrittweise auf ein Kooperationsnetzwerk von Städten mit zentralörtlichen Teilfunktionen zu verteilen.[71]

E. Kuhn/*R. Klingholz* Vielfalt statt Gleichwertigkeit, 2013, S. 71; *R. Winkel* Die Bevölkerungsentwicklung verändert die Anforderungen an die Siedlungsplanung, RuR 2001, 3 ff.

[69] § 2 Abs. 2 Nr. 3 ROG weist ausdrücklich darauf hin, dass zwar insbesondere Einrichtungen und Angebote der Grundversorgung auch in dünn besiedelten Regionen zur Sicherung von Chancengerechtigkeit in angemessener Weise zu gewährleisten sind, die soziale Infrastruktur jedoch vorrangig in Zentralen Orten zu bündeln und die Erreichbarkeitskriterien des Zentrale-Orte-Konzepts flexibel an den regionalen Erfordernissen auszurichten sind.

[70] Siehe dazu *T. Gawron* Zentrale-Orte-System und Sicherung der Daseinsvorsorge in schrumpfenden Regionen: Zum Koordinationsdilemma zwischen Raumordnung und Fachplanung, 2008, 9 ff. Die Festlegung der Raumordnung als das „führende" Verfahren über fachrechtliche Raumordnungsklauseln würde auch die Möglichkeit eröffnen, flexible, den jeweiligen teilräumlichen Entwicklungen angepasste Ausstattungsstandards für Zentrale Orte vorzugeben. Diese Standards könnten z. B. dadurch dynamisiert werden, dass sie einer fortschreitenden Entsiedlung schon prospektiv in einer Art downsizing angepasst werden.

[71] Vgl. *Der Beauftragte der Bundesregierung für die Neuen Bundesländer* Daseinsvorsorge im demografischen Wandel zukunftsfähig gestalten, 2011, 30. Derartige Kooperationen sind seit längerem bekannt und praktiziert (Beispiele bei *R. Bartsch* Funktionsteilige zentrale Orte in Deutschland, 2006, 166 ff.; *Bundesministerium für Verkehr, Bau und Stadtentwicklung* Kooperation zentraler Orte in schrumpfenden Regionen, 2008, 35 ff.; *Forschungsverbund Stadt und Region in Sachsen* Stadtregionen als Kooperationsräume: Zur Weiterentwicklung des Zentrale-Orte-Konzepts am Beispiel von Dresden, Leipzig und Chemnitz, 2003, 59 ff.; siehe auch Region Lausitz-Spreewald: Neue Strukturmodelle zur zentralörtlichen Gliederung, Berlin 2004, http://www.bbsr.bund.de/BBSR/DE/FP/MORO/Forschungsfelder/2004undFrueher/AnpassungsstrategienPeriphere Regionen/DL_ZentraleOrteLausitz.pdf?_blob=publicationFile&v=3). Der Fokus liegt dabei auf freiwilligen Kooperationen zwischen Städten bis hin zur Schaffung von kom-

Auch die Frage des Stadt-Umland-Verhältnisses[72] stellt sich durch den demografischen Wandel in verschärfter Form. Unter anderem die Verteilung von Steueranteilen schafft Anreize für die Kommunen, in Umlandgemeinden städtischer Zentren neue Siedlungsflächen für nicht verdichtetes Wohnen (Einfamilienhaus-Bebauung) auszuweisen, um in den städtischen Ballungsraum gerichtete Wanderungsbewegungen für sich zu nutzen.[73] Dies führt zu verschiedenen Fehlsteuerungen.[74] Raumplanerisch

---

plexeren Kooperationsmodellen wie Städteverbünden (dazu *Bundesministerium für Verkehr, Bau und Stadtentwicklung u. a. (Hrsg.)* Kooperation zentraler Orte in schrumpfenden Regionen, 2008, 14 ff.). Dem entspricht das geltende Raumordnungsrecht durch das in § 2 Abs. 2 Nr. 2 S. 3 ROG zum Ausdruck gebrachte Gebot, auf Kooperationen u. a. innerhalb von Regionen hinzuwirken. Dabei handelt es sich lediglich um eine Pflicht, Kooperationen zu fördern (*W. Spannowsky* in: ders./Runkel/Goppel (Fn. 63), § 2 Rdnr. 70).

Unabhängig von der Frage der Erzwingbarkeit interkommunaler Kooperationen durch den Landesgesetzgeber (dazu oben Fn. 51) stünde Art. 28 Abs. 2 GG einer Zuweisung zentralörtlicher Funktionen an mehrere Kommunen gemeinsam nicht entgegen. Art. 28 Abs. 2 GG gewährt kein Recht auf Übertragung zentralörtlicher Funktionen in einem bestimmten Umfang; vgl. zur fehlenden Berührung gemeindlicher Planungshoheit durch Zuweisung einer zentralörtlichen Funktion BVerwG, NVwZ 1994, 285 (288); OVG Lüneburg, NVwZ-RR 2006, 453 (454); wobei die Entscheidungen auch für die neue Rechtslage weiterhin gelten, so ausdrücklich VG München, Urteil vom 25.09.2007 – M 1 K 07.1397, M 1 K 07.1398, BeckRS 2007, 37347. Eine exklusive Zuweisung der Befugnis zur Wahrnehmung bestimmter Aufgaben an einzelne Kommunen durch die Raumplanung wäre damit nicht verbunden, ebenso wenig die Begründung einer aufgabenbezogenen Kooperationspflicht für die betroffenen Kommunen. Hierfür bedürfte es eines zusätzlichen Rückgriffs auf die dem Landesgesetzgeber zur Verfügung stehenden Möglichkeiten zur Erzwingung interkommunaler Kooperationen.

[72] Dazu nur *M. Beier/A. Matern* Stadt-Umland-Prozesse und interkommunale Zusammenarbeit, 2007, 2 ff.; *L. Blecken/M. Melzer* Stadt-Umland-Kooperation: Stellschrauben zur Stärkung der regionalen Zukunftsgestaltung, 2009, 9 ff.; *A. Kasper* Regionalkreise als Zukunftsmodell für die Stadt-Umland-Kooperation?, DÖV 2006, 589 (596 f.); *F. Kiepe* Stadt – Land – (Metropol-)Region: Neue Wege zwischen Stadt und Umland, in: Deutsches Institut für Urbanistik (Hrsg.) Urbane Räume in Bewegung: Für Klaus J. Beckmann zum 65. Geburtstag, 2013, 21 ff.; *A. Müller-Serten* Das Stadt-Umland-Problem am Beispiel Sachsen-Anhalt, LKV 2000, 281 ff.

[73] Stadt Mainz (Hrsg.) Stadt-Umland-Studie Mainz Rheinhessen, 2004, 28.

[74] Die Umlandgemeinden werben steuerkräftige Einwohner durch die Ausweisung von Bauland an und sparen sich die Zurverfügungstellung der zur Versorgung erforderlichen Infrastruktur, beispielsweise im Bildungsbereich. Umgekehrt findet eine Konzentration von Transferleistungsempfängern in den Städten statt. Dies führt zu einem Auseinanderklaffen des Verschuldungsgrades zwischen Stadt und Umlandgemeinden (vgl. *J. J. Hesse* Finanzbeziehungen zwischen der Landeshauptstadt Saarbrücken, dem Land und dem Regionalverband Saarbrücken, 2012, 13; *S. Seitz* Fiskalische und ökonomische Aspekte der Verwaltungsreform in Schleswig-Holstein, in: Landesregierung Schleswig-Holstein (Hrsg.), Gutachten zur Verwaltungsstruktur- und Funktionalreform in Schleswig-Holstein, 2008, 585 (678).

entspricht es dem Zentrale Orte-Konzept, die Funktion Wohnen in erster Linie Zentralen Orten zuzuweisen.[75] Alle anderen Gemeinden können raumplanerisch auf die Eigenentwicklung begrenzt werden.[76] Dies kann dadurch gesichert werden, dass die einzuhaltenden Grenzen der Eigenentwicklung explizit als Ziele der Raumordnung *quantifiziert* werden.[77]

Die Ausweisung von Siedlungsgebieten mit einer geringen Verdichtung führt für die Umlandgemeinden zu einer überproportionalen Steigerung der nicht verlagerbaren Infrastrukturkosten je Einwohner. Eine kompetitive Flächenausweisung mehrerer benachbarter Umlandgemeinden kann zu ruinösem Wettbewerb führen, weil durch Überausweisungen Auslastungsprobleme bestehen, die Infrastrukturen aber gleichwohl vorgehalten werden müssen, die mit ihnen verbundenen Kosten mithin gleichwohl anfallen (siehe *H.-J. Feil/S. Pamme* Metropolregion Hamburg: Funktionierende Kooperation trotz Akteursvielfalt?, 2006, 212 ff.; *E. Müllers* Stadt-Umland-Planung: Möglichkeiten und Grenzen der rechtlichen Einbindung von Stadt-Umland-Problemen, 1996, 5).

[75] Stadt Mainz (Fn. 73), 47; relativierend *H. H. Blotevogel (Hrsg.)* Fortentwicklung des Zentrale-Orte-Konzepts, 2002, 239; *Bundesamt für Bauwesen und Raumordnung* Strukturen und Instrumentfunktionen der Zentrale-Orte-Systeme, 1999, 7; *A. Edenharter* (Fn. 1), 173.

[76] Die Eigenentwicklung ist Ausfluss der durch Art. 28 Abs. 2 GG gewährleisteten Planungshoheit (zur Planungshoheit vgl. BVerfGE 56, 298 (313); 76, 107 (118 f.); BVerfG, Beschl. v. 7. 5. 2001 – 2 BvK 1/00 –, Rdnr. 8 (http://www.bverfg.de/entscheidungen/rk20010718_2bvr117699.html); BVerwG, Urt. v. 15. 12. 2006 – 7 C 1.06 –, Rn. 30; *J. Oebbecke* Die verfassungsrechtlich gewährleistete Planungshoheit der Gemeinden, in: Erbguth (Hrsg.) FS Hoppe, 2000, 239 ff.; *A. Werner-Jensen* Planungshoheit und kommunale Selbstverwaltung, 2006; *B. Widera* Zur verfassungsrechtlichen Gewährleistung gemeindlicher Planungshoheit, 1985. Sie beinhaltet das Recht der Gemeinden, den Wohnbedarf der ortsansässigen Bevölkerung und den daraus resultierenden Bauflächenbedarf zu befriedigen (*A. Priebs* Steuerung der Eigenentwicklung in ländlichen Siedlungen, 2009, 23, http://www.hannover.de/content/download/410624/8597307/version/1/file/BzrE123.pdf; *P. Runkel* in: Ernst/Zinkahn/Bielenberg/Krautzberger (Hrsg.), BauGB, 2014, § 1 Rn 56; Stadt Mainz (Fn. 73), 48; *P. J. Tettinger/W. Erbguth/T. Mann* Besonderes Verwaltungsrecht: Kommunalrecht, Polizei- und Ordnungsrecht, Baurecht, 10. Auflage, 2009, Rn. 814).

In der Praxis weisen insbesondere Umlandgemeinden von Städten mit hohem Zentralitätsgrad Bauflächen in einem weit über die Eigenentwicklung hinausgehenden Umfang aus (Stadt Mainz (Fn. 73), 57 ff.). Die Gründe hierfür sind in einer zu geringen Spezifizierung der Grenze der durch die Garantie kommunaler Selbstverwaltung gewährleisteten Eigenentwicklung zu vermuten.

[77] Stadt Mainz (Fn. 73), 88. Die Aufnahme einer diesbezüglichen appellativischen Bestimmung in das Raumordnungsrecht dürfte entbehrlich sein, da der Fragenkreis zu den Kernthemen der Raumplanung gehört; zur Nichtaufnahme von die Quantifizierung des Freiraumschutzes betreffenden Regelungen in das ROG vgl. *W. Spannowsky* in: ders./Runkel/Goppel (Fn. 63), § 2 Rdnr. 74.

2. *Stadtplanung*

Für die Stadtplanung ist Folgendes relevant: In städtischen Ballungsräumen führt der anhaltende Zuzug von Personen zur Notwendigkeit, weiteren Wohnraum und die erforderliche Infrastruktur zu schaffen. Hingegen führt der Bevölkerungsverlust in anderen Regionen zu Leerständen und Überkapazitäten. Vor allem in einwohnerstarken Zentren kann es zu Prozessen räumlicher Segregation kommen, die sich in Ghettoisierungen verdichten.

Das allgemeine Städtebaurecht nimmt sich der damit verbundenen Fragestellungen vor allem in den in § 1 Abs. 6 Nr. 2 und 3 BauGB genannten abwägungserheblichen Belangen an. Der in wachsenden städtischen Zentren drohenden Gefahr einer weiteren Zersiedlung durch Versiegelung von Freiflächen an den Stadträndern soll durch den Vorrang der Innenentwicklung (§ 1 Abs. 5 S. 3 BauGB[78]) begegnet werden. Um die praktische Umsetzung dieses Vorrangs zu erleichtern, könnten die bereits im Gesetz angelegten Privilegierungen maßvoll erweitert werden. Erwägenswert ist eine Zurücknahme der Anforderungen an den Immissions-

---

[78] Flankierend sind zur Unterstützung des Vorrangs der Innenentwicklung weitere Änderungen des BauGB vorgenommen worden; Überblick bei *U. Battis/S. Mitschang/O. Reidt* Stärkung der Innenentwicklung in den Städten und Gemeinden, NVwZ 2013, 961 (962); *M. Krautzberger* in: Ernst/Zinkahn/Bielenberg/Krautzberger (Fn. 76) Einl. Rn. 359; *M. Krautzberger/B. Stüer* BauGB-Novelle 2013 – Gesetz zur Stärkung der Innenentwicklung in den Städten und Gemeinden und weiteren Fortentwicklung des Städtebaurechts, DVBl. 2013, 805 (807 ff.); *T. Schröer/C. Kullick* Die Neuerungen der BauGB-Novelle 2013 im Überblick, NZBau 2013, 425 (425); *W. Spannowsky* Stadt- und Dorferneuerung im Zeichen der Innenentwicklung, ZfBR 2013, 752 (753).

Zu nennen ist insbesondere der neue Satz 4 der Bodenschutzklausel des § 1a Abs. 2 BauGB. Er verpflichtet zur Begründung einer bei der Bauleitplanung angenommenen Notwendigkeit, landwirtschaftliche oder als Wald genutzte Fläche umzuwandeln, wobei Ermittlungen zu den Möglichkeiten der Innenentwicklung zugrunde gelegt werden sollen. Die Begründung des Gesetzentwurfs stellt diese Ermittlungspflicht explizit in den Kontext der demografischen Entwicklung, wenn den Gemeinden eine Ermittlung des Neubedarfs auf der Basis aktueller Prognosen der Bevölkerungsentwicklung nahegelegt wird, BT-Drucks. 17/11468 S. 12. Dass damit ein juristisch geschärftes Schwert geschaffen worden ist, um dem Vorrang der Innenentwicklung in Anbetracht der Folgen des demografischen Wandels zu einer gerichtlichen Durchsetzbarkeit zu verhelfen, darf bezweifelt werden, vgl. *M. Krautzberger/B. Stüer* BauGB-Novelle 2013 – Gesetz zur Stärkung der Innenentwicklung in den Städten und Gemeinden und weiteren Fortentwicklung des Städtebaurechts, DVBl. 2013, 805 (808). Eine Schärfung ließe sich vor allem dadurch erreichen, dass überprüfbare Anforderungen an das Verfahren gestellt werden, in dem Prognosen der Bevölkerungsentwicklung in Korrelation zur Ermittlung des Neubedarfs in Auseinandersetzung mit den Potenzialen der Innenentwicklung gesetzt werden.

schutz bei planerisch gesteuerten Nachverdichtungen[79], auch zur Verbesserung einer wohnungsnahen Versorgung durch Einzelhandelsbetriebe[80]. Allerdings sollte dies nicht durch schlichtes Absenken der Zumutbarkeitsschwelle erfolgen, sondern in einer qualitativen Bewertung mit anderen Aspekten in einem ganzheitlichen Entwicklungskonzept.

Dass als besonderes Instrument zur Deckung eines steigenden Wohnungsbedarfs die städtebauliche Entwicklungsmaßnahme nach §§ 165 ff. BauGB in Betracht kommt, macht § 165 Abs. 3 S. 1 Nr. 2 BauGB deutlich.[81] Eine Entwicklungsmaßnahme kann sowohl zur Entwicklung bislang baulich nicht genutzter Flächen als auch zur Neuordnung von Gebieten mit vorhandener baulicher Nutzung dienen.[82] Voraussetzung ist, dass das Wohl der Allgemeinheit die Entwicklungsmaßnahme erfordert, insbesondere weil die bauleitplanerische Ausweisung von Flächen für Wohnbedarfe nicht ausreicht und es deshalb des hoheitlichen Zugriffs auf privates Grundeigentum bedarf[83].

Gleichsam auf der anderen Seite der Skala stehen die Gestaltungsmöglichkeiten bei einem signifikanten Einwohnerrückgang. Zu nennen sind hier vor allem die Instrumente des Stadtumbaus und der städtebaulichen Sanierung:

- Mit Hilfe städtebaulicher Sanierungsmaßnahmen[84] kann zunächst die Beseitigung aufgrund demografischer Änderungen leerstehender Gebäude erfolgen.[85] Da eine Sanierung aber gleichzeitig erfordert, dass hierdurch frei werdende Flächen positiv einer neuen Nutzung zuge-

---

[79] *M. Krautzberger/B. Stüer* Städtebaurecht: Gestaltung des demographischen Wandels als Verwaltungsaufgabe, DVBl. 2014, 1085 (1087).

[80] *M. Krautzberger/B. Stüer* (Fn. 79), 1088.

[81] Vgl. *A. Edenharter* (Fn. 1), 436.

[82] *S. Mitschang* in: Battis/Krautzberger/Löhr, Baugesetzbuch, 12. Aufl. 2014, § 165 Rdnr. 10 ff.

[83] *S. Mitschang* in: Battis/Krautzberger/Löhr (Fn. 82), § 165 Rdnr. 20.

[84] Auch städtebauliche Sanierungsmaßnahmen nach den §§ 136 ff. BauGB können zur Bewältigung der Folgen des demografischen Wandels eingesetzt werden. Hierbei handelt es sich ebenfalls um städtebauliche Gesamtmaßnahmen (*M. Krautzberger* in: Ernst/Zinkahn/Bielenberg/Krautzberger (Fn. 76), Vorbemerkung § 136 – § 164b Rdnr. 23), die im Falle von durch Bevölkerungsschrumpfung eintretenden funktionalen städtebaulichen Mängeln im Sinne von § 136 Abs. 2 S. 2 Nr. 2 BauGB ergriffen werden können (vgl. *M. Krautzberger* in: Ernst/Zinkahn/Bielenberg/Krautzberger (Fn. 76), § 136 Rdnr. 92). Dementsprechend statuiert § 136 Abs. 4 S. 2 Nr. 3 BauGB als eines der Ziele städtebaulicher Sanierungsmaßnahmen, dass die Siedlungsstruktur der Bevölkerungsentwicklung entspricht.

[85] *A. Edenharter* (Fn. 1), 414; *M. Krautzberger* in: Ernst/Zinkahn/Bielenberg/Krautzberger (Fn. 76), § 136 Rn. 63.

führt werden[86], lässt sie sich zur Entwicklung von Konzepten des Zusammenlebens von der demografischen Entwicklung unterschiedlich betroffener Bevölkerungsgruppen in einer Siedlungsstruktur nutzen.[87] Das Sanierungsrecht bietet allerdings keine Grundlage für eine proaktive Stadtgestaltung zur Anpassung an Trends des demografischen Wandels, sondern setzt voraus, dass städtebauliche Missstände bereits eingetreten sind.[88] Dementsprechend bleibt auch die Beteiligung nach § 137 BauGB an eine konkrete Sanierung gebunden und ist für die Institutionalisierung eines dauerhaften Diskurses mit und zwischen verschiedenen Bevölkerungsgruppen über städtebauliche Veränderungen, die durch den demografischen Wandel hervorgerufen werden, nicht fruchtbar zu machen.[89]

---

[86] *A. Edenharter* (Fn. 1), 414; *M. Krautzberger* in: Ernst/Zinkahn/Bielenberg/Krautzberger (Fn. 76), § 136 Rn. 73.

[87] Darüber hinaus kann im Zuge einer Sanierung nicht nur ein Rückbau, sondern bei steigender Bevölkerungszahl auch eine Nachverdichtung vorgenommen werden, *S. Mitschang* in: Battis/Krautzberger/Löhr (Fn. 82), § 136 Rdnr. 32.

[88] *S. Mitschang* in: Battis/Krautzberger/Löhr (Fn. 82), § 136 Rdnr. 25.

[89] Nach § 137 BauGB soll die Sanierung mit den Eigentümern, Mietern, Pächtern und sonstigen Betroffenen nicht nur möglichst frühzeitig erörtert werden, sondern die Betroffenen sollen darüber hinaus zur Mitwirkung bei der Sanierung angeregt werden. Unabhängig von der gem. § 157 Abs. 1 S. 1 BauGB bestehenden Möglichkeit der Gemeinde, sich bei der Erfüllung dieser Aufgabe eines Beauftragten zu bedienen, ist Adressat der Pflicht zur Initiierung und Organisation des Beteiligungsprozesses sowie der Aktivierung der Betroffenen die Gemeinde (*M. Krautzberger* in: Ernst/Zinkahn/Bielenberg/Krautzberger (Fn. 76), § 137 Rdnr. 38 ff., 63).

Der Begriff der Betroffenen ist weit zu verstehen und umfasst zwar nicht die allgemeine Öffentlichkeit, jedoch alle diejenigen Personen, die von der Sanierung in ihren persönlichen Lebensumständen betroffen sein können (*M. Krautzberger* in: Ernst/Zinkahn/Bielenberg/Krautzberger (Fn. 76), § 137 Rdnr. 42, 44). Soweit durch die Sanierung städtebaulich auf durch die Bevölkerungsentwicklung eingetretene Veränderungen reagiert wird, werden dies in der Regel alle Bewohner des Sanierungsgebiets und ggf. auch Bewohner angrenzender Übergangsbereiche zu anderen Gebieten (zur Erfassung dieser Gruppe durch den Betroffenenbegriff des § 137 BauGB *M. Krautzberger* in: Ernst/Zinkahn/Bielenberg/Krautzberger (Fn. 76), § 137 Rdnr. 45) sein. In personeller Hinsicht lässt sich also die Beteiligung nach § 137 BauGB zu einem Dialog mit verschiedenen Bevölkerungsgruppen über die mit der Sanierung angestrebte Reaktion auf demografische Entwicklungen nutzen. Eine inhaltliche Begrenzung dieses Dialogs, beispielsweise auf städtebauliche Fragen im engeren Sinne, gibt § 137 BauGB nicht vor. Vielmehr kann sich die Erörterung auf alle von der Sanierung und ihrer Durchführung berührten Lebensumstände der Betroffenen erstrecken (*M. Krautzberger* in: Ernst/Zinkahn/Bielenberg/Krautzberger (Fn. 76), § 137 Rdnr. 49).

Zwar soll die Beteiligung ausweislich des § 137 S. 1 BauGB möglichst frühzeitig beginnen. Sie bleibt jedoch an eine konkrete Sanierung gebunden, setzt mithin eine – noch nicht abgeschlossene – Meinungsbildung der Gemeinde zur Frage des Vorliegens

– Das Verfahren des Stadtumbaus[90] ist in nicht unbeträchtlichem Maße auf Kommunikation und Kooperation angelegt. So erfolgt die Festlegung des Stadtumbaugebiets und die Aufstellung des städtebaulichen Entwicklungskonzepts durch die Gemeinde (§ 171b Abs. 1 und 2 BauGB) auf der Grundlage der aus dem Sanierungsrecht bekannten Beteiligung und Mitwirkung der Betroffenen nach § 137 BauGB (§ 171b Abs. 3 BauGB). Die Umsetzung des Entwicklungskonzepts soll auf der Grundlage von städtebaulichen Verträgen erfolgen (§ 171c BauGB)[91].

---

der Sanierungsvoraussetzungen voraus (*M. Krautzberger* in: Ernst/Zinkahn/Bielenberg/Krautzberger (Fn. 76), § 137 Rdnr. 47).

[90] Der Stadtumbau nach den §§ 171a ff. BauGB ist in besonderem Maße der Bewältigung der Folgen des demografischen Wandels verpflichtet, dient er doch – neben der Sicherstellung der allgemeinen Anforderungen an Klimaschutz und Klimaanpassung – primär dazu, auf ein dauerhaftes Überangebot an baulichen Anlagen (insbesondere für Wohnzwecke), das durch städtebauliche Funktionsverluste eingetreten ist, durch Anpassungen zu reagieren (§ 171a Abs. 2 BauGB. Vgl. zum Stadtumbau *A. Edenharter* (Fn. 1), 437 ff.; *J. Goldschmidt* Stadtumbau und Soziale Stadt, DVBl 2005, 81 ff.; *M. Krautzberger* Klimaschutz als Aufgabe der Stadterneuerung und des Stadtumbaus, DVBl 2012, 69 (71 ff.); *S. Mitschang*/*K. Roeper* Stadtumbau auf Gewerbe- und Industriearealen – Gibt es Typologien?, ZfBR 2011, 10 ff. Wesentliches Merkmal des Stadtumbauprozesses ist die Eigenschaft als städtebauliche Gesamtmaßnahme (*O. Reidt* in: Battis/Krautzberger/Löhr (Fn. 82) § 171a Rdnr. 1). Wie die Aufzählung der einzubeziehenden Aspekte in § 171a Abs. 3 S. 2 BauGB zeigt, beschränken sich Stadtumbaumaßnahmen nicht auf einen bloßen Rückbau (*O. Reidt* in: Battis/Krautzberger/Löhr (Fn. 82) § 171a Rdnr. 10). Zur Anpassung an die Erfordernisse der Entwicklung der Bevölkerung (§ 171a Abs. 3 S. 2 Nr. 1 BauGB) oder der Zuführung nicht mehr bedarfsgerechter baulicher Anlagen zu einer neuen Nutzung (§ 171a Abs. 3 S. 2 Nr. 4 BauGB) kann auch eine städtebauliche Neuordnung zur Verbesserung des Zusammenlebens verschiedener Bevölkerungsgruppen mit unterschiedlichen Bedürfnissen zählen (für ein weites Verständnis etwa *M. Krautzberger* in: Ernst/Zinkahn/Bielenberg/Krautzberger (Fn. 76), § 171a Rdnr. 32a, 36).

[91] Vertragspartner sind in erster Line die Eigentümer, wobei Verträge aber auch mit Mietern, Pächtern und anderen geschlossen werden können (für ein weites Verständnis etwa *M. Krautzberger* in: Ernst/Zinkahn/Bielenberg/Krautzberger (Fn. 76), § 171c Rdnr. 4). Derartige Verträge können auch multipolarer Natur sein, also zwischen Privaten unter Beteiligung der Gemeinde geschlossen werden, soweit die Umsetzung des städtebaulichen Entwicklungskonzepts in Rede steht (vgl. etwa *M. Krautzberger* in: Ernst/Zinkahn/Bielenberg/Krautzberger (Fn. 76), § 171c Rdnr. 9). Hingegen ist ein Stadtumbauvertrag zum Ausgleich von Lasten, worunter etwa die zumindest teilweise Kompensation von Belastungen, die ein rückbauender Eigentümer erleidet, durch die Vorteile, die ein anderer Eigentümer aus der besseren Vermietbarkeit seiner Objekte zieht, zu verstehen ist (siehe *M. Krautzberger* in: Ernst/Zinkahn/Bielenberg/Krautzberger (Fn. 76), § 171c Rdnr. 13), gemäß § 171c S. 2 Nr. 3 BauGB nur zwischen beteiligten Eigentümern möglich. Zur Realisierung einer demografieinduzierten Urban Governance ist ein lastenausgleichender Stadtumbauvertrag daher de lege lata nur beschränkt

Segregation ist in ihrer demografischen Dimension nicht (allein) an den sozialen Status der Bewohner eines bestimmten Gebiets geknüpft, sondern durch die unterschiedlichen Wohn- und Lebensbedürfnisse verschiedener in die Städte zuziehender Bevölkerungsgruppen determiniert. Entsprechend kann Segregation sowohl auf der Wahl eines spezifischen Wohnumfeldes durch bestimmte Bevölkerungsgruppen als auch auf Verdrängungsprozessen beruhen.

– Das Ergreifen von Maßnahmen der Sozialen Stadt enthält ein Instrument, um auf Segregationsprozesse gestaltend einwirken zu können. Auch § 171e BauGB ermöglicht allerdings keine proaktive Förderung einer pluralen Bevölkerungsstruktur im gesamten Stadtgebiet im Sinne eines urbanen diversity managements.[92] Maßnahmen der Sozialen Stadt zur Gestaltung der Folgen des demografischen Wandels sind vielmehr erst dann möglich, wenn eine wirtschaftliche und soziale Situation, die eine Benachteiligung begründet, eine demografisch erfassbare Gruppe betrifft (vgl. § 171e Abs. 2 BauGB).[93]

---

geeignet (optimistischer wohl *J. Kersten* (Fn. 14), 329 f.). Das integrative Kooperationskonzept, das mit der Mitwirkung aller Betroffenen – nicht allein der Eigentümer – bei der Vorbereitung des städtebaulichen Entwicklungskonzepts beginnt und sich in dessen Durchführung fortsetzt (§ 171b Abs. 3 iVm § 137 BauGB), einschließlich der Möglichkeit der Verdichtung dieses dialogischen Prozesses in einem multipolaren Stadtumbauvertrag, ausgerechnet nicht auf der Stufe des Lastenausgleichs fortzusetzen, ist wenig einsichtig. Vielmehr entspricht es gerade dem Nachhaltigkeitsziel des Stadtumbaus (§ 171a Abs. 2 BauGB), einen langfristig belastbaren Ausgleich zwischen verschiedenen Bevölkerungsgruppen zu ermöglichen. Der Gedanke eines solchen umfassenden Ausgleichs zur Finanzierung von städtebaulichen Maßnahmen ist nicht neu und lag bereits der Sanierungsgemeinschaft nach dem früheren § 14 StBauFG zugrunde (vgl. *M. Krautzberger* Stadterneuerung und Stadtentwicklung durch Private?, DVBl. 2008, S. 337 (339)).

[92] Vgl. aber *J. Kersten* (Fn. 14), 331 f.: „Formulierung des neuen urbanen Gesellschaftsvertrags".

[93] Liegen diese Voraussetzungen vor, so sind die zur Aufwertung ergriffenen Maßnahmen gesamthaft und prozesshaft angelegt. Dies drückt sich zum einen in der Einbeziehung investiver wie nicht-investiver Maßnahmen aus (§ 171e Abs. 2 S. 3 BauGB). Zum anderen hat das zu erstellende Entwicklungskonzept neben städtebaulichen auch alle anderen in dem betreffenden Gebiet geplanten Maßnahmen zu integrieren und muss laufend an die begonnene Quartierentwicklung angepasst werden (*M. Krautzberger* in: Ernst/Zinkahn/Bielenberg/Krautzberger (Fn. 76), § 171e Rdnr. 42 f.). Dieser Prozess der Konzeptentwicklung und -anpassung ist dialogisch angelegt. Entsprechend der in § 137 BauGB getroffenen Regelung (dazu oben Fn. 89) sind bei Erstellung und Durchführung des Entwicklungskonzepts die Betroffenen einzubeziehen (§ 171e Abs. 4 und 5 BauGB). Das mit Maßnahmen der Sozialen Stadt verbundene Beteiligungsmodell ist allerdings weitergehend als die Beteiligung im Sanierungsrecht zentral auf dauerhafte Aktivierung der in der Bewohnerschaft vorhandenen Potenziale zur Entwicklung des Stadtteils sowie auf die Stabilisierung in selbsttragenden Formen der

– Zur Einwirkung auf unter dem Begriff der Gentrifizierung zusammengefasster Verdrängungsprozesse[94] kennt das Baurecht den Erlass von sog. Milieuschutzsatzungen nach § 172 Abs. 1 S. 1 Nr. 2 BauGB zur Erhaltung der Zusammensetzung der Wohnbevölkerung.[95] Die Homogenität eines Milieus ist dabei nicht einmal faktische Voraussetzung eines Tätigwerdens des Satzungsgebers und der Schutz einer durchmischten Wohnbevölkerung nicht erforderlich oder sinnlos.[96] Unter dem Gesichtspunkt der Gestaltung der Folgen des demografischen Wandels kann vielmehr gerade der Erhalt eines funktionierenden Zusammenlebens verschiedener Bevölkerungsgruppen in einem Gebiet Vorbildwirkung haben und schützenswert sein. Umgekehrt können sich die zum Milieuschutz führenden besonderen städtebaulichen Gründe aber auch gerade daraus ergeben, dass die Struktur des betreffenden Gebiets, seine Infrastruktur-, sozialen und Versorgungseinrichtungen, speziell auf die demografisch homogene vorhandene Wohnbevölkerung ausgerichtet sind.[97]

Organisation der Bewohner gerichtet (*M. Krautzberger* in: Ernst/Zinkahn/Bielenberg/Krautzberger (Fn. 76), § 171e Rdnr. 46). Die zur Koordinierung der verschiedenen Akteure erforderliche Governance kann durch eine hierfür vorgesehene Koordinierungsstelle (§ 171e Abs. 5 S. 3 BauGB) geleistet werden.

Diese Strukturen sind zwar in ihrer Entstehung an das beschriebene Vorliegen sozialer Missstände geknüpft, nach Etablierung jedoch auch dann noch für die Aufnahme eines koordinierten Diskurses der unterschiedlichen Bewohnergruppen des Stadtteils über die Koordination der unterschiedlichen Bedürfnisse aufnahmefähig, wenn der besondere Entwicklungsbedarf des betreffenden Gebiets bereits abgearbeitet worden ist.

[94] In Städten mit einem unter hohem Nachfragedruck stehenden Wohnungsmarkt kann es durch Zuzug zahlungskräftiger Bevölkerungsgruppen, sowohl gutsituierter älterer Personen als auch hochbezahlter jüngerer Arbeitskräfte, zu einem Verdrängungswettbewerb zu Lasten anderer Gruppen kommen. Dies kann dazu führen, dass ein im status quo demografisch gut durchmischter Stadtteil nur noch von einer Bevölkerungsgruppe bewohnt wird.

[95] Innerhalb des durch Bebauungsplan oder sonstige Satzung bezeichneten Gebiets bedürfen Rückbau, Änderung und Nutzungsänderung baulicher Anlagen sowie (wenn durch landesrechtliche Verordnung bestimmt, § 172 Abs. 1 S. 4 BauGB) die Begründung von Wohneigentum und Teileigentum der Genehmigung der Gemeinde. Dass die vorhandene Wohnbevölkerung wirtschaftlich weniger leistungsfähig ist als diejenigen, die an einem Zuzug interessiert sind, ist nicht Voraussetzung für den Erlass einer Milieuschutzsatzung (*T. Schröer/C. Kullick* Milieuschutz – auch für Besserverdienende?, NZBau 2011, 404). Erforderlich ist allerdings, dass die von der Vorschrift erfassten Änderungen etc. in einer Prognose eine zumindest teilweise Verdrängung der derzeitigen Wohnbevölkerung erwarten lassen (*J. Stock* in: Ernst/Zinkahn/Bielenberg/Krautzberger (Fn. 76), § 172 Rdnr. 43).

[96] *W. Becker/U. Huchler* Anwendungs- und Vollzugspraxis von Milieuschutzsatzungen, Der Städtetag 1998, 437 (438); AA *T. Schröer/C. Kullick* (Fn. 95), 405.

[97] *M. Schladebach* Milieuschutzsatzungen, BauR 2000, 1137 (1141).

– Explizit mit dem im Zuge des demografischen Wandels und dem durch ihn verstärkten Druck auf die Wohnungsmärkte städtischer Ballungszentren begründet ist der Entwurf eines Gesetzes zur Dämpfung des Mietanstiegs auf angespannten Wohnungsmärkten.[98] Zentrale Maßnahme ist die Begrenzung des Mietanstiegs bei der Wiedervermietung von Bestandswohnungen in den durch Rechtsverordnungen der Landesregierungen ausgewiesenen Gebieten mit angespannten Wohnungsmärkten auf das Niveau der ortsüblichen Vergleichsmiete zzgl. 10 Prozent (Art. 1 Nr. 3)[99]. Die Gestaltungsmöglichkeiten der Verwaltung sind in dem vorgesehenen Regelungsmodell gering. Sie erschöpfen sich in der Entscheidung der Landesregierungen, von der erteilten Ermächtigung zur Festsetzung der Gebiete mit angespanntem Wohnungsmarkt Gebrauch zu machen oder dies nicht zu tun. Eine Möglichkeit, die jeweiligen lokalen demografischen Besonderheiten anpassend zu berücksichtigen, besteht für die Verwaltung nicht. Ähnlich verhält es sich seit dem Mietrechtsänderungsgesetz 2013 hinsichtlich der Höhe der Kappungsgrenze bei Mietsteigerungen in bestehenden Mietverhältnissen.

Größere Flexibilität würde der Verwaltung gewährt, wenn mit der Frage der Mietsteigerungsgrenzen die Gemeinden befasst wären. Die Ermittlung gebietsscharfer Mietobergrenzen in einem methodisch konsolidierten Verfahren zur Feststellung, welche Miethöhe zur Gefahr einer Verdrängung der vorhandenen Wohnbevölkerung führen kann, wäre für die Gemeinden kein Novum, sondern war früher im Sanierungsrecht durchaus verbreitet[100] und findet sich noch heute bei der Genehmigung von Änderungen im Geltungsbereich von Milieuschutzsatzungen[101]. Ist

---

[98] BR-Drucks. 447/14.

[99] Verhindert werden soll damit in erster Linie eine Verdrängung weniger einkommensstarker Bevölkerungsschichten aus den innerstädtischen Bereichen. An der Verfassungsmäßigkeit dieser Regelung als verhältnismäßige Inhalts- und Schrankenbestimmung im Sinne des Art. 14 Abs. 1 S. 2 GG wird sich kaum zweifeln lassen, zumal die Rentabilität für den Vermieter in Anbetracht der Möglichkeit der Steigerung der Miete bis auf 10 Prozent über der ortsüblichen Vergleichsmiete gegeben und die Wirtschaftlichkeit der Vermietung nicht gefährdet sein dürfte; vgl. *P. Derleder* Wiedervermietungsbegrenzung und Verfassungsrecht, WuM 2013, 383 (389 ff.). Zur Wirtschaftlichkeit der Vermietung als Grenze BVerfG, NJW 1995, 511 (512); BVerfG, NJW 1992, 1377 (1378); BVerfG, NJW 1986, 1669 (1670); BVerfG, NJW 1974, 1499 (1500).

[100] Beendet durch BVerwG, NVwZ 2006, 1167 (1168); zu den damit verbundenen Fragestellungen *A. Kunze/F. Badtke* Wegfall von Mietobergrenzen in Sanierungsgebieten, BauR 2003, 976 ff.

[101] Indem die Miethöhe als Indikator (d. h. als Orientierungswert, nicht als strikte Grenze; vgl. BVerwG, NVwZ 1998, 503 (504) für das Bestehen einer Gefahr der Verdrängung der Wohnbevölkerung im Rahmen der nach § 172 Abs. 4 BauGB anzustellen-

der durch den Nachfragedruck auf den Wohnungsmarkt entstehende starke Mietanstieg einerseits ein die Implementation eines umfassenden kommunalen Entwicklungskonzepts gefährdender, andererseits aber in seinen Folgen nur *ein* für die Konzeptentwicklung relevanter Parameter, dessen isolierte Behandlung Inkonsistenzen hervorbringen kann, so spricht Vieles dafür, den Gemeinden die verbindliche Festlegung der Mietsteigerungsschwelle zu übertragen, ab deren Überschreiten eine integrative Gestaltung der Folgen des demografischen Wandels durch einen ganzheitlichen kommunalen Ansatz in Schieflage gerät[102].

In einer Gesamtschau erfasst das geltende Recht die städtebauliche Gestaltung der Folgen des demografischen Wandels nur fragmentiert. Dies gilt auch für die prospektiv-gestaltend angelegte Bauleitplanung. Flexibilisierungspotenziale z.B. zu einer Bestimmung der Akzeptanz von Immissionen bei Nachverdichtungen werden nicht genutzt. Die Instrumente des besonderen Städtebaurechts sind grundsätzlich reaktiv angelegt und ermöglichen allenfalls am Rande eine proaktive Gestaltung.

Wenngleich es in der Praxis zahlreiche Beispiele von Entwicklungskonzepten zur proaktiven planerischen Gestaltung der Folgen des demografischen Wandels gibt, sollte erwogen werden, den Gemeinden ein solches Entwicklungskonzept gesetzlich zur Pflicht zu machen. Wie die verschiedenen, sich überschneidenden Maßnahmen des Besonderen Städtebaurechts, die die Korrektur von nicht gesteuerten Fehlentwicklungen verhindern sollen, verdeutlichen, besteht Bedarf an einer Routinisierung von Instrumenten, die diese Korrekturen durch Antizipation soweit wie möglich entbehrlich machen. Ein solches abwägungsbasiertes Entwicklungskonzept wäre aufnahmefähig für zahlreiche Einzelaspekte, die im Zuge der Gestaltung der Folgen des demografischen Wandels bei isolierter Behandlung die mit ihnen verbundenen Potenziale nicht ausschöpfen wür-

---

den Prüfung des Vorliegens von Gründen zur Versagung der Änderungsgenehmigung herangezogen wird, muss die Gemeinde gebietsspezifisch Höchstbelastungswerte ermitteln, die mit Blick auf die in dem betreffenden Gebiet gegebene wirtschaftliche Leistungsfähigkeit der Wohnbevölkerung die zu erwartende Verdrängungsschwelle möglichst exakt abbilden muss (BVerwG, NVwZ 1998, 503 (504) mit dem Hinweis, dass die daraus folgende Feststellung einer Verdrängungsgefahr eine Prognose enthält, die nur beschränkt einer gerichtlichen Überprüfung zugänglich ist).

[102] Diese Festlegung durch die Gemeinden würde sich nicht auf die Verwirklichung der Grundsätze eines sozialen Mietrechts beziehen, sondern wäre allein Ausfluss der kommunalen Planungshoheit. Da solche Satzungen eine Inhalts- und Schrankenbestimmung des Eigentums der Vermieter darstellen würden, bedürfte es einer hinreichend bestimmten gesetzlichen Ermächtigung; vgl. in diesem Zusammenhang BVerwG, DÖV 2014, 345 (348 f.).

den.[103] Beispiel hierfür ist die Inbeziehungsetzung von quantitativen und qualitativen Aspekten der Innenentwicklung mit der akzeptierten Immissionsbelastung in Abweichung vom Gebietscharakter, die Raum für Kompensationslösungen ließe. Entsprechendes gilt für die Einbeziehbarkeit der Miethöhenentwicklung in die Schaffung von Baurecht im Rahmen eines ganzheitlichen Entwicklungskonzepts. Beispiel wäre eine Nachverdichtung, die von der Wohnbevölkerung trotz Überschreitens der zumutbaren Immissionsbelastung akzeptiert wird, weil gleichzeitig die bestehende soziale Struktur des Quartiers über Miethöhe- und Mietsteigerungsbegrenzungen gestärkt wird. Der Investor wiederum akzeptiert die mietbezogenen Regelungen wegen der ihm sonst verschlossenen baulichen Nutzung. Einzubeziehen wäre darüber hinaus ggf. ein Lastenausgleich für die Eigentümer anderer Immobilien in dem betreffenden Gebiet.

Ein zukunftsweisender Ansatz sollte ein local bzw. urban governance-Konzept nicht als unverbindliche Diskursarena, sondern als verbindliches, zentral auf Partizipation und Fortschreibung beruhendes Arrangement begreifen. Handlungsleitende Regelungen, die Raum für innovative Ausfüllungen entsprechend der jeweiligen lokalen Situation lassen, können diesbezüglich zu einer Strukturierung beitragen und den in solchen Pro-

---

[103] Diesbezüglich ist darauf hinzuweisen, dass nicht nur städtebauliche Planungen und Maßnahmen im Allgemeinen, sondern erst recht ein komplexes Abwägungsgeflecht wie das genannte ganzheitliche Entwicklungskonzept in einem hohen Maße auf eine ausdifferenzierte Basis kleinsträumiger Daten angewiesen ist. Seitens der Kommunen wird zur Erfüllung ihrer planenden Aufgaben – insbesondere der Ermittlung von Wechselbeziehungen zwischen demographischen Entwicklungen und Wohnraumangebot – für Zwecke der Stadtentwicklungs-, Flächennutzungs-, Stadterneuerungs- und Sanierungsplanung, für die Wohnraumbedarfsschätzung, die Sozialplanung und -raumanalyse, die Planung der Energieversorgung sowie die Umweltplanung, eine Statistische Gebäudedatei mit wohnungsbezogenen Angaben benötigt. Ohne die dauerhafte Verfügbarkeit von Straße und Hausnummer ist eine Fortschreibung einer solchen Datei nicht oder nur mit unverhältnismäßigem Aufwand möglich (dazu: Wie viel Zensus braucht die Stadt? Ergebnisse des Zensusworkshops der Städtestatistik am 22./23. Februar 2007 in Bonn, in: Verband Deutscher Städtestatistiker, Stadtforschung und Statistik, Sonderausgabe: Wie viel Zensus braucht die Stadt?, 2007, 5 (9). Verfassungsrechtlich verankert ist der Zugang zu diesen benötigten Daten in der durch Art. 28 Abs. 2 GG gewährleisteten Planungshoheit der Gemeinden (*H. H. von Arnim*, Volkszählungsurteil und Städtestatistik, 1987, 48).

Dem wird das geltende Statistikrecht, auch wenn es nicht als verfassungswidrig angesehen werden kann, nicht vollständig gerecht. Daher sollten das Bundesstatistikgesetz und die Landesstatistikgesetze dahingehend geändert werden, dass die kommunalen Statistikstellen Zugang zu kleinsträumlichen, das jeweilige Gemeindegebiet betreffenden statistischen Daten der Bundes- und Landesstatistik haben (siehe *J. Ziekow* Kommunale Informationshoheit – Anforderungen der Garantie der kommunalen Selbstverwaltung an die Ausgestaltung der amtlichen Statistik, VerwArch 104 (2013), 529 ff.).

zessen durchaus auftretenden sozialen und kommunikatorischen Asymmetrien entgegenwirken.

IV. Gestaltung der Folgen des demografischen Wandels durch die Verwaltung: Demografiekonzept und Regelungsdesiderate

Demografischer Wandel ist ein multidimensionaler Prozess, geht es doch um komplexe Verschiebungen der Bevölkerungsdichte und -zusammensetzung in regionaler Diversifizierung. Wie die Einzelanalyse ergeben hat, stellt das geltende Recht verschiedene Instrumente zur Verfügung, die der Verwaltung eine Reaktion auf die Folgen des demografischen Wandels ermöglichen. Allerdings stehen diese Instrumente in keiner, eine wirkliche Gestaltung durch die Verwaltung ermöglichenden Verbindung. Es bedarf daher des ganzheitlichen Ansatzes eines integrierenden und fortzuschreibenden Demografiekonzepts für alle Dimensionen der Verwaltung, ihrer Aufgaben, ihrer Organisation, ihrer Prozesse, ihres Personals und ihrer Kontexteinbettung.

Eine zentrale Bedeutung kommt dabei einer demografieorientierten Aufgabenkritik zu, die eine Vergewisserung über das Aufgabenportfolio der Verwaltung leistet und sich der Festlegung von Präferenzentscheidungen über die anzustrebende Leistungstiefe der Erfüllung öffentlicher Aufgaben und der dabei zu wählenden Leistungsmodi annimmt. Sie setzt zum einen die Maßstäbe für die Organisation der Verwaltung, die Leistungserbringungsprozesse und das benötigte Personal und liefert Ausgangsstandards für laufende prozedurale Sicherungen wie einen Demografiecheck. Zum anderen stellt sie einen Anknüpfungspunkt für die Übersetzung von Leistungstiefe und Leistungsmodi in die planerische Gestaltung des Raumes und des Zusammenlebens im Raum dar, etwa bei der Ausgestaltung des Zentrale-Orte-Systems. Bestandteil des ganzheitlichen Demografiekonzepts muss dementsprechend ein regionales wie ein lokales, partizipativ erarbeitetes raumbezogenes Entwicklungskonzept sein.

Von *dem* Demografiekonzept zu sprechen, ist dabei durchaus irreführend. Der konzeptionelle Umgang mit den Folgen des demografischen Wandels erfordert eine Einbeziehung aller Ebenen der Verwaltung. Beispielsweise ist die Aufgabenkritik für das gesamte Land zu leisten und regional auszudifferenzieren, während die Anknüpfung der Regionalplanung ein regionales und die Gestaltung vor Ort ein kommunales Entwicklungskonzept erfordert. Die Aufgabe eines demografieorientierten Personalmanagements gilt hingegen für alle Verwaltungen gleichermaßen. Jede Verwaltungsebene bedarf mithin eines eigenen Demografiekonzepts, das mit den Konzepten der anderen Ebenen verknüpft ist.

Ein solchermaßen komplexes Konzeptionierungsmodell mag mit einer Orientierung vermittelnden rechtlichen Regelung bessere Realisierungschancen haben. Denkbar wäre z.B. ein landesrechtliches Demografiefolgen-Gestaltungsgesetz in Form eines Artikelgesetzes, das aus zwei Gruppen von Regelungen besteht:

- Erstens Vorschriften, die den rechtlichen status quo ändern, um die Leistungsfähigkeit der Verwaltung zu erhöhen und ihr durch die Beseitigung von Gestaltungsspielräume einengenden Vorschriften flexible Arrangements zu ermöglichen. Beispiele sind die Änderung von Gebietsstrukturen, die Flexibilisierung dienstrechtlicher Bestimmungen, die Aufhebung des Postulats der Gleichwertigkeit der Lebensverhältnisse im Raumordnungsrecht oder eine Erweiterung des Vorrangs der Innenentwicklung.
- Zweitens das Gerüst über mehrere Verwaltungsebenen verknüpfter Demografie-Konzepte. Wesentliche Elemente wären die Etablierung eines partizipativen Modells der Bestimmung von Leistungstiefe und -modi der Erbringung von Daseinsvorsorgeleistungen, die Schaffung von Schnittstellen mit der Regionalplanung zur Feinjustierung, die Festlegung der Raumordnung als des führenden Verfahrens hinsichtlich der Versorgungsausstattung, Möglichkeiten zur Herbeiführung interkommunaler Kooperationen ohne Einigung zwischen den betroffenen Kommunen, die Pflicht zur Entwicklung und laufenden Revision eines Demografie-Konzepts für alle Verwaltungen einschließlich eines demografieorientierten Personalmanagements, die Pflicht der Gemeinden zur Aufstellung eines Entwicklungskonzepts mit den beschriebenen Inhalten im Sinne eines verbindlichen, zentral auf Partizipation beruhenden urban governance-Konzepts sowie die Verpflichtung zur Einrichtung eines hauptamtlichen kommunalen Demografiebeauftragten mit einem u.a. die Durchführung des Demografiechecks umfassenden Aufgabenportfolio.

Man mag nicht alle diese Regelungen für notwendig halten und die Verwaltungen werden auch ohne sie bestehen können. Eine Strukturierung durch Recht kann jedoch, insbesondere in einem ganzheitlichen Modell, den Verwaltungen die Gestaltung der Folgen des demografischen Wandels deutlich erleichtern.

Leitsätze des 1. Referenten über:

Gestaltung des demografischen Wandels als Verwaltungsaufgabe

I. Vermessung des Themas

1. Demografischer Wandel ist ein multidimensionaler Prozess, keine krisenhafte Zuspitzung. Der territoriale Bezug demografischer Veränderungen bedingt, dass der Wandel sich in einem Gebiet gegenläufig zu dem in einem anderen Gebiet vollziehen kann und die Wirkungen paralleler Veränderungen in unterschiedlichen Gebieten verschieden sein können.

2. Bei abnehmender Gesamtbevölkerungszahl und gleichzeitig steigender Lebenserwartung verschieben sich die Anteile an der Gesamtbevölkerung weiter zu Lasten der jüngeren Generationen. Die Zahl der Personen im erwerbsfähigen Alter wird deutlich kleiner. Jüngere und gut ausgebildete Personen siedeln sich verstärkt in großen städtischen oder stadtnahen Räumen an. Entsprechend steigt das Durchschnittsalter in ländlichen Gebieten. Ein umgekehrter Wanderungstrend ist bei der älteren Bevölkerung insbesondere in Großstädten festzustellen. Allerdings lassen sich auch verstärkte Wanderungsbewegungen älterer Personen in die Kernstädte konstatieren.

3. Eine Gestaltung des demografischen Wandels selbst würde zum größten Teil außerhalb der Aufgaben der Verwaltung liegen. Gestalterisch tätig werden kann die Verwaltung nur in eigenen Kompetenzbereichen. Zu diesen gehört das proaktive, planende Handeln mit Blick auf zu erwartende Veränderungen, die den status quo von Verwaltungshandeln, -organisation und -interaktion einem Bedeutungswandel unterwerfen.

II. Herausforderungen für Aufgaben, Organisation und Verfahren der öffentlichen Verwaltungen

4. Die Gestaltung der Folgen des demografischen Wandels stellt einerseits eine typische Querschnittsaufgabe dar, ist aber andererseits verwaltungsspezifisch zu differenzieren. Eine solche Konstellation birgt die Gefahr von Koordinations- und Steuerungsdefiziten in sich.

5. Dem kann durch ein Portfolio aufeinander abgestimmter Instrumente begegnet werden. Wesentlich ist eine Insitutionalisierung von Verantwortlichkeit durch ein Demografieministerium auf Regierungs- und einen Demografiebeauftragten oder eine dezernatsübergreifende Arbeitsgruppe auf kommunaler Ebene. Sie ermöglicht es u.a., indikatorenbasierte impact assessements in Form von Demografie-Checks o.ä. mit der erforderlichen Distanz zur jeweiligen Fachzuständigkeit und methodischer Professionalität durchzuführen. Eine landesgesetzliche Verbindlichmachung entsprechender Institutionalisierungen für die Kommunen wäre mit Art. 28 Abs. 2 GG vereinbar.

6. Die Auseinandersetzung der Verwaltung mit ihrer Rolle, den Möglichkeiten und Instrumenten bei der Gestaltung der Folgen des demografischen Wandels darf nicht situativ-reaktiv, sondern muss strategieorientiert im Rahmen einer demografiebezogenen Aufgabenkritik erfolgen. Auf der Stufe der Vollzugskritik ist vor allem die Leistungstiefe der Erfüllung öffentlicher Aufgaben zu hinterfragen. In die Vorbereitung der dabei zu treffenden Präferenzentscheidungen ebenso wie in die Auswahl der Erfüllungsmodi sollten die Bürgerinnen und Bürger, auch zur Klärung der Kostentragung, einbezogen werden.

7. Folge einer demografieorientierten Aufgabenkritik muss die Überprüfung von Organisation, Personal und Prozessen der Verwaltung auf angemessene Leistungsfähigkeit sein. Dies betrifft die Leistungserstellungsprozesse ebenso wie den Zuschnitt und die Kooperationsmöglichkeiten von Verwaltungseinheiten sowie die Gewinnung qualifizierten Personals in Konkurrenz zum privaten Sektor. Sowohl Gebietsreformen auf kommunaler Ebene als auch eine attraktivitätssteigernde Umgestaltung des öffentlichen Dienstrechts bedürfen gesetzlicher Grundlagen.

III. Herausforderungen an die Gestaltung, Gliederung und Nutzung des Raumes

8. Die Raumordnung steht vor allem vor der Herausforderung einer sehr ungleichgewichtigen Siedlungs- und Bevölkerungsentwicklung in Ballungszentren einerseits und peripheren ländlichen Räumen andererseits. Die in § 1 Abs. 2 ROG verankerte Leitvorstellung der Gleichwertigkeit der Lebensverhältnisse in den Teilräumen sollte zugunsten der Ermöglichung einer Prioritätenentscheidung, ob in concreto einem solchen Gleichwertigkeitsziel Rechnung getragen oder ob eine längerfristig angelegte, sozial abgefederte Entsiedlungsplanung entwickelt werden soll, geöffnet werden. Um über die Raumplanung tatsächlich eine Koordinierung der Versorgungsausstattung zu erreichen, wäre es notwendig, die fachlichen Planungen über Raumordnungs-

klauseln an die mit einer Festlegung der Zentralen Orte zu verbindenden Festlegungen von Ausstattungsstandards zu koppeln.

9. In städtischen Ballungsräumen führt der anhaltende Zuzug von Personen zur Notwendigkeit, weiteren Wohnraum und die erforderliche Infrastruktur zu schaffen. Umgekehrt führt der Bevölkerungsverlust in anderen Regionen zu Leerständen und Überkapazitäten. Vor allem in einwohnerstarken Zentren kann es zu Prozessen räumlicher Segregation kommen.

10. Zur erleichterten Verwirklichung des Vorrangs der Innenentwicklung könnten die Anforderungen an den Immissionsschutz bei planerisch gesteuerten Nachverdichtungen zurück genommen werden, allerdings nicht durch schlichtes Absenken der Zumutbarkeitsschwelle, sondern in einer qualitativen Bewertung mit anderen Aspekten in einem ganzheitlichen Entwicklungskonzept.

11. Für den städtebaulichen Umgang mit Schrumpfungs- und Segregationsprozessen stellt das besondere Städtebaurecht ein breites Portfolio von Instrumenten bereit (Stadtumbau, städtebauliche Sanierung, Maßnahmen der Sozialen Stadt, Milieuschutzsatzungen). Hinzu treten Maßnahmen zur Begrenzung des Mietanstiegs in angespannten Wohnungsmärkten. Allerdings sind diese Instrumente grundsätzlich reaktiv angelegt und ermöglichen allenfalls am Rande eine proaktive Gestaltung. Die durch das geltende Recht zur Verfügung gestellten Instrumente erfassen die städtebauliche Gestaltung der Folgen des demografischen Wandels nur fragmentiert.

12. Es sollte daher erwogen werden, den Gemeinden die Aufstellung und Pflege eines abwägungsbasierten Entwicklungskonzepts zur proaktiven planerischen Gestaltung der Folgen des demografischen Wandels gesetzlich zur Pflicht zu machen. Ein solches Entwicklungskonzept würde eine Integration von Instrumenten ermöglichen, die bei isolierter Behandlung die mit ihnen verbundenen Potenziale nicht ausschöpfen würden. Ein zukunftsweisender Ansatz sollte ein local bzw. urban governance-Konzept nicht als unverbindliche Diskursarena, sondern als verbindliches, zentral auf Partizipation und Fortschreibung beruhendes Arrangement begreifen.

IV. Demografiekonzept und Regelungsdesiderate

13. Es bedarf des ganzheitlichen Ansatzes eines integrierenden Demografiekonzepts für alle jeweils ebenenspezifischen Dimensionen der Verwaltung, ihre Aufgaben, ihre Organisation, ihre Prozesse, ihr Personal und ihre Kontexeinbettung, das mit den Konzepten der anderen Verwaltungsebenen verknüpft ist. Integraler Bestandteil muss ein regionales wie ein lokales, partizipativ erarbeitetes raumbezogenes Entwicklungskonzept sein.

14. Zur Erhöhung der Chancen der Implementation eines solchen ebenenübergreifenden Konzeptionierungsmodells kann eine Orientierung ver-

mittelnde rechtliche Regelung hilfreich sein. Denkbar wäre z.B. ein landesrechtliches Demografiefolgen-Gestaltungsgesetz in Gestalt eines Artikel-Gesetzes, das aus zwei Gruppen von Regelungen besteht: Erstens Vorschriften, die den rechtlichen status quo ändern, um die Leistungsfähigkeit der Verwaltung zu erhöhen und ihr durch die Beseitigung von Gestaltungsspielräume einengenden Vorschriften flexible Arragements zu ermöglichen; zweitens dem Gerüst über mehrere Verwaltungsebenen verknüpfter Demografie-Konzepte.

Dritter Beratungsgegenstand:

Gestaltung des demographischen Wandels als Verwaltungsaufgabe

2. Referat von Professor Dr. *Stephan Rixen*, Bayreuth*

Inhalt

---

* Ich danke *Wolfram Höfling* und *Jens Kersten*, die verschiedene Entwürfe des Referats eingehend mit mir diskutiert haben.

I. Demographischer Wandel als verwaltungsrechtlich gestaltbarer gesellschaftlicher Wandel

Der demographische Wandel ist ein verspätetes Thema der Verwaltungsrechtswissenschaft.[1] Das unterscheidet sie von der Verwaltungspraxis.[2] Sie, die Verwaltungspraxis, befasst sich seit etwa zehn Jahren auf

[1] Grdl. für einen in der Sache gebotenen konsequent interdisziplinären Problemzugriff *J. Kersten* DVBl 2006, 942 ff.; *ders.* RuR (Raumforschung und Raumordnung) 2006, 245 ff.; *ders.* Die Verwaltung 40 (2007), 309 ff.; *J. Kersten/C. Neu/B. Vogel* Demografie und Demokratie, 2012; *dies.* Leviathan 40 (2012), 563 ff.; *dies.* ZAA (Zeitschrift für Agrargeschichte und Agrarsoziologie) 2012, 39 ff.; *dies.* PersV 2014, 84 ff.; grdl. ferner *F. Brosius-Gersdorf* VerwArch 98 (2007), 317 ff.; *dies.* Demografischer Wandel und Familienförderung, 2011 (dazu *S. Rixen* SR [Soziales Recht] 2012, 133 ff.).

[2] Dass nicht nur die sozialen Sicherungssysteme, sondern „alle Politikbereiche und administrativen Handlungsfelder", insb. „die Kommunen", betroffen sind, hat zu Recht schon *H. Bauer* Diskussionsbemerkung, VVDStRL 68 (2009), 366, betont: „[I]n der Praxis [ist] die Brisanz des demografischen Wandels noch nicht überall angekommen, geschweige denn in ihrer weit über die sozialen Sicherungssysteme hinausreichenden, sämtliche Segmente des Regierungs- und Verwaltungshandelns erfassenden Bedeutung erkannt [...]."

allen Ebenen des Staatsaufbaus intensiv mit der Gestaltung des demographischen Wandels.[3] Ein langer Zeitraum ist das nicht, wenn man bedenkt, dass der demographische Wandel seit Beginn der 1980er Jahre im deutschsprachigen Raum diskutiert wird.[4] Seitdem sind Themen wie Fertilität und Generativität,[5] Geburten- und Familienförderung eng verkoppelt mit der Sorge um die Zukunftsfähigkeit der sozialen Sicherungssysteme,[6] ein Thema, das auf die generationengerechte Gestaltung von

---

[3] Für Deutschland vgl. den Demografiebericht, BT-Drucks. 17/7699, und die Demografiestrategie der Bundesregierung, BT-Drucks. 17/9529; zur gemeinsamen „Gestaltungsaufgabe" insb. von Bund, Ländern und Kommunen, BT-Drucks. 18/1170, 1; ferner (für Bund und Länder) die Informationen unter www.demografie-portal.de; zu den Kommunen die Informationen unter www.bertelsmann-stiftung.de, „Demographischer Wandel"; außerdem das Deutsche Zentrum für Altersfragen, www.dza.de. – Die Rechtsnormen Österreichs (Bund und Länder) sind abrufbar unter https://www.ris.bka.gv.at. Die Rechtsnormen der Schweiz auf Bundesebene sind abrufbar unter www.admin.ch („Bundesrecht"). Alle Internet-Quellen wurden letztmalig am 31. 10. 2014 abgerufen. Die an diesem Tag maßgebliche Version wird bei allen zitierten (auch den deutschen) Rechtsnormen zugrundegelegt.

[4] S. etwa *H. Grohmann* DRV (Deutsche Rentenversicherung) 1981, 265; *R. Hauser/E. Heldmann/K. Kortmann* DRV 1983, 668; *P. Rosenberg* SF (Sozialer Fortschritt) 1987, 15; s. auch den 1. (sog.) Altenbericht, BT-Drucks. 12/5897, 5. – Die Enquete-Kommission des Bundestages zum demographischen Wandel, erstmals zu Beginn der 1990er Jahre eingesetzt (BT-Plenarprot. 12/114 v. 16. 10. 1992, S. 9744 [A]), hat zwischen 1994 und 2002 drei Berichte vorgelegt (BT-Drucks. 12/7876, 13/11460, 14/8800), die das zunehmende Präsentwerden des Themas im politischen Bewusstsein belegen.

[5] Das BVerfG bezieht den „generative[n] Beitrag" (BVerfGE 103, 242 [266] zur Pflegeversicherung) auf die Kindererziehungsleistung, bindet diese aber an die Elternstellung (anders für die Alterssicherung der Landwirte, BVerfGE 109, 96 [127]: „Die Kindererziehung ist unter diesen Gegebenheiten kein für das System konstitutiver, dem Geldbeitrag gleich zu erachtender generativer Beitrag, der im Beitragsrecht zum Ausgleich gebracht werden muss."). Die Elternstellung ist zwar eine rechtliche Elternschaft, knüpft aber faktisch in aller Regel bei der biologischen Elternschaft an. An die Stelle eines weiten, in der Entwicklungspsychologie vertretenen (und insb. den Ansatz *Erik H. Eriksons* weiterdenkenden) Verständnisses von Generativität (als nicht auf Eltern beschränkter Beitrag zum Heranwachsen neuer Generationen, s. hierzu nur *M. Martin/M. Kliegel* Psychologische Grundlagen der Gerontologie, 3. Aufl. 2010, 272 f. mwN) tritt ein in der traditionellen Bevölkerungswissenschaft verbreitetes biologisch-reproduktives Verständnis von elterlicher Generativität. Danach sind Personen, z.B. kinderlose Lehrer(innen), die über Jahrzehnte Kinder intellektuell und kulturell erziehen, also (im weit verstandenen Sinne) generativ wirken, mangels Elterneigenschaft nicht generativ. Ob die normativen Vorannahmen und die empirischen Unterstellungen dieses Ansatzes plausibel sind, wird kaum diskutiert (vgl. etwa *T. Kingreen* JZ 2004, 938 ff.; *A. Lenze* NZS 2007, 407 ff.); zur Kritik an BVerfGE 103, 242 s. im Übrigen BSG, NZS 2007, 311 (314 ff.) mwN.

[6] Die Tagung 2004 galt dem Thema „Die Zukunft der sozialen Sicherungssysteme", *R. Pitschas* und *H. Sodan* VVDStRL 64 (2005), 109 ff., 144 ff.

Staat und Gesellschaft verweist.[7] All diese Fragen haben unsere Vereinigung in den vergangenen Jahren wiederholt beschäftigt;[8] sie sollen im Folgenden nicht erneut vertieft werden.[9]

Zu einem neuen Thema wird der demographische Wandel, wenn wir die Fokussierung auf Fertilität und Generativität hinter uns lassen, denn sie verzerrt den Blick auf die historische „Normalität" des demographischen Wandels. Demographische Umbrüche haben den gesellschaftlichen Wandel insbesondere seit Beginn der industriellen Revolution angetrieben.[10] Man denke an Industrialisierung, Urbanisierung und Landflucht; an Binnen- und Außenmigration in die Städte, denn dort sind Arbeitsplätze zu finden; an das veränderte Reproduktionsverhalten in den Städten, in die nach den Menschen die Hygiene Einzug hält; Stadtplaner, Fürsorgerinnen, Kommunen und Krankenkassen wirken hierbei zusammen; Geburtenraten sinken, weil die Kindersterblichkeit sinkt; die Anzahl der eigenen Kinder entscheidet – anders als noch auf dem Lande – nicht mehr darüber, ob überhaupt eine Alterssicherung besteht, denn diese Aufgabe übernimmt eine gesetzliche Rentenversicherung; von der hat man länger etwas, weil die Lebenserwartung aufgrund besserer Gesundheitsversorgung ansteigt. All dies zeigt: Demographischer Wandel ist Ursache und Effekt gesellschaftlichen Wandels.[11] Ohne diese Wechselwirkung von

---

[7] Die Tagung 2008 widmete sich dem Thema „Demographischer Wandel und Generationengerechtigkeit", *W. Kluth* und *S. Baer*, VVDStRL 68 (2009), 246 ff., 290 ff.

[8] S. auch – zum Thema „Verwaltungsrechtliche Instrumente des Sozialstaates" – *P. J. Tettinger* und *J.-P. Schneider* VVDStRL 64 (2005), 199 ff., 238 ff.; ferner *C. Enders* und *E. Wiederin* zum Thema „Sozialstaatlichkeit im Spannungsfeld von Eigenverantwortung und Fürsorge", VVDStRL 64 (2005), 7 ff., 53 ff.

[9] Die nachfolgenden Ausführungen befassen sich bereichsspezifisch mit der Thematik der sozialen Dienstleistungen, die auf der Tagung 2013 (Gesamtthema „Zukunftsgestaltung durch Öffentliches Recht") mit Blick auf „[d]ie Anforderungen an ein zukunftsfähiges Infrastrukturrecht" (*O. Dörr* und *H. Wißmann*, VVDStRL 73 [2014], 323 ff., 369 ff.) nicht angesprochen wurden, dazu *M. Fehling* Diskussionsbemerkung, VVDStRL 73 (2014), 443; *O. Dörr* Diskussionsbemerkung, VVDStRL 73 (2014), 451 f.; s. überdies schon die Hinweise auf die (Alten-)Pflege bei *F. Hufen* Gesetzesgestaltung und Gesetzesanwendung im Leistungsrecht, VVDStRL 47 (1989), 142 (157) und *W. Höfling* Diskussionsbemerkung, VVDStRL 64 (2005), 179 f.

[10] Zur Bevölkerungsentwicklung *Brosius-Gersdorf* (Fn. 1), 10 ff.; *H.-U. Wehler*, Deutsche Gesellschaftsgeschichte, Bd. 3, 1995, 7 ff., 493 ff.; Bd. 4, 2003, 231 ff., 942 ff.; Bd. 5, 2008, 34 ff.

[11] *T. Parsons* in: Parsons et al. (eds.), Theories of Society, 1965, 30 (72) = *T. Parsons* in: Zapf (Hrsg.), Theorien des sozialen Wandels, 1979, 35 (40). Zugespitzt formuliert, lässt sich „Bevölkerung als […] soziale[r] Prozess" deuten, *P.-A. Rosental* Historical Social Research, H. 4, Bd. 31/2006, 7 (31). Zum Einfluss kultureller Faktoren auf die Demographie *C. A. Bachrach* Demography 51 (2014), 3 ff.

demographischem und gesellschaftlichem Wandel gäbe es das Sozial-, Gesundheits-, Kommunalwirtschafts-, Bau-, Planungs- und Raumordnungsrecht, wie wir es heute kennen, nicht.[12] Mit anderen Worten: Demographischer Wandel ist kein Unfall, sondern der Normalfall der Modernisierung. Demographischer Wandel, der sich immer über lange Zeiträume vollzieht,[13] ist nicht reversibel, aber seine Folgen sind gestaltbar,[14] auch und gerade durch Verwaltungsrecht.

Das bedeutet auch: Fertilität, Mortalität und Migration – die Teilaspekte des demographischen Wandels – sind für sich betrachtet wertneutrale Vorgänge. Vokabeln wie „Vergreisung", „Überalterung", „Altennotstand" oder „Seniorenlawine" sind es nicht.[15] Sie machen, mehr oder weniger subtil abwertend, den Alten die Folgen des demographischen Wandels zum Vorwurf.[16] Es ist höchste Zeit, nicht (nur) über die fehlen-

---

[12] S. hierzu etwa *M. Stolleis* Geschichte des öffentlichen Rechts in Deutschland, Bd. 3, 1999, 216 ff., 226 ff., 232 ff., 368 f., Bd. 4, 2012, 265 ff., 269 ff.; *ders.* Geschichte des Sozialrechts in Deutschland, 2003; *I. Mikešić*, Sozialrecht als wissenschaftliche Disziplin, 2002; *M. Schmoeckel* Rechtsgeschichte der Wirtschaft, 2008, Rn. 297 ff.; *M. Vec* Art. „Interventionsstaat", in: Handwörterbuch zur deutschen Rechtsgeschichte (HRG), Bd. II, 2. Aufl. 2011, Sp. 1279 ff.; zum (Bau-)Planungs- bzw. Städtebaurecht: *E. Schmidt-Aßmann* Grundfragen des Städtebaurechts,1972, 7 ff., 19 ff., 30 ff.; *R. Breuer* Die Verwaltung 19 (1986), 305 ff.; *M. Rodenstein* „Mehr Licht, mehr Luft". Gesundheitskonzepte im Städtebau seit 1750, 1988; *E.-M. Ehebrecht-Stüer* FS Hoppe, 2000, 39 ff.; *D. van Laak* Geschichte und Gesellschaft 34 (2008), 305 ff.; zur Raumplanung bzw. -ordnung: *A. Leendertz* Ordnung schaffen. Deutsche Raumplanung im 20. Jahrhundert, 2008; *U. Jureit* Das Ordnen von Räumen. Territorium und Lebensraum im 19. und 20. Jahrhundert, 2012; zur Rolle der Kommunen: *W. Hofmann*, in: Jeserich/Pohl/von Unruh (Hrsg.), Deutsche Verwaltungsgeschichte, Bd. III, 1984, 578 ff.; *W. R. Krabbe* Kommunalpolitik und Industrialisierung, 1985, 11 ff., 193 ff.; *H. Matzerath* Urbanisierung in Preußen, 1985, 108 ff., 241 ff.; *J. Reulecke* Geschichte der Urbanisierung in Deutschland, 1985, 68 ff.

[13] Insoweit zutreffend spricht *H. Birg* Die ausgefallene Generation, 2. Aufl. 2006, 150, von den „langen Bremswege[n] in der Demographie"; krit. zu *Birg* Fn. 16.

[14] In diesem Sinne z.B. auch *J. Kerschbaumer/W. Schroeder* in: dies. (Hrsg.), Sozialstaat und demographischer Wandel, 2005, 9 ff.; in diesem konstruktiv-entdramatisierenden Sinne schon *T. Mayer* Die demographische Krise, 1999, 13; ferner *ders.* „informationsdienst altersfragen" Nr. 5/2012, 5 ff. (www.dza.de); *S. Fuchs/T. Mayer* „politische bildung" H. 4/2012, 11 ff.

[15] Hierzu *U. Kramer* in: Brauer/Clemens (Hrsg.), „Ageism" und Diskriminierung auf Altersmärkten, 2010, 97 ff.

[16] Zu diesem in Deutschland seit etwa 100 Jahren gepflegten Untergangsnarrativ *J. Ehmer* Bevölkerungsgeschichte und historische Demographie 1800–2000, 2004, 63 ff.; *T. Etzemüller* Ein ewigwährender Untergang. Der apokalyptische Bevölkerungsdiskurs im 20. Jahrhundert, 2007; *T. Bryant* Aus Politik und Zeitgeschichte (APuZ) – Beilage zu „Das Parlament", Nr. 10-11/2011, 40 ff.; in den letzten Jahren rücken Überzeichnungen und Schreckensbilder allerdings in den Hintergrund, *E. Barlösius/C. Zimmermann* ZAA

den nachwachsenden, jungen Generationen nachzudenken, sondern über die, die zwar nicht jung, aber da sind, und zwar zunehmend: die älter werdenden, alten, hochaltrigen Menschen. Was bedeutet es, wenn Menschen in einer alternden Gesellschaft alt werden? Wie kann die Verwaltung mithilfe des Verwaltungsrechts das Alltagsleben alter Menschen mitgestalten? Und warum *soll* das Verwaltungsrecht überhaupt mitgestalten? Ein Gemeinwesen, dem immer mehr alte Menschen angehören, muss sich zwangsläufig einer neuen sozialen Frage stellen.[17] Was das bedeutet, dazu wollen die nachfolgenden Überlegungen einige erste Antworten beisteuern.

Wer sich einem aktuellen Thema wie dem demographischen Wandel zuwendet, gerät, um die treffende Formulierung eines verstorbenen Kollegen aufzugreifen, in die Versuchung, „uferlosen Utopien nach[zu]ei-

(Zeitschrift für Agrargeschichte und Agrarsoziologie) 2013, 8 (9). – Ein Beispiel für diesen nach Inhalt und Ton höchst irritierenden Alarmismus bietet *H. Birg* Die demographische Zeitenwende, 4. Aufl. 2005, 194 ff. Was eine international ausgerichtete, interdisziplinäre Bevölkerungswissenschaft heute leisten muss, verdeutlicht das Max-Planck-Institut (MPI) für demographische Forschung in Rostock, www.demogr.mpg.de/de, s. etwa den Beitrag zur Biodemografie des menschlichen Alterns von *Vaupel* Nature vol. 464, 2010, 536 ff.

[17] Nicht die erste „neue" soziale Frage, seitdem die soziale Frage sich erstmals stellte; grdl. für den „Begriff der socialen Frage" in Deutschland *L. von Stein* Handbuch der Verwaltungslehre und des Verwaltungsrechts (1870), hrsgg. v. *Schliesky*, 2010, 378 f.; zu *von Steins* Bedeutung *E.-W. Böckenförde* in: ders., Recht, Staat, Freiheit, erw. Ausg. 2006, 170 ff. Mindestens stillschweigender Bezugspunkt aller sozialpolitik(theoretisch)en Anstrengungen, die sich auf die „soziale Frage" bezogen, war *K. Marx* Das Kapital. Kritik der Politischen Oekonomie, Erster Band – Buch I: Der Productionsprocess des Kapitals, 1867 (Marx-Engels-Gesamtausgabe II/5, 1983), eine „scharfsinnige Analyse des Kapitalismus und Liberalismus" der ersten Hälfte des 19. Jahrhunderts, „ein Meisterwerk" (*K. Biedenkopf* Fortschritt in Freiheit, 1974, 78). In Deutschland wurde die Debatte über die sog. neue soziale Frage Mitte der 1970er Jahre wesentlich durch *H. Geißler* angestoßen; er hatte hierbei die fehlende Teilhabe all jener im Blick, die außerhalb des Erwerbsarbeitsprozesses stehen („Nichtorganisierte", „Nichtproduzenten"), u.a. auch alte Menschen; zudem thematisierte er die demographische Entwicklung und die damit verbundenen Generationenkonflikte, *H. Geißler*, Die Neue Soziale Frage, 1976, 17 ff., 21 ff., 89 ff.; s. hierzu auch *U. Fink* in: Becker u.a. (Hrsg.), Lexikon der Christlichen Demokratie in Deutschland, 2002, 602 f., der insb. auf die Alterung sowie Pflegeprobleme hinweist. Auch international dient die Formulierung „neue soziale Frage" dazu, gefährdete Zugehörigkeit zu thematisieren, prominent *P. Rosanvallon* La nouvelle question sociale, 1995. – Die Formulierung „neue soziale Frage" ist nicht neu, bedeutete aber zunächst etwas anderes: Einer der Vordenker der „sozialen Marktwirtschaft", *W. Eucken*, in: Salin (Hrsg.), Synopsis. Festgabe für Alfred Weber, 1948, 111 (115), verwandte die Formulierung, um die Risiken zu benennen, die aus der, wie er meinte, zu starken staatlichen Beeinflussung des Arbeitslebens resultierten.

len"[18]. Die Versuchung ist allerdings nicht zu groß, denn als Staatsrechtslehrerinnen und Staatsrechtslehrer sollten wir gewissermaßen von Amts wegen immun gegen uferlose Utopien sein. Dennoch hat das Thema etwas Utopisches, weil – wie wir sehen werden – immer wieder auf bislang nicht hinreichend bedachte „Gestaltungsoptionen"[19] des geltenden Rechts hinzuweisen ist. Damit all das nicht zu utopisch wird, muss ständig ein *anti*utopischer Blick mitlaufen, der dafür sorgt, dass das Bewusstsein für die Grenzen des positiven Rechts nicht verloren geht,[20] Grenzen, die nur rechtspolitisch überwunden werden können, möglicherweise unter Anleihe bei den Wertungen und Regelungsstrukturen des positiven Rechts.[21]

Zunächst ist (nachfolgend II.) genauer zu erläutern, was mit „demographischer Alterung" gemeint ist; sie steht heute im Zentrum des demographischen Wandels. Sodann wird verdeutlicht, wie sich Zugehörigkeit und soziale Infrastruktur zueinander verhalten (nachfolgend III.). Vor diesem Hintergrund schließen sich einige kritische Beobachtungen des

---

[18] *H. Peters* Lehrbuch der Verwaltung, 1949, 7 – allerdings bezogen auf die Verwaltung; s. auch *dens.* in: Brandt (Hrsg.), Aufgaben deutscher Forschung, Bd. I, 2. Aufl. 1956, 314 (320 f.) mit dem Hinweis, dass „eine im wesentlichen auf das Rechtliche beschränkte Behandlung der Verwaltung zu Irrtümern und Mißverständnissen dieser praktisch umfangreichsten Staatsfunktion führen muß, [...]." Zum „Lehrbuch der Verwaltung" *J. Kersten* in: S. Augsberg/Funke (Hrsg.), Kölner Juristen im 20. Jahrhundert, 2013, 211 (221 ff.).

[19] *W. Hoffmann-Riem* in: Sauer/Lang (Hrsg.), Paradoxien der Innovation. Perspektiven sozialwissenschaftlicher Innovationsforschung, 1999, 229 (244), ebd. auch zur „Bereitstellungsfunktion" des Verwaltungsrechts; zum (Verwaltungs-)Recht als „Optionenrecht" *W. Hoffmann-Riem* Diskussionsbemerkung, VVDStRL 68 (2009), 359; zur Verwaltung als politische Gestaltung *M. Fehling* Verwaltung zwischen Unparteilichkeit und Gestaltungsaufgabe 2001, 124 ff.

[20] *P. Häberle* Verfassungslehre als Kulturwissenschaft, 2. Aufl. 1998, 560, 570: „Möglichkeitsdenken ist das Denken *der* und *in* Alternativen" (Hervorhebungen im Original). Und: „Möglichkeitsdenken ist ein Mittel, das Innovationspotential von Rechtsnormen zu erschließen (oder neue zu entwerfen). Die Rechtsnormen setzen dem Möglichkeitsdenken freilich auch Grenzen [...]."

[21] Zu diesem „evolutive[n] Ansatz", der „innerhalb des gegenwärtigen Systemrahmens" ansetzt, *M. Burgi* Kommunale Verantwortung und Regionalisierung von Strukturelementen in der Gesundheitsversorgung, 2013, 18; s. auch *dens.* Privatisierung öffentlicher Aufgaben – Gestaltungsmöglichkeiten, Grenzen, Regelungsbedarf, Gutachten D zum 67. Deutschen Juristentag, 2008, D 10 ff.; ferner *A. Braun* Kommunalisierung von Umweltaufgaben im europäischen Mehrebenensystem, 2012, 71, zur Suche nach Gestaltungsmöglichkeiten „innerhalb des bestehenden, veränderbaren rechtlichen Ordnungssystems"; s. außerdem *S. Rixen* Gutachten – Teil II: Probleme des geltenden Rechts und verfassungsrechtlicher Gestaltungsrahmen, in: Bundesregierung, Bericht über die Bestandsaufnahme zur Situation der Frauenhäuser, Fachberatungsstellen und anderer Unterstützungsangebote für gewaltbetroffene Frauen und deren Kinder, BT-Drucks. 17/10500, 201 (206 f.) mwN.

positiven Rechts an (nachfolgend IV.). Es folgt eine Skizze wesentlicher Vorgaben für die öffentlich-rechtliche Gestaltung der altenrelevanten sozialen Infrastruktur (nachfolgend V.).

II. Im Zentrum des demographischen Wandels: die demographische Alterung

Alte Menschen sind „junge Alte" (etwa ab 60) in der sog. dritten Lebensphase und Hochaltrige (etwa ab 80) in der sog. vierten Lebensphase,[22] die überwiegend mit Pflegebedürftigkeit einhergehen wird.[23] Sollten sich die Prognosen bestätigen,[24] dann werden in ca. fünfzig Jahren etwa 14 % der deutschen Bevölkerung 80 Jahre oder älter sein, während die Gesamtbevölkerung von etwa 81 Millionen auf ca. 65 Millionen ab-

---

[22] Vgl. etwa den 4. (sog.) Altenbericht, BT-Drucks. 14/8822, 46 (60. und 80. Lebensjahr); *Martin/Kliegel* (Fn. 5), 59 mwN (ab ca. 65 und ca. 80); *Tesch-Römer/Wurm* in: Böhm/Tesch-Römer/Ziese (Hrsg.), Gesundheit und Krankheit im Alter (Gesundheitsberichterstattung des Bundes, Robert-Koch-Institut, www.rki.de/gbe), 2009, 7 (65. und 85. Lebensjahr); zur Vagheit dieser Unterscheidungen vgl. *Zacher* in: Baltges/Mittelstraß (Hrsg.), Zukunft des Alterns und gesellschaftliche Entwicklung, 1992, 305 (309). In den Seniorenmitwirkungsgesetzen führt das vollendete 60. Lebensjahr zum Seniorenstatus (s. etwa § 2 Hamburgisches Seniorenmitwirkungsgesetz, § 2 Abs. 1 Thüringer Seniorenmitwirkungsgesetz). Das österreichische Bundes-Seniorengesetz (§ 2) unterscheidet nach Pensionsbezug oder Lebensalter, bei Frauen das 55., bei Männern das 60. Lebensjahr, dazu noch unten bei Fn. 157; zu Altersgrenzen Fn. 249. – Zu den jungen Alten s. die Beiträge in *S. van Dyk/S. Lessenich* (Hrsg.), Die jungen Alten. Analysen einer neuen Sozialfigur, 2009.

[23] Im Jahr 2011 waren ca. 2,5 Mio. pflegebedürftig, ca. 1,76 Mio. wurden zuhause versorgt (von ihnen wurden etwa 1,18 Mio. allein durch Angehörige versorgt; ansonsten wirkten insgesamt ca. 12.300 ambulante Pflegedienste). Etwa 83% der Pflegebedürftigen waren 65 Jahre und älter; 85 Jahre und älter waren 36%. Mehr als zwei Drittel aller Pflegebedürftigen sind 75 Jahre oder älter, die zahlenmäßig größte Gruppe sind die 85- bis unter 90jährigen. Ca. 743.000 Menschen werden in etwa 12.400 Pflegeheimen vollstationär versorgt (etwa 723.000 von ihnen in vollstationärer Dauerpflege). Von den zu Hause Versorgten waren ca. 62% Frauen; der Frauenanteil in den vollstationär im Heim Versorgten liegt bei ca. 74 % (*Statistisches Bundesamt* Pflegestatistik 2011, Januar 2013, 7 f., 10; *Statistische Ämter des Bundes und der Länder* Pflegestatistik 2011, Dezember 2013, 6, 10; s. zur Anzahl der Pflegedienste bzw. -heime auch die Angaben der Bundesregierung, BT-Drucks. 17/6222, 3 f.).

[24] Zur Vorhersagesicherheit *J. Steinberg/G. Doblhammer-Reiter* Bundesgesundheitsbl 2010, 393 ff.; dazu schon BVerfGE 103, 242 (267); allg. zum Wissensproblem bei der Gestaltung des demographischen Wandels *J. Kersten* in: Schuppert/Voßkuhle (Hrsg.), Governance von und durch Wissen, 2008, 189 ff.

sinkt.[25] Die Zahl der typischerweise hochaltrigen Demenzkranken[26] (überwiegend Frauen, weil sie länger leben)[27] wird sich bis dahin von derzeit ca. 1,3 Mio. mindestens verdoppeln.[28] Während bis in die 1970er Jahre der Heimaufenthalt als akzeptable äußere Form des Alterns erschien,[29] ändert sich dies, seitdem Generationen älter werden, deren Lebensentwürfe stärker auf Selbstbestimmung ausgerichtet sind.[30] Möglichst lange wird das selbständige Leben in der meist gemieteten Privatwohnung gewünscht – sie ist auch im Alter die verbreitetste Wohnform –, allenfalls flankiert von ambulanten Unterstützungsdiensten.[31]

In veränderten Erwartungen an das Altern spiegeln sich veränderte Bilder vom Altern.[32] Angestoßen durch die Erkenntnisse der medizini-

---

[25] *Statistisches Bundesamt* Bevölkerung Deutschlands bis 2060, 2009, 5 (bei etwas besserem Verlauf könnten es auch etwa 70. Mio. sein); *Hamburgisches WeltWirtschaft-Institut/Berenberg* Demografie Strategie 2030, Januar 2014, 10 (bezogen auf das Jahr 2060); s. auch BT-Drucks. 17/7699, 20 ff.

[26] Zu demenziellen Störungen, deren faktisch häufigste die Demenz vom Alzheimer-Typ (DAT) ist („Alzheimer") *G. Heuft/A. Kruse/H. Radebold* Lehrbuch der Gerontopsychosomatik und Alterspsychotherapie, 2000, 185 ff.; s. auch *O. Dibelius/W. Maier* (Hrsg.), Versorgungsforschung für demenziell erkrankte Menschen, 2011; s. auch Fn. 115, 184, 186.

[27] Ca. 70 % der Demenzkranken sind weiblich, ca. 30% sind männlich; in der Gruppe der über 90jährigen sind ca. 35% an einer Demenz erkrankt, *A. Kruse* Alternde Gesellschaft – eine Bedrohung?, 2013, 41.

[28] *Berlin-Institut für Bevölkerung und Entwicklung* Demenz-Report, Februar 2011, 4; zumindest der Tendenz nach (bei langsamerem Bevölkerungsrückgang) sind entsprechende Entwicklungen auch in Österreich und der Schweiz zu erwarten: In Österreich gibt es derzeit ca. 130.000, in der Schweiz ca. 120.000 Demenzkranke, *Berlin-Institut für Bevölkerung und Entwicklung* (ebd. 6).

[29] Zur Geschichte des Altenheims *M. Heinzelmann* Das Altenheim – immer noch eine „Totale Institution"?, 2004, 12 ff., 23 ff. mwN; s. auch *H. Scherf* Altersreise, 2014, 89 ff.

[30] Nicht ohne Grund widmet die Demografiestrategie der Bundesregierung dem „[s]elbstbestimmte[n] Leben im Alter" einen eigenen Abschnitt, BT-Drucks. 17/9529, 14 ff.

[31] Hierzu die „Altenberichte" der Bundesregierung, BT-Drucks. 13/9750, 17 ff., 22 ff.; 14/5130, 243 ff.; 14/8822, 68, 100, insb. 103 f.; 16/2190, 153; außerdem die Beiträge im „informationsdienst altersfragen" Nr. 5/2013 (www.dza.de); der Wunsch nach möglichst langem „aging in place" in den gewohnten Alltagsbezügen dominiert, hierzu etwa *J. L. Wiles u.a.* The Gerontologist 2011, 357 ff.; außerdem die Beiträge im Sonderheft 2012 des Journal of Aging Research zum Schwerpunktthema „Aging in Place in Late Life: Theory, Methodology, and Intervention". – Auch in Einrichtungen („Heimen") soll der „Eindruck privaten Wohnraums […] vermittel[t]" werden (so § 5 Abs. 1 Nr. 4 Wohn- und Betreuungsbauverordnung [WBBauVO] Hamburg).

[32] Hierzu der den „Altersbilder[n] in der Gesellschaft" gewidmete 6. (sog.) Altenbericht der Bundesregierung, BT-Drucks. 17/3815, 19 ff., 27 ff., 191 ff., 195 ff.; dazu

schen Geriatrie, aber vor allem der interdisziplinären Alternswissenschaft, der Gerontologie,[33] wird ein defizitorientierter Diskurs zunehmend durch einen gewinnorientierten Diskurs abgelöst.[34] Er rückt die positiven Potentiale der Selbstbestimmung – die Gewinne – in den Vordergrund, trotz der ständig mehr spürbaren gesundheitlichen Grenzen der Selbstwirksamkeit im Alltag.[35] Die variable „Vulnerabilität", ein gerontologischer Schlüsselbegriff,[36] rückt damit in die Mitte der Betrachtung.[37]

D.h., eine Rechtsordnung, die alten Menschen gerecht werden will, muss auf dynamisch sich entwickelnde und im Einzelfall schwer vorhersagbare Mischungen aus abnehmender Stärke und zunehmender Schwäche reagieren.[38] Außerdem muss jede Unterstützungsstruktur mit limitierenden Faktoren fertig werden: Erwerbsarbeit ist faktisch die gesellschaftlich dominante „Achse der Lebensführung"[39], nicht die Sorgearbeit für Kinder und Alte. Daher fällt die Familie als dauerhaft präsente Unter-

F. Berner Bundesgesundheitsbl 2011, 927 ff.; s. auch schon den 1. (sog.) Altenbericht, BT-Drucks. 12/5897, 81 ff. und den 3. (sog.) Altenbericht, BT-Drucks. 14/5130, 64 ff.; *G. Göckenjan* Das Alter würdigen. Altersbilder und Bedeutungswandel des Alters, 2000, 14 ff.; *Heuft/Kruse/Radebold* (Fn. 26), 78 ff.; *S. Wurm u.a.* Aus Politik und Zeitgeschichte (APuZ) – Beilage zu „Das Parlament", Nr. 4–5/2013, 3 ff.; ferner die Beiträge in *F. Berner/J. Rossow/K.-P. Schwitzer* (Hrsg.), Altersbilder in der Wirtschaft, im Gesundheitswesen und in der pflegerischen Versorgung, Bd. 1 und 2, 2012; *C. E. Bowen/A. E. Kornadt/E.-M. Kessler* in: Wahl/Kruse (Hrsg.), Lebensläufe im Wandel, 2014, 287 ff.

33 Umfassender Überblick bei *H.-W. Wahl/C. Tesch-Römer/J. P. Ziegelmann* (Hrsg.), Angewandte Gerontologie, 2. Aufl. 2012.

34 Zu Stärken *A. Kruse* in: Brunn u.a. (Hrsg.), Theologie und Menschenbild, 2007, 111 ff.; zu Gewinnen und Verlusten *Heuft/Kruse/Radebold* (Fn. 26), 67 ff., 72 ff.

35 Zu ihnen der 5. (sog.) Altenbericht, BT-Drucks. 16/2190, 47 ff., und der 6. (sog.) Altenbericht, BT-Drucks. 17/3815, 261 ff.; ferner die Beiträge in *A. Kruse* (Hrsg.), Potenziale im Alter, 2010; *ders.* in: Rentsch/Zimmermann/Kruse (Hrsg.), Altern in unserer Zeit, 2013, 29 ff.

36 Für die (medizin-)rechtliche Rezeption wegweisend *R. Damm* MedR 2013, 201 (208 ff.).

37 Zum Zusammenhang von Vulnerabilität und Resilienz (also der Fähigkeit, mit dieser Vulnerabilität konstruktiv umzugehen) *Heuft/Kruse/Radebold* (Fn. 26), 46 ff.; s. auch *A. Kruse* in: Kruse/Maio/Althammer, Humanität einer alternden Gesellschaft, 2014, 11 (17 ff.).

38 Zu Stärken und Schwächen im Alter *Heuft/Kruse/Radebold* (Fn. 26), 50 ff. – Man kann vor diesem Hintergrund von einer „[a]mbivalente[n] Seniorität" sprechen (Formulierung von *F. Temming* Altersdiskriminierung im Arbeitsleben, 2008, 145, s. auch 119, 537 u.ö., bezogen auf die begünstigenden und belastenden Auswirkungen des hohen Lebensalters im Arbeitsrecht).

39 *U. Beck* Risikogesellschaft 1986, 220; dazu auch – mit Blick auf das „Normalisierungspotenzial" von Rechtsbegriffen im Sozialrecht der Arbeitsmarktregulierung – *S. Rixen* ArchSozArb (Archiv für Wissenschaft und Praxis der sozialen Arbeit) 2008, 46 (48).

stützung im Alltag vielfach aus.[40] Sie muss durch andere Unterstützungsformen zumindest punktuell ergänzt werden, auch um gesundheitsschädliche, vor allem psychische Überbelastungen der unterstützenden Familien zu vermeiden.[41] Vor diesem Hintergrund sind Unterstützungsstrukturen nötig, die sich auf drei fundamentale Rahmenbedingungen[42] des Alterns beziehen: das Wohnen,[43] die Gesundheitssorge (einschließlich der Pflege) und die Teilhabe am sozialen Leben.[44] Wieso aber sollen diese sehr handfesten Aspekte der Lebensführung alter Menschen den Verfassungsstaat, seine Verwaltung und sein Verwaltungsrecht interessieren?

III. Zugehörigkeit alter Menschen durch soziale Infrastruktur im Sozialraum

1. *Zugehörigkeit*

Die Verfassungstexte im deutschen Sprachraum sind überwiegend „altersblind".[45] Dass die Gestaltung der institutionellen Rahmenbedin-

---

[40] BT-Drucks. 17/7699, 40; *S. Nowossadeck* Bundesgesundheitsbl 2013, 1040 (1044).

[41] Die Hauptpflegeperson ist meistens eine Frau, s. hierzu (auch zu Zahlen) sowie zur Pflege durch Männer die Beiträge in „informationsdienst altersfragen" H. 4/2012, 3 ff. (www.dza.de); zu Unterschieden der Pflege durch Frauen oder Männer *H. Döhner/G. Lamura/D. Lüdecke/E. Mnich* in: Igl/Naegele/Hamdorf (Hrsg.), Reform der Pflegeversicherung – Auswirkungen auf die Pflegebedürftigen und die Pflegepersonen, 2007, 166 ff.; ausf. *H. Döhner/C. Kofahl/D. Lüdecke/E. Mnich* (Hrsg.), Family Care for Older People in Germany, 2008; zur Ermittlung des Belastungsgrads s. etwa *E. Graessel u.a.* Subjective caregiver burden: validity of the 10-item short version of the Burden Scale for Family Caregivers BSFC-s, BMC (Biomedcentral) Geriatrics 2014, 23 ff.

[42] Allg. zur Bedeutung solcher Rahmenbedingungen für Vulnerabilität und Resilienz *Heuft/Kruse/Radebold* (Fn. 26), 47 f.; von ihnen hängt – zumindest auch – ab, ob „Altern als Gestaltungsaufgabe" (dazu *S. Pohlmann* in: ders. [Hrsg.], Altern mit Zukunft, 2012, 9 ff.) individuell gelingt. S. auch § 1 Nr. 2 Hamburgisches Wohn- und Betreuungsqualitätsgesetz (HmbWBG): „geeignete Rahmenbedingungen für die Erhaltung und Förderung der Mobilität, Gesundheit und Selbstbestimmung".

[43] Zum Wohnen als „‚Hülle' von Beziehungswelten" aus ökogerontologischer Sicht *H.-W. Wahl/F. Oswald/M. Schmitt* Psychotherapie im Alter 2009, 137 ff.; s. auch *F. Oswald* in: Kruse (Hrsg.), Leben im Alter, 2010, 169 ff.

[44] Diese Aspekte spielen in den sog. Altenberichten der Bundesregierung, aber auch den Berichten der Enquete-Kommission zum demographischen Wandel eine zentrale Rolle: Wohnen (BT-Drucks. 12/5897, 161 ff.; 12/7876, 223 ff.: 13/9750, 16 ff. [Schwerpunkt „Wohnen im Alter"]; 14/5130, 243 ff.; 14/8822, 103 ff.; 16/2190, 153 f.), Gesundheit (BT-Drucks. 12/5897, 133 ff., 147 ff.; 12/7876, 260 ff.; 13/11460, 218 ff., 349 ff.; BT-Drucks. 14/5130, 69 ff.; 14/8800, 179 ff.; 14/8822, 130 ff., 219 ff., 244 ff.), Teilhabe (BT-Drucks. 12/5897, 193 ff.; 14/5130, 36 ff., 221 ff.; 16/2190, 199 ff.).

[45] In der Schweiz geht es, abgesehen vom Altersdiskriminierungsverbot (Art. 8 Abs. 2 schwBV) in den Kantonsverfassungen um Variationen der Sozialziele in Art. 41

gungen des Alter(n)s gleichwohl eine Staats- bzw. Verwaltungsaufgabe ist, wird verständlich, wenn man sich den Zusammenhang von Infrastruktur und Zugehörigkeit in Erinnerung ruft.[46] Wer durch alle begriffsgeschichtlichen Überlagerungen hindurch zum etymologischen Kern vorstößt,[47] erkennt, dass das unscheinbare lateinische Wort „socialis", von dem „sozial" abstammt, nicht etwa, wie vielfach angenommen, „gesellschaftlich"[48] meint. Es bezieht sich vielmehr auf „Bundesgenossen, Zusammen-

---

schwBV (Art. 25b Buchst. e Appenzell A. Rh., § 14 Buchst. b Basel-Stadt, § 16 Abs. 2 Basel-Landschaft, Art. 30 Abs. 1 Buchst. g Bern, Art. 39 Abs. 2 Genf, Art. 18 Abs. 2 Jura, Art. 25 Abs. 2 Obwalden, Art. 22 Abs. 2 Schaffhausen, § 7 Schwyz, Art. 22 Buchst. a Solothurn, Art. 14 Buchst. h Tessin, Art. 34 Abs. 1 Buchst. d Neuenburg). In Österreich geht es auf Landesebene um Staatszielbestimmungen (Art. 13 Abs. 4 Oberösterreich, Art. 9 [letzter Spiegelstrich] Salzburg, Art. 7 Abs. 3, 4 Vorarlberg). In Deutschland geht es (von vereinzelten Erwähnungen im staatsorganisationsrechtlichen Kontext, z.B. „Alterspräsident", Art. 30 Abs. 3 S. 2 Baden-Württemberg) um Altersgrenzen für Richter oder sozialversicherungsrechtliche Garantien (Art. 97 Abs. 2 S. 2 GG, Art. 66 Abs. 1 S. 2 Baden-Württemberg, Art. 87 Abs. 1 S. 2 Bayern, Art. 45 Abs. 1, 3 Brandenburg, Art. 57 Abs. 2, Art. 137 Abs. 1 S. 2 Bremen, Art. 35 Abs. 2, Art. 128 Abs. 1 S. 2 Hessen, Art. 46 S. 1, Art. 111 S. 2 Saarland, Art. 79 Abs. 1 S. 2 Sachsen); ausländische Beispiele bei *P. Häberle* FS Lerche, 1993, 189 (191 ff.).

[46] Zu dieser „psychologische[n], ja symbolische[n] Funktion der Infrastrukturgewährleistung" *Kersten/Neu/Vogel*, Demografie (Fn. 1), 84; die symbolisch-psychologische Ebene muss nicht immer mit realen Versorgungsbedarfen korrelieren, *A. Gall* „Gute Straßen bis ins kleinste Dorf". Verkehrspolitik in Bayern zwischen Wiederaufbau und Ölkrise, 2005, 225 f.; s. ferner *D. van Laak* in: Doering-Manteuffel/Müller-Luckner (Hrsg.), Strukturmerkmale der deutschen Geschichte des 20. Jahrhunderts, 2006, 167 ff.; *ders.* Imperiale Infrastruktur, 2004, 414 zur Planung von Infrastruktur als Medium der Sozialpolitik (17 ff. zur Begriffsgeschichte von „Infrastruktur"; dazu auch *ders.* Archiv für Begriffsgeschichte 41 [1999], 280 ff.); ähnl. *ders.* Geschichte und Gesellschaft 27 (2001), 367 (370 ff., 377 ff.).

[47] „Unersetzbar und deshalb strittig zu sein unterscheidet die hochkomplexen Grundbegriffe von sonstigen Begriffen. Geschichtliche Veränderungspotentiale sind in jedem Grundbegriff schon enthalten. [...] In der Semantik sind [...] oft jahrhundertealte Erfahrungen gespeichert, die die Aussagekraft eines Begriffs [...] anreichern wie begrenzen." So, u.a. bezogen auf den Begriff „Sozialstaat", *R. Koselleck* Begriffsgeschichten, 2006, S. 99 f. – Nur um Missverständnissen vorzubeugen, sei betont, dass der Unterschied zwischen Genesis und Geltung bekannt ist. Etymologie präjudiziert also nicht gleichsam *ex opere operato* den Normsinn, sie kann allerdings ein gewichtiges Indiz sein.

[48] So („gesellschaftlich, in Bezug zur Gesellschaft oder Gemeinschaft") etwa *F. Schmid* Sozialrecht und Recht der sozialen Sicherheit. Die Begriffsbildung in Deutschland, Frankreich und der Schweiz, 1981, 16. – Zum zwischen „Gemeinschaft" und „Gesellschaft" changierenden römisch-rechtlichen Hintergrund *F.-S. Meissel* Societas – Struktur und Typenvielfalt des römischen Gesellschaftsvertrages, 2004; *ders.* in: Kalss/Meissel (Hrsg.), Zur Geschichte des Gesellschaftsrechts in Europa, 2003, 13 ff.; s. auch *D. Klippel* Art. „Gesellschaftrecht/Naturrecht", in: Jaeger (Hrsg.), Enzyklopädie der Neuzeit,

gehörende, Zugehörige".[49] Wenn also vom Sozialstaatsprinzip[50] oder (wie in der schweizerischen Bundesverfassung) von „Sozialzielen"[51] die Rede ist, dann geht es um das Ziel, Zugehörigkeit zu ermöglichen.

2. *Soziale Infrastruktur*

Dieses Ziel lässt sich nicht ohne in Rechtsform gebrachte Unterstützungsangebote erreichen, also Institutionen – soziale Infrastruktur –, die diese Zugehörigkeitsermöglichung real werden lassen. Nach dem treffenden Wort *Charles Taylors* sind „die Institutionen [...] einer Gesellschaft [...] eine Art Sprache, in der ihre fundamentalen Ideen zum Ausdruck kommen."[52] Dass Arbeiter Ende des 19. Jahrhunderts Gesundheitsversorgung beanspruchen konnten,[53] war nicht nur eine sanitäre Errungenschaft, sondern vermittelte ihnen – trotz aller fortbestehenden sozialen

---

Bd. 4, 2006, Sp. 715 ff.; ferner aus sozialrechts(disziplin)geschichtlicher Sicht *Stolleis* (Fn. 12) Bd. 3, 216 ff., (Fn. 12) Bd. 4, 279 ff.; *Mikešić* (Fn. 12), insb. 167 ff. Insb. in der zivilrechtlich geprägten Begriffsgeschichte referiert „sozial" vor allem auf den Schutz Schwächerer, vgl. *T. Repgen* Die soziale Aufgabe des Privatrechts, 2001, 1 ff., 24 ff., 498 ff.; s. auch *F. L. Schäfer* Juristische Germanistik, 2008, 620 ff.

49 *S. Rixen* SRa (Sozialrecht aktuell) 2008, 81 (87); damit wird ein (stärker zu „gemeinschaftlich" hin tendierendes) semantisches Bedeutungsfeld zusammengefasst, dass sich auf „socialis", also „teilnehmend, in Verbindung stehend, zugesellt" (*Kluge* Etymologisches Wörterbuch 25. Aufl. 2011, 860), „verbunden" (Der kleine Stowasser, Lat.-dt. Schulwörterbuch, 1971, 457) bzw. „socius", den „Genossen, Gefährten, Teilnehmer" (*Duden* Das Herkunftswörterbuch, 5. Aufl. 2014, 792), „Bundesgenossen" (Historisches Wörterbuch der Philosophie, Bd. 9, 1995, Sp. 1113), den „Gehilfen, Verbündeten" (Langenscheidts Handwörterbuch Lat.-Dt., 1971, 546) bezieht.

50 Österreich kennt kein Sozialstaatsprinzip, statt aller *T. Öhlinger/M. Stelzer* in: Iliopoulos-Strangas (Hrsg.), Soziale Grundrechte in Europa nach Lissabon, 2010, 497 (512 f.).

51 Überschrift zum 3. Kapitel der schwBV (vor Art. 41): „Sozialziele".

52 *Ch. Taylor* Hegel, dt. Ausg. 1983, 500: s. auch ebd., 598: „Hegel [erkannte] Ausmaß und Art der Verflochtenheit von Ideen, praktischem Handeln und vorhandenen Institutionen, erkannte [...], wie die Ideen in den Selbsterfahrungsprozeß der Praxis und der Institutionen einbezogen sind und wie diese umgekehrt ebenso die für sie konstitutiven Ideen definieren."

53 Zur Gesundheitssorge als zentralem Aspekt (auch) des Sozialstaatsprinzips s. etwa BVerfGE 115, 25 (43); 123, 186 (242 aE); 125, 175 (223); 132, 134 (160). – *Bismarck*, der politische „Erfinder" der Sozialversicherung in Deutschland, wusste, dass Menschen, deren Selbstwertgefühl dauerhaft beeinträchtigt ist, zu einem Problem für die innere Sicherheit werden (*F. Tennstedt* in: H. Matthöfer u. a., Bismarck und die soziale Frage im 19. Jahrhundert, 2001, 51 ff.), weshalb die soziale Sicherheit (auch) der inneren Sicherheit dient.

Ungleichheit – das Gefühl, dazu zu gehören,[54] also ein Gegenüber zu sein, dem mit real erfahrbarer Wertschätzung zu begegnen ist.[55]

Im Sozialstaat, der auf real erfahrbare Wertschätzung (Anerkennung, Achtung) verpflichtet ist, erschöpft sich die Inanspruchnahme sozialer Infrastruktur also nicht in der technisch reibungslosen Deckung eines Bedarfs. Vielmehr kann ihre Nutzung zugleich symbolisch-bewusstseinsbildend ein gefühlsmäßiges Vertrauen in den Wert desjenigen befördern, der die soziale Infrastruktur nutzt. Soziale Infrastruktur trägt so – in bescheidendem Umfang, aber immerhin – dazu bei, dass sich eine von Selbstachtung geprägte Identität ausbilden kann,[56] also das entsteht, was das BVerfG „Eigenwert der Person"[57] nennt. Zugehörigkeit ermöglichen heißt: durch soziale Infrastruktur den Eigenwert der Person stärken. Diese idealerweise stillschweigend immer mit kommunizierte Wertschätzung macht soziale Infrastruktur aus.[58] Die Pointe sozialer Infrastruktur,

---

[54] *P. Kirchhof* Der demokratische Rechtsstaat – die Staatsform der Zugehörigen, HStR IX, 1997, § 221 Rn. 142: „sozialstaatliche Dazugehörigkeit", „[s]ozialstaatliche Zugehörigkeit".

[55] Vgl. *A. Honneth* Das Ich im Wir, 2010, 51 (61); s. auch § 1 Abs. 2 Nr. 6 Wohn- und Teilhabegesetz (WTG) Nordrhein-Westfalen (GV NRW 2008, 738): Danach sollen „Bürgerinnen und Bürger in Betreuungseinrichtungen […] Wertschätzung erfahren".

[56] Dazu *A. Honneth* in: Fraser/Honneth, Umverteilung oder Anerkennung?, 2003, 129 (205); *ders.* Kampf um Anerkennung, erw. Ausg. 2003, 303 (310): „[D]ie Chance einer positiven Selbstbeziehung für die Subjekte selber [bemißt sich] an Bedingungen, die einen gesellschaftlichen Charakter besitzen, weil sie aus normativ geregelten Formen der wechselseitigen Anerkennung bestehen; […]."

[57] In der KPD-Verbotsentscheidung (BVerfGE 5, 85, 205) wird die Formulierung kontextlos-abstrakt verwandt, in den Entscheidungen BVerfGK 12, 410 (417) und BVerfGK 12, 417 (422) wird das Gemeinte klarer: Es geht um die Unterbringungsbedingungen im Maßregel- bzw. Strafvollzug, also institutionelle Bedingungen, die über die Chancen der Selbstachtung mitentscheiden (s. hierzu auch, bezogen auf die Arbeit im Strafvollzug, BVerfGE 98, 169 [201 f.]; BVerfG, NJW 2002, 2023 f.; NJW 2004, 3030 f.; ferner die viel zu wenig beachtete abweichende Meinung des früheren Richters *Kruis* zu den Möglichkeitsbedingungen von Anerkennung im Strafvollzug BVerfGE 98, 169 [217 f.], dazu *S. Rixen* in: Eicher [Hrsg.], SGB II, Kommentar, 3. Aufl. 2013, § 10 Rn. 20). Die Doppelfunktion von Institutionen, die technokratisch-instrumentell Probleme lösen und symbolisch Anerkennung kommunizieren sollen, wird am Extremfall der äußeren Bedingungen der Freiheitsentziehung besonders deutlich; s. dazu auch bei und in Fn. 56.

[58] In Anlehnung an *A. Honneth*, Das Recht der Freiheit, 2011, 81, 86, 88 f., 108 ff., insb. 111 („Gefüge aus Institutionen der Anerkennung", „Anerkennung in Institutionen"), 221 ff., der allerdings rechtliche Anerkennung und soziale Wertschätzung z.T. zu stark voneinander unterscheidet (*A. Honneth*, Kampf um Anerkennung, 1992, 183, 196 ff., 202 f., insb. 209 [zur sozialen Wertschätzung, die Selbstachtung, Selbstvertrauen, Selbstwertgefühl, „Selbstschätzung" befördert]). Wertschätzung kann aber gerade auch in der Form des positiven Rechts erfolgen, in diese Richtung wohl auch *Honneth*, in:

die sie von der traditionellen, auf Versorgungssicherheit fokussierten „Daseinsvorsorge“[59] unterscheidet, liegt genau in diesem symbolischen Mehrwert.[60]

Das erklärt z.B. auch, warum *Hegel*, der Anerkennungstheoretiker schlechthin,[61] sich – anders als alle Philosophengenerationen nach ihm –

Fraser/Honneth (Fn. 56), 271 (289 f.). Zum anspruchsvollen Konzept der „[s]ozialstaatliche[n] Wertschätzungspolitik“ *F. Nullmeier*, Politische Theorie des Sozialstaats, 2000, 417.

[59] Die „gesicherte Teilhabe“ (*E. Forsthoff* Die Verwaltung als Leistungsträger, 1938, 15) bezieht sich bei *Forsthoff* auf die „Institutionen der Daseinsvorsorge“ (ebd., 17), die die „lebensnotwendigsten Dinge“ (ebd., 18) öffentlich bewirtschaften, ein Vorgang, der anders als die Armenunterstützung aus öffentlichen Mitteln „keinerlei Beeinträchtigungen des Selbstbewußtseins mehr in sich“ schließe (ebd., 18). – Zusf. Kritik (auch zu den Wandlungen des Daseinsvorsorgekonzepts) bei *J. Kersten* Der Staat 44 (2005), 543 ff.; *M. Krajewski* Grundstrukturen des Rechts öffentlicher Dienstleistungen, 2011, 16 ff.; *F. Meinel* Der Jurist in der industriellen Gesellschaft. Ernst Forsthoff und seine Zeit, 2011, 154 ff., 186 ff., 214 ff.; *Stolleis* (Fn. 12), Bd. 3, 367, (Fn. 12) Bd. 4, 262 ff.

[60] Vielleicht am deutlichsten hat dies, bei *Hegel* anknüpfend, *E.R. Huber* FS Forsthoff, 1972, 139 (155, 163 f.) gesehen (krit. *Stolleis* [Fn. 12], Bd. 3, 367, insb. zur „philosophischen Ergiebigkeit“ des Rückgriffs auf *Hegel*). *Forsthoffs* Konzept der Daseinsvorsorge erfasst die symbolisch-evaluative Bedeutungsebene der Infrastrukturgewährleistung – die Anerkennungsebene – zu wenig, vgl. etwa *E. Forsthoff* (Fn. 59), 5 f., 12 f., 18 (der Hinweis auf die „Empfindungen“ und das „Gefühl des Gesichertseins“ bleibt vage); es geht nicht um die symbolisch kommunizierte Wertschätzung des Einzelnen, sondern um die „psychische Grundlage der modernen völkischen Lebensform“ (ebd., 18), denn „ohne dieses Gefühl des Gesichertseins würde das Volksleben in Gefahr sein, sich in Panikvorstellungen aufzulösen“ (ebd. 18). Mit anderen Worten: Es geht um technokratisch unterstützte Angstabwehr durch kollektivistisch-„völkische“ Entindividualisierung, nicht um die selbstwertförderliche Stärkung des Individuums (hierzu *J. Herf* Reactionary modernism, 1984; *ders.* History and Technology. An International Journal 2010, 33 ff.; *R. P. Sieferle* Die konservative Revolution, 1995, 198 ff.; *T. Rohrkrämer* Contemporary European History1999, 29 ff.); s. auch *dens.* Der Staat der Industriegesellschaft, 1971, 76 ff.; beachte aber die (freilich ebenfalls vagen) Hinweise auf die „Entfremdung“ bei *E. Forsthoff* Die Daseinsvorsorge und die Kommunen, 1958, 11, 23.

[61] Soziale Institutionen könnten als „Sedimente der dem Individuum unweigerlich innewohnenden gegenseitigen Anerkennungsleistungen“ (*Stefan Hoschkara*) begriffen werden. D.h., in sozialen Institutionen wird die wechselseitige Anerkennung der vielen Einzelnen aggregiert und gespeichert, auf Dauer gestellt und so situationsgerecht abrufbar (vgl. hierzu *Honneth*, Kampf um Anerkennung, erw. Ausg. [Fn. 56]). Die Einsicht, dass das Individuum „nur im Fürsichsein des Anderen für sich ist“ (*G.W.F. Hegel*, Phänomenologie des Geistes, Suhrkamp-Ausgabe, 4. Aufl. 1993, 147, dort auch [kursive Hervorhebung im Original]: „Sie *anerkennen* sich als *gegenseitig sich anerkennend.*“), wird in sozialstaatlichen Institutionen einerseits von den Individuen abstrahiert – um die Institutionen unabhängig zu machen von der Kontingenz individueller Anerkennungsleistungen –, ohne dass andererseits sozialstaatliche Institutionen, weil sie indivi-

zum Anerkennungseffekt von Straßenbeleuchtung, Brücken und Krankenhäusern äußert,[62] also zu dem, was er in einer aus heutiger Sicht irritierenden Sprache dem Bereich der „Sittlichkeit"[63] zuweist, womit er Institutionen konkret werdender Anerkennung meint, die in den Lebenswelten[64] unterstützungsbedürftiger Menschen real erfahrbar wird.[65]

3. *Sozialraum*

Das führt uns zu dem schillernden Wort „Sozialraum". Das Wort „Sozialraum" gehört zu den Lieblingswörtern von Stadtplanern und Sozialpädagogen, nicht unbedingt eine gute Voraussetzung, um unter Juristen Gehör zu finden. Lässt man sich von der für unsere Ohren manchmal eigentümlichen Sprache nicht abschrecken, dann erkennt man: Es geht um etwas sehr Vernünftiges. Die Idee des Sozialraums als „Steuerungsraum"[66] entstammt der stadtplanerischen Sozialökologie[67] (Stichwort „Soziale Stadt")[68] und spielt vor allem bei der stadtteilbezogenen

---

duelle Anerkennung substituieren, dauerhaft ohne die individuelle Bereitschaft, Anerkennung (auch institutionenvermittelt) zu leisten, funktionsfähig sein können. Das Feuer wärmt nur so lange, wie es Menschen gibt, die wollen, dass es brennt, auch wenn sie das Brennholz nicht selbst nachlegen können.

[62] *G. W. F. Hegel* Grundlinien der Philosophie des Rechts (1820/1821), Zusatz zu § 236 (u. a. Straßenbeleuchtung, Brückenbau), § 242 (u.a. Krankenhäuser, Straßenbeleuchtung); zur Gesundheitssorge s. auch Zusatz zu § 236 sowie § 241.

[63] Differenziert zum Begriff der Sittlichkeit *A. Honneth* Leiden an Unbestimmtheit, 2001, 70 ff., 79 ff., 102 ff.

[64] Zur sozialpädagogischen Adaption des (von *Edmund Husserl* und *Alfred Schütz* profilierten) Lebensweltbegriffs (Konzept der Lebens- bzw. Alltagsweltorientierung) *H. Thiersch* Lebensweltorientierte Soziale Arbeit, 1992, 41 ff., 160 ff. (inzwischen 9. Aufl. 2014).

[65] Vgl. dazu (mit Blick auf das Problem der Arbeitslosigkeit) die Formulierung, „durch Arbeit [...] Achtung und Selbstachtung zu *erfahren*", jeweils (ohne die Hervorhebung) in BVerfGE 100, 271 (284); 103, 293 (307); BVerfGE 116, 202 (223); BVerfGK 10, 450 (459); ähnl. BVerfG, NJW 2002, 2023 (2024); dazu *Rixen* in: Eicher (Fn. 57), § 10 Rn. 19.

[66] *O. Fehren/W. Hinte* Sozialraumorientierung – Fachkonzept oder Sparprogramm?, 2013, 23.

[67] Vgl. zur „Chicagoer Schule" der Sozialökologie (sowie zur ähnlichen „Amsterdamer Schule" der Sozialgeographie) *J. Gutberger* Volk, Raum und Sozialstruktur. Sozialstruktur- und Sozialraumforschung im „Dritten Reich", 1994, 132 ff., 135 ff., zu (möglichen) Adaptionen in der Sozialraumforschung der NS-Zeit ebd. 473 ff. und passim; zu vordergründigen Ähnlichkeiten in der Stadtplanung(stheorie) s. auch *D. Kuchenbuch* Geordnete Gemeinschaft – Architekten als Sozialingenieure. Deutschland und Schweden im 20. Jahrhundert, 2010, 13 ff., 291 ff.; dazu auch Fn. 108, 219.

[68] *M. Krummacher u.a.* Soziale Stadt – Sozialraumentwicklung – Quartiersmanagement, 2003; ferner die Beiträge in „informationsdienst altersfragen" Nr. 2/2012

Organisation sozialer Dienste eine große Rolle.[69] Sozialer Infrastruktur gelingt es nur dann überzeugend, zugehörigkeitsermöglichend zu wirken, wenn die Unterstützungsstrukturen auf überschaubare geographische Räume (z.B. Wohnquartiere oder Stadtteile) – Sozialräume – bezogen werden, die mit den persönlichen Lebenswelten verbunden sind.[70] Deshalb sind die unterstützenden Institutionen so zu verknüpfen, dass sich die Zugehörigkeitseffekte an den Orten, die zum Sozialraum gehören, wechselseitig verstärken. Aus der Perspektive des Grundgesetzes ist dies nichts bahnbrechend Neues, denn dass Zugehörigkeitserfahrungen auf strukturierte, vernetzte Orte – auf „örtliche Gemeinschaften" – angewiesen sind, anerkennt das Grundgesetz dem Grunde nach in Art. 28 Abs. 2 S. 1 GG.[71]

(www.dza.de); s. außerdem § 171e BauGB („Maßnahmen der sozialen Stadt"), dazu etwa *A. Schink* in: Spannowsky/Uechtritz (Hrsg.), BauGB, Kommentar, 2. Aufl. 2014, § 171e Rn. 2 ff., 6 ff., 14 ff., 21 ff.; aus stadtsoziologischer Sicht zur sozialen Ungleichheit in Städten *W. Siebel* Leviathan 40 (2012), 462 ff.; *T. Cassiers/C. Kesteloot* Urban Studies 2012, 1909 ff.

[69] Zusf. *W. Budde/F. Früchtel*, Art. „Sozialraum" und Art. „Sozialraumorientierung", in: Deutscher Verein für öffentliche und private Fürsorge (Hrsg.), Fachlexikon der sozialen Arbeit, 7. Aufl. 2011, 844 f., 845 ff.; *M. Galuske* Methoden der Sozialen Arbeit, 10. Aufl. 2013, 300 ff.; s. auch *G. Nellissen* Sozialraumorientierung im aktivierenden Sozialstaat, 2006, 22 ff., 154 ff., 191 ff., 213 ff.; ferner die Beiträge in *U. Hellwig/J.R. Hoppe/J. Termath*, Sozialraumorientierung – ein ganzheitlicher Ansatz, 2007.

[70] Hierzu (mit Fokus auf der Alterung der Gesellschaft) *R. Knopp* Herausforderungen und Chancen der demografischen Entwicklung für eine sozialraumorientierte Soziale Arbeit in Deutschland, in: sozialraum.de, Ausgabe 1/2013 (www.sozialraum.de/archiv-ausgabe-1-2013.php). – Der Sozialraum hat zwar eine territoriale Dimension, aber entscheidend ist die institutionenvermittelte relationale Dimension, ein aktives „Inbeziehungsetzen [...] von [...] Beteiligten" (Formulierung von *O. Bachof* Diskussionsbemerkung VVDStRL 18 [1960], 192 – bezogen auf den Plan); zur aktiven Herstellung des „Sozialen" *B. Latour* Eine neue Soziologie für eine neue Gesellschaft, 2007, 329 ff., 378 ff.; *ders.* Zeitschrift für Theoretische Soziologie H. 1/2013, 8 ff. Diese Sichtweise steht einem Containermodell von „Raum" entgegen; zu dieser – auf der Grenze insbesondere von Philosophie, Soziologie, Architektur- und Stadtplanungstheorie sowie Kulturwissenschaften sich bewegenden und z.T. überaus schillernden raumwissenschaftlichen Diskussion *S. Günzel* (Hrsg.), Raumwissenschaften, 2009; ferner (in historischer Perspektive) *J. Dünne/S. Günzel* (Hrsg.), Raumtheorie, 2006; außerdem *M. Löw* Raumsoziologie, 2001; *J. Döring/T. Thielmann* (Hrsg.), Spatial Turn – Das Raumparadigma in den Kultur- und Sozialwissenschaften, 2008; krit. zum „spatial turn" *R. Lippuner/J. Lossau* in: Mein/Rieger-Ladich (Hrsg.), Soziale Räume und kulturelle Praktiken, 2004, 47 ff.

[71] Zu den örtlichen Angelegenheiten gehören u.a. die „sozialen, [...] gemeinschaftsbezogenen Gemeinwohlbelange" sowie „das örtliche Zusammengehörigkeitsgefühl", so BVerwG, NVwZ 2009, 1305 (1307); zusf. zum Stand der Dogmatik des Art. 28 Abs. 2 GG *A. Engels* Die Verfassungsgarantie kommunaler Selbstverwaltung, 2014. Territoriale Kohäsion (territorialer Zusammenhalt) ist im Raum verwirklichte soziale Kohäsion

Die Frage ist nur, wie diese „örtlichen Gemeinschaften“ (vgl. Art. 28 Abs. 2 S. 1 GG) organisiert sein müssen, um effektiv unterstützende Sozialräume zu sein und inwieweit hierbei Kommunen – oder Regionen – eine Rolle spielen. Denn nur problemadäquat zugeschnittene Sozialräume tragen dazu bei, das schwache verfassungsrechtliche Gebot, auf gleichwertige[72] – nicht einheitliche[73] – Lebensverhältnisse hinzuwirken, alltagstauglich zu konkretisieren.

Wie überzeugend gelingt es dem geltenden – dem geschriebenen und gelebten – Recht, seinen Instrumenten, Regelungen, Normtexten und Praktiken, Zugehörigkeit im Bereich des Wohnens, der Gesundheit und der sozialen Teilhabe alter Menschen zu ermöglichen?[74]

(sozialer Zusammenhalt), vgl. zu dieser EU-rechtlichen Terminologie insb. Art. 174 Abs. 1 AEUV, ferner *J. Kersten* DVBl 2006, 942 (945 f.); s. auch *U. Battis*/*J. Kersten*, Europäische Politik des territorialen Zusammenhalts, 2008, 8 ff.

[72] Die „Herstellung gleichwertiger Lebensverhältnisse“ (Art. 72 Abs. 2 GG) bezieht sich nicht auf ein eigenes Verfassungsgebot, sondern die Formulierung ist nur Teil einer gesetzgebungsrelevanten Norm. Allerdings lässt sich das Gebot der Herstellung gleichwertiger Lebensverhältnisse als Aspekt des Sozialstaatsprinzips begreifen, wie – auf landesverfassungsrechtlicher Ebene – Art. 3 Abs. 2 BayVerf exemplarisch verdeutlicht, dazu *T. Holzner* Verfassung des Freistaates Bayern, 2014, Art. 3 Rn. 97 ff., insb. Rn. 103. Einfachgesetzlich ist das Gebot vielfach anerkannt, s. etwa § 1 Abs. 2 ROG („gleichwertigen Lebensverhältnissen in den Teilräumen“), ähnl. z.B. auch § 2 Abs. 1 Nr. 1 Salzburger Raumordnungsgesetz („Herstellung möglichst gleichwertiger Lebensbedingungen“), § 1 Abs. 2 Nr. 2 Burgenländisches Raumordnungsgesetz („Herstellung möglichst gleichwertiger Lebensbedingungen“). In Anlehnung an die Rechtsprechung zu Art. 72 Abs. 2 GG (insb. BVerf-GE 106, 62 [144, 146]; dazu *S. Rixen* DVBl 2012, 1393 [1399]) fehlt es an der Gleichwertigkeit, wenn unzumutbare Verhältnisse bestehen, s. hierzu *J. Kersten* RuR 2006, 245 (248); *ders.* DVBl 2006, 942 (944); *ders.* Informationen zur Raumentwicklung H. 1-2/2008, 1 (3 f.).

[73] Vgl. für das Finanzverfassungsrecht Art. 106 Abs. 3 S. 4 Nr. 2 GG; diese Vorschrift wurde offenbar bewusst nicht an die Formulierung in Art. 72 Abs. 2 GG angepasst, vgl. BT-Drucks. 12/6000, 33; dazu, dass Einheitlichkeit bzw. Gleichheit der Lebensverhältnisse kein „realistisches oder auch nur wünschbares Ziel“ ist, schon die Enquete-Kommission „Verfassungsreform“, BT-Drucks. 7/5924, 131.

[74] „Zugehörigkeit“ fungiert hier als eine Art systematischer Gradmesser. Man könnte auch von einem – das positive Recht in kritischer Absicht strukturierenden – Leitbild sprechen (*U. Volkmann* Grundzüge einer Verfassungslehre der Bundesrepublik Deutschland, 2013, 148 f.): Als konkret-problemorientiertes Kondensat ideeller Sinngehalte, die eine bestimmte Vorstellung davon zum Ausdruck bringen, wie Regelungsstrukturen richtigerweise beschaffen sein sollten: „Leitbilder geben […] bei den je anstehenden Problemen und Fragen die Richtung an, in der mögliche Lösungen gesucht werden können“ (ebd., 149); zum Leitbild des „sozialen Rechtsstaats“ ebd. 261. Allerdings ist der Leitbild-Begriff „schwierig […] und missverständlich“ (*M. Germann* Diskussionsbemerkung, VVDStRL 73 [2014], 315 [317]), vgl. *S. Baer* in: Schmidt-Aßmann/Hoffmann-Riem (Hrsg.), Methoden der Verwaltungsrechtswissenschaft, 2004, 223 (232 ff.).

IV. Verwaltungsrechtliche Rahmung des Alterns

1. Wohnen

a) Vom Heimrecht zum Recht des „qualitätsgesicherten Alterns"

Für all diejenigen alten Menschen, die in ihren Privatwohnungen leben, gelten die allgemeinen Vorschriften des Bauordnungsrechts. Sie sehen *grosso modo* nur sehr zurückhaltende Vorgaben für das seniorengerechte Bauen vor,[75] und zwar auch, wenn es um öffentliche Wohnungsbaugesellschaften geht. Der altersgerechte Umbau von Privatwohnungen wird zu einem rein zivilrechtlichen Problem zwischen den Mietparteien. Weitaus kleinteiliger sind die Regelungen, die man als implizites Bauordnungsrecht bezeichnen kann und die Einrichtungen betreffen, in denen alte Menschen leben.[76] Das Landesrecht kennt zahlreiche, z.T. minutiöse Vorschriften über die baulichen Bedingungen der Einrichtung (etwa zur Zimmer- bzw. Wohnungsgröße)[77] bis hin zu der Vorgabe, dass „Markisen oder Sonnenschirme"[78] oder ein individueller Internetzugang[79] zur Verfügung stehen müssen.

All das betrifft „Heime", die allerdings nicht mehr Heime heißen.[80] Die meisten Landesgesetze in Deutschland verwenden nicht einmal mehr das

---

„Zugehörigkeit" fungiert zugleich – durch die Anknüpfung beim grundgesetzlichen Sozialstaatsprinzip – als vermittelndes Prinzip, das außerrechtlich-normative Diskurse (und ihre kritischen Impulse) mit den spezifisch-rechtlichen Diskursen verknüpft, diese in jene „übersetzt", dazu allg. *A. Farahat*, Progressive Inklusion, 2014, 132 ff.

[75] Näher *A. Edenharter* Der demografische Wandel als Herausforderung für das Raumordnungsrecht und das Baurecht, 2014, 500 ff., 507 f.

[76] Das „Heimrecht" (zu diesem Begriff sogleich im Text) gilt nicht de jure, wohl aber de facto überwiegend für alte Menschen, dass es (auch) um alte („ältere") Menschen geht, wird zu Beginn der Gesetze häufig angesprochen, vgl. nur § 1 Abs. 1 Hessisches Gesetz über Betreuungs- und Pflegeleistungen (HGBP); § 1 Abs. 1 Nr. 4 Einrichtungenqualitätsgesetz (EQG) Mecklenburg-Vorpommern (M-V); § 1 Abs. 1 Wohn- und Teilhabegesetz Sachsen-Anhalt (WTG LSA).

[77] S. etwa § 3 Einrichtungenmindestbauverordnung (EmindBauVO) M-V; § 4 Abs. 2 Landesverordnung zur Durchführung des Landesgesetzes über Wohnformen und Teilhabe (LWTGDVO) Rheinland-Pfalz; § 3 Abs. 2 SbStG-Durchführungsverordnung (SbStG-DVO) Schleswig-Holstein.

[78] § 7 Abs. 4 S. 1 Wohn- und Betreuungsbauverordnung (WBBauVO) Hamburg.

[79] § 9 Einrichtungenmindestbauverordnung M-V.

[80] Zum verfassungsrechtlichen Hintergrund *P. Axer* in: Bonner Kommentar zum GG, Stand: Juli 2014, Art. 74 Abs. 1 Nr. 7 Rn. 38 ff. – Zusf. zum Heim(vertrags)recht in Österreich *M. Ganner* in: FS Barta, 2009, 75 ff.; ferner *ders.* Selbstbestimmung im Alter, 2005, 95 ff., 175 ff.

Wort. Die Gesetze heißen „Wohn- und Teilhabegesetz“[81], „Wohn-, Teilhabe- und Pflegegesetz“[82], „Pflege- und Wohnqualitätsgesetz“,[83] „Pflege- und Betreuungswohngesetz“,[84] „Einrichtungenqualitätsgesetz“,[85] „Selbstbestimmungsstärkungsgesetz“.[86] „Heime“ gibt es explizit nur noch in Niedersachsen und im Saarland,[87] im übrigen Deutschland gibt es nur noch Orte des „qualitätsgesicherten Alterns“.

Im Unterschied zum früheren (Bundes-)Heimgesetz[88] befasst sich das neue Einrichtungenqualitätsrecht mit zahlreichen Wohnformen, die zwischen der stationären Einrichtung und dem von den Gesetzen grundsätzlich nicht erfassten selbstorganisierten[89] Wohnen angesiedelt sind.[90] Das Schutzniveau der neuen Landesgesetze ist umso höher, je mehr die pflegerische Fremdbetreuung im Vordergrund steht.[91] Um Abhängigkeiten vom Leistungsanbieter entgegenzuwirken,[92] setzt das Einrichtungenqualitäts-

---

[81] WTG NRW, WTG LSA, ThürWTG; ähnl. Wohnteilhabegesetz (WTG) Berlin; Landesgesetz über Wohnformen und Teilhabe (LWTG) Rheinland-Pfalz.

[82] Das WTPG Baden-Württemberg v. 20. 5. 2014 (GBl. 241) hat mit Wirkung ab 31.5.2014 das Landesheimgesetz v. 10. 6. 2008 (GBl. 169) ersetzt.

[83] PfleWoqG; ähnl.: Hamburgisches Wohn- und Betreuungsqualitätsgesetz (HmbWBG); Sächsisches Betreuungs- und Wohnqualitätsgesetz (SächsBeWoG).

[84] BbgPBWoG; ähnl.: Bremisches Wohn- und Betreuungsgesetz (BremWoBeG).

[85] EQG M-V; ähnl. weitgefasst: Hessisches Gesetz über Betreuungs- und Pflegeleistungen (HGBP).

[86] SbStG (= Pflegegesetzbuch Schleswig-Holstein – Zweites Buch).

[87] Niedersächsisches Heimgesetz (NHeimG); Landesheimgesetz Saarland (LHeimGS). – Auch in Österreich ist der Begriff „Heim“ üblich, s. etwa das Tiroler Heimgesetz 2005, das Pflegeheimgesetz Vorarlberg oder das Wiener Wohn- und Pflegeheimgesetz (WWPG).

[88] HeimG idF der Bekanntmachung v. 5. 11. 2001 (BGBl. I, 2970), zuletzt geändert durch Art. 3 S. 2 des Gesetzes v. 29. 7. 2009 (BGBl. I, 2319).

[89] Was z.B. eine „selbstorganisierte“ ambulant betreute Wohngemeinschaft ist, lässt sich nicht immer einfach ermitteln, s. etwa § 2 Abs. 2, § 4 Abs. 2, § 5 Abs. 1 WTG Sachsen-Anhalt; § 2 Abs. 3 S. 1 WTPG Baden-Württemberg spricht von „vollständig selbstverantwortete[n] Wohngemeinschaften“.

[90] Vgl. § 1 (Bundes-)HeimG einerseits und (beispielhaft) Art. 2 BayPfleWoqG, § 2 HmbWBG.

[91] Vgl. beispielhaft die Abgrenzung zwischen betreutem Wohnen, ambulant betreuten Wohnformen und betreuten Wohngruppen gem. Art. 2 Abs. 2–4 PfleWoqG Bayern; s. dazu auch § 1 Abs. 2 LHeimG Saarland.

[92] Vgl. etwa § 1 Abs. 1 S. 1 BbgPBWoG: „Dieses Gesetz hat das Ziel, die Interessen von Menschen mit Pflegebedürftigkeit und Behinderung zu schützen, wenn durch eine Verknüpfung des Wohnens mit der Pflege oder Betreuung die *Gefahr einer Abhängigkeit vom Leistungsanbieter* besteht.“ § 1 Abs. 1 ThürWTG: „Der staatlich zu gewährleistende Schutz für ältere Menschen […] richtet sich nach dem *Grad der strukturellen Abhängigkeit*, der sich aus der individuellen Wohn-, Pflege- und Unterstützungssituation der betroffenen Menschen, der gewählten Lebensform und den dieser zugrundeliegenden

recht scheinbar auf „klassische“ gewerberechtliche Instrumente, z.B. Anzeigepflichten, Prüfungs- und Untersagungsbefugnisse.[93] Es geht indes um ein (nicht nur für gewerbliche Anbieter geltendes)[94] öffentliches Sozialwirtschaftsrecht,[95] das in der Sache deutlich über das typische Gefahrenabwehrrecht hinausgeht. Alle Landesgesetze kreisen um den Begriff der gefahrenvorsorgenden Qualitätssicherung;[96] sie öffnen sich damit für die Expertise insbesondere der Pflege- und Alternswissenschaften.[97] Der hohe Anspruch der Qualitätssicherung soll durch umfängliche Beratungs-,[98] Dokumentations-[99] und Fortbildungspflichten[100] sichergestellt werden. Behördliche „Qualitätsberichte“[101], die eigenständig neben den Berichten der Pflegeversicherung stehen,[102] können veröffentlicht werden.[103] Die Auf-

vertraglichen Vereinbarungen ergibt.“ § 1 Abs. 1 S. 2 BremWoBeG: „Das Gesetz soll Bewohnerinnen und Bewohner vor *Benachteiligungen*, die sich aus der Verknüpfung des Wohnens mit Unterstützungsleistungen ergeben, schützen.“ – Alle Hervorhebungen nicht im Original.

[93] Pars pro toto Art. 4, Art. 11 ff. PfleWoqG Bayern.

[94] Erfasst werden auch die nicht-gewerblichen, etwa kirchlichen Träger bzw. Leistungsanbieter.

[95] *S. Rixen* Sozialrecht als öffentliches Wirtschaftsrecht, 2005, 25 ff., 30 ff., 36 ff, insb. 38; s. auch – allerdings ohne Fokussierung auf das öffentliche Wirtschaftsrecht – *A. Hänlein* NZS 2003, 617 ff.

[96] S. nur § 8 EQG M-V („Qualitätsüberwachung“), vor § 22 SbStG Schleswig-Holstein („Maßnahmen zur Qualitätssicherung“); § 11 WTG LSA („Qualitätsanforderungen“); § 19 WTG LSA („Qualitätssicherung“), § 14 HmbWBG („Qualitätsmanagement“), Art. 21 PfleWoqG („[e]xterne Qualitätssicherung“), Art. 22 PfleWoqG („[i]nterne Qualitätssicherung“).

[97] Deren Relevanz wird zu Beginn der Landesgesetze regelmäßig hervorgehoben, s. etwa Art. 3 Abs. 2 Nr. 4 PfleWoqG Bayern: ähnl. § 1 Abs. 1 Nr. 5 SächsBeWoG; § 1 Abs. 1 Nr. 3 EQG M-V.

[98] Z.B. § 3 Nr. 3, § 12 LHeimG Saarland; § 9, § 13 Abs. 1 Nr. 3 EQG M-V; § 32 HmbWBG, § 26 BremWoBeG, § 22 BbgPBWoG, Art. 12 PfleWoqG Bayern.

[99] Z.B. § 7 LHeimG Saarland; § 5 EQG M-V; Art. 7 PfleWoqG Bayern.

[100] S. etwa § 38 HmbWBG, § 17 Verordnung zur Ausführung des PfleWoqG Bayern (AVPfleWoqG); § 6 Strukturqualitätsverordnung (SQV) Brandenburg, § 7 Einrichtungspersonalverordnung (EPersVO) M-V; zum Teil muss die Fortbildung nur ermöglicht werden.

[101] § 12 LWTG Rheinland-Pfalz.

[102] Allerdings soll bei der Erstellung kooperiert werden, vgl. etwa §§ 18 Abs. 3, 19 Abs. 1 SbStG Schleswig-Holstein und § 117 SGB XI.

[103] S. etwa § 18 SbStG Schleswig-Holstein, § 20 WTG NRW, § 31 HmbWBG, § 20 BbgPBWoG; s. auch Art. 6 Nr. 3 iVm Art. 17a–c BayPfleWoqG nF, zur verwaltungsrechtlich relevanten Unterscheidung zwischen Prüf-Bericht und dessen Veröffentlichung die Gesetzesbegr., Landtag Bayern, Drucks. 16/15221, 13 (vor der Gesetzesänderung war die Veröffentlichung unzulässig gewesen, BayVGH, NZS 2012, 227 ff. [zu Art. 6

sicht versteht sich als „Qualitätsüberwachung"[104], die keine Ordnungsverfügungen, sondern „Anordnungen zur Mängelbeseitigung"[105] erlässt.[106]

b) *Altengerechtes Raumordnungs- und Bauplanungsrecht?*

Raumordnungs- und Landesplanungsrecht öffnen sich den Problemen des demographischen Wandels nicht kleinteilig, sondern aus der Adlerperspektive.[107] So wird bspw. das Zentrale-Orte-Konzept[108] demographiegerecht neu erfunden[109] und abwägungsresistente „Ziele der Raumord-

---

Abs. 2 PfleWoqG aF]); zur Veröffentlichung *R. Richter* SRa (Sozialrecht aktuell) 2010, 136 ff.; zu wettbewerbsrechtlichen Folgen der Veröffentlichung *S. Brakel* SRa (Sozialrecht aktuell) 2010, 138 ff.

[104] § 8 EQG M-V; s. auch (obgleich das Gesetz von Aufsicht spricht, vgl. Art. 24 Abs. 3 PfleWoqG) die in der Praxis verwandte Bezeichnung „Fachstellen für Pflege- und Behinderteneinrichtungen – Qualitätsentwicklung und Aufsicht (FQA)", www.stmgp.bayern.de/pflege.

[105] § 22 WTG Berlin, § 23 BbgPBWoG.

[106] Landtag Nordrhein-Westfalen, Drucks. 14/6972, 45.

[107] Näher *Edenharter* (Fn. 75), 131 ff.

[108] Es geht zurück auf *W. Christaller* Die zentralen Orte in Süddeutschland, 1933, 21 ff.; die vor diesem Hintergrund entstandenen und im geltenden Raumordnungsrecht normierten zentralörtlichen Modelle haben sich von der ursprünglich enger gefassten wirtschaftsgeographischen Ausrichtung gelöst. – Nicht hinreichend erforscht sind die theoretischen Fortentwicklungen des Zentrale-Orte-Modells durch *Christaller* im Nationalsozialismus, ihr genauer Einfluss auf die NS-Germanisierungspolitik, namentlich die Vertreibungs- und Vernichtungsaktionen im besetzten Polen (sog. „Generalplan Ost"), und eventuelle, über 1945 hinausreichende Kontinuitäten des fortentwickelten Konzepts, erste Bestandsaufnahme bei *K. Fehn* Siedlungsforschung. Archäologie – Geschichte – Geographie 26 (2008), 215 ff.; außerdem *Gutberger* (Fn. 67), 383 ff.; *Leendertz* (Fn. 12), 167 ff., 177 ff.; *Jureit* (Fn. 12), 380 ff.; zur sog. „Aktion Zamość", die das im Distrikt Lublin gelegene Gebiet von Zamość für Zwecke der „Germanisierung" zur raumplanerischen *tabula rasa* machte (unter Vertreibung und Tötung der dort Lebenden), *B. Wasser* Himmlers Raumplanung im Osten. Der Generalplan Ost in Polen 1940 – 1944, 1993, 133 ff.; *ders.* in: Rössler/Schleiermacher (Hrsg.), Der „Generalplan Ost". Hauptlinien der nationalsozialistischen Planungs- und Vernichtungspolitik, 1993, 271 ff.; zu „Zamość als raumordnungspoltische[m] Versuchsmodell des ‚Generalplans Ost'" *ders.* in: Schmals (Hrsg.), Vor 50 Jahren … auch die Raumplanung hat eine Geschichte!, 1997, 43 ff.

[109] Angesichts der Zunahme von Verdichtungsräumen, „Zwischenstädten" bzw. Metropolregionen lässt sich die Zentralität von Orten nicht immer leicht zuordnen, zu einem neueren Ansatz, Zentralität (auch auf der Basis von Kommunalreformen) zu konzentrieren, s. (abrufbar unter www.bravors.brandenburg.de) die Verordnung über den Landesentwicklungsplan Berlin-Brandenburg (LEP B-B) v. 31.3.2009 (GVBl. Bbg II, 186), Abschn. III („Textliche Festlegungen"), Nr. 2 („Zentrale Orte"), dazu der 3. Demografiebericht des Landes Brandenburg, Landtag Brandenburg, Drucks. 5/4324, 28.

nung“[110] sollen nicht zuletzt an den zentralen Orten die Ansiedlung von sozialer Infrastruktur erleichtern. Kein Thema des geltenden Rechts ist die Frage, wie die Erreichbarkeit von allgemeinen lebenspraktisch relevanten Infrastrukturen (z.B. Bankfilialen, Cafés, Restaurants) altersgerecht gesichert, also auf die begrenzten persönlichen Aktionsradien im Alter möglichst wohnungsnah abgestimmt werden kann.[111] Immer noch Probleme bereitet die Festsetzung der Art der baulichen Nutzung.[112] Nach deutschem Bauplanungsrecht gehören zu „Wohngebäuden [...] auch solche [Gebäude], die ganz oder teilweise der Betreuung und Pflege ihrer Bewohner dienen“.[113] Ob jemand „Bewohner“ ist, machen die Gerichte davon abhängig, dass selbstbestimmtes Wohnen noch in einem Mindestmaß möglich ist.[114] Das irritiert insbesondere mit Blick auf Menschen, deren Kompetenzen etwa wegen einer schweren Altersdemenz eingeschränkt sind.[115]

c) *Zwischenfazit*

Zusammengefasst lässt sich mit Blick auf das Wohnen festhalten: Im Bereich des altengerechten Umbauens fängt das Zivilrecht die strukturelle Unterlegenheit alter Menschen, die Mieter sind, nicht auf. Die Sozialbindung des Eigentums liegt praktisch bei null. Im Bauplanungsrecht wird Selbstbestimmung nicht als skalierbares Mehr-oder-Weniger, sondern letztlich als Alles-oder-Nichts-Größe missverstanden; mit dem Faktum

---

[110] Beispiel: § 1 Verordnung über das Landesentwicklungsprogramm Bayern (LEP) v. 22.8.2013 (GVBl. 550) iVm Anlage Nr. 1; s. auch Anlage Nr. 2 (mit Anhang 1) zu den zentralen Orten.

[111] Diese insb. auf die Mobilität fokussierenden Aspekte überschneiden sich mit Aspekten der Gesundheitssorge und der Teilhabe, dazu unten IV. 2. und 3.

[112] Zum Folgenden *Edenharter* (Fn. 75), 407 ff.

[113] § 3 Abs. 4 BauNVO.

[114] *J. Stock* in: König/Roeser/Stock, Baunutzungsverordnung, 3. Aufl. 2014, § 3 BauNVO Rn. 30 mwN; s. etwa (ebenfalls mwN) OVG Hamburg, NVwZ-RR 2005, 396 (397); zur Unklarheit dürfte beitragen, dass die Wohngebäude nach § 3 Abs. 4 BauNVO gegenüber klink- und unterbringungsartig ausgestalteten Einrichtungen abgegrenzt werden, so als seien insb. Kliniken schlechthin selbstbestimmungsfreie Zonen. – Auch im Bauordnungsrecht ist der Wohnungsbegriff nicht hinreichend auf die Selbstbestimmung als „Mehr-oder-weniger“-Begriff abgestimmt, vgl. *Edenharter* (Fn. 75), 507 mwN.

[115] Zur mitunter nur aufwändig rekonstruierbaren Lebensqualität demenzkranker Menschen *A. Kruse* Zeitschrift für medizinische Ethik 51 (2005), 41 ff.; *S. Becker*/*R. Kaspar*/*A. Kruse* H.I.L.D.E. – Heidelberger Instrument zur Erfassung der Lebensqualität demenzkranker Menschen, 2011; s. auch *C. Meyer* Zeitschrift für Soziologie 2014, 95 ff.; außerdem die Beiträge in *A. Kruse* (Hrsg.), Lebensqualität bei Demenz?, 2010; s. dazu auch Fn. 26, 184, 186.

der variablen Vulnerabilität ist das nicht zu vereinbaren.[116] Das Raumordnungsrecht bestätigt auch mit Blick auf den demographischen Wandel, dass es zumindest bislang ein weithin wirkungsloses Placebo-Recht ist, in das man alle Themen, die nicht effektiv bearbeitet werden sollen, abschieben kann.[117]

Die Frage, ob Effektivität möglicherweise nur simuliert wird, stellt sich auch bei den Einrichtungenqualitätsgesetzen. Sie scheinen eine Umsetzung vieler Maximen der nicht mehr ganz so „neuen" Verwaltungsrechtswissenschaft zu sein.[118] Diese prägt, als modernisierte Variante der altbekannten Staatswissenschaft, anhaltend die öffentlich-rechtlichen Diskurse zumindest in Deutschland.[119] Die Qualität der Dienstleistungen für alte Menschen soll mit einem „Mix" aus klassisch-hoheitlichen und „weichen", auf Kooperation und regulierte Selbstdisziplinierung setzenden Instrumenten gesteuert werden. Die genauen Bezüge zum Zivilrecht sind im Einzelnen unklar,[120] etwa, ob durch landesrechtliche Ordnungsverfügungen auf Bundesrecht gestützte „Heim"-Verträge kontrolliert werden dürfen.[121] Die

---

[116] Dazu oben bei Fn. 36/37.

[117] *Edenharter* (Fn. 75), 289: „Die Steuerungswirkung des Raumordnungsrechts ist gegenwärtig als vergleichsweise gering einzuschätzen, […]". Das gilt auch für andere drängende Fragestellungen, wie etwa den Klimawandel, dazu *C. Fischer* Grundlagen und Grundstrukturen eines Klimawandelanpassungsrechts, 2013, 313.

[118] Grdl. *W. Hoffmann-Riem/E. Schmidt-Aßmann/A. Voßkuhle* (Hrsg.), Grundlagen des Verwaltungsrechts, Bd. I, II, 2012, Bd. III, 2013; ferner die Beiträge von *I. Appel* und *M. Eifert* zum Thema „Das Verwaltungsrecht zwischen klassischem dogmatischen Verständnis und steuerungswissenschaftlichem Anspruch", VVDStRL 67 (2008), 226 ff., 286 ff.

[119] Dazu *S. Rixen* in: *Masuch/Spellbrink/Becker/Leibfried* (Hrsg.) Grundlagen und Herausforderungen des Sozialstaats. Denkschrift 60 Jahre BSG, Bd. 1, 2014, 351 (352 f.) mwN.

[120] Das Verhältnis zum Wohn- und Betreuungsvertragsgesetz (WBVG) – das zivilrechtliche Sondergesetz über „Heimverträge" – wird kaum thematisiert, ebenso wenig (obgleich wegen der ggf. „behandelnden" Anteile einer Pflegeleistung relevant) das Verhältnis zum Recht des Behandlungsvertrags (§ 630a ff. BGB), dazu *K. von Mielęcki* Sozialrecht aktuell (SRa) 2014, 143 ff.; auch die Bezüge zum Betreuungsrecht, z.B. zu freiheitsenziehenden bzw. -beschränkenden Maßnahmen nach § 1906 BGB, die nicht nur demente Menschen betreffen können, sind bislang kein Thema auch öffentlich-rechtlicher Reflexion; zum künftigen Verhältnis von Betreuungs- und Sozialrecht *B. Schulte* ZFSH/SGB 2011, 241 ff.; *R. Pitschas* SGb 2013, 500 ff.; *ders.* ZRP 2013, 137 ff.

[121] Ob Landesgesetze zu diesem Zweck vorsehen dürfen, dass mittels öffentlich-rechtlicher Verfügungen zivilrechtliche Verträge mit Einrichtungsbetreibern überprüft werden können, ist umstritten; s. etwa VG Cottbus, Beschl. v. 27. 8. 2010 – VG 5 L 106/09 –, juris, Rn. 18 (zu § 19 Abs. 1 iVm § 6 Abs. 2 Nr. 5 BbgPBWoG); anders (mit Blick auf die Zuständigkeit des Bundesgesetzgebers für das zivile Verbraucherschutzrecht) VGH Baden-Württemberg, VBlBW 2013, 55 (57); zur Kontrolle öffentlich-rechtlicher (sozialrechtlicher) Verträge BVerwG, NZS 2014, 667 ff.

„wechselseitigen Auffangordnungen“[122] sind hier je nach Bundesland unterschiedlich ausgeprägt.

Der um die Qualität kreisende Steuerungsansatz reagiert ersichtlich auf die relative Machtlosigkeit des Staates, der möglichst lange der Frage ausweichen will, wo er denn die alten Menschen unterbringen soll, müsste tatsächlich einmal eine Einrichtung geschlossen werden.[123] Das dürfte zu einiger Verhandlungsmacht der Einrichtungsbetreiber auch hinsichtlich der Qualitätsstandards führen, die im Übrigen, je konkreter man wird, so klar nicht sind.[124] Ohnehin wird öffentlich-rechtlich administrierte Qualität – Qualität, die Zugehörigkeit ermöglichen soll – zu einem verhandelbaren Gut. In Baden-Württemberg, Bremen und Nordrhein-Westfalen können Leistungsanbieter, die eigentlich nicht vom Gesetz erfasst sind, beantragen, dass das qualitätssichernde Gesetz gleichwohl auf sie Anwendung finde: „Art, Umfang und Dauer der Anwendung des Gesetzes werden in einem öffentlich-rechtlichen Vertrag geregelt.“[125] Diese Regelung sei, so heißt es in den Gesetzesbegründungen, „Ausdruck [...] der unternehmerischen Privatautonomie“[126], denn der Leistungsanbieter könne so seinen „Kunden [...] die Sicherheit [...], vermitteln, dass sein Angebot der Behörde zumindest bekannt ist [und] je nach Ausgestaltung auch kontrolliert wird“[127]; er kann dann „z.B. mit einem guten Prüfergebnis [...] werben“[128] – nachdem er vorher vereinbart hat, welche Prüfungsmaßstäbe für ihn gelten. Was der bunte Strauß an Instrumenten und Regelungsstrukturen bewirkt – und wie er Zugehörigkeit beeinflusst –, wissen wir nicht.

---

[122] In Anlehnung an die fast schon klassische Formulierung „wechselseitige Auffangordnung“ von *W. Hoffmann-Riem* in: ders./Schmidt-Aßmann (Hrsg.), Öffentliches Recht und Privatrecht als wechselseitige Auffangordnungen, 1996, 261 ff.

[123] Was in der Praxis durchaus schon einmal vorkommt, Indiz dafür sind die seltenen Gerichtsentscheidungen zu Schließungen, s. etwa OVG NRW, PflR 2010, 214 ff.; BayVGH, Beschl. v. 22.11.2010 – 12 CS 10.2243 –, juris; HessVGH, Beschl. v. 9.8.2011 – 10 B 48/11 –, juris; BayVGH, PflR 2011, 538 ff.

[124] Grdl. zum Problem *F. Reimer* Qualitätssicherung, 2010, etwa 404 ff. zur Schwierigkeit, die Qualitätsfestsetzung freiheitswahrend zu organisieren. Der Staat hat jedoch durchaus die Möglichkeit, durch eigene Behörden das relevante Wissen zu generieren bzw. zu sammeln und auf dieser Basis im fachlich-politischen Austausch mit den betroffenen Kreisen Standards festzulegen, also rechtliche Verantwortung zu übernehmen. Andernfalls droht Verantwortungsunklarheit zwischen Staat und (Zivil-)Gesellschaft, s. hierzu (am Beispiel des Lebensmittelrechts) *S. Rixen* DVBl 2014, 947 (957 f.).

[125] § 2 Abs. 5 S. 2 WTG NRW; § 2 Abs. 2 S. 2 WTPG Baden-Württemberg; § 2 Abs. 6 S. 2 BremWoBeG.

[126] Landtag Baden-Württemberg, Drucks. 15/4852, 48.

[127] Bremische Bürgerschaft, Drucks. 17/1382, 29.

[128] Landtag Nordrhein-Westfalen, Drucks. 14/6972, 45.

Dem Anspruch der „neuen" Verwaltungsrechtswissenschaft, Verwaltungsrecht möge empirisch valide steuern, dürfte das kaum entsprechen.[129]

2. *Gesundheitssorge (einschließlich Pflege)*

a) *(Des-)Integration und (Über-)Komplexität der altersrelevanten Versorgungsstrukturen*

Wie sieht es im Bereich der Gesundheitssorge aus? Die rechtlich geformten Institutionen des Gesundheitswesens[130] tun sich generell schwer, Besonderheiten einer Lebenslage gerecht zu werden. Das gilt für Kinder, das gilt für alte Menschen. Die Gesundheitsversorgung im Alter erfolgt dementsprechend in aller Regel nicht integral, d.h., Optionen einer bedarfsverbindenden Versorgung bleiben zu oft ungenutzt. So könnte z.B. schon heute eine wohnortnahe altersgerechte Versorgung organisiert werden, etwa als sog. integrierte Versorgung (IV)[131] aus niedergelassenen Ärzten, geriatrisch spezialisierten Krankenhäusern, Rehabilitations- und Pflegeeinrichtungen, wobei letztere, wenn es stationäre Pflegeeinrichtungen sind, überdies eine eigene ärztliche einrichtungsbezogene Versorgung schaffen können.[132] Das Haupthindernis für solche problemübergreifenden Versorgungpfade, die es den alten Menschen leichter machen würden, sind die in das Vergütungsrecht verpackten ökonomischen Anreize. Das Recht der sog. integrierten Versorgung kennt eine Vorschrift, die mit „Bereinigung" übertitelt ist (§ 140d Fünftes Buch Sozialgesetzbuch [SGB V]). Das bedeutet, dass insbesondere die regulären Vergütungen aller niedergelassenen Ärzte um die Summen abgesenkt („bereinigt") werden, die für die IV gezahlt werden, an der typischerweise *nicht* alle Ärzte teilnehmen.[133] Im Klartext heißt das, dass *alle* Ärzte dafür zahlen müssen, dass

[129] *S. Rixen* Die Verwaltung 42 (2009), 309 (312 ff.); zur Kritik s. auch *F. Schoch* in: Schulze-Fielitz (Hrsg.), Staatsrechtslehre als Wissenschaft, 2007, 177 (203 ff.); *H. Treiber* KJ (Kritische Justiz) 2007, 328 ff.; *ders.* KJ 2008, 48 ff.; *M. Burgi* FS Bull, 2011, 497 ff.

[130] Umfassende Übersicht über das deutsche Gesundheitssystem bei *R. Rosenbrock/T. Gerlinger* Gesundheitspolitik, 3. Aufl. 2014.

[131] §§ 140a ff. SGB V iVm § 92b SGB XI. – Die Leistungserbringer, die teilnehmen dürfen, werden in § 140b Abs. 1 S. 1 SGB V genannt (Apotheken können gem. § 129 Abs. 5b SGB V beteiligt werden); § 140b Abs. 4 S. 1 SGB V gestattet sogar, um Innovationen zu ermöglichen, weitreichende Abweichungen vom geltenden Recht.

[132] § 119b SGB V; diese Option gehört zu den „‚Hybrid-Modelle[n]'", die in der Praxis als „vergessenes Konstrukt" gelten (alle Zitate: *T. Weimer* Pflege- & Krankenhausrecht H. 1/2013, 11).

[133] Es geht um die Gesamtvergütungen (§ 85 SGB V), also die Gesamtmenge der an die Ärzte zu verteilenden Menge Geldes, die nach Maßgabe der Zahl und Risikostruk-

einige Ärzte innovativ sein wollen. Zudem bereitet die Inkongruenz von Bundes- und Landesrecht Probleme: Das Bundesrecht ermöglicht z.B. die Finanzierung innovativer „ambulant betreuter Wohngruppen" für demenzkranke Menschen,[134] setzt aber deren Vereinbarkeit mit Landesrecht zur Einrichtungenqualität („Heimrecht") voraus (§ 38a Abs. 1 Nr. 4 SGB XI).[135] Das fällt im Einzelnen aber sehr unterschiedlich aus, weshalb Finanzierungslücken drohen.[136]

b) *Insbesondere: die (nicht) vernetzte Versorgung Sterbender*

Besonders prekär ist das Fehlen einer verlässlichen wohnortnahen Versorgung beim Beistand für Sterbende, vor allem ein Problem hochaltriger Menschen.[137] Die vorhandenen Angebote wie die medizinisch-pflegerisch interdisziplinär besetzten Teams der spezialisierten ambulanten Palliativversorgung (SAPV),[138] ambulante oder stationäre Hospize[139] oder Palliativstationen in Krankenhäusern[140] bestehen zu unkoordiniert nebeneinander. Auch die sog. Pflegestützpunkte[141] ändern daran nichts, denn sie haben keine operative Aufgabe, sondern sollen nur beraten.[142] Obgleich

---

tur der an der IV beteiligten Versicherten verkleinert („bereinigt") wird (§ 140d Abs. 1 S. 1 SGB V), dazu *S. Knittel* in: Krauskopf, Soziale Krankenversicherung/Pflegeversicherung, Kommentar, Stand: Januar 2014, § 140d SGB V Rn. 9. – Vergleichbares droht innovationsgeneigten Pflegeeinrichtungen: Sie werden zwar mit einer möglichen Mehraufwandsvergütung gelockt (§ 92b Abs. 2 S. 4 Elftes Buch Sozialgesetzbuch [SGB XI]), sie kann aber bei der Verhandlung der Regelvergütung „eingepreist" werden, so dass diese niedriger ausfällt.

134 Dazu *K. Wolf-Ostermann* „informationsdienst altersfragen" Nr. 3/2011, 5 ff. (www.dza.de).

135 Die Gesetzesbegr. zum Pflege-Neuausrichtungs-Gesetz (PNG) v. 23.10.2012 (BGBl. I, 2246) schweigt zum Problem (vgl. BT-Drucks. 17/9369, 41; 17/10157, 16 iVm 17/10170, 16).

136 *R. Richter* GuP (Gesundheit und Pflege) 2013, 226 (230).

137 Zum Folgenden *J. Föllmer* Palliativversorgung in der gesetzlichen Krankenversicherung, 2014; s. auch „informationsdienst altersfragen" Nr. 6/2011 (www.dza.de).

138 §§ 37b, 132d SGB V, dazu *S. Rixen* in: Becker/Kingreen (Hrsg.), SGB V, Kommentar, 4. Aufl. 2014, § 37b Rn. 1 ff., § 132d Rn. 1 ff.; s. auch Fn. 222.

139 § 39a SGB V.

140 Hierzu, nicht nur zur vergütungsrechtlichen Seite, *Bundesregierung* BT-Drucks. 17/14554.

141 § 92c SGB XI, hierzu etwa *J. Sendler* SozSich 2009, 270 ff.; *T. Klie/H. Ziller* NDV 2009, 173 ff.; zusf. zur Situation der Pflegestützpunkte *T. Klie/M. Frommelt/U. Schneekloth* Evaluation der Pflegeberatung gem. § 7a Abs. 7 Satz 1 SGB XI (Evaluationsbericht des AGP Institut für angewandte Sozialforschung, Hans-Weinberger-Akademie, TNS Infratest), Dezember 2011.

142 Zum Anspruch auf „Pflegeberatung" s. auch § 7a SGB XI, der den allgemeinen Beratungsanspruch des § 14 SGB I spezifiziert.

das geltende Recht zu Schnittstellenmanagement[143] und Barrierefreiheit[144] verpflichtet, kommt davon in der Realität zu wenig an.

c) *Zwischenfazit*

Zusammengefasst ist festzuhalten: Die altersgerechte Vernetzung zwischen den Versorgungssektoren ist ein Dauerexperiment, kein bruchlos funktionierendes Institutionenarrangement.[145] Die Entstehung stabiler integrierter Versorgungsnetze kommt kaum gegen finanzielle Fehlanreize an, die Routinen belohnen und altersgerechte Innovationen bestrafen.[146] Die ökonomisch induzierte Steuerungsschwäche des Rechts führt dazu, dass institutionelle Optionen, Zugehörigkeit stärker zu ermöglichen, ungenutzt bleiben.

3. *Teilhabe*

a) *Alltag alter Menschen (auch) im öffentlichen Raum*

Die Landesgesetze schreiben unterschiedlich detailliert vor, dass und wie die Alteneinrichtungen sich „in das Wohnquartier"[147] bzw. in den

---

[143] Ähnl. bescheiden funktionieren die „in der Praxis nicht gerade als Erfolgsmodell zu bezeichnenden" (*T. Meysen/D. Eschelbach* Das neue Bundeskinderschutzgesetz, 2012, 95) sog. gemeinsamen Servicestellen (§ 22 SGB IX) im Rehabilitationsrecht; deutlich auch die Empfehlungen zur Weiterentwicklung des SGB IX des *Deutschen Vereins für öffentliche und private Fürsorge*, NDV 2013, 246, 248, der aufgrund der „geringen praktischen Wirkung und strukturellen Mängel der Servicestellen [...] grundlegende[n] Überprüfungsbedarf" sieht.

[144] § 17 Abs. 1 Nr. 4 SGB I: „Die Leistungsträger sind verpflichtet, darauf hinzuwirken, daß [...] ihre Verwaltungs- und Dienstgebäude frei von Zugangs- und Kommunikationsbarrieren sind und Sozialleistungen in barrierefreien Räumen und Anlagen ausgeführt werden." Dazu *F. Welti u.a.* Evaluation des Behindertengleichstellungsgesetzes im Auftrag des Bundesministeriums für Arbeit und Soziales, Abschlussbericht (Stand: 31.5.2014), 48, 321, 405, 429, insb. 458 f., 486 f., 493; s. außerdem *F. Welti* NVwZ 2012, 725 ff.; *ders.* DÖV 2013, 795 ff.

[145] Die Forderung nach vernetzten bzw. integrierten Versorgungsformen gehört zum Standardrepertoire der Reformvorschläge, s. nur *Sachverständigenrat zur Begutachtung der Entwicklung im Gesundheitswesen* Bedarfsgerechte Versorgung _ Perspektiven für ländliche Regionen und ausgewählte Leistungsbereiche Gutachten 2014, 611 ff.; *Robert Bosch Stiftung* (Hrsg.), Gesundheitsberufe neu denken, Gesundheitsberufe neu regeln. Eine Denkschrift, 2013, 47.

[146] Innovative Modellprojekte sind möglich (s. etwa §§ 63 ff. SGB V, § 8 Abs. 3, § 125 SGB XI, aber auch das Landesrecht, etwa § 5 HmbWBG, § 31 WTPG Baden-Württemberg, § 11 SbStG Schleswig-Holstein). Allerdings hängt ihre Verstetigung nicht zuletzt von den ökonomischen (insb. vergütungsrechtlichen) Rahmenbedingungen ab.

[147] § 8 Abs. 1 S. 1 LWTG Rheinland-Pfalz.

„Stadtteil“[148] zu öffnen haben,[149] um Teilhabe zu ermöglichen.[150] Im Einzelnen hängt alles von der Kreativität oder Passivität der Einrichtungen und der Eigeninitiative der alten Menschen ab. In Deutschland gibt es zudem die sozialhilferechtliche „Altenhilfe“ (§ 71 SGB XII). Sie verspricht mehr, als sie hält. Die Norm setzt voraus, dass der alte Mensch nicht in der Lage ist, aus eigenen Mitteln z.B. das Ticket für einen Theaterbesuch zu bezahlen.[151] Die Norm steht gleich neben den Bestimmungen zur Blindenhilfe (§ 72 SGB XII) und zur Übernahme von Bestattungskosten (§ 74 SGB XII). Das geltende Recht, das ja nicht nur Handlungsanweisungen an die Verwaltung bereithält, sondern zugleich Bilder vom Altern transportiert,[152] nimmt – zumindest hier – den alten Menschen in erster Linie als Fürsorgefall wahr,[153] der – hinfällig und arm – unterwegs zum Friedhof ist. Im Übrigen geht es um eine freiwillige Aufgabe der Kommune, die auch freiwillig auf niedrigem Niveau oder gar nicht verwirklicht werden kann.[154]

b) Einfluss alter Menschen auf die politische Öffentlichkeit

Zur Teilhabe an der Öffentlichkeit gehört auch die Frage, wer die Interessen älterer Menschen artikuliert, denn ihre Vulnerabilität erschwert die eigene Interessenvertretung. Die Schweiz kennt, aus Mitteln der weithin

---

[148] § 12 Nr. 2 HmbWBG.

[149] S. etwa § 8 Abs. 1 S. 1 ThürWTG oder § 46 Verordnung zur Ausführung des PfleWoqG Bayern (AVPfleWoqG); detailliert z.B. § 10 WTG Berlin, § 12 HmbWBG.

[150] Zu „Einsamkeitstrends“ in der zweiten Lebenshälfte *C. Tesch-Römer/M. Wiest/S. Wurm/O. Huxhold* Zeitschrift für Gerontologie und Geriatrie 2013, 237 ff.; zum bürgerschaftlichen Engagement alter Menschen s. die Beiträge im „informationsdienst altersfragen“, Nr. 2/2010, Nr. 5/2011, Nr. 3/2012 (www.dza.de).

[151] *E. Sehmsdorf* in: Coseriu/Eicher (Hrsg.), jurisPK-SGB XII, 2. Aufl. 2014, § 71 Rn. 24; *C. Grube* in: Grube/Wahrendorf (Hrsg.), SGB XII, Kommentar, 5. Aufl. 2014, § 71 Rn. 18.

[152] Zu dieser (neben der instrumentellen Wirkweise bestehenden) symbolischen Wirkweise des Rechts *Rixen* (Fn. 39), 47 ff.

[153] Wobei nicht übersehen werden darf, dass die Prognosen zur Altersarmut der Sozialhilfe, insb. im Rahmen der Grundsicherung im Alter (§§ 41 ff. SGB XII), neue Relevanz bescheren werden, s. die Beiträge im „informationsdienst altersfragen“ Nr. 2/2011 (www.dza.de) sowie in *C. Vogel/A. Motel-Klingebiel* (Hrsg.), Altern im sozialen Wandel: Die Rückkehr der Altersarmut?, 2013.

[154] In der Praxis geschieht allerdings durchaus schon viel, dazu *C. Bischof/B. Weigl* (Hrsg.), Handbuch innovative Kommunalpolitik für ältere Menschen, 2010; zum Spektrum (auch) kommunaler Aktivitäten *K. Aner/U. Karl* (Hrsg.), Handbuch Soziale Arbeit und Alter, 2010; zu Möglichkeiten sozialräumlicher Vernetzung *Nellissen* (Fn. 69), 226.

obligatorischen Sozialversicherung finanziert,[155] den „Schweizerischen Seniorenrat“,[156] der ebenso wie der österreichische Bundesseniorenbeirat[157] Beratungsaufgaben erfüllt, ähnlich den Seniorenbeiräten auf Landes-[158] oder kommunaler Ebene in Deutschland.[159] Der österreichische Seniorenbeirat ist organisatorisch verbunden mit dem „Österreichischen Seniorenrat“,[160] der Fördergelder vergibt[161] und zur Verbandsklage nach dem Konsumentenschutzgesetz berechtigt ist,[162] um Allgemeine Geschäftsbedingungen im Bereich des Heimvertragsrechts kontrollieren zu lassen.[163]

---

[155] Art 101bis AHVG (Bundesgesetz über die Alters- und Hinterlassenenversicherung).

[156] Informationen unter www.ssr-csa.ch.

[157] §§ 4, 11 Bundes-Seniorengesetz (Österreich).

[158] S. etwa das Berliner Seniorenmitwirkungsgesetz v. 22. 5. 2006 mit späteren Änderungen (www.landesseniorenbeirat-berlin.de); zu den Seniorenmitwirkungsgesetzen in Deutschland *C. von Blanckenburg* „informationsdienst altersfragen“ Nr. 3/2013, 19 ff. (www.dza.de). In Thüringen können noch kommunale Seniorenbeauftragte hinzukommen, vgl. § 4 Thüringer Seniorenmitwirkungsgesetz v. 16. 5. 2012 (GVBl. 2012, 137); zur Seniorenvertretung in Mecklenburg-Vorpommern, Landtag Mecklenburg-Vorpommern, LT-Drucks. 6/1423, 12 ff. – S. bspw. auch den Seniorenbeirat beim Amt der Vorarlberger Landesregierung (www.vorarlberg.at, „Jugend & Senioren“) oder den „Steirischen Seniorinnen- und Seniorenbeirat“ nach §§ 8 ff. Steiermärkisches Seniorinnen- und Seniorengesetz.

[159] Sie haben sich z.T. auf freiwilliger Grundlage zusammengeschlossen, s. etwa den Seniorenrat des Landes Brandenburg e.V. (www.srlb.de), die „LandesSeniorenVertretung Bayern e.V.“ (www.lsvb.info) oder den Landeseniorenrat Niedersachsen e.V. (www.landesseniorenrat.de). – Die kommunalen Seniorenvertretungen ähneln, funktional betrachtet, vorberatenden Ausschüssen (vgl. etwa Art. 32 Abs. 1 BayGO). Sie sind von den sog. beschließenden Ausschüssen (vgl. etwa Art. 32 Abs. 2 BayGO) zu unterscheiden; diese könnten auch für Altersfragen, vergleichbar den obligatorischen Jugendhilfeausschüssen (vgl. § 71 SGB VIII), eingerichtet werden, und wie diese könnten sie auch für die finanzielle Förderung zuständig sein (§ 71 Abs. 2 Nr. 3 SGB VIII).

[160] § 24 Bundes-Seniorengesetz (Österreich); Informationen unter www.seniorenrat.at.

[161] Auf der Basis eines mit der Republik geschlossenen Vertrages, vgl. § 24 Abs. 2 Nr. 2, Nr. 3 Bundes-Seniorengesetz (Österreich).

[162] §§ 28 ff. Konsumentenschutzgesetz (Österreich); Verbandsklagelegitimation besteht auch bzgl. von Geschäftsbedingungen im Bereich der privaten Krankenversicherung, § 178g Versicherungsvertragsgesetz (VersVG) Österreich.

[163] Vergleichbare Verbandsklagerechte gibt es in der Schweiz und in Deutschland nach dem allgemeinen Wettbewerbsrecht (§ 8 Abs. 3 UWG; §§ 3, 4 Unterlassungsklagengesetz (UKlaG); s. auch Art. 8, 10 UWG Schweiz; in der Schweiz kann ein Verbandsklagerecht ggf. auch aus der allgemeinen zivilprozessualen Vorschrift über die persönlichkeitsschützende Verbandsklage, Art. 89 schwZPO, folgen), z.T. auch nach dem Behindertengleichstellungsgesetz (Art. 9 Behindertengleichstellungsgesetz – BehiG – (Schweiz); in Österreich ist die Österreichische Arbeitsgemeinschaft für Rehabilitation zur Erhebung solcher Verbandsklagen legitimiert, vgl. § 13 Abs. 1, 2 öBundes-Behindertengleichstellungsgesetz (BGStG); dies setzt einen Beschluss des Bundesbehindertenrates voraus, §§ 8 ff. öBundesbehindertengesetz (BBG).

In den Einrichtungen gibt es Bewohnerbeiräte[164] bzw. Bewohnerfürsprecher[165]. Pflegebeauftragte in Bayern,[166] dem Saarland[167] und auch auf Bundesebene[168] erfüllen hauptsächlich Beratungsaufgaben.[169] Österreich kennt in einigen Bundesländern die Pflege- bzw. Heimanwaltschaft, die nicht nur berät, sondern auch außergerichtliche Konfliktvermittlung anbietet.[170] Außerdem führen die Expertenkommissionen[171] der Volksanwaltschaft[172] grundsätzlich unangemeldete Kontrollbesuche in Behinderten- und Alteneinrichtungen durch,[173] ein völkerrechtlich fundierter Menschenrechtsschutz,[174] der verfassungsgesetzlich abgesichert

---

[164] S. etwa § 9 Abs. 1 WTG Berlin, § 9 Abs. 1 WTPG Baden-Württemberg, § 7 Abs. 2 EQG M-V, § 9 Abs. 1 LHeimG Saarland, § 7 Abs. 1 ThürWTG.

[165] Vgl. etwa § 9 Abs. 8 WTG Berlin, § 7 Abs. 3 EQG M-V, § 9 Abs. 2 LHeimG Saarland, § 7 Abs. 2 ThürWTG.

[166] Informationen unter www.patientenportal.bayern.de/patientenbeauftragter.

[167] Gesetz Nr. 1800 über die Bestellung einer oder eines Saarländischen Pflegebeauftragten v. 20. 3. 2013 (ABl. 90); dazu LT-Drucks. 15/162; Informationen unter www.saarland.de/102827.htm; dazu *A. Kreuzer* ZRP 2014, 174 (176 f.).

[168] Er heißt „Beauftragter der Bundesregierung für die Belange der Patientinnen und Patienten sowie Bevollmächtigter für Pflege", Informationen unter www.patientenbeauftragter.de; soweit es um die Belange der Patienten geht, besteht eine gesetzliche Grundlage, § 140f-h SGB V, dazu *Rixen* (Fn. 95), 364 ff.

[169] Hinzu kommen Patientenbeauftragte, die nicht für die Pflege zuständig sind, wie in Berlin (www.berlin.de/lb/patienten) oder Nordrhein-Westfalen (www.patientenbeauftragter.nrw.de).

[170] Häufig angegliedert an die Patientenanwaltschaft, s. etwa § 27a Salzburger Pflegegesetz, § 53 Sozialhilfegesetz Niederösterreich iVm §§ 91 ff. Krankenanstaltengesetz Niederösterreich (NÖ KAG); s. ferner (Heimanwaltschaft) § 8 Abs. 8 Tiroler Pflegegesetz.

[171] Sie ähneln den unabhängigen Besuchskommissionen, die es im (deutschen) Unterbringungsrecht gibt, vgl. etwa Art. 21 Unterbringungsgesetz Bayern oder § 23 Psychisch-Krankengesetz Nordrhein-Westfalen.

[172] Gemeint ist die Volksanwaltschaft auf Bundesebene (Art. 148a ff. B-VG). Acht österreichische Bundesländer haben, soweit es um die Kontrollbesuche geht, die (Bundes-)Volksanwaltschaft auch für die Landesebene zuständig erklärt (Art. 148i Abs. 1 B-VG), nur Vorarlberg hat diese Aufgabe der eigenen Landesvolksanwaltschaft zugewiesen (Art. 148i Abs. 3 B-VG, vgl. www.landesvolksanwaeltin.at), dazu (sowie zu Zuständigkeitsüberschneidungen insb. mit Blick auf das dem Schutz vor Freiheitsbeschränkungen in Heimen dienende Heimaufenthaltsgesetz) *Volksanwaltschaft* Bericht 2012, Februar 2013, 37 (http://volksanwaltschaft.gv.at); zum Fakultativprotokoll BGBl. III Nr. 190/2012 (= dtBGBl. 2008 II, 854); s. ferner das OPCAT-Durchführungsgesetz, BGBl. I Nr. 1/2012.

[173] *Volksanwaltschaft* Bericht 2013, April 2014, 41, 47 ff. (http://volksanwaltschaft.gv.at).

[174] Art. 4 Abs. 1 Optional Protocol to the Convention against Torture and other Cruel, Inhuman or Degrading Treatment or Punishment (OPCAT): "Each State Party shall allow visits [...] to any place under its jurisdiction and control where persons are or may be deprived of their liberty, [...]." Da auch in Altenheimen (z.B. durch Medika-

ist.[175] Die Feststellungen und Empfehlungen der Besuchskommissionen fließen in die Berichte der Volksanwaltschaft an National- und Bundesrat ein.[176] Die entsprechenden nationalen Stellen in der Schweiz[177] und Deutschland weisen in ihren Tätigkeitsberichten darauf hin, sie könnten derzeit Kontrollbesuche in Alters- und Pflegeheimen aus Ressourcengründen nicht durchführen.[178]

c) *Zwischenfazit*

Als Zwischenfazit lässt sich mit Blick auf die Teilhabe folgendes festhalten: Das geltende Recht ist sehr schweigsam, wenn es um die Teilhabe alter Menschen am sozialen Leben geht. Es ist zwar im Ansatz richtig, zu unterstellen, dass es auf die Eigeninitiative alter Menschen ankommt, aber je nachdem, wie vulnerabel jemand ist, sind zeit- und personalintensive äußere Anstöße vonnöten. Hier ist auch die Angebote aktiv „vermittelnde Verwaltung“[179] gefragt. Die Instrumente, die die Interessen alter Menschen in der politischen Öffentlichkeit sichtbar machen sollen, zeichnen sich durch eine vagabundierende Vielfalt aus. Auch hier gilt: Wir wissen nicht, was Räte, Beauftragte, Ombudspersonen und Besuchskommissionen tatsächlich, vor allem langfristig-präventiv bewirken und wie ihre

---

mentengabe) freiheitsentziehende Handlungen möglich sind, sind Kontrollbesuche auch dort zulässig, vgl. den Verweis auf Art. 4 OPCAT in § 11 Abs. 1 Nr. 1 Volksanwaltschaftsgesetz (VolksanwG). Außerdem besteht eine Kontrollbefugnis, soweit es um Einrichtungen für Menschen mit Behinderungen geht (§ 11 Abs. 1 Nr. 3 VolksanwG iVm Art. 16 Abs. 3 UN-Behindertenrechtskonvention, BGBl. III Nr. 155/2008); davon werden auch Einrichtungen für alte Menschen erfasst, wenn sie, etwa wegen ihres dauerhaften gebrechlichen Zustands, auch behindert sind, zu dem insoweit relevanten Behinderungsbegriff bei Fn. 250.

[175] Art. 148a Abs. 3 iVm Art. 148h Abs. 3 B-VG; s. auch §§ 11 ff. VolksanwG.

[176] Art. 148d Abs. 1 B-VG iVm § 13 Abs. 2 VolksanwG.

[177] *Nationale Kommission zur Verhütung von Folter (NKVF)* Tätigkeitsbericht 2013, 8: „aus Ressourcengründen“ müsse die Kommission „vorerst“ auf eine „eventuelle Ausdehnung ihres Mandats auf Altersheime, in denen den Betroffenen de facto die Freiheit entzogen wird, verzichten“; s. auch das Bundesgesetz über die Kommission zur Verhütung von Folter, Informationen – auch die Jahresberichte – unter www.nkvf.admin.ch.

[178] *Nationale Stelle zur Verhütung von Folter* Jahresbericht der Bundesstelle und der Länderkommission 2013, 15 (unter Verweis auf die knappe Personalausstattung): „Es ist der Nationalen Stelle [...] nicht möglich, psychiatrische Kliniken und Alten- und Pflegeheime zu besuchen.“ S. auch den Staatsvertrag der Bundesländer, durch den die Länderkommission (als Teil der Nationalen Stelle) gegründet wurde, z.B. Gesetz v. 1.12.2009 (GBl. Baden-Württemberg 681); zum Bund s. den Organisationserlass des Bundesministeriums der Justiz v. 20.11.2008, BAnz. Nr. 182 v. 28. 11. 2008, 4277, Informationen – auch die Jahresberichte – unter www.nationale-stelle.de.

[179] *E. Schmidt-Aßmann* Diskussionsbemerkung, VVDStRL 47 (1989), 218 (219) – ohne die kursive Hervorhebung im Original.

Tätigkeit das „Zugehörigkeitsniveau" beeinflusst. Der Eindruck drängt sich auf, diese Instrumente sollen hauptsächlich Defizite der behördlichen Aufsicht („Qualitätsüberwachung") und auch Defizite der gerichtlichen Kontrolle[180] kompensieren. Erfahrungen aus anderen Bereichen belegen immerhin, dass ein advokatorisches Instrument wie die Verbandsklage zugehörigkeitssteigernde Veränderungen effektiv anstoßen kann.[181]

4. *Zwischenresümee: Fragmentierte Zugehörigkeitsermöglichung*

Das Problematische der positivrechtlich regulierten institutionellen Rahmenbedingungen des Altwerdens – Wohnen, Gesundheitssorge, Teilhabe – lässt sich auf einen Nenner bringen: Die Zugehörigkeitsermöglichung ist allerorten fragmentiert.[182] Gerät die Besonderheit des Alters in den Blick – die variable Vulnerabilität, die zu einem Denken in infrastrukturellen Übergängen zwingt –, dann zeigt sich: Das *Gesamt*niveau der Zugehörigkeitsermöglichung ist zu niedrig. Das heißt wahrlich nicht, dass alles schlecht ist, denn, isoliert betrachtet, gibt es viele gelungene Ansätze einer institutionellen Zugehörigkeitsermöglichung, z.B. viele punktuelle Verbesserungen in der Pflegeversicherung.[183] In der Kumulation der Vernetzungsdefizite bleibt davon jedoch nicht genügend übrig. Wie sehr fehlende Vernetzung Zugehörigkeitschancen vergibt, verdeutlichen *pars pro*

---

[180] Etwa im Betreuungsrecht, bspw. im Hinblick auf die Kontrolle von freiheitsentziehenden bzw. freiheitsbeschränkenden Maßnahmen gem. § 1906 BGB. – Ob Probleme besser vermieden werden, wenn, wie in der Schweiz, insoweit Erwachsenenschutzbehörde und Heimaufsicht zusammenwirken (vgl. Art. 385 schwZGB), müsste zunächst rechtstatsächlich aufgeklärt werden.

[181] Umfassend zur Problematik *S. Schlacke*, Überindividueller Rechtsschutz – Phänomenologie und Systematik überindividueller Klagebefugnisse im Verwaltungs- und Gemeinschaftsrecht, insbesondere am Beispiel des Umweltrechts, 2008; s. auch (zu Forderungen nach Einführung von Verbandsklagerechten im Gesundheitsrecht) *S. Rixen*, in: Fischer/Meyer (Hrsg.), Gesundheit und Wirtschaftswachstum, 2010, S. 51 (59 f.); ferner (mit Blick auf das Lebensmittelrecht) *S. Rixen* DVBl 2014, 949 (957 f.).

[182] Bereits das Sachverständigengutachten zum 4. (sog.) Altenbericht hatte, bezogen auf die Gesundheitsversorgung, von einem „fragmentierten Versorgungssystem" gesprochen: „Für die Betroffenen sind Brüche vorgezeichnet" (alle Zitate: BT-Drucks. 14/8822, 300). – Der hier verwendete Begriff könnte mit dem in der internationalen Debatte verwendeten Begriff der „sozialen Fragmentierung" verbunden werden. Er thematisiert die durch wohlfahrtsstaatliche Politik entstehende soziale Ungleichheit (etwa dadurch, dass bestimmte Gruppen von Menschen geringere Aufmerksamkeit erfahren), vgl. *M. R. Busemeyer u.a.* (Hrsg.), Wohlfahrtspolitik im 21. Jahrhundert, 2013, 236 f.; s. unter diesem Aspekt auch die Debatten zur „neuen sozialen Frage" Fn. 17.

[183] Vgl. insb. das 5. SGB XI-ÄndG (BT-Drucks. 18/1798, 18/2379, 18/2909), das u.a. die Versorgung demenzkranker Menschen verbessern und pflegende Angehöriger entlasten soll; zusf. zum Stand des Pflegeversicherungsrechts *P. Udsching* SGb 2014, 354 ff.

toto besondere Unterstützungsbedarfe, denen ohne Vernetzung auch auf niedrigem Niveau kaum entsprochen werden kann; man denke z.B. an alte demenzkranke Menschen,[184] an alte Menschen mit Migrationshintergrund[185] oder an alte demenzkranke Menschen mit Migrationshintergrund.[186] Kurzum: Die real existierende soziale Infrastruktur ist notorisch alters*un*sensibel.[187] Wie kann der Gesetzgeber, aber auch die Verwaltung das „Zugehörigkeitsniveau" der altenrelevanten sozialen Infrastruktur steigern?

V. Gestaltung von Zugehörigkeitsräumen: Gesetzgebungskompetenzen – verfassungsgestützte Sozialinfrastruktur – Grundrechte

1. Gesetzgebungskompetenzen

a) Bundes-Fachplanung mit unitarisierendem Sogeffekt

Wenn es um die zugehörigkeitsermöglichende Sozialinfrastruktur-Planung in Deutschland geht, pflegen Bund und Länder einen gesetzge-

---

[184] S. etwa die Beiträge im „informationsdienst altersfragen" Nr. 2/2013 (www.dza.de). – Die Probleme nehmen noch einmal zu, wenn man an die Versorgung demenzkranker alter Menschen im Strafvollzug denkt, *T. Maschi u.a.* The Gerontologist 2012, 441 ff.; s. auch *H. Cornel/L. Halbhuber-Gassner/C. Wichmann* (Hrsg.), Strafvollzug, Straffälligenhilfe und der demografische Wandel, 2013.

[185] Hierzu der 5. (sog.) Altenbericht der Bundesregierung, BT-Drucks. 16/2190, 25 f., 244 f.; *M. Kohls* Pflegebedürftigkeit und Nachfrage nach Pflegeleistungen von Migrantinnen und Migranten im demographischen Wandel, Bundesamt für Migration und Flüchtlinge 2012 (www.bamf.de); *P. Schimany/S. Rühl/M. Kohls* Ältere Migrantinnen und Migranten, Bundesamt für Migration und Flüchtlinge 2012 (www.bamf.de), 208 ff.; *H. Baykara-Krumme/A. Motel-Klingebiel/P. Schimany* (Hrsg.), Viele Welten des Alterns – Ältere Migranten im alternden Deutschland, 2012; s. auch die Beiträge im „informationsdienst altersfragen" Nr. 6/2010, 3 ff., 9 ff., 16 ff. (www.dza.de); s. auch (zum Zugang von Migranten zur Gesundheitsversorgung) *A. Farahat* ZESAR 2014, 269 ff.

[186] Hierzu etwa *U. Beinhoff/A. W. Riepe* in: Kuhlmey/Tesch-Römer (Hrsg.), Autonomie trotz Mulitmorbidität, 2013, 47 ff.; ferner *O. Dibelius/G. Piechotta-Henze* in: Dibelius/Maier (Hrsg.), Versorgungsforschung für demenziell erkrankte Menschen, 2011, 50 ff.; *P. Heinecker/S. Pohlmann/C. Leopold* in: Pohlmann (Hrsg.), Altern mit Zukunft, 2012, 93 ff.; zu Demenzprävention bei türkischen Migrant(inn)en *V.A. Tesky u.a.* Prävention und Gesundheitsförderung 2014, 60 ff.

[187] „Vielfach fehlt es an der Sensibilität für Diskriminierungen älterer Menschen." So *R. J. Schweizer*, in: Ehrenzeller/Mastronardi/Schweizer/Vallender (Hrsg.), Die schweizerische Bundesverfassung, Kommentar, 2. Aufl. 2008, Art. 8 Rn. 65; zur „höhere[n] Sensibilität", die im Hinblick auf das Verbot der Altersdiskriminierung gefordert ist, *B. Waldmann*, Das Diskriminierungsverbot von Art. 8 Abs. 2 BV als besonderer Gleichheitssatz, 2003, 733.

bungskompetenziellen Burgfrieden. Nicht nur im Bereich der Krankenhaus- und der Pflegeplanung, sondern z.B. auch bei der für das Altern so wichtigen (Gesundheits-)Prävention[188] berufen sich beide jeweils auf einen Kompetenztitel: Der Bund führt in erster Linie die Kompetenz für die Sozialversicherung ins Feld (Art. 74 Abs. 1 Nr. 12 GG),[189] die Länder verweisen auf die allgemeine Landeskompetenz für die Planung der Sozialinfrastruktur.[190] Praktisch entschärft wird der Konflikt in aller Regel durch einfachgesetzliche Normen, die den Ländern die nähere Ausgestaltung überlassen, so geschehen bei der finanziellen Förderung[191] von – oder der Qualitätssicherung[192] in – Krankenhäusern oder auch bei den niedrigschwelligen Betreuungsangeboten für Demenzkranke.[193]

Der Bund sollte von der Kompetenz für die Sozialversicherung, die im Bereich der Krankenversicherung fast, im Bereich der Pflegeversicherung bereits heute eine „Volksversicherung“[194] ist, noch offensiver Gebrauch machen. Die Gesetzgebungskompetenz umfasst nach Auffassung des

---

[188] Vgl. (zum Projekt eines Bundes-Präventionsgesetzes) einerseits BR-Drucks. 97/05, 1, andererseits BT-Drucks. 15/4833, 28 f. – Zu Präventionsansätzen im hohen Alter *A. Kruse* in: Brandstädter/Lindenberger (Hrsg.), Entwicklungspsychologie der Lebensspanne, 2007, 624 ff.

[189] Zusf. *P. Axer* in: Bonner Kommentar zum GG, Stand: Juli 2014, Art. 74 Abs. 1 Nr. 12 Rn. 25 ff.; Art. 72 Abs. 2 GG ist bei der Anwendung dieses Kompetenztitels nicht zu beachten.

[190] „Die Länder haben die originäre Gesetzgebungskompetenz für Angelegenheiten der Daseinsvorsorge auf dem Gebiet der Pflege, weil das GG insoweit dem Bund keine Gesetzgebungsbefugnisse verliehen hat“, *S. Höfer*, in: Klie/Krahmer/Plantholz (Hrsg.), SGB XI – Lehr- und Praxiskommentar (LPK-SGB XI), 4. Aufl. 2014, § 9 Rn. 6.

[191] § 11 S. 1 (Bundes-)KHG: „Das Nähere zur Förderung wird durch Landesrecht bestimmt.“

[192] § 137 Abs. 3 S. 9 SGB V, dazu *F. Wollenschläger/A. Schmidl* VSSR 2014, 117 (129 ff.); *J. Lafontaine/F. Stollmann* NZS 2014, 406 (407 f.).

[193] § 45b Abs. 3 SGB XI: „Die Landesregierungen werden ermächtigt, durch Rechtsverordnung das Nähere über die Anerkennung der niedrigschwelligen Betreuungsangebote zu bestimmen.“ Zum Problem der Gesetzgebungskompetenz vgl. *G. Igl* in: von Maydell/Ruland/Becker (Hrsg.), Sozialrechtshandbuch (SRH), 5. Aufl. 2012, § 18 Rn. 86. Der Bund kann den Ländern auch (etwa mit Blick auf die Rolle der Kommunen) „Veto-Rechte“ zugestehen (wie bei den Pflegestützpunkten); ein Pflegestützpunkt, der von Krankenkasse und Pflegekasse getragen wird, kann nur eingerichtet werden, wenn die oberste Landesbehörde dies „bestimmt“ (§ 92c Abs. 1 S. 1 SGB XI). Im Übrigen bleibt die Rechtsnatur der Stützpunkte näherer landesrechtlicher Ausgestaltung überlassen (sie seien keine „Behörden“, BT-Drucks. 16/8525, 101 f.). Zum Problem der Einbindung der Kommunen (Art. 84 Abs. 1 S. 7 GG) *M. von Schwanenfügel* ASR (Anwalt/Anwältin im Sozialrecht) 2009, 87 (92); zur Abgrenzung der Kompetenztitel *S. Rixen* VSSR 2007, 213 (214 ff.).

[194] BVerfGE 103, 197 (221); s. auch 224: „Pflegevolksversicherung“.

BVerfG auch die Befugnis, das gesamte organisatorische Design der Sozialversicherung zu normieren.[195] Der Gesetzgeber darf daher Normen der Bundes-Fachplanung für den Bereich der Kranken- und Pflegeversicherung erlassen.[196] Der Bund darf auch Normen erlassen, die die schon jetzt bundesweit bestehende administrative Parallelstruktur (durch Kranken- und Pflegekassen, deren Außenstellen etc.) in gewohnt kompromisshafter Form in Kooperation mit den Ländern weiterentwickeln. Der Bund kann so über eine organisatorische Reform der sozialversicherungsrechtlichen Versorgungsstrukturen einen unitarisierenden Sogeffekt erzeugen,[197] dem sich andere sozialinfrastrukturelle Planungsfelder, die für alte Menschen relevant sind, kaum werden entziehen können.

---

[195] BVerfGE 113, 167 (201); dazu bereits BVerfGE 11, 105 (123 f.); s. auch BVerfGE 114, 196 (223 f.); zum Problem der Abgrenzung von (Sach-)Gesetzgebungs- und Verwaltungs(gesetzgebungs)kompetenz *M. Ibler* in: Maunz/Dürig, Kommentar zum GG, Stand: März 2014, Art. 87 Rn. 206 f.

[196] Indiz dafür ist – ungeachtet der grundrechtlichen Probleme – die sog. Bedarfsplanung im Bereich der vertragsärztlichen Versorgung, vgl. §§ 99 ff. SGB V; dazu, dass Kompetenz- und Grundrechtsfragen genau zu unterscheiden sind, *S. Rixen* in: Sodan (Hrsg.), Handbuch des Krankenversicherungsrechts, 2. Aufl. 2014, § 37 Rn. 16; näher *H. Butzer* Fremdlasten in der Sozialversicherung, 2001, 287 ff., 294. Im Einzelnen können sich Abgrenzungsprobleme im Hinblick auf andere, namentlich Landesgesetzgebungskompetenzen ergeben (vgl. – unabh. von Art. 74 Abs. 1 Nr. 12 GG – beispielhaft für andere Fachplanungen BVerfGE 26, 338 [368 ff.]; *R. Breuer* DVBl 1974, 268 [270 f.]; *K. J. Grigoleit/C. Weisensee* UPR 2011, 401 [402 f.]; *M. Appel* UPR 2011, 406 [410]). Das Gebot der Bundestreue gebietet den Respekt vor der Gesetzgebungskompetenz der Länder für das Kommunalrecht (vgl. Art. 70 Abs. 1 GG). Ein sinnvolles Koordinierungsinstrument können Bund-Länder-Vereinbarungen nach dem Vorbild des Art. 15a B-VG sein, die in Österreich u.a. für den Bereich der Pflege getroffen wurden (BGBl. III Nr. 866/1993).

[197] Das historisch wohl wichtigste Beispiel für solche Sogeffekte ist die im 19. Jahrhundert einsetzende sog. Fluchtliniengesetzgebung, aus der sich dann das Bauplanungsrecht entwickeln sollte. Die Fluchtlinien stellten sicher, dass die Bebauung nicht über eine bestimmte Linie hinaus in den Straßenkörper hinein erfolgte (*Schmidt-Aßmann* [Fn. 12], 23 ff.). Damit wurden zugleich die Resultate der Straßenbauplanung gesichert, was im Ergebnis zu deren präjudizierendem Vorrang vor anderen Bauvorhaben führte (vgl. heute § 38 BauGB, dazu *W. Durner* Konflikte räumlicher Planungen, 2005, 109 ff.); zur Geschichte des Straßenrechts *J. Salzwedel* in: Jeserich/Pohl/von Unruh (Hrsg.), Deutsche Verwaltungsgeschichte, Bd. II, 1983, 199 ff.; *U. Müller* Infrastrukturpolitik und Industrialisierung, 2000, 93 ff., 142 ff., 417 ff. (zu Effekten auf die Regionalentwicklung); *P. Cancik* Verwaltung und Öffentlichkeit in Preußen, 2007, 340 ff. Funktional vergleichbare Sogeffekte können von gezielter finanzieller Förderung ausgehen, s. etwa zu den Effekten der Agglomerationspolitik des Bundes in der Schweiz *H. Konze/ D. Scholich/G. Tönnies* in: Vallée (Hrsg.), Strategische Regionalplanung, 2012, 96 (107, 113).

b) *Ein neuer Art. 91f GG als Optimierungschance*

Die unitarisierenden Sogeffekte ließen sich verstärken, würde man das Grundgesetz ändern. Nach dem Vorbild des jetzigen Art. 91e GG[198] (zur Grundsicherung für Arbeitsuchende) kann ein neuer Art. 91f GG eine „Gemeinschaftsaufgabe"[199] für altengerechte bzw. gesundheitsbezogene Unterstützungsbedarfe schaffen, die auf die Kooperation von Bund, Ländern und Kommunen setzt.[200] Die Rolle der Kommunen reduziert sich bislang auf eine torsohafte Auffang-Erfüllungsverantwortung bei Krankenhäusern (z.B. § 3 Landeskrankenhausgesetz Baden-Württemberg) und Apotheken (§ 17 ApoG)[201] oder weithin freiwillige Aufgaben wie die bereits erwähnte Altenhilfe.[202] Ein neuer Art. 91f GG würde es nicht zuletzt erlauben, die Sozialinfrastruktur konsequent auf Sozialräume[203] zu beziehen. Wie solche Sozialräume organisiert sein könnten, verdeutlicht ein Blick über die Grenzen Deutschlands.

2. *Regionale und kommunale Sozialräume*

a) *Ex comparatione lux: Ontario, Schweiz, Dänemark*

Wenn es um die fundamentalen institutionellen Rahmenbedingungen des Alterns geht, ist wegen der regionalen Versorgungsdisparitäten eine rein lokale Betrachtung nicht problemangemessen. Die staatliche, regio-

---

198 IdF des Gesetzes v. 21.7.2010 (BGBl. I, 944), in Kraft seit 27.7.2010; dazu BVerfG, Urt. v. 7.10.2014 – 2 BvR 1641/11 –, Rn. 76 ff.

199 Die Überschrift zum VIIIa.-Abschnitt des GG lautet „Gemeinschaftsaufgaben, Verwaltungszusammenarbeit", womit, streng genommen, die als solche legaldefinierten Gemeinschaftsaufgaben des Art. 91a GG gemeint sind; bei materieller Betrachtung (und unter Beachtung von BVerfGE 119, 331) geht es aber auch bei Art. 91e GG um eine Gemeinschaftsaufgabe (die Begr. spricht von „Zusammenarbeit", BT-Drucks. 17/1939, 5 iVm 17/17/1554, 4).

200 Eine „kleinere Lösung" ginge dahin, auf der Basis von Art. 84 Abs. 1 GG zu normieren, dass die Länder die zur Ausführung der sozialen Pflegeversicherung zuständigen Behörden festlegen und diese die Aufgabe den Kommunen zuordnen (allerdings droht hierbei je nach Landesverfassungsrecht die Anwendung des sog. Konnexitätsprinzips), außerdem könnte dieses Ergebnis auch durch eine Änderung insb. des Art. 87 Abs. 2 GG erreicht werden; vorgeschlagen wird zudem, den Kommunen unmittelbar durch die Verfassung die Zuständigkeit für die Pflegeversicherung zuzuordnen, *Bertelsmann-Stiftung* Pflege vor Ort gestalten und verantworten. Konzept für ein Regionales Pflegebudget, 2014, 51 ff. (www.bertelsmann-stiftung.de).

201 Näher *S. Rixen* in: Rixen/Krämer (Hrsg.), ApoG mit ApBetrO, Kommentar, 2014, § 17 Rn. 1 ff.

202 Vgl. bei Fn. 151.

203 Zu „Sozialräumen" oben bei Fn. 70.

nale und lokale, d.h. wohnortnahe Verantwortung für die Sozialinfrastrukturplanung müssen neu – auf „örtliche" und „überörtliche Gemeinschaften" – verteilt werden. Hierbei sind vor allem die im Kommunal- und Planungsrecht bereits bekannten Regionen zu stärken.[204]

Vorbild könnten die „Local Health Integration Networks" (LHIN) in Ontario sein,[205] dem bevölkerungsreichsten „Bundesland"[206] Kanadas.[207] Diese Netzwerke verbinden, funktional betrachtet, die Aufgaben einer nicht strikt an Gemeindegrenzen gebundenen (gesundheitsbezogenen) Planungsregion – ähnlich den Regionalen Planungsverbänden Bayerns –[208] mit der Finanzierungs- und Gewährleistungsverantwortung einer Kranken- (§ 4 Abs. 1 SGB V) und Pflegekasse (§ 1 Abs. 3 SGB XI), die eng mit den lokalen Gesundheitsdienstleistern kooperiert.[209]

Die Regionalisierung bzw. Kommunalisierung der Gesundheitsversorgung ist auch in Europa nichts Ungewöhnliches. Man denke etwa an das schweizerische Modell der sog. Spitex-Versorgung (Spitex = spitalexterne Hilfe, Gesundheits- und Krankenpflege).[210] Es stellt seit gut vier Jahrzehnten die wohnortnahe Versorgung mit Pflege- und vergleichbaren Leis-

---

[204] Die Konzentration von Planungszuständigkeiten gehört seit Beginn der Regionsentstehung zu deren Charakteristik, vgl. § 1 Abs. 1 Nr. 1 Zweckverbandsgesetz für Groß Berlin v. 19.7.1911 (PrGS 123), § 1 Abs. 1 S. 3 Nr. 1 Gesetz, betreffend für den Siedlungsverband Ruhrkohlenbezirk v. 5.5.1920 (PrGS 286), § 3 Abs. 1 Gesetz über die Errichtung des Verbands Region Stuttgart, § 8 Abs. 1 Gesetz über die Metropolregion Frankfurt/Rhein-Main (zum „Regionalverband FrankfurtRheinMain"); z.T. gibt es auch schon jetzt punktuelle Zuständigkeiten im Bereich der Krankenhausversorgung bzw. der Pflege (§ 160 Abs. 3, 7 Niedersächsisches Kommunalverfassungsgesetz zur Region Hannover).

[205] Local Health System Integration Act, 2006 (www.e-laws.gov.on.ca); Informationen unter www.lhins.on.ca.

[206] Gemeint ist die Provinz Ontario mit ca. 13. Mio. Einwohnern, Hauptstadt ist Toronto; die Provinzen haben im kanadischen Föderalismus eine den deutschen Bundesländern vergleichbare Funktion, zur Orientierung *D. Brühl-Moser* in: Härtel (Hrsg.), Handbuch Föderalismus, Bd. IV, 2012, § 97 Rn. 30 ff., 72 ff.

[207] Überblick über die Probleme der Gesundheitsversorgung im ländlichen Kanada in *J.C. Kulig/A.M. Williams* (eds.), Health in Rural Canada, 2012; s. ferner für die USA *C.A. Winters/H.J. Lee* (eds.), Rural Nursing – Concepts, Theory, and Practice, 3rd edition, 2010.

[208] Art. 8 Bayerisches Landesplanungsgesetz (BayLplG); allg. zu diesem Gesetz *T. Voigt* Das Raumordnungsgesetz 2009 und das Bayerische Landesplanungsgesetz 2012, 2013.

[209] Zu diesen s. insb. Home Care and Community Services Act, 1994 (www.e-laws.gov.on.ca).

[210] *R. Gmür/M. Rüfenacht* in: Kocher/Oggier (Hrsg.), Gesundheitswesen Schweiz 2010–2012, 4. Aufl. 2010, 391 ff.; *P. Eschmann/G. Kocher/E. Spescha* (Hrsg.) Ambulante Krankenpflege. Spitex-Handbuch, 2. Aufl. 1996; s. auch *R. Fluder u.a.* Ambulante Alterspflege und Betreuung, 2012.

tungen sicher, wobei die Sicherstellungsverantwortung grundsätzlich bei den Kommunen liegt.[211] Es handelt sich um eine bereichsspezifisch begrenzte Variante der skandinavischen Gesundheitssysteme, in denen die unterschiedlichen kommunalen Ebenen auch für die Organisation des Gesundheitswesens zuständig sind.[212] Hierbei spielen vor allem, wie etwa in Dänemark, kommunal verfasste Regionen eine wichtige Rolle,[213] die, funktional betrachtet, eine Mischung aus großem Landkreis und Gesundheitsversorgungs-Planungsbehörde sind.[214]

b) Sozialräumliche Planungskonzepte

Sozialräumliche Planungskonzepte helfen dabei, die Funktionen von Kommunen und Regionen problemadäquat zu bestimmen (und sie können auch dazu beitragen, deren Territorien funktionsgerecht neu zu definieren). Solche Planungskonzepte können etwa um die in der internationalen Pflegewissenschaft verbreitete Idee der „Caring Community"[215]

---

[211] S. etwa Art. 4 Spitex-Verordnung des Kantons Appenzell Ausserrhoden: „Die Gemeinden sorgen für die Sicherstellung des Dienstleistungsangebotes." § 11 Abs. 1 Pflegegesetz des Kantons Aargau: „Die Gemeinden sind zuständig für die Planung und Sicherstellung eines bedarfsgerechten und qualitativ guten Angebots der ambulanten und stationären Langzeitpflege. Sie orientieren sich dabei an der Pflegeheimkonzeption und dem Spitex-Leitbild." Art. 3 Abs. 1 Altersbetreuungs- und Pflegegesetz (AbPG) des Kantons Schaffhausen: „Die Gemeinden stellen in gegenseitiger Absprache und Zusammenarbeit die Verfügbarkeit bedarfsgerechter Leistungsangebote [...] sicher [...]. Sie betreiben dazu eigene Heime und Organisationen der Hilfe und Pflege zu Hause oder schliessen Leistungsverträge mit geeigneten Partnern ab." § 5 Abs. 1 Pflegegesetz des Kantons Zürich: „Die Gemeinden sorgen für eine bedarfs- und fachgerechte stationäre und ambulante Pflegeversorgung ihrer Einwohnerinnen und Einwohner. Sie betreiben zu diesem Zweck eigene Einrichtungen oder beauftragen von Dritten betriebene Pflegeheime und Spitex-Institutionen oder selbstständig tätige Pflegefachpersonen." Zur ggf. über überörtliche Planung, Finanzierung und Aufsicht hinausgehenden Zuständigkeit des Kantons vgl. das Altershilfegesetz (AhiG) des Kantons Appenzell Innerrhoden.

[212] *M. Schölkopf/H. Pressel* Das Gesundheitswesen im internationalen Vergleich. Gesundheitssystemvergleich und europäische Gesundheitspolitik, 2. Aufl. 2014, 41 ff.; s. auch *J. Bathelt* Rheinisches Ärzteblatt H. 12/2004, 14; *T. Gerlinger* Die Versorgungsstrukturen des Gesundheitswesens in Schweden, www.bpb.de/politik/innenpolitik/gesundheitspolitik/170897/schweden.

[213] *A. Priebs* in: Vallée (Fn. 197), 32 (35); ähnl. zur Verkoppelung von Planungs- und direkter Infrastrukturzuständigkeit in der Region Stockholm *A. Priebs/D. Vallée* in: Vallée, ebd., 86 (89).

[214] Zur Einbindung der Kommunen in das reformierte System des NHS England *L. Hajen* G+S (Gesundheits- und Sozialpolitik) H. 3/2012, 7 (12).

[215] *T. Klie* in: Kruse/Rentsch/Zimmermann (Hrsg.), Gutes Leben im hohen Alter, 2012, 231 ff.; *ders.* in: Schweizerisches Rotes Kreuz (Hrsg.), Who cares? Pflege und Solidarität in der alternden Gesellschaft, 2013, 104 ff.

orientiert sein, die nicht zwingend an den Grenzen der politischen Gemeinde Halt macht. Ein solches sozialräumliches Konzept[216] ist nicht nur rechtspolitisch relevant, es kann durchaus schon im Rahmen des geltenden Rechts wirken, nämlich als Kompass bei der „[f]eldübergreifende[n] Koordination“[217] insbesondere der Planungszuständigkeiten.[218] Dazu muss man sich einstweilen auf eine „Governance der Bypässe“ einlassen, die sozusagen im Falschen des geltenden Rechts Wahres auf Umwegen sucht.[219]

Die zuständigen Planungsbehörden haben ein großes Gestaltungsermessen.[220] Es kann z.B. im Rahmen der von den Ländern dirigierten

---

[216] Es zu erstellen, ist sinnvoll, aber de lege lata nicht verpflichtend; zusf. (und unabhängig vom vorliegenden Thema) zu Konzeptpflichten *K. Herzmann* VerwArch 104 (2013), 429 ff.; *T. Rottenwallner* VR 2014, s. auch *B. Wollenschläger* Wissensgenerierung im Verfahren 2009, 202 ff.; *D. Thym* Migrationsverwaltungsrecht, 2010, 290 ff.

[217] *Burgi* (Fn. 21), 95 – bezogen auf die kommunale Verantwortung.

[218] S. etwa zum Vorschlag eines (von den Kommunen administrierten) „Regionalen Pflegebudgets“ *Bertelsmann-Stiftung* Pflege (Fn. 200), 51 ff.; s. auch Fn. 200.

[219] Zu diesem Ansatz *S. Rixen* FS Kerner, 2013, 803 (816). – Seit ihren Anfängen stellt sich für die Landesplanung (*country planning*), die erst später Raumordnung heißen sollte (*Leendertz* [Fn. 12], 49 ff., 98 ff.), die schwierige Frage, wie der Raum – über die Bodennutzung hinaus – in all seinen Bezügen beplant bzw. gestaltet werden kann (zum gestalteten Staatsgebiet als „Kulturprodukt“ *R. Smend*, Verfassung und Verfassungsrecht, 1928, 55 aE). Im Gründungsdokument der Landesplanung in Deutschland heißt es, eine solche Gesamtplanung stelle „einen Organismus dar, dessen einzelne Teile in Wechselbeziehung zueinander alle Bedürfnisse der modernen Massenansiedelung erfüllen müssen“ (*R. Schmidt* Denkschrift betreffend Grundsätze zur Aufstellung eines General-Siedelungsplans für den Regierungsbezirk Düsseldorf (rechtsrheinisch), 1912, 101). Was theoretisch klar ist – dass die staatliche Planung Wechselbeziehungen der raumbedeutsamen Aspekte abbilden muss – (zu Raumbildern Fn. 70), ist auf der Umsetzungsebene genau das Problem. Was für eine Gesamtplanung „aus einer Hand“ spricht, spricht, historisch informiert, auch gegen sie. Das monströs-kriminelle (dazu auch Fn. 108) Alternativkonzept einer effektiven „Gesamtgestaltung“ (*P. Ritterbusch* in: *Bülow* Großraumwirtschaft, Weltwirtschaft und Raumordnung, 1943, 3) im Sinne einer „Gestaltung der Lebenstotalität des Volkes“ (*P. Ritterbusch* Wissenschaft im Kampf um Reich und Lebensraum, 1942, 5) hat sich spätestens seit dem 8. Mai 1945 erledigt (zur Konkurrenz von Landesplanungs- und Raumordnungsansätzen bei der Entstehung des GG *W. Istel* Wie die Raumordnung in das Grundgesetz kam, 1999). Das Neben- und Ineinander unterschiedlich dichter Gesamt- und Fachplanungsebenen im föderalen Mehrebenensystem hat dem Grunde nach seinen guten gewaltenteilenden, also machtbegrenzenden, folglich auch grundrechtsschützenden Sinn (allg. dazu *S. Rixen* VSSR 2007, 213 [215 f.]), gleichwohl kann – und muss – die Vielfalt der Planungsebenen problemangemessen weiterentwickelt werden.

[220] Zur örtlichen Teilhabeplanung *F. Welti* ZFSH/SGB 2011, 401 ff.; zur kommunal bzw. regional orientierten Gesundheits- bzw. Pflegeversorgung *T. Klie/T. Pfundstein* Zeitschrift für Gerontologie und Geriatrie 2010, 91 ff.; *K. Fendrich u.a.* Bundesgesund-

Krankenhausplanung so ausgeübt werden, dass nur noch Krankenhäuser zugelassen werden, die auch den Erfordernissen der Versorgung alter Menschen entsprechen und ihre Versorgungsangebote mit lokalen bzw. nachbarschaftsbezogenen Unterstützungsangeboten etwa in „Mehrgenerationenhäusern“[221] abstimmen.[222] Insbesondere für „Entleerungsgebiete“ sollten auch mobilitätssichernde Konzepte unter Einschluss der zunehmend diskutierten telemedizinischen Versorgungsmodelle („E-Health“)[223] vorgelegt werden.[224]

---

heitsbl 2010, 479 ff.; *G. Künzel* G+S (Gesundheits- und Sozialpolitik) H. 5-6/2011, 18 ff.; *F. Knieps/V. E. Amelung/S. Wolf* G+S H. 6/2012, 8 ff.; *B. Baumgardt* G+S H. 6/2012, 20 ff.; *H. Kesselheim* NDV 2013, 265 ff.; *Sachverständigenrat* (Fn. 145), 612 ff.; *Deutscher Verein für öffentliche und private Fürsorge* „Selbstbestimmung und soziale Teilhabe vor Ort sichern! Empfehlungen zur Gestaltung einer wohnortnahen Pflegeinfrastruktur, NDV 2011, 14 ff., 72 ff.

221 Es geht generell um Orte, in denen die Lebenswelten der Generationen aufeinander treffen bzw. „gemischt“ werden, zu Mehrgenerationenhäusern als „‚Lebenswelt-Schnittstellen‘“ *J. Dummann* Mehrgenerationenhäuser im sozialräumlichen Kontext, in: sozialraum.de, Ausgabe 1/2013 (www.sozialraum.de/archiv-ausgabe-1-2013.php); Informationen zu den vom Bundesministerium für Familien, Senioren, Frauen und Jugend (BMFSFJ) geförderten Mehrgenerationenhäusern unter www.mehrgenerationenhaeuser.de; s. auch den Demografiebericht der Bundesregierung, BT-Drucks. 17/7699, 43 f.

222 Zur Neuausrichtung der Krankenhausplanung in NRW mit dem Ziel der altengerechten Versorgung *J. Lafontaine/F. Stollmann* NZS 2014, 406 (408); zur Verknüpfung der stationären Palliativversorgung in Krankenhäusern mit der spezialisierten ambulanten Palliativversorgung (§§ 37b, 132d SGB V) in regionalen Netzwerken *Ministerium für Soziales, Arbeit, Gesundheit und Demografie Rheinland-Pfalz*, Landeskrankenhausplan Rheinland-Pfalz 2010, 88 f., http://msagd.rlp.de/gesundheit/krankenhauswesen/landeskrankenhausplan-2010/; s. auch Fn. 138.

223 *Rixen* (Fn. 95), 133 mwN; s. ferner etwa *S. Metzger* Rechtliche Aspekte und Perspektiven der Telemedizin, 2009; *F.-J. Bartmann/M. Blettner/P. U. Heuschmann* (Hrsg.), Telemedizinische Methoden in der Patientenversorgung, 2012; *K. Budych u.a.* Telemedizin, 2013; *C. George/D. Whitehouse/P. Duquenoy* (Hrsg.), eHealth – legal, ethical and governance challenges, 2013; *G. Kempter/W. Ritter* (Hrsg.), Assistenztechnik für betreutes Wohnen, 2014.

224 All dies ließe sich durch die auf Vernetzung und altersgerechte Innovation abzielende Neuausrichtung der Vergütungen für Gesundheitsdienstleister (und eine entsprechende Investitionsförderpraxis insbesondere zugunsten von Krankenhäusern und Pflegeunternehmen) abrunden, vgl. oben zu Fehlanreizen der Vergütung bei Fn. 146; Subventionen von Pflegeeinrichtungen sind im Hinblick auf Art. 12 Abs. 1 GG nur dann problematisch, wenn sie gegen den derzeitigen gesetzlichen Plan des SGB IX zu einer Bedarfskontrolle führen (vgl. BSGE 88, 215; BVerwGE 121, 23), nicht aber, wenn nach dem Gesetz zulässige Qualitätsparameter im Zentrum der Förderung stehen und eine verdeckte Bedarfssteuerung vermieden wird.

c) *Sozialinfrastruktur-Planung als Folge (auch) personeller Regional- bzw. Kommunalentwicklung*

Das Denken von Konzepten her entspricht auch einer neueren internationalen Tendenz, Regionen (und Kommunen) weniger anhand förmlicher Instrumente der Regionalplanung zu entwickeln. Stattdessen werden zunehmend strategische Regionalentwicklungskonzepte formuliert,[225] die sich um eine umfassende standortbezogene „Attraktivitätspolitik“[226] bemühen und darauf alle förmlichen Planungsinstrumente abstimmen.[227]

Zu einer solchen Attraktivitätspolitik kann auch eine eigene Ansiedlungs- und Berufsförderungspolitik der Kommunen gehören.[228] Inzwischen besteht weithin Einigkeit darüber, dass sich das Problem fehlender Pflegekräfte durch Migration,[229] namentlich aus dem Nicht-EU-Bereich,[230]

---

[225] S. etwa für die Niederlande *D. Fürst/P. I. Schmidt* in Vallée (Fn. 197), 71 ff.; außerdem *Dühr* in: Akademie für Raumforschung und Landesplanung (Hrsg.), Grundriss der Raumordnung und Raumentwicklung, 2011, 757 (765 ff., 773).

[226] *J. Bogumil/S. Gerber/M. Schickentanz* in: Hüther/Naegele (Hrsg.), Demografiepolitik, 2013, 259 (263), sehen darin die „klassische Strategie, mit der Kommunen versuchen, ihre Bevölkerungsentwicklung zu beeinflussen“.

[227] Vgl. insoweit die Zuständigkeiten des Verbands Region Rhein-Neckar gem. Art. 3 Staatsvertrag zwischen den Ländern Baden-Württemberg, Hessen und Rheinland-Pfalz über die Zusammenarbeit bei der Raumordnung und Weiterentwicklung im Rhein-Neckar-Gebiet v. 1.12.2005 (GBl. Baden-Württemberg 710); dazu *H.-P. Hege* in: Vallée (Fn. 197), 132 ff.

[228] Zur regionalen Fachkräftesicherung in der Pflegebranche *R.C. Beck* SF (Sozialer Fortschritt) 2013, 242 ff.

[229] Und auch nicht durch eine (ohnehin wenig wahrscheinliche) Geburtenerhöhung, *F. Micheel* Bundesgesundheitsbl 2013, 1104 (1110). – Für das Jahr 2050 wird ein Bedarf von ca. 850.000 Altenpflegekräften (Vollzeitäquivalente [VZÄ]) sowie, bezogen auf die gesamte Pflege, ein Bedarf von etwa 1,2 bis 1,6 Mio. Pflegekraft-VZÄ prognostiziert (*S. Nowossadeck* Bundesgesundheitsbl 2013, 1040 [1045]); näher zu den Prognosen bis 2030 (auf der Basis verschiedener Entwicklungsszenarien) *H. Rothgang/R. Müller/R. Unger* Themenreport „Pflege 2030“, Bertelsmann Stiftung, 2012 (www.bertelsmann-stiftung.de). Derzeit sind in Deutschland ca. 600.000 Altenpflegekräfte erwerbstätig; von den ca. 455.000 sozialversicherungspflichtig Beschäftigten waren etwa 200.000 als Altenpflegehelfer(innen) tätig, *Bundesagentur für Arbeit* Der Arbeitsmarkt in Deutschland – Altenpflege, Februar 2014, 5 (http://statistik.arbeitsagentur.de).

[230] Zu Asien *A. Kreienbrink* (Hrsg.), Fachkräftemigration aus Asien nach Deutschland und Europa, Bundesamt für Migration und Flüchtlinge 2014, 8, 44, 54, 96, 211 ff., 300 (www.bamf.de); der „WHO Global Code of Practice on the International Recruitment of Health Personnel“ (Mai 2010, www.who.int) spricht sich aus ethischen Gründen dagegen aus, Gesundheitsfachkräfte aus Entwicklungs- und Schwellenländern anzuwerben, vgl. *A. Afentakis/T. Maier* Wirtschaft und Statistik 2014, 173 (179). Anwerbeversuche im EU-Ausland (etwa in Osteuropa) sind auch aufgrund der dortigen demographischen Entwicklung generell wenig aussichtsreich, vgl. *R.C. Beck* SF (Sozia-

allenfalls kurzfristig und nur punktuell lösen lässt.[231] Sozusagen eine zeitgenössische „Hugenotten-Lösung“ zur dauerhaften Bewältigung des Personaldefizits ist nicht in Sicht.[232] Nicht unrealistisch ist es aber, dass Kommunen (und Regionen) die Ansiedlung bzw. die Ausbildung von Pflegekräften durch materielle und immaterielle Anreize fördern,[233] auch und gerade solcher Personen, die bereit sind, Berufe der Altenpflege(hilfe)[234] mit Sinn für kulturelle Differenz zu erlernen und auszuüben.

3. *Grundrechtliche Gestaltungsvorgaben*

a) *Effektiver Zugang zu einer „endlichkeitssensiblen“ Sozialinfrastruktur*

Neben Gesetzgebungskompetenzen und sozialrechtlichen Planungskonzepten sind die grundrechtlichen Gestaltungsvorgaben zu beachten. Die seit über sechzig Jahren in Deutschland tapfer zitierte Feststellung des BVerfG, „[d]as Wesentliche zur Verwirklichung des Sozialstaates“ könne

ler Fortschritt) 2013, 242 (245); s. auch *A. Hitzemann/A. Waldhausen/N. Schirilla* (Hrsg.), Pflege und Migration in Europa, 2012.

231 *G. Braeseke u.a.* Bundesgesundheitsbl 2013, 1119 (1122 f., 1125); *A. Afentakis/T. Maier* Bundesgesundheitsbl 2013, 1072 ff.; *dies.* Wirtschaft und Statistik 2014, 173 ff.; s. auch *R.C. Beck* SF (Sozialer Fortschritt) 2013, 242 (245). – Daran haben auch die vergleichsweise hohen qualifikationssichernden Hürden des Arbeitsmigrationsrechts für Nicht-EU-Ausländer ihren Anteil, vgl. §§ 6, 15c Beschäftigungsverordnung v. 6. 6. 2013 (BGBl. I, 1499); zur Berufs- und Ausbildungsanerkennung *Die Beauftragte der Bundesregierung für Migration, Flüchtlinge und Integration* 9. Bericht zur Lage der Ausländerinnen und Ausländer in Deutschland, Juni 2012, 144 ff. (www.integrationsbeauftragte.de).

232 Die Deutsche Gesellschaft für internationale Zusammenarbeit (GIZ), die insb. Pflegekräfte auf dem Balkan und den Philippinen gewinnen soll, hat 2011–2012 ca. 80 Pflegekräfte an deutsche Arbeitgeber vermittelt (www.giz.de/de/weltweit/20322.html); auf diesem Niveau verbleibende Anwerbequoten können schon quantitativ den Bedarf nicht annähernd decken. Vergleichbar limitiert sind die Versuche der Anwerbung philippinischer und indonesischer Pflegekräfte in Japan, wo die demographische Alterung noch deutlicher ausfällt als in Deutschland, dazu *G. Vogt* in: T. Salzmann/B. Edmonston/J. Raymer (Hrsg.), Demographic Aspects of Migration, 2010, 327 ff.; *O. Shun* Southeast Asian Studies 2012, 541 ff.

233 Sofern es sich um Beihilfen im EU-Rechtssinne handelt, dürften sie in aller Regel jedenfalls nach Maßgabe des Freistellungsbeschlusses, des EU-Rahmens bzw. der De-minimis-Verordnung unbedenklich sein, näher *S. Rixen* in: Henneke (Hrsg.), Kommunale Verantwortung für Gesundheit und Pflege, 2012, 105 ff.

234 Die Ausbildung dauert meistens ein Jahr und kann sogar nur bei Nachweis gleichwertiger Qualifikationen verkürzt werden (vgl. beispielhaft §§ 3, 5 Brandenburgisches Altenpflegehilfegesetz; §§ 4, 6 Hessisches Altenpflegegesetz); manche Ausbildungsordnungen sind strenger, etwa 24 Monate Regelausbildungszeit gem. § 2 Abs. 2 Hamburgische Verordnung über die Berufsausbildung in der Altenpflege.

„nur der Gesetzgeber" leisten,[235] ist bloß die halbe Wahrheit, denn bekanntlich sind die Grundrechte auf unterschiedliche Weise zu „Treibern" der Zugehörigkeitsermöglichung geworden.[236] Sie haben den staatlichen Auftrag, Zugehörigkeit zu ermöglichen, subjektivrechtlich gestärkt.

Im Bereich der Gesundheitssorge alter Menschen sind im Lichte des „Nikolaus-Beschlusses"[237] des BVerfG, also gestützt auf die allgemeine Handlungsfreiheit in Verbindung mit dem Sozialstaatsprinzip (und flankiert vom Recht auf Leben und körperliche Unversehrtheit),[238] gesteigerte Anforderungen an die Äquivalenz von Finanzierungsbeitrag[239] und Leistung gerade in Grenzsituationen des Lebens zu stellen; der effektive Zugang zur Sozialinfrastruktur muss hier besonders verlässlich garantiert sein. Die unausgesprochene normativ-anthropologische Prämisse des „Nikolaus-Beschlusses", dass die spezifische Todesnähe nicht nur die Gesundheit, sondern die gesamte Person besonders herausfordert, verlangt nach einer besonders „endlichkeitssensiblen" Verteilung knapper Mittel.[240] Damit sind nicht nur lebensbedrohliche Erkrankungen, sondern auch die Lebens- bzw. Sterbensqualität vergleichbar berührende Situa-

---

[235] BVerfGE 1, 97 (105); s. ferner BVerfGE 59, 231 (263): „Das Sozialstaatsprinzip stellt [...] dem Staat eine Aufgabe, sagt aber nichts darüber aus, wie diese Aufgabe im einzelnen zu verwirklichen ist." Ähnl. auch die abwM des Richters *Böckenförde* (BVerfGE 93, 121 [149, 163]) zur „vorrangig dem Gesetzgeber obliegenden [...] Ausgestaltung des sozialen Ausgleichs".

[236] Deutlichstes Zeichen ist die subjektivrechtliche Absicherung der Gewährleistung des Existenzminimums, BVerfGE 125, 175 (222 ff.).

[237] Die Bezeichnung stammt von *T. Kingreen* NJW 2006, 877 (880); s. auch *dens.* Knappheit und Verteilungsgerechtigkeit im Gesundheitswesen, VVDStRL 70 (2011), 152 (181 ff.).

[238] BVerfGE 115, 25 (42 f., 44); bestätigend BVerfG, NJW 2013, 1664. – Die grundrechtliche Argumentation des BVerfG wurde einfachgesetzlich nachvollzogen (§ 2 Abs. 1a SGB V, dazu BT-Drucks. 17/6906, 52 f.; *J. Joussen* SGb 2012, 625 ff.; s. auch *A. Bohmeier/A. Penner* WzS [Wege zur Sozialversicherung] 2009, 65 ff.), allerdings bleibt im Übrigen die Argumentation des Nikolaus-Beschlusses, gleichsam als vorweggenommene authentische Auslegung, als verbindliche (vgl. § 31 Abs. 1 BVerfGG) Auslegungshilfe relevant, etwa im Hinblick auf die prozessualen Folgerungen, BVerfGE 115, 25 (50); zur Schutzpflichtendimension vgl. *S. Moritz* Staatliche Schutzpflichten gegenüber pflegebedürftigen Menschen, 2013 (Kritik, auch in tatsächlicher Hinsicht, bei *K. Wingenfeld* NDV 2014, 200 ff.; *P. Udsching* GesR 2014, 319 f.).

[239] Vgl. BVerfGE 115, 25 (44). – Der Begriff „Finanzierungsbeitrag" (und nicht „Sozialversicherungsbeitrag") wird hier verwandt, weil er verdeutlichen soll, dass die Argumentation, wie nicht zuletzt der Verweis auf Art. 2 Abs. 2 S. 1 GG klarstellt, nicht nur für Sozialversicherte gilt.

[240] Hierzu *S. Rixen* in: Fischer/Meyer (Hrsg.), Gesundheit und Wirtschaftswachstum, 2010, 51 (57); vgl. auch *I. Kemmler* NZS 2014, 521 (529 f.); zur Schwere der Erkrankung als Differenzierungskriterium vgl. BVerfG, NJW 2013, 1220 (1221 aE).

tionen gemeint,[241] wie sie nicht zuletzt hochaltrige Menschen betreffen. Organisatorisch-prozedurale Regelungszusammenhänge, die in dieser Lebenslage die Realisierung von Leistungsansprüchen strukturell erschweren bzw. verunmöglichen, sind ein Grundrechtsverstoß; sie unterschreiten die grundrechtlich gebotene „Mindestversorgung"[242].

Welches Leistungsniveau ist aber geboten? Während man bei der Teilhabe, ähnlich der Argumentation in den Entscheidungen des BVerfG zum Existenzminimum, einen größeren legislatorischen Einschätzungsspielraum anerkennen kann,[243] verengt dieser sich bei der Gesundheitsversorgung, aber auch beim Wohnen, wenn es um Baumaßnahmen geht, die Gefahren für Leib und Leben entgegenwirken sollen.[244] Anknüpfend bei den Entscheidungen des BVerfG zum Existenzminium lässt sich für leistungsrechtliche Ansprüche das an den Gesetzgeber gerichtete Gebot der nachvollziehbaren Plausibilisierung der tatsächlichen Annahmen und Wertungen herleiten:[245] Je mehr Leib und Leben – und Sterben – berührt sind, desto höher sind die Begründungslasten. D.h., der Gesetzgeber muss auf der Basis realitätsgerechter Daten transparent und nachvollziehbar dartun, dass er, auch was die organisatorischen Abläufe anbelangt, eine effektive „Mindestversorgung"[246] für alte Menschen gewährleistet.

b) Diskriminierungsfreier Zugang zur Sozialinfrastruktur: zur Konvergenz von Alter und Behinderung

Die leistungsrechtlichen Grundrechtsnormen werden durch Diskriminierungsverbote ergänzt. Das Verbot der Altersdiskriminierung[247] soll

---

[241] Vgl. BVerfGE 115, 25 (44): „Behandlung einer Krankheit und *insbesondere* einer lebensbedrohlichen oder regelmäßig tödlichen Erkrankung" (Hervorhebung hinzugefügt); dementsprechend erweitert § 2 Abs. 1a S. 1 SGB V die relevanten Konstellationen um „zumindest wertungsmäßig vergleichbare Erkrankung[en]".

[242] BVerfGE 115, 25 (49).

[243] BVerfGE 125, 175 (225); s. auch BVerfG, Beschl. v. 23. 7. 2014 – 1 BvL 10/12 ua –, Rn. 74 ff.

[244] Zum Zusammenhang von Wohnen und Gesundheit *H.-W. Wahl/F. Oswald* in: Wahl/Tesch-Römer/Ziegelmann (Fn. 33), 492 ff; zur Wohnung (Unterkunft) als Aspekt der physischen Existenz BVerfGE 125, 175 (223); 132, 134 (160).

[245] Vgl. BVerfGE 125, 75 (226).

[246] Oben Fn. 242.

[247] Grdl. *R. N. Butler* Age-Ism: Another Form of Bigotry, The Gerontologist, 1969, 243 ff.; dazu *Temming* (Fn. 38), 19 ff.; allg. zum Normalisierungseffekt von Rechtsnormen *Rixen* (Fn. 39), 47 ff. – Das Gebot speist sich bekanntlich aus unterschiedlich konturierten Quellen: Art. 3 Abs. 1 GG, Art. 7 Abs. 1 S. 1 B-VG, Art. 8 Abs. 2 schwBV, ferner aus dem EU-Recht (Art. 18, 19 AEUV; s. auch Art. 20, 21 EU-Grundrechtecharta) Hinzu kommt das unterverfassungsrechtliche Recht, das nicht zuletzt EU-Richtlinienvorgaben umsetzt, etwa das AGG in Deutschland bzw. das Gleichbehandlungsgesetz in

verhindern, dass alte Menschen auf Kosten der Möglichkeit, Freiheitsrechte auszuüben,[248] an stereotypen Altersbildern der Inkompetenz, des Misslingens oder der totalen Fürsorgebedürftigkeit gemessen werden.[249] Das Diskriminierungsverbot stellt also, zugespitzt formuliert, ein Bilderverbot auf.

Zugleich kommt, was häufig übersehen wird, das Verbot der Benachteiligung wegen einer Behinderung ins Spiel,[250] jedenfalls dann, wenn man im Wege völkerrechtsfreundlicher Auslegung die UN-Behindertenrechtskonvention[251] und ihren offen-dynamischen Begriff der Behinderung zur

---

Österreich; zur Schweiz *Waldmann* (Fn. 187); zu Österreich *M. Pöschl* Gleichheit vor dem Gesetz, 2008; der „kometenhafte Aufstieg des Verbots der Altersdiskriminierung" (*Kersten/Neu/Vogel* Demografie und Demokratie [Fn. 1], 35) verdankt sich dem EU-Recht und seiner flächendeckend-angleichenden Kraft, vgl. *S. Rixen* in: Holzner/Ludyga (Hrsg.) Entwicklungstendenzen des Staatskirchen- und Religionsverfassungsrechts, 2013, 119 (133 ff.).

[248] Dazu *M. Grünberger* Personale Gleichheit, 2013, 912 f., 1040 und passim, u.a. zur „Freiheit als Währung der Gleichheit" (912). Diskriminierungsverbote wollen insb. die Realisierungschancen der Freiheit (Selbstbestimmung) – effektive gleiche Freiheit – sichern.

[249] Zugespitzt lässt sich in der Tat sagen, „Alter" sei per se ein Stereotyp (so *S. Baer* Demografischer Wandel und Generationengerechtigkeit, VVDStRL 68 [2009], 290 [341]), sofern man sich auf die explizit oder auch nur implizit bei Altersgrenzen oder einem bestimmten Lebensalter anknüpfenden Alters*bilder* bezieht, also die *normativen* Annahmen meint, anhand derer ein bestimmtes Lebensalter so oder anders bewertet werden *soll.* Der Umstand, dass Menschen erfahrungsgemäß (biologisch bzw. kalendarisch) altern, also insofern alle Menschen gleich sind, ändert nichts daran, dass das (Lebens-)Alter zum Anknüpfungspunkt für normativ gewollte Ungleichbehandlungen gemacht werden kann. Generell gilt, dass rechtlich vorgeschriebene Altersgrenzen gerade im Sozialstaat zu einer kaum reflektierten Virulenz von Altersbildern geführt haben, deren Plausibilität sich auf dem antidiskriminierungsrechtlichen Prüfstand häufig erst noch erweisen muss, s. zu Altersgrenzen im Recht etwa *G. Igl* GedS Eckert 2008, 369 (371); *G. Duttge* in: Schicktanz/Schweda (Hrsg.), Pro-Aging oder Anti-Aging?, 2012, 87 ff.; *S. Ruppert* in: Becker/Roth (Hrsg.), Recht der Älteren, 2013, § 2 Rn. 1 ff. – Die in Altersgrenzen geronnene „soziale Institution der Zeit" (*N. Elias*, Vorwort, in: ders., Über die Zeit, Gesammelte Schriften, Bd. 9, 2004, 9, 20) wirkt auf das Selbstverständnis des Individuums zurück: „Die Verwandlung des Fremdzwangs der sozialen Zeitinstitution in ein das ganze Leben umgreifendes Selbstzwangmuster des einzelnen Individuums ist ein anschauliches Beispiel dafür, in welcher Weise ein Zivilisationsprozeß zur Ausprägung des sozialen Habitus beiträgt, der zum integralen Bestand jeder individuellen Persönlichkeitsstruktur gehört" (*Elias* ebd. 21).– Zu Altersbildern oben bei Fn. 32.

[250] Auch insoweit sind – neben der UN-Behindertenrechtskonvention (dazu sogleich) – insb. national-verfassungsrechtliche Gewährleistungen zu beachten, Art. 3 Abs. 2 S. 2 GG, Art. 7 Abs. 1 S. 2, S. 3 B-VG, Art. 8 Abs. 2, Abs. 4 schwBV.

[251] BGBl. 2008 II, 1419; zu Auswirkungen auf das deutsche Recht *M. Kotzur/ C. Richter* in: Welke (Hrsg.), UN-Behindertenrechtskonvention mit rechtlichen Erläute-

Kenntnis nimmt.[252] Er will in einem umfassenden Sinne reduzierter Teilhabe, also erschwerter Selbstbestimmung, entgegenwirken.[253] Bislang sind nach geltendem deutschen Recht „Menschen [...] behindert, wenn ihre körperliche Funktion, geistige Fähigkeit oder seelische Gesundheit mit hoher Wahrscheinlichkeit länger als sechs Monate *von dem für das Lebensalter typischen Zustand abweichen* und daher ihre Teilhabe am Leben in der Gesellschaft beeinträchtigt ist."[254] D.h., anders als in der UN-Behindertenrechtskonvention wird eine Behinderung verneint, wenn es sich um ein alters*typisches* Defizit handelt. Der einfachrechtliche Behinderungsbegriff operiert also ganz bewusst mit einem Altersstereotyp. Dies hat zur Folge, dass die Teilhabestörung, weil sie alters*typisch* sein soll, in eine *Nicht*behinderung umdeklariert wird.[255] Dem alten Menschen wird also durch einen altersdiskriminierenden definitorischen Trick zugleich der Schutz des Verbotes der Diskriminierung wegen einer Behinderung genommen. Österreich[256] und die Schweiz[257] verzichten in ihren Normtex-

rungen, 2012, 81 ff. – Auch die Schweiz ist der Konvention beigetreten, AS (Amtl. Sammlung) 2014, 1119, dazu BBl. (Bundesblatt) 2013, 661 ff. In Österreich steht die UN-Behindertenrechtskonvention (BGBl. III, Nr. 155/2008) unter einem sog. Erfüllungsvorbehalt (Art. 50 Abs. 2 B-VG), d.h., der „Staatsvertrag ist" nur „durch Erlassung von Gesetzen zu erfüllen" (BGBl. III Nr. 155/2008).

[252] Vgl. Art. 1 UN-Behindertenrechtskonvention: „Zu den Menschen mit Behinderungen zählen Menschen, die langfristige körperliche, seelische, geistige oder Sinnesbeeinträchtigungen haben, welche sie in Wechselwirkung mit verschiedenen Barrieren an der vollen, wirksamen und gleichberechtigten Teilhabe an der Gesellschaft hindern können." Dazu *M. Banafsche* SGb 2012, 373 (374); zum sog. sozialen Modell der Behinderung, das kontextbezogen nach den behindernden sozialen Bezügen des Individuums fragt (anders das sog. individualistische Modell, das Behinderung in erster Linie zum Problem des Individuums macht) *Grünberger* (Fn. 248), 585 f.

[253] Dazu *G. Wansing* in: Welke (Fn. 251), 93 ff.

[254] § 2 Abs. 1 S. 1 SGB IX (Hervorhebungen hinzugefügt).

[255] In diesem Sinne auch *F. Welti* Behinderung und Rehabilitation im sozialen Rechtsstaat, 2005, 95 ff., insb. 98.

[256] § 3 Bundes-Behindertengleichstellungsgesetz Österreich: „Behinderung im Sinne dieses Bundesgesetzes ist die Auswirkung einer nicht nur vorübergehenden körperlichen, geistigen oder psychischen Funktionsbeeinträchtigung oder Beeinträchtigung der Sinnesfunktionen, die geeignet ist, die Teilhabe am Leben in der Gesellschaft zu erschweren. Als nicht nur vorübergehend gilt ein Zeitraum von mehr als voraussichtlich sechs Monaten." Anders noch der inzwischen aufgehobene § 300 Abs. 2 Allgemeines Sozialversicherungsgesetz (ASVG) aF: „Versicherte gelten als behindert [...], wenn sie infolge eines Leidens oder Gebrechens ohne Gewährung von Maßnahmen der Rehabilitation die besonderen Voraussetzungen für eine Pension aus dem Versicherungsfall der geminderten Arbeitsfähigkeit, ausgenommen eine Knappschaftspension, wahrscheinlich erfüllen oder in absehbarer Zeit erfüllen werden; vorwiegend altersbedingte Leiden und Gebrechen gelten nicht als Leiden und Gebrechen im Sinne dieses Absatzes."

[257] § 2 Abs. 1 Behindertengleichstellungsgesetz (BehiG) Schweiz: „In diesem Gesetz bedeutet Mensch mit Behinderungen (Behinderte, Behinderter) eine Person, der es eine

ten in völkerrechtskonformer Weise auf diese Alters- und Behindertendiskriminierung.

„Behinderung“ und „Alter“ lassen sich durchaus unterscheiden, wenn man etwa an einen alten Menschen mit Down-Syndrom denkt.[258] Aber auch der durch hohes Lebensalter hervorgerufene Zustand der Pflegebedürftigkeit[259] kann, für sich betrachtet, zu dauerhaften Teilhabebeeinträchtigungen führen, die – gemessen an den völkerrechtlichen Vorgaben – eine Behinderung alter Menschen sein können.[260] Generell ist zu fragen, ob eine vermeintlich unveränderliche, rechtlich ermöglichte oder geduldete Behinderung der Selbstentfaltung „enthindert“[261] werden kann. Auch hier irritiert das Völkerrecht herkömmliche Unterscheidungen von rechtlicher und faktischer Gleichheit.[262] Die UN-Behindertenrechtskonvention bezeichnet „jede Unterscheidung, Ausschließung oder Beschränkung“ als Diskriminierung. Hierzu zählt sie auch die „Versagung angemessener Vorkehrungen“, womit geeignete und notwendige „Änderungen und Anpassungen“ gemeint sind.[263] Wo also die Unterstützung bei einer durch das Alter bedingten Teilhabebeeinträchtigung unterlassen wird – gleich, ob sie Folge einer Unterlassung rechtlicher oder tatsächlicher Vor-

---

voraussichtlich dauernde körperliche, geistige oder psychische Beeinträchtigung erschwert oder verunmöglicht, alltägliche Verrichtungen vorzunehmen, soziale Kontakte zu pflegen, sich fortzubewegen, sich aus- und fortzubilden oder eine Erwerbstätigkeit auszuüben.“

[258] *G. Igl* in: Becker/Wacker/Banafsche (Hrsg.), Inklusion und Sozialraum, 2013, 119 (122); ebd. 120 auch der Hinweis, dass es einen Unterschied mache, ob ein Mensch im Alter ein behinderter Mensch werde oder als behinderter Mensch alt werde.

[259] Hierbei wird der derzeit geltende Begriff der Pflegebedürftigkeit zugrunde gelegt (§ 14 Abs. 1 SGB XI), aber er steht nur exemplarisch, nicht abschließend für den Zustand der alterstypischen „Vulnerabilität“ (zu diesem Begriff oben bei Fn. 36/37), der Teilhabechancen beeinträchtigen kann. Vor diesem Hintergrund zutreffend *F. Welti* SF (Sozialer Fortschritt) 2010, 39 (41): „Nicht alle behinderten Menschen sind pflegebedürftig“ (iSv § 14 Abs. 1 SGB XI), „aber alle pflegebedürftigen Menschen sind behindert“ (iSv Art. 1 UN-Behindertenrechtskonvention).

[260] *Welti* (Fn. 255), 53; *ders.* in: Lachwitz/Schellhorn/Welti (Hrsg) Handkommentar zum SGB IX (HK-SGB IX), 3. Aufl. 2009, § 2 Rn. 19 ff., 28 ff.; *G. Igl* GedS Eckert 2008, 369; so schon *ders.* Pflegebedürftigkeit und Behinderung im Recht der sozialen Sicherheit, 1987, 252; *C. Wilcken* Pflegebedürftigkeit und Behinderung im Recht der Rehabilitation und Teilhabe und im Recht der Pflege, 2011, 238; ferner *M. Banafsche* SGb 2012, 440 ff.

[261] Zu dieser in der Inklusions- bzw. Rehabilitationspädagogik verbreiteten Ausdrucksweise s. etwa *G. Wansing* in: Becker/Wacker/Banafsche (Fn. 258), 69 ff.

[262] Zur leistungsrechtlichen Neuausrichtung von Art. 3 Abs. 3 S. 2 GG im Lichte der UN-Behindertenrechtskonvention *Kotzur/Richter* (Fn. 251), 86 f.

[263] Art. 2 UN-Behindertenrechtskonvention; dazu *V. Aichele/N. Althoff* in: Welke (Fn. 251), 104 ff.

kehrungen ist –,[264] wird wegen Alters *und* Behinderung diskriminiert, und es sind hohe Hürden bei der Rechtfertigung zu überspringen, die weitaus höher sind, als sie das BVerfG bislang aufstellt.[265]

VI. Demographie-Verwaltungsrecht als „soziales Verwaltungsrecht"

Das geltende Recht kennt den Status „Senior-Sein" nicht, es kennt kein Seniorenrecht, kein Recht der älteren Menschen. Vermeintliche Vorbilder wie das *Elder Law*[266] in den USA oder das *derecho demográfico*[267] in Mexico gehen über eine Kompilation von Normen und Gerichtsentscheidungen, die für alte Menschen relevant sind, nicht hinaus. Vor einigen Jahren ist auf einer unserer Tagungen für ein „Bevölkerungsrecht [...] als Teil einer übergreifenden Bevölkerungswissenschaft im interdisziplinären Dialog mit anderen Fachdisziplinen"[268] geworben worden. Was auch immer damit im Einzelnen gemeint ist: Es muss ein „soziales Verwaltungsrecht"[269] sein (und das ist mehr und letztlich etwas anderes als das

---

[264] Hierzu *F. Welti* Rechtsdienst der Lebenshilfe 1/2012, 1 (3), der zu Recht darauf hinweist, dass das weite Verständnis der „angemessenen Vorkehrungen" zumindest *in nuce* in BVerfGE 96, 288 (303) angelegt ist, wenn dort von einer „Benachteiligung auch bei einem Ausschluß von Entfaltungs- und Betätigungsmöglichkeiten durch die öffentliche Gewalt" die Rede ist; allerdings ist der anschließende Halbsatz („wenn dieser nicht durch eine auf die Behinderung bezogene Förderungsmaßnahme hinlänglich kompensiert wird") abzulehnen, weil er in den Nachteilsbegriff bereits eine vorweggenommene Abwägung hineinverlagert.

[265] Die „in einem bestimmten Fall erforderlich[en]" angemessenen Vorkehrungen dürfen „keine unverhältnismäßige oder unbillige Belastung darstellen" (Art. 2 UN-Behindertenrechtskonvention); im Übrigen sind die Benachteiligung und ihre Rechtfertigung „in einem bestimmten Fall" klar voneinander zu trennen, vgl. Fn. 264.

[266] Dazu *M. Roth* in: Becker/Roth (Fn. 249), § 4 Rn. 3 ff.; aus deutscher Sicht zu einem „Recht der älteren Menschen" *T. Klie* in: Wahl/Mollenkopf (Hrsg.), Alternsforschung am Beginn des 21. Jahrhunderts, 2007, 237 ff.

[267] Zu den USA *M. Roth* in: Becker/Roth (Fn. 249), § 4 Rn. 1 ff.; zu Mexico etwa die Beiträge in *L. M. Valdés* Derechos de los mexicanos: introducción al derecho demográfico, 2009 (eine Mischung ganz unterschiedlicher bevölkerungsrelevanter Aspekte, z.B. Gesundheit, Migration, Probleme der indigenen Bevölkerung); in Südamerika gibt es zudem, thematisch verwandt, eine innovative Stadtforschung, dazu *A. Huffschmid/K. Wildner* (Hrsg.), Stadtforschung aus Lateinamerika, 2013.

[268] *W. Kahl* Diskussionsbemerkung, VVDStRL 68 (2009), 357.

[269] Es geht hierbei um die Zugehörigkeit im oben sub III. entfalteten Sinne. Dies hat mit dem eigentümlichen Konzept *H. Roeslers* Lehrbuch des Deutschen Verwaltungsrechts, Bd. 1: Das sociale Verwaltungsrecht, 1872, nichts zu tun, zu diesem *M. Stolleis* Geschichte des öffentlichen Rechts in Deutschland, Bd. 2, 1992, 393 f.; ferner *Mikešić* (Fn. 12), 139 f. – Der Ruf nach einem „neue[n] Verwaltungsrecht", das „Sozialrecht,

mitunter sehr technische Sozialversicherungsrecht): ein Verwaltungsrecht, das – als Antwort auf eine neue soziale Frage – Zugehörigkeit neu in den Alltag hinein „kleindekliniert", auch und gerade im Interesse alternder, alter, hochaltriger Menschen.

Für unsere „Zunft"[270] führt eine solche Perspektive – auf Menschen, die in spezifischer Weise verletzlich, „vulnerabel", sind – zu hintergründigen Problemen. Unser Denken kreist um den Begriff der Staatsgewalt, um Macht, *pouvoir*, das Können, Stärke, Kraft und Wirksamkeit. Das passt nicht zu den im Alter sich häufenden Grenzsituationen, zur Ubiquität der Schwäche. Der demographische Wandel braucht ein Staatsrecht, das sich wandelt: Es muss noch stärker darin werden, die fragmentierten Institutionen der sozialen Infrastruktur auf die Schwäche derer abzustimmen, die als alte Menschen ihre Zugehörigkeit nicht verlieren wollen.[271] Es ist die Schwäche, die uns zu Gleichen macht.[272]

‚soziales' Recht" sein möge (alle Zitate: *R. Pitschas* Diskussionsbemerkung, VVDStRL 48 [1990], 311 – bezogen auf das Technikrecht), ist nicht neu.

[270] *R. Gröschner* Diskussionsbemerkung, VVDStRL 51 (1992), 164 (165); s. auch *H. Schulze-Fielitz* Staatsrechtslehre als Mikrokosmos, 2013, 13, 153 ff.

[271] *H. Arendts* Hinweise auf die „frailty of human affairs" und die „frailty of human institutions and laws" (The Human Condition [1958], engl. Ausg. 1998, 188, 191, was sie mit „Zerbrechlichkeit menschlicher Angelegenheiten" und „Zerbrechlichkeit der Einrichtungen und Gesetze" übersetzt hat, *H. Arendt* Vita activa oder Vom tätigen Leben, 9. Aufl. 2010, 234, 238), verdeutlichen die in gewisser Weise aporetische – und nur durch permanente aktive Gestaltung bewältigbare – Situation, der konstitutiven Fragilität (Schwäche) von Menschen mit ihrerseits fragilen (weil von Menschen geschaffenen) Institutionen gerecht werden zu müssen; zur erst beginnenden Entdeckung *H. Arendts* für das Rechtsdenken s. die Beiträge in *M. Goldoni/C. McCorkindale* (eds.), Hannah Arendt and the Law, 2012; s. hierzu auch *K. Jaspers* in einem Brief an *H. Arendt*, in dem er ihr „auf die Prinzipien des Juristischen gehendes Denken" erwähnt, *H. Arendt/K. Jaspers*, Briefwechsel 1926–1969, Neuausg. 1993, 591 (Brief v. 25.4.1964).

[272] Vgl. *S. Rixen* SRa (Sozialrecht aktuell) 2008, 81 (88) zur „konstitutive[n] Schwäche des Menschen": „Die Achtung vor dieser konstitutiven Fragilität macht, vielleicht noch mehr als die Selbstbestimmung – die Selbstdisponibilität – jedes Einzelnen, Menschenwürde aus." S. zu diesem Würdeverständnis auch *S. Rixen* in: Heselhaus/Nowak (Hrsg.), Handbuch der Europäischen Grundrechte, 2006, § 9 Rn. 1 ff., insb. 9 ff.; s. ferner den Verweis auf die „wirklich [...] Schwachen", die in der Pflegepraxis zu häufig nur „‚weggesperr[t]'" werden, „auch aus unserer Wahrnehmung", *W. Höfling* Diskussionsbemerkung VVDStRL 64 (2005), 179 (180).

Leitsätze des 2. Referenten über:

Gestaltung des demographischen Wandels als Verwaltungsaufgabe

I. Demographischer Wandel als verwaltungsrechtlich gestaltbarer gesellschaftlicher Wandel

(1) Demographische Umbrüche haben den gesellschaftlichen Wandel seit Beginn der industriellen Revolution angetrieben. Ohne die Wechselwirkung von demographischem und gesellschaftlichem Wandel gäbe es das heutige Sozial-, Gesundheits-, Kommunalwirtschafts-, Bau-, Planungs- und Raumordnungsrecht nicht. Demographischer Wandel ist kein Unfall, sondern der Normalfall der Modernisierung. Demographischer Wandel, der sich immer über lange Zeiträume vollzieht, ist nicht reversibel, aber seine Folgen sind gestaltbar, auch und gerade durch Verwaltungsrecht.

(2) Verwaltungsrechtswissenschaft darf keinen „uferlosen Utopien" nacheilen. Gleichwohl ist das Thema „utopisch", denn es geht (auch) um Gestaltungsoptionen, die im Rahmen des geltenden Rechts noch nicht hinreichend bedacht wurden. Zur antiutopischen Aufgabe der Verwaltungsrechtswissenschaft gehört es, Grenzen zu markieren, die nur rechtspolitisch überwunden werden können, möglicherweise unter Anleihe bei Wertungen und Regelungsstrukturen, die im positiven Recht bereits angelegt sind.

II. Im Zentrum des demographischen Wandels: die demographische Alterung

(3) Im Zentrum des demographischen Wandels stehen heute das Altern der Bevölkerung und seine Folgen für das Alltagsleben alter Menschen. Die Probleme der sog. demographischen Alterung führen zu einer neuen sozialen Frage.

(4) In veränderten Erwartungen an das Altern spiegeln sich veränderte Bilder vom Altern. Ein gewinnorientierter Diskurs (anstelle eines defizitorientierten Diskurses) rückt die positiven Potentiale der Selbstbestimmung in den Vordergrund – trotz der ständig mehr spürbaren gesundheitlichen Grenzen der Selbstwirksamkeit im Alltag („Vulnerabilität", ein gerontologischer Schlüsselbegriff).

(5) Eine Rechtsordnung, die alten Menschen gerecht werden will, muss auf dynamisch sich entwickelnde und im Einzelfall schwer vorhersagbare Mischungen aus abnehmender Stärke und zunehmender Schwäche reagieren. Nötig sind Unterstützungsstrukturen, die sich auf drei fundamentale Rahmenbedingungen des Alterns beziehen: Wohnen, Gesundheitssorge (einschließlich Pflege), Teilhabe.

III. Zugehörigkeit alter Menschen durch soziale Infrastruktur im Sozialraum

1. Zugehörigkeit

(6) „Sozial" bezieht sich auf „Bundesgenossen, Zusammengehörende, Zugehörige". Wenn vom Sozialstaatsprinzip oder von „Sozialzielen" (wie in der schweizerischen Bundesverfassung) die Rede ist, dann geht es um das Ziel, Zugehörigkeit zu ermöglichen.

2. Soziale Infrastruktur

(7) Dieses Ziel lässt sich nicht ohne in Rechtsform gebrachte Unterstützungsangebote, also Institutionen – soziale Infrastruktur – erreichen. Im Sozialstaat, der auf real erfahrbare Wertschätzung (Anerkennung, Achtung) verpflichtet ist, kann die Nutzung sozialer Infrastruktur symbolisch-bewusstseinsbildend ein gefühlsmäßiges Vertrauen in den eigenen Wert befördern. Zugehörigkeit ermöglichen heißt: durch soziale Infrastruktur den Eigenwert der Person stärken. Die Pointe sozialer Infrastruktur liegt genau in diesem symbolischen Mehrwert.

3. Sozialraum

(8) In den Lebenswelten zugehörigkeitsermöglichend zu wirken, gelingt sozialer Infrastruktur nur dann überzeugend, wenn die Unterstützungsstrukturen auf einen überschaubaren geographischen Raum, auf sog. Sozialräume, bezogen werden. Der Sozialraum verknüpft die einzelnen Institutionen, in deren Vollzug Zugehörigkeit erfahren werden soll, und trägt dazu bei, das Gebot der Herstellung gleichwertiger Lebensverhältnisse alltagstauglich umzusetzen.

IV. Verwaltungsrechtliche Rahmung des Alterns

1. Wohnen

a) Vom Heimrecht zum Recht des „qualitätsgesicherten Alterns“

(9) Das allgemeine Bauordnungsrecht macht nur zurückhaltende Vorgaben für das seniorengerechte Bauen; der Umbau von Privatwohnungen wird zu einem rein zivilrechtlichen Problem zwischen den Mietparteien. Das implizite Bauordnungsrecht der Einrichtungenqualitätsgesetze („Heimrecht“) enthält kleinteilige Vorschriften über die baulichen Bedingungen der Einrichtungen.

(10) Das traditionelle Heimrecht ist in Deutschland durch ein Recht des „qualitätsgesicherten Alterns“ ersetzt worden. Alle Landesgesetze kreisen um den Begriff der gefahrenvorsorgenden Qualitätssicherung. Der hohe Anspruch der Qualitätssicherung soll durch umfängliche Beratungs-, Dokumentations- und Fortbildungspflichten, Qualitätsberichte und „Anordnungen zur Mängelbeseitigung“ realisiert werden. Behördliche Aufsicht wird zur „Qualitätsüberwachung“.

b) Altengerechtes Raumordnungs- und Bauplanungsrecht?

(11) Raumordnungs- und Landesplanungsrecht öffnen sich den Problemen des demographischen Wandels nur aus der Adlerperspektive. Wenn im Bauplanungsrecht für das „Wohnen“ ein „Mindestmaß an Selbstbestimmung“ vorausgesetzt wird, irritiert dies insbesondere mit Blick auf Menschen, deren Kompetenzen wegen einer schweren Altersdemenz eingeschränkt sind.

c) Zwischenfazit

(12) Beim altengerechten Umbauen liegt die Sozialbindung des Eigentums praktisch bei null. Das Raumordnungsrecht bestätigt auch mit Blick auf die Demographie, dass es ein weithin wirkungsloses Placebo-Recht ist. Die Einrichtungenqualitätsgesetze erscheinen partiell wie eine Umsetzung vieler Maximen der nicht mehr ganz so „neuen“ Verwaltungsrechtswissenschaft. Ein konzeptionell vages Qualitätssicherungskonzept gehört zu einem bunten Strauß an Instrumenten und Regelungsstrukturen, dessen empirische Wirkungen – u.a. auf die Zugehörigkeitsermöglichung – wir nicht kennen.

2. Gesundheitssorge (einschließlich Pflege)

a) (Des-)Integration und (Über-)Komplexität der altersrelevanten Versorgungsstrukturen

(13) Die rechtlich geformten Institutionen des Gesundheitswesens tun sich generell schwer, Besonderheiten einer Lebenslage gerecht zu werden. Das Haupthindernis für problemübergreifende Versorgungspfade, die es den alten Menschen leichter machen, sind die in das Vergütungsrecht verpackten ökonomischen Fehlanreize (Beispiel: Integrierte Versorgung, „Bereinigung" der Vergütung, § 140d SGB V). Zudem bereitet die Inkongruenz von Bundes- und Landesrecht Probleme (Beispiel: ambulant betreute Wohngruppen für demenzkranke Menschen, § 38a Abs. 1 Nr. 4 SGB XI).

b) Insbesondere: die (nicht) vernetzte Versorgung Sterbender

(14) Besonders prekär ist das Fehlen einer verlässlichen wohnortnahen Versorgung beim Beistand für Sterbende, vor allem ein Problem hochaltriger Menschen. Die vorhandenen Unterstützungsangebote bestehen zu unkoordiniert nebeneinander.

c) Zwischenfazit

(15) Die altersgerechte Vernetzung zwischen den Versorgungssektoren ist ein Dauerexperiment, kein bruchlos funktionierendes Institutionenarrangement. Das Vergütungsrecht belohnt Routinen und bestraft altersgerechte Innovationen. Die ökonomisch induzierte Steuerungsschwäche führt dazu, dass institutionelle Optionen, Zugehörigkeit stärker zu ermöglichen, ungenutzt bleiben.

3. Teilhabe

a) Alltag alter Menschen (auch) im öffentlichen Raum

(16) Altersbedingter Einsamkeit können Angebote zur Teilhabe am sozialen bzw. öffentlichen Leben entgegenwirken. Im Einzelnen hängt alles von der Kreativität oder Passivität der Einrichtungen und der Eigeninitiative der alten Menschen ab. Die sozialhilferechtliche „Altenhilfe" (§ 71 SGB XII) nimmt den alten Menschen in erster Linie als Fürsorgefall wahr, der – hinfällig und arm – unterwegs zum Friedhof ist (vgl. § 72 SGB XII [Blindenhilfe], § 74 SGB XII [Bestattungskosten]). Im Übrigen handelt es sich nur um eine freiwillige Aufgabe der Kommunen.

b) Einfluss alter Menschen auf die politische Öffentlichkeit

(17) Zur Teilhabe gehört auch die Frage, wer die Interessen älterer Menschen artikuliert; ihre Vulnerabilität erschwert die eigene Interessenvertretung. Manche Seniorengremien (etwa der Österreichische Seniorenrat) können Verbandsklagen erheben. Seniorenvertretungen, Pflegebeauftragte, „Pflege"- und „Heimanwälte" sind beratend, z.T. auch konfliktvermittelnd tätig. Die (österreichische) Volksanwaltschaft berichtet auf der Basis der Besuche von Expertenkommissionen in Behinderten- und Alteneinrichtungen an das Parlament.

c) Zwischenfazit

(18) Das geltende Recht ist sehr schweigsam, wenn es um die Teilhabe am sozialen Leben geht. Teilhabe, die auf Eigeninitiative setzt, darf die unterschiedliche Vulnerabilität nicht ausblenden. Die Instrumente, die Interessen alter Menschen öffentlich sichtbar machen sollen, zeichnen sich durch eine vagabundierende Vielfalt aus. Der Eindruck drängt sich auf, die Instrumente (Räte, Beauftragte, Ombudspersonen, Besuchskommissionen) sollen Defizite der behördlichen Aufsicht („Qualitätsüberwachung") und Defizite der gerichtlichen Kontrolle kompensieren. Verbandsklagen können nach aller Erfahrung zugehörigkeitssteigernde Veränderungen effektiv anstoßen.

4. Zwischenresümee: Fragmentierte Zugehörigkeitsermöglichung

(19) Die Zugehörigkeitsermöglichung ist allerorten fragmentiert. Gerät die Besonderheit des Alters in den Blick – die variable Vulnerabilität, die zu einem Denken in infrastrukturellen Übergängen zwingt –, dann zeigt sich: Trotz vieler gelungener Ansätze ist das Gesamtniveau der Zugehörigkeitsermöglichung niedrig. Die soziale Infrastruktur ist notorisch altersunsensibel.

V. Gestaltung von Zugehörigkeitsräumen: Gesetzgebungskompetenzen – verfassungsgestützte Sozialinfrastruktur – Grundrechte

1. Gesetzgebungskompetenzen

a) Bundes-Fachplanung mit unitarisierendem Sogeffekt

(20) Wenn es um die zugehörigkeitsermöglichende Sozialinfrastruktur-Planung in Deutschland geht, pflegen Bund und Länder einen gesetzgebungskompetenziellen Burgfrieden. Der Bund sollte von der Kompetenz für die Sozialversicherung (Art. 74 Abs. 1 Nr. 12 GG), die im Bereich der Krankenversicherung fast, im Bereich der Pflegeversicherung schon jetzt eine

„Volksversicherung" (BVerfG) ist, noch offensiver Gebrauch machen. Der Bund kann so einen unitarisierenden Sogeffekt erzeugen, dem sich andere sozialinfrastrukturelle Planungsfelder, die für alte Menschen relevant sind, kaum werden entziehen können.

b) Ein neuer Art. 91f GG als Optimierungschance

(21) Sozialraumorientierte altengerechte Unterstützungsstrukturen unter Einschluss von Bund, Ländern und Kommunen ließen sich (nach dem Vorbild des Art. 91e GG) mithilfe eines neuen Art. 91f GG besser als nach gegebener (Verfassungs-)Rechtslage realisieren. Die Sozialraum-Orientierung kann allerdings schon im geltenden Recht fruchtbar gemacht werden.

2. Regionale und kommunale Sozialräume

a) Ex comparatione lux: Ontario, Schweiz, Dänemark

(22) Die Rolle der im Kommunal- und Planungsrecht bereits bekannten Regionen muss gestärkt werden. Wie dies und die stärkere Einbindung der Kommunen gelingen können, zeigen die „Local Health Integration Networks" in Ontario, die Spitex-Versorgung in der Schweiz und die kommunal bzw. regional organisierte Gesundheitsversorgung in Skandinavien, namentlich in Dänemark.

b) Sozialräumliche Planungskonzepte

(23) Orientiert an solchen Vorbildern sowie sozialräumlichen Planungskonzepten („Caring Community") können insbesondere die disparaten Sozialinfrastruktur-Einzelplanungen aufeinander abgestimmt werden („Governance der Bypässe").

c) Sozialinfrastruktur-Planung als Folge (auch) personeller Regional- bzw. Kommunalentwicklung

(24) Das Denken von Konzepten her entspricht auch einer neueren internationalen Tendenz, Regionen (und Kommunen) weniger anhand förmlicher Instrumente der Regionalplanung zu entwickeln. Stattdessen werden zunehmend strategische Regionalentwicklungskonzepte formuliert („Attraktivitätspolitik"), die auch eine – auf die Personalgewinnung bezogene – Ansiedlungs- und Berufsförderungspolitik der Kommunen (und Regionen) vorsehen können.

3. *Grundrechtliche Gestaltungsvorgaben*

a) Effektiver Zugang zu einer „endlichkeitssensiblen“ Sozialinfrastruktur

(25) Grundrechte verstärken den staatlichen Auftrag, Zugehörigkeit zu ermöglichen. Die Striktheit der grundrechtlichen Bindung variiert, je nachdem, ob es um Wohnen, Teilhabe oder Gesundheitssorge (einschließlich der Pflege) geht.

(26) Im Bereich der Gesundheitssorge alter Menschen sind im Lichte des „Nikolaus-Beschlusses“ des BVerfG gesteigerte Anforderungen an die Äquivalenz von Finanzierungsbeitrag und Leistung gerade in Grenzsituationen des Lebens zu stellen; der effektive Zugang zur Sozialinfrastruktur muss hier besonders verlässlich garantiert sein. Die unausgesprochene normativ-anthropologische Prämisse des „Nikolaus-Beschlusses“, dass die spezifische Todesnähe nicht nur die Gesundheit, sondern die gesamte Person besonders herausfordert, verlangt nach einer besonders „endlichkeitssensiblen“ Verteilung knapper Mittel. Organisatorisch-prozedurale Regelungszusammenhänge, die in dieser Lebenslage die Realisierung von Leistungsansprüchen strukturell erschweren bzw. verunmöglichen, sind ein Grundrechtsverstoß; sie unterschreiten die grundrechtlich gebotene Mindestversorgung.

(27) Während man bei der Teilhabe, ähnlich der Argumentation in den Entscheidungen des BVerfG zum Existenzminimum, einen größeren legislatorischen Einschätzungsspielraum anerkennen kann, verengt dieser sich bei der Gesundheitsversorgung, aber auch beim Wohnen, wenn es um Baumaßnahmen geht, die Gefahren für Leib und Leben entgegenwirken sollen. Je mehr Leib und Leben – und Sterben – auf dem Spiel stehen, desto höher sind die Begründungslasten. D.h., der Gesetzgeber muss auf der Basis realitätsgerechter Daten transparent und nachvollziehbar dartun, dass er, auch was die organisatorischen Abläufe anbelangt, eine effektive „Mindestversorgung“ für alte Menschen gewährleistet.

b) Diskriminierungsfreier Zugang zur Sozialinfrastruktur: zur Konvergenz von Alter und Behinderung

(28) Das Verbot der Altersdiskriminierung soll verhindern, dass alte Menschen an stereotypen Altersbildern gemessen werden. Das Diskriminierungsverbot stellt, zugespitzt formuliert, ein Bilderverbot auf. Der völkerrechtliche Begriff der Behinderung (Art. 1 UN-Behindertenrechtskonvention [BRK]) will in einem umfassenden Sinne reduzierte Teilhabe, also erschwerte Selbstentfaltung, unabhängig vom Alter kompensieren. Der einfachrechtliche Behinderungsbegriff (§ 2 Abs. 1 S. 1 SGB IX) operiert mit einem Altersstereotyp. Dem alten Menschen wird durch einen altersdiskrimi-

nierenden definitorischen Trick zugleich der Schutz des Verbotes der Diskriminierung wegen einer Behinderung genommen (anders in Österreich und der Schweiz).

(29) Die BRK irritiert die herkömmliche Unterscheidung von rechtlicher und tatsächlicher Gleichheit. Bereits die „Versagung angemessener Vorkehrungen“ (Art. 2 BRK) kann diskriminieren. Insofern sind höhere Rechtfertigungshürden zu überspringen, als sie das BVerfG bislang aufstellt.

VI. Demographie-Verwaltungsrecht als „soziales Verwaltungsrecht“

(30) Der demographische Wandel braucht ein Staatsrecht, das sich wandelt: Es muss noch stärker darin werden, die fragmentierten Institutionen der sozialen Infrastruktur auf die Schwäche derer abzustimmen, die als alte Menschen ihre Zugehörigkeit nicht verlieren wollen. Es ist die Schwäche, die uns zu Gleichen macht.

3. Aussprache und Schlussworte

Gestaltung des demographischen Wandels als Verwaltungsaufgabe

Volkmann: Liebe Kolleginnen und Kollegen, wir steigen nun in die Diskussion ein und wollen hier zwei Blöcke bilden. Der erste Block wird sich mit Grundlagenfragen und Fragen nach verfassungsrechtlichen Vorgaben beschäftigen, der zweite wird spezifisch oder jedenfalls stärker verwaltungsrechtlich orientiert sein. Bei insgesamt 16 Wortmeldungen brauchen wir wieder eine gewisse Disziplin bei der Einhaltung der zeitlichen Vorgaben. Gerüchten zufolge soll es hier gestern zu gewissen Komplikationen oder Irritationen im Zusammenhang mit unserer Ampel gekommen sein, deshalb noch einmal die Bitte, den Beitrag bei Rot möglichst umgehend zu beenden. Der Diskussionsleiter seinerseits sichert zu, die Ampel zu Beginn jedes Redebeitrags pflichtgemäß zu betätigen. Zu unserem ersten Block werden nun Herr Isensee, Herr Uerpmann-Wittzack, Herr Häberle, Frau Wallrabenstein, Herr Hofmann und Herr Mahlmann sprechen. Es beginnt aber Herr Lege, den die Referate offenbar zu einer Bemerkung über Hegels sittlichen Staat inspiriert haben.

Lege: Vielen Dank. Mit etwas Zögern zu Hegels sittlichem Staat: Ich bin Ihnen, Herr Rixen, sehr dankbar, dass Sie auf Hegel, auf den sittlichen Staat und auf die Idee, die dahinter steht, hingewiesen haben. Diese Idee ist: Nur vernünftige *Institutionen* können letztlich Freiheit oder, wie das Grundgesetz sagt, Würde gewährleisten. Die Kehrseite davon ist allerdings, und genau das betont Hegel (Rechtsphilosophie § 278 Anm.), dass der sittliche Staat sich gerade dadurch in seiner Souveränität erweist, dass er überall vor Ort ist (dies haben auch Sie, Herr Ziekow, angesprochen). Der Staat muss vor Ort sein; erst und genau das ist seine Souveränität *nach innen*. Daher mit Blick auch auf die Referate gestern: Ein sittlicher Staat darf sich nicht aus der Fläche zurückziehen, weder in der Verwaltung noch in der Rechtspflege. Andernfalls wäre er nur noch Not- und Verstandesstaat, ein Staat, der sich im Management der Wirtschaft (Hegel sagt: bürgerliche Gesellschaft) erschöpft. Mit der Folge, so Hegel, dass die Schwächeren auf der Strecke bleiben.

Volkmann: Nun Herr Isensee mit der grundlegenden Frage: Wer ist überhaupt alt?

Isensee: Alle wollen alt werden, keiner will alt sein. Das ist heute eine Binsenweisheit. Dennoch mag sie Nachdenklichkeit auslösen. Wir wurden soeben belehrt, dass es vier Lebensalter gibt, von denen das dritte neu ist. Im zweiten Lebensalter stehen die beruflich Aktiven, im vierten die wirklich Alten. Das dritte ist das Noch-Alter derer, die, vom Gesetz in das vierte abgeschoben, sich selbst aber dem zweiten zurechnen und aktiv tätig sind. Träfe man hier im Saale die Einordnung nach Selbstverständnis, so würden sich alle, ohne Rücksicht auf ihr Geburtsjahr, dem zweiten, dem Alter der Aktiven zurechnen. Der Umstand, dass wir hier sind, zeigt, dass wir Wissenschaft als Beruf verstehen und diesen Beruf ausüben. Zwischen dem aktiven Alter Nr. 2 und dem Noch-Alter Nr. 3 zieht das Recht aber eine künstliche Grenze. Es ist die Frage, ob das gerade angesichts der demografischen Probleme richtig ist. So werden die Pensionierung des Beamten und der Eintritt des Arbeitnehmers ins Rentenalter starr typisierend festgesetzt. Dem Rentner wird es erschwert, legal zu arbeiten, obwohl die Arbeit – und hier gerade die selbstbestimmte Arbeit – den Menschen als Person bestätigt und jung hält. Das überschreitet freilich den sozialpolitischen Denkhorizont. Das Glück, sagt Hölderlin, liegt hinter dem Pfluge, und den Pflug können noch viele führen, die als alt ausgemustert worden sind. Es ist grotesk, dass die jetzige große Koalition einen Beitrag dazu leistet, dass noch mehr Arbeitnehmer vorzeitig aus dem erwerbsfähigen Alter, also aus dem zweiten Lebensalter, aussteigen oder hinausgedrängt werden können. Die demografischen Folgen werden ignoriert.

Eine zweite Bemerkung: Das Referat von Herrn Rixen wurde zu Recht bejubelt, dennoch bin ich skeptisch gegenüber seiner rein staatsbezogenen Sicht und seiner Hoffnung auf Unitarisierung der Leistungen. Viel mehr, so meine ich, sollte man auf Dezentralisierung und Pluralisierung setzen, weniger auf Volksversicherung und zentrale Regulierung, mehr auf Privatinitiative. Eben diese sollte für die Versorgung des vierten Lebensalters so weit wie möglich wirksam werden. Träger und Gestalter der Heime sollten in höherem Maße Private sein. Von den kirchlichen Einrichtungen war überhaupt nicht die Rede, obwohl gerade diese gefordert werden. Alter und Todesnähe wecken das Bedürfnis nach religiösem Milieu und religiöser Zuwendung. Hier können Sozialversicherung und Nikolaus-Judikatur nichts bieten.

Zur Lebensqualität im Alter gehört für sehr viele das Wohnen in der vertrauten Umgebung. Hier müsste mehr Hilfe erfolgen. Was geschieht mit für den Mieter, der nicht mehr ohne weiteres aus eigener Kraft die

Treppe steigen kann? Wie kann man einen Vermieter dazu bewegen, einen Treppenaufzug oder ein Geländer an der Freitreppe anzuschaffen? Das sind die großen Probleme derer, für die der Lebensraum immer kleiner wird. Für die Sozialpolitik und für das Sozialrecht freilich nur ein schmales Segment ihres weiten Problemfeldes. Im Übrigen aber, Herr Rixen, mein Kompliment.

Volkmann: Vielen Dank, Herr Isensee, auch für den einleitenden Hinweis, dass der beste Schutz vor den Folgen des demografischen Wandels offenbar das Betreiben von Wissenschaft ist. Herr Uerpmann-Wittzack.

Uerpmann-Wittzack: Danke. Ich möchte nach dem methodischen Ansatz fragen und zwar speziell bei Ihnen, Herr Rixen. Mir scheint, dass Ihr Ansatz, der auf Teilhabe basiert, ganz stark menschenwürdebasiert ist. Trotzdem haben Sie nicht mit Grundrechten angefangen. Grundrechte kamen erst ganz am Ende, und Menschenwürde spielte praktisch keine Rolle. Ich fand das erfrischend, möchte aber trotzdem fragen: Warum bringt es nichts, das Ganze von Grundrechten her zu denken? Ist die Steuerungskraft gerade der Menschenwürde hier zu gering, oder ist es letztlich eben doch kein verfassungsrechtlicher Menschenwürdeansatz, sondern ein anderer Ansatz? Danke.

Häberle: Zunächst eine Vorbemerkung und dann ein Sachbeitrag mit rechtsvergleichender Umschau. Es ist gute Tradition geworden, zu Beginn des Diskussionsbeitrags die Referenten zu rühmen. In den 70er Jahren geschah dies eher selten; Herr Oppermann hat das Verdienst, die Tradition der Lobeshymnen differenziert zu praktizieren. Da Herr Rixen mein Bayreuther Fakultätskollege ist, kann ich ihn nicht besonders preisen. – Ich habe als Stichwort genannt: „Verfassungsrechtliche Vorgaben“ für die heutige Problematik. Wenn man genau hinhörte, hat Herr Rixen besonders die Grundrechte erwähnt, die Menschenwürde etwa bei seinem Stichwort von der personalen Selbstbestimmung („Eigenwert der Person)“, die Demokratie bei der kommunalen Selbstverwaltung vor Ort (politische Teilhabe), besonders deutlich bei seiner überzeugenden Lesart des Sozialstaatsprinzips (gleichwertige Lebensbedingungen). Mit Freude hörte ich, dass er die leistungsstaatliche und leistungsrechtliche Seite mancher Grundrechte betont hat (Teilhabestrukturen). Damit wurde die Regensburger Staatsrechtslehrertagung von 1971 über die „Grundrechte im Leistungsstaat“ wieder aktualisiert. Einschlägig ist dies etwa in neuer Weise bei Art. 13 Grundgesetz, beim Wohnen. Beim Schutz der alten Menschen geht es ja um die Ermöglichung von tatsächlicher Grundrechtsverwirklichung. Neben der Schaffung der Möglichkeiten für demokratische und soziale Teilhabe kommt vor allem der Aspekt der kulturellen Teilhabe in den Blick (Bildungsangebote, kulturelle Aktivitäten, kulturelle Umwelt etc.). Erlauben Sie jetzt den angekündigten Ausblick verfassungsvergleichender Art im Geiste meiner Textstufenanalyse. Hier wird man sehr fündig und findet vieles fast weltweit als Stichworte in neuen Verfassungen wie sie heute bei uns in der Dogmatik erarbeitet worden sind. In Europa war ein früher Artikel in der Verfassung Portugals von 1976 für die konstitutionelle Programmatik des Schutzes alter Menschen vorbildlich. 1978 folgte Spanien. Sie werden erstaunt sein, dass ausgerechnet die durchweg gelungene Verfassung Kenias von 2010 in Afrika den Schutz alter Menschen vorbildlich differenziert getextet hat mit Stichworten wie: volle Partizipation in allen Angelegenheiten in der Gesellschaft, Verfolgung der persönlichen Entwicklung, Leben in Würde und Schutz gegen Missbrauch, vernünftige Fürsorge und Hilfe durch Familie und Staat. Das Erstaunliche ist jedoch Art. 41 der zweiten Verfassung Ägyptens aus dem Jahre 2014, so fragwürdig deren Entstehungsprozess war (Stichwort: autoritäres Regime nach Mursi). Dieser Art. 41 wagt, weltweit wohl erstmals, einen Artikel zur Bevölkerungspolitik. Die Rede ist von der „Balance", die zwischen den Wachstumsraten der Bevölkerung und den möglichen Ressourcen herzustellen ist, auch der Maximierung der Investitionen in die menschlichen Ressourcen, all dies unter dem Aspekt der Nachhaltigkeit. Ich staune über das hier offenbar mögliche hohe Niveau des arabischen Konstitutionalismus speziell hier; wohl keiner von uns im Saal hat den arabischen Weltgeist dabei beraten. Ich erwähne zuletzt Artikel zur Jugendpolitik. Hier war schon die Weimarer Verfassung zum Jugendschutz und auch mit guten Erziehungszielen bahnbrechend. Jüngst formulierte die Verfassung der übrigens bei der Öffnung zu anderen Kulturen sehr gelungenen Verfassung von Tunesien (2014) eine gute „Jugendgarantie" mit Stichworten wie Jugend als aktive Kraft zum "nation building", Erschließung ihrer Kapazitäten und Potenziale, auch für die Übernahme von Verantwortung, Stärkung ihrer Partizipation in der sozialen, ökonomischen, kulturellen und politischen Entwicklung. Bei solchen heute weltweiten Wanderungsbewegungen in den Prozessen der Produktion und Rezeption von Verfassungstexten, Theorien und Judikaten spielte sicher auch die UN-Kinderrechtskonvention bzw. die UNO als Akteur eine schöpferische und anregende Rolle, Ähnliches gilt im Blick auf die heute ebenfalls einschlägige UN-Behindertenkonvention und den textstufenhaft vorangetriebenen Behindertenschutz in vielen neueren Verfassungen.

Volkmann: Von Kenia und Tunesien kommt Frau Wallrabenstein nun wieder auf den Sozialstaat bei uns zurück.

Wallrabenstein: Vielen Dank für die beiden Referate, die sich für mein Verständnis ganz wunderbar ergänzt haben. So hatte ich bei Ihnen, Herr Ziekow, den Eindruck, dass Sie letztlich sagten, die Antwort des Rechts und der rechtlichen Strukturierung und Steuerung auf den demografischen Wandel müsse in Form von Dezentralisierung und Flexibilisierung gefunden werden. Ich fragte mich, wo dann das bleibt, was wir gemeinhin als Aufgabe des Sozialstaates verstehen; dies war dann ja im Wesentlichen das Thema von Herrn Rixen. Deutlich wurde es an dem von Ihnen gebrachten Beispiel, das ich einen Augenblick weiterspinnen möchte: Sie sagten, man könne sich an der Frage der Struktur von Grundschulen vorstellen, wie diese flexibler, anders und mehr den lokalen Bedürfnissen und den Bürgerinteressen einer bestimmten Region entsprechend gestaltet werden könnten. Stellt man sich das vor, wird einem relativ schnell einsichtig, wie kleine Schulen, sogenannte Zwergenschulen, im ländlichen Raum dann wohl funktionieren würden. Sie wären erstens von finanziellen Voraussetzungen abhängig. Die Bürger, die sich solche Schulen wünschen, müssten bereit sein, gewisse Lehrkosten zu übernehmen. Das bedeutet also die Wiedereinführung von Schulgeld, die Aufgabe der Lernmittelfreiheit. Zweitens müssten diese Bürger über die zeitlichen Ressourcen verfügen, möglicherweise kurze Unterrichtszeiten, Halbtagsunterricht, späten Unterrichtsbeginn und dergleichen aufzufangen. Das bedeutet faktisch die Nichterwerbstätigkeit eines Elternteils, das diese Rahmenbedingungen auffangen muss. Man erreicht mit so einem Modell also Dinge, die wir in der sozial- und bildungspolitischen Diskussion eigentlich als zu überwinden verstanden haben. So war doch gerade die Lernmittelfreiheit eigentlich eine Errungenschaft der 50er und 60er, spätestens 70er Jahre gewesen, die wir als sozialstaatlichen Fortschritt verstanden und hochgehalten haben. Diesen Konnex zwischen rechtlicher Strukturierung von Antworten auf demografischen Wandel und ihrer Bedeutung für den Sozialstaat hat man dann sehr gut bei Herrn Rixens Referat gemerkt. Ich will davon zwei Punkte aufgreifen und eine konkrete Frage an Herrn Rixen stellen. Es wurde sehr schön deutlich, dass sich sozialstaatliche Aufträge letztlich an die zentralen Strukturen wenden. Ein neuer Art. 91 f GG war das Beispiel um zu sagen, dass wir möglicherweise neue Bundeskompetenzen oder Möglichkeiten für Gemeinschaftsaufgaben brauchen, die wir sonst, als lokale Bürger in „unserer" Region, gerade eher nicht wollen. Der Satz, dass die Bundesrepublik ein Sozialstaat ist, erhält dadurch einen besonderen Gehalt. Der zweite Aspekt, der auch deutlich wurde: Wenn wir die Verpflichtung, sozialstaatliche Gestaltung des demografischen Wandels zu ermöglichen, grundrechtlich herleiten, bedeutet dies eine Unitarisierung der betroffenen Rechtsbereiche. Hier setzt meine konkrete Frage an, die sich auf die gesetzliche Pflegeversicherung bezieht: Aktuell wird eine weitreichende Gewährleistungspflicht des Bundes vertreten, der im Rahmen der gesetzlichen Pflegeversicherung die Beachtung von Mindeststandards für die Sorge und Lebensgestaltung Pflegebedürftiger sicherstellen müsse. Die grundrechtliche Herleitung dieser Position ist ähnlich zu derjenigen, die das Bundesverfassungsgericht im sogenannten Nikolaus-Beschluss für die Krankenversicherung entwickelt hat. Man kann dann zu dem Fazit gelangen, dass die gegenwärtige Ausgestaltung der Pflegeversicherung, die weitaus weniger leistet als die umfassende Gewährleistung angemessener Sorge und Behandlung der Pflegebedürftigen, verfassungswidrig ist. Würden Sie auch so weit gehen? Vielen Dank.

Hofmann, Ekkehard: Beide Referate haben aus meiner Sicht das doch weit gespannte Thema bewundernswert anschaulich heruntergebrochen mit der Folge, dass auch konkrete Nachfragen kommen. Die Frage, die ich stellen möchte, besonders an Herrn Rixen, ist bereits in den Wortmeldungen von Herrn Uerpmann und von Frau Wallrabenstein angeklungen; es ist die Frage nach der grundrechtlichen Absicherung der Inklusion von alten Menschen. Nehmen wir den Treppenlift, der im Mietshaus für jemanden, der altersgemäß die Treppe nicht mehr selbst gehen kann, gebraucht wird. Hat dieser einen grundrechtlichen Anspruch auf Einbau eines Treppenliftes? Ist dieser gegen den Eigentümer im Sinne einer Duldungspflicht gerichtet? Oder muss der Eigentümer den Lift sogar bezahlen? Gibt es Vorschriften im SGB IX, Sie hatten das angedeutet, die diesen Anspruch schon verwirklichen? Ist er aber abhängig von der „nicht altersgemäßen Behinderung" und deshalb vielleicht völkerrechtswidrig? Ich versuche es noch einmal grundrechtlich anzufassen: Ist das nur ein Teilhabeanspruch oder geht es darüber hinaus? Ich habe Herrn Uerpmann so verstanden, dass er da noch einmal nachfragen wollte und das möchte ich auch gerne. Das zweite ist: Ist das SGB IX in diesem Punkt völkerrechtswidrig?

Volkmann: Als letzter in diesem Komplex nun Herr Mahlmann zum Thema Altersdiskriminierung, bevor wir dann wieder in eine erste Zwischenrunde mit den Referenten eintreten.

Mahlmann: Ich habe eine Frage zu den möglichen rechtlichen Reaktionsformen auf diesen demografischen Wandel; dies sowohl in Bezug auf Alter, als auch in Bezug auf Migration, wobei bei den Referaten das Problem des Alters im Vordergrund stand. Beide Referenten haben sich in unterschiedlicher Weise auf das Problem der Altersdiskriminierung bezogen. Herr Ziekow hat das diversity management erwähnt und Herr Rixen hat sich, insbesondere in Bezug auf den Diskriminierungsbegriff in der Behindertenrechtskonvention und den sozialrechtlichen Diskriminierungsbegriff, ausführlicher damit beschäftigt. Nun gibt es ja auch noch eine unionsrechtliche Dimension gerade der Altersdiskriminierung. Es gibt eine entsprechende Sekundärrechtsgesetzgebung, nämlich eine Richtlinie, die das beinhaltet. Auch gibt es Rechtsprechung des europäischen Gerichtshofs, die gewisse verjüngende Emotionen freigesetzt hat, denken Sie an den Fall Mangold, die Diskussion um die Rechtsprechung des EuGH als Akte ultra vires usw. Es handelt sich also nicht um einen Nebenaspekt dieses ganzen Rechtsgebiets. Es gibt einen entsprechenden Umsetzungsakt im nationalen Recht: das Allgemeine Gleichbehandlungsgesetz. Meine Frage wäre jetzt, inwieweit aus Ihrer Sicht dieser ganze Bereich des Gleichbehandlungsrechts eigentlich verwaltungsrechtlich ausgeschöpft ist oder ob hier noch weitere Perspektiven der Rechtsgestaltung existieren. Im AGG und darüber hinaus ist dies relativ fragmentarisch geregelt. Insbesondere würde mich der Begriff der reasonable accomodation, der angemessenen Vorkehrung, interessieren, den Herr Rixen genannt hat. Das ist ein Begriff, der vor allem für die Rechtsstellung behinderter Menschen relevant ist, der aber zu einem Querschnittsbegriff im Gleichbehandlungsrecht geworden ist. Ist dieser Begriff etwas, was uns weiterhelfen könnte und ist er etwas, was uns gerade in diesem europarechtlichen Kontext vielleicht besonders interessieren muss?

Rixen: Vielen Dank für Ihre Fragen und Ihre Anmerkungen. Ich beginne mit Herrn Lege. Sie haben auf Hegels „sittlichen Staat" und den Themenkomplex „Not- und Verstandesstaat" und die damit verbundenen möglichen Missverständnisse hingewiesen. In der Tat muss man sich der Gefahren einer Bezugnahme auf Hegel bewusst sein. Ich möchte den Verweis auf Hegel – das ist mir sehr wichtig – in einem freiheitsförderlichen Sinne verstanden wissen. Ich beziehe mich also auf Hegel in der Lesart, für die insbesondere Axel Honneth eintritt. Herr Isensee, Sie haben sehr recht, wenn Sie betonen, dass die Frage nach dem Alter auf eine künstliche Grenze des Rechts verweist. Nun ist gewissermaßen alles künstlich im Recht, weil wir von Natur aus zu Kultur und Kultivierung, zur „Künstlichkeit" auch im Recht herausgefordert sind, die Welt also aktiv – auch rechtlich – gestalten müssen. Wichtig ist auch Ihr Hinweis, dass ein Punkt in der Diskussion bislang zu wenig beachtet wird: die sinnstiftende Bedeutung von Arbeit. Sie geht in der Tat nicht zwingend mit dem Ablauf einer kalendarisch quantifizierten Zeit verloren. Allerdings muss man auch bedenken, dass nicht alle Menschen in einer Lage sind wie wir, die wir bis ins hohe Alter geistig tätig sein können. Geistige Präsenz und geistiger Austausch sind Teil unseres Lebenssinns, sie sind Teil unserer

Lebensform als Staatsrechtslehrer und Staatsrechtslehrerinnen. Eine gleichsam habituell selbstverständliche geistige Aktivität ist nicht jedem in dieser Weise möglich und vielleicht auch nicht für jeden Menschen, gemessen an seinen Präferenzen, wünschenswert. Deshalb, glaube ich, ist es wichtig, dass kein mehr oder weniger latenter Aktivierungsdruck erzeugt wird, so als sei ein sinnvolles Leben als älterer Mensch nur möglich, wenn geistige Aktivität im Vordergrund steht. Die EU hat vor einiger Zeit das „Jahr des aktiven Alterns" gefeiert. Wir müssen sensibel bleiben für den subtilen Normalisierungsdruck, der hier erzeugt werden kann und der bestimmte Lebensstile möglicherweise abwertet. Altersdiskriminierung kann auch darin liegen, dass Bilder des aktiven Alters propagiert werden, deren stillschweigendes Urmeter der Aktivitätsdrang von Wissenschaftlern ist. Es gibt Menschen, die mit 14 Jahren eine Ausbildung begonnen und dann 40, 50 Jahre z.B. als Dachdecker gearbeitet haben. Sie sind vielleicht ganz froh, wenn sie nach Erreichen der Altersgrenze niemand mehr aktiviert, was manchmal vielleicht zu sehr heißt: auf typische bürgerliche Vorstellungen sinnvollen Lebens hin normalisiert; sie ziehen es stattdessen vielleicht vor, auf ihrer Hollywood-Schaukel zu sitzen und in den Garten zu schauen. Es gibt Erwerbsarbeit, die weit von dem entfernt ist, was wir in der akademischen Welt als sinnstiftende Arbeit erleben und die im Kern mit Last und Erschöpfung zu tun hat, weniger mit einer Tätigkeit, die zur sinnstiftenden Mitte einer ganzen Biographie, etwa der Biographie eines Staatsrechtslehrers, wird. Altersgrenzen können daher je nach Biographie und Lebensstil als sinnvoll oder weniger sinnvoll empfunden werden. Die Pluralität der Altersbilder rechtlich abzubilden, ohne in eine Typisierung zu verfallen, die dieser Pluralität zuwiderläuft, ist eine Herausforderung für Gesetzgeber und Rechtswissenschaft. Was Ihre Skepsis, Herr Isensee, angeht (zu viel Staat, zu wenig Gesellschaft): Ich bin niemand, der zu wenig „Gesellschaft", also zu wenig Privatinitiative will. Die Frage ist aber, wie diese Dezentralisierung, die Sie fordern, angestoßen wird und wer sie anstößt. Da braucht es vielleicht doch einen Zuständigen, und da habe ich die Hoffnung, dass der Sozialstaat solche Prozesse initiieren kann, also in der Lage ist, dezentrale Einheiten zu animieren, gewissermaßen subsidiär tätig zu werden. Da sind selbstverständlich auch die kirchlichen Einrichtungen gefragt, die sich dann aber auch eine ganz zentrale Frage stellen (lassen) müssen, nämlich die Frage: Was ist das kirchliche Proprium? Was macht jenseits der Rhetorik in den praktischen Vollzügen die Kirchlichkeit einer Pflegeeinrichtung aus? Hier gibt es großartige Angebote, aber manchmal trifft man hinter den rhetorischen Fassaden auch nur auf großes Schweigen. Die Pluralität der Wertvorstellungen ist ein Grundgedanke des deutschen Sozialstaates, aber das setzt, ähnlich einer Verfassungsvoraussetzung, auch voraus, dass die privaten, namentlich die kirchlichen Träger, ihr Proprium erkennbar leben und nicht nur als Lippenbekenntnis pflegen.

Herr Uerpmann und Herr Hofmann haben mich gefragt, welchen Stellenwert in meiner Argumentation die Menschenwürde hat. Bei mir spielt sie eher eine Rolle im Hintergrund, als normative Hintergrundannahme. Natürlich kann man über „Zugehörigkeit" nicht sprechen, ohne über Menschenwürde nachzudenken. Ich habe andere Stichworte genannt: Wertschätzung, Anerkennung, Achtung. Das verweist der Sache nach auf die Menschenwürde, bildet aber zugleich eine Brücke zu anderen, außerhalb der Rechtswissenschaft gepflegten Diskursen etwa in der Politikwissenschaft oder der Sozial- bzw. der politischen Philosophie, die wir so für das Verfassungsrecht fruchtbar machen können. Dass das große Argument der Menschenwürde, was die konkreten Rechtsfragen angeht, immer der einzig richtige Zugang ist, bezweifle ich. Da sollten wir, meine ich, mehr über andere Grundrechte nachdenken, etwa über die Grundrechte, die ich in meinem Vortrag genannt habe. Es gab Fragen zum „Nikolaus-Beschluss" (BVerfGE 115, 25), zur möglichen Verfassungswidrigkeit der Pflegeversicherung, zum Anspruch auf einen Treppenlift. Generell gilt: Wir sollten in diesem Feld die Kraft der verfassungsrechtlichen Argumente nicht überschätzen. Ein großes Problem in der Praxis ist – das habe ich in meinem Vortrag angesprochen – die sehr fragmentierte Anspruchslandschaft. Das geltende Recht kennt schon jetzt die Möglichkeit, z.B. einen Treppenlift zu finanzieren. Auf welche Anspruchsnorm sich das stützen lässt, ist das Problem. Das ist, wenn ich das zuspitzen darf, eine gewisse Lotterie für die Betroffenen. Die Frage ist m.E. weniger, ob ein ganzes System, wie etwa die Pflegeversicherung verfassungswidrig ist – mit solchen pauschalen Vorwürfen wäre ich vorsichtig –, sondern eher, ob die Ausgestaltung der relevanten Sozialsicherungssysteme im komplexen „gegliederten System" des Sozialstaats, insbesondere die Ausgestaltung der Anspruchskonkurrenzen im Detail betroffenenfreundlich gelungen ist und inwieweit hier – auch aus verfassungsrechtlichen Gründen – Remedur angezeigt ist. Zum Thema Altersdiskriminierung: Sie haben völlig Recht, Herr Mahlmann, wenn Sie sagen, wir müssten hier auch den europarechtlichen Normenkorpus stärker in den Blick nehmen. Ich stimme Ihnen zu, dass das Verwaltungsrecht bislang viel zu wenig von diesen Gestaltungsimpulsen der EU-Ebene aufgenommen hat. Das gilt auch für das Völkerrecht. Deshalb habe ich die sog. UN-Behindertenrechtskonvention so stark gemacht. Herr Häberle, Ihnen vielen Dank für die Hinweise auf die Textstufenanalyse, das ist ein wichtiger Punkt. In den Fußnoten meines Vortrags wird ein Verweis auf Ihren Beitrag aus der Festschrift für Lerche auftauchen. Sie sind einer der ersten gewesen, der, aus dem Lösungsfundus rechtsvergleichender Argumente schöpfend, das öffentlich-rechtliche Bewusstsein für die Bedeutung des Alters und des Alterns gestärkt hat.

Ziekow: Ich bin sehr dankbar, dass die grundsätzliche staatstheoretische Perspektive des Themas hier in den Blick genommen worden ist. Die zu treffenden Weichenstellungen hängen eben sehr stark davon ab, auf der Grundlage welchen Staatsbildes man argumentiert. Ich habe mich bemüht, mein eigenes Staatsverständnis aus der Argumentation zurück zu nehmen und lediglich darauf hinzuweisen, dass es sich um politische Präferenzentscheidungen handelt, die zu treffen sind, die allerdings auch als solche ausgewiesen werden müssen. Es entspricht auch meinem Verständnis und allein verwaltungswissenschaftlichen empirischen Erfahrungen, dass der Staat vor Ort sein sollte; dies würde ich absolut unterstützen. Der vor Ort präsente Staat wird auch nicht – gerade unter dem Gesichtspunkt des gleichen Zugangs zu staatlichen Informationen und Leistungen – durch eine rein virtuelle Struktur ersetzt werden können. Gerade wenn man Gleichheit materiell im Sinne von materiellem gleichem Zugang zu Verwaltungsleistungen versteht, muss der Staat zumindest vor Ort ansprechbar sein. Die Empirie sagt ganz klar: Lean government requires big governance. Der Staat wird nicht billiger, wenn man ihn zu einem Regulierungsstaat umbaut. Die Wahl des angemessenen Instrumentenmixes ist eine Frage der Effektivität und Effizienz der Aufgabenerfüllung im Einzelfall. Zwar bin ich ein großer Freund von Dezentralisierung, insbesondere dann, wenn sie mit Selbstverwaltung und Eigenverantwortung gekoppelt ist. Jedoch habe ich in meinem Vortrag nicht für Dezentralisierung plädiert. Die Wahrnehmung einer Aufgabe vor Ort ist nicht identisch mit Dezentralisierung der Aufgabe als solcher, sondern eher eine Frage der organisatorischen Umsetzung. In ähnlicher Weise wäre es ein Missverständnis, das Plädieren für zivilgesellschaftliche Verantwortung als sozialstaatlichen Rückschritt zu verstehen. Es geht nicht darum, Leistung oder Verantwortung zu privatisieren, sondern darum, wie sich Arrangements finden lassen, die Effizienz und Effektivität bei einer gewünschten Leistungstiefe in einen Einklang bringen. Zum Thema Migration möchte ich nur auf Folgendes hinweisen: Das europäische Gleichbehandlungsrecht hat durchaus nicht nur helfende Funktion; gerade dann, wenn es darum geht, positive Maßnahmen und Förderungsmaßnahmen zugunsten einer bestimmten Bevölkerungsgruppe zu ergreifen, setzt es gleichzeitig recht enge Grenzen durch das Verbot der Diskriminierung derjenigen, die nicht von den positiven Maßnahmen profitieren.

Volkmann: Vielen Dank. Unser zweiter Block wird sich nun wie angekündigt im Schwerpunkt mit verwaltungsrechtlichen Fragen beschäftigen; ob die Zuordnung immer stimmt, werden wir dann sehen. Es beginnt Herr Reimer mit Bemerkungen zur Rolle der neuen Verwaltungswissenschaft, anschließend kommen Herr Saurer und Herr Lorz.

Reimer, Franz: Herzlichen Dank. Herr Rixen, Ihr brillantes Referat mit der kleinen Florettfechterei in Richtung der Neuen Verwaltungsrechtswissenschaft verleitet mich natürlich zu einer ganz kurzen Replik. Das war amüsant. Wenn Sie freilich die Überzeugungskraft einer solchen Arabeske erhöhen wollten, dann wäre es sicher nützlich, wenn Sie auch rezipieren würden, was geschrieben würde. Ganz konkret angewendet auf den Bereich, über den Sie gesprochen haben, „Qualitätssicherung im Bereich Heimrecht oder Recht des qualitätsgesicherten Wohnens": Wenn ich mich zurückerinnere, findet man ja in der Neuen Verwaltungsrechtswissenschaft keine Lobeshymnen auf eine Rhetorisierung des Rechts, auf die unkritische Übernahme von betriebswirtschaftlichen Konzeptbündeln wie Qualitätssicherung und Qualitätsmanagement, sondern im Gegenteil eine Kritik daran. Ebenso würde es die Überzeugungskraft Ihrer Kritik steigern, wenn Sie sich den Herausforderungen, die die Neue Verwaltungsrechtswissenschaft postuliert, in der Konsequenz verweigern würden, ich denke etwa an die Wahrnehmung der Beratungsaufgabe der Rechtswissenschaft. Das Gegenteil ist der Fall, das haben Sie durch Ihr Referat bewiesen. Sie haben diese Herausforderung sehr schön angenommen und haben die Beratungsfunktion unserer Wissenschaft aufgegriffen. – Meine *Frage* betrifft Ihre Erzählung des Übergangs vom Heimrecht zum Recht des qualitätsgesicherten Wohnens. Sie sprechen vom traditionellen Heimrecht und zeichnen dann zu Recht eine Karikatur der derzeitigen Landesheimrechte, wenn wir diesen Begriff benutzen wollen. Ich möchte kritisch zurückfragen, ob die Erzählung stimmt. Schon das sog. traditionelle Heimrecht, nämlich das alte Heimgesetz, hatte ja ganz interessante Instrumente, so etwa die Verschränkung von Öffentlichem Recht und Privatrecht, eine starke Betonung der Beratungsfunktion der Heimaufsicht und auch die Nutzung der Organisation als Steuerungsressource innerhalb der Heime. Und auch schon vor der Föderalisierung, also noch unter dem bundesrechtlichen Regime, beobachten wir ja eine Rhetorisierung des Rechts. Ich glaube, wir sind einig darin, dass das dem Anliegen nicht unbedingt förderlich ist. Jetzt ist meine Frage: Wo ist auf diesem Weg die Rechtswissenschaft geblieben? Wo sind wir geblieben, auch in unserer beratenden Funktion? Also auch hier wieder die Frage: Sind wir nicht doch zu epimetheisch? Denken wir nicht zu sehr nach, anstatt zu beraten, anzuleiten und solche Rechtsentwicklungen kritisch zu begleiten?

Saurer: Mein Anliegen betrifft die methodische Ebene. Hier möchte ich zwei Aspekte ansprechen. Erstens sehen wir in dem Problemfeld des demografischen Wandels ein Spannungsverhältnis der verwaltungsrechtlichen Grundkategorien. Einerseits nähern wir uns dem Problemfeld mit kollektiven gesellschaftlichen Kategorien, indem wir etwa über Alterskohorten sprechen oder über Bevölkerungsanteile, beispielsweise solche mit Migrationshintergrund. Auf der anderen Seite haben wir normativ vorgegebene individuelle Größen, zuvörderst die Grundrechte, die auch schon im verfassungsrechtlichen Teil unserer Diskussion eine zentrale Rolle gespielt haben. Zweitens sind Aussagen über Bevölkerungsentwicklung extrem prognoseabhängig. Herr Rixen hat uns einen Bevölkerungsrückgang für Deutschland auf fünf Jahrzehnte von 81 Millionen auf 65 Millionen vorhergesagt, was die Prognoseunsicherheit verdeutlicht. Daraus folgt aus meiner Sicht eine ganz wesentliche Verwaltungsaufgabe, die auch darin besteht, diese Prognosen zu rationalisieren; was für den Bund, die Länder, aber sicherlich für Regionen und Kommunen im Kleinen genauso gilt. Es besteht also bei der Beschäftigung mit dem demografischen Wandel eine doppelte methodische Herausforderung, nämlich einerseits dem normativen Individualismus Rechnung zu tragen, andererseits quantitative oder, wie Herr Rixen sagte, empirisch effektive Methoden anzuwenden, dies auch betreffend die neue Verwaltungsrechtswissenschaft und das Anliegen von Herrn Reimer. Daher lautet meine Frage: Wie würden die Referenten die methodische Aufgabenstellung für das Verwaltungsrecht bewerten?

Lorz: Ich fürchte, dass ich die Diskussion jetzt mehr ins Grundsätzliche zurück bringen werde. Wir haben zwei sehr spannende und sehr aufschlussreiche Referate gehört. Wenn ich versuche, sie auf einen Grundtenor zu bringen, würde ich sagen, dass ihnen die Feststellung gemeinsam war, dass unsere soziale Infrastruktur fragmentiert, uneinheitlich und unsensibel für die Herausforderungen des demografischen Wandels ist und dass es deswegen neuer konzeptioneller Herangehensweisen bedarf. Und das ist sicherlich richtig.

Ich möchte das aber zum Anlass nehmen, um auf ein von den Referaten sicherlich nicht intendiertes potentielles Missverständnis hinzuweisen, das in der Diskussion stark vertreten ist. Es ist die Vorstellung, man müsse jetzt eine Art demografischen Masterplan kreieren und gleichsam von oben über das Land legen. Ein solcher Plan würde aus zwei Gründen nicht funktionieren: zum einen, weil wir alle mittlerweile vielfach gelernt haben, dass es mit den Steuerungskapazitäten des Planungsrechts nicht so weit her ist, insbesondere wenn man auf umwälzende gesamtgesellschaftliche Veränderungen reagieren will, die selbst kaum beeinflussbar sind:

zum zweiten wegen des Problems der Akzeptanz. Denn es ist ebenfalls eine alte Erfahrung, dass in einer solchen Situation, wenn entsprechende Defizite wahrgenommen werden, zwar jeder nach einem staatlichen Plan ruft, dass aber, wenn er dann tatsächlich aufgestellt wird, auch jeder damit unzufrieden ist. Deswegen möchte ich gerne zwei Punkte hervorheben, die dankenswerter Weise in beiden Referaten angeklungen sind. Der erste Punkt ist Flexibilität. Die Verhältnisse vor Ort sind schon heute so unterschiedlich – und werden im Zuge des demografischen Wandels noch viel unterschiedlicher werden –, dass ich glaube, dass wir an dieser Stelle nur mit regionalspezifischen, sektorspezifischen und auch mit Lösungen, die die Privatinitiative in wesentlichen Aspekten mit einbeziehen, weiterkommen werden. Herr Isensee hat darauf schon hingewiesen und Frau Wallrabenstein hat das am Beispiel der Grundschulen exemplifiziert, was mich der Mühe enthebt, Sie mit weiteren Schulbeispielen zu traktieren. Das bedeutet dann aber – und das wäre jetzt die Frage, die ich konkret an Herrn Rixen stellen möchte: Wir stehen rechtlich vor der Herausforderung, eine vernünftige Balance finden zu müssen zwischen dem, was man notwendiger Weise als Mindeststandards unitarisch festsetzen muss, und der Schaffung von Freiräumen, in denen sich den Verhältnissen vor Ort angepasste Lösungen flexibel entwickeln können.

Der zweite Punkt, den ich ansprechen möchte, ist Mobilität. Herr Ziekow hat herausgearbeitet, was die beiden klassischen Pole der Reaktion auf den demografischen Wandel sind. Der eine ist die Aufgabe des Raumes, also der geordnete Rückzug. Der zweite bedeutet, um genau das zu vermeiden, die Aufrechterhaltung der stationären Infrastrukturen um den Preis ständig steigender Kosten. Aber –, und das ist im Referat von Herrn Rixen angeklungen, als er Beispiele wie e-health oder die externe Spitalversorgung angesprochen hat – es gibt auch einen Mittelweg: Dieser liegt darin, mobile Versorgungsstrukturen für den ländlichen Raum zu schaffen. Das ist zwar nicht einfach und enttäuscht auch an manchen Punkten die Erwartungshaltung. Auf diesem Weg kann man aber vielleicht auf der einen Seite die Konsequenz der Aufgabe des ländlichen Raumes und auf der anderen Seite die Konsequenz der ständig weiter steigenden Kosten im Griff behalten. Vielen Dank.

Volkmann: Herr Wißmann wird sich nun den Aspekt der Organisation vornehmen.

Wißmann: Vielen Dank. In Richtung Stephan Rixen möchte ich auch aus verwaltungsrechtswissenschaftlicher Perspektive zunächst den Dank für ein differenziertes und präzises Referat erstatten. Dies möchte ich allerdings mit der Rückfrage verknüpfen, wie der sportliche Angriff auf die sogenannte Neue Verwaltungsrechtswissenschaft einzuordnen ist. Franz Reimer hat das eben schon angetönt. Ich möchte auch noch einmal fragen: Was ist denn die Alternative? Ist nicht die Frage nach Qualität zunächst einmal ein Zugewinn, bei aller berechtigten Kritik an der Durchführung dieser Modelle? Wäre die Alternative eines gewerbeordnungsrechtlichen Pflegerechts tatsächlich sinnvoller, gerade im Hinblick auf die Anforderungen, die sich dort über die Grundanforderungen eines marktgängigen Betriebs hinaus stellen? Da hätte ich gerne noch weitere Aufklärung.

An Herrn Ziekow gehen zwei Bemerkungen. Erstens, Ihr Grundsound, wenn ich ihn recht aufgenommen habe, ging doch sehr stark in die Richtung: Den Kommunen kann man durch das Landesrecht, gegebenenfalls auch durch das Bundesrecht, ordentlich aufhelfen, dass sie auf den Pfad der Vernunft kommen. Dann haben Sie aus dem Werkzeugkasten der Verwaltungsreform den hauptamtlichen Beauftragten hervorgezaubert, der nun auch für die Frage der Demografie zuständig sein könnte. Meine Frage als Verwaltungswissenschaftler an Sie wäre: Führt das nicht typischerweise zu Ausweicheffekten der Realverwaltung, die sich solchen Einflüssen gerade entzieht?

Nun haben Sie von diesem Grundsound eine große Ausnahme gemacht, nämlich bei der Schulstruktur, die hier schon angesprochen wurde. Dort soll es nun auf die Entscheidung vor Ort ankommen; die Bürgerinnen und Bürger sollten gefragt werden, welche Art von Schule sie jeweils für richtig befänden. Dieser Ansatz verkennt meiner Ansicht nach das Kondominium von kommunaler und staatlicher Schulaufgabe und auch ganz schlicht die Vorgaben des Landesverfassungsrechts, das ja üblicherweise auch in diesem Kreis nur partiell zur Kenntnis genommen wird. Da finden wir in allen Landesverfassungen die Verpflichtung zur Bereitstellung öffentlicher Schulen und in der Regel auch ein Recht auf individuelle Bildung. Das sollte auch mit dem Stichwort Demographie nicht einfach unterschlagen werden. Man kann das auch noch allgemeiner wenden und dann wäre die Frage an Sie: Haben wir nicht genau dafür den modernen Staat erfunden, dass er soziale und wirtschaftliche Effekte nicht nur moderiert? Danke.

Volkmann: Von der „Organisation“ jetzt zur „Kooperation“ bei Frau Spiecker.

Spiecker: Erst einmal einen Dank an die beiden Referenten, die ein hoch komplexes Thema sehr schön, ob mit oder ohne Absprache und Kooperation, und mit einer sehr einleuchtenden Aufgabenteilung bewältigt haben. Beide haben in den Vordergrund gerückt, dass aus dem Tatsächlichen an das Recht einmal mehr eine Querschnittsaufgabe herangetragen wird, auf die das Recht nicht vorbereitet ist. Schließlich denkt Recht in anderen Kategorien und lassen sich die Herausforderungen von Demografie nicht als „Demografierecht", sozusagen als neue Form des Verwaltungsrechts, etablieren. Vielmehr müssen die dadurch aufkommenden Probleme in irgendeiner Weise in die vorgefertigten Formen gegossen werden, was zwangsläufig zu Friktionen führt.

Ich würde gerne auf zwei Bereiche etwas intensiver eingehen und Punkte aufgreifen, die beide Referenten stark gemacht haben und an denen diese Friktionen sehr deutlich werden. Das ist für mich zum einen das Mittel der Kooperation, das vor allem Herr Ziekow betont hat, das aber auch bei Stephan Rixen immer wieder auftauchte. Wir haben faktisch kein öffentlich-rechtliches Kooperationsrecht, und das ist ein Desiderat, das anzugehen etwa in einigen Habilitationsschriften bereits angeklungen ist. Das bedeutet, dass der Kooperation z.B. zwischen Kommunen oder auch grenzüberschreitend zwischen Ländern im föderalen System, durchaus auch im europäischen System, in erheblicher Weise rechtlich die Hände gebunden sind. Schließlich ist in keiner Weise vorgegeben, wie eigentlich eine solche Kooperation rechtlich auszugestalten ist. Das wiederum hängt aber nicht von der Demografie und deren Herausforderungen ab, sondern von der einzelnen kooperativen Aufgabe, die es zu bewältigen gilt. Diese setzt dann die jeweiligen rechtlichen Maßstäbe und Anforderungen. Das führt für die beteiligten Kooperationspartner dazu, dass in erheblicher Weise mit Transaktionskosten zu rechnen ist und die Partner – nicht nur diesbezüglich – mit Informationsdefiziten umgehen müssen. Die Kommune X in Mecklenburg-Vorpommern ist dem gar nicht gewachsen; sie hat nicht die Möglichkeiten, um die vielfältigen damit verbundenen Aufgaben zu bewältigen, wie eine Kooperation auszugestalten ist, wie es um den Beitritt von einer dritten Kommune bestellt ist, wie man die Mittel verteilt, wie man Steuerungsgremien etabliert, wie man die Aufgaben intern verteilt, wie man vielleicht auch einen Austritt regelt. Da liegt eine große unbewältigte Aufgabe des Verwaltungsrechts. Bei beiden ist allerdings wenig angeklungen die Kooperation mit den Privaten. Herr Ziekow hat es für den schulischen Bereich angesprochen, und ein Stück weit kam es etwa im Verhältnis zwischen Mieter und Vermieter bei Stefan Rixen vor. Dennoch ist auch diese Aufgabenbewältigung sicherlich etwas, für die in ganz erheblicher Weise Regelungsbedarf besteht und bisher kaum rechtliche Angebote gemacht werden.

Mein zweiter Punkt betrifft den Grundrechtskonflikt. Stefan Rixen hat ganz deutlich herausgearbeitet, dass und welche Desiderate bestehen, z.B. im Bereich des Mieter/Vermieter-Verhältnisses. Wir begegnen auf der einen Seite einer Eigentumsgarantie, die von zwei bis drei Interessenträgern mit Sozialbindung ge-, vielleicht sogar überfordert wird, die aber gleichzeitig in einem marktwirtschaftlichen System Innovationskraft und Wirtschaftlichkeit bewältigen soll. Das ist vergleichbar dem bauplanerischen Ansatz, der in Deutschland wesentlich davon ausgeht, dass der individuelle raumordnerische Gehalt von Privaten verwirklicht wird, nämlich durch Bau, Umbau und dergleichen auf der Basis von privater Initiative. Wir beobachten einerseits starke soziale Bindungen in Form von öffentlicher Raumplanung bis hin zur zwangweisen Verdichtung von Ballungsräumen, die zivilrechtlich ergänzt werden durch Mietpreisbindung, durch Kündigungsverbote, durch energetische Sanierungsgebote und dergleichen. Trotzdem soll der Private angeleitet und angehalten sein, seinerseits eine individuelle Altersvorsorge durch die Bereitstellung raumbezogenen Wohnens, sprich durch Eigentumserwerb, zu betreiben, die ihm später eine selbständige Gestaltung seines Alters ermöglichen soll. Dieser Konflikt wird in der Grundrechtsrechtsprechung derzeit nicht aufgegriffen.

Einen letzten ganz kurzen Punkt will ich mir noch gestatten. Die beiden Referenten hatten ja vor allem das Alter in den Mittelpunkt ihrer Ausführungen gestellt; aber demografische Entwicklung ist ja noch viel mehr. Diese anderen Aspekte fordern das Recht auf, sich mit den Voraussetzungen der Grundrechtsverwirklichung zu befassen, etwa damit, wie im Alter tatsächlich eine echte Grundrechtsverwirklichung für Migranten oder eine Grundrechtsverwirklichung für Jugendliche aussehen kann. Danke.

Volkmann: Es folgen, wenn die Ankündigungen so stimmen, zwei Beiträge zu Fragen der Raumordnung; zunächst Herr Schneider, anschließend Frau Cancik.

Schneider, Hans-Peter: Nicht nur zur Raumordnung. Zunächst eine ernsthafte Bemerkung und dann drei etwas mehr „apercu-hafte“ Anmerkungen.

Herr Ziekow, Sie haben auf das Bundesraumordnungsgesetz Bezug genommen. Dabei sollte der Hinweis nicht fehlen, dass seit 2006 die Länder vom Bundesraumordnungsgesetz abweichen können, was sie auch in erheblichem Umfang getan haben. Bayern hat zum Beispiel ein völlig eigenes Landesplanungsgesetz erlassen. Es lohnt ein Blick in die neuen Landesraumordnungsgesetze, in denen teilweise schon Vorschläge, die Sie gemacht haben, realisiert worden sind. Das wollte ich nur ergänzend hinzufügen.

Nun die anderen Bemerkungen. Mit dem Alterungsprozess in der Gesellschaft sind ja negative und positive Assoziationen verbunden. Ich war mal Teilnehmer einer Anhörung im Bundestag über die Rechtschreibreform. Die Protagonisten gerieten unter erheblichen Begründungszwang bei der Frage eines Abgeordneten, weshalb, wenn „Stängel" künftig mit „ä" statt mit „e" geschrieben werden müsse, weil es von Stange komme, dann nicht auch „Eltern" mit „Ä" geschrieben werden müsste. Die überraschende Antwort war, dass sich dies gesellschaftlich nicht durchsetzen ließe.

Zum positiven Aspekt, vielleicht nicht ganz so ernsthaft: Man könnte ja aus Art. 2 Abs. 2 GG, aus dem Recht auf Leben, auch eine Grundpflicht zum „älter werden" ableiten, d.h. zur eigenen Gesunderhaltung –. Denn älter zu werden, ist bekanntlich die einzige Möglichkeit, am Leben zu bleiben.

Letzte Bemerkung: Ich habe mich gefragt, wann eigentlich ein Staatsrechtslehrer oder eine Staatsrechtslehrerin wirklich alt wird, und habe drei Kriterien gefunden. Erstes Kriterium: Es müssen alle Schüler bereits pensioniert sein. Zweites Kriterium: Die Zahl der Absagen zu Festschriftbeiträgen muss die Zahl der Anfragen übersteigen. Und das dritte Kriterium: Die eigenen Werke sind nur noch in Antiquariaten erhältlich.

Wenn man diese Kriterien kumulativ versteht, nehme ich an, dass keiner in diesem Saal alt ist.

Volkmann: Vielen Dank Herr Schneider. Sie haben aber vielleicht das vierte Kriterium vergessen: Alt ist, wer nicht mehr zu den Tagungen unserer Vereinigung erscheint. Frau Cancik.

Cancik: Wir haben ja zwei faszinierend unterschiedliche Perspektiven gehört, die, glaube ich, in der Wahrnehmung des Raumordnungsrechts besonders deutlich geworden sind. Weithin wirkungsloses Placeborecht, so hat Herr Rixen gesagt, versus, wenn ich Sie, Herr Ziekow, richtig verstanden habe, Raumordnung als zentrales Instrument, um die anstehenden Probleme zu lösen. Wenn man aus der Fachplanungsperspektive im Umweltbereich kommt, dann ist die unbefriedigende Verkopplung von Raumordnung und Fachplanung natürlich ein Dauerthema, ein Dauerbrenner. Ich würde deshalb gerne die Referenten bitten wollen, ihre sehr unterschiedliche Wahrnehmung nochmals zu vertiefen, beziehungsweise auf ihre jeweils sehr unterschiedliche Wahrnehmung gegenseitig zu reagieren. An Herrn Ziekow wäre das eher die Frage nach einer möglichen Überbewertung, die in der Diskussion auch schon ein bisschen angeklungen ist, also das Stichwort Steuerungsoptimismus. An Herrn Rixen wäre es die Frage, wie er sicherstellen will, dass die Sozialraumplanung, die Sie ja wohl einfordern, nicht auch zu einem Placeboinstrument wird. Vielen Dank.

Volkmann: Als letztes Herr Knauff zur „Daseinsvorsorge in Entleerungsgebieten".

Knauff: Ich möchte an die Ausführungen von Herrn Ziekow zur Aufgabenkritik anknüpfen und hier noch einmal auf eine besondere Problemdimension hinweisen, nämlich die der Daseinsvorsorge. Wir gehen davon aus, dass viele Leistungen selbstverständlich jeden Tag für uns zur Verfügung stehen. Das fängt bei der Wasserversorgung an, geht über Busverkehrsleistungen bis hin zur Energieversorgung. In sich entleerenden Räumen stellt sich dies aber zunehmend als großes Problem dar. Dies gilt sowohl in tatsächlicher Hinsicht, insbesondere in Bezug auf Infrastrukturen, aber insbesondere natürlich auch in finanzieller Hinsicht, weil diese Leistungen dann letztlich von den Kommunen in irgendeiner Art und Weise beschafft werden müssen. Ich möchte darauf hinweisen, dass die Verwaltung hier als Akteur allein vermutlich überfordert ist und dass auch der Gesetzgeber dringend tätig werden muss, und zwar auch in Bereichen, die man mit dem demografischen Wandel nicht unbedingt primär in Verbindung bringen könnte, etwa im Bereich des Gewerbe- oder auch des Personenbeförderungsrechtes. Auch dort bestehen Regelungsstrukturen, die diesen Wandel noch nicht hinreichend abbilden und keine angemessenen Reaktionen ermöglichen. Vielen Dank.

Volkmann: Vielen Dank allen Diskutanten, wir kommen jetzt dann zu den Schlussbeiträgen. Wir sind sehr gut in der Zeit, so dass wir uns nicht sklavisch an den vier Minuten orientieren müssen, gleichwohl schadet Knappheit auch hier nicht.

Rixen: Vielen Dank erneut für Ihre Fragen und Anmerkungen. Zunächst zur Anmerkung von Herrn Saurer, zur Prognoseabhängigkeit unseres Wissens über den demographischen Wandel. Bereits das Bundesverfassungsgericht hat in seiner Entscheidung vom 3. 4. 2001 zur Pflegeversicherung (BVerfGE 103, 242 [267]) darauf hingewiesen, dass die Langzeiteffekte im Wesentlichen relativ sicher vorhersagbar sind. Das ist auch heute in der Bevölkerungswissenschaft unumstritten. Richtig ist allerdings auch, dass alle statistischen Ämter in den drei Ländern unserer Vereinigung mit Szenarien arbeiten, also bestimmte Variablen verändern und betonen, dass es – je nach zugrunde gelegtem Szenario der Bevölkerungsentwicklung – Prognoseunterschiede gibt. So geht man in Österreich und der Schweiz derzeit davon aus, dass die Migration andere Effekte auf die Bevölkerungsentwicklung hat als in Deutschland; sie dürften in beiden Ländern dazu führen, dass der Bevölkerungsrückgang verzögert einsetzt. Im Wesentlichen, das ist wichtig, lässt sich aber in Deutschland, Österreich und der Schweiz ein recht verlässlicher Korridor der absehbaren Entwicklungen bestimmen. Zur Frage nach dem Leistungspotential und den Leistungsgrenzen der sog. neuen Verwaltungsrechtswissenschaft, Herr Wißmann und Herr Reimer haben darauf hingewiesen. Es geht mir nicht um einen „sportlichen“ Angriff, sondern um Hinweise darauf, was ich an der sog. neuen Verwaltungsrechtswissenschaft vermisse. Sie ist in sich natürlich sehr facettenreich, was gewiss mehr Differenzierung verdient hätte, als an dieser Stelle möglich ist. Was man aber sagen kann, ist dies: Die sog. neue Verwaltungsrechtswissenschaft ist ein großartiger Versuch, die Realität in die typisch dogmatischen Diskurse hinein zu holen; diesen Versuch kann jeder von uns eigentlich nur unterstützen. Es geht darum, insbesondere sozialwissenschaftliche Wissensbestände in die Aufbereitung unserer Realitätswahrnehmungen, unserer Realitätskonstruktionen und damit in die empirische Aufbereitung der Deutungsschemata, die in den Normen gespeichert sind, zu integrieren. Dagegen ist ja gar nichts zu sagen. In meiner Wahrnehmung ist es allerdings so, dass die sog. neue Verwaltungsrechtswissenschaft einen Empirie-Gestus pflegt, den sie nicht einlöst. Die Frage müsste doch sein: Kommt die sog. neue Verwaltungsrechtswissenschaft über das hinaus, was seit Jahrzehnten an Erkenntnissen über die Relevanz reflektierter Empirie im Recht bekannt ist? Geht sie – und zwar nicht nur terminologisch – über das hinaus, was der fast vergessene Begründer der Rechtstatsachenforschung, Arthur Nussbaum, nicht zuletzt in der Emigration als „Research Professor of Public Law“ geleistet hat? Geht die sog. neue Verwaltungsrechtswissenschaft über das hinaus, was in den sozialwissenschaftlich inspirierten Debatten des Strafrechts und der Kriminologie in den späten 1960er und den 1970er Jahren gedacht wurde, Debatten, die wir im öffentlichen Recht immer noch kaum wahrnehmen? Wir müssen nicht nur theoretisch informiert über Empirie nachdenken, wir müssen theoretisch informiert empirisch forschen, wenn wir einen entscheidenden Schritt nach vorne machen wollen. Wer, wie das die sog. neue Verwaltungsrechtswissenschaft prononciert vertritt, in Wirklichkeitszusammenhänge hineinsteuern will, muss empirisch informiert arbeiten. Dies sollte aber nicht nur aus zweiter Hand geschehen, es muss Teil eines Wissenschaftsprogramms sein, Teil des Forschungsalltags werden. Ich glaube, dass die sog. neue Verwaltungsrechtswissenschaft das, was sie an Beeindruckendem schon geleistet hat, nur wird überbieten können, wenn sie diese Leerstelle empirischen Arbeitens endlich angeht und sagt: Das ist wirklich Teil unseres Wissenschaftsprogramms. Das gilt nicht zuletzt für den Umgang mit dem Thema „Qualitätssicherung“. Neben der theoretisch informierten Empirie, die einen kritischen Umgang mit diesem Thema erst ermöglicht, bedarf es auch einer selbstkritischen Einschätzung der Rolle der sog. neuen Verwaltungsrechtswissenschaft, gewissermaßen einer Risikofolgenabschätzung des innovativ wirkenden Jargons, den die sog. neue Verwaltungsrechtswissenschaft pflegt. Die politische Praxis, auch die Gesetzesverfasser in den Ministerien, bedienen sich offenbar gerne einer modern und avantgardistisch klingenden Terminologie („Qualitätssicherung"), ohne möglicherweise immer an wirklicher, Strukturen verändernder Innovation interessiert zu sein. Die sog. neue Verwaltungsrechtswissenschaft muss sich gewissermaßen gegen die Vereinnahmung ihrer Terminologien und Ansprüche durch eine ministeriale Gesetzgebungspraxis schützen, die – weil sie vielleicht zu sehr an simulierter Innovation interessiert ist – ganze Wissenschaftsprogramme diskreditieren kann. Deshalb, meine ich, muss die sog. neue Verwaltungsrechtswissenschaft, etwa wenn es gesetzgeberisch oder in der Verwaltungspraxis um das Thema „Qualitätssicherung" in Einrichtungen für alte Menschen geht, sehr aufmerksam dafür sein, um was es geht: um Rhetorik oder um ernstgemeinte Konzepte. An dieser Stelle brauchen wir dann auch eine Diskussion über Staatsbilder: Ein Staat, der den Schutz der Schwachen ernst nimmt, muss, so irritierend das vielleicht zunächst klingen mag, ein „starker" Staat sein, ein Staat, der sich nicht davor scheut, klar zu definieren, was Qualität und was ungenügende Qualität ist. Der Staat, der Schwache effektiv schützen will, darf sich nicht nur in die Arena nicht endender Aushandlungssituationen begeben, sondern er muss auch den Mut haben, Entscheidungen über vorhandene oder fehlende Qualität zu treffen – im Interesse der alten Menschen. Ich wünsche mir weniger „Empirievergessenheit" und auch weniger „Entscheidungsvergessenheit", mehr Bereitschaft des freiheitsfreundlichen, selbstwertstabilisierenden Sozialstaates, den ich in meinem Vortrag skizziert habe, Verantwortung für eine nicht nur rhetorisch relevante Qualität zu übernehmen. Die sog. neue Verwaltungsrechtswissenschaft kann den Sozialstaat hierbei konzeptionell noch mehr unterstützen als das bislang der Fall ist. Zum Thema „Flexibilität", das Herr Lorz angesprochen hat. Ich glaube, dass die von mir skizzierte Konzeption der Sozialräume genau das versucht umzusetzen: flexibel etwas näher an die Wirklichkeit heranzurücken, indem mehr auf dezentrale Einheiten gesetzt wird, die „vor Ort" – lokal, regional – die Feinheiten justieren, wie auch Frau Spiecker anmerkte. Insofern ist die „vermittelnde Verwaltung" gefragt, Eberhard Schmidt-Aßmann hat das schon vor bald zwanzig Jahren betont (VVDStRL 47 [1989], 218 [219]). Eine „Grundpflicht zum Altern" gibt es verfassungsrechtlich natürlich nicht, aber Sie haben, Herr Schneider, eine ganz zentrale Frage angesprochen. Weniger das Verfassungsrecht ist hier das Problem, sondern eher – an der Oberfläche der Normtexte kaum sichtbar – das Verwaltungsrecht. Im Sozial- und Gesundheitsrecht kann man eine schleichende Etablierung des Präventionsdenkens beobachten.

Man muss sich deshalb ernsthaft fragen, ob nicht z.B. irgendwann in nicht allzu ferner Zukunft die Frage auf die politische Agenda kommt, Sozialversicherungsbeiträge sollten anders konzipiert werden, nämlich in Abhängigkeit davon, dass Menschen sich aktiv bemühen, gesund zu bleiben, indem sie sich – wie auch immer nachweisbar – „gesundheitspräventiv“ verhalten. Diese verwaltungsrechtliche Entwicklung bedarf dringender verfassungsrechtlicher Beobachtung. Zu Ihrem Punkt, Frau Cancik: Ich verstehe Sie so, dass meine Idee der Sozialraumplanung am Ende möglicherweise nicht viel mehr leistet als die von mir kritisierte Raumplanung. Nun ist im Raumplanungsrecht mit Blick auf den demographischen Wandel schon einiges geschehen, wie die neueren Landesentwicklungspläne belegen. Aber es geschieht m.E. – nach der Logik des Raumplanungsrechts wenig überraschend – nichts Effektives, was mich, zugegeben sehr zugespitzt, vom „Placebo“-Charakter des Raumplanungsrechts sprechen lässt. Der sozialräumliche Ansatz, wie ich ihn, rechtsvergleichend informiert, verstehe, kann hier für Abhilfe sorgen, wenn wir, wie etwa in dem Referenzbeispiel der kanadischen Provinz Ontario, Planungs- und Finanzierungszuständigkeiten verkoppeln. Auf diese Weise lassen sich Placebo-Effekte vermeiden.

Ich darf mich bei Ihnen allen bedanken für Ihre Anmerkungen und Fragen – und natürlich beim Vorstand für ein schönes Thema, das mir einige durchaus auch schöne Monate des Lesens, Nachdenkens und Schreibens beschert hat. Vielen Dank.

Ziekow: Ich denke, es ist es ein Missverständnis, dass es einer Rationalisierung von Bevölkerungsprognosen bedarf. Das statistische Verfahren der Prognose der Bevölkerungsentwicklung ist methodisch vollkommen konsolidiert. Es gibt einen Prognoserahmen, in dem Aussagen vergleichsweise belastbar sind. Das ist derzeit der Prognoserahmen 2030, oder wenn detailschärfer hingesehen werden soll, 2020. Es gibt einen Szenariorahmen 2050, in dem die Aussagen wesentlich weniger belastbar werden; kein Statistiker würde wohl behaupten, dass er darüber hinaus gehende Aussagen, auch nur Trends, identifizieren kann. Die Reichweite bevölkerungsprognostischer Aussagen lässt sich bei Vertiefung in statistische Methoden durchaus feststellen. Hier ergibt sich der Anknüpfungspunkt zu dem von mir verwendeten Begriff der demografieunspezifischen Regelung. Wenn sich das Umfeld einer Regelung so dramatisch ändert, dass die Regelungsreichweite und Wirkungen andere werden, muss das selbstverständlich in die Anwendung der Norm einbezogen werden. Ob man dies demografiegeleitete Auslegung oder anders nennt, ist nachrangig.

Ich habe nicht für einen demografischen Masterplan für das gesamte Land plädiert. Einen solchen haben wir ja in Gestalt der Demografiestrategie der Bundesregierung. Mir geht es vielmehr darum, dass die konkreten Aufgaben und die konkreten Verwaltungsebenen betrachtet werden müssen. Diese Ebenen können natürlich ihre Konzepte nicht isoliert voneinander erstellen, sondern die Konzepte müssen aufeinander abgestimmt werden. Mehrschrittige, miteinander vernetzte Planungsebenen, gibt es im Planungsrecht seit jeher. Die Verwaltungen verfügen mithin diesbezüglich über beträchtliche Routinen.

Ich sehe keine „Ausweicheffekte", wie das in der Diskussion formuliert worden ist, der Realverwaltung, wenn man Demografieverantwortlichkeit institutionalisiert – institution matters! Es geht gerade darum, Demografiepolitik zur Realverwaltung zu machen. Dies lässt sich in der Regel nur durch entsprechende Zuordnung von Verantwortungen erreichen. Deshalb denke ich auch nicht, dass das von mir gewählte Beispiel der Schulorganisation eine Durchbrechung modernen Staatsverständnisses wäre. Es geht allein um die Treffung einer Präferenzentscheidung. Ob das geltende Recht nun ein Recht auf *öffentliche* Schulen garantiert oder nicht, ist eine Frage, die in der Gewährleistungsstaatsdiskussion der vergangenen Jahre klar ausdifferenziert wurde: Durch welche Instrumente ist denn sicherzustellen, dass Die Aufgabe ist nicht heißt, öffentliche Schulen vorzuhalten, sondern Unterrichtsversorgung in einem gewissen Standard sicherzustellen. Die Kernfrage ist, welche Akteure durch welche Instrumente diese Sicherstellung übernehmen können. Um diese Frage geht es bei dem, was üblicherweise mit den Begriffen Gewährleistungsverantwortung oder Governance umschrieben wird.

Dem Plädoyer für ein Kooperationsrecht kann ich mich nur anschließen. Das betrifft zum einen die Kooperationsbedarfe mit Privaten; hierzu habe ich das Beispiel des Lastenausgleichsvertrags erwähnt, der ein wichtiges Desiderat in der Ausgestaltung einer demografieorientierten Stadtgestaltung ist. Entsprechendes gilt zum anderen für ein öffentlich-rechtliches Kooperationsrecht, bei dem die Unsicherheiten noch wesentlich größer sind. in derartigen Kooperationsprozessen sind die Risikokosten, sowohl die realen als auch die politischen Risikokosten, extrem schwer zu bewerten. Dies führt häufig zu einer gewissen Scheu, innovative Wege zu gehen.

Als Quintessenz meiner Überlegungen zur Gestaltung des demografischen Wandels bleibt festzuhalten, dass das Rad nicht neu erfunden werden muss. Die vorhandenen Planungsinstrumente bieten diverse Anknüpfungspunkte für die notwendigen Koordinierungen und Instrumente zur Gestaltung der Folgen des demografischen Wandels.

Vierter Beratungsgegenstand:

Sicherung grund- und menschenrechtlicher Standards gegenüber neuen Gefährdungen durch private und ausländische Akteure

1. Referat von Professor Dr. *Thilo Marauhn**

Inhalt

* Für wertvolle Hinweise und Kritik danke ich Kangnikoe Bado, Michael Bothe, Heike Krieger, Katrin Merhof, Sven Simon, Ignaz Stegmiller, Heinhard Steiger, Marie-Christin Stenzel, Vera Strobel, Judith Thorn und Anne Winter.

I. Neue Gefährdungen

Seit mehr als einem Jahr führt die Veröffentlichung von Dokumenten des US-amerikanischen Auslandsgeheimdienstes NSA durch *Edward Snowden* der Weltöffentlichkeit vor Augen, in welchem Ausmaß die Vereinigten Staaten und das Vereinigte Königreich global und verdachtsunabhängig die Telekommunikation und das Internet überwachen.[1] Gegenüber der mit dieser Überwachung einhergehenden Gefährdung individueller Freiräume haben Politik und Zivilgesellschaft die Grund- und Menschenrechte in Stellung gebracht.[2] Dies ist Anlass genug, sich mit der Sicherung grund- und menschenrechtlicher Standards gegenüber neuen Gefährdungen durch private und ausländische Akteure zu befassen.

Die von dieser Fragestellung erfassten Situationen sind vielfältiger als es die NSA-Affäre nahelegt. Den in den Blick zu nehmenden privaten inländischen, privaten ausländischen und staatlichen ausländischen Akteuren ist gemeinsam, dass sie nicht zu den „klassischen" Adressaten von Grund- und Menschenrechten gehören. Dass sie gleichwohl vom Radar des Grund- und Menschenrechtsdiskurses erfasst worden sind, liegt daran, dass sie *de facto* die Möglichkeit haben, grund- und menschenrechtlich geschützte Rechtsgüter zu gefährden. Dies ist nicht nur eine Folge von technologischem Fortschritt und wirtschaftlicher Globalisierung. Vielmehr haben sich die Handlungsmöglichkeiten und die Durchsetzungskraft von Staaten verändert. Der Territorialstaat und die von ihm abgeleiteten Institutionen sind nicht mehr im selben Maße „Friedens-, Entscheidungs- und Machteinheit",[3] wie es für die Neuzeit prägend war. Es gibt sogar ein wachsendes Machtgefälle zwischen Staaten und transnational agierenden Wirtschaftssubjekten. Anschaulich wird dies insbesondere, wenn man die wirtschaftliche Stärke von Großkonzernen in den

---

[1] S. dazu statt aller *L. Harding* The Snowden Files: The Inside Story of the World's Most Wanted Man, 2014 (in der Übersetzung von *L. Seeling* und *H. Hoff* in deutscher Sprache unter dem Titel „Edward Snowden: Geschichte einer Weltaffäre" verfügbar).

[2] Illustrativ sind die zahlreichen menschenrechtlichen Positionierungen in der fachnahen Literatur: *D. Deiseroth/A. Falter* (Hrsg.) Whistleblower in der Sicherheitspolitik – Whistleblowers in Security Politics, 2014; *P. Schaar* Privatsphäre als Menschenrecht – Edward Snowden und die Kontrolle der Macht, Blätter für deutsche und internationale Politik 59 (2014) 7, 81 ff.; *J. Stratford/T. Johnston* The Snowden "Revelations": Is GCHQ Breaking the Law?, European Human Rights Law Review 19 (2014), 129 ff.

[3] So die ansprechende Formulierung bei *J. Isensee* HStR IX, 2011, § 190 Rn. 14 (in historischer Hinsicht Bezug nehmend auf *E.-W. Böckenförde* Der Staat als sittlicher Staat, 1978, 2 ff.).

Blick nimmt. Die *Shell*-Gruppe etwa erzielte 2013 einen dem belgischen Bruttoinlandsprodukt nahekommenden Umsatz.[4]

Die in Rede stehenden Gefährdungen betreffen zentrale grund- und menschenrechtlich geschützte Rechtsgüter: das Leben, die körperliche Unversehrtheit, die Freiheit der Person, das Privatleben, die private Kommunikation und die sozioökonomische Existenz. Nach Auffassung des Bundesverfassungsgerichts und eines großen Teils der Literatur sind Grundrechtsgefährdungen zwar „noch im Vorfeld verfassungsrechtlich relevanter Grundrechtsbeeinträchtigungen“[5] angesiedelt;[6] sie werden aber dann wie eine Grundrechtseingriff behandelt, wenn eine „das allgemeine Lebensrisiko signifikant erhöhende … Gefahr“[7] vorliegt.[8]

Dieser Hinweis auf die bundesverfassungsgerichtliche Rechtsprechung lässt schon erahnen, dass die Gefährdungen grund- und menschenrechtlich geschützter Rechtsgüter durch private und ausländische Akteure kein grundsätzlich neues Phänomen sind. Die deutsche, europäische und internationale Spruchpraxis hat sich schon in der Vergangenheit mit derartigen Gefährdungslagen auseinandergesetzt, beispielsweise mit grenznahen emittierenden Anlagen,[9] mit der Stationierung ausländischer Streitkräfte[10]

---

[4] Auf das Ungleichgewicht zwischen Staaten und transnationalen Wirtschaftssubjekten machte jüngst ein Finanzströme thematisierender *Policy Brief* des *The Hague Institute for Global Justice* aufmerksam (*J. Coster van Voorhout*/*T. Alleblas*/*T. Zhang* Curbing Illicit Financial Flows: The Post-2015 Agenda and International Human Rights Law, 2014, 5–6). Einschlägige Unternehmensdaten veröffentlicht <www.businessinsider.com>; Daten zur Höhe des Bruttoinlandsprodukts fast aller Staaten stellt die Weltbank zur Verfügung <http://data.worldbank.org>. Im konkreten Fall erzielte *Royal Dutch Shell plc* 2013 einen Umsatz in Höhe von 451,235 Mrd. US $ (s. dazu den Geschäftsbericht des Jahres 2013, abrufbar unter <http://reports.shell.com/annualreport/2013/servicepages/downloads/files/entire_shell_ar13.pdf>); das Bruttoinlandsprodukt Belgiens liegt nach Weltbankangaben für 2013 bei 508,1 Mrd. US $ (s. dazu <http://data.worldbank.org/country/belgium>).

[5] BVerfGE 51, 324 (346), unter Bezugnahme auf BVerfGE 49, 89 (141 f.).

[6] S. auch BVerfGE 66, 39 (58); 77, 170 (220).

[7] *G. Lübbe-Wolff* Die Grundrechte als Eingriffsabwehrrechte, 1987, 57. *C. Hillgruber* HStR IX, 2011, § 200 Rn. 94 formuliert: „Der Staat hat nur für von ihm ausgehende Grundrechtsgefährdungen einzustehen, die das erlaubte Restrisiko überschreiten.“.

[8] Näher zur dogmatische Einordnung von Grundrechtsgefährdungen *M. Schefer* Gefährdung von Grundrechten – Eine grundrechtsdogmatische Skizze, in: T. Sutter-Somm (Hrsg.), Risiko und Recht. Festgabe zum Schweizerischen Juristentag, 2004, 441 ff.; allgemein *C. Hillgruber* HStR IX, 2011, § 200 Rn. 94.

[9] BVerfGE 72, 66 (Flughafen Salzburg); zur umweltspezifischen Rechtsprechung des EGMR s. *T. Marauhn* Menschenrecht auf eine gesunde Umwelt – Trugbild oder Wirklichkeit?, in: T. Giegerich/A. Proelß (Hrsg.), Bewahrung des ökologischen Gleichgewichts durch Völker- und Europarecht, 2010, 11 ff.

[10] BVerfGE 66, 39 (NATO-Doppelbeschluß); 68, 1 (Atomwaffenstationierung); 77, 170 (Lagerung chemischer Waffen).

und mit enteignenden Maßnahmen eines fremden Staates[11]. Allerdings haben die Machtverschiebungen zwischen staatlichen und privaten Akteuren gepaart mit den Veränderungen der Handlungs- und Durchsetzungsfähigkeit von Staaten zu einer solchen Intensivierung dieser Gefährdungen geführt, dass das Adjektiv „neu“ gerechtfertigt ist.

Die Vielfalt der Gefährdungslagen kann man nun in ein Koordinatensystem einordnen, das die gefährdeten Rechtsgüter in ein Verhältnis zu den gefährdungsursächlichen Akteuren setzt.

Unterscheidet man zunächst zwischen inländischen und ausländischen Rechtsgütern, so können die grund- und menschenrechtlich geschützten Rechtsgüter von Inländern durch private inländische, private ausländische oder – wie im Fall des von der NSA überwachten Erlanger Studenten[12] – staatliche ausländische Akteure gefährdet werden. Die Rechtsgüter von Ausländern können durch in- oder ausländische private oder hoheitliche Akteure gefährdet werden, so im Fall der Übergabe eines von der deutschen Marine aufgegriffenen mutmaßlichen somalischen Piraten an Kenia[13] oder durch die überhöhte Bepreisung von Medikamenten für HIV-Patienten, sogenannten Antiretroviralen, durch ein transnationales Pharmaunternehmen[14].

Stellt man nicht auf die gefährdeten Rechtsgüter, sondern auf den die Gefährdung verursachenden Akteur ab, so ergeben sich jenseits der Differenzierung zwischen privat und hoheitlich wiederum zwei unterschiedliche

[11] BVerfGE 43, 203 (deutsch-tschechoslowakischer Vertrag); 84, 90 (Bodenreform). EGMR No. 46720/99, Rep. 2005-VI – *Jahn* (GK).

[12] Dazu *S. Aust*/*T. Ammann* Digitale Diktatur: Totalüberwachung, Datenmissbrauch, Cyberkrieg, 2014, 130 ff.

[13] VG Köln, JZ 2012, 366 (Az. 25 K 4280/09); OVG Münster, Entscheidung vom 18.9.2014 (Az. 4 A 2948/11).

[14] Südafrikanische Wettbewerbskommission, Hazel Tau and Others vs GlaxoSmithKline and Boehringer Ingelheim, Entscheidung v. 16.10.2003 (die dazugehörige Presseerklärung Nr. 29 aus dem Jahr 2003 ist auf der Website der südafrikanischen Wettbewerbskommission nicht mehr abrufbar); allerdings ist eine zusammenfassende Darstellung des Falles auf S. 86–91 der von UNAIDS herausgegebenen und 2006 erschienenen Dokumentation „Courting Rights: Case Studies in Litigating the Rights of People Living with HIV“ enthalten, die online unter <http://www.unaids.org/sites/default/files/en/media/unaids/contentassets/dataimport/pub/report/2006/jc1189-courtingrights_en.pdf> abrufbar ist; der Rechtsstreit, der schließlich durch einen Vergleich beigelegt wurde, wird ausführlich dargestellt und diskutiert bei *B. Beresford* The Price of Life: Hazel Tau and Others vs GlaxoSmithKline and Boehringer Ingelheim, 2002. Zum Fall und zur (menschen-)rechtlichen Einordnung s. auch *G. Teubner* Die anonyme Matrix – zu Menschenrechtsverletzungen durch „private“ transnationale Akteure, Der Staat 45 (2006), 161 (161 f.) sowie *A. Fischer-Lescano*/*G. Teubner* Regime-Kollisionen – Zur Fragmentierung des globalen Rechts, 2006, 75 f.

Grundkonstellationen: (1) das Handeln grund- und menschenrechtsgebundener Akteure im Ausland, also der deutschen Streitkräfte im schon angesprochenen Fall des mutmaßlichen somalischen Piraten[15]; (2) das Eindringen ausländischer Akteure in einen inländischen grund- und menschenrechtsgeschützten Raum, wie das Verhalten der NSA gegenüber dem schon genannten Erlanger Studenten[16].

II. Grund- und menschenrechtliche Paradigmen

Für die Bewältigung der resultierenden Herausforderungen bieten sich drei näher zu behandelnde grund- und menschenrechtliche Paradigmen an: die Extraterritorialität[17], die Schutzpflicht[18] und die Drittwirkung[19].

1. Das Paradigma der Extraterritorialität

Sind die Träger von Grund- und Menschenrechten gegenüber dem für sie ausländischen Hoheitsträger durch die diese fremde Hoheitsgewalt bindenden Grund- und Menschenrechte geschützt? Konkreter: Genießt der mutmaßliche somalische Pirat gegenüber einem deutschen (also für ihn ausländischen) Hoheitsträger den Schutz der grundgesetzlichen Grundrechte oder der EMRK? Zur Beantwortung dieser Frage müssen zunächst die Grundlagen und die Reichweite extraterritorialer Grund- und Menschenrechtsgeltung geklärt werden.

a) Grundlagen und Reichweite

Der moderne Territorialstaat etabliert eine exklusive Hoheitsgewalt über ein bestimmtes Staatsgebiet. Grund- und Menschenrechte wirken daher im Ausgangspunkt territorial. Das schließt allerdings ihre „extraterritoriale Geltung nicht *a priori* aus“[20].

---

[15] Nachweise Fn. 13.

[16] Nachweise Fn. 12.

[17] Grundlegend zur extraterritorialen Grundrechtsbindung der deutschen Staatsgewalt *V. Röben* Außenverfassungsrecht, 2007, 404 ff.; einen Überblick über die Extraterritorialität menschenrechtlicher Verträge gibt *K. da Costa* The Extraterritorial Application of Selected Human Rights Treaties, 2013.

[18] S. dazu statt aller *C. Calliess* Schutzpflichten, in: D. Merten/H.-J. Papier (Hrsg.), Handbuch der Grundrechte in Deutschland und Europa II, 2006, § 44.

[19] Hierzu *H.-J. Papier* Drittwirkung, in: Merten/Papier (Fn. 18), § 55.

[20] *Röben* (Fn. 17), 404.

Das Grundgesetz knüpft vom Wortlaut her weder an den Staat als solchen noch an das Territorium an, sondern an die Staatsgewalt oder die öffentliche Gewalt (Art. 1 Abs. 2, 3 und Art. 93 Abs. 1 Nr. 4a GG). Dass die Grundrechtsbindung an den Grenzen der Bundesrepublik nicht endet, sondern die Hoheitsgewalt auch bei extraterritorialem Handeln erfassen kann und muss, folgt für die Exekutive aus der verfassungsrechtlich angeordneten (Art. 1 Abs. 3, Art. 19 Abs. 4, Art. 20 Abs. 2 S. 2 und Art. 20 Abs. 3 GG) und über die Justizgrundrechte abgesicherten gerichtsförmigen Kontrolle ihres Handelns.[21] Die umfassende Grundrechtsbindung des Art. 1 Abs. 3 GG erstreckt sich aber auch auf das extraterritorial wirkende Verhalten der Legislative und der Judikative.[22]

Der grundgesetzliche Grundrechtsschutz wirkt innerhalb der Bundesrepublik vollumfänglich und prinzipiell gegenüber jedem, der sich auf dem Staatsgebiet aufhält. Außerhalb der Bundesrepublik ist der Schutzumfang bei der Ausübung von Staatsgewalt auf fremdem Territorium wegen der völkerrechtlich garantierten souveränen Gleichheit der Staaten[23] reduziert. In Räumen begrenzter Staatlichkeit,[24] etwa auf der Hohen See,[25] sind die dort geltenden völkerrechtlichen Beschränkungen[26] auch bei der Grundrechtsbindung zu berücksichtigen. Dieser reduzierte Schutzumfang findet seinerseits seine Grenzen in den grundgesetzlich unabdingbaren Grundprinzipien (Art. 79 Abs. 3 GG i.V.m. Art. 19 Abs. 2 und Art. 1 Abs. 1 GG)[27] und in den kraft Art. 25 GG von allen deutschen Hoheitsträgern zu beachtenden völkerrechtlichen Mindeststandards[28].

---

[21] Darauf weist *Röben* (Fn. 17), 405 zutreffend hin.

[22] *R. Hofmann* Grundrechte und grenzüberschreitende Sachverhalte, 1994, 13 ff.

[23] Statt aller *A. von Arnauld* Völkerrecht, 2. Aufl. 2014, 132 ff. und *S. Hobe* Einführung in das Völkerrecht, 10. Aufl. 2014, 290 ff.

[24] Räume begrenzter Staatlichkeit sind solche Gebiete, „in denen die staatliche Fähigkeit zur (Durch-)Setzung von Regeln und/oder zur Aufrechterhaltung eines legitimen Gewaltmonopols zumindest teilweise eingeschränkt ist" (s. dazu die Problemstellung der Forschung des Sonderforschungsbereichs 700, abrufbar unter <http://www.sfb-governance.de/programm/problemstellung/index.html>); s. auch *T. Risse*/*U. Lehmkuhl* Regieren ohne Staat? Governance in Räumen begrenzter Staatlichkeit, in: dies. (Hrsg.), Regieren ohne Staat? Governance in Räumen begrenzter Staatlichkeit, 2007, 13 ff. und *B. Rudolf* Zwischen Kooperation und Intervention: Die Durchsetzung völkerrechtlicher Standards guten Regierens in Räumen begrenzter Staatlichkeit, ebd., 331 ff.

[25] Die Hohe See selbst entzieht sich der staatlichen Souveränität; es gibt aber Souveränitätsrechte auf der Hohen See, beispielsweise die Flaggenhoheit nach Art. 92 des Seerechtsübereinkommens und die in den Art. 100 bis 107 desselben Übereinkommens enthaltenen Befugnisse zur Bekämpfung der Seeräuberei.

[26] Überzeugend *Röben* (Fn. 17), 406.

[27] *Röben* (Fn. 17), 379 ff.

[28] *Hofmann* (Fn. 22), 268 ff., 272 ff., 346.

Das Bundesverfassungsgericht wendet darüber hinaus gelegentlich einen Realisierungsvorbehalt an,[29] der im Hinblick auf die Effektivität des Grundrechtsschutzes nachvollziehbar ist, aber Gefahr läuft, hinter dem normativen Anspruch der Grundrechte zurückzubleiben.[30]

Die Europäische Menschenrechtskonvention knüpft – insoweit dem Grundgesetz vergleichbar – in ihrem Art. 1 ohne ausdrückliche Bezugnahme auf das Territorium der Vertragsstaaten an die Ausübung von Hoheitsgewalt an.[31] Soweit das Völkerrecht extraterritoriales Handeln zulässt, spricht daher wiederum grundsätzlich nichts gegen dessen Bindung an die EMRK. Der Europäische Gerichtshof für Menschenrechte (EGMR) verlangt für diese Erstreckung allerdings grundsätzlich eine Begründung, für die er an den Begriff „Hoheitsgewalt" anknüpft: Ausübung von Hoheitsgewalt liegt vor bei (1) „wirksamer Kontrolle eines Gebiets",[32] (2) der Ausübung von „Gewalt und Kontrolle"[33] oder (3) der Ausübung extraterritorialer Gewalt im Gebiet eines anderen Vertragsstaats[34].

Innerhalb der Vertragsstaaten ist die Bindung an die EMRK umfassend. Anders als das Bundesverfassungsgericht nahm der EGMR zunächst auch bei extraterritorialem Handeln der Vertragsstaaten eine voll-

---

[29] BVerfGE 92, 26 (45 ff.); s. dazu *F. Becker* HStR XI, 2013, § 240 Rn. 103–107.

[30] *Becker* (Fn. 29), Rn. 107 liest die Zweitregisterentscheidung des BVerfG dahingehend, dass „weder das Grundgesetz noch die grundrechtsverpflichtete Staatsgewalt überfordert werden sollen". So pragmatisch diese Einschätzung ist, so sehr steht sie doch in einem Spannungsverhältnis zum Anspruch von Art. 1 Abs. 3 GG, der seinerseits allerdings nach überwiegender Auffassung in der Literatur „gewissen Modifikationen" nicht entgegensteht (*H. Dreier* in: ders. (Hrsg.), Grundgesetz Kommentar I, 3. Aufl. 2013, Art. 1 III Rn. 45).

[31] EGMR No. 52207/99, Rep. 2001-XII, §§ 19 ff., 59 – *Banković u.a.* (GK); *S. Kadelbach* in: O. Dörr/R. Grote/T. Marauhn (Hrsg.), EMRK/GG Konkordanzkommentar, 2. Aufl. 2013, Kap. 30 Rn. 44; *V. Röben*, ebda., Kap. 5 Rn. 99 ff.; *A. Peters* Die Anwendbarkeit der EMRK in Zeiten komplexer Hoheitsgewalt und das Prinzip der Grundrechtstoleranz, AVR 48 (2010), 1 (3 ff.). Aus meiner Sicht nicht unproblematisch, weil das Orientierung bietende Konzept der Hoheitsgewalt relativierend *A. Nußberger* The Concept of 'Jurisdiction' in the Jurisprudence of the European Court of Human Rights, Current Legal Problems 65 (2012), 241 ff.

[32] EGMR No. 15318/89, § 62 – *Loizidou* (GK) (Zul.); No. 31821/96, § 66 ff. – *Issa u.a.* (2004); No. 25781/94, Rep. 2001-IV, § 76 – *Zypern v. Türkei* (GK).

[33] EGMR No. 31821/96, § 71 – *Issa u.a.* (2004); No. 52207/99, Rep. 2001-XII, §§ 71, 73 – *Banković u.a.* (GK); No. 61498/08, Rep. 2010, § 124 – *Al-Saadoon u. Mufdhi*; No. 3394/03, Rep. 2010, Rn. 67 – *Medvedyev u.a.* (GK); No. 55721/07, Rep. 2011, § 134 f. – *Al Skeini u.a. (GK)*.

[34] EGMR No. 52207/99, Rep. 2001-XII, § 80 – *Banković u.a.* (GK); No. 55721/07, Rep. 2011, § 142 – *Al Skeini u.a.* (GK).

umfängliche Bindung an die EMRK an.[35] Allerdings hat er diese Position im Fall *Medvedyev* gegen Frankreich relativiert, indem er die Anwendung der EMRK den Besonderheiten extraterritorialen Handelns angepasst hat: Es ging um auf Hoher See aufgegriffene Drogenschmuggler, die von französischen Streitkräften dreizehn Tage lang an Bord eines Schiffes festgehalten wurden. Nach Auffassung des Gerichtshofs war es wegen außergewöhnlicher Umstände gerechtfertigt, die Beschwerdeführer erst nach ihrem Eintreffen in Frankreich einem Richter vorzuführen.[36]

Auch für den Internationalen Pakt über bürgerliche und politische Rechte (IPbpR) ist trotz zurückhaltender Formulierungen[37] und trotz des Widerstands einiger Staaten[38] anerkannt, dass er auf extraterritoriales

---

[35] Die unterschiedliche Herangehensweise dürfte so zu erklären sein, dass der EGMR über Stellschrauben beim Begriff der „Hoheitsgewalt" im Sinne von Art. 1 EMRK verfügt, während das BVerfG seinerseits meint, über Stellschrauben bei der Reichweite des grundgesetzlichen Grundrechtsschutzes zu verfügen. Bemerkenswerterweise hat das BVerfG seinerseits den Begriff „Hoheitsgewalt" bei der extraterritorialen Anwendung der Grundrechte noch nicht als Stellschraube genutzt.

[36] EGMR No. 3394/03, Rep. 2010, §§ 127 ff. – *Medvedyev u.a.* (GK). S. dazu *O. Dörr* in: Dörr/Grote/Marauhn (Fn. 33), Kap. 13 Rn. 45 ff., insbes. Rn. 51; *E.D. Papastauridēs* European Court of Human Rights Medvedyev et al v France (Grand Chamber, Application no. 3394/03) Judgment of 29 March 2010, International and Comparative Law Quarterly 59 (2010), 867 ff.; *A. Zimmermann/S. Jötten* Extraterritoriale Staatenpflichten und internationale Friedensmissionen, MenschenRechtsMagazin 15 (2010), 5 (11 f.).

[37] Art. 2 Abs. 1 IPbpR stellt sowohl einen Bezug zum Territorium als auch zur Ausübung von Hoheitsgewalt her und ist jedenfalls insoweit offen formuliert: „Jeder Vertragsstaat verpflichtet sich, die in diesem Pakt anerkannten Rechte zu achten und sie allen *in seinem Gebiet befindlichen* und *seiner Herrschaftsgewalt unterstehenden* Personen ohne Unterschied … zu gewährleisten." (Hervorhebung d. Verf.). In der authentischen englischen Fassung heißt es: „Each State Party to the present Covenant undertakes to respect and to ensure to all individuals *within its territory* and *subject to its jurisdiction* the rights recognized in the present Covenant …" (Hervorhebung d. Verf.).

[38] Sowohl Israel als auch die USA gehen unter Berufung auf den Wortlaut („und") und die Entstehungsgeschichte von Art. 2 Abs. 1 IPbpR davon aus, dass eine Vertragspartei nur im Hinblick auf ihr eigenes Staatsgebiet an den Pakt gebunden ist, nicht aber bei der Ausübung von Hoheitsgewalt im Ausland. Zur Debatte über die extraterritoriale Anwendung des IPbpR innerhalb der US-Administration s. das Memo des ehemaligen Rechtsberaters des US-amerikanischen State Department, *Harold Koh*, vom 19.10.2010, abrufbar unter <http://justsecurity.org/wp-content/uploads/2014/03/state-department-iccpr-memo.pdf> sowie das ebenfalls von *Harold Koh* verfasste Memo zur extraterritorialen Anwendbarkeit des VN-Übereinkommens gegen Folter vom 21.1.2013, abrufbar unter <http://justsecurity.org/wp-content/uploads/2014/03/state-department-cat-memo.pdf>. Die Lockerung der ablehnenden Haltung der US-amerikanischen Regierung und des US-amerikanischen Supreme Court gegenüber der extraterritorialen Anwendung menschenrechtlicher Verträge ist vom Menschenrechtsausschuss der Vereinten Natio-

Handeln eines Vertragsstaates Anwendung findet.[39] Dies bestätigen Entscheidungen des Menschenrechtsausschusses und des Internationalen Gerichtshofs (IGH).[40]

Für den Fall des mutmaßlichen somalischen Piraten gilt Folgendes:

Er genießt grundsätzlich die in Art. 2 Abs. 2 S. 2 und 104 GG enthaltenen Rechte gegenüber der deutschen (und damit für ihn ausländischen) Hoheitsgewalt. Ebenso stehen ihm die Rechte aus Art. 5 EMRK zu. Im konkreten Fall hat das OVG Münster[41] im September 2014 eine Entscheidung des VG Köln bestätigt und die Übergabe deshalb für rechtswidrig gehalten, weil es an der erforderlichen gesetzlichen Grundlage gefehlt habe und die in Kenia zu erwartenden Haftbedingungen menschenrechtlichen Mindeststandards seinerzeit nicht genügt hätten.[42]

b) Zurechnung des Verhaltens privater und ausländischer Akteure

Setzt der grundrechtsgebundene Hoheitsträger zur Erfüllung seiner Aufgaben private Akteure ein, bewirkt dies keine Befreiung von der Grundrechtsbindung. Vielmehr ist der private Akteur als Beliehener

---

nen in seinen abschließenden Bemerkungen zum jüngsten Staatenbericht der USA positiv gewürdigt worden, s. dazu UN Doc. CCPR/C/USA/CO/4 vom 23.4.2014.

[39] S. dazu die Haltung des Menschenrechtsausschusses in seiner Allgemeinen Bemerkung (general comment) Nr. 31 vom 26.5.2004, UN Doc. (2004), UN Doc. CCPR/C/21/Rev.1/Add.13, Nr. 10.

[40] Der Menschenrechtsausschuss hat zahlreiche Individualbeschwerden geprüft, in denen die Vereinbarkeit extraterritorialer Maßnahmen mit den im IPbpR garantierten Rechten gerügt wurde, so beispielsweise López Burgos v. Uruguay (52/1979), UN Doc. CCPR/C/13/D/52/1979 (1981) und Montero v. Uruguay (106/1981), UN-Doc. CCPR/C/OP/2 (1983/1990). Der IGH hat sowohl im Gutachten betreffend die israelischen Sperranlagen als auch im Rechtsstreit zwischen der Demokratischen Republik Kongo und Uganda die extraterritoriale Anwendbarkeit des Paktes bejaht, s. IGH, Legal Consequences of the Construction of a Wall in the Occupied Palestinian Territory, Gutachten vom 9.7.2004, ICJ Rep. 2004, 136, § 111 und IGH, Armed Activities on the Territory of the Congo, Demokratische Republik Kongo v. Uganda, Urteil vom 19.12.2005, ICJ Rep. 2005, 168, §§ 179 f., 216 f.

[41] Nachweis Fn. 13.

[42] Das OVG Münster stellt zum Einen fest, dass die „Übergabe des Klägers an Kenia … als Eingriff in seine Freiheitsrechte einer hinreichend bestimmten Ermächtigungsgrundlage (bedurfte). Anders als für Auslieferungsfälle, die auf dem Gesetz über die internationale Rechtshilfe in Strafsachen (IRG) basieren, fehlt es indes für die schlichte Übergabe an einer solchen gesetzlichen Grundlage“ (ebd., Rn. 140). Darüber hinaus bestätigt das OVG Münster die Auffassung des VG Köln, dass die Bundesrepublik Deutschland „vorliegend die materiellen Mindestschutzstandards nicht hinreichend beachtet und den Kläger der realen Gefahr einer menschenrechtswidrigen Behandlung ausgesetzt hat“ (ebd., Rn. 152 mit nachfolgender Begründung im Detail).

selbst im Rahmen der hoheitlichen Tätigkeit an die grundgesetzlichen Grundrechte gebunden.[43] Der private Sicherheits- und Militärdienstleister hat bei Maßnahmen der Freiheitsentziehung die Grundrechte zu achten,[44] auch wenn er extraterritorial eingesetzt wird.[45] Nichts anderes gilt im Rahmen von EMRK und Zivilpakt.[46]

Werden Private allerdings nicht mit hoheitlichen Befugnissen beliehen, sondern lediglich an der staatlichen Aufgabenwahrnehmung beteiligt, beschränkt sich also der private Sicherheits- und Militärdienstleister auf logistische Unterstützung für im Ausland eingesetzte Streitkräfte,[47] dann ist er selbst nicht mehr unmittelbar an die Grund- und Menschenrechte gebunden.[48] Der Hoheitsträger unterliegt allerdings im Rahmen des Schutzpflichtparadigmas Aufsichtspflichten,[49] worauf später noch einzugehen ist.

Die Übertragung hoheitlicher Aufgaben auf einen ausländischen (im Unterschied zu einem supra- oder internationalen) Hoheitsträger findet, wenn man sie nicht ohnehin für unzulässig hält,[50] nur ganz ausnahms-

---

[43] *W. Rüfner* HStR IX, 2011, § 197 Rn. 17 ff.

[44] Das lässt sich u.a. den die Grundrechtsrelevanz von Art. 33 Abs. 4 GG betonenden Ausführungen des Bundesverfassungsgerichts zum teilprivatisierten hessischen Maßregelvollzug in Hessen in BVerfGE 130, 76 (110 ff.) entnehmen. S. dazu auch *D. Heck* Verfassungsrechtliche und völkerrechtliche Rahmenbedingungen der Privatisierung militärischer Aufgaben, in: D. Weingärtner/H. Krieger (Hrsg.), Streitkräfte und nichtstaatliche Akteure, 2013, 177 (182 ff).

[45] Verfassungsrechtlich folgt dies aus der unter II.1.a) ausgeführten Extraterritorialität der grundrechtlichen Gewährleistungen des GG, die durch Beleihung nicht relativiert wird; völkerrechtlich lässt sich diese Auffassung auf Art. 5 des Artikelentwurfs über die Staatenverantwortlichkeit (UN Doc. A/56/10 und Corr. 1) stützen, der dem Staat das Verhalten einer natürlichen oder juristischen Person, die nicht Staatsorgan ist, aber vom Staat zur Ausübung von Elementen der hoheitlichen Gewalt ermächtigt ist, zurechnet. Zur Anwendung auf das universelle Folterverbot s. *D. Steiger* Das völkerrechtliche Folterverbot und der „Krieg gegen den Terror", 2013, 300 f.

[46] Statt aller *F. Lenzerini/F. Francioni* The Role of Human Rights in the Regulation of Private Military and Security Companies, in: F. Francioni/N. Ronzitti (Hrsg.), War by Contract – Human Rights, Humanitarian Law, and Private Contractors. 2011, 55 (56 f. und 57 f.).

[47] Zur Zulässigkeit logistischer Hilfstätigkeiten durch private Sicherheits- und Militärdienstleister *H. Krieger* Der privatisierte Krieg: Private Militärunternehmen im bewaffneten Konflikt, AVR 44 (2006), 159 (182 f.).

[48] *Heck* (Fn. 44), 184 f.; BVerfGK 13, 137; BVerfGE 130, 76 (127 f.).

[49] S. dazu statt aller *C. Bakker* Duties to Prevent, Investigate, and Redress Human Rights Violations by Private Military and Security Companies: The Role of the Host State, in: Francioni/Ronzitti (Fn. 46), 130 ff.; zum Schutzpflichtparadigma s.u. II.2. (in diesem Beitrag).

[50] Eine lesenswerte Auseinandersetzung mit dieser These findet sich bei *M.A. Glaser* Internationale Verwaltungsbeziehungen, 2010, 208 ff.

weise statt, etwa im Rahmen der grenznachbarschaftlichen Zusammenarbeit.[51] Einer unmittelbaren Bindung eines solchen ausländischen Hoheitsträgers an die für die inländische Hoheitsgewalt verbindlichen Grund- und Menschenrechte steht prinzipiell das völkerrechtliche Territorialitätsprinzip entgegen. Im Übrigen ist der ausländische Hoheitsträger allenfalls dann an die für die innerstaatliche Hoheitsgewalt geltenden Grund- und Menschenrechte gebunden, wenn es eine entsprechende völkerrechtliche Vereinbarung gibt, und nicht schon dann, wenn seine Tätigkeit auf dem Territorium des Gaststaates gebilligt oder geduldet wird.[52] Handelt er

---

[51] Jenseits einer problemfeldspezifischen Analyse, wie sie sich schon bei *U. Beyerlin* Rechtsprobleme der lokalen grenzüberschreitenden Zusammenarbeit, 1998, und später bei *M. Kotzur* Grenznachbarschaftliche Zusammenarbeit in Europa, 2004, findet, nähern sich immer mehr Autorinnen und Autoren der lokalen grenzüberschreitenden Zusammenarbeit aus der Perspektive des transnationalen Verwaltungsrechts; s. dazu statt aller *C. Ohler* Die Kollisionsordnung des Allgemeinen Verwaltungsrechts, 2005, 171 ff. und *M. Kment* Grenzüberschreitendes Verwaltungshandeln, 2010, 269 ff.

[52] Dies lässt sich etwa am NATO-Truppenstatut (BGBl. 1961 II 1190) und an dem dazu vereinbarten Zusatzabkommen (BGBl. 1961 II 1183, 1218 sowie BGBl. 1994 II 2594, 2598) illustrieren. Eine Bindung ausländischer Streitkräfte an das deutsche Recht resultiert aus Art. II des Truppenstatuts; dort heißt es: „Eine Truppe und ihr ziviles Gefolge, ihre Mitglieder sowie deren Angehörige haben die Pflicht, das Recht des Aufnahmestaates zu achten … Es ist außerdem die Pflicht des Entsendestaates, die hierfür erforderlichen Maßnahmen zu treffen". Für die Nutzung von Liegenschaften spezifiziert Art. 53 Abs. 1 S. 2 des Zusatzabkommens: „Für die Benutzung solcher Liegenschaften gilt das deutsche Recht, soweit in diesem Abkommen und in anderen internationalen Übereinkünften nicht etwas anderes vorgesehen ist und sofern nicht die Organisation, die interne Funktionsweise und die Führung der Truppe und ihres zivilen Gefolges, ihrer Mitglieder und deren Angehöriger sowie andere interne Angelegenheiten, die keine vorhersehbaren Auswirkungen auf die Rechte Dritter oder auf umliegende Gemeinden und die Öffentlichkeit im allgemeinen haben, betroffen sind". Eine andere Frage ist es, ob Billigung oder Duldung zu einer Grundrechtsbindung der deutschen Hoheitsgewalt führen; s. dazu die Stellungnahme von *W. Hoffmann-Riem* gegenüber dem 1. Untersuchungsausschuss des Deutschen Bundestages in der 18. Wahlperiode (S. 13) unter Bezugnahme auf BVerfGE 66, 39 (62), abrufbar unter <http://www.bundestag.de/blob/280846/04f34c512c86876b06f7c162e673f2db/mat_a_sv-2-1neu_pdf-data.pdf>. S. dazu auch ders., Freiheitsschutz in den globalen Kommunikationsinfrastrukturen, JZ 69 (2014), 53 ff. Da die insoweit einschlägigen völkerrechtlichen Grundlagen des Truppenstationierungsrechts nicht nur offen formuliert, sondern gerichtlichen und schiedsgerichtlichen Streitbeilegungsverfahren weitgehend entzogen sind (Art. 53 Abs. 1 S. 3 des Zusatzabkommens) hängt der Schutz grundrechtlicher Standards diesbezüglich ganz wesentlich vom völkerrechtlichen und völkerrechtspolitischen Geschick der Bundesregierung ab. Hinweise auf „versteinertes" Besatzungsrecht (s. dazu *D. Deiseroth* Nachrichtendienstliche Überwachung durch US-Stellen in Deutschland – Rechtspolitischer Handlungsbedarf?, ZRP 2013, 194 ff.) setzen m.E. falsche Akzente und lenken von den eigentlichen (politischen) Problemlagen zwischen den Bündnispartnern eher ab.

schließlich autonom und wirkt sich sein Verhalten nur faktisch grenzüberschreitend aus, etwa bei der Genehmigung einer grenznahen emittierenden Industrieanlage,[53] so unterliegt er regelmäßig ohnehin keinen die andere Hoheitsgewalt verpflichtenden Grund- und Menschenrechten.

c) *Sicherung und Überprüfung*

Zur effektiven Sicherung der extraterritorial geltenden Grund- und Menschenrechtsstandards bedarf es, unbeschadet anderer Handlungsmöglichkeiten, klarer gesetzlicher Rahmenbedingungen.[54] Dazu ist der Gesetzgeber bei Eingriffen ohnehin verpflichtet. Er beseitigt so aber auch Unsicherheiten der handelnden Personen über die Reichweite der Bindung. Dies gilt gleichermaßen für polizeiliches, militärisches und geheimdienstliches Handeln.

Akte deutscher Hoheitsgewalt sind gerichtlich überprüfbar, gegebenenfalls auch im Wege der Verfassungsbeschwerde. Völkerrechtlich ist abgesehen von einer Individualbeschwerde zum Menschenrechtsausschuss[55] vor allem an ein Verfahren vor dem EGMR[56] zu denken. So rügt etwa eine deutsche Beschwerdeführerin des 2013 im Zusammenhang mit der Überwachungsaffäre in Straßburg anhängig gemachten Verfahrens *Big Brother Watch* u.a. gegen Großbritannien[57], dass sie wahrscheinlich Gegenstand verdachtsunabhängiger Überwachung durch den britischen Geheimdienst war und es insbesondere an einer gesetzlichen Grundlage für die Verwertung ausländischer nachrichtendienstlicher Erkenntnisse fehle.

2. *Das Paradigma der Schutzpflicht*

Ist Deutschland grund- und menschenrechtlich verpflichtet, den vom US-amerikanischen Geheimdienst überwachten Erlanger Studenten vor dieser Überwachung zu schützen?

---

[53] S. dazu statt aller BVerfGE 72, 66.

[54] Diskutiert worden ist dies vor allem im Hinblick auf die Pirateriebekämpfung, aber auch darüber hinaus; dabei ist insbesondere die Frage aufgeworfen worden, ob völkerrechtliche Ermächtigungen den verfassungsrechtlichen Anforderungen an eine gesetzliche Grundlage für Grundrechtseingriffe genügen. Kritisch dazu u.a. *S. Talmon* Die Grenzen der Anwendung des Völkerrechts im deutschen Recht JZ 2013, 1 (16 f. und 17 ff.); *A. Zimmermann* Grundrechtseingriffe durch deutsche Streitkräfte im Ausland und das Grundgesetz, ZRP 2012, 116. Zum Erfordernis einer gesetzlichen Grundlage auch *T. Marauhn* Der (quasi-)polizeiliche Einsatz von Aufklärungsdrohnen jenseits der eigenen Staatsgrenzen, Humanitäres Völkerrecht 24 (2011), 128 (131).

[55] Art. 1 Fakultativprotokoll zum IPbpR (BGBl. 1992 II 1246).

[56] Art. 34 EMRK.

[57] S. dazu das „Statement of Facts" zu EGMR No. 58170/13 – *Big Brother Watch*.

Historisch war der Schutz vor von privater und ausländischer Seite drohenden Gefahren Aufgabe und Existenzberechtigung des neuzeitlichen Staates und eine Art Kompensation für das – von *Max Weber* später so bezeichnete – staatliche Gewaltmonopol.[58] Dies spiegelt sich in besonderer Weise in der US-amerikanischen Verfassungsgeschichte wider: Weil die 1781 in Kraft getretenen *Articles of Confederation* auf Bundesebene keinen ausreichenden Schutz sicherstellen konnten, wurden mit der Bundesverfassung von 1787 föderale Hoheitsträger geschaffen, deren Macht dann durch die in den ersten zehn Verfassungszusätzen von 1791 verankerten *civil rights* begrenzt wurde.[59]

Demgegenüber ist der grundgesetzliche Grundrechtsschutz von Anfang an anders konstituiert. Die Grundrechte des Grundgesetzes disziplinieren und aktivieren den Staat. Mit den Worten *Eberhard Schmidt-Aßmanns* erschöpft sich der „rechtsstaatliche Freiheitsbegriff des Grundgesetzes ... nicht in der Ausgrenzung eines Raums eigenen Beliebens, sondern meint rechtlich geordnete Freiheit. ... die Grundrechte (formen sich) zu Bausteinen, die die gesamte Rechtsordnung durchziehen und alle Rechtsverhältnisse zu beeinflussen vermögen".[60] Das auf der Basis des Grundgesetzes entwickelte Schutzpflichtparadigma ist somit *per se* grundrechtlich fundiert.

a) *Grundlagen grund- und menschenrechtlicher Schutzpflichten gegenüber privaten Akteuren*

Entwickelt wurde das Paradigma zunächst zum Schutz vor inländischen privaten Akteuren.

Nach bundesverfassungsgerichtlicher Rechtsprechung liefert Art. 1 Abs. 1 GG den Grund für Schutzpflichten, ihr Gegenstand ergibt sich aus der dem jeweiligen Grundrecht zu entnehmenden objektiven Wertentscheidung, und die Umsetzungspflicht resultiert aus Art. 1 Abs. 3 GG.[61] Nicht unbedingt in der Begründung, aber im Ergebnis stimmt die Lehre der Rechtsprechung zu.[62] Da private Akteure stets selbst Träger von Grund- (und Menschen-)rechten sind, stehen sich in jeder derartigen Schutzpflichtkonstellation kollidierende Rechtsgüter gegenüber, deren Gewichtung und Abwägung nach zutreffender Auffassung des Bundesver-

---

[58] Statt aller *J. Isensee* HStR IX, 2011, § 190 Rn. 129 ff., insbes. 133 ff.; kritisch zum Gewaltmonopol *C. Möllers* Staat als Argument, 2. Aufl. 2011, 272 ff.

[59] S. dazu statt aller *E.J. McManus/T. Helfman* Liberty and Union. A Constitutional History of the United States, Bd. 1, 2014, 43 ff. und 67 ff.

[60] *E. Schmidt-Aßmann* HStR II, 2004, § 26 Rn. 31.

[61] BVerfGE 88, 203 (251 f.).

[62] *Calliess* (Fn. 18), § 44 Rn 5.

fassungsgerichts regelmäßig Aufgabe des Gesetzgebers ist.[63] In der Literatur wird der Grundrechtsträger (nur) dann als schutzbedürftig angesehen, wenn entweder die drohende Grundrechtsverletzung irreparabel, die sich abzeichnende Entwicklung unbeherrschbar oder der potenzielle Konflikt zwischen den beteiligten Grundrechtsträgern nicht autonom regulierbar ist.[64] Eine Schutzpflichtverletzung nimmt das Bundesverfassungsgericht nur an, wenn die staatlichen Organe gegenüber einer privatursächlichen Gefährdung gänzlich untätig geblieben sind,[65] die getroffenen Schutzvorkehrungen offensichtlich ungeeignet waren[66] oder sonst dem Untermaßverbot nicht Rechnung getragen wurde[67].

Die Spruchorgane der EMRK anerkennen menschenrechtliche Schutzpflichten der Vertragsstaaten in ständiger Praxis als spezifische Ausprägung der positiven Pflichten,[68] lassen aber im Übrigen eine geschlossene dogmatische Begründung vermissen.[69] Verwiesen wird in den maßgeblichen Entscheidungen nicht nur auf den materiellen Gehalt einzelner Menschenrechte,[70] sondern zunehmend auch darauf, dass die Vertragsstaaten in Art. 1 EMRK „allen ihrer Hoheitsgewalt unterstehenden Personen" die Konventionsrechte „zusichern".[71] Darüber hinaus bedient man sich in Straßburg der dynamisch-evolutiven Auslegung[72] oder kontextualisiert Konventionsverpflichtungen in völkerrechtlichen Sachzusammenhängen[73]. Es fällt auf, dass der EGMR zunehmend selbständige, nicht an die abwehrrechtliche Dimension anknüpfende Schutzpflichten annimmt.[74]

---

63 BVerfGE 77, 170 (215); BVerfGE 115, 118 (159f.); BVerfGE 46, 160 (164); BVerfGE 92, 26 (46); BVerfGE 121, 317 (356f.).

64 Zusammengefasst bei *B. Pieroth/B. Schlink/T. Kingreen/R. Poscher* Grundrechte, 29. Aufl. 2013, Rn. 114.

65 BVerfGE 77, 170 (215); BVerfGE 92, 26 (46).

66 Ebd.

67 BVerfGE 88, 203 (254).

68 *H. Krieger*, Dörr/Grote/Marauhn (Fn. 31), Kap. 6 Rn. 24 ff.; dogmatisch differenzierend *S. Stahl* Schutzpflichten im Völkerrecht – Ansatz einer Dogmatik, 2012, 36 f.

69 *Krieger* (Fn. 68), Rn. 24.

70 EGMR No. 6833/74, A 31, § 31 – *Marckx* (Pl.) (zu Art. 8 EMRK, „Achtung"/ „respect"); No. 8978/80, A 91, § 27 – *X und Y v. Niederlande* (Art. 8 EMRK); No. 10126/82, A 139, § 31 – *Plattform „Ärzte für das Leben"* (Art. 11 EMRK).

71 EGMR No. 13134/87, A 247-C – *Costello-Roberts*; *Krieger* (Fn. 68), Rn. 29; *C. Grabenwarter/K. Pabel* Europäische Menschenrechtskonvention, 5. Aufl. 2012, § 19 Rn. 3.

72 EGMR No. 6286/73, A 32, § 24 – *Airey*.

73 EGMR No. 35763/97, Rep. 2001-XI, § 60 – *Al Adsani* (GK); No. 52207/99, Rep. 2001-XII, § 57 – *Banković u.a.* (GK); No. 25965/04, Rep. 2010, § 177 f. – *Rantsev*.

74 EGMR No. 14038/88, A 161, §§ 86 f. – *Soering (Pl.)*: Die EMRK wird hier als „objektive Werteordnung" bezeichnet. Allerdings merkt *Krieger* (Fn. 68) in Rn. 30 an,

Die Lehre nimmt diese Spruchpraxis im Wesentlichen zustimmend zur Kenntnis.[75]

Die Vertragsparteien des Internationalen Paktes über bürgerliche und politische Rechte sind nach dessen Art. 2 Abs. 2 dazu verpflichtet, alle „gesetzgeberischen oder sonstigen Vorkehrungen zu treffen, die notwendig sind, um den in diesem Pakt anerkannten Rechten Wirksamkeit zu verleihen". Ende des letzten Jahrhunderts setzte sich das dreidimensionale menschenrechtliche Verpflichtungskonzept „respect, protect, fulfill" in der Völkerrechtswissenschaft durch.[76] Dem folgte 2004 der Menschenrechtsausschuss in seiner allgemeinen Bemerkung Nr. 31 und stellte fest, dass der Pakt die Staaten auch zum Schutz der Einzelnen vor einer Beeinträchtigung ihrer Menschenrechte durch private Akteure verpflichtet.[77] Der Ausschuss präzisiert, dass die Staaten sich mit ausreichender Sorgfalt bemühen müssen, Rechtsbeeinträchtigungen durch Dritte zu verhindern, zu untersuchen und gegebenenfalls wieder gutzumachen.[78] Diese allgemeine Schutzpflicht wird durch zahlreiche vertragsspezifische Schutzpflichten ergänzt, darunter Art. 17 Abs. 2 des Zivilpaktes. Dieser beinhaltet einen Anspruch des Einzelnen auf rechtlichen Schutz gegen rechtswidrige Eingriffe in sein Privatleben.[79]

Sowohl im Rahmen der EMRK als auch auf der Grundlage des Paktes kommt, insoweit parallel zur Karlsruher Spruchpraxis, der staatlichen Einschätzungsprärogative als „margin of appreciation" respektive „discretion" große Bedeutung zu.[80]

---

dass diese Entscheidung wegen der Besonderheiten des Art. 3 EMRK nicht allgemein übertragbar sei; s.a. EGMR No. 48939/99, Rep. 2004-XII, § 135 – *Öneryildiz (GK)*; sowie *Grabenwarter/Pabel* (Fn. 71), § 19 Rn. 5.

75 *Krieger* (Fn. 68), Rn. 32 mit zahlreichen Nachweisen aus der Literatur.

76 *J. von Bernstorff* Extraterritoriale menschenrechtliche Staatenpflichten und Corporate Social Responsibility, Archiv des Völkerrechts 49 (2011), 34 (38).

77 Menschenrechtsausschuss (Fn. 39), Nr. 8.

78 Ebd.

79 *M. Nowak* U.N. Covenant on Civil and Political Rights. CCPR Commentary, 2. Aufl. 2005, Art. 17 Rn. 6–7.

80 Zur Rechtsfigur „margin of appreciation", wie sie der EGMR zur Anwendung bringt, *G. J. H. van Hoof* The Stubbornness of the European Court of Human Rights' Margin of Appreciation Doctrine, in: Y. Haeck (Hrsg.), The Realization of Human Rights, 2013, 125 ff.; *D. Spielmann* Allowing the Right Margin, The Cambridge Yearbook of European Legal Studies 14 (2011/12), 381 ff.; *J. Kratochvil* The Inflation of the Margin of Appreciation by the European Court of Human Rights, Netherlands Quarterly of Human Rights 29 (2011), 324 ff. Außerdem immer noch lesenswert *E. Brems* The Margin of Appreciation Doctrine in the Case-law of the European Court of Human Rights, ZaöRV 56 (1996), 240 ff. Die Spruchpraxis zu den beiden VN-Menschenrechtspakten verwendet den Begriff „discretion", zum IPbpR *E. Klein* The Duty to Pro-

b) Materiell-rechtlicher Ertrag des Schutzpflichtparadigmas im Verhältnis zu privaten Akteuren

Der materiell-rechtliche Ertrag des Schutzpflichtparadigmas im Hinblick auf private Akteure stellt sich ambivalent dar. Zwar wird die Existenz grund- und menschenrechtlicher Schutzpflichten anerkannt; das Bundesverfassungsgericht hat aber kaum jemals eine Schutzpflichtverletzung festgestellt:

Die Bandbreite der von der bundesverfassungsgerichtlichen Spruchpraxis erfassten Gefährdungen ist zunächst durchaus beeindruckend: risikobehaftete Kernkraftwerke[81], Flug-[82] und Straßenverkehrslärm[83] und saurer Regen[84], aber auch Abtreibungen[85], Aids-Infektionen[86] und der Einbruch in die Privatsphäre[87]. Ähnlich hat der EGMR Schutzpflichten in großer Vielfalt anerkannt,[88] sogar im Fall von Naturkatastrophen (so in den Entscheidungen *Budayeva* und *Öneryildiz*)[89] und im Hinblick auf Privatisierungsfolgen (so jüngst im Fall *Di Sarno* gegen Italien, in dem es um die Müllkrise in Neapel ging)[90]. Das Bundesverfassungsgericht und der EGMR haben ihre jeweilige Schutzpflichtrechtsprechung im Kontext bürgerlicher Freiheitsrechte entfaltet. Darüber geht der universelle Menschenrechtsschutz hinaus. Die einschlägige internationale Spruchpraxis erfasst auch sozioökonomische Rechte,[91] etwa Arbeits- und Sozialstandards[92] oder das Recht auf Wasser bei der Privatisierung zuvor öffentlicher Aufgaben[93].

---

tect and Ensure Human Rights under the International Covenant on Civil and Political Rights, in: ders. (Hrsg.), The Duty to Protect and to Ensure Human Rights, 2000, 295 ff., insbes. S. 315. Vergleichbarkeiten in den Blick nehmend *A. Legg* The Margin of Appreciation in International Human Rights Law, 2012, 38 ff.

[81] BVerfGE 49, 89; BVerfGE 53, 30.

[82] BVerfGE 56, 54.

[83] BVerfGE 79, 174.

[84] BVerfG NJW 1998, 3264.

[85] BVerfGE 39, 1; BVerfGE 88, 203.

[86] BVerfG NJW 2008, 2700.

[87] BVerfGE 34, 238.

[88] Übersicht bei *Krieger* (Fn. 68), Rn. 24 ff.; ausführlich zu den einzelnen Entwicklungen *A. Mowbray* The Development of Positive Obligations under the European Convention on Human Rights by the European Court of Human Rights, Oxford 2004.

[89] EGMR No. 48939/99, Rep. 2004-XII – *Öneryildiz* (GK); No. 15339/02 u.a., Rep. 2008 – *Budayeva u.a.*

[90] EGMR No. 30765/08 – *di Sarno u.a.* (2012).

[91] Nachweise bei *von Bernstorff* (Fn. 76), 38 f.

[92] S. dazu die Ausführungen bei *von Bernstorff* ebd., 40 f.

[93] Dazu ausführlich *von Bernstorff* ebd., 43 ff.

Weder auf grundgesetzlicher noch auf der völkerrechtlichen Ebene hat sich eine von der allgemeinen Schutzpflichtdogmatik prinzipiell abweichende Praxis für ausländische private Akteure entwickelt. Grundsätzlich unterscheiden die Spruchkörper nicht danach, ob der private Akteur, dem das grundrechtsgefährdende Verhalten zuzurechnen ist, aus dem In- oder Ausland stammt. Das lässt auch der Fall einer auf Zypern offensichtlich in der Folge von Menschenhandel zu Tode gekommenen russischen Staatsangehörigen erkennen (der Fall *Rantsev*),[94] in dem der EGMR eine Verletzung von Art. 4 EMRK sowohl durch Russland als auch durch Zypern feststellte. Unterschiede ergeben sich jedoch aus den tatsächlichen und rechtlichen Einwirkungsmöglichkeiten des in die Pflicht genommenen Staates.[95] Dabei eröffnet die allseits eingeräumte Entscheidungsprärogative des Staates hinreichend Spielraum.[96]

Zurück zur Ambivalenz des materiell-rechtlichen Ertrags: Wie erklärt es sich, dass das Bundesverfassungsgericht zwar die Existenz von Schutzpflichten gegenüber Privaten, aber so gut wie keine Schutzpflichtverletzungen festgestellt hat? Diese Frage ist besonders virulent, wenn man bedenkt, dass die Bilanz von EGMR und anderen internationalen Spruchkörpern insoweit anders aussieht. Entgegen intuitiven Annahmen, dies liege an einer höheren Kontrolldichte oder illustriere eine fortschrittlichere Rechtsprechung, ist Folgendes festzustellen: Das einfache Recht in Deutschland ist so ausdifferenziert, dass es den grundrechtlichen Schutzpflichten im Regelfall genügt. Schutzpflichtverletzungen feststellende Entscheidungen etwa des EGMR betrafen dagegen nicht selten Rechtsordnungen mit gravierenden einfachrechtlichen Defiziten. Daraus kann man schließen, dass der Schlüssel zur Lösung aktueller Herausforderungen beim Rechtsgüterschutz gegenüber in- und ausländischen privaten Akteuren auf der Ebene des einfachen Rechts liegt, nicht auf der des Grund- und Menschenrechtsschutzes. Dieser leistet, abgesehen von der Möglichkeit, die Schutzpflichten bei der Rechtfertigung von Eingriffen zu instrumentalisieren, nur Hilfestellung, um den Gesetzgeber überhaupt in Bewegung zu setzen.

[94] EGMR No. 25965/04, Rep. 2010, § 272 ff. – *Rantsev.*

[95] EGMR No. 10126/82, A 139, §§ 34, 36 – *Plattform „Ärzte für das Leben"*; No. 16798/90, A 303-C, § 51 – *López Ostra*; No. 25965/04, Rep. 2010, §§ 207, 218 f., 285 – *Rantsev.*

[96] St. Rspr: EGMR No. 9214/80 u.a., A 94, § 67 – *Abulaziz u.a.* (Pl.); No. 10126/82, A 139, § 34 – *Plattform „Ärzte für das Leben"*; No. 16798/90, A 303-C, § 51 – *López Ostra*; No. 36022/97, Rep. 2003-VIII, § 98 – *Hatton u.a.* (GK); Nos. 4149/04 u. 41029/04, Rep. 2012, § 62 – *Aksu* (GK); s.a. *Krieger* (Fn. 68), Rn. 65 ff.

c) *Schutzpflichten gegenüber ausländischer Hoheitsgewalt*

Sind Schutzpflichten gegenüber privatursächlichen Gefährdungen grundsätzlich anerkannt, ist aber noch zu klären, ob und inwieweit dem Staat Schutzpflichten gegenüber einer auf das Inland einwirkenden ausländischen Staatsgewalt obliegen.

Das Bundesverfassungsgericht hat in seiner Spruchpraxis eine solche grundrechtliche Schutzpflicht ausdrücklich anerkannt.[97] Schon früh hatte das Gericht eine Pflicht der Bundesrepublik zum diplomatischen Schutz ihrer Bürger angenommen. Wie dieser Pflicht Genüge getan wird, hängt von den außenpolitischen und völkerrechtlichen Rahmenbedingungen ab. Im Hess-Beschluss[98] führte das Gericht nicht nur aus, dass „den Organen der Bundesrepublik Deutschland ... von Verfassungs wegen die Pflicht zum Schutz deutscher Staatsangehöriger und ihrer Interessen gegenüber fremden Staaten obliegt“[99], sondern stellte außerdem fest, dass „der Bundesregierung hinsichtlich der Frage, ob und in welcher Weise sie Auslandsschutz gewährt, ein weites Ermessen zusteht“[100]. Dass der Anspruch nicht auf eine bestimmte Entscheidung, sondern auf eine ermessensfehlerfreie Entscheidung lautet, hat das Gericht in seiner Entscheidung über die Ostverträge betont.[101] Im Pershing-[102] und im C-Waffen-Beschluss[103] schließlich unterstreicht das Gericht die besondere Einschätzungsprärogative der Bundesregierung in sicherheits- und verteidigungspolitischen Fragen.

Der EGMR hat jüngst eine interessante Entscheidung im Fall *Ilaşcu* gegen Moldawien und Russland[104] getroffen. Es ging um massive Menschenrechtsverletzungen in dem nach Sezession strebenden Teil des moldawischen Staatsgebiets, Transnistrien, über das Moldawien keine effektive Kontrolle mehr hatte. Der EGMR entschied, dass aus Art. 1 EMRK eine positive Handlungspflicht Moldawiens resultiert, diplomatische und andere Maßnahmen gegenüber ausländischen Staaten (im konkreten Fall Russland) zu ergreifen, um die Konventionsrechte seiner Bürger zu ge-

---

[97] *P. Badura* HStR II, 2006, § 47 Rn 24; *E. Klein* Grundrechtliche Schutzpflicht des Staates, NJW 1989, 1633 (1635).

[98] BVerfGE 55, 349 (364).

[99] Ebd.

[100] Ebd.

[101] BVerfGE 40, 141 (178).

[102] BVerfGE 66, 39 (61).

[103] BVerfGE 77, 170.

[104] EGMR No. 48787/99, Rep. 2004-VII – *Ilaşcu u.a.* (GK).

währleisten.[105] Zwar komme dem Staat hier ein Ermessensspielraum zu, aber ein Mindeststandard dürfe nicht unterschritten werden.[106]

Im Fall des Erlangener Studenten wird man grundsätzlich einen Anspruch auf Schutz gegenüber dem ausländischen Hoheitsträger bejahen können. Allerdings – und das machen auch die Stellungnahmen im NSA-Untersuchungsausschuss deutlich[107] – steht der Bundesregierung im Umgang mit der NSA eine substanzielle Einschätzungsprärogative zu, so dass die Reichweite dieses Anspruchs begrenzt ist. Keine andere Schlussfolgerung resultiert aus Art. 17 Abs. 2 des Zivilpaktes[108] und dem 2013 veröffentlichten Bericht des Sonderberichterstatters der Vereinten Nationen für das Recht auf Meinungsfreiheit und freie Meinungsäußerung[109]. Ein wirklich effektiver Schutz der Privatsphäre im Internet dürfte aber kaum auf der Grundlage allein einzelstaatlicher Schutzmaßnahmen zu erreichen sein. Erforderlich ist vielmehr multilaterales Handeln wie im Fall der 2013 verabschiedeten Resolution der VN-Generalversammlung zur Privatsphäre im Internet[110].

d) Extraterritoriale Schutzpflichten

Geklärt ist damit die innerstaatliche Reichweite von Schutzpflichten. Aber schützen Schutzpflichten auch die ausländische Bevölkerung außerhalb des grund- und menschenrechtsverpflichteten Staates? Wirken Schutzpflichten extraterritorial?

Der Fall der Gefährdung durch einen ausländischen Hoheitsträger lässt sich anhand jüngst bekannt gewordener Facetten des US-amerikanischen Anti-Terror-Kampfes beleuchten:[111] Hat ein südsudanesischer Terrorverdächtiger einen Anspruch auf Schutz gegen die Bundesrepublik, wenn sein Leben durch eine von Deutschland aus gesteuerte US-amerikanische Drohne gefährdet wird? Grundsätzlich wird man eine Schutz-

---

[105] EGMR No. 48787/99, Rep. 2004-VII, § 331 – *Ilaşcu u.a.* (GK).

[106] EGMR No. 48787/99, Rep. 2004-VII, § 334 – *Ilaşcu u.a.* (GK).

[107] Stellungnahmen der Sachverständigen *H.-J. Papier* abrufbar unter <http://www.bundestag.de/blob/280842/9f755b0c53866c7a95c38428e262ae98/mat_a_sv-2-2-pdf-data.pdf> und *W. Hoffmann-Riem* (Fn. 52) in der Sitzung des NSA-Untersuchungsausschusses am 22.5.2014.

[108] *Nowak* (Fn. 79), Rn. 6–7.

[109] *Human Rights Council* Report of the Special Rapporteur on the Promotion and Protection of the Right to Freedom of Opinion and Expression, Frank La Rue, 2013, UN Doc. A/HRC/23/40 vom 17.04.2013.

[110] *UN General Assembly* The Right to Privacy in the Digital Age, 2014, UN Doc. A/RES/68/167 vom 18.12.2013.

[111] Lesenswert *C. Fuchs/J. Goetz* Geheimer Krieg: Wie von Deutschland aus der Kampf gegen den Terror gesteuert wird, 2013.

pflicht bejahen müssen – und zwar auch im Lichte des Rechts der Staatenverantwortlichkeit[112]. Nicht nur geht die Gefährdung von deutschem Territorium aus. Kraft Überlassung der Liegenschaft an die Vereinigten Staaten[113] wird noch eine weitere hoheitliche Ursache durch Deutschland gesetzt: das US-amerikanische Hauptquartier für Afrika-Operationen, Africom, liegt in Stuttgart. Zwar dürfte die Reichweite der Schutzpflicht wiederum begrenzt sein. Zumindest müsste die Bundesregierung aber gegenüber den USA dahingehend vorstellig werden, dass nach deutscher Auffassung gezielte Tötungen von Terrorverdächtigen außerhalb bewaffneter Konflikte regelmäßig völkerrechtswidrig sind.[114]

Schwieriger dürfte die Frage zu beantworten sein, ob die Bundesrepublik Deutschland auch zugunsten der südafrikanischen Bevölkerung tätig werden muss, um überhöhten Preisen für Antiretrovirale durch ein deutsches Unternehmen entgegenzuwirken.[115] Dabei geht es um den Schutz einer ausländischen Bevölkerung vor privatursächlichen Gefährdungen. Der Private handelt als transnationales Wirtschaftssubjekt und entzieht sich dadurch teilweise dem Zugriff des deutschen Rechts, das auf der Grundlage des Personalitätsprinzips, nicht aber auf der des Territorialitätsprinzips angewendet werden kann. Hier bieten sich die 2011 vom Menschenrechtsrat der Vereinten Nationen verabschiedeten Leitprinzipien zu „Business und Menschenrechten"[116] an, die in ihrem ersten Teil

---

[112] S. hierzu insbes. die Studie über gezielte Tötungen, die als Addendum zum Bericht des Sonderberichterstatters über außergerichtliche, summarische oder willkürliche Hinrichtungen, *Philip Alston*, im Auftrag des VN-Menschenrechtsrates erstellt wurde, UN Doc. A/HRC/14/24/Add.6 vom 28.5.2010 sowie *A. Zimmermann* Völkerrechtliche Fragen des Einsatzes bewaffneter Drohnen: Menschenrechtsschutz versus Terrorismusbekämpfung?, MenschenRechtsMagazin 18 (2013), 96 ff.

[113] Ich halte es zwar nicht für zutreffend, von fortbestehendem Besatzungsrecht zu sprechen, da die Überlassung von Liegenschaften zwischen der Bundesrepublik und den Vereinigten Staaten insgesamt auf vertraglichen Grundlagen beruht; im Übrigen eröffnet *J. Wolf* Der rechtliche Nebel der deutsch-amerikanischen „NSA-Abhöraffäre", JZ 2013, 1039 ff. aber weiterführende Einsichten in die mit der Überlassung von Liegenschaften verbundene Gemengelage. Wichtig ist es, dass sich an der Zuordnung zum deutschen Staatsgebiet nichts ändert und dieses den US-amerikanischen Streitkräften nur zur Nutzung überlassen wird.

[114] Umfassend *N. Melzer* Targeted Killing in International Law, 2008 und *M. F. Höfer* Gezielte Tötungen, 2013. Im Kontext des Einsatzes unbemannter Systeme *C. Schaller* Gezielte Tötungen und der Einsatz von Drohnen, Humanitäres Völkerrecht 24 (2011), 91 ff. und *T. Marauhn* Der Einsatz unbemannter bewaffneter Drohnen im Lichte des geltenden Völkerrechts, Arbeitspapiere der Deutschen Stiftung Friedensforschung Nr. 9 (2013), 26 (46 ff.).

[115] Nachweise in Fn. 14.

[116] UN Guiding Principles on Business and Human Rights, UN Doc. A/HRC/17/31, 6 ff., <http://www.ohchr.org/Documents/Publications/GuidingPrinciplesBusinessHR_EN.

auch an den Heimatstaat transnationaler Unternehmen gerichtete Schutzpflichten beinhalten.[117] Die Leitprinzipien etablieren dann in einem zweiten Abschnitt eine „weiche" Unternehmensverantwortung im Sinne einer „corporate social responsibility"[118] und fordern schließlich von den Staaten ein effektives Rechtsschutzsystem[119]. So sehr dies den Blick auf die Verantwortung des Heimatstaates eines transnational tätigen Unternehmens lenkt, so sehr bricht sich die Extraterritorialität der Schutzpflicht insoweit aber an der Spruchpraxis des EGMR und einschlägiger Menschenrechtsorgane, die dafür eine „tatsächliche Kontrolle" oder ein dieser angenähertes Maß an Kontrolle verlangen.[120] Eine solche liegt bei transnational tätigen Unternehmen typischerweise nicht vor, und eine Absenkung dieser Anforderungen auf der Grundlage der zum Internationalen Pakt über wirtschaftliche, soziale und kulturelle Rechte geführten Extraterritorialitätsdebatte, die eine faktische Kontrolle über das Unternehmen ausreichen lassen könnte,[121] ist zurzeit völkerrechtlich kaum vertretbar. Auch ist unklar, wie weit eine solche extraterritoriale Schutzpflicht reichen könnte und sollte, so dass man jedenfalls im zweiten hier genannten Fall *de lege lata* die Extraterritorialität von Schutzpflichten kaum begründen kann.

e) Die Durchsetzung von Schutzpflichten

Ist somit die Existenz und Reichweite grund- und menschenrechtlicher Schutzpflichten dargetan, stellt sich noch die Frage nach ihrer Durchsetzung.

Die aufgezeigten grund- und menschenrechtlichen Schutzpflichten lassen sich zunächst auf der Ebene der allgemeinen oder der Fachgerichtsbarkeit geltend machen. Soweit Unionsrecht zur Anwendung kommt,

---

pdf>. Dazu *S.A. Aaronson*/*I. Higham* „Re-Righting Business". John Ruggie and the Struggle to Develop International Human Rights Standards for Transnational Firms, Human Rights Quarterly 35 (2013), 333 ff. und *S. Massoud* Die Guiding Principles on Business and Human Rights – eine absehbar begrenzte UN-Agenda, KJ 46 (2013), 7 ff.

[117] Zur Rolle des Staates bei der Implementierung dieser Prinzipien s. *B. Faracik* The Role of the State in Implementing the UN Guiding Principles on Human Rights and Business with Special Consideration of Poland, The Polish Yearbook of International Law 31 (2012), 349 ff.

[118] Teil II, Nrn. 11–24 der Principles (Fn. 116).

[119] Teil III, Nrn. 25–31 der Principles (Fn. 116).

[120] EGMR No. 52207/99, § 71 – *Banković u.a.*; Allgemeine Bemerkung Nr. 31 des Menschenrechtsausschusses (Fn. 39), Nr. 10.

[121] *J. von Bernstorff* Völkerrechtliche Verantwortung für menschenrechtswidriges Handeln transnationaler Unternehmen, INEF Forschungsreihe Menschenrechte, Unternehmensverantwortung und Nachhaltige Entwicklung 05/2010, 23.

sind die unionalen Rechtsschutzmöglichkeiten einzubeziehen, wie im Fall des auf ein Vorabentscheidungsverfahren zurückgehenden *google*-Urteils.[122]

Im Übrigen ist auf den verfassungsgerichtlichen Rechtsschutz, insbesondere die Verfassungsbeschwerde, zu verweisen. Dabei ist allerdings zu bedenken, dass das Bundesverfassungsgericht in seinem C-Waffen-Beschluss recht hohe Anforderungen an die Beschwerdebefugnis formuliert hat und die Kontrolldichte auf der Grundlage des Schutzpflichtparadigmas deutlich reduziert ist.[123] Nach Durchlaufen der innerstaatlichen Rechtsschutzmöglichkeiten ist zudem eine Beschwerde zum EGMR angezeigt. Jenseits dessen gibt es quasi-gerichtlichen Rechtsschutz etwa vor dem Menschenrechtsausschuss oder vor nationalen Kontaktstellen der OECD.[124]

Trotz allem sollte das Schutzpflichtparadigma nicht überschätzt und eher als Verweis auf das einfache Recht und – falls dieses fehlt – als Gesetzgebungsauftrag verstanden werden.

3. *Das Paradigma der Drittwirkung*

a) *Grundlagen*

Lassen sich grund- und menschenrechtliche Standards auch im Wege einer unmittelbaren Bindung privater in- oder ausländische Akteure sichern? Kann ein Einzelner sich gegenüber transnationalen Rohstoff-

---

[122] EuGH,Urt. v. 13.05.2014 – Rs. C-131/12 (Google Spain SL und Google Inc./ AEPD und Costeja González), noch nicht in der amtl. Slg. veröffentlicht. S. dazu nur *P. Szczekalla* Sicherung grund- und menschenrechtlicher Standards gegenüber neuen Gefährdungen durch private und ausländische Akteure, DVBl. 2014, 1108 (1111 f.).

[123] BVerfGE 77, 170 (215).

[124] Zur Individualbeschwerde vor dem Menschenrechtsausschuss, s. oben Fn. 55; im Rahmen des Pakts über wirtschaftliche, soziale und kulturelle Rechte ist erst jüngst ein Individualbeschwerdeverfahren ausgehandelt worden, s. dazu die Debatte bei *M. J. Dennis/D. P. Stewart* Justiciability of Economic, Social, and Cultural Rights: Should There be an International Complaints Mechanism to Adjudicate the Rights to Food, Water, Housing, and Health?, AJIL 98 (2004), 462 ff. und die Auseinandersetzung mit dem schließlich vereinbarten Procedere bei *R. Grote* The Optional Protocol to the International Covenant on Economic, Social and Cultural Rights, in FS Rüdiger Wolfrum Bd. 1, 2012, 417 ff. Gemäß den OECD-Leitsätzen für multinationale Unternehmen ist jede Regierung, die sich den OECD-Leitsätzen angeschlossen hat, verpflichtet, eine Nationale Kontaktstelle einzurichten; diese ist in Deutschland im Bundesministerium für Wirtschaft und Energie im Referat VC3 (Auslandsinvestitionen, Nationale Kontaktstelle OECD-Leitsätze) angesiedelt; s. dazu <http://www.bmwi.de/DE/Themen/Aussenwirtschaft/Internationale-Gremien/oecd-leitsaetze,did=429916.html>.

oder Pharmaunternehmen auf die Grund- und Menschenrechte berufen?

Die deutsche Rechtsprechung und Lehre lehnen eine unmittelbare Drittwirkung von Grundrechten ab, erkennen aber eine mittelbare Drittwirkung über das einfache Recht an.[125] Auf der Ebene des Völkerrechts wird eine Bindung privater Akteure an menschenrechtliche Standards regelmäßig abgelehnt und stattdessen entweder allgemein auf positive Pflichten der Vertragsstaaten oder im Speziellen auf das Schutzpflichtparadigma verwiesen.[126]

b) Völkerrechtsunmittelbare Pflichten

In Anbetracht der aufgezeigten Grenzen des Schutzpflichtparadigmas und trotz der generellen Zurückhaltung gegenüber einer Privatwirkung von Grund- und Menschenrechten ist jüngst die Möglichkeit völkerrechtsunmittelbarer menschenrechtlicher Pflichten transnationaler Wirtschaftsunternehmen diskutiert worden.

In ihrer 2014 erschienenen Monographie „Jenseits der Menschenrechte"[127] formuliert *Anne Peters*, dass „eine nur mittelbare ‚Bindung' der Individuen an das Völkerrecht (…) nicht in jedem Fall ausreicht, um die Ziele des Völkerrechts zu erreichen"[128], besonders wenn ein Staat völkerrechtliche Vorschriften nicht oder nicht ordnungsgemäß umsetzen kann oder will. *Anne Peters* argumentiert, dass die Schwäche staatlicher und die Stärke privater Akteure solche Situationen häufiger als in der Vergangenheit entstehen lässt und begründet damit einen globalen Regulierungsbedarf.[129] „(W)enn der praktische Nutzen einer völkerrechtsunmittelbaren Individualpflicht die Legitimationsbedenken überwiegt" (so *Peters*)[130], dann sei eine entsprechende völkerrechtliche Regulierung nicht nur möglich, sondern sogar geboten.

Dieser Ansatz adressiert überzeugend die begrenzte Reichweite des Schutzpflichtparadigmas und die seiner extraterritorialen Anwendbarkeit entgegenstehenden Probleme. Auch ist – mit den Worten *Jochen von Bernstorffs* – nicht zu bestreiten, dass manche Unternehmen „endemische

---

[125] Statt aller *H.-J. Papier* Drittwirkung der Grundrechte, in: D. Merten/H.-J. Papier (Hrsg.), Handbuch der Grundrechte in Deutschland und Europa II, 2006, § 55.

[126] S. dazu beispielsweise *A. Emmerich-Fritsche* Zur Verbindlichkeit der Menschenrechte für transnationale Unternehmen, AVR 45 (2007), 541 ff.

[127] *A. Peters* Jenseits der Menschenrechte. Die Rechtsstellung des Individuums im Völkerrecht, 2014.

[128] Ebd., 68.

[129] Ebd., 68–70.

[130] Ebd., 69.

Korruption und schwache staatliche Strukturen im Gastland nutzen, um soziale und ökologische Mindeststandards bewusst zu unterschreiten oder … menschenrechtswidrige Herrschaftsverhältnisse … zu perpetuieren“[131]. Abgesehen von der aus Legitimationsgesichtspunkten nicht unproblematischen Verlagerung von Auslegungs- und Anwendungsentscheidungen auf transnationale politische, justizielle und quasi-justizielle Spruchkörper[132] sprechen vor allem die völkerrechtspolitischen Rahmenbedingungen[133] gegen den dogmatisch gleichwohl ansprechenden Ansatz.

c) *Zivil- und kollisionsrechtliche Sicherungen*

Wenn die Paradigmen der Schutzpflicht und der Drittwirkung die eingangs aufgeworfene Frage nach der Sicherung grund- und menschenrechtlicher Standards gegenüber neuen Gefährdungen durch private und ausländische Akteure nur unzureichend beantworten, ist nach Alternativen zu suchen, um den Rechtsgüterschutz gegenüber Privaten wenigstens der Sache nach zu realisieren.

Auf internationaler Ebene haben die OECD und die Vereinten Nationen eine Reihe von „weichen“ Regulierungsansätzen verfolgt.[134] Die OECD-Richtlinien für multinationale Unternehmen, die Menschen-

---

[131] *von Bernstorff* (Fn. 76), 34.

[132] Wesentliche Weiterentwicklungen des Völkerrechts lassen sich in Anbetracht des konsensualen Modells der Rechtsgeltung nicht durch nur mit begrenzter Legitimation ausgestattete Streitbeilegungseinrichtungen betreiben; vielmehr bedarf es trotz aller Veränderungen von Staatlichkeit zwischenstaatlicher Willensbildungsprozesse (s. dazu nur *T. Marauhn* Changing Role of the State, in: D. Bodansky/J. Brunnée/E. Hey (Hrsg.), The Oxford Handbook of International Environmental Law, 2008, 727 (732 ff.)). *Peters* (Fn. 127), 95–97 stellt ihre Überlegungen zu völkerrechtlichen Individualpflichten daher zu Recht weitgehend als solche *de lege ferenda* dar.

[133] Dass Staaten sich derzeit verstärkt darum bemühen, völkerrechtliche Prozesse vom „driver's seat“ aus zu steuern, lässt sich u.a. an Verhandlungsprozessen im Bereich des humanitären Völkerrechts exemplifizieren. Die vorübergehend starke Rolle der Gerichte (beispielsweise des Jugoslawien-Tribunals) und des Internationalen Komitees vom Roten Kreuz (IKRK) ist bei der Erarbeitung eines Durchsetzungsmechanismus für das Humanitäre Völkerrecht, der so genannten „Swiss ICRC Initiative“ zur Umsetzung von Resolution 1 der 31. Rotkreuz- und Rothalbmond-Konferenz, deutlich zurückgenommen. Zum Verhandlungsprozess s. <https://www.icrc.org/eng/what-we-do/other-activities/development-ihl/strengthening-legal-protection-compliance.htm>.

[134] Zu erwähnen sind etwa die OECD-Leitsätze für multinationale Unternehmen, in der Ausgabe 2011 abrufbar unter <http://www.oecd.org/corporate/mne/48808708.pdf> und die schon genannten Leitprinzipien der Vereinten Nationen für Wirtschaft und Menschenrechte (Fn. 116); s. aber auch den Global Compact, dessen Inhalte abrufbar sind unter <https://www.unglobalcompact.org/languages/german/>. Zum Global Compact *B. Hamm* Der Global Compact und der Schutz der Menschenrechte, in: H. Volger (Hrsg.), Die Vereinten Nationen vor globalen Herausforderungen, 2011, 153 ff.

rechtsstandards beinhalten, bieten über die Einschaltung Nationaler Kontaktstellen ein Streitbeilegungsverfahren an. Daneben sind etwa Mechanismen der Internationalen Arbeitsorganisation zu nennen.[135] Neuerdings gibt es „weiche" Standards sogar für Sicherheits- und Militärdienstleister.[136]

Auf innerstaatlicher Ebene sollte dem einfachen Recht mehr Aufmerksamkeit zukommen. Selbstverpflichtungen zur Einhaltung grund- und menschenrechtlicher Standards kommt etwa bei der Ausfüllung von Sorgfaltsmaßstäben, einem Teilaspekt des Paradigmas der Privatwirkung, Bedeutung zu.[137] Das Recht der Auftragsvergabe lässt sich mit Blick auf private Sicherheits- und Militärdienstleister operationalisieren;[138] das Wettbewerbsrecht kann – wie ein südafrikanischer Fall zeigt[139] – die unternehmerische Preispolitik für Antiretrovirale menschenrechtlich einhegen. Die Relevanz des Deliktsrechts, gegebenenfalls gekoppelt mit dem Kollisionsrecht, illustrieren nicht nur die unter dem *Alien Tort Statute* ergangenen Entscheidungen US-amerikanischer Gerichte[140] sondern auch

---

[135] Zum Verhältnis zwischen Internationaler Arbeitsorganisation (ILO) und Menschenrechten *Peters* (Fn. 127), 407 ff.

[136] Das dem *soft law* zuzurechnende Montreux-Dokument nimmt im Wesentlichen staatliche Pflichten gegenüber privaten Sicherheits- und Militärdienstleistern in den Blick; s. dazu *K. Odendahl* Die Bindung privater Militär- und Sicherheitsfirmen an das humanitäre Völkerrecht unter besonderer Berücksichtigung des Dokuments von Montreux, AVR 48 (2010), 226 ff. Demgegenüber handelt es sich bei dem *International Code of Conduct for Private Security Service Providers* um einen von staatlichen und privaten Akteuren gemeinsam erarbeiteten Verhaltenskodex; dazu *T. Marauhn* Private Military Contractors – Mercenaries Outside the Scope of Law?, in: T. Eger/S. Oeter/S. Voigt (Hrsg.), Economic Analysis of International Law, 2014, 119 ff.

[137] S. dazu nur *A. Hennings* Über das Verhältnis von multinationalen Unternehmen zu Menschenrechten, 2009, 117 ff. und 133 ff.

[138] So die dritte der 2011 veröffentlichten Empfehlungen eines EU-finanzierten Konsortiums von insgesamt sieben europäischen Universitäten (FP-Projekt Nr. 217405; Projektdauer: Januar bis Juni 2011; Projektwebsite: <http://priv-war.eu/>), an dem das Europäische Hochschulinstitut in Florenz (Koordinator), die Libera Università Internazionale degli Studi Sociali Guido Carli in Rom, die Justus-Liebig-Universität Gießen, die University of Sheffield, die Riga Graduate School of Law, die Universiteit Utrecht und die Université Panthéon-Assas in Paris beteiligt waren. Eine deutsche Übersetzung der online unter <http://ec.europa.eu/research/social-sciences/pdf/priv-war-recommendations_en.pdf> in englischer Sprache abrufbaren Empfehlungen ist abgedruckt bei *T. Marauhn* Die Privatisierung von Militäreinsätzen: Völkerrechtliche Rahmenbedingungen einer Einbeziehung privater Militär- und Sicherheitsdienste, in: Weingärtner/Krieger (Fn. 44), 161 (173 f.).

[139] Nachweise in Fn. 14.

[140] Dazu statt aller *M. Schaub* Verantwortlichkeit von Unternehmen unter dem Alien Tort Statute, AVR 49 (2011), 124 ff. sowie *L. Reynolds*/*M. Zimmer* Haften Unternehmen nach dem US-amerikanischen Alien Tort Statute?, RIW 58 (2012), 139 ff.

Entscheidungen niederländischer Gerichte sowohl im Fall der „Mütter von Srebrenica"[141] als auch betreffend *Shell Nigeria*[142]. Jüngst demonstrieren selbst deutsche Zivilgerichte eine Offenheit gegenüber dem Deliktsrecht, wenn auch zunächst – wie in den Fällen *Distomo*[143], *Varvarin*[144] und *Kunduz*[145] – an der Schnittstelle zwischen völkerrechtlich begründeter Staatenverantwortlichkeit und innerstaatlichem Staatshaftungsrecht. Soweit die jeweiligen Klagen aus immunitätsrechtlichen Gründen nicht erfolgreich waren, eröffnen die Verfahren gleichwohl oder erst recht eine Perspektive gegenüber ausländischen privaten Akteuren, denen regelmäßig keine Immunität zukommt. Spielräume für eine grund- und menschenrechtlich veranlasste Weiterentwicklung des deutschen Delikts- und des Kollisionsrechts illustriert ein 2013 vorgelegter Bundestagsantrag der Fraktion Bündnis 90/Die Grünen.[146] Einwenden hiergegen lassen sich auch nicht einige jüngere, den *Alien Tort Statute* restriktiv auslegende Entscheidungen des US-amerikanischen *Supreme Court*.[147] Sie vermögen

---

[141] Entscheidung des obersten niederländischen Gerichts (Hoge Raad der Nederlanden) vom 13.4.2012, Az. 10/04437, abrufbar in englischer Sprache unter <http://www. rechtspraak.nl/Organisatie/Hoge-Raad/Supreme-court/Summaries-of-some-important-rulings-of-the-Supreme-Court/Pages/Ruling-Dutch-Supreme-Court-Mothers-of-Srebrenica.aspx>. Zusammenfassung und Würdigung auch nachzulesen bei *J. Cogan* International Decisions: Stichting Mothers of Srebrenica v. Netherlands, AJIL 107 (2013), 884 ff.

[142] Entscheidung der Rechtbank Den Haag im Fall Akpan v. Royal Dutch Shell vom 30.1.2013, in niederländischer Sprache abrufbar unter <http://uitspraken.rechtspraak.nl/inziendocument?id=ECLI:NL:RBDHA:2013:BY9854>; zusammengefasst von *P. Bekker* und *B. Prelogar*, online abrufbar unter <http://www.steptoe.com/publications-newsletter-714.html>.

[143] BGHZ 155, 279.

[144] BGHZ 169, 349.

[145] LG Bonn, Entscheidung vom 11.12.2013 (Az. 1 O 460/11); zur Auseinandersetzung über den Staatshaftungsanspruch *E. Henn* Der Fall „Kunduz". Amtshaftung am Scheideweg?, Humanitäres Völkerrecht 26 (2013), 83 ff.

[146] BT-Drs. Drucksache 17/13916 vom 12.6.2013.

[147] US-amerikanische Gerichte haben in mehreren Fällen entschieden, dass die Zuständigkeit nach dem Alien Tort Statute nur greift, wenn es einen inländischen Anknüpfungspunkt gibt. In U.S. Supreme Court, Kiobel v. Royal Dutch Petroleum Co., 133 S.Ct. 1659 (2013) ging es um Ersatzansprüche nigerianischer Kläger gegen Royal Dutch wegen Umweltschäden; in Second Ciruit, Balintulo v. Daimler AG, 727 F.3d 174 (2013) machten Apartheidopfer Ansprüche gegen transnational tätige Unternehmen geltend und in U.S. Supreme Court, Daimler AG v. Bauman, et al., 134 S.Ct. 746 (2014) war über Ansprüche von Diktaturopfern gegenüber Unternehmen zu entscheiden. Die restriktive Auslegung des Alien Tort Statute wird insbesondere von Nichtregierungsorganisationen kritisiert. Zu den Auseinandersetzungen statt aller *J. von Bernstorff/M. Jacob/J. Dingfelder Stone* The Alien Tort Statute Before the US Supreme Court in

weder rechtsdogmatisch noch rechtspolitisch wirklich zu überzeugen – und sie erschweren allein den Zugang zu US-amerikanischen Gerichten.

Summa summarum gibt es also Sicherungsmechanismen jenseits der klassischen Grund- und Menschenrechtsdogmatik. Entscheidend ist nicht das *Labeling*, sondern der effektive Rechtsgüterschutz. Wie dieser erreicht wird, ist weniger wichtig, als dass er erreicht wird.

III. Grund- und menschenrechtlich veranlasster einfachgesetzlicher Rechtsgüterschutz

Es ist kaum zu bestreiten, dass viele der kraft der Grund- und Menschenrechte gegenüber dem Staat gesicherten Rechtsgüter wachsenden Gefährdungen privater und ausländischer Akteure ausgesetzt sind. Der in Wissenschaft und Rechtsprechung beschrittene Weg über die drei genannten Paradigmen eröffnet eine Perspektive, die allerdings dogmatisch mehr verspricht als sie praktisch halten kann. Das erstaunt insoweit nicht, als diese Paradigmen allesamt auf das einfache Recht verweisen, das grund- und menschenrechtlich fundierten Rechtsgüterschutz anbieten kann und soll. Dass dieses nicht zu einem allumfassenden wasserdichten Grund- und Menschenrechtsschutz führt, mag manchen enttäuschen. Es trägt dies aber einer angemessenen dogmatischen Bescheidenheit Rechnung, die das Kernanliegen des Grund- und Menschenrechtsschutz nicht relativieren will. Es kann nicht stets um neue dogmatische Ausbaustufen des Grund- und Menschenrechtsschutzes gehen. Im Vordergrund muss ein möglichst *effektiver* Schutz individueller Freiheiten stehen. Deshalb schadet eine undifferenzierte Berufung auf die Menschenrechte (so eine zugespitzte Formulierung von *Karl Doehring* in der Festschrift für *Rudolf Bernhardt*)[148] mehr als sie nutzt, ist doch, wie die ehemalige deutsche Richterin am Europäischen Gerichtshof für Menschenrechte, *Renate Jäger*, jüngst formuliert hat, nicht jede Rechtsfrage eine Menschenrechtsfrage.[149]

Dies gilt besonders, wenn man eine globale Perspektive einnimmt. Zwar sollten die auf die Integrität des Menschen bezogenen Standards

---

the Kiobel Case: Does International Law Prohibit US Courts to Exercise Extraterritorial Civil Jurisdiction over Human Rights Abuses Committed Outside of the US?, ZaöRV 72 (2012), 579 ff.

[148] *K. Doehring* Die undifferenzierte Berufung auf Menschenrechte, FS Rudolf Bernhardt, 1995, 355 ff.

[149] Wiedergegeben bei *H. Bubrowski* Mehr Freiheit für die Parlamente, FAZ vom 2.7.2014 (Zeitgeschehen).

nicht hintergehbar sein. Der globale Norden muss sich aber der Tatsache bewusst werden, dass das Ende des Kalten Krieges weder normativ noch politisch das „Ende der Geschichte“ (*Fukuyama*) war.[150] Es sieht gegenwärtig alles danach aus, dass die Welt im 21. Jahrhundert nicht von einem Wertesystem allein dominiert werden wird, auch nicht von den von uns geschätzten rechtsstaatlichen und demokratischen Werten.[151]

Grund- und Menschenrechte veranlassen einen hochwertigen einfachgesetzlichen Rechtsgüterschutz. Diesen sinnvoll zu nutzen, ohne sich dem Vorwurf eines deutschen, europäischen oder gar „westlichen“ Grundrechtsoktroi auszusetzen, ist sicher die globale Herausforderung im Menschenrechtsschutz. Dies gilt gleichermaßen für Zivilgesellschaft, Politik, Justiz und Diplomatie.

---

[150] *F. Fukuyama* The End of History and the Last Man, 1992.

[151] *C. A. Kupchan* No One’s World: The West, the Rising Rest, and the Coming Global Turn. 2012.

Leitsätze des 1. Referenten über:

Sicherung grund- und menschenrechtlicher Standards gegenüber neuen Gefährdungen durch private und ausländische Akteure

I. Neue Gefährdungen

(1) Gefährdungen grund- und menschenrechtlich geschützter Rechtsgüter durch private und ausländische Akteure sind kein grundsätzlich neuartiges Phänomen. Ihre Intensität hat aber aufgrund technologischen Fortschritts, wirtschaftlicher Globalisierung, veränderter staatlicher Handlungsmöglichkeiten und eines wirtschaftlichen Machtgefälles zwischen privaten und staatlichen Akteuren zugenommen.

(2) Aus der Perspektive der grund- und menschenrechtlich geschützten Rechtsgüter lassen sich zwei Grundkonstellationen unterscheiden: erstens, die Gefährdung der Rechtsgüter von Inländern durch private in- oder ausländische oder hoheitlich handelnde ausländische Akteure; zweitens, die Gefährdung der Rechtsgüter von Ausländern durch in- oder ausländische private oder hoheitlich handelnde Akteure.

(3) Stellt man auf den Akteur ab, ergeben sich jenseits der Differenzierung zwischen privat und hoheitlich wiederum zwei voneinander zu unterscheidende Grundkonstellationen: das Handeln grund- und menschenrechtsgebundener Akteure im Ausland; das Eindringen ausländischer Akteure in einen inländischen grund- und menschenrechtsgeschützten Raum.

II. Grund- und menschenrechtliche Paradigmen

(4) Für die Bewältigung der resultierenden Herausforderungen bieten sich drei grund- und menschenrechtliche Paradigmen an: die Extraterritorialität, die Schutzpflicht und die Drittwirkung.

1. Das Paradigma der Extraterritorialität

(5) Dem Grunde nach anerkennen das Grundgesetz, die Europäische Menschenrechtskonvention und der Internationale Pakt über bürgerliche und politische Rechte die Extraterritorialität von Grund- und Menschenrechten.

(6) Die Reichweite extraterritorialer grund- und menschenrechtlicher Bindungen von Hoheitsgewalt wird durch den völkerrechtlichen Grundsatz der souveränen Gleichheit begrenzt, der seinerseits durch unabdingbare verfassungsrechtliche Grundprinzipien und einen völkerrechtlichen Mindeststandard begrenzt wird.

(7) Die vom Bundesverfassungsgericht artikulierte Begrenzung der Extraterritorialität durch einen Realisierungsvorbehalt trägt der Effektivität des Grundrechtsschutzes Rechnung. Sie relativiert aber dessen normativen Anspruch.

(8) Im Fall der Übertragung hoheitlicher Aufgaben ist – unbeschadet ihrer Zulässigkeit – auch das einschlägige extraterritoriale Verhalten privater Akteure grund- und menschenrechtsgebunden. Jenseits dessen ist der private Akteur selbst nicht unmittelbar an die Grund- und Menschenrechte gebunden.

(9) Keine extraterritorialen Wirkungen entfalten die Grund- und Menschenrechte im Fall der Übertragung hoheitlicher Aufgaben auf einen ausländischen Hoheitsträger – unabhängig von ihrer Zulässigkeit. Dieser Fall ist von der Übertragung von Hoheitsrechten auf eine supra- oder internationale Organisation zu unterscheiden.

2. *Das Paradigma der Schutzpflicht*

(10) Die Gewährleistung von Rechtsgüterschutz gegenüber privaten und ausländischen Akteuren ist verfassungshistorisch elementare Funktion des neuzeitlichen Staates. Sie ist durch das Grundgesetz grundrechtlich fundiert.

(11) Die grundrechtlichen Schutzpflichten dienen in erster Linie dem Schutz vor privaten Akteuren. Ihre Reichweite ergibt sich aus dem jeweils betroffenen Grundrecht. Die dem Staat bei der Erfüllung der Schutzpflicht zukommende Einschätzungsprärogative wird aufgrund des Untermaßverbots nur moderat reduziert.

(12) Auch das Völkerrecht anerkennt menschenrechtliche Schutzpflichten des Staates gegenüber privaten Akteuren, deren Reichweite aufgrund der staatlichen Einschätzungsprärogative („margin of appreciation“ / „discretion“) ebenfalls sehr begrenzt ist.

(13) Während das Bundesverfassungsgericht nur ausnahmsweise eine Verletzung von Schutzpflichten festgestellt hat, finden sich deutlich mehr einschlägige Entscheidungen des Europäischen Gerichtshofs für Menschenrechte. Das liegt vor allem daran, dass das deutsche Recht – anders als das innerstaatliche Recht zahlreicher anderer Vertragsstaaten der EMRK – aufgrund seiner Ausdifferenzierung einfachgesetzlich hohen Schutz gewährleistet.

(14) Das Bundesverfassungsgericht und der Europäische Gerichtshof für Menschenrechte bejahen im Grundsatz grund- und menschenrechtlich be-

gründete Schutzpflichten gegenüber ausländischen Hoheitsträgern. Daraus kann sich ein Anspruch auf diplomatischen Schutz ergeben.

(15) Grund- und menschenrechtliche Schutzpflichten können grundsätzlich auch extraterritorial wirken, stoßen aber in Bezug auf das Verhalten privater Wirtschaftssubjekte wegen der vorausgesetzten Kontrollstandards an deutliche Grenzen. In der politisch-ökonomischen Praxis soll über die Figur der corporate social responsibility *stattdessen eine freiwillige Beachtung von Mindeststandards erreicht werden.*

(16) Die Durchsetzung grund- und menschenrechtlicher Schutzpflichten ist auf innerstaatlicher, europäischer und universeller Ebene in gerichtlichen und quasi-gerichtlichen Verfahren grundsätzlich möglich.

3. Das Paradigma der Drittwirkung

(17) Die deutsche Rechtsprechung und Lehre lehnen eine unmittelbare Drittwirkung von Grundrechten ab, erkennen aber eine mittelbare Drittwirkung über das einfache Recht an. Auf der Ebene des Völkerrechts wird eine Bindung privater Akteure an menschenrechtliche Standards regelmäßig abgelehnt und stattdessen entweder allgemein auf positive Pflichten der Vertragsstaaten oder im Speziellen auf das Schutzpflichtparadigma verwiesen.

(18) Soweit grund- und menschenrechtliche Schutzpflichten nur unzureichend vor Gefährdungen durch transnationale Wirtschaftssubjekte schützen, wird de lege ferenda *die Begründung völkerrechtsunmittelbarer (Individual-) Pflichten dieser Entitäten erwogen. Die völkerrechtspolitischen Realisierungschancen dafür dürften gering sein.*

(19) Im Interesse der Realisierung von Rechtsgüterschutz auch gegenüber transnationalen Wirtschaftssubjekten bietet sich neben „weichen" Völkerrechtsstandards vor allem ein Rückgriff auf das einfache Recht an. Bedeutung kommt dabei neben dem Recht der Auftragsvergabe und dem Wettbewerbsrecht vor allem dem Delikts- und dem Kollisionsrecht zu.

III. Grund- und menschenrechtlich veranlasster einfachgesetzlicher Rechtsgüterschutz

(20) Die drei untersuchten Paradigmen tragen nur in engen Grenzen zur Sicherung grund- und menschenrechtlicher Standards gegenüber neuen Gefahren durch private und ausländische Akteure bei. Sie veranlassen aber einen hochwertigen einfachgesetzlichen Rechtsgüterschutz. Diesen sinnvoll zu nutzen, ohne sich dem Vorwurf eines deutschen, europäischen oder „westlichen" Grundrechtsoktroi auszusetzen, ist eine Herausforderung gleichermaßen für Zivilgesellschaft, Politik, Justiz und Diplomatie.

Vierter Beratungsgegenstand:

Sicherung grund- und menschenrechtlicher Standards gegenüber neuen Gefährdungen durch private und ausländische Akteure

2. Referat von Professorin Dr. *Magdalena Pöschl*, Wien[1]

Inhalt

[1] Bei der Bewältigung der üblichen Gefährdungen, die mit Staatsrechtslehrerreferaten einhergehen, hatte ich wertvollste Unterstützung: Hannah Berger, Lorenz Dopplinger, Rosa Duarte-Herrera, Irina Durovic, Alexandra Kunesch und Christof Rattinger haben für den vorliegenden Beitrag unermüdlich recherchiert, mit mir ungezählte Einzelprobleme diskutiert, den Fußnotenapparat kontrolliert, und sie werden mir hoffentlich verzeihen, dass hier nur ein Teil ihrer vielen Fundstücke sichtbar werden kann: Ich danke ihnen für ihren Einsatz, ihre Sorgfalt und für ihre vielen klugen Einwände und Ideen! Iris Eisenberger, Norbert Paul Engel, Daniel Ennöckl, Clemens Jabloner, Franz Merli, Kirsten Schmalenbach, Miloš Vec und Ewald Wiederin haben mir in der ihnen je eigenen Weise viele wichtige Anregungen gegeben, mit mir teils schon das Konzept diskutiert und den Vortragstext kritisch gelesen: Ihnen allen mein herzlicher Dank!

I. Gute, alte Welt

Das klassische Drama der Grundrechte ist ein Stück mit zwei Hauptrollen – die eine für den Staat, die andere für den Bürger. Die Bühne dieses Stücks ist das Territorium, das der Staat im ersten Akt mühsam unter seine Kontrolle bringt. Im zweiten Akt entmachtet er die intermediären Kräfte und konzentriert alle Gewalt bei sich. Im dritten Akt schließlich droht der allmächtige Staat den ohnmächtigen Bürger zu unterwerfen, bis er in das Kraftfeld der Grundrechte gerät, die den Staat zähmen, um den Bürger zu befreien.

Blickt man heute auf die internationale Grundrechts-Bühne, so herrscht auf ihr große Unübersichtlichkeit. Neben dem Staat und dem Bürger finden sich dort auch mächtige private Akteure, die fernab vom Bürger Platz genommen haben, manche recht nahe beim Staat. Im Umkreis des Staates treten nun außerdem Figuren auf, die zwar zivil gekleidet sind, sich aber amtlich gebärden. Auch wimmelt es auf dieser Bühne vor Internationalen Organisationen und NGOs, die zwischen Bürger und Staat eilig hin und hergehen. Ganz selten schleichen sich aus dem Staat sogar Personen heraus, um dem Publikum z.B. zu eröffnen, dass auf der Bühne längst auswärtige Staaten stehen, die die Bürger kontrollieren, versteckt hinter privaten Akteuren, und wie sie zum Staat stehen, ist leider nicht zu sehen.

Dass diese privaten und ausländischen Akteure im Drama der Grundrechte nur eine Nebenrolle spielen, kann nicht verwundern: Sie stören die schlichte Schönheit der Meistererzählung, die zumindest auf drei Prämissen beruht. Erstens: Die Grundrechtsbeziehung ist bipolar, sie besteht zwischen Staat und Bürger, und zwar – zweitens, weil der Staat alle Gewalt bei sich monopolisiert: Auf diese Macht antworten die Grundrechte. Seine Gewalt übt der Staat drittens im eigenen Territorium aus, wo sonst? Alle drei Prämissen sind heute zweifelhaft geworden.

II. Von bipolarer Klarheit zu multipolarer Unklarheit

1. *Staat und Bürger*

Dass der Bürger in der Meistererzählung ein klar definiertes Gegenüber hat, den Staat, kommt historisch nicht von ungefähr. Denn zuvor war der Einzelne in verschiedenste Herrschaftsverbände eingegliedert, die sich örtlich, wirtschaftlich und sozial keineswegs deckten – Grundherrschaft, Kirche, Dorfgemeinschaft:[2] Mit der Entmachtung dieser Intermediäre

---

[2] *W. Reinhard* Geschichte der Staatsgewalt, 3. Aufl. 2002, 196 ff., 211 ff., 407; zur „Pluralität der Herrschaftsgewalten“ s. z.B. auch *H. Quaritsch* Staat und Souveränität, Bd. 1: Die Grundlagen, 1970, 178 ff.

stand der Bürger nur noch *einem* Akteur, dem Staat, gegenüber; das wird allgemein als Fortschritt angesehen,[3] vielleicht war das aber auch nur eine Theorie, die der Wirklichkeit schon damals unzulänglich entsprach.[4]

Diese klare theoretische Bipolarität von Bürger und Staat verliert in letzter Zeit noch weiter an Eindeutigkeit, denn der moderne Staat kann seine vielfältigen Aufgaben längst nicht mehr mit eigenem Personal erfüllen; so setzt er dafür Private ein,[5] und zwar in einem Ausmaß, das man nicht mehr als Nebensache ausblenden kann:[6] Private erlassen Bescheide, zertifizieren Produkte, erbringen für den Staat Leistungen, sammeln

---

[3] S. z.B. *U. Di Fabio* Verwaltung und Verwaltungsrecht zwischen gesellschaftlicher Selbstregulierung und staatlicher Steuerung, VVDStRL 56 (1997), 235 (253 f.); zu diesem Vorgang insgesamt *E.-W. Böckenförde* Die verfassungstheoretische Unterscheidung von Staat und Gesellschaft als Bedingung der individuellen Freiheit, 1973, 10 ff.; besonders anschaulich auch *M. Weber* Wirtschaft und Gesellschaft, 1922 (Studienausgabe hrsg. von J. Winckelmann, 1964, Bd. 2), 1046, nach dem der moderne Staat „die sachlichen Betriebsmittel in der Hand seiner Leiter vereinigt, die sämtlichen eigenberechtigten ständischen Funktionäre aber, die früher zu Eigenrecht darüber verfügten, enteignet und sich selbst in seiner höchsten Spitze an deren Stelle gesetzt hat".

[4] Zweifel sind jedenfalls aus globalgeschichtlicher Perspektive angebracht; so zeigt etwa *C. A. Bayly* Die Geburt der modernen Welt. Eine Globalgeschichte 1780–1914, 2006, 312, dass neben dem zentralisierten Staat des 19. Jahrhunderts auch ganz andere Formen der Staatlichkeit existierten: In manchen Staaten war die Staatsmacht unter lokalen Gruppen aufgeteilt, in anderen gab es einen religiösen Gegenstaat, in wieder anderen Staaten übernahmen mächtige Gesellschaften das Staatshandeln, bisweilen war die Macht auch bei den Oberhäuptern von Abstammungsgruppen konzentriert, schließlich gab es „auf Familien gestützte mobile Völker, für die Staatsmacht nicht viel mehr war als ein Traum von sagenhaften Königen".

[5] S. dazu z.B. *F. Ossenbühl* und *H.-U. Gallwas* Die Erfüllung von Verwaltungsaufgaben durch Private, VVDStRL 29 (1971), 137 und 211; *M. Schmidt-Preuß* und *U. Di Fabio* Verwaltung und Verwaltungsrecht zwischen gesellschaftlicher Selbstregulierung und staatlicher Steuerung, VVDStRL 56 (1997), 160 und 235; *M. Heintzen* und *A. Voßkuhle* Beteiligung Privater an der Wahrnehmung öffentlicher Aufgaben und staatliche Verantwortung, VVDStRL 62 (2003), 220 und 266; *M. Burgi* Privatisierung öffentlicher Aufgaben – Gestaltungsmöglichkeiten, Grenzen, Regelungsbedarf, Gutachten D für den 67. Deutschen Juristentag, 2008.

[6] Neu ist also nur die Intensität, nicht die Einbindung Privater in die staatliche Aufgabenerfüllung an sich; denn der Staat hat, wie schon *R. H. Herrnritt* Grundlehren des Verwaltungsrechtes, 1921, 186, treffend bemerkte, die Verwaltung nie vollständig monopolisiert. Die Intensität wiederum ist auch nur relativ neu, nämlich gemessen an der jüngeren Vergangenheit; blickt man in der Geschichte weiter zurück, findet man die Privatisierungsdebatten der Gegenwart z.B. auch im spanischen Weltreich des 16. Jahrhunderts, s. mwN *M. Vec* Staatliche Aufgaben und private Akteure in der Rechtsgeschichte. Methodischer Etatismus als historiografisches Problem, in: C. Fuchs/F. Merli/M. Pöschl/R. Sturn/E. Wiederin/A. Wimmer (Hrsg.) Staatliche Aufgaben, private Akteure, Bd. 1: Erscheinungsformen und Effekte (in Druck).

Daten und überwachen einander sogar.[7] All diese Figuren tragen zwar ein privates Gesicht, doch aus ihnen spricht bisweilen auch der Staat.

Der Staat selbst hat zugleich seine eigene Rolle im Grundrechtsdrama neu interpretiert: Er tritt nicht mehr als Gefährder unserer Grundrechte auf, sondern viel lieber als ihr Beschützer.[8] Beschränkt er Freiheiten, so tut er das auch und gerade, um uns vor dem Freiheitsgebrauch unserer Mitbürger zu bewahren. So hat sich die Konfrontationslinie der Grundrechte um 90 Grad gedreht. Grundrechtskonflikte bestehen heute nicht mehr nur vertikal, sondern immer häufiger auch horizontal,[9] und das heißt abermals: Der Bürger hat nicht mehr *einen* großen, sondern potenziell unendlich viele kleine Grundrechtsgegner.

Diese Gegner wiederum können neuerdings sehr diffus werden: Wer sich über eine persönlichkeitsverletzende Autoergänzung in Suchmaschinen beschwert, muss mit der Antwort rechnen, diese Ergänzung sei nur Produkt der Suchanfragen der Internet-Gemeinde, oder gar nur das Ergebnis eines Algorithmus:[10] Wie aber wehrt man sich gegen die Internet-Gemeinde, wie gegen einen Algorithmus? So ist aus der ehedem klaren bipolaren Grundrechtsbeziehung zwischen Bürger und Staat eine multipolare Unklarheit geworden, in der der Grundrechtsgegner manchmal geradezu zu verschwinden scheint.

2. Private Verwalter

Die Lehre hat zunächst versucht, diese neuen Phänomene mit alten Dichotomien zu bannen: Über private Verwalter herrscht etwa in

---

[7] Vgl. mit zahlreichen weiteren Beispielen *Di Fabio* Selbstregulierung (Fn. 3), 242 ff.; *Burgi* Privatisierung (Fn. 5), 34 ff., 41 ff., sowie die Beiträge in *Fuchs/Merli/Pöschl/Sturn/Wiederin/Wimmer* (Fn. 6).

[8] S. schon *K. Stern* Die Schutzpflichtenfunktion der Grundrechte: Eine juristische Entdeckung, DÖV 2010, 241 (244), nach dem der Staat seine Rolle vom „Grundrechtsfeind" zum „Grundrechtsfreund" gewechselt hat; s. ferner *K. Günther* Menschenrechte zwischen Staaten und Dritten: Vom vertikalen zum horizontalen Verständnis der Menschenrechte, in: N. Deitelhoff/J. Steffek (Hrsg.) Was bleibt vom Staat? Demokratie, Recht und Verfassung im globalen Zeitalter, 2009, 259 (261 ff., 271 f.), der auch zutreffend auf die Ambivalenz und Gefahren dieser Entwicklung hinweist.

[9] *Günther* in: Deitelhoff/Steffek (Fn. 8), 261 f., 266 ff.

[10] Vergleichbare Argumente veranlassten z.B. das OLG Köln eine Klage zurückzuweisen, die rügte, dass die Suchmaschine Google den Namen des Klägers automatisch mit den Begriffen „Scientology" und „Betrug" verknüpft, obwohl er in keinerlei Zusammenhang mit Scientology stehe und ihm auch kein Betrug vorzuwerfen sei oder vorgeworfen werde; s. dann aber das Urteil des BGH, 14.5.2013, Az. VI ZR 269/12, DuD 2013, 663, das die Auffassung des OLG Köln verwirft, sowie das Folgeurteil des OLG Köln 8.4.2014, 15 U 199/11.

Deutschland, Österreich und in der Schweiz Einigkeit: Beleiht der Staat jemanden mit Hoheitsgewalt, so wird diese Person insoweit zum Staat und ist wie dieser grundrechtsgebunden.[11] Das leuchtet ein, schließlich kommt die Hoheitsgewalt dem Staat ja exklusiv zu: Woran, wenn nicht an ihr sollte man den Staat denn sonst erkennen?[12]

Erstaunlicherweise ist uns aber nicht restlos klar, was Hoheitsgewalt eigentlich ist. Daher wird kontrovers beurteilt, ob private Normungsverbände beliehen sind,[13] Gleiches gilt für akkreditierte Zertifizierungsstellen,[14] für Notare,[15] Private, die Umweltanlagen überwachen[16] oder Asylunterkünfte zur Verfügung stellen:[17] Sie alle üben weder physischen

---

[11] S. jeweils mwN für Deutschland *W. Graf Vitzthum* in: D. Merten/H.-J. Papier (Hrsg.) Handbuch der Grundrechte in Deutschland und Europa, Bd. II, 2006, § 48 Rn. 38; *H. Maurer* Allgemeines Verwaltungsrecht, 18. Aufl. 2011, § 23 Rn. 58; *H. Dreier* in: H. Dreier (Hrsg.) Grundgesetz Kommentar, Bd. I, 3. Aufl. 2013, Art. 1 Abs. 3 Rn. 39; für Österreich *W. Berka* Die Grundrechte, 1999, Rn. 194; für die Schweiz *G. Müller* Schutzwirkung der Grundrechte, in: Merten/Papier, ebd., Bd. VII/2, 2007, § 204 Rn. 17; *P. Tschannen* Staatsrecht der Schweizerischen Eidgenossenschaft, 3. Aufl. 2011, § 7 Rn. 42. Soweit der Beliehene nicht hoheitlich handelt, bleibt er freilich ein Privater und als solcher grundrechtsberechtigt: *H. J. Wolff/O. Bachof/R. Stober* Verwaltungsrecht, Bd. III, 5. Aufl. 2004, § 90 VII 2 Rn. 47.

[12] S. schon *K. Vogel* Öffentliche Wirtschaftseinheiten in privater Hand, 1959, 80 f., nach dem die Macht, Rechtsverhältnisse einseitig zu gestalten, das einzige Recht sei, das dem Staat exklusiv zukomme.

[13] Vgl. *Voßkuhle* Beteiligung (Fn. 5), 294 f., nach dem sich die Normung einer eindeutigen Zuordnung entzieht; gegen eine Beleihung mwN *Dreier* in: Dreier (Fn. 11), Art. 1 Abs. 3 Rn. 43.

[14] Gegen eine Beleihung mwN *Burgi* Privatisierung (Fn. 5), 45; *F. Merli* Bewertung durch Private, in: Fuchs/Merli/Pöschl/Sturn/Wiederin/Wimmer (Fn. 6); dafür z.B. *F. Reimer* Qualitätssicherung, 2010, 286 f.; für ein gemischtes Recht neuer Art *G. Dimitropoulos* Zertifizierung und Akkreditierung im Internationalen Verwaltungsverbund. Internationale Verbundverwaltung und gesellschaftliche Administration, 2012, 126 ff. mwN, 251 ff., 288 ff.; s. ferner VfSlg. 19.728/2012, wonach die Zertifizierung von Deutsch-Integrationskursen eine „hoheitliche Aufgabe" ist, und dazu *M. Holoubek* Handlungsformen, Legalitätsprinzip und Verwaltungsgerichtsbarkeit, FS Raschauer, 2013, 181 (189 ff.); *ders* Das „Zertifizierungsrechtsverhältnis" – Überlegungen zu „Staat" und „Privat" im Wirtschaftsrecht, FS Stolzlechner, 2013, 259 (270 Fn. 43).

[15] Eine Beleihung bejahend *M. Burgi* Aufgabenübertragungen auf den Notar im Lichte der Allgemeinen Privatisierungsdogmatik, in: N. Preuß (Hrsg.) Aufgabenübertragung auf Notare, 2011, 31 (38) mwN für die gegenteilige Ansicht.

[16] S. zu den Zuordnungsproblemen mwN *Voßkuhle* Beteiligung (Fn. 5), 294 f.

[17] Beliehene in der Schweiz: BGE 133 I 49 X. In Österreich ist die Einordnung unklar: Private Quartiergeber sind zwar gesetzlich nicht zur Ausübung von Hoheitsmacht ermächtigt, doch verpflichten die Länder sie zum Teil vertraglich, Hausordnungen zu verfassen und sie der zuständigen Behörde zur Zustimmung vorzulegen, was eine hoheitliche Anordnungsbefugnis nahelegt. Zugleich werden diese Hausordnungen aber

Zwang aus noch haben sie eine einseitige Anordnungsbefugnis. Im überkommenen Sinn beliehen sind sie also nicht. Dennoch erwägen wir, sie als Beliehene zu qualifizieren, vermutlich, weil wir an ihnen sehen, dass grundrechtliche Gefährdungslagen nicht nur in hoheitlichen Gewaltverhältnissen entstehen.[18]

So wird die Grundrechtsbindung Privater Verwalter heute tendenziell weiter gefasst, je nach Rechtskultur auf unterschiedlichen Wegen. Mit offenen Karten spielt hier die Schweiz. Ihre Verfassung sieht ausdrücklich vor, dass grundrechtsgebunden ist, wer staatliche Aufgaben wahrnimmt (Art. 35 Abs. 2 BV) – das ist jedenfalls der Beliehene, aber nicht nur er.[19] In Deutschland kommt man zu ähnlichen Ergebnissen, indem man den Beleihungsbegriff auf schlicht-hoheitliche Befugnisse ausdehnt.[20] Ebenso

---

den im Quartier untergebrachten Asylwerbern zur Unterschrift vorgelegt: Das wiederum indiziert, dass die Hausordnung erst mit dieser privatautonomen Erklärung verbindlich wird; s. zu dieser verwickelten Aufgabenteilung zwischen Staat und Privaten z.B. *A. König/S. Rosenberger* Desintegration, Dezentralität, Disziplinierung: Grundversorgung im Bundesländervergleich, in: S. Rosenberger (Hrsg.) Asylpolitik in Österreich. Unterbringung im Fokus, 2010, 273 ff.; zu den Hausordnungen ebd., 282 ff. und z.B. *M. Bergthaller/H. Moser* Parallel zur Gesellschaft? Eine Untersuchung zur Grundversorgung von AsylwerberInnen in Oberösterreich, in: S. Rosenberger, ebd., 203 (208 f.).

[18] So üben z.B. Zertifizierungsstellen regelmäßig „freiwilligen Zwang" aus, weil ihre Konformitätsbewertung für Wirtschaftstreibende praktisch unverzichtbar ist: *Burgi* Privatisierung (Fn. 5), 43. Private Sicherheitskräfte können bei der gemischten Streife „parasitär" an staatlicher Polizeihoheit teilnehmen, anschaulich *S. Rixen* Vom Polizeirecht über das Gewerberecht zurück zum Polizeyrecht? DVBl 2007, 221 (226). Faktische Machtverhältnisse bestehen ferner, wenn ein Anlagenbetreiber seine Geschäftsgeheimnisse privaten Gutachtern offenlegen muss, die auch für die Konkurrenz tätig sind oder die nach ihrer Arbeitszeit honoriert werden und deshalb an einer besonders intensiven Prüfung interessiert sind: *Di Fabio* Selbstregulierung (Fn. 3), 257. Private mit Fixsätzen zu honorieren, löst Probleme aber nicht automatisch, sondern kann sie sogar erst produzieren, wie sich z.B. bei Asylwerbern gezeigt hat, die in Österreich großteils von Privaten untergebracht und verpflegt werden. Da die Länder für jeden untergebrachten Asylwerber einen festen Betrag refundieren, verdienen Quartiergeber umso mehr, je schlechter sie die Asylwerber versorgen. Das dürfte erklären, warum 2013 etwa einem Drittel dieser Quartiere bescheinigt wurde, in einem indiskutablen Zustand zu sein: *Dossier* Wo man mit „Schwein!" grüßt. Wie Behörden dabei versagen, Asylwerber menschenwürdig zu beherbergen, Falter 47/13; auf Missstände wies zuvor auch schon die Studie von *Rosenberger* Asylpolitik (Fn. 17) hin.

[19] Näher *M. Schefer* Grundrechtliche Schutzpflichten und die Auslagerung staatlicher Aufgaben, AJP/PJA 10/2002, 1131 (1139 ff.).

[20] MwN *B. Schmidt am Busch* Die Beleihung: Ein Rechtsinstitut im Wandel, DÖV 2007, 533 (535). Verschiedentlich wird auch dafür plädiert, als Beleihung bereits die „Übertragung öffentlicher Aufgabenerfüllung unter Einräumung zwar nur faktischer, aber normativ abgestützter Hoheitsgewalt" aufzufassen: *Di Fabio* Selbstregulierung (Fn. 3) 273. Nicht durchgesetzt hat sich hingegen die reine Aufgabentheorie von *U. Steiner* Öffentliche Verwaltung durch Private, 1975, 46 ff., wonach für eine Beleihung schon

gehen in Österreich Zivilgerichte vor;[21] im Staatsrecht fragt man in heiklen Fällen eher, ob der Private öffentliche Aufgaben wahrnimmt; wenn ja, indiziert das, dass der Gesetzgeber ihm auch hoheitliche Befugnisse verleihen wollte.[22] Helfen Hoheitsbefugnisse und öffentliche Aufgaben nicht weiter, wird bisweilen noch ein drittes Kriterium eingesetzt, die staatliche Ingerenz: Je intensiver der Staat das Handeln Privater beeinflussen kann, z.B. durch Auswahl, Weisung oder Abberufung, desto eher wird der Private dem Staat zugerechnet und damit als grundrechtsgebunden angesehen.[23]

---

genügt, dass ein Privater staatliche Aufgaben im materiellen Sinn wahrnimmt, s. dazu mwN *M. Burgi* Der Beliehene – ein Klassiker im modernen Verwaltungsrecht, FS Maurer, 2001, 581 (585 Fn. 33). Zu Recht weist *Steiner* ebd., 47 f. allerdings darauf hin, dass schlicht-hoheitliches Handeln letztlich nur durch die dabei jeweils erfüllte Aufgabe als staatlich identifiziert werden kann.

[21] Das wirkt sich vor allem im Amtshaftungsrecht aus, mwN *W. Schragel* Kommentar zum Amtshaftungsgesetz, 3. Aufl. 2003, § 1 Rn. 80.

[22] Bsp aus der Literatur bei *M. Pöschl* Private Verwalter als Problem des Allgemeinen Verwaltungsrechts, FS Mayer, 2011, 515 (526 Fn. 73). Wird aus der Übertragung öffentlicher Aufgaben auf hoheitliche Befugnisse geschlossen, ist bisweilen auch schillernd von „Hoheitsaufgaben" oder „hoheitlichen Aufgaben" die Rede, z.B. in dem in Fn. 14 erwähnten Erkenntnis VfSlg. 19.728/2012. Auf die fließenden Übergänge zwischen öffentlicher Gewalt und öffentlicher Aufgabe weist auch *Di Fabio* Selbstregulierung (Fn. 3), 264 hin, nach dem „der Staat, der mit seiner Ausgestaltung der Rechtsordnung Organisationen faktisch mächtig macht und ihnen die Erfüllung von öffentlichen Aufgaben überträgt, die Privatrechtsordnung mit Elementen öffentlicher Gewalt imprägniert". Das Kriterium der öffentlichen Aufgabe wird auch sonst herangezogen, um Grundrechtsbindungen festzustellen: So sieht die österreichische Lehre privatwirtschaftlich handelnde Gebietskörperschaften als Grundrechtsadressaten an, wenn sie öffentliche Aufgaben erfüllen, nicht hingegen, wenn sie erwerbswirtschaftlich tätig sind (*Berka* Grundrechte [Fn. 11], Rn. 173 f.; *T. Öhlinger/H. Eberhard* Verfassungsrecht, 10. Aufl. 2014, Rn. 705). Gleiches gilt nach Art. 35 Abs. 2 BV für die Schweiz (BGE 127 I 84, 90; *R. Rhinow/M. Schefer* Schweizerisches Verfassungsrecht, 2. Aufl. 2009, Rn. 1155; *R. Kiener/W. Kälin* Grundrechte, 2. Aufl. 2013, 46 f.). Juristische Personen des öffentlichen Rechts sind nach der EMRK ganz allgemein grundrechtsgebunden, wenn sie Aufgaben der öffentlichen Verwaltung wahrnehmen; dafür wiederum wird die Ausübung öffentlich-rechtlicher Befugnisse als entscheidend angesehen: *C. Grabenwarter/K. Pabel* Europäische Menschenrechtskonvention, 5. Aufl. 2012, § 13 Rn. 13.

[23] S. für Deutschland z.B. *Burgi* Der Beliehene (Fn. 20), 589, wonach die Statuierung von Aufsichtsbefugnissen staatlicher Behörden ein Anhaltspunkt dafür ist, dass eine Beleihung gewollt ist; für Österreich z.B. *H.-P. Rill* Zum Verwaltungsbegriff, FS Antoniolli, 1979, 35 (55), nach dem eine besondere organisatorische Verbindung zu einer Gebietskörperschaft eine Beleihung indiziert; zustimmend *M. Krajcsir* Staatliche Hoheitsverwaltung durch Private, 1999, 72; für die Schweiz *Schefer* Schutzpflichten (Fn. 19), 1133, 1141 f., wonach bei Unklarheit, ob eine staatliche Aufgabe vorliegt, über die Zurechnung einer Handlung zum Staat entscheide, wie weit der Staat die jeweilige Handlung beeinflussen kann.

Dass alle drei Kriterien – Hoheitsbefugnisse, öffentliche Aufgaben und Ingerenz – unscharf sind, versteht sich.[24] Diese Schwäche ist vermutlich ihre Stärke, denn sie erlaubt es, den Staat, der seine Gestalt und Herrschaftsinstrumente immer wieder ändert, stets aufs Neue fassbar zu machen. Dass wir nicht genau wissen, wer das eigentlich ist: der Staat als Hauptdarsteller im Grundrechtsdrama, muss uns dabei nicht beunruhigen. Wir wussten das auch früher nicht genau, obwohl es kanonisch gewordene Definitionen, etwa von *G. Jellinek*,[25] zuhauf gibt. Die drei Kriterien, mit denen wir heute den Staat vom Bürger abgrenzen, sind schon seit *O. Mayer* im Einsatz, in je unterschiedlicher Gewichtung.[26] Offenbar reagieren wir damit auf jeweils typische Herrschaftsformen: Steuert der Staat, wie derzeit, nicht mehr vordringlich mit Zwang, sondern stärker durch „Kooperation",[27] justieren wir den Staatsbegriff eben nach und rücken die öffentliche Aufgabe in den Vordergrund. Neue Gefährdungen durch Private Akteure wehren wir in diesem Feld also ab, indem wir den Staat weiter fassen als sein Gewaltmonopol reicht.

3. *Rein private Grundrechtsstörer*

Wenn staatlich-private Hybride grundrechtsgebunden sein können, ohne über Hoheitsgewalt zu verfügen, fragt sich, wie es um echte Private steht: Auch sie können Freiheiten ja beeinträchtigen. Dass Private unmittelbar an Grundrechte gebunden sind, wird in Deutschland, Österreich und in der Schweiz heute im Grundsatz überwiegend verneint.[28] Das überzeugt

---

[24] Näher *Pöschl* Private Verwalter (Fn. 22), 524 ff.

[25] *G. Jellinek* Allgemeine Staatslehre, 3. Aufl. 1914; zu diesem und weiteren zentralen Staatsbegriffen *C. Möllers* Staat als Argument, 2. Aufl. 2011, 12 ff.

[26] MwN zur Entwicklung *Pöschl* Private Verwalter (Fn. 22), 517 ff.

[27] Auf den Begriff brachte den „kooperativen Staat" *E.-H. Ritter* Der kooperative Staat. Bemerkungen zum Verhältnis von Staat und Wirtschaft, AöR 104, 1979, 389; zur weiteren Entwicklung z.B. *G. F. Schuppert* Verwaltungswissenschaft, 2000, 115 ff.

[28] S. jeweils mwN für Deutschland *H.-J. Papier* Drittwirkung, in: Merten/Papier (Fn. 11), Bd. II, 2006, § 55 Rn. 24; *S. Müller-Franken* Bindung Privater an Grundrechte? Zur Wirkung der Grundrechte auf Privatrechtsbeziehungen, FS Bethge, 2009, 223; *H. Dreier* in: Dreier (Fn. 11), Vorb. vor Art. 1 Rn. 98; für Österreich *Berka* Grundrechte (Fn. 11), Rn. 228 ff.; *J. Hengstschläger/D. Leeb* Grundrechte, 2. Aufl. 2013, Rn. 1/74; *E. Schulev-Steindl* Drittwirkung und Fiskalgeltung, in: D. Merten/H.-J. Papier/G. Kucsko-Stadlmayer (Hrsg.) Handbuch der Grundrechte in Deutschland und Europa, Bd. VII/1, 2. Aufl. 2014, § 6 Rn. 7 ff. In der Schweiz ist die Drittwirkung der Grundrechte in Art. 35 Abs. 1 und 3 BV ausdrücklich normiert und an sich neutral formuliert (Abs. 1: „Die Grundrechte müssen in der ganzen Rechtsordnung zur Geltung kommen", Abs. 3: „Die Behörden sorgen dafür, dass die Grundrechte, soweit sie sich dazu eignen, auch unter Privaten wirksam werden"); sie wird in der Lehre aber überwiegend als mittel-

auch, denn die Grundrechtskataloge aller drei Rechtsordnungen behalten es eben dem Gesetzgeber vor zu bestimmen, unter welchen Voraussetzungen in Grundrechte eingegriffen werden darf. Dass Verwaltungsbehörden an diese gesetzlichen Vorgaben gebunden sind, halten wir für selbstverständlich; nichts anderes kann aber für Gerichte gelten.[29] Auch sie dürfen Eingriffe daher nicht schon gestützt auf andere Grundrechte, sondern nur mit gesetzlicher Ermächtigung verfügen. Vermittelt durch diese einfachen Gesetze wirken Grundrechte dann freilich auch zwischen Privaten.

Der Staat ist dabei nach heute ebenfalls herrschender Lehre nicht nur ermächtigt, sondern kann ebenso verpflichtet sein, Bürger vor Grundrechtsstörungen durch andere Bürger zu schützen, und zwar primär durch einfaches Gesetz.[30] Über die Erfolgsbilanz dieser Schutzpflichtenlehre kann man zwar geteilter Meinung sein;[31] sie hat aber doch ins Bewusstsein

---

bar verstanden: *W. Haller*/*A. Kölz*/*T. Gächter* Allgemeines Staatsrecht, 4. Aufl. 2008, 318 f.; *Rhinow*/*Schefer* Verfassungsrecht (Fn. 22), Rn. 1171; *Tschannen* Staatsrecht (Fn. 11), § 7 Rn. 63; *Kiener*/*Kälin* Grundrechte (Fn. 22), 53. Zum Teil wird aber auch angenommen, dass die Grundrechte direkt zur Anwendung kommen, wenn ihnen durch eine grundrechtskonforme Auslegung einfacher Gesetze nicht ausreichend Rechnung getragen werden kann, s. *R. J. Schweizer*, B. Ehrenzeller/B. Schindler/R. J. Schweizer/K. A. Vallender (Hrsg.), Die schweizerische Bundesverfassung, 3. Aufl. 2014, Art. 35 BV Rn. 59 ff. mwN. In den übrigen europäischen Staaten wird überwiegend, aber nicht durchwegs eine mittelbare Drittwirkung angenommen, s. *A. Seifert* Die horizontale Wirkung von Grundrechten, EuZW 2011, 696 (697) mwN; s. auch noch Fn. 42.

[29] *G. Hermes* Verfassungsrecht und einfaches Recht – Verfassungsgerichtsbarkeit und Fachgerichtsbarkeit, VVDStRL 61 (2002), 119 (136 ff.), kritisiert zu Recht, dass die Lehre die Gesetzesbindung der Verwaltung als selbstverständlich betrachtet, während sie gerichtliche Gesetzesüberschreitungen als bloßes Methodenproblem abtut.

[30] Für Deutschland *Dreier* in: Dreier (Fn. 11), Vorb. vor Art. 1 Rn. 101 ff.; *C. Calliess* Schutzpflichten, in: Merten/Papier (Fn. 11), Bd. II, 2006, § 44 Rn. 4; für Österreich *M. Holoubek* Grundrechtliche Gewährleistungspflichten, 1997, 146 ff. et passim; *G. Kucsko-Stadlmayer* Die allgemeinen Strukturen der Grundrechte, in: Merten/Papier/Kucsko-Stadlmayer (Fn. 28), Bd. VII/1, 2. Aufl. 2014, § 3 Rn. 56 ff.; für die Schweiz *Müller* Schutzwirkung (Fn. 11), § 204 Rn. 4; *Kiener*/*Kälin* Grundrechte (Fn. 22), 37 ff.

[31] ME ist diese Bilanz etwas weniger großartig als der Ruf der Schutzpflichtenlehre. Zunächst sollte man sehen, dass viele Schutzgesetze auch ohne grundrechtliche Pflicht bestünden, wie man schon daran erkennen kann, dass diese Gesetze großteils älter sind als die Grundrechte, s. etwa die bei *Stern* Schutzpflichtenfunktion (Fn. 8), 246, genannten Vorschriften des Arbeits-, Miet- und allgemeinen Vertragsrechts. Umgekehrt fällt auf, dass die Forderung nach neuen Schutzgesetzen oft am weiten Ermessensspielraum scheitert, der dem Gesetzgeber bei der Schutzgewährung zugestanden wird, s. etwa die bei *Stern* Schutzpflichtenfunktion (Fn. 8), 245, 247, genannten Fälle von Umweltverschmutzung, Lagerung chemischer Waffen und Misswirtschaft von Banken und Großunternehmen; nach der EMRK werden Schutzpflichtverletzungen allerdings häufiger festgestellt, s. mwN *H. Krieger* Positive Verpflichtungen unter der EMRK: Unentbehrliches Element einer gemein-europäischen Grundrechtsdogmatik, leeres Verspre-

gebracht, dass Grundrechte von Anfang an nicht nur den Staat abwehren, sondern auch die Gesellschaft verändern sollten, und zwar grundlegend.[32] Das wird besonders deutlich, wenn Grundrechtskataloge Leibeigenschaft, Untertänigkeits- und Hörigkeitsverbände aufheben,[33] Sklaverei verbieten[34] oder Vorrechte aufgrund von Geburt und Bekenntnis beseitigen:[35] Diese Garantien wehren den Staat nicht ab, sie nehmen ihn in Anspruch, um gesellschaftliche Herrschaftsverhältnisse zu zerschlagen: „[N]icht antistaatlich, sondern anti-ständisch" war daher die Stoßrichtung dieser

---

chen oder Grenze der Justiziabilität? ZaöRV 2014, 187 (190). Bedenklicher als diese zum Teil beschränkte Bedeutung ist, dass Schutzpflichten bisweilen argumentativ missbraucht oder auch nur unbedacht eingesetzt werden, um Freiheitseingriffe leichter zu rechtfertigen. Das geschieht z.B., wenn Freiheitseingriffe als unterlassene Schutzhandlungen aufgefasst und dann gestützt auf den erwähnten weiten Ermessenspielraum des Schutzgesetzgebers als unbedenklich qualifiziert werden (s. z.B. noch unten bei Fn. 169 und Fn. 181). Es geschieht ferner, wenn klassische Staatszwecke als Schutzpflichten reformuliert werden, um Freiheitseingriffe populärer zu machen, etwa indem die weitreichenden Überwachungsmaßnahmen im Gefolge der Terroranschläge des 11. September 2001 primär als Maßnahmen zum Schutz der Grundrechte auf Leben, Gesundheit und Eigentum präsentiert werden. Ein argumentativer Missbrauch liegt ebenso vor, wenn rechtfertigungsbedürftige Freiheitsbeschränkungen in grundrechtlich gebotene Schutzmaßnahmen transponiert und in dieser neuen Tonart gegen Einwände immunisiert werden; beispielhaft zu nennen wären hier Forschungsverbote, die auf die Menschenwürde gestützt werden (s. z.B. *C. Kopetzki* Zur Lage der embryonalen Stammzellen in Österreich, FS Deutsch, 2009, 297), aber auch die jüngst erhobene Forderung, die seit Jahrhunderten praktizierte und akzeptierte religiöse Beschneidung von Knaben plötzlich zu kriminalisieren (dagegen treffend *C. Jabloner* Shylocks Recht, FS Schlink, 2014, 173 [181 ff., insb. 184 f.]). Schon um dieses gesamte Missbrauchspotenzial zu entschärfen, sollten Schutzpflichtprobleme dogmatisch soweit wie möglich abwehrrechtlich erfasst werden, s. schon *P. Szczekalla* Die sogenannten grundrechtlichen Schutzpflichten im deutschen und europäischen Recht, 2002, 404 ff.

[32] S. für Deutschland mit eingehenden Nachweisen *H. Dreier* Dimensionen der Grundrechte, 1993, insb. 33, wo die Auffassung, die Grundrechte hätten nur eine Abwehrfunktion als „gewaltige Verkürzung" zurückgewiesen wird. Für Österreich hat dies insb. *F. Lehne* Grundrechte achten und schützen? 1862 und 1867, JBl 1986, 341 und 424, gezeigt; für die Schweiz s. z.B. *M. Schefer* Die Kerngehalte von Grundrechten: Geltung, Dogmatik, inhaltliche Ausgestaltung, 2001, 246 f.

[33] S. z.B. für Deutschland § 3 Verfassung des Königreichs Bayern 1808, § 166 Paulskirchenverfassung 1849; für Österreich § 26 Märzverfassung 1849, Sylvesterpatent 1851, Art. 7 StGG; für die Schweiz Art. 4 Bundesverfassung 1848, Art. 4 Bundesverfassung 1974.

[34] Für Österreich § 26 Märzverfassung 1849; ferner Art. 4 EMRK.

[35] Für Deutschland § 137 Paulskirchenverfassung 1849, Art. 4 und Art. 12 Preußische Verfassung 1850, Art. 3 Abs. 3 GG; für Österreich Art. 2 und Art. 14 StGG, Art. 7 Abs. 1 B-VG; für die Schweiz § 6 Staatsgrundgesetz Helvetiens 1802, Art. 3 Mediationsverfassung 1803, Art. 4 Bundesverfassung 1848, Art. 4 Bundesverfassung 1974, Art. 8 Abs. 2 BV.

Rechte.[36] Die intermediären Kräfte, die durch diese Grundrechte Privilegien und Macht verloren haben, waren freilich zuvor Verbündete des Staates oder gar Teil von ihm: Er war auf ihre spezifischen Fähigkeiten und Standortvorteile angewiesen, insbesondere bei der Kontrolle seines Territoriums. Erst als der Staat durch eigenes Personal bis in den letzten Winkel herrschen konnte, hat er sich und damit auch die Gesellschaft von den Intermediären befreit.[37] Das sollte nicht vergessen werden: Ein Staat, der in zentralen Herrschaftsfragen von einzelnen Privaten abhängig ist, kann beim Schutz der Allgemeinheit blockiert sein.

Das führt zur Frage, was zu geschehen hat, wenn der Gesetzgeber seine Schutzpflichten nicht erfüllt, aus welchen Gründen immer. In der Praxis lösen Gerichte viele Probleme schon über privatrechtliche Generalklauseln,[38] die auf gute Sitten und ähnliche Figuren verweisen und sich damit für grundrechtliche Wertungen weit öffnen.[39] Lässt sich ein Grundrechtsschutz so nicht bewerkstelligen, schreiten Gerichte im Allgemeinen recht beherzt zur richterlichen Rechtsfortbildung.[40] Sie läuft dann freilich, auch wenn das nicht ausdrücklich gesagt wird, auf eine direkte Anwendung von Grundrechten hinaus.[41] Insoweit ist die unmittelbare Drittwirkung

---

[36] *Dreier* Dimensionen (Fn. 32), 29.

[37] *Reinhard* Staatsgewalt (Fn. 2), 183 ff., 196 ff., 305, 317 f. In neuer globalgeschichtlicher Perspektive wird freilich deutlich, dass diese Erzählungen ihre eurozentrische Seite und damit ihre Schwächen und blinden Flecken haben. Imperien etwa haben immer anders regiert, s. mwN *Vec* Staatliche Aufgaben, in: Fuchs/Merli/Pöschl/Sturn/Wiederin/Wimmer (Fn. 6).

[38] In Deutschland insb. §§ 138, 242, 826 BGB; in Österreich insb. §§ 16, 879 und 1295 ABGB, in der Schweiz insb. Art. 2 ZGB.

[39] Da diese Klauseln ein „Stück offengelassener Gesetzgebung" (*J. W. Hedemann* Die Flucht in die Generalklauseln, 1933, 58) sind, kommen die Grundrechte hier zwar ohne gesetzliche Konkretisierung zur Anwendung; der Gesetzgeber hat dem aber durch eine weite Verweisnorm immerhin zugestimmt.

[40] In der Schweiz stützt man sich dabei auf Art. 2 Abs. 2 ZGB, wonach der „offenbare Missbrauch eines Rechtes […] keinen Rechtsschutz" findet; darin wird eine Ermächtigung zur Gesetzeskorrektur gesehen: *H. Hausheer/R. Aebi-Müller*, in: H. Hausheer/H. P. Walter (Hrsg.) Berner Kommentar 2012, Art. 2 ZGB Rn. 16 ff.; spezifisch für die grundrechtsgeleitete Gesetzeskorrektur z.B. *Schefer* Schutzpflichten (Fn. 19), 1137 Fn. 52.

[41] Verschiedentlich wird angenommen, die gesetzliche Grundlage sei in solchen Fällen das Grundrecht selbst (mwN *Szczekalla* Schutzpflichten [Fn. 31], 162); dagegen deutlich *Tschannen* Staatsrecht (Fn. 11), § 7 Rn. 73: „Die Lehre von den ‚Schutzpflichten aus Grundrechten' läuft Gefahr, […] die Grundrechte des einen als gesetzliche Grundlage für Eingriffe in die Grundrechte anderer genügen zu lassen. Damit aber wäre das grundrechtliche Legalitätsprinzip völlig ausgehebelt, und dies erst noch unter Berufung auf die Grundrechte." Eine – für den Anlassfall allerdings nicht immer befriedigende – Alternative zur Rechtsfortbildung besteht, soweit Verfassungsgerichte ermäch-

also nicht vom Feld, sondern nur auf die Ersatzbank verwiesen; sie kommt ins Spiel, wenn der Schutzgesetzgeber ausfällt.[42]

Gerichte haben aus ihrer Sicht fehlenden gesetzlichen Schutz freilich schon kompensiert, als in der Lehre weder von Drittwirkung noch von Schutzpflichten die Rede war. Ein frühes Beispiel ist der Kontrahierungszwang, der in Deutschland, Österreich und in der Schweiz judikativ entwickelt wurde.[43] Ein anderes Beispiel ist der arbeitsrechtliche Gleichbehandlungsgrundsatz, den deutsche und österreichische Zivilgerichte „entdeckt" haben, durchaus unter Beifall der Lehre; sie rätselte dann

---

tigt sind, den säumigen Gesetzgeber zum Tätigwerden aufzufordern bzw. die Verfassungswidrigkeit des gesetzgeberischen Unterlassens festzustellen, s. z.B. für Deutschland *J. Dietlein* Die Lehre von den grundrechtlichen Schutzpflichten, 2. Aufl. 2005, 180 f.; *K. Schlaich/S. Korioth* Das Bundesverfassungsgericht, 9. Aufl. 2012, Rn. 394 ff. S. ferner Art. 41 EMRK, wonach der EGMR Konventionsverletzungen, folglich auch Schutzpflichtverletzungen feststellen kann, und dazu mit zahlreichen Beispielen *H. Krieger* Positive Verpflichtungen (Fn. 31), 190, 198.

[42] Damit nähert sich die Praxis der Lage in Staaten an, in denen man Private als direkt grundrechtsverpflichtet ansieht, sofern nicht der einfache Gesetzgeber seinen Schutzauftrag wahrnimmt, s. für Brasilien *I. W. Sarlet* Die Einwirkung der Grundrechte auf das brasilianische Privatrecht, in: Neuner (Hrsg.) Grundrechte und Privatrecht aus rechtsvergleichender Sicht, 2007, 81 (insb. 96 f.). Ähnlich wird z.T. für Portugal vertreten, dass die Grundrechte in Privatrechtsbeziehungen grundsätzlich mittelbar über Privatrechtsnormen anzuwenden seien; finde ein Gericht aber keine geeignete Norm, dürfe es direkt auf Grundrechte zurückgreifen: *P. M. Pinto* Die Einwirkung der Grundrechte auf das portugiesische Privatrecht, in: Neuner ebd., 105 (112 f.); ebenso für Spanien *J. M. Bilbao Ubillos* Die Einwirkung der Grundrechte auf das spanische Privatrecht, in: Neuner ebd., 119 (139 f.). Dass ausschließliche Grundrechtsbindung des Staates, unmittelbare und mittelbare Drittwirkung nur theoretisch scharf zu trennen sind, in der Praxis aber zu sehr ähnlichen Ergebnissen führen, zeigen rechtsvergleichend auch *C. O'Cinneide/M. Stelzer*, Horizontal effect/state action, in: M. Tushnet/T. Fleiner/C. Saunders (Hrsg.) Routledge Handbook of Constitutional Law, 2012, 177 ff.; ebenso *S. Perner* Grundfreiheiten, Grundrechte-Charta und Privatrecht, 2013, 162 ff.

[43] Besonders freihändig ist diese Judikatur in Österreich, wo der Zwang, einen Vertrag zu schließen just auf § 879 ABGB gestützt wird, also auf eine Bestimmung, die sittenwidrige Verträge für nichtig erklärt: OGH 16.9.1971, 1 Ob 227/71; zu dieser Judikatur mwN *L. Khakzadeh-Leiler* Die Grundrechte in der Judikatur des Obersten Gerichtshofs, 2011, 127 ff. In Deutschland wird der allgemeine Kontrahierungszwang überwiegend aus § 826 BGB, z.T. aber auch unmittelbar aus dem Gleichheitssatz abgeleitet: *J. Busche*, in: F. J. Säcker/R. Rixecker (Hrsg.) Münchener Kommentar zum Bürgerlichen Gesetzbuch, 6. Aufl. 2012, Vor § 145 Rn. 20 ff. In der Schweiz stützt man den Kontrahierungszwang in der Lehre bisweilen auf das Gleichbehandlungsgebot (*H. Merz*, Vertrag und Vertragsschluss, 2. Aufl. 1992, Rn. 287) und in der Judikatur auf das Verbot sittenwidriger Schädigungen in Art. 41 OR (mwN *C. Müller*, in: A. Furrer/A. Schnyder [Hrsg.] Handkommentar zum Schweizer Privatrecht, Bd. IV, 2. Aufl. 2012, Art. 41 OR Rn. 56).

allerdings jahrzehntelang, aus welcher Rechtsnorm dieser Grundsatz ableitbar ist,[44] bis er z.B. in Österreich gesetzlich anerkannt wurde.[45]

Dass der Gesetzgeber judikativ entwickelten Grundrechtsschutz, gegebenenfalls etwas modifiziert, nach einiger Zeit validiert, kommt immer wieder vor. Der arbeitsrechtliche Gleichbehandlungsgrundsatz wurde durch das europäische Antidiskriminierungsrecht teils sogar vertieft.[46] Punktuell ordnen Verfassungen aber auch ausdrücklich eine unmittelbare Drittwirkung an, etwa die Lohngleichheit von Mann und Frau[47] oder die Koalitionsfreiheit[48]. Das Grundrecht auf Datenschutz bindet in Österreich seit 1980 auch Private,[49] und zwar schon damals mit der Begründung, dass ein *Orwellscher* großer Bruder auch in der Privatwirtschaft entstehen, „den Menschen manipulier[en] und ihm den Freiheitsraum abschnür[en]“ kann.[50] Eine solche Informationsmacht versucht heute

---

[44] Jeweils mwN für Deutschland *H. Wiedemann*, Die Gleichbehandlungsgebote im Arbeitsrecht, 2001, 10; für Österreich *M. Pöschl*, Verfassungsrechtliche Gleichheit, arbeitsrechtliche Gleichbehandlung, unionsrechtliche Antidiskriminierung, DRdA 2013, 467 (472 ff.). In der Schweiz hat man den umgekehrten Weg gewählt: Nachdem sich die Lehre (z.B. *T. Geiser* Gibt es ein Gleichbehandlungsgebot im schweizerischen Arbeitsrecht? FS Rehbinder, 2002, 37 ff.; *K. Pärli* Vertragsfreiheit, Gleichbehandlung und Diskriminierung im privatrechtlichen Arbeitsverhältnis, 2009, Rn. 1443 ff.), weitgehend geeinigt hat, aus welcher Rechtsgrundlage ein Gleichbehandlungsgrundsatz entwickelt werden kann, bringt die Judikatur diesen Grundsatz nun zurückhaltend zur Anwendung: BGE 129 III 276 (281 ff.).

[45] § 18 Betriebspensionsgesetz, BGBl. 1990/282. Zahlreiche weitere Beispiele für eine richterliche Rechtsfortbildung, die in unmittelbare Drittwirkung umschlägt, bei *H.-G. von Dücker* Der Richter als Ersatzgesetzgeber, FS Maurer, 2001, 49 (55 ff.).

[46] Teils füllt der Gleichbehandlungsgrundsatz aber auch Lücken, die das Antidiskriminierungsrecht lässt, s. für Österreich mwN *Pöschl* Gleichheit (Fn. 44), 481 f. Punktuell sind die dort normierten Diskriminierungsverbote für Private sogar strikter als für den Staat: So trifft den Arbeitgeber etwa eine besondere Begründungslast, wenn er Arbeitnehmer aufgrund ihres Alters benachteiligt – ein Merkmal, nach dem der Staat ohne besondere Rechtfertigungslast differenzieren darf und tatsächlich auch permanent differenziert, mwN *M. Pöschl* Altersdiskriminierung und Verfassung, in: WiR – Studiengesellschaft für Wirtschaft und Recht (Hrsg.) Alter und Recht, 2012, 47 (48, 51).

[47] Art. 8 Abs. 3 S. 3 BV; die Lohngleichheit gilt nach Art. 157 AEUV auch innerhalb der EU und bindet nach der Judikatur des EuGH (EuGH 8.4.1976, Defrenne II, Rs. 43/75, Slg. 1976, 455, Rn. 38/39) ebenfalls Private.

[48] Art. 9 Abs. 3 S. 2 GG, weitere Bsp. aus der Judikatur bei *R. J. Schweizer*, in: B. Ehrenzeller/B. Schindler/R. J. Schweizer/K. A. Vallender (Fn. 28), Art. 35 BV Rn. 60 f.

[49] § 1 Abs. 6 Datenschutzgesetz – DSG, BGBl. 1978/565; seit der Novelle BGBl. I 2012/51 wird der Sitz der Drittwirkung in Art. 1 § 1 Abs. 1 DSG 2000 verortet (RV 2168 BlgNR 24. GP 6); treffender wäre wohl Abs. 2.

[50] So der Abgeordnete *E. E. Veselsky* in der parlamentarischen Beratung des DSG, StenProtNR, 14. GP, 104. Sitzung am 18.10.1978, 10228.

auch das europäische Datenschutzrecht abzuwehren,[51] das uns Rechte gegen den Staat und gegen Private verschafft.

Insgesamt ist die Bipolarität der Grundrechtsbeziehung daher heute relativiert: Diese Beziehung besteht zwar primär zwischen Staat und Bürger. Durch die Judikatur, durch nationale Verfassungen und das Europarecht sind daneben aber auch für Private bedeutsame Grundrechtsbindungen entstanden, und sie können weiter entstehen.[52]

III. Vom Gewaltmonopol zu dezentraler Macht

1. Zwang

Betrachtet man die Felder, in denen sich Grundrechtspflichten auch für Private verdichtet haben, so erscheint die zweite Prämisse der Meistererzählung in einem neuen Licht: Die Grundrechte sind, so lautet diese Prämisse, eine Antwort auf das staatliche Gewaltmonopol.[53] Gewalt meint dabei physischen Zwang, den der Staat androht und durch einen professionellen Gewaltapparat auch jederzeit ausüben kann.[54] Androhung und Einsatz von Gewalt sind seit dem 19. Jahrhundert zentrale Herrschaftsmittel des Staates, der verbietet, gebietet, bestraft, einsperrt, abschiebt,

---

[51] Insb. die Richtlinie 95/46/EG des Europäischen Parlaments und des Rates vom 24. Oktober 1995 zum Schutz natürlicher Personen bei der Verarbeitung personenbezogener Daten und zum freien Datenverkehr, ABl L 281/1995, 31 (Datenschutz-RL).

[52] Ob schließlich die GRC unmittelbare Drittwirkung entfaltet, ist noch offen. Nachdem der EuGH aber Private schon an Grundfreiheiten und Diskriminierungsverbote direkt gebunden hat (mwN *Perner* Grundfreiheiten [Fn. 42], 146 ff., 156 ff.), ist nicht auszuschließen, dass er das auch bei dem einen oder anderen Grundrecht der GRC tut; für möglich hält dies z.B. *M. Potacs* Systematik und Durchsetzung des (neuen) Grundrechtsschutzes, in: C. Grabenwarter/W. Pöcherstorfer/C. Rosenmayr-Klemenz (Hrsg.) Die Grundrechte des Wirtschaftslebens nach dem Vertrag von Lissabon, 2012, 1 (10 ff.); ebenso *S. Scholz* Die Drittwirkung der gesellschaftspolitischen Diskriminierungsverbote der Europäischen Grundrechtecharta, in: T. Horvath/R. Lebesmühlbacher/F. Lehne/M. Lütte/I. Murer (Hrsg.) Ungleichheit im aktuellen Diskurs, 2013, 17 (31 ff.).

[53] Treffend *G. Birtsch* Einleitung: Die Geschichte der Grund- und Freiheitsrechte als Gegenstand der Forschung, in: ders (Hrsg.) Grund- und Freiheitsrechte im Wandel von Gesellschaft und Geschichte, 1981, 11 (18): „Grundrechtsgeschichte ist die eigentliche Kehrseite der Machtgeschichte"; s. ferner *M. Kriele* Zur Geschichte der Grund- und Menschenrechte, FS Scupin, 1973, 187 (194 f.); *K. Stern* Das Staatsrecht der Bundesrepublik Deutschland, Bd. III/1, 1988, § 59 I 5.

[54] S. nur *Weber* Wirtschaft und Gesellschaft (Fn. 3), 1042 ff., und *J. Isensee* Das staatliche Gewaltmonopol als Grundlage und Grenze der Grundrechte, FS Sendler, 1991, 39 (46 f.).

ausweist. Diese Art von Macht ist sichtbar, bisweilen auch physisch spürbar, und sie wirkt nicht etwa über Umwege, sondern ganz direkt. Sie äußert sich in der Negation von Freiheit,[55] und sie braucht gerade deshalb Freiheitsgarantien als Gegengewicht.[56]

2. *Geld*

Macht äußert sich aber nicht nur in der Anwendung physischer Gewalt; sie kann ebenso aus ökonomischer Überlegenheit entstehen, die abhängig macht. Auch über diese Macht verfügt der Staat. Sie war, wenn man so will, das Herrschaftsinstrument des späten 20. Jahrhunderts: Der gütige, der Leistungsstaat, der „Vorsorgestaat",[57] der austeilt, subventioniert, an uns Aufträge vergibt, für uns Arbeit sucht und uns Wohnungen baut, der uns mobil macht und den allgemeinen Lebensstandard hebt. Dass all diese Annehmlichkeiten auch in grundrechtliche Gefährdungslagen führen können, war nicht sofort sichtbar.[58] Nach einigen Diskussionen sehen wir den Staat heute aber auch dann als grundrechtsgebunden an, wenn er zwanglos, dh privatwirtschaftlich tätig wird.[59]

Anders als Gewalt ist Geld nicht beim Staat monopolisiert. Er muss diese Machtressource mit Privaten also teilen. Doch nehmen die Grundrechte gerade die ökonomische Privatmacht besonders in die Pflicht: durch den Kontrahierungszwang, der den Monopolisten trifft,[60] durch den arbeitsrechtlichen Gleichbehandlungsgrundsatz[61] und durch Diskriminierungsverbote,[62] also durch Bindungen, die auch den Staat beschränken, wenn er privatwirtschaftlich tätig wird.

Zugleich ist nicht zu übersehen, dass es heute multinationale Konzerne gibt, deren Jahresumsatz höher ist als das Bruttoinlandsprodukt mancher

---

[55] *B.-C. Han* Psychopolitik. Neoliberalismus und die neuen Machttechniken, 2014, 25 f.

[56] Repräsentativ *G. Jellinek* System der subjektiven öffentlichen Rechte, 2. Aufl. 1905, 103: „Alle Freiheit ist einfach Freiheit von gesetzwidrigem Zwange".

[57] *F. Ewald* L'État providence, 1986; dt. Der Vorsorgestaat, 1993.

[58] *H. F. Zacher* Verwaltung durch Subvention, VVDStRL 25 (1967), 308, spricht treffend von der „verschleierten Staatsgunst"; zu den damit einhergehenden Grundrechtsgefährdungen ebd., 343 ff., 363 ff.; s. auch *F. Ossenbühl* VVDStRL 29 (1971), 171, sowie *W. Martens* und *P. Häberle* Grundrechte im Leistungsstaat, VVDStRL 30 (1971), 7 ff. und 43 (69 ff.).

[59] S. jeweils mwN für Deutschland *W. Rüfner* HStR IX, 3. Aufl. 2011, § 197 Rn. 68 ff., insb. Rn. 77; für Österreich *G. Kucsko-Stadlmayer* Strukturen (Fn. 30), § 3 Rn. 49 ff.; für die Schweiz *Kiener/Kälin* Grundrechte (Fn. 22), 46 f.

[60] S. oben Fn. 43.

[61] S. oben Fn. 44 und 46.

[62] S. oben Fn. 46, 47 und 52.

Staaten.[63] Diese Akteure setzen ihre wirtschaftliche Potenz nicht nur Privaten, sondern auch Staaten gegenüber ein, und zwar umso erfolgreicher, je mehr ein Staat auf Geld angewiesen ist.[64] Wenn privates Geld und staatliche Gewalt Allianzen eingehen, kann das die Menschenrechte der Bevölkerung ernstlich bedrohen, denken wir nur an Shell in Nigeria.[65]

3. *Information*

Macht äußert sich nicht nur in Gewalt und Geld. Sie entsteht überdies, und zwar in ihrer subtilsten Form, durch Information, die der Staat auch zunehmend als Steuerungsmittel einsetzt: Sie ist gewissermaßen das Herrschaftsinstrument des beginnenden 21. Jahrhunderts: Der gütige und deshalb leider auch verschuldete Staat verbietet weder noch straft er; er teilt auch weniger aus, umso mehr aber hat er den Bürgern mitzuteilen: Er klärt auf, kennzeichnet, berät, empfiehlt, warnt, und für all das kann er nicht genug Information bekommen: So sammelt er Wissen, befragt und vermisst seine Bürger, legt über sie Datenbanken an, bindet sie in all das kooperativ ein, steuert gleichsam „bis in die Köpfe der Menschen hinein"[66] und erreicht so Effekte, die er mit Verboten und Strafen nicht erzielen könnte.[67]

Diese Macht ist kaum sichtbar, schon gar nicht ist sie unmittelbar physisch spürbar. Sie wirkt meist indirekt und ist deshalb schwer zu kontrollieren.[68] Nach und nach wird aber auch sie grundrechtlich eingehegt, so

---

[63] So lagen z.B. die Einnahmen von Royal Dutch Shell im Jahr 2012 über dem Bruttoinlandsprodukt von 171 Staaten; das Unternehmen zählte damit zu den 26 größten Wirtschaftsentitäten weltweit, s. dazu und zur Stellung anderer Unternehmen *T. S. Keys/T. W. Malnight/C. K. Stoklund* Corporate Clout 2013: Time for Responsible Capitalism, 2013, www.globaltrends.com/reports/?doc_id=500539&task=view_details (31.10.2014).

[64] S. schon *Günther* in: Deitelhoff/Steffek (Fn. 8), 274 f. Dass sich „Private, anders als der Staat, in vielfältigen Konkurrenz- und Abhängigkeitsverhältnissen zueinander" befinden, wie *Müller-Franken* Bindung (Fn. 28), 231 konstatiert, trifft insofern zwar oft, aber nicht durchwegs zu: Auch Staaten können in Abhängigkeitsverhältnisse zu Privaten geraten.

[65] Näher IV.3.

[66] *Di Fabio* Selbstregulierung (Fn. 3), 239.

[67] Zum „Verwaltungsrecht als Informations- und Kommunikationsordnung" s. nur die Beiträge bei *W. Hoffmann-Riem/E. Schmidt-Aßmann/A. Voßkuhle* (Hrsg.) Grundlagen des Verwaltungsrechts, Bd. II Informationsordnung Verwaltungsverfahren Handlungsformen, 2. Aufl. 2012, 1 ff.

[68] S. schon *Di Fabio* Selbstregulierung (Fn. 3), 254 ff., aus anderer Perspektive nun auch *Han* Psychopolitik (Fn. 55), 25: „Je größer die Macht ist, desto *stiller* wirkt sie." (Hervorhebung im Original), 27: „Die smarte, freundliche Macht operiert nicht frontal gegen den Willen der unterworfenen Subjekte, sondern steuert deren Willen zu ihren Gunsten. […] Statt sich dem Subjekt entgegenzusetzen, kommt sie ihm entgegen."

haben die Gerichte etwa schon klargestellt, dass auch Warnungen, z.B. vor Lebensmitteln,[69] Sekten,[70] Finanzdienstleistern,[71] an Grundrechten zu messen sind.[72]

Information schlechthin monopolisieren zu wollen, wäre illusorisch. Diese Machtressource muss der Staat daher ebenfalls mit Privaten teilen, und anders als beim Geld legt er es sogar darauf an. Sie zu disziplinieren, versucht allerdings das europäische Datenschutzrecht, indem es Privaten im Wesentlichen gleichlautende Pflichten auferlegt wie dem Staat, mag es auch nicht immer wirksam sein.[73]

Informationsmacht wird von Privaten jedenfalls intensiv genützt, besonders von jenen Internet-Giganten, die „uns permanent dazu auf[fordern], [...] unsere Meinungen, Bedürfnisse, Wünsche und Vorlieben zu kommunizieren und unser Leben zu erzählen."[74] Und in der Tat: Menschen rapportieren uns im Internet pausenlos, wo sie sind, was sie gerade tun und gleich zu tun gedenken, und sie legen Fotos bei, die all das dokumentieren. Immer mehr Menschen vermessen sogar ihren Körper, um die Daten über ihn zu teilen: Kalorienverbrauch, Hirnströme, Tiefschlaf- und Wachphasen.[75] Diese dauernde Selbstprüfung und -überwachung hat, anders als oft gesagt wird, mit *Orwells* Überwachungsstaat wenig gemein. In der digitalen Welt wird ja gerade „nicht gefoltert, sondern getwittert oder gepostet" – kein Geständnis ist hier gewaltsam erzwungen; die Entblößung findet freiwillig statt.[76] Genau das macht die Informationsmacht auch so smart: Sie negiert die Freiheit nicht; sie macht von ihr Gebrauch.[77] Sie delegiert die Überwachung an jeden Einzelnen, der sich da-

---

[69] BVerfGE 105, 252.

[70] BVerfGE 105, 279.

[71] VfSlg. 18.747/2009.

[72] Literarische Aufarbeitung z.B. bei *M. Ibler* Grundrechtseingriff und Gesetzesvorbehalt bei Warnungen durch Bundesorgane, FS Maurer, 2001, 145.

[73] Zu den Defiziten und der Notwendigkeit einer Reform z.B. *A. Roßnagel* Modernisierung des Datenschutzrechts für eine Welt allgegenwärtiger Datenverarbeitung, MMR 2005, 71; *W. Berka* Das Grundrecht auf Datenschutz im Spannungsfeld zwischen Freiheit und Sicherheit, Gutachten für den 18. Österreichischen Juristentag, Bd. I/1, 2012, 40 ff.; *T. Weichert* Die Kontrolle durch die Datenschutzbeauftragen – Handlungsgrenzen und Handlungsmöglichkeiten, insbesondere im Lichte des neuen EU-Rechts, in: H. Hill/M. Martini/E. Wagner (Hrsg.) Facebook, Google & Co, 2013, 127 ff.; *D. Ennöckl* Der Schutz der Privatsphäre in der elektronischen Datenverarbeitung, 2014, 579 ff.

[74] *Han* Psychopolitik (Fn. 55), 27.

[75] Sog. Self-tracking, s. z.B. *J. Willmroth* Regieraum des Lebens, Süddeutsche.de v. 23.7.2014.

[76] *Han* Psychopolitik (Fn. 55), 18 f., 54 f.

[77] Zur Funktionsweise dieser „smarten Macht" anschaulich *Han* Psychopolitik (Fn 55), 25 ff.

bei vollkommen frei fühlt.[78] Deshalb regte sich gegen diese Macht zunächst auch kaum Widerstand, und sie ist auf Zwang nicht angewiesen. Ja, dass sie *nicht* über Zwang verfügt, ist sogar ihre eigentliche Stärke: Denn was Menschen ihren tausenden „Freunden" täglich auf Facebook anvertrauen, würden sie dem Staat niemals freiwillig offenbaren. Diese Fähigkeit der Internet-Dienstleister, gewaltfrei ganz nahe an Menschen, und zwar an Massen von Menschen, heranzurücken, macht sie (abgesehen von ihrem Geld) für datenhungrige Staaten hochinteressant. Auch das kann die Bereitschaft der Staaten lähmen, ihre Bevölkerung vor diesen Intermediären in Schutz zu nehmen.[79]

IV. Vom Territorium zur Grenzenlosigkeit

1. Geherrscht wird zuhause

Zusätzliche Probleme schafft – und damit erreichen wir die dritte Prämisse des Grundrechtsdramas –, dass die neuen Intermediäre grenzüberschreitend tätig sind oder, wie im Internet, sogar in einer Welt ohne Grenzen. Die Meistererzählung der Grundrechte weiß von solchen Vorkommnissen freilich nichts. Unter dem Stichwort „Grenze" berichtet sie nur von den großen Anstrengungen der Staaten, ihre Herrschaft bis in die äußersten Winkel ihres Territoriums auszudehnen.[80] An der Staatsgrenze endete diese Herrschaft aber auch. So geht die dritte Prämisse der Meister-

[78] *Han* Psychopolitik (Fn. 55), 19, 23.

[79] In diesem Sinn wird etwa kritisiert, dass die Kartellklage gegen Google durch die Europäische Kommission nur schleppend verfolgt wird (z.B. *M. Döpfner* Warum wir Google fürchten, faz.net v. 16.4.2014; *C. Arthur* European commission reopens Google antitrust investigation, theguardian.com v. 8.9.2014; EU-Kommission vs. Google: Druck auf den letzten Drücker, SPIEGEL ONLINE v. 23.9.2014) und dass die Datenschutzreform in Europa viel zu langsam vorangeht (z.B. *P. Beuth* Reform des EU-Datenschutzes ist erst einmal abgesagt, ZEIT ONLINE v. 23. Januar 2014; Ringen um EU-Datenschutz geht in entscheidende Runde, derstandard.at v. 29.7.2014), dafür wird u.a. das intensive Lobbying großer IT-Dienstleister gegen diese Reform verantwortlich gemacht (z.B. *K. O'Brien* Silicon Valley Companies Lobbying Against Europe's Privacy Proposals, nytimes.com v. 25.1.2013; *U. Ebbinghaus/S. Schulz/T. Thiel* Machtprobe mit Silicon Valley, faz.net v. 11.3.2014).

[80] Diese Erzählung ist freilich auf den Nationalstaat konzentriert; sie passt schon nicht mehr auf das Imperium, das „seine weniger deutlich bestimmten Außengrenzen dort [findet], wo es auf ‚Wildnis' und/oder ‚Barbaren' oder auf ein anderes Imperium trifft": *J. Osterhammel* Die Verwandlung der Welt. Eine Geschichte des 19. Jahrhunderts, 2009, 607.

erzählung von einem Staat aus, der „zuhause" herrscht, und dort wirken auch die Grundrechte.[81]

Diese Prämisse ist heute doppelt unter Druck geraten. Zum einen werden Staaten aufgrund internationaler Behördenkooperation zunehmend auf fremdem Hoheitsgebiet tätig.[82] Bisweilen transferieren sie Hoheitsakte sogar gezielt in schwach, unklar oder nicht beherrschte Räume, Guantanamo ist hier nur ein Beispiel von vielen.[83] Mithilfe avancierter Technik können Staaten heute auch im Territorium anderer Staaten tätig werden, ohne dort physisch präsent zu sein und z.B. die Kommunikation weltweit aus dem Weltraum und mit Unterseedatenkabeln überwachen.[84] Außen-

---

[81] Besonders deutlich kommt dieses Verständnis in Art. 2 IPBPR zum Ausdruck, nach dem sich jeder Vertragsstaat verpflichtet, die Rechte des Paktes „allen in seinem Gebiet befindlichen und seiner Jurisdiktion unterstehenden Personen [...] zu gewährleisten".

[82] Allgemein zur zunehmend dichteren Behördenkooperation in der EU z.B. *W. Weiß* Der europäische Verwaltungsverbund, 2010; *M. Holoubek/M. Lang* (Hrsg.) Verfahren der Zusammenarbeit von Verwaltungsbehörden in Europa, 2012; im Besonderen zu Organhandeln auf fremdem Staatsgebiet z.B. *L. Harings* Grenzüberschreitende Zusammenarbeit der Polizei- und Zollverwaltungen, in: E. Schmidt-Assmann/B. Schöndorf-Haubold (Hrsg.) Der Europäische Verwaltungsverbund, 2005, 127 ff.

[83] S. z.B. auch die grenzüberschreitende Verfolgung Terrorismusverdächtiger durch die CIA im Rahmen des „extraordinary rendition programme", an der auch europäische Staaten mitgewirkt haben (*D. Priest* CIA Holds Terror Suspects in Secret Prisons, The Washington Post v. 2.11.2005). Sie hat jüngst dazu geführt, dass Polen vom EGMR verurteilt wurde, weil es zuließ, dass zwei US-Gefangene auf polnischem Staatsgebiet von Angehörigen der CIA gefoltert wurden: EGMR 24.7.2014, Al Nashiri v. Polen, Appl. 28761/11 und Husayn (Abu Zubaydah) v. Polen, Appl. 7511/13. Weitere Beschwerden gegen Rumänien (Al Nashiri v. Rumänien, Appl. 33234/12) und gegen Litauen (Abu Zubaydah v. Litauen, Appl. 46454/11) sind noch anhängig.

[84] Zu dieser geheimdienstlichen Überwachung durch die sog. „Five Eyes" noch IV.4. Im Zuge dieser Überwachung sollen NSA-Mitarbeiter 2012 sogar versehentlich das Internet in Syrien vorübergehend lahmgelegt haben (*J. Bamford* The most wanted man in the world, Wired 9/2014 v. 22.9.2014, www.wired.com/2014/08/edward-snowden/, 31.10.2014). Der britische Geheimdienst soll u.a. online-Umfragen manipulieren (*G. Greenwald* Hacking Online Polls and Other Ways British Spies Seek to Control the Internet, The Intercept v. 14.7.2014, https://firstlook.org/theintercept/2014/07/14/manipulating-online-polls-ways-british-spies-seek-control-internet/, 31.10.2014). Ähnliche Effekte lassen sich erzielen, wenn ein Staat, wie anscheinend Russland, massenhaft Personen beauftragt, die Stimmung in ausländischen Internet-Foren in seinem Sinn zu beeinflussen: *J. Hans* Putins Trolle, Sueddeutsche.de v. 13.6.2014. Extraterritoriale Einflussnahme ermöglichen ferner satellitengestützte Navigationssysteme, über die derzeit die USA (GPS) und Russland (Glonass) verfügen, die aber auch von anderen Staaten genützt werden. Beide Systeme werden vom Militär betrieben und können Medienberichten zufolge verfälscht oder punktuell abgeschaltet werden. Das soll auch im

politik wird zur Weltinnenpolitik, auch hier schwinden die Sicherheiten, die Gegensatzpaare wie innen/außen lange gaben.

Noch rasanter gestiegen ist zum anderen die Mobilität privater Akteure. Verfügen sie über genug Geld bzw. Informationsmacht, verhalten sie sich ähnlich wie Staaten: Sie setzen Helfer ein, die sie in eine grundrechtsfreie Zone schieben, d.h. sie gründen Tochterunternehmen in Staaten mit niedrigen Schutz- oder Vollziehungsstandards und kooperieren mit deren Regierungen.[85] Bisweilen weichen auch sie in unbeherrschte Räume aus und betreiben z.B. auf Hoher See Arbeitsschiffe unter sklavereiähnlichen Bedingungen.[86] Nicht zuletzt können auch Internet-Dienstleister auf das Leben der Bürger eines Staates intensiv einwirken, ohne in dessen Territorium physisch anwesend zu sein.[87]

All das fordert unser Grundrechtskonzept heraus: Es hat nicht mit Staaten gerechnet, die auf Reisen gehen, und hat deshalb auch keine eindeutigen Antworten auf die Frage, ob die Grundrechtsbindung an der Staatsgrenze endet oder ob sie den Staat begleitet, und wenn ja: wobei, wohin und wie lange? Muss ein Staat privaten Akteuren, die im Ausland tätig werden, grundrechtlich gebotene Schutzstandards ins Gepäck geben? Und müssen Staaten ihre Bürger vor Akteuren schützen, die nur vom Ausland aus agieren?

Kosovo-Krieg geschehen sein und hat die EU veranlasst, ein eigenes Satellitensystem namens „Galileo" aufzubauen: *A. Gras* Galileo mit zwei Gesichtern, die tageszeitung v. 10.1.2010; Falsche Umlaufbahn: EU-Kommission fordert Aufklärung nach „Galileo"-Debakel, SPIEGEL ONLINE v. 25.8.2014.

[85] Näher sogleich IV.3.

[86] S. z.B. zu den Bedingungen, unter denen in Thailand Garnelen gefischt und verarbeitet werden: *K. Hodal/C. Kelly/F. Lawrence* Revealed: Asian slave labour producing prawns for supermarkets in US, UK, theguardian.com v. 10.6.2014. Das Seasteading Institute erforscht derzeit allgemein, wie im Meer schwimmende Städte gebaut werden können; an solchen Städten ist u.a. Google interessiert, um ein Zusammenleben jenseits staatlicher Regeln auszuprobieren: *G. Hamann/K. Pham/H. Wefing* Die Vereinigten Staaten von Google, Die Zeit, Dossier v. 7.8.2014.

[87] Zu denken ist insb. an Internet-Dienstleister wie Google und Facebook, zu diesen näher z.B. *Hill/Martini/Wagner* Facebook (Fn. 73). Zu den Globalisierungseffekten des Internet und den Problemen seiner Regulierung *G.-P. Calliess* Globale Kommunikation – staatenloses Recht. Zur (Selbst-)Regulierung des Internet durch prozedurales Recht am Beispiel des Verbraucherschutzes im elektronischen Geschäftsverkehr, ARSP-Beiheft 79, 2001, 61; *U. Schliesky/C. Hoffmann/A. D. Luch/S. E. Schulz/K. C. Borchers* Schutzpflichten und Drittwirkung im Internet, 2014, insb. 119 ff.

2. *Private Akteure aus dem Ausland*

Die letzte Frage hat sich in den vergangenen Jahren für tausende Menschen gestellt, allen voran für den Spanier Mario Costeja González.[88] Er musste, wie nun leider weltweit bekannt ist, vor 16 Jahren sein Grundstück versteigern. Das wurde damals vorschriftsgemäß in einer Zeitung angezeigt. Direkt zu dieser Anzeige führte nun die Suchmaschine Google jeden, der nach González suchte. Darüber beschwerte er sich bei der spanischen Datenschutzagentur und verlangte, Google möge die Verlinkung löschen. Er richtete diese Forderung an Google Inc., das die Suchmaschine in den USA betreibt,[89] und an Google Spain, das in Spanien Werbeflächen für die Suchmaschine verkauft.

Diese Geschichte ist kurz, grundrechtlich aber komplex, denn Herr González scheint hier gleich drei diffuse Grundrechtsgegner zu haben: Zunächst die Internet-Nutzer, die sich ein Bild von ihm machen wollen, potenziell also die ganze Internet-Gemeinde. Sodann die Zeitung, die über die Versteigerung berichtet hat, und vielleicht viele weitere Personen, die das ebenso getan haben. Auffindbar ist diese, im Netz möglicherweise breit gestreute Information erst durch die Suchmaschine Google, deren Betreiber aber in den USA niedergelassen ist, sich deshalb nicht an europäisches Datenschutzrecht gebunden fühlt und zudem bestreitet, überhaupt Daten zu verarbeiten: Die Suchmaschine nehme ja nur bereits veröffentlichte Informationen auf und ordne sie nach den Interessen der Internet-Gemeinde, ohne zu wissen, ob es sich dabei um personenbezogene Daten handelt und ohne diese Daten kontrollieren zu können.[90] Anders gesagt: Der früher verschuldete Mario Costeja González ist ein schönes Beispiel für die multipolare Unübersichtlichkeit, die Grundrechtskonflikte heute auszeichnet und die Bürger bei der Verfolgung ihrer Rechte oft resignieren lässt.

Umso bemerkenswerter ist, wie der EuGH – vom spanischen Gericht angerufen – die Komplexität dieses Falles reduziert: Er stellt González ins Zentrum seiner Überlegungen und bestimmt von ihm aus alle übrigen Positionen. Erstens: Google kann weder hinter der Zeitung noch hinter der Internet-Gemeinde verschwinden; seine Suchmaschine ist das Scharnier, das beide erst zusammenführt. Dass Google dafür (u.a.) personenbe-

---

[88] Zum Sachverhalt dieses Falles EuGH 13.5.2014 (GK), Google v. Mario Costeja González, Rs. C-131/12, Rn. 14 ff., 43.

[89] Die Daten werden auch auf Servern zwischengespeichert; wo sich diese Server befinden, wird allerdings aus Wettbewerbsgründen geheim gehalten: EuGH 13.5.2014, Google v. Mario Costeja González, Rs. C-131/12, Rn. 43.

[90] EuGH 13.5.2014, Google v. Mario Costeja González, Rs. C-131/12, Rn. 22.

zogene Daten im Netz aufspürt, ordnet und in die Suchergebnis-Liste aufnimmt, ist eine Datenverarbeitung, die der Datenschutz-RL sachlich unterfällt und für die Google auch verantwortlich ist.[91]

Zweitens: Auch dass diese Datenverarbeitung in den USA vorgenommen wird, entpflichtet Google nicht; denn diese Tätigkeit hängt untrennbar mit der Werbetätigkeit der spanischen Niederlassung zusammen, sodass die Richtlinie auch räumlich anwendbar ist.[92] Der EuGH modelliert Google also wie einen Staat: Interne Arbeitsteilung schlägt nicht nach außen durch; und ebenso wenig wie der Staat seine Grundrechtsbindung abstreifen kann, indem er Private einsetzt, kann sich Google aus europarechtlichen Bindungen befreien, indem es Datenverarbeitungen in die USA verlegt.

Drittens: Googles Datenverarbeitung beeinträchtigt González Grundrechte auf Achtung des Privatlebens und Schutz personenbezogener Daten erheblich, denn mithilfe der Suchmaschine kann von ihm jeder ein detailliertes Profil erstellen.[93] Googles „wirtschaftliche Interessen"[94] rechtfertigen diese Beeinträchtigung keinesfalls.[95] Das Informationsinteresse der Internet-Nutzer[96] rechtfertigt den Eingriff nur in besonderen Fällen, abhängig von der Art der Information, ihrer Sensibilität für das Privatleben und der Rolle, die der Betroffene im öffentlichen Leben spielt.[97] Damit ist die Argumentationslast klar verteilt: Im Zweifel (und so auch im konkreten Fall[98]) gehen González' Grundrechte vor.

Viertens: In Anbetracht dieser Grundrechte kann González' von Google verlangen, dass ihn betreffende Informationen aus der Suchergebnis-Liste gelöscht werden, und zwar auch dann, wenn diese Informationen sachlich richtig sind und ursprünglich rechtmäßig verarbeitet wurden, angesichts der verstrichenen Zeit aber für den Verarbeitungszweck nicht mehr erheblich sind.[99] Über einen solchen Löschantrag muss künftig

---

[91] EuGH 13.5.2014, Google v. Mario Costeja González, Rs. C-131/12, Rn. 25 ff.

[92] EuGH 13.5.2014, Google v. Mario Costeja González, Rs. C-131/12, Rn. 48 ff.

[93] EuGH 13.5.2014, Google v. Mario Costeja González, Rs. C-131/12, Rn. 36 ff., 80.

[94] Nicht etwa seine unternehmerische Freiheit (Art. 16 GRC).

[95] EuGH 13.5.2014, Google v. Mario Costeja González, Rs. C-131/12, Rn. 81, 97, 99.

[96] Nicht etwa ihre Informationsfreiheit (Art. 11 GRC).

[97] EuGH 13.5.2014, Google v. Mario Costeja González, Rs. C-131/12, Rn. 81, 97, 99.

[98] EuGH 13.5.2014, Google v. Mario Costeja González, Rs. C-131/12, Rn. 98.

[99] EuGH 13.5.2014, Google v. Mario Costeja González, Rs. C-131/12, Rn. 93 ff. In der Literatur wurde dieser Löschanspruch als „Recht auf Vergessen" bzw. „Recht auf Vergessenwerden" rezipiert, s. z.B. *M. Arning/F. Moos/J. Schefzig* Vergiss(,) Europa! CR 2014, 447; *J. Caspar* Besprechung des EuGH-Urteils vom 13. Mai 2014 in dem Verfah-

Google anhand der genannten Kriterien in einer sorgsamen Interessenabwägung entscheiden.[100] Zur Bewältigung dieser komplexen Abwägungsentscheidungen lässt Google gerade von einem Beirat eigene Richtlinien erstellen.[101] Löscht Google ein Suchergebnis nicht, muss sich der Antragsteller dagegen bei der nationalen Datenschutzbehörde zur Wehr setzen können.[102]

---

ren C-131/12, Ping 2014, 133 (135); *J. Kühling* NJW-Editorial, NJW 2014; *C. Piltz* Nach dem Google-Urteil des EuGH: Analyse und Folgen für das Datenschutzrecht, K&R 2014, 566 (569). Der EuGH selbst verwendet diese Formulierung allerdings nicht. Die von ihm umschriebenen Voraussetzungen des Löschanspruches zeigen auch, dass er gerade kein absolutes Recht auf Vergessen postuliert; sie erhöhen nur die Chancen, dass bestimmte Informationen vergessen werden, s. schon *Jandt* EuGH stärkt den Schutz der Persönlichkeitsrechte gegenüber Suchmaschinen, MMR-Aktuell 2014, 358242. Im Übrigen schafft auch das im Entwurf der Datenschutz-Grundverordnung (Art. 17) konzipierte „Recht auf Vergessenwerden" – anders als die Formulierung suggeriert – kein Recht auf vollständiges Vergessen; es trifft nur Klarstellungen zu schon jetzt bestehenden Löschansprüchen und erlegt dem Löschpflichtigen zudem bestimmte Informationspflichten auf, s. *G. Hornung/K. Hofmann* Ein „Recht auf Vergessenwerden"? JZ 2013, 163 (165 ff.); *M. Lang* Google Search und das „Recht auf Vergessenwerden", K&R 2014, 449 (451).

[100] EuGH 13.5.2014, Google v. Mario Costeja González, Rs. C-131/12, Rn. 77, 96 f. Dass der EuGH Google damit, wie *Arning/Moos/Schefzig* (Fn. 99), 455, meinen, zu einer „privaten Vor-Zensur-Behörde" gemacht hat, trifft nicht zu, sondern folgt wohl eher dem schon bei *O. Diggelmann* Grundrechtsschutz durch Privatheit VVDStRL 70 (2011), 50 (76 f.) zutreffend kritisierten Reflex, die Verhinderung von Indiskretion als Zensur zu diskreditieren: Eine Vorzensur liegt hier schon deshalb nicht vor, weil eine Löschung definitionsgemäß nicht im Vorhinein, sondern erst nachträglich erfolgt. Zudem hat die vom EuGH verlangte Löschung anders als eine Zensur den Sinn, Persönlichkeitsrechte zu schützen. Schließlich ist daran zu erinnern, dass Medien bei heiklen Berichten permanent (und zwar wirklich im Vorhinein) abwägen müssen, ob Persönlichkeitsrechte das allgemeine Informationsinteresse überwiegen, ohne dass bisher jemandem eingefallen wäre, das als private „Zensur" zu kritisieren.

[101] Diesem Beirat gehören Experten aus Wissenschaft, Medien, Datenschutz, Zivilgesellschaft und Technologie, darunter auch die frühere deutsche Justizministerin an; er führt öffentliche Anhörungen von Experten in sieben europäischen Städten durch und soll auf dieser Grundlage Leitlinien zur Frage erstellen, wie im Fall eines Löschantrages die Individualinteressen des Antragstellers gegen öffentliche Interessen abzuwägen sind, s. näher *D. Drummond* We need to talk about the right to be forgotten, theguardian.com v. 10.7.2014; Google beruft Leutheusser-Schnarrenberger in „Lösch-Beirat", faz.net v. 10.7.2014; sowie die Webseite des Experten-Beirates www.google.com/advisorycouncil/ (31.10.2014), auf der u.a. die öffentlichen Anhörungen dieses Beirates einsehbar sind.

[102] EuGH 13.5.2014, Google v. Mario Costeja González, Rs. C-131/12, Rn. 77 ff. Keine ausdrückliche Aussage enthält das Urteil zur Frage, ob die Löschung global erfolgen muss oder – wie Google meint – nur innerhalb der EU. Einträge, die bloß auf europäischen Webseiten entfernt werden, scheinen freilich in allen anderen Suchmaschinen Googles, etwa auf www.google.com, weiterhin auf und können dort auch von

Fünftens: González' muss sein Löschbegehren nicht auch an die Urheber der Information richten, also an die Zeitung und eine potenziell unübersehbare Vielzahl von weiteren Personen;[103] er kann sich direkt an die *eine* Person halten, die durch ihre Suchmaschine den Schlüssel zu all den verstreuten Informationen in der Hand hält.[104]

Letztlich hat der EuGH damit einen scheinbar multipolaren Konflikt auf ein bipolares Grundrechtsverhältnis reduziert, in dem der Bürger seine Grundrechte durchsetzen kann. Was kann man aus diesem Fall in allgemeiner Hinsicht lernen?

Wie Staaten versuchen auch Private Bindungen zu entgehen, und zwar indem sie sensible Tätigkeiten in eine andere Rechtsordnung verschieben. Die Auswirkungen dieser Tätigkeit wieder an Grundrechtsstandards zu binden, kann mühsam sein, ist aber möglich, wenn ein Staat seine Jurisdiktion entsprechend ausdehnt.

Akteure, die solche Transaktionen durchführen können, sind für gewöhnlich einflussreich, weil sie über sehr viel Geld bzw. Informationsmacht verfügen. Das kann die Schutzbereitschaft des Gesetzgebers lähmen, und zwar selbst wenn es um die Rechte der Mehrheitsbevölkerung geht.[105] In solchen Situationen springen bisweilen Gerichte für den Bürger in die Bresche, mit spektakulären Urteilen, die die im Gesetz fehlende Schutznorm unmittelbar aus dem Grundrecht ableiten.[106] Anders als

---

Europa aus abgefragt werden. Das Recht auf Löschung läuft dann weitgehend leer, weshalb ein kanadisches Gericht den territorialen Löschansatz, den Google auch außerhalb der EU praktiziert, jüngst verworfen hat: Equustek Solutions Inc. v. Jack, 2014 BCSC 1063, Rn. 148. Skeptisch zur Löschpraxis von Google auch *Caspar* Besprechung (Fn. 99), 137.

[103] EuGH 13.5.2014, Google v. Mario Costeja González, Rs. C-131/12, Rn. 82 ff., wonach ein solches Junktim den Schutz des Betroffenen leerlaufen ließe, weil die zu löschende Information auf vielen Webseiten veröffentlicht sein kann, weil die dafür Verantwortlichen nicht notwendig dem Unionsrecht unterliegen oder weil sie aufgrund des Medienprivilegs oder sonstiger berechtigter Interessen unter Umständen gar nicht zur Löschung verpflichtet sind. Der Betroffene würde dann, wie es ein kanadisches Gericht ausgedrückt hat, einem endlosen Spiel von *Whac-a-mole* ausgesetzt, in dem aus einer Vielzahl von Erdlöchern ständig ein neuer Maulwurf auftaucht, der mit gerichtlicher Hilfe vertrieben werden muss, s. Equustek Solutions Inc. v. Jack, 2014 BCSC 1063, Rn. 72.

[104] Zu dieser Schlüsselfunktion der Suchmaschine EuGH 13.5.2014, Google v. Mario Costeja González, Rs. C-131/12, Rn. 36, 87.

[105] S. schon oben Fn. 79.

[106] Ob etwa das Urteil des EuGH im Fall Google v. Mario Costeja González in allen Punkten der Datenschutz-RL entspricht, lässt sich durchaus bestreiten; insb. ist zweifelhaft, ob die Richtlinie auf diesen Fall räumlich anwendbar war, kritisch z.B. *Arning/Moos/Schefzig* Vergiss (Fn. 99), 449 f.; *Piltz* Google-Urteil (Fn. 99), 567; eine Wort-

sonst in der Demokratie schützt das Grundrecht dann nicht mehr primär eine Minderheit vor der Mehrheit, es befreit vielmehr wie im 19. Jahrhundert die Mehrheit von der Herrschaft eines Intermediärs.

Solche Urteile können einen Prozess der Verrechtlichung anstoßen, der im Idealfall dazu führt, dass die judikativ entwickelte Schutznorm inhaltlich verbessert wird.[107] Ist die Rechtssetzung kompliziert, weil sie zwischenstaatliche Kooperation voraussetzt, können an die Stelle des Gesetzgebers aber auch Private treten und die judikative Schutznorm selbst konkretisieren, wie im Fall Google sogar mit grenzüberschreitendem Wirkungsanspruch.[108]

Das Urteil hat ferner gezeigt, dass auch diffuse, schwer greifbare Grundrechtsstörer wie die Internet-Gemeinde in den Griff zu bekommen sind, wenn man die Störung rechtsschutzfreundlich zurechnet und dem Betroffenen *ein* klagbares Gegenüber verschafft, hier etwa Google, das der Internet-Gemeinde erst ihre Wirksamkeit gibt. Dem entspricht zunehmend auch die Judikatur nationaler Gerichte, die z.B. von Foren-Betreibern ausreichende Sicherungen gegen beleidigende oder verhetzende Postings anonymer Nutzer verlangt.[109]

---

lautüberschreitung konstatiert auch *Lang* Google Search (Fn. 99), 450, er dürfte sie aber letztlich aus grundrechtlichen Erwägungen billigen. Tatsächlich fällt auf, dass sich der EuGH in allen maßgeblichen Fragen dieses Urteils zumindest auch auf die Grundrechte stützt, s. Rn. 38, wonach eine datenschutzrechtliche Verantwortlichkeit des Suchmaschinenbetreibers neben dem Herausgeber der Webseite erforderlich sei, damit das Recht auf Achtung des Privatlebens verwirklicht werden könne; Rn. 58, wonach es „nicht angehen" könne, die in den USA vorgenommene Datenverarbeitung Googles den Garantien der Datenschutz-Richtlinie zu entziehen, weil dies den Schutz der Grundrechte einschränken würde; Rn. 68 f., wonach die Art. 6, 7, 12, 14 und 28 der Datenschutz-RL die Grundrechte der Art. 7 und 8 GRC durchführen und daher im Lichte dieser Grundrechte auszulegen seien; Rn. 81, 97, 99, wonach die Grundrechte aus Art. 7 und 8 GRC die Interessen des Suchmaschinenbetreibers und der Internetnutzer grundsätzlich überwiegen; Rn. 84, wonach die Rechte der Betroffenen nicht wirksam und umfassend geschützt wären, wenn die Löschung aus der Suchergebnis-Liste davon abhinge, dass vorher oder parallel eine Löschung beim Herausgeber der Webseite erreicht wird.

[107] Überlegungen in diese Richtung werden im Fall des Google-Urteils in Deutschland schon angestellt, s. z.B. „Recht auf Vergessen braucht ein Gesetz", Handelsblatt.com v. 25.5.2014.

[108] S. die bei Fn. 101 erwähnten Richtlinien des Beirates.

[109] In Deutschland nimmt die Judikatur an, dass Betreiber von Internetportalen Kommentare umso stärker überwachen müssen, je eher zu befürchten ist, dass diese Kommentare Persönlichkeitsrechte verletzen und je schwerer die zu erwartenden Verletzungen sind; gegebenenfalls müssen Foren sogar moderiert oder Kommentare vor ihrer Freigabe überprüft werden: mwN *T. Haug* Die Haftung von Internetportalen für verletzende Nutzerkommentare, AfP 2014, 27 (29); s. für Österreich OGH 21.12.2006, 6Ob

3. *Private Akteure im Ausland*

Es ist schon schwierig genug, Datenverarbeitungen in den USA, die sich in Europa nachteilig auswirken, dem europäischen Datenschutzrecht zu unterstellen. Noch wesentlich schwieriger ist es aber, gegen ökonomisch mächtige multinationale Konzerne vorzugehen, die in Staaten mit niedrigen Regulierungs- und Vollziehungsstandards eine Niederlassung gründen, sich mit der dort herrschenden Regierung verbünden und dann an Menschenrechtsverletzungen teilnehmen, die sich *nur* im Gaststaat auswirken: Zwangsarbeit, Kinderarbeit, Vertreibungen, die gewaltsame Niederschlagung von Protesten bis hin zur Mitwirkung an Folter uam.[110]

Die betroffene Bevölkerung hat in solchen Fällen von ihrem Staat meist keinen Schutz zu erwarten. Der Herkunftsstaat des Unternehmens könnte dieses Defizit zwar kompensieren, indem er das Unternehmen verpflichtet, auch im Ausland bestimmte Standards einzuhalten.[111] Dass er dazu durch die Menschenrechte auch verhalten ist, dass seine Schutzpflichten

---

178/04a, wonach der Betreiber eines Online-Gästebuchs Beiträge löschen muss, die Rechte Dritter offensichtlich verletzen. Eine besondere Prüfpflicht trifft den Betreiber, wenn ihm schon mindestens eine Rechtsverletzung bekannt gegeben wurde und damit die Gefahr weiterer Rechtsverletzungen besteht. S. ferner England and Wales Court of Appeal (Civil Division), 14.2.2013, Tamiz v. Google Inc, wonach Google für die Inhalte in von ihm gehosteten Blogs verantwortlich ist, wenn es auf Beschwerden über verleumderische Kommentare nicht rasch reagiert; EGMR 10.10.2013, Delfi AS v. Estland, Appl. 64569/09, wonach es konventionskonform ist, wenn ein Internet News-Portal für Userkommentare haften muss, die (meist anonym bzw. pseudonym) zu den dort erscheinenden Artikeln abgegeben werden; mit Beschluss vom 17.2.2014 wurde dieser Fall allerdings von der Großen Kammer angenommen.

[110] Multinationale Unternehmen können an solchen Menschenrechtsverletzungen in vielfältiger Weise partizipieren: Zum Teil finanzieren sie vom Gaststaat vorgenommene Menschenrechtsverletzungen, zum Teil profitieren sie von solchen Verletzungen (z.B. von der Vertreibung der Bevölkerung aus rohstoffreichen Gebieten), sie können Verletzungen aber auch selbst begehen (z.B. Zwangs- oder Kinderarbeit), s. *A. Peters* Sind transnationale Unternehmen verpflichtet, (internationale) Menschenrechte zu respektieren und zu fördern? in: P. G. Kirchschläger/T. Kirchschläger/A. Belliger/D. J. Krieger (Hrsg.) Menschenrechte und Wirtschaft, 2005, 127; *Günther* in: Deitelhoff/Steffek (Fn. 8), 268 f., sowie die Fallstudien bei *G. Skinner/R. McCorquodale/O. De Schutter/ A. Lambe* The Third Pillar: Access to Judicial Remedies for Human Rights Violations by Transnational Business, 2013; *J. Zerk* Corporate liability for gross human rights abuses, 2013.

[111] Aktives Personalitätsprinzip, s. z.B. *W. Meng* Extraterritoriale Jurisdiktion im öffentlichen Wirtschaftsrecht, 1994, 56, 507 ff. Dem stünde die Souveränität des Gaststaates nicht entgegen, wenn dieser sich völkerrechtlich selbst zur Einhaltung der Standards verpflichtet hat: *J. Bernstorff* Extraterritoriale menschenrechtliche Staatenpflichten und Corporate Social Responsibility, AVR 2011, 34 (58).

also extraterritorial wirken, wird aber tendenziell verneint.[112] Und es fällt den Staaten auch sichtlich schwer, solchen Schutz zu gewähren: Immerhin sollen sie „ihren" Unternehmen Pflichten auferlegen und sie damit im Wettbewerb schwächen, nicht, um die eigene, sondern um eine fremde Bevölkerung zu schützen, also Personen, die sich dafür bei den nächsten Wahlen nicht bedanken werden:[113] Das ist wenig verlockend.

So funktioniert der Menschenrechtsschutz in diesem Feld auch nur umwegig.[114] Erste Bewegungen brachten in diese Situation abermals

---

[112] MwN *Bernstorff* Staatenpflichten (Fn. 111), 55 f; *T. Koenen* Wirtschaft und Menschenrechte, 2012, insb. 206 f. Manche Äußerungen des UN-Sozialpaktausschusses weisen zwar isoliert betrachtet auf extraterritoriale Schutzpflichten hin, etwa die Aufforderung „States parties should also take steps to prevent human rights contraventions abroad by corporations which have their main offices under their jurisdiction, without infringing the sovereignty or diminishing the obligations of host States under the Covenant" (Social and Cultural Rights, Statement on the Obligations of States Parties Regarding the Corporate Sector and Economic, Social and Cultural Rights, 5, UN-Dok E/C.12/2011/1 v. 12.7.2011, Rn. 5; auf eine Vorversion dieser Aufforderung berufen sich *Skinner/McCorquodale/De Schutter/Lambe* Third Pillar [Fn. 110], 29). Der UN-Sonderbeauftragte für Menschenrechte und Unternehmen, *J. Ruggie*, hat eine dahin gehende Rechtspflicht aber schon in seinem ersten Bericht aus 2007 verneint (Report of the Special Representative of the Secretary-General on the issue of human rights and transnational corporations and other business enterprises, John Ruggie – Addendum 1: State responsibilities to regulate and adjudicate corporate activities under the United Nations core human rights treaties: an overview of treaty body commentaries, UN-Dok A/HRC/4/35/Add. 1 vom 13.2.2007, Rn. 81 ff.). Auch *Ruggies* Bericht aus 2011 betont im ersten grundlegenden Prinzip, dass Staaten verpflichtet sind, Bürger auch vor Menschenrechtsverletzungen durch Unternehmen zu schützen, dies aber nur „within their territory and/or jurisdiction" (Report of the Special Representative of the Secretary-General on the issue of human rights and transnational corporations and other business enterprises, John Ruggie – Guiding Principles on Business and Human Rights: Implementing the United Nations "Protect, Respect and Remedy" Framework, UN-Dok A/HRC/17/31 v. 21.3.2011, 6 f.). Im Lichte dieses, vom UN-Menschenrechtsrat angenommenen (UN-Menschenrechtsrat, Human rights and transnational corporations and other business enterprises, UN-Dok A/HRC/RES/17/4 v. 6.7.2011, 2) Berichts sind Äußerungen des UN-Sozialpaktausschusses wohl nicht als Bestätigung einer harten Rechtspflicht, sondern nur als rechtspolitische Aufforderung gemeint; davon abgesehen sind diese Äußerungen ohnedies nur als Interpretationshilfen zu verstehen.

[113] Anders als im oben IV.2. geschilderten Fall Google versagt die Demokratie hier also nicht nur punktuell; zwischen dem potenziell schutzpflichtigen Staat und der schutzbedürftigen Bevölkerung fehlt vielmehr von vornherein ein demokratisches Band.

[114] Ob Unternehmen (jenseits des völkerrechtlichen ius cogens) unmittelbar an Menschenrechte gebunden sind bzw. werden können, wird in der Literatur zwar diskutiert (s. mwN *A. Peters* Jenseits der Menschenrechte, 2014, 90 ff., sowie generell *A. Clapham* [Hrsg.] Human Rights and Non-State Actors, 2013); dass die Staaten sich auf solche Bindungen in völkerrechtlichen Verträgen verständigen, ist derzeit aber wenig aussichtsreich, s. ebenfalls *Peters* ebd., 92.

Gerichte, und zwar gestützt auf das *Alien Tort Statute*, ein amerikanisches Gesetz aus dem Jahr 1789. Es erklärt Bundesgerichte für zuständig, über Schadenersatzklagen zu entscheiden, die Ausländer wegen der Verletzung des Völkerrechts erheben.[115] Historisch hatte man dabei insbesondere an die Verletzung diplomatischer Rechte gedacht – gerade sie sollte nicht irgendwo verhandelt werden, sondern vor einem *Bundes*gericht des Empfangsstaates USA, um dem Entsendestaat des Diplomaten gebührenden Respekt zu erweisen.[116] Dieses Gesetz kam, wie man sich denken kann, zunächst nur selten zum Einsatz, wurde in den 1980er Jahren aber reanimiert.[117] Auf seiner Basis ließen amerikanische Gerichte nach und nach Klagen zu, mit denen Ausländer in den USA Schadenersatz für Menschenrechtsverletzungen begehrten, die ausländische Unternehmen im Ausland begangen haben.[118] Dabei genügte den Gerichten ein minimaler Anknüpfungspunkt, um ihre Jurisdiktion gegenüber dem Beklagten zu eröffnen, z.B. ein kleines Verbindungsbüro des Unternehmens in den USA.[119]

Diese Judikatur fanden nun gleich mehrere Staaten respektlos, zum einen die – vorwiegend europäischen – Herkunftsstaaten der Unternehmen,[120] zum anderen aber auch die Gaststaaten, die mit den Unternehmen kooperierten und durch deren Verurteilung mittelbar auch getroffen wur-

---

[115] 28 U.S.C. § 1350. Dieses Gesetz besteht aus einem einzigen Satz: „The district courts shall have original jurisdiction of any civil action by an alien for a tort only, committed in violation of the law of nations or a treaty of the United States."

[116] S. zu diesem historischen Hintergrund *M. Stürner* Die territorialen Grenzen der Human Rights Litigation in den USA, JZ 2014, 13 f.

[117] Schlüsselfall Filártiga v. Peña-Irala, 630 F.2d 876 (2d Cir. 1980); zur weiteren Entwicklung *Stürner* Human Rights Litigation (Fn. 116), 16 f.

[118] Im Fall Wiwa v. Royal Dutch Petroleum Co., 226 F.3d 88 (2d Cir. 2000) begehrten z.B. Nigerianer Schadenersatz für Menschenrechtsverletzungen, die das europäische Unternehmen Shell in Nigeria begangen habe; s. ferner Presbyterian Church of Sudan v. Talisman Energy, Inc., 582 F.3d 244 (2d Cir. 2009); Sarei v. Rio Tinto, PLC, 671 F.3d 736 (9th Cir. 2011).

[119] So im Fall Wiwa v. Royal Dutch Petroleum Co., 226 F.3d 88 (2d Cir. 2000).

[120] Vgl. z.B. Brief of the Governments of the United Kingdom of Great Britain and Northern Ireland and the Kingdom of the Netherlands as Amici Curiae in Support of Neither Party, Kiobel v. Royal Dutch Petroleum Co., 133 S. Ct. 1659 (2013); Brief of The Federal Republic of Germany as Amicus Curiae in Support of Respondents, Kiobel v. Royal Dutch Petroleum Co., 133 S. Ct. 1659 (2013); s. dazu auch *D. I. Baker* Extraterritoriality and the Rule of Law: Why Friendly Foreign Democracies Oppose Novel, Expansive U.S. Jurisdiction Claims by Non-Resident Aliens Under the Alien Tort Statute, Md. J. Int'l L. 2013, 42; zum Widerstand Europas gegen extraterritoriale Jurisdiktion auch in anderen Belangen s. ferner *A. Reinisch* The Changing International Legal Framework for Dealing with Non-State Actors, in: P. Alston (Hrsg.) Non-State Actors and Human Rights, 2005, 37 (57).

den.[121] Ob das Alien Tort Statute diese weit ausgreifende Jurisdiktion deckt, wurde denn auch vielfach bezweifelt;[122] sie galt selbst Richtern als ein Lohengrin, der plötzlich zur Rettung der Menschenrechte erschienen ist, aber nicht gefragt werden darf, woher er eigentlich kommt.[123] Vor kurzem hat auch der Supreme Court diese Judikatur in ihre Grenzen verwiesen und an die verfassungsrechtliche Vermutung erinnert, dass für extraterritoriale Sachverhalte keine Jurisdiktion besteht.[124]

Lohengrins Abgang ist aus menschenrechtlicher Sicht zu verschmerzen, weil er auch legale Nachfahren in Europa hat:[125] EU-Staaten und die Schweiz stellen nämlich – auf gesicherter Rechtsgrundlage – einen Gerichtsstand zur Verfügung,[126] an dem in diesen Staaten niedergelassene

---

[121] An sich ist das freilich ein vertrauter Mechanismus, wenn zwei Akteure gemeinsam eine Menschenrechtsverletzung produzieren. Gerichte greifen dann auf den, den sie erreichen und rechnen ihm die Handlungen des anderen zu: So werden Beliehene dem Staat zugeschlagen; die Datenverarbeitung von Google Inc. findet „im Rahmen der Tätigkeit" von Google Spain statt; und bei Transnationalen Unternehmen wird das staatliche Handeln ein Stück weit dem privaten Komplizen zugerechnet, weil man nur ihn klagen kann, s. etwa den bei *Reinisch* Non-State Actors (Fn. 120), 65, referierten Fall, in dem Burma Menschenrechtsverletzungen vorgeworfen wurden; da Burma aufgrund der Staatenimmunität nicht direkt vor US-Gerichten belangt werden konnte, klagten die Opfer das Unternehmen Unocal als Komplizen Burmas.

[122] Z.B. *J. M. Sweeney* A Tort Only in Violation of the Law of Nations, Hastings International and Comparative Law Review 1995, 445; *A. Bradley/J. L. Goldsmith* The Current Illegitimacy of International Human Rights Litigation, Fordham L. Rev. 1997, 317; Einwände gegen diese Kritik bei *R. Knowles* A Realist Defense of the Alien Tort Statute, Wash. U. L. Rev. 2011, 1117; wN bei *Stürner* Human Rights Litigation (Fn 116), 13, 22.

[123] Richter *Friendly*, Urteil IIT v. Vencap Ltd., 519 F.2d 1001, 1015 (2d Cir. 1975).

[124] Kiobel et al. v. Royal Dutch Petroleum et al., 569 U.S. (2013) = 133 S. Ct. 1659 (2013); näher und kritisch zu dieser Entscheidung und zu ihren Konsequenzen *Stürner* Human Rights Litigation (Fn. 116), 17 ff.

[125] S. für Details zum Folgenden mwN *R. Grabosch* Rechtsschutz vor deutschen Zivilgerichten gegen Beeinträchtigungen von Menschenrechten durch transnationale Unternehmen, in: R. Nikol/T. Bernhard/N. Schniederjahn (Hrsg.) Transnationale Unternehmen und Nichtregierungsorganisationen im Völkerrecht, 2013, 69.

[126] Art. 2 Verordnung (EG) Nr. 44/2001 des Rates vom 22. Dezember 2000 über die gerichtliche Zuständigkeit und die Anerkennung und Vollstreckung von Entscheidungen in Zivil- und Handelssachen (EuGVO). Die Schweiz und die restlichen EFTA-Staaten haben das EuGVO-Regime großteils mit dem Lugano-Übereinkommen übernommen; s. für die Schweiz Art. 2 und 21 IPRG. Nach der EuGVO dürfen die Gerichte ihre Zuständigkeit nicht mit dem Argument ablehnen, ein anderer Gerichtsstand sei geeigneter (EuGH, Owusu v. N. B. Jackson u.a., Rs. C-281/02, Slg. 2005, I-1383, Rn. 46). Gestützt auf dieses *forum non conveniens* verweisen amerikanische Gerichte Kläger bisweilen an den Gaststaat des Unternehmens, weil dort der Schaden zugefügt wurde. In diesem Staat wird die Klage dann aber praktisch nie eingebracht, weil sie keine Aussicht

Unternehmen auf Schadenersatz geklagt werden können, und zwar auch wegen schädigender Handlungen im Ausland.[127] Beurteilt werden solche Klagen grundsätzlich nach dem Recht des Staates, in dem der Schaden eingetreten ist,[128] also des Gaststaates des Unternehmens, mit zwei wichtigen Ausnahmen: Normen, die der öffentlichen Ordnung des Forumsstaates offensichtlich zuwiderlaufen, sind unanwendbar.[129] Umgekehrt bleiben Normen des Forumsstaates anwendbar, die er für die Wahrung des öffentlichen Interesses als entscheidend ansieht.[130] Insgesamt kann der Herkunftsstaat des Unternehmens so Vollziehungsschwächen und grobe Regulierungsdefizite des Gaststaates kompensieren.[131]

Für die Opfer solcher Menschenrechtsverletzungen ist der Kampf um ihr Recht dennoch mühselig, aus vielen Gründen:[132] Die Prozesse finden im Ausland statt; sie dauern viele Jahre, sind enorm teuer, und die Beweislast ist drückend, denn unter schlechten Sicherheitsbedingungen, wie sie im Verletzerstaat oft bestehen, sind Beweismittel nur schwer zu bekom-

---

auf ordnungsgemäße Behandlung hat oder weil der Kläger sogar seinerseits mit Verfolgung zu rechnen hätte; er bleibt dann de facto ohne Rechtsschutz, s. mwN *Skinner/McCorquodale/De Schutter/Lambe* Third Pillar (Fn. 110), 39 ff.

[127] Manche Staaten lassen Schadenersatzklagen überdies zu, wenn ein Unternehmen in ihrem Territorium zwar nicht niedergelassen ist, dort aber Vermögen hat, z.B. Deutschland (§ 23 ZPO) und Österreich (§ 99 JN). In der Schweiz kann ein Unternehmen außerdem auf Schadenersatz geklagt werden, wenn sonst nirgendwo ein faires Verfahren zu erwarten ist, sofern die Klage einen gewissen Bezug zur Schweiz aufweist, sog. *forum necessitatis*, Art. 3 IPRG. Die Kommission hat einen entsprechenden Vorschlag auch für die Reform der EuGVO erstattet, der aber nicht angenommen wurde: Vorschlag für eine Verordnung des Europäischen Parlaments und des Rates über die gerichtliche Zuständigkeit und die Anerkennung und Vollstreckung von Entscheidungen in Zivil- und Handelssachen (Neufassung), KOM(2010) 748 endgültig v. 14.12. 2010, dort Art. 26.

[128] Art. 4 Verordnung (EG) Nr. 864/2007 des Europäischen Parlaments und des Rates vom 11. Juli 2007 über das auf außervertragliche Schuldverhältnisse anzuwendende Recht („Rom II"). Eine Ausnahme statuiert Art. 7 Rom II-VO für Umweltbeeinträchtigungen.

[129] Art. 26 Rom II-VO.

[130] Sog. Eingriffsnormen, Art. 16 Rom II-VO.

[131] Als Unterschied zum Alien Tort Statute bleibt, dass Schadenersatzforderungen nach dem europäischen Konzept nicht unmittelbar an völkerrechtlichen Grundsätzen gemessen werden, s. *Stürner* Human Rights Litigation (Fn. 116), 22. Menschenrechtliche Standards könnten aber mittelbar im Rahmen der ordre-public-Prüfung bzw. als Eingriffsnormen zur Anwendung kommen, s. *Grabosch* Rechtsschutz (Fn. 125), 84 ff., und wohl auch *O. De Schutter* The Accountability of Multinationals for Human Rights Violations in European Law, in: Alston (Fn. 121), 227 (274 f.).

[132] S. zum Folgenden mwN *Skinner/McCorquodale/De Schutter/Lambe* Third Pillar (Fn. 110), 61 ff.

men, insbesondere Zeugen kaum zu mobilisieren.[133] Schließlich bilden die Unternehmen aufgrund ihrer Konzernstruktur ein undurchsichtiges Geflecht von Entitäten mit jeweils unterschiedlichen Aufgaben; den Schleier dieser Körperschaft zu heben, ist aber nur ausnahmsweise möglich. Umso schwerer ist es für die Opfer zu beweisen, dass z.B. eine Muttergesellschaft mit Sitz in der EU in Menschenrechtsverletzungen eines Tochterunternehmens in Nigeria involviert war.

Entsprechend niedrig ist die Erfolgsquote solcher Schadenersatzklagen, nicht nur in Europa, auch in den USA.[134] Und doch werden diese Klagen erhoben, denn sie verschaffen dem Anliegen des Klägers auch mediale Aufmerksamkeit.[135] Die dritte Gewalt wird bisweilen also nur eingesetzt, um die „vierte Gewalt" zu mobilisieren, die wiederum die Konsumenten in Bewegung bringt: Verweigern sie aus Solidarität mit den Opfern der Menschenrechtsverletzung den Konsum,[136] kann ein Unternehmen in kurzer Zeit sehr viel Geld verlieren, und zwar selbst dann, wenn es sich nichts zuschulden kommen hat lassen.[137] Dieser dezentrale „Menschenrechtsprozess" läuft nun völlig am Staat vorbei.

---

[133] Diese Beweisprobleme verringern sich zwar, wenn ein Staat die Menschenrechtsverletzung zugleich als Straftat verfolgt und damit die Beweislast übernimmt; das geschieht aber nur selten, weil oft keine Zuständigkeiten bestehen, Ressourcen zu knapp und die Fälle zu komplex sind, aber auch weil eine Strafbarkeit von Unternehmen in vielen Staaten nicht vorgesehen ist: *Skinner/McCorquodale/De Schutter/Lambe* Third Pillar (Fn. 110), 47 ff.

[134] Nach dem Alien Tort Statute wurden bisher rund 180 Klagen gegen Unternehmen erhoben, doch nur ein Bruchteil davon endete mit einer Verurteilung des Unternehmens (2) oder mit einem Vergleich (13): *M. D. Goldhaber* Corporate Human Rights Litigation in Non-U.S. Courts: A Comparative Scorecard, UC Irvine Law Review 2013, 127 (128).

[135] *J. C. Drimmer/S. R. Lamoree* Think Globally, Sue Locally: Trends and Out-of-Court Tactics in Transitional Tort Actions, Berkeley J. Int'l Law 2011, 456 (488).

[136] Studien zufolge achten immer mehr Verbraucher darauf, dass Produkte ethisch korrekt erzeugt werden; als Impulsgeber für Konsumethik sehen sie dabei zwar weiterhin die Politik an, in zunehmendem Maß aber auch NGOs und die Wirtschaft: Otto Group Trendstudie 2013. 4. Studie zum ethischen Konsum, 2013, 8 f., www.ottogroup.com/media/docs/de/trendstudie/1_Otto_Group_Trendstudie_2013.pdf (31.10.2014).

[137] Dass manche Berichterstattung überzogen ist, hat z.B. das Unternehmen Shell erlebt, das 1995 plante, den schwimmenden Öltank „Brent Spar" in der Nordsee zu entsorgen. Um das zu verhindern, rief die Umweltschutzorganisation Greenpeace medienwirksam zu einem Boykott von Shell auf. Als Shell-Tankstellen in der Folge tatsächlich starke Umsatzeinbußen erlitten, lenkte der Konzern ein und sagte zu, den Öltank nicht im Meer zu entsorgen. Wie sich später herausstellte, hatte Greenpeace die Gefahr dieser Entsorgung allerdings deutlich überzeichnet, insb. enthielt die „Brent Spar" nur einen Bruchteil der von Greenpeace verlautbarten Restölmenge, s. „Versenkt die Shell", SPIEGEL ONLINE v. 19.6.1995; *R. Luyken* Die Protest-Maschine, ZEIT ONLINE v. 6.9.1996; *Reinisch* in: Alston (Fn. 130), 48.

Zwischen diesen beiden Extremen – dem langwierigen Gerichtsverfahren und dem kurzen Prozess der Zivilgesellschaft – gibt es noch viele andere Instrumente.[138] OECD-Leitsätze[139] empfehlen z.B. Unternehmen, bestimmte Menschenrechtsstandards einzuhalten. Zugleich richten Regierungen Nationale Kontaktstellen ein, die Mediationsverfahren führen, wenn sich jemand beschwert, dass ein Unternehmen die Leitsätze verletzt hat. Diese Verfahren sind bei weitem nicht so langwierig und aufwendig, freilich auch nicht so spektakulär wie gerichtliche Verfahren; vielleicht werden sie auch deshalb in Europa viel intensiver genutzt als in den USA.[140]

Direkt beim Unternehmen setzt der Global Compact der UN an.[141] Er fordert Unternehmen auf, sich zu bestimmten Prinzipien zu bekennen und sie umzusetzen.[142] Wer dem beitritt, kann mit Imagegewinnen rechnen,

---

[138] Neben den im Folgenden erläuterten Instrumenten sind z.B. die UN Guiding Principles for Business and Human Rights zu nennen (Report of the Special Representative of the Secretary-General on the issue of human rights and transnational corporations and other business enterprises [Fn. 112]); ferner die ISO-Norm 26000 zur sozialen Verantwortung (ISO 26000:2010 – Leitfaden zur gesellschaftlichen Verantwortung von Organisationen); näher z.B. *N. Jägers* UN Guiding Principles on Business and Human Rights: Making Headway Towards Real Corporate Accountability? Netherlands Quarterly of Human Rights 2011, 159; *Peters* Jenseits der Menschenrechte (Fn. 114), 92 ff.; *M. Kaltenborn/J. Norpoth* Globale Standards für soziale Unternehmensverantwortung, RiW 2014, 402. Gewisse Akzente setzt auch die EU; so forderte die Europäische Kommission alle großen europäischen Unternehmen auf, sich bis 2014 zu verpflichten, bei der Entwicklung ihres CSR-Konzepts die OECD-Leitsätze für multinationale Unternehmen, den „Global Compact" der Vereinten Nationen oder die ISO-Norm 26000 zur sozialen Verantwortung zu berücksichtigen: Mitteilung der Kommission an das Europäische Parlament, den Rat, den Europäischen Wirtschafts- und Sozialausschuss und den Ausschuss der Regionen – Eine neue EU-Strategie (2011–14) für die soziale Verantwortung der Unternehmen (CSR) v. 25.10.2011 KOM(2011) 681 endgültig.

[139] OECD-Leitsätze für multinationale Unternehmen, 2011, www.oecd.org/investment/mne/48808708.pdf (31.10.2014).

[140] Die Datenbank der OECD verzeichnet 168 Verfahren vor Nationalen Kontaktstellen der EU-Staaten und 10 Verfahren in der Schweiz, aber nur 37 Verfahren in den USA: mneguidelines.oecd.org/database/ (31.10.2014); zu möglichen Ursachen s. *J. Wouters/C. Ryngaert* Litigation for overseas corporate human rights abuses in the European Union: The Challenge of Jurisdiction, The Geo. Wash. Int'l L. Rev. 2009, 939 (972 ff.).

[141] Näher zum Global Compact www.unglobalcompact.org/Languages/german/index.html (31.10.2014); *R. G. Steinhardt* Corporate Responsibility and the International Law of Human Rights: The New Lex Mercatoria, in: P. Alston (Fn. 121), 177 (206 f.); *A. Rasche/S. Waddock/M. McIntosh* The United Nations Global Compact: Retrospect and Prospect, Business & Society 2013, 6.

[142] Nach Prinzip 1 sollen Unternehmen z.B. den Schutz der internationalen Menschenrechte unterstützen und achten, nach Prinzip 7 im Umgang mit Umweltproblemen dem Vorsorgeprinzip folgen und nach Prinzip 10 gegen alle Arten der Korruption eintreten.

muss dafür aber jährlich über Fortschritte bei der Umsetzung der Prinzipien berichten. Geschieht das nicht, wird das Unternehmen nach einem Jahr als „non communicating" gekennzeichnet – das ist im 21. Jahrhundert ein schwerer Makel! – und nach einem weiteren Jahr ausgeschlossen.[143] Dieses Konzept der Selbstverpflichtung wendet den kurzen Prozess der Zivilgesellschaft ins Positive: Es arbeitet nicht mit der Aufdeckung von Skandalen, sondern gibt zunächst den Unternehmen das Wort; wer sich dann aber verschweigt, hat mit Reputationsverlusten zu rechnen. Dem Global Compact haben sich mittlerweile über 8.000 Unternehmen aus 145 Ländern angeschlossen.[144]

Weiche Selbstverpflichtungen können aber auch hart gekocht werden, z.B. durch das Wettbewerbsrecht: Wer systematisch gegen einen Verhaltenskodex verstößt, dem er sich freiwillig unterworfen hat und mit dem er wirksam wirbt[145], muss in Europa damit rechnen, dass ihn Konkurrenten oder Verbände wegen unlauteren Wettbewerbs klagen.[146]

Was zeigen diese Entwicklungen? Wenn Regierungen sich mit ökonomisch mächtigen Akteuren verbünden, ihre eigene Bevölkerung nicht schützen und wenn auch die Gerichte dieser Staaten nicht helfen, wird die Sicherung von Menschenrechten kompliziert und zunehmend dezentralisiert. Sie wird zu einer Parallelaktion verschiedenster Akteure – anderer Staaten, Internationaler Organisationen, NGOs, der Konkurrenten, Medien und Konsumenten, von denen jeder die Mittel einsetzt, die ihm eben zur Verfügung stehen. Staatlicher Zwang ist dabei nur ein Mittel von vielen und nicht immer das wirksamste. Zunehmend bedeutsamer wird hingegen das Machtmittel der Information, das auch und vor allem in den Händen der Zivilgesellschaft zu einem scharfen Schwert werden kann.

---

143 Näher www.unglobalcompact.org/docs/communication_on_progress/COP_Policy.pdf (31.10.2014).

144 S. im Detail www.unglobalcompact.org/ParticipantsAndStakeholders/index.html (31.10.2014).

145 Genauer: Die Geschäftspraxis muss im konkreten Fall unter Berücksichtigung aller tatsächlichen Umstände geeignet sein, einen Durchschnittsverbraucher zu einer geschäftlichen Entscheidung zu veranlassen, die er sonst nicht getroffen hätte.

146 Art. 6 Abs. 2 b) Richtlinie 2005/29/EG des Europäischen Parlaments und des Rates vom 11. Mai 2005 über unlautere Geschäftspraktiken im binnenmarktinternen Geschäftsverkehr zwischen Unternehmen und Verbrauchern im Binnenmarkt und zur Änderung der Richtlinie 84/450/EWG des Rates, der Richtlinien 97/7/EG, 98/27/EG und 2002/65/EG des Europäischen Parlaments und des Rates sowie der Verordnung (EG) Nr. 2006/2004 des Europäischen Parlaments und des Rates, ABl L 149/2005, 22; umgesetzt in § 5 Abs. 1 Z. 6 dt. UWG; § 2 Abs. 3 Z. 2 ö. UWG; s. auch *J. Wouters/L. Chanet* Corporate Human Rights Responsibility: A European Perspective, Northwestern Journal of International Human Rights 2008, 262 (287 ff.).

4. *Ausländische Mächte*

Noch komplizierter scheinen die Dinge nur mehr, wenn als Grundrechtsstörer kein Privater auftritt, sondern ein auswärtiger Staat. Judikatur und überwiegende Lehre nehmen zwar an, dass ein Staat seine Bürger auch vor solchen Grundrechtsstörungen schützen muss;[147] diese Schutzpflicht kämpft aber mit grundlegenden Problemen: Anders als der Private steht der auswärtige Staat zum schutzpflichtigen Staat in einem Verhältnis der Koordination, nicht der Subordination.[148] Daher kann der schutzpflichtige Staat die Grundrechtsbeeinträchtigung nicht einfach zwangsweise unterbinden; er muss mit anderen Mitteln versuchen, den Störer davon abzuhalten.[149] Dabei darf er nach herrschender Ansicht auch berücksichtigen, dass allzu forsche Schutzhandlungen seine diplomatischen Beziehungen zum anderen Staat belasten können.[150] Was wir bei Privaten Akteuren als Systemstörung ansehen, gehört hier also zum System. Dazu kommt schließlich, dass fehlender Schutz gegen ausländische Mächte schwer einklagbar ist. Wie gezeigt, können Gerichte zwar Schutznormen supplieren;[151] Protestnoten abgeben, Verhandlungen mit anderen Staaten führen, Staatenbeschwerden erheben und völkerrechtliche Verträge kündi-

---

[147] MwN *Szczekalla* Schutzpflichten (Fn. 31), 133 f., 283 ff., 437 ff.; *J. Dietlein* Schutzpflichten (Fn. 41), 122 ff.; sowie die in Fn. 152 genannte Literatur; skeptisch *H. Dreier* in: Dreier (Fn. 11) Vorb. zu Art. 1 Rn. 104 mwN zur Gegenposition.

[148] *J. Isensee* Abwehrrecht und Schutzpflicht, HStR IX, 3. Aufl. 2011, § 191 Rn. 208.

[149] Zu möglichen Reaktionen gegen völkerrechtliche Verletzungen allgemein *T. Giegerich* Verfassungsgerichtliche Kontrolle der auswärtigen Gewalt im europäisch-atlantischen Verfassungsstaat: Vergleichende Bestandsaufnahme mit Ausblick auf die neuen Demokratien in Mittel- und Osteuropa, ZaöRV 1997, 409 (473 ff.), und gegen Informationsoperationen im Besonderen *T. Stein*/*T. Marauhn* Völkerrechtliche Aspekte von Informationsoperationen, ZaöRV 2000, 1 (26 ff.).

[150] Zur gelockerten Kontrolldichte in diesem Bereich mwN *Szczekalla* Schutzpflichten (Fn. 31), 285 f., 451 f.; *V. Röben* Außenverfassungsrecht, 2007, 203 ff. Gestützt auf diesen weiten Ermessenspielraum werden staatliche Handlungspflichten manchmal sogar von vornherein verneint; so meinen etwa *W. Ewer*/*T. Thienel* Völker-, unions- und verfassungsrechtliche Aspekte des NSA-Datenskandals, NJW 2014, 30 (35), die deutsche Bundesregierung sei im Hinblick auf den NSA-Skandal nicht verpflichtet, „die ihr zur Verfügung stehenden völkerrechtlichen Handlungsmöglichkeiten wahrzunehmen oder gar auszuschöpfen". Zutreffend demgegenüber *W. Hoffmann-Riem* Freiheitsschutz in den globalen Kommunikationsinfrastrukturen, JZ 2014, 53 (62), nach dem die Bundesregierung zwar Gestaltungsspielraum bei der Frage habe, wie Schutz zu gewähren ist, nicht aber bei der Frage, ob überhaupt Schutzhandlungen zu setzen sind; treffend auch allgemein *Dietlein* Schutzpflichten (Fn. 41), 123: „Weite Ermessensspielräume bedeuten eben nicht Bindungslosigkeit."

[151] Oben II.3. und Fn. 106.

gen können sie aber nicht. So bleibt ihnen letztlich nur festzustellen, dass Schutzpflichten verletzt wurden.

Ehe man hier auf Schutz wartet, lohnt es sich zu überlegen, ob nicht auch die Grundrechtsstörung selbst bekämpft werden kann. Ein gutes Anschauungsbeispiel dafür ist der NSA-Skandal, der in der Literatur verstärkt unter dem Titel der Schutzpflichten erörtert wird.[152] Seit Edward Snowden im Juni 2013 enthüllt hat, dass der amerikanische Geheimdienst die Kommunikation in Europa massenhaft überwacht,[153] haben die europäischen Staaten aber noch keine nennenswerten Schutzhandlungen gesetzt.[154]

Direkt gegen den Eingreifer, nämlich die USA, können die europäischen Bürger hier zwar nicht vorgehen. Denn die amerikanische Rechtsordnung sieht für Personen, die im Ausland überwacht werden, keine Rechte und Rechtsbehelfe vor.[155] Der amerikanische Geheimdienst führt

---

[152] Z.B. *A. Peters*, Surveillance Without Borders? The Unlawfulness of the NSA-Panopticum, Part II, EJIL: Talk! 2013, www.ejiltalk.org/author/anne-peters/ (31.10.2014); *Ewer/Thienel* NSA-Datenskandal (Fn. 150), 34 f.; *Hoffmann-Riem* Freiheitsschutz (Fn. 150), 56 ff.; *S. Schmahl*, Effektiver Rechtsschutz gegen Überwachungsmaßnahmen ausländischer Geheimdienste? JZ 2014, 220 (221, 226 ff.); *P. Szczekalla* Sicherung grund- und menschenrechtlicher Standards gegenüber neuen Gefährdungen durch private und ausländische Akteure, DVBl 2014, 1108 (1110 f., 1113); s. außerdem die Stellungnahmen von *W. Hoffmann-Riem* (15 ff.) und *H.-J. Papier* (9 ff.) zur Anhörung des NSA-Untersuchungsausschusses am 22.5.2014, beide abrufbar unter www.bundestag.de/bundestag/ausschuesse18/ua/1untersuchungsausschuss/-/280848 (31.10.2014).

[153] S. zu diesen Enthüllungen aus der Masse der Literatur insb. *G. Greenwald* Die globale Überwachung, 2014; *M. Rosenbach/H. Stark* Der NSA-Komplex, 2014.

[154] Wie breit das Spektrum möglicher Maßnahmen wäre, zeigt der umfassende Katalog an Forderungen, die das Europäische Parlament an die USA und an die Mitgliedstaaten der EU gerichtet hat: Entschließung des Europäischen Parlaments vom 12. März 2014 zu dem Überwachungsprogramm der Nationalen Sicherheitsagentur der Vereinigten Staaten, die Überwachungsbehörden in mehreren Mitgliedstaaten und die entsprechenden Auswirkungen auf die Grundrechte der EU-Bürger und die transatlantische Zusammenarbeit im Bereich Justiz und Inneres (2013/2188(INI)).

[155] *P. Wittmann* Der Schutz der Privatsphäre vor staatlichen Überwachungsmaßnahmen durch die US-amerikanische Bundesverfassung, 2014, 698 f., 789, 797 f.; s. ferner den Report on the Findings by the EU Co-chairs of the ad hoc EU-US Working Group on Date Protection v. 27.11.2013, Punkt 5, wonach EU-Bürger keine Auskunft über Daten erwirken können, die im Rahmen der US-Überwachungsprogramme erhoben und weiterverarbeitet werden; ebenso wenig können sie die Berichtigung oder Löschung dieser Daten erreichen; auch administrative oder gerichtliche Rechtsbehelfe stehen nicht zur Verfügung. Die USA haben zwar den IPBPR ratifiziert, der jedem Menschen, also auch Ausländern ein Recht auf Achtung ihres Privatlebens garantiert (Art. 17). Doch haben sich die USA dem Individualbeschwerdeverfahren für diesen Pakt nicht unterworfen. Allerdings hat der UN-Menschenrechtsausschuss im Rahmen des Staatenberichtsverfahrens (Art. 40 IPBPR) seiner Sorge Ausdruck verliehen, dass

seine weltumspannende Überwachung aber nicht allein durch, sondern setzt dafür zahlreiche Helfer ein: zum einen vier eng verbündete Staaten, darunter Großbritannien,[156] zum anderen Private, darunter alle großen Internet-Dienstleister, die auch in Europa tätig sind und über deren Server ein wesentlicher Teil des weltweiten Datenverkehrs fließt: Google, Facebook, Microsoft, YouTube etc.[157] Wendet man die Regel an, die sich schon bei Privaten Verwaltern, bei Google Spain und bei Transnationalen Unternehmen bewährt hat, so gilt auch hier: Ist der Grundrechtsstörer selbst nicht greifbar, sollte man sich an seine Helfer halten. Tatsächlich sind auch schon zwei Verfahren anhängig, die das versuchen.

Das erste Verfahren betrifft eine Individualbeschwerde an den EGMR; sie kritisiert die Überwachung durch den britischen Geheimdienst als konventionswidrig, und zwar nicht nur in Großbritannien, sondern ebenso hinsichtlich der Auslandskommunikation.[158] Prüft der EGMR diese

---

die Überwachungsmaßnahmen der NSA die Rechte des IPBPR verletzen; der Ausschuss registriert zwar, dass die Presidential Policy Directive (PPD-28) gewisse Verbesserungen für „non-US persons“ gebracht habe; er moniert aber zugleich, dass diese Personen im Fall von Rechtsverletzungen nach wie vor keinen wirksamen Rechtsschutz genießen: Human Rights Committee Concluding observations on the fourth report of the United States of America, adopted by the Committee at its 110th session (10–28 March 2014), Rn. 22.

[156] Die Geheimdienste der USA, Großbritanniens, Kanadas, Australiens und Neuseelands bilden zusammen die sog. „Five Eyes“: Sie ergänzen sich aufgrund ihrer geopolitischen Lage perfekt; zudem verbindet sie die englische Sprache und ein gemeinsames Rechtsverständnis: *T. Weichert* Globaler Kampf um digitale Grundrechte, Kritische Justiz 2014, 123 f. Zu dieser Partnerschaft und weiteren Partnern der NSA, zu denen u.a. Deutschland, Österreich und die Schweiz gehören sollen, s. ferner *Greenwald* Überwachung (Fn. 153), 174 ff., insb. 180.

[157] Näher zu diesen Partnerschaften und Überwachungsprogrammen *Greenwald* Überwachung (Fn. 153), 151 ff. Einen Überblick über die von der NSA und dem GCHQ eingesetzten Programme bietet außerdem *P. Beuth* Alles Wichtige zum NSA-Skandal, ZEIT ONLINE (laufend aktualisiert), www.zeit.de/digital/datenschutz/2013-10/hintergrund-nsa-skandal/komplettansicht (30.10.2014).

[158] Die Beschwerde wurde von drei NGOs mit Sitz in London (Big Brother Watch, English PEN, Open Rights Group) und einer in Deutschland wohnhaften Spezialistin für technische Überwachung am 4.9.2013 erhoben und ist beim EGMR zur Zahl 58170/13 registriert. Sie rügt insb., dass der GCHQ ohne gesetzliche Grundlage Informationen ausländischer Geheimdienste empfange und verarbeite, und dass er auf zu vager gesetzlicher Basis auswärtige Kommunikation abfangen. Nachdem der EGMR die Verfahrensbeteiligten am 9.1.2014 u.a. zur Erschöpfung des innerstaatlichen Rechtsweges befragt hatte (EuGRZ 2014, 122 [125]), wurde das Beschwerdeverfahren am 11.4.2014 ausgesetzt, bis das innerstaatliche Verfahren der Beschwerdeführer vor dem Investigatory Powers Tribunal abgeschlossen ist, das über Beschwerden gegen den Geheimdienst entscheidet; erweist sich dieses Rechtsmittel nicht als effektiv, wird das Beschwerdeverfahren vor dem EGMR fortgeführt.

Überwachung an der EMRK[159] und hält er sie auch – was eine andere Frage ist – für konventionswidrig,[160] wäre der Datenverkehr, der über

[159] Dass die EMRK hier durchwegs anwendbar ist, wird verschiedentlich bezweifelt. Denn nach Art. 1 EMRK sichern die Vertragsstaaten Rechte und Freiheiten nur Personen zu, die ihrer Jurisdiktion unterstehen. Jurisdiktion kann ein Staat zwar auch im Ausland haben; der EGMR hat sie bisher aber nur bei hoheitlicher Tätigkeit diplomatischer und konsularischer Behörden bejaht, ferner, wenn ein Staat im Ausland (z.B. infolge militärischer Besetzung) die Gesamtkontrolle über ein Gebiet ausübt oder wenn er Einzelpersonen kontrolliert, sie z.B. festnimmt oder interniert (mwN *G. Thallinger* Grundrechte und extraterritoriale Hoheitsakte, 2008, 113 ff., 179 ff.). Gestützt auf diese Judikatur verneint *S. Talmon* in seiner Stellungnahme für den NSA-Untersuchungsausschuss, 9 ff. (www.bundestag.de/bundestag/ausschuesse18/ua/1untersuchungsausschuss/-/280848, 31.10.2014) die Anwendbarkeit der EMRK auf Überwachungsmaßnahmen, die der GCHQ im Ausland setzt, ebenso auf Maßnahmen im Inland, mit denen der GCHQ Personen im Ausland überwacht. In beiden Konstellationen übe der GCHQ nämlich weder eine Gesamtkontrolle über ein fremdes Territorium noch physische Kontrolle über Personen aus. Gegen die Anwendung der EMRK auf globale Überwachungen spreche zudem, dass sonst mehrere Millionen, wenn nicht Milliarden Menschen beschwerdelegitimiert wären (*Talmon* ebd., 9, 11). Konsequent zu Ende gedacht bedeutet dieses zweite Argument freilich, dass die EMRK unanwendbar wird, sobald ein Staat massenhaft in Freiheitsrechte eingreift: Das überzeugt nicht. Zudem ist zu bedenken, dass der EGMR eine Beschwerde zweier NGOs mit Sitz in Dublin gegen Überwachungsmaßnahmen britischer Behörden für begründet erachtet hat, ohne die Zulässigkeit dieser Beschwerde in Zweifel zu ziehen (EGMR 1.7.2008, Liberty u.a. v. UK, Appl. 58243/00, Rn. 55). Das legt nahe, dass der EGMR die EMRK auch für anwendbar hält, wenn ein Staat Personen im Ausland überwacht (ebenso *H. P. Aust* Stellungnahme für den NSA-Untersuchungsausschuss, 11, www.bundestag.de/bundestag/ausschuesse18/ua/1untersuchungsausschuss/-/280848, 31.10.2014). Für Überwachungsmaßnahmen, die ein Staat auf fremdem Territorium setzt, fehlt es hingegen an einschlägiger Judikatur, denn die vom EGMR bisher entschiedenen Fälle betrafen durchwegs den Einsatz von Waffengewalt auf fremdem Territorium; eine derart intensive Kontrolle kann bei geheimdienstlicher Überwachung naturgemäß nicht erreicht werden (*Aust* ebd., 12). ME spricht viel dafür, eine – dann eben „virtuelle" – Kontrolle auch bei einer solchen Überwachung zu bejahen, egal mit welchen technischen Mitteln und von wo aus sie erfolgt. Jede andere Auslegung würde den Staaten nur neue Wege eröffnen, sich der Grundrechtsbindung durch raffinierte Technik zu entziehen. Wie der EGMR im Fall Issa ausgesprochen hat, darf Art. 1 EMRK aber nicht so ausgelegt werden, dass er den Vertragsstaaten Konventionsverletzungen auf fremdem Territorium erlaubt, die ihnen auf eigenem Staatsgebiet verboten sind (EGMR 16.11.2004, Issa u.a. v. Türkei, Appl. 31821/96, Rn. 71). Für eine Erweiterung des Kontrollbegriffs um eine „virtual control" bereits *Peters*, Surveillance (Fn. 152); *P. Margulies* The NSA in Global Perspective: Surveillance, Human Rights, and International Counterterrorism, Fordham Law Review 82 (2014), 2137 (2150 ff.); *D. Korff* Stellungnahme zum NSA-Untersuchungsausschuss, 4, www.bundestag.de/bundestag/ausschuesse18/ua/1untersuchungsausschuss/-/280848, 31.10.2014; für die vorliegende Konstellation wohl auch *Aust* ebd., 13 f.; die Anwendbarkeit der EMRK bejaht hier ebenso *Schmahl* Rechtsschutz (Fn. 152), 227, allerdings gestützt auf sinngemäß heranzuziehende Auslieferungsentscheidungen des EGMR; für

Glasfaserkabel zwischen Großbritannien und Amerika geführt wird, für die NSA nicht mehr im selben Maß kontrollierbar wie heute.

Ein zweites Verfahren ist derzeit vor dem EuGH anhängig; es betrifft einen wichtigen privaten Helfer der NSA, den Internet-Dienstleister Facebook, der nach wie vor Nutzerdaten an die USA weitergibt, obwohl dort – wie der Beschwerdeführer im Ausgangsverfahren beanstandet[161] – keine Datensicherheit mehr besteht; das widerspreche Art. 25 Abs. 6 der Datenschutz-RL. Der irische Datenschutzbeauftragte fand diese Beschwerde „frivol";[162] denn die Europäische Kommission habe in der sog. Safe-Harbor-Entscheidung bereits im Jahr 2000 festgestellt, dass in den USA ausreichende Datensicherheit besteht.[163] Der High Court of Ireland meint hingegen, dass seit dieser Entscheidung bedeutende Neuerungen eingetreten sind: Die GRC sei verbindlich geworden; der EuGH habe ausgesprochen, dass eine massenhafte, verdachtsunabhängige Vorratsdatenspeicherung die GRC verletzt,[164] und mit den Enthüllungen Snowdens sei bekannt geworden, dass die USA die Auslandskommunikation massenhaft und verdachtsunabhängig überwacht.[165] Das irische Gericht will nun vom EuGH wissen,[166] ob es dennoch an die Entscheidung der Kommission gebunden ist oder ob es im Lichte dieser Neuerungen eigene Ermittlungen zur Datensicherheit in den USA anstellen darf oder sogar muss.[167]

---

möglich halten die Anwendbarkeit der EMRK in der vorliegenden Konstellation vorsichtig auch *Ewer/Thienel* NSA-Datenskandal (Fn. 150), 32.

160 Skeptisch zur Konventionskonformität z.B. *Peters*, Surveillance (Fn. 152); *Ewer/Thienel* NSA-Datenskandal (Fn. 150), 33; *D. Korff* Stellungnahme (Fn. 159), 3; wohl auch *Schmahl*, Rechtsschutz (Fn. 152), 225.

161 Die Beschwerde ist abrufbar unter www.europe-v-facebook.org/prism/facebook.pdf (31.10.2014).

162 S. die Sachverhaltsdarstellung im Vorlagebeschluss des High Court of Ireland, 17.7.2014, Maximilian Schrems/Data Protection Commissioner, 2013/765JR, Rn. 4, www.europe-v-facebook.org/ref_ecj.pdf (31.10.2014).

163 Entscheidung der Kommission vom 26.7.2000 gemäß der Richtlinie 95/46/EG des Europäischen Parlaments und des Rates über die Angemessenheit des von den Grundsätzen des „sicheren Hafens" und der diesbezüglichen „Häufig gestellten Fragen" (FAQ) gewährleisteten Schutzes, vorgelegt vom Handelsministerium der USA, ABl L 215/2000, 7.

164 EuGH 8.4.2014 (GK), Digital Rights Ireland und Seitlinger u.a., verb. Rs. C-293/12 und C-594/12.

165 Vorlagebeschluss des High Court of Ireland (Fn. 162), Rn. 67 ff.

166 Beim EuGH ist dieses Vorabentscheidungsverfahren zur Zahl C-362/14 registriert.

167 Für Deutschland und einige andere Mitgliedstaaten wird eine solche Prüfungsbefugnis für Datenschutzbehörden teils bejaht (*F. C. Mayer* Mit Europarecht gegen die amerikanischen und britischen Abhöraktionen? Teil 1: NSA, VerfBlog 18.11.2013, www.verfassungsblog.de/mit-europarecht-gegen-amerikanischen-und-britischen-

Dieses Verfahren könnte dem EuGH Gelegenheit geben, einen Informationskanal zur NSA zu schließen, den die Kommission durch ihre Safe-Harbor-Entscheidung eröffnet hat; dass sie diesen Weg bisher nicht selbst gesperrt hat,[168] ist keine unterlassene Schutzhandlung,[169] sondern ein fortdauernder Eingriff, der, wenn er grundrechtswidrig ist, abgewehrt werden kann.

Mit den privaten Helfern der Geheimdienste kommen erneut die Konsumenten ins Spiel; sie könnten zu Internet-Dienstleistern wechseln, die nicht mit dem amerikanischen Geheimdienst kooperieren müssen. Das befürchten offenbar auch schon die amerikanischen Internet-Dienstleister,[170] denn sie entrüsten sich nun nicht nur periodisch darüber, dass die Behörden ständig Nutzerdaten von ihnen fordern;[171] sie bekämpfen diese

---

abhoeraktionen-teil-1-nsa/, 31.10.2014), teils bestritten (*A. Spies* Datenschutzbeauftragte: Keine „Genehmigungen" mehr zum USA-Datenexport nach Safe Harbor – ist das rechtlich möglich? ZD-Aktuell 2013, 3691).

168 Dabei wurde die Europäische Kommission schon mehrfach aufgefordert, die Safe Harbor-Entscheidung zu suspendieren, z.B. von der Konferenz der deutschen Datenschutzbeauftragten (Presseerklärung vom 24.7.2013, Geheimdienste gefährden massiv den Datenverkehr zwischen Deutschland und außereuropäischen Staaten), später auch vom Europäischen Parlament (Entschließung vom 12.3.2014 [Fn. 154], Rn. 40). Die Kommission stellte bisher aber nur „[e]rnsthaft in Frage […], ob die Datenschutzrechte europäischer Bürger […] angesichts des umfassenden Zugriffs der Nachrichtendienste auf Daten, die von Safe-Harbor-Unternehmen in die USA übermittelt werden, kontinuierlich geschützt sind". Zugleich formulierte sie 13 Empfehlungen, die die Safe-Harbor-Regelung wirksamer machen sollen, u.a.: „Wichtig ist, dass von der in der Safe-Harbor-Entscheidung vorgesehenen Ausnahme der nationalen Sicherheit nur so weit Gebrauch gemacht wird, wie dies unbedingt notwendig oder angemessen ist" (Mitteilung der Kommission an das Europäische Parlament und den Rat über die Funktionsweise der Safe-Harbor-Regelung aus Sicht der EU-Bürger und der in der EU niedergelassenen Unternehmen vom 27. November 2013, COM(2013) 847 final, 20, 22). Mehr als das ist bisher nicht geschehen.

169 Anders wohl *Schmahl* Rechtsschutz (Fn. 152), 226; *D.-K. Kipker/F. Voskamp* PRISM und staatliche Schutzpflichten – ein politisches Märchen? RDV 2014, 84 (86).

170 Diese Sorge dürfte auch realistisch sein: So wird angenommen, dass die US-Cloud-Industrie wegen des durch den NSA-Skandal entstandenen Vertrauensverlustes in den nächsten drei Jahren zehn bis zwanzig Prozent der Marktanteile im Ausland verlieren und dadurch einen Schaden von 21,5 bis 35 Milliarden Dollar erleiden wird: *The Information Technology & Innovation Foundation* How Much Will PRISM Cost the U.S. Cloud Computing Industry? 2013, 3 f., www.itif.org/publications/how-much-will-prism-cost-us-cloud-computing-industry (31.10.2014).

171 Führende IT-Dienstleister der USA forderten zunächst in einem offenen Brief, dass die staatliche Überwachung beschränkt werde und dass sie bekanntmachen dürfen, wie oft und warum Regierungen die Herausgabe von Nutzerinformationen verlangen (US-Internetfirmen fordern Grenzen für Überwachung, ZEIT ONLINE v. 9.12.2014). Nach monatelangen Verhandlungen wurde IT-Unternehmen dann tatsächlich gestattet,

Forderungen auch gerichtlich, zwar ohne Erfolg, doch mit hoher medialer Aufmerksamkeit.[172] In der neuen Grundrechtswelt werden Klagen also nicht nur eingesetzt, um Unternehmen Kunden abspenstig zu machen, sondern auch, um Kunden zu halten oder sie zurückzugewinnen.

Dass die europäischen Regierungen auf die Überwachung durch die NSA bisher zurückhaltend reagiert haben, hat Gründe. Zum einen sind sie den USA politisch verbunden; vermutet wird zum anderen, dass europäische Geheimdienste sich über die NSA Daten beschaffen, die sie selbst nicht erheben dürfen.[173] Auch ein solcher „Ringtausch" wäre kein Schutzpflichtproblem;[174] die Anforderung bzw. Annahme solcher Daten greift vielmehr direkt in das Recht auf Achtung des Privatlebens und auf Datenschutz ein und wäre, da gesetzlos, nicht zu rechtfertigen.[175]

Für staatliche Schutzpflichten bleibt dann noch der Vorschlag, zum einen die IT-Infrastruktur zu dezentralisieren, d.h. insbesondere Datenknotenpunkte in Europa auszubauen und für europäische Cloud-Dienste zu sorgen,[176] zum anderen aber auch Internet-Dienstleistern eine benut-

---

detailliertere Zahlen zur Internet-Überwachung zu publizieren (US-Regierung lässt Technikindustrie ein bisschen Freiheit, Süddeutsche.de v. 28.1.2014), was seither auch regelmäßig geschieht (s. etwa die erste von Apple veröffentliche Abfrage-Statistik unter images.apple.com/pr/pdf/140127upd_nat_sec_and_law_enf_orders.pdf, 31.10.2014). Die Zahlen dürfen allerdings nur für größere Zeiträume und nur gestaffelt publiziert werden, was ihre Aussagekraft beschränkt (Geheimdienste griffen auf Zehntausende Online-Accounts zu, Süddeutsche.de v. 4.2.2014). S. zur überwachungskritischen Haltung der IT-Unternehmen auch *Weichert* Globaler Kampf (Fn. 156), 128.

[172] S. z.B. Verfahren in New York: Microsoft und Co. wollen Cloud-Daten vor US-Zugriff schützen, SPIEGEL ONLINE v. 17.6.2014; US-Internetkonzerne müssen in Europa gespeicherte Daten herausgeben, ZEIT ONLINE v. 31.7.2014; Judge may hold Microsoft in contempt after refusal to hand over foreign data, theguardian.com v. 1.9.2014. Apple wirbt neuerdings damit, dass es, anders als seine Konkurrenten, nicht mehr auf Daten der von ihm produzierten iPhones und iPads zugreifen und folglich auch nicht mehr von der Polizei zur Datenherausgabe verpflichtet werden könne: Apple ärgert die Polizei, ZEIT ONLINE v. 18.9.2014.

[173] Z.B. *J. Borger* GCHQ and European spy agencies worked together on mass surveillance, theguardian.com v. 1.11.2013; Vom Opfer zum Täter? faz.net v. 2.11.2013. Auf eine solche Datenbeschaffung scheinen auch interne Dokumente hinzuweisen: EU verschleierte die NSA-Affäre, Die Presse v. 12.9.2014.

[174] *Ewer/Thienel* NSA-Datenskandal (Fn. 150), 35; *H.-J. Papier* Gutachterliche Stellungnahme (Fn. 152), 8; *Szczekalla* Sicherung (Fn. 152), 1111.

[175] Ob ein solcher Ringtausch wirklich stattfindet, war bisher aber, trotz verschiedenster Anläufe und Verfahren, nicht zu ermitteln, s. für Deutschland *Szczekalla* Sicherung (Fn. 152), 1111.

[176] S. z.B. *A. Dix* Grundrechtsschutz durch informationelle Gewaltenteilung, FS Kutscha, 2013, 95 (103 f.); *Hoffmann-Riem* Stellungnahme (Fn. 152), 18; s. außerdem die Stellungnahmen von *S. Gaycken* (3, 6) und *M. Waidner* (2, 32 ff., 41 ff.) zum

zerfreundliche Verschlüsselung vorzuschreiben.[177] Letzteres ist längst überfällig, und auch die Stärkung einer europäischen Infrastruktur leuchtet ein. Man sollte sich allerdings bewusst sein, dass europäische Daten damit nur der NSA entzogen, für die heimischen Geheimdienste aber umso leichter greifbar würden. Dass unsere Daten ausgerechnet in den Händen jenes Staates sicherer sind, der auf uns unmittelbar mit Zwang zugreifen kann, ist aber nicht von vornherein gesagt.[178]

NSA-Untersuchungsausschuss, beide abrufbar unter www.bundestag.de/bundestag/ausschuesse18/ua/1untersuchungsausschuss/-/280848. Hilfreich könnte bei dieser Dezentralisierung sein, dass die Interessen der Politik (Unabhängigkeit), der Wirtschaft (bessere Wettbewerbslage für europäische IT-Anbieter) und der Bürger (Schutz der Privatheit) hier in dieselbe Richtung gehen: *T. Weichert* Globaler Kampf (Fn. 156), 131, 133.

[177] S. z.B. die Entschließung der 86. Konferenz der Datenschutzbeauftragten des Bundes und der Länder vom 1. und 2. Oktober 2013, Sichere elektronische Kommunikation gewährleisten – Ende-zu-Ende-Verschlüsselung einsetzen und weiterentwickeln, DuD 2013, 802 (803); *Gaycken* Stellungnahme (Fn. 176), 3, 6; *Waidner* Stellungnahme (Fn. 176), 39 ff.; die Verschlüsselung der Kommunikationsinhalte schützt freilich nicht vor der sehr ergiebigen Auswertung der Metadaten: *M. Kutscha* Offene Fragen zum Überwachungs-GAU, vorgänge 2013, 89 (95). Dafür müssten zusätzlich – breit einsetzbare – Anonymisierungsdienste entwickelt werden, s. *Waidner* Stellungnahme (Fn. 176), 29 ff., der ebd., 45 ff. ebenso wie *Gaycken* Stellungnahme (Fn. 176), 7 ff., noch weitere Maßnahmen zur IT-Sicherheit empfiehlt.

[178] Auch dass europäische Geheimdienste dem Grunde nach zurückhaltender wären als die NSA, liegt derzeit nicht nahe; ein Rechtsvergleich zeigt vielmehr, dass amerikanische, britische und deutsche Geheimdienste in zentralen Punkten ähnlich verfahren: Sie überwachen basierend auf relativ vagen Ermächtigungen ausländische Kommunikation deutlich intensiver als inländische. Dabei wird zunächst die gesamte Kommunikation gesammelt und erst dann die inländische Kommunikation herausgefiltert und gelöscht, auch das aber nur, wenn sie für die Auslandsaufklärung irrelevant ist. In allen drei Staaten ist die Aufsicht über die Geheimdienste zudem beschränkt wirksam; sie erfolgt insb. fast vollständig geheim, sodass Rechtswidrigkeiten im Regelfall nicht nach außen dringen: *S. Heumann/B. Scott* Rechtsrahmen für geheimdienstliche Überwachung im Internet: USA, Großbritannien und Deutschland im Vergleich, in: M. Beckedahl/A. Meister (Hrsg.) Überwachtes Netz, 2013, 149. *M. Bäcker* Erhebung, Bevorratung und Übermittlung von Telekommunikationsdaten durch die Nachrichtendienste des Bundes, Stellungnahme zur Anhörung des NSA-Untersuchungsausschusses am 22.5.2014, 23 (www.bundestag.de/bundestag/ausschuesse18/ua/1untersuchungsausschuss/-/280848, 31.10.2014), meint sogar, dass die Sammelbefugnis des deutschen Geheimdienstes „dem Vorgehen ausländischer Nachrichtendienste in nichts nachstünde“, wenn man – der deutschen Bundesregierung folgend, aber verfassungsrechtlich verfehlt – als Rechtsgrundlage für die Auslandsüberwachung die bloße Aufgabenzuweisung des § 3 Abs. 2 Satz 1 BNDG genügen lässt. Für verfassungsrechtlich bedenklich hält die Auslandsüberwachung des deutschen Geheimdienstes auch *B. Huber* Die strategische Rasterfahndung des Bundesnachrichtendienstes – Eingriffsbefugnisse und Regelungsdefizite, NJW 2013, 2572 (2574, 2576 f.). Wie schließlich *Margulies* NSA (Fn. 159), 2158 ff., zeigt, ist

Gegen diese Fremdkontrolle hilft dann nur mehr Selbstschutz und auch etwas Selbstkontrolle: Wir können uns dem Internet zwar nicht mehr entziehen,[179] aber es gibt doch Dinge, auf die man auch verzichten kann. Es muss nicht pausenlos kommuniziert werden, es muss auch nicht alles gesagt werden, und schon gar nicht muss alles pausenlos allen gesagt werden.[180]

Was kann man also aus der NSA-Affäre lernen? Wer die ganze Welt überwachen will, braucht weltweit Helfer; wer so viele Helfer hat, schafft aber auch Ansatzpunkte für die Sicherung der Menschenrechte.

Private Helfer können für Staaten überaus nützlich sein, weil sie Fähigkeiten haben, die der Staat nicht entwickeln kann. Sind diese Helfer aber zugleich kommerziell tätig, werden sie auch doppelte Loyalitäten entwickeln. So ist nicht auszuschließen, dass Internet-Dienstleister mittelfristig vom Staat Distanz nehmen und sich mit ihren Nutzern verbünden.

Noch etwas zeigt der NSA-Skandal: Nicht alles, was nach Schutzpflicht aussieht, ist auch ein Schutzpflichtproblem,[181] und der Bürger muss nicht immer darauf warten, dass er geschützt wird: Er kann einerseits manche Angriffe abwehren und sollte sich andererseits auch vor sich selbst in Schutz nehmen.

V. Gefährliche, neue Welt?

Ich komme zum Schluss und fasse zusammen: In der gefährlichen, neuen Grundrechtswelt sind alle drei Prämissen des klassischen Grundrechtskonzepts ins Wanken geraten. Die Bipolarität des Grundrechtsver-

---

auch der Schutz der Privatsphäre nach der EMRK nicht in jeder Hinsicht höher als in den USA. Dass sich die verfassungsrechtliche Argumentation in den USA und in Deutschland „trotz unterschiedlicher Kulturen des Datenschutzes" durchaus ähnelt, stellen auch *K. F. Gärditz*/*C.-F. Stuckenberg* Vorratsdatenspeicherung à l'américaine – Zur Verfassungsmäßigkeit der Sammlung von Telefonverbindungsdaten durch die NSA, JZ 2014, 209 (219) fest. Soweit europäische Geheimdienste nicht derart intensiv überwachen wie die „Five Eyes", beruht das also nicht notwendig auf ihrer rechtsstaatlichen Überlegenheit; es kann auch schlicht das Ergebnis ihrer technischen Unterlegenheit sein.

[179] Das „Leben als antidigitaler Robinson" ist, wie *Hoffmann-Riem* Freiheitsschutz (Fn. 150), 54, zutreffend meint, längst „eine unrealistische Alternative".

[180] Für Selbstdatenschutz, insb. Datenvermeidung und Datensparsamkeit wurde schon vielfach plädiert, s. z.B. *T. Weichert* PRISM, Tempora, Snowden: Analysen und Perspektiven, in: Beckedahl/Meister (Fn. 178), 179 (184 f.).

[181] Dass Grundrechtseingriffe bisweilen fälschlich und zum Schaden für den Grundrechtsschutz unter dem Titel der Schutzpflichten abgehandelt werden, hat allgemein schon *Szczekalla* Schutzpflichten (Fn. 31), 438 ff., gezeigt.

hältnisses – hier der Bürger, dort der Staat – ist erstens einer multipolaren Vielfalt gewichen: Neben den Staaten sind als Grundrechtsstörer auch staatlich-private Hybride, mächtige private Akteure und diffuse Figuren wie die Internet-Gemeinde ins Rampenlicht getreten. Dieser Pluralisierung der Störer entspricht zweitens eine Ausweitung und Dezentralisierung der Machtmittel: Nach wie vor wird Macht zwar durch Zwang ausgeübt, aber auch durch Geld und vor allem durch Information. Plural geworden sind drittens die Orte, von denen aus Grundrechte beeinträchtigt werden – ihre Bühne ist heute die ganze Welt.

Diese dreifache Pluralisierung erschwert es dem Bürger zwar, zu seinem Recht zu kommen. Die Zivilgesellschaft hat aber auch Abwehrstrategien entwickelt. Zum Schutz vor übermächtig erscheinenden Grundrechtsstörern holt sie heute mehr und mehr organisierte Grundrechtsaktivisten auf die Bühne, die engagiert und oft gewitzt für Bürgerrechte streiten: NGOs, aber auch Einzelkämpfer wie den wackeren Max Schrems, der seit Jahren und nicht ohne Erfolg gegen Facebook prozessiert.[182]

Gegen undurchsichtige Machtausübung setzt die Zivilgesellschaft zunehmend ihre eigenen „Spione" ein: Whistleblower, investigative Journalisten und abermals NGOs, die der Weltöffentlichkeit von Menschenrechtsverletzungen berichten und damit Diskussionen anstoßen, also ihrerseits die Macht der Information nutzen. Manche von ihnen sind schlicht Spione, die die Seite gewechselt haben, z.B. Edward Snowden[183] oder Caspar Bowen, ehemals Mitarbeiter bei Microsoft, heute energischer Kämpfer für den Datenschutz.[184] Auch diese Figuren spielen im Grundrechtsdrama eine zunehmend wichtige Rolle.

---

[182] Die Verfahren seiner Plattform „Europe versus Facebook" sind dokumentiert auf www.europe-v-facebook.org/DE/de.html; dazu gehört auch das oben Fn. 161 erwähnte Verfahren gegen Irland.

[183] Der Fall Snowden zeigt freilich auch, wie gefährlich Whistleblower leben, weil die Menschen zwar den „Verrat" lieben, nicht aber den „Verräter". So wurde Snowden nach seinen Enthüllungen innerhalb kürzester Zeit medial diskreditiert (Details bei *Greenwald* Überwachung [Fn. 153], 297 ff.), von seinem Arbeitgeber gekündigt und von den USA strafrechtlich verfolgt. Schutz vor dieser Verfolgung fand er nicht in westlichen Staaten (was vielfach kritisiert wurde, s. z.B. *Weichert* PRISM [Fn. 180], 183 f.), sondern zuerst in China und dann in Russland, wo er eineinhalb Jahre nach seinen Enthüllungen noch immer lebt. Dass Snowden für seine Courage mehrere Preise, darunter auch der sog. Alternative Nobelpreis (Right Livelihood Award) verliehen wurden, entschädigt dafür wohl nicht. Zu Recht werden wirksame Schutzgesetze für Whistleblower gefordert, s. etwa *D. Deiseroth* Whistleblowing und ziviler Ungehorsam im demokratischen Verfassungsstaat, Neue Gesellschaft Frankfurter Hefte 2014, Heft 1–2, 4; *Weichert* Globaler Kampf (Fn. 156), 131.

[184] Zu ihm näher *K. Kohlenberg*/*Y. Musharbash*/*W. Wiedmann-Schmidt* Sie wissen, wer du bist, ZEIT ONLINE, 2.6.2014.

Gelegentlich stürmt sogar das Publikum die Bühne, weil es Menschenrechtsverletzungen nicht mehr tatenlos zuschauen, sondern sie durch Protest verhindern will: Das sind die Konsumenten, die multinationale Konzerne grenzüberschreitend boykottieren, also die Macht des Geldes und die Achillesferse der Reputation von Unternehmen nutzen.

Das Grundrechtsstück ist nach all dem nicht ein steriles Musical, das einmal produziert und dann weltweit immer gleich aufgeführt wird; es ähnelt eher einer Aufführung in Bayreuth, an der immer wieder und weiter gearbeitet wird. Der Staat spielt in diesem Stück noch immer eine wichtige Rolle, aber nicht mehr die Hauptrolle. Er führt auch nicht mehr die Regie: Das Grundrechtsstück ist heute kein groß inszeniertes Drama mehr, sondern wird, vor allem in grenzüberschreitenden Zusammenhängen, mehr und mehr zum Improvisationstheater. Dafür ist das Generalthema dieses Stückes deutlicher geworden: Es geht nicht so sehr um die Herrschaft des Staates über Menschen, sondern um die Herrschaft von Menschen über Menschen.

Die Rechtswissenschaft hat bei diesem Stück die Rolle des Feuilletons. Kraft ihrer Beobachtungs- und Analyseinstrumente hat sie einen schärferen Blick auf gesellschaftliche Zustände und kann daher auch empfehlen, wie das Stück besser aufgeführt werden kann. Drei Grundregeln gelten aber unverändert, erstens: Der Gegner des Bürgers muss nicht der Staat sein, aber er muss ein Gesicht haben und greifbar sein, sonst kann er nicht adressiert werden – das ist die bleibende Kernaussage der ersten Prämisse. Zweitens: Macht muss nicht nur durch Zwang ausgeübt werden, aber der Bürger muss sehen, dass und mit welchen Mitteln geherrscht wird; deshalb sind Geheimnisse stärker zu reflektieren – das ist die bleibende Kernaussage der zweiten Prämisse. Die dritte Prämisse, nach der der Staat zuhause herrscht, ist längst falsifiziert, und die Probleme, die durch grenzüberschreitende Eingriffe entstehen, fordern Einfallsreichtum und Experimentierfreude. Diese beiden Qualitäten sind vielleicht auch sonst probat für die Meisterung der Szenerie, in der wir uns heute finden.

Leitsätze der 2. Referentin über:

Sicherung grund- und menschenrechtlicher Standards gegenüber neuen Gefährdungen durch private und ausländische Akteure

I. Gute, alte Welt

(1) Das traditionelle Konzept der Grundrechte beruht auf drei Prämissen: Grundrechte regeln das Verhältnis zwischen Staat und Bürger; sie antworten auf das staatliche Gewaltmonopol; der Staat übt seine Macht im eigenen Territorium aus. Alle drei Prämissen sind heute zweifelhaft geworden.

II. Von bipolarer Klarheit zu multipolarer Unklarheit

1. Staat und Bürger

(2) Die Bipolarität des Grundrechtsverhältnisses als Beziehung zwischen Staat und Bürger hat an Eindeutigkeit verloren, weil der Staat zur Erfüllung seiner Aufgaben zunehmend Private einsetzt, weil Grundrechtskonflikte mehr und mehr horizontal bestehen, und weil sich bisweilen schwer fassen lässt, wer eigentlich der Grundrechtsstörer ist.

2. Private Verwalter

(3) Die Grundrechtsbindung privater Verwalter knüpft nicht mehr nur an die Ausübung von Hoheitsgewalt an. Sie bestimmt sich, teils explizit, teils implizit, auch nach den jeweils übertragenen Aufgaben und nach dem Einfluss, den der Staat auf die Aufgabenerfüllung hat.

(4) Die relative Unschärfe dieser Kriterien ist keine Schwäche, sondern eine Stärke: Sie erlaubt es, den Staat, der seine Gestalt und Herrschaftsinstrumente immer wieder ändert, stets aufs Neue fassbar zu machen.

3. *Rein private Grundrechtsstörer*

(5) Rein private Grundrechtsstörer werden in Deutschland, Österreich und in der Schweiz grundsätzlich nicht als unmittelbar grundrechtsgebunden angesehen; das überzeugt auch, denn die Grundrechtskataloge aller drei Rechtsordnungen behalten es dem Gesetzgeber vor zu bestimmen, unter welchen Voraussetzungen in Grundrechte eingegriffen werden darf.

(6) Die Schutzpflichtenlehre hat allerdings in Erinnerung gerufen, dass Grundrechte den Staat von Anfang an nicht nur abwehren, sondern ihn auch in Anspruch nehmen sollten, um gesellschaftliche Herrschaftsverhältnisse zu zerschlagen. Die Geschichte zeigt aber ebenso, dass ein Staat, der in zentralen Herrschaftsfragen von einzelnen Privaten abhängig ist, beim Schutz der Allgemeinheit blockiert sein kann.

(7) Erfüllt der Gesetzgeber seine Schutzpflichten nicht, schreiten Gerichte bisweilen zur richterlichen Rechtsfortbildung. So ist die unmittelbare Drittwirkung der Grundrechte nur auf die Ersatzbank verwiesen; sie kommt ins Spiel, wenn der Schutzgesetzgeber ausfällt.

(8) Insgesamt ist die Bipolarität der Grundrechtsbeziehung heute relativiert: Diese Beziehung besteht zwar primär zwischen Staat und Bürger. Daneben sind aber durch die Judikatur, durch nationale Verfassungen und das Europarecht auch für Private bedeutsame Grundrechtsbindungen entstanden.

III. *Vom Gewaltmonopol zu dezentraler Macht*

1. *Zwang*

(9) Androhung und Einsatz von physischer Gewalt sind seit dem 19. Jahrhundert zentrale und exklusive Herrschaftsmittel des Staates. Diese Art von Macht äußert sich in der Negation von Freiheit, und sie braucht gerade deshalb Freiheitsgarantien als Gegengewicht.

2. *Geld*

(10) Macht kann ebenso aus ökonomischer Überlegenheit entstehen, die der Staat seit dem späten 20. Jahrhundert verstärkt als Herrschaftsmittel einsetzt und deren grundrechtliches Gefährdungspotenzial erst nach und nach sichtbar wurde. Anders als Gewalt ist Geld zwar nicht beim Staat monopolisiert; die Ausübung ökonomischer Macht zwischen Privaten wird aber grundrechtlich besonders in die Pflicht genommen. Ungelöste Probleme können allerdings entstehen, wenn Staaten mit ökonomisch mächtigen Privaten Allianzen eingehen.

3. Information

(11) Macht entsteht schließlich durch Information, die der Staat im beginnenden 21. Jahrhundert zunehmend als Steuerungsmittel einsetzt. Diese Macht ist kaum sichtbar, sie wirkt meist indirekt und ist deshalb schwer zu kontrollieren; nach und nach wird aber auch sie grundrechtlich eingehegt. Auch Private nutzen Information intensiv als Machtressource, sie werden dabei insbesondere durch das Datenschutzrecht diszipliniert. Auch hier kann es aber zu Schutzdefiziten kommen, wenn Staaten sich mit privaten Informations-Intermediären verbünden.

IV. Vom Territorium zur Grenzenlosigkeit

1. Geherrscht wird zuhause

(12) Staaten herrschen längst nicht nur im eigenen Territorium; sie werden zunehmend auf fremdem Hoheitsgebiet tätig, bisweilen sogar, ohne dort physisch präsent zu sein. Noch rasanter gestiegen ist die Mobilität privater Akteure, und auch sie können auf das Leben der Bürger eines Staates intensiv einwirken, ohne in dessen Territorium physisch anwesend zu sein.

2. Private Akteure aus dem Ausland

(13) Wie Staaten versuchen private Akteure, Grundrechtsbindungen zu entgehen, und zwar indem sie sensible Tätigkeiten in eine andere Rechtsordnung verschieben. Die Auswirkungen dieser Tätigkeit wieder an Grundrechtsstandards zu binden, ist möglich, wenn ein Staat seine Jurisdiktion entsprechend ausdehnt.

(14) Private Akteure, die solche Transaktionen durchführen können, sind für gewöhnlich einflussreich; das kann die Schutzbereitschaft des Gesetzgebers lähmen, selbst wenn es um die Rechte der Mehrheitsbevölkerung geht.

(15) In solchen Situationen springen bisweilen Gerichte für den Bürger in die Bresche; ihre Urteile können einen Regulierungsprozess anstoßen, der im Idealfall dazu führt, dass die judikativ entwickelte Schutznorm inhaltlich verbessert wird.

(16) Auch diffuse Grundrechtsstörer wie die Internet-Gemeinde sind in den Griff zu bekommen, wenn man die Störung rechtsschutzfreundlich zurechnet und dem Betroffenen ein klagbares Gegenüber verschafft.

3. *Private Akteure im Ausland*

(17) Wenn Regierungen sich mit ökonomisch mächtigen privaten Akteuren verbünden, ihre eigene Bevölkerung nicht schützen und wenn den Bürgern auch die Gerichte dieser Staaten nicht helfen, wird die Sicherung von Grundrechten zu einer patchworkartigen Parallelaktion verschiedenster Akteure. Staatlicher Zwang ist dabei nur ein Mittel von vielen und nicht immer das wirksamste. Zunehmend bedeutsamer wird hingegen das Machtmittel der Information.

4. *Ausländische Mächte*

(18) Wer die ganze Welt überwachen will, braucht weltweit Helfer; wer so viele Helfer hat, schafft aber auch Ansatzpunkte für die Sicherung der Grundrechte.

(19) Private Helfer können für Staaten nützlich sein, weil sie Fähigkeiten haben, die der Staat nicht entwickeln kann. Sind diese Helfer zugleich kommerziell tätig, werden sie allerdings doppelte Loyalitäten entwickeln; auch das kann Grundrechte sichern.

(20) Schließlich ist der Bürger nicht immer auf staatlichen Schutz angewiesen: Manche unterlassene Schutzhandlung erweist sich bei näherem Hinsehen als klassischer Grundrechtseingriff, den der Bürger aktiv abwehren kann. Und ein Stück weit sollte sich der Einzelne auch vor sich selbst in Schutz nehmen.

V. *Gefährliche, neue Welt?*

(21) Die Pluralisierung der Grundrechtsstörer, Methoden und Orte der Machtausübung kann den Rechtsschutz sehr erschweren. Doch hat die Zivilgesellschaft auch neue Bekämpfungsstrategien entwickelt: Sie setzt bei übermächtig erscheinenden Gegnern und undurchsichtiger Machtausübung zunehmend auf renitente Grundrechtsaktivisten, zivile „Gegenspione" und auf den Boykott der Konsumenten.

(22) Der Grundrechtsgegner des Bürgers muss nicht der Staat sein, aber er muss ein Gesicht haben und greifbar sein. Macht muss nicht allein durch Zwang ausgeübt werden, aber der Bürger muss sehen, mit welchen Mitteln geherrscht wird. Die Probleme, die durch grenzüberschreitende Grundrechtseingriffe entstehen, fordern Einfallsreichtum und Experimentierfreude.

(23) Insgesamt verursacht dieser gesamte Wandel zwar vielfältige Schwierigkeiten; er hat aber auch das Thema der Grundrechte deutlicher gemacht: Es geht nicht so sehr um die Herrschaft des Staates über Menschen, sondern um die Herrschaft von Menschen über Menschen.

Sicherung grund- und menschenrechtlicher Standards gegenüber neuen Gefährdungen durch private und ausländische Akteure

Peters: Wir kommen zum Diskussionsteil. Ich habe Wortbeiträge gesammelt und die Referenten haben sich gewünscht, dass wir nur eine Runde von Antworten am Ende machen. Als erstes Andreas Paulus zur Rolle des Staates; danach habe ich drei Beiträge zum Thema der Horizontalwirkung oder unmittelbaren Drittwirkung von Herrn Schweizer, Karsten Nowrot und Silja Vöneky.

Paulus: Vielen Dank. Zunächst einmal darf ich der Referentin und dem Referenten sehr herzlich danken, das war ein weiterer Höhepunkt in einer an Höhepunkten nicht armen Tagung, und insofern ist es auch ein sehr schönes Schlusspanel.

Die Frage, die ich an beide richten möchte, beschäftigt sich einerseits mit der Rolle des Staates. Wir erleben den Staat in der Grund- und Menschenrechtsdiskussion normalerweise als den anderen, die Bedrohung, den Eingreifer in Rechte der Einzelnen. Aber der Staat ist natürlich mehr, das brauche ich den Staatsrechtslehrern natürlich nicht zu sagen: Er ist Vertreter des Allgemeininteresses. Und als solches ist er bedroht, wenn andere Akteure auf den Plan treten und in die Rolle des Staates hineinwachsen. Frau Pöschl ist darauf eingegangen, ich spreche auf den Google-Fall an. Die Frage bezieht sich aber auch auf die Rolle des Staates als Rechtssetzer. Auch hier wurde gesagt, dass durch die Zivilgewalten, durch multinationale Unternehmen etwa im Internet, diese zivilen Akteure in die Rolle von Rechtssetzern einrücken würden, und das wirft natürlich ganz erhebliche Legitimationsfragen auf sowie die Frage, wer Streitigkeiten entscheidet. Das bringt mich zurück zum Staat als Vertreter des Allgemeininteresses. Es ist ja nach dem Google-Fall so, dass zunächst Google darüber entscheidet, ob die Rechte des in der Datenbank Auffindbaren gewahrt werden oder die Rechte der Allgemeinheit, nämlich die der Internetnutzer, die ja u.a. Informationsfreiheit besitzen. Ist Google dann wirklich der richtige Entscheider, selbst wenn man danach einen Rekurs zu Datenschützern hat? Da sehe ich die Google-Entscheidung nicht ganz so eindeutig positiv, wie Frau Pöschl sie dargestellt hat. Deswegen würde ich von beiden Referenten gerne wissen: Wie kann der Staat diese Rolle als Vertreter des Allgemeininteresses, als legitimer Rechtssetzer und Rechtsdurchsetzer in der von Ihnen so schön beschriebenen neuen Welt spielen?

Schweizer, Rainer J.: Vielen Dank dem Vorstand und den Referierenden für diesen grossartigen Abschluss der Tagung. Frau Pöschl, ich habe mir gedacht, dass Sie die Grundrechtskonflikte im Charme von Nestroy- und Raimund-Stücken vorgetragen haben; was sich aber abspielt, ist eher die Medea von Grillparzer oder der Heldenplatz von Thomas Bernhard. Nun, eine kurze Bemerkung zur Schweiz: Das schweizerische Bundesgericht ist, ähnlich wie die deutsche Justiz, zögerlich in Fragen der Anerkennung von Schutzpflichten. Manchmal habe ich den Eindruck, man will sich dogmatisch einfach nicht von Strassburg belehren lassen und zögert hin und her. Aber in der Tat, Frau Pöschl, Sie haben den richtigen Ausdruck gebracht: die Horizontalwirkung ist jetzt eigentlich auf der Ersatzbank, die Schutzpflichten gehen vor. Was dennoch auffällt ist, ist, dass auch in unserer Staatspraxis das Dogma, dass es praktisch keine direkte Horizontal- oder Drittwirkung gibt, nicht mehr zutrifft. Ich habe ungefähr zwei Dutzend verschiedene Fälle von *Horizontalwirkung* in der Judikatur feststellen können, und, Herr Marauhn, Sie zeigen, dass diese Entwicklung noch mehr für den EGMR gilt. Vielleicht vier Fälle: die Prügelstrafe ist auch an privaten Colleges verboten; der Frauen- und Mädchenhandel – Sie haben den Fall Rantsev erwähnt – ist selbstverständlich auch unter privatwirtschaftlichen Akteuren verboten; die privatrechtliche Diskriminierung von ausserehelichen Kindern im Erbrecht ist im Fall Pra gegen Andorra sogar 70 Jahre rückwirkend aufgehoben worden; und schliesslich hat der EGMR mehrere Entscheide gefällt, wonach auch ein privates Spital verpflichtet ist, eine akut kranke Person, die nicht versichert ist, medizinisch und pflegerisch zu behandeln. Also haben unsere Gerichte jedenfalls in schweren Verletzungsfällen eine Horizontalwirkung anerkannt. Nun, das spannende ist ja die *extraterritoriale Wirkung*, und ich bringe Ihnen drei Beispiele. Wenn die 100 %ige schweizerische Rüstungsfirma RUAG Holding AG über ihre deutsche Tochter die Drohnen, die in Afghanistan gegen Pakistan eingesetzt werden, wartet, stellen sich für mich menschenrechtlich und als Schweizer natürlich neutralitätsrechtliche Fragen. Wenn sodann, jetzt sind wir bei der Privatwirtschaft selbst, ein schweizerischer Fabrikant die Produktion von asbesthaltigem Eternit, auch nachdem sie in der Schweiz eingestellt werden musste, in Italien jahrelang weiter betreibt, kann da die Schweiz zuschauen? Der EGMR hat am 11. März 2014 in erster Instanz die in der Schweiz geltende zehnjährige Verjährungsfrist für Asbestopfer als Verletzung von Art. 6 Abs. 1 EMRK angesehen (Beschwerde Nr. 52067/10 und 41072/11). Oder kann ein europäischer Staat zuschauen, wie Textilhandelsunternehmen mit den Arbeitern in Bangladesch umgehen? Die Staatenverpflichtungen für grenzüberschreitende Unternehmenstätigkeiten sind anerkannt, etwa durch den UJN-Menschenrechtsrat mit den Guiding Principles on Business and Human Rights, A/HRC/17/31 vom 21. März 2011. Doch müssen wir hier noch nach neuen Anknüpfungspunkten suchen und dürfen nicht nur auf das Domizil abstellen, sondern zum Beispiel auf die Exportförderung. Dann, wenn die Bundesrepublik, die Schweiz oder Österreich eine Exportförderung gewähren, werden sie m.E. auch menschenrechtlich verantwortlich. Ja ich frage mich sogar, ob wir nicht auch Steuerprivilegien, wie wir sie in der Schweiz zu Gunsten ausländischer Unternehmen in grosszügigem Ausmass haben, als Grund für eine staatliche Verantwortung bei extraterritorialen Menschenrechtsverletzungen ansehen müssten. Jedenfalls sind die gerichtlichen Anknüpfungsgründe zu prüfen, z.B. gegenüber international tätigen Internetfirmen wie Facebook ohne Sitz in unseren Ländern. Ein letztes: Wo sind die dunklen Stellen? Die liegen neben den Exporten von Rüstungs- und Überwachungsgütern vor allem bei unseren eigenen Nachrichtendiensten und deren Aktivitäten im Ausland: Anlasslose Funk- und neu auch Telefonabhörungen im Ausland oder Einsatz von Trojanern, alles ohne einen wirksamen Rechtsschutz und ohne gerichtliche Kontrolle. Ich glaube, dass wir noch zu tun haben. Danke.

Nowrot: Auch ich möchte mich zunächst einmal bei beiden Referenten für die hervorragenden Referate bedanken. Thilo Marauhn, auf den ich mich jetzt im Folgenden beziehen möchte, hat meiner Ansicht nach sehr schön und überzeugend dargelegt, dass das Verständnis der menschenrechtlichen Schutzverantwortung im Sinne einer ausschließlich staatsgerichteten Pflichtaufgabe im Ergebnis einen unzureichenden konzeptionellen Ansatz darstellt, um vor den einschlägigen Gefährdungen durch transnational agierende privatwirtschaftliche Akteure in effektiver Weise zu schützen. Überdies hat er sehr einleuchtend ausgeführt, dass dieser Befund aus menschenrechtlicher Perspektive sicherlich unzureichend sowie unbefriedigend ist, da er einer optimalen Verwirklichung dieser zentralen normativen Wertsetzungen entgegensteht. So viel zu meinem Lob.

Dann bricht allerdings seine Analyse, wie ich finde, aus völkerrechtlicher Perspektive etwas abrupt ab und zwar unter Hinweis einerseits auf einen unbestrittenen Regelungsbedarf de lege ferenda und andererseits – etwas decouragierend – unter Bezugnahme auf gegenwärtig nicht vorhandene völkerrechtspolitische Realisierungschancen. In diesem Zusammenhang habe ich zwei fragende Anmerkungen. Zum einen könnte man Zweifel anmelden, ob die entsprechenden Realisierungsmöglichkeiten wirklich gegenwärtig so gering sind. Ich möchte hier nur als aktuelles Beispiel auf den Umstand verweisen, dass der UN-Menschenrechtsrat gerade in diesem Jahr mit großer Mehrheit eine Resolution verabschiedet hat, mit der eine Arbeitsgruppe eingesetzt worden ist, die sich ausdrücklich perspektivisch mit dem Ziel befassen soll, ein völkerrechtlich verbindliches Steuerungsinstrument für transnationale Unternehmen zu schaffen. Zum anderen, und wie ich finde wesentlich wichtiger als eine solche – wenn ich mich mal selbst karikieren darf – „völkerrechtspolitische Kaffeesatzleserei", stelle ich mir aber auch die Frage, ob wir uns als Rechtswissenschaftler auf eine solche Feststellung mangelnder völkerrechtlicher Realisierungschancen beschränken sollten. Angesichts des aufgezeigten, unbestrittenen Regelungsbedarfs, welcher auch durch Hinweis auf unverbindliche internationale Steuerungsinstrumente wie die OECD Guidelines sowie auf das innerstaatliche einfachgesetzliche Recht einiger „like-minded" Staaten nicht wesentlich relativiert werden kann, ist es da nicht auch unsere Aufgabe und vielleicht sogar – im Hinblick darauf, was auf dem Spiel steht – unsere Verantwortung als Staats- und Völkerrechtler, bereits auf der Grundlage des internationalen Menschenrechtsschutzes de lege lata die entsprechenden Vorgaben dogmatisch weiter zu entwickeln? Dies gilt vor allem im Hinblick auf die Möglichkeit einer unmittelbaren Drittwirkung der menschenrechtlichen Verpflichtungen gegenüber transnationalen Unternehmen und gerade auch mit dem Ziel, nationalen und vor allem internationalen gerichtlichen Institutionen ein adäquates konzeptionelles Deutungsangebot zu machen. Man muss dabei ja berücksichtigen, dass Völkerrecht in der Praxis nicht nur von Regierung und innerstaatlichen Parlamenten gestaltet und weiterentwickelt wird. Und schließlich brauche ich in diesem Kreise kaum darauf hinzuweisen, dass auf innerstaatlicher Ebene in Deutschland der Grundrechtschutz gerade auch auf der Grundlage der dogmatischen Arbeit der Staatsrechtslehre und der Gerichte, namentlich des Bundesverfassungsgerichts, in erheblichem Umfang weiter entwickelt worden ist, ohne dass hierfür ausdrückliche Änderungen des Grundgesetzes notwendig gewesen wären. Warum dies nun prinzipiell auf völkerrechtlicher Ebene im Hinblick auf den internationalen Menschenrechtsschutz so grundsätzlich anders sein soll, vermag mir jedenfalls auf den ersten Blick nicht uneingeschränkt einzuleuchten. Herzlichen Dank.

Vöneky: Herzlichen Dank für diese interessanten und wichtigen Referate. Zuerst eine kleine Bemerkung und dann eine Frage. Die Bemerkung geht zu der Frage, inwieweit Amtshaftungsansprüche uns in der Konstellation helfen können, in der beispielsweise die Bundeswehr extraterritorial auftritt und möglicherweise gegen Völkerrecht verstößt. Ich finde es vollkommen richtig, dass Du, Thilo, darauf hingewiesen hast, dass das ein wichtiger Aspekt ist. Im Übrigen besteht bei Amtshaftungsansprüchen die vor deutschen Gerichten durchgesetzt werden können ja gerade nicht die Gefahr, dass hier gegen die Staatenimmunität verstoßen wird. Schließlich ist dieser Weg auch deswegen wichtig, weil der Amtshaftungsanspruch grund- und menschenrechtlich fundiert ist. Insofern glaube ich, dass der richtige Weg der deutschen Zivilgerichte von uns als Vertreter des Öffentlichen Rechts befürwortet und unterstützt werden sollte.

Meine Frage richtet sich auf die Rolle des Staates und in Bezug auf die Regulierung transnationaler Unternehmen. Es wird immer von transnationalen Unternehmen und der Schwierigkeit, diese auch menschenrechtlich zu fassen, gesprochen. Ich sehe diese Schwierigkeiten nicht in diesem Umfang. Denken Sie beispielsweise an die Forschung am Menschen. Wenn Forschung am Menschen beispielsweise in Indien durchgeführt wird, wird das zwar oftmals im Auftrag transnationaler Unternehmen gemacht, aber mit rechtlich selbständigen Einheiten, die in Indien ihren Sitz haben. Das bedeutet rechtlich ganz klar: Indien ist der Adressat, um die Grundrechte in Indien zu sichern. Das haben auch Frau Pöschl und Thilo Marauhn so gesagt. Entbindet das aber den Staat, beispielsweise die Bundesrepublik Deutschland, von der Pflicht, die Konzernmütter, die hier ihren Sitz haben, grundrechtlich und menschenrechtlich einzuhegen? Ich glaube nicht. Nach dem Sitzprinzip ist die Staatszugehörigkeit der Konzernmutter als juristischen Personen gegeben. Ich sehe überhaupt keinen Grund, und das ist meine Frage an Thilo Marauhn, hier defensiv zu argumentieren und zu konstatieren: Wir können die extraterritoriale Wirkung nicht absehen und deswegen können wir die Konzernmütter nicht in irgendeiner Weise durch nationales Recht binden. Doch, wir können diese Unternehmen binden, die in Deutschland ihren Sitz haben. Wir können die menschenrechtlichen Standards anheben und wir können die Konzernmütter verpflichten, ihrerseits ihre Tochterunternehmen zu verpflichten, die Standards einzuhalten. Die EU hätte genau diese Möglichkeit gehabt, gerade auch in Bezug auf die Forschung an Menschen. Sie hat diese Möglichkeit durch eine Verordnung nicht wahrgenommen, sondern sagt nur, dass in Schwellenländern die ethischen, nicht die rechtlichen, Standards eingehalten werden müssen, wie bei uns in der Europäischen Union gelten – unklar ist, was diese „ethischen Standards" genau sein sollen. Einer menschenrechtlichen Dogmatik, die rechtliche Regelungen möglich machen würde, fehlt es aus meiner Sicht nicht an Begründungen; sondern es fehlt hier am politischen Willen des nationalen oder europäischen Gesetzgebers. Warum? Vielleicht weil wir auch alle davon profitieren, dass bestimmte menschenrechtliche Standards, die bei und gelten, in Drittländern nicht in demselben Maße eingehalten werden müssen. Das heißt aber, dass hier vor allem der Staat und die Europäische Union, damit die demokratischen Gesetzgeber, in der Pflicht sind rechtliche Normen zu erlassen. Menschenrechtlich ist dies gut zu begründen.

Peters: Vielen Dank. Jetzt kommen wir zu einem nächsten Fragenkomplex, der die Schutzpflichten betreffen wird. Als erstes Herr Frowein, dann Norman Weiß, Michael Bothe und Heiko Sauer.

Frowein: Ich möchte, im Anschluss an Herrn Schweizer, zu diesen wirklich eindrucksvollen Referaten ein paar zusätzliche Bemerkungen machen. Die erste bezieht sich auf die Aussage von Herrn Marauhn, dass die Schutzpflichten im Völkerrecht aufgrund der berühmten Margin- und der Discretion-These sehr begrenzt seien. Ich finde, dass das ein bisschen die Sicht auf das verstellt, was vor allem in Straßburg, aber auch sonst international passiert ist. Ich möchte Sie daran erinnern, dass das ganze ja natürlich sehr typisch mit britischen Fällen angefangen hat. Herr Marauhn hat darauf hingewiesen, dass die deutsche Rechtsordnung in diesen Fragen außerordentlich detailliert ist, das ist die britische eben vielfach nicht. Der erste berühmte Fall, in dem wir es in der Kommission wirklich intensiv diskutiert haben, war Young, James & Webster gegen Großbritannien. Hier wurde die closed-shop-Vereinbarung 18 Jahre, nachdem Herr Young bei British Rail angefangen hatte, abgeschlossen und er flog raus, weil er keine Lust hatte, einer Gewerkschaft beizutreten. Das war wirklich ein Riesenproblem und es war weder in Kommission noch im Gerichtshof klar, wie das zu behandeln war. Aber es ist im Ergebnis richtig behandelt worden, nämlich als eine Schutzpflicht, dass Gewerkschaftsfreiheit auch gegen den Arbeitgeber durch die Rechtsordnung geschützt werden muss; das war hier nicht geschehen und deswegen war die Verletzung da. Das zweite in dem Zusammenhang ist und das wurde, glaube ich, nicht so sehr erwähnt: die daraus resultierenden Verfahrensrechte. Das hat in der Kommission mit der britischen Kindertrennungsproblematik angefangen. Da wurden, in traurigen Verhältnissen, Kinder von den Eltern getrennt, ohne dass die Eltern irgendwelche vernünftigen Informationen hatten. Auch das war in der Kommission eine ganz schwierige Debatte: klar zu kriegen, ob wir aus dem Art. 8 EMRK Verfahrensrechte ableiten können. Das haben wir aber getan, der Gerichtshof ist voll gefolgt und seit W gegen das Vereinigte Königreich ist das geklärt. Der Gerichtshof hat das in einer Weise weiterentwickelt, die wir in der Kommission noch nicht hatten; das ist bezogen auf den Lebensschutz und auf den Schutz vor unmenschlicher Behandlung. Das ist meines Erachtens eine große Leistung von Straßburg. Für Art. 2 und 3 gibt es Verfahrensrechte, die den Staat verpflichten, Untersuchungen anzustellen, wenn

Menschen ihr Leben verlieren; und der Gerichtshof hat das sogar so weit ausgedehnt, dass er das auf Arbeitsunfälle bezogen hat. Das ist meines Erachtens dogmatisch nicht ganz einfach, aber es ist geschehen und ich glaube, dass das ein Vorteil für den Menschenrechtsschutz ist.

Eine letzte kleine Bemerkung zu dem allgemeinen Abhörproblem. Ich werde nie vergessen, wie ich bei dem Klass-Bericht (das ist der deutsche Fall, der die Abhör-Geschichte nach Art. 10 GG betraf), unserem Bericht eine kleine Zusatzbemerkung beigefügt habe, nachdem klar war, dass der BND damals in Deutschland ohne jede Rechtsgrundlage alle Auslandsgespräche – und in diesem Sinne war DDR natürlich Ausland –, abhörte.

Weiß, Norman: Ich fand es sehr interessant, dass uns die beiden Referate eine historisch illustrierte und mehrdimensionale Auffächerung der grund- und menschenrechtlichen Gefährdungen gezeigt haben. Und ein wenig war das so, als fahre man mit dem Zug in ein imperiales Randgebiet, wo die staatliche Herrschaft nur noch der Form nach existiert und nicht mehr so wirklich durchgesetzt werden kann; aber es gab eben auch Remedur, und darauf zielt jetzt auch gleich meine Frage:

Einerseits fährt ja, so wurde das dargestellt, der klassische Menschenrechtsschutz in der Form, wie ihn die Überwachungsorgane handhaben, Tentakeln aus und sorgt etwa durch die Extraterritorialität dafür, dass mehr Schutz gewährleistet werden kann. Dann wurde angesprochen, dass, auch Herr Frowein hat das gerade gesagt, von den nationalen Rechtsordnungen zusätzliche Schutzleistungen ausgehen sollen. Ich hatte das jetzt nicht ganz so verstanden, dass es einen Anspruch auf gesetzgeberisches Tätigwerden gibt. Oder gibt es den doch, Herr Marauhn? Soll also der Gesetzgeber u.U., um seine Schutzpflichten zu erfüllen, hier konkret tätig werden? Ich hätte da meine Zweifel. Die Anschlussüberlegung greift dann das auf, was Frau Pöschl gesagt hat. Sie haben ja, wie ich finde, sehr zu Recht dargestellt, dass es eben häufig die Rolle der Gerichte ist, die durch ihre Rechtsprechung den Gesetzgeber zum Handeln bringen. Das fand ich sehr schön, und es knüpfte an das an, was wir auch gestern besprochen haben: Wandel der Gerichte und ihrer Aufgaben, die Übernahme internationaler Pflichten und die Fortführung über das rein nationale Setting hinaus. Das wurde hier sehr deutlich. Meine Frage ist aber: Beides bleibt doch letztendlich Stückwerk oder führt nur zu einem gewissen Flickenteppich. Also: Wir bekommen nur punktuelle Lösungen für einzelne Probleme und bleiben hinter dem zurück, was auch Herr Nowrot angesprochen hat, dass es sozusagen die große Regulierung gibt. Aber die ist natürlich schwer durchzusetzen, das ist mir auch klar. Gibt es also insofern diesen Anspruch auf gesetzgeberisches Tätigwerden? Das wäre die konkrete Frage. Danke.

Bothe: Wir haben für zwei ausgezeichnete und anregende Referate zu danken. Herr Marauhn, Sie haben ganz richtig beobachtet, dass das BVerfG ja fast nie Schutzpflichtverletzungen festgestellt hat. Bei der Rechtsprechung des BVerfG ist die Schutzpflicht so etwas wie die Folterinstrumente des Galilei: Es reicht, wenn man sie zeigt, und man will sie auch zeigen; aber die Verhältnisse sind so, dass man sie nicht braucht. Heißt das nun, dass man sich einfach darauf verlassen kann, dass der ordentliche Gesetzgeber oder international die Vertragsentwicklung oder Entwicklung von soft-law das Problem schon richten werden? Sie haben ein Zitat von dem leider verstorbenen Kollegen Doehring gebraucht, das sich ein wenig danach anhörte, – und es wäre meine Frage, ob Sie das gemeint haben – dass man es besser bei den einfach-gesetzlichen, vertraglichen oder soft-law-Regelungen belässt, und dass der Einsatz von Menschenrechten so etwas wie ein overkill ist. Ich glaube nicht, dass man hier auf die Menschenrechte verzichten kann. Die Verfolgung eigener Interessen durch Staaten und Private ist so erfinderisch und lässt Individualinteressen immer wieder auf der Strecke. Darum ist es wichtig, sich an die Funktion der Menschenrechte und daran, wie sie und die internationalen Garantien entstanden sind, zu erinnern. Letzten Endes ging es darum, gewaltige Missstände auszuräumen. Die Menschenrechte sind das Instrument gegen Staatsversagen oder genauer gesagt, gegen ein kooperatives oder vernetztes Versagen von Machtinhabern, und da sind sie unerlässlich. Wir haben jetzt einen vernetzten Machtmissbrauch, dazu haben Sie beide viele Beispiele gebracht, und wir haben, und das ist wichtig, Frau Pöschl hat das zu Recht betont, bei der Reaktion darauf auch eine Vernetzung. Wir brauchen die Gerichte, wir brauchen die Zivilgesellschaft; und wenn Sie sich einzelne Verfahren ansehen, dann haben Sie nicht nur eine Klage in der Bundesrepublik, in den Vereinigten Staaten oder sonstwo. Wir haben ein Netzwerk, und das ist sehr wichtig. Natürlich gibt es dann Probleme: Forum Shopping, forum non conveniens, ja. Aber trotzdem ist das wichtig. Allerdings, Sie haben Recht, die Rechtstechnik muss stimmen. Dazu eine letzte Bemerkung zu der Rechtstechnik: Ich hätte mir gewünscht, dass bei der Frage der extraterritorialen Schutzpflichten auch die mögliche Funktion solcher Schutzpflichten als Grundlage für Grundrechtsschranken der innerstaatlichen Akteure ins Spiel gebracht würde.

Sauer: Ich habe eine Frage an Herrn Marauhn, und zwar zum materiellen Schutzstandard: Ich fand die präzise Scheidung der Fragestellung ebenso überzeugend wie Ihr gesamtes dogmatisches Gerüst. Allerdings waren Sie am Ende dann selbst vergleichsweise pessimistisch, was den Schutzstandard angeht, den man aus diesem Modell entwickeln kann. Und ich frage mich, ob dieser Standard unter Zugrundelegung Ihres Modells nicht vielleicht doch auch höher ausfallen könnte. Ich würde das gern anhand von zwei Beispielen darstellen, die Sie auch selbst genannt haben:

Das erste Beispiel wäre die Piraterie, also konkret das Festhalten und Aufbringen von Piraten auf Hoher See durch Schiffe der deutschen Bundesmarine. Sie haben gesagt, und da bin ich völlig Ihrer Meinung, dass in diesem Fall eine Bindung an Art. 2 Abs. 2 Satz 2 und im Übrigen dann auch an Art. 104 des Grundgesetzes bestünde. Ich frage mich, warum hier eigentlich eine Relativierung des Schutzstandards vorzunehmen sein sollte? Letztlich gibt es hier doch eigentlich nur faktische Zwänge, ich sehe aber keine rechtlichen Zwänge. Gegen die faktischen haben Sie sich selbst zu Recht kritisch geäußert. Ich bin der Meinung, dass in diesem Punkt sowohl die deutschen Verwaltungsgerichte – hier ging es, wenn ich mich recht entsinne, um acht Tage Festhalten auf Hoher See – als auch der EGMR in Medvedyev – hier ging es, meine ich, sogar um 13 Tage – deutlich zu großzügig gewesen sind.

Das zweite Beispiel ist die Steuerung von Drohnen durch die USA von deutschem Territorium aus. Sie haben gesagt, wenn ich das noch richtig im Ohr habe, und Sie haben das wahrscheinlich bewusst etwas weich formuliert, dass man da vielleicht vorstellig werden und einmal darauf hinweisen müsse, dass nach deutscher Auffassung gezielte Tötungen eher völkerrechtswidrig sind. Meiner Meinung nach müssen wir hier zwischen zwei Fragen unterscheiden. Die erste Frage ist: Hängen wir völkerrechtlich in einer Beihilfekonstruktion, falls das, was die USA machen, völkerrechtswidrig ist. Die zweite Frage ist, und das scheint mir konstruktiv die interessantere, auch weil schwierigere, zu sein: Ist ein eigener Verursachungs- oder Nichthinderungsbeitrag von Deutschland nach Maßgabe der deutschen Grundrechte erlaubt? Diese Zurechnungsfrage ist auf jeden Fall besonders schwierig, ich würde aber meinen, dass es rechtswidrig ist, eine gezielte Tötung von deutschem Boden aus zu ermöglichen – und zwar meine ich jetzt rechtswidrig anhand der deutschen Grundrechte. Ob man das konstruktiv über eine Schutzpflicht macht, oder ob man das, und das hatte ja Frau Pöschl, was ich sehr schön fand, am Ende ihres Referats noch angesprochen, möglicherweise doch selbständig abwehrrechtlich konstruiert, das ist eine andere, auch schwierige Frage. Aber letztlich bin ich der Meinung, dass man im Ergebnis materiell vom Standard her vielleicht doch mehr hinbekommen könnte – das wäre meine Frage. Herzlichen Dank.

Peters: Jetzt zu einigen Einzelfragen. Herr Breuer.

Breuer, Marten: Vielen Dank. Ich habe eine Anmerkung zu Herrn Marauhn und eine Frage an Frau Pöschl.

Meine Anmerkung zu Herrn Marauhn betrifft die These 13, in der Sie festgestellt haben, dass das BVerfG wesentlich seltener Schutzpflichtverletzungen feststellt als der EGMR. Das ist ja eben in der Diskussion auch schon zur Sprache gekommen, und Sie haben das damit erklärt, dass die deutsche Rechtsordnung im einfachen Recht wesentlich stärker ausdifferenziert sei als beispielsweise die britische Rechtsordnung. Diese Begründung erscheint mir absolut plausibel. Ich möchte aber noch auf einen weiteren Aspekt hinweisen, nämlich auf eine Rechtsprechungsfigur des EGMR, bei der er häufiger formuliert, dass es letzten Endes irrelevant sei, ob es sich um eine Eingriffskonstellation – also um die Abwehrrechtskonstellation – handelt oder um eine positive obligation (also in deutscher Terminologie um die Schutzpflichtenkonstellation), weil ja die Prinzipien ohnehin die gleichen seien. Dann nimmt der EGMR relativ freihändig eine Abwägung der betroffenen Grundrechtsgüter vor, und das führt schon relativ nah in Richtung einer mehr oder weniger unmittelbaren Grundrechtsbindung, so wie das auch in den Beiträgen von Herrn Schweizer und Herrn Frowein angeklungen ist.

Meine Frage an Frau Pöschl betrifft die human rights litigation: Sie haben zu dem Kiobel-Urteil des Supreme Court gesagt, dass dieses Urteil verschmerzbar sei, weil es ja in Europa mittlerweile auch Gerichtsstandklauseln gäbe, beispielsweise in der Schweiz. Meine Frage ist, ob das überhaupt wünschenswert ist, dass beispielsweise in Europa vermehrt Gerichtsstandklauseln für solche human rights litigations eingeführt werden. Ist es sinnvoll, dass sich die europäischen Rechtsordnungen untereinander in der Gewährung von Rechtsschutz – d.h. von Sekundärrechtschutz – überbieten, um es etwas überspitzt zu formulieren? Herr Bothe hat schon das Problem des forum shopping und des forum non convenience angesprochen. Was also ist die globale rechtspolitische Perspektive? Wollen wir das? Ist es sinnvoll? Gibt es dahinter ein ordnendes Prinzip, das man dem zugrunde legen könnte? Vielen Dank.

Peters: Nun Franz Mayer zur Frage: Gibt es neben den drei von Thilo Marauhn genannten Paradigmen ein viertes?

Mayer, Franz: Vielen herzlichen Dank. Ich will beiden Referenten für die großartigen Referate und natürlich auch dem Vorstand für die Auswahl dieses Themas danken. Herr Marauhn, Sie haben diese drei Paradigmen in das Zentrum Ihrer Ausführungen gestellt: Extraterritorialität, Schutzpflichten, Drittwirkung. Ich möchte gerne die vorsichtige Frage stellen, ob wir nicht ein viertes Paradigma bräuchten. Man könnte es Direktwirkung nennen: die Bindung Privater unmittelbar an Grundrechte. Das klingt eigentlich nicht so furchtbar neu, es klingt eigentlich wie Drittwirkung. Aber ich frage mich vorsichtig, gerade in diesem Kreise, ob man hier nicht doch eine Unterscheidung treffen müsste. Drittwirkung impliziert doch letztlich etwas von Gleichordnung, auch wenn im konkreten Fall durchaus Gefälle bestehen kann. Wenn man sich noch einmal klar macht, wie man Drittwirkung auf Englisch übersetzt – „horizontal effect" – wird noch deutlicher, dass dabei Horizontalität und dass man sich auf gleichen Ebenen bewegt eine gewisse Rolle spielt. Genau das ist möglicherweise aber in bestimmten Konstellationen heute nicht mehr der Fall: Google tritt mir nicht mehr auf einer gleichen Ebene gegenüber. Ich meine, dass man versuchen kann zu argumentieren, dass Google, jedenfalls in bestimmten Lebenswelten, wie der Staat ist. Das hat weniger mit der physischen Gewalt, die Google ausübt, sondern eher mit Geld, Finanzmacht, zu tun; sicher aber mit einem Informationsmonopol oder zumindest mit Informationsmacht. Hier kommt dann auch das Phänomen der Privaten als Helfer der staatlichen Einrichtungen – etwa: Google als Helfer von NSA – ins Spiel. Vielleicht ist die Kategorie, die das Phänomen beschreiben hilft „Unentrinnbarkeit". Das meint, dass man in bestimmten Lebenswelten Google in gewissem Sinne unentrinnbar ausgeliefert ist. Wenn Sie den Zukunftsroman von Dave Eggers „The Circle" kennen, dann wissen Sie, wie man dazu durchaus furchterregende Szenarien entwickeln kann. Spätestens hier stellt sich aber das Freiwilligkeitsproblem, das auch angesprochen worden ist: Man muss sich Google ja nicht öffnen. Ich fürchte indessen, dass man hier mit dem Hinweis auf Selbstkontrolle nur eine unzureichende Antwort gibt. Es gibt nämlich erstens das Problem der Unumkehrbarkeit: Denkbar ist doch, dass ich irgendwann einmal meine Daten, die ich freiwillig preisgegeben hatte gerne zurück haben möchte, was dann aber nicht mehr geht. Das ist das Thema „Recht auf Vergessenwerden", welches im Google-Urteil des Europäischen Gerichtshofs eine Rolle spielt. Und es gibt zweitens das Thema „Big Data", wo es künftig möglicherweise eine Rolle spielen kann, dass ich meine Daten gerade nicht preisgegeben habe und aus diesem Umstand dann freiheitsbeschränkende Effekte erwachsen. Das führt mich zu der Frage, ob wir hier nicht vom Individualrechtsschutzparadigma ein Stück weit abgehen müssen. Ganz konkret ist dies die Frage, ob Rechte auch von Kollektiven geltend gemacht werden können, eine freilich nicht ganz neue Frage, oder ob die Zivilgesellschaft in irgendeiner Art und Weise Dinge einfordern können muss. Ich denke hier an Beispiele wie das der Electronic Frontier Foundation EFF, die sich zu den Fragen, um die es hier geht, in den USA intensiv betätigt. Ein weiterer, kurzer Punkt. Herr Marauhn, Sie haben ganz nachdrücklich auf die einfachgesetzliche Ebene verwiesen. Dazu würde ich gerne nachdrücklich betonen, dass das Unionsrecht ja in einem gewissen Sinne auch eine „einfachgesetzliche"

Ebene aufweist. Das geltende aber auch das zukünftige Datenschutzrecht der Europäischen Union bietet hier Ansätze. Dass ausgerechnet das Unionsrecht Hoffnungsperspektiven eröffnet, das hat schlicht mit der Größe des Regelungskreises zu tun. Die schiere Größe der EU ist ein ganz entscheidender Faktor für einen möglichen Erfolg. Das zukünftige Datenschutzrecht geht dabei in die richtige Richtung; aber auch beim geltenden Datenschutzrecht wäre noch viel mehr möglich. Die spanische Datenschutzbehörde hat dies im Google-Fall ja vorgemacht. Unseren Datenschutzbehörden wäre vor diesem Hintergrund vielleicht noch etwas mehr Antriebsenergie zu wünschen. Vielen Dank.

Peters: Jetzt habe ich noch zwei Wortbeiträge, Matthias Mahlmann und dann Andreas Dietz.

Mahlmann: Ich habe eine relativ technische Frage mit aber vielleicht prinzipieller Bedeutung zu den Voraussetzungen des extraterritorialen Schutzes von Grundrechten, der angesprochen wurde. Wie Herr Marauhn skizziert hat, gab es eine Deterritorialisierung des Begriffs „jurisdiction" in Art. 1 der EMRK und den entsprechenden Parallelnormen, etwa Art. 2 des UN-Pakts über bürgerliche und politische Rechte., In der Entscheidung Bankovic des EGMR wurde „jurisdiction" etwa wesentlich territorial verstanden. Danach ist die Tendenz festzustellen, den Begriff als faktische Kontrolle über Personen zu verstehen. Nun ist die Konstellation, die uns ja vielleicht besonders interessiert, gerade eine, in der keine faktische Kontrolle über Personen mehr existiert, sondern ein Zugriff auf Daten, ohne dass das irgendwie mit einer faktischen Kontrolle der Personen einhergehen würde. Meine Frage ist: Kann man die Deterritorialisierung so weit treiben, dass man auch dieses letzte Kriterium der faktischen Kontrolle über Personen aufgibt? Oder kollabiert dann diese threshold condition, die der Begriffjurisdiction formt, und geht in dem Opferbegriff und vielleicht auch dem Eingriffsbegriff auf? Und, wenn es so ist, ist das schlimm?

Zweite Frage. Die Voraussetzung, sich um Grundrechtsschutz zu bemühen, ist, dass man von Grundrechtsverletzungen weiß. Eine Methode, diejenigen zu ermutigen, die durch whistleblowing unser Wissen erhöhen, ist, ihnen alternative Nobelpreise zu verleihen. Reicht das?

Dietz: Vielen Dank. Ich möchte an das Referat von Frau Pöschl anknüpfen. Sie haben eine Vielzahl an Grundrechtsgefährdungen und Grundrechtsgefährdern genannt und ich möchte nur ein Beispiel nennen, das mir am Herzen liegt und worüber ich mich sorge:

In letzter Zeit häufen sich in den Zeitungen die Meldungen über gezielte Übergriffe in Asylbewerberheimen von insbesondere muslimischen

Asylbewerbern gegen christliche Flüchtlinge im selben Haus. Hier handelt es sich nicht um die üblichen Streitigkeiten, um die Hausordnung, den Küchendienst oder was auch immer, sondern es geht um gezielte Verfolgungshandlungen unter dem Motto: Ihr seid die Christen, ihr seid sowieso die Falschgläubigen. Und ich frage mich, ob unser Staat da vom Schutzregime und von seiner Schutzpflicht her die richtigen Instrumente hat und einsetzt; bisher hat er nur das Strafrecht. Und zwar aus folgendem Grund: Wir haben beim Asylgrundrecht nach Art. 16a GG die Möglichkeit, es nach Art. 18 GG zu verwirken. Dies allerdings nur beim Kampf gegen die freiheitlich demokratische Grundordnung, nicht aber dann, wenn derjenige, der Schutz sucht, selbst andere verfolgt. Auch im europäischen Flüchtlingsrecht wird nur der Verfolger im Herkunftstaat vom Schutzanspruch ausgeschlossen, nicht der Verfolger im Zufluchtstaat. Ich frage mich, ob zur Durchsetzung der grundrechtlichen Schutzpflicht gegenüber den Schwächsten und zur Bewährung unserer Rechtsordnung hier überlegenswert wäre, eventuell den Art. 16a GG insoweit einzuschränken, dass man sagt: Zumindest das nationale Schutzrecht soll denen nicht gewährleistet werden, die genau das Verhalten im Inland zeigen, vor dem sie selbst im Ausland geflohen sind. Das europäische Flüchtlingsrecht bliebe ihnen ja unbenommen. Es geht mir also nicht nur um die Bewährung der Rechtsordnung, sondern um die Frage der Signalwirkung. Vielen Dank.

Peters: Nun haben noch die Referenten je zehn Minuten Gelegenheit zur Erwiderung.

Pöschl: Vielen Dank für die freundlichen Worte, die Sie zu unseren Vorträgen gefunden haben, und für alle Ergänzungen und Fragen.

Mehrere Wortmeldungen haben die Rolle des Staates angesprochen. So wurde kritisiert, dass der EuGH Google gleichsam die Rolle einer Behörde zugewiesen hat; manche halten es sogar für Zensur, dass Google nun bestimmte Informationen bzw. die Verknüpfung dazu einfach aus dem Netz nehmen soll. Ist es, so wurde gefragt, nicht die Aufgabe des Staates zu entscheiden, ob Informationen allgemein zugänglich sein oder gelöscht werden sollen? Wird Google nicht, so lautete eine zweite Frage, insgesamt durch seine Unentrinnbarkeit zu einer Art Staat?

Die Löschpflicht, die der EuGH Google auferlegt hat, würde ich vorerst entspannt sehen. Dass der Staat diese Aufgabe nicht durch eigenes Personal erledigt, halte ich noch nicht für alarmierend. Er muss freilich beobachten, wie Google mit dieser Situation umgeht. In der Tat fällt auf, dass Google sich seit dem Urteil des EuGH ganz staatstragend gibt: Es hat einen Beirat gegründet, dem auch die ehemalige deutsche Justizministerin angehört, und dieser Beirat zieht nun durch Europa, um eine Vielzahl von Experten anzuhören. Auf Basis dieser Anhörungen will der Beirat dann Richtlinien erstellen, und Google würde sich, so war zu lesen, freuen, wenn andere Unternehmen in ähnlicher Lage diese Richtlinien auch anwenden. Offensichtlich nutzt Google diese Situation, um zu demonstrieren, dass es im öffentlichen Interesse tätig wird und deshalb die Allgemeinheit einbezieht. Das schließt aber nicht aus, dass Google hier Richtlinien erarbeitet, die die anstehenden Probleme brauchbar lösen. Zusätzlich müssten freilich noch weitere Voraussetzungen erfüllt sein: Die Richtlinien müssten transparent sein; Google müsste sich an die Regeln, die es aufstellt, tatsächlich halten und dürfte seine Position nicht ausnützen. Zu beachten ist ferner, dass im Löschverfahren vor Google nur vertreten ist, wer eine Löschung beantragt, die Allgemeinheit ist hier nicht repräsentiert; auch ihre Informationsinteressen müssen aber gewahrt werden. Ist das alles gewährleistet, hätte ich keine Bedenken dagegen, dass Google im ersten Zugriff selbst über Löschungen entscheidet. Funktioniert dieser Prozess nicht, muss der Staat selbstverständlich eingreifen; es gibt ja auch schon Kooperationen der Datenschutzbehörden. Kurz gesagt: Man sollte das einmal beobachten, und erst wenn es nicht funktioniert, ist der Staat gefordert.

Implizit wurde die Rolle der Staaten auch bei transnationalen Unternehmen angesprochen: Sind die Staaten in diesem Bereich, so wurde gefragt, nicht viel stärker in die Pflicht zu nehmen, d.h. müssen sie nicht zum Beispiel den bei ihnen ansässigen Mutterunternehmen gebieten, bestimmte Forschungen ihrer Tochterunternehmen in anderen Staaten zu unterbinden? Die Literatur ist hier, wie gesagt, zurückhaltend; man kann das aber auch anders sehen. Bei der extraterritorialen Wirkung von Grundrechten stellt man ja herkömmlich darauf ab, ob ein Staat Kontrolle über die Opfer einer Grundrechtsverletzung hat; ist das der Fall, binden die Grundrechte den Staat auch extraterritorial. Dieses Konzept passt perfekt für die abwehrrechtliche Seite der Grundrechte. Bei Schutzpflichten läge es hingegen nahe zu fragen, ob der Staat Kontrolle über die Grundrechtsstörer hat: Denn ihnen muss er ja Pflichten auferlegen, um die Störung abzustellen. Eine solche Kontrolle haben die Staaten aufgrund des Personalitätsprinzips gewiss über Unternehmen, die bei ihnen ansässig sind; lässt man das genügen, kann man extraterritoriale Schutzpflichten hier bejahen.

Zum Themenkomplex der Rolle des Staates gehören auch die Gerichte, die manchmal als Vorkämpfer fungieren, wenn der Staat seine Schutzpflichten nicht erfüllt; das war beim Google-Urteil der Fall, und es gibt dafür auch andere Beispiele. Im Idealfall stoßen solche Urteile eine Verrechtlichung an, manchmal auch nur einen privaten Regulierungsprozess, wie wir ihn derzeit bei Google beobachten. Kommt es zu keiner Verrechtlichung, bleibt es bei punktuellen Lösungen. Die Frage war nun: Ist das nicht unbefriedigend? Ja, das ist es. Der Gesetzgeber sollte in der Tat auf solche Urteile reagieren, weil sich der Rechtsschutz sonst immer auf den letzten Punkt verlagert, also darauf, dass jemand sein Recht vor Gericht sucht. Nur das Gesetz ist aber – hier stimme ich vollkommen mit Thilo Marauhn überein – in der Lage, die Bevölkerung gleichmäßig mit Recht zu versorgen. Dass kein Rechtsschutz in Anspruch genommen wird, beweist ja längst nicht, dass es keine Probleme gibt; der Rechtsschutz kann auch schlicht zu teuer oder zu kompliziert sein. Gerichte können also zwar einen konkreten Fall lösen; mehr als das aber nicht. Zweifellos ist es unbefriedigend, wenn es bei dieser punktuellen Hilfe bleibt.

Zu den transnationalen Unternehmen wurde gefragt, ob es wirklich wünschenswert ist, dass die EU-Staaten und die Schweiz ein Forum für Schadenersatzklagen zur Verfügung stellen, und ob es hier ein ordnendes Prinzip gibt. Ein solches Prinzip gibt es nicht. Bei Menschenrechtsverletzungen durch transnationale Unternehmen funktioniert der Schutz nur patchworkartig; Schadenersatzklagen sind dabei ein Mosaikstein von vielen. Dass sie zu einem forum shopping führen, glaube ich nicht. Denn das Forum knüpft zwar am Sitz des Unternehmens an, den das Unternehmen frei wählen kann; materiell wird die Schadenersatzklage aber nach dem Recht des Staates beurteilt, in dem der Schaden eingetreten ist, das ist der Gaststaat des Unternehmens. Insofern ist die Rechtsgrundlage, an der die Klage gemessen wird, nicht manipulierbar.

Das führt noch einmal zurück zur Frage, ob Google nicht schon eine Art Staat ist, zumindest gebärdet es sich ja wie einer solcher. Um die Übermacht dieses Unternehmens abzuwehren, genügt Selbstkontrolle allein nicht, da stimme ich vollkommen zu. Ich wollte nur zum Ausdruck bringen, dass Selbstkontrolle hier ein Stück weit helfen kann. Auch sie ist aber nur ein Mosaikstein, der zum Schutz beitragen kann. Ein weiteres Element wären Klagerechte für Kollektive, auch insoweit stimme ich zu. Es kommt ja nicht von ungefähr, dass sich immer mehr NGOs bilden, um gegen große Internet-Dienstleister zu prozessieren. Dass der Kampf ums Recht den einzelnen hier regelmäßig überfordert, sieht man auch an Datenschutzaktivisten wie Max Schrems, der sich das Klagen gegen Facebook praktisch zum Beruf gemacht hat. Diese zivilgesellschaftliche Selbsthilfe könnte der Gesetzgeber durchaus institutionalisieren, indem er zum Beispiel Verbandsklagen stärkt, also Instrumente, die sich in anderen Feldern schon bewährt haben; sie auch vermehrt für den Datenschutz einzusetzen, erschiene mir sehr sinnvoll.

Schließlich danke ich noch für den Hinweis, dass die unmittelbare Drittwirkung in der Schweiz schon in weiterem Umfang besteht als wir wahrgenommen haben. Der Unterschied zwischen mittelbarer und unmittelbarer Drittwirkung wird, wie ich glaube, in der Lehre ohnedies stark überschätzt. Welches dieser beiden Modelle sich durchsetzt, hängt in der Praxis auch gar nicht so sehr von den Argumenten ab, die die Staatsrechtslehre für die eine oder andere Position vorbringt, sondern eher davon, ob die jeweilige Privatrechtsordnung genügend Generalklauseln zur Verfügung stellt. Gibt es ausreichend viele bzw. vage Generalklauseln, um Grundrechtsprobleme zu lösen, etabliert sich im Allgemeinen die mittelbare Drittwirkung. Fehlt es an Generalklauseln, wird die unmittelbare Drittwirkung der Grundrechte propagiert und praktiziert. Im Einzelfall führen beide Wege aber erstaunlich oft zu ähnlichen Ergebnissen.

Marauhn: Vielen Dank für Ihre Fragen und Anregungen, die ich sehr gerne aufnehme. Ich werde nicht alles ausführlich antworten können. Sehen Sie mir das bitte nach.

Beginnen möchte ich mit zwei Vorbemerkungen, die meinen Ansatz erläutern.

Ich habe am Anfang meines Berichts auf die veränderte Rolle des Staates hingewiesen, aber nicht näher zu den Hintergründen Stellung genommen. Es ist nicht allein die Vielzahl der Akteure, die hinzugetreten sind, sondern auch die Tatsache, dass der Staat – ich will das in Anführungszeichen setzen – an manchen Stellen „bequem" geworden ist, nicht generell, denn es gibt Bereiche, wo man von einer Ausuferung staatlicher Aktivitäten sprechen kann. Bequem scheint der Staat bei der Erfüllung mancher Kernaufgaben geworden zu sein. Sicherheit für die Bürgerinnen und Bürger gegenüber privaten und ausländischen Akteuren zu gewährleisten gehört zu den staatlichen Kernaufgaben. Der Staat, und das gilt vor allem für den Gesetzgeber, hat das Vordringen privater und ausländischer Akteure in Kernbereiche staatlichen Handelns geduldet und teilweise sogar befördert – jedenfalls immer dort, wo es nützlich erschien, beispielsweise auch, um auf Daten fremder Geheimdienste zugreifen zu können, ohne das hier jetzt näher ausführen. Google etwa wurde und wird zu viel Raum eingeräumt – um knapp auf die Frage von Andreas Paulus zu antworten.

Eine zweite Vorbemerkung möchte ich machen: Ich bin sehr wohl der Meinung, dass der Wissenschaft, der Rechtswissenschaft, den Staatsrechtslehrer/-innen, die Aufgabe zukommt, das Recht weiter zu entwickeln. Wir sind zwar nicht auf die Identifizierung der Defizite des geltenden Rechts beschränkt, aber wir sind auch nicht der Gesetzgeber. Ebenso wenig sind dies die Gerichte, auch nicht die internationalen Gerichte und schon gar nicht quasi-justizielle Streitbeilegungseinrichtungen. Entscheidungsbefugt ist der demokratisch legitimierte Gesetzgeber.

Dies gilt erst recht, wenn es um globale Kontexte geht; wenn wir Menschenrechte global schützen wollen, dann müssen wir uns darüber im Klaren sein, dass wir in einer Welt leben, in der sich nicht ein Wert oder ein Wertesystem durchgesetzt hat. Charles Kupchan, der zur Zeit in Georgetown lehrt, hat seinem jüngsten Buch einen insoweit passenden Titel gegeben und davon gesprochen, dass wir im 21. Jahrhundert in „no one's world" leben, einer Welt, die niemandem gehört und die nicht von einem Wertesystem dominiert wird. Das erläutert ein wenig meine, von manchen vielleicht als zu zurückhaltend wahrgenommene, Position.

Jetzt in aller Kürze: Zur Rolle des Staates, lieber Andreas, habe ich nun schon etwas gesagt. Herrn Schweizer möchte prinzipiell zustimmen: Es gibt einige Fälle, in denen man auch beim EGMR von Drittwirkungskonstellationen sprechen kann. Ich meine aber, dass es sich dabei um Ausnahmekonstellationen handelt. Der Gerichtshof hat immer betont, dass er Einzelfälle entscheidet; das gibt ihm die Möglichkeit in dramatischen Ausnahmefällen eben auch einmal etwas progressiver als nationale Gerichte zu entscheiden. Er macht aber dann immer wieder deutlich, dass dies nicht automatisch allgemein verbindlich wird.

Zu Herrn Nowrot möchte ich gerne etwas mehr sagen und zwar beginnend mit dem völkerrechtspolitischen Kontext. Erstens ist der Menschenrechtsrat aus meiner Sicht mit großer Vorsicht zu genießen. Er hat sich zwar gegenüber der Menschenrechtskommission verbessert, aber nicht deutlich genug. Zweitens gibt es beim Menschenrechtsrat viele offene Fragen im Hinblick auf seine Legitimation und auch im Hinblick auf die Legitimität der Vorschläge, die er macht. Da wird nach wie vor vieles politisch so instrumentalisiert, dass ich auf den Menschenrechtsrat bei allem Respekt nicht setzen möchte. Drittens meine ich, dass die Staaten in vielen Bereichen – ich beschäftige mich viel mit humanitärem Völkerrecht, wo dies in den letzten Jahren gegenüber dem IKRK sehr deutlich geworden ist – gerade zwischenstaatlich zurück in den „driver's seat" wollen. Das hat jedenfalls auch gute Gründe, nicht nur schlechte. Es ist nicht jede internationale Organisation oder Institution nur deshalb besser, weil sie international ist. Sie muss sich eben auch in ihrem Handeln politisch legitimieren. Deshalb bin ich insoweit gegenüber dem Menschenrechtsrat skeptisch.

Silja Vöneky, ich kann nur zustimmen, dass wir auf nationale Anknüpfungspunkte zurückgreifen können; da ist wieder der Gesetzgeber gefragt, er darf und muss handeln. Ich habe mich zurückhaltend zur extraterritorialen Schutzpflicht geäußert, weil diese eben nicht auf den Gesetzgeber zurückgeht. Zwar bieten die Grundrechte einen Ausgangspunkt; aber die ganze Entwicklung, die wir in Sachen Extraterritorialität der Grundrechte haben, ist eine rechtsprechungsgetriebene Entwicklung – weitgehend zu

Recht, weil vieles vorher nicht passiert ist; aber die Rolle der Rechtsprechung muss man sich, so meine ich, auch aus legitimatorischen Erwägungen deutlich machen. Ich würde mir wünschen, dass der politische Druck auch auf den Gesetzgeber erhöht wird. Wenn wir wollen, dass Unternehmen sich an menschenrechtliche und grundrechtliche Standards halten, dann müssen wir doch nicht den etwas verschämten Weg wählen und das nur über Standards des „soft law" lösen. Dann kann man Gesetzesinitiativen in den Bundestag einbringen und die durchziehen. Und was auf europäischer Ebene geregelt werden kann, sollte auch dort platziert werden.

Der Datenschutz, den Sie, Herr Mayer, angesprochen hatten, ist ein gutes Beispiel dafür, dass man nicht allein auf Grundrechte zurückgreifen muss, sondern dass das Datenschutzrecht als einfaches Recht hier fruchtbar gemacht werden kann. Auch im Google-Urteil hat der EuGH nicht in erster Linie grund- oder menschenrechtlich argumentiert, sondern das Datenschutzrecht selbst herangezogen. Ich glaube, dass das wieder meine Grundthese unterstützt: Der Gesetzgeber ist gefragt; häufig fehlt es allerdings an seinem politischen Willen.

Herr Frowein, vielen Dank; ich habe, das gebe ich gerne zu, die Verfahrensdimension der EMRK-Gewährleistungen nur in einem Nebensatz erwähnt. Sie sind von entscheidender Bedeutung. Ich stimme Ihnen zu, dass es eine ganz entscheidende Entwicklung in der Rechtsprechung des EGMR – und zuvor der EKMR – ist, dass die Verfahrensdimension als Teil der Schutzpflichtdimension herausgearbeitet wurde.

Herr Weiß, Sie haben nach dem Anspruch auf gesetzliches Tätigwerden, also auf Normsetzung, gefragt. Ich bin überzeugt, dass es in bestimmten Konstellationen einen Normsetzungsanspruch gibt. Insbesondere wenn wir in die Nähe von Eingriffskonstellationen kommen, muss der Gesetzgeber handeln – eine gesetzliche Grundlage ist dann zwingend. Aber man muss genau hinschauen, wie weit dieser Anspruch reicht. Zur Beseitigung des Flickenteppichs, den wir haben, kann man nur auf multilateralen Menschenrechtsschutz setzen; deshalb muss dieser weiter entwickelt werden. Ich hatte die deutsch-brasilianische Initiative in der Generalversammlung erwähnt, weil ich überzeugt bin, dass dies der Weg ist, der uns offen steht und den man dann auch offensiv verfolgen muss. Da ist letztlich wiederum die Politik gefragt.

Herr Bothe, vielen Dank! Ich stimme Ihnen zu, dass man bei der Frage nach dem Nutzen extraterritorialer Schutzpflichten in der Tat die Grundrechtsschranken, also die Möglichkeit, diese Schutzpflicht auch als Grundrechtsschranke zu instrumentalisieren, noch stärker betonen könnte. Ich habe das nur in einem Nebensatz gemacht. Dies ist wichtig im Hinblick auf das Verhalten von Unternehmen, die in Deutschland oder in Europa ihren Sitz haben. Ein ganz interessanter Fall dazu: Eine deutsche Nichtregierungsorganisation hat kürzlich bei der Stuttgarter Staatsanwaltschaft Strafanzeige gegen ein deutsches Unternehmen erstattet, weil eine Tochter dieses Unternehmens in der Demokratischen Republik Kongo Sicherheitskräfte für die Misshandlung von Menschen bezahlt hatte. Das ist in der Tat ein Fall für den Staatsanwalt.

Noch ganz kurz, Herr Sauer, zum materiellen Schutzstandard. Natürlich kann man den materiellen Schutzstandard an bestimmten Stellen konkretisieren. Wenn wir den Beispielsfall Medvedyev gegen Frankreich nehmen und der Frage nachgehen, wie schnell jemand einem Richter vorgeführt werden kann und muss, dann fällt uns in Deutschland noch ein zugespitztes politisches Problem auf die Füße: Wir tun uns – im Gegensatz zu den US-Amerikanern, die Juristen auch im Einsatz haben – schwer mit allem, was in Richtung Militärjustiz geht. Aus historischen Gründen ist das bei uns politisch nicht durchsetzbar und gegenwärtig auch nicht diskutabel.

Zum Einsatz US-amerikanischer Drohnen zur Terrorismusbekämpfung in Afrika ganz kurz: Eine völkerrechtliche Verantwortlichkeit Deutschlands auf der Grundlage der gewohnheitsrechtlichen Zurechnungsregeln herzustellen ist meines Erachtens nicht einfach. Deshalb habe ich ganz bewusst die etwas zurückhaltende Formulierung gewählt, dass die Bundesregierung gegenüber den Amerikanern vorstellig werden müsste. Sie sollte das öfter tun. Es gibt ein bemerkenswertes Beispiel, das Journalisten jüngst recherchiert haben: Im George C. Marshall Center, in dem gleichermaßen deutsche und US-amerikanische Mitarbeiter arbeiten, waren 2006 auf den Telefonen Aufkleber angebracht worden mit einem Hinweis darauf, dass diese Telefone ständig überwacht wurden. Auf Drängen der Bundesregierung wurden diese Aufkleber von den US-Streitkräften Anfang 2007 entfernt. Ich weiß nicht, ob das Abhören auch eingestellt wurde; aber jedenfalls hat hier die Intervention der Bundesregierung Folgen gezeitigt.

Herr Breuer, Sie haben zu Recht darauf hingewiesen, dass die Unterscheidung zwischen negativen und positiven Pflichten nicht unproblematisch ist. Mein verehrter Doktorvater, Herr Bernhardt, hatte schon sehr früh die These vertreten, dass man – jedenfalls im Rahmen von Art. 8 EMRK – negative und positive Pflichten hinsichtlich der Prüfungsschritte gleich behandeln müsste. Ich stimme dem nicht in vollem Umfang zu.

Schließlich noch zu Herrn Mahlmann. Wie weit reicht die Extraterritorialität? Es gibt einen schönen Artikel von Daniel Bethlehem im European Journal of international Law: „The End of Geography“. Man kann in der Tat darüber diskutieren, wie man das Internet in den Griff bekommen kann und ob man von traditionelle Jurisdiktionsanknüpfungspunkte nicht überwinden kann. Ich glaube aber, dass man auch dieses Problem nur in den Griff bekommt, wenn man eine zwischenstaatliche Vereinbarung trifft. Die Kreativität der Wissenschaft genügt nicht; sie kann nur Anregungen geben.

Ich danke nochmals sehr herzlich für Ihre Diskussionsbeiträge – und dem Vorstand für die glücklich Hand, dass Magdalena Pöschl und ich uns intuitiv so gut ergänzen durften und konnten. Vielen Dank.

Verzeichnis der Redner

Verzeichnis der Mitglieder der Vereinigung der Deutschen Staatsrechtslehrer e.V.

(Stand: 07.02.2014; ständige Aktualisierung unter www.staatsrechtslehrer.de)

Vorstand

1. Prof. Dr. Martin *Burgi*
Institut für Politik und Öffentliches Recht der LMU München
Lehrstuhl für Öffentliches Recht, Wirtschaftsverwaltungsrecht, Umwelt- und Sozialrecht
Prof.-Huber-Platz 2
80539 München
Tel.: (0 89) 21 80-62 95
Fax: (0 89) 21 80-31 99
E-Mail martin.burgi@jura.uni-muenchen.de

2. Prof. Dr. Uwe *Volkmann*
Johannes-Gutenberg-Universität Mainz
FB Rechts- und Wirtschaftswissenschaften
Lehrstuhl für Rechtsphilosophie und Öffentliches Recht
55099 Mainz
Tel.: (0 61 31) 39-2 34 53
Fax: (0 61 31) 39-2 30 90,
E-Mail volkmann@uni-mainz.de

3. Prof. Dr. Anne *Peters*, LL.M.
Direktorin des Max-Planck-Instituts für ausländisches öffentliches Recht und Völkerrecht
Im Neuenheimer Feld 535
69120 Heidelberg
Tel.: (0 62 21) 48 23 07
Fax: (0 62 21) 48 22 88,
E-Mail apeters-office@mpil.de

Mitglieder

Adamovich, Dr. Dr. h.c. mult. Ludwig,
o. Univ.-Prof.,
Präsident des Österreichischen
Verfassungsgerichtshofs a.D.,
Rooseveltplatz 4, A-1090 Wien,
(00 43) 66 42 42 75 26;
Österreichische Präsidentschaftskanzlei,
Hofburg, Ballhausplatz, A-1014 Wien,
(00 43) 15 34 22-3 00,
Fax (00 43) 15 34 22-2 48,
E-Mail ludwig.adamovich@hofburg.at

Albers, Dr. iur., Dipl. soz. Marion,
Professorin,
Sulzer Straße 21a, 86159 Augsburg;
Universität Hamburg,
Fakultät für Rechtswissenschaften,
Lehrstuhl für Öffentliches Recht,
Informations- und Kommunikationsrecht,
Rechtstheorie,
Rothenbaumchaussee 33,
20148 Hamburg, (0 40) 4 28 38-57 52,
Fax (0 40) 4 28 38–26 35,
E-Mail marion.albers@jura.
uni-hamburg.de

Alexy, Dr. Dr. h.c. mult. Robert,
o. Professor,
Klausbrooker Weg 122, 24106 Kiel,
(04 31) 54 97 42;
Universität Kiel, 24098 Kiel,
(04 31) 8 80 35 43, Fax (04 31) 8 80 37 45,
E-Mail alexy@law.uni-kiel.de

Alleweldt, Dr. Ralf, LL.M., Professor,
Alt-Reinickendorf 19 A, 13407 Berlin,
(0 30) 91 43 64 66;
Fachhochschule der Polizei des Landes
Brandenburg,
Bernauer Str. 146, 16515 Oranienburg,
(0 33 01) 8 50 25 54,
E-Mail ralf.alleweldt@fhpolbb.de

Anderheiden, Dr. Michael, Professor,
Stephanienstr. 32, 76133 Karlsruhe,
(07 21) 4 70 08 17;
Fakultät für Rechts- und Staatswissen-
schaften
Andrássy Universität Budapest,
Pollack Tér 3, 1088 Budapest / Ungarn,
(00 36) 18 15 81 20;
In Deutschland erreichbar unter:
Ruprecht-Karls-Universität Heidelberg,
Juristisches Seminar,
Friedrich-Ebert-Anlage 6–10,
69117 Heidelberg,
(0 62 21) 54 74 97,
E-Mail anderheidenm@jurs.
uni-heidelberg.de

Appel, Dr. Ivo, Professor,
Eisvogelweg 28, 82140 Olching,
(0 81 42) 2 84 23 17;
Universität Hamburg, Fakultät für
Rechtswissenschaft,
Rothenbaumchaussee 33,
20148 Hamburg,
(0 40) 4 28 38-54 43,
Fax (0 40) 4 28 38-62 80,
E-Mail ivo.appel@jura.uni-hamburg.de

Arnauld, Dr. Andreas von, Professor,
Walther-Schücking-Institut für Inter-
nationales Recht / Walther Schücking
Institute for International Law
Christian-Albrechts-Universität zu Kiel
Westring 400, 24118 Kiel
fon +49 43 18 80-17 33
fax +49 4 31 8 80-16 19
e-mail arnauld@wsi.uni-kiel.de

Arnim, Dr. Hans Herbert von,
o. Professor,
Im Oberkämmerer 26, 67346 Speyer,
(0 62 32) 9 81 23;
Deutsche Universität für Verwaltungs-
wissenschaften Speyer,

67324 Speyer,
(0 62 32) 65 43 43,
E-Mail vonarnim@uni-speyer.de

Arnold, Dr. Rainer, o. Professor,
Plattenweg 7, 93055 Regensburg,
(09 41) 7 44 65;
Universität Regensburg,
93053 Regensburg,
(09 41) 9 43-26 54/5,
E-Mail Rainer.Arnold@jura.
uni-regensburg.de

Aschke, Dr. Manfred, Professor,
Kantstr. 14, 99425 Weimar,
(0 36 43) 40 22 83, Fax (0 36 43) 40 22 84;
E-Mail winckelmann.aschke@t-online.de;
c/o Professur Öffentliches Recht II,
Hein-Heckroth-Str. 5, 35390 Gießen oder
Thüringer Oberverwaltungsgericht
Kaufstr. 2–4, 99423 Weimar,
(0 36 43) 2 06-2 69

Augsberg, Dr. Dr. Ino, Professor;
Christian-Albrechts-Universität zu Kiel,
Lehrstuhl für Rechtsphilosophie und
Öffentliches Recht,
Leibnizstraße 6, 24118 Kiel
04 31 8 80-54 94, Fax 04 31 8 80-37 45
E-Mail augsberg@law.uni-kiel.de

Augsberg, Dr. Steffen, Professor,
Semperstr. 20, 22303 Hamburg,
(01 78) 8 31 40 00;
Justus-Liebig-Universität, Professur für
Öffentliches Recht,
Hein-Heckroth-Str. 5, 35390 Gießen,
(06 41) 99-2 10 90/91,
Fax (06 41) 99-2 10 99,
E-Mail Steffen.Augsberg@recht.
uni-giessen.de

Aulehner, Dr. Josef, Privatdozent,
Hans-Böcker-Str. 8, 80995 München,
(0 89) 1 23 84 02, Fax (0 89) 12 74 96 88;
Ludwig-Maximilians-Universität München,
Ref. I A 3 – Rechtsabteilung,
Geschwister-Scholl-Platz 1,
80539 München,
(0 89) 21 80-37 30, Fax (0 89) 21 80-29 85,
E-Mail Aulehner@lmu.de

Axer, Dr. Peter, Professor,
Ruprecht-Karls-Universität Heidelberg,
Lehrstuhl für Sozialrecht in Verbindung
mit dem Öffentlichen Recht,
Friedrich-Ebert-Anlage 6–10,
69117 Heidelberg,
(0 62 21) 54-77 68, Fax (0 62 21) 54-77 69,
E-Mail axer@jurs.uni-heidelberg.de

Baade, Dr. Hans W., Professor,
6002 Mountain Climb Drive,
Austin/Texas, USA, 78 731,
(0 01-5 12) 4 52 50 71;
dienstl., (0 01-5 12) 4 71 51 51,
E-Mail hbaade@mail.law.utexas.edu

Badura, Dr. Peter, o. Professor,
Am Rothenberg Süd 4,
82431 Kochel am See,
(0 88 51) 52 89;
Universität München,
Professor-Huber-Platz 2,
80539 München,
(0 89) 21 80-35 76

Baer, Dr. Susanne, LL.M., Professorin,
Richterin des Bundesverfassungerichts,
Bleibtreustrasse 55, 10623 Berlin;
Humboldt-Universität zu Berlin,
Juristische Fakultät,
Unter den Linden 9, 10099 Berlin,
(0 30) 20 93 34 67, Fax (0 30) 20 93 34 31,
E-Mail sekretariat.baer@rewi.
hu-berlin.de

Baldus, Dr. Manfred,
Universitätsprofessor,
Roter Stein 8, 99097 Erfurt,
(03 61) 5 54 70 54;
Lehrstuhl für Öffentliches Recht und

Neuere Rechtsgeschichte,
Staatswissenschaftliche Fakultät,
Universität Erfurt,
Nordhäuserstr. 63, 99089 Erfurt,
(03 61) 7 37 47 11,
E-Mail manfred.baldus@uni-erfurt.de

Barfuß, Dr. iur. Dr. rer. pol. Walter,
o. Universitätsprofessor,
Tuchlauben 11/31; 1010 Wien;
Präsident des Österreichischen
Normungsinstituts,
Generaldirektor für Wettbewerb a.D.
(Bundeswettbewerbsbehörde),
Heinestraße 38, A-1020 Wien,
(00 43) 1/2 13 00/6 12,
Fax (00 43) 1/2 13 00/6 09,
E-Mail walter.barfuss@as-institute.at

Bartlsperger, Dr. Richard, o. Professor,
Schleifweg 55, 91080 Uttenreuth,
(0 91 31) 5 99 16, Fax (0 91 31) 53 33 04,
E-Mail Bartlsperger.richard@t-online.de

Bast, Dr. Jürgen, Professor,
Justus-Liebig-Universität Gießen,
Professur für Öffentliches Recht,
Hein-Heckroth-Str. 5, 35390 Gießen,
(06 41) 99-2 10 61, Fax (06 41) 99-2 10 69,
E-Mail jurgen.bast@recht.uni-giessen.de

Battis, Dr. Dr. h.c. Ulrich, Professor,
Bleibtreustr. 5, 10623 Berlin,
(0 30) 6 48 19 47;
Rechtsanwalt Of Counsel in der Kanzlei
Gleiss Lutz,
Friedrichstr. 71, 10117 Berlin,
(0 30) 80 09 7 91 21,
E-Mail: ulrich.battis@gleisslutz.com,
oder sekretariat.battis@rewi.hu-berlin.de

Bauer, Dr. Hartmut, Professor,
Am Hegereiter 13, 01156 Cossebaude,
(03 51) 4 52 16 03;
Lehrstuhl für Europäisches und
Deutsches Verfassungsrecht,
Verwaltungsrecht, Sozialrecht und
Öffentliches Wirtschaftsrecht,
Universität Potsdam,
August-Bebel-Straße 89, 14482 Potsdam,
(03 31) 9 77-32 64, Fax (03 31) 9 77-33 10,
E-Mail hbauer@rz.uni-potsdam.de

Baumeister, Dr. Peter, Professor,
Langebrücker Str. 24, 68809 Neulußheim,
(0 62 05) 39 78 17;
SRH Hochschule Heidelberg,
Ludwig-Guttmann-Str. 6,
69123 Heidelberg,
(0 62 21) 88 22 60, Fax (0 62 21) 88 34 82,
E-Mail peter.baumeister@fh-heidelberg.de;
Schlatter Rechtsanwälte,
Kurfürsten-Anlage 59, 69115 Heidelberg,
(0 62 21) 98 12 17, Fax (0 62 21) 18 24 75,
E-Mail p.baumeister@kanzlei-schlatter.de

Baumgartner, Dr. Gerhard, Univ. Prof.,
Institut für Rechtswissenschaft,
Alpen-Adria-Universität Klagenfurt,
Universitätsstr. 65–67,
A-9020 Klagenfurt am Wörthersee,
(00 43) 4 63 27 00 33 11,
Fax (00 43) 4 63 27 00 99 33 11,
E-Mail Gerhard.Baumgartner@aau.at

Bausback, Dr. Winfried, Univ.-Prof. a.D.,
MdL,
Im Neurod 8, 63741 Aschaffenburg,
(0 60 21) 45 66 06, Fax (0 60 21) 45 66 07;
Büro: Roßmarkt 34,
63739 Aschaffenburg,
(0 60 21) 44 23 20, Fax (0 60 21) 44 23 18;
E-Mail info@winfried-bausback.de

Beaucamp, Dr. Guy, Professor,
Leharstr. 7, 22145 Hamburg;
Department Public Management,
Fakultät Wirtschaft und Soziales,
HAW Hamburg,
Berliner Tor 5, 20099 Hamburg,
(0 40) 4 28 75 77 13
E-Mail AnkeBeauc@aol.com

Becker, Dr. Florian, LL.M.(Cambridge), Professor,
Universität Kiel, Olshausenstr. 75, Gebäude II,
(Postanschrift: Olshausenstr. 40), 24098 Kiel,
(04 31) 8 80-53 78 oder (04 31) 8 80-15 04,
Fax (04 31) 8 80-53 74,
E-Mail f.becker@law.uni-kiel.de

Becker, Dr. Joachim, Privatdozent,
Kreuznacher Str. 6, 14197 Berlin,
(0 30) 8 22 40 12;
Humboldt-Universität zu Berlin,
Juristische Fakultät,
Unter den Linden 6, 10099 Berlin,
(0 30) 20 93 33 83,
E-Mail Joachim.Becker@rewi.hu-berlin.de

Becker, Dr. Jürgen, o. Professor,
Kellerstr. 7, 81667 München;
E-Mail ksjbecker@gmail.com

Becker, Dr. Ulrich, LL.M. (EHI), Professor,
Pfarrsiedlungsstr. 9, 93161 Sinzing,
(0 94 04) 34 78;
Max-Planck-Institut für ausländisches und internationales Sozialrecht,
Amalienstr. 33, 80799 München,
(0 89) 3 86 02-5 11,
Fax (0 89) 3 86 02-5 90,
E-Mail Becker@mpisoc.mpg.de

Belser, Dr. Eva Maria, Professorin,
Chemin du Riedelet 7, CH-1723 Marly,
(00 41) 2 64 36 22 36;
Lehrstuhl für Staats- und Verwaltungsrecht Rechtswissenschaftliche Fakultät
Universität Freiburg
Av. Beauregard 1
CH-1700 Freiburg
Tel. +41 (0) 26 3 00 81 47
evamaria.belser@unifr.ch

Berg, Dr. Wilfried, o. Professor,
Waldsteinring 25, 95448 Bayreuth,
(09 21) 9 90 08 14;
Universität Bayreuth, 95440 Bayreuth,
(09 21) 55 28 76, Fax (09 21) 55 84 28 75 oder 55 29 85,
E-Mail wilfried@cwberg.de

Berka, Dr. Walter, o. Universitätsprofessor,
Birkenweg 2, A-5400 Hallein,
(00 43) 66 24 57 67 58;
Institut für Verfassungs- und Verwaltungsrecht der Universität Salzburg,
Kapitelgasse 5–7, A-5020 Salzburg,
(00 43) 6 62-80 44 36 21,
Fax (00 43) 6 62-80 44 36 29,
E-Mail Walter.Berka@sbg.ac.at

Bernhardt, Dr. Dr. h.c. Rudolf, o. Professor,
Gustav-Kirchhoff-Str. 2a,
69120 Heidelberg,
(0 62 21) 41 36 99;
MPI für ausländisches öffentliches Recht und Völkerrecht,
Im Neuenheimer Feld 535,
69120 Heidelberg,
(0 62 21) 48 22 53,
E-Mail rbernhar@mpil.de

Bernstorff, Dr. Jochen von, Professor,
Eberhard-Karls-Universität Tübingen,
Juristische Fakultät,
Lehrstuhl für Staatsrecht, Völkerrecht und Verfassungslehre,
Geschwister-Scholl-Platz,
72074 Tübingen,
E-Mail vonbernstorff@jura.uni-tuebingen.de

Bethge, Dr. Herbert, o. Professor,
Am Seidenhof 8, 94034 Passau,
(08 51) 4 16 97, Fax (08 51) 4 90 18 97,
E-Mail H.I.Bethge@t-online.de

Beusch, Dr. Michael, Privatdozent,
Limmattalstraße 43, CH-8049 Zürich,
(00 41) 44 34 1 06 04;
Bundesverwaltungsgericht,
Kreuzackerstraße 12,
Postfach, CH-9023 St. Gallen,
(00 41) 58 70 5 25 33,
Fax (00 41) 58 70 5 25 59
E-Mail michael.beusch@isistax.com

Beyerlin, Dr. Ulrich, apl. Professor,
Luisenstr. 7, 69151 Neckargmünd;
MPI für ausländisches öffentliches Recht
und Völkerrecht,
Im Neuenheimer Feld 535,
69120 Heidelberg,
(0 62 21) 48 22 30, E-Mail ubeyerli@mpil.de

Bezemek, Dr. Christoph, BA, LL.M.
(Yale), Professor,
Wirtschaftsuniversität Wien
Gebäude D3, 2. Stock
Welthandelsplatz 1, 1020 Vienna, Austria,
Tel.: +43 13 13 36 52 90,
E-Mail: christoph.bezemek@wu.ac.at

Biaggini, Dr. Giovanni, o. Professor,
Kantstraße 12, CH-8044 Zürich,
(00 41) 4 42 51 11 58;
Lehrstuhl für Staats-, Verwaltungs- und
Europarecht,
Rechtswissenschaftliches Institut,
Freiestrasse 15, CH-8032 Zürich,
(00 41) 4 4 34-30 11 oder -36 68,
Fax (00 41) 4 46 34-43 89,
E-Mail giovanni.biaggini@rwi.uzh.ch

Bieber, Dr. Uwe Roland, o. Professor,
Mainzer Str. 135, 53179 Bonn,
(02 28) 35 71 89;
Université de Lausanne,
Faculté de Droit – CDCE BFSH 1,
CH-1015 Lausanne-Dorigny,
(0041) 21-6 92 27 90,
Fax (00 41) 21-6 92 27 85,
E-Mail Roland.Bieber@unil.ch

Bickenbach, Dr. Christian, Privatdozent,
E-Mail: Christian.Bickenbach@gmx.de;
Universität Mainz, Fachbereich 03,
c/o Lehrstuhl Professor Cornils,
55099 Mainz,
(0 61 31) 3 92 57 59,
Fax (0 61 31) 3 92 30 09,
E-Mail bickenb@uni-mainz.de

Binder, Dr. Bruno, Universitätsprofessor,
Wischerstr. 30, A-4040 Linz,
(00 43) 7 32-71 77 72-0,
Fax (00 43) 7 32-71 77 72-4;
Universität Linz,
Altenbergerstr. 69, A-4020 Linz,
(00 43) 73 22 46 80,
Fax (00 43) 7 32 24 68 10,
E-Mail vwrecht@jku.at

Birk, Dr. Dieter, Universitätsprofessor,
Büschingstr. 2, 10249 Berlin,
(0 30) 25 35 32 02,
E-Mail birk@uni-muenster.de

Blanke, Dr. Hermann-Josef,
Universitätsprofessor,
Lehrstuhl für Öffentliches Recht,
Völkerrecht und Europäische Integration,
Universität Erfurt,
Nordhäuser Straße 63, 99089 Erfurt,
(03 61) 7 37-47 51, (03 61) 7 37-47 00
(Sekr.), Fax (03 61) 7 37-47 09,
E-Mail LS_Staatsrecht@uni-erfurt.de

Blankenagel, Dr. Alexander, Professor,
Türksteinstraße 10, 14167 Berlin,
(0 30) 8 54 95 82;
Humboldt-Universität zu Berlin,
Juristische Fakultät,
Unter den Linden 6, 10099 Berlin,
(0 30) 20 93-33 81, Fax (0 30) 20 93-33 45,
E-Mail blankenagel@rewi.hu-berlin.de

Blümel, Dr. Willi, Universitätsprofessor,
Angelhofweg 65, 69259 Wilhelmsfeld,
(0 62 20) 1 80;

Deutsche Universität für Verwaltungs-
wissenschaften Speyer,
67324 Speyer,
(0 62 32) 6 54-3 62 oder -3 60,
Fax (0 62 32) 9 10-2 08 oder 9 10-2 90

Bock, Dr. Wolfgang, Professor, Richter
am Landgericht Frankfurt am Main,
Schalkwiesenweg 44,
60488 Frankfurt am Main,
Privat: (0 69) 76 57 17; (01 63) 6 36 25 52,
Dienstlich: (0 30) 40 04 63 14
E-Mail wolfgang.bock@baks.bund.de

Böckenförde, Dr. iur. Dr. phil. Dr. h.c.
Ernst-Wolfgang, o. Professor,
Türkheimstr. 1, 79280 Au bei Freiburg,
(07 61) 40 56 23;
Albert-Ludwigs-Universität Freiburg,
79098 Freiburg,
(07 61) 2 03 22 63 oder -22 62

Bogdandy, Dr. Armin von, M.A.,
Professor,
Mühltalstr. 117, 69121 Heidelberg,
(0 62 21) 58 94 33;
Max-Planck-Institut für ausländisches
öffentliches Recht und Völkerrecht,
Im Neuenheimer Feld 535,
69120 Heidelberg,
(0 62 21) 48 26 02, Fax (0 62 21) 48 26 03,
E-Mail sekreavb@mpil.de

Bogs, Dr. Harald, o. Professor,
Anton-Bartl-Str. 4, 82327 Tutzing,
(0 81 58) 90 65 83

Böhm, Dr. Monika, Professorin,
Lerchenweg 7, 65719 Hofheim/Ts.,
(0 61 92) 2 48 29, Fax (0 61 92) 2 48 14;
Philipps-Universität Marburg,
Institut für Öffentliches Recht,
Savignyhaus, Raum 404,
Universitätsstraße 6,
35032 Marburg/Lahn,
(0 64 21) 2 82-38 08,
Fax (0 64 21) 2 82-89 82,
E-Mail monika.boehm@jura.
uni-marburg.de

Bohne, Dr. Eberhard, M.A., Professor,
Conrad-Hist-Straße 35, 67346 Speyer,
(0 62 32) 7 37 04, Fax (0 62 32) 6 01 08 71;
Deutsche Universität für Verwaltungs-
wissenschaften Speyer,
Freiherr-vom-Stein-Straße 2,
67346 Speyer,
(0 62 32) 6 54-3 26,
Fax (0 62 32) 6 54-4 16,
E-Mail bohne@uni-speyer.de

Borowski, Dr. Martin, Professor,
Im Neuenheimer Feld 371,
69120 Heidelberg;
Universität Heidelberg, Institut für
Staatsrecht, Verfassungslehre und
Rechtsphilosophie,
Friedrich-Ebert-Anlage 6–10,
69117 Heidelberg,
(0 62 21) 54-74 62,
E-Mail borowski@jurs.uni-heidelberg.de

Bothe, Dr. Michael, Universitäts-
professor,
Theodor-Heuss-Str. 6, 64625 Bensheim,
(0 62 51) 43 45;
Universität Frankfurt am Main,
Juridicum Zimmer 210,
Senckenberganlage 31,
60054 Frankfurt am Main,
(0 69) 79 82 22 64,
E-Mail bothe-bensheim@t-online.de

Breitenmoser, Dr. Stephan, Professor,
Ordinarius für Europarecht,
Juristische Fakultät der Universität Basel,
Peter Merian-Weg 8, Postfach,
CH-4002 Basel,
(00 41) 6 12 67 25 51,
Fax (00 41) 6 12 67 25 79,
E-Mail stephan.breitenmoser@unibas.ch

Brenner, Dr. Michael, Professor,
Drosselweg 8, 73550 Waldstetten,
(0 71 71) 99 67 42 Fax (0 71 71) 99 68 65;
Lehrstuhl für Deutsches und Europäisches Verfassungs- und Verwaltungsrecht, Universität Jena,
Carl-Zeiss-Str. 3, 07743 Jena,
(0 36 41) 94 22 40 oder -41,
Fax (0 36 41) 94 22 42,
E-Mail prof.brenner@t-online.de

Breuer, Dr. Marten, Professor,
Universität Konstanz, Lehrstuhl für Öffentliches Recht mit internationaler Ausrichtung,
Universitätsstr. 10, 78464 Konstanz,
(0 75 31) 88 24 16, Fax (0 75 31) 88 30 41,
E-Mail Lehrstuhl.Breuer@uni-konstanz.de

Breuer, Dr. Rüdiger, Professor,
Buschstr. 56, 53113 Bonn,
(02 28) 21 79 72, Fax (02 28) 22 48 32;
Köhler & Klett Rechtsanwälte, Köln,
(02 21) 42 07-2 91, Fax (02 21) 42 07-2 55,
E-Mail breuer.ruediger@arcor.de

Brinktrine, Dr. Ralf, Universitätsprofessor,
Margaretenstr. 31, 97276 Margetshöchheim,
(09 31) 30 44 58 84;
Lehrstuhl für Öffentliches Recht, deutsches und europäisches Umweltrecht und Rechtsvergleichung,
Juristische Fakultät,
Universität Würzburg,
Domerschulstraße 16, 97070 Würzburg,
(09 31) 3 18-23 31,
E-Mail Ralf.Brinktrine@jura.uni-wuerzburg.de

Britz, Dr. Gabriele, Professorin,
Richterin des Bundesverfassungsgerichts,
Justus-Liebig-Universität Gießen,
Professur für Öffentliches Recht und Europarecht,
Hein-Heckroth-Straße 5, 35390 Gießen,
(06 41) 9 92 10 70 Fax (06 41) 9 92 10 79,
E-Mail Gabriele.Britz@recht.uni-giessen.de

Bröhmer, Dr. Jürgen, Professor,
4 Hinton Cove, 6170 Wellard, WA,
(00 61) 8 94 19 59 65;
Dean and Professor of Law,
School of Law, Murdoch University,
Murdoch, WA 6150, Australien,
(00 61) 8 93 60 60 50,
E-Mail j.brohmer@murdoch.edu.au

Brosius-Gersdorf, Dr. Frauke, LL.M., Professorin,
Alte Leipziger Str. 10, 10117 Berlin,
(0 30) 20 61 96 59, Fax (0 30) 20 61 96 62;
Gottfried Wilhelm Leibniz Universität Hannover,
Lehrstuhl für Öffentliches Recht, insb. Sozialrecht,
Öffentliches Wirtschaftsrecht und Verwaltungswissenschaft,
Königsworther Platz 1, 30167 Hannover,
(05 11) 7 62-82 25,
Mobil (01 73) 6 09 14 54,
Fax (05 11) 7 62-82 28;
E-Mail brosius-gersdorf@jura.uni-hannover.de

Brühl-Moser, Dr. Denise, Privatdozentin,
EDA Kurier (Taschkent),
Freiburgstr. 130, CH-3003 Bern,
(00 41) 99 89 31 82 36 85,
E-Mail d.bruehl-moser@unibas.ch

Brüning, Dr. Christoph, Professor,
Kiebitzredder 12, 24220 Flintbek,
(0 43 47) 7 13 42 95;
Universität Kiel,
Olshausenstr. 75, 24118 Kiel,
(04 31) 8 80-45 40 oder -15 05,
Fax (04 31) 8 80-45 82,
E-Mail cbruening@law.uni-kiel.de

Brünneck, Dr. Alexander von, Professor,
Blumenhagenstr. 5, 30167 Hannover,
(05 11) 71 69 11;
Europa-Universität Viadrina,
15207 Frankfurt (Oder),
Postfach 17 86,
(03 35) 55 34-22 64 oder -22 95,
Fax (03 35) 55 34-24 18,
E-Mail riehl@europa-uni.de

Bryde, Dr. Brun-Otto, o. Professor,
Richter des Bundesverfassungs-
gerichts a. D.,
Universität Gießen,
Hein-Heckroth-Str. 5, 35390 Gießen,
(06 41) 9 92 10 60/61,
Fax (06 41) 9 92 10 69,
E-Mail Brun.O.Bryde@recht.
uni-giessen.de

Bull, Dr. Hans Peter, o. Professor,
Falckweg 16, 22605 Hamburg,
(0 40) 8 80 56 52,
E-Mail HP-Bull@t-online.de

Bullinger, Dr. Dr. h.c. (Université de
Dijon), Martin, o. Professor,
Altschlößleweg 4, 79280 Au bei Freiburg,
(07 61) 40 23 89;
Universität Freiburg,
79085 Freiburg,
(07 61) 2 03 22 48 oder -47,
E-Mail martin.bullinger@jura.
uni-freiburg.de

Bultmann, Dr. Peter Friedrich,
Privatdozent,
Am Pankepark 51, 10115 Berlin,
(0 30) 44 05 64 43;
Humboldt-Universität zu Berlin,
Unter den Linden 6, 10099 Berlin,
E-Mail piet.bultmann@rz.hu-berlin.de

Bumke, Dr. Christian, Professor,
Apostel-Paulus-Str. 19, 10825 Berlin,
(0 30) 7 82 67 87;
Bucerius Law School,
Jungiusstraße 6, 20355 Hamburg,
(0 40) 3 07 06-2 37,
Fax (0 40) 3 07 06-2 59,
E-Mail christian.bumke@law-school.de

Bungenberg, Dr. Marc, LL.M.
(Lausanne), Professor,
Pirmasenser Str. 3, 30559 Hannover,
(05 11) 2 19 34 13 oder (01 77) 4 34 97 22;
Universität Siegen,
Fachbereich Wirtschaftswissenschaften,
Wirtschaftsrecht und Wirtschafts-
informatik,
Lehrstuhl für Öffentliches Recht und
Europarecht,
Hölderlinstr. 3, 57068 Siegen,
(02 71) 7 40 32 19, Fax (02 71) 7 40 24 77,
E-Mail marc.bungenberg@gmx.de

Burgi, Dr. Martin, Professor,
Institut für Politik und Öffentliches Recht
der LMU München,
Lehrstuhl für Öffentliches Recht,
Wirtschaftsverwaltungsrecht, Umwelt-
und Sozialrecht,
Prof.-Huber-Platz 2, 80539 München,
(0 89) 21 80-62 95, Fax (0 89) 21 80-31 99,
E-Mail martin.burgi@jura.
uni-muenchen.de

Burkert, Dr. Herbert, Professor,
Uferstr. 31, 50996 Köln-Rodenkirchen,
(00 49) 2 21 39 77 00,
Fax (00 49) 2 21 39 77 11;
MCM-HSG, Universität St. Gallen,
Müller-Friedberg-Str. 8,
CH-9000 St. Gallen,
(00 41) 71-2 22 48 75,
Fax (00 41) 71-2 22 48 75,
E-Mail herbert.burkert@unisg.ch

Bußjäger, Dr. Peter, Privatdozent,
Institut für Föderalismus,
Maria-Theresien-Straße 38b,
A-6020 Innsbruck,

(00 43) 5 12-57 45 94,
Fax (00 43) 5 12-57 45 94-4

Butzer, Dr. iur. Hermann, Professor,
Moltkestr. 4, 30989 Gehrden,
(0 51 08) 8 78 23 23;
Leibniz-Universität Hannover,
Lehrstuhl für Öffentliches Recht,
insbesondere Recht der staatlichen
Transfersysteme,
Königsworther Platz 1, 30167 Hannover,
(05 11) 7 62 81 69, Fax (05 11) 7 62 82 03,
E-Mail butzer@jura.uni-hannover.de

Calliess, Dr. Christian, LL.M. Eur.,
M.A.E.S. (Brügge), Professor,
(01 75) 2 05 75 22;
Freie Universität Berlin,
Lehrstuhl für Öffentliches Recht und
Europarecht,
Van't-Hoff-Str. 8, 14195 Berlin,
(0 30) 83 85 14 56, Fax (0 30) 83 85 30 12,
E-Mail europarecht@fu-berlin.de

Cancik, Dr. Pascale, Professorin,
Schreberstraße 19, 49080 Osnabrück,
(05 41) 9 70-19 77,
E-Mail pcancik@uni-osnabrueck.de;
Institut für Kommunalrecht und
Verwaltungswissenschaft,
Fachbereich Rechtswissenschaft,
Universität Osnabrück,
Martinistraße 12, 49078 Osnabrück,
(05 41) 9 69-60 99 (Sekr.),
Fax (0541) 9 69-60 82,
E-Mail instkv@uni-osnabrueck.de

Caspar, Dr. Johannes, Privatdozent,
Tronjeweg 16, 22559 Hamburg,
(0 40) 81 96 11 95, Fax (0 40) 81 96 11 21;
Universität Hamburg, Fachbereich
Rechtswissenschaft,
Edmund-Siemers-Allee 1, Flügel West,
20146 Hamburg,
(0 40) 4 28 38-57 60,
Fax (0 40) 4 28 38-62 80,
Der Hamburgische Beauftragte für
Datenschutz und Informationsfreiheit,
Klosterwall 6 (Block C), 20095 Hamburg,
E-Mail johannes.caspar@datenschutz.
hamburg.de

Classen, Dr. Claus Dieter, Professor,
Olchinger Str. 57g, 82178 Puchheim,
(0 89) 89 41 88 00, Fax (0 89) 89 41 88 01;
Ernst-Moritz-Arndt-Universität
Greifswald,
17487 Greifswald,
(0 38 34) 8 621 21 oder 21 24,
Fax (0 38 34) 86 20 02,
E-Mail Classen@uni-greifswald.de

Coelln, Dr. Christian von, Professor,
Prinz-Georg-Str. 104, 40479 Düsseldorf,
(02 11) 99 54 38 38,
E-Mail coelln@web.de;
Universität zu Köln, Institut für
Deutsches und Europäisches Wissen-
schaftsrecht,
Albert-Magnus-Platz, 50923 Köln,
(02 21) 4 70-40 66, Fax (02 21) 4 70-16 92,
E-Mail cvcoelln@uni-koeln.de

Collin, Dr. Peter, Privatdozent,
Rykestr. 18, 10405 Berlin;
MPI für europäische Rechtsgeschichte,
Hausener Weg 120,
60489 Frankfurt am Main,
(0 69) 7 89 78-1 61, (0 30) 40 05 62 92,
Fax (0 69) 7 89 78-1 69,
E-Mail collin@mpier.uni-frankfurt.de

Cornils, Dr. Matthias, Professor,
Adelheidstr. 92, 65185 Wiesbaden,
(06 11) 9 71 99 97, (01 78) 4 98 73 11,
E-Mail mcornils@arcor.de;
Johannes Gutenberg-Universität Mainz,
Fachbereich Rechts- und Wirtschafts-
wissenschaften,
Jakob-Welder-Weg 9, 55099 Mainz,
(0 61 31) 39-2 20 69,
E-Mail cornils@uni-mainz.de

Cremer, Dr. Hans-Joachim, Universitätsprofessor,
Steinritzstr. 21, 60437 Frankfurt am Main;
Universität Mannheim, Fakultät für Rechtswissenschaft,
Schloß, Westflügel, 68131 Mannheim,
(06 21) 1 81-14 28, -14 29 (Sekr.),
Fax (06 21) 1 81-14 30,
E-Mail Hjcremer@rumms.uni-mannheim.de

Cremer, Dr. Wolfram, Professor,
Schellstraße 13, 44789 Bochum;
Ruhr-Universität Bochum,
Lehrstuhl für Öffentliches Recht und Europarecht,
GC 8/160, 44780 Bochum,
(02 34) 32-2 28 18, Fax (02 34) 32-14 81,
E-Mail wolfram.cremer@rub.de

Czybulka, Dr. Detlef, Universitätsprofessor,
Bergstraße 24–25, 18107 Elmenhorst,
(03 81) 7 95 39 44, Fax (03 81) 7 95 39 45;
Universität Rostock, Lehrstuhl für Staats- und Verwaltungsrecht, Umweltrecht und Öffentliches Wirtschaftsrecht,
Universitätsplatz 1, 18051 Rostock,
(03 81) 4 98-82 50, Fax (03 81) 4 98-82 52,
E-Mail detlef.czybulka@uni-rostock.de

Dagtoglou, Dr. Prodromos, Professor,
Hippokratous 33, GR-Athen 144,
(00 30) 13 22 11 90;
dienstl.: (00 30) 13 62 90 65

Dann, Dr. Philipp, LL.M.,
Privat: Blanchardstr. 18, 60487 Frankfurt,
(0 69) 3670 23 31;
Dienstlich: Licher Str. 64, 35394 Gießen,
(06 41) 9 92 11 20,
E-Mail philipp.dann@recht.uni-giessen.de

Danwitz, Dr. Dr. h.c. Thomas von, Professor,
Klinkenbergsweg 1, 53332 Bornheim,
(0 22 27) 90 91 04, Fax (0 22 27) 90 91 05;
Richter am Gerichtshof der Europäischen Union,
L-2925 Luxemburg,
(0 03 52) 43 03-22 30,
Fax (0 03 52) 43 03–20 71,
E-Mail thomas.vondanwitz@curia.europa.eu

Davy, Dr. Benjamin, Universitätsprofessor,
Korte Geitke 5, 44227 Dortmund,
(02 31) 77 99 94;
Technische Universität Dortmund,
Fakultät Raumplanung,
Lehrstuhl für Bodenpolitik, Bodenmanagement und kommunales Vermessungswesen,
August-Schmidt-Str. 10,
44221 Dortmund,
(02 31) 7 55 22 28, Fax (02 31) 7 55 48 86,
E-Mail benjamin.davy@udo.edu

Davy, Dr. Ulrike, Universitätsprofessorin,
Korte Geitke 5, 44227 Dortmund,
(02 31) 77 99 94 oder 7 94 99 79;
Lehrstuhl für öffentliches Recht, deutsches und internationales Sozialrecht und Rechtsvergleichung,
Universität Bielefeld,
Postfach 10 01 31, 33501 Bielefeld,
(05 21) 1 06 44 00 oder 68 93 (Sekr.),
Fax (05 21) 1 06 80 83,
E-Mail udavy@uni-bielefeld.de

Dederer, Dr. Hans-Georg, Professor,
Holländerstr. 13c, 94034 Passau;
Universität Passau, Lehrstuhl für Staats- und Verwaltungsrecht, Völkerrecht, Europäisches und Internationales Wirtschaftsrecht,
Innstr. 39, 94032 Passau,
(08 51) 5 09-23 40, Fax (08 51) 5 09-23 42,
E-Mail Hans-Georg.Dederer@uni-passau.de

De Wall, Dr. Heinrich, Professor,
Schronfeld 108, 91054 Erlangen,
(0 91 31) 97 15 45;
Hans-Liermann-Institut für Kirchenrecht
der Friedrich-Alexander-Universität
Erlangen-Nürnberg,
Hindenburgstraße 34, 91054 Erlangen,
(0 91 31) 85-2 22 42,
Fax (0 91 31) 85-2 40 64,
E-Mail hli@jura.uni-erlangen.de

Degenhart, Dr. Christoph, Universitätsprofessor,
Stormstr. 3, 90491 Nürnberg,
(09 11) 59 24 62, Fax (09 11) 59 24 62;
Juristenfakultät, Universität Leipzig,
Burgstr. 27, 04109 Leipzig,
(03 41) 97-351 91, Fax (03 41) 97-3 51 99,
E-Mail degen@rz.uni-leipzig.de

Delbanco, Dr. Heike, Privatdozentin,
Freier Damm 25 c, 28757 Bremen,
(04 21) 2 43 63 81, Fax (04 21) 3 30 49 40;
Ärztekammer Bremen,
Schwachhauser Heerstraße 30,
28209 Bremen,
(04 21) 34 04-2 00, Fax (04 21) 34 04-2 09

Delbrück, Jost, Dr. Dr. rer.pol.h.c., LL.D. h.c., Professor em.,
Schoolredder 20, 24161 Altenholz,
(04 31) 32 39 95;
Universität Kiel, 24098 Kiel,
(04 31) 8 80 21 88, Fax (04 31) 8 80 16 19,
E-Mail jdelbrueck@web.de

Denninger, Dr. Dr. h.c. Erhard,
Professor em.,
Am Wiesenhof 1, 61462 Königstein,
(0 61 73) 7 89 88;
Universität Frankfurt,
Institut für Öffentliches Recht,
Senckenberganlage 31,
60325 Frankfurt am Main,
E-Mail Denninger@jur.uni-frankfurt.de

Depenheuer, Dr. Otto, Professor,
Joachimstraße 4, 53113 Bonn,
(02 28) 9 28 94 63,
Fax (02 28) 92 89 43 64;
Universität zu Köln, Seminar für Staatsphilosophie und Rechtspolitik,
Albertus-Magnus-Platz, 50923 Köln,
(02 21) 4 70 22 30, Fax (02 21) 4 70 50 10,
E-Mail Depenheuer@uni-koeln.de

Desens, Dr. Marc, Universitätsprofessor,
Ferdinand-Lassalle-Str. 2, 04109 Leipzig,
(03 41) 35 58 73 65;
Universität Leipzig, Juristenfakultät,
Lehrstuhl für Öffentliches Recht,
insb. Steuerrecht und
Öffentliches Wirtschaftsrecht,
Burgstr. 21, 04109 Leipzig,
(03 41) 97 35-2 70, Fax (03 41) 97 35-2 79
E-Mail marc.desens@uni-leipzig.de

Determann, Dr. Lothar, Privatdozent,
1275 California Street,
USA-San Francisco, CA 94109,
E-Mail lothar.determann@bakernet.com;
Freie Universität Berlin,
Ehrenbergstr. 17, 14195 Berlin

Detterbeck, Dr. Steffen, o. Professor,
Stettiner Str. 60, 35274 Kirchhain,
(0 64 22) 45 31;
Institut für Öffentliches Recht,
Universität Marburg,
Savignyhaus, Raum 407,
Universitätsstr. 6, 35032 Marburg,
(0 64 21) 2 82 31 23,
Fax (0 64 21) 2 82 32 09,
E-Mail brechta@staff.uni-marburg.de

Di Fabio, Dr. Dr. Udo, Professor, Richter des Bundesverfassungsgerichts a. D.;
Institut für Öffentliches Recht,
Abt. Staatsrecht,
Rheinische Friedrich Wilhelms-Universität,
Adenauerallee 44, 53113 Bonn,

(02 28) 73 55-73, Fax (02 28) 73 79 35,
E-Mail difabio@uni-bonn.de

Dietlein, Dr. Johannes, Professor,
Heinrich-Heine-Universität,
Lehrstuhl für Öffentliches Recht
und Verwaltungslehre,
Zentrum für Informationsrecht,
Universitätsstr. 1, 40225 Düsseldorf,
(02 11) 81-1 14 20, Fax (02 11) 81-1 14 55,
E-Mail dietlein@uni-duesseldorf.de

Dietz, Dr. Andreas, Privatdozent,
Bayerischer Verwaltungsgerichtshof,
Postfach 34 01 48, 80098 München,
(0 89) 21 30-3 38,
E-Mail Andreas.Dietz@vgh.bayern.de

Diggelmann, Dr. Oliver, Professor,
Alte Landstrasse 49, 8802 Kilchberg,
(00 41) 4 32 44 45 35;
Institut für Völkerrecht und ausländisches Verfassungsrecht,
Lehrstuhl für Völkerrecht, Europarecht,
Öffentliches Recht und Staatsphilosophie,
Rämistrasse 74/36, 8001 Zürich,
(00 41) 44 6 34-20 54 oder -20 33,
Fax (00 41) 44 6 34-53 99,
E-Mail oliver.diggelmann@rwi.uzh.ch

Dittmann, Dr. Armin, o. Professor,
Karl-Brennenstuhl-Str. 11,
72074 Tübingen,
(0 70 71) 8 24 56;
Universität Hohenheim – Schloß,
(07 11) 4 59-2 46 76

Dörr, Dr. Dieter, Universitätsprofessor,
Am Stadtwald 6, 66123 Saarbrücken;
Lehrstuhl für Öffentliches Recht,
Völker- und Europarecht, Medienrecht,
Johannes-Gutenberg-Universität Mainz,
55099 Mainz,
(0 61 31) 3 92 26 81 oder 3 92 30 44,
Fax (0 61 31) 3 92 56 97,
E-Mail ddoerr@uni-mainz.de;
Mainzer Medieninstitut (MMI),
Mainzer Medieninstitut e.V.,
Jakob-Welder-Weg 4, 55128 Mainz,
(0 61 31) 1 44 92 50,
Fax (0 61 31) 1 44 92 60,
E-Mail doerr@mainzer-medieninstitut.de

Dörr, Dr. Oliver, LL.M. (London),
Professor,
Universität Osnabrück, Fachbereich
Rechtswissenschaft,
European Legal Studies Institute,
49069 Osnabrück,
(05 41) 9 69 60 50 oder -60 51,
Fax (05 41) 9 69 60 49,
E-Mail odoerr@uos.de

Dreier, Dr. Horst, o. Professor,
Bismarckstr. 13, 21465 Reinbek,
(0 40) 7 22 58 34;
Lehrstuhl für Rechtsphilosophie,
Staats- und Verwaltungsrecht,
Universität Würzburg,
Domerschulstraße 16, 97070 Würzburg,
(09 31) 31-8 23 21, Fax (09 31) 31-29 11,
E-Mail dreier@mail.uni-wuerzburg.de

Dreier, Dr. Ralf, o. Professor,
Wilhelm-Weber-Str. 4, 37073 Göttingen,
(05 51) 5 91 14;
Universität Göttingen, 37073 Göttingen,
(05 51) 39 73 84

Droege, Dr. Michael, Universitätsprofessor,
Victor-Achard-Str. 14a,
61350 Bad Homburg v. d. H.,
(0 61 72) 8 56 94 76,
Fax (0 32 21) 1 29 56 38;
Johannes Gutenberg-Universität Mainz,
Fachbereich Rechts- und Wirtschaftswissenschaften,
Jakob-Welder-Weg 9, 55128 Mainz,
(0 61 31) 3 92 30 45,
Fax (0 61 31) 3 92 30 09,
E-Mail droege@uni-mainz.de

Drüen, Dr. Klaus-Dieter, Professor,
Heinrich-Heine-Universität Düsseldorf,
Lehrstuhl für Unternehmenssteuerrecht,
Universitätsstraße 1, 40225 Düsseldorf,
(02 11) 81-1 58 68, Fax (02 11) 81-158 70,
E-Mail klaus-dieter.drueen@
uni-duesseldorf.de

Durner, Dr. jur., Dr. phil. Wolfgang,
LL.M. (London), Professor,
Viktoriaplatz 1,
53173 Bonn-Bad Godesberg;
Rheinische Friedrich-Wilhelms-Universität Bonn,
Rechts- und Staatswissenschaftliche
Fakultät,
Adenauerallee 44, 53113 Bonn,
(02 28) 73 91 51, Fax (02 28) 73 55 82,
E-Mail durner@uni-bonn.de

Eberhard, Dr. Harald, Universitätsprofessor,
Troststr. 89/16, A-1100 Wien;
Wirtschaftsuniversität Wien, Institut für
Österreichisches und Europäisches
Öffentliches Recht,
Welthandelsplatz 2, A-1020 Wien,
(00 43) 13 13 36–50 88,
Fax (00 43) 13 13 36–90 50 88
E-Mail harald.eberhard@wu.ac.at

Eberle, Dr. Carl-Eugen, Professor,
Kapellenstr. 68a, 65193 Wiesbaden,
(06 11) 52 04 68;
E-Mail eberle.ce@zdf.de

Ebsen, Dr. Ingwer, Professor,
Alfred-Mumbächer-Str. 19,
55128 Mainz,
(0 61 31) 33 10 20;
FB Rechtswissenschaft, Universität
Frankfurt,
Postfach 11 19 32,
60054 Frankfurt am Main,
(0 69) 79 82 27 03,
E-Mail Ebsen@jur.uni-frankfurt.de

Eckhoff, Dr. Rolf, Professor,
Bornwiesweg 37,
65388 Schlangenbad-Georgenborn,
(0 61 29) 48 93 70, Fax (0 61 29) 48 93 72;
Lehrstuhl für Öffentliches Recht,
insbesondere Finanz- und Steuerrecht,
Universitätsstr. 31, 93040 Regensburg,
(09 41) 9 43 26 56/57,
Fax (09 41) 9 43 19 74,
E-Mail Rolf.Eckhoff@jura.uni-regensburg.de

Egli, Dr. Patricia, LL.M. (Yale),
Privatdozentin,
Lehrbeauftragte an der Universität
St. Gallen,
Meienbergstr. 65, CH-8645 Jona,
(00 41) 97 68 94 65,
E-Mail patricia.egli@unisg.ch

Ehlers, Dr. Dirk, Professor,
Am Mühlenbach 14, 48308 Senden,
(0 25 97) 84 15;
Institut für öffentliches Wirtschaftsrecht,
Westfälische Wilhelms-Universität
Münster,
Universitätsstr. 14–16, 48143 Münster,
(02 51) 83-2 27 01, Fax (02 51) 83-2 83 15,
E-Mail ehlersd@uni-muenster.de

Ehrenzeller, Dr. Bernhard, o. Professor,
Kirchlistraße 36a, CH-9010 St. Gallen;
Institut für Rechtswissenschaft und
Rechtspraxis (IRP-HSG),
Bodanstr. 4, CH-9000 St. Gallen,
(0041) 71-2 24 24 40 oder -46,
Fax (00 41) 71-2 24 24 41,
E-Mail Bernhard.Ehrenzeller@unisg.ch

Eifert, Dr. Martin, LL.M. (Berkeley),
Professor,
Beethovenstr. 57, 53115 Bonn;
Humboldt-Universität zu Berlin,
Lehrstuhl für Öffentliches Recht,
insbesondere Verwaltungsrecht,
Postanschrift: Unter den Linden 6,

10099 Berlin,
Sitz: Gouverneurshaus, Raum 303,
Unten der Linden 11, Berlin-Mitte,
(0 30) 20 93 36 20, Fax (0 30) 20 93 36 23,
E-Mail martin.eifert@rewi.hu-berlin.de

Eisenmenger, Dr. Sven, Privatdozent,
Hamburg,
E-Mail sven.eisenmenger@gmx.de
zugehörig Ludwigs-Maximilians-Universität München

Ekardt, Dr. Felix, LL.M., M.A.,
Professor,
Forschungsstelle Nachhaltigkeit und Klimapolitik,
Könneritzstraße 41, 04229 Leipzig,
Tel. + Fax: (03 41) 92 60 8 83;
Ostseeinstitut für Seerecht, Umweltrecht und Infrastrukturrecht,
Juristische Fakultät, Universität Rostock,
Richard-Wagner-Straße 31,
18119 Rostock,
Tel. + Fax: (03 41) 9 26 08 83,
E-Mail felix.ekardt@uni-rostock.de

Elicker, Dr. Michael, Professor,
Dunzweiler Straße 6, 66564 Ottweiler,
(0 68 58) 69 98 53, Fax (0 68 58) 69 98 53;
Universität des Saarlandes, Lehrstuhl für Staats- und Verwaltungsrecht, Wirtschafts-, Finanz- u. Steuerrecht,
Im Stadtwald, 66123 Saarbrücken,
(06 81) 3 02-21 04, Fax (06 81) 3 02-47 79,
E-Mail m.elicker@gmx.de

Emmerich-Fritsche, Dr. Angelika,
Privatdozentin,
Hornschuchpromenade 17,
90762 Fürth,
(09 11) 70 66 60;
E-Mail info@emmerich-fritsche.de

Enders, Dr. Christoph,
Universitätsprofessor,
Prellerstraße 1A, 04155 Leipzig,
(03 41) 5 64 33 71, Fax (03 41) 5 64 33 72;
Universität Leipzig, Juristenfakultät,
Lehrstuhl für Öffentliches Recht,
Staats- und Verfassungslehre,
Burgstr. 21, 04109 Leipzig,
(03 41) 9 73 53 50, Fax (03 41) 9 73 53 59,
E-Mail chenders@rz.uni-leipzig.de

Engel, Dr. Christoph, Professor,
Königsplatz 25, 53173 Bonn,
(02 28) 9 56 34 49, Fax (02 28) 9 56 39 44;
Max-Planck-Institut zur Erforschung von Gemeinschaftsgütern,
Kurt-Schumacher-Straße 10, 53113 Bonn,
(02 28) 9 14 16-10, Fax (02 28) 9 14 16-11,
E-Mail engel@coll.mpg.de

Engels, Dr. Andreas, Privatdozent,
Frangenberg 45, 51789 Lindlar,
E-Mail: a.engels@gmx.de;
Universität zu Köln, Institut für Staatsrecht,
Albertus Magnus Platz, 50923 Köln,
(02 21) 4 70-43 59, Fax (02 21) 4 70-50 75,
E-Mail andreas.engels@uni-koeln.de

Englisch, Dr. Joachim, Professor,
Nettelbeckstr. 11, 40477 Düsseldorf,
(02 11) 41 65 87 35,
E-Mail jo.e@gmx.de;
Westfälische Wilhelms-Universität Münster, Lehrstuhl für Öffentliches Recht und Steuerrecht,
Universitätsstr. 14–16, 48143 Münster,
(02 51) 83-2 27 95, Fax (02 51) 83-2 83 86,
E-Mail jengl_01@uni-muenster.de

Ennöckl, Dr. Daniel, LL.M.
Universität Wien,
Institut für Staats-und Verwaltungsrecht,
Schottenbastei 10–16, A-1010 Wien,
(00 43) 1 42 77-3 54 54,
Fax (00 43) 1 42 77-354 59
E-Mail daniel.ennoeckl@univie.ac.at

Ennuschat, Dr. Jörg, Professor,
Kranenbergerstr. 78, 58452 Witten,
(0 3 02) 39 00 28;
Ruhr-Universität Bochum,
Lehrstuhl für Öffentliches Recht,
insbes. Verwaltungsrecht
Universitätsstr. 150, 44801 Bochum
(02 34) 3 22 52 75
Fax (02 34) 3 21 42 82
E-Mail: Joerg.Ennuschat@rub.de

Epiney, Dr. Astrid, Professorin,
Avenue du Moléson 18,
CH-1700 Fribourg,
(00 41) 26-3 23 42 24;
Universität Fribourg i.Ue./CH,
Lehrstuhl für Europa-, Völker- und
Öffentliches Recht,
Av. de Beauregard 11,
CH-1700 Fribourg,
(00 41) 26-3 00 80 90,
Fax (00 41) 26-30 097 76,
E-Mail Astrid.Epiney@unifr.ch

Epping, Dr. Volker, Professor,
Neddernwanne 38, 30989 Gehrden,
(0 51 08) 91 26 97;
Leibniz Universität Hannover,
Juristische Fakultät,
Königsworther Platz 1, 30167 Hannover,
(05 11) 7 62 82 48/49,
Fax (05 11) 7 62 82 52,
E-Mail epping@jura.uni-hannover.de

Erbel, Dr. Günter, Professor,
Bornheimer Straße 106, 53111 Bonn

Erbguth, Dr. Wilfried, Professor,
Friedrich-Franz-Str. 38,
18119 Rostock-Warnemünde,
(03 81) 5 48 67 09, Fax (03 81) 5 48 67 15;
Universität Rostock,
Juristische Fakultät,
Richard-Wagner-Str. 31 (Haus 1),
18119 Rostock-Warnemünde,
(03 81) 4 98 82 11, Fax (03 81) 4 98 82 12,
E-Mail Wilfried.Erbguth@jurfak.
uni-rostock.de

Erichsen, Dr. Hans-Uwe, o. Professor,
Falkenhorst 17, 48155 Münster,
(02 51) 3 13 12;
Kommunalwissenschaftliches Institut,
Universität Münster,
Universitätsstr. 14–16, 48143 Münster,
(02 51) 83 27 41,
E-Mail erichse@uni-muenster.de

Errass, Dr. Christoph, Privatdozent,
Lehrbeauftragter an der Universität
St. Gallen,
Ritterstraße 20R, CH-3047 Bremgarten
bei Bern,
(00 41) 3 17 41 21 17,
E-Mail christoph.errass@bluewin.ch

Faber, Dr. Angela, apl. Professorin,
Am Dörnchesweg 42, 50259 Pulheim,
(0 22 34) 6 43 70, Fax (0 22 34) 80 29 93,
E-Mail mail@angelafaber.de;
Hauptreferentin beim Deutschen
Städtetag,
Gereonshaus, Gereonstraße 18–32,
50670 Köln,
(02 21) 37 71-0, Fax (02 21) 37 71-3 09,
E-Mail angela.faber@staedtetag.de

Faber, Dr. Heiko, em. Professor;
Universität Hannover,
Bevenser Weg 10, Haus III A,
30625 Hannover,
(05 11) 54 04 50 69,
E-Mail faber@jura.uni-hannover.de

Faßbender, Dr. Bardo, LL.M. (Yale),
Universitätsprofessor,
Universität St. Gallen,
Lehrstuhl für Völkerrecht, Europarecht
und Öffentliches Recht,
Tigerbergstraße 21,
CH-9000 St. Gallen / Schweiz,
(00 41) 71 2 24 28 36,

Fax (00 41) 71 2 24 21 62
E-Mail bardo.fassbender@unisg.ch

Faßbender, Dr. Kurt, Professor,
Pölitzstr. 25, 04155 Leipzig,
(03 41) 5 82 01 18;
Universität Leipzig, Lehrstuhl für Öffentliches Recht, insb. Umwelt- und Planungsrecht,
Otto-Schill-Str. 2, 04109 Leipzig,
(03 41) 97 35-1 31,
Fax (03 41) 97 35-1 39,
E-Mail fassbender@uni-leipzig.de

Fastenrath, Dr. Ulrich, Professor,
Liliensteinstraße 4, 01277 Dresden,
(03 51) 2 54 05 36;
Juristische Fakultät der TU Dresden,
Bergstr. 53, 01069 Dresden,
(03 51) 46 33-73 33,
Fax (03 51) 46 33-72 13,
E-Mail fastenrath@jura.tu-dresden.de

Fechner, Dr. Frank, Professor,
Fischersand 57, 99084 Erfurt,
(03 61) 6 44 56 96;
TU Ilmenau, Institut für Rechtswissenschaft,
Postfach 100 565, 98684 Ilmenau,
(0 36 77) 69-40 22,
E-Mail Frank.Fechner@tu-ilmenau.de

Fehling, Dr. Michael, LL.M. (Berkeley), Professor,
Farmsener Landstr. 39 B,
22359 Hamburg,
(0 40) 60 95 14 65;
Bucerius Law School, Hochschule für Rechtswissenschaft,
Jungiusstraße 6, 20355 Hamburg,
Postfach 30 10 30,
(0 40) 3 07 06-2 31,
Fax (0 40) 3 07 06-2 35,
E-Mail michael.fehling@law-school.de

Feik, Dr. Rudolf, Ao. Univ.-Prof.,
Hans Sperl Straße 7, A-5020 Salzburg,
(00 43) 6 76 73 04 33 74;
Universität Salzburg,
Fachbereich Öffentliches Recht,
Kapitelgasse 5–7, A-5020 Salzburg,
(00 43) 6 62 80 44 36 03,
Fax (00 43) 6 62 80 44 36 29,
E-Mail rudolf.feik@sbg.ac.at

Felix, Dr. Dagmar, Professorin,
An den Fischteichen 47,
21227 Bendestorf,
(0 41 83) 50 06 67,
Fax (0 41 83) 50 07 29;
Universität Hamburg,
Öffentliches Recht und Sozialrecht,
Fakultät für Rechtswissenschaft,
Rothenbaumchaussee 33,
20148 Hamburg,
(0 40) 4 28 38-26 65,
Fax (0 40) 4 28 38-29 30,
E-Mail dagmar.felix@jura.uni-hamburg.de

Fetzer, Dr. Thomas, LL.M., Professor,
Lehrstuhl für öffentliches Recht und Steuerrecht,
Fakultät für Rechtswissenschaft und Volkswirtschaftslehre,
Abt. Rechtswissenschaft
Universität Mannheim,
68131 Mannheim;
(06 21) 1 81 14 38,
E-Mail lsfetzer@mail.uni-mannheim.de

Fiedler, Dr. Wilfried, o. Professor,
Am Löbel 2,
66125 Saarbrücken-Dudweiler,
(0 68 97) 76 64 01;
Forschungsstelle Internationaler Kulturgüterschutz,
Universität des Saarlandes,
Gebäude 16,
Postfach 15 11 50, 66041 Saarbrücken,
(06 81) 3 02-32 00,

Fax (06 81) 3 02-43 30,
E-Mail w.fiedler@mx.uni-saarland.de

Fink, Dr. Udo, Univ.-Professor,
Johannes-Gutenberg-Universität Mainz,
Fachbereich Rechts- und Wirtschafts-wissenschaften,
55099 Mainz,
(0 61 31) 3 92 23 84,
E-Mail pfink@uni-mainz.de

Fisahn, Dr. Andreas, Professor,
Grüner Weg 83, 32130 Enger;
Universität Bielefeld, Fakultät für Rechtswissenschaft,
Postfach 10 01 31, 33501 Bielefeld,
(05 21) 1 06-43 84,
E-Mail andreas.fisahn@uni-bielefeld.de

Fischer, Dr. Kristian, Privatdozent,
Deidesheimer Str. 52, 68309 Mannheim,
(06 21) 73 82 45;
Lehrstuhl für Öffentliches Recht und Steuerrecht, Universität Mannheim,
Schloss Westflügel, 68131 Mannheim,
(06 21) 1 81-14 35,
Fax (06 21) 1 81-14 37,
E-Mail kfischer@jura.uni-mannheim.de

Fischer-Lescano, Dr. Andreas, LL.M. (EUI, Florenz), Professor,
Hobrechtsstr. 48, 12047 Berlin;
Zentrum für Europäische Rechtspolitik (ZERP), Universität Bremen,
Fachbereich Rechtswissenschaft,
Universitätsallee GW 1, 28359 Bremen,
(04 21) 21 86 62 22,
Fax (04 21) 21 86 62 30,
E-Mail fischer-lescano@zerp.uni-bremen.de

Fleiner, Dr. Dr. h.c. Thomas, o. Professor,
rte. Beaumont 9, CH-1700 Fribourg,
(00 41) 26-4 24 66 94,
Fax (00 41) 26-4 24 66 89;
Institut für Föderalismus,
Universität Fribourg,
Route d' Englisberg 7,
CH-1763 Granges-Paccot,
(00 41) 26-3 00 81 25 oder -28,
Fax (00 41) 26-3 00 97 24,
E-Mail Thomas.Fleiner@unifr.ch

Folz, Dr. Hans-Ernst, Professor,
Bispinger Weg 11, 30625 Hannover,
(05 11) 57 57 19 oder 56 28 92;
Universität Hannover,
Lehrstuhl für Öffentliches Recht, Völker- und Europarecht,
Königsworther Platz 1, 30167 Hannover,
(05 11) 7 62-82 48 oder -82 49,
Fax (05 11) 7 62-82 52

Folz, Dr. Hans-Peter, Universitäts-professor,
Klosterwiesgasse 31, A-8010 Graz;
Institut für Europarecht/Department of European Law,
Karl-Franzens-Universität Graz,
RESOWI-Zentrum,
Universitätsstr. 15/C 1, A-8010 Graz,
(00 43) 3 16-3 80 36 25,
Fax (00 43) 3 16-3 80 94 70,
E-Mail hans-peter.folz@uni-graz.at

Fraenkel-Haeberle, Dr. Cristina, Privatdozentin,
Schießstandweg 28,
I-39100 Bozen/Italien,
(00 39) 04 71-30 95 39,
Mobil (00 39) 3 35-7 05 50 78;
Forschungsreferentin und Projekt-koordinatorin,
Deutsches Forschungsinstitut für öffentliche Verwaltung Speyer,
Freiherr-vom-Stein-Straße 2,
67346 Speyer,
(0 62 32) 6 54-3 84,
Fax (0 62 32) 6 54-2 90,
E-Mail fraenkel-haeberle@foev-speyer.de

Frank, Dr. Dr. h.c. Götz, Professor,
Cäcilienplatz 4, 26122 Oldenburg,
(04 41) 7 56 89;
Carl von Ossietzky Universität Oldenburg, Juristisches Seminar, Öffentliches Wirtschaftsrecht,
26111 Oldenburg,
Paketanschrift:
Ammerländer Heerstraße 114–118,
26129 Oldenburg,
(04 41) 7 98-41 43, Fax (04 41) 7 98-41 51,
E-Mail Goetz.Frank@uni-oldenburg.de

Frankenberg, Dr. Dr. Günter, Professor,
Buchrainweg 17, 63069 Offenbach;
Institut für Öffentliches Recht,
Goethe-Universität Frankfurt,
Rechtswissenschaft,
Grüneburgplatz 1,
60629 Frankfurt am Main,
(0 69) 79 83 4-2 70 oder -2 69,
E-Mail Frankenberg@jur.uni-frankfurt.de

Franzius, Dr. Claudio, Privatdozent,
Goernestr. 13, 20249 Hamburg,
(0 40) 23 80 29 52;
Humboldt-Universität Berlin,
Juristische Fakultät,
Unter den Linden 6, 10099 Berlin,
E-Mail claudio.franzius@rz.hu-berlin.de

Frenzel, Dr. Eike M., Privatdozent,
Welfenstr. 16, 76137 Karlsruhe;
Institut für Öffentliches Recht,
Rechtswissenschaftliche Fakultät,
Albert-Ludwigs-Universität Freiburg,
Postfach, 79085 Freiburg i. Br.,
(07 61) 2 03-22 52, Fax (07 61) 2 03-22 93,
E-Mail eike.frenzel@jura.uni-freiburg.de

Friauf, Dr. Karl Heinrich, o. Professor,
Kurallee 18, Apt. 4406, 88709 Meersburg,
(0 75 32) 44 26 44 06;
Universität Köln, 50923 Köln

Fromont, Dr. Dr. h.c. mult. Michel,
Professor,
12, Boulevard de Port Royal,
F-75005 Paris,
(00 33) 1 45 35 73 71,
E-Mail Fromont.michel@wanadoo.fr

Frotscher, Dr. Werner, Professor,
Habichtstalgasse 32,
35037 Marburg/Lahn,
(0 64 21) 3 29 61;
Universität Marburg,
Universitätsstr. 6, 35032 Marburg/Lahn,
(0 64 21) 28-2 31 22/1 26 (Sekr.),
Fax (0 64 21) 2 82-38 40,
E-Mail w.Frotscher@staff.uni-marburg.de

Frowein, Dr. Dr. h.c. Jochen Abr.,
o. Professor,
Blumenthalstr. 53, 69120 Heidelberg,
(0 62 21) 47 46 82, Fax (0 62 21) 41 39 71;
MPI für ausländisches öffentliches Recht und Völkerrecht,
Im Neuenheimer Feld 535,
69120 Heidelberg,
(0 62 21) 4 82-2 58,
Fax (0 62 21) 4 82-6 77,
E-Mail jfrowein@mpil.de

Frye, Dr. Bernhard, Richter am Finanzgericht, Privatdozent,
(03 61) 3 46 21 04;
Thüringer Finanzgericht,
Bahnhofstr. 3a, 99867 Gotha,
0 36 21) 4 32–2 21, -235,
Fax (0 36 21) 4 32-99,
E-Mail b.frye@gmx.de

Führ, Dr. Martin, Professor,
Rostockerstr. 17,
63303 Dreieich/Sprendlingen,
(0 61 03) 93 66 17, Fax (0 61 03) 93 66 19;
Fachhochschule Darmstadt,
Haardtring 100, 64295 Darmstadt,
E-Mail fuehr@sofia-darmstadt.de

Funk, Dr. Bernd-Christian, em. o. Professor,
Franz Grassler Gasse 23, A-1230 Wien,
(00 43) 18 89 29 35,
Fax (00 43) 18 89 29 35;
Institut für Staats- und Verwaltungsrecht,
Universität Wien, Juridicum,
Schottenbastei 10–16, A-1010 Wien,
E-Mail bernd-christian.funk@univie.ac.at

Funke, Dr. Andreas, Professor,
Kochstraße 21, 91054 Erlangen,
(0 91 31) 8 29 05 97;
Friedrich-Alexander-Universität
Erlangen-Nürnberg,
Institut für Staats- und Verwaltungsrecht,
Lehrstuhl für Öffentliches Recht,
Schillerstraße 1, 91054 Erlangen,
(0 91 31) 85-2 28 20,
Fax (0 91 31) 85-2 63 81,
E-Mail andreas.funke@fau.de

Gächter, Dr. Thomas, Professor,
Ausserdorferstr. 12g, CH-8052 Zürich,
(00 41) 13 63 37 24;
Universität Zürich,
Lehrstuhl für Staats-, Verwaltungs- und
Sozialversicherungsrecht,
Rechtswissenschaftliches Institut
Treichlerstr. 10, CH-8032 Zürich,
(00 41) 4 46 34 30 62,
E-Mail thomas.gaechter@rwi.uzh.ch

Gaitanides, Dr. Charlotte,
LL.M. (Barcelona), Professorin,
22041 Hamburg,
(0 40) 68 28 48 77;
Universität Flensburg, Internationales
Institut für Management,
Campusallee 3, 24943 Flensburg,
(04 61) 8 05-27 66,
Fax (04 61) 8 05-25 61
E-Mail charlotte.gaitanides@
uni-flensburg.de

Galetta, Dr. Diana-Urania,
LL.M., Professore Ordinario,
Via Galla Placidia 6, I-20131 Milano;
Diritto Amministrativo e Diritto Amministrativo europeo,
Università degli Studi di Milano, Facoltá
di Giurisprundenza, Dipartimento di
diritto pubblico italiano e sovranazionale,
Via Festa del Perdono 7, I-20122 Milano,
(00 39) 02-5 03 1 25 90,
Fax (00 39) 02-5 03 1 25 46,
E-Mail diana.galetta@unimi.it

Gallwas, Dr. Hans-Ullrich, Universitätsprofessor,
Hans-Leipelt-Str. 16, 80805 München,
(01 70) 2 16 72 08;
Obermaisperg, 84323 Massing,
(0 87 24) 13 86,
E-Mail hu-gallwas@t-online.de;
Universität München,
Professor-Huber-Platz 2, 80539 München

Gamper, Dr. Anna, Univ.-Prof.,
Universität Innsbruck, Institut für
Öffentliches Recht,
Staats- und Verwaltungslehre,
Innrain 52d, A-6020 Innsbruck,
(00 43) 51 25 07-82 24,
Fax (004 3) 51 25 07-28 28,
E-Mail Anna.Gamper@uibk.ac.at

Gärditz, Dr. Klaus Ferdinand, Professor,
Kastanienweg 48, 53177 Bonn;
Rheinische Friedrich-Wilhelms-
Universität Bonn,
Institut für Öffentliches Recht,
Adenauerallee 24–42, 53113 Bonn,
(02 28) 73-91 76,
E-Mail gaerditz@jura.uni-bonn.de

Gas, Dr. Tonio, Professor,
Königsworther Str. 17, 30167 Hannover,
E-Mail tgas@uos.de;
Niedersächsisches Studieninstitut für
kommunale Verwaltung e.V.,

Kommunale Hochschule für Verwaltung in Niedersachsen,
Bildungszentrum Hannover,
Wielandstr. 8, 30169 Hannover,
(05 11) 16 09-4 48, Fax (05 11) 1 55 37,
E-Mail tonio.gas@nds-sti.de

Gassner, Dr. Ulrich M., Mag.rer.publ., M.Jur. (Oxon), Professor,
Scharnitzer Weg 9, 86163 Augsburg,
(08 21) 6 32 50,
E-Mail ugassner@web.de;
Universität Augsburg,
Universitätsstr. 2, 86135 Augsburg,
(08 21) 5 98-45 46, Fax (08 21) 5 98-45 47,
E-Mail Ulrich.Gassner@jura.uni-augsburg.de

Geis, Dr. Max-Emanuel, o. Professor,
Valentin-Rathgeber-Str. 1,
96049 Bamberg,
(09 51) 5 93-3 05 oder -3 06,
Fax (09 51) 51 93-3 08;
Friedrich-Alexander-Universität Erlangen,
Institut für Staats- und Verwaltungsrecht,
Schillerstr. 1, 91054 Erlangen,
(0 91 31) 8 52 28 18,
Fax (0 91 31) 8 52 63 82,
E-Mail max-emanuel.geis@jura.uni-erlangen.de

Gellermann, Dr. Martin, apl. Professor,
Schlesierstraße 14, 49492 Westerkappeln,
(0 54 04) 20 47, Fax (0 54 04) 91 94 75;
Universität Osnabrück, Fachbereich Rechtswissenschaften,
49069 Osnabrück,
(0 54 04) 91 96 95,
E-Mail M.Gellermann@t-online.de

Germann, Dr. Michael, Professor,
Rathenauplatz 13, 06114 Halle,
(03 45) 5 23 89 32;
Martin-Luther-Universität Halle-Wittenberg, Lehrstuhl für Öffentliches Recht,
Staatskirchenrecht und Kirchenrecht,
Universitätsplatz 5, 06108 Halle,
(03 45) 55-2 32 20, Fax (03 45) 55-2 76 74,
E-Mail Germann@jura.uni-halle.de

Germelmann, Dr. Claas Friedrich, LL.M. (Cantab.), Universitätsprofessor,
Leibniz Universität Hannover,
Juristische Fakultät,
Lehrstuhl für Öffentliches Recht, insbesondere Europarecht,
Königsworther Platz 1, 30167 Hannover,
Tel. (05 11) 7 62 81 86,
Fax (05 11) 7 62 81 73,
E-Mail LS.Germelmann@jura.uni-hannover.de

Gersdorf, Dr. Hubertus, Professor,
Alte Leipziger Str. 10, 10117 Berlin,
(0 30) 20 61 96 61, Fax (0 30) 20 61 96 62;
Universität Rostock, Juristische Fakultät,
Gerd Bucerius-Stiftungsprofessur,
Richard-Wagner-Straße 7,
18055 Rostock,
(03 81) 2 03 60 76, Fax (03 81) 2 03 60 75,
E-Mail hubertus.gersdorf@uni-rostock.de

Giegerich, Dr. Thomas, Professor, LL.M. (Virginia),
In den Weiden 33, 66440 Bliekastel;
Lehrstuhl Für Europarecht, Völkerrecht und Öffentliches Recht,
Chair of EU Law, Public International Law and Public Law,
Europa-Institut der Universität des Saarlandes
Institute of European Studies, Saarland University
Postfach 15 11 50, 66041 Saarbrücken,
(06 81) 3 02 32 80 (od. -36 95 Sekr.),
Fax (06 81) 3 02 48 79
E-Mail t.giegerich@mx.uni-saarland.de

Glaser, Dr. Andreas, Professor,
Lehrstuhl für Staats-, Verwaltungs- und Europarecht unter besonderer Berücksichtigung von Demokratiefragen,
Universität Zürich, Rechtswissenschaftliches Institut,
Treichlerstraße 10, CH-8032 Zürich,
(00 41) 44 6 34 15 51,
E-Mail andreas.glaser@rwi.uzh.ch

Goerlich, Dr. Helmut, Professor,
Universität Leipzig, Institut für Staats- und Verwaltungsrecht,
Burgstr. 27, 04109 Leipzig,
(03 41) 97-3 51 71, Fax (03 41) 97-3 51 79,
E-Mail helmut.goerlich@gmx.de

Gornig, Dr. Dr. h c. mult. Gilbert,
Professor,
Pfarracker 4, 35043 Marburg-Bauerbach,
(0 64 21) 16 35 66, Fax (0 64 21) 16 37 66;
Institut für Öffentliches Recht,
Universität Marburg,
Universitätsstr. 6, 35032 Marburg,
(0 64 21) 2 82 31 31 oder 28-31 27,
Fax (0 64 21) 2 82 38 53,
E-Mail Gornig@voelkerrecht.com

Görisch, Dr. Christoph, Privatdozent,
Martin-Niemöller-Str. 61,
48159 Münster;
Westfälische Wilhelms-Universität,
Institut für Öffentliches Recht und Politik,
Wilmergasse 28, 48143 Münster,
(02 51) 8 32 18 61, Fax (02 51) 5 10 49 19,
E-Mail gorisch@uni-muenster.de

Götz, Dr. Volkmar, o. Professor,
Geismarlandstr. 17a, 37083 Göttingen,
(05 51) 4 31 19;
Universität Göttingen, Abt. Europarecht des Instituts für Völkerrecht,
Platz der Göttinger Sieben 5,
37073 Göttingen,
(05 51) 39-47 61, Fax (05 51) 39-21 96,
E-Mail europa@uni-goettingen.de

Grabenwarter, Dr. Dr. Christoph,
Universitätsprofessor,
Institut für Europarecht und Internationales Recht,
Wirtschaftsuniversität Wien,
Welthandelsplatz 1 / Gebäude D3,
A-1020 Wien,
(00 43) 13 13 36-44 23,
Fax (00 43) 13 13 36-92 05;
Mitglied des Verfassungsgerichtshofs,
Verfassungsgerichtshof, Freyung 8,
A-1010 Wien,
(0043) 15 31 22-13 94,
E-Mail sekretariat.grabenwarter@wu.ac.at

Gramlich, Dr. Ludwig, Professor,
Justus-Liebig-Str. 38 A, 64839 Münster;
Fakultät für Wirtschaftswissenschaften,
TU Chemnitz-Zwickau,
Postfach 9 64, 09009 Chemnitz,
(03 71) 5 31 41 64, -65,
Fax (03 71) 5 31 39 61,
E-Mail l.gramlich@wirtschaft.tu-chemnitz.de

Gramm, Dr. habil. Christof,
Ministerialdirigent,
Wilhelmstraße 10, 53604 Bad Honnef,
(0 22 24) 48 34;
Bundesministerium der Verteidigung,
Postfach 1328, 53003 Bonn,
(02 28) 12-91 78,
E-Mail ChristofGramm@bmvg.bund.de

Graser, Dr. Alexander, Professor,
Brennereistraße 66, 85662 Hohenbrunn,
(0 81 02) 77 88 55;
Universität Regensburg,
Fakultät für Rechtswissenschaft,
Lehrstuhl für Öffentliches Recht und Politik,
Universitätsstraße 31, 93053 Regensburg,
(09 41) 9 43-57 60,
Fax: (09 41) 9 43-57 71,
E-Mail Alexander.Graser@jura.uni-regensburg.de

Grawert, Dr. Dr. h.c. Rolf, o. Professor,
Aloysiusstrasse 28, 44795 Bochum,
(02 34) 47 36 92, Fax (02 34) 5 16 91 36;
Ruhr-Universität Bochum,
Juristische Fakultät,
Universitätsstrasse 150, GC 8/59,
44721 Bochum,
(02 34) 32 22 52 65,
Fax (02 34) 3 21 42 36,
E-Mail Rolf.Grawert@ruhr-uni-bochum.de

Grewe, Dr. Dr. h.c. Constance,
Universitätsprofessorin,
4 Rue Louis Apffel –
F 67 000 Strasbourg,
(00 33) 3 88 37 37 84,
E-Mail Constance.Grewe@orange.fr;
Université de Strasbourg,
Faculté de droit,
1 Place d'Athénes, BP 66,
F-67045 Strasbourg Cedex

Grigoleit, Dr. Klaus Joachim,
Universitätsprofessor,
Eisenacher Str. 65, 10823 Berlin;
TU Dortmund, Fakultät Raumplanung,
Fachgebiet Raumplanungs- und Umweltrecht,
August-Schmidt-Straße 10,
44227 Dortmund,
(02 31) 7 55 32 17, Fax (02 31) 7 55 34 24,
E-Mail klaus.grigoleit@tu-dortmund.de

Griller, Dr. Stefan, Universitätsprofessor,
Hungerbergstr. 11–13, A-1190 Wien,
(00 43) 1 32 24 05;
Europainstitut, Wirtschaftsuniversität Wien,
Althanstr. 39–45, A-1090 Wien,
(00 43) 13 13 36-41 35 oder 41 36,
Fax (00 43) 13 13 36-7 58,
E-Mail Stefan.Griller@wu-wien.ac.at

Grimm, Dr. Dr. h.c. mult., Dieter,
LL.M. (Harvard), o. Professor (em.),
Humboldt-Universität zu Berlin,
Juristische Fakultät,
Unter den Linden 6, 10099 Berlin,
(0 30) 20 93-35 66, Fax (0 30) 20 93-35 78;
Wissenschaftskolleg zu Berlin,
Institute for Advanced Study,
Wallotstr. 19, 14193 Berlin,
(0 30) 8 90 01-0 (Zentrale),
(0 30) 8 90 01-1 24,
Fax (0 30) 8 90 01-1 00,
E-Mail grimm@wiko-berlin.de

Gröpl, Dr. Christoph, Professor,
Lehrstuhl für Staats- und Verwaltungsrecht, Rechts- und Wirtschaftswissenschaftliche Fakultät,
Universität des Saarlandes,
Postfach 15 11 50, 66041 Saarbrücken,
(06 81) 3 02-32 00, Fax (06 81) 3 02-43 30,
E-Mail groepl@mx.uni-saarland.de

Gröschner, Dr. Rolf, o. Professor,
Stormstr. 39, 90491 Nürnberg,
(09 11) 59 14 08,
E-Mail rolf.groeschner@t-online.de

Groh, Dr. Kathrin, Universitätsprofessorin,
Arcisstraße 61, 80801 München;
Fakultät für Staats- und Sozialwissenschaften, Institut für öffentliches Recht,
Universität der Bundeswehr München,
Werner-Heisenberg-Weg 39,
85577 Neubiberg,
(0 89) 60 04 38 64,
E-Mail kathrin.groh@unibw.de

Gromitsaris, Dr. Athanasios, Privatdozent,
E-Mail gromitsaris@hotmail.com;
Friedrich-Schiller-Universität,
Rechtswissenschaftliche Fakultät,
Carl-Zeiss-Str. 3, 07737 Jena,
(0 36 41) 94 22 30,
E-Mail R.Ullrich@recht.uni-jena.de

Groß, Dr. Thomas, Professor,
Schreberstr. 19, 49080 Osnabrück;
Universität Osnabrück,
European Legal Studies Institute,
Süsterstr. 28, 49069 Osnabrück,
(05 41) 9 69-45 00,
E-Mail thgross@uni-osnabrueck.de

Grote, Dr. Rainer, LL.M. (Edinburgh),
Privatdozent,
Im Sand 3A, 69115 Heidelberg,
(0 62 21) 16 43 46, Fax (0 62 21) 91 47 35;
Max-Planck-Institut für ausländisches
öffentliches Recht und Völkerrecht,
Im Neuenheimer Feld 535,
69120 Heidelberg,
(06 2 21) 48 22 44,
Fax (0 62 21) 48 22 88,
E-Mail rgrote@mpil.de

Grupp, Dr. Klaus, Universitätsprofessor,
Stephanieufer 5, 68163 Mannheim,
(06 21) 82 21 97,
Fax (06 21) 82 21 97

Grzeszick, Dr. Bernd, LL.M. (Cambridge), Professor,
Schumannstr. 9, 53113 Bonn,
02 28-9 26 88 69,
E-Mail Grzeszick@web.de;
Universität Heidelberg,
Institut für Öffentliches Recht,
Verfassungslehre und Rechtsphilosophie,
Friedrich-Ebert-Anlage 6–10,
69117 Heidelberg,
(0 62 21) 54 74 32

Guckelberger, Dr. Annette, Professorin,
Lehrstuhl für Öffentliches Recht,
Rechts- und Wirtschaftswissenschaftliche
Fakultät, Universität des Saarlandes,
Postfach 15 11 50, 66041 Saarbrücken,
(06 81) 3 02-5 74 01,
E-Mail a.guckelberger@mx.uni-saarland.de

Gundel, Dr. Jörg, Professor,
Lehrstuhl für Öffentliches Recht,
Völker- und Europarecht,
Universität Bayreuth, 95440 Bayreuth,
(09 21) 55-29 43,
E-Mail joerg.gundel@uni-bayreuth.de

Gurlit, Dr. Elke, Universitätsprofessorin,
Rüdesheimer Straße 18,
65197 Wiesbaden,
(06 11) 1 37 51 25 oder (01 79) 5 92 22 15;
Fachbereich Rechts- und Wirtschaftswissenschaft,
Johannes Gutenberg-Universität Mainz,
Jakob-Welder-Weg 9, 55099 Mainz,
(0 61 31) 3 92 31 14,
Fax (0 61 31) 3 92 40 59,
E-Mail gurlit@uni-mainz.de

Gusy, Dr. Christoph, Professor,
Wendischhof 14, 33619 Bielefeld,
(05 21) 9 67 79 67;
Universität Bielefeld, Fakultät für
Rechtswissenschaft,
Universitätsstr. 25, 33615 Bielefeld,
(05 21) 1 06 43 97, Fax (05 21) 1 06 80 61,
Mail christoph.gusy@uni-bielefeld.de

Haack, Dr. Stefan, Professor,
Rheinische Friedrich-Wilhelms-Universität Bonn,
Professur für Öffentliches Recht,
Adenauerallee 18–22, 53113 Bonn,
(02 28) 73-6 24 11,
E-Mail haack@jura.uni-bonn.de
E-Mail StefanHaack@web.de

Häberle, Dr. Dr. h.c. mult. Peter,
o. Professor,
Forschungsstelle für Europäisches
Verfassungsrecht, Universität Bayreuth,
Universitätsstraße 30, Postfach,
95440 Bayreuth,
(09 21) 55 70 88, Fax (09 21) 55 70 99,
E-Mail Peter.Haeberle@uni-bayreuth.de

Häde, Dr. Ulrich, Universitätsprofessor,
Lennéstraße 15, 15234 Frankfurt (Oder),
(03 35) 6 85 74 38;
Europa-Universität Viadrina, Lehrstuhl für Öffentliches Recht, insb. Verwaltungsrecht, Finanzrecht und Währungsrecht,
Postfach 17 86, 15207 Frankfurt/Oder,
Hausanschrift: Große Scharrnstr. 59,
15230 Frankfurt (Oder),
(03 35) 55 34-26 70,
Fax (03 35) 55 34-25 25,
E-Mail haede@europa-uni.de

Haedrich, Dr. Martina, Professorin,
Im Ritzetal 20, 07749 Jena,
(0 36 41) 44 85 25, Fax (0 36 41) 44 44 14;
Rechtswissenschaftliche Fakultät,
Friedrich-Schiller-Universität,
Carl-Zeiss-Straße 3, 07743 Jena,
(0 36 41) 94 22 15, Fax (0 36 41) 94 20 02,
E-Mail m.haedrich@recht.uni-jena.de

Hafner, Dr. Felix, Professor,
Hirzbrunnenschanze 67,
CH-4058 Basel,
(00 41) 61-6 91 40 64;
Universität Basel, Lehrstuhl für Öffentliches Recht,
Peter Merian-Weg 8, Postfach, 4002 Basel,
(00 41) 6 12 67 25 64,
Fax (00 41) 6 12 67 07 95,
E-Mail Felix.Hafner@unibas.ch

Hailbronner, Dr. Kay, o. Professor,
Toggenbühl, CH-8269 Fruthwilen,
(00 41) 71-6 64 19 46,
Fax (00 41) 71-6 64 16 26;
Universität Konstanz,
(07531) 88 2247,
E-Mail migration@uni-konstanz.de

Hain, Dr. Karl-E., Professor,
Herrenstr. 10, 57627 Hachenburg,
(0 26 62) 94 20 64;
Universität zu Köln,
Institut für Medienrecht und Kommunikationsrecht,
Lehrstuhl für Öffentliches Recht und Medienrecht,
Aachener Str. 197–199, 50931 Köln,
(02 21) 2 85 56-1 12,
Fax (02 21) 2 85 56-1 22,
E-Mail haink@uni-koeln.de

Haller, Dr. Herbert, Universitätsprofessor,
Felix-Mottl-Str. 48, Haus 2,
A-1190 Wien,
(00 43) 13 68 05 68,
E-Mail r.haller@verkehrt.info;
ehemals Wirtschaftsuniversität Wien und Mitglied des österreichischen Verfassungsgerichtshofs

Haller, Dr. Walter, o. Professor,
Burgstrasse 264, CH-8706 Meilen,
(00 41) 4 49 23 10 14;
Forchstr. 59, CH-8032 Zürich,
(00 41) 4 33 43 96 00,
E-Mail w-haller@bluewin.ch

Haltern, Dr. Ulrich, LL.M. (Yale), Universitätsprofessor,
Bölschestr. 2, 30173 Hannover,
(05 11) 3 57 62 59;
Institut für Öffentliches Recht I,
Albert-Ludwigs-Universität Freiburg,
79085 Freiburg,
(07 61) 2 03-22 51,
Fax (07 61) 20 3-22 34,
E-Mail ioeffr1@jura.uni-freiburg.de

Hammer, Dr. Felix, apl. Professor,
Gelber Kreidebusen 33/5,
72108 Rottenburg;
Justitiar und Kanzler der Diözese Rottenburg-Stuttgart,
Bischöfliches Ordinariat,
Eugen-Bolz-Platz 1, 72108 Rottenburg,
(0 74 72) 16 93 61
Fax (0 74 72) 16 98 33 61,
E-Mail kanzler@bo.drs.de

Hammer, Dr. Stefan, Univ.-Doz.,
Anton Frank-Gasse 17, A-1180 Wien,
(00 43) 14 70 59 76;
Universität Wien, Institut für Staats- und Verwaltungsrecht,
Schottenbastei 10–16, A-1010 Wien,
(00 43) 1 42 77-3 54 65,
Fax (00 43) 1 42 77-3 54 69,
E-Mail stefan.hammer@univie.ac.at

Hänni, Dr. Peter, o. Professor,
Stadtgraben 6, CH-3280 Murten,
(00 41) 26-6 70 58 15;
Lehrstuhl für Staats- und Verwaltungsrecht
Rechtswissenschaftliche Fakultät
Universität Freiburg
Av. Beauregard 1
CH-1700 Freiburg
Tel. + 41 (0) 26 3 00 81 47
E-Mail Peter.Haenni@unifr.ch

Hanschel, Dr. Dirk, M.C.L., Privatdozent,
Hauptstr. 154, 69117 Heidelberg,
(0 62 21) 16 69 58,
E-Mail hanschel@googlemail.com;
Universität Mannheim, Fakultät für Rechtswissenschaft und Volkswirtschaftslehre,
68131 Mannheim

Haratsch, Dr. Andreas, Universitätsprofessor,
Berliner Straße 18c, 58313 Herdecke,
(0 23 30) 92 67 13;
Lehrstuhl für Deutsches und Europäisches Verfassungs- und Verwaltungsrecht sowie Völkerrecht,
FernUniversität in Hagen,
Universitätsstraße 21, 58084 Hagen,
(0 23 31) 9 87-28 77 oder -43 89,
Fax (02331) 9 87-3 24,
E-Mail Andreas.Haratsch@fernuni-hagen.de

Härtel, Dr. Ines, Professorin,
Europa-Universität Viadrina
Frankfurt (Oder)
Juristische Fakultät
Lehrstuhl für Öffentliches Recht, Verwaltungs-, Europa-, Umwelt-, Agrar- und Ernährungswirtschaftsrecht
Große Scharrnstraße 59
15230 Frankfurt (Oder)
Tel.: 03 35 55 34-22 27/ -22 22,
Fax: -24 18
E-Mail: ihaertel@europa-uni.de

Hartmann, Dr. Bernd J.,
LL.M. (Virginia), Professor,
Max-Planck-Str. 5 B,
45657 Recklinghausen,
(0 23 61) 9 37 72 59,
Fax (0 23 61) 4 07 51 86;
Universität Osnabrück,
Institut für Kommunalrecht und Verwaltungswissenschaften,
Professur für Öffentliches Recht, Wirtschaftsrecht und Verwaltungswissenschaften,
Martinistr. 12, 49078 Osnabrück,
(05 41) 9 69-60 99, Fax (05 41) 9 69-60 82,
E-Mail bernd.hartmann@uni-osnabrueck.de

Hase, Dr. Friedhelm, Professor,
Bandelstraße 10 b, 28359 Bremen,
(04 21) 24 27 84 40;
Universität Bremen,
Fachbereich 6, Rechtswissenschaft,
Universitätsallee, 28359 Bremen,
(04 21) 2 18-6 60 10,
Fax (04 21) 2 18-6 60 52,
E-Mail fhase@uni-bremen.de

Hatje, Dr. Armin, Professor,
Universität Hamburg,
Fakultät für Rechtswissenschaft,
Abt. Europäisches Gemeinschaftsrecht,
Schlüterstr. 28, 20146 Hamburg,
(0 40) 4 28 38-30 46,

Fax (0 40) 4 28 38-43 67,
E-Mail armin.hatje@jura.uni-hamburg.de

Hebeler, Dr. Timo, Professor,
Universität Trier, Professur für Öffentliches Recht,
54286 Trier, (06 51) 2 01 25 88,
E-Mail hebeler@uni-trier.de

Heckel, Dr. iur. Dr. theol. h.c. Martin,
o. Universitätsprofessor,
Lieschingstr. 3, 72076 Tübingen,
(0 70 71) 6 14 27

Hecker, Dr. Jan, LL.M. (Cambridge),
apl. Professor,
Richter am Bundesverwaltungsgericht,
Platanenstr. 25, 13156 Berlin,
(01 76) 23 29 28 26;
Bundesverwaltungsgericht,
Simsonplatz 1, 04107 Leipzig,
(03 41) 20 07–20 65,
E-Mail jan.hecker@bverwg.bund.de

Heckmann, Dr. Dirk, Universitätsprofessor, stv. Mitglied des Bayerischen Verfassungsgerichtshofs,
Schärdinger Straße 11e, 94032 Passau,
(08 51) 75 38 83, Fax (08 51) 4 90 58 20;
Universität Passau,
Ordinarius für Internet- und Sicherheitsrecht,
Innstraße 40, 94032 Passau,
(08 51) 5 09-22 90, Fax (08 51) 5 09-22 92,
E-Mail Heckmann@uni-passau.de

Heinig, Dr. Hans Michael, Professor,
Rochstr. 17, 10178 Berlin,
(01 71) 6 46 11 21;
Kirchenrechtliches Institut der EKD,
Goßlerstr. 11, 37073 Göttingen,
(05 51) 39-1 06 02;
Universität Göttingen,
Lehrstuhl für Öffentliches Recht,
insb. Kirchen- und Staatskirchenrecht,
Goßlerstr. 11, 37073 Göttingen,
(05 51) 39-1 06 02, Fax (05 51) 39-1 06 07,
E-Mail info@kirchenrechtliches-institut.de

Heintschel von Heinegg, Dr. Wolff,
Professor,
Europa-Universität Viadrina,
Frankfurt (Oder),
Lehrstuhl für Öffentliches Recht,
August-Bebel-Str. 12,
15234 Frankfurt (Oder),
(03 35) 55 34-29 16,
Fax (03 35) 55 34-29 15,
E-Mail heinegg@europa-uni.de

Heintzen, Dr. Markus, Professor,
Freie Universität Berlin, Fachbereich Rechtswissenschaft,
Van't-Hoff-Str. 8, 14195 Berlin,
(0 30) 8 38-5 24 79,
Fax (0 30) 8 38-5 21 05,
E-Mail Heintzen@zedat.fu-berlin.de

Heitsch, Dr. Christian, apl. Professor,
72 Queens Road, Caversham, Reading,
Berks., RG4 8DL, U.K.,
(00 44) 11 89 47 49 13,
E-Mail c_heitsch@web.de;
Lecturer in Law, Brunel Law School,
Brunel University West London,
Kingston Lane, Uxbridge, Middlesex
UB8 3PH, United Kingdom,
(00 44) 18 95 26 76 50,
E-Mail christian.heitsch@brunel.ac.uk

Hellermann, Dr. Johannes, Universitätsprofessor,
Hardenbergstr. 12a, 33615 Bielefeld,
(05 21) 16 00 38;
Universität Bielefeld,
Fakultät für Rechtswissenschaft,
Universitätsstr. 25, 33615 Bielefeld,
(05 21) 1 06-44 22, Fax (05 21) 1 06-60 48,
E-Mail Johannes.Hellermann@uni-bielefeld.de

Hendler, Dr. Reinhard, Universitätsprofessor,
Laurentius-Zeller-Str. 12, 54294 Trier,
(06 51) 9 37 29 44;
Universität Trier, Fachbereich Rechtswissenschaft,
Universitätsring 15, 54286 Trier,
(06 51) 2 01-25 56 oder 25 58,
Fax (06 51) 2 01-39 03,
E-Mail Hendler@uni-trier.de

Hengstschläger, Dr. Johannes, o. Universitätsprofessor,
Steinfeldgasse 7, A-1190 Wien,
(00 43) 1 32-8 17 27;
Johannes-Kepler-Universität,
Altenbergerstr. 69, A-4040 Linz,
(00 43) 7 32-24 68-4 01,
Fax (00 43) 7 32-2 46 43,
E-Mail johannes.hengstschlaeger@jku.at

Hense, Dr. Ansgar, Professor,
Institut für Staatskirchenrecht der Diözesen Deutschlands,
Adenauerallee 19, 53111 Bonn,
(02 28) 26 74-3 62,
E-Mail hense@institut-staatskirchenrecht.de

Herbst, Dr. Tobias, Privatdozent,
Seehofstr. 116, 14167 Berlin,
(0 30) 8 17 11 04;
Humboldt-Universität zu Berlin,
Juristische Fakultät,
Unter den Linden 6, 10099 Berlin,
(0 30) 20 93-34 26 oder -33 81,
Fax (0 30) 20 93-33 45,
E-Mail tobias.herbst@rewi.hu-berlin.de

Herdegen, Dr. Matthias, Professor,
Friedrich-Wilhelm-Str. 35, 53113 Bonn;
Rechts- und Staatswissenschaftliche Fakultät, Universität Bonn,
Adenauerallee 44, 53113 Bonn,
(02 28) 73 55 70/-80,
Fax (02 28) 73 79 01,
E-Mail Herdegen@uni-bonn.de

Hermes, Dr. Georg, Professor,
Berliner Str. 14a, 61440 Oberursel,
(0 61 71) 5 08 19 91,
Fax (0 61 71) 6 94 75 70;
Universität Frankfurt, Fachbereich Rechtswissenschaft,
Campus Westend, Grüneburgplatz 1 (RuW),
Postfach 11 19 31,
60054 Frankfurt am Main,
(0 69) 7 98-3 42 75,
Fax (0 69) 7 98-3 45 12,
E-Mail G.Hermes@jur.uni-frankfurt.de

Herrmann, Dr. Christoph, LL.M., Professor,
Florianstr. 18, 94034 Passau,
(08 51) 21 55 33 89, (01 76) 10 49 77 20;
Universität Passau,
Lehrstuhl für Staats- und Verwaltungsrecht, Europarecht,
Europäisches und Internationales Wirtschaftsrecht,
Innstraße 39, 94032 Passau,
(08 51) 5 09–23 30,
ax (08 51) 5 09–23 32,
E-Mail christoph.herrmann@eui.eu

Herrmann, Dr. Günter, Professor,
Intendant i.R.
Wankweg 13, 87642 Buching/Allgäu,
(0 83 68) 16 96; Fax (0 83 68) 12 97,
E-Mail herrmann.medienrecht@t-online.de

Herzog, Dr. Roman, Professor, Bundespräsident a.D.,
Im Stahlbühl 20,74074 Heilbronn,
(0 71 31) 3 95 21 60,
Fax (0 71 31) 3 95 21 68,
E-Mail buerobprherzog@gmx.de

Heselhaus, Dr. Sebastian, Professor, M.A.,
Kehlhofweg 10,
CH-6043 Adligenswil, Schweiz,
(00 41) 4 13 70 25 00;
Universität Luzern,
Rechtswissenschaftliche Fakultät,
Lehrstuhl für Europarecht, Völkerrecht und Öffentliches Recht,
Hofstr. 9, Postfach 7464,
CH-6000 Luzern 7, Schweiz,
(00 41) 4 12 28 74 11,
Fax (00 41) 4 12 28 74 31,
E-Mail sebastian.heselhaus@unilu.ch

Heun, Dr. Dr. h.c. Werner, Professor,
Bürgerstraße 5, 37073 Göttingen,
(05 51) 70 62 48;
Universität Göttingen,
Institut für Allgemeine Staatslehre und Politische Wissenschaften,
Goßlerstraße 11, 37073 Göttingen,
(05 51) 39-46 93,
Fax (0 51) 39-22 39,
E-Mail staatsl@gwdg.de

Hey, Dr. Johanna, Professorin,
Wiethasestraße 73, 50933 Köln,
(02 21) 4 91 17 38, Fax (02 21) 4 91 17 34;
Universität zu Köln,
Institut für Steuerrecht,
Albertus-Magnus-Platz, 50923 Köln,
(02 21) 4 70-22 71, Fax (02 21) 4 70-50 27,
E-Mail johanna.hey@uni-koeln.de

Heyen, Dr. iur. Lic. phil. Erk Volkmar, Universitätsprofessor,
Arndtstraße 22, 17489 Greifswald,
(0 38 34) 50 27 16;
Ernst Moritz Arndt-Universität,
Domstr. 20, 17489 Greifswald,
E-Mail lsheyen@uni-greifswald.de

Hidien, Dr. Jürgen W., Professor,
Goebenstr. 33, 48151 Münster,
(02 51) 4 78 77

Hilf, Dr. Meinhard, Universitätsprofessor,
Bahnsenallee 71,
21465 Reinbek bei Hamburg,
(0 40) 78 10 75 10,
Fax (0 40) 78 10 75 12;
Bucerius Law School,
Jungiusstraße 6, 20355 Hamburg,
(0 40) 3 07 06-1 58,
Fax (0 40) 3 07 06-2 46,
E-Mail meinhard.hilf@law-school.de

Hill, Dr. Hermann, Professor,
Kilianstraße 5, 67373 Dudenhofen;
Deutsche Universität für Verwaltungswissenschaften Speyer,
Postfach 14 09, 67324 Speyer,
(0 62 32) 6 54-3 28,
E-Mail hill@uni-speyer.de

Hillgruber, Dr. Christian, Professor,
Zingsheimstr. 25, 53359 Rheinbach;
Institut für Öffentliches Recht,
Adenauerallee 24–42, 53113 Bonn,
(02 28) 73 79 25,
Fax (02 28) 73 48 69,
E-Mail lshillgruber@jura.uni-bonn.de

Hobe, Dr. Stephan, LL.M., Universitätsprofessor,
In der Asbach 32,
53347 Alfter-Impekoven,
(02 28) 9 48 93 00;
Universität zu Köln,
Institut für Luft- und Weltraumrecht und Lehrstuhl für Völker- und Europarecht, europäisches und internationales Wirtschaftsrecht,
Albertus-Magnus-Platz, 50923 Köln,
(02 21) 4 70 23 37,
E-Mail Stephan.Hobe@uni-koeln.de

Hochhuth, Dr. Martin, Professor,
Kaiser-Joseph-Straße 268,
79098 Freiburg;
Albert-Ludwigs-Universität Freiburg,

Institut für Öffentliches Recht,
Abteilung III, Staatsrecht,
Platz der Alten Synagoge 1,
79085 Freiburg,
(07 61) 2 03-22 43,
Fax (07 61) 2 03-22 40,
E-Mail hochhuth@jura.uni-freiburg.de

Hoffmann-Riem, Dr. Wolfgang,
Professor, Richter des Bundesverfassungsgerichts a.D.,
Auguststr. 15, 22085 Hamburg,
(0 40) 6 42 2 58 48,
Fax (0 40) 69 64 58 06,
E-Mail whoffmann-riem@gmx.de;
Universität Hamburg,
Rothenbaumchaussee 33,
20148 Hamburg,
(0 40) 4 28 38-30 33,
Fax (0 40) 4 28 38-26 35
E-Mail ceri@jura.uni-hamburg.de

Höfling, Dr. Wolfram, M.A., Professor,
Bruchweg 2, 52441 Linnich,
(0 24 62) 36 16;
Universität zu Köln,
Institut für Staatsrecht,
Albertus-Magnus-Platz, 50923 Köln,
(02 21) 4 70-33 95, Fax (02 21) 4 70-50 75,
E-Mail Sekretariat@institut-staatsrecht.de

Hofmann, Dr. Ekkehard, Professor,
Koselstr. 51, 60318 Frankfurt am Main,
(0 69) 17 49 89 27;
Julius-Maximilians-Universität Würzburg,
Institut für Staats- und Verwaltungsrecht, Rechtsphilosophie,
Domerschulstr. 16, 97070 Würzburg,
(09 31) 31-8 37 38,
Fax (09 31) 31-8 29 88,
E-Mail ekkehard.hofmann@jura.uni-wuerzburg.de

Hofmann, Dr. Dr. h. c. Hasso,
o. Professor,
Christoph-Mayer-Weg 5,
97082 Würzburg,
(0 91) 8 73 88, Fax (09 31) 78 32 88,
oder Torstr. 176, 10115 Berlin,
(0 30) 2 81 30 75,
E-Mail hasso-hofmann@gmx.de;
Humboldt-Universität zu Berlin,
Unter den Linden 6, 10099 Berlin,
(0 30) 20 93-35 53

Hofmann, Dr. Dr. Rainer, Universitätsprofessor,
Grüneburgplatz 1, 60323 Frankfurt
Telefon: + 49 (0) 69-7 98-3 42 93
Fax: + 49 (0) 69-7 98-3 45 15
Johann-Wolfgang-Goethe-Universität Frankfurt am Main,
Lehrstuhl für Öffentliches Recht, Völkerrecht und Europarecht,
Senckenberganlage 31,
60325 Frankfurt am Main,
(0 69) 7 98-2 53 17,
Fax (0 69) 7 98-2 53 18,
E-Mail R.Hofmann@jur.uni-frankfurt.de

Hohmann, Dr. Harald, Privatdozent,
Furthwiese 10, 63654 Büdingen,
(0 60 49) 95 29 12,
Fax (0 60 49) 95 29 13;
Hohmann & Partner Rechtsanwälte,
Schloßgasse 2, 63654 Büdingen,
(0 60 42) 95 67-0,
Fax (0 60 42) 95 67-67,
E-Mail harald.hohmann@hohmann-partner.com

Hollerbach, Dr. Dr. h.c. Alexander,
o. Professor,
Runzstraße 86, 79102 Freiburg i.Br.,
(07 61) 2 17 14 13

Holoubek, Dr. Michael, Universitätsprofessor,
Zehenthofgasse 36/8, A-1190 Wien,

(00 43) 13 17 73 72,
Fax (00 43) 13 17 73 72 18;
Institut für Österreichisches und Europäisches Öffentliches Recht,
Wirtschaftsuniversität Wien,
Welthandelsplatz 1, A-1020 Wien,
Gebäude D3, 2. OG
(00 43) 13 13 36-46 60,
Fax (00 43) 13 13 36-7 13,
E-Mail michael.holoubek@wu.ac.at

Hölscheidt, Dr. Sven, Minsterialrat, apl. Professor,
Westfälische Straße 45, 10711 Berlin;
Deutscher Bundestag, Fachbereich Verfassung und Verwaltung,
Platz der Republik 1, 11011 Berlin,
(0 30) 2 27-3 24 25/3 23 25,
Fax (030) 2 27-3 64 71/3 62 07,
E-Mail vorzimmer.wd3@bundestag.de

Holzinger, Dr. Gerhart, Professor,
Präsident des Österreichischen Verfassungsgerichtshofs,
Judenplatz 11, A-1010 Wien,
(00 43) 1 53 12 24 12,
Fax (00 43) 1 53 12 25 12

Holznagel, Dr. Bernd, LL.M., Professor,
Kronprinzenstraße 105, 44135 Dortmund,
(02 31) 5 89 87 06,
Fax (02 31) 5 89 87 09;
WWU Münster, Juristische Fakultät, ITM, Abt. II,
Leonardo-Campus 9, 48149 Münster,
(02 51) 83-3 86 41,
Fax (02 51) 83-3 86 44,
E-Mail holznagel@uni-muenster.de

Horn, Dr. Hans-Detlef, Professor,
Am Heier 22, 35096 Weimar (Lahn)-Roth,
(0 64 26) 96 71 41,
Fax (0 64 26) 96 71 44;
Philipps-Universität Marburg,
Fachbereich Rechtswissenschaften,
Institut für Öffentliches Recht,
Universitätsstr. 6, 35032 Marburg,
(0 64 21) 2 82 38 10 od. 2 82 31 26,
Fax (0 64 21) 2 82 38 39,
E-Mail Hornh@staff.uni-marburg.de

Hornung, Dr. Gerrit, LL.M., Prof.
Lehrstuhl für Öffentliches Recht, IT-Recht und Rechtsinformatik
Universität Passau
Innstr. 39, 94032 Passau
Tel: 08 51 5 09 23 80
Fax: 08 51 5 09 23 82
E-Mail: gerrit.hornung@uni-passau.de

Hösch, Dr. Ulrich, apl. Professor, RA,
Kirchenstraße 72, 81675 München;
Kanzlei Dr. Gronefeld, Thoma & Kollegen,
Prinzregentenplatz 23, 81675 München,
(0 89) 96 07 13 80,
Fax (0 32 12) 8 46 37 24
E-Mail uhoesch@juradvance.de

Huber, Dr. Peter M., o. Professor,
Richter des Bundesverfassungsgerichts,
Josef-Heppner-Str. 2, 82049 Pullach i. I.,
(0 89) 74 42 46 62,
Fax (0 89) 74 42 48 52;
Universität München,
Lehrstuhl für Öffentliches Recht und Staatsphilosophie,
Professor-Huber-Platz 2,
80539 München,
(0 89) 21 80-35 76,
Fax (0 89) 21 80-50 63,
E-Mail peter.m.huber@jura.uni-muenchen.de

Hufeld, Dr. Ulrich, Universitätsprofessor,
Stratenbarg 40a, 22393 Hamburg,
(0 40) 21 00 74 40;
Helmut-Schmidt-Universität/Universität der Bundeswehr Hamburg,
Fakultät für Wirtschafts- und Sozialwissenschaften,

Professur für Öffentliches Recht und Steuerrecht,
Holstenhofweg 85, 22043 Hamburg,
(0 40) 65 41-28 59, Fax (0 40) 65 41-37 33,
E-Mail Hufeld@hsu-hh.de

Hufen, Dr. Friedhelm, o. Professor,
Backhaushohl 62, 55128 Mainz,
(0 61 31) 3 44 44,
Fax (0 61 31) 36 14 49;
Johannes-Gutenberg-Universität Mainz,
Fachbereich Rechts- und Wirtschaftswissenschaften,
55099 Mainz,
(0 61 31) 39-2 23 54 od. -2 30 45,
Fax (0 61 31) 39-2 42 47,
E-Mail hufen@uni-mainz.de

Hummel, Dr. David, Privatdozent,
Kommandant-Prendel-Allee 71,
04299 Leipzig;
Universität Leipzig, Juristenfakultät,
Lehrstuhl für Öffentliches Recht, insbesondere Steuerrecht und Öffentliches Wirtschaftsrecht,
Burgstraße 21, 04109 Leipzig,
(03 41) 9 73 52 73,
Fax (03 41) 9 73 52 79,
E-Mail dhummel@uni-leipzig.de

Huster, Dr. Stefan, Professor,
Ruhr-Universität Bochum,
Lehrstuhl für Öffentliches Recht, Sozial- und Gesundheitsrecht und Rechtsphilosophie,
Universitätsstraße 150,
44780 Bochum,
Gebäude GC 7/135,
(02 34) 3 22 22 39,
Fax (02 34) 3 21 42 71,
E-Mail stefan.huster@rub.de

Hwang, Dr. Shu-Perng, LL.M. (Columbia), Forschungsprofessorin,
4F., 251 Long-Chiang Road,
Taipei 104, Taiwan,
(0 08 86) 2 25 04 72 24,
Fax (0 08 86) 9 38 86 88 71;
Institutum Iurisprudentiae,
Academia Sinica,
128 Academia Sinica Road, Sec. 2,
Nankang,
Taipei 11529, Taiwan,
(0 08 86) 2 26 52 54 23,
E-Mail sphwang@gate.sinica.edu.tw

Ibler, Dr. Martin, Professor,
Lindauer Straße 3, 78464 Konstanz;
Universität Konstanz,
Fachbereich Rechtswissenschaften,
Postfach D 106, Universitätsstraße 10,
78457 Konstanz,
(0 75 31) 88-24 80/-2 28,
E-Mail Martin.Ibler@uni-konstanz.de

Iliopoulos-Strangas, Dr. Julia, Professorin,
A.Metaxa 2, GR-10681 Athen,
(00 30) 2 10-3 82 60 83 oder -3 82 33 44,
Fax (00 30) 20-3 80 54 3,
Mobil (00 30) 69 44 59 52 00;
Universität Athen, Juristische Fakultät,
Ippokratous 33 (5. Stock),
GR-10680 Athen, (00 30) 2 10-3 68 84 22,
E-Mail juliostr@law.uoa.gr

Ingold, Dr. Albert, Privatdozent,
Ludwig-Maximilians-Universität München, Juristische Fakultät,
Institut für Politik und Öffentliches Recht,
Lehrstuhl Prof. Dr. Jens Kersten
E-Mail: albert.ingold@jura.uni-muenchen.de

Ipsen, Dr. Jörn, o. Professor,
Präsident des Niedersächsischen Staatsgerichtshofs,
Luisenstr. 41, 49565 Bramsche,
(0 54 61) 44 96,
Fax (0 54 61) 6 34 62;
Institut für Kommunalrecht,

Universität Osnabrück,
49069 Osnabrück,
(0541) 9 69-61 69 oder -61 58,
Fax (05 41) 9 69-61 70,
E-Mail instkr@uos.de

Ipsen, Dr. Dr. h.c. mult. Knut, o. Professor,
Nevelstr. 59, 44795 Bochum,
(02 34) 43 12 66;
Deutsches Rotes Kreuz (DRK),
Königswinterer Str. 29, 53227 Bonn

Isensee, Dr. Dr. h.c. Josef, o. Professor,
Meckenheimer Allee 150, 53115 Bonn,
(02 28) 69 34 69;
Universität Bonn,
Adenauerallee 24–42, 53113 Bonn,
(02 28) 73 58 50,
Fax (02 28) 73 48 69,
E-Mail isensee@uni-bonn.de

Ismer, Dr. Roland, Professor,
Werderstr. 11, 86159 Augsburg;
Lehrstuhl für Steuerrecht und Öffentliches Recht,
Friedrich-Alexander-Universität Erlangen-Nürnberg,
Lange Gasse 20, 90403 Nürnberg,
(09 11) 53 02-3 53,
Fax (09 11) 53 02-1 65,
E-Mail Roland.Ismer@wiso.uni-erlangen.de

Jaag, Dr. Tobias, o. Professor,
Bahnhofstr. 22, Postfach 2957,
CH-8022 Zürich,
(00 41) 4 42 13 63 63,
Fax (00 41) 4 42 13 63 99,
E-Mail jaag@umbricht.ch

Jachmann, Dr. Monika, Universitätsprofessorin,
Richterin am Bundesfinanzhof,
Am Feldkreuz 2a, 82467 Garmisch-Partenkirchen,
(01 72) 7 40 44 48;
E-Mail monika.jachmann@bfh.bund.de
Bundesfinanzhof München,
Ismaninger Straße 109, 81675 München,
(0 89) 92 31-0,
Fax (0 89) 92 31-2 01

Jaeckel, Dr. Liv, Professorin,
Augustusweg 27, 01445 Radebeul,
(03 51) 5 63 62 86,
Mobil (01 70) 7 06 54 80,
Chair of Law of Economic Regulation
Jahnallee 59, 04109 Leipzig
T + 49 3 41 98 51-8 12 oder -8 13
F + 49 3 41 98 51-8 88 8 12
liv.jaeckel@hhl.de

Jahndorf, Dr. Christian, Professor,
Brunnenweg 18, 48153 Münster,
(02 51) 7 61 96 83;
Westfälische Wilhelms-Universität,
Institut für Steuerrecht,
Universitätsstr. 14–16, 48143 Münster,
(02 51) 8 32 27 95,
Fax (02 51) 8 32 83 86,
E-Mail jahndorf@uni-muenster.de

Janko, Dr. Andreas, Univ.-Prof.,
Schwindstraße 4, A-4040 Linz/Auhof;
Institut für Staatsrecht und Politische Wissenschaften,
Johannes Kepler Universität Linz,
Altenberger Straße 69,
A-4040 Linz/Auhof,
(00 43) 7 32 24 68 84 56,
Fax (00 43) 7 32 24 68 89 01,
E-Mail andreas.janko@jku.at
oder Elisabeth.Kamptner@jku.at

Janssen, Dr. Albert, apl. Professor,
Landtagsdirektor i.R.,
Langelinienwall 16, 31134 Hildesheim,
(0 51 21) 13 11 12,
E-Mail a.a.janssen@t-online.de

Janz, Dr. Norbert, Privatdozent,
Koch-Gotha-Str. 10, 18055 Rostock,
(03 81) 87 72 93 13;
Landesrechnungshof Brandenburg,
Dortusstr. 30–34, 14467 Potsdam,
(03 31) 8 66-85 35,
Fax (03 31) 8 66-85 18,
E-Mail janz@uni-potsdam.de

Jarass, Dr. Hans D., LL.M. (Harvard),
o. Professor,
Baumhofstr. 37 d, 44799 Bochum,
(02 34) 77 20 25;
ZIR Forschungsinstitut für deutschen
und europäisches öffentliches Recht
an der Universität Münster,
Wilmergasse 12–13, 48143 Münster,
(02 51) 83 29 81, Fax (02 51) 8 32 97 90,
E-Mail jarass@uni-muenster.de

Jestaedt, Dr. Matthias, Professor,
Marchstraße 34, 79211 Denzlingen;
Albert-Ludwigs-Universität,
Rechtswissenschaftliche Fakultät,
79085 Freiburg i. Br.,
(07 61) 20 39 78 00,
Fax (07 61) 20 39 78 02
E-Mail matthias.jestaedt@jura.
uni-freiburg.de

Jouanjan, Dr. Olivier, Professor,
32, rue de Vieux Marché aux Poissons,
F-97000 Strasbourg,
(00 33) 6 61 33 25 59;
Université de Strasbourg,
Institut de Recherches Carré de Malberg,
11, rue du Maréchal Juin B.P. 68,
F-67046 Strasbourg Cedex,
(00 33) 3 88 14 30 34;
Albert-Ludwigs-Universität,
Rechtswissenschaftliche Fakultät,
Institut für öffentliches Recht (Abt. 2),
Platz der Alten Synagoge,
79085 Freiburg i. Br.,
E-Mail olivier.jouanjan@unistra.fr

Jochum, Dr. Georg, Professor,
Oberhofstraße 92, 88045 Friedrichshafen,
(0 10) 2 38 67 58;
Zeppelin University,
Lehrstuhl für Europarecht & Internationales Recht der Regulierung,
Maybachplatz 5, 88045 Friedrichshafen,
(0 75 41) 60 09 14 81,
Fax (0 75 41) 60 09 14 99,
E-Mail Georg.Jochum@zeppelin-university.de

Jochum, Dr. jur. Heike, Mag. rer. publ.,
Professorin,
Buchsweilerstraße 77, 66953 Pirmasens;
Institut für Finanz- und Steuerrecht
an der Universität Osnabrück,
Martinistraße 10, 49080 Osnabrück,
(05 41) 9 69-61 68 (Sek.), -61 61 (direkt),
Fax (05 41) 9 69-61 67,
E-Mail Heike.Jochum@gmx.net

Kadelbach, Dr. Stefan, LL.M., Professor,
Goethe-Universität,
Institut für Öffentliches Recht,
Lehrstuhl für Öffentliches Recht,
Europarecht und Völkerrecht,
Grüneburgplatz 1,
60323 Frankfurt am Main,
(0 69) 79 83 42 95, Fax (0 69) 79 83 45 16,
E-Mail s.kadelbach@jur.uni-frankfurt.de

Kägi-Diener, Dr. Regula, Professorin,
Rechtsanwältin,
Marktgasse 14, CH-9004 St. Gallen,
(00 41) 71-2 23 81 21,
Fax (00 41) 71-2 23 81 28,
E-Mail switzerland@ewla.org oder
regula.kaegi-diener@ewla.org

Kahl, Dr. Arno, Universitätsprofessor,
Lärchenstraße 4a, A-6063 Rum,
(00 43) 5 12-26 55 00;
Universität Innsbruck, Institut für
Öffentliches Recht, Finanzrecht und
Politikwissenschaft,

Innrain 82, A-6020 Innsbruck,
(00 43) 51 25 07 82 04,
Fax (00 43) 51 25 07 28 28,
E-Mail arno.kahl@uibk.ac.at

Kahl, Dr. Wolfgang, M.A., o. Professor,
Albert-Schweitzer-Straße 2,
95447 Bayreuth,
(09 21) 1 50 92 87;
Universität Heidelberg, Institut für deutsches und europäisches Verwaltungsrecht,
Friedrich-Ebert-Anlage 6–10,
69117 Heidelberg,
(0 62 21) 54 74 28,
Fax (0 62 21) 54 77 43,
E-Mail kahl@jurs.uni-heidelberg.de

Kaltenborn, Dr. Markus, Universitätsprofessor,
Neue Tremoniastr. 30, 44137 Dortmund,
(02 31) 1 81 59 09;
Ruhr-Universität Bochum,
Juristische Fakultät
44780 Bochum,
(02 34) 32-2 52 52 oder -2 52 63,
Fax (02 34) 32-1 44 21,
E-Mail markus.kaltenborn@ruhr-uni-bochum.de

Kämmerer, Dr. Jörn Axel, Professor,
Am Kaiserkai 53, 20457 Hamburg,
(0 40) 48 09 22 23;
Bucerius Law School, Hochschule für Rechtswissenschaft,
Jungiusstraße 6, 20335 Hamburg,
(0 40) 3 07 06-1 90,
Fax (0 40) 3 07 06-1 95,
E-Mail axel.kaemmerer@law-school.de

Karpen, Dr. Ulrich, Professor,
Ringstr. 181, 22145 Hamburg,
(0 40) 6 77 83 98,
E-Mail ulrich.karpen@yahoo.de;
Universität Hamburg, Schlüterstr. 28,
20146 Hamburg,
(0 40) 4 28 38-30 23 oder -45 14 od. -45 55

Kästner, Dr. Karl-Hermann, o. Professor,
Josefinenstr. 3, 72488 Sigmaringen,
(0 75 71) 32 23, Fax (0 75 71) 32 12;
Universität Tübingen,
Juristische Fakultät,
Geschwister-Scholl-Platz,
72074 Tübingen,
(0 70 71) 2 97 29 71,
Fax (0 70 71) 29 50 96,
E-Mail Kaestner@jura.uni-tuebingen.de

Kau, Dr. Marcel, LL.M., Privatdozent,
Blarerstraße 8, 78462 Kostanz;
Universität Konstanz, Fachbereich
Rechtswissenschaft D 110,
Universitätsstraße 10, 78457 Konstanz,
(0 75 31) 88 36 34,
Fax (0 75 31) 88 31 46,
E-Mail Marcel.Kau@uni-konstanz.de

Kaufmann, Dr. Christine, Professorin,
Lehrstuhl für Staats- und Verwaltungsrecht, Völker- und Europarecht,
Universität Zürich, Rämistrasse 74/5,
CH-8001 Zürich,
(00 41) 4 46 34 48 65,
Fax (00 41) 4 46 34 43 78,
E-Mail Lst.kaufmann@rwi.uzh.ch

Kaufmann, Dr. Marcel, Privatdozent,
Rechtsanwalt,
Senefelderstraße 7, 10437 Berlin;
Freshfields Bruckhaus Deringer,
Environment, Planning and Regulatory (EPR),
Potsdamer Platz 1, 10785 Berlin,
(0 30) 2 02 83-8 57 (Sekretariat),
(0 30) 2 02 83-6 00,
Fax (030) 202 83-766,
E-Mail marcel.kaufmann@freshfields.com

Keller, Dr. Helen, Professorin,
Eigenstraße 16, CH-8008 Zürich,
(00 41) 4 44 22 23 20;
Universität Zürich,

Rechtswissenschaftliches Seminar,
Rämistraße 74/13, CH-8001 Zürich,
(00 41) 4 46 34 36 89,
Fax (00 41) 4 46 34 43 39,
E-Mail helen.keller@rwi.uzh.ch

Kemmler, Dr. Iris, L.MM. (LSE), Privatdozentin,
Eberhard Karls Universität Tübingen
Lehrstuhl für Öffentliches Recht,
Finanz- und Steuerrecht
Prof. Dr. Ferdinand Kirchhof
Geschwister-Scholl Platz,
72074 Tübingen
Tel.: + 49 70 17 29-7 40 58
Fax: + 49 70 17 23-43 58
Sonnenbühl 22, 70597 Stuttgart
Tel.: 07 11-2 84 44 47
Iris.kemmler@gmx.de

Kempen, Dr. Bernhard, o. Professor,
Rheinblick 1, 53424 Remagen/Oberwinter,
(0 22 28) 91 32 91,
Fax (0 22 28) 91 32 93;
Institut für Völkerrecht und ausländisches öffentliches Recht,
Universität zu Köln,
Gottfried-Keller-Straße 2, 50931 Köln,
(02 21) 4 70 23 64,
Fax (02 21) 4 70 49 92,
E-Mail Bernhard.Kempen@uni-koeln.de

Kersten, Dr. Jens, Professor,
Hoheneckstr. 28, 81243 München,
(0 89) 95 47 93 40;
Ludwig-Maximilians-Universität München, Lehrstuhl für Öffentliches Recht und Verwaltungswissenschaften,
Professor-Huber-Platz 2,
80539 München,
(0 89) 21 80-21 13,
Fax (0 89) 21 80-1 35 15,
E-Mail jens.kersten@jura.uni-muenchen.de

Khakzadeh-Leiler, Dr. Lamiss, ao. Univ.-Professorin,
Mähderweg 37 c, A-6841 Mäder,
(00 43) 67 64 33 87 65;
Universität Innsbruck,
Institut für Öffentliches Recht,
Staats- und Verwaltungslehre,
Innrain 52 d, A-6020 Innsbruck,
(00 43) 5 07-82 32,
Fax (00 43) 5 07-28 28,
E-Mail lamiss.khakzadeh@uibk.ac.at

Khan, Dr. Daniel-Erasmus, Professor,
Institut für Öffentliches Recht und Völkerrecht
Universität der Bundeswehr München,
Werner-Heisenberg-Weg 39,
85579 Neubiberg,
(0 89) 60 04-46 90 oder -42 62 oder -20 48,
Fax (0 89) 60 04-46 91,
E-Mail Khan@unibw.de

Kielmansegg, Dr. Sebastian Graf, Professor,
Siegelsmauer 11, 69126 Heidelberg,
(0 62 21) 65 28 68;
EBS Universität für Wirtschaft und Recht,
Heussen-Stiftungslehrstuhl für Öffentliches Recht, Europarecht, Recht der erneuerbaren Energien und Medizinrecht,
Gustav-Stresemann-Ring 3, 65189 Wiesbaden,
(06 11) 71 02 22 33,
Fax (06 11) 7 10 21 02 23,
E-Mail sebastian.kielmansegg@ebs.edu

Kilian, Dr. Michael, Professor,
Hohenkogl 62, A-8181 St. Ruprecht/Raab
Juristische Fakultät,
Universität Halle-Wittenberg,
Universitätsplatz 3–5, Juridicum,
06099 Halle (Saale),
(03 45) 55-2 31 70, Fax (03 45) 55-2 72 69,
E-Mail michael.kilian@jura.uni-halle.de

Kingreen, Dr. Thorsten, Professor,
Agnes-Miegel-Weg 10, 93055 Regensburg,
(09 41) 7 04 02 41;
Lehrstuhl für Öffentliches Recht,
Sozialrecht und Gesundheitsrecht,
Universität Regensburg,
Universitätsstr. 31, 93053 Regensburg,
(09 41) 9 43 26 07 od. 26 8,
Fax (09 41) 9 43 36 34,
E-Mail king@jura.uni-regensburg.de

Kirchhof, Dr. Ferdinand, o. Professor,
Bundesverfassungsgericht,
Schlossbezirk 3, 76131 Karlsruhe,
(07 21) 9 10 12 18,
Fax (07 21) 9 10 16 70;
Universität Tübingen,
Juristische Fakultät,
Geschwister-Scholl-Platz,
72074 Tübingen,
(0 70 71) 2 97-25 61 oder -81 18,
Fax (0 70 71) 29 43 58,
E-Mail Kirchhof@uni-tuebingen.de

Kirchhof, Dr. Gregor, LL.M.,
Universitätsprofessor,
Fasanenstr. 42a, 85591 Vaterstetten,
(0 81 06) 3 48 09 34;
Universität Augsburg, Lehrstuhl für
Öffentliches Recht, Finanzrecht und
Steuerrecht,
Universitätsstr. 24, 86159 Augsburg
(08 21) 5 98-45 41,
E-Mail mail@gregorkirchhof.de

Kirchhof, Dr. Dres. h.c. Paul, Professor,
Am Pferchelhang 33/1, 69118 Heidelberg,
(0 62 21) 80 14 47;
Universität Heidelberg,
Zeppelinstr. 151, 69121 Heidelberg,
(0 62 21) 54 74 57,
E-Mail paul.kirchhof@paul-kirchhof.de

Kirn, Dr. Michael, o. Professor,
Rummelsburgerstr. 3, 22147 Hamburg,
(0 40) 6 47 38 43;
Universität der Bundeswehr,
Institut für Öffentliches Recht,
Postfach 70 08 22, 22043 Hamburg,
(0 40) 65 41-27 82 oder (0 40) 65 41-25 90

Kirste, Dr. Stephan, Professor,
Am Gutleuthofhang 18, 69118 Heidelberg,
(0 62 21) 8 45 03,
Fax (0 62 21) 80 45 03;
Universität Salzburg, Rechts- und
Sozialphilosophie,
FB Sozial- und Wirtschaftswissenschaften
an der Rechtswissenschaftlichen Fakultät,
Churfürststraße 1, A-5010 Salzburg,
(00 43-6 62) 80 44-35 51,
Fax (00 43-6 62) 80 44-74-35 51,
Mobil (00 43-6 64) 82 89-2 23,
E-Mail kirste.stephan@sbg.ac.at

Kischel, Dr. Uwe, LL.M. (Yale),
Attorney-at-law (New York), o. Professor,
Dorfstraße 34, 17121 Düvier,
(03 99 98) 3 15 46;
Ernst-Moritz-Arndt-Universität
Greifswald,
Domstr. 20a, 17489 Greifswald,
(0 38 34) 86-21 80,
Fax (0 38 34) 86-21 82,
E-Mail kischel@uni-greifswald.de

Klatt, Dr. Matthias, Prof.,
Juniorprofessur für Öffentliches Recht,
Europarecht, Völkerrecht und Rechtsphilosophie Universität Hamburg,
Rothenbaumchaussee 33,
20148 Hamburg,
Tel: 0 40 4 28 38 23 80,
Fax: 0 40 4 28 38 82 96,
E-Mail: matthias.klatt@jura.uni-hamburg.de
Gustav-Falke-Straße 17, 20144 Hamburg
Tel: 0 40 41 30 87 36

Klaushofer, Dr. Reinhard, az. Prof.,
Universität Salzburg,

Kapitelgasse 5–7, 5020 Salzburg,
00 43 (0)6 62 80 44-36 34,
Fax 00 43 (0) 6 62 80 44-3 03,
E-Mail reinhard.klaushofer@sbg.ac.at

Klein, Dr. iur. Eckart, Universitätsprofessor,
Heideweg 45, 14482 Potsdam,
(03 31) 70 58 47,
E-Mail klein@uni-potsdam.de

Klein, Dr. Hans Hugo, Universitätsprofessor,
Heilbrunnstr. 4, 76327 Pfinztal,
(0 72 40) 73 00,
E-Mail hanshklein@web.de

Klein (geb. Gas), Dr. Tonio, Professor,
Königsworther Str. 17, 30167 Hannover,
E-Mail tgas@uos.de;
Niedersächsisches Studieninstitut für kommunale Verwaltung e.V.,
Kommunale Hochschule für Verwaltung in Niedersachsen,
Bildungszentrum Hannover,
Wielandstr. 8, 30169 Hannover,
(05 11) 16 09-4 48, Fax (05 11) 1 55 37,
E-Mail tonio.gas@nds-sti.de

Klement, Dr. Jan Henrik, Universitätsprofessor,
Rathenaustraße 6, 68165 Mannheim,
(06 21) 43 00 51 30,
E-Mail jan.klement@arcor.de;
Lehrstuhl für Staats- und Verwaltungsrecht, Universität des Saarlandes,
Campus, Gebäude B 4.1,
6123 Saarbrücken,
(06 81) 3 02-21 04 (Sekretariat) oder -31 04,
Fax (06 81) 3 02-47 79,
E-Mail janhenrik.klement@uni-saarland.de

Kley, Dr. Andreas, Professor,
Stallikerstr. 10a,
CH-8142 Uitikon Waldegg;
Rechtswissenschaftliches Institut,
Rämistr. 74/34, CH-8001 Zürich,
(00 41) 44-6 34 50 20,
Fax (00 41) 44-6 34 50 29
E-Mail andreas.kley@rwi.uzh.ch

Kloepfer, Dr. Michael, o. Professor,
Taubertstraße 19, 14193 Berlin,
(0 30) 8 25 24 90, Fax (0 30) 8 25 26 90;
Institut für Öffentliches Recht und Völkerrecht,
Humboldt-Universität zu Berlin,
Unter den Linden 9–11 (Palais),
10099 Berlin,
(0 30) 20 93-33 40 oder -33 31,
Fax (0 30) 20 93-34 38,
E-Mail Michael.Kloepfer@rewi.hu-berlin.de

Kluth, Dr. Winfried, Professor,
Eilenburger Straße 12,
06116 Halle (Saale);
Martin-Luther-Universität Halle-Wittenberg,
Juristische und Wirtschaftswissenschaftliche Fakultät, Lehrstuhl für Öffentliches Recht,
Universitätsplatz 10a,
06099 Halle (Saale),
(03 45) 5 52 32 23,
Fax (03 45) 5 52 72 93,
E-Mail winfried.kluth@jura.uni-halle.de

Kment, Dr. Martin, LL.M. (Cambridge), Professor,
Donaustraße 16, 81679 München;
Lehrstuhl für Öffentliches Recht und Europarecht, Umweltrecht und Planungsrecht,
Universität Augsburg,
Universitätsstr. 24, 86159 Augsburg,
(08 21) 5 98 45 35,
Fax (08 21) 5 98 45 37,
E-Mail martin.kment@jura.uni-augsburg.de

Knauff, Dr. Matthias, LL.M. Eur., Professor,
von-Salza-Str. 10, 97980 Bad Mergentheim,
(0 79 31) 4 81 00 97, (01 63) 7 29 83 71;
Friedrich-Schiller-Universität Jena
Rechtswissenschaftliche Fakultät,
Lehrstuhl für Öffentliches Recht,
insbes. Öffentliches Wirtschaftsrecht,
Carl-Zeiß-Str. 3, 07743 Jena,
(0 36 41) 94 22 21,
Fax (0 36 41) 94 22 22,
Email matthias.knauff@uni-jena.de

Kneihs, Dr. Benjamin, Univ. Professor,
Niederland 73, A-5091 Unken, Österreich;
Universität Salzburg, Fachbereich öffentliches Recht,
Kapitelgasse 5–7, A-5020 Salzburg,
(00 43) 6 62 80 44-36 11,
Fax (00 43) 6 62 80 44-3 03,
E-Mail benjamin.kneihs@sbg.ac.at

Knemeyer, Dr. Franz-Ludwig, o. Professor,
Unterdürrbacher Str. 353, 97080 Würzburg,
(09 31) 9 61 18;
Universität Würzburg,
Domerschulerstr. 16, 97070 Würzburg,
(09 31) 31-8 28 99,
Fax (09 31) 31-23 17,
E-Mail knemeyer@jura.uni-wuerzburg.de

Knies, Dr. Wolfgang, o. Professor,
Am Botanischen Garten 5, 66123 Saarbrücken,
(06 81) 39 98 88, Fax (06 81) 39 98 88;
Universität Saarbrücken,
Postfach 15 11 50, 66041 Saarbrücken,
(06 81) 3 02-31 58,
E-Mail w.knies@mx.uni-saarland.de

Koch, Dr. Hans-Joachim, Professor,
Wendlohstr. 80, 22459 Hamburg,
(0 40) 5 51 88 04,
Fax (0 40) 5 51 88 04;
Universität Hamburg, Fakultät für Rechtswissenschaft,
Edmund-Siemers-Allee 1, 20146 Hamburg,
(0 40) 4 28 38-39 77 oder -54 43,
Fax (0 40) 4 28 38-62 80,
E-Mail hans-joachim.koch@jura.uni-hamburg.de

Koch, Dr. Thorsten, Privatdozent,
Emanuel-Geibel-Str. 4, 49143 Bissendorf-Schledehausen,
(0 54 02) 77 74;
Institut für Kommunalrecht Universität Osnabrück,
Martinistr. 12, 49069 Osnabrück,
(05 41) 9 69-61 69,
Fax (05 41) 9 69-61 64,
E-Mail tkoch@uos.de

Köck, Dr. Wolfgang, Professor,
UFZ-Umweltforschungszentrum Leipzig-Halle GmbH,
Permoserstraße 15, 04318 Leipzig;
Universität Leipzig, Lehrstuhl für Umweltrecht,
Postfach 10 09 20, 04009 Leipzig,
(03 41) 2 35-31 40,
Fax (03 41) 2 35-28 25,
E-Mail Wolfgang.Koeck@ufz.de

Koenig, Dr. Christian, LL.M. (London),
Universitätsprofessor,
Zentrum für Europäische Integrationsforschung,
Rheinische Friedrich-Wilhelms-Universität,
Walter-Flex-Str. 3, 53113 Bonn,
(02 28) 73-18-91/-92/-95,
Fax (02 28) 73-18 93,
E-Mail sekretariat.zeia@uni-bonn.de

Kokott, Dr. Juliane, LL.M. (Am. Un.),
S.J.D. (Harvard),
Universitätsprofessorin, Generalanwältin,
(0 62 21) 45 16-17;

Gerichtshof der Europäischen Gemeinschaften, Th. More 2214,
Bd. Konrad Adenauer, L-2925, Luxemburg,
(0 03 52) 43 03 22 21,
E-Mail juliane.kokott@curia.europa.eu

Kolonovits, Dr. Dieter, Mag., M.C.J.,
ao. Universitätsprofessor,
Berggasse 17/41 A-1090 Wien,
(00 43) 6 99 19 20 28 95;
Universität Wien,
Institut für Staats- und Verwaltungsrecht,
Schottenbastei 10–16, A-1010 Wien (Juridicum),
(00 43) 14 27 73 54 16,
Fax (00 43) 14 27 73 54 19,
E-Mail dieter.kolonovits@univie.ac.at

König, Dr. Doris, Professorin,
Bucerius Law School,
Hochschule für Rechtswissenschaft,
Jungiusstr. 6, 20355 Hamburg,
(0 40) 3 07 06-2 01
Fax (0 40) 3 07 06-1 90,
E-Mail doris.koenig@law-school.de

König, Dr. Dr. Klaus, Universitätsprofessor,
Albrecht-Dürer-Str. 20, 67346 Speyer,
(0 62 32) 29 02 16;
Deutsche Universität für Verwaltungswissenschaften Speyer,
Postfach 14 09, 67324 Speyer,
(0 62 32) 6 54-3 69 oder -3 50 oder -3 55,
Fax (0 62 32) 6 54-3 06,
E-Mail k.koenig@uni-speyer.de

Kopetzki, DDr. Christian, Universitätsprofessor,
Institut für Staats- und Verwaltungsrecht, Medizienrecht, Universität Wien,
Schottenbastei 10–16, A-1010 Wien,
(00 43) 14 27 73 54 11,
Fax (00 43) 14 27 73 54 19,
E-Mail christian.kopetzki@univie.ac.at

Korinek, Dr. Dr. h.c. Karl, o. Professor,
Präsident des Österreichischen Verfassungsgerichtshofs a. D.,
Auhofstr. 225–227/3/4, A-1130 Wien,
(00 43) 18 76 48 76;

Korioth, Dr. Stefan, Professor,
Institut für Politik und Öffentliches Recht der Universität München,
Professor-Huber-Platz 2/III, 80539 München,
(0 89) 21 80-27 37,
Fax (0 89) 21 80-39 90,
E-Mail Korioth@jura.uni-muenchen.de

Korte, Dr. Stefan, Privatdozent,
Freie Universität Berlin,
Lehrstuhl für Öffentliches Recht und Europarecht,
Lehrstuhlinhaber: Prof. Dr. Christian Calliess, Boltzmannstraße 3,
14195 Berlin,
(01 79) 7 31 95 79,
E-Mail skorte@zedat.fu-berlin.de

Kotulla, Dr. Michael, M.A., Professor,
Universität Bielefeld, Fakultät für Rechtswissenschaft,
Postfach 10 01 31, 33501 Bielefeld,
(05 21) 1 06-25 00, Fax (05 21) 1 06-80 91,
E-Mail Michael.Kotulla@uni-bielefeld.de

Kotzur, Dr. Markus, LL.M. (Duke Univ.), o. Professor,
Am Sandtorkai 64 b, 20457 Hamburg,
(0 40) 41 91-93 44;
Universität Hamburg, Institut für Internationale Angelegenheiten, Fakultät für Rechtswissenschaft,
Rothenbaumchaussee 33,
20148 Hamburg,
(0 40) 4 28 28-46 01,
Fax (0 40) 4 28 38-62 62,
E-Mail markus.kotzur@jura.uni-hamburg.de

Krajewski, Dr. Markus, Professor,
Frommannstr. 19, 90419 Nürnberg,
Friedrich-Alexander-Universität Erlangen-Nürnberg,
Fachbereich Rechtswissenschaft,
Schillerstr. 1, 91054 Erlangen,
(0 91 31) 8 52 22 60,
Fax (0 91 31) 85 269 50,
E-Mail markus.krajewski@jura.uni-hamburg.de

Krause, Dr. Peter, o. Professor,
Weinbergstr. 12, 54317 Korlingen,
(0 65 88) 73 33;
Universität Trier, 54286 Trier,
(06 51) 2 01-25 87,
Fax (06 51) 2 01-38 03,
E-Mail Krausepe@uni-trier.de

Krausnick, Dr. Daniel, Privatdozent,
Bubenreutherstr. 19b, 91094 Bräuningshof,
(01 60) 92 96 70 79;
Friedrich-Alexander-Universität Erlangen-Nürnberg,
Institut für Staats- und Verwaltungsrecht,
Schillerstr. 1, 91054 Erlangen,
(0 91 31) 8 52 22 41,
Fax (0 91 31) 8 52 63 82,
E-Mail Daniel.Krausnick@jura.uni-erlangen.de

Krawietz, Dr. Werner, o. Professor,
Nienbergweg 29, 48161 Münster,
(02 51) 86 14 51;
Lehrstuhl für Rechtssoziologie, Universität Münster,
Bispinghof 24–25, 48143 Münster,
(02 51) 83 25 91,
E-Mail Krawiet@uni-muenster.de

Krebs, Dr. Walter, Professor,
Waldmannstr. 19, 12247 Berlin,
(0 30) 7 71 07 58, Fax (0 30) 7 71 07 58;
Freie Universität Berlin,
Boltzmannstr. 4, 14195 Berlin,
(0 30) 8 38-59 21,
Fax (0 30) 8 38-59 22,
E-Mail lehrstuhl-krebs@fu-berlin.de

Kreßel, Dr. Eckhard, Professor,
Körschtalstr. 21, 73760 Ostfildern,
(09 31) 3 13 05;
Juristische Fakultät der Universität Würzburg,
Domerschulstr. 16, 97070 Würzburg,
E-Mail eckhard.kressel@daimler.com

Kreuter-Kirchhof, Dr. Charlotte, Privatdozentin
Kirchgasse 61, 53347 Alfter,
(0 22 22) 99 36 22,
Fax (0 22 22) 99 36 21;
Rheinische Friedrich-Wilhelms-Universität Bonn,
Institut für Völkerrecht,
Adenauerallee 24–42, 53113 Bonn,
(02 28) 73 91 74
E-Mail kreuter-kirchhof@uni-bonn.de

Krieger, Dr. Heike, Professorin,
Freie Universität Berlin, Fachbereich Rechtswissenschaft,
Van't-Hoff-Straße 8, 14195 Berlin,
(0 30) 83 85 14 53,
E-Mail hkrieger@zedat.fu-berlin.de

Kriele, Dr. Martin, o. Professor,
Dorf 11, A-6900 Möggers,
(00 43) 55 73-8 24 96,
Fax (00 43) 55 73-8 24 97;
Universität Köln,
Albertus-Magnus-Platz 1, 50923 Köln,
(02 21) 4 70-22 30, Fax (02 21) 4 70-50 10

Kröger, Dr. Klaus, Universitätsprofessor,
Hölderlinweg 14, 35396 Gießen,
(0641) 522 40;
Universität Gießen,
35394 Gießen,
(06 41) 99 23-1 30,
Fax (06 41) 99 23-0 59

Krüper, Dr. Julian, Professor,
Sundernstr. 24, 58452 Witten;
Professur für Öffentliches Recht, Verfassungstheorie und interdisziplinäre Rechtsforschung, Juristische Fakultät der Ruhr-Universität Bochum, Universitätsstraße 150, 44780 Bochum,
(02 34) 32-2 99 42,
Fax (02 34) 32-1 42 82 E-Mail julian.krueper@rub.de

Krugmann, Dr. Michael, Privatdozent,
Stellaustieg 3, 22143 Hamburg,
(0 40) 6 77 88 60,
Fax (0 40) 6 77 88 60,
E-Mail dr@michaelkrugmann.de

Krumm, Dr. Marcel, Professor,
Westfälische Willhems-Universität Münster
Professur für Öffentliches Recht und Steuerrecht
Universitätstraße 14–16, 48143 Münster
(02 51) 83 2 27 95,
Fax (02 51) 83 2 83 86
E-Mail: marcel.krumm@uni-muenster.de
Prinzenhöhe 9
45478 Mühlheim an der Ruhr

Kube, Dr. Hanno, LL.M. (Cornell),
Universitätsprofessor,
Am Langenstück 23, 65343 Eltville,
(0 61 23) 7 95 78 48;
Institut für Finanz- und Steuerrecht
Lehrstuhl für Öffentliches Recht unter besonderer Berücksichtigung des Finanz- und Steuerrechts
Ruprecht-Karls-Universität Heidelberg
Friedrich-Ebert-Anlage 6–10
69117 Heidelberg
Tel.: 0 62 21 54 77 92
Mail: kube@uni-heidelberg.de

Kucsko-Stadlmayer, Dr. Gabriele, Ao. Universitätsprofessorin,
Rooseveltplatz 4–5, A-1090 Wien,
(00 43) 14 08 38 59;
Universität Wien, Institut für Staats- und Verwaltungsrecht,
Schottenbastei 10–16, A-1010 Wien,
(00 43) 14 27 73 54 18,
Fax (00 43) 1 42 77 93 54,
E-Mail gabriele.kucsko-stadlmayer@univie.ac.at

Kühling, Dr. Jürgen, LL.M. (Brüssel),
Universitätsprofessor,
Kellerweg 12b, 93053 Regensburg,
(09 41) 7 05 60 79;
Universität Regensburg, Lehrstuhl für Öffentliches Recht und Immobilienrecht,
Universitätsstr. 31, 93053 Regensburg,
(09 41) 9 43-60 60,
Fax (09 41) 9 43-60 62,
E-Mail juergen.kuehling@jura.uni-regensburg.de

Kühne, Dr. Jörg-Detlef, Professor,
Münchhausenstr. 2, 30625 Hannover,
(05 11) 5 56 63;
Universität Hannover,
Königsworther Platz 1, 30167 Hannover,
(05 11) 7 62-81 48,
Fax (05 11) 7 62-82 28,
E-Mail Kuehne@oera.uni-hannover.de

Küpper, Dr. Herbert, Professor,
Herrnstr. 15, 80539 München;
Institut für Ostrecht,
Landshuter Str. 4, 93047 Regensburg,
(09 41) 9 43 54 50,
Fax (09 41) 9 43 54 65,
E-Mail Herbert.Kuepper@ostrecht.de

Kugelmann, Dr. Dieter, Professor,
Am Klosterwald 24, 48165 Münster,
DieterKugelmann@web.de;
Deutsche Universität der Polizei,
Zum Roten Berge 18–24, 48165 Münster,
(0 25 01) 8 06-4 37, -2 79 (Sekr.),
-5 25 (Fax),
E-Mail dieter.kugelmann@dhpol.de

Kunig, Dr. Dr. h.c. (Univ. Athen) Dr. h.c. (Univ. Istanbul) Philip, Professor,
Freie Universität Berlin, Institut für Staatslehre,
Boltzmannstraße 3, 14195 Berlin,
(0 30) 83 85 30-10,
Fax (0 30) 83 85 30-11,
E-Mail Kunig@zedat.fu-berlin.de

Lachmayer, Dr. Konrad, Privatdozent,
Weitlofgasse 12/10, 1180 Wien;
Universität Wien, Rechtswissenschaftliche Fakultät,
Institut für Staats- und Verwaltungsrecht,
Schottenbastei 10–16, 1010 Wien,
(00 43) 14 27 73 54 71,
Fax (00 43) 14 27 73 54 79,
E-Mail: konrad@lachmayer.eu

Ladeur, Dr. Karl-Heinz, Professor,
Universität Hamburg, Fakultät für Rechtswissenschaft,
Schlüterstraße 28, 20146 Hamburg,
(0 40) 4 28 38-57 52,
Fax (0 40) 4 28 38-26 35,
E-Mail karl-heinz.ladeur@jura.uni-hamburg.de

Lang, Dr. Heinrich, Professor, Dipl.-Sozialpädagoge,
Steinstraße 13, 17489 Greifswald;
Ernst-Moritz-Arndt Universität Greifswald,
Lehrstuhl für Öffentliches Recht, Sozial- und Gesundheitsrecht,
Domstraße 20, 17489 Greifswald,
(0 38 34) 86-21 74,
Fax (0 38 34) 86-21 13,
E-Mail bribraun@uni-greifswald.de

Lange, Dr. Klaus, Universitätsprofessor,
Lilienweg 22, 35423 Lich,
(0 64 04) 56 81;
Universität Gießen, Fachbereich Rechtswissenschaften,
Hein-Heckroth-Straße 5, 35390 Gießen,
(06 41) 92 11-80 oder -81,
Fax (06 41) 9 92 11-89,
E-Mail Klaus.Lange@recht.uni-giessen.de

Langenfeld, Dr. Christine, Professorin,
Menckestraße 30, 04155 Leipzig,
(03 41) 56 11 49 40,
Fax (03 41) 56 11 49 41,
E-Mail Dr.Langenfeld@t-online.de;
Juristisches Seminar der Georg-August-Universität,
Platz der Göttinger Sieben 6, 37073 Göttingen,
(05 51) 39-2 11 50, Fax (05 51) 39-2 11 51,
E-Mail enomiko@gwdg.de

Laskowski, Dr. Silke Ruth, Professorin,
Gertigstraße 13, 22303 Hamburg,
(0 40) 36 66 15, Fax (0 40) 36 66 15,
Mobil (01 79) 2 31 56 63;
Universität Kassel, Institut für Wirtschaftsrecht,
FG Öffentliches Recht, Völker- und Europarecht, Schwerpunkt Umweltrecht,
Diagonale 12, 34127 Kassel,
(05 61) 8 04 32 22,
Fax (05 61) 8 04 28 27,
E-Mail Laskowski@uni-kassel.de

Laubinger, Dr. Hans-Werner, M.C.L., Professor,
Philipp-Wasserburg-Str. 45, 55122 Mainz,
(0 61 31) 4 31 91;
Universität Mainz, 55099 Mainz,
(0 61 31) 39 59 42,
E-Mail Laubinger@mail.jura.uni-mainz.de

Laurer, Dr. Hans René, a.o. Universitätsprofessor,
Scheffergasse 27a, A-2340 Mödling,
(00 43) 2 63 62 04 02;
Wirtschafts-Universität,
Augasse 2–6, A-1190 Wien,
(00 43) 13 13 36 oder 46 69 oder 41 58

Lecheler, Dr. Helmut, o. Professor,
Freie Universität Berlin, Fachbereich Rechtswissenschaft,
Suarezstr. 38, 14057 Berlin,
(0 30) 7 73-63 17,
Fax (0 30) 30 30 11 11 94
E-Mail mail@lecheler.eu

Lege, Dr. Joachim, Professor,
Fischstr. 19, 17489 Greifswald,
(0 38 34) 77 39 41;
Rechts- und Staatswissenschaftliche Fakultät,
Ernst-Moritz-Arndt-Universität,
Domstr. 20, 17489 Greifswald,
(0 38 34) 86-21 50,
Fax (0 38 34) 86-21 56,
E-Mail lege@uni-greifswald.de

Lehner, Dr. Moris, Universitätsprofessor,
Kaiserplatz 7, 80803 München,
(0 89) 34 02 06 46;
Ludwig-Maximilians-Universität, Lehrstuhl für Öffentliches Recht, insbesondere öffentliches Wirtschaftsrecht und Steuerrecht,
Ludwigstr. 28 (Rgb.), 80539 München,
(0 89) 21 80 27 18,
Fax (0 89) 33 35 66,
E-Mail Moris.Lehner@jura.uni-muenchen.de

Leisner, Dr. mult. Dr. h.c. Walter, o. Professor,
Pienzenauerstr. 99, 81925 München,
(0 89) 98 94 05,
Fax (0 89) 98 29 09 97

Leisner, Dr. Walter Georg, Privatdozent,
Halserspitzstraße 13, 81673 München,
(0 89) 98 94 24;
Universität Hamburg, Fakultät für Rechtswissenschaft,
Schlüterstr. 28, 20146 Hamburg,
E-Mail leisner@lz-legal.de

Leisner-Egensperger, Dr. Anna, Universitätsprofessorin,
Bachmairstrasse 15, 81243 München-Pasing,
(0 89) 88 90 93 56,
Mobil (01 73) 3 92 41 45;
Lehrstuhl für Öffentliches Recht und Steuerrecht,
Friedrich-Schiller-Universität Jena,
Carl-Zeiss-Straße 3, 07743 Jena,
(0 36 41) 94 22 51,
Fax (0 36 41) 94 22 52,
E-Mail A.Leisner@recht.uni-jena.de

Leitl-Staudinger, Dr. Barbara, Universitätsprofessorin,
Hohe Straße 135, A-4040 Linz;
Institut für Fernunterricht in den Rechtswissenschaften,
Johannes Kepler Universität Linz,
Petrinumstraße 12, A-4040 Linz,
(00 43) 7 32 24 68 19 00,
Fax (00 43) 7 32 24 68 19 10,
E-Mail barbara.leitl-staudinger@jku.at

Lenski, Dr. Sophie-Charlotte, Privatdozentin,
Universität Konstanz,
Universitätsstraße 10, 78457 Konstanz,
(0 75 31) 88-36 54,
Fax (0 75 31) 88-21 94,
E-Mail: sophie.lenski@uni-konstanz.de

Lenze, Dr. Anne, Privatdozentin,
Sandstraße 19, 64625 Bensheim,
(0 62 51) 58 08 52;
Fachhochschule Darmstadt,
Adelungstraße 51, 64283 Darmstadt,
(061 51) 16 89 65,
Fax (0 61 51) 16 89 90,
E-Mail anne.lenze@t-online.de

Lepsius, Dr. Oliver, LL.M. (Chicago), Professor,
Romanstr. 53, 80639 München,
(0 89) 14 33 24 82 und (09 21) 15 08 44 30;

Lehrstuhl für Öffentliches Recht, Allgemeine und Vergleichende Staatslehre,
Universität Bayreuth,
Universitätsstr. 30, 95440 Bayreuth,
(09 21) 55-62 61, (09 21) 55-62 62,
E-Mail oliver.lepsius@uni-bayreuth.de

Lerche, Dr. Dr. h. c. Peter, o. Professor,
Junkersstr. 13, 82131 Gauting,
(0 89) 8 50 20 88,
Fax (0 89) 8 50 20 88

Lewinski, Dr. Kai von, Professor,
Lehrstuhl für Öffentliches Recht,
Medien- und Informationsrecht –
Universität Passau
Innstraße 40 (Nikolakloster)
94032 Passau
Telefon: 08 51/5 09-22 21 (Sekr.)
Telefax: 08 51/5 09-22 22
E-Mail: kai.lewinski@uni-passau.de
Stephanstr. 165, 94034 Passau

Lienbacher, Dr. Georg, Universitätsprofessor,
Obere Donaustr. 43/2/44, A-1020 Wien;
Institut für Österreichisches und Europäisches Öffentliches Recht, Wirtschaftsuniversität Wien,
Welthandelsplatz 1/D3, A-1020 Wien,
(00 43) 13 13 36-54 02,
Fax (00 43) 13 13 36-92 22,
E-Mail Georg.Lienbacher@wu.ac.at
Mitglied des Verfassungsgerichtshofs,
Verfassungsgerichtshof, Freyung 8,
A-1010 Wien,
(00 43) 15 31 22-10 37,
E-Mail g.lienbacher@vfgh.gv.at

Lindner, Dr. Josef Franz, Professor,
Großhaderner Straße 14b, 81375 München,
(0 89) 70 32 45, Fax (0 89) 74 00 93 85;
Lehrstuhl für Öffentliches Recht, Universität Augsburg,
Universitätsstr. 24, 86159 Augsburg
(08 21) 5 98 49 70,
Fax (08 21) 5 98 14 49 70
E-Mail josef.lindner@jura.uni-augsburg.de

Link, Dr. jur. Dres. theol. h.c. Heinz-Christoph, em. Professor,
Rühlstraße 35, 91054 Erlangen,
(0 91 31) 20 93 35,
Fax (0 91 31) 53 45 66;
Hans-Liermann-Institut für Kirchenrecht,
Hindenburgstr. 34, 91054 Erlangen,
(0 91 31) 8 52 28 25,
Fax (0 91 31) 8 52 40 64

Linke, Dr. Tobias, Privatdozent,
Tel.: 0 22 41/9 22 00 10
E-Mail: tobias.linke@jura.uni-bonn.de

Lorenz, Dr. Dieter, o. Professor,
Bohlstr. 21, 78465 Konstanz,
(0 75 33) 68 22;
Universität Konstanz,
Postfach 55 60 D 100, 78434 Konstanz,
(0 75 31) 88 25 30,
E-Mail Dieter.Lorenz@uni-konstanz.de

Lorz, Dr. Ralph Alexander, LL.M. (Harvard), Attorney-at-Law (New York),
Universitätsprofessor,
Eickelscheidt 8 a, 40883 Ratingen,
(01 70) 4 12 18 66;
Universität Düsseldorf, Lehrstuhl für deutsches und ausländisches öffentliches Recht, Völker- und Europarecht,
Universitätsstraße 1, 40225 Düsseldorf,
(02 11) 8 11-14 35,
Fax (02 11) 8 11-14 56,
E-Mail Al.Lorz@uni-duesseldorf.de

Losch, Dr. phil. Dr. iur. Bernhard,
Professor,
Ulrich-Hofmaier-Str. 45, 86159 Augsburg,
(08 29) 66 09 61 64

Löwer, Dr. Wolfgang, Professor,
Hobsweg 15, 53125 Bonn,
(02 28) 25 06 92,
Fax (02 28) 25 04 14;
Universität Bonn,
Adenauerallee 24–42, 53113 Bonn,
(02 28) 73 92 78/73 92 80,
Fax (02 28) 73 39 57,
E-Mail w.loewer@uni-bonn.de

Lübbe-Wolff, Dr. Gertrude, Professorin,
(05 21) 88 26 59;
Universität Bielefeld, Fakultät Rechtswissenschaft,
Universitätsstr. 25, Postfach 10 01 31,
33615 Bielefeld,
(05 21) 1 06-43 86,
Fax (05 21) 1 06-80 85,
E-Mail Gertrude.Luebbe-Wolff@uni-bielefeld.de

Luchterhandt, Dr. Otto, Professor,
Im Wendischen Dorfe 28, 21335 Lüneburg,
(0 41 31) 23 29 65,
Fax (0 41 31) 23 29 65;
Universität Hamburg,
Schlüterstr. 28 (Rechtshaus), 20146 Hamburg,
(0 40) 4 28 38-45 62,
E-Mail ottolucht@arcor.de

Ludwigs, Dr. Markus, Universitätsprofessor,
Sterntalerweg 116, 97084 Würzburg;
Lehrstuhl für Öffentliches Recht und Europarecht, Universität Würzburg,
Domerschulstraße 16, 97070 Würzburg,
(09 31) 31-8 99 79,
E-Mail ludwigs@jura.uni-wuerzburg.de

Lühmann, Dr. Hans, Privatdozent,
Pannebäcker Str. 7a, 40593 Düsseldorf,
(02 11) 2 39 95 34

Luther, Dr. Jörg, Professor
Via Roero di Cortanze 2, I-10124 Torino,
(00 39) 0 11 83 56 07,
Dipartimento POLIS
Via Cavour 84, I-15100 Alessandria,
(00 39) 01 31 28 37 45,
Fax (00 39) 01 31 28 37 04
luther@sp.unipmn.it

Mächler, Dr. iur. August, Professor,
Schindellegistrasse 15, CH-8808 Pfäffikon,
(00 41) 5 54 10 43 20;
Sicherheitsdepartement des Kt. Schwyz,
Postfach 1200, 6431 Schwyz,
(00 41) 4 18 19 20 02,
Fax (00 41) 4 18 19 20 19,
E-Mail august-maechler@swissonline.ch

Magen, Dr. Stefan, M.A., Professor,
Kallenweg 6, 53129 Bonn,
(02 28) 90 91 76 79;
Ruhr-Universität Bochum, Lehrstuhl für Öffentliches Recht, Rechtsphilosophie und Rechtsökonomik,
Universitätsstr. 150, 44780 Bochum,
(02 34) 32-2 28 09, Fax (02 34) 32-1 43 27
E-Mail magen@rub.de

Mager, Dr. Ute, Universitätsprofessorin,
Universität Heidelberg, Juristische Fakultät,
Friedrich-Ebert-Anlage 6–10, 69117 Heidelberg,
(0 62 21) 54 77 37 oder (01 71) 5 54 00 78,
E-Mail ute.mager@jurs.uni-heidelberg.de

Magiera, Dr. Siegfried, Universitätsprofessor,
Feuerbachstr. 1, 67354 Römerberg,
(0 62 32) 8 48 98;
Deutsche Universität für Verwaltungswissenschaften Speyer,
Freiherr-vom-Stein-Str. 2, 67346 Speyer,
(0 62 32) 65 43 48,
E-Mail s.magiera@uni-speyer.de

Mahlmann, Dr. Matthias, Professor,
Rindermarkt 7, CH-8001 Zürich;
Lehrstuhl für Rechtstheorie, Rechtssoziologie und Internationales Öffentliches Recht, Universität Zürich,
Treichlerstr. 10, CH-8032 Zürich,
(00 41) 4 46 34 15 87,
Fax (00 41) 4 46 34 43 91,
E-Mail matthias.mahlmann@rwi.uzh.ch

Majer, Dr. jur. utr. Diemut, Rechtsanwältin, Universitätsprofessorin,
Universität Bern;
Welfenstr. 35, 76137 Karlsruhe,
(07 21) 81 66 50
Fax (07 21) 81 76 63,
E-Mail majer@kanzlei-karlstr62.de

Mangoldt, Dr. Hans von, Professor,
Goetheweg 1, 72147 Nehren,
(07473) 7908;
Universität Tübingen, Juristische Fakultät,
Geschwister-Scholl-Platz, 72074 Tübingen,
(0 70 71) 2 97 33 02

Mann, Dr. Thomas, Professor,
Im Torfveen 19, 46147 Oberhausen,
(02 08) 67 54 98;
Juristisches Seminar der Georg-August-Universität Göttingen,
Platz der Göttinger Sieben 6, 37073 Göttingen,
(05 51) 39-47 23,
Fax (05 51) 39-79 78,
E-Mail sekretariatmann@jura.uni-goettingen.de

Manssen, Dr. Gerrit, Universitätsprofessor,
Konrad-Adenauer-Allee 15,
93051 Regensburg,
(09 41) 9 28 45;
Juristische Fakultät, Universität Regensburg,
93040 Regensburg,
(09 41) 9 43-32 55,
Fax (09 41) 9 43-32 57,
E-Mail Gerrit.Manssen@jura.uni-regensburg.de

Mantl, Dr. Dr. h.c. Wolfgang, em. o. Universitätsprofessor,
Wiener Str. 256/XI/33, A-8051 Graz,
(00 43) 3 16-68 13 06;
Institut für Österreichisches, Europäisches und Vergleichendes Öffentliches Recht,
Politikwissenschaft und Verwaltungslehre,
Karl-Franzens-Universität Graz,
Universitätsstr. 15/K3, A-8010 Graz,
(00 43) 3 16-3 80 33 70,
E-Mail wolfgang.mantl@uni-graz.at

Marauhn, Dr. Thilo, M.Phil., Professor,
An der Fels 20, 35435 Wettenberg,
(06 41) 8 77 32 75,
Fax (06 41) 8 77 32 75,
E-Mail thilo.marauhn@recht.uni-giessen.de;
Professur für Öffentliches Recht, Völkerrecht und Europarecht,
Justus-Liebig-Universität Gießen,
Licher Straße 76, 35394 Gießen,
(06 41) 9 92 11 50/51,
Fax (06 41) 9 92 11 59,
E-Mail intlaw@recht.uni-giessen.de

Marko, Dr. Joseph, o. Professor,
Kasernstr. 35, A-8010 Graz,
(00 43) 3 16-46 22 38;
Institute of Austrian, European and Comparative Public Law and Political Sciences,
University of Graz,
Universitätsstraße 15/B4, A-8010 Graz,
(00 43) 31 63 80-33 74,
Fax (00 43) 31 63 80-9 42,
E-Mail josef.marko@uni-graz.at

Marti, Dr. Arnold, Titularprofessor der Universität Zürich,
Fernsichtstraße 5, CH-8200 Schaffhausen,
(00 41) 52-6 24 18 10,
E-Mail a.g.marti@swissonline.ch;
Obergericht des Kantons Schaffhausen,
Frauengasse 17, CH-8200 Schaffhausen,
(00 41) 52-6 32 74 24,
Fax (00 41) 52-63 27 86,
E-Mail arnold.marti@ktsh.ch

Martínez Soria, Dr. José, Universitätsprofessor,
Braschzeile 9, 14109 Berlin,
0 30) 80 58-67 66;
Stiftungsprofessur für Agrarrecht und Öffentl. Recht, Institut für Landwirtschaftsrecht der Universität Göttingen, Juristische Fakultät,
Platz der Göttinger Sieben 6, 37073 Göttingen,
(05 51) 39-74 15,
Fax (05 51) 39-9 12 68,
E-Mail jmartin@gwdg.de

Martini, Dr. Mario, Professor,
Adams-Lehmann-Str. 8, 80797 München,
(0 89) 32 00 26 10;
Deutsche Universität für Verwaltungswissenschaften
Speyer, Lehrstuhl für Verwaltungswissenschaft,
Freiherr-vom-Stein-Straße 2,
67346 Speyer,
(0 62 32) 6 54-3 38,
Fax (0 62 32) 6 54-4 04,
E-Mail martini@uni-speyer.de

März, Dr. Wolfgang, Professor,
Zelckstraße 1, 18055 Rostock,
(03 81) 3 77 92 55,
Fax (03 81) 3 77 92 56;
Lehrstuhl für Öffentliches Recht und Verfassungsgeschichte, Universität Rostock,
Möllner Str. 10, 18109 Rostock,
(03 81) 4 98 81 90,
Fax (03 81) 4 98 80 02,
E-Mail wolfgang.maerz@uni-rostock.de

Masing, Dr. Johannes, Professor,
Richter des Bundesverfassungsgerichts,
Schlossbezirk 3, 76131 Karlsruhe;
Albert-Ludwigs-Universität Freiburg,
Platz der Alten Synagoge, 79085 Freiburg,
(07 61) 2 03-22 52,
Fax (07 61) 2 03 22 93,
E-Mail johannes.masing@jura.uni-freiburg.de

Maurer, Dr. Hartmut, o. Professor,
Säntisblick 10, 78465 Konstanz,
(0 75 33) 13 12;
Universität Konstanz, Fachbereich Rechtswissenschaft,
Postfach 1 18, 78457 Konstanz,
(0 75 31) 88 36 57,
Fax (0 75 31) 88 31 96,
E-Mail hartmut.maurer@uni-konstanz.de

Mayer, Dr. Franz, LL.M. (Yale), Universitätsprofessor,
Universität Bielefeld, Lehrstuhl für Öffentliches Recht,
Europarecht, Völkerrecht, Rechtsvergleichung und Rechtspolitik,
Postfach 10 01 31, 33501 Bielefeld,
(05 21) 1 06-44 12,
Fax (05 21) 1 06-8 90 16,
E-Mail franz.mayer@uni-bielefeld.de

Mayer-Tasch, Dr. Peter Cornelius, Professor,
Am Seeberg 13, 86938 Schondorf,
(0 81 92) 86 68;
Hochschule für Politik München,
Ludwigstr. 8, 80539 München,
(0 89) 2 88 03 99-0,
Fax (0 89) 2 88 03 99-22

Meessen, Dr. Karl Matthias, Professor,
Rotterdamer Straße 45, 40474 Düsseldorf,

(02 11) 1 59 42 11,
Fax (02 11) 1 59 42 12,
E-Mail Karl.Meessen@t-online.de

Mehde, Dr. Veith, Mag.rer.publ., Professor,
Lilienstr. 23, 30167 Hannover,
(05 11) 98 29 06;
Lehrstuhl für Öffentliches Recht, insbesondere Verwaltungsrecht, Leibniz Universität Hannover,
Königsworter Platz 1, 30167 Hannover,
(05 11) 7 62-82 06, Sekr.: -82 07,
Fax (05 11) 762-1 91 06,
E-Mail mehde@jura.uni-hannover.de

Meng, Dr. Werner, Universitätsprofessor,
Im Herrengarten 8, 55263 Wackernheim,
(0 61 32) 97 70 65;
Europa-Institut, Universität des Saarlandes,
Postfach 15 11 50, 66041 Saarbrücken,
(06 81) 3 02 66 60,
Fax (06 81) 3 02 66 62,
E-Mail w.meng@kabelmail.de

Menzel, Dr. Jörg, Privatdozent,
The Senate of the Kingdom of Cambodia, Chamcar Morn, State Palace, Norodom Blvd., Phnom Penh, Cambodia,
(0 08 55) 12 33 35 28,
Fax (0 08 55) 23 21 14 46,
E-Mail joergmenzel@gmx.net

Merli, Dr. Franz, Universitätsprofessor,
Institut für Österreichisches, Europäisches und Vergleichendes Öffentliches Recht, Politikwissenschaft und Verwaltungslehre,
Karl-Franzens-Universität Graz,
Universitätsstraße 15, A-8010 Graz,
(00 43) 31 63 80-36 02,
Fax (00 43) 31 63 80-94 50,
E-Mail merli@uni-graz.at

Merten, Dr. Dr. Detlef, o. Professor,
Von-Dalberg-Str. 8, 67487 St. Martin,
(0 63 23) 18 75;
Deutsche Universität für Verwaltungswissenschaften Speyer,
Freiherr-vom-Stein-Str. 2–6,
67346 Speyer,
(0 62 32) 6 54-3 49; oder -3 30,
E-Mail merten@uni-speyer.de

Meßerschmidt, Dr. Klaus, Privatdozent,
Hynspergstr. 29, 60322 Frankfurt am Main,
(0 69) 55 45 87;
University of Latvia, EuroFaculty,
Raina bulv. 19, LV-1586 Riga/Lettland,
(0 03 71) 7 82 02 78,
Fax (0 03 71) 7 82 02 60,
E-Mail Messerschmidtkl@aol.com

Meyer, Dr. Dr. h. c. Hans, Professor,
Georg-Speyer-Str. 28, 60487 Frankfurt am Main,
(0 69) 77 01 29 26,
Fax (0 69) 7 01 29 27;
Humboldt-Universität zu Berlin, Juristische Fakultät,
Unter den Linden 6, 10099 Berlin,
(0 30) 20 93-35 28 (Sekr.) oder -33 47,
Fax (0 30) 20 93-27 29,
E-Mail Hans.Meyer@rewi.hu-berlin.de

Meyer, Dr. Stephan, Privatdozent,
Universität Erfurt,
Nordhäuser Str. 63, 99089 Erfurt,
(03 61) 7 37-47 62,
Fax (03 61) 7 37-47 09,
E-Mail stephan.meyer@uni-erfurt.de

Meyn, Dr. Karl-Ulrich, Professor,
Leyer Str. 36, 49076 Osnabrück,
(05 41) 1 64 82;
Universität Jena,
Schillerhaus, Schillergässchen 2,
07745 Jena,
(0 36 41) 93 11 85,

Fax (0 36 41) 93 11 87,
E-Mail karl-ulrich.meyn@t-online.de

Michael, Dr. Lothar, Professor,
Kapellenstraße 51, 40670 Meerbusch;
Professur für Öffentliches Recht,
Universitätsstraße 1, Geb. 24.91,
40225 Düsseldorf,
(02 11) 8 11 14 12,
E-Mail Lothar.Michael@uni-duesseldorf.de

Moeckli, Dr. Daniel, Professor,
Assistenzprofessur für Völkerrecht und Staatsrecht,
Universität Zürich, Rechtswissenschaftliches Institut
Rämistraße 74/50, CH-8001 Zürich,
Tel.: + 4 14 46 34 36 94
Fax: + 4 14 46 34 49 11
E-Mail: daniel.moeckli@rwi.uzh.ch
Donnerbühlweg 30, CH-3012 Bern

Möllers, Dr. Christoph, LL.M., Professor,
Zehdenicker Str. 14, 10119 Berlin;
Humboldt-Universität zu Berlin,
Lehrstuhl für Öffentliches Recht, insbesondere Verfassungsrecht und Rechtsphilosophie,
Unter den Linden 6, 10099 Berlin,
(0 30) 20 93-35 85, Fax (0 30) 20 93-35 52,
E-Mail sekretariat.moellers@rewi.hu-berlin.de

Morgenthaler, Dr. Gerd, Professor,
Tilsiter Str. 33, 57250 Netphen;
Universität Siegen, Fachbereich 5,
Hölderlinstr. 3, 57068 Siegen,
(02 71) 7 40 24 02,
E-Mail morgenthaler@recht.wiwi.uni-siegen.de

Morlok, Dr. Martin, Professor,
Poßbergweg 51, 40629 Düsseldorf,
(02 11) 28 68 68;
Heinrich-Heine-Universität, Juristische Fakultät,
Universitätsstr. 1, Gebäude 24.91,
40225 Düsseldorf,
(02 11) 8 11 53 51, Fax (02 11) 8 11 14 60,
E-Mail ls.morlok@uni-duesseldorf.de

Morscher, Dr. Siegbert, em. Universitätsprofessor,
Tschiggyfreystr. 11a, A-6020 Innsbruck,
(00 43) 5 12-28 62 10;
Leopold-Franzens-Universität, Institut für Öffentliches Recht, Staats- und Verwaltungslehre,
Innrain 52d, A-6020 Innsbruck,
(00 43) 5 12-5 07 82 10 od. -11,
Fax (00 43) 5 12-5 07 28 28,
E-Mail siegbert.morscher@uibk.ac.at

Möstl, Dr. Markus, Professor,
Birkenstraße 77, 95447 Bayreuth,
(09 21) 50 71 68;
Rechts- und Wirtschaftswissenschaftliche Fakultät
Universitätsstr. 30, 95440 Bayreuth,
(09 21) 55-28 66,
Fax (09 21) 55-20 41,
E-Mail markus.moestl@uni-bayreuth.de

Muckel, Dr. Stefan, Universitätsprofessor,
Ringstraße 122, 42929 Wermelskirchen,
(0 21 93) 53 10 74;
Universität zu Köln, Institut für Kirchenrecht,
50923 Köln,
(02 21) 4 70-37 77 oder 4 70-26 79,
E-Mail Kirchenrecht@uni-koeln.de

Mückl, Dr. Stefan, apl. Professor,
Adenauerallee 129, 53115 Bonn;
Albert-Ludwigs-Universität Freiburg i.Br., Institut für Öffentliches Recht IV,
Platz der Universität 3,
79085 Freiburg i.Br.,
(07 61) 2 03-22 64,
Fax (07 61) 2 03-22 97,
E-Mail s.mueckl@gmx.de

Müller, Dr. Bernhard, Privatdozent,
Lisseeweg 36/2, A-1210 Wien,
(00 43) 67 69 34 93 43,
E-Mail b_mueller@tele2.at;
Dorda Brugger Jordis Rechtsanwälte GmbH,
Dr.-Karl-Lueger-Ring 10, A-1010 Wien,
(00 43) 15 33 47 95 57,
Fax (00 43) 15 33 47 95 50 57,
E-Mail bernhard.mueller@dbj.at

Müller, Dr. Dr. h.c. Georg, o. Professor em.,
Sugenreben 10, CH-5018 Erlinsbach,
(00 41) 6 28 44 38 73,
E-Mail georg-mueller@sunrise.ch

Müller, Dr. Dr. h.c. Jörg Paul, o. Professor em.,
Universität Bern,
Kappelenring 42a, CH-3032 Hinterkappelen bei Bern,
(00 41) 3 19 01 05 70,
E-Mail jpmueller@bluewin.ch

Müller, Dr. Markus, Professor,
Institut für öffentliches Recht, Universität Bern, Schanzeneckstraße 1,
CH-3001 Bern,
(00 41) 3 16 31 45 94,
E-Mail markus.mueller@oefre.unibe.ch

Müller-Franken, Dr. Sebastian, Professor,
Schützenstr. 1c, 35039 Marburg/Lahn,
(0 64 21) 2 07 03 40 oder
Westermühlstr. 28, 80469 München,
(0 89) 20 23 98 28;
Professur für Öffentliches Recht,
Philipps-Universität Marburg,
Universitätsstraße 6, 35032 Marburg/Lahn,
(0 64 21) 2 82 31 22,
Fax (0 64 21) 2 82 38 40,
E-Mail mueller-franken@jura.uni-marburg.de

Müller-Terpitz, Dr. Ralf, Professor,
Lehrstuhl für Öffentliches Recht, Recht der Wirtschaftsregulierung und Medien
Fakultät für Rechtswissenschaft und Volkswirtschaftslehre der Universität Mannheim
Schloss Westflügel
E-Mail mueller-terpitz@uni-mannheim.de

Münch, Dr. Dr. h.c. Ingo von, Professor,
Hochrad 9, 22605 Hamburg,
(0 40) 82 96 24,
Fax (0 40) 82 34 49

Murswiek, Dr. Dietrich, o. Professor,
Lindenaustr. 17, 79199 Kirchzarten,
(0 76 61) 9 92 37;
Institut für Öffentliches Recht,
Universität Freiburg,
79085 Freiburg,
(07 61) 2 03-22 37 oder -41,
Fax (07 61) 2 03-22 40,
E-Mail Dietrich.Murswiek@jura.uni-freiburg.de

Musil, Dr. Andreas, Professor,
Mendelssohn-Bartholdy-Str. 34,
14480 Potsdam,
(03 31) 7 45 34 53;
Universität Potsdam, Lehrstuhl für Öffentliches Recht, insbesondere Verwaltungs- und Steuerrecht,
August-Bebel-Str 89, 14482 Potsdam,
(03 31) 9 77 32 33,
E-Mail musil@uni-potsdam.de

Mußgnug, Dr. Reinhard, o. Professor,
Keplerstr. 40, 69120 Heidelberg,
(0 62 21) 43 62 22,
Fax (0 62 21) 40 83 09;
Universität Heidelberg, Institut für Finanz- und Steuerrecht,
Friedrich-Ebert-Anlage 6–10,
69117 Heidelberg,
(0 62 21) 54 74 66, Fax (0 62 21) 54 76 54,

E-Mail Reinhard.Mussgnug@urz.uni-heidelberg.de

Mutius, Dr. Albert von, o. Professor,
Hof „Frankenthaler Moor“,
Poseritz-Ausbau Nr. 8, 18574 Poseritz auf Rügen,
(03 83 07) 4 05 99,
Mobil (01 76) 21 82 05 81,
Fax (03 83 07) 4 03 49,
E-Mail avm.law@gmx.de

Nettesheim, Dr. Martin, o. Professor,
Horemer 13, 72076 Tübingen,
(0 70 71) 25 46 04;
Universität Tübingen, Juristische Fakultät,
Geschwister-Scholl-Platz, 72074 Tübingen,
(0 70 71) 2 97 25 60,
Fax (0 70 71) 29 58 47,
E-Mail Nettesheim@jura.uni-tuebingen.de

Neumann, Dr. Volker, Professor,
Neckarstaden 10, 69117 Heidelberg,
(0 62 21) 16 12 66;
Humboldt-Universität zu Berlin, Lehrstuhl für Öffentliches Recht, Sozialrecht und Staatstheorie,
Unter den Linden 6, 10099 Berlin,
(0 30) 20 93 34 60,
Fax (0 30) 20 93 34 52,
E-Mail volker.neumann@rewi.hu-berlin.de

Nicolaysen, Dr. Dr. h.c. Gert, Professor,
Bockhorst 68a, 22589 Hamburg,
(0 40) 87 0 17 47;
Universität Hamburg, Seminar für Öffentliches Recht und Staatslehre,
Abteilung Europarecht,
Schlüterstraße 28, 20146 Hamburg,
E-Mail gert.nicolaysen@jura.uni-hamburg.de

Niedobitek, Dr. Matthias, Universitätsprofessor,
Weststr. 99, 09116 Chemnitz,
(03 71) 27 55 04 18;
Professur für Europäische Integration mit dem Schwerpunkt Europäische Verwaltung,
Technische Universität Chemnitz,
Thüringer Weg 9, 09126 Chemnitz,
(03 71) 5 31-3 49 12,
E-Mail matthias.niedobitek@phil.tu-chemnitz.de

Nierhaus, Dr. Michael, Professor,
Am Moosberg 1c, 50997 Köln,
(0 22 36) 6 36 29,
Fax (0 22 36) 96 37 95,
E-Mail michael@nierhaus.org

Nolte, Dr. Georg, Professor,
Ansbacher Str. 73, 10777 Berlin,
(0 30) 53 67 41 92;
Institut für Völker- und Europarecht,
Humboldt-Universität zu Berlin,
Unter den Linden 6, 10099 Berlin,
(0 30) 20 93-33 49,
Fax (0 30) 20 93-33 84,
E-Mail georg.nolte@rewi.hu-berlin.de

Nolte, Dr. Jakob, Privatdozent,
Rue des Pavillons 15, CH-1205 Genf,
(00 41) 22-3 20 34 27;
Humboldt-Universität zu Berlin, Juristische Fakultät, Unter den Linden 6,
10099 Berlin,
(0 30) 20 93-34 59, Fax (0 30) 20 93 33 45,
E-Mail jakob.nolte@rewi.hu-berlin.de

Nolte, Dr. Martin, Professor,
Judenpfad 9, 50996 Köln,
(0 22 36) 8 95 29 84,
(01 51) 54 44 06 06 (Mobil);
Deutsche Sporthochschule Köln,
Professur für Sportrecht,
Am Sportpark Müngersdorf 6,
50933 Köln,

(02 21) 49 82 60 88,
Fax (02 21) 49 82 81 45,
E-Mail M.Nolte@dshs-koeln.de

Novak, Dr. Richard, o. Professor,
Thadd. Stammel-Str. 8, A-8020 Graz,
(00 43) 3 16-5 35 16;
Universität (00 43) 3 16-3 80-33 71,
E-Mail richard.novak@uni-graz.at

Nowak, Dr. Carsten, Universitäts-professor,
Jevenstedter Str. 69g, 22547 Hamburg,
(0 40) 8 80 03 17;
Lehrstuhl für Öffentliches Recht, insb. Europarecht,
Europa-Universität Viadrina Frankfurt (Oder),
Große Scharrnstr. 59, 15230 Frankfurt (Oder),
(03 35) 55 34-27 10, -27 11,
Fax (03 35) 55 34-7 27 11,
E-Mail cnowak@europa-uni.de

Nowrot, Dr. Karsten, LL.M. (Indiana), Professor,
Tulpenweg 10, 24220 Flintbek,
(0 43 47) 9 09 39 55;
Universität Hamburg, Fachbereich Sozialökonomie, Von-Melle-Park 9, 20146 Hamburg,
(0 40) 4 28 38-32 07,
Fax (0 40) 4 28 38-81 29,
E-Mail Karsten.Nowrot@wiso.uni-hamburg.de

Nußberger, Dr. Angelika, Professorin,
Eichenhainallee 15, 51427 Bergisch Gladbach;
Institut für Ostrecht an der Universität zu Köln,
Klosterstr. 79 d, 50931 Köln,
(02 21) 4 70 55 83,
Fax (02 21) 4 70 55 82,
E-Mail angelika.nussberger@uni-koeln.de

Odendahl, Dr. Kerstin, Professorin,
Christian-Albrechts-Universität zu Kiel,
Walther-Schücking-Institut für Internationales Recht,
Westring 400, 24118 Kiel,
(04 31) 8 80-21 49,
Fax (04 31) 8 80-16 19,
E-Mail odendahl@wsi.uni-kiel.de

Oebbecke, Dr. Janbernd, Universitäts-professor,
Huberstr. 13a, 48151 Münster,
(02 51) 2 30 51 70;
Kommunalwissenschaftliches Institut,
Universität Münster,
Universitätsstr. 14–16, 48143 Münster,
(02 51) 83-2 18 06,
Fax (02 51) 83-2 18 33,
E-Mail oebbecke@uni-muenster.de

Oesch, Dr. Matthias, Professor,
Universität Zürich, Rechtswissenschaftliches Institut, Lehrstuhl für Öffentliches Recht, Europarecht nd Wirtschaftsvölkerrecht, Rämistraße 74/18,
CH-8001 Zürich,
(00 41) 44 6 34 59 52,
E-Mail matthias.oesch@rwi.uzh.ch

Oeter, Dr. Stefan, Professor,
Wulfsdorfer Weg 122, 22359 Hamburg,
(0 40) 60 95 19 57;
Universität Hamburg, Institut für Internationale Angelegenheiten,
Rothenbaumchaussee 33, 20148 Hamburg,
(0 40) 4 28 38 45 65,
Fax (0 40) 4 28 38 62 62,
E-Mail S-Oeter@jura.uni-hamburg.de

Ogorek, Dr. Markus, LL.M. (Berkeley), Professor,
Brucknerstraße 3, 50931 Köln;
Lehrstuhl für Staats- und Verwaltungsrecht, öffentliches und privates Wirtschaftsrecht,
EBS Universität für Wirtschaft und Recht,

EBS Law School,
Gustav-Stresemann-Ring 3, 65189 Wiesbaden,
(06 11) 71 02 22 37,
Fax (06 11) 71 02 10 22 37,
E-Mail markus.ogorek@ebs.edu

Ohler, Dr. Christoph, LL.M., Professor,
Berghoffsweg 4, 07743 Jena,
(0 36 41) 20 70 81;
Rechtswissenschaftliche Fakultät,
Friedrich-Schiller-Universität Jena,
Carl-Zeiß-Str. 3, 07743 Jena
(0 36 41) 94 22 60,
Fax (0 36 41) 94 22 62,
E-Mail christoph.ohler@recht.uni-jena.de

Öhlinger, Dr. Theo, o. Universitätsprofessor,
Tolstojgasse 5/6, A-1130 Wien,
(00 43-1) 8 77 12 60;
Universität Wien, Schottenbastei 10–16,
A-1010 Wien,
E-Mail theodor.oehlinger@univie.ac.at

Oldiges, Dr. Martin, Universitätsprofessor,
August-Bebel-Straße 31, 04275 Leipzig,
(03 41) 2 11 92 33,
Fax (03 41) 1 49 68 16,
E-Mail martin@oldiges.de;
Universität Leipzig, Juristenfakultät,
Otto-Schill-Str. 2, 04109 Leipzig,
(03 41) 9 73 51 31,
Fax (03 41) 9 73 51 39

Oppermann, Dr. Dres. h.c. Thomas,
o. Professor,
Burgholzweg 122, 72070 Tübingen,
(0 70 71) 4 95 33, Fax (0 70 71) 4 47 02,
E-Mail oppermannprof@aol.com;
Universität Tübingen, Juristische Fakultät,
Geschwister-Scholl-Platz, 72074 Tübingen,
(0 70 71) 2 97 25 58,
Fax (0 70 71) 29 58 47,
E-Mail Thomas.Oppermann@uni-tuebingen.de

Ossenbühl, Dr. Fritz, Professor,
Im Wingert 12, 53340 Meckenheim,
(0 22 25) 1 74 82;
Universität Bonn, 53113 Bonn,
(02 28) 73 55-72 oder -73

Osterloh, Dr. Lerke, Professorin, Richterin des Bundesverfassungsgerichts a. D.,
Dünkelbergsteig 6, 14195 Berlin,
(0 30) 82 00 75 52,
Fax (0 30) 82 00 75 50;
Institut für Öffentliches Recht, Universität Frankfurt,
Postfach 11 19 32, 60054 Frankfurt am Main,
(0 69) 79 82 27 11 oder 2 86 11,
Fax (0 69) 79 82 25 62,
E-Mail osterloh@jur.uni-frankfurt.de

Pabel, Dr. Katharina, Professorin,
Ortmayrstraße 9, A-4060 Leonding,
(00 43) 7 32 68 05 50;
Johannes Kepler Universität Linz,
Institut für Verwaltungsrecht und Verwaltungslehre,
Altenberger Straße 69, A-4040 Linz,
(00 43) 7 32/24 68-84 90,
Fax (00 43) 7 32/24 68-84 89,
E-Mail katharina.pabel@jku.at

Pabst, Dr. Heinz-Joachim, Privatdozent,
Universität zu Köln, Prüfungsamt der
Rechtswissenschaftlichen Fakultät,
Albertus-Magnus-Platz, 50923 Köln,
(02 21) 4 70-57 99,
Fax (02 21) 4 70-67 22,
E-Mail hpabst@uni-koeln.de

Pache, Dr. Eckhard, Professor,
Hauptstraße 82, 97218 Gerbrunn;
Julius-Maximilians-Universität Würzburg,
Domerschulstraße 16, 97070 Würzburg,
(09 31) 31-8 23 09, Fax (09 31) 31-23 19,
E-Mail pache@jura.uni-wuerzburg.de

Palm, Dr. Ulrich, Professor,
Universität Hohenheim, Lehrstuhl für Öffentliches Recht, Finanz- und Steuerrecht,
Schloss Osthof-Nord, 70559 Stuttgart,
(07 11) 4 59-2 27 91,
Fax (07 11) 4 59-2 34 82,
E-Mail palm@uni-hohenheim.de

Papier, Dr. Dr. h.c. Hans-Jürgen, em. o. Professor, Präsident des Bundesverfassungsgerichts a. D.,
Institut für Politik und Öffentliches Recht, Universität München,
Professor-Huber-Platz 2, 80539 München,
(0 89) 21 80-33 39
Mitterfeld 5a, 82327 Tutzing
E-Mail hans-juergen@prof-papier.de

Paulus, Dr. Andreas, Professor,
Hermann-Föge-Weg 17, 37073 Göttingen;
Institut für Völkerrecht und Europarecht,
Platz der Göttinger Sieben 5, 37073 Göttingen,
(05 51) 39 47 51,
Fax (05 51) 39 47 67,
E-Mail apaulus@jura.uni-goettingen.de

Pauly, Dr. Walter, o. Professor,
Lehrstuhl für Öffentliches Recht, Rechts- und Verfassungsgeschichte, Rechtsphilosophie, Universität Jena,
Carl-Zeiss-Str. 3, 07743 Jena,
(0 36 41) 94 22 30 oder -31,
Fax (0 36 41) 94 22 32,
E-Mail W.Pauly@recht.uni-jena.de

Pechstein, Dr. Matthias, Universitätsprofessor,
Lindenallee 40, 14050 Berlin,
(0 30) 3 01 94 17,
Fax (0 30) 3 01 94 17;
Jean-Monnet-Institut für Öffentliches Recht und Europarecht,
Europa-Universität Viadrina Frankfurt (Oder),
Große Scharrnstr. 59, 15230 Frankfurt (Oder),
(03 35) 55 34-27 61,
Fax (03 35) 55 34-27 69,
E-Mail sekretariat-pechstein@europa-uni.de

Peine, Dr. jur. Dr. h.c. Franz-Joseph, Professor,
Kurpromenade 56, 14089 Berlin-Kladow,
(0 30) 3 65 61 93,
Fax (0 30) 3 65 61 93;
Lehrstuhl für Öffentliches Recht, insbesondere Verwaltungsrecht,
Europa-Universität Viadrina Frankfurt (Oder),
Große Scharrnstr. 59, 15230 Frankfurt (Oder),
(03 35) 5 54-25 28,
Fax (03 35) 55 34-25 69,
E-Mail fjpeineberlin@t-online.de

Pernice, Dr. Ingolf, Universitätsprofessor,
Laehrstraße 17a, 14165 Berlin,
(0 30) 84 72 36 15,
Fax (0 30) 84 50 91 62;
Lehrstuhl für Öffentliches Recht, Völker- und Europarecht, Humboldt-Universität zu Berlin,
Unter den Linden 6, 10099 Berlin,
(0 30) 20 93-34 40,
Fax (0 30) 2 93-34 49,
E-Mail ingolf.pernice@rz.hu-berlin.de

Pestalozza, Dr. Christian Graf von, Universitätsprofessor (em.),
Freie Universität Berlin, Institut für Staatslehre, Staats- und Verwaltungsrecht,
Dienstanschrift: Van't-Hoff-Str. 8, 14195 Berlin (Dahlem), Postanschrift: Bayernallee 12, 14052 Berlin (Westend),
(0 30) 3 04 63 29 od. 83 85 30 14,
Fax (0 30) 30 81 31 04,
E-Mail c.pestalozza@fu-berlin.de

Peters, Dr. Anne, LL.M., Professorin,
Direktorin des Max-Planck-Instituts für ausländisches öffentliches Recht und Völkerrecht,
Im Neuenheimer Feld 535, 69120 Heidelberg,
(0 62 21) 48 23 07,
Fax (0 62 21) 48 22 88,
E-Mail apeters-office@mpil.de

Pielow, Dr. Johann-Christian, Professor,
Stiepeler Str. 96, 44801 Bochum,
(02 34) 7 46 33;
Ruhr-Universität Bochum, Fakultät für Wirtschaftswissenschaft – Recht der Wirtschaft –,
Universitätsstr. 150, 44780 Bochum,
(02 34) 32 25 72 34,
Fax (02 34) 3 21 40 74,
E-Mail christian.pielow@ruhr-uni-bochum.de

Pieper, Dr. Stefan Ulrich, apl. Professor,
Bundespräsidialamt,
Spreeweg 1, 10557 Berlin,
(0 18 88) 5 00 21 20,
Fax (0 30) 20 00-1 99,
E-Mail stefan.pieper@bpra.bund.de

Pieroth, Dr. Bodo, Professor,
Gluckweg 19, 48147 Münster,
(02 51) 23 32 91,
Fax (02 51) 23 32 94;
Universität Münster,
Universitätsstr. 14–16, 48143 Münster,
(02 51) 8 32 19 00,
Fax (02 51) 8 32 19 01,
E-Mail pieroth@uni-muenster.de

Pietzcker, Dr. Jost, Professor,
Hausdorffstr. 95, 53129 Bonn,
(02 28) 23 39 54;
Universität Bonn, 53113 Bonn,
(02 28) 73 91 77,
E-Mail Pietzcker@jura.uni-bonn.de

Pirson, Dr. Dr. Dietrich, o. Professor,
Brunnenanger 15, 82418 Seehausen,
(0 88 41) 4 78 68;
Universität München,
Professor-Huber-Platz 2,
80539 München,
(0 89) 21 80-27 15,
E-Mail d.pirson@gmx.de

Pitschas, Dr. Dr. h.c. Rainer, o. Universitätsprofessor,
Hermann-Jürgens-Str. 8, 76829 Landau-Godramstein,
(0 63 41) 96 93 81,
Fax (0 63 41) 96 93 82;
Deutsche Universität für Verwaltungswissenschaften Speyer,
Postfach 14 09, 67324 Speyer,
(0 62 32) 6 54-3 45,
Fax (0 62 32) 6 54-3 05,
E-Mail rpitschas@uni-speyer.de

Poscher, Dr. Ralf, Universitätsprofessor,
Zasiusstr. 6, 79102 Freiburg,
(07 61) 6 12 41 91;
Albert-Ludwigs-Universität Freiburg,
Institut für Staatswissenschaft und Rechtsphilosophie, Abt. 2: Rechtsphilosophie,
Platz der Alten Synagoge 1, 79085 Freiburg,
(07 61) 20 39 75 70;
Fax (07 61) 20 39 75 71,
E-Mail rechtsphilosophie@jura.uni-freiburg.de

Pöschl, Dr. Magdalena, Univ.-Prof.,
Universität Wien,
Institut für Staats- und Verwaltungsrecht,
Schottenbastei 10–16,
A-1010 Wien,
(00 43) 14 27 73 54 72
E-Mail magdalena.poeschl@univie.ac.at

Potacs, Dr. Michael, Professor,
Hammerschmidtgasse 5/3/2,
A-1190 Wien,
(00 43) 13 24 66 23;
Institut für Österreichisches und Europäisches Öffentliches Recht, Wirtschaftsuniversität Wien,
Althanstraße 39–45, A-1090 Wien,
(00 43) 13 13 36 46 69,
E-Mail michael.potacs@wu.ac.at

Preuß, Dr. Ulrich K., Professor,
Friedbergstraße 47, 14057 Berlin,
(0 30) 30 81 94 33;
Hertie School of Governance,
Schlossplatz 1, 10178 Berlin,
(030) 2 12 31 23 10,
Fax (0 30) 2 12 31 29 99,
E-Mail ukpreuss@hertie-school.org

Proelß, Dr. Alexander, Professor,
Peter-Thomas-Str. 4, 54296 Trier;
Fachbereich V – Rechtswissenschaft,
Universität Trier,
Universitätsring 15, 54296 Trier
(06 51) 2 01 25 87,
Fax (06 51) 2 01 38 03
E-Mail proelss@uni-trier.de

Puhl, Dr. Thomas, o. Professor,
In der Aue 26a, 69118 Heidelberg,
(0 62 21) 80 36 64,
Fax (0 62 21) 80 36 69;
Universität Mannheim, Fakultät für Rechtswissenschaft,
Schloss – Westflügel (W 226),
68131 Mannheim,
(06 21) 1 81 13 54/-13 55,
Fax (0 21) 1 81 13 61,
E-Mail puhl@staffmail.uni-mannheim.de

Pünder, Dr. Hermann, LL.M (Iowa),
Universitätsprofessor,
Hagedornstraße 25, 20149 Hamburg,
(0 40) 41 46 69 34;
Bucerius Law School, Lehrstuhl für Öffentliches Recht
(einschließlich Europarecht), Verwaltungswissenschaft
und Rechtsvergleichung,
Postfach 30 10 30, 20304 Hamburg,
(0 40) 3 07 06-2 60,
Fax (0 40) 3 07 06-2 35,
E-Mail hermann.puender@law-school.de

Puttler, Dr. Adelheid, LL.M. (University of Chicago),
diplomée de l'E.N.A., Universitätsprofessorin,
Lehrstuhl für Öffentliches Recht,
insbesondere Europarecht, Völkerrecht
und Internationales Wirtschaftsrecht,
Ruhr-Universität Bochum,
44780 Bochum,
(02 34) 3 22 28 20,
Fax (02 34) 3 21 41 39,
E-Mail LS-Puttler@Ruhr-Uni-Bochum.de

Püttner, Dr. Dr. h.c. Günter, o. Professor,
Schwerdstraße 3, 67346 Speyer,
(0 62 32) 7 19 97

Ramsauer, Dr. Ulrich, Professor,
VRiOVG,
Wiesenstraße 5, 20255 Hamburg,
(0 40) 4 31 81 53;
Universität Hamburg, Fakultät für Rechtswissenschaft,
Seminar für Verwaltungslehre,
Rothenbaumchaussee 33, 20148 Hamburg,
(0 40) 4 28 38-49 65,
Fax (0 40) 4 28 38-56 70,
E-Mail ulrich.ramsauer@uni-hamburg.de

Randelzhofer, Dr. Albrecht, o. Professor,
Wulffstr. 12, 12165 Berlin,
(00) 7 92 60 85

Raschauer, Dr. Bernhard, o. Universitätsprofessor,
Pfeilgasse 7/2/6, A-1080 Wien,
(00 43) 14 08 33 53;
Universität Wien, Institut für Staats- und Verwaltungsrecht, Abt. Wirtschaftsrecht,
Schottenbastei 10–16, A-1010 Wien,
(00 43) 1 42 77-3 53 52,
Fax (00 43) 1 42 77-3 54 59,
E-Mail sekretariat.raschauer.staatsrecht@univie.ac.at

Raschauer, Dr. Nicolas, Universitätsprofessor,
CHSH Rechtsanwälte Wien
Parkring 2
1010 Wien
Tel.: +43/(0)1-5 14 35-4 51
Fax: +43/(0)1-5 14 35-35
E-Mail nicolas.raschauer@gmail.com

Rasenack, Dr. Christian A.L., LL.M., Professor,
Taunusstr. 8, 12309 Berlin,
(0 30) 7 45 25 43;
TU Berlin, Fakultät VIII, Institut für Volkswirtschaftslehre und Wirtschaftsrecht,
Straße des 17. Juni 135, 10623 Berlin,
(0 30) 31 42-58 74,
Fax (0 30) 7 45 25 43,
E-Mail christian.rasenack@mailbox.tu-berlin.de

Rauschning, Dr. Dr. h.c. Dietrich, o. Professor,
Rodetal 1, 37120 Bovenden,
(0 55 94) 9 31 74,
Fax (0 55 94) 9 31 75;
Institut für Völkerrecht, Universität Göttingen,
Platz der Göttinger Sieben 5,
37073 Göttingen,
(05 51) 39 47 51,
E-Mail drausch@gwdg.de

Reimer, Dr. Ekkehart, Professor,
Institut für Finanz- und Steuerrecht, Lehrstuhl für Öffentliches Recht und Prinzipien des Europäischen und Internationalen Steuerrechts,
Friedrich-Ebert-Anlage 6–10,
69117 Heidelberg,
(0 62 21) 54 74 67, Fax (0 62 21) 54 77 91,
E-Mail Reimer@uni-heidelberg.de

Reimer, Dr. Franz, Professor,
Ebelstr. 37, 35392 Gießen;
Justus-Liebig-Universität Gießen,
Fachbereich 1 (Rechtswissenschaft),
Hein-Heckroth-Str. 5, 35390 Gießen,
E-Mail franz.reimer@recht.uni-giessen.de

Reinhardt, Dr. Michael, LL.M. (Cantab.), Professor,
Auf dem Stumpelrott 9, 50999 Köln,
(02 21) 35 17 30;
Universität Trier, Fachbereich V, 54286 Trier,
(06 51) 2 01-25 78, Fax (06 51) 2 01 25 80,
E-Mail reinharm@uni-trier.de

Remmert, Dr. Barbara, Universitätsprofessorin,
Bei der Fruchtschranne 4, 72070 Tübingen;
Eberhard Karls Universität Tübingen,
Lehrstuhl für Öffentliches Recht,
Geschwister-Scholl-Platz, 72074 Tübingen,
E-Mail remmert@jura.uni-tuebingen.de

Rengeling, Dr. Hans-Werner, Universitätsprofessor,
Langeworth 143, 48159 Münster,
(02 51) 21 20 38, Fax (02 51) 21 20 44;
European Legal Studies Institute, Universität Osnabrück,
Martinistr. 10, 49069 Osnabrück,
(05 41) 9 69-45 05 oder -45 04,
Fax (05 41) 9 69-62 82,
E-Mail H.-W.Rengeling@t-online.de

Rensmann, Dr. Thilo, LL.M. (University of Virginia), Universitätsprofessor,
Sedanstr. 12, 53173 Bonn,
(02 28) 21 44 12;
Technische Universität Dresden,
Juristische Fakultät,
Lehrstuhl für Völkerrecht, Europarecht und Öffentliches Recht,
01062 Dresden,
(03 51) 46 33 73 66,
Fax (03 51) 46 33 74 65,
E-Mail rensmann@jura.tu-dresden.de

Ress, Dr. iur. Dr. rer. pol.
Dr. iur. h.c. mult. Georg,
em. Universitätsprofessor,
Europa-Institut Universität der Saarlandes,
66041 Saarbrücken,
(06 81) 3 02 25 03 od. 41 14,
Fax (06 81) 3 02 43 69,
Professor an der Jacobs University Bremen,
Richter am EGMR a.D.,
Am Botanischen Garten 6,
Uni-Campus B6.6,
66123 Saarbrücken,
(06 81) 37 25 45 oder (06 81) 3 02 30 55,
E-Mail ress@mx.uni-saarland.de

Rhinow, Dr. René, o. Professor,
em. Ordinarius für öffentliches Recht an der Universität Basel,
Leisenbergstr. 26, CH - 4410 Liestal,
(00 41) 6 19 11 99 35,
E-Mail rene.rhinow@gmail.com

Richter, Dr. Dagmar, apl. Professorin,
Birkenweg 90, 24211 Preetz;
Instytut Nauk Prawnych,
Polskiej Akademii Nauk,
Nowy Swiat 72,
PL-00-0 30 Warszawa,
E-Mail d.richter@inp.pan.pl

Riedel, Dr. Eibe H., Universitätsprofessor,
Haagwiesenweg 19,
67434 Neustadt,
(0 63 21) 8 48 19;
Lehrstuhl für Deutsches und Ausländisches Öffentliches Recht, Völkerrecht und Europarecht, Universität Mannheim,
Schloß/Westflügel,
68131 Mannheim,
(06 21) 1 81-14 17 oder 14 18 oder 14 20-22,
Fax (06 21) 1 81-14 19,
E-Mail riedel@uni-mannheim.de

Rill, Dr. Heinz Peter, em. o. Univ.-Prof.,
Peter-Jordan-Str. 145,
A-1180 Wien,
(00 43) 14 79-86 74;
Wirtschaftsuniversität Wien,
Institut für Österreichisches und Europäisches Öffentliches Recht
Gebäude D 3 2. Stock,
Welthandelsplatz 1,
A-1020 Wien,
(00 43) 3 13 36 46 65 oder -66

Rinken, Dr. Alfred, Universitätsprofessor,
Präsident des Staatsgerichtshofs der Freien Hansestadt Bremen,
Treseburger Str. 37,
28205 Bremen,
(04 21) 44 07 62,
E-Mail rinken@uni-bremen.de

Rixen, Dr. Stephan, Universitätsprofessor,
Universität Bayreuth, Rechts- und Wirtschaftswissenschaftliche Fakultät,
Lehrstuhl für Öffentliches Recht,
Sozialwirtschafts- und Gesundheitsrecht,
Universitätsstraße 30, 95447 Bayreuth,
(09 21) 55-60 10, Fax (09 21) 55-60 12,
E-Mail stephan.rixen@uni-bayreuth.de

Robbers, Dr. Gerhard, Universitätsprofessor,
Dagobertstr. 17, 54292 Trier,
(0651) 53710;

Universität Trier, Postfach 38 25,
54286 Trier,
(06 51) 2 01-25 42,
Fax (06 51) 2 01-39 05,
E-Mail Robbers@uni-trier.de

Röben, Dr. Volker, LL.M., Professor,
School of Law Swansea University,
Singleton Park, Swansea SA2 8PP,
Wales, UK,
(00 44) 17 92 60 27 23,
Fax (00 44) 17 92 29 58 55,
E-Mail V.Roeben@swansea.ac.uk

Rodi, Dr. Michael, M.A., Universitätsprofessor,
Richardstr. 82, 12043 Berlin;
Ernst-Moritz-Arndt-Universität Greifswald,
Lehrstuhl für Öffentliches Recht, Finanz- und Steuerrecht,
17487 Greifswald,
(0 38 34) 86 21 00,
E-Mail mrodi@uni-greifswald.de

Röger, Dr. Ralf, Professor,
Fachhochschule des Bundes für öffentliche Verwaltung, Fachbereich Bundespolizei,
Ratzeburger Landstraße 4, 23562 Lübeck,
(04 51) 2 03-17 36, Fax (04 51) 2 03-17 09,
E-Mail roeger@roeger.info

Röhl, Dr. Hans Christian, Professor,
Mainaustraße 207a, 78464 Konstanz,
(0 75 31) 8 07 14 46;
Universität Konstanz, Lehrstuhl für Staats- und Verwaltungsrecht, Europarecht und Rechtsvergleichung,
Fach D 115,
Universitätsstr. 10,
78457 Konstanz,
(0 75 31) 88-23 13,
Fax (0 75 31) 88-25 63,
E-Mail hans.christian.roehl@uni-konstanz.de

Ronellenfitsch, Dr. Michael, o. Professor,
Augusta-Anlage 15, 68165 Mannheim;
Universität Tübingen, Juristische Fakultät,
Geschwister-Scholl-Platz,
72074 Tübingen,
(0 70 71) 97 21 09,
Fax (0 70 71) 2 97 49 05,
E-Mail ronellenfitsch@jura.uni-tuebingen.de

Rossen-Stadtfeld, Dr. Helge, Professor,
Marklandstraße 17, 81549 München,
(0 89) 74 42 79 29;
Universität der Bundeswehr München,
Fakultät für Wirtschafts- und Organisationswissenschaften,
Werner-Heisenberg-Weg 39,
85577 Neubiberg,
(0 89) 60 04-46 04, Fax (0 89) 60 04-37 00,
E-Mail helge.rossen-stadtfeld@unibw.de

Rossi, Dr. Matthias, Professor,
Universität Augsburg, Juristische Fakultät,
Lehrstuhl für Staats- und Verwaltungsrecht, Europarecht sowie Gesetzgebungslehre,
Universitätsstr. 2, 86135 Augsburg,
(08 21) 5 98-45 45, Sekr. -45 46,
Fax (08 21) 5 98-45 47,
E-Mail matthias.rossi@jura.uni-augsburg.de

Roth, Dr. Wolfgang, LL.M. (Michigan), apl. Professor,
RAe Redeker Sellner Dahs,
Willy-Brandt-Allee 11, 53113 Bonn,
(02 28) 7 26 25-0,
E-Mail roth@redeker.de

Rozek, Dr. Jochen, Universitätsprofessor,
Pfaffendorfer Str. 1, 04105 Leipzig,
(03 41) 2 25 59 32;
Lehrstuhl für Staats- und Verwaltungsrecht, Verfassungsgeschichte und Staatskirchenrecht,

Universität Leipzig,
Burgstr. 27, 04109 Leipzig,
(03 41) 97 35-1 71, Sekr. -1 70,
Fax (03 41) 97 35-1 79,
E-Mail rozek@uni-leipzig.de

Ruch, Dr. Alexander, o. Professor em.,
ETH Zürich
Gartenstr. 85, CH-4052 Basel,
(00 41) 6 12 72 36 22,
E-Mail ruch@recht.gess.ethz.ch

Rudolf, Dr. Walter, o. Professor,
Rubensallee 55a, 55127 Mainz,
(0 61 31) 7 19 42,
E-Mail inge.rudolf@t-online.de;
FB Rechts- und Wirtschaftswissenschaften,
Universität Mainz, 55099 Mainz,
(0 61 31) 39-2 20 73,
Sekretariat (0 61 31) 39-2 30 41

Ruffert, Dr. Matthias, Professor,
Naumannstraße 12, 07743 Jena,
(0 36 41) 20 72 63;
Rechtswissenschaftliche Fakultät,
Friedrich-Schiller-Universität Jena,
Carl-Zeiss-Straße 3, 07743 Jena,
(0 36 41) 94 22 01,
Fax (0 36 41) 94 22 02,
E-Mail m.ruffert@recht.uni-jena.de

Rüfner, Dr. Wolfgang, Professor,
Hagebuttenstr. 26, 53340 Meckenheim,
(0 22 25) 71 07,
E-Mail Ruefner@t-online.de;
zugehörig Universität zu Köln

Rühl, Dr. Ulli F. H., Professor,
Hermann-Allmers-Str. 34, 28209 Bremen,
(04 21) 3 46 74 84;
Universität Bremen, FB 6:
Rechtswissenschaft,
Universitätsallee, GW 1,
Postfach 33 04 40, 2 83 34 Bremen,
(04 21) 2 18-46 06,
Sekretariat: (04 21) 2 18-21 27,
E-Mail uruehl@uni-bremen.de

Ruland, Dr. Franz, Professor,
Geschäftsführer des Verbandes Deutscher Rentenversicherungsträger a. D.,
Honorarprofessor an der Johann-Wolfgang-Goethe Universität Frankfurt,
Strasslacher Straße 1B, 81479 München,
(0 89) 72 77 97 92,
Fax (0 89) 74 90 94 82,
E-Mail Ruland.Franz@t-online.de

Rupp, Dr. Hans Heinrich, o. Professor,
Am Marienpfad 29, 55128 Mainz,
(0 61 31) 3 45 88

Ruthig, Dr. Josef, Universitätsprofessor,
Dreiweidenstr. 6, 65195 Wiesbaden;
Johannes-Gutenberg-Universität Mainz,
Fachbereich Rechts- und Wirtschaftswissenschaften,
Lehrstuhl für Öffentliches Recht, Europarecht und Rechtsvergleichung,
55099 Mainz,
(0 61 31) 39 20 9 64,
Fax (0 61 31) 39 24 0 59,
E-Mail Ruthig@uni-mainz.de

Rütsche, Dr. Bernhard, Professor,
Jubiläumsstr. 87, CH-3005 Bern,
(00 41) 3 13 11 15 84,
E-Mail bernhard.ruetsche@bluewin.ch;
Universität Zürich,
Rechtswissenschaftliches Institut,
Treichlerstr. 10, CH-8032 Zürich,
(00 41) 4 46 34 61 03,
Fax (00 41) 4 46 34 15 89,
E-Mail bernhard.ruetsche@unilu.ch

Ruppert, Dr. Stefan, Privatdozent,
Jean-Sauer-Weg 1, 61440 Oberursel;
MPI für europäische Rechtsgeschichte,
Hausener Weg 120,
60489 Frankfurt am Main,
E-Mail ruppert@rg.mpg.de;

Mobil (01 70) 8 55 44 77,
E-Mail s.ruppert@outlook.de

Rux, Dr. Johannes, apl. Professor,
Sophienstr. 32, 76133 Karlsruhe,
(07 21) 3 83 12 47,
Fax (07 21) 3 83 12 48;
Nomos Verlagsgesellschaft mbH & Co. KG
Programmleitung Wissenschaft – Juristisches Lektorat
Waldseestr. 3–5, 76530 Baden-Baden
E-Mail rux@nomos.de

Sachs, Dr. Michael, Universitätsprofessor,
Dattenfelder Str. 7, 51109 Köln,
(02 21) 84 46 57,
Fax (02 21) 8 06 70;
Universität zu Köln, Lehrstuhl für Staats- und Verwaltungsrecht,
Albertus-Magnus-Platz,Bauteil V, 2.OG,
50923 Köln,
(02 21) 4 70-58 03, Fax (02 21) 4 70-51 35,
E-Mail Sachs@uni-koeln.de

Sacksofsky, Dr. Ute, Professorin,
Schönwetterstr. 5, 60320 Frankfurt am Main,
(0 69) 95 62 20 51, Fax (0 69) 95 62 20 52;
Goethe-Universität,
Fachbereich Rechtswissenschaft,
Institut für öffentliches Recht,
Grüneburgplatz 1, 60323 Frankfurt am Main,
(0 69) 79 83 42 85, Fax (0 69) 79 83 45 13,
E-Mail Sacksofsky@jur.uni-frankfurt.de

Sarcevic, Dr. Edin, apl. Professor,
Thomasiusstr. 15, 04009 Leipzig,
(03 41) 6 01 73 93;
Juristenfakultät Leipzig, Postfach 10 09 20,
(03 41) 9 73 52 10, Fax (03 41) 9 73 52 18,
E-Mail edin@rz.uni-leipzig.de

Sauer, Dr. Heiko, Professor,
Rheinische Friedrich-Wilhems-Universität Bonn
Professur für Öffentliches Recht,
Adenauerallee 44, 53113 Bonn,
Tel.: 02 28/73-6 24 11
E-Mail: sauer@jura.uni-bonn.de
Bagelstraße 91, 40479 Düsseldorf

Saurer, Dr. Johannes, LL.M. (Yale),
Professor,
Eberhard Karls Universität Tübingen
Lehrstuhl für Öffentliches Recht,
Geschwister-Scholl-Platz,
72074 Tübingen,
E-Mail johannes.saurer@uni-tuebingen.de

Saxer, Dr. Urs, Titularprofessor, LL.M.,
Kantstrasse 15, CH-8044 Zürich,
(00 41-44) 4 22 40 42;
Steinbrüchel Hüssy Rechtsanwälte,
Grossmünsterplatz 8, CH-8001 Zürich,
(00 41) 44 69 40 00,
Fax (00 41) 2 69 40 01,
E-Mail Saxer@steinlex.ch

Schachtschneider, Dr. Karl Albrecht,
o. Professor,
E-Mail Kaschachtschneider@web.de

Schaefer, Dr. Jan Philipp, Privatdozent,
Brenntenhau 22, 70565 Stuttgart,
(07 11) 22 385 20;
Ludwig-Maximilians-Universität München,
Juristische Fakultät, Lehrstuhl für Öffentliches Recht und Staatsphilosophie,
Professor-Huber-Platz 2,
80539 München,
(0 89) 21 80 27 46, Fax (0 89) 21 80 50 63
E-Mail schaefer@jura.uni-muenchen.de

Schambeck, Dr. Dr. h.c. mult. Herbert,
o. Universitätsprofessor,
Hofzeile 21, A-1190 Wien,
(00 43-1) 36 34 94;
Universität Linz,
(00 43) 73 22 46 84 24

Schefer, Dr. Markus, Professor,
Gartenstadt 18, CH-4142 Münchenstein/BL,
(00 41) 6 14 11 36 28;
Universität Basel Juristische Fakultät,
Lehrstuhl für Staats- und Verwaltungsrecht,
Maiengasse 51, CH-4056 Basel,
(00 41) 6 12 67 25 13,
E-Mail markus.schefer@unibas.ch

Schefold, Dr. Dian, Universitätsprofessor,
Mathildenstraße 93, 28203 Bremen,
(04 21) 7 25 76;
FB Rechtswissenschaft der Universität Bremen,
Universitätsallee, GW 1,
Postfach 33 04 40, 28334 Bremen,
(04 21) 2 18-6 60 07,
Fax (04 21) 2 18-6 60 30,
E-Mail schefold@uni-bremen.de

Schenke, Dr. Ralf P., o. Professor,
Hofstattstr. 3, 97209 Veitshöchheim,
(09 31) 30 17 11 31;
Julius-Maximilians-Universität Würzburg,
Lehrstuhl für Öffentliches Recht, Deutsches, Europäisches und Internationales Steuerrecht,
Domerschulstr. 16, 97070 Würzburg,
(09 31) 31-8 23 60, Fax (09 31) 31-8 60 70,
E-Mail schenke@jura.uni-wuerzburg.de

Schenke, Dr. Wolf-Rüdiger, o. Professor,
Beim Hochwald 30, 68305 Mannheim,
(06 21) 74 42 00;
Universität Mannheim,
68131 Mannheim,
(06 21) 1 81 14 10,
E-Mail Schenke@jura.uni-mannheim.de

Scherer, Dr. Joachim, LL.M.,
apl. Professor,
Privatweg 9, 64342 Seeheim-Jugenheim,
(0 62 57) 90 37 39;
RAe Baker & McKenzie,
Bethmannstr. 50–54, 60311 Frankfurt am Main,
(0 69) 29 90 81 89, Fax (0 69) 29 90 81 08,
E-Mail Joachim.Scherer@Bakernet.com

Scherzberg, Dr. Arno, Professor,
Wartburgstr. 34, 99094 Erfurt,
(03 61) 7 37 47 61;
Universität Erfurt, Staatswissenschaftliche Fakultät,
Postfach 90 02 21, 99105 Erfurt,
(03 61) 7 37-47 61,
(0 61) 7 37-47 60 (Sekr.),
Fax (03 61) 7 37-47 09,
E-Mail Arno.Scherzberg@uni-erfurt.de

Scheuing, Dr. Dieter H., o. Professor,
Finkenstr. 17, 97204 Höchberg,
(09 31) 4 83 31, Fax (09 31) 40 81 98;
Universität Würzburg, 97070 Würzburg,
E-Mail Scheuing@jura.uni-wuerzburg.de

Schiedermair, Dr. Hartmut, o. Professor,
Wittelsbacher Str. 7,
53173 Bonn-Bad Godesberg;
Institut für Völkerrecht und ausländisches öffentliches Recht, Universität Köln,
Gottfried-Keller-Str. 2, 50931 Köln,
(02 21) 4 70 23 64

Schiedermair, Dr. Stephanie, Professorin,
Lehrstuhl für Europarecht, Völkerrecht und Öffentliches Recht
Burgstraße 21
04109 Leipzig
stephanie.schiedermair@uni-leipzig.de

Schilling, Dr. Theodor, apl. Professor,
Le Mas des Roses, Fontcaudette,
F-84220 Gordes;
Humboldt-Universität zu Berlin,
10117 Berlin;
Gerichtshof der EG,
L-2925 Luxemburg,
(0 03 52) 43 03-34 13,
E-Mail thsch@web.de

Schindler, Dr. Benjamin, MJur (Oxford), o. Professor,
Ober Bendlehn 32, CH-9042 Speicher;
Universität St. Gallen, Law School,
Tigerbergstraße 21, CH - 9000 St. Gallen,
(00 41) 7 12 24 21 63,
Fax (00 41) 7 12 24 21 62,
E-Mail benjamin.schindler@unisg.ch

Schindler, Dr. Dr. h.c. Dietrich, Professor,
Lenzenwiesstr. 8, CH-8702 Zollikon;
Universität Zürich,
(00 41-1) 3 91-71 18 oder -41 40,
Fax (00 41-1) 3 91-71 18

Schlacke, Dr. Sabine, Professorin,
Querstr. 9, 18107 Elmenhorst,
(03 81) 5 10 60 82;
Westfälische Wilhelms-Universität,
Institut für Umwelt- und Planungsrecht,
Universitätsstraße 14/16, 48143 Münster,
(02 51) 83-2 18 55 od. -2 97 93,
Fax (02 51) 83-2 92 97,
E-Mail sabine.schlacke@uni-muenster.de

Schladebach, Dr. Marcus, LL.M., Privatdozent,
Düstere Straße 24/25, 37073 Göttingen,
E-Mail: schlade@gmx.de;
Institut für Völker- und Europarecht,
Blauer Turm, 13. Etage, Universität Göttingen, Platz der Göttinger Sieben 5,
37073 Göttingen,
(05 51) 39 47 62, Fax (05 51) 39 46 20,
E-Mail marcus.schladebach@jura.uni-goettingen.de

Schlieffen, Dr. Katharina Gräfin von,
Universitätsprofessorin,
FernUniversität Hagen, Fachbereich
Rechtswissenschaft,
Universitätsstr. 21, 58084 Hagen,
(0 23 31) 9 87-28 78,
Fax (0 23 31) 9 87-3 95,
E-Mail LG.vonSchlieffen@fernuni-hagen.de

Schliesky, Dr. Utz, apl. Professor,
Direktor des Schleswig-Holsteinischen
Landtages,
Goosdiek 22, 24229 Dänischenhagen;
Schleswig-Holsteinischer Landtag,
Düsternbrooker Weg 70, 24105 Kiel
(04 31) 9 88-10 10;
Lorenz-von-Stein-Institut für Verwaltungswissenschaften an der
Christian-Albrechts-Universität zu Kiel,
Olshausenstr. 75, 24098 Kiel,
E-Mail Utz.Schliesky@landtag.ltsh.de

Schlink, Dr. Bernhard, Professor,
Viktoria-Luise-Platz 4, 10777 Berlin;
Institut für Öffentliches Recht und
Völkerrecht,
Humboldt-Universität zu Berlin,
Unter den Linden 6, 10099 Berlin,
(0 30) 20 93-34 54 oder -34 72,
Fax (0 30) 20 93-34 52,
E-Mail Schlink@rewi.hu-berlin.de

Schmahl, Dr. Stefanie, LL.M., Professorin,
Wittelsbacherstraße 10 A, 10707 Berlin;
Lehrstuhl für deutsches und ausländisches öffentliches Recht, Völkerrecht und
Europarecht, Universität Würzburg,
Domerschulstr. 16, 97070 Würzburg,
(09 31) 31-8 23 24, Fax (09 31) 31-27 92,
E-Mail schmahl@jura.uni-wuerzburg.de

Schmalenbach, Dr. Kirsten, Professorin,
Markus Sittikus-Str. 19/20,
A-5020 Salzburg;
Fachbereich Öffentliches Recht/Völkerrecht,
Paris Lodron Universität Salzburg,
Churfürststraße 1, A-5020 Salzburg,
(00 43) 6 62 80 44-36 51,
Fax (00 43) 6 62 80 44-135,
E-Mail kirsten.schmalenbach@sbg.ac.at

Schmehl, Dr. Arndt, Universitätsprofessor,
Professur für Öffentliches Recht, Finanz- und Steuerrecht, Universität Hamburg,

Schlüterstr 28 (Rechtshaus), 20146 Hamburg,
(0 40) 4 28 38-30 26 (Sekr.)
und -30 25 (direkt),
Fax (0 40) 4 28 38 -30 28,
E-Mail arndt.schmehl@jura.uni-hamburg.de

Schmid, Dr. Gerhard, Professor,
Hochwaldstr. 24, CH-4059 Basel,
(00 41) 6 13 31 84 25;
c/o Wenger Plattner, Aeschenvorstadt 55, CH-4010 Basel,
(00 41) 6 12 79-70 00,
Fax (00 41) 6 12 79-7 01,
E-Mail Gerhard.Schmid@wenger-plattner.ch

Schmid, Dr. Viola, LL.M., Universitätsprofessorin,
Kirchenweg 3, 91126 Schwabach,
(0 91 22) 7 73 82, Fax (0 91 22) 6 23 45;
Institut für Öffentliches Recht, Technische Universität Darmstadt,
Hochschulstr. 1, 64289 Darmstadt,
(0 61 51) 16 64 64, Fax (0 61 51) 16 39 84,
E-Mail schmid@jus.tu-darmstadt.de

Schmidt, Dr. Reiner, o. Professor,
Bachwiesenstr. 5, 86459 Gessertshausen,
(0 82 38) 41 11, Fax (0 82 38) 6 09 01,
E-Mail Rein.Schmidt@t-online.de;
Lehrstuhl für Öffentliches Recht, Wirtschaftsverwaltungsrecht und Umweltrecht, Universität Augsburg,
Universitätsstr. 24, 86159 Augsburg,
(08 21) 5 98-45 26

Schmidt, Dr. Thorsten Ingo, Universitätsprofessor,
Köhlerstr. 31, 12205 Berlin,
(01 63) 1 35 54 87;
Professur für Öffentliches Recht, insbesondere Staatsrecht, Verwaltungs- und Kommunalrecht,
Universität Potsdam,
August-Bebel-Str. 89, 14482 Potsdam
(03 31) 9 77-32 84,
E-Mail thorsten.ingo.schmidt@uni-potsdam.de

Schmidt, Dr. Walter, Universitätsprofessor,
Brüder-Knauß-Str. 86, 64285 Darmstadt,
(0 61 51) 6 47 10;
Universität Frankfurt, 60054 Frankfurt am Main,
(0 69) 79 82 21 89

Schmidt am Busch, Dr. Birgit, LL.M. (Iowa), Privatdozentin,
Schmellerstr. 28, 80337 München,
(0 89) 7 25 74 20,
E-Mail BSaB@aol.com;
Ludwig-Maximilians-Universität München,
Ludwigstr. 28, Rgb., 80539 München,
(0 89) 21 80-20 82,
E-Mail Schmidt-am-Busch@jura.uni-muenchen.de

Schmidt-Aßmann, Dr. Dres. h.c. Eberhard, o. Professor,
Höhenstr. 30, 69118 Heidelberg,
(0 62 21) 80 08 03;
Universität Heidelberg, 69117 Heidelberg,
(0 62 21) 54 78 07,
E-Mail schmidt-assmann@uni-hd.de

Schmidt-De Caluwe, Reimund, Universitätsprofessor,
Unterer Hardthof 17 B, 35398 Gießen,
(06 41) 3 45 66, Fax (06 41) 9 60 99 66;
Juristische Fakultät der Martin-Luther-Universität Halle-Wittenberg,
Universitätsplatz 3–5, 06099 Halle (Saale),
(03 45) 55-2 31 38 oder -39,
E-Mail Schmidtdc@jura.uni-halle.de

Schmidt-Jortzig, Dr. Edzard, o. Professor,
Moltkestraße 88, 24105 Kiel,
(04 31) 8 95 01 95, Fax (04 31) 80 34 71,

E-Mail esjot@web.de;
Christian-Albrechts-Universität zu Kiel,
Leibnitzstraße 6, 24118 Kiel,
(04 31) 8 80-35 45,
E-Mail eschmidt-jortzig@law.uni-kiel.de

Schmidt-Preuß, Dr. Matthias, o. Professor,
E.-T.-A.-Hoffmann-Straße 12,
53113 Bonn,
(02 28) 67 80 91;
Universität Bonn, Rechts- und Staatswissenschaftliche Fakultät,
Adenauerallee 24–42, 53113 Bonn,
(0228) 73 65 02, Fax (02 28) 73 65 07,
E-Mail schmidt-preuss@jura.uni-bonn.de

Schmidt-Radefeldt, Dr. Roman, Privatdozent,
Kirchstr. 8, 10557 Berlin,
E-Mail romansr69@yahoo.de;
Deutscher Bundestag, Wissenschaftliche Dienste,
Fachbereich WD 2 – Auswärtiges, Verteidigung, Völkerrecht, Menschenrechte und humanitäre Hilfe,
Platz der Republik 1, 11011 Berlin,
(0 30) 2 27-3 86 22, Fax (0 30) 2 27-3 65 26,
E-Mail Roman.Schmidt-Radefeldt@bundestag.de

Schmitt Glaeser, Dr. Alexander, LL.M. (Yale), Privatdozent,
Kaulbachstraße 64, 80539 München,
(0 89) 38 54 79 31,
E-Mail a.schmitt-glaeser@aya.yale.edu

Schmitt Glaeser, Dr. Dr. h. c. Walter, o. Professor,
Rübezahlweg 9 A, 95447 Bayreuth,
(09 21) 3 20 70, Fax (09 21) 7 56 38 66

Schmitt-Kammler, Dr. Arnulf, Universitätsprofessor,
Katzenberg 6, 96049 Bamberg;
Universität zu Köln, Rechtswissenschaftliche Fakultät,
Albertus-Magnus-Platz, 50923 Köln,
(02 21) 4 70-40 66 oder -40 67,
E-Mail schmitt-kammler@gmx.de

Schmitz, Dr. Thomas, Professor,
DAAD-Langzeitdozent für Rechtswissenschaften
Zentrum für deutsches Recht
Truong Dai hoc Luat Ha Noi (Rechtshochschule Hanoi)
87 Nguyen Chi Thanh
Dong Da, Hanoi
Vietnam
Tel.: +84 125.223.8069 (MEZ +6)
In Deutschland: Mittelstraße 1,
31535 Neustadt am Rübenberge
E-Mail tschmit1@gwdg.de

Schnapp, Dr. Friedrich E., o. Professor,
Efeuweg 22, 44869 Bochum,
(0 23 27) 7 42 13;
Universität Bochum, 44780 Bochum,
(02 34) 32-2 22 39, Fax (02 34) 32-1 42 71,
E-Mail friedrich.e.schnapp@rub.de

Schneider, DDr. Christian F., Priv.-Dozent,
Franz-Keim-Gasse 44/13
A-2345 Brunn am Gebirge
bpv Hügel Rechtsanwälte OG
Ares-Tower, Donau-City-Straße 11
A-1220 Wien
Telefon: 00 43 12 60 50-2 04
E-Mail: christian.schneider@bpv-huegel.com

Schneider, Dr. Dr. h.c. Hans-Peter, em. Professor,
Deutsches Institut für Föderalismusforschung,
Drosselweg 4, 30559 Hannover,
(05 11) 51 10 50, Fax (05 11) 54 45 4 92;
Juristische Fakultät, Leibniz-Universität Hannover,
(05 11) 7 62-81 85,
E-Mail hps@dif.uni-hannover.de

Schneider, Dr. Jens-Peter, Professor,
Lorettostr. 36, 79100 Freiburg,
(07 61) 29 08 63 00;
Albert-Ludwigs-Universität Freiburg,
Rechtswissenschaftliche Fakultät,
79085 Freiburg,
(07 61) 2 03-9 77 31;
Fax (07 61) 2 03-9 75 42
E-Mail jp.schneider@jura.uni-freiburg.de

Schöbener, Dr. Burkhard, Professor,
Am Glösberg 27, 97342 Obernbreit,
(0 93 32) 50 00 04;
Professur für Öffentliches Recht, Völkerrecht und Europarecht, Universität zu Köln,
Gottfried-Keller-Straße 2, 50931 Köln,
(02 21) 4 70-38 34 oder -38 75,
E-Mail burkhard.schoebener@uni-koeln.de

Schönberger, Dr. Christoph, Professor,
Wintererstr. 7, 79104 Freiburg i. Br.,
(07 61) 3 19 68 72;
Universität Konstanz, Fachbereich Rechtswissenschaft,
Postfach D 110, Universitätsstr. 10,
78457 Konstanz,
(0 75 31) 88 30 04, Fax (0 75 31) 88 40 08,
E-Mail Christoph.Schoenberger@uni-konstanz.de

Schoch, Dr. Friedrich, o. Professor,
Kastelbergstr. 19, 79189 Bad Krozingen,
(0 76 33) 94 81 04, Fax (0 76 33) 94 81 05;
Institut für Öffentliches Recht IV,
Universität Freiburg,
Postfach, 79085 Freiburg,
(07 61) 2 03-22 57 oder -22 58,
Fax (07 61) 2 03-22 97,
E-Mail oerecht4@jura.uni-freiburg.de

Scholz, Dr. Rupert, o. Professor,
Königsallee 71 a, 14193 Berlin;
Universität München, Institut für Politik und Öffentliches Recht,
Ludwigstr. 28/RG, 80539 München,
(0 89) 21 80-21 13,
E-Mail rupert.scholz@jura.uni-muenchen.de

Schorkopf, Dr. Frank, Professor,
Ehrengard-Schramm-Weg 5,
37085 Göttingen;
Georg-August-Universität Göttingen,
Juristische Fakultät,
Institut für Völkerrecht und Europarecht,
Platz der Göttinger Sieben 5,
37073 Göttingen,
(05 51) 39-46 10, Fax (05 51) 39-2 21 96,
E-Mail Frank.Schorkopf@jura.uni-goettingen.de

Schott, Dr. Markus, Privatdozent,
Rütistr. 38, CH-8032 Zürich,
(00 41) 4 43 63 14 44;
Bär & Karrer AG, Brandschenkestr. 90,
CH-8027 Zürich,
(00 41) 5 82 61 50 00,
Fax (00 41) 5 82 63 54 77,
E-Mail markus.schott@baerkarrer.ch

Schröder, Dr. Meinhard, o. Professor,
Zum Wingert 2, 54318 Mertesdorf,
(06 51) 5 78 87;
Universität Trier, 54286 Trier,
(06 51) 2 01 25 86,
E-Mail schroedm@uni-trier.de

Schröder, Dr. Meinhard, Privatdozent,
LMU München, Institut für Politik und Öffentliches Recht,
Prof.-Huber-Platz 2, 80539 München
Tel: 0 89/21 80-33 38,
Mobil: 01 51/25 25 53 25
E-Mail: meinhard.schroeder@jura.uni-muenchen.de

Schröder, Dr. Ulrich Jan, Privatdozent,
Institut für öffentliches Wirtschaftsrecht,
Westfälische Wilhems-Universität Münster,

Universitätstraße 14–16, 48143 Münster
Tel: 02 51/8 32 27 01
Fax: 02 51/8 32 83 15
E-Mail: jan.schroeder@uni-muenster.de
Goebenstraße 19, 48151 Münster

Schröder, Dr. Rainer Johannes, Privatdozent,
Wormser Str. 65, 01309 Dresden,
(03 51) 6 56 97 00;
Technische Universität Dresden, Juristische Fakultät,
Bergstr. 53, 01069 Dresden,
(03 51) 46 33 73 65,
E-Mail rschroed@jura.tu-dresden.de

Schroeder, Dr. Werner, LL.M., Professor,
Universität Innsbruck, Institut für Völkerrecht, Europarecht und Internationale Beziehungen,
Innrain 52, A-6020 Innsbruck,
(00 43) 5 12-5 07-83 20,
Fax (00 43) 5 12-5 07-26 51,
E-Mail Werner.Schroeder@uibk.ac.at

Schubert, Dr. Mathias, Privatdozent,
Universität Rostock, Juristische Fakultät,
Lehrstuhl für Öffentliches Recht, insbesondere Verwaltungsrecht
Richard-Wagner-Straße 31,
18119 Rostock
(03 81) 4 98 82 16, Fax (03 81) 4 98 82 12
E-Mail: mathias.schubert@gmail.com

Schuler-Harms, Dr. Margarete, Professorin,
Heidkoppel 19, 22145 Hamburg,
(0 40) 6 78 60 61, Fax (0 40) 6 78 83 73;
Helmut-Schmidt-Universität, Universität der Bundeswehr, Institut für Öffentliches Recht,
Holstenhofweg 85, 22043 Hamburg,
(0 40) 65 41-27 82, Fax (0 40) 65 41-20 87,
E-Mail Schuler-Harms@hsu-hh.de

Schulev-Steindl, Dr. MMag. Eva, LL.M. (London), Universitätsprofessorin,
RESOWI-Zentrum, Universitätstraße 15/D3
A-8010 Graz
Tel.: +43/316/3806707
E-Mail eva.schulev-steindl@uni-graz.at

Schulte, Dr. Martin, Professor,
Neuostra 15, 01219 Dresden,
(03 51) 4 72 25 50;
Lehrstuhl für Öffentliches Recht, Umwelt- und Technikrecht, Juristische Fakultät, TU Dresden, von-Gerber-Bau,
Bergstr. 53, 01069 Dresden,
(03 51) 46 33-73 62,
Fax (03 51) 46 33-72 20,
E-Mail schulte@jura.tu-dresden.de

Schulz, Dr. Wolfgang, Professor,
Bismarckstr. 4, 20259 Hamburg,
(0 40) 40 40 75;
Hans-Bredow-Institut für Medienforschung,
Heimhuder Str. 21, 20148 Hamburg,
(0 40) 45 02 17 11 (Sekr.), 34 (Durchwahl), Fax (0 40) 45 02 17 77,
E-Mail w.schulz@hans-bredow-institut.de

Schulze-Fielitz, Dr. Helmuth, Professor,
Klara-Löwe-Str. 5, 97082 Würzburg,
(09 31) 7 84 10 25,
E-Mail Schulze-Fielitz@t-online.de

Schuppert, Dr. Gunnar Folke, Professor,
Kaiserdamm 28, 14057 Berlin,
(0 30) 30 61 21 68;
Wissenschaftszentrum Berlin für Sozialforschung,
Forschungsprofessur Neue Formen von Governance,
Reichpietschufer 50, 10785 Berlin,
(0 30) 2 54 91-5 46 oder -2 46,
Fax (0 30) 2 54 91-5 42,
E-Mail schuppert@wzb.eu

Schwabe, Dr. Jürgen, Professor,
Erlenweg 1, 21614 Buxtehude,
(0 41 61) 87 41, Fax (0 41 61) 72 26 00;
Universität Hamburg, Juristische Fakultät,
Schlüterstraße 28, 20146 Hamburg,
E-Mail Juergen_Schwabe@gmx.de

Schwartmann, Dr. Rolf, Professor,
Brucknerstraße 18, 50931 Köln,
(02 21) 4 00 90 94;
Fachhochschule Köln, Fakultät für Wirtschaftswissenschaften,
Claudiusstraße 1, 50678 Köln,
(02 21) 82 75-34 46,
Fax (02 21) 82 75-7 34 46,
E-Mail rolf.schwartmann@fh-koeln.de

Schwarz, Dr. Kyrill-A., Professor,
Dönersberg 13, 91550 Dinkelsbühl,
(01 77) 8 31 07 68;
Universität Würzburg, Juristische Fakultät,
Professor für Öffentliches Recht,
Domerschulstr. 16, 97070 Würzburg,
(09 31) 3 18-23 35,
E-Mail kyrill-alexander.schwarz@uni-wuerzburg.de

Schwarze, Dr. Jürgen, Professor,
Universität Freiburg, Institut für Öffentliches Recht, Abt. I,
Platz der Alten Synagoge 1,
79098 Freiburg,
(07 61) 2 03-22 38, oder -22 51,
Fax (07 61) 2 03-22 34,
E-Mail juergen.schwarze@jura.uni-freiburg.de

Schwarzer, Mag., Dr. Stephan, Universitätsdozent,
Rodlergasse 7/10, A-1190 Wien,
(00 43-1) 3 69 17 46;
Bundeswirtschaftskammer,
Wiedner Hauptstr. 63, A-1045 Wien,
(00 43-1) 5 01 05-41 95

Schweitzer, Dr. Michael, Professor,
Göttweiger Str. 135, 94032 Passau,
(08 51) 3 45 33;
Universität Passau, 94032 Passau,
(08 51) 5 09-23 30, Fax (08 51) 5 09-23 32,
E-Mail Schweitzer@uni-passau.de

Schweizer, Dr. Rainer J., o. Professor,
Kirchgasse 9, CH-9220 Bischofszell,
(00 41) 71-2 23 56 24;
Universität St. Gallen,
Tigerbergstr. 21, CH-9000 St. Gallen,
Forschungsgemeinschaft für Rechtswissenschaften,
(00 41) 71-2 24 21 61,
Fax (00 41) 71-2 24 21 62,
E-Mail Rainer.Schweizer@unisg.ch

Schwerdtfeger, Dr. Gunther, Universitätsprofessor,
Hülsebrinkstr. 23, 30974 Wennigsen/Deister,
(0 51 03) 13 11;
Juristische Fakultät, Universität Hannover,
Königsworther Platz 1, 30167 Hannover,
(05 11) 7 62-8 69

Seer, Dr. Roman, Universitätsprofessor,
In den Birken 156 d, 42113 Wuppertal,
(02 02) 2 72 15 34, Fax (02 02) 2 72 15 35;
Ruhr-Universität Bochum, Lehrstuhl für Steuerrecht, Gebäude GC 8/137,
Universitätsstr. 150, 44780 Bochum,
(02 34) 3 22 82 69, Fax (02 34) 3 21 46 14,
E-Mail LS.seer@jura.ruhr-uni-bochum.de

Seewald, Dr. Otfried, o. Professor,
Schärdingerstraße 21 A, 94032 Passau,
(08 51) 3 51 45, Fax (08 51) 3 51 45,
E-Mail otfried_seewald@gmx.de;
Universität Passau,
Innstr. 40, Postfach 25 40, 94030 Passau,
(08 51) 5 09-23 40 oder -41,
Fax (08 51) 5 09-23 42,
E-Mail otfried.seewald@uni-passau.de

Seibert-Fohr, Dr. Anja, Professorin,
Professur für Öffentliches Recht, Völkerrecht und Menschenrechte, Georg-August-Universität Göttingen,
Institut für Völkerrecht und Europarecht,
Platz der Göttinger Sieben 5,
37073 Göttingen,
(05 51) 39-47 62, (05 51) 39-47 67,
E-Mail sekretariat.prof.seibert-fohr@jura.uni-goettingen.de

Seiler, Dr. Christian, Professor,
Stauffenbergstr. 70/1, 72074 Tübingen,
(0 70 71) 5 49 77 80;
Universität Tübingen, Lehrstuhl für Staats- und Verwaltungsrecht, Finanz- und Steuerrecht,
Geschwister-Scholl-Platz,
72074 Tübingen,
(0 70 71) 2 97 29 43,
E-Mail christian.seiler@jura.uni-tuebingen.de

Selmer, Dr. Peter, Professor,
Akazienweg 9, 22587 Hamburg,
(0 40) 86 47 43;
Universität Hamburg, 20146 Hamburg,
(0 40) 4 28 38-45 74 oder -30 26,
Fax (0 40) 4 28 38-30 28,
E-Mail peter.selmer@jura.uni-hamburg.de

Shirvani, Dr. Foroud, Professor,
Yorckstr. 11, 53173 Bonn;
Rheinische Friedrich-Wilhelms-Universität Bonn, Rechts- und Staatswissenschaftliche Fakultät,
Adenauerallee 24–42, 53113 Bonn,
(02 28) 73 624 16,
E-Mail shirvani@jura.uni-bonn.de

Sieckmann, Dr. Jan-Reinhard, Professor,
Fachbereich Rechtswissenschaft,
Friedrich-Alexander-Universität Erlangen Nürnberg,
Schillerstraße 1, 91054 Erlangen,
(0 91 31) 8 52 40 97,
E-Mail Jan-Reinhard.Sieckmann@jura.uni-erlangen.de

Siedentopf, Dr. Dr. h.c. Heinrich, o. Professor,
Langstr. 1, 76829 Landau,
(0 63 41) 6 07 57;
Deutsche Universität für Verwaltungswissenschaften Speyer, Freiherr-vom-Stein-Str. 2–6, 67324 Speyer,
E-Mail heinrich@siedentopf.net

Siegel, Dr. Thorsten, Professor,
Dr. Semmelweis-Str. 25,
67433 Neustadt/Weinstraße;
(0 63 21) 48 28 51;
Freie Universität Berlin, Fachbereich Rechtswissenschaft, Professur für Öffentliches Recht, Insbesondere Verwaltungsrecht,
Boltzmannstr. 3, 14195 Berlin,
(0 30) 8 38-5 59 21,
Fax (0 30) 8 38-45 59 21,
E-Mail sekretariat.siegel@rewiss.fu-berlin.de

Siehr, Dr. Angelika, LL.M. (Yale), Professorin,
Zickzackredder 9, 24850 Schuby,
(0 46 21) 94 88 88;
Universität Bielefeld, Lehrstuhl für öffentliches Recht, Völkerrecht, Rechtsphilosophie und Bildungsrecht,
Postfach 100131, 33501 Bielefeld,
(05 21) 1 06-44 30 oder
(05 21) 1 06-68 99 (Sekretariat),
E-Mail angelika.siehr@uni-bielefeld.de

Siekmann, Dr. Helmut, Professor,
Johann Wolfgang Goethe-Universität,
Professur für Geld-, Währungs- und Notenbankrecht,
IMFS im House of Finance,
Grüneburgplatz 1, 60323 Frankfurt am Main,
(0 69) 7 98-3 40 14

Skouris, Dr. Wassilios, Professor,
Nikolaou Manou 18,
GR-54643 Thessaloniki,
(00 30-31) 83 14 44;
Gerichtshof der Europäischen Gemeinschaften,
Palais de la Cour de Justice,
L-2925 Luxembourg,
(0 03 52) 43 03 22 09,
Fax (0 0 52) 43 03 27 36

Smeddinck, Dr. Ulrich, Privatdozent,
Sommerhuder Str. 35, 22769 Hamburg,
(01 74) 2 48 99 90;
Umweltbundesamt,
Wörlitzer Platz 1, FB III, 06844 Dessau,
(03 40) 21 03-20 77,
E-Mail ulrich.smeddinck@uba.de;
Martin-Luther-Universität Halle-Wittenberg,
Juristische und Wirtschaftswissenschaftliche Fakultät,
Universitätsplatz 10a, 06108 Halle/Saale,
E-Mail Ulrich.Smeddinck@jura.uni-halle.de

Sodan, Dr. Helge, Universitätsprofessor,
Fachbereich Rechtswissenschaft, Lehrstuhl für Staats- und Verwaltungsrecht, Öffentliches Wirtschaftsrecht, Sozialrecht,
Freie Universität Berlin,
Van't-Hoff-Str. 8, 14195 Berlin,
(0 30) 8 38-5 39 72 oder -7 39 73,
Fax (0 30) 8 38-5 44 44;
Präsident des Verfassungsgerichtshofes des Landes Berlin,
Elßholzstr. 30–33, 10781 Berlin,
(0 30) 90 15-26 50, Fax (0 30) 90 15-26 66,
E-Mail sodan@zedat.fu-berlin.de

Söhn, Dr. Hartmut, o. Professor,
Eppanerstr. 9, 94036 Passau,
(08 51) 5 85 20,
E-Mail hsoehndr@web.de;
Universität Passau, Lehrstuhl für Staats- und Verwaltungsrecht insbesondere Finanz- und Steuerrecht,
94032 Passau, (08 51) 5 09-23 50,
Fax (08 51) 5 09-23 52

Somek, Dr. Alexander, Professor,
Görgengasse 23a/8, A-1190 Wien;
University of Iowa, College of Law,
Melrose and Byington Iowa City, Iowa USA 52242,
(3 19) 3 35 90 34, Fax (31 91) 33 59 01 98,
E-Mail alexander-somek@uiowa.edu

Sommermann, Dr. Karl-Peter, Universitätsprofessor,
Lehrstuhl für Öffentliches Recht, Staatslehre und Rechtsvergleichung, Deutsche Universität für Verwaltungswissenschaften Speyer,
Postfach 14 09, 67346 Speyer,
(0 62 32) 6 54-3 44,
Fax (0 62 32) 6 54-4 14,
E-Mail Sommermann@uni-speyer.de

Spannowsky, Dr. Willy, Universitätsprofessor,
Auf dem Kleehügel 17,
67706 Krickenbach,
(0 63 07) 99 39 63, Fax (0 63 07) 99 39 49;
Lehrstuhl für Öffentliches Recht,
Postfach 30 49, 67653 Kaiserslautern,
(06 31) 2 05-39 75, Fax (06 31) 2 05-39 77,
E-Mail oerecht@rhrk.uni-kl.de

Spiecker genannt Döhmann, Dr. Indra, LL.M. (Georgetown Univ.), Universitätsprofessorin,
Lehrstuhl für Öffentliches Recht, Informationsrecht, Umweltrecht, Verwaltungswissenschaften,
Forschungsstelle Datenschutz,
Goethe-Universität Frankfurt,
Grüneburgplatz 1,
60323 Frankfurt a.M.,
(0 69) 7 98-3 42 68, Fax (0 69) 7 98-3 45 10,
E-Mail spiecker@jur.uni-frankfurt.de

Spilker, Dr. Bettina, Privatdozentin,
Karlstraße 39, 80333 München;
Institut für Steuerrecht,
Westfälische Wilhelms-Universität
Münster, Universitätsstr. 14–16,
48143 Münster,
(01 79) 7 84 60 48,
E-Mail bettina.spilker@uni-muenster.de

Spranger, Dr. Dr. Tade Matthias, Privatdozent,
Eichhörnchenweg 10, 53125 Bonn;
c/o Institut für Wissenschaft und Ethik,
Bonner Talweg 57, 53113 Bonn,
(02 28) 33 64 19 53,
Fax (02 28) 33 64 19 50,
E-Mail spranger@iwe.uni-bonn.de

Staff, Dr. Ilse, Universitätsprofessorin,
Am Forum 4, 65779 Kelkheim,
(0 61 95) 33 08;
Universität Frankfurt,
60054 Frankfurt am Main

Starck, Dr. Christian, o. Professor,
em. Professor für öffentliches Recht an
der Georg-August-Universität Göttingen,
Schlegelweg 10, 37075 Göttingen,
(05 51) 5 54 54,
E-Mail cstarck@gwdg.de

Steiger, Dr. Heinhard, Universitätsprofessor,
Oberhof 16, 35440 Linden,
(06 41) 2 32 52;
Universität Gießen, 35394 Gießen,
(06 41) 9 92 11-50 oder -51,
Fax (06 41) 9 92 11-59

Stein, Dr. Katrin, Professorin,
Reinhold-Tiling-Weg 61,
49088 Osnabrück,
(05 41) 9 11 84 51;
Hessische Hochschule für Polizei und
Verwaltung,
Schönbergstraße 100, 65199 Wiesbaden,
(0 61 08) 6 03-5 16,
E-Mail katrin.stein@hfpv-hessen.de

Steinberg, Dr. Rudolf, Universitätsprofessor, Universitätspräsident a.D.,
Wingertstr. 2 A, 65719 Hofheim;
Goethe-Universität Frankfurt am Main,
Grüneburgplatz 1, 60323 Frankfurt,

Steiner, Dr. Udo, o. Professor, Richter
des Bundesverfassungsgerichts a. D.,
Am Katzenbühl 5, 93055 Regensburg,
(09 41) 70 09 13, Fax (09 41) 76 06 19,
E-Mail udo.steiner@web.de;
Universität Regensburg,
93040 Regensburg,
(09 41) 9 43-42 84,
E-Mail udo.steiner@jura.uni-regensburg.de

Steinhauer, Dr. Dr. Fabian, Privatdozent
Sophienstr. 27
60487 Frankfurt
0 69/63 39 08 40
E-Mail: f.steinhauer@jur.uni-frankfurt.de

Stelkens, Dr. Ulrich, Universitätsprofessor,
Webergasse 3a, 67346 Speyer;
Deutsche Universität für Verwaltungswissenschaften Speyer,
Freiherr-vom-Stein-Str. 2, 67346 Speyer,
(0 62 32) 6 54-3 65,
Fax (0 62 32) 6 54-2 45,
E-Mail stelkens@uni-speyer.de

Stelzer, Dr. Manfred, Universitätsprofessor,
Anton-Wildgansgasse 12/4,
A-2380 Perchtoldsdorf,
(00 43) 66 42 12 56 18;
Universität Wien, Schottenbastei 10–16,
A-1010 Wien,
(00 43-1) 42 77-3 54 31 oder -32,
E-Mail Manfred.Stelzer@univie.ac.at

Stender-Vorwachs, Dr. Jutta, LL. M. (USA,UVA), apl. Professorin,
Am Ortfelde 99A, 30916 Isernhagen N.B.,
(05 11) 7 24 08 07, Fax (05 11) 7 24 08 54,
E-Mail jutta.stender-vorwachs@gmx.de;
Leibniz Universität Hannover, Juristische Fakultät,
Königsworter Platz 1, 30167 Hannover,
(05 11) 7 62-82 50 oder -82 49,
Fax (05 11) 7 62-82 52,
E-Mail jutta.stender-vorwachs@jura.uni-hannover.de

Stern, Dr. Dr. h.c. mult. Klaus, o. Professor,
Am Stockberger Busch 10, 51515 Kürten,
(0 22 68) 61 67;
Institut für Rundfunkrecht an der Universität zu Köln,
Aachener Straße 197–199, 50931 Köln,
(02 21) 9 41 54 65,
E-Mail klaus.stern@uni-koeln.de

Stettner, Dr. Rupert, Professor,
Alpenstr. 11a, 85221 Dachau,
(0 81 31) 27 89 96, Fax (0 81 31) 27 89 98;
Institut für Staatswissenschaften, Universität der Bundeswehr München,
Werner-Heisenberg-Weg 39, 85579 Neubiberg,
(0 89) 60 04-38 64 oder -37 02
oder -20 43, Fax (0 89) 60 04-28 41,
E-Mail Rupert.Stettner@unibw-muenchen.de

Stober, Dr. Dr. h.c. mult. Rolf, Universitätsprofessor,
Prins-Claus-Str. 50, 48159 Münster,
(02 51) 1 62 41 62, Fax (02 51) 1 62 41 63,
E-Mail rolf-stober@gmx.de;
Universität Hamburg;
Deutsche Universität für Weiterbildung,
Pacelliallee 55, 14195 Berlin,
(0 30) 20 00 30 62 53,
Fax (0 30) 20 00 30 62 92,
E-Mail rolf.stober@duw-berlin.de

Stock, Dr. Martin, Professor,
Lina-Oetker-Str. 22, 33615 Bielefeld,
(05 21) 12 19 95;
Fakultät für Rechtswissenschaft, Universität Bielefeld,
Postfach 10 01 31, 33501 Bielefeld,
(05 21) 1 06 43 90,
Fax (05 21) 1 06 15 43 90,
E-Mail martin.stock@uni-bielefeld.de

Stöger, Dr. Karl, MJur, Universitätsprofessor,
Höhenstr. 24–26, A-3400 Klosterneuburg,
(00 43) 06 99 10 36 77 45;
Karl-Franzens-Universität Graz,
Institut für Österreichisches, Europäisches und Vergleichendes Öffentliches Recht, olitikwissenschaft und Verwaltungslehre, Universitätsstr. 15/C3,
A-8010 Graz,
(00 43) 0 31 63 80 33 84
E-Mail karl.stoeger@uni-graz.at

Stoll, Dr. Peter-Tobias, Professor,
E-Mail ptstoll@web.de;
Institut für Völkerrecht, Abteilung für Internationales Wirtschaftsrecht, Universität Göttingen,
Platz der Göttinger Sieben 5,
37073 Göttingen,
(05 51) 39 46 61,
E-Mail pt.stoll@jur.uni-goettingen.de

Stolleis, Dr. Dr. h.c. mult. Michael, Universitätsprofessor,
Waldstr. 15, 61476 Kronberg,
(0 61 73) 6 56 51;
Universität Frankfurt,
MPI für europäische Rechtsgeschichte,
Hansaalle 41,
60323 Frankfurt am Main,
(0 69) 7 89 78-1 51,
Fax (0 69) 7 89 78-1 69,
E-Mail stolleis@rg.mpg.de

Stolzlechner, Dr. Harald, o. Universitätsprofessor,
Gneiser Straße 57, A-5020 Salzburg,
(00 43) 6 62-82 39 35;
Universität Salzburg,
(00 43) 6 62-80 44 36 01,
E-Mail Harald.Stolzlechner@sbg.ac.at

Storr, Dr. Stefan, Universitätsprofessor,
Klosterwiesgasse 72, A-8010 Graz;
Institut für Österreichisches, Europäisches und Vergleichendes Öffentliches Recht, Politikwissenschaft und Verwaltungslehre,
Karl-Franzens-Universität Graz,
Universitätsstraße 15 C 3, A-8010 Graz,
(00 43) 31 63 80-66 95,
Fax (00 43) 31 63 80-94 50,
E-Mail stefan.storr@uni-graz.at

Streinz, Dr. Rudolf, o. Professor,
Waldsteinring 26, 95448 Bayreuth,
(09 21) 9 47 30,
E-Mail rudolf.streinz@gmx.de;
Ludwig-Maximilians-Universität München,
Lehrstuhl für Öffentliches Recht und Europarecht,
Professor-Huber-Platz 2, 80539 München,
(0 89) 21 80-33 35, Fax (0 89) 21 80-24 40,
E-Mail streinz.pers@jura.uni-muenchen.de

Stumpf, Dr. Dr. Christoph, Privatdozent,
Taylor Wessing
Hanseatic Trade Center
Am Sandtorkai 41
20457 Hamburg
Tel.: +49 (0) 40 36 80 30
Fax.: +49 (0) 40 36 80 32 80
E-Mail: c.stumpf@taylorwessing.com

Suerbaum, Dr. Joachim, o. Professor,
In der Uhlenflucht 3, 44795 Bochum,
(02 34) 47 26 26,
E-Mail Joachim.Suerbaum@t-online.de;
Universität Würzburg,
Domerschulstraße 16, 97070 Würzburg,
(09 31) 31-8 28 97 oder 31-8 28 99,
E-Mail Suerbaum@jura.uni-wuerzburg.de

Sydow, Dr. Gernot, M.A., apl. Professor,
Schornstr. 13, 65553 Limburg,
(0 64 31) 5 70 95 20;
Justitiar des Bistums Limburg, Bischöfliches Ordinariat,
Roßmarkt 4, 65549 Limburg,
(0 64 31) 29 52 08, Fax (0 64 31) 29 55 21,
E-Mail G.Sydow@bistumlimburg.de,
Gernot.Sydow@jura.uni-freiburg.de

Talmon, D. Phil. (Oxon.) Stefan, LL.M. (Cantab.), Universitätsprofessor,
Institut für Völkerrecht,
Adenauerallee 24–42, 53113 Bonn
(02 28) 73 91 72 od. 73 39 32 (Sekr.),
Fax (02 28) 73 91 71,
E-Mail talmon@jura.uni-bonn.de

Tappe, Dr. Henning, Universitätsprofessor,
Hornstraße 4, 48151 Münster,
(02 51) 2 87 03 60, Fax (02 51) 2 87 03 61;
Universität Osnabrück,
Institut für Finanz- Steuerrecht,
Martinstraße 8, 49078 Osnabrück,
(05 41) 9 69-61 68, Fax (05 41) 9 69-61 67,
E-Mail henning.tappe@uni-osnabrueck.de

Thieme, Dr. Werner, Professor,
Berggartenstraße 14, 29223 Celle,
(0 51 41) 3 73 69, Fax (0 51 41) 93 13 73;
Universität Hamburg, 20146 Hamburg,
(0 40) 4 28 38-45 69

Thiel, Dr. iur. Dr. rer. publ. Markus, Professor,
Frangenheimstraße 27, 50931 Köln,
(02 21) 40 87 83,
E-Mail markus.thiel@gmx.de;
Fachhochschule für öffentliche Verwaltung

Nordrhein-Westfalen, Abt. Köln,
Thürmchenswall 48–54, 50667 Köln,
E-Mail: Markus.Thiel@uni-duesseldorf.de;

Thiele, Dr. Alexander, Privatdozent,
Kurze-Geismar-Str. 9, 37073 Göttingen,
(01 72) 4 02 59 95;
Georg-August-Universität Göttingen,
Institut für Allgemeine Staatslehre und Politische Wissenschaften,
Nikolausberger Weg 17, 37073 Göttingen,
(05 51) 39 46 90,
E-Mail alexander.thiele@jura.uni-goettingen.de

Thienel, Dr. Rudolf, Universitätsprofessor,
Vizepräsident des Verwaltungsgerichtshofes,
Judenplatz 11, A-1010 Wien,
(00 43-1) 5 31 11-2 45,
Fax (00 43-1) 5 31 11-1 40,
E-Mail rudolf.thienel@vwgh.gv.at

Thürer, Dr. Dr. h.c. Daniel, LL.M. (Cambridge), o. Professor,
Abeggweg 20, CH-8057 Zürich,
(00 41) 4 43 62 65 47 oder -46,
Fax (00 41) 4 43 62 65 46,
E-Mail thuerer@swissonline.ch;
Stiffler & Partner Rechtsanwälte,
Postfach 1072, CH-8034 Zürich,
E-Mail thuerer@swissonline.ch,
oder: daniel.thuerer@stplaw.ch

Thurnherr, Dr. Daniela, LL.M. (Yale), Professorin,
Juristische Fakultät der Universität Basel,
Peter Merian-Weg 8, Postfach,
CH-4002 Basel,
(00 41) 6 12 67 25 66,
E-Mail daniela.thurnherr@unibas.ch

Thym, Dr. Daniel, LL.M. (London), Professor,
Helene-Merk-Str. 3,
78467 Konstanz,
Tel. 0 75 31-88-22 47
Universität Konstanz, Lehrstuhl für Öffentliches Recht, Europa- und Völkerrecht,
Fach 116, Universitätsstr. 10,
78457 Konstanz,
E-Mail daniel.thym@uni-konstanz.de

Tietje, Dr. Christian, Professor,
Heinrich-Heine-Str. 8, 06114 Halle (Saale),
(03 45) 5 48 39 12 oder (03 45) 5 24 83 12,
Mobil (01 75) 3 73 61 34,
Fax (03 45) 5 17 40 48,
Martin-Luther-Universität Halle-Wittenberg,
Juristische Fakultät, Juridicum,
Universitätsplatz 5, 06108 Halle (Saale),
(03 45) 5 52-31 80, Fax (03 45) 5 52-72 01,
E-Mail tietje@jura.uni-halle.de

Tomuschat, Dr. Christian, Professor,
Odilostraße 25a, 13467 Berlin,
(0 30) 40 54 14 86, Fax (0 30) 40 54 14 88,
Humboldt-Universität zu Berlin,
Institut für Völker- und Europarecht,
Unter den Linden 6, 10099 Berlin,
(0 30) 20 93-33 35 oder -33 05
oder -33 22, Fax (0 30) 20 93-33 65,
E-Mail christian.tomuschat@rewi.hu-berlin.de

Traulsen, Dr. Christian, Privatdozent,
Stieglitzweg 13,
72108 Rottenburg am Neckar,
(0 74 72) 9 89 68 58;
Universität Tübingen,
Juristische Fakultät,
Geschwister-Scholl-Platz,
72074 Tübingen,
(0 70 71) 2 97 26 90, Fax (0 70 71) 29 50 96
E-Mail traulsen@jura.uni-tuebingen.de

Trute, Dr. Hans-Heinrich, Universitäts-professor,
Wettinplatz 3, 01896 Pulsnitz,
(0 359 55) 4 53 01;
Universität Hamburg, Fakultät für Rechtswissenschaft,
Schlüterstraße 28, 20146 Hamburg,
(0 40) 4 28 38-57 21 oder -56 25,
Fax (40) 4 28 38-27 00,
E-Mail Hans-Heinrich.Trute@jura.uni-hamburg.de

Tschentscher, Dr. Axel, LL.M., Professor,
Lehrstuhl für Staatsrecht, Rechts-philosophie und Verfassungsgeschichte,
Universität Bern, Institut für öffentliches Recht,
Schanzeneckstraße 1, CH-3001 Bern,
(00 41) 31-6 31 88 99 (direkt),
(00 41) 31-6 31 32 36 (Sekretariat),
Fax (00 41) 31-6 31 38 83,
E-Mail axel.tschentscher@oefre.unibe.ch

Uebersax, Dr. Peter, Profesor,
Titularprofessor für öffentliches Recht und öffentliches Prozessrecht,
Chemin des Grands-Champs 19,
CH-1033 Cheseaux,
(00 41) 2 17 31 29 41;
Schweizerisches Bundesgericht,
Av. du Tribunal-fédéderal 29,
CH-1000 Lausanne 14,
(00 41) 2 13 18 91 11,
E-Mail peter.uebersax@unibas.ch

Uerpmann-Wittzack, Dr. Robert, Professor,
Universität Regensburg, Juristische Fakultät,
93040 Regensburg,
(09 41) 9 43-26 60 oder 26 59,
Fax (09 41) 9 43-19 73,
E-Mail Robert.Uerpmann@jura.uni-regensburg.de

Uhle, Dr. Arnd, Professor,
Stiftungslehrstuhl für Öffentliches Recht, insbesondere für Staatsrecht und Staats-wissenschaften,
Technischen Universität Dresden,
01062 Dresden,
(03 51) 46 33 73 14,
Fax (03 51) 46 33 72 07,
E-Mail uhle@jura.tu-dresden.de

Uhlmann, Dr. Felix, LL.M., Professor,
Bruderholzallee, CH 4059 Basel;
Rämistrasse 74 / 33, CH 8001 Zürich,
(00 41) 4 46 34 42 24,
Fax (00 41) 4 46 34 43 68,
E-Mail felix.uhlmann@rwi.uzh.ch

Unger, Dr. Sebastian, Privatdozent,
Liebherrstraße 1, 80538 München,
01 75/7 63 16 70,
Ludwig-Maximilians-Universität München, Juristische Fakultät, Ludwigstr. 28,
Tel. (0 89) 21 80-21 57,
Fax (0 89) 21 80-50 63,
E-Mail: sebastian.unger@jura.uni-muenchen.de

Unruh, Dr. Peter, apl. Professor,
Hakensoll 8a, 24226 Heikendorf;
Nordelbisches Kirchenamt,
Dänische Str. 21–35, 24103 Kiel,
E-Mail punruh.nka@nordelbien.de

Vallender, Dr. Klaus A., Professor,
Unterbach 4, CH-9043 Trogen,
(00 41 71) 94 27 69;
Law School St. Gallen, IFF,
Varnbüelstrasse 19. 4, CH-9000 St. Gallen,
(00 41-71) 2 24 25 19,
Fax (00 41-71) 2 29 29 41,
E-Mail klaus.vallender@unisg.ch

Vedder, Dr. Christoph, Professor,
Sollner Str. 33, 81479 München,
(0 89) 79 10 03 83, Fax (0 89) 79 10 03 84;
Juristische Fakultät, Universität Augsburg,

Postfach, 86135 Augsburg,
(08 21) 5 98-45 70, Fax (08 21) 5 98-45 72,
E-Mail christoph.vedder@jura.uni-augsburg.de

Vesting, Dr. Thomas, Universitätsprofessor,
Konradstraße 2, 80801 München,
(0 89) 38 87 95 45, Fax (0 89) 38 87 95 47;
Lehrstuhl für Öffentliches Recht, Recht und Theorie der Medien,
Johann Wolfgang Goethe-Universität,
Grüneburgplatz 1, RuW 04,
60629 Frankfurt am Main,
(0 69) 79 83 42 74,
Fax (0 69) 7 98 76 33 42 73,
E-Mail T.Vesting@jur.uni-frankfurt.de

Vitzthum, Dr. Dr. h.c. Wolfgang Graf, o. Professor,
Im Rotbad 19, 72076 Tübingen,
(0 70 71) 6 38 44, Fax (0 70 71) 96 84 89;
Universität Tübingen,
Juristische Fakultät,
Geschwister-Scholl-Platz,
72074 Tübingen,
(0 70 71) 2 97 52 66,
Fax (0 70 71) 2 97 50 39,
E-Mail wolfgang-graf.vitzthum@uni-tuebingen.de

Vöneky, Dr. Silja, Professorin,
Am Schmelzofen 20, 79183 Waldkirch,
(0 76 81) 4 92 52 39;
Albert-Ludwigs-Universität Freiburg,
Institut für Öffentliches Recht, Abt. II
Völkerrecht und Rechtsvergleichung,
79085 Freiburg im Breisgau,
(07 61) 2 03 22 07, Fax (07 61) 2 03 91 93,
E-Mail voelkerrecht@jura.uni-freiburg.de

Vogel, Dr. Stefan, Privatdozent,
Dübendorfstr. 11c, CH-8117 Fällanden,
(00 41) 4 33 55 52 29,
E-Mail stefan_vogel@bluewin.ch

Volkmann, Dr. Uwe, Professor,
Am Bonifatiusbrunnen 231,
60438 Frankfurt am Main,
(0 69) 51 86 73;
Johannes-Gutenberg-Universität Mainz,
FB Rechts- und Wirtschaftswissenschaften, Lehrstuhl für Rechtsphilosophie und Öffentliches Recht,
55099 Mainz,
(0 61 31) 39-2 34 53,
Fax (0 61 31) 39-2 30 90,
E-Mail volkmann@uni-mainz.de

Vosgerau, Dr. Ulrich, Privatdozent,
Bachemer Straße 225, 50935 Köln,
(02 21) 4 06 40 58;
Universität zu Köln, Seminar für Staatsphilosophie und Rechtspolitik,
Albertus-Magnus-Platz, 50923 Köln,
(02 21) 4 70-40 49, Fax (02 21) 4 70-50 10,
E-Mail ulrich_vosgerau@web.de

Voßkuhle, Dr. Andreas, Professor,
Präsident des Bundesverfassungsgerichts,
Schloßbezirk 3, 76131 Karlsruhe,
(07 21) 91 01-3 13;
Albert-Ludwigs-Universität Freiburg,
Institut für Staatswissenschaft und Rechtsphilosophie,
Postfach, 79085 Freiburg i. Br.,
(07 61) 2 03-22 09, Fax (07 61) 2 03-91 93,
E-Mail staatswissenschaft@jura.uni-freiburg.de

Waechter, Dr. Kay, Professor,
Ceciliengärten 12, 12159 Berlin;
FB Rechtswissenschaft, Universität Hannover,
Königsworther Platz 1, 30167 Hannover,
(05 11) 7 62-82 27,
E-Mail waechter@jura.uni-hannover.de

Wahl, Dr. Rainer, o. Professor,
Hagenmattenstr. 6, 79117 Freiburg,
(07 61) 6 59 60;
Universität Freiburg,

Institut für Öffentliches Recht V,
Postfach, 79085 Freiburg,
(07 61) 2 03 89 61, Fax (07 61) 2 03 22 93,
E-Mail rainer.wahl@jura.uni-freiburg.de

Waldhoff, Dr. Christian, Professor,
Lennéstraße 47, 53113 Bonn,
(02 28) 2 89 10 64;
Humboldt-Universität zu Berlin,
Lehrstuhl für Öffentliches Recht und Finanzrecht,
Unter den Linden 6, 10099 Berlin,
(0 30) 20 93-35 37,
E-Mail christian.waldhoff@rewi.hu-berlin.de

Waldmann, Dr. Bernhard, Professor, RA
Alfons-Aebystrasse 29,
CH-3186 Düdingen,
(00 41) 2 64 93 57 05;
Lehrstuhl für Staats- und Verwaltungsrecht
Rechtswissenschaftliche Fakultät
Universität Freiburg
Av. Beauregard 1
CH-1700 Freiburg
Tel. +41 (0)2 63 00 81 47
E-Mail bernhard.waldmann@unifr.ch

Wallerath, Dr. Maximilian, Universitätsprofessor,
Gudenauer Weg 86, 53127 Bonn,
(02 28) 28 32 02,
E-Mail max.wallerath@web.de;
Universität Greifswald, Rechts- und Staatswissenschaftliche Fakultät,
17487 Greifswald,
(0 38 34) 86 21 44, Fax (0 38 34) 8 68 00 77

Wallrabenstein, Dr. Astrid, Professorin,
Prälat-Diehl-Str. 17, 64285 Darmstadt,
(0 61 51) 6 51 09;
Goethe-Universität Frankfurt am Main,
Fachbereich Rechtswissenschaften,
Professur für Öffentliches Recht mit einem Schwerpunkt im Sozialrecht,
Postfach 11 19 32,
60054 Frankfurt am Main,
(0 69) 7 98-3 42 88,
Fax (0 69) 7 98-3 45 14
E-Mail professur-wallrabenstein@jura.uni-frankfurt.de

Walter, Dr. Christian, Professor,
Friedrich-List-Str. 98, 81377 München,
(0 89) 78 70 77 04;
Ludwig-Maximilians-Universität München, Institut für Internationales Recht,
Lehrstuhl für Öffentliches Recht und Völkerrecht,
Prof.-Huber-Platz 2, 80539 München,
(0 89) 21 80-27 98,
Fax (0 89) 21 80-38 41,
E-Mail cwalter@jura.uni-muenchen.de

Wapler, Dr. Friederike, Privatdozentin,
Universität Göttingen,
Juristische Fakultät,
Lehrstuhl für Rechts- und Sozialphilosophie,
Platz der Göttinger Sieben 6,
37073 Göttingen,
(05 51) 39-46 35,
E-Mail wapler@gmx.de

Weber, Dr. Albrecht, Professor,
Weidenweg 20, 49143 Bissendorf,
(0 54 02) 39 07;
Universität Osnabrück, 49069 Osnabrück,
(05 41) 9 69-61 38,
E-Mail aweber@uos.de

Weber, Dr. Karl, o. Universitätsprofessor,
Noldinstr. 14, A-6020 Innsbruck,
(00 43) 06 64-1 62 57 39;
Universität Innsbruck, Institut für Öffentliches Recht, Finanzrecht und Politikwissenschaft,
Innrain 80, A-6020 Innsbruck,
(00 43) 5 12-5 07-82 30,
E-Mail karl.weber@uibk.ac.at

Weber-Dürler, Dr. Beatrice, o. Professorin,
Ackermannstr. 24, CH-8044 Zürich,
(00 41) 4 42 62 04 20;
E-Mail beatrice.weber-duerler@rwi.uzh.ch

Wegener, Dr. Bernhard W., Professor,
Friedrich-Alexander-Universität, Lehrstuhl für Öffentliches Recht,
Schillerstraße 1, 91054 Erlangen,
(0 91 31) 8 52 92 85,
Fax (0 91 31) 8 52 64 39,
E-Mail sekretariat.wegener@jura.uni-erlangen.de

Wehr, Dr. Matthias, Professor,
Alter Kirchweg 24, 28717 Bremen,
(04 21) 69 08 00 25;
Hochschule für Öffentliche Verwaltung Bremen (HfÖV),
Doventorscontrescarpe 172 C,
28195 Bremen,
(04 21) 36 11 96 17,
E-Mail matthias.wehr@hfoev.bremen.de

Weiß, Dr. Norman, Privatdozent,
Martin-Luther-Str. 56, 10779 Berlin;
MenschenRechtsZentrum der Universität Potsdam,
August-Bebel-Str. 89, 14482 Potsdam,
(03 31) 9 77 34 50, Fax (03 31) 9 77 34 51,
E-Mail weiss@uni-potsdam.de

Weiß, Dr. Wolfgang, Universitätsprofessor,
Deutsche Universität für Verwaltungswissenschaften Speyer, Lehrstuhl für Öffentliches Recht, Völker- und Europarecht,
Freiherr-vom-Stein-Str. 2, 67346 Speyer,
(0 62 32) 6 54-3 31,
Fax (0 62 32) 6 54-1 23,
E-Mail wweiss@brookes.ac.uk

Welti, Dr. Felix, Professor,
Marquardplatz 3, 23554 Lübeck,
(04 51) 8 13 27 42,
Fax (04 51) 8 13 27 43;
Universität Kassel, FB 01 Humanwissenschaften, Institut für Sozialwesen, Abteilung Sozialpolitik, -recht und Soziologie,
Arnold-Bode-Str. 10, 34109 Kassel,
(05 61) 8 04 29 70,
E-Mail mail@felix-welti.de

Wendt, Dr. Rudolf, o. Professor,
Schulstr. 45, 66386 St. Ingbert-Hassel,
(0 68 94) 5 32 87, Fax (0 68 94) 5 32 50;
Lehrstuhl für Staats- und Verwaltungsrecht, Wirtschafts-, Finanz- und Steuerrecht,
Rechts- und Wirtschaftswissenschaftliche Fakultät,
Universität des Saarlandes,
Postfach 15 11 50, 66041 Saarbrücken,
(06 81) 3 62-21 04 oder -31 04,
Fax (06 81) 3 02-47 79,
E-Mail r.wendt@mx.uni-saarland.de

Wernsmann, Dr. Rainer, Professor,
Johann-Bergler-Straße 8, 94032 Passau;
Universität Passau, Lehrstuhl für Staats- und Verwaltungsrecht, insb. Finanz- und Steuerrecht,
Innstr. 40, 94032 Passau,
(08 51) 5 09-23 51, Fax (08 51) 5 09-23 52,
E-Mail wernsmann@uni-passau.de

Wessely, Dr. Wolfgang, Privatdozent,
Universität Wien, Institut für Staats- und Verwaltungsrecht,
Schottenbastei 10–16, A-1010 Wien,
+43 (0)1 90 051 12 16,
Fax +43 (0)1 90 05 1 12 10,
E-Mail wolfgang.wessely@univie.ac.at

Wiederin, Dr. Ewald, Universitätsprofessor,
Universität Wien, Institut für Staats- und Verwaltungsrecht,
Schottenbastei 10–16, A-1010 Wien,
(00 43) 14 27 73 54 82,
Fax (00 43) 14 27 73 54 89,
E-Mail ewald.wiederin@univie.ac.at

Wieland, Dr. Joachim, LL.M., Universitätsprofessor,
Gregor-Mendel-Straße 13, 53115 Bonn,
(02 28) 92 39 93 34, Fax (02 28) 3 29 48 98;
Lehrstuhl für öffentliches Recht, Finanz- und Steuerrecht, Deutsche Universität für Verwaltungswissenschaften Speyer,
Postfach 14 09, 67324 Speyer,
(0 62 32) 65 43 55, Fax (0 62 32) 65 41 27,
E-Mail wieland@uni-speyer.de

Wielinger, Dr. Gerhart, Universitätsdozent,
Bergmanngasse 22, A-8010 Graz,
(00 43) 3 16-31 87 14,
dienstl. (00 43) 3 16-70 31 24 28,
E-Mail gerhart.wielinger@uni-graz.at

Wieser, DDr. Bernd, a.o. Universitätsprofessor,
Wittenbauerstr. 76, A-8010 Graz;
Institut für Öffentliches Recht, Politikwissenschaft
und Verwaltungslehre, Karl-Franzens-Universität Graz,
Universitätsstr. 15/C3, A-8010 Graz,
(00 43) 3 16-3 80-33 81 oder -33 83,
Fax (00 43) 3 16-3 80-94 50,
E-Mail bernd.wieser@uni-graz.at

Wildhaber, Dr. Luzius, LL.M., J.S.D., Dres. h.c., LL.D. h.c., o. Professor,
Auf der Wacht 21, CH-4104 Oberwil,
(00 41) 6 14 01 25 21,
E-Mail luzius.wildhaber@unibas.ch

Wilke, Dr. Dieter, Präsident des OVG Berlin a.D.,
Universitätsprofessor a.D.,
apl. Professor an der Freien Universität Berlin,
Schweinfurthstr. 10, 14195 Berlin

Will, Dr. iur. Dr. phil. Martin, M.A., LL.M. (Cambr.), Professor,
Hartmann-Ibach-Straße 105,
60389 Frankfurt,
EBS Universität für Wirtschaft und Recht,
Lehrstuhl für Staatsrecht, Verwaltungsrecht, Europarecht, Recht der neuen Technologien und Rechtsgeschichte,
Gustav-Stresemann-Ring 3,
65189 Wiesbaden,
(06 11) 71 02 22 32,
Fax (06 11) 71 02 10 22 32,
E-Mail martin.will@ebs.edu

Will, Dr. Rosemarie, Professorin,
Humboldt-Universität zu Berlin,
Juristische Fakultät,
Unter den Linden 6, 10099 Berlin,
(0 30) 20 93 33 00-36 82,
Fax (0 30) 20 93 34 53,
E-Mail Rosemarie.Will@rewi.hu-berlin.de

Wimmer, Dr. Norbert, o. Universitätsprofessor,
Heiliggeiststr. 16, A-6020 Innsbruck,
(00 43) 5 12-58 61 44;
Universität Innsbruck, Institut für Öffentliches Recht und Politikwissenschaften,
Innrain 80/82, A-6020 Innsbruck,
(00 43) 5 12-82 00 oder -82 01,
E-Mail Veronika.Obojes@uibk.ac.at

Windoffer, Dr. Alexander, Professor,
Universität Potsdam,
Professur für Öffentliches Recht, insbesondere Besonderes Verwaltungsrecht und Verwaltungswissenschaften,
August-Bebel-Str. 89, 14482 Potsdam,
(03 31) 9 77-35 13,
E-Mail: Alexander.Windoffer@uni-potsdam.de

Windthorst, Dr. Kay, Professor,
Prinzregentenstr. 75, 81675 München,
(01 62) 9 02 00 76;
Professur für Öffentliches Recht, Universität Bayreuth,

Rechts- und Wirtschaftswissenschaftliche Fakultät,
Universitätsstr. 30, Gebäude B 9,
95447 Bayreuth,
(09 21) 55-35 19, Fax (09 21) 55-43 31,
E-Mail kwindt@t-online.de

Winkler, Dr. Daniela, Professorin,
Petershauser Str. 36, 78467 Konstanz;
Professur für Verwaltungsrecht, Universität zu Köln, Albertus-Magnus-Platz,
50923 Köln,
E-Mail daniela.winkler@jura.uni-tuebingen.de

Winkler, Dr. Dr. h.c. Günther, Universitätsprofessor,
Reisnerstr. 22, A-1030 Wien,
(00 43) 17 13 44 15;
Universität Wien, Juridicum,
Schottenbastei 10–16, A-1010 Wien,
(00 43) 14 27 73 44 13,
Mobil (00 43) 66 42 30 62 41,
E-Mail guenther.winkler@univie.ac.at

Winkler, Dr. Markus, Privatdozent;
Johannes-Gutenberg-Universität Mainz,
Fachbereich Rechts- und Wirtschaftswissenschaften,
55099 Mainz,
E-Mail mwinkl@uni-mainz.de;
Hessisches Kultusministerium,
Luisenplatz 10, 65185 Wiesbaden,
(06 11) 3 68 25 17,
E-Mail markus.winkler@hkm.hessen.de

Winkler, Dr. Roland, a.o. Univ.-Prof.,
Borromäumstraße 10/2, A-5020 Salzburg,
(00 43) 6 62 64 12 60 oder
(00 43) 67 69 07 01 71;
Fachbereich Öffentliches Recht,
Universität Salzburg,
Kapitelgasse 5–7, A-5020 Salzburg,
(00 43) 6 62 80 44 36 24,
Fax (00 43) 6 62 80 44 36 29,
E-Mail roland.winkler@sbg.ac.at

Winter, Dr. Dr. h.c. Gerd, Professor,
FB 6: Rechtswissenschaft, Universität Bremen,
Postfach 33 04 40, 28334 Bremen,
(04 21) 2 18-28 40, Fax (04 21) 2 18-34 94,
E-Mail gwinter@uni-bremen.de

Winterhoff, Dr. Christian, apl. Professor,
Theodor-Storm-Straße 1,
22869 Schenefeld,
(0 40) 85 40 03 76, Fax (0 40) 85 41 48 80,
E-Mail post@christianwinterhoff.de;
Poststraße 9 – Alte Post, 20354 Hamburg,
(0 40) 3 59 22-2 24, Fax (0 40) 3 59 22-2 93,
E-Mail c.winterhoff@gvw.com

Winzeler, Dr. Christoph, LL. M. (Harv.),
Privatdozent,
St.-Jakobs-Strasse 96, CH-4052 Basel,
(00 41) 6 12 95 93 93 (Büro),
Fax (00 41) 6 12 72 53 82 (Büro),
E-Mail christoph.winzeler@span.ch;
Universität Fribourg, Institut für Religionsrecht,
Miséricorde, Büro 4119,
CH-1700 Fribourg,
(00 41) 2 63 00 80 23,
Fax (00 41) 2 63 00 96 66,
E-Mail christoph.winzeler@sba.ch

Wißmann, Dr. Hinnerk, Professor,
Lehrstuhl für Öffentliches Recht,
insbesondere Verwaltungswissenschaften,
Kultur- und Religionsverfassungsrecht,
Wilmergasse 28, 48143 Münster,
(02 51) 83-2 63 11, Fax (02 51) 83-2 63 19,
E-Mail hinnerk.wissmann@uni-muenster.de

Wittinger, Dr. Michaela, Professorin,
Schauinslandstraße 1, 76199 Karlsruhe,
(07 21) 59 16 81,
E-Mail MichaelaWittinger@web.de;
FH des Bundes für öffentliche Verwaltung,
FB Bundeswehrverwaltung, Professur für
Öffentliches Recht (insb. Staats- und

Europarecht),
Seckenheimer Landstraße 10,
68163 Mannheim,
(06 21) 42 95-44 79,
Fax (06 21) 42 95-4 22 22

Wittmann, Dr. Heinz, a.o. Universitätsprofessor,
Steinböckengasse 4/14, A-1140 Wien,
(00 43) 19 14 31 75;
Verlag Medien und Recht GmbH,
Danhausergasse 6, A-1040 Wien,
(00 43) 15 05 27 66,
Fax (00 43) 15 05 27 66-15

Wittreck, Dr. Fabian, Professor,
Cheruskerring 51, 48147 Münster,
(02 51) 2 00 62 88;
Westfälische Wilhelms-Universität Münster,
Professur für Öffentliches Recht,
Bispinghof 25/25, 48143 Münster,
(02 51) 8 32 11 99, Fax (02 51) 8 32 24 03,
E-Mail fwitt_01@uni-muenster.de

Wolf, Dr. Joachim, Professor,
Von-Velsen-Straße 17, 44625 Herne,
(0 23 23) 45 96 25;
Juristische Fakultät, Ruhr-Universität Bochum,
Umweltrecht, Verwaltungsrecht und Verwaltungslehre,
Gebäude GC, Universitätsstr. 150,
44789 Bochum,
(02 34) 3 22-52 52, Fax (02 34) 3 21 44 21,
E-Mail LS.Wolf@jura.ruhr-uni-bochum.de

Wolff, Dr. Heinrich Amadeus, Professor,
Universität Bayreuth
Rechts- und Wirtschaftswissenschaftliche Fakultät
Lehrstuhl für Öffentliches Recht, Recht der Umwelt, Technik und Information I
Universitätsstraße 30
D-95447 Bayreuth
Tel.: 09 21-5 560 30 – Sekretariat -60 31
Fax: 09 21-55 60 32
Heinrich.wolff@uni-bayreuth.de
Gebäude RW I, Raum 1.0.01.106
Rudolf-Ditzen-Weg 12
13156 Berlin
Tel: 0 30-48 09 79 48
mobil 01 63-9 01 24 45
Fax: 03 22 26 85 95 76
HeinrichWolff@t-online.de

Wolfrum, Dr. Dr. h.c. Rüdiger, o. Professor,
Mühltalstr. 129b, 69121 Heidelberg,
(0 62 21) 47 52 36;
MPI für ausländisches öffentliches Recht und Völkerrecht,
Im Neuenheimer Feld 535,
69120 Heidelberg,
(0 62 21) 48 22-55 oder -56,
Fax (0 62 21) 48 22 88,
E-Mail wolfrum@mpil.de

Wollenschläger, Dr. Ferdinand, Professor,
Max-Planck-Str. 8, 81675 München,
(0 89) 47 02 79 73;
Universität Augsburg,
Juristische Fakultät,
Lehrstuhl für Öffentliches Recht, Europarecht
und Öffentliches Wirtschaftsrecht,
Universitätsstr. 24, 86135 Augsburg,
(08 21) 5 98-45 51, Fax (08 21) 5 98-45 52,
E-Mail ferdinand.wollenschlaeger@jura.uni-augsburg.de

Würtenberger, Dr. Thomas, o. Professor,
Beethovenstr. 9, 79100 Freiburg,
(07 61) 7 86 23;
Universität Freiburg, Postfach,
79085 Freiburg
(07 61) 2 03-22 46 oder -22 49,
E-Mail Thomas.Wuertenberger@jura.uni-freiburg.de

Wyduckel, Dr. Dieter, Professor,
Juristische Fakultät, TU Dresden,
01062 Dresden,
(03 51) 46 33-73 22,
Fax (03 51) 46 33-72 09,
E-Mail wyduckel@jura.tu-dresden.de

Wyss, Dr. iur. Martin, Professor,
Höheweg 62, CH-3097 Liebefeld,
(00 41) 3 19 72 99 93,
Fax (00 41) 3 19 72 99 91,
E-Mail mpwyss@bluewin.ch;
Stellvertretender Chef Fachbereich II für Rechtsetzung, Bundesamt für Justiz,
Bundeshaus West, CH-3003 Bern,
(00 41) 3 13 22 75 75,
Fax (00 41) 3 13 22 78 37,
E-Mail martin.wyss@bj.admin.ch

Zacher, Dr. Dr. h.c. mult. Hans F., o. Professor,
Starnberger Straße 47, 82343 Pöcking,
(0 8157) 13 84;
MPI für ausländisches und internationales Sozialrecht
Amalienstr. 33, 80799 München,
Postfach 34 01 21, 80098 München,
(0 89) 3 86 02-5 02, Fax (089) 3 86 02-5 90

Zeh, Dr. Wolfgang, Professor, Ministerialdirektor a.D.,
Marktstr. 10, 72359 Dotternhausen,
E-Mail cowo.zeh@gmx.de

Zezschwitz, Dr. Friedrich von, em. Universitätsprofessor,
Petersweiher 47, 35394 Gießen,
(06 41) 4 51 52;
Universität Gießen, 35390 Gießen,
(06 41) 7 02 50 20

Ziegler, Dr. Andreas R., LL.M., Professor,
Gründenstraße 66, CH-8247 Flurlingen;
Universität Lausanne, Juristische Fakultät,
BFSH 1, CH-1015 Lausanne,
E-Mail andreas.ziegler@unil.ch

Ziekow, Dr. Jan, Universitätsprofessor,
Gartenstraße 3, 67361 Freisbach,
(0 63 44) 59 02, Fax (0 63 44) 59 02;
Deutsche Universität für Verwaltungswissenschaften Speyer,
Postfach 14 09, 67324 Speyer,
(0 62 32) 6 54-0,
E-Mail ziekow@uni-speyer.de

Ziller, Dr. Jacques, Professor,
Università degli Studi di Pavia,
Dipartimento di Economia, Statistica e Diritto,
Via Strada Nuova 65, I-27100 Pavia,
(00 39) (0)3 82-98 44 37,
Fax (00 39) (0)3 82-98 44 35,
E-Mail jacques.ziller@unipv.it

Zimmer, Dr. Gerhard, Professor,
Waldschützpfad 9, 12589 Berlin,
(0 30) 6 48 95 90;

Zimmermann, Dr. Andreas, LL.M (Harvard), Professor,
Heimat 29, 14165 Berlin,
E-Mail azimmerm@freenet.de;
Universität Potsdam,
Lehrstuhl für Öffentliches Recht, insbesondere Staatsrecht, Europa- und Völkerrecht sowie uropäisches Wirtschaftsrecht und Wirtschaftsvölkerrecht,
August-Bebel-Str. 89, 14482 Potsdam,
(03 31) 9 77-35 16, Fax (03 31) 9 77-32 24,
E-Mail andreas.zimmermann@uni-potsdam.de

Zippelius, Dr. Dr. h.c. Reinhold, o. Professor,
Niendorfstr. 5, 91054 Erlangen,
(0 91 31) 5 57 26;
Universität Erlangen-Nürnberg,
91054 Erlangen,
(0 91 31) 85 28 20

Zuleeg, Dr. Dr. h.c. Manfred, Professor,
Kaiser-Sigmund-Str. 32, 60320 Frankfurt
am Main,
(0 69) 56 43 93,
E-Mail sigrid.zuleeg@gmx.de

Satzung

(Nach den Beschlüssen vom 21. Oktober 1949, 19. Oktober 1951, 14. Oktober 1954, 10. Oktober 1956, 13. Oktober 1960, 5. Oktober 1962, 1. Oktober 1971, 6. Oktober 1976, 3. Oktober 1979, 6. Oktober 1999, 4. Oktober 2006, 3. Oktober 2007 und 29. September 2010)

§ 1

Die Vereinigung der Deutschen Staatsrechtslehrer stellt sich die Aufgabe:

1. wissenschaftliche und Gesetzgebungsfragen aus dem Gebiet des Öffentlichen Rechts durch Aussprache in Versammlungen der Mitglieder zu klären;
2. auf die ausreichende Berücksichtigung des Öffentlichen Rechts im Hochschulunterricht und bei staatlichen und akademischen Prüfungen hinzuwirken;
3. in wichtigen Fällen zu Fragen des Öffentlichen Rechts durch Eingaben an Regierungen oder Volksvertretungen oder durch schriftliche Kundgebungen Stellung zu nehmen.

§ 2

(1) [1]Der Verein führt den Namen „Vereinigung der Deutschen Staatsrechtslehrer". [2]Er soll in das Vereinsregister eingetragen werden; nach der Eintragung führt er den Zusatz „e. V.".

(2) Der Verein hat seinen Sitz in Heidelberg.

(3) Das Geschäftsjahr des Vereins ist das Kalenderjahr.

§ 3

(1) Mitglied der Vereinigung kann werden, wer auf dem Gebiet des Staatsrechts und mindestens eines weiteren öffentlich-rechtlichen Fachs

a. seine Befähigung zu Forschung und Lehre durch hervorragende wissenschaftliche Leistung nachgewiesen hat[1] und

---

[1] Mit der oben abgedruckten, am 1.10.1971 in Regensburg beschlossenen Fassung des § 3 hat die Mitgliederversammlung den folgenden erläuternden Zusatz angenommen: „Eine hervorragende wissenschaftliche Leistung im Sinne dieser Vorschrift ist eine den bisher üblichen Anforderungen an die Habilitation entsprechende Leistung."

b. an einer deutschen oder deutschsprachigen Universität[2] einschließlich der Deutschen Universität für Verwaltungswissenschaften Speyer als Forscher und Lehrer tätig ist oder gewesen ist.

(2) [1]Das Aufnahmeverfahren wird durch schriftlichen Vorschlag von drei Mitgliedern der Vereinigung eingeleitet. [2]Ist der Vorstand einstimmig der Auffassung, dass die Voraussetzungen für den Erwerb der Mitgliedschaft erfüllt sind, so verständigt er in einem Rundschreiben die Mitglieder von seiner Absicht, dem Vorgeschlagenen die Mitgliedschaft anzutragen. [3]Erheben mindestens fünf Mitglieder binnen Monatsfrist gegen die Absicht des Vorstandes Einspruch oder beantragen sie mündliche Erörterung, so beschließt die Mitgliederversammlung über die Aufnahme. [4]Die Mitgliederversammlung beschließt ferner, wenn sich im Vorstand Zweifel erheben, ob die Voraussetzungen der Mitgliedschaft erfüllt sind. [5]Von jeder Neuaufnahme außerhalb einer Mitgliederversammlung sind die Mitglieder zu unterrichten.

§ 4

[1]Abweichend von § 3 kann Mitglied der Vereinigung werden, wer, ohne die Voraussetzungen des § 3 Abs. 1 lit. b) zu erfüllen,

a. eine Professur inne hat, die einer Professur an einer juristischen Fakultät einer deutschen oder deutschsprachigen Universität entspricht,

b. seine Befähigung zu Forschung und Lehre durch hervorragende wissenschaftliche Veröffentlichungen auch in deutscher Sprache zum Öffentlichen Recht Deutschlands, Österreichs oder der Schweiz nachgewiesen und

c. seine Verbundenheit mit der Vereinigung durch mehrmalige Teilnahme als Gast an den Jahrestagungen bekundet hat.

[2]Das Aufnahmeverfahren wird durch schriftlich begründeten Vorschlag von mindestens zehn Mitgliedern der Vereinigung eingeleitet. [3]Für das weitere Verfahren findet § 3 Abs. 2 Sätze 2 bis 5 entsprechende Anwendung.

---

[2] In Berlin hat die Mitgliederversammlung am 3.10.1979 die folgende zusätzliche Erläuterung aufgenommen: „Universität im Sinne dieser Vorschrift ist eine wissenschaftliche Hochschule, die das Habilitationsrecht in den Fächern des Öffentlichen Rechts und die Promotionsbefugnis zum Doctor iuris besitzt und an der Juristen durch einen Lehrkörper herkömmlicher Besetzung ausgebildet werden."

In Berlin hat die Mitgliederversammlung am 29.09.2010 die folgende weitere Erläuterung aufgenommen: „Gleichgestellt sind wissenschaftliche Hochschulen, die das Habilitationsrecht in den Fächern des Öffentlichen Rechts und die Promotionsbefugnis zum Dr. iuris besitzen, wenn an ihnen Staatsrecht und ein weiteres öffentlich-rechtliches Fach von mindestens drei der Vereinigung angehörenden Mitgliedern gelehrt wird."

§ 5

(1) [1]Eine Mitgliederversammlung soll regelmäßig einmal in jedem Jahr an einem vom Vorstand zu bestimmenden Ort stattfinden. [2]In dringenden Fällen können außerordentliche Versammlungen einberufen werden. [3]Die Mitgliederversammlung wird vom Vorstand unter Einhaltung einer Frist von vier Wochen schriftlich oder in elektronischer Form unter Angabe der Tagesordnung einberufen. [4]Auf jeder ordentlichen Mitgliederversammlung muss mindestens ein wissenschaftlicher Vortrag mit anschließender Aussprache gehalten werden.

(2) Eine außerordentliche Mitgliederversammlung wird außer in den nach Absatz 1 Satz 2 vorgesehenen Fällen auch dann einberufen, wenn dies von einem Zehntel der Mitglieder beim Vorstand schriftlich unter Angabe des Zwecks und der Gründe beantragt wird.

(3) [1]Verlauf und Beschlüsse der Mitgliederversammlung werden protokolliert. [2]Der Protokollführer wird vom Versammlungsleiter bestimmt. [3]Das Protokoll ist vom Versammlungsleiter und vom Protokollführer zu unterzeichnen. [4]Es wird mit dem nächsten nach der Mitgliederversammlung erfolgenden Rundschreiben den Mitgliedern übermittelt.

(4) Für Satzungsänderungen, die Änderung des Vereinszwecks und für die Auflösung des Vereins gelten die gesetzlichen Mehrheitserfordernisse (§§ 33, 41 BGB).

§ 6[3]

(1) [1]Der Vorstand der Vereinigung besteht aus einem Vorsitzenden und zwei Stellvertretern. [2]Die Vorstandsmitglieder teilen die Geschäfte untereinander nach eigenem Ermessen. [3]Der Vorstand wird von der Mitgliederversammlung auf zwei Jahre gewählt; er bleibt jedoch bis zur Bestellung eines neuen Vorstandes im Amt. [4]Zur Vorbereitung der Jahrestagung ergänzt sich der Vorstand um ein Mitglied, das kein Stimmrecht hat. [5]Auch ist Selbstergänzung zulässig, wenn ein Mitglied des Vorstandes in der Zeit zwischen zwei Mitgliederversammlungen ausscheidet. [6]Auf der nächsten Mitgliederversammlung findet eine Nachwahl für den Rest der Amtszeit des Ausgeschiedenen statt.

(2) [1]Der Verein wird gerichtlich und außergerichtlich durch ein Mitglied des Vorstandes, in der Regel durch den Vorsitzenden, vertreten. [2]Innerhalb seines ihm nach Absatz 1 Satz 2 zugewiesenen Aufgabenbereichs ist das jeweilige Vorstandsmitglied alleinvertretungsberechtigt; insbesondere ist in allen finanziellen Angelegenheiten dasjenige Vorstands-

---

[3] § 6 Abs. 1 in der Fassung des Beschlusses der Mitgliederversammlung in Heidelberg vom 6.10.1999; in Kraft getreten am 1.10.2001.

mitglied alleinvertretungsberechtigt, dem der Vorstand nach Absatz 1 Satz 2 die Funktion des Schatzmeisters übertragen hat. [3]Das nach Absatz 1 Satz 4 kooptierte Mitglied des Vorstandes ist in allen Angelegenheiten alleinvertretungsberechtigt, die die Vorbereitung und Durchführung der Jahrestagung betreffen. [4]Ist in den Fällen des Satzes 2 oder 3 das vertretungsberechtigte Vorstandsmitglied verhindert, übernimmt der Vorsitzende die Vertretung, im Falle seiner Verhinderung ist eines der gewählten Vorstandsmitglieder alleinvertretungsberechtigt.

§ 7

Zur Vorbereitung ihrer Beratungen kann die Mitgliederversammlung, in eiligen Fällen auch der Vorstand, besondere Ausschüsse bestellen.

§ 8

[1]Über Eingaben in den Fällen des § 1 Ziffer 2 und 3 und über öffentliche Kundgebungen kann nach Vorbereitung durch den Vorstand oder einen Ausschuss im Wege schriftlicher Abstimmung der Mitglieder beschlossen werden. [2]Ein solcher Beschluss bedarf der Zustimmung von zwei Dritteln der Mitgliederzahl; die Namen der Zustimmenden müssen unter das Schriftstück gesetzt werden.

§ 9

[1]Der Mitgliedsbeitrag wird von der Mitgliederversammlung festgesetzt. [2]Der Vorstand kann den Beitrag aus Billigkeitsgründen erlassen.

§ 10

(1) Die Mitgliedschaft endet durch Tod, Austritt aus dem Verein, Streichung von der Mitgliederliste oder Ausschluss aus dem Verein.

(2) [1]Der Austritt erfolgt durch schriftliche Erklärung gegenüber einem Mitglied des Vorstandes. [2]Für die Erklärung ist eine Frist nicht einzuhalten. 3Der Austritt wird zum Schluss des Kalenderjahres vollzogen.

(3) [1]Ein Mitglied kann durch Beschluss des Vorstandes von der Mitgliederliste gestrichen werden, wenn es trotz zweimaliger schriftlicher Mahnung mit der Beitragszahlung in Rückstand ist. [2]Die Streichung wird erst beschlossen, wenn nach der Absendung der zweiten Mahnung zwei Monate verstrichen sind, in dieser Mahnung die Streichung angedroht wurde und die Beitragsschulden nicht beglichen sind. [3]Die Streichung ist dem Mitglied mitzuteilen.

(4) [1]Ein Mitglied kann durch Beschluss des Vorstandes aus dem Verein ausgeschlossen werden, wenn es in grober Weise gegen die Vereinsinteres-

sen verstoßen hat. [2]Vor der Beschlussfassung ist dem Mitglied unter Einräumung einer angemessenen Frist Gelegenheit zur Stellungnahme zu geben. [3]Der Beschluss über den Ausschluss ist schriftlich zu begründen und dem Mitglied zuzusenden. [4]Gegen den Beschluss des Vorstandes kann das Mitglied innerhalb eines Monats nach Zugang der Entscheidung des Vorstandes die Mitgliederversammlung anrufen. [5]Die Anrufung der Mitgliederversammlung hat bis zu deren abschließender Entscheidung aufschiebende Wirkung.

§ 11

(1) Im Falle der Auflösung des Vereins sind die Mitglieder des Vorstandes gemeinsam vertretungsberechtigte Liquidatoren, falls die Mitgliederversammlung nichts anderes beschließt.

(2) Das nach Beendigung der Liquidation vorhandene Vermögen fällt an die Deutsche Forschungsgemeinschaft, die es unmittelbar und ausschließlich für Zwecke des Fachkollegiums Rechtswissenschaft zu verwenden hat.